Impressum
Erste Auflage
April 2017
© 2017 SAG7 Music
Gesamtproduktion: SAG7 Music
Umschlaggestaltung: Magdalena Bhatia / m mal m design, Austria
Satz: Wilfried Rameder / textlagune, Austria
Lektorat: Mladen Savic & Elis Sonnleitner / textlagune, Austria
Animation: Alexander Mirkovic
Portrait: Paul Thamer
Musikproduktion: Peter Roberts & SAG7 Music
Arrangements: Peter Roberts, Markus Weiss
Recording: The Blue Danube / Studio City, USA & LordsOfTheSounds, Austria
Mix: Georg Dum & Dietz ‚XYZ' Tinhof
Mastering: Ron Boustead / Resolution Mastering, Sherman Oaks, USA
Videoclips: Nolis Vanray & Heiko Keiblinger & Alexander Mirkovic
Druck & Presswerk: 1A Media GmbH, Austria
ISBN: 978-3-200-04975-8
Labelcode: (LC) 24625
www.sag7.com
www.chrisnovi.com
Besonderer Dank gilt Karin sowie allen Unterstützenden und Mitwirkenden
www.facebook.com/SAG7Music

Chris Novi & SAG7

I am Highly Sensitive - Christus lebt!
Kreuzweg eines Süchtigen

Für Dich

Inhaltsverzeichnis

Vorwort in weiser Voraussicht

Du fragst Dich vielleicht, von was für Menschen dieses Buch handelt? Von solchen, wie auch Du bestimmt einer bist. Die Frage ist nur, ob Du Dich darin auch erkennen möchtest. Der wirkliche Grund, weshalb die meisten von uns mit gesenktem Haupt durch ihr Leben gehen und wieso sich unser aller Blicke kaum noch begegnen, ist, dass unsere Seelen leiden. Nun, die Suche nach dem Sinn im Leben kann ein Ende haben; in diesem Buch magst Du ihn finden. Dies ist die Geschichte von einem hochsensiblen, feinsinnigen Menschen. In den Augen der meisten ist er höchstens ein Verlierer, ein Versager, ein nutzloser, wertloser Drogensüchtiger und Schmarotzer, ein verrückter Geisteskranker.

Erzählt wird die Geschichte eines Menschen, dem nachgesagt wird, sich selbst aufgegeben und seine Familie im Stich gelassen zu haben. In Wirklichkeit trägt er die Bürde, durch sein Handeln und die Offenlegung seines Lebens sich und seinen Mitmenschen zu helfen, ihnen Mut und Hoffnung durch ein geistiges Erwachen zu schenken - in einer Zeit, in der die Menschen von Glaube und Einheit weit entfernt sind.

Am Anfang steht ein Kind, eine Person, ein Mensch, also keinerlei Theorie und auch keine Organisation. Ganz am Anfang steht ein Individuum wie Du und ich. Nach der Geburt seiner Tochter wird es von Eingebungen heimgesucht. Der Mann beschließt, diese Eingebungen aufzuschreiben, zu deuten, sich diesen Zeichen zu fügen und seiner Bestimmung zu folgen.

Er hat sich entschieden, seinen Beruf und sein Haus aufzugeben, seine Verwandtschaft und Familie zu verlassen, um etwas vollends Neues zu beginnen, ein neues Selbst. Aus innerem Antrieb, mit einer klaren Aussage: *„Lebe und liebe. Bewusst. Im Jetzt."* Über alles wünscht er sich, dass diese Botschaft möglichst viele Menschen erreicht.

Womit fing alles an? Mit den Ideen eines Verrückten? Mit den Fantastereien eines Träumers?

Nein, sondern mit dem tiefen Vertrauen an einen liebenden Gott, wie er ihn verstand, an eine höhere Macht. Mit dem Glauben daran, dass sich diese Macht in allem ausdrückt und wiederfindet, vor allem in sich selbst. Diese Allmacht hat so viele Gesichter, wie es Menschen, Tiere und Pflanzen gibt. Sie kennt kein Unten, kein Oben, kein Vorne, kein Hinten, kein Rechts oder Links. In Summe bildet diese innere Allmacht - unsere Natur.

Die folgende Geschichte handelt von oft mutigen Menschen, die fest entschlossen waren, sich und ihren Mitmenschen in einer dunklen Zeit als Licht zu leuchten, um sich so gemeinsam aus ihren Nöten herauszuhelfen. Sie blieben nicht allein und wollten nie Einzelgänger sein. Sie - weder Besserwisser, noch Koryphäen, sondern ganz gewöhnliche Menschen aus dem Volk - hatten andere dazu aufgerufen, zusammen einen neuen Weg zu beschreiten. Dann ließen sie sich darauf ein, eine Gemeinschaft zu bilden, um anderen ihr spirituelles Erwachen weiterzugeben. Ihr Ziel war auf keinen Fall eine weitere Weltreligion, eine Sekte, Konfession, Partei, Organisation oder Institution, wie es sie ohnehin schon in verschiedenen Varianten gab. Alles, was sie wollten, war Frieden, Verständnis und selbstbestimmte, gelebte Freundschaft.

Diese Menschen hatten besondere Kräfte: Ihre Worte wurden durch ihr Tun bestätigt. Viele hatten auf einmal erlebt, dass, ungeachtet aller Wunden, die das Dasein schlug, Heilung tatsächlich möglich war. Sie hatten vertraut und geglaubt und waren diesen Weg gemeinsam gegangen. So hatte es oftmals angefangen.

In unseren Tagen, da viele Menschen unter trügerische Religionen und verheerende Machtsysteme einen Schlussstrich ziehen, während andere ihnen in die Falle tappen, in einer Zeit, da sie aus Angst zu verlieren gegeneinander kämpfen und Kriege führen, anstatt wieder lernen loszulassen, in vertrackten Zeiten wie diesen, da sie an körperlichen und psychischen Erkrankungen leiden und in allerlei Abhängigkeiten verfallen, ist es gut, sich an den besagten Anfang zu erinnern. Denn, jeder Mensch hat einen Glauben, nämlich seine ganz persönliche Ahnung. Genau wie jeder Mensch auf dieser Welt das Bedürfnis nach Liebe, Geborgenheit und Anerkennung kennt.

Wenn Du nicht zu glauben bereit bist, kann Dir das freilich niemand vorschreiben. Für alle, die eine natürliche Macht leugnen oder ernsthaft an einer Schöpfung zweifeln, stellt dieses Buch ein offenes Tor dar, über dessen Schwelle auch der Vertrauenslose leicht den ersten Schritt hin wagen kann zu einer Wirklichkeit, die er bisher womöglich aus Angst, Unwissenheit oder Geringschätzung verdrängt hat. Dieses Werk ebnet Dir dabei gewiss nicht den Weg zum Himmel, aber dieses Buch kann Dir den Weg aus der Hölle weisen. Der vorliegende Roman ist sehr umfangreich, doch die Botschaft ist kurz und bündig. Seine erbaulichen Empfehlungen sind eine Art Angebot - hervorgegangen aus ganz persönlichen Erlebnissen besonders feinfühliger Menschen. Niemals sollen sie Ratschläge sein.

Ich stelle anderen keine verdrehten Fragen. Ich gebe anderen auch keine fertigen Antworten. Vielmehr lebe ich, um mich selbst zu finden und meiner Bestimmung zu folgen. Die vorliegende Schrift will den Menschen zeigen, wie sinnvoll es ist, etwas für sich selbst zu tun. Dieses Buch will nicht gefallen, sondern heilen. Umso schöner daher, dass Du da bist.

Die Forschung beweist immer wieder aufs Neue: Unsere Lebensweise, vor allem dort, wo sie in Auseinandersetzung mit sich selbst und im Einklang mit der Natur liegt, eröffnet uns ungeahnte Chancen zur Erlangung ursprünglicher Lebensfreude.

In der Natur ist von allem reichlich vorhanden. Sie bietet uns alles, was wir für notwendig erachten. Erinnern wir uns daran! Besinnen wir uns auf unsere wirkliche Empfindsamkeit! Als oberstes Ziel gilt es nicht, normal zu sein, sondern wieder natürlich zu werden.

Es genügt, sich kurz vorzustellen, dass kulturindustrielle Helden wie Clark Kent als *Superman*, Don Diego de la Vega als *Zorro*, John Coffey aus *The Green Mile*, Peter Parker als Spiderman, Luke Skywalker und die Jedi-Ritter aus *Krieg der Sterne*, die Hauptfiguren aus *X-Men* und *Der Herr der Ringe*, *Harry Potter* oder aber auch *Die Prinzessin auf der Erbse* sinnbildlich für alle Menschen mit Hochsensibilität stehen, dass die Geschichte von Jesus von Nazareth lediglich eine Prophezeiung ist und Menschen wie er heute häufig unter uns weilen, und dass seine Geschichte Parallelen aufweist zu den fantastischen Heldentaten dieser populären Comicfiguren sowie zu Nietzsches Ideen vom Übermenschen. Solche Vergleiche sind durchaus zulässig. Wenn Du diesen Gedankengang zulässt, wirst Du merken, dass nichts Befremdliches dran ist, Geschichten als Sinnbilder zu verstehen ...

Vergleichen wir einmal die Natürlichkeit unserer Art mit dem Paradies der Schöpfungsgeschichte, mit *Adam und Eva*: zwei unterschiedliche menschliche Wesen, die vom Baum der Erkenntnis naschen. Eine Rückkehr dorthin erscheint ausgeschlossen. So wie sie sich in den äußeren Merkmalen unterscheiden, gleicht auch ihre Innenwelt nicht jener des jeweils anderen. Sie müssen sich trotz dieser Verbannung und ihrer Differenz untereinander das verlorene Paradies, sprich, ihre ursprüngliche Natürlichkeit auf dem Umweg der Bewusstheit zurück-erobern. Obwohl die Schöpfung es war, die die besonders Empfindsamen zum Schutz unserer Existenzgrundlage vorhergesehen hat, verlieren wir heute mehr denn je den Bezug zu dieser Basis, die uns so viel Schönes, Nützliches und Überwältigendes beschert hat. Wir sensiblen Wesen beißen sinnbildlich vom Apfel ab - wir technologisieren uns dadurch sozusagen von selbst. Paradiesi-scher wird das Leben trotzdem nicht. Das Logo des abgebissenen Apfels kennt bereits jedes Kind, das mit Computern aufwächst. So zerstören wir unsere Natürlichkeit und vernichten uns in unserem Menschsein dadurch selbst. Indem wir lernen uns wieder selbst zu finden und ungetrübt zu empfinden, retten wir indes die Welt. Die Ersten, die das spüren, sind wir, die besonders Sensiblen. Oder sind wir bereits die letzten Ausgaben von Menschlichkeit? Ich hoffe jedenfalls, dass dieses Werk überzeugend genug ist, um uns allen weitere Beweise zu ersparen. Mein Wunsch ist es, das Verständnis zwischen hochempf-indsamen und wenig sensiblen Wesen zu fördern. Ich bin überzeugt, dass dieses Wissen für uns Menschen als Gesamtheit von überlebenswichtigem Nutzen sein wird.

Einen Menschen zu beeinflussen heißt, ihm die eigentliche Sinnlichkeit seiner Seele zu verderben. Sodann verlernt er, in seiner eigenen Natürlichkeit zu denken, und hört damit auf, die ihm in die Wiege gelegten Begabungen zu entfalten. Sein Ahnenwissen bleibt ihm dadurch verborgen. Sehnsüchte sind eine Folge dieser anmaßenden Einflussnahme. Die entsprechend subjektivierten Wahrheiten werden plötzlich zu Träumereien einer misslungenen Realität. So erklingt der Mensch als Echo der Musik eines anderen, als Teil eines irren, fremden Schauspiels abseits der eigenen Bestimmung. Dabei liegt der Sinn allen Lebens in der freien Selbstentfaltung. Wir alle sind hier, um uns zu vervollkommnen und unsere schöpferische Natürlichkeit zu entwickeln. Auferlegte Wahrheiten verwüsten und verwässern uns bloß. Wenn aber die Menschen von Furcht erfüllt sind, lenken sie sich aus Angst vor dem Tod mit den Erscheinungen des Lebens ab. So ist dem Menschen die Pflicht des Seins zur sündhaften Schuld erwachsen. Unsere Seelen dürsten still nach dem genauen Gegenteil, doch wir haben die Demut verwirkt - weil wir von Sanftheit und Beherztheit als Gottesgen nichts gewusst haben. Darum wurde die Liebe zum Schrecken, der die Grundlage gesellschaftlicher Moral ist, und die eigene Göttlichkeit zur Ehrfurcht vor Gott, welche das Geheimnis der Religion ist. Das sind die zwei Dinge, die uns degenerieren lassen; Hochsensibilität dagegen ist die Erkenntnis, die uns regenerieren wird.

Mit ein bisschen Glück gewinnt die Sinnhaftigkeit dieser besonderen, eigentümlichen Begabung eine neue Bedeutung und lässt die Menschheit zu einer Einheit zusammenwachsen, die sie zuvor in dieser Form vielleicht noch nie gewesen ist: zu einer Gemeinschaft mit neuem Bewusstsein, die ursprünglich aus zwei Gruppen unterschiedlich denkender und unterschiedlich fühlender Menschen besteht. Denn fest steht, Feinfühligkeit war einstmals eine grundlegende, genetisch angelegte Eigenschaft des Menschen. Wir haben uns selbst dieses wundervollen Sinnes beraubt und sind taub und blind geworden für unsere besondere Empfindsamkeit.

Beginnen wir bei uns selbst, ehe wir uns gemeinsam auf den Weg machen. Alles, was uns begegnet, ist, weil es durch unsere Sinneswahrnehmung und unser Bewusstsein geht, auch Teil von uns selbst. Gerade deshalb ist bewusste Achtsamkeit dermaßen wichtig. Sie ist es, die die Verzerrungen des Geistes überwindet und die Stürme der Gefühle beruhigt, denn im Erkennen der naturwüchsigen Spiegelungen können Ärger und Seelengift, all der Schrecken, ja sogar die Macht des Terrors ihre Wirkung verlieren und in Selbstannahme, Frieden und Liebe münden - am Anfang unserer Zukunft.

Chris Novi

Prolog

Der Alchimist

Lass Dich gehen und nimm mich mit.
Schalt Gedanken einfach weg.
Folge einmal dem Gefühl.
Lass Dich gehen - komm - nimm mich mit.

Begegne Dir auf meiner Reise,
fragtest mich: Wo gehst Du hin?
Ein Stück will ich Dich hier begleiten.
Denn leben ist des Lebens Sinn.

Es scheint wohl mehr als nur Begleitung
- zu sein -
des Schicksals goldener Lauf.
Die Dunkelheit weicht hellem Strahlen,
Gedanken weichen, mein Herz geht auf.

Lass Dich gehen und nimm mich mit.
Schalt Gedanken einfach weg.
Folge einmal dem Gefühl.
Lass Dich gehen - komm - nimm mich mit.

Ein Mensch erkannte in einer fernen Zeit, als er sich in einem Spiegel betrachtete, dass Menschen eine gefährlich geisteskranke Spezies sind.

Wir schreiben das Jetzt. Ich bin Sagittarius A*. Ein schwarzes Loch inmitten der Milchstraße.

Ich will Dir hier die Geschichte von einem überaus feinfühligen und sagenhaften Exemplar Eurer Gattung erzählen. Von einem Menschen, der es schaffte, durch seinen ganz persönlichen Glauben seiner Berufung zu folgen, seine Bestimmung zu finden und sein Leben zu leben. Jenseits einer materiellen Welt und hinter physischem Leben fand er eine allmächtige, schöpferisch führende Intelligenz. Sie steht für Anfang und Ende. Alles und Nichts. Leben, Liebe und den Tod. Raum und Zeit verblassen.

Was bleibt ist allein Deine Erkenntnis.

Man nehme an, die Erde sei der Apfel eines Auges.
Des sehenden Auges des Schöpfers ...

Kapitel 1 – Die Ankunft

„Wofür lebst Du?" – Das stand auf dem kleinen gelben Zettel, den der Psychiater, ohne ein Wort zu sagen, mit seinem rechten Zeigefinger über den Arzttisch schob, bevor er Christophs linke Hand berührte. Jetzt. In diesem Moment.

Es war im letzten Sommer gewesen, als jener besoffene Polizist in dieser heruntergekommenen Spelunke zu Christoph gesagt hatte, dass er da etwas völlig falsch verstehen, etwas ganz Wesentliches nicht erkennen würde. Er hatte ihm an den Kopf geworfen, dass sein scheinbar vorbildhaftes Verhalten im Beisein seiner Tochter nur das gespielte Leben wäre, welches er sich tief in seinem Innersten doch so sehr gewünscht hatte. Die Wirklichkeit jedoch zeigte ihn als Menschen, der nun hier in dieser Kneipe stand, Alkohol trank, rauchte, kokste und allen anderen selbstherrlich den Weltverbesserer vorgaukelte – wie so viele andere Versager, die in ihrem Leben nichts mehr auf die Reihe brachten. Hier und überall auf diesem offensichtlich verdammten Planeten.

„Wer war ich? Wer bin ich? Wer werde ich sein?"
Als Kind war Christoph ein süßer, schüchterner Junge, aufgewachsen in einem kleinen idyllischen Dorf. Geboren war er im Sternzeichen des Schützen. Er hatte eine offene, hilfsbereite Art und konnte mit seinem freundlichen Lächeln die Menschen für sich gewinnen. Er fand es immer schön, seinen Mitmenschen zu helfen, und war stets dankbar, wenn er jemandem etwas Gutes tun konnte. Mit seinen goldbraunen, glatten, kurzen Haaren, seinen dunklen Knopfaugen und seiner augenscheinlich unkomplizierten Art mochte man den Knirps in der ganzen Gemeinde. Christophs Naturell war es, sich an seinen Mitmenschen zu orientieren und sich ihnen anzupassen. Als heranwachsender Schuljunge war er ständig damit beschäftigt, seine Gedanken zu ordnen und seine Fantasien unter Kontrolle zu bringen. Die wenigen Einwohner kannten sich alle untereinander und gingen, wie es auf dem Land so üblich war, am Sonntag vorbildlich in die Kirche.

„Ich will nicht schon wieder allein zum Gottesdienst gehen", sagte sich Christoph, als der Rest seiner Familie nach durchzechter Nacht immer noch erledigt in den Federn lag: „Na gut, dann geh' ich eben alleine." Beten war Teil seines kindlichen Lebens. Oder waren es doch nur Selbstgespräche gewesen? Wie dem auch sei. Der liebe Gott war jedenfalls immer für ihn da und in seinen Gedanken ein freundliches und gutes Wesen.

Christoph fand Spaß daran, die Leute zu beobachten und sich Geschichten über sie zusammenzureimen. Da gab es die Bauern, die meist schnell, nachdem sie im Stall die Tiere gefüttert hatten, in den Anzug schlüpften, ohne sich vorher zu waschen. „Hui, das stinkt." Der stechende Geruch verursachte dem sonst so unbekümmerten Buben zuweilen Übelkeit. Die Arbeiterschicht, die herausgeputzt und glücklich bis zur Scheinheiligkeit in den ersten Reihen Platz nahmen, belächelte er nur, weil er ihre sittsame Falschheit förmlich spüren konnte und von vielen wusste, dass sie täglich sündigten. Die vielen Großeltern, die stolz ihre Enkel präsentierten, mochte Christoph am allerliebsten. Hatte er sich doch schon so oft nach Oma und Opa gesehnt. Als ihn der Herr Pfarrer irgendwann fragte, ob er gerne ministrieren würde, nahm er freudestrahlend an. So hatte der Junge eine Aufgabe, das Gefühl gebraucht zu werden, und bekam dafür obendrein auch noch Geld.

Die Mutter von Christoph war eine überaus gut aussehende und gesellige Frau, die gern und oft in den verschiedensten Gasthäusern der Gegend kellnerte. Nach außen hin wirkte sie stets gut gelaunt, von freundlichem und ausgeglichenem Gemüt. Doch Christoph spürte seit seinen jüngsten Kindertagen, dass seine Mama in Wirklichkeit ein unglückliches, unzufriedenes Wesen war. Helena hatte sich nämlich im zarten Alter von sechzehn Jahren - also lange vor seiner Geburt und damals selbst noch nahezu Kind - in einen einundzwanzig Jahre älteren Mann verliebt.

Auch Christophs Vater war attraktiv und vielerorts ein gern gesehener Musikant. Helena wünschte sich damals, dass sie sich mit diesem beliebten, klugen und feschen Mann den Wunsch nach einem eigenen Gasthaus erfüllen würde. Sie träumte wohl davon, ihr eigener Boss zu werden und Unabhängigkeit zu erreichen. Christophs Vater jedoch wollte davon partout nichts wissen. Er hatte einen rechtschaffenen Job als Techniker und lebte in fast jeder freien Minute seine Liebe zur Musik aus. Sie wiederum gab ihren Traum dennoch nie ganz auf.

Helena war eine kluge Frau, recht belesen und schrieb selbst, und zwar wunderbare Gedichte. Solange Christoph noch in den Kindergarten ging, kümmerte sich seine Mutter aufopferungsvoll um ihn. Dafür liebte er sie besonders, ausgenommen in jenen unangenehmen Augenblicken, wenn Klavierunterricht angesagt war und sie mit ihm schimpfte, weil er wieder einmal nicht geübt hatte.

Dann war da noch sein großer Bruder Max, der Ältere der beiden, der mit seiner frechen, vorlauten und aufmüpfigen Art oft für Zoff in der Familie sorgte. Mit anderen Worten, die Verhältnisse waren bunt, und alles erweckte den Anschein, dass die vier eine ganz normale Durchschnittsfamilie waren.

Christoph war offenbar ein sehr sensibler und verträumter Junge, ständig damit beschäftigt, die Geschehnisse um ihn herum aufzunehmen und zu verarbeiten. Die meiste Zeit war er auf sich allein gestellt und musste zeitweise abends oft mutterseelenallein zu Bett gehen. Da fehlte dann die fürsorgliche Hand, die ihn zudeckte, um ihn durch den schmalen Türspalt mit einem kurzen „Gute Nacht!" auf die Dunkelheit vorzubereiten. Während seine Eltern sich nach allen Regeln der Geselligkeit in Lokalen belustigten und zwischen Alkohol, Zigaretten und Musik prächtig amüsierten, kämpfte Christoph daheim mit erdrückenden Ängsten. Wenn er allein in seinem Zimmer lag und darauf wartete, dass sie endlich wieder nach Hause kämen, durchlitt er jedes Mal Höllenqualen. Ängstlich war er, wie es Kinder eben sein können, und er litt ständig unter einem fürchterlichen Gefühl von Hilflosigkeit, war geplagt vom Gedanken, dass Einbrecher oder Gespenster mit ihm schreckliche, grauenvolle Dinge veranstalten könnten und er ihnen dann machtlos ausgesetzt sein würde.

„Bitte, lieber Gott! Lass die Decke mein Schutz sein und sie mich nicht sehen. Bitte, lieber Gott! Ich bitte Dich!"

Seine Fantasie war lebhaft und doch voller Furcht. Manchmal glaubte er sogar zu spüren, wie sie im Zimmer herumgeisterten und über ihn lachten. Damals konnte Christoph noch nicht ahnen, dass diese Erfahrungen erst den Anfang seiner Entrücktheit darstellten. Am liebsten wollte er auf und davon: zu Mama - oder Papa. Er war klein, noch ganz Kind. Und wie alle Kinder in diesem Alter sehnte er sich schlichtweg nach Geborgenheit, Zuneigung und Sicherheit. Jeden Abend betete er zu seinem Gott, auf dass er ihn beschütze und behüte. Nur die Vorstellung, dass es irgendwo dort oben eine höhere Macht gäbe, auf die er sich verlassen konnte, ließ ihn all das durchstehen. Die Ungewissheit, in welchem Zustand seine Eltern wohl wieder eintrudeln würden, machte ihn als feinfühligen Jungen unsicher, und die inneren Spannungen raubten ihm mehr als nur ein Mal den Schlaf. In tiefer, teils zermürbender Müdigkeit nahm er hie und da noch das surrende Geräusch eines Motors in der Einfahrt des elterlichen Einfamilienhauses wahr. Wenn die Eltern dann nach ihm sahen, stellte sich Christoph sofort schlafend. In solchen Momenten empfand er ein kurzes Gefühl der Freude ob ihrer Sorge um ihn.

„Danke, lieber Gott!"

Dann wieder horchte Christoph in die Nacht hinein, während er lautem Gelächter und verschiedenen Stimmen lauschte. Denn, dann war Party angesagt. Anfangs ekelte er sich vor dem Alkohol- und Zigarettengestank, der das ganze Haus durchzog. Doch mit den Jahren speicherte sein Körper diesen Geruch als etwas Gewohntes ab, das er mit Geborgenheit verband. Nach so mancher Nacht stand die Küche randvoll mit leeren Gläsern und Geschirr, und es war gar nicht daran zu denken, dass seine Eltern vor Mittag aus dem

Bett kämen. Schlimmer noch waren für ihn jene Nächte, in denen das Auto abgestellt wurde, die Türen aufgingen und lautes Gebrüll die Stille der Nacht durchdrang. Christoph wusste zwar nicht, worüber seine Eltern tatsächlich stritten, vernahm aber grobe, beleidigende, ordinäre Worte, die sie sich gegenseitig an den Kopf warfen – dieselben, die ansonsten als verboten galten. Es war jedes Mal ein scheinbar niemals enden wollendes Gezanke. Enorme Wut, Zorn und Aggressionen konnte man heraushören, bis zu dem Punkt, an dem seine Mutter hysterisch aufheulte und schließlich doch irgendwann wieder Ruhe einkehrte und er selbst völlig erschöpft in seinen lang ersehnten Schlaf fiel. Zusammengekauert lag er da, in seinem Bettchen, die Decke über den Kopf gezogen und so fest an seine Ohren gepresst, dass es, gewiss, fast schon schmerzte.

„Wie Sie bestimmt erkennen werden", murmelte der Arzt: *„Gefühle sollten ausgelebt werden. Egal, um welche Form es sich auch handelt. Stets verdrängte und unterdrückte Gefühle bereiten den Boden für seelische und körperliche Erkrankungen, lieber Christoph."*

„Ich wäre ja am liebsten aufgestanden und hätte mich zwischen meine Eltern gestellt. Sie angeschrien. Warum konnten sie sich nicht einfach lieb haben?"

Sosehr sich Christoph auch nach einem harmonischen Elternhaus gesehnt hatte – die Gewissensbisse seiner kindlichen Feigheit quälten ihn noch immer.

„Glauben Sie wirklich, dass es die Aufgabe eines Kindes ist Verantwortung für seine Eltern zu übernehmen?"

Christoph fühlte sich schwach, weil er damals nicht fähig war etwas dagegen zu unternehmen. Manchmal hatten seine Eltern auch Anwandlungen, ihn ins Nachtleben einzuführen. Zu solchen Anlässen zogen sie ihn an, putzten ihn heraus und nahmen ihn mit. Seine Erwartungen, endlich mit Mama und Papa etwas zu unternehmen und gemeinsam Dinge zu erleben, wurden jedoch jäh zerstört. Im Wirtshaus angekommen, verschwand seine Mutter in der Küche und kam gut gelaunt und mit Kellnerinnenschürze bekleidet zurück. Sein Vater hängte sich derweil das Akkordeon um, sodass dem Spaß nichts mehr im Wege stand. Und doch liebte er es, wenn Vater spielte und sie zusammen sangen, auch wenn irgendwann der Trubel für ihn viel zu laut wurde – das Gelächter, der Gesang ... Und der Alkohol floss wie immer in Strömen.

„Es war doch gut so? Hauptsache, ich konnte gemeinsame Zeit mit Mama und Papa verbringen. Oder? Alle waren gut gelaunt und nett zueinander! Zu Hause kam das ja ohnehin nicht so oft vor."

Meist saß Christoph nach einigen Stunden hundemüde zusammengekauert auf einer Bank, in irgendeiner Gaststube und wartete, bis ihn endlich irgendwer in irgendein Bett im Dorfgasthaus verfrachtete. Diese Abende empfand er für gewöhnlich als sehr anstrengend. Indes, er nahm sie in Kauf, solange er nicht allein in seinem gruseligen, totenstillen Kämmerlein auf seine Eltern warten musste. Er hatte keine Lust darüber nachzudenken, ob diese nächtlichen Unternehmungen gut für ihn waren. Übrigens war es ihm auch egal, ob derlei normal oder ungewöhnlich war. Es war eben, wie es war. Und so schlief er, sehnsüchtig auf einen Fernseher starrend, halb anwesend und durch seine ersten selbst erforschten Entspannungsversuche befriedigt, fremdelnd, meist in unterschiedlich gemütlichen Schlafstätten ein.

Eigentlich beherrschte Christoph in seinem kindlichen Kopf die Vorstellung, die Mutter kümmere sich um Haus und Kinder, während Vater das Geld verdiene. Bei den meisten seiner Mitschüler war es so. Diejenigen, deren Eltern einen Bauernhof bewirtschafteten, waren in Christophs Augen ohnehin gesegnet. Beide Elternteile standen ihnen ständig zur Verfügung und beschäftigten sich auch mit ihren Kindern, obwohl diese bei der Feld- oder Stallarbeit mithelfen mussten – Christoph stellte sich das Ganze eher lustig vor. Er beneidete seine Freunde, denen man nach der Schule ein Essen auf den Tisch servierte und am Wochenende Familienausflüge und Spiele gönnte. Sie wiederum fanden es freilich cool, dass Christoph bereits ins Gasthaus mitgehen durfte und dort die Erwachsenen beobachten konnte. Dabei hoffte er zu spüren, dass ihn seine Eltern liebten. Aber er hatte keine Ahnung, wie sich Elternliebe anfühlte. Damals ahnte er noch nicht, dass ihn dieses Problem, gerade weil es eine seelische Wunde war, sein ganzes Leben lang verfolgen sollte. Liebe und Geborgenheit zu erfahren, war in dieser Familie nicht üblich.

„Ich glaube, meine Eltern liebten mich gar nicht. Wahrscheinlich war ich ein Unfall."

Einer der schlimmsten Tage war für Christoph jener, als seine Mutter in einem Anfall von Ärger zu ihm sagte, dass er zu einem der ungünstigsten Zeitpunkte zur Welt gekommen war und sie durch übermäßiges Radfahren und schweres Arbeiten während der Hausbauzeit gehofft hatte, ihn in der Schwangerschaftsphase zu verlieren. Die Aussage verletzte ihn zwar sehr, dennoch verstand er seine Mutter sogar und war ihr geradezu dankbar für ihre Ehrlichkeit. So hatte er bereits im Mutterleib das Überleben erlernen dürfen. Er erkannte nicht, dass seine Mutter solche Dinge sagte, weil sie Mitleid erregen wollte, sie krankhaft nach Verständnis suchte. – „War das nicht schon die Ursache einer möglichen Abhängigkeit?" Unbewusst erkannte sie genau, dass ihr Jüngster intensiver fühlte als der Rest der Familie.

Christoph war überall daheim. Einmal dort, einmal da, und es war die Öffentlichkeit, die zu seiner Familie und zu seinem Daheim wurde.

„Aus dieser Sicht betrachtet war ich doch immer nur Mitläufer, oder sehe ich da etwas falsch? Ich durfte zwar immer mit dabei sein, doch beschäftigen musste ich mich meist mit mir selbst. Alles hat sich immer um meinen talentierten Bruder, um meine lustigen unterhaltsamen Eltern oder sonst irgendjemanden gedreht. Ich führte ein Schattendasein und lebte einsam in meiner kleinen, unheimlich heilen Welt."

In seinen Gedanken spielten sich, wie gesagt, wunderschöne Träume ab. Irgendwann, dachte er sich, würde er als großer Schauspieler berühmt werden und einen Oscar überreicht bekommen. Er träumte davon, ein genialer Künstler zu werden und die Herzen der Menschen zu erobern. Täglich betete er und sah sich in seinem Traum ganz oben auf einer Bühne stehen. Wenn er nämlich den Durchbruch geschafft hätte, ja, dann würden ihn alle wahrnehmen und bewundern, und alles würde sich plötzlich um ihn und seine Person drehen. Die Menschen um ihn herum würde er für ein paar Stunden alle Sorgen vergessen lassen und sie glücklich und zufrieden machen, einmal abgesehen von der Anerkennung. Das wohltuende Gefühl, eines Tages ein Künstlerdasein zu führen, prägte sich Christoph in seiner naiven, kindlichen und feinfühligen Art tief ein.

Die Realität hingegen war von Normalität geprägt. Da gab es in den Kneipen die Guten, die sich still verhielten und nett waren, die niemanden störten, getrost mitlachten und niemandem wehtaten, außer vielleicht sich selbst. Dann gab es da noch die Bösen, die über abgesessene Gefängnisstrafen und wildeste Schandtaten berichteten. Die mittlere Variante waren die sogenannten Durchschnittsmenschen, die sich zwischen Gut und Böse herumschlichen, über andere Leute hinter ihrem Rücken schimpften, allerorts bekannt waren, fremde Wirtshausgäste scheinheilig belächelten und über Gott und die Welt lästerten. Diese Begegnungen kennzeichneten Christophs Leben. Alkohol durfte er offiziell zwar noch nicht trinken, aber hie und da natürlich ein wenig kosten. Überhaupt war es so, dass sich der Konsum von Alkohol, Zigaretten und anderen Genussmitteln als die offensichtlich harmlosere Variante herausstellte.

Die Mutter nahm ihren Sohn öfter mit in die Arbeit. Wenn andere Männer sie anmachten, stellte sich ihr Sohn dazwischen und meinte, dass dies seine Mama sei und sie ja schon ihn hätte. Auf diese Weise nahm er den ungehobelten Kerlen, für die er sie allesamt hielt, sogleich den Wind aus den Segeln. Obwohl Christoph sonst eher zur Feigheit neigte, wollte er stark sein in Mamas Augen. Dieses Verhalten prägte seinen Charakter, und so übernahm er verfrüht Verantwortung für seine Mitmenschen.

Christoph schien in allen Bereichen weiter zu sein als seine Spielgefährten und Altersgenossen. Im zarten Alter von acht oder neun Jahren verspürte er zum ersten Mal, dass ihn das andere Geschlecht interessierte. Die Mädchen veralberten ihn meist nur und nahmen ihn darin auch nicht ernst. Insofern erwiesen sie sich als ihm unliebsame Subjekte, die sich in seinem kleinen Herzen durch Verletzungen und Gemeinheiten Platz verschafften. Seine Sinne waren schärfer, sein Fühlen gestaltete sich intensiver, und er nahm die Welt in all ihren Farben und Reizen wahr.

„Mit elf oder zwölf war doch dieser Vorfall mit der Alkoholvergiftung ...?" – Heimlich hatte Christoph mit zwei Gleichaltrigen eine Flasche Schnaps geleert. Ein unbeschreiblich angenehmes, flauschiges und zugleich erleichterndes Gefühl wärmte ihn von innen. „Mein ganzer Zorn, all die Wut und diese blöde Furcht waren wie weggeblasen durch diese lustvolle Begegnung!" Auch wenn dieses Komatrinken mit einer Alkoholvergiftung endete – er fand diesen berauschenden Zustand einfach himmlisch! Den Sinn und den Auslöser hatte er ab diesem Zeitpunkt gespeichert. „In dieser Nacht nahm meine Konfliktlösungsstrategie wohl ihren Anfang. Ich konnte mich aus der Vogelperspektive betrachten." In the air tonight.

Für Christophs Familie standen Geselligkeit und Gesellschaft fortwährend im Mittelpunkt. Für ein häusliches Familienleben und den kleinen Christoph blieb bei alledem kaum Zeit. Darum orientierte er sich bald an seinem älteren Bruder Max, der für ihn ein großes Vorbild war und zu seiner Hauptbezugsperson wurde. Wie Christoph kam auch Max bereits in sehr jungen Jahren mit Alkohol, Zigaretten und leider auch anderen Drogen in Kontakt. Aber jedes Mal, wenn Christoph in Schwierigkeiten geriet, boxte ihn sein großer Bruder im wahrsten Sinn des Wortes wieder heraus. Max war ein besonders guter Fußballer und ein heiß begehrter Mädchenschwarm. Er war überall beliebt und trotzdem häufig in Schlägereien verwickelt. Zu Hause sorgte dies für zusätzlichen Ärger zwischen den ohnehin oft streitenden Eltern. Meist war es die Mutter, die mit Vorwürfen und Geschrei auf den Bruder losging. Der Vater hielt sich aus diesen Angelegenheiten weitgehend heraus, und auch Christoph wagte es selten sich einzumischen.

Obwohl er eine furchtbare Wut auf seinen Vater hatte, weil dieser, seiner Meinung nach, nicht Manns genug war, um Stellung zu beziehen, hatte er doch keine Ahnung, wie er diese Situation hätte retten sollen. Seine Mutter war sich wohl bewusst, dass sie mit ihrem herausfordernden Verhalten eine Art Krieg losbrach. Auch sie war in ihrer Welt gefangen. Vollends lebte sie ihre Rolle der nach außen hin starken, in Wahrheit aber armen, hilflosen Frau aus, die sich um alles kümmern musste, die so ungezogene Söhne und einen phlegmatischen Mann hatte: Niemand würde sie verstehen, vor nichts bliebe sie verschont. Christoph wartete ängstlich und betete hoffnungsvoll zu seinem himmlischen Vater, dass endlich familiärer Frieden einkehren möge. In der Mehrheit der Fälle verschwanden sein gedemütigter Bruder oder sein verärgerter Papa dann aus dem Haus. Für Christoph wurde es fortan zu einem ungeschriebenen Gesetz, sich unverstanden fühlenden Frauen möglichst aus dem Weg zu gehen.

Grundsätzlich war die ganze Familie relativ angesehen im Dorf. „Und ich war immer nur der kleine Bruder vom Superkicker, der kleine Bub vom Musikanten oder der liebe Sohn von der schönen Helena." Dieser Kränkung zum Trotz liebte Christoph seine Familie und war aus unerklärlichen Gründen stolz darauf dazuzugehören. Wenn sein Vater mit ihm zum Angeln ging, hüpfte sein Herz vor Freude. Angst und Ausgelassenheit machten sich gleichzeitig breit. Christoph ahnte anfangs nicht im Geringsten, dass sein Vater sich dadurch nur ein Alibi verschafft hatte, um sich vor seiner Frau nicht neuerlich für einen Gasthausbesuch rechtfertigen zu müssen. So saß Christoph oft stundenlang allein am Schottersee und wartete sehnsüchtig, bis sein Vater endlich wieder auftauchte. In seinen Gedanken kreisten die wildesten Visionen von großen Fischen und Seeungeheuern, gegen die er mutig kämpfte und denen er zum Schluss den Kopf abbiss und sie grausam zerfleischte. Zwischendurch betete er immer wieder zu seinem lieben Gott und hoffte, dass niemand von den Fischereiaufsichtsorganen oder der Polizei vorbeikommen würde. Er wollte sie ja nicht anlügen müssen in Bezug auf seinen Vater, denn das Lügen und Betrügen hasste er. Das Unbehagen, das es in ihm erzeugte, sprich, der innere Druck war größer und erdrückender, als es jeder äußere sein konnte.

Christoph mochte die Leute um ihn herum, vermutete in allem und jedem stets das Gute und freute sich, wenn bekannte Gesichter und vertraute Stimmen sich mit ihm unterhielten. Mit einem der Chefs seiner Mutter verstand er sich bestens. Die beiden waren gerne zusammen unterwegs. Walther war ein leidenschaftlicher Jäger, der den Jungen oft in sein Revier mitnahm. „Ich liebe die Natur.", pflegte Christoph zu sagen. Dort spürte er eine bestimmte Verbundenheit, ein seliges Gefühl seelischen Friedens. Zur Jägerei gehörte aber auch das Schießen, kurz, das Erlegen von Wild. Die Tiere taten ihm leid, wo sie doch so friedlich im ruhigen Wald umherzogen und dann von einer Sekunde auf die andere tot umfielen. Ein kaltblütiger Mord also!

In seiner Vorstellung nämlich hatten auch diese Tiere eine Familie, und nun würde ein kleines Rehkitz wahrscheinlich Waise werden. Er erinnerte sich daran, dass vor einigen Jahren seine geliebte Katze nach kurzer Krankheit gestorben war. Dieser Verlust war schmerzlich für ihn gewesen, er weinte bitterlich, und dieser in seiner jungen Seele brennende Schmerz schien einfach kein Ende zu nehmen. Diese Machtlosigkeit, so hilflos und allein zu sein. Seine

Mutter sagte ihm dereinst, dass die Katze beim lieben Gott im Himmel sei und sie es dort besser habe. Ansonsten hütete er sich, mit jemandem darüber zu reden. Er war zu zart besaitet, er war irritiert und außerstande, dieses Leiden abzustellen. Vor allem konnte er nicht verstehen, warum ihm der liebe Gott seine geliebte Katze weggenommen hatte. Christoph wagte es für gewöhnlich selten, jemandem seine Gedanken mitzuteilen; er hatte das Gefühl, dass die anderen jene Dinge, von denen er sprach, sowieso nicht nachvollziehen konnten. Das Unverstandensein trug in sich seine Traurigkeit.

Zur sogenannten Revierrunde mit Walther gehörte selbstverständlich auch das Einkehren in Lokalen, die auf dem Heimweg lagen. Dort, mehr als anderswo, trafen sich abends die Dörfler, Frauen wie Männer. Sie tauschten Neuigkeiten aus, sprachen über den Alltag, ihre Freuden und Sorgen. Eigentlich hatte Christoph großen Respekt vor dem Boss seiner Mutter, nicht minder als vor allen Erwachsenen – schon deswegen, weil sie älter waren. Doch von Mal zu Mal empfand er, ganz deutlich sogar, auch große Angst und eine fürchterliche Hilflosigkeit: je höher der Alkoholspiegel im Blut der Gäste, desto lauter und aufgedrehter die Runden. Dies nährte seine Verunsicherung. In ständiger Erwartung eines Übels, besser gesagt, in einem Zustand permanenter Anspannung vor dem nächsten Übergriff, stand er abermals seinem Schicksal machtlos gegenüber und fühlte sich ihm ausgeliefert.

Sein Vertrauter etwa packte ihn ohne Vorwarnung, hielt ihn an den Beinen hoch, während Christoph mit dem Kopf voran wenige Zentimeter über dem schmutzigen, kalten Fliesenboden baumelte. Der betrunkene Jäger torkelte mit ihm durch die Gaststube und fuchtelte an seinen karg bedeckten Genitalien herum. Das Lachen wurde immer lauter, ehe er vor Schamgefühl im Boden versank. Für Christoph war es unverständlich, dass ein sonst so freundlicher, vertraut wirkender Mensch solch einen verletzenden Unfug treiben konnte.

„War an allem wirklich nur der scheiß Alkohol schuld!?"
Christoph konnte sich nicht wehren, hing da verzweifelt, enttäuscht, beschämt und gepeinigt sinnlos in der Luft. Losreißen und entkommen war ihm unmöglich. Jeder, der Zeuge war, hatte seinerseits Angst, sich einem Konflikt mit dem mehr als trunkenen Jäger auszusetzen. Das gesellschaftliche Spiel ging also unbehelligt weiter, und das Leben nahm seinen normalen Lauf. Christoph versuchte immer wieder aufs Neue, diese peinlichen Demütigungen zu verzeihen, in der Hoffnung, dass diese nie wieder geschehen würden. Einmal hatte er sich sogar überlegt, dem Jäger zu sagen, wie sehr er diese lächerlichen Aufführungen hasste. Doch er hatte Angst – Angst davor, dass ihn sein Freund nicht mehr mögen und danach verlassen könnte. Jeder Widerstand würde sozusagen die Bindung gefährden. Oftmals war zudem Christophs Onkel anwesend, welcher ein Luftdruckgewehr besaß, dass er dann und wann dem

Buben überließ. Wenn Christoph folglich aus inbrünstiger Verzweiflung, schier hasserfüllt einen Vogel damit tötete, erfüllte ihn das mit einer irrsinnigen Genugtuung und einem Gefühl von Macht. Mit der gleichen Intensität spürte er aber auch Trauer, schlechtes Gewissen und aufrichtige Reue.

„Diese armen Wesen konnten doch gar nichts dafür."

Der Junge weinte über sich selbst, über sein eigenes Unrecht, seine Wut, die er an den unschuldigen Seelen ausließ. Sein Leben war ein einziges Hin und Her, ein Für und Wider, ein Auf und Ab, ein Schwarz und Weiß. Stets taumelte Christoph zwischen zwei ihm unbekannten Welten. Einerseits wollte er brav sein, gut, dafür Anerkennung erhalten. War dies dann nicht der Fall, beschloss er im Nu böse zu sein. Zuerst fühlte er sich wohl dabei, doch dann weinte er wieder - aus Zorn.

„Ich verstehe nicht, warum ich so fühle. Einmal himmelhochjauchzend, dann gleich wieder zu Tode betrübt. Ewig trübselige Trübsal. Fluch und Segen. Wo waren nur die Menschen? Wo sind meine Freunde? Hatte ich überhaupt jemals einen richtigen Freund!?"

Die große Stadt mit ihrer unmäßigen Szene und ihrer Fülle an Konsumgütern, die er später im Leben in einer Erlebnissafari kennenlernen würde, war einfach zu erobern, leicht mit dem Zug zu erreichen und steckte voller ungeahnter Möglichkeiten. Dort existierte darüber hinaus eine Daseinsnische namens Drogenwelt. Es wimmelte vor Dealern, Zuhältern und allerlei unvorstellbaren Belustigungen. Alles, was man hierfür brauchte, war Geld. Schon war man Mitglied in dieser dunklen „Welt der Machenschaften". Für die jungen Leute im Dorf mutete sie paradiesisch an. In der Stadt wurde gefeiert, getrunken, geraucht. Alkohol, Drogen und Frauen waren Konsumgüter. Christoph war damals noch zu klein für die Erforschung dieses Universums, doch jenes in seinem Elternhaus war für sein Alter schon Paradies genug.

Wenn er allein zu Hause war, schlich er heimlich in den neu ausgebauten Keller, wo sich das kunstvoll dekorierte Zimmer seines Bruders befand. Die Wände waren zugeklebt mit Postern von Musikbands und halb nackten Frauen, einem selbst gebastelten Matratzenlager sowie schlicht angefertigten Holzregalen. Er beobachtete Max öfter, wenn dieser angetrunken nach Hause kam und seine Schätze heimlich versteckte. Christoph wusste somit sehr genau, wo er suchen musste. Also stahl er kleine Kostproben aus dessen Versteck und dröhnte sich ein klein bisschen zu. Nach gleicher Fasson, wie im gesamten Haus Alkohol und Zigaretten frei gelagert und leicht zugänglich waren, konnte er sich auch ungehindert und unbemerkt am Kokain seines Bruders bedienen. Das Menschenkind ahnte nicht, was solche Mittel imstande waren auszulösen. Bei so sorglosem Umgang war offensichtlich keine Gefahr zu erkennen. Im Gegenteil, der Konsum kennzeichnete seinen Alltag. Seine periodisch unkontrollierbaren Gefühle waren unter dem Einfluss dieser Mittel viel leichter zu ertragen. Sie waren ein Geschenk: Gift.

Kleine Gaben dienten als wirksame Mittel auf der Flucht vor Ängsten und den Beschwerlichkeiten seines Lebens, indem sie ihm zur Entspannung verhalfen und all seine Sorgen, Gedanken und unbeantworteten Fragen, die ihm die Existenz allzu oft stellte, wegwischten. So geschah es zuweilen, dass Christoph im Zimmer seines Bruders einschlief und erst spätnachts durch dessen erbärmliches Flehen geweckt wurde. Max schwor in diesen Momenten sich am Todestag von James Dean, im gleichen Alter auf die gleiche Art und Weise, das Leben zu nehmen. Allein die Vorstellung jagte Christoph grauenvolle Angst ein, und ein Schauer lief ihm über den Rücken. Eine Ungewissheit wie diese machte ihn unsagbar traurig und ratlos. Und so schliefen die beiden Brüder, meist Hände haltend, nebeneinander ein. Christoph konnte das Leben und seine Mitmenschen einfach nicht verstehen. Deshalb begann auch dieses ganze Wirrwarr der Gefühle und brachte ihn dazu, seine Gedanken aufzuschreiben. Auf diesem Wege versuchte er, sich die Welt begreiflich zu machen und dabei alle Ungerechtigkeit zu vergessen.

Als sein bester Freund Werner von dessen langjähriger Freundin wegen eines anderen verlassen wurde, hatte Christoph nicht die geringste Ahnung, wie man in solchen Situationen Trost spendet. So also sah Liebeskummer aus. Tieftraurig und am Boden zerstört, klagte Werner Christoph gegenüber sein Leid. Er selbst hatte bislang noch nicht herausgefunden, wie es sich anfühlte zu lieben – oder gar geliebt zu werden. Händchenhalten nützte da nichts; aus diesem Alter war Christoph raus. Er versuchte mit ihm darüber zu reden, doch beide scheiterten an solchen Vorhaben, denn sie waren nicht dafür erzogen worden. Jungs lehrte man in dieser Gesellschaft, nur belanglose Themen zu wälzen, die angeblich überaus wichtig waren. Jungs sollten allem voran hart und männlich sein. Mädchen sprachen unterdessen über das angeblich unwichtige Gefühlsleben. Im Handumdrehen landeten Christoph und sein Kumpel in diversen Bars und Pubs, wo sie den Frust wegtranken und all ihre aufgestauten Probleme hinunterschluckten. Tagelang zogen sie durch die Lokale der nahe gelegenen Stadt, bis ihnen das Geld zur Neige ging. Langsam schien sich die Lage zu normalisieren, weshalb sein Freund sich wieder fröhlich und zuversichtlich zeigte. Ein Urlaub mit einigen Freunden aus einer anderen Clique stand außerdem an, bei dem Christoph heitere, entlastende Tage am Strand verbrachte. Als er gut gelaunt wieder zurückkam, lag sein Freund bereits unter der Erde. Er war mit dem Auto frontal gegen einen Baum gerast und an Ort und Stelle verstorben.

„Ich hätte es damals schon wissen müssen!"

Die Trennung verursachte Schmerz. In der Folge zeichnete sich eine interessante Entwicklung ab. Christoph nahm immer öfter Papier und Stift zur Hand, um sich all seinen Kummer von der Seele zu schreiben: seine Enttäuschung, das allgemeine Unverständnis, seine Traurigkeit. Es befreite ihn zusehends. Auch in jener Zeit, in der er in seiner Tätigkeit als Polizist schlimme Erfahrungen sammelte, half ihm das Schreiben sehr. Im Dienst musste er mehr und mehr bei Verkehrsunfällen mit Schwerverletzten und Toten als Nothelfer zur Stelle sein. Von da an wuchs in ihm eine unbestimmte Furcht vor Unfällen. Seine nächtlichen Träume waren erfüllt von furchtbaren, blutüberströmten Szenarien mit lauter abgetrennten Körperteilen, umherrollenden Köpfen und überall verstreuten Gliedmaßen. Diese entsetzlichen Bilder blitzten stundenlang in seinem Oberstübchen auf, aber die blutigen Schnappschüsse aus seinem Kopf wollten und wollten nicht weichen. Es wurde von Mal zu Mal beschwerlicher, diese Geschehnisse zu verarbeiten, und bald schon betete er für die Befreiung von diesen Albträumen. Der Alkohol bot sich an, um Kraft zu tanken und Mut zu fassen. Leider war es ihm unmöglich, mit jemandem über seinen Zorn und seine Beklemmung zu sprechen. Sein Geist war in Geiselhaft. So beschlich ihn immer öfter der Gedanke an Selbstmord. Christoph war sichtlich unzufrieden, unglücklich und geschafft, und hatte keine Ahnung, wie er mit diesen verwirrenden Gefühlen umgehen sollte, geschweige denn, wie man ein tiefgehendes Gespräch führte. Mit Gefühlen an sich kam Christoph kaum klar - sie waren zu stark. Männer und Gefühle waren tabu. Sein treuer Gefährte, der Alkohol, unterstützte ihn bei der Verdrängung. In seinem Hinterkopf bewahrte er sich weiterhin die Idee, irgendwann einmal würde er ein anerkannter Schauspieler geworden sein. Seinen Traumberuf behielt er insgeheim im Herzen.

„Niemals! Ich werde nie aufgeben."

Während jener Zeit als Polizist lernte Christoph ein bezauberndes Mädchen aus der Nachbarschaft kennen: Nadja. Sie war haarscharf sein Typ: anmutig, zierlich, sanft in Wesen und Erscheinung, mit glattem, braunem Haar. Sommersprossen zierten ihr zartes Gesicht. Bevor er wusste, wie ihm geschah, war er bis über beide Ohren verliebt und wollte unbedingt mit ihr zusammen sein. Da die Sympathie auf Wechselseitigkeit beruhte, begannen sie miteinander auszugehen und erlagen schließlich dem Charme des jeweils anderen. Sie liebten sich, teilten ihre Leidenschaft, in erster Linie zur Musik, und frönten ihren gemeinsamen Vorlieben. Christoph glaubte zum ersten Mal, die erfüllende Liebe zu verspüren. Glücklich war er, und sein Glaube an eine Vorsehung wurde wieder stärker, denn dieses wunderbare Wesen konnte ihm nur der liebe Gott eigens geschickt haben.

„Alles, was ich wollte, war doch nur ein ganz normales Leben …"

Der junge Mann ersehnte sich all das, was seine Familie für ihn niemals gewesen war. Innig wünschte er sich, eine eigene Familie zu haben, nach seinen eigenen Vorstellungen zu leben, und war zudem der Ansicht, dass man alles schaffen könnte, wenn man sich liebte und ehrlich zueinander war. Obwohl er keine Freude daran hatte, ging Christoph fleißig seiner Arbeit nach und vernahm zunehmend eine innere, ihm unerklärliche Unruhe, die an ihm nagte. Für ihn war sie nicht einzuordnen. Es war diese innerste Stimme, dieses unbeschreibliche Gefühl, das ihn nun schon sein ganzes Leben lang begleitet hatte.

„Es gibt einen Gott, eine höhere Macht, einen Schöpfer!"

Die Lösung all der Rätsel und Geheimnisse des Lebens lag so nahe, dachte er bei sich. In einer Mischung aus englischer, deutscher und der Zeichensprache. Sowohl optisch als auch phonetisch. Obwohl die Menschen alles zu wissen glaubten, stand nirgendwo dokumentiert, woher das Wort „Gott" denn ursprünglich stammte. Nat-Ur. Hieroglyphe. Henkelkreuz. Bildliche Darstellung eines Menschen, der seine Arme von sich streckt. Anch. Das Leben im Jenseits. Lot. Toll. Iku. Ot. Das geerbte Wissen als Herausforderung anzusehen und sich selbst entdecken zu wollen, es freizusetzen, um es weitergeben zu dürfen. Dies war, wie er es für sich formulierte, der göttliche Auftrag natürlicher Schöpfung. Gott. Got-Kreuz. Die Kreuzung zwischen Göttlichem und Menschlichem selbst im Menschen vereint. Amen. Xmen. Omen. Sie alle beschrieben ein und dasselbe: Menschen mit der genetischen Veranlagung natürlicher Sensibilität. Mit anderen Worten, Christoph war auf dem besten Weg, sich selber zu finden. Er suchte seine höhere Macht nicht länger im Außen, denn er und seine ihm geschenkte Begabung waren ihr Ausdruck gewesen. Weil er dies aus Unwissenheit nicht erkannt hatte, lebte er sein Leben in Übermut, Hochmut und Sühne. So machte er sich erneut auf den Weg, um sich die Botschaften und Lehren seiner Ahnen bewusst zu machen. Weder Demut noch Hochmut lenkten ihn von seiner wirklichen Bestimmung ab. Durch das gerechte Pendel eines natürlichen Ausgleichs war sein persönlicher Weg zum intimen Kreuzweg geworden. Erleben. Bereichern. Weitergeben.

„Ich fürchte mich nicht länger. Ich habe Mut mich zu erkennen, meiner gewahren Berufung zu folgen. Ich - bin."

Christoph fühlte sich übermannt. Das erste Mal im Leben empfand er Freiheit. Es war, als ob ihm jemand all seinen Ballast von den Schultern genommen hätte. Eine Last war ihm von den Schultern gefallen.

„Das ist für mich der einzig wahre Beweis für die Schöpfung. Denn ein Mensch wie ich vermochte allein diese Vielzahl an Fügungen niemals auch nur im Ansatz zu planen, über Jahrtausende hinweg bis heute. Jeder Moment unserer eigenen, individuellen Realität ist Schöpfung in sich selbst."

Nun ja, wahre Wertschöpfung hatte eben mit Geld nichts zu schaffen. Sie ist feinstofflicher und obliegt ausschließlich dem Menschen.

„Ich bin bereit, nach vorne zu sehen und meinen Traum zu leben. Denn ich habe eine Bestimmung; davon bin ich felsenfest überzeugt. Ich möchte wach sehen, fühlen und spüren. Weil ich das tiefe Empfinden und Vertrauen habe, dass es so sein soll und es meine Aufgabe ist, all meine Erfahrungen zu erleben, sie zu deuten. Ich will lieben. Meiner Tochter behilflich sein und ihr meine Erfahrungen und Werte weitergeben. Ich lebe, weil das Leben ein natürliches Gesamtkunstwerk ist, ich liebe es, wenn andere mich bewundern, wenn es ihnen gefällt, wie ich bin, wie ich singe, was ich mache und arbeite und ich sie begeistere, wenn ich sie in meine Träume entführen darf. Ich lebe, weil ich der Menschheit dienen darf, weil ich meinen Mitmenschen dadurch auch ihren Sinn im Leben bewusst machen kann. Weil jeder Einzelne seinen eigenen Glauben hat und diesen braucht, um seinen Lebenssinn zu finden und seine Bestimmung zu erkennen. Ich lebe, weil ich den Menschen dabei helfen will: durch Offenbarung meiner eigenen Geschichte. Weil ich die Natur und die Schönheit dieser Welt mit all meinen Sinnen erleben möchte. Ich lebe, weil ich glaube, dass das Leben ein Teil ist – ein Abschnitt einer Reise – und weil ich eine tiefe Verbundenheit und grenzenlose Liebe verspüre ... zu meinem Gott, zu meinen Ahnen, zu meiner Tochter, zu mir und zur Natur. Nur ich selbst kann mich ändern, niemand anderer. Und ich bin bereit. Vielleicht kann ich so zu einer schöneren, glücklicheren und zufriedeneren Welt und Gemeinschaft beitragen. Ich entschließe mich zur Ehrlichkeit und Offenheit!"

Christoph betrachtete beizeiten den Wortlaut „Gott, Vater und Sohn" etwas näher. Dabei erinnerte er sich seines Ahnenwissens. Er selbst war Sohn von Vater und Mutter gewesen, selber demnach Zeugnis der Schöpfung und insoweit Gott gleich. Nun war er selbst zum Schöpfer geworden: zum Vater einer Tochter, im Namen der Erleuchteten.

„Christoph ... Christoph!! Was ist mit Ihnen los!? Kommen Sie zu sich! Sie starren mich seit Minuten entgeistert an! Sagen Sie nur ein Wort!"

„Danke!", schluchzte Christoph. Weinend, wiewohl auch erleichtert, traf sein aufrichtiger, hilfesuchender Blick die verstörten Augen des Arztes, der weiter seinen Ausführungen lauschte:

„Ich bin süchtig. Ich habe Böses getan, Sünden begangen und Unrecht erfahren. Ich habe genommen. Ich habe gerichtet und bin gerichtet worden. Ich habe Leid erfahren und bin durch die Hölle gegangen. Ab jetzt will ich Gutes tun, tugendhaft leben und Recht begründen. Geben will ich und Freude empfangen. Ich will den Himmel auf Erden erleben. Ich lebe, weil alles in mir ist. Und ich bin in allem. Ich bin geboren. Ich bin gestorben. Und ich werde leben."

Kapitel 2 - Analyse & Psychogramm

My Baby Michelle

Eine Geschichte über Gerechtigkeit und Ehrlichkeit

Du sollst, wenn es nach den anderen ginge, im Leben ständig irgendwelchen fremden Vorstellungen entsprechen, sollst über Dein Handeln und Deine Entscheidungen anderswo Rechenschaft ablegen. Hast Du am Ende des Tages Dein Handeln danach ausgerichtet, glaubst Du, auf dem rechten Weg zu sein. Doch glaube mir: Die wahre Gerechtigkeit erfährst Du nicht am Ende eines Tages, sondern in den bedeutsamen Sekunden vor Deinem Ableben, unmittelbar vor dem Ausscheiden aus Deinem irdischen Dasein. Dann zählt nur noch, ob Du Deiner wirklichen Bestimmung gefolgt bist und Deiner Lebensaufgabe rechtens getan hast. Darum träume, was Du träumen möchtest. Gehe, wohin Du gehen möchtest. Sei, wer Du sein möchtest. Denn Du hast nur diesen einen Moment.

„Ich hatte es geschafft, wieder Frieden in mein Leben zu bringen. Ich wollte mein Ich, mit all seinen dunklen Seiten, sterben lassen. Dieser böse Teil, der sich mit Süchten und Selbstzweifeln bis hin zu Selbstmordgedanken herumplagte, sollte ein für alle Mal vorbei sein. Meine Fehlidentität galt es auszulöschen. Ich war zu lange verspottet, ausgegrenzt und abgeschrieben worden. Endlich meine Lebensträume zu verwirklichen, war alles, was ich je erreichen wollte. Ich hatte genug von den Menschen, die sich ständig bemüßigten, mir ein anderes Leben aufzuschwatzen. Mein Leben hatte ich trotz aller Widrigkeiten wieder einigermaßen in den Griff bekommen und war bereit, einen Neuanfang zu wagen. Als ich jemanden gebraucht hatte, als Stütze, als Hoffnungsschimmer, war keiner für mich da. Also brauchte ich auch jetzt keine Besserwisser an meiner Seite."

„Schon mit mickrigen sechzehn Jahren, die sich so erwachsen und so selbständig anfühlten, wusste ich ganz bewusst, dass meine Leidenschaft die Musik und die Schauspielerei waren. Doch die Menschen in meiner Umgebung, Menschen, die ich liebte, erkannten dies nicht und wollten mich von meinem Weg abbringen: auf einen, den sie selbst für richtig hielten. Da ich diese Menschen innig liebte, wollte ich deren Vorstellungen eines normalen und sicheren Lebens gerecht werden. Ich glaubte und vertraute ihnen, verließ mich auf ihr Urteil. Im Innersten meines Herzens jedoch begriff ich, dass dies nicht meine wahre Bestimmung war. Etwas fehlte mir einfach. Ich hatte mich in meinen Süchten verloren, um dadurch der Wahrheit nicht ins Auge sehen zu müssen. Und ich fiel immer tiefer, verlor meine Freundin und Beziehung, meine Gesundheit und den Geist, meine Existenz und ihre Sicherung. Und machte mich selbst zu demjenigen, der ich nun war. Weil niemand an mich geglaubt hatte und die Menschen nicht erkennen wollten, welches Potenzial in mir steckte. Wieder und wieder stand ich auf und schöpfte daraus die Kraft, irgendwann meiner innersten Bestimmung zu folgen, meine Berufung zu erkennen und meinen Traum zu erfüllen – endlich mein Leben zu leben. Die Hoffnung auf Gerechtigkeit. Die Hoffnung, die wahre Liebe meines Lebens zu finden und gemeinsame Träume zu verwirklichen, ließ mich wieder zuversichtlich nach vorne blicken. Ein weibliches Wesen, das fest im Leben stand, mich so annehmen sollte, wie ich war, und bei dem ich mein künstlerisches Leben umsetzen durfte. Ich vertraute auf mein Gefühl an eine höhere Macht, die mich dabei führen und leiten sollte. Mein Glaube und mein zielgerichteter Geist gaben mir die nötige Kraft und ließen mich zur Belohnung meinem Traum ein Stück näherkommen. Allerdings erst lange nach der Begegnung mit Nadja."

Das Wetter war nass und kalt. Obwohl es Dezember war, mischte sich Regen in den fallenden Schnee. Es war unwirtlich.

„Ich war mies gelaunt, weil ich am Vortag meine Jacke in einem Nachtlokal vergessen hatte und ich mit dem Zug in die Stadt musste. Eigentlich hatte ich gar keine Lust, doch es befanden sich einige persönliche Sachen in den Taschen, die ich unbedingt wiederhaben musste. In der Bar angekommen, war ich erst einmal froh, dass mein Lieblingsstück noch an der Garderobe hing. Ich bestellte mir ein Bierchen, grübelte so vor mich hin und ließ meinen Blick gelangweilt im Lokal umherschweifen, das vor Zigarettendunst richtig vernebelt war. Plötzlich blieb mein Auge an der Eingangstür hängen. Eine feiernde, fröhliche Gruppe drängelte sich herein und mittendrin – sie. Mein Herz begann augenblicklich schneller zu schlagen."

Christoph schöpfte Hoffnung: „Bitte lass es keine Täuschung sein!"

„Ich schärfte meinen Blick, richtete mich neugierig auf und ein Gefühl von angenehmer Wärme durchströmte meinen Körper. Es gab keinen Zweifel mehr darüber, sie war es: Michaela, meine erste große Jugendliebe. Sie war hübscher denn je: schlank, groß, und ihr dunkles langes Haar umrahmte ihr geheimnisvolles Gesicht. Sie trug hautenge Jeans und ein orange-schwarz gemustertes T-Shirt, gleich einem wunderschönen Schmetterling, dessen Anmut sich nicht verbergen ließ. Schnurstracks ging ich auf sie zu. In meinem Kopf schwirrten tausende Gedanken. Leicht zurückhaltend, fast verlegen, begrüßte ich sie. Ich muss tollpatschig gewirkt haben, doch ihr wunderbares Lächeln ließ mich schnell meine Selbstsicherheit zurückgewinnen."

Christoph war nicht in der Lage, sein zügelloses Temperament zu beherrschen: „High! Was suchst *Du* in dieser heruntergekommenen Kneipe?"

„So eine blöde Frage! Es war mir peinlich, weil – zu banal. Das Einzige, was mich tatsächlich interessierte, war die Antwort auf die Frage, ob sie noch mit ihrem Freund zusammen sei. Doch geradeheraus zu fragen, traute ich mich nicht. Immerhin hatte ich erst ein einziges Bier getrunken. Erwartungsvoll lauschte ich ihren Worten. Wie für viele Frauen so üblich, erzählte sie munter drauflos. Innerhalb kürzester Zeit wusste ich alles, was ich wissen musste. Sie war mit Arbeitskollegen unterwegs, die sie seit der Trennung von ihrem Freund gelegentlich mitnahmen. Alleine hatte sie nämlich keine Lust auszugehen. Ein innerer Jubelschrei durchzuckte mich. Die Worte 'nach der Trennung' klangen wie Musik in meinen Ohren. Ich schwor mir alles dafür zu tun, um diese wunderbare Frau nie mehr loslassen zu müssen. Es gab also doch noch Gerechtigkeit auf dieser Welt. Wir vergaßen die Zeit, und als ob wir beide niemals getrennt gewesen wären, redeten wir bis zum Morgengrauen."

Christoph war schon in der Schule Hals über Kopf in Michaela verliebt gewesen, und plötzlich erschien es ihm völlig unverständlich, wie er dies während all der Jahre hatte vergessen können. Ab und zu spukte sie in den Korridoren seiner Gedanken herum, doch ernsthaft nach ihr zu suchen, kam ihm niemals in den Sinn.

„Ich erzählte Michi davon, dass ich ein Leben als freier Künstler anstreben würde, wie sehr ich die Schauspielerei liebte und in Zukunft meinen Lebensunterhalt damit verdienen wollte. Die derzeitige Beschäftigung als Privatdetektiv betrachtete ich nur als Übergangslösung. Irgendwie hatte ich das Gefühl, mich selbst annehmen und mich nicht mehr für andere verbiegen zu wollen. Ich wollte einfach endlich zu mir selbst finden, zu meinen Gedanken und meinen Gefühlen stehen. Ich wollte Ehrlichkeit. Michi schien fasziniert zu sein von meinen Träumereien. Als mehr fasste sie diese jedoch wohl kaum auf. Eine kindliche Träumerei, ein Luftschloss, das im realen Leben, in einer von Konsum gesteuerten, nach Macht und Geld gierenden Gesellschaft wenig Platz fand. So direkt und ehrlich hätte sie mir das allerdings wahrscheinlich nie gesagt. Ich sah in Michi die perfekte Frau, meinen neuen Halt, meine neue Basis. Endlich ein weibliches Wesen, dem ich blind vertraute, und eine Frau, die ich von ganzem Herzen liebte. Alte Liebe rostet nicht, sagt man. Wie wahr! Bereits in dieser Nacht beschlossen wir, unser Leben gemeinsam verbringen zu wollen. Ich fühlte mich so wohl, ganz so, als wäre ich nach einer langen Reise erschöpft daheim angekommen."

So also fühlte sich richtiges Glück an: wie ein authentischer Augenblick. Michaela hatte sich abermals Christophs Herz geschnappt. Dem Himmel sei

Dank für diese schicksalhafte, scheinbar unergründliche Begegnung. War sie nur Zufall? Wer weiß! Auf Anhieb war Christoph mit sich und der Welt zufrieden. Nach all den schlimmen Jahren, nach den seelischen Schluchten und gesellschaftlichen Gebirgsketten, nach all den Mühen der Ebene im Leben meinte es das Schicksal nun endlich gut mit ihm. Sicherheit, Unbeschwertheit und Lebensfreude machten sich in ihm breit.

„Michi und ich waren uns einig. Wir wollten zusammen sein, eine Familie gründen und unser Leben gemeinsam verbringen. Sie hatte eine hübsche, geräumige Wohnung in der Stadt, in der sie sich sehr wohl fühlte, und sie bat mich ohne Umschweife, bei ihr einzuziehen. Begeistert willigte ich ein. Keinen einzigen Tag wollte ich mehr ohne sie verbringen, ohne dieses unbeschreibliche Gefühl von gestillter Sehnsucht. Während ich im Elternhaus, wo ich seit der Trennung von Nadja gelebt hatte, meine Sachen packte, redete meine Mutter auf mich ein, dass ich doch bitte zu Hause wohnen bleiben solle ... Ja, sie flehte mich regelrecht an! Sie fand die ganze Aktion überstürzt und unüberlegt. Doch ich war fest entschlossen und freute mich auf mein neues Leben. Da ich uneinsichtig wirkte, wurde die Stimmung meiner Mutter bedrohlicher: ‚Wie kannst Du nur so naiv sein und Hals über Kopf zu dieser fremden Frau ziehen? Hast Du aus all den Jahren und Deiner gescheiterten Beziehung denn nichts gelernt?‘ Mutter wurde immer aufbrausender, zorniger und ihre Worte waren Donner und Gepolter.“

„Ich kam mir vor wie ein kleiner Schuljunge, der seine Hausaufgaben nicht gemacht hatte. Irritiert von ihren verletzenden Worten, stopfte ich meine wichtigsten Sachen in zwei Plastiksäcke. Ich war mit mir uneins. Ich war verzweifelt. Wie konnte sich dieser an sich empathische Mensch immer wieder von der liebevollen, fürsorglichen Mutter in diese unmögliche, grausame Frau verwandeln? Ich liebte meine Mutter doch! Sie war einer der wichtigsten Menschen in meinem Leben. Ihr und meinem Vater verdankte ich mein irdisches Dasein. Solche Szenen jedoch ließen mich an der Schöpfung als größtem menschlichen Wunder und Geschenk zweifeln. Am liebsten hätte ich ihr das auch unter die Nase gerieben, aber dazu war ich viel zu feige.“

„Christoph respektierte seine Mutter sehr und wollte ihr niemals, um keinen Preis wehtun. Sie wiederum fühlte, wie sie ihren Sohn mit ihren Ausbrüchen kränkte und in seinen Entscheidungen verunsicherte. In solchen Situationen hatte sie keine Macht über ihr Handeln. Die mütterliche Sorge war dann größer als jedes Taktgefühl. Statt ihn in den Arm zu nehmen und ihm zu sagen, dass sie nicht wollte, dass er erneut verletzt würde, schrie sie herum. Sie wusste selbst nicht genau, was in ihr vorging, wenn sie hysterisch mit Worten um sich schlug. Christoph wusste um die Gedanken und Gefühle seiner Mutter allzu gut Bescheid, als dass er sich darauf einließ. Das Klügste, was er seiner Erfahrung nach tun konnte, war, zu flüchten und abzuwarten. Er dachte sich: „Weg! Nur weg!"

„Auf dem Weg zum Zug überfiel mich ein flaues Gefühl in der Magengrube. Warum fühlte ich mich plötzlich so unwohl? Immer dieses Auf und Ab. Einerseits die Freude auf mein neues Leben, andererseits dieses Unbehagen, dass etwas schiefgehen könnte. Ich konnte diesen Wirrwarr einfach nicht zuordnen. Dieses Kribbeln im Bauch, der beschleunigte Herzschlag, die schwitzenden Hände, diese Urangst, das gottverdammte Gefühl, davonlaufen zu müssen."

„Christoph sehnte sich unentwegt, ungebärdig wie ein wildes Pferd, nach seinem eigenen Leben, einer Familie, die er unbestreitbar sein Eigen nennen durfte, und wünschte sich aus der Tiefe seines Herzens eine kleine Tochter, die er lieben und beschützen konnte. „Warum kann ich diese unmöglichen Zustände nicht steuern?", dachte er: „Ich will diese Konflikte nicht. Punktum! Warum muss alles immer nur so schwierig sein?"

Seine wenigen Habseligkeiten fanden alsbald einen Platz in seinem neuen Zuhause. In seinem Kopf bastelte er bereits Zukunftspläne für sein Künstlerdasein. Noch war das Ganze reine Fantasterei. Er malte sich aus, wie er als berühmter Schauspieler auf der Bühne stehen und von allen bewundert werden würde. Sein Ziel: Bestätigung. Seine Liebe zur Musik erkannte er noch nicht als seine eigentliche Bestimmung, obwohl Musik gleichsam sein Leben war, seine Erfüllung, denn mit Musik konnte er in andere, weite Welten abtauchen. Affekte und Emotionen, die er in Worten unmöglich ausdrücken konnte, spiegelten sich in den Klängen, die er produzierte, wider. Christoph vertraute auf seine höhere Macht, die ihm den Pfad vorzeichnen würde.

„Mein Job als Detektiv war anstrengend und mühsam - und machte absolut keinen Spaß. Es war für mich nur sinnlose Zeitverschwendung. Ich war einfach nicht für diese normierte Gesellschaft mit all ihren Schemata geboren. Vierzig Stunden einer geregelten Arbeit nachzugehen, nur weil es so angestammt war, sich für eine unliebsame Aufgabe abzustrampeln, um Miete und Essen zu zahlen und weiterarbeiten zu können, dazu fühlte ich mich wirklich nicht berufen. Die Lohnsklaverei nervte mich, allein schon als Lebenskonzept. Zusätzlich empfand ich es als ungerecht, zum Taugenichts abgestempelt zu werden, nur weil ich meiner Bestimmung folgen wollte. Ich passte eben nicht in diese Welt. Mittlerweile war es mir egal, ob ich anders war. Ich betete zum Himmel, den richtigen Zeitpunkt für mich bereitzuhalten. Stärker denn je verspürte ich jene Vorahnung, mich für das Richtige entschieden zu haben. Dessen ungeachtet, rutschte ich immer wieder mal auf dem dünnen Eis meiner abstinenten Suchtpausen aus. Was ich wahrnahm, jagte mir manchmal Angst ein. Das Stimmengewirr und die ständig herumschwirrenden Zahlen in meinem Kopf wurden präsenter und lauter. In mir war es mitunter so laut, dass ich draußen nichts mehr hörte. Das Verlangen, diesen unerträglichen Lärm aus meinem Kopf zu verbannen, wurde immer stärker. Für mich gab es keine Zweifel mehr, dass Michi bereit war, mich in meinem Künstlerdasein unterstützen zu wollen. Jedenfalls war ich vom ersten Abend an ehrlich zu ihr gewesen."

Christophs Vorstellungen waren für Michi in der Tat undenkbar. So gab es zu diesem Thema keinerlei ernsthaften Gespräche. Jeder der beiden meinte zu wissen, was der andere dachte und fühlte. Michi war der Meinung, dass sein Traum mehr und mehr verblassen würde, wenn sie erst einmal länger zusammenleben würden. Nach und nach würde er sich schon an das normale Dasein gewöhnen. Sie war davon überzeugt, dass spätestens, wenn das ersehnte Kind unterwegs wäre, Christoph in seiner Verantwortung als Familienvater aufgehen würde. Die Vorsehung bestimmte, dieses Ereignis nicht lange auf sich warten zu lassen.

„Das + am Schwangerschaftstest bestätigte mein Gefühl eines Augenblickes für die Ewigkeit. Genau in diesem Moment flog ein Storch über uns hinweg. Darin sah ich ein liebevolles Zeichen unseres Schöpfers. Mein Leben schien nahezu perfekt. Diese enorme innere Kraft, diese unsagbare Energie, dieses Bauchgefühl und diese Stimmen in meinem Kopf waren wirklich echt. Also war alles keine Einbildung gewesen. Die Beweise für ihre Existenz wurden immer deutlicher. Ich verspürte mehr oder minder körperlich diese unbeschreibliche Seelenregung. Überglücklich erzählte ich meinen Eltern, dass ich bald stolzer Vater sein würde. Meine Mutter meinte nur, dass ich doch selbst noch ein Kind sei, und stellte mich damit als Familienoberhaupt im Vorhinein infrage. Es stimmte schon, dass ich noch unreif und auch etwas unsicher war und keine Ahnung davon hatte, wie viel Verantwortung dieser Schritt tatsächlich bedeutete. Aber warum war meine Mutter traurig, hilflos und verzweifelt - anstatt glücklich? Ich fand es ungerecht, dass sie es immer wieder schaffte, mir solche freudigen Ereignisse zu verderben. Und doch regte sich in mir wieder jenes schlechte Gewissen, das sie mir einzupflanzen imstande war. Zweifel mischten sich unter meine Vorfreude. Alles, was ich mir von ganzem Herzen wünschte, war doch eine harmonische Familie, in der sich alle geborgen fühlten, allem voran ich selbst."

Christoph glaubte fest an seinen Wunsch und war überzeugt, dass eine höhere Macht ihn erhört hatte. Von ihr allein fühlte er sich verstanden und behütet. Er zweifelte nicht länger daran, dass diese Macht ihm jene wunderbare Frau geschickt hatte und seinen größten Traum in Erfüllung gehen ließ.

„Ich begrub alle Zweifel und erfreute mich aufrichtig daran, eine schwangere Frau, eine Wohnung zu haben und bald auch mein eigenes, ganz normales

Leben als Familienvater bestreiten zu dürfen. Mich in all den Dingen beweisen zu können, die meine Eltern aus meiner Sicht all die Jahre falsch gemacht hatten. Meinen Plan, als Künstler für mich und meine Familie zu sorgen, schob ich angesichts der bevorstehenden Ereignisse vorerst auf. Darin hatte ich schließlich Übung, denn Abwechslung war die einzige Konstante in meinem bisherigen Leben gewesen. Manche, versteht sich, nennen es unstetes Verhalten. Nun, immer öfter erfüllte eine unbeschreibliche Sehnsucht meinen Körper. Ich freute mich sehr, sehr, sehr auf unser Kind und erlebte meinen Alltag wie von einer überirdischen Magie getrieben."

„Doch begann die sonnige Stimmung sich allmählich zu trüben. Ich wollte mich vorzugsweise in die Schwangerschaft einbringen, doch Michi zog sich zu meinem Erstaunen zurück und wurde von Tag zu Tag eigensinniger. Was wusste ich schon von einer Schwangerschaft, ihren Tücken, den hormonellen Umstellungen, den damit verbundenen Depressionen, den Mühen einer Frau, die ein Kind zur Welt bringt! Reichlich wenig ... So ging ich oft noch schnell in eines meiner früheren Stammlokale, um mit den dort ansässigen Freunden die Neuigkeit zu feiern und die frohe Botschaft zu begießen. Ich bemühte mich zwar reinen Herzens, meiner Arbeit nachzugehen und mich über meine Schicksalsfügung zu erfreuen, fühlte mich indessen schleichend in meiner Beziehung mehr und mehr gefangen. Alte Muster kehrten ein. Dabei wünschte ich mir ungemein, dass mein Leben normal funktionieren würde. Doch der Wunsch allein reichte offenbar nicht."

Erneut machte sich schlechtes Gewissen breit. Wieder begann Christoph, sich seiner Umgebung anzupassen, kurz, den Weg des geringsten Widerstands zu gehen.

„Was erwartet Michi bloß von mir? Wie soll ich mich denn verhalten? Warum zum Teufel darf ich nicht so bleiben, wie ich bin? Ich bin doch da und liebe sie mit all ihren Ecken und Kanten!"

Vieles war ihm unverständlich und hatte den Anschein, dass sich das Spiel dort fortsetzte, wo es in seiner vorangegangenen Beziehung geendet hatte. Seine Verhaltensweisen waren unreflektiert, seine Erlebnisse in Summe unverarbeitet. Wer aus seinen Erfahrungen nichts gelernt hatte, war verurteilt, sie auf diese oder jene Weise zu wiederholen.

„Was war bloß so schlimm an mir? Ich hatte doch mein Leben im Gegensatz zu früher erheblich geändert. Ich mochte gar nicht mehr daran denken, was ich im Rausch alles für Mist gebaut hatte. Nach der Beziehung mit Nadja war das Rotlichtmilieu für eine bestimmte Zeit lang mein zweites Zuhause gewesen. Spielautomaten, Frauen, Sex und Drogen hatten eine unglaubliche Anziehungskraft auf mich ausgeübt. Schlägereien standen an der Tagesordnung.

Ich wusste mit Sicherheit, dass ich dorthin nicht mehr zurückwollte. Nie und nimmer!"

Für Christoph gab es diesbezüglich keine Diskussion darüber, ob er noch einmal so tief sinken wollte oder nicht. Natürlich wusste er auch, dass er ein anderes Wesen hatte als die meisten Menschen, doch war es wirklich so dramatisch? Es schien, als bräuchte ihn niemand, so wie er war. Was hieß überhaupt Akzeptanz? Michaela und Christoph fühlten sich gegenseitig unverstanden. Der Rest der Beziehung war für beide - Leidenschaft. Christoph war in seiner engen Welt einmal mehr zwischen zwei Mächten hin- und hergerissen. Wenn er getrunken hatte, veränderte sich sein Wesen drastisch. Irgendetwas in ihm, etwas tief Verborgenes, schien sich dann seinen Weg an die Oberfläche zu bahnen.

„Dieses ständige ‚Funktionierenmüssen' setzte mich gewaltig unter Druck. Ich war damit überfordert, war willig, aber erschöpft. Um lockerer zu werden, ging ich immer öfter mit irgendwelchen Leuten auf einen ‚Abstecher', um ein Gläschen zu kippen. Das wiederum stieß bei Michi auf wachsendes Unverständnis. Innerlich fühlte ich mich zerrissen, traurig, einsam und verlassen. Diese Hilflosigkeit gegenüber mir selbst und allem Unbewussten, diese Machtlosigkeit begann mich förmlich zu zerstören. Ich wurde immer unfähiger, meiner Enttäuschung, meinen Gedanken und Gefühlen auf andere Art und Weise Ausdruck zu verleihen als durch Saufen. So ergab es sich, dass ich öfter mal aufs Land fuhr, um unter fadenscheinigen Ausreden meine Eltern zu besuchen. Da kam es dann auch schon mal vor, dass ich Michi per SMS mitteilte, dass ich am Abend nicht mehr zurückkäme. Ich versumpfte - meist mit Mama - in altbekannten Lokalen, mit Leidensgenossen auf der Tankstelle oder allein bis frühmorgens im örtlichen Kaffeehaus. Eigentlich forderte ich die Gefahr des Trinkens geradezu heraus und fand es wunderbar, wenn ich, ausgelöst durch diesen oder jenen gesellschaftlichen Anlass, eine Art Zugehörigkeit erleben durfte. Mein Motiv bei alledem: unausgesprochenes Selbstmitleid. So stärkte der Alkohol meinen Willen, nämlich jenen Willen, mein Leben mit ihm und anderen vom Glück verlassenen Weggefährten, in falscher Eintracht zu teilen. Dieses schwebende Gefühl, unbeschwert und frei zu sein, war unbewusst zu meiner Abhängigkeit geworden. Zu einer, die Wurzeln geschlagen hatte, zu meiner wahren Sucht geworden war: wenn sich alles im Körper so wohlig warm ergoss. Ich hatte gegen das erste Glas keinen wirksamen geistigen Schutz mehr und war allzeit bereit, alles zu opfern, um mich meinen starken Emotionen und der Wahrheit nicht stellen zu müssen."

„Ständige Streitereien und Vorwürfe wurden, wie zu erwarten, zur Gewohnheit. Die Beziehung mutierte zum qualvollen Überlebenskampf. Die nächtelangen Sauftouren und Soloausflüge hatten zur Folge, dass ich meinen Job verlor.

Wie soll man in diesem Zustand auch funktionieren! Es war mir egal, nein, mehr noch - ich empfand den Umstand sogar als Erleichterung. Ich glaubte daran, dass mich meine höhere Macht schlussendlich aus dieser unerträglichen Situation gerettet hatte. Ohnehin hasste ich es, der alltäglichen, stumpfsinnigen Pünktlichkeit um der Arbeit willen beizukommen und so tun zu müssen, als sei es das Normalste auf der Welt. Das war es für mich keinesfalls. Es war eine tägliche Herausforderung, ein tagtägliches Opfer meinerseits. Irgendwie schien sich alles zu wiederholen. Sollte ich neuerdings alles verlieren? Michi und unser Baby, das war die eine Seite meines Plans, eine glückliche Familie zu sein. Die andere Seite hing mit meinem Wunsch zusammen, meine Bestimmung zu finden, indem ich mich in grenzenlosen Missbrauch flüchtete. Das Schlimmste aber war, dass jene seltsamen Wahrnehmungsstörungen schon wieder zunahmen."

Christoph wurde vermehrt von Eingebungen heimgesucht, über deren Bilder er immer öfter erschrak. Er „sah" Dinge. Schön waren sie nicht unbedingt.

„Manchmal dachte ich, dass ich nun total übergeschnappt sei. Doch mit wem sollte ich darüber sprechen? Meine Mutter hatte bereits den Stempel der Psychiatrie abbekommen, und diesen wegzubekommen war hernach unmöglich. Ich hatte einfach riesige Angst, mich jemandem anzuvertrauen, von meinen Gedanken und Gefühlen zu erzählen, von diesen scheinbar durch eine äußere Kraft gesteuerten Geistesblitzen, Bildern, Zahlen und Zeichen. Ich überlegte wirklich sehr oft, ob ich mir das wohl alles nur eingebildet hatte, und versuchte weiterhin, solche Empfindungen zu verdrängen. Doch sie behielten die Oberhand. Es gab für mich im Leben anscheinend noch ein Scherflein mehr zu ergründen und noch einiges zu erledigen. Ich war ungeübt darin, mit diesen Deutungen umzugehen, und wollte diese weder hören, noch spüren oder fühlen. Sprich, ich hasste sie. Ich hatte niemanden darum gebeten so zu sein. Ich konnte dieses heillose Durcheinander in meinem Kopf nicht kontrollieren, geschweige denn abstellen. Es war, als läge ein Fluch auf meiner Seele."

Christoph hatte beileibe keine Ahnung, an wen er sich wenden sollte. Niemand machte sich die Mühe, ihn zu ergründen und näher zu verstehen oder wenigstens ein ernsthaftes Gespräch mit ihm zu führen. Und so wurde er aufs Neue verurteilt und - fallengelassen. Obwohl sein Verhalten nur ein verborgener Hilfeschrei war, durch den er unbewusst um Verständnis bettelte, wollte ihn niemand erhören und sich damit beschäftigen: „Vielleicht ist das der Grund, warum ich immer wieder in Süchte verfalle?" Warum geschah dies in dieser Form? Um erkennen zu dürfen,  dass er in seinem Leben auf sich allein gestellt war! „Doch irgend- wann ...", da war er sich sicher, würde die Zeit kommen, wo er keine Hilfe mehr brauchen würde.

Genius Failure

Eine Geschichte über Sensibilität und Klugheit

Dein ganzes Wissen weiß nichts. Nur der Glaube weiß. Denn, wenn Du glaubst, ist Nichts alles, was Du wissen musst. Glaube nicht immer nur das, was Du siehst. Wichtiger ist es zu sehen, woran Du glaubst. Denn das ist es, wofür Du wirklich lebst. Ich wünsche Dir in Deinem Leben Liebe und Freude, damit es Dir gut geht. Prüfungen, um stark zu bleiben. Tränen, um menschlich zu bleiben. Und die Freiheit tiefen Glaubens, damit sich Deine Ahnungen erfüllen mögen.

„Mein Glaube an diese alles erschaffende, alles steuernde Lebenskraft, die zu allen Zeiten und in allen Völkern unterschiedliche Namen hatte, das Wesen des Lebens beschrieb und als jener Teil im Menschen galt, welcher ewig leben sollte - die Seele -, erhielt mich am Schöpfen. Mein bisheriges, turbulentes und schicksalhaftes Leben hätte ich ohne meinen festen, tiefen Glauben an diese Kraft nie und nimmer meistern können. Was aber war es, das mein Vertrauen und diese Energie ausmachte? In den verborgenen Winkeln meines Innersten spürte ich, dass ich mich anscheinend in einer für mich und mein gesamtes Familiensystem bedeutsamen Umwandlungsphase befand. Es war mir rätselhaft und unbeschreiblich zugleich. Glauben, Beten und Hoffen gehörten schon seit jeher zu mir, ebenso wie die Gewissheit, dass irgendetwas viel Höheres und Größeres mein Dasein mitbeeinflusste. Doch warum hatte ich bisher noch nie aufgegeben? Wieso stand ich schon wieder vor dem Scherbenhaufen meiner zerstörten Träume, vor einer missglückten Beziehung? Warum nahm ich mir nicht kurzerhand das Leben?"

Christoph stellte sich in seinen Kindestagen Gott als weißbärtigen, etwas korpulenten, älteren Mann mit einer wunderbaren blauen Robe vor. Die weißen Haare reichten über dessen Schultern, und der Weisheit bedeutende Bart bedeckte fast den ganzen Bauch. Nun kam der Moment des Rückblicks, just an jenen Tag, an dem das Menschenkind im Laufe seines christlich angehauchten Lebens das erste von sechs weiteren Sakramenten empfangen sollte. Die heilige Taufe auf seinen Namen Christoph Stefan. Gesegnet mit dem Kreuzzeichen Gottes.

„Das Abbild der Deckenmalerei in unserer örtlichen Kirche faszinierte mich besonders. Es bildete einen alten, freundlichen Mann ab, geduldig und fürsorglich auf einer Treppe sitzend, der mit freundlicher Miene und väterlicher Geste sich mit einem kleinen Jungen zu unterhalten schien. Ich stellte mir durchwegs vor, dass ich selbst dieser kleine Junge sei. Und der alte Mann war der Allmächtige in Person. Ausgestattet mit Lebensweisheit und *Klugheit*. Diese Vorstellung einer innigen Vertrautheit erzeugte tiefen Frieden in mir. In der großen Kirche mit ihren bunten Fenstern und den knarrenden alten Holzbänken fühlte ich mich wohl. Der Chor befand sich gegenüber dem Altar, hoch oben in einer extra für ihn angelegten Nische, und gestaltete musikalisch den Gottesdienst. Die dahinterstehende Orgel war das klingende Herz dazu. Das Mitsingen der allerorts bekannten Kirchenlieder machte mir großen Spaß. Weil es immer jemanden gab, der noch lauter und falscher sang als ich. Ich entwickelte daher ein Gespür dafür, die Stimmungslagen der Erwachsenen an ihrem Gesang zu erkennen. Bereits zu dieser Zeit offenbarte sich mir eine ausgeprägte *Sensibilität.*"

„Das gemeinsame, alles in allem harmonische, sittsame Miteinander entspannte, berührte und begeisterte mich. Ich konnte alles um mich herum vergessen und meine ständig kreisenden Gedanken waren augenblicklich verflogen. Die meist lateinischen Liedtexte verstand ich ja nicht, doch eben diese Unkenntnis ließ mich die Musik noch intensiver genießen. Die Emotionen waren beeindruckend und mehrheitlich überwältigend. Ich hatte recht früh erfahren müssen, und zwar auf schmerzvolle Weise, dass Menschen sich gegenseitig oft enttäuschten, verletzten und beschimpften. Hier beim Singen hingegen war die Welt wieder in Ordnung. Auch wenn man bei Ungehorsam angeblich in die Hölle kam. Das war mir egal. Denn mein imaginierter, persönlicher Himmelvater hatte immer Verständnis für mich, hörte mir immer zu und kannte die Nachsicht. Mit einer Beichte und ein paar Gebeten wurden den Erwachsenen sowieso all ihre Sünden verziehen und die Buße erlassen. Die konnten lügen wie gedruckt, und es passierte - nichts. Absolut gar nichts."

„Eigentlich wurde mir immer unklarer, wer oder was überhaupt Gut und Böse definierte. Unergründlicherweise löste die Einhaltung der zehn Gebote ständig schlechtes Gewissen in mir aus; gerade Verbotenes zog doch jedermann magisch an. Und war es etwa nicht so, dass der, der das Böse bekämpfte, auf derselben Stufe stand wie jener, der das Gute bekämpfte? Also musste das Gute doch vom Bösen abhängig sein, und umgekehrt. Wie die Dunkelheit vom Licht. Die Nacht vom Tag. Schwarz von Weiß. Der Mensch von der Natur? Auf jeden Fall war ich überzeugt, dass das Gute und das Böse in jedem Menschen zu finden war und somit auch beides jeweils seine Berechtigung und Ordnung hatte. Und nun, als Erwachsener, liebte ich Michi mehr als mein eigenes Leben und freute mich wahrhaftig und grenzenlos auf unser Kind, auf dieses kleine, unschuldige Wesen, das da in ihr heranwuchs. Irgendwie hatte ich diese Gewissheit, dass ich bereits wiedergeboren war in einem neuen Leben. Ich fühlte mich wie Dr. Jekyll und Mr. Hyde. Einerseits sagte man mir nach, dass ich so charmant, liebevoll und fürsorglich sein konnte. Andererseits verhielt ich mich wie ein Tier, ließ meinen Gefühlswallungen freien Lauf und präsentierte mich, wenn man so will, archaisch."

„Alles, woran ich noch denken wollte, war der Augenblick, unbeschwert und leicht, da ich diese unguten Empfindungen loswerden würde. Es tat so weh. Die Schmerzen in meinem Inneren waren gefühltermaßen unerträglich. Es war ein einziger Kampf. Ein Kampf mit mir selbst. Dabei wurde mir immer bewusster, dass ich ihn allein auszufechten hatte. Die Last auf meinen Schultern wog immer schwerer. Wohl oder wehe musste ich dieses Kreuz alleine tragen. Es waren vor allem die unsichtbaren Dinge, meine Schattenseiten, die mich quälten und zu bezwingen suchten. Auf diesen mir fremden Pfaden, die ich offensichtlich noch zu durchwandern hatte, vor diesen Abgründen konnte mich kein Wissen beschützen. Nur Einsicht, Erkenntnis und mein starker Glaube schienen vor meinem geistigen Auge als wegweisendes Licht zu leuchten. Insbesondere die Herzensweisheit, dass ich später meiner heranwachsenden Tochter nicht all diese Last übertragen durfte. Ich musste handeln. Jetzt! Denn diese innere Zerrissenheit, mein ganzes, sich selbst persiflierendes schlechtes Gewissen bescherte mir schon wieder jenes lästige Stechen in der Brust, jenes angsteinflößende Herzrasen und Pulsieren an den Schläfen, Magenkrämpfe, innere Tode. Ich wollte doch nur einmal in meinem Leben Sicherheit, einfach nur Ruhe. Dieses wohlige Gefühl wie damals verspüren, als ich im Alter von dreiundzwanzig Jahren eine Blutvergiftung hatte."

Eine Nahtoderfahrung stellte einst für Christoph ein einschneidendes Ereignis auf seiner irdischen Entwicklungsreise dar. Darin manifestierte sich, unter anderem, sein Urvertrauen in eine höhere Sinnhaftigkeit.

„Damals war ich noch mit Nadja zusammen gewesen, als ich mich beim Hausbau an der rechten Hand verletzte und die unzureichend verarztete Wunde sich zum Albtraum entwickelt hatte. Die Ärzte sagten mir damals, dass ich mir durch einen Holzspan eine Blutvergiftung, eine Sepsis, eingehandelt hatte."

Die Erinnerungen an diesen Tag und die darauffolgenden emotionalen Erfahrungen hatten sich für immer in Christophs Gedächtnis eingebrannt.

„Aus geglaubt sicherer Entfernung erreichten mich die für meinen Verstand unbegreiflichen, unter vorgehaltener Hand geflüsterten Worte der Ärzte: Notoperation - Amputation - Sterben. Wie von Blitzen getroffen, in Unsicherheit und Ratlosigkeit gefangen, jagten meine Gedanken wild durcheinander. Es war laut, hektisch und das grelle Licht der Deckenlampen ließ meinen Blick weichen. Ich war wie in Trance. Wieso bitte sollte ich jetzt sterben müssen? War überhaupt von mir die Rede? Na ja, es war ja sonst niemand da.

Trotz der ganzen Probleme in meinem Leben und wiederkehrender Selbstmordgedanken wollte ich, wie mir dämmerte, dennoch auf keinen Fall tot sein. Ich wollte leben. Ja, leben! Eine unglaubliche Panik stieg in mir hoch, gefolgt von einem Weinkrampf, der mich heftig schüttelte. Dann ging alles ganz schnell. Pfleger und Schwestern hantierten an mir herum, zogen mir dieses grässliche Nachthemd an und verfrachteten mich auf ein Bett. Ein heilloses Durcheinander! Angeschlossen an Infusionen, Schläuche und Maschinen, rollten mich die Gestalten in weißen Kitteln auf dem Krankenbett durch die kalten Gänge im Krankenhaus. Das also war die Strafe für meine beharrlichen Zweifel am Leben und den sorglosen Umgang mit mir und meinen Mitmenschen."

„In der ganzen Hastigkeit nahm ich wie in Zeitlupe zwei vertraute Gesichter durch eine Glasscheibe wahr: Mama und Nadja waren da. Die zwei Frauen waren zu diesem Zeitpunkt die wichtigsten Menschen in meinem Leben gewesen. Ich liebte sie aus tiefstem Herzen. Nun standen sie hinter dieser Glasscheibe und schauten besorgt zu mir herüber. Eigentlich mochten sie einander nicht besonders, und doch waren sie gewissermaßen gezwungen, gemeinsam meinen Heimgang zu begleiten. Allmählich trübte sich meine Wahrnehmung. Mir wurde übel und kalt, überaus kalt sogar. Ein blitzendes Licht eröffnete mit einem Schlag die einkehrende Dunkelheit. In diesem Moment, da ich mich verlor, erfüllte mich eine unglaubliche Ruhe und Zufriedenheit. Ich war entschlossen, mein Schicksal anzunehmen. Es war, als würde ich schwerelos sein, regelrecht schweben, in einer angenehm warmen Sensation aufgehoben sein. Alles erschien mir leicht, nichts war mehr schwer. Ich schien wie eine Feder in der Luft, während von oben ein Lied ertönte: ‚Irgendwie fängt irgendwann irgendwo die Zukunft an' von Jan Delay. Ich war mir sicher, dass alles stimmig war. Schön, dass meine Liebsten bei mir waren. Zum ersten Mal im Leben war ich eins mit mir und dem Universum."

Christoph reiste auf einem unsichtbaren Band direkt in das Zentrum des Lichts. Es sah aus wie das Zentrum der Milchstraße. Das ganze Sonnensystem leuchtete im angenehm hellen, von bunten Sternen erfüllten Kosmos. Er nahm all ihre Energie in sich auf und verschmolz mit ihr. Vor seinem göttlichen Auge erschienen ihm das Sonnensystem und alle anderen himmlischen Himmelskörper als eine einzigartige Matrix aus Licht, Schwingung, Klang und sphärischer Energie. Es war, als ob er selbst dieses barmherzige Licht sein würde, und er fühlte sich als ein unsterbliches Wesen, das Teil eines natürlichen, lebenden Systems im Universum zu sein schien.

„Es war ein tagelanger Kampf zwischen Leben und Tod. Doch meine Zeit war noch nicht gekommen."

Mit einem Schlag wurde er aus der ewigen Unendlichkeit zurück in das irdische Dasein katapultiert. Christoph erwachte.

„Ich erinnerte mich eindringlich noch an den Tag meiner Erstkommunion, an das beglückende Gefühl, im Mittelpunkt zu stehen. Das ganze Dorf blickte auf uns fein herausgeputzte Buben mit Anzug und Mädchen mit Rüschenkleid, wie wir in Zweierreihen zur Kirche marschierten. Dieser Augenblick der Erwartung, als der Herr Pfarrer mit der Hostie auf mich zukam, war für mich als Siebenjährigen ein erhabenes Gefühl. Als er jedoch das pappige weiße Blättchen in meinen Mund legte und das geschmacklose Ding an meinem Gaumen festklebte, war ich nur noch damit beschäftigt, dieses ekelige Etwas wieder loszulösen und hinunterzuwürgen. Es war mir unverständlich, dass so der *Leib Christi* schmecken sollte! Lebkuchen hatte, im Gegensatz dazu, meinem Gaumen weit besser gefallen. Der empfundene Zauber der Vorfreude verlor von Mal zu Mal seine Wirkung, und die Freude verblasste. Alle Kommunionkinder gingen danach gemeinsam mit ihren Familien ins Gasthaus. Nur ich musste sofort nach der Zeremonie mit meinen Eltern abrauschen, damit sie pflichtbewusst, wie sie waren, wieder ihre Rollen einnahmen - und sie die fleißige Kellnerin und er den stets gut gelaunten, unterhaltsamen Musiker spielen konnte. Bei der Firmung war die ganze Magie dahin und kaum von Bedeutung. Das Beichten war zu einer anstrengenden Last geworden und, gewiss, mehr Ausflug als Hochgefühl. Mich interessierten mehr die teuren Schmuckgeschenke meines Firmpaten als die feierliche Handlung des Bischofs."

Lebensmut als Widmung. Glaube immer an die strahlende Sonne und niemals an den glänzenden Schein! Dann ist dein Herz voll' Wonne, dann wirst du glücklich sein. Lass' dir dein Glück nicht nehmen, genieß' es nie allein. Dem Nächsten Freude schenken, das mög' dein Wahlspruch sein. Stets vorwärts sollst du wandern, und niemals rückwärts gehen. Dann sagen einst die ander'n, dein Leben, das war schön.

„Nach und nach wandelte sich das mir kirchlich vorgegebene Bild von Gott: von der Person des alten Mannes - in einen bzw. in meinen allmächtigen Gott, wie ich ihn von nun an verstand. Es wurde abstrakter. Dieser entbehrte jeder Religion, saß in keiner Kirche, Moschee und auch in keinem anderen Tempel. Selbst der Begriff wurde für mich immer unbedeutender. Aus meiner Sicht diente der Name den Menschen lediglich als religiöse Formulierung eines eigentlich unfassbaren, unsagbaren, unbegreiflichen und unerklärlichen Schöpfergeistes mit dem in sich geschlossenen, nach außen hin offenen Ordnungsprinzip. Diese ursprüngliche Schöpfungskraft oder Urenergie zeigte sich in der undenkbaren Unendlichkeit des Weltalls und war erhaben über alle formalen Religionen und Machthaber unseres Planeten. Diese Macht musste es gewesen sein, die mich vom Beginn meiner Lebenszeit an durch mein oftmals verzwicktes Dasein geführt hatte. Mein Gott definierte sich keinen Deut über eine überirdische Gestalt oder eine an Rituale gebundene Religion. Diese sogenannte höhere Macht beherrschte immer mehr meine Denkweise und mein Fühlen. Sie war in mir. Sie hatte weder das Gesicht von Buddha, noch gehörte sie zu einer Sekte oder einem sonstigen offiziellen Bekenntnis. Ich war überzeugt, dass diese in Purpur gehüllten Glaubensformationen ohnehin bald ihr unausweichliches Ende finden würden – wie auch die Führer all dieser verworrenen, in Wirklichkeit weltlichen Systeme."

„Sich umgekehrt in den Atheismus zu flüchten, war ebenfalls keine Option für mich. Ich glaubte ja an Schöpfung. Doch die mittlerweile weltweit herrschenden Feindschaften und Kriege unter den Weltreligionen und Machthabenden konnten nicht Sinn einer solchen Schöpfung sein. Kam die Menschheit etwa auf die Erde, um sich selbst auszurotten? Wie kann man das bloß glauben! Jeder Mensch sollte die Freiheit besitzen, seine eigenen Antworten auf die Herausforderungen des Lebens finden zu dürfen. Grundsätzlich hätte mir das gefallen, einmal abgesehen von der bangen Unmöglichkeit, mir das konkret vorzustellen. Denn ich wusste aus eigener Erfahrung, dass es aus der Freiheit heraus nur ein kleiner Schritt in die Orientierungslosigkeit war. Schließlich werden wir nicht zum Freisein erzogen, sondern zum Gehorchen. Damals also wäre ich fast gestorben. Warum wollte ich jetzt wieder dorthin? Was war bloß los mit mir? Irgendwo hatte ich mal gelesen, dass die Alchemisten in der Lage waren, unedle Metalle in Gold zu verwandeln. Zumindest behaupteten sie es. War darunter vielleicht sinnbildlich zu verstehen, dass sich der Mensch durch Krankheit und die düsteren, tiefen Täler seines Schicksals aus der Dunkelheit in ein schillerndes Licht bewegen sollte, sich durch einen Prozess qualvollen Leidens, eine Katharsis, zu läutern und selbst zu veredeln vermochte?"

Christoph hatte durch Zufall entdeckt, dass in der alten Wissenschaft der Alchemie jedes Metall gleichermaßen für bestimmte Zustände der Seele gestanden hatte. So stand Gold für den höchsten, den erlösten Zustand. Die Herstellung von Gold und anderen Edelmetallen, die Transmutation von unedlen Metallen zu Gold und Silber, das offenbar einziges Ziel der Alchemisten war, hatte jedoch die tiefere Bedeutung einer inneren Wandlung des Menschen zum Zweck. Während dieser Wandlung sollte sich die Seele läutern und den Mikrokosmos im Makrokosmos widerspiegeln. Alles und jeder war nur Sternenstaub und aus demselben Stoff. So wie die Himmelskörper seit Anbeginn der Zeit das Leben der Menschen bestimmten, so standen auch die Metalle für diese Himmelskörper. Wie das Gold für die Sonne und das

Silber für den Mond. Darin sah er nun den Schlüssel zu seinem Glück.

„Es war an meinem 34. Geburtstag, als ich in einem Anflug von Vernunft beschloss, mich von Alkohol und Drogen zu distanzieren. Jahrelang hatte ich mich vergiftet: körperlich, moralisch und geistig. War ich schon wahnsinnig geworden? Ich war überzeugt, dass all die Menschen, denen ich in meinem bisherigen Leben begegnet war, für äußere Anteile meiner inneren Persönlichkeit standen – dass sie meine Widerspiegelungen gewesen wären. Durch sie erkannte ich als Spiegel mein Selbst. Sie waren die Parallelen zu meinen eigenen Erfahrungen. Sie zeigten mir die ureigenen, in den Schatten meiner Seele verbannten Wesenszüge und Charaktereigenschaften, die ich aus Angst versucht hatte zu verbergen, bis sie von selbst ans Tageslicht drängten. Mein Versagen in einer Unzahl von Jobs und die immer wiederkehrenden Perioden der Arbeitslosigkeit hingen bestimmt damit zusammen, dass ich meinen Traum, meine Bestimmung, meinen Wunsch nie verwirklicht und stattdessen bestenfalls halbherzig versucht hatte, es allen anderen recht zu machen. Es war die Flucht vor der Anstrengung, die damit verbunden war, meine eigene Realität zu erschaffen, urbar zu machen und als solche aus dem Boden zu stampfen, kurz, meine Träume zum Leben zu erwecken.“

„In meinem bisherigen Leben drehte sich alles darum, viel Geld zu verdienen und an der Gesellschaft und Wirtschaft teilhaben zu wollen. So ein Blödsinn! Wie viel Geld brauchte ich denn zum Leben? Woran es in meinem Leben wirklich gefehlt hatte, war Liebe! Ehrlichkeit! Mitmenschlichkeit! Vertrauen! Solche wie mich gab es unzählige auf dieser unglücklichen Welt, Menschen, die mit ihrer Situation unzufrieden waren. So wollte der liebe Gott das sicherlich keineswegs haben. Wenn er sah, wie kalt und leer die Menschen in der Zwischenzeit geworden waren, welchen Raubbau und Massenmord wir mit unserem Planeten betrieben hatten, müsste er traurig sein. Falschheit regierte mein Leben: Verrat, Verleugnung und Verblendung. Es war durchwegs von Erwartungen bestimmt gewesen, denen ich unmöglich gerecht werden konnte und die mich deshalb verzweifeln ließen. All das wollte ich meiner Tochter unterm Strich ersparen. Und das meiste andere auch, woran ich mich noch erinnerte, es selber als Kind erlebt zu haben. Die ständigen Streitereien meiner Eltern, dieses Chaos und dieses Tohuwabohu menschlich unmenschlichen Lebens auf diesem Planeten. Ich musste absolute Klarheit in meine Welt bringen, mich sammeln, handeln.“

„Indessen, die Welt der Zahlen hatte mich dermaßen in ihren Bann gezogen, dass ich mir des passendsten Zeitpunktes für Veränderung nicht sicherer hätte sein können. Mein Alter diente mir als Zeichen. Die Addition der göttlichen Drei, die in der Zahlensymbolik des Mittelalters für die Unsterblichkeit der Seele sowie alle geistigen Dinge stand, mit der weltlichen Vier, welche wiederum als die Zahl der Elemente und damit symbolisch für die materiellen Dinge galt, ergab die Sieben. Sieben war für mich eine besondere Zahl. So wie auch der Siebenstern, der wiederum nach alter Überlieferung seit jeher die Menschen vor verborgenen Bedrohungen und Gefahren beschützen sollte. So symbolisierte dieser Stern der Liebe auch Freundschaft und Fruchtbarkeit. Ich nahm diese Erkenntnisse als gegeben an und wollte sie als meine einzige, ja vielleicht sogar letzte Chance sehen, um wieder zu Lebendigkeit zu gelangen. Mich wieder nüchtern spüren zu lernen. Ich fühlte, dass mein Gott mich liebte, dass ich mit ihm verbunden war. Irgendwie war er in mir und ich Teil von ihm, so wie jedes Lebewesen auf diesem Planeten es war, vom selben Geist der Unendlichkeit durchdrungen, durch unsichtbare Fäden mit ihr verbunden."

„War dies eine Botschaft, die ich den Menschen zu überbringen hatte? War ich ein Auserwählter, um weltliche und religiöse Tabus der Weltgesellschaft zu brechen? War die Geschichte von Jesus Christus keine andere gewesen als die Geschichte meines eigenen Lebens? Eines Menschen, der liebte? Eines Menschen, der verurteilt und gerichtet wurde, weil er tat, was er fühlte und darin vertraute, dass er das sagte, was er dachte und im Innersten empfand? Jesus hatte mit einer Wahrhaftigkeit gesprochen, die bis heute ihresgleichen suchte. Es leuchtete mir ein, dass meine Träume und Visionen Wirklichkeit werden und die Zufriedenheit wachsen würde, wenn ich es schaffen könnte, das Gute und das Böse in mir schlichtend zu vereinen. Ich wollte alles in meiner Macht Stehende bewegen, um Michi zu beweisen, dass ich ein treuer, liebevoller und verlässlicher Partner und Vater sein konnte. Vielleicht dürfte ich dann ja auch das Geschenk der Ehe als 7. Sakrament empfangen."

In seiner Fantasie sah sich der junge Erdbewohner schon mit leuchtenden Augen wartend am Altar stehen. Seine wunderschöne, geliebte Gemahlin, in einem Traum von Weiß, schritt auf ihn zu, die Orgel spielte das von Pauken und Trompeten begleitete Hochzeitslied, und ihre über alles geliebte, süße, kleine Tochter würde Rosenblüten auf ihren gemeinsamen Weg durch die Himmelspforten streuen. Christoph hatte nun für sich wieder einen Teil seines ganz persönlichen Glaubens erspürt und wiedergefunden, wenn nicht gar zurückerobert: in einer innigen Verbundenheit zur Natur und zum Universum. Endlich kam er zur Vernunft und war bereit, sich von seinen Ängsten, Zwängen und Süchten zu befreien, indem er Hilfe aufzusuchen beschloss. In erleuchtender Ein-  sicht spürte er zum ersten Mal, dass sein Schöpfer ihm einen der wertvollsten Schätze gegeben schenkt hatte, den man einem vernunftbegabten Wesen geben kann, einen lebendigen Schatz: verständnisvolle Einsicht.

Feelings

Eine Geschichte über Wille und Trägheit

Solange Du Dein Selbst nicht aufgibst, kannst Du nicht verlieren. Weil es nämlich immer einen neuen Tag gibt. Heute ist das Morgen, das wir uns gestern erschaffen haben. Gib niemals auf! Wenn sich eine Tür in Richtung Glück schließt, öffnet sich eine andere. Bleib nicht stehen und starre die geschlossene Tür nicht traurig an. Sonst wird Dein Ich das für Dein Selbst bereits geöffnete Fenster nicht bemerken!

„Es wurde mir durch wiederkehrende, leidvolle Erlebnisse bewusst, dass ich im Umgang mit Michaela und meinen Mitmenschen etwas ändern musste. Allerdings war mir unklar, ob ich weitere Energie dafür aufwenden sollte. Zudem war ich mir komplett unsicher, ob ich die Beziehung überhaupt weiterführen wollte. Irgendwie kam es mir vor, als stünde ich an einer orangen Ampel, abwartend, ob nun ein Stopp oder ein Go folgen würde. So oder so begleitete mich intuitiv ein Gespür, dass - obwohl wir uns auf ein partnerschaftliches Miteinanderleben geeinigt hatten - Michi und ich überhaupt nicht für ein gemeinsames Leben in besiegelter Beziehung geschaffen waren. Nach gründlicher Überlegung, nach bestem Wissen und Gewissen sozusagen, entschloss ich mich dann doch für ein Familienleben. Ich fühlte, mit aller Kraft und aufrichtig starkem Willen könnte ich es schaffen, mit Michi zusammenzuleben. Ich wollte in meinem heillosen Durcheinander mehr Lebensfreude im Alltag haben, mehr Mut zur Zärtlichkeit und auch mehr Humor und Herzlichkeit.

Was mir vorschwebte, war, mich in Selbstlosigkeit zu üben. Dafür setzte ich ein Zeichen, indem ich mich unterzuordnen begann, gekoppelt an den Versuch, Michi in ihren Gedankengängen verstehen zu lernen und die damit verbundenen Handlungen und Haltungen zu akzeptieren. Ich betete mittlerweile nicht mehr. Nein. Meine Gespräche zu meiner höheren Macht hatten sich zu einem vierundzwanzig Stunden andauernden Zwiegespräch entwickelt. Es war, als ob ich ohne Abbruch einen inneren Dialog führte, als ob mein Schöpfer dauerhaft bei mir war. Alles, was ich wollte, waren Vernunft und Zuversicht. Ich schwor meinem Schöpfer ewige Dankbarkeit, weil er im Begriffe war, mir die Erfüllung meines innigsten Herzenswunsches, würdiger Vater einer Tochter zu sein, zu gewähren. Ich war ja auch dankbar, wiewohl ich mir eines weiterhin nicht vorstellen konnte und wollte: mich für ein Leben lang einem einzigen Menschen zu verschreiben, mich ganz und gar für ihn aufzuopfern, mit anderen Worten, mich in seinen persönlichen Besitz zu verwandeln und unter seiner Leitung ein fremdbestimmtes Leben zu führen. Allein der Gedanke löste in mir ein mulmiges Gefühl in der Magengrube aus, das mich fast dazu veranlasst hätte, sofort wieder meine Siebensachen zu packen und zu flüchten. Dieser Gedanke war für mich gleichbedeutend mit echter Abhängigkeit. In meinen Ohren klang es wie - lebenslänglich."

Alles hatte den Anschein, als ob Christoph seiner ängstlichen Natur nachgäbe und vor einer ihm unsichtbaren Macht davonlaufen wollte. Womöglich war es aber auch nur seine Bestimmung, seine Berufung, sein Gewissen, das ihn penetrant darauf aufmerksam machen wollte, in welche Richtung er sich zu entwickeln hatte. Wieder einmal erwachte in ihm die Bereitschaft zum Kämpfen, wenn er auch ahnte, dass er sein Glück vom Willen der von ihm so vergötterten, höher geglaubten Macht abhängig machte. So nahm trotz Christophs Verblendung das Schicksal seinen vorhergesehenen Lauf.

„Es waren nur noch einige Wochen, bis Michi in den gesetzlich vorgeschriebenen Mutterschutz gehen durfte. Meist schlief ich bis zu Mittag. Dabei wollte ich mich keinesfalls in eine Trägheit fallenlassen und versuchte, so gut es ging, konsequent an meiner Zukunft zu arbeiten. Gelangweilt frühstückte ich vor dem Laptop und durchsuchte währenddessen willkürlich Jobbörsen. Eigentlich war ich mir nicht klar darüber, wonach genau ich suchte. Irgendetwas im Büro, so einen Nine-to-five-Job. Alles war recht - bloß keine Gedanken und Gefühle ausleben! Und wie es so spielt bei mir, lenkten mich zahllose Webseiten über Musik, Kultur, Literatur und über alles, was in der Welt sonst geschah, ab und meine Aufmerksamkeit auf sich."

„Was mich nebenher faszinierte, waren die Tasten 1 und O der Computertastatur. !1 und = 0. Umschalttaste!Lösung1Feststelltaste=Lösung 0. Ich vertraute auf meine höhere Macht, die mir zur richtigen Zeit den richtigen Job hereinspülen würde, einen Job, der dann bestimmt genau dem entsprechen würde, was ich wollte und welchen ich mir schon immer gewünscht hatte. Davon war ich, wie gesagt, überzeugt. Jedes Mal, wenn Michi abends aus der Arbeit nach Hause kam, hatte ich bereits ein Abendessen gekocht. In der Tat war ich sehr stolz auf mich, zumal ich schon tagelang keinen Lokalbesuch getätigt, keine Zigarette geraucht und auch kein Tröpfchen Alkohol getrunken hatte. Drogen nahm ich ohnehin nur, wenn ich schon besoffen war. Also, dachte ich mir, war das alles bloß blödes Gelaber über mein angebliches Problem mit der Trinkerei. Und Michi wurde täglich runder und insgesamt unbeweglicher. Wahrscheinlich meckerte sie mich deshalb ständig an, ich solle bitte noch mehr im Haushalt tun. Das Kochen war ihr vermutlich zu wenig. Dabei half ich ihr doch schon tagaus, tagein, wo ich nur konnte. Sollte ich etwa den ganzen Schmutz und Hausfrauenkram allein machen? Immerhin war ich - ein Mann!"

„Bei Fragen zu unserem heranwachsenden Baby, die mich allzu brennend interessierten, durfte ich mich, wie vereinbart, nicht einmischen. Und das, obwohl ich bereits zwei Bücher darüber gelesen hatte, was Ungeborene noch im Mutterleib von ihrer Umwelt mitbekommen, wovon sie sozusagen in der pränatalen Phase bereits beeinflusst werden. Abgesehen davon, hatte ich niemals gelernt über meine Gefühle zu reden, geschweige denn, sie überhaupt zu erkennen, wahrhaftig zu erleben oder anzunehmen. Da begann ich Gedichte zu schreiben. Unaufhörlich ertönten aus einem mir unbekannten Kämmerlein meines Kopfes Worte und Verse. Es schien, als wollte ich nur ein einziges Mal in meinem bislang beschissenen Leben ein bisschen Anerkennung für mein künstlerisches Schaffen finden."

„Mein Leben war durchzogen von Maßregelungen. Keine Gelegenheit wurde ausgelassen, mir das Gefühl zu vermitteln, dass irgendetwas mit mir als Person nicht stimmte. Doch was war es? War ich ein Außerirdischer, ein Aussätziger? War es die Tatsache, dass ich unter Umständen nicht genug Geld hatte, nicht studiert und nichts zertifiziert hatte, dass ich nicht aus gehobenem Stand entsprang? Jetzt verstand ich langsam auch all die Menschen anderer Herkunft oder Hautfarbe – wie diese sich wohl fühlen mussten! Es war mir unverständlich, weshalb ich mich in jeder Art von Beziehung immer nur gefangen und unwohl fühlte, keinesfalls geborgen und sicher, so, wie ich es mir sehnlichst wünschte. Alkohol bot mir dieses Wohlbehagen und kurzweilig eine grenzenlose Freiheit. Im betrunkenen Zustand fühlte ich mich leicht, mir selbst nah, hemmungslos und frei. Nur in diesem Zustand konnte ich meinen Gedanken und Gefühlen freien Lauf lassen. In der Nüchternheit fühlte ich mich überfordert, unverstanden, gefangen. Denn wenn ich so war, wie ich zu sein glaubte, stieß ich auf Ablehnung. Der Zwang nach Freiheit war zu meiner Sucht geworden, und der Rausch ließ meine Gedanken Realität werden, zumindest in meiner blühenden Fantasie."

„Mehr und mehr rauschten mir englische Vokabeln durch den Kopf. Diese wurden von Zahlen gejagt und waren an keine Formeln oder grammatikalischen Normen gebunden. Mich an Normen und Konventionen zu halten, war im Alltag schlichtweg nicht mein Ding. Die ewige Verzweiflung in mir, mein Kummer und meine unausgesprochenen Sorgen waren der Nährboden meiner Gedichte. Sie entstanden wie von selbst. Michi und unser Baby waren zweifelsohne mein Ein und Alles, meine letzte Perspektive einer annähernd glücklichen Zukunft. So einzigartig die Situation für mich war, so sicher spürte ich das. Doch Michis Meckern lag mir unaufhörlich in den Ohren. Ständig unterstellte sie mir, ich würde in keiner Weise konsequent nach einer geeigneten Arbeitsstelle suchen. Bla...bla...bla. Ich konnte es einfach nicht mehr ertragen. Der Familie zuliebe verzichtete ich auf meinen Traum, ein Schauspieler zu werden! Das allein war doch schon das größte Zeichen von Dankbarkeit, oder? Und trotzdem war ihr dieser Umstand, dieses Opfer meinerseits, keiner Anerkennung wert."

„Schließlich kam der Tag, an dem ich Michi eine große Freude bereiten wollte, indem ich sie überraschte. Ich hatte einen Vorstellungstermin für die kommende Woche vereinbart. Die Freude darüber wollte ich unbedingt mit ihr teilen, und zwar in Form eines liebevoll zubereiteten Abendessens. Meine Entscheidung fiel auf Schweinebraten, Kartoffelknödel und süßsaures Weißkraut. Ja, das war unser Leibgericht und wir hatten es seit Ewigkeiten nicht gegessen. Endlich wieder einmal ein herzhaftes Gericht, denn hauptsächlich gab es nur eine Art von Schonkost. Im Supermarkt tummelte sich eine riesige Menschenmenge, Parfum- und Schweißgestank mischten sich in meiner Nase. Das grelle Neonlicht blendete mich und die quietschende Stimme, die über den Lautsprecher fließbandgerecht die Sonderangebote anpries, gab mir den Rest. Ich packte ferngesteuert, wie von Sinnen, die wichtigsten Zutaten in den Einkaufswagen. Überlegtes Handeln war mir in diesem Moment nicht möglich."

„Ein innerer Stress befiel mich. Ich konnte keinen klaren Gedanken mehr fassen. Von einer Sekunde auf die andere begann ich am ganzen Körper zu zittern. Meine Knie wurden weich, der Boden unter meinen Füßen begann zu beben und drohte wegzurutschen. Gefühle von Schwerelosigkeit, Schwindel und Machtlosigkeit übermannten mich und wechselten einander ab. Auf einmal spürte ich, dass der Schweiß wie Wasser aus den Poren meiner eiskalten Haut schoss und wie im Zeitraffer meine Kleidung durchnässte. Stehenlassen? Weitermachen? Stehen lassen! Weitermachen! Stehen-machen!? Weiter??? Lassen!!! Meine Arme und Hände, kalt wie Frost, hingen an meinem unter Hochspannung stehenden, starren Körper herab. Zwanghaft rieb ich meine Finger gegen die schmierig feuchten Innenseiten meiner Handflächen, bis diese verkrampft eine Faust bildeten. Ein dumpfer Knall, abgelöst von einem gellend hohen Piepston, ließ mein Gehirn implodieren, als die Dunkelheit einsetzte, just im gleichen Augenblick, in welchem mein Gehör aussetzte. Ich nahm nur noch ein helles Licht am Horizont wahr, umgeben von aufblinkenden Lichtimpulsen, die Sternen glichen. In plötzlich einwirkender, mich augenblicklich überraschender Panik, begann ich zu rennen."

„Du besoffener Idiot!"

Michaela war stinksauer, mehr noch: zornig, wütend und enttäuscht, als sie das Chaos vernahm, das Christoph vor ihrem Eintreffen verursacht haben musste. Die halb leere Schnapsflasche in seiner Hand haltend, auf dem Boden der sonst recht gepflegten Wohnung liegend. Fast ohne Atempause sprudelten die Worte ungebremst aus ihrem Mund. Es war eine regelrechte Standpauke:

„Es wäre jetzt besser für Dich, Du würdest schlafen und wärst mir erst gar nicht unter die Augen gekommen. Denn seit wir uns wieder getroffen haben, vor acht Monaten mittlerweile, erklärst Du mir, dass Du Dich ändern willst, dass Du das Leben, das Du die letzten Jahre geführt hast, nicht mehr leben möchtest. Okay, das hat sich ja auch zum Teil geändert - wenigstens, was Drogen und Frauen betrifft -, aber das ist trotzdem nicht das Leben, das ich mir als Deine Partnerin und werdende Mutter vorstelle. Den Alkohol hast Du nämlich ganz und gar nicht unter Kontrolle ... und noch immer zieht es Dich zu diesen Leuten, die nicht gut sind für Dich. *Warum!?* Machst Du Dir nur selbst etwas vor und behauptest als Ausrede, dass Du Dich genau davon lösen willst? Wenn es Dir ernst ist, warum bist Du dann immer wieder mit solchen Menschen *zusammen*??? Du sagst, Du liebst mich, aber warum tust Du mir in letzter Zeit ständig weh? Du sagst, ich soll mich nicht aufregen wegen unseres Babys, aber das geht nicht - ich *explodiere* und ich spüre im Voraus, wenn der Wahnsinn wieder ins Haus steht. Ich mache mir Gedanken, Sorgen - und sicherlich nicht grundlos! Wie soll ich Dir vertrauen? Ich hab jedes Mal Angst, wenn Du zu Deinen Eltern fährst, denn dem folgt gewohnheitsmäßig eine SMS mit ‚Bleibe draußen‘, und schon weiß ich, welche Stunde *geschlagen* hat. Glaub mir, ich habe Dich in diesen acht Monaten einigermaßen kennengelernt und weiß genau, wie Du bist und wie Du Dich zu bestimmten Dingen hinreißen lässt. Du bist schwach. Ich weiß, dass Du in so einer *Familie* aufgewachsen bist und es mit Deinen Eltern und Deinem bisherigen Leben nicht leicht hattest oder hast, aber Du hast jetzt eine neue Familie, um die Du Dich kümmern musst, wo Du Verantwortung übernehmen solltest!!! Wenn Du das nicht allein unter Kontrolle bringst, dann such‘ Dir eben Hilfe und geh‘ zum Psychologen. Und außerdem: Wenn Du nachgedacht hättest, wüsstest Du, dass ich schon wochenlang aus Ekel kein Fleisch mehr esse. Und Sauerkraut für eine Schwangere!!!??? Ich *pack*’ das nicht! Ich will nicht, dass *unser* Kind einen *Säufer* zum *Vater* hat.“

Michis ungefilterte Tirade bohrte sich wie eine Speerspitze durch Christophs Herz. Getroffen mit voller Wucht, ganz gebannt von dieser Rede, öffnete Christoph verwundert die Augen. Seine Pupillen weiteten sich, als es, seines dämonischen Blickes würdig, aus ihm herausschoss:

„Sei jetzt still und halt‘ Dein verdammtes Maul!!! Warum ich mit Dir zusammen bin, weiß ich selbst nicht. Was habe ich mit Dir zu schaffen!? Wer hat hier wen betrogen, ha!? Du willst mein Psychologe sein!? Du treibst mich noch in den Wahnsinn! Irgendwann explodiere ich, und dann kannst Du Dir Deine Familie aufzeichnen. Wenn Du so weitermachst, hat Dein Kind einen Säufer zum Vater!“

In Rage sprang Christoph auf, packte den Sessel, der neben Michi stand, schwang diesen in die Höhe und zielte geradewegs auf Michis Kopf, um ihn dort zerbersten zu lassen, als plötzlich - wie von Geisterhand geführt - der Stoffbezug des Sessels riss und das Sitzmöbel an der Wand zerschellte, nur knapp neben ihr, einer jungen Frau und baldigen Mutter. Vielleicht hatte Michi wirklich recht gehabt, und Christoph war wegen der Drogen und dem Alkohol nun völlig verrückt geworden. Christoph brauchte eine neue Orientierung. Welche waren die wahrhaftigen Stimmen seiner höheren Macht, welche von ihnen hatte er sich nur eingeredet? Ihm war endlich klar geworden, dass ihm ein Leben lang etwas vorgemacht wurde, ja, dass er sich von klein auf hatte täuschen lassen. Sein Vater hatte einfach kein Gesicht.

Die Tage vergingen. Michaela und Christoph wollten die Vergangenheit hinter sich lassen.

„Eines Morgens riss mich die flehende Stimme meiner Freundin aus dem Schlaf. Benommen folgte ich ihren strikten Anweisungen und brachte sie mit dem Auto ins Krankenhaus. Die Wehen hatten eingesetzt. Die Welt schien für mich stillzustehen. Es waren da keine Gedanken an vorher oder nachher. Nichts. Alles passierte automatisiert. Ein kleiner Mensch kam auf die Welt, ein Traum wurde Wirklichkeit. Einige Stunden später hielt ich Lucy in meinen Armen. Es war so ein überwältigendes Hochgefühl, stärker als ich es mir jemals erträumt hätte. Es war eine so reine, bedingungslos und tief empfundene Liebe in mir. Eine Liebe, wie ich sie zuvor noch niemals empfunden hatte. Freudentränen flossen über meine Wangen. Ich war berührt und unbeschreiblich selig. Eine völlig andere, mir bis dato unbekannte, angenehme Ruhe durchströmte mein Wesen. Und ein unglaublicher Frieden stellte sich ein. Es war einfach unbeschreiblich. Unsagbar. Als ob sich mein Herz öffnete und alles Licht und alle Wärme in sich aufnehmen würde. So musste es sich wohl anfühlen wiedergeboren zu werden. Lucy war so sanftmütig, so rein, so natürlich. Zudem hatte sie so einen süßen Sakralfleck am Ansatz ihrer Wirbelsäule."

„Durch die freudige Aufregung rund um die Geburt fiel ich am Abend erschöpft, müde und doch überglücklich ins Bett. Kaum eingeschlafen, erwachte ich wieder. Es trieb mich aus einem visionären, außergewöhnlich spektakulären Gefühl heraus zum Küchentisch. Ich glaubte, das Empfangskomitee einer außerirdischen Macht zu sein, und begann wie in Trance Zahlen und Buchstaben niederzuschreiben. Die Zahlenspinnerei entschlüsselte sich in einer neuen Matrix, bestehend aus symmetrischen Mustern, welche wiederum bestimmten Noten einer siebentönigen Tonleiter zugeordnet waren. Wie besessen schrieb ich die ganze Nacht durch. Zeit und Raum verschwammen, bis morgens ruckartig mein Verstand erwachte und ich ein Blatt Papier vor mir hatte, mit Aufzeichnungen, die alle meine bisherigen Vorstellungen überstiegen. Diese Eingebungen mussten aus dem All gekommen sein, denn die Informationen sprudelten aus meinem tiefsten Inneren, ohne von meinem Ego auch nur im Geringsten beeinflusst worden zu sein. Durch diesen Kompositionsschlüssel gelang es mir, meine bis dahin geschriebenen Texte in Klänge umzuwandeln. Ich vermochte jedes meiner Worte nach diesem System in Töne umzuwandeln. Das dadurch ausgelöste Gefühl entsprach der Bedeutung des Wortes. Es war atemberaubend. Als ich dieses Meisterwerk bestaunte, fühlte ich eindringlich, meine Bestimmung auf diesem Planeten gefunden zu haben. Ab diesem Zeitpunkt wollte ich als Komponist und Songwriter den Menschen auf dieser Erde wieder Mut und Hoffnung schenken – durch Musik, die wohl einzige Sprache auf der Welt, die man nicht zu übersetzen brauchte, wie ich irgendwann einmal gelesen hatte."

Christoph fasste den verrückten Gedanken, dass er ab nun auserkoren war, seinen Mitmenschen zu beweisen, dass es sich lohnen würde, an ihre Bestimmung zu glauben und ihren Träumen zu folgen, ganz gleich, was das Leben auch bringen mochte.

„Ich wollte etwas bewegen in der Welt, konnte nicht mehr zusehen, wie sich die Menschen durch Kriege gegenseitig ausrotteten, der Mensch die Natur zerstörte, er sich gegen seine eigene Natürlichkeit richtete. Es war mir, als ob ich dazu berufen wäre, eine Botschaft zu überbringen. Doch wie lautete die Botschaft, die eine Mäßigung der Menschheit voranbringen konnte? Ich selbst war doch alles andere als gemäßigt. Und was könnte ein einziger Mensch schon bewirken! Ich kannte nur entweder-oder, schwarz oder weiß, Tag oder Nacht. Wenn ich es schaffen würde, mich selbst neu zu ordnen, müsste dies meiner Ansicht nach den Weg dafür ebnen können, auch andere Menschen dazu zu bewegen. Meine Visionen und meine Andersartigkeit, für die ich noch keinen Namen hatte, mussten doch einen Sinn haben!"

Für Michaela hörte sich Christophs Plan einer neuen Welt, gelinde gesagt, grauenvoll und unrealistisch an. Dieses wirre Zeug von Zahlen, Buchstaben und Tönen. Die Vorwegnahme einer daran gebundenen finanziellen Unsicherheit erfüllte sie mit Furcht und ließ sie verzweifeln. Sie war in dieser Sache pragmatisch. Eine Familie erhält man nicht, indem man die Welt zu retten meint. Aus ihrer Sicht wäre Christoph mehr als nur ein guter Vater gewesen, als er am Tag zuvor ihr gemeinsames Baby liebevoll im Arm gehalten hatte. Wahrscheinlich würde dies ein unerfüllter und unerfüllbarer Traum von Familie bleiben.

„Für mich ist Lucy das schönste und wunderbarste Geschenk, das ich jemals bekommen habe. Eine riesige Welle der Dankbarkeit überkam mich. Ich war dem Schöpfer so dankbar. Dennoch, der Wahnsinn dieser unglaublichen Zeichen beherrschte unaufhörlich meine Sinne. Immer öfter entfachte sich das Feuer meines Lebenstraumes. Erneut beschloss ich, Michi davon zu überzeugen, dass Künstler und Musiker zu sein durchaus Berufe waren, die Anerkennung und Akzeptanz verdienen sollten und überdies auch Geld bringen könnten. Auf keinen Fall wollte ich klein beigeben. Keine Frage, ich liebte die Welt und die Menschen. Mit meinen Liedern konnte ich all das ausdrücken, wo meine Worte ein Leben lang versagt hatten. Musik verlangte nach keiner Übersetzung. Weltweit erklingen die unterschiedlichsten Melodien, die die Menschen augenblicklich vergessen lassen, wie sehr sie leiden. Mehr noch, sie fühlen sich durch die Musik in ihren Gefühlen und Gedanken verstanden, nicht zuletzt, weil wohlige Klänge, Rhythmen und Tonfolgen etwas Verbindendes an sich haben. Doch wie sollte ich das angehen?"

„Grundsätzlich fehlte mir jegliches musiktheoretisches Wissen. Gerade deshalb brauchte ich mich bei meiner Arbeit an keine fixen Vorgaben und Regeln zu halten. Richtig oder falsch gab es im engeren Sinne nicht. Hauptsache war, das Gefühl stimmte. Mir war zwar klar, dass eine Oktave aus acht Noten bestand, doch da ein C zweimal vorkam, umfasste meine Tonleiter höchstens sieben Töne. Mein polares Denken ließ mich anscheinend auch die schwarzen Tasten am Klavier übersehen. So begann ich behände, mit meinem Kompositionsschlüssel zu komponieren. Als ich das erste Lied fertig hatte, bemerkte ich beim Singen, dass mich dabei exakt jenes Gefühl durchströmte, das ich zuvor beim Schreiben des Textes empfunden hatte. Die Melodie, ja, der gesamte Song, war intensiv und einzigartig harmonisch. Ich war beeindruckt und vermeinte, zum ersten Mal meinen Geist, meinen Körper und meine Seele in einer Art Einklang zu fühlen. Schon wieder war ein Teil meines größten Traumes in Erfüllung gegangen."

„Vom Leben fühlte ich mich überaus belohnt. Es funktionierte! Kurz, mein zukünftiges Dasein als Künstler und Vater erschien mir realistisch. Emotionale Gedichte zu schreiben und diese in gefühlvolle Songs zu verwandeln, wurde im wahrsten Sinne des Wortes zu einer meiner Leidenschaften. Was mir auffiel, war, dass mir durch mein Schaffen die Bedeutung von Worten und Begriffen bewusster wurde. Meine Visionen von riesigen Konzerten und internationalen Hits in den Charts indessen wurden immer skurriler. Noch war da kein Erfolg, keine gesellschaftliche Anerkennung, nichts dergleichen, aber schon ängstigte ich mich vor dem Lampenfieber, und dass ich es nicht aushalten würde, allein auf der Bühne zu stehen. Wollte ich das überhaupt oder würde ich mich dadurch völlig verlieren und durch Drogenexzesse zerstören?"

„Alles drehte sich um meine kismetartige Entdeckung. Diese innere Zufriedenheit bewirkte, dass ich in liebevoller Fürsorge auf meine Tochter achtete. Ich liebte es, sie zu trösten, wenn sie schrie, sie zu wickeln, wenn es an der Zeit war, und sie wärmend und Ruhe spendend im Arm zu halten. Der süße Hase entwickelte sich prächtig. Lucy bekam die ersten Zähnchen, sie krabbelte und plapperte schon bald und begann langsam mit den ersten Gehversuchen. Irgendwie war es, als ob sie der Spiegel meines eigenen Lebens zu sein schien, ein elterlicher Rückblick auf das eigene Aufwachsen als Kleinkind - zumal ich mich rundum glücklich fühlte, wie neugeboren."

„Umso weniger konnte ich mir letzten Endes erklären, dass sich ähnlich wie zuvor schon Momente der Unzufriedenheit einstellten und Zweifel in mir gärten. Alle Besorgungen und Erledigungen blieben an Michi hängen. Finanziell war meine Arbeit klarerweise noch nicht von Erfolg gekrönt. Darum fiel es Michi unter solchen Bedingungen schwer, mich als freischaffenden Künstler anzusehen, auch weil ihr immer bewusster wurde, dass ohne Geld sozusagen keine Musik spielte und ihr die gewünschte Sicherheit eines regelmäßigen Einkommens dadurch fehlen würde. Von Luft und Liebe allein, sagte sie ständig, könnte man schließlich nichts kaufen. Derartige Aussagen empfand ich als verletzend. Es verletzte mich, dass mich ein geliebter Mensch nach Materiellem messen musste, dass meine Liebste mich mit fehlendem Reichtum und ihrem Bedürfnis nach finanzieller Sicherheit aufwog. Für mich bedeutete Liebe, den anderen anzunehmen, wie er war, ihn sein zu lassen, in seiner Selbstentfaltung zu fördern. Nie stillzustehen, für gemeinsame Ziele einzustehen. Sich geistig, seelisch und körperlich weiterzuentwickeln. In unserer Beziehung jedoch schienen wir daran zu scheitern. Unsere Gefühle und Gedanken waren zu verschieden - was nicht hieß, dass mich nicht gerade eben diese Gegensätze so magisch angezogen hatten."

„Ich mochte noch so viel erläutern, erklären und mir den Mund fusselig reden; Michi war es beim besten Willen nicht möglich, mich zu verstehen. Des Öfteren sagte sie, dass ich offenbar von einem anderen Stern auf diesen Planeten gekommen wäre. Immer häufiger flüchtete ich, deprimiert, hilflos und traurig, in die Dunkelheit der Großstadt. Meine Gedanken gingen in all ihrer Unausgegorenheit im Kreis, und ich versuchte vergebens, eine Formulierung meines Daseins zu finden. Es strengte mich an. Mein Geist rannte auf Hochtouren. Doch aus Liebe zu Michi und meinem süßen Töchterlein war ich bereit, den wohl höchsten Preis zu bezahlen, den ich nie zu zahlen gewagt hätte: alles bisher Erlebte in einem musikalischen Gesamtkunstwerk zusammenzufassen, um anschließend meinen Traum aufzugeben und ausschließlich als Familienvater weiterzuleben. Damit wollte ich dem Künstler in mir, diesem vertrauten Gefährten, und seinen andersartigen Anteilen meines Wesens sozusagen ein Abschiedsgeschenk machen - als Aufarbeitung all meiner Erfahrungen und Erlebnisse. Dies nahm ich mir vor, um es danach den Menschen als Reflexion alles Lebendigen sowie als richtungsweisende Stationen für die Menschheit auf ihrem Weg zur Mäßigung zu hinterlassen. Diesem Göttlichen in mir wollte ich ein Mal mehr Tribut zollen, ebenso arglos wie selbstlos, um in anmutiger Ehrfurcht und in Demut dieses gewiss großartige Element in mir loszulassen. In bedingungsloser Liebe."

So war der Pakt mit Gott und sich selbst besiegelt worden. Christoph war zum ersten Mal in seinem Leben absolut ehrlich gewesen, sich selbst nicht minder als seinen Mitmenschen gegenüber. Manche würden es Eitelkeit nennen; er nannte es eine Herzensangelegenheit.

„Nun, ich startete mein ausgetüfteltes Musikprojekt im World Wide Web. Jeden Monat wollte ich einen meiner selbst geschriebenen Songs mit der dazugehörenden Geschichte aus meinem Leben ins Netz stellen. Insgesamt waren es vierzehn Songs, wobei jeder einzelne jeweils einer der sieben Tugenden oder einer der sieben Sünden zugeordnet war. Eine universelle Kraft gab mir den nötigen Antrieb und schien mich als Menschenkind dazu auserkoren zu haben, dieses Werk für sich und zum Wohle der Menschheit zu erschaffen. Beendet werden sollte das Projekt - welches ich nach allen Regeln der Kunst und mit allen künstlerischen Mitteln inszeniert wissen wollte - durch ein einzig stattfindendes Livekonzert. Mein Künstlername lautete *Sagittarius A**. Es war der Name eines schwarzen Lochs, das ich aus einer meiner Visionen kannte, und er passte, wie ich meinte, perfekt. Die Region lag im Sternbild des Schützen und war die größte Quelle von Radiowellen im Mittelpunkt der Milchstraße. Somit war meine fiktive Kunstfigur geboren. Leben hin zum Tod - geboren, um zu sterben!"

„Die Umsetzung meines Vorhabens ließ mich klarerweise in meiner eigenen, gefühlsmäßig bedeutsamen Welt schwelgen. Wochenlang saß ich von früh bis spät am Computer und Klavier, arbeitete wie ein Berserker und bekam von der Außenwelt kaum etwas mit. Michi rüttelte mich oft wach und machte mir im Anschluss gleich Vorwürfe darüber, dass ich mein Leben verträumen würde. Doch diese Ansprachen brachten unweigerlich nichts als meine Verzweiflung in Schwung. Ich hatte finanzielle und berufliche Dinge zu ordnen, jedoch keinerlei Einkommen und vertraute nichtsdestotrotz voll und ganz auf meine Kraft, die mich schier unermüdlich antrieb weiterzumachen. Ohne auch nur den Ansatz eines Gedankens an Ausweglosigkeit oder Einschränkung. Die Abgrenzung von den Ablenkungen und Begierden meiner Umwelt beschenkten mich mit einem Erlebnis bis dahin ungeahnter, uneingeschränkter Freiheit.

Die Natur wurde in ihrer Pracht und Selbstgenügsamkeit wieder zu meiner besten Freundin, wenn auch nur für kurze Zeit."

„In meiner Seele braute sich ein mächtiges Gewitter zusammen. Ein gewaltiger Sturm begann zu toben. Er trieb mich wieder hinaus in die dunkle Nacht und verdorbene Stadt, wo die Laster weilten: zurück in mein altes Leben, hin zum Alkohol, zu den Drogen, zur Abtötung meiner wahren Gefühle. Alles geschah, als hätte ich daran keinen Anteil, wie verhext, in lebensweltlichen Loopings. Meine Tage bekamen den Geschmack von etwas Abgestandenem, den Beigeschmack meines intensiven, teilweise exzessiven Lebensstils vergangener Tage. Hingebungsvoll, mit Genuss und Genugtuung erinnerte ich mich an die Zeit im *Babylon*, einem exklusiven und glamourösen Club im Rotlichtmilieu. Zwar hatte ich ihn nur ein einziges Mal besucht, doch die wundersamen, prickelnden Erlebnisse dort, diese machtvollen Eindrücke hatten mich all die Jahre lang nicht verlassen: die wunderschönen, teils herausfordernden, teils zierlichen Wesen, lauter junge Mädchen, die mich verwöhnten und mich alles vergessen ließen. So fühlten sich wahrer Luxus und echte Lebenslust an. Na klar, das *Babylon* war als Ort der Laster und der Sünden bekannt, als Refugium aller Lebensflüchtlinge, als Adresse für käufliches Glück. Doch damals wünschte ich mir nichts sehnlicher, als 365 Tage im Jahr in jenen Wänden, auf den dortigen Couches, unter den aufreizenden Mädchen verbringen zu dürfen."

Es kam, wie es kommen musste, dass Michi, die Arme, deren Geduldsfaden gerissen war, Christophs Siebensachen in zwei Plastiktüten packte und ihn so, wie er gekommen war, wieder auf die Straße setzte.

„Sie wollte nichts mehr hören von meinem Projekt und meinem Künstlerdasein. Mein Gerede bezeichnete sie als Egomanie und freche Farce. Ich wollte doch nur dieses eine Gesamtkunstwerk, dieses eine Konzert, um mich nachher getrost von meinem Traum verabschieden zu dürfen. Alles, was ich von ganzem Herzen wollte, war, Michi und Lucy glücklich zu machen. Natürlich war ich nicht ganz unkompliziert, nicht durchwegs berechenbar, nicht normiert wie die anderen. Was ich tat und unternahm, war indes immer zu wenig und nie genug. Ich wollte vieles, versuchte etwas, änderte einiges. Nun hatte ich alles verloren. Für mich war es die furchtbarste und unverständlichste Niederlage, die ich in meinem gesamten Leben erlitten hatte. Ich schämte mich zutiefst. Ich war am Ende. Überflüssig zu sagen, dass ich emotional den Boden erreicht hatte. Die nun nicht mehr verhandelbare Tatsache unserer Trennung zwang mich wörtlich in die Knie. Meine Seele brannte vor Schmerz, den die Tränen zu löschen versuchten. Herzzerreißende Gefühlswallungen ließen meinen Körper zucken wie einen angebissenen Fisch in seinem Todeskampf. Selbstzerstörerische Gedanken nisteten sich in meinem Kopf ein und marterten meine Gedanken. Meiner Meinung nach liebte ich Michi und dachte allen Ernstes, mit ihr und unserer Tochter könnten wir gemeinsam die Welt retten. Und jetzt ließ sie mich einfach im Stich. Was ich mir wünschte, war Vertrauen, Unterstützung, Wertschätzung. Mit einem Paukenschlag hatte ich wirklich alles verloren. Die drückende Gewissheit, Lucy nicht mehr jederzeit sehen zu können, sie nicht ohne Weiteres in die Arme zu schließen, mich von ihrem unschuldigen Lächeln nicht mehr tagsüber verzaubern zu lassen oder nachts durch ihre süßen Geräusche geweckt zu werden, brach mir das Herz. Alles wurde mir genommen. Wo war nun mein Gott, meine Bestimmung, mein Weg? Nun stand ich da, im Dunkeln auf der Straße, und wollte nur noch eines: sterben."

Forget You

Eine Geschichte über Zorn, Hass und Mut

Verpasste Momente wahrer Größe sowie Dummheiten geschehen Dir, um Deine Seele auf die Probe zu stellen. Es gibt Momente in Deinem Leben, in denen Dir jemand so sehr fehlt, dass Du diesen Menschen am liebsten aus Deinem Traum entführen möchtest, um ihn einfach wirklich zu umarmen. Manchmal geschehen Dinge, die Dir zuerst schrecklich, schmerzhaft und ungerecht vorkommen. Aus diesen Erfahrungen kannst Du aber lernen. Sie sind die stärksten und wichtigsten Lektionen in Deinem Leben. Wenn Du still darüber nachdenkst, erkennst Du, dass Du ohne die Bewältigung dieser Hindernisse niemals Dein Potenzial, Deine Stärke, Willenskraft und Liebe verwirklicht hättest.

Mit Todessehnsucht in der Brust wanderte Christoph einsam und verlassen in Richtung des nächsten Parks. Bedrückt von den Ereignissen, setzte er sich auf eine Bank.

„Was ist geschehen? Wer war ich? Wer bin ich? Wofür lebe ich? Alles um mich herum ist mir so fremd, als ob ich für diesen Planeten nicht geschaffen wäre. Warum fällt es anderen so schwer mich zu verstehen? Geschieht das alles nur, damit ich erkenne, dass ich mich selbst nicht begreife? Es kommt mir vor, als ob ich im falschen Film aufgewacht wäre. Es wirkt so endgültig, so leer. Ernüchternd. Das alles kann doch nicht der Sinn des Lebens sein!"

Christoph konnte einfach kein Verständnis aufbringen, um einzusehen, was sein ganzes Leben mit ihm und durch ihn geschehen war. Er war zutiefst verzweifelt, entmutigt, niedergeschlagen, geschunden.

„Ich konnte einfach nicht glauben, dass sich alles wiederholte. Es schien mir, als wäre ich dort gelandet, wo ich angefangen hatte. Als würde ich an jenem Punkt stehen, an dem ich auch schon meine erste Beziehung zu Grabe getragen hatte. Alles war der Partnerschaft mit Nadja zum Verwechseln ähnlich. Alles begann mit einer himmlischen Verliebtheit, bedingungslos geglaubter Liebe und dem Wunsch, ein trautes Heim aufzubauen und eine Familie zu gründen. Ich war ein harmoniebedürftiger Extremtyp. Wenn ich liebte, wollte ich jede freie Sekunde mit dem Menschen verbringen: die heile Welt, ewiges Wochenende und Sonnenschein. Doch die Realität sah leider ganz anders aus. War ich unreif?"

Nur wenn es dunkel war, konnte es hell werden. Nur wenn etwas schlecht war, konnte es sich zum Besseren wenden. Nur wenn etwas wehtat, konnte es heilen. Nur wenn etwas beleuchtet wurde, konnte es sich lichten.

„Im Zuge der Beziehung mit Nadja hatte ich mich gleichfalls mit aller Kraft bemüht, den Ansprüchen ihrer Eltern, Großeltern und Verwandten gerecht zu werden. Immerwährend gab es hingegen irgendetwas an mir auszusetzen. Obwohl es wundervoll war, fast poetisch, einfach wundersam schön, wenn Nadja und ich uns stundenlang unterhielten, liebevoll in den Armen lagen und unsere Liebe im Austausch von Zärtlichkeiten genossen. Diese Frau wäre für mich perfekt gewesen, wenn da nicht die anderen Tyrannen gewütet hätten – Reichtum und Geld und Macht. War das wirklich alles auf der Welt? Wohl für die meisten Menschen – Beruf, Erfolg und Ansehen. Wahrlich wichtig auf der Welt? Wahrscheinlich für die Mehrheit der Gesellschaft! Die Wahrheiten der Menschen konnten sich teilen, doch die Wirklichkeit blieb nur eine. Was war nun wahr und was wirklich, das fragte ich mich seit geraumer Zeit. Auch Wahrheiten gab es viele, doch nur eine Wirklichkeit. Was soll's … Frauen und Eltern kritisierten immerzu und hatten ohnehin die Neigung, ihre Männer und Kinder auf diese oder jene Weise ändern zu wollen."

„Bei Michi war es ähnlich: Zuerst liebte sie mich, höchstwahrscheinlich aufgrund meines Aussehens. Sie dachte, dass ich ein Macho wäre, doch das war und blieb – Fassade. Vielleicht versuchte ich aus diesem Grund ständig die Balance zu finden, mich zu fügen, mich an fremde Bedürfnisse anzupassen. Und darum war ich nicht authentisch und lebte unehrlich mir selbst gegenüber. Ich hatte mir ein Ziel gesetzt, ich hatte mich daran festgeklammert und in einer eigentümlichen Verbissenheit, all das umzusetzen, zugleich verloren. Wem wollte ich eigentlich beweisen, ein Genie zu sein? Einerseits konnte ich bestenfalls ein echter Versager sein, denn ich hatte mir mein eigenes Glück in allen Belangen meines kurzen Lebens versagt. Andererseits hatte ich mit meinem Kompositionssystem etwas Einmaliges geschaffen. Ich dachte, damit könnte ich den Menschen und der Welt gute Dienste erweisen. Auch andere hatten finanziellen Erfolg mit ihrer Kunst, sei es als Schauspieler oder Schriftsteller, sei es als Sänger oder Entertainer! Ich selber hatte einen goldenen Schlüssel in der Hand, mit dem es jedem Menschen möglich sein würde, gedichtete Texte in die allseits verzaubernde Sprache der Musik umzuwandeln. Zudem wusste ich, dass ich ein einfühlsamer, herzlicher Partner sein konnte. Anstatt liebevollen Beistands und helfender Unterstützung aber empfing ich in bizarrer Wiederholung einen verletzenden Arschtritt. Ich weinte, war erschöpft, gleichzeitig wütend, und ärgerte mich in einem fort. Enormer Zorn staute sich in mir auf. In meinem Geist drehte sich alles. Meine Gefühle fuhren Achterbahn. Ich sah regelrecht rot!"

„Ja, das mit den Frauen und der Liebe war mir einfach unverständlich. Das Ganze schien eine verzwickte Sache zu sein. Anfänglich war alles atemberaubend und unheimlich romantisch inszeniert. Kurze Zeit darauf begannen die Damen damit allerlei Ansprüche zu stellen, einen umzuerziehen, umzuändern, umzumodeln. Sollte ich es etwa mit einem Mann versuchen? Verdammt, was sollte nun schon wieder dieser Gedanke! Womöglich war ich noch homosexuell? Wieder war ich, wie damals auch bei Nadja, von Hass erfüllt. Ich habe diese Frau am Ende unserer Beziehung gehasst, auch ihre Eltern, Gott, die gesamte Menschheit, im Verborgenen am allermeisten mich selbst. Aus Trotz, und um Nadja und mir damals den Abschied voneinander zu erleichtern, verbrachte ich, klarerweise im zugedröhnten Zustand, die Nacht mit ein paar dahergelaufenen Bekanntschaften. Diese Erfahrungen erweiterten meine Ansichten betreffend meine bis dahin gelebten sexuellen Neigungen sehr."

„Anfänglich war es so, dass ich in meiner Verliebtheit zu Nadja die von meiner Mutter geäußerten Bedenken auf keinen Fall hören wollte. Mama versuchte mir klarzumachen, dass ich so ein anspruchsvolles Mädchen nie und nimmer zufriedenstellen könnte. Immerhin war sie die Tochter eines neureichen Unternehmers in der Automobilbranche gewesen. Ich war, im Gegensatz dazu, ein schlichter Junge aus einer Arbeiterfamilie, allenfalls unterer Mittelstand. Sie meinte, es sei besser für mich, so lange wie möglich bei ihr daheim zu wohnen, um mein noch jugendliches Leben voll auszukosten, mich auszutoben und mein Junggesellendasein einfach zu genießen. Heute weiß ich, dass dieses Verhalten nur die hoffnungsvolle Bemühung darstellte, mich mit sämtlichen Tricks an sich zu binden. Damals aber konnte und sollte ich dies trotz vorherrschender Umstände noch nicht durchschauen."

„Heute fühle ich, dass meine Mutter bereits bei dem Gedanken daran fürchterlich gelitten haben musste, mich als ihren geliebten Sohn einer anderen Frau zu überlassen. Damals jedoch interessierten mich Einwände nicht im Geringsten. Ich war verliebt und glücklich und freute mich ungemein, endlich eine harmonische Familie ohne kontinuierliche Streitereien und Ängste gefunden zu haben. Zumindest stellte ich mir das berauschend vor. Doch so war es leider nicht. Fantasie und Realität wurden zu harten Konkurrenten. Zur Hebung meines Status und Selbstbewusstseins ließ ich mich von Nadjas Eltern zu einem über die Bank finanzierten Gebrauchtwagenkauf überzeugen. Anders gesagt, war es eine Notlösung, zu der ich gedrängt wurde, da ich mein altes Auto aufgrund von Motorölverlust nicht mehr in der Einfahrt der luxuriösen Landvilla abstellen durfte. Ich liebte Nadja sehr und wollte sie glücklich sehen und mit ihr zusammen sein. Ihre Eltern hingegen hassten es, wenn wir uns öffentlich berührten und küssten oder Hand in Hand als verliebtes Paar spazieren gingen. Allerorts wurden wir dahingehend schief angesehen. In Wirklichkeit wollte ich dadurch zusätzliche Zweisamkeit erreichen, die als solche nur streng nach Plan und zeitlich begrenzt und in Abstimmung mit den Älteren stattfinden durfte. Deshalb überlegten wir einen eigenen Hausstand zu gründen."

„Wie schon zuvor besprach Nadja in meiner Abwesenheit die Lage mit ihren Eltern. Das machte mich traurig und beschämte mich auch. Es gelang ihr, mich mit ihrer Familie davon zu überzeugen, dass der Umbau ihres Großelternhauses sich für uns als die beste, einfachste und kostengünstigste Lösung anbot. Insgeheim wünschte ich mir ja eine gemütliche Wohnung, weit weg von diesen Leuten, mit genügend Abstand von meinem damaligen grässlichen Beruf. Der Einfluss der angehenden Schwiegereltern war sichtlich zu groß, und ich fügte mich Tag für Tag. Bloß, sich fügen hieß lügen, hatte ich einmal irgendwo gehört. Meinen dabei aufgestauten Groll baute ich bei nächtlichen Streifzügen durch die Lokale in der näheren Umgebung wieder ab. Bereits bei der Anschaffung des Autos auf Kredit drehte sich mir der Magen um. Erneut eine Zusatzbelastung, eine beträchtliche Finanzierungssumme für ein Heim aufnehmen zu müssen, das ich gar nicht wollte, fand ich kurzum entsetzlich. Wie sehr ich auch meine Bedenken äußerte, hatte ich aus Mangel an Alternativen schlussendlich klein beigegeben. Ich hatte keine Chance gegen diese starken Persönlichkeiten und wollte keinesfalls den nächsten Streit provozieren. Denn in dieser Angelegenheit drohte von Neuem die Gefahr, dass sie das sehnsüchtig herbeigesehnte Zusammensein untergraben oder gar unterbinden würden."

„Seit jeher verachtete ich Auseinandersetzungen und wich ihnen mit Vorliebe aus. Außer wenn ich betrunken war. Dann war ich stets der Erste am Platz. Diesen Widerwillen in mir konnte ich nicht leugnen. Weder im Beruf noch in der Nähe ihrer Eltern fühlte ich mich wohl. Wie sollte ich insofern reagieren? Gerne wäre ich mutiger gewesen, hätte einfach alles abgebrochen und mich mit Nadja einfach auf und davon gemacht. Dazu – wozu sonst! – hatte man doch einen Mund, nämlich, um miteinander zu kommunizieren, vertrauensvolle, fruchtende Gespräche zu führen. Aber Nadja fehlte der Wille mich zu verstehen, nicht zuletzt, weil sie finanziell von ihren Eltern abhängig war. Sie stellte mich stets vor die Alternative sie zu verlassen oder mich unterzuordnen. Mir war unwohl. Die Liebe zu ihr veranlasste mich, ihrem Wunsch nachzukommen, selbigen zu respektieren. Oder war es doch eher Mitleid, nachdem ich erkannt hatte, wie sehr sie unter diesem enormen Druck und Einfluss ihrer Familie stand und leiden musste? War es aus Angst loszulassen, aus Bequemlichkeit, um nicht allein für mich sorgen zu müssen? Oder war es einfach nur die pure Lust am Kämpfen, als Wunsch nach Widerstand, als innerer Drang, mich gegen andersartige Gefühls- und Gedankenwelten all dieser Fremden aufzulehnen, um fremdes Verständnis zu erzwingen und meinen Willen durchzusetzen? Mein Eigensinn nützte mir nichts. Ich ließ mich breitschlagen, wollte auch in diesem Punkt allen Erwartungen entsprechen. Außerdem war ich nicht gewöhnt, auf mich zu achten, zu tun, was ich wirklich wollte - weil ich es, genauer gesagt, gar nicht wusste! Weder, wer ich war, noch, was ich wollte. Schon gar nicht, wo meine Stärken lagen. So unterschrieb ich die nächste Schuldenfalle. Das mir aufgebrummte, finanzielle Dilemma nahm seinen Lauf."

„Innerlich vermutete ich, dass ich soeben im Begriff war, einen Riesenfehler zu machen. Und dennoch passte ich mich an, wie es Nadja und ihre Mischpoche von mir erwarteten, in erster Linie, um den Ruf und das Ansehen der Unternehmerfamilie nicht zu schädigen. In ihrer feinen Gesellschaft strotzte es vor Konventionen, die es zu erfüllen galt. Ich sah mich praktisch und funktionell im Kindsein gefangen. Auch wenn mir mein Job als Polizist keinen Spaß bereitet hatte, verdiente ich immerhin gutes Geld damit. Die Polizei, das wusste ich, wird in dieser Gesellschaft nie arbeitslos. Wenigstens garantierte mir das Arbeitsverhältnis eine gewisse Sicherheit, obwohl ich zugeben musste, dass ich meinen Beruf schon während der Ausbildung am liebsten an den Nagel gehängt hätte. Wann auch immer ich daran dachte, schwirrten mir all die Bilder durch den Kopf, Erinnerungen, in denen ich als Ersthelfer zu Verkehrsunfällen mit Schwerverletzten und Toten kam. Das löst in mir noch heute eine derart grauenvolle Angst vor Unfällen aus, dass ich unaufhörlich von Flugzeugabstürzen, verstümmelten Menschen und verbeulten Fahrzeugwracks samt Leichenfetzen träume. Manchmal schrak ich nachts wegen meines lauten, verzweifelten Wimmerns aus dem Schlaf auf oder träumte von überdimensionalen Aktenbergen, die ich so lange hin und her schlichtete, bis das Blut aus meinen Fingern quoll und ich die Sehnen und Knochen meines eigenen Skelettes erkennen konnte - natürlich nur im Traum. Irgendwie hatte ich aber das Gefühl, diese Erlebnisse wieder und immer wieder zu durchleben. So, als ob sie real wären. Wenn es für die Szenen und Aufführungen in meinem Kopfkino, welche sich dort Tag für Tag und Nacht für Nacht abspielten, Medaillen und Preise gegeben hätte - ich hätte wohl mehr als einen Oscar dafür erhalten."

„Für meine Kollegen schien der Dienst reine Routine zu sein. Im Gegensatz zu ihnen ging mir das ganze Grauen gewaltig unter die Haut. Ich hatte große Panik vor den wiederkehrenden, heftigen und belastenden Albträumen, auch vor den bevorstehenden Diensten, so sehr, dass ich mir mehrmals meinen Suizid ausmalte. Bewusst setzte ich mich gefährlichen Situationen aus, drohte dabei ständig, mit dem Auto gegen einen Baum zu fahren, bei Rot absichtlich über die Kreuzung zu spazieren oder einfach nicht mehr nach Hause zu kommen. Nadja bekam es ihrerseits mit der Angst zu tun und wollte, dass ich diese Spinnereien sein ließ. Hätte das nicht nach professioneller Hilfe verlangt? Ihre Zweifel am Ernst der Sache jedoch ließen mich nur noch verrückter werden. Darum positionierte ich manchmal sogar meinen Wagen in Feldern oder vor Bäumen neben dem Straßengraben, um so für nachfolgende Lenker einen inszenierten Frontalzusammenstoß glaubhaft zu machen. Nadja fand das kein bisschen komisch. Auf die Frage, was ich damit bezwecken wollte, wusste ich nie eine Antwort. Ich fand es ja selbst nicht lustig, ganz und gar nicht. Nur, zuhören wollte mir ja niemand. Als Sensibelchen wollte ich ebenso wenig abgestempelt werden."

„So sprach ich immer weniger über meine bangen Erlebnisse und behielt meine Probleme über deren Horror für mich. Viel lieber betete ich für die Befreiung aus diesen Albträumen und Zwängen. Mittels Alkohol tankte ich mehr Mut und Kraft - was mir wiederum die notwendige Hoffnung gab durchzuhalten. Alkohol war in den verschiedensten Zubereitungsweisen und in jeder Form ein Mutmacher, ein Spannungslöser und vor allem ein treuer Gefährte. Zu jeder Zeit und in jeder Lage. Er half mir dabei mich zu entspannen, spendete mir Trost und schenkte mir, wenn ich ihn hinunterkippte, einen Hauch von Lebensfreude. Schon damals hatte ich so meine Ahnung, eine Art Bauchgefühl hinsichtlich meiner inneren Stimme und paranormalen Wahrnehmung. Doch das erwachte Bewusstsein dafür fehlte mir: das Verständnis, die Erkenntnis, das Vertrauen."

„Der Hausumbau gestaltete sich von Beginn an als Katastrophe. Die Baustelle war mir regelrecht verhasst. Zuallererst reagierte ich äußerst sensibel auf den täglichen, grässlichen Lärm. Der beißende Staub beeinträchtigte meine Atmung und der widerliche Gestank von den Farben und Lacken bereitete mir andauernd Übelkeit. All die scharfen Substanzen um mich herum verursachten anscheinend enormen Stress in meinem Körper. Nadja und ihre Eltern meinten, ich wolle mich vor der Arbeit drücken, wenn ich total erschöpft über diese unerträglichen Reize klagte. Sie mischten sich in sämtliche Belange und alle anfallenden Entscheidungen ein. Egal, ob es sich um die Auswahl der Fliesen, die Farbe des Zimmers, die Beschaffenheit des Bodens oder sonstige, ganz den persönlichen Geschmack betreffende Fragen handelte. Immer musste alles nach ihren Ideen und Konzepten ablaufen. Stets war das Teuerste und Beste gerade gut genug. Ich ahnte erst viel später, dass sie diese ständigen Kontrollen und Einmischungen vermutlich in weiser Voraussicht geplant hatten. Es ging ihnen gar nicht um das Wesentliche, sondern darum, uns zu formen und zu normieren, uns an sie anzupassen und uns beide sozusagen salonfähig zu machen. Uns wie Werkstücke zu bearbeiten und zu Ausstellungsstücken zu verarbeiten - nach ihren Wunschvorstellungen. Oder aber auch nur, um uns indirekt zu demütigen."

„Schweigend und mich selbst zermürbend nahm ich diese Idiotie in Kauf. Es war ja zugleich auch Versuchung: dieser Luxus, die schnellen und teuren Autos, die adrette und feine Kleidung, das gesellschaftliche Ansehen, die Integration in elitären Personenkreisen, die glaubten, über den Dingen zu stehen und die Spitze der Evolution zu sein. Es war für mich allesamt neu, so außergewöhnlich, so anders. Zudem war es ja für meine Freundin wichtig und erschien ihr richtig. Ich kam mir ein wenig vor wie der Prinz von Dornröschen."

Die Eltern des Mädchens konnten nicht verstehen, was sie an diesem Kerl gefressen hatte. Ihr Standesdünkel war größer als ihre Urteilskraft. In ihren Augen verkörperte Christoph lediglich einen hilfsbereiten Schönling, der, außer nett zu sein, keinerlei Qualitäten vorzuweisen hatte.

„Ich fühlte mich durch und durch unwohl in meiner Funktion als Hausherr und zukünftiger Schwiegersohn, zumal mir, rein rechtlich gesehen, nicht einmal Eigentümeranteile an der Immobilie überschrieben wurden. Im Job wie auch zu Hause hatte ich stets konkrete Anweisungen und akkurate Befehle auszuführen, obwohl ich diese gelegentlich hinterfragte, weil ich sie als äußerst ungerecht beurteilte. Eigentlich verlor ich den Blick für meine eigenen Bedürfnisse. Äußere Ziele standen im Vordergrund - die Ziele der anderen. Familienstreitigkeiten gehörten zur Tagesordnung. Die Enttäuschungen über mich selbst, über meine zurückgehaltene Eigenheit und die von außen aufgepfropften Ansprüche, Ansprüche an mich als Mann, stiegen von Jahr zu Jahr. Es wurde mir immer bewusster, dass ich nicht wie ein normaler Bürger zu leben imstande war. Musste ich zur Maschine werden? Es bestand kein Zweifel darüber: Ich fühlte mich unverstanden, überfordert, unterdrückt, ausgebeutet und, um es auf den Punkt zu bringen, emotional missbraucht. Es tat so weh. Da draußen in der großen, weiten Welt war ich sicher nicht der Einzige gewesen, den das Schicksal der Fremdbestimmtheit erschlich."

„Die Folgen des schweren Unfalls auf der Baustelle mit anschließender Nahtoderfahrung und der daraus resultierende, monatelange Krankenstand bewirkten, dass ich zu jener Zeit auch noch meinen sicheren Job als Polizeibeamter verlor. Um die enormen monatlichen Forderungen zu tilgen, brauchte ich aber schnellstmöglich eine neue Stelle. Also ergriff ich die Chance, eine Ausbildung zum Vermögensberater zu starten. Anfänglich brauchte es eine Eingewöhnungsphase. Das Gehalt reichte bei Weitem nicht aus, um die anfallenden Fixkosten zu decken. Leider ging Nadja mit ihren finanziellen Sorgen, wie gehabt, ohne mein Wissen zu ihren Eltern. Sie studierte hauptberuflich und konnte somit zum Haushaltsbudget nichts beitragen."

„Die Geburt einer neuen Lösung, die zum Schein glorreiche Idee eines erhöhten Kontoüberziehungsrahmens, ließ natürlich nicht lange auf sich warten. Nur zur kurzfristigen Überbrückung der Engpässe und Geldsorgen: leben auf Pump. Und wenn wir schon bei Überbrückung waren, finanzierten wir gleich noch eine Urlaubsreise sowie Nadjas und meine Zahnsanierung mit. Ich vertraute meiner Schwiegermutter in spe, zumal sie aufgrund ihres Postens in einer großen Bank die Funktion unserer persönlichen Finanzierungsberaterin übernommen hatte. Längst leicht lethargisch geworden, hörte ich irgendwann auf, mich gegen diesen Geldzufluss zu wehren. Warum auch! Und anstatt meinen ganzen Mut zusammenzunehmen und endlich auf meine Bedenken zu hören, tappte ich immer tiefer in eine Schuldenspirale. Mithilfe von immer größeren Mengen Alkohol und exzessiv ausartenden Bordellbesuchen verflogen alle Zweifel und erübrigten sich alle Gefühle. Das Aufflammen eines schlechten Gewissens war somit schnell unterbunden. Ich war dabei, zu degenerieren und mich mehr und mehr von meinem wahren Selbst zu entfernen."

„Unterdessen begann mein Geschäft in der Finanzdienstleistungsbranche anzulaufen. Nach und nach verdiente ich gutes Geld. In kürzester Zeit entwickelte ich mich zu einem der besten Verkäufer in einem der weltweit größten Unternehmen seiner Art. Mit Witz, Verstand und Wissen konnte ich mich bestens in Menschen hineinversetzen und spürte, was und wie viel ich ihnen anbieten konnte. Dennoch war es für mich äußerst schwierig, unter diesem ständigen Erfolgsdruck funktionieren zu müssen. Meine Kämpfernatur und mein treuester, persönlicher 'Freund' Alkohol verliehen mir periodisch die Kraft, mein Pensum doch noch zu bewältigen. Mein einziges Ziel bestand mittlerweile darin, einen wertvollen Platz an der Spitze der Gesellschaftspyramide zu ergattern und ein anerkannter, erfolgreicher Geschäftsmann zu werden: so wie ich es in den Seminaren und Firmenveranstaltungen vorgeführt bekommen hatte. Schneller, besser, schöner - koste es, was es wolle. Im Nachhinein wunderte ich mich über solchen Ehrgeiz."

„Wenn zum Beispiel ein Topverkäufer pro Monat 10 Finanzierungen verkaufen sollte und die Quote nicht erreichte, dann trug fälschlicherweise der Verkäufer daran Schuld und nicht die Vorgabe der Stückzahl. Echt krank, eine derartige Denkweise zu vermitteln! Wie konnte man dieses manische Denken ernsthaft vertreten? Zu diesem Zweck verdrängte ich sogar meine ureigensten Bedürfnisse und streckte mich nach der Decke, die andere für mich gezimmert hatten. Langsam konnte ich die Einnahmen in für mich nie zuvor denkbare Sphären katapultieren; an meine gesundheitliche Zukunft zu denken, kam mir jedoch nicht in den Sinn. Mein Monatslohn entsprach dem Jahresgehalt eines Durchschnittsbürgers. Durch meine offene und überheblich-stolze Art wuchs mein Bekanntenkreis in alle Richtungen. In meinem Kopf bildeten sich immer sensationeller ausfallende Geistesblitze. Alsbald war ich davon fasziniert, dass ich ständig nach einem neuen Kick lechzte, nach einer neuen Herausforderung gierte, um überhaupt weitermachen zu können. Ich imaginierte, außergewöhnlich Gigantisches, Beeindruckendes, Einzigartiges zu vollbringen. Mit einem damaligen Geschäftspartner veranstaltete ich ein aufsehenerregendes Motorsportevent. Bis ins Detail durchdachte und wochenlange Vorarbeit blieben leider unbelohnt. Dieser eine Misserfolg schmälerte mein Ansehen bei Nadjas Eltern beträchtlich, und es regnete haufenweise Vorwürfe im Bezug auf meine Herkunft und Unvernunft. Jener erbitterte Streit endete in einem endgültigen Bruch mit dem Familienclan."

Nun ja, was konnte man dazu noch sagen: Hochmut kam stets vor dem Fall. Christoph hatte sich zweifellos übernommen. Doch das Skandalisieren seines Misserfolges wies, nicht minder als sein Zorn, höchstens auf versteckte Unvereinbarkeiten hin, die familiär vorher schon vorhanden gewesen waren.

„Ich hatte kolossale Angst, Nadja nun zu verlieren. Mit dem Gepäck eines großen Schuldenbergs für das Haus, das uns ihre Eltern mangels schriftlicher Vereinbarung dann wegnahmen, bezogen wir eine kleine 50-Quadratmeter-Wohnung in der Stadt. Sie konnten gar nicht begreifen, dass ihre Tochter mit mir, einem Verlierer, Alkoholiker und Spinner, gemeinsam wegzog. Eine herzlos respektlose Hetzjagd begann. Das Gesetz wurde eingeschaltet. Dieser Familienkrieg kostete beträchtlich Nerven und verursachte bei allen Beteiligten schlaflose Nächte und Dauerstress. Die Anwälte jedoch verdienten gut an unserem Leid. Jetzt galt es, all die Kredite, die Wohnung, die Nebenkosten, diesen ganzen finanziellen Wahnsinn neuerlich in den Griff zu kriegen. Die Beziehung wurde schrittweise zur Qual. Wir litten zunehmend unter dem psychischen Stress, der körperlichen Belastung sowie dem finanziellen Druck. Ich hatte diese heuchlerische Wertegesellschaft satt. Das Ganze kotzte mich an."

„Und so begann ich damit, mich mit Zuhältern und Nutten anzufreunden. Ganovenehre schien mir da weitaus sympathischer als gutbürgerliche Scheinheiligkeit. Eine völlig andere Welt tat sich mir auf, eine Nische, ein Fluchtort. Sadomasochistische Machtspiele und sexuelle Séancen begannen mehr als nur meine Fantasie zu beherrschen. Ich lebte sie aus. Gewalt, Glücksspiel und Drogen wurden binnen kürzester Zeit zu meinen beherzten Begleitern. Ich wollte mich plötzlich nicht mehr verstellen, hatte einfach nur noch das Bedürfnis mich zu betäuben, ganz gleich womit. Alkohol und Drogen setzte ich ein wie Medikamente, um meine Stimmungsschwankungen auszugleichen und im Rausch weder an gestern noch an morgen denken zu müssen. Der Schmerz musste abgetötet werden. Es war wie ein Anfall von Tobsucht. Und es war bei Gott alles andere als langweilig! Das Leben im Rauschzustand war, wie man sagt, 'echt geil', gefährlich und abwechslungsreich, so hemmungslos wie spontan. Dass ich damals nicht abgekratzt bin, deute ich heute noch als Wunder. Ich rutschte immer schneller und immer tiefer in dieses Milieu ab. Es war mir einerlei."

„Ich hatte nichts mehr zu verlieren, ich war geflohen vor mir selbst, vor meiner wahren Bestimmung, vor der pseudokritischen Gesellschaft, die mir dachte vorschreiben zu können, wie ich zu leben und zu funktionieren hätte. Ich konnte nicht mehr anders. Wenn ich nüchtern hinsehen musste, was ich im Gegensatz zu anderen bis zu diesem Zeitpunkt in meinem Leben erreicht hatte, wurden der Kummer, mein Leid und meine Schuld unerträglich. Anfangs wechselten Tränen und Wutanfälle einander ab, aber irgendwann blieben auch meine Augen trocken, und mein Blick begann sich zu trüben. Entweder dröhnte ich mich völlig zu, damit ich diese ständige Unterdrückung vergessen konnte, oder ich kämpfte mich krampfhaft und nüchtern durch die Beziehung – von einem selbst auferlegtern Entzug zum nächsten. Mit Leben hatte meine Existenz, streng genommen, nichts mehr zu tun. Es war eher ein täglicher Über-lebenskampf. Durch all diese Verbindlichkeiten erwuchs ich zum Schuldner unbarmherziger Gläubiger, was hieß, dass ich mich von all meinem Besitz trennen und letztendlich Konkurs anmelden musste."

Christoph war keinesfalls mehr Herr seiner Sinne. Auch seine Lebensge-meinschaft hielt diesen Gewalten nicht stand. Die Vorsehung wollte es anders, und so verging die Zeit im Nebel.

„Ich bin froh, dass ich mich nach der Trennung mit Nadja ausgesprochen und sie mir meine Verfehlungen verziehen hatte. Erst dadurch konnte ich mir selbst vergeben. Es war sehr erleichternd. Mit der gleichen Zuversicht rutschte ich in die Beziehung mit Michi. Diesmal wollte ich alles richtig machen, einen besseren Start hinlegen, damit alles so werden würde, wie ich es mir in meiner Vorstellung seit Angedenken gewünscht hatte. Und wieder verlief es sich und ging schief. Für mich war es einfach unfassbar. Es nützte nichts, noch länger über all die zerstörten und zerbrochenen Verbindungen zu meinen Freunden und Bekannten nachzudenken. Das hatte ich nun erkannt. Eine innere Stimme trieb mich, an meine eigenen Fehler zu denken, mein eigenes Handeln zu hinterfragen. Bislang hatte ich nämlich im Zorn nur jene Dinge beleuchtet, die andere mir angetan hatten. Begreiflicherweise war das viel einfacher, als mich selbst an der Nase zu packen. Darüber hinaus hatte ich mich mit einer Unzahl perfekter Entschuldigungen gerüstet, um meine eigenen Missstände im großen Stil kleinzureden oder zu verdrängen. Ich wollte mir selbst und anderen dafür vergeben, indem ich diese um Vergebung bitten wollte, so wie ich es mit Nadja schon gemacht hatte. Doch vorerst musste ich wieder an Land und Boden unter den Füßen gewinnen."

Wer nicht in Liebe loslassen kann, fühlt sich verletzt, verlassen, verabschiedet und verjagt. Wo sollte Christoph nun hingehen? Wen sollte er anrufen oder bitten, sich seiner anzunehmen? Ein scheinbar geschlossener Kreis und unaufhörlicher Sturm der Zerstörung bewegte sich voller Kraft und in atemberaubendem Tempo in Richtung Reife.

„Ich wusste noch sehr gut, wie verstimmt meine Mutter damals reagierte, als sie über Nadja lästerte. Seit Beginn der Beziehung zu Michi versuchte sie, wieder und wieder einen Keil zwischen uns zu treiben. Allein die Erinnerung an ihre Worte ‚Ich habe es Dir ja gleich gesagt!' versetzte mich in Angst und Schrecken. Es war, als ob sich ein Pfeil in mein Fleisch bohrte. Eigentlich wollte ich auf gar keinen Fall zurück in mein Elternhaus und das dort herrschende Beziehungschaos aus der Nähe mitbekommen. Indes, ich wusste sonst nicht, wen ich hätte anrufen können. Wenn man ganz unten ankam, wurden Freunde rar."

„Plötzlich, so unerwartet wie eine Sonne im Regen, wich meine Hilflosigkeit einem unglaublichen Schub an Zuversicht, Mut und Kraft. Eine unbeschreibliche innere Regung durchwanderte meinen Leib, bis neue Stärke in mir auflebte. Unter keinen Umständen wollte ich mich geschlagen geben. Mein Vorhandensein auf diesem Planeten ergab keinen Sinn mehr, doch meine großartige, hinreißend bezaubernde Tochter und die mir durch ihre Geburt zuteilgewordene Chance auf ein erfülltes Leben motivierten mich weiterzumachen. Es musste doch möglich sein Menschen zu finden, die ebenfalls lernen wollten und sich nüchtern über ihre Gefühle und Gedanken unterhielten - eine Gemeinschaft, in der die Stimme des Einzelnen noch zählte, Werte wie Vertrauen, Liebe, Selbstlosigkeit und Verständnis nicht nur zufällige Aneinanderreihungen von sinnlosen Strichen und Kreisen waren. Meine Sehnsucht griff nach einem neuen, faszinierenden Abenteuer. Mit einem Male schwebte mir vor Augen, eine ebensolche Gemeinschaft gründen zu wollen. Eine Gemeinschaft, in der alle Menschen dieser Erde in Frieden, Partnerschaft und gegenseitiger Wertschätzung leben konnten. Ich wusste aber auch, dass dies ein harter Kampf werden würde. Denn, vorab musste ich in mir selbst Frieden finden, zurückschauen, mir ein genaues und lückenloses Bild über den Scherbenhaufen meiner abgewrackten Existenz machen. Ich war bereit, die Konsequenzen aus meiner Vergangenheit zu ziehen, und wollte mich der Herausforderung stellen, Verantwortung dafür zu übernehmen."

Christoph rief seine Mutter zu Hilfe. Wenn es um ihren Sohn ging, ließ sie wortlos alles liegen und stehen und war rettend zur Stelle. Und obgleich das

Furchtbarste im Leben einer Mutter das Unglück ihres Kindes ist, fragte sie ihn weder, wie er sich fühlte, noch belastete sie ihn mit unnötigen Vorwürfen. Der Junge wusste, dass er sich auf seine Mutter immer verlassen konnte, wenn es darum ging, ihn vor den Grausamkeiten dieser Gesellschaft zu retten. Ihre Selbstlosigkeit war seine Rettung gewesen.

„Ich wusste, dass ich die Zwistigkeiten und Geplänkel meiner Eltern auf Dauer nicht aushalten würde. So hoffte ich auf meinen Bruder, der mir in seiner Wohnung schließlich Unterschlupf bot. Wir beide feierten einige Tage unsere glorreiche Verbrüderung. Wie in alten Zeiten streiften wir durch unsere Stammkneipen, rauchten tonnenweise Zigaretten und betranken uns bis zur Besinnungslosigkeit. Die Freundin meines Bruders fand das weniger toll, weshalb es wieder einmal Streit, Verletzungen, Hickhack und Wortgefechte gab. Die beiden schoben sich gegenseitig die Schuld in die Schuhe, mit meiner Anwesenheit nicht und nicht zurechtzukommen. Max war anscheinend hin- und hergerissen und wusste mit seinen zwiespältigen Gefühlen ebenso wenig anzufangen wie ich. So ließ der Tag nicht lange auf sich warten, an dem er mir in brüderlicher Manier, aber mit Nachdruck nahelegte, sein Haus bitte zu verlassen. Enttäuscht, zugleich getrieben von einer unsichtbaren Energie und einer objektiv unberechtigten Zuversicht, fand ich durch Zufall, nachdem ich ein paar Nächte bei alten Freunden verbracht hatte, eine kleine Einsiedlerwohnung. Nun begann ich mich voller Elan, wie ursprünglich geplant, um die künstlerischen und organisatorischen Belange meines Musikprojektes zu kümmern und meinen Plan zur Vollendung zu bringen.“

Ja, so und nicht anders war Christoph. Wenn er sich etwas in den Kopf gesetzt hatte, ging er gänzlich darin auf, nahm keine Rücksicht auf sich oder jemand anderen. Extreme Gegensätze beherrschten sein Dasein.

„Ich hatte nicht bemerkt, dass mein Körper dieses Tempo besser verarbeiten konnte als meine Seele. Obwohl ich ergänzend zu meiner ungesunden Ernährung Vitaminpräparate schluckte, wurde ich zunehmend nervöser. Ich setzte mich selbst so unter Druck, um meine monatlich erscheinenden Lieder, Texte und Videos fertigzustellen, dass ich immer mehr Drogen und Alkohol brauchte, um überhaupt noch auf die Beine zu kommen - zumal mir immer bewusster wurde, welch abnormales Leben mir bisher zuteilgeworden war. Wo war ich wieder gelandet? Vor den Trümmern meiner Existenz! Ich hatte eine kaputte Familie und eine Tochter, von der ich Abstand halten musste. Alkohol begriff ich als mein Überlebenselixier. Der Konsum als solcher war schon lange nicht mehr das Problem, im Gegenteil. Das abrupte Aufhören hätte ich wahrscheinlich, ohne schlimmeren Schaden zu nehmen, in dieser Phase nicht überlebt.“

„Da gab es zum Glück auch Tage, an denen ich nichts konsumierte, beispielsweise, wenn ich mit Lucy, meinem Engel, zusammen war. Diese Tage dienten lediglich dazu, meinen Körper kurzfristig wieder nach dem Zeug verlangen zu lassen und ihn danach durch die Zuführung bestimmter Gaben zu beruhigen. Nahm ich nichts, fing ich zu zittern an. Das war ein Kreislauf puren Wahnsinns. Ich wollte den Leuten nie und nimmer die Bestätigung geben, tatsächlich ein Verlierer zu sein. Mein Gehirn wollte kaum mehr aufhören, gedanklich Crashes zu veranstalten, wobei das Schlafdefizit mich in eine tickende Zeitbombe verwandelte. Alles in allem war ich maßlos überfordert, überspannt, ausgebrannt. Quälende Einsamkeit bewegte mich schließlich dazu, in mein Elternhaus zurückzuziehen. Ich hatte nichts mehr unter Kontrolle, sondern versuchte – durch Zählen aller möglichen und unmöglichen Dinge und Abläufe, durch Knüpfen von Kreuz- und Querverbindungen äußerer Einflüsse und Begebenheiten –, das wacklige Gerüst meiner Existenz aufrechtzuerhalten. Vielmehr schienen alle Eindrücke mich zu kontrollieren. Die Zeit war gekommen, vor nichts mehr haltzumachen. Das hieß im Besonderen: Ich radikalisierte mich chemisch. Es begann das Zeitalter des Crystal-Chris. Meine Tage zeitigten saftige Dosen Metamphetamin, also so einiges Crystal Meth. Als Gegengift rauchte ich Heroin, um wenigstens ein wenig schlafen zu können. Fünf bis sechs Tage ohne Schlaf waren keine Seltenheit."

„Mich verlangte es nach immer größeren Dosen, um meinen Appetit zu stillen und diese mich wahnsinnig machende Leere zu füllen, die durch die Trennung von meiner Tochter ausgelöst wurde. Der Glaube beherrschte mich, meine Familie verlassen zu haben, um die Menschheit zu retten. Und jetzt war ich dabei, mich selbst zu richten. Die Sucht bestimmte mehr denn je jeden Einzelaspekt meines Lebens. Auf ein Neues verbrachte ich die meiste Zeit in irgendwelchen Bordellen, vor Spielautomaten in heruntergekommenen After-Hour-Clubs, und bildete mir ein, mir mein irdisches Dasein dadurch zu würzen, dass ich mir all diese Gelüste gönnte. Dort konnte ich sein, wie ich war, musste mich keineswegs verstellen, brauchte mich niemandem anzupassen. Sowieso traute ich mir im Drogenrausch alles zu. Ich hatte mich darauf eingestimmt, meine Fantasie zur Realität werden zu lassen. Oft war ich ein richtiger Arsch und schlug sofort zu, sobald ich zugedröhnt war und mich jemand auch nur schief anzuschauen wagte. Eigentlich bekam ich alles bestenfalls in einem vernebelten Zustand mit. Meine Hemmschwelle war ins Bodenlose gesunken."

„So wie ich selbst jahrelang zwischen nüchternen Phasen und Exzessen hin und her wechselte, kippte auch fortlaufend die Stimmung meiner Mutter. Wenn wir uns trafen, bemitleideten wir uns gegenseitig. Dann steckte sie mir wieder Geld zu, hob mich in den Himmel, verwöhnte mich mit Stadtfahrten. Sie wurde zu meiner persönlichen Schutzbeauftragten, holte mich zu jeder Tages- und Nachtzeit ab und tilgte hie und da sogar meine Spielschulden.

Doch immer, wenn ich ihr von meinen Plänen erzählte, mein Leben ändern zu wollen, kam von einer Minute auf die andere wieder die Fremde in ihr zum Vorschein - mit unaufhörlichen Demütigungen, unerhörten Beleidigungen und Kränkungen. Mein Vater irrte zwischen Mutter und mir herum. Manchmal kam es mir sogar so vor, als hätte ich schon lange eine Funktion übernommen, die die Seinige hätte sein sollen. Denn Zärtlichkeiten hatten die beiden untereinander schon seit Ewigkeiten nicht mehr ausgetauscht. Mein Vater hätte es niemals gewagt sich einzumischen. Er verstand es, sich geschickt aus allem herauszuhalten. Sein ganzes Leben lang war er der stille, emotional unauffällige, allerorts beliebte Familienernährer, der entweder halb anwesend daheim war oder in der Öffentlichkeit musikalisch ganz in seinem Element. Genau genommen, lebten wir nie miteinander, sondern nebeneinander. Jedes Familienmitglied, auf sich zurückgeworfen, fand sich allein gelassen in seiner kleinen, unglücklichen Gedanken- und Gefühlswelt wieder. Wenn dann alle endlich zusammensaßen, herrschte innerhalb der eigenen vier Wände meist Ausnahmezustand. Ich war nichts als aggressiv und sperrte mich in mehreren Anläufen tagelang in mein Zimmer ein. Ich wollte einfach nur meine Ruhe, kurz, nichts mehr spüren. Doch auch dieser Zufluchtsort erlaubte mir keine Entspannung. Diese fand ich nur in Lokalen beim Saufen, so wie ich es eben mein Leben lang vorgelebt bekommen hatte."

„Mein Leben glich einer Fahrt auf der Hochschaubahn, ohne Pause, zwischen Himmel und Hölle. Nur ein einziges Mal in meinem mickrigen Leben, aber das unbedingt, wollte ich als Rockstar auf der Bühne stehen. Ich war überzeugt, dass ich dies in absehbarer Zeit schaffen könnte, wenn ich mein Musikprojekt beharrlich weiterführen würde. Andererseits wusste ich auch, dass ich so wie bisher nicht weitermachen konnte und wollte. Ich hatte das tiefe Bedürfnis, meiner Tochter ein vorbildlicher Vater zu sein, ein erfolgreicher Musiker zu werden, der den Menschen durch seine Lieder Mut macht, das Leben zu lieben, und ihnen mitteilt, wie wichtig es ist, Nächstenliebe zu praktizieren. Musik hatte die eigentümliche Macht, diese Botschaft nicht abstrakt und abgehoben werden zu lassen, sondern sie erlebbar und spürbar zu machen. Ich wollte Menschen, welche ebenso gelitten hatten wie ich, die Hand reichen, ihnen genau zuhören, auf Tuchfühlung mit ihnen gehen, sprich, ihnen einfach Beachtung schenken und für sie da sein. Zur Gänze da sein, als Daseinskonzept, als hehre Hinwendung - ohne im Gegenzug dafür Geld zu verlangen. Ihnen Verständnis entgegenzubringen, egal in welch aussichtsloser Situation sie sich auch befinden mochten. Ich wollte einfach helfen, ohne etwas dafür zu verlangen. Selbstlos sein, um mich selbst zu beschenken. Ihnen ein offenes Ohr schenken, ihnen mein Herz öffnen: durch Nächstenliebe und Mitmenschlichkeit. Ich wollte ihnen all das geben, was ich mir so sehr gewünscht hatte und mir leider versagt blieb. Um wie viel schöner und leichter wäre mein Leben dadurch verlaufen? Und nun lag ich hier, zusammengekauert im Bett, ohne imstande zu sein, die Welt um mich herum klar und unverzerrt wahrnehmen zu können. Wie in meinen Kindestagen. Als ich wartete, dass sie nach Hause kämen. Mama und Papa."

„Was war bloß geschehen? Warum hatte mein Gott mich verlassen? Wie sehr sehnte ich mich nach einem Leben in Nüchternheit und Akzeptanz! Plötzlich wurde mir zum ersten Mal klar, dass Zufriedenheit und Glück niemals vom Ruhm abhängen konnten. Solcherlei Werte mussten schon am Anfang eines erfüllten Lebens stehen. Das war bei mir, um ehrlich zu sein, niemals der Fall gewesen. Es war, aus welchen Gründen auch immer, als ob ich aus einem schrecklichen Traum erwachte. Etwas versetzte mir einen Stich und mir wurde klar, was ich auf meinem Pfad der Verwüstung alles angerichtet hatte. Meine Haltung indessen: und hinter mir die Sintflut. Ich hätte dies alles in zehn Leben nicht mehr wiedergutmachen können. Die Weichen waren gestellt. Ich hatte es geschafft, dass Michi nicht einmal mehr böse auf mich war. Ihre Gefühle für mich waren längst tot. Es tat mir so weh, es raubte mir fast das letzte bisschen Verstand – und zerriss mir das Herz. Darum beschloss ich kurzerhand, es ein für alle Mal zu beenden. Am Ende des einzigen geplanten Livekonzertes meines Projektes. Doch ich wollte Michi und Lucy nicht auf diese Art und Weise verletzen. Ich musste einen Unfall inszenieren! Ja, das schien mir die passende Lösung zu sein."

So kam es, dass Christoph seiner Tochter einen Abschiedsbrief schrieb, in welchem wörtlich stand:

„Liebe Lucy! Du magst jetzt denken, dass ich feige bin. Du hast recht. Ich weiß, dass ich Dich und Mama irgendwann verloren hätte. Und ich habe so etwas schon mal erlebt. Doch diese Menschen habe ich niemals so sehr geliebt wie Euch! Und deshalb muss ich vorzeitig gehen. Es wird auch nie jemand erfahren, dass es Absicht war! Außer jetzt. Es tut mir so leid! Ich hätte Dich so gern aufwachsen sehen, wäre Dir so gerne ein Papi gewesen. Doch die Angst, dass Ihr mir genommen werdet, ist zu groß. Ich glaube aber daran, dass es weitergeht. Irgendwo. Und da werde ich sein. Auf Euch aufpassen. Euch beschützen. Denn nur, wenn ich dort bin, kann ich das Göttliche beeinflussen. Und muss nicht machtlos zusehen, wie mir die Liebsten meiner Lieben genommen werden! Ich hoffe, Du bist nicht zornig. Ich habe die erste Blume, die ich Dir geschenkt habe, in dieses Buch eingeklebt. Deine erste Wimper, die Du verloren hast. Und viele andere Sachen. Einfach, weil ich nicht loslassen kann. Ich würde Dir hier am liebsten mein ganzes Leben schenken, doch das bist Du ja bereits. Mach Du es bitte besser! Ich helfe Dir dabei. In ewiger Liebe! Dein Papi"

Christoph brauchte dringend Hilfe. Keine Frage. Also ließ ihn sein Schicksal in einen weiteren Traum eintauchen.

„Ich stehe allein am Tresen einer Bar. Gerade eben hatte ich ein tolles Konzert hingelegt. Wir feiern unseren Erfolg. Alle betrinken sich, tollen herum, nehmen Drogen. Und was ist mit mir? Ich bin nüchtern, rauche nicht mehr, habe die Drogen aufgegeben. Nun sitze ich hier alleine. Doch nicht mehr einsam. Meine vergötterte, geliebte Tochter befindet sich bei ihrer Mutter. Sie ist nicht da. Ich habe niemanden zum Umarmen, zum Anlehnen. Warum nehme ich nicht einfach eine Whiskyflasche und nehme einen kräftigen Schluck!? All die Jahre habe ich gekämpft und Tiefschläge ertragen müssen, das Gespött meiner Mitmenschen über mich ergehen lassen, obwohl ich alles, einfach alles aus dem sehnlichsten Wunsch getan habe, nur einmal das Gefühl von Anerkennung, Liebe und Geborgenheit verspüren zu dürfen. Diese Sehnsucht nach Verständnis, Umarmung, Zuneigung und Zugehörigkeit. Angenommen und akzeptiert zu sein, wie ich bin. Was ist das für eine Musik? Das Lied kenne ich doch!"

Christoph war nicht mehr in der Lage, die Bilder, Gefühle und Gedanken seines Traumes von jenen der Realität zu unterscheiden. Wo war er? Wieder einmal waren Raum und Zeit verschwommen und verblasst. Er fand sich im Traum wieder, wie er sich Jahre zuvor tatsächlich mit Prostituierten vergnügte. Die Bilder waren durchtränkt mit Alkohol, von Drogen durchwachsen, ausgefüllt mit unzensierten Sexorgien, die von brutalen Gewaltszenen abgelöst wurden. Er hatte das Gefühl, im Traum zu erwachen, dann wiederum das Gefühl, dahinter in einer trashigen Traumwelt zu leben, alles zu überspielen, weil er niemals Anerkennung bekommen hatte. Plötzlich wurden in seinem Innersten die Stimmen laut, ein Star zu sein, ein Leben mit Drogen, in Ruhm und Luxus - mit all diesen Dingen, die seine Leere, das Loch in seiner Seele füllen sollten. Er wehrte sich gegen dieses berstende Gefühl. In Wirklichkeit lag er hier, in seinem alten Jugendzimmer, am Teppich kauernd als erwachsener Mann und vollgepumpt mit Drogen, im Exzess. Im Traum.

„Nein! So will ich einfach nicht mehr weitermachen!"
Christoph zitterte am ganzen Körper. Er hatte einen Schub. Der kalte Schweiß ließ ihn fast erfrieren. Niemand war an seiner Seite. Er zog sich zusammen wie ein Kind im Mutterleib, umarmte sich selbst und konnte kaum noch dieses Einsamkeitsempfinden in seinem Traum ertragen.

„Ich will so gern zurück zu Dir! Warum hörst Du mir nicht einmal in meinem Leben zu? Warum verstehst Du mich nicht!? Wenn ich bei Dir bleibe, werde ich untergehen. Ich muss weg von dem Zeug! Ich muss das ganz alleine schaffen, aus eigenem Antrieb, daher muss ich Dich gehen lassen! Nadja, bist Du es? Mama, was machst Du hier? Michi? Lucy?"

Sein Bezugspunkt waren, so oder so, bis zu diesem Zeitpunkt stets die anderen. Christoph fühlte die Hilflosigkeit in Reinform, seine volle Machtlosigkeit. Endlich hatte er es erreicht. Da stand er nun, wenige Augenblicke vor diesem riesigen, lang ersehnten Konzert entfernt. Alle warteten anbetungsvoll auf seinen Auftritt. Er betrat die Bühne, sie jubelten ihm zu, er sang seine Lieder. Ja. Er hatte es geschafft, sich nur für diesen einen Tag nicht wieder mit Drogen und Alkohol voll- pumpen zu müssen. Weil er es nämlich geschafft hatte, sei- ne Gefühle zu äußern und sie anderen Menschen gegenüber auszudrücken. Traumfänger. Denn diesen besonderen Abend schlief er. Ganz tief und fest.

The Wall

Eine Geschichte über Hochmut, Stolz und Vertrauen

Auch wenn Dir in Deinem Leben schon viel Trauriges widerfahren ist - mit Liebe wirst Du diese Lektionen richtig deuten können und auch überstehen. Lass diese Ereignisse nicht die Bausteine der Mauern um Dein Herz herum sein, die Dich hochmütig, herablassend und stolz werden lassen. Denn wenn Du dadurch ein Gefühl der Überlegenheit, Eitelkeit und ein übersteigertes Selbstbewusstsein entwickelst, wird Dir diese Mauer der Vermessenheit, Ruhmsucht und Prahlerei den Weg zu wirklicher Lebensfreude verbauen. Du weißt: Oh, Eitelkeit der Eitelkeiten. Alles ist eitel. Nimm den Schmerz an und lass ihn los, damit die Liebe, Dein Glaube und Dein Vertrauen wachsen können. Denn nur dadurch kannst Du die Stimmen, die Dich führen, sanfter sprechen hören.

Christoph ... Christoph ...

„Ja? Hallo?"

Christoph blickte von seinem Bett aus in die Dunkelheit der Nacht, die sich wie schwarze Luft im Zimmer ausgebreitet hatte.

„Wo bin ich?! Wer hat mich gerufen?"

„Ich hatte geträumt, dass ich mit alten Freunden wieder fürstlich am Feiern war; Drogen und Alkohol waren im Überfluss vorhanden. Ich hatte eben noch alle eingeladen, und sie tanzten im Nu auch an. Als mir dann der 'Stoff' ausgegangen war und ich die anderen anschnorrte, verstießen sie mich. Sie sagten, ich solle jemand anders belästigen. Was für eine Stimme war das übrigens? Kurz vorher habe ich sie gehört! Hier, gerade eben. Einerseits so sanft, so warm und vertraut, nicht männlich und nicht weiblich, nicht erwachsen und nicht Kind. Andererseits so bestimmt, mächtig und klar. Es war, als ob es ein unbestimmtes Wesen sagte, aber mir fehlte das Bild dazu. Die Stimme war überall. In mir und außerhalb. Sie hat mich geweckt. Sie hat mich erwachen lassen. Diese Stimme kommt nicht aus meinem Kopf, sie klingt in meinem Herzen nach wie das Echo einer vertrauten Stimme. Doch ich fürchte mich diesmal nicht, obwohl ich allein bin. In diesem Zimmer mit all meinen Erinnerungen."

Da lag er nun. Der Menschensohn. Mit einem Berg voller Schulden, ohne fixen Job, als verzweifeltes Häufchen Elend.

„Es gibt für mich keine Zweifel mehr. Das war mein Schöpfer. Sofort hatte ich den Wunsch, dass mir diese Macht jemanden zur Seite stellen möge, der mich bedingungslos annehmen, mich, ungeachtet meiner sonderbaren Art, ohne Wenn und Aber unterstützen und weitertragen würde. Ich rief jemanden zur Mitarbeit, zum Mit-mir-Leben an. Denn bis zu diesem Tiefpunkt hatte ich verzweifelt versucht, mich einzuigeln, zu verbarrikadieren, mich von meinen wahren Gefühlen abzuschneiden. Es war keinesfalls mehr Hochmut und Stolz, sondern blanke Sehnsucht nach mehr Harmonie und allem voran nach Vertrauen. Ich hatte einen Schutzwall errichtet, um diesen unerträglichen Schmerz zu betäuben. Die vielen qualvollen Ereignisse zerfleischten mein zartes, zerbrechliches Herz und ließen es erkalten. Erstarren. Ich hatte beschlossen, nie wieder irgendjemanden in es hineinzulassen. Der Platz in meinem vom Selbstmartyrium zerrissenen, verwundeten Herzen war einzig und allein für meine angebetete Tochter reserviert. Aber auch sie musste ich gehen lassen. Nach meinen ganzen Erfahrungen erzeugten Liebe und Offenheit nur mehr Trauer und Verlust. Und das wollte ich nie und nimmermehr zulassen."

„Diese unaufhörlichen inneren Zwiegespräche, diese wiederkehrenden inneren Konferenzen verwirrten mich mittlerweile so ungemein, dass ich erneut über Selbstmord nachgrübelte. Wieder und wieder wurde mir klar, dass ich mit dem Charakter, der zugleich mein Schicksal war, nicht in diese Welt passte. Warum nur sollte mich niemand in diesem Universum haben wollen, mich akzeptieren, mich annehmen? Mit all meinen Gefühlen und Gedanken. Auch wenn sie oftmals noch so meschugge waren. Machte ich den Menschen tatsächlich solche Angst mit meinen Ansichten, denen zufolge jeder Einzelne dazu beitragen könnte, unser Zusammenleben auf diesem Planeten harmonischer, schöner und friedvoller zu gestalten? Dass Menschen zu einer Einheit zusammenwachsen könnten, anstatt sich gegenseitig durch Lug und Trug, Verleumdung und Beschränktheit die Schädel einzuschlagen? Im wahrsten Sinne des Wortes. Das Gefühl hatte sich in mir eingenistet, verstoßen worden zu sein – verlassen. Oder war ich tatsächlich total verrückt geworden, völlig daneben, im klinischen Sinne wahnsinnig? Ich fühlte mich, als ob ich neben mir stehen würde. Einsam in der Welt und mit mir allein. Es war mir unbegreiflich, warum diese unaufhörlichen Rückschläge ständig dermaßen viel Leid über mich hereinbrachten. Sie schienen wie riesige, unüberwindbar steile Berge auf dem Horizont, mit tiefen Schluchten, die zu wachsen drohten und im selben Augenblick wieder zerbarsten. Traum und Realität wurden undefinierbar. Vergangenheit, Zukunft und Gegenwart, Raum und Zeit, Tag und Nacht, einfach alles vermischte sich in meinem Geist. Blind hatte ich den Menschen vertraut. Ich sah stets das Gute in ihnen, glaubte daran. Mit Stolz blickte ich auf das in meiner Fantasie mir vorschwebende Familienleben. Ich war mir noch niemals zuvor so sicher gewesen. Die Ereignisse hatten all meine Erwartungen übertroffen. Zu alledem kam noch das bevorstehende Leben im Rampenlicht, ebenso berauschend wie attraktiv: die Erfüllung meiner Träume. War aus diesem Grund die Enttäuschung jetzt noch viel größer als vorher? Es wurde mir meistens nahegelegt, dass jeder Mensch im Leben arbeiten müsse, fleißig sparen und eine Familie gründen. Ja und!? Wo stand das geschrieben? War es in goldenen Lettern in den Stein der Weisen gemeißelt? Das hatte ich doch versucht, mehrfach sogar, immer wieder: hinfallen, aufstehen, fallen, aufstehen ... und!? Wieder war ich gescheitert. Unentwegt wurde nur erwartet, gefordert, verlangt. Alle wussten alles besser, doch eine Beschreibung, wie es denn konkret funktionieren sollte, blieben sie schuldig. Ich kam mir vor, als ob ich in einer Endlosschleife gefangen war. Das zermürbte mich vollends. Ich hatte mich doch mit eisernem Willen immer wieder aufgerichtet und darum bemüht, in diese verdammte Norm zu passen. In eine Norm, die von einer Gesellschaft festgelegt wurde, die selbst schlecht lebte und nur für die wenigsten gewisses Glück bereithielt. Wie sehr lässt der Mensch sich verbiegen und in vorgefertigte Passformen pressen? Auf der ganzen Welt herrschten Hunger, Krieg, Zockerei, Ausbeutung, Mord und Totschlag. Das konnte doch keinesfalls richtig sein, oder? Und so etwas nannte sich tatsächlich ‚normale' Gesellschaft! – 'Normierte' Gesellschaft würde den Zustand besser beschreiben. Mein Ärger darüber, dass hier irgendetwas gewaltig schieflaufen musste, wuchs bald ins Unermessliche. Ich wollte ja nach einem Plan aus diesem Chaos suchen. Meine Versuche, mit Freunden und Bekannten im Gasthaus darüber zu reden, fruchteten nicht, denn die meisten von ihnen wandten sich verdutzt ab oder sahen mich entgeistert an. Anscheinend war es ihnen lieber, mit ihren Fingern auf jemand anderen zu zeigen. Sie empfanden es in ihrer selbst gewählten Entlastung, nicht nachsinnen zu müssen, als bequemer, andere für all das Übel zu verurteilen, anstatt sich selbst zu überlegen, wie man gemeinsam die Welt ein Stück weit schöner und friedlicher hätte machen können."

Der Einzelne und die Gesellschaft. Paradigmenwechsel als epochaler Wendekreis menschlicher Entwicklung.

„Auf dem Land, dort wo jeder jeden kennt, sprachen sich Beziehungsdramen schnell herum. Auch die sogenannten Freunde und Bekannten trugen zu Klatsch und Tratsch bei und verurteilten mich, ohne darüber nachzudenken, wieso und warum alles so gekommen war, wie es kommen musste. Determinierung war ein Wort, das sie nicht kannten. Für die meisten der Bewohner war ich der Übeltäter. Da gab es nichts mehr daran zu rütteln. Im Gegenteil, in Windeseile war ich in der Gemeinde zum 'Wahnsinnigen' abgestempelt worden, dem wohl die Drogen das Hirn verbrannt und den Verstand vernebelt hatten. Ringsum ließ man mich die teils begründet gereizte, teils überzogene Ablehnung spüren, zumal ich nun, nach einer gescheiterten Beziehung mehr, neuerlich bei Vater und Mutter eingezogen war. Das Stigma, das man mir aufgedrückt hatte, war unbarmherzig und obendrein viel unchristlicher als ihre Taufscheine. Meine Eltern hatten mich als Kind mit meinen Problemen in familiären Angelegenheiten notorisch allein gelassen. Vielleicht wollten sie sich später von diesen ihren Versäumnissen freikaufen. Es ehrte sie trotzdem, dass, egal wie viel Mist ich als Sohn auch bauen sollte, wie tief ich fallen oder wie übel es mir ergehen würde, die Tür zu meinem Elternhaus mir immer offen stand. So erhielt ich erneut Rückendeckung. Anstatt sie zu erkennen, suchte ich weiterhin die Schuld bei den Leuten, die doch lieber ihre leichtfertigen Zungen hüten und nicht immer über mich hätten reden sollen. Wenn sie doch nur einmal einen richtigen Gedanken an mich verschwendet hätten, wären sie nicht umhingekommen, mich zu verstehen und mir in meiner Sicht der Dinge beizupflichten. Einfacher war es, über andere zu lästern, die nicht anwesend waren und sich nicht wehren konnten. Jeder sollte doch versuchen mehr bei sich selbst zu bleiben, nur über sich selbst zu sprechen, sich selber wahrzunehmen. Doch halt! Was tat ich hier schon die längste Zeit? Ich selbst beschwerte mich über Gott und die Welt!"

Durch das Unverständnis über seine eigene Gedanken- und Gefühlswelt wurde Christoph nun zum endgültigen Außenseiter degradiert. Er war bekannt wie die Farbe Lila. Niemanden kümmerte es ernsthaft, warum wohl Trinken seine Lieblingsbeschäftigung geworden war. Christoph verschanzte sich schließlich nur noch in seinem Zimmer, in seiner dunklen Höhle, seiner Zufluchtsstätte, seinem schwarzen Loch. Dort träumte und fantasierte er, fühlte sich ausgebrannt und leer. Tränen bahnten sich ihren Weg und flossen in Strömen.

„Ich möchte ein Star sein, eine Familie haben, berühmt sein, Menschen um mich haben, die ich liebe und die mich lieben."

Die sanften Stimmen, durch die Christoph geweckt worden war, schienen in Vergessenheit zu geraten. So wanderte er weiter, fand sich freilich in anderen Sphären, dröhnte sich komplett zu und irrte in verruchten Parallelwelten umher.

„Im Drogenrausch, wenn ich 'high' wurde, war ich dieser immens gigantische, dieser kolossalste Stern im gesamten Kosmos. Der Held schlechthin. Ein Götze – Gott meiner selbst. Es war der absolute Wahnsinn, in welch schillernder Farbenpracht ich diesen Reichtum an Bewunderung in meiner privaten Illusion erleben durfte. Ich war doch der Auserwählte, der Prophet, der Messias, welcher mit Musik seine Botschaft vermitteln sollte. Ich sollte der Held, der Retter der Menschheit, ihr Befreier von krankhaften Süchten, von Sünden und Abhängigkeiten sein. Wie schon mein Name sagte: Christoph, 'der Nothelfer'. Ich sollte allen auf dieser Erde und darüber hinaus, draußen in der Ewigkeit, dienen! Von den Reichsten bis zu den Ärmsten, vom Teufel in der Hölle bis hin zum Herrgott im

Himmel. Ich würde im Morgen- und im Abendland hochverehrt werden!"

In irrealen Vorstellungen verloren sowie von Größenwahn getrieben, geistig völlig abwesend, schwebte Christoph in seinen eigenen Galaxien dahin.

„Innerlich vertraute ich auf meine höhere Macht, die mich so tief fallen ließ. Ich war fest davon überzeugt, dass diese mich vor dem drohenden Zusammenbruch bewahren würde. Immerhin war sie es, die mir befahl, meine Fügung stoisch zu tragen, und mir versicherte, gemeinsam mit ihr den Weg zur erleuchtenden Erfüllung zu gehen. Alles Große in dieser Welt geschah doch nur, weil jemand bereit war, mehr zu tun als er, streng genommen, musste oder wollte. Und ich wollte mehr! Wie und was, das konnte ich damals noch nicht einwandfrei erkennen. Meine Bestimmung meinte ich jedoch in diesen Visionen erkannt zu haben. Im Innersten meiner Seele glaubte ich fest daran, dass mich 'dieses Höhere' in absehbarer Zeit zu der gewünschten Berühmtheit führen würde. Majestätisch und erhaben sah ich mich, vor all den Menschen, die mich bislang verurteilt hatten. Göttlich! Doch das Poltern meiner Mutter an der verschlossenen Zimmertür riss mich aus diesen Träumen. Sie donnerte, kreischte und beschimpfte mich mit den Worten, dass ich, ob es mir nun schmeckte oder nicht, ein jämmerlicher Versager sei."

Eigentlich wollte die Mutter des Jungen ihm viel lieber sagen, wie gern sie gemocht hätte, dass er glücklich geworden wäre, dass er seit jeher das Wichtigste in ihrem Leben dargestellt hatte, und dass sie ihm Erlösung wünschte, einen Ausstieg aus seiner Misere, einen Neuanfang. Doch dazu war sie außerstande gewesen, nicht zuletzt, weil die selbst erfahrenen, jahrelangen Kränkungen sie daran hinderten. Nicht sie, sondern der Reflex ihrer Machtlosigkeit führte hier das Wort. Es war eben nicht alles so, wie es aussah.

„Meine Mutter war an sich eine starke Persönlichkeit. Mühelos schaffte sie es, mir ein schlechtes Gewissen einzureden. Ich war gefangen. Sie war es ja immerhin gewesen, die von Anfang an gewusst hatte, wie alles enden würde, weil, wie sie betonte, alles viel zu schnell und unüberlegt passiert war. Und dieses Leid war nun meine Strafe dafür gewesen, dass ich nicht auf sie hatte hören wollen. Reif war man offensichtlich erst, wenn man auf einen Ratschlag hörte, obwohl ihn die Eltern gaben. Sie hatte es nur gut gemeint. Einerseits klang das alles sehr sarkastisch in meinen Ohren. Es verletzte und kränkte mich, tiefer als mir lieb war. Andererseits war es tatsächlich so, dass Mama - auch wenn das früher nicht der Fall war - nun immer einzig und allein für mich da war. Irgendwie legten die Beziehungen und Umgangsformen in unserer Familie immer schon eher peinliche und ungegenständliche Merkmale an den Tag. Zunehmend gewann ich den Eindruck, dass meine Eltern wohl nie wirklich glücklich miteinander gewesen waren. Diese Spannungen manifestierten sich in mir."

„Der Liebreiz meiner Mutter war nicht infrage zu stellen. Ich zweifelte nicht, dass sie irgendwo, ganz tief versteckt wie in einem Berg, ein gutes Herz besaß. Als ich sechzehn Jahre alt war, begann meine Mutter aber an Depressionen und Manie zu leiden. Dies war jedenfalls die Diagnose, die von den behandelnden Ärzten damals gestellt worden war. Es gab Tage, da begann sie bereits frühmorgens im Haus herumzuschreien, wie boshaft doch alle zu ihr seien und dass niemand sie verstehen würde, dass sie diejenige sei, an der alle Verpflichtungen hängen bleiben würden. Nichts und niemand versuche, auch nur ansatzweise ihr zu helfen. Alle um sie herum würden nur Lügen verbreiten und schlecht hinter ihrem Rücken reden. Dann wiederum gab es jene Tage, da sie unscheinbar und mäuschenstill durchs Haus schlich und stundenlang ein irres Gekritzel in Bücher, Zeitschriften und Programmhefte schrieb. Oder sie lag tagelang im Bett, ohne zu essen, ohne die Familie oder sich selber zu versorgen."

„Diese schizophrenen Phasen bedeuteten für mich als Heranwachsenden eine mir unverständliche Belastung. Und genau diese Umstände prägten in meinem Unterbewusstsein mein eigenes Dasein und mein Selbstverständnis. Selbst noch ein Kind, konnte ich mit diesem krankhaften Verhalten meiner Mutter nichts anfangen, nicht nutzbringend damit umgehen. Ohne Rücksicht auf eigene Verluste, ohne darauf zu achten, ob ich damit bleibende Schäden riskierte, hielt ich zu meiner in ihrer eigenen Welt gefangenen Mutter. Ganz im Gegensatz zu meinem Bruder, der sich damals mit seiner Freundin von der Familie abwendete. Wie auch mein Vater, der sich wie ein falscher Gentleman von alledem deutlich distanzierte. Es war ein irrsinniger Höllentrip: zwischen den Liebesgefühlen zu meiner Mutter, die mich in ihr getragen und geboren hatte, und der Beziehung zu einer, wie es auf mich wirkte, psychisch gestörten Frau. Ihr Verhalten änderte sich in solch rasanter Geschwindigkeit, dass mir oft bis ins Mark bange wurde. Wahrscheinlich war das der Grund, warum ich unter keinen Umständen wegschauen konnte. Es war für mich schier unglaublich, dass ein Mensch sich derart spalten konnte. Hie berechnend, hoch intelligent, sensibel und raffiniert - da emotional hochexplosiv, fast bösartig, unberechenbar und derb daneben. Dafür musste es doch Gründe geben, weshalb eine derartige Persönlichkeitsveränderung bei Menschen auftreten konnte?"

„Ich selbst begann damit, meinen Verstand, soweit es mir möglich war, zu schärfen und meine Wahrnehmungen zu sensibilisieren, intuitiv die noch so kleinsten Veränderungen aufzunehmen, zu interpretieren und im Vorhinein bewusst Gegenmaßnahmen zu planen. Aufenthalte in der geschlossenen Psychiatrie gehörten leider immer wieder zum Alltag meiner Mutter. Bei den meist täglichen Besuchen meinerseits, deftigen Beschimpfungen, Gewaltattacken und Psychoterror ihrerseits, hatte ich es - wie soll ich es adäquat ausdrücken?! -

schwer. Unser Zusammentreffen war ein ständiger Kampf. Ich fühlte mich im Stich gelassen von meiner Familie und, wohlgemerkt, auch von den Ärzten. Jeder spann nun mal auf seine Weise. Während meiner Besuche in der Nervenklinik fing ich an, die Mitpatienten meiner Mutter genauer zu beobachten, und glaubte zu bemerken, dass es die verschiedensten Arten von Betroffenen gab. Da waren jene, die angsteinflößende, sture und böse Blicke um sich versprühten. Und solche, die traurig, verzweifelt und gütig dreinblickten, wie zum Beispiel meine Mutter. Das Verhalten jedoch lief bei allen auf das Gleiche hinaus: Sie hatten eine gewisse Andersartigkeit, eine mangelnde Beständigkeit, die den meisten Außenstehenden abnormal erschien. In jenen Zeiten stand ich meiner Mutter meist als Einziger aus der Familie bedingungslos bei, in der Hoffnung, die medizinische Behandlung würde ihr Heilung bringen. Mama selbst zweifelte an den Ärzten und den Medikamenten, wiewohl sie merkte, dass in ihrem Wesen etwas falsch gepolt sein musste."

„Bereits in jungen Kindesjahren musste Mutter ihren Vater, der an multipler Sklerose erkrankt war und außerdem im Zweiten Weltkrieg verwundet worden war, vom wöchentlichen Wirtshausbesuch abholen. Meist hatte sie in solchen Fällen die entstandenen Spielschulden zu begleichen und den Betrunkenen, den sie dann stützen und tragen musste, nach Hause zu bringen. Meine Großmutter wiederum war verkalkt und infolge ihrer Demenz für überraschende Auftritte allseits bekannt. In einem geistig verwirrten Zustand und einem Anfall von Wahn beispielsweise fiel sie die Stiegen zum Haus hinunter und wurde daraufhin mit stark blutender Kopfwunde von der Rettung in die psychiatrische Abteilung eines Spitals gebracht. Meine Mutter war zwar nicht hauptberuflich Tochter, hatte aber diese Begebenheiten selbst allesamt auf sich genommen und pflegte ihre Eltern, soweit es ihr möglich war, bis zu deren leidbehaftetem Tod. Allgemein wurde angenommen, dass der Wahnsinn in unserer Familie erblich bedingt war, zumal sich auch Fälle von Selbstmorden zugetragen hatten und anderes Schreckliche sich in die Ahnenreihe meiner Eltern einreihte. Ich hatte mich zuvor überhaupt nicht mit psychosomatischen, epigenetischen und psychischen Erkrankungen auseinandergesetzt, doch fühlte ich schon früh, dass irgendetwas Unbekanntes meine Mutter zu beherrschen schien. Manchmal fragte ich mich, ob daraus womöglich meine wiederkehrenden Selbstmordgedanken verursacht worden waren? Die Familie war für mich immer das Allerwichtigste gewesen, und ich war bemüht, diesen Glaubenssatz im vorgesagten Verhältnis aufrechtzuerhalten. Ich wollte alles tun, das in meiner Macht stand, um unsere Familie zu retten und sie keinesfalls durch die Krankheit meiner Mutter zerbrechen zu sehen. Denn jede Kette war bekanntlich nur so stark wie ihr schwächstes Glied."

Nach einigen Wochen seines weiteren Niedergangs wurde Christoph eines Tages jäh aus seinem Schlaf gerissen.

„Ich schlief gerade wieder einmal meinen Rausch aus, als ich plötzlich hochfuhr. Die Sirenen des Rettungswagens, der gerade in die Einfahrt fuhr, weckten mich unsanft. Ohne zu überlegen, stürzte ich aus dem Zimmer. Was war denn nun schon wieder geschehen? Der Gedanke, dass meine Mutter in ihrer Verrücktheit eine Dummheit angestellt haben könnte, ließ mich mit einem Schlag nüchtern werden. Ich hatte Todesangst. Meine Mutter kniete, von einem Heulkrampf geschüttelt, im Vorzimmergang. Der Notarzt, gefolgt von Rettungsleuten, stürmte an uns vorbei prompt ins Wohnzimmer. Ich folgte dem Fingerzeig meiner Mutter und lief ihnen ebenfalls hinterher. Da lag er, am Boden, unbeweglich und benommen. Ich war erstarrt vor Schreck. Oh mein Gott! Was ging da vor sich - Flashbacks von früheren Polizeieinsätzen blitzten in mir auf. Mein Vater war zusammengebrochen. Ohne vorangegangene Anzeichen, ohne die geringste Vorwarnung. Der Arzt hantierte mit Spritzen und Infusionen herum, die Sanitäter schnallten Papa auf eine Bahre und verfrachteten ihn in den Rettungswagen. Wie vom Blitz getroffen, stand ich reglos da."

„Ich versuchte die Geschehnisse zu verarbeiten, als sich der Notarzt an mich wandte und mir mitteilte, dass er meiner Mutter etwas zur Beruhigung gespritzt hatte und sie in den nächsten Stunden sicherlich gut schlafen würde. Erst jetzt bemerkte ich, dass ich ungewaschen und in Unterhosen, geistesabwesend und wortlos, da herumstand. Ich musste schrecklich ausgesehen haben, ungepflegt und heruntergekommen. War das relevant? Allein, die bewusste Vorstellung über mein Aussehen ließ mir die Schamesröte ins Gesicht steigen. Was war ich doch für ein Arschloch gewesen! Ich hatte nur noch mich im Sinne gehabt und bemerkte nicht mehr, wie meine Liebsten durch mein Verhalten gelitten haben mussten. Nach dem heillosen Durcheinander trat unerwartet Stille ein. Totenstille. Ich schleppte mich ins Bad und betrachtete mich im Spiegel. Was war bloß aus mir geworden? Mein liederlicher Lebenswandel hatte sichtbare Spuren der Verwahrlosung an mir hinterlassen. Beschämt stellte ich mich unter die Dusche, nachdem ich im Schock, wie ferngesteuert, meine Kleider ausgezogen hatte. Mein läppisches Leben zog in Bildern an mir vorüber und mein schmerzerfülltes Seelenleid trieb mir die Tränen in die Augen. Still und leise mischten diese sich mit dem Brausewasser, um zusammen auf eine unbekannte Reise zu gehen."

Einige Fragen stellten sich Christoph unweigerlich: Litt er wirklich so sehr, weil er das Gefühl hatte, falsch gehandelt zu haben, weil er es angeblich verdient hatte, irgendwie schuldig war oder konsequent negativ gedacht hatte?

Mitnichten. Er litt darunter, weil es einfach so war, wie es war. Die Egozentrik war sein schwierigster Feind. Dieses scheinbar furchtbare, heilige und steinige Leben, welches blutete, schrie, jubelte, schwieg, faulte, blühte und heilte. Er litt tatsächlich. Weil er erkannt hatte, dass das Leben alles in allem Leiden bedeutete. Für jeden. Leid schien die einzige universelle Erfahrung zu sein.

„Eine unscheinbare Kraft ließ mich in einem Augenblick der Ausweglosigkeit wieder hoffen. Sie befreite mich von dem doppelt beschwerlichen Gefühl, dass mich mein Schicksal für mein Schlechtsein bestrafen wollte. Es war eine keimende innere Überzeugung, dass ich keinesfalls gelitten haben musste, weil ich schuldig oder schlecht war - weitab! -, sondern, weil ich leben wollte. Mir war nicht klar, woher dieses Treiben über mich hereingebrochen war, doch ich war bereit zu kämpfen, weiterhin nach Glück zu streben, weiter zu hoffen, dass auch auf mich irgendwo ein schönes Leben warten würde. Und das in dieser Situation. Ich hatte abscheuliche Angst um meinen Vater. Papa und ich hatten uns leider nie zu einem richtigen Vater-Sohn-Verhältnis durchgerungen. Vielmehr war es wie eine innige Freundschaft und lose Verbundenheit. Wir liebten uns auf eine naive, kindliche und unbeschwerte Art."

Während der Zerrissene sein Zimmer musterte und sich ordentliche Kleidung zusammensuchte, erinnerte er sich an seine Kindheit zurück.

„Gemeinsame Unternehmungen waren rar, abgesehen von den Musikaufführungen und Unterhaltungen meines Vaters. Die meisten Angelausflüge hatte ich in eher schlechter Erinnerung. Aber da gab es auch jene Samstage und Sonntage auf dem Fußballplatz. Mein älterer Bruder spielte in einer Mannschaft, und ich durfte bei Mama und Papa auf der Bank sitzen und zuschauen. Ein kleiner Zwerg war ich noch und fand es aufregend, wenn die Erwachsenen kreuz und quer durcheinander brüllten, lachten, stritten und über jeden misslungenen Spielzug des Gegners oder über jedes Tor der eigenen Mannschaft jubelten. Da war die Welt noch einigermaßen in Ordnung. Ich war unendlich dankbar, dass ich, rein zufällig, einige Tage vor dem schrecklichen Zusammenbruch meines Vaters ein aufrichtiges und herzliches Gespräch mit ihm führen durfte, bei dem wir uns näher gekommen waren als je zuvor. Er wirkte dabei sehr zufrieden, mich bei sich zu spüren. Ich fragte ihn, ob er wohl stolz auf mich gewesen war, trotz all meiner Verfehlungen und meines missratenen Lebens. Er antwortete nur, dass ich sein Junge sei und er immer auf mich stolz sein würde."

„Vater hatte seinerseits viel in seinem Leben zu bewältigen gehabt. Er hatte den Zweiten Weltkrieg hautnah miterlebt und durch tragische Umstände im Krieg, beim letzten Bombenangriff der alliierten Truppen auf die Stadt, den größeren Teil seiner Familie verloren, darunter seinen Vater, seine Schwester und drei Nichten. Das Tausendjährige Reich hatte nur zwölf Jahre gedauert und statt Glanz und Glorie nur Tod und Trümmer gebracht. Er selbst und seine Mutter waren von Schutt und Ziegeln verschüttet und schwer verletzt worden. Den Schmerz über den Verlust dieser geliebten Menschen hatte er niemals richtig verkraften können. Er musste dieses Ereignis verdrängen und lebte fortan für die Musik. Er überspielte sozusagen als Musiker seine Gefühle, aus Angst, erneut von geliebten Menschen verlassen zu werden. Ich vermutete, dass infolgedessen mein Vater uns Kindern - ich hatte ja auch einen Halbbruder aus erster Ehe meines Vaters - sowie seiner Familie nie die wahre Liebe zeigen konnte. Somit war er auch unfähig, die ihm von uns entgegengebrachte Liebe anzunehmen. Diese enorme Angst eines nochmaligen Verlustes ließ ihn starr und emotional reserviert werden. Er war kein Gefühlskrüppel, sondern phlegmatisch. Unbewusst zog er unüberwindbare Mauern um sein Herz hoch, die ihn vor weiteren seelischen Verletzungen schützen sollten. Doch die in unserem letzten Gespräch schlussendlich gelebte Offenheit ließ seine gespielte Distanziertheit am Ende doch noch durch die ausgesprochene Liebe zwischen ihm und mir verflüchtigen. Das Gespräch brachte jene unsichtbaren Mauern zu Fall. Als Dank und in ewiger Verbundenheit schrieb ich danach für Papa ein Lied."

Ein besänftigendes Gefühl von Dankbarkeit und Liebe und auch wertschätzender Achtung gegenüber seinem Vater wuchs in Christoph, so leise wie Gras. Seine Mutter lag apathisch auf dem Sofa und sah den Jungen mit mattem Blick an. Die Spritze von vorhin hatte ihre Wirkung gezeigt. Müde und erschöpft schlief sie ein.

„Im Krankenhaus dauerte es noch einige Zeit, bis endlich ein Arzt auf mich zukam und meinte, mein Vater wäre schwer krank, und dass es keine Garantie gäbe, ob er sich von dieser schwierigen Operation jemals erholen würde. Diese Worte bohrten sich wie Nadelstiche in mein Herz. Ein Schicksalsschlag wie dieser warf mich brutal auf den Boden der Tatsachen zurück. Ich wartete, bis mein Vater auf die Intensivstation verlegt wurde, setzte mich an den Bettrand und starrte verunsichert auf sein Gesicht. Der dicke, blaue Schlauch, der aus seinem Mund ragte, war mit einem Pflaster festgeklebt und führte zu einer Maschine, die ständig piepste und fauchte. Vater hatte die Augen geschlossen. Doch sie zuckten unaufhörlich, so als ob sie sich öffnen wollten. Mein Blick schweifte über die vielen Kabel und Schläuche, die aus sämtlichen Körperöffnungen traten, auf seine alten, geschundenen Hände, die blau gefärbt waren, zerstochen durch Infusionsnadeln, neben seinem Körper abgelegt. Vorsichtig nahm ich die Hand meines Vaters und begann sie zu streicheln, ich begann ihm mit ruhiger, vertrauter Stimme die Geschichte über mein verkorkstes, verkehrtes Leben zu erzählen."

Im Zuge dessen war Christoph selbst eingeschlafen. Nachtschwester Wendy betrat das Zimmer. Christoph schnellte ruckartig hoch. Durch ihre smaragdgrünen

Augen strahlte sie ihn lieblich und verständnisvoll an, gleichsam magisch in ihrer wundervollen Art. Es war, als ob ein engelhaftes Wesen ihn mit einem Mal verzaubert hatte. Seltsam fein und zart, nach angenehmem Balsam duftend, meinte sie, eine außergewöhnlich anmutende Schönheit, dass er ruhig nach Hause gehen konnte. Sie versicherte ihm, bei seinem Vater bleiben zu wollen, um in seiner Abwesenheit für ihn zu sorgen.

„Am nächsten Morgen beschlich mich bereits beim Betreten des Krankenhauses ein seltsam mulmiges Gefühl. Ich hatte es verdrängt und doch versucht, es zu analysieren, zu deuten. Mein Herz schien für einen Moment stillzustehen, als ich das Krankenzimmer betrat und auf das leere Krankenbett meines Vaters blickte. Sogleich rannte ich aus dem Zimmer, und als ich völlig verstört beim Schwesternstützpunkt angekommen war, teilte man mir mit, dass mein Vater wenige Minuten zuvor eingeschlafen war. Für immer."

Mit dem Tod ließ sich nicht feilschen. Christophs Kopf wurde schwer und fühlte sich dumpf an. Als ob sein Körper unmittelbar davorstand, in sich zusammenzusacken.

„Und doch spürte ich meinen Vater intensiver denn je. Ich fühlte mich ihm näher als jemals zuvor. So, als ob er ein Teil von mir selbst war. In mir. Und ich Teil von ihm. In ihm."

Vater und Sohn waren vereint. Christoph betete für seinen Vater. Er bedankte sich bei seinem Schöpfer mit einem leisen, letzten „Danke" und küsste seine noch warme Stirn.

„Wollte ich das wirklich? Endstation! Wollte ich tatsächlich sterben? Meinem Leben ein Ende setzen? Wenn in der Zukunft Lucy irgendjemanden nach ihrem Vater fragen würde und sie zur Antwort bekäme, der sei verrückt gewesen und hätte sich das Leben genommen! Was dann? Oh nein! Genau wie mein Vater hatte auch ich eine Mauer um mein Herz errichtet. Gott hatte mich auserkoren, mich meinem Vater zur Seite gestellt, um ihn bis zum Tode zu begleiten. Nun wünschte ich mir nichts sehnlicher, als dass er mir beistehen könnte. Wie eine kleine Sonne, wie mein leuchtendes Licht in der Dunkelheit erschien mir meine Tochter. Mein wertvollster Schatz, meine Liebe, meine Erleuchtung, mein ewiges Leben, mein Ein und Alles. Einmal mehr war ich bereit mich aufzuraffen. Einmal mehr erwachten bis dahin ungeahnte Kräfte in mir und ermutigten mich weiterzumachen. Ich hatte alles mir Wertvolle verloren und war dazu bereit es wiederzufinden, mir meine Familie zurückzuholen."

„Der enorme Schmerz über das Zurücklassen meiner geliebten Tochter hatte schlimme Narben hinterlassen. Mein Vater hatte sein Leben der Musik gewidmet. Ich hatte nicht erkannt, dass diese auch mir als Überlebenselixier gedient hatte. Musik vermochte erstaunliche Dinge zu vollbringen. Dennoch war ich tieftraurig über den Verlust meines Vaters, fühlte mich unendlich einsam, von einem Teil meiner selbst abgeschnitten. Neben unendlicher Trauer, die sich in mir eingenistet hatte, war da nichts und niemand mehr zum Reden, zum Umarmen, zum Kundtun dieses Schmerzes. Meine Mutter erlitt durch den Tod meines Vaters, trotz Tabletten, mit denen sie sich vollgepumpt hatte, einen schweren psychotischen Rückfall. Mein Bruder war ebenfalls nicht greifbar, geradezu unerreichbar. Und sonst wusste ich niemanden, den ich hätte um Hilfe bitten können. Kurz, ich hatte viel zu wenig Zeit und Raum zum Trauern, musste stattdessen Behördengänge erledigen und mich um die finanzielle und organisatorische Abwicklung der Bestattung kümmern. Ich war in allen Dingen total überfordert. Trotz anfänglicher Schubkraft war mein Leben erneut total aus den Fugen geraten. Eine vernünftige Unterhaltung mit meiner, ihren Kummer in Wein tränkenden Mutter war überhaupt ein sinnloses Unterfangen. Noch ein letztes Mal versuchte ich mich an Freunde und Bekannte zu wenden. Doch mit mir Säufer, Schläger und Versager wollte keine Menschenseele mehr etwas zu tun haben. Ich war sozusagen unfreiwillig isoliert und den typischen Weg in die Vereinsamung. Seltsamerneres Necken dieser krankhafte Höheres bestimmt sein musste. eines Süchtigen gegangen – ab weise überkam mich wie ein in-Gedanke, dass ich offenbar für Als Künstler. Als Genie."

Human Silence

Eine Geschichte über Habsucht und Zielklarheit

Tugenden sind Dein Weg zur Glückseligkeit. In Deinem Innersten weißt Du bereits heute genau, was der Sinn in Deinem Leben ist. Folge dieser inneren Stimme, und ein geglücktes Leben wird Dein Lohn dafür sein. Denn nur wenn Du die Möglichkeiten verwirklichst, die in Dir angelegt sind, wird Dir Glück in seiner Vollendung widerfahren. Du wirst lächeln. Denn dann hast Du die Freude und den Frieden in Deinem Leben gefunden. Deshalb suche nicht nach Schönheit - sie ist trügerisch. Suche nicht nach Reichtum - er ist vergänglich. Finde jemanden, der Dich zum Lächeln bringt. Ein solcher Mensch hat sein Glück bereits gefunden und wird Dir auf Deinem Weg einen scheinbar dunklen Tag erhellen.

„Ich war meinem Schöpfer so unendlich dankbar, in erster Linie dafür, dass er mir durch die Gedanken an meine Tochter immer wieder Mut machte und mich Hoffnung schöpfen ließ. Lucy war es, die mir immer wieder ein Lächeln ins Gesicht zauberte, die mich durch ihr Sein immerfort ermutigte, die mir gedanklich immer wieder die Kraft gab, erneut aufzustehen, aufs Neue weiterzumachen, kurzum, weiterzuleben. Und obwohl ich wusste, dass hier mehr geschah als momentane Gefühlsduselei, hatte ich insgeheim das Gefühl, dass sich etwas wiederholte. War nicht ich es auch gewesen, der für meine Mutter diese Rolle übernommen hatte und der daran zu zerbrechen drohte? Oh mein Gott! Das wollte ich auf keinen Fall: dasselbe in Grün! Allein beim Gedanken daran bekam ich Gänsehaut und Hitzewallungen."

„Dass meine eigene Tochter, dieses wundervoll reine Wesen, die von mir pausenlos herbeigesehnte Frau sein würde, die ein Leben lang an meiner Seite stünde, mich ewig stützen und schützen würde? Dass sie es wäre, deren Antlitz mir - egal, wie viel Blut und Schweiß ich auch lassen müsste - laufend Hoffnung geben würde? Wie krank war das denn! Offensichtlich war ich auf dem direkten Weg, ein erprobtes, altes Muster willig zu übernehmen. Schon meine Mutter vergötterte ihren eigenen Vater. Natürlich wollte ich, dass Lucy in ihrem Leben stets ein stolzes, liebevolles Bild von mir in sich tragen würde. Jedoch in einem gesunden Verhältnis, im eigentlichsten, im richtigen Sinne. Von nun an wollte ich Lucy als meine Chance betrachten, mir kraft ihrer Spiegelung meine eigenen Verfehlungen vor Augen zu führen und ihr als Licht zu leuchten. Vorsichtig versuchte ich meine Einstellung dahingehend zu erspüren und stellte mir vor, wie ich meinem kleinen Sonnenschein dafür dankte, ohne sie unpässlich in eine verfehlte Verantwortung zu ziehen. Am eigenen Leib hatte ich verspürt, wie schlimm und bedenklich es war, wenn nahestehende Personen ihren eigenen Erfolg oder Misserfolg – ja sogar ihr selbstverschuldetes Leben oder Sterben – von mir abhängig gemacht hatten."

„Obschon ich mich selbst so oft in Not befand, stellte ich mir vor, wie ich Menschen helfen wollte, die ebenso wie ich vor ihren Gefühlen und Gedanken davonlaufen wollten, sich in Süchte flüchteten, Menschen, die tagtäglich einsam und unverstanden, sich selbst überlassen, mit ihrer Umwelt rangen. Indem ich mich vollends von der Außenwelt abzuschotten bemühte, wurden die Phasen meiner Vernunft und Nüchternheit zum Glück häufiger. Draußen, schien es, lag die Versuchung – und in mir die Lösung. Stück für Stück schaffte ich es immer länger, tagelang gänzlich auf Drogen zu verzichten und vermehrt auch einen ganzen Tag lang auf Alkohol und Zigaretten. Ich begriff nicht, woher er kam, doch es war der tiefe Glaube an diese Idee, mit meinem Musikprojekt der Menschheit dienlich sein zu können, den Ausgegrenzten beizustehen, sie glücklicher und zufriedener werden zu lassen. Der Plan setzte in mir enorme Energien frei, Ansporn und Zuversicht. Plötzlich wurde mir meine höhere Macht bewusster denn je. Anscheinend führte sie mich, weniger über einen Wandel der Gesinnung als über eine Veränderung der Gefühlswelt, an meine Bestimmung heran."

„Ich hatte es selbst erfahren, dass weltweit die menschliche Bevölkerung nicht darauf ausgerichtet war, eine Lebensschule für sensible Menschen zu bieten. Alles Streben zielte darauf ab, die Interessen und Ansprüche der minder sensiblen Mehrheit zu befriedigen. Ich wollte immer nur dazugehören und meinen Platz in dieser Gesellschaft finden. Doch die Gesellschaft selbst war kaputt. Die Norm war keinesfalls für Wesen mit sensibler Andersartigkeit vorgesehen. Obwohl ich es selbst ausgelebt hatte, konnte und wollte ich dieses unkontrollierte Streben der Menschen nach irdischen Gütern, diese krankhafte Gier, immer mehr Geld, mehr materielle Werte und noch mehr Reichtümer an sich reißen zu müssen, nicht mehr nachvollziehen. Überall maßloser Ehrgeiz, ohne Rücksicht zu nehmen auf seinen Nächsten. Oder die damit verbundene Ausbeutung unserer Mutter Erde. Alle waren in ihrer Geldgier damit beschäftigt, zu schaffen und zu raffen, mit der dafür typischen Ellbogentechnik."

„Die Gesellschaft um mich herum war mit Konsum beschäftigt, und nicht mehr mit Genuss oder Ritualen. Konsum war zur Maßlosigkeit aller Dinge herangewachsen, welche ständig neue, einem dauernden Wechsel unterliegende Bedürfnisse weckte, die augenblicklich, in aller Hast und Ungeduld, befriedigt werden wollten. Auch ich war so geworden. Diese Gesellschaft in ihrer verachtenswerten Form war Spiegel meiner selbst. Endlich hatte ich es geschafft, ich hatte die Abwärtsspirale meines Suchtverhaltens durchschaut. Es war in Wirklichkeit ein unbewusster, unachtsamer, maßloser Umgang mit Konsumgütern, der sich bei mir eingeschlichen hatte, ein Umgang ohne Rücksicht auf physische oder chemische Beschaffenheit. Was war es aber, das mich und meine Artgenossen dazu bewegte, ständig unzufrieden zu sein und immer noch mehr zu wollen? Irgendetwas musste doch als Ursache zu identifizieren sein. Eine gemeinsame Grundveranlagung?"

Die Zeit war noch nicht reif. Jeder Einzelne drehte innerhalb dieser Gesellschaft seine Runden. Die Menschen suchten und suchten. Und wenn sie gefunden hatten, wonach es sie verlangte, wollten sie es nicht länger und warfen es weg. Ein Teufelskreislauf im Paradies. Eine gesellschaftliche Erziehung zum Minderwertigkeitskomplex. Wert schien in ihren Augen etwas Äußerliches zu sein, etwas, das sie nicht in sich selbst vorzufinden glaubten, sondern sich vielmehr aneignen mussten – durch den Akt des Kaufens. Werte waren für sie nur materiell, nicht spirituell.

„Auch ich hatte Autos gekauft, die ich im Grunde genommen nicht gebraucht hatte, nahm Geld für ein Heim auf, das ich eigentlich nicht wollte, bediente mich eines Überziehungskredites für Schulden, die gänzlich sinnlos waren. Doch ich war beileibe nicht der Einzige. Blind hätte ich sein müssen, um nicht zu bemerken, dass es leider vielen Menschen auf unserem Planeten ähnlich erging. Dadurch wurden sie geformt zu Hartherzigkeit, Neid und List. Für mich jedenfalls hatte Geld als höchstes Gut allen Glanz verloren und besaß keine Spur von Erfüllung mehr. Jahrelang lebte ich ebenso verblendet und spielte lebensweltlich dieses Spielchen mit. Hingegen, diese Habsucht bescherte mir nur Unglück, Schulden und eine enorme innere Leere. Hinzu kam mein exzessiver Konsum verschiedener psychoaktiver Substanzen. Ich selbst war leider immer noch Teil dieser Konsumgesellschaft, ihrer Maßlosigkeit, ihrer falschen Verlockungen. Durch Drogen steigerte ich meine Lust. Auf diese Weise wurden sie zu meiner Sucht."

Nun glaubte Christoph durchschaut zu haben, dass, wenn das Leben schon kein Freund sein wollte, es zumindest sein Lehrer sein konnte.

„Alle Menschen hier auf Erden sind die Schüler des Lebens. Die schwierigste Erkenntnis für mich jedoch ist meine chaotische, empfindsame und widersprüchliche Gedankenwelt, in der ich unvermeidlich gefangen bin. Von Geburt an war ich mit einer heiklen Andersartigkeit und einem Überschuss an Empathie ausgestattet. Immer wollte ich jeder Ungerechtigkeit ein Ende setzen. Für mich stand fest, dass ich als aufgehender Stern keinesfalls unnötigen Reichtum anhäufen und diesen für noch unnötigere Dinge verprassen wollte. Nein! Hier und jetzt treffe ich den Entschluss, den überwiegenden Teil meiner Projekteinnahmen für wohltätige Zwecke aufzuwenden! Diese Zielklarheit gab mir Auftrieb. Ich überlegte mir ganz genau, welchen Menschen ich diese finanzielle Hilfe zuteilwerden lassen würde. Bedürftige gab es ja zuhauf! Ich wollte das Tauschmittel Geld in edelmütige Werte umwandeln. Irgendwie hegte ich sogar den Verdacht, erst dadurch dem Geld seine Macht nehmen zu können. Ich war mir ganz sicher, dass dies meine Bestimmung war, dass dies meine wirkliche Erfüllung bedeutete. Denn, Geben ist seliger als Nehmen."

„Der Wandel meiner Einstellung aktivierte den Künstler in mir wieder vollends, und ich begann erneut, meine Gedichte zu ordnen, sie in Songtexte umzuschreiben und zu komponieren. Mein neu erschaffener Kompositionsschlüssel funktionierte nur in der Umwandlung der wahren Herzenssprache. So und nur so gaben die Melodien das dahinter verborgene Gefühl wieder. Ich arbeitete Tag und Nacht und war von meinem eigenen Schaffen begeistert. Das Schreiben und Komponieren ging mir locker von der Hand, wenngleich mich das ganze Drumherum schon wieder viel Substanz kostete. Die organisatorischen Dinge gingen mir gehörig auf die Nerven, der psychische Druck stieg weiter und der Tag des Konzerts rückte näher. Ich hatte mir das Datum 20.01.2011 in den Kopf gesetzt. Die Quersumme ergab eine 7, und so sollte die Zahlenkombination metaphorisch für die bösen Mächte im Menschen stehen. Quersummen und Zahlen spielten seit geraumer Zeit eine große Bedeutung für mich. Allerdings war diese Bedeutsamkeit allen anderen unverständlich. Für mich freilich ergaben sämtliche Erlebnisse erst durch die Umrechnung in Zahlen wirklich einen Sinn."

„Abermals spielte mir mein Gehirn mit mörderischen Gedankengefechten einen Streich. Ich war unfähig, meine Gedankengänge und Gefühle zu beherrschen. Zusätzlich verspürte ich ständig einen Drang, den ich als Notwendigkeit wahrnahm, diese Eindrücke besonders gründlich zu verarbeiten. Alles alleine zu schaffen, war mein dezidiertes Ziel, aber leider sah ich keinen Ausweg, der sich anbot. Ich musste feststellen, dass ich mein Leben nicht länger bewältigen konnte, nicht zuletzt, weil ich nun einmal Perfektionist war. Sprich, Gelassenheit war für mich ein Fremdwort. Wieder machten sich Gefühlsschwankungen in meiner Brust breit, von Ungeduld und Müdigkeit bis zu Antriebslosigkeit und Schwäche. Ich fühlte mich erschöpft und kraftlos, körperlich geschwächt und nervlich ausgebrannt, ausgelaugt und verbraucht. Fix und fertig. Die letzten Monate waren eindeutig zu viel für mich gewesen. Die Aufregung hatte ihre Spuren hinterlassen."

„Allmählich drängte das Verborgene vom Schatten ins Licht. Diese unzähligen Tage ohne eine Partnerin, ohne meine wunderbare Tochter, der schwere Verlust durch den Tod meines Vaters und der neuerliche, selbst auferlegte Termindruck kosteten mich eindeutig zu viel Energie. Obwohl ich mich immer wieder aufraffte und es nur durch meinen starken und ausdauernden Glauben dann ein Stück weit schaffte, ließen mich kräftezehrende Niederlagen, unvorstellbare Einsamkeit und jenes herzlose Gefühl der Verlorenheit nutzlos und krank erscheinen. Ich hatte keine Menschenseele mehr, um mich auszusprechen und mit ihr auszutauschen. Es war der Moment gekommen, in dem ich mir eingestehen musste, dass ich nun keine Chance mehr hatte, allein aus diesem Sumpf herauszukommen. Obwohl ich nicht mehr weiterkonnte und seit Längerem versucht hatte, mich in einem prolongierten Suizid schrittweise umzubringen, hatte ich erkannt, dass ich in meinem Innersten - leben wollte. Ich brauchte Hilfe. Professionelle Hilfe! Kämpferisch, wie ich war, wollte ich vor meinem existenziellen Bankrott auf keinen Fall davonlaufen.

„Anfangs vertraute ich mich meinem Hausarzt an. Dieser kannte mich und meine Familie von klein auf, somit auch unsere Familienzustände, meine Vorgeschichte. Insgeheim hatte ich beschlossen, zukünftig mutiger zu sein und offen und ehrlich über meine Gedanken zu sprechen. Aus unbekannten Gründen hatte ich aber kein ausreichendes Vertrauen zu meinem Arzt. Also bat ich ihn lediglich, mir dabei zu helfen, mein Leben wieder unter Kontrolle zu bringen. Einerseits war der Mann verwundert, dass ich mir überhaupt helfen lassen wollte. Andererseits gewann ich den Eindruck, dass er mich gar nicht ernst nahm. Im Gegenteil, er vermittelte mir das Gefühl, dass ich für ihn ein mehr oder minder heruntergekommener Säufer war. In seiner Befangenheit schenkte er mir nicht ernsthaft Gehör - abgesehen davon, dass ich mich unverstanden, verletzt und verärgert fühlte. Seine emotionale Distanziertheit war des Arztberufs nicht würdig. Trotzdem blieb ich hartnäckig. Ich hatte ein Recht auf Hilfe, auf ärztlichen Beistand, denn ich wollte bloß wissen, was mit mir los war."

„Aufgrund der allerorts bekannten und als Tatsache gehandelten Geisteskrankheit in meiner Familie und auch aufgrund meiner offensichtlichen Suchtproblematik bekam ich nun doch noch einen Überweisungsschein für die psychosomatische Ambulanz in die Hand gedrückt. Auf dem Zettel waren die Diagnosen 'Burnout' sowie 'Polytoxikomanie' vermerkt - was auch immer das bedeuten sollte. Der Arzt meinte, ich müsste mich schnellstens um einen Termin kümmern, um in der Klinik vorstellig werden zu können. Dort würde ich dann über die weitere Vorgehensweise informiert werden. Das wiederum war mir zu wenig. Ich wollte zuerst einmal genau wissen, was denn diese Krankheits-bilder zu bedeuten hatten und blieb, noch bevor der Mediziner die Chance hatte sich zu verabschieden, stur und mitten in seiner Ordination stehen. Anstatt mir zusätzlich die üblichen Medikamente zu verabreichen, gab er mir nur die Überweisung, in der Hoffnung, er könnte sich aus der Aufklärungs-arbeit davonstehlen. Doch ich war noch nie ein handzahmer Patient gewesen, dem man so ohne Weiteres die nötigen Tabletten verschrieb, also bei Gott kein Menschenschlag, der den Ärzten blind vertraute und ihren Anweisun-gen fraglos Folge leistete. Niemals! Ich war immer darauf bedacht zu wissen, was ich warum einnahm und ob es Alternativen dazu gäbe. Das war bei den Drogen nicht anders. So erklärte mir der Doktor mürrisch, dass Burnout ein Zustand körperlicher, emotionaler und geistiger Erschöpfung sei und dieser durch andauernde und wiederholte Belastung auftreten würde - ein Ausbrennen also. Im eigentlichen Sinne sei es ja eine medizinische Modeerscheinung, fügte er überzeugt hinzu. Polytoxikomanie sei eine Form von Abhängigkeit, bei der mindestens drei verschiedene Substanzen mit Suchtpotenzial wahllos konsumiert werden mussten. Suchtkranke und Alkoholiker hätten keinen freien Willen mehr, insofern als das Verlangen nach diesen Substanzen im Suchtzentrum des Gehirns abgespeichert sei."

„Wow! Ich schnappte mal kurz nach Luft, denn ich war sichtlich über-fordert. Ja, ich fühlte mich tatsächlich ausgebrannt, nervlich und körperlich total am Ende. Das ständige Funktionierenmüssen als Zwang zu gesellschaft-licher Anpassung lastete am schwersten auf meinen Schultern. Nicht gut genug zu sein, den Erwartungen meines Umfelds und meiner selbst nicht zu entspre-chen, dies war meine größte psychische Last gewesen, eine allzu oft selbst auf-erlegte. So war ich nun im totalen sozialen Rückzug gelandet. Das Gefühl der Sinnlosigkeit und völligen Erschöpfung ging mit Selbstmordgedanken einher und bestätigte mir meine Vermutung, krank geworden zu sein. Dieses blöde Fremdwort für die wahllose Verwendung von Giften hatte sich in meinem Kopf festgehakt: Polytoxikomanie, Polytoxikomanie, Polytoxikomanie ... Ich konnte gar nicht glauben, dass ich abhängig war, weder von Drogen noch von Alkohol. Ich? Nein! Es erschien mir absurd. Lediglich mein Verhalten war es, das vielleicht krank war. Beziehungsweise waren es die jahrelangen Kränkungen gewesen, die mich diese Stoffe konsumieren ließen - zu ihrer Verdrängung. Es musste doch ein Leichtes sein, die Menge zu reduzieren und alles auch ohne ärztliche Behandlung in den Griff zu bekommen. Alle tranken. Das gehörte nun einmal dazu. Nüchternheit ja oder nein, das war, bitte sehr, meine persön-liche Angelegenheit, meine eigene Entscheidung. Deshalb musste man doch nicht gleich als krank gelten. Mein Wunsch war es ja, zu leben und zu dienen, um zu lieben, um gesund zu sein. All jene, die stets den Alkohol und den Rausch mieden, wurden überdies als Außenseiter behandelt. Keine Option für mich. Ausgeschlossen!"

„Meine wirren Gedanken begannen sich zu verselbstständigen. Eigentlich war ich zeitlebens sowieso ein Außenseiter gewesen - Junkie hin oder her. Warum und wann betäubte ich mich eigentlich? Grundsätzlich machte ich es ja immer nur, um den Anforderungen des Alltags gerecht zu werden und die schmerzhaften Erlebnisse meines Innenlebens wegzuschalten. Der Rausch war immer nur ein bequemes Alibi, um mich mit den tatsächlichen Problemen und Verpflichtungen nicht auseinandersetzen zu müssen. Ich sehnte mich nach einem Mentor, einem Wegbegleiter und Vertrauten. Nach einem einzigen Menschen, dem väterlichen Freund, der mich hilfsbereit mit Geduld und Zuneigung in meiner geistigen Entwicklung begleiten hätte sollen, nach einem, dessen Mentalität der meinen glich. Doch die passende Mentalität - ein Bewusstseinszustand seelischer Reife - fand ich in meinem Umfeld nicht. Zumindest trauten sich die meisten, von denen ich es mir erhofft hatte, sensibler und unter Umständen sogar Gleichgesinnte zu sein, leider nicht, zu ihren innersten Empfindungen und verborgensten Gedanken zu stehen. Emotional wie intellektuell waren sie feige. Natürlicher formuliert: Ich kam mir vor wie das Wildschwein unter den Hirschen. Ach, dieser Doktor ... War da womöglich etwas Wahres daran? Vermochte ich mein Trinkverhalten doch nicht mehr willentlich zu steuern? Ab nun sollte damit Schluss sein, ein für alle Mal. Aus. Schluss!"

Die Lage war beschämend. Christoph wollte nicht einsehen, dass er wegen seines übermäßigen Konsums sein Verhalten nicht mehr steuern konnte, kurz, dass die zunehmende Abhängigkeit ihn krank gemacht hatte.

„Nun musste ich vorerst dieses Burnout in den Griff bekommen. Ungeachtet der Enttäuschung über meinen äußerst reservierten Hausarzt, war ich ihm schlussendlich dankbar für seine Zuweisung zu Spezialisten. Ich Dickschädel hatte mir fest vorgenommen zu protestieren, wenn mir die Fachleute in der Klinik wieder einmal irgendwelche Medikamente verschreiben wollten. Indes, die Gewissheit, zum ersten Mal in meinem Leben von anderen Hilfe zu bekommen, wirkte auf mich erleichternd. Die schulmedizinische Diagnostik war für mich sehr wichtig. Für den Rest - Medikamente, Pillen, Gift - hatte ich nichts übrig. Chemie hatte aus meiner Sicht schon vieles zerstört: meine Mutter, die Natur, zahllose Menschenschicksale und letztendlich auch mich. Meine Meinung war, dass der Ursprung aller Drogen in der Natur zu finden war.

Darum konnte ich nicht nachvollziehen, dass ausschließlich pharmazeutische Produkte zur Genesung beitragen sollten. Für mich war es viel vernünftiger, gewichtiger und richtiger, die Ursachen zu erforschen, in der Natur nach Alternativen zu suchen und dadurch das Problem an der Wurzel zu packen. Wie dem auch sei. Telefonisch vereinbarte ich einen Ersttermin in der Klinik. Wie bitte!? Zwei Monate Wartezeit? Ich kochte vor Wut und Enttäuschung. So lange Wartezeiten? Die Hilfe benötigte ich doch sofort! Verdammt!"

„Selbstzweifel plagten mich, nebst einem unerträglichen Gefühl der Sinnlosigkeit. Alles in allem war ich seit nunmehr fast sieben Monaten psychisch labil, emotional instabil und selbstreguliert höchstens durch Alkohol und Drogen aller Art. Ich setzte diese Mittel sozusagen ein, um meine Stimmungsschwankungen auszugleichen und abzufangen. Durch die paranoiden Angstzustände, die schweißtreibenden Panikattacken und den periodischen Verfolgungswahn war ich immer aggressiver und unkontrollierbarer geworden. Ich wollte stark sein und versuchte so wenig wie möglich zu trinken. Nur mit Alkohol aber hatte ich es geschafft, weniger Drogen zu nehmen. Der Umstand, wieder mit meiner psychisch kranken Mutter, die selbst nonchalant zur Flasche griff, auf engem Raum zusammenleben zu müssen, war für mich in dieser Situation kaum noch auszuhalten - zumal ich mittlerweile sogar finanziell und hinsichtlich Mobilität von ihr abhängig war. Mein Leben war tatsächlich ungerecht und grauenvoll. Ich war stinksauer. Vor Tagen war ich mir selbst noch so sicher gewesen, mithilfe der Ärzte gesund zu werden, den Göttern in Weiß zu vertrauen und darauf zu bauen, dass sie schon wüssten, was gut für mich wäre. Und nun auch das noch! Fieberhaft überlegte ich, was ich nun tun sollte. Mich betrinken? Mir etwas einwerfen? Zu einer Prostituierten gehen? Ich hatte das tiefe Bedürfnis etwas Böses zu machen und dadurch meinen inneren Konflikt nach außen zu tragen. Doch nüchtern wäre das bei Gott nicht machbar gewesen!"

Das Leben war für den Menschensohn unkontrollierbar geworden. Die Eindrücke überschlugen sich. Jedes erkennbare Problem wurde zum Selbstläufer in seinem Hirnkarussell. Christoph hatte eine unbändige Wut auf sich, auf die Gesellschaft, auf die ganze Welt. Er war Opfer eines inneren Zwanges geworden, der ihm seine eigene Vernichtung vorschrieb.

„Was soll das Leben eigentlich wert sein? Es wird einem alles verboten: Fische zu fangen, Früchte von den Bäumen zu pflücken, Wasser zu trinken! Wer hat das Recht all das zu bestimmen? Was ist das Gesetz überhaupt? Was maßt es sich an? Was macht der Mensch mit Tier und Natur? Das ist doch alles keine Entwicklung mehr, sondern nur noch ein einziger Knoten. Zum Kotzen!

Man ist verpflichtet zu: Grundsteuer, Umsatzsteuer, Mehrwertsteuer, Tabaksteuer und anderen Steuern auf Steuern! Alles doppelt und dreifach! Jawohl! Was einem selbst gehört, gehört auch den anderen, gehört auch dem Staat! Ich will und werde da unter keinen Umständen mehr mitmachen! Alles gerät hier gehörig aus dem Lot! Vielleicht bin ich doch viel gestörter, als ich zu sein glaube? Vielleicht kann man mir überhaupt nicht helfen? Vielleicht ist alles schon zu spät? Genug davon! Ich habe es satt nachzudenken."

Wieder verblassten Raum und Zeit. Realität und Fantasie verschwammen. Gefühle und Gedanken mischten sich mit real Erlebtem und Wunschwelten. Aus Schwarz und Weiß wurde Grau.

„Im Nu war ich in meine Lieblingsbar gegangen, um mich anständig zu betrinken. Und als ich genug getankt hatte, betäubte ich mich zum Abschluss wieder mit ein bisschen Kokain. Mit einem Mal waren all meine Hemmungen wie weggeblasen. Selbst die frigideste Frau wirkte dadurch für mich sexuell aufreizend. Was auch immer Lust zu erzeugen versprach, war mir willkommen. Da fand sich nichts Schmerzendes oder Kränkendes. Das Zeug wirkte auf mich und mein zerrüttetes Nervenkostüm herrlich anregend. Kurz, ich liebte es, rascher und dynamischer als im Normalzustand unterwegs zu sein. Dabei bildete ich mir ein, eine ungeheure Leistung zu vollbringen. Irgendwann im Morgengrauen torkelte ich zum Bahnhof. Es dauerte noch etwas, bis der nächste Zug nach Hause fahren sollte, und so kaufte ich mir zur Überbrückung ein paar 'Dosenbiere mit Beifahrer' - meine Bezeichnung für den dazugehörenden Kräuterschnaps, den es an den Supermarktkassen oft im Sonderangebot zu kaufen gab. Genau dort im Kassenbereich, wo ich immer zum Anstellen gezwungen war. Diese Fläschchen ließ ich mir nicht entgehen. Jetzt wollte ich keinesfalls mehr meine Mutter anrufen, sondern die Zeit lieber mit Weitertrinken und den Gedanken an eine geile Nacht überbrücken. Mein Gott, - der ‚Stoff' war hervorragend! Er schenkte mir Lebensfreude und löschte Daseinsängste aus, die sich auf das Gespenst des Versagens bezogen. Mir schien, als würde der Rausch mein Denken auf geniale Weise beeinträchtigen, mein Bewusstsein hingegen um Welten erweitern. Das vernichtende Zeug erfüllte seinen Zweck und war so befreiend und entspannend, dass all der Zorn, jede Beklemmung und Sorge wie vom Erdboden verschluckt waren. Ich wünschte mir, dass diese Reise niemals enden würde ..."

„Stunden später erwachte ich, darüber selber etwas überrascht, in meinem Bett. Nun fühlte sich mein Zustand alles andere als angenehm an. Die Gewissensbisse kamen zurück. Eigentlich war alles nur noch viel schlimmer geworden, als es vorher gewesen war. In meinem Schädel fühlte es sich an, als ob ein Hufschmied heftig hämmerte, denn mein ganzer Körper zitterte und schmerzte. Meine Kiefer und mein Rachen waren verengt, die Zunge brannte wie Feuer und unsichtbare Nadeln stocherten gefühltermaßen in meinen Knochen herum. Was hatte ich mir nur dabei gedacht, wieder in dieselbe Falle zu tappen. Einmal mehr war ich schwach geworden. Wer oder was in mir hat da entschieden? Wollte dieser Höllentrip denn niemals ein Ende nehmen? Halb enttäuscht, halb deprimiert, quälte ich mich aus dem Bett, torkelte in die Küche und löschte meinen Brand. Ganz langsam, Tropfen für Tropfen. Gewöhnliches Schlucken war unmöglich. Ich war gerade dabei zu überlegen, was ich essen wollte - oder besser gesagt: konnte -, als plötzlich meine Mutter hinter mir losdonnerte. Ob ich nichts anderes zu tun hätte, als die ganze Nacht herumzuhuren und zu saufen und jetzt auch noch den Kühlschrank leer zu fressen. Ich zuckte zusammen und verschwand, so schnell ich konnte, in mein Zimmer. Die Tür krachte hinter mir. Ich schloss ab und sank verzweifelt mit dem Rücken die Tür entlang zu Boden. Ich spürte die Faust meiner Mutter, mit der sie dagegen schlug, und ihre schrille Stimme, die sich mit dem Poltern abwechselte. Obwohl ich ihre Ausbrüche nur allzu gut kannte, empfand ich sie als angsteinflößend, verrückt und unmenschlich. Mein trauriges Fazit: alles nur noch aussichtsloser, noch düsterer, verfahrener, und trostloser."

„Kurzerhand beschloss ich, in die Notfallambulanz der psychiatrischen Abteilung des nächstgelegenen Krankenhauses zu fahren, diesmal jedoch nicht wegen meiner Mutter. Dort kannte mich das Personal schon seit Jahren als Angehörigen, weil ich bei der Einlieferung von Mama meist an ihrer Seite war. Erstmals war ich selbst als Patient gekommen. Ewigkeiten verbrachte ich mit Warten und dem Ausfüllen diverser Formulare. An und für sich war ich stinksauer. Man stelle sich vor: Ich hatte mir persönliche Hilfe erwartet, mich aufgerafft, mich dazu entschlossen, über meinen Schatten zu springen und mich meinen Problemen zu stellen. Und dann - das! Wie wurde ich hier behandelt? Hand aufs Herz, ich fühlte mich wie ein Aussätziger. Ständig sagte jemand: ‚ ... Nehmen Sie Platz ...‘, ‚ ... Füllen Sie das aus ...‘, ‚ ... Warten Sie bitte dort drüben ...‘, ‚ ... Sie werden dann schon aufgerufen ...‘, und dergleichen. Das ging schon stundenlang so. Dieses System war erschreckend bürokratisch - und nicht für einen unsicheren und ängstlichen Menschen wie mich geschaffen. Mehrfach überlegte ich wortlos abzuhauen. Mir war nur allzu klar, dass viele Hilfesuchende wohl wieder am Absatz kehrtmachten bei einer so distanzierten und unpersönlichen Behandlung. Ich aber wollte durchhalten. Mir dämmerte, dass, wenn ich jetzt ging, ich mich nie wieder um professionelle Hilfe bemühen würde."

„Ich wollte sehnlichst über alle meine traurigen Erfahrungen reden;

endlich ein ausgeglicheneres Leben genießen; lernen, auf mich und meinen Körper zu hören; die Sorgen loswerden und glücklich sein. Ohne Verantwortung tragen und ständig ein schlechtes Gewissen haben zu müssen. Als mich der diensthabende Psychiater begutachtete, überreichte er mir, ohne viel Gerede, eine Schachtel mit Tabletten. Er sagte, dass es sich hierbei um aufhellende Psychopharmaka handle, die mich – zwei Stück vor dem Hinlegen eingenommen – nicht nur aufhellen, sondern auch durchschlafen lassen würden. Der Doktor versicherte mir alle weiteren notwendigen Schritte in die Wege zu leiten und versprach, mir in den nächsten Tagen ein Schreiben mit dem Termin für meine weitere Behandlung zuzustellen. Nun war ich mehr als irritiert. Oder enttäuscht? Verwirrt? Es ging mir beschissen. Das sollte also die Hilfe versprechende, alles rettende psychiatrische Notfallambulanz gewesen sein? Mein Leben war total außer Kontrolle, mein Suchtmittelkonsum eine Katastrophe und mein Geist seit der Geburt meiner Tochter ein Wrack, das von Eingebungen heimgesucht wurde. Ich war am Boden zerstört und nahe am Durchdrehen. Erschöpfung, Furcht vor dem Wahnsinn und Schlafentzug bestimmten meinen Alltag. Und was geschah hier gerade!? Nichts. Dieser Arsch hatte mir eine Schachtel Tabletten überreicht! Er war doch genauso ein Mensch wie ich, oder nicht? War ich der letzte Mist, ein Stück Dreck mit einer Waschbetonplatte anstelle eines Herzens? Ich fühlte mich so überfahren und missbraucht wie selten zuvor. Und obwohl ich mir vorgenommen hatte, gegen jede Empfehlung zur Medikamenteneinnahme zu protestieren, vergaß ich dies vor lauter Aufregung. Da dachte ich mir: ‚Dann hätte ich ja gleich auch weitermachen können wie bisher …' Ich war wirklich schockiert über das Niveau an Unmenschlichkeit, über die kühle und unsensible Art und Weise, wie ein Arzt mit mir als Patienten umging. Hatte dieser Typ noch nie etwas von Suchtverlagerung gehört?"

„Es reichte mir. Ab jetzt wollte ich all diese Missstände aufschreiben, um darauf aufmerksam zu machen. Mein Herz schien so laut zu pochen, dass es beinahe im Vorbeigehen gehört werden konnte. Gleichzeitig war ich erleichtert darüber, dass ich diesen ersten, wichtigen, für mich richtigen Schritt getan hatte. Ich hatte meiner Mutter gezeigt, dass ich selbst auch nur ein Mensch war und dass ich mich nicht ständig nur um sie kümmern konnte. Ab jetzt wollte ich mir mehr Zeit nehmen, für mich, für meine eigene kleine Familie, meine Arbeit. Ich nahm mir vor, darauf zu achten, meinem Körper bewusst Ruhepausen zu erlauben. Ich wollte mir über meine wahre Bestimmung bewusst werden und entsprechend achtsam und behutsam den passenden Zugang zur Erkennung meiner individuellen Bedürfnisse eröffnen. Ich wollte meinen

Weg beschreiten, meinen persönlichen Pfad einschlagen, aus diesem dunklen Tal hinaus ins Licht. Out of the dark - into the light. Plötzlich sah ich mich als Riese in dieser winzigen, verlorenen Welt. Dies aktivierte wie immer das gleiche Muster: Ich wollte die Menschheit in Richtung Glückseligkeit tragen. Ich verspürte das tiefe Bedürfnis, mir und allen anderen Erdenbürgern wieder zu mehr Zufriedenheit zu verhelfen, zu Wohlstand im eigentlichen Sinne. Denn mir erschien wahrer Wohlstand relativ, recht individuell und keinesfalls von Geld abhängig."

„Mit einem Mal kam mir meine liebe Lucy in den Sinn. Vor meinem göttlichen Auge erschien sie mir mit einem Lächeln, tanzend und herumalbernd mit weißen Bändern und Tüchern, wie sie auf mich zugelaufen kam. Die Erinnerung versetzte mir einen Stich. Wie von überirdischer Macht beeinflusst, fühlte ich, dass mir eine enorme Willenskraft eingehaucht worden war: Ich wollte handeln, koste es, was es wolle. Skeptisch, aber auch zuversichtlich warf ich zwei der Pillen ein, die mir der Arzt in die Hand gedrückt hatte. Ich fuhr nach Hause und ging zu Bett. Kaum eingeschlafen, erwachte ich wieder. Mir war übel und ich dachte, ich müsste erbrechen. Ab ins Badezimmer! Doch ein Schwindelgefühl und eine regelrechte Totenschwäche ließen mich just wieder zusammensacken. Noch einmal versuchte ich aufzustehen. Vergebens. Wieder knickte ich ein."

„Was war bloß los? Oh mein Gott! Bitte, steh' mir bei! So viel Teufelszeug hatte ich schon geschluckt. Sollte ich jetzt wegen zwei harmloser Tabletten sterben!? Meine Intuition riet mir von ihnen ab. Warum achtete und vertraute ich nur nicht auf das, was ich empfand? Ich hatte doch diese Vorahnung gehabt? Warum marterte mich mein Fühlen so unbegreiflich? Ich wünscht', ich könnte einfach abtauchen und einschlafen. Mein Herz hingegen raste, während der Schweiß mir aus sämtlichen Poren trat. Nur nicht hineinsteigern! Durch konzentriertes Ein- und Ausatmen begann ich mich zu beruhigen. Irgendwann döste ich ein. Ein grauenvoller Albtraum riss mich kurz danach aus dem Schlaf: Ein riesiges Rudel Wölfe hatte mich verfolgt und gejagt. Als sie damit begannen mich zu zerfleischen, wachte ich auf. Ich war todmüde und schlaff. Zwei Tage und zwei Nächte vergingen auf diese Weise. Ein schlimmer Albtraum folgte dem anderen. Das Quälende daran war, dass mein Körper ausgelaugter war als mein Geist, der prompt nicht mehr zur Ruhe kommen wollte. Dazu die furchtbaren Träume: in freiem Fall in die Tiefe stürzend, dann wieder im Wasser ertrinkend, oder Verhöre mit Polizisten, nachdem ich Menschen ermordet, zerstückelt und versteckt hatte. Alles drehte sich um zerstörerischen Kampf, Sterben und Tod. Wenn diese Medikamente für etwas gut sein sollten, dann, sagte ich mir, bestimmt nicht für meine Gesundheit! Wie sollte ich bei so viel Durcheinander und Panik zu Schlaf, Erholung und Ruhe kommen? Wie sollte ich bei diesen furchteinflößenden und kräfteraubenden Bildern je wieder stark werden können? Oder gehörte es dazu: zu fallen, zu weinen, zu leiden an seinen Erinnerungen, am Boden zerstört zu sein ob des eigenen schuldhaften Verhaltens und sinnlosen Versagens? Weiter kämpfen! Ich wollte meine Fehler akzeptieren, aus ihnen lernen. In dem Moment, wo ich das Leiden zuließ und nicht mehr dagegen ankämpfte, gewann ich wieder an Glauben und Hoffnung."

Ein wichtiger Entwicklungsprozess setzte ein. Christoph hatte gelernt, sein Leiden zu leiden und es zu ertragen. Damit hatte er den Grundstein für inneren Frieden gelegt, der die Basis für Frieden mit seinen Nächsten sein sollte. Träume halfen ihm dabei, seine Erlebnisse zu verarbeiten und Ordnung in sein Unterbewusstsein zu bringen. Es war nicht angenehm.

„Diese Träume treiben mich noch in den Wahnsinn! Ich hatte ja genügend Erfahrungen mit ausschweifenden Suchtmitteln gehabt, aber so ein Unbehagen, ein dermaßen niederschmetterndes Gefühl wie unter diesen Tabs hatte ich noch nie erlebt. Dieses grauenvolle Zeug nehme ich auf keinen Fall mehr!"

Mit Müh und Not überstand Christoph die unzumutbaren Wochen bis zum Erstgespräch. Das Zimmer des Psychiaters lag unmittelbar neben einem riesigen Konferenzraum. Es wirkte freundlich und hell. Ein untersetzter, älterer, selbst krank wirkender Arzt mit fahler Haut und Glatze streckte Christoph die Hand entgegen.

„Guten Tag! Was führt Sie zu mir?"

„So erzählte ich ihm von dem Besuch beim Hausarzt, von der unmenschlichen Begutachtung in der Ambulanz und von der schlechten Erfahrung, die ich mit den mir zu meiner Genesung verordneten Tabletten gemacht hatte. Obwohl ich glaubte, gut vorbereitet zu sein, war ich äußerst nervös, leicht zittrig und verschwitzt. Nun ja, dies war meine erste Erfahrung mit einem Psychiater. Das war doch etwas seltsam. Ich hatte - weiß Gott - überhaupt keine Ahnung davon, was mit mir geschehen war. Nichtsdestotrotz hoffte ich aus ganzem Herzen auf professionelle Hilfe und vor allem auf Aufklärung. Der Arzt kritzelte unleserliche Hieroglyphen in seine Unterlagen und erklärte kurz und bündig, dass es für die zukünftige Behandlung unumgänglich wäre, Tabletten einzunehmen, die er mir ab jetzt als mein behandelnder Psychiater verschreiben würde. Zusätzlich müsse ich einmal wöchentlich zur Gesprächstherapie kommen."

„Für Ihre fixe Aufnahme in die Klinik ist alles Nötige in die Wege geleitet worden. Einen konkreten Termin für den Beginn Ihrer Therapie kann ich Ihnen aber zu diesem Zeitpunkt noch nicht nennen."

„In Bezug auf die Pillen teilte mir der Arzt außerdem mit, dass sich mein Körper nach einiger Zeit daran gewöhnen würde und die Nebenwirkungen sich zunehmend erträglicher gestalteten. Bald würde ich mir gar nicht mehr vorstellen, ohne die Tabletten sein zu wollen. War ich schon wieder im falschen Film gelandet!? In mir schrillten alle Alarmglocken. Was redete der Typ da? Sollten nun die Medikamente tatsächlich meine nächste Sucht werden!? Bevor ich noch meine Bedenken äußern konnte, wurde ich vom Mediziner unsanft verabschiedet."

„Auf Wiedersehen."

„Irritiert stand ich nun an einem langen Gang. Fast wäre ich nochmals zu dem 'Gott in Weiß' ins Zimmer gestürzt und hätte ihm meine Meinung gesagt! Alles, was ich wollte, war, endlich wieder gesund zu werden, ohne neue Abhängigkeit, ohne Ersatzdrogen, ohne irgendwelche Mittel, die mich von meinem wahren Empfinden ablenken würden. Das konnte doch alles nicht mehr wahr sein! War es wirklich so schwierig, in diesem verkorksten Gesundheitssystem, zeitnah und die für mich passende Behandlung zu erhalten? Plötzlich schoss mir eine Idee ein: Meine Mutter hatte mich als Kind stets dahingehend erzogen, von Medikamenten Abstand zu halten. Daraufhin kam mir der Gedanke, meine Genesung selbst in die Hand zu nehmen - ohne weitere Gifte. Meine innere Stimme mahnte mich dazu mich aufzuraffen. Immerhin lag es an mir selbst, weiterzumachen wie bisher oder einen neuen Weg für mich zu finden."

„In diesem Augenblick öffnete sich neben mir eine Tür. Eine große, hagere Dame mittleren Alters bat mich ins Zimmer einzutreten. Es war die vom Arzt angekündigte Psychotherapeutin, die mich freundlich in Empfang nahm und wissen wollte, wie ich mich so fühlte. ‚Komisch ...', dachte ich mir: ‚Das hatte mich so noch nie jemand gefragt'. Wie fühlte ich mich? Durcheinander. Und verärgert, in erster Linie wegen des verständnislosen Auftritts des Psychiaters. Wollte diese grauhaarige Alte nun eine genaue Beschreibung meines Gefühls? Ich spürte, wie ich innerlich zu kochen begann. Über zwei Monate hatte ich auf diesen Tag gewartet! Vorhin diese ärgerliche, ärztliche, unverständliche Abfuhr und nun ein Frauengespräch!? Seelenstriptease. Ich fühlte mich total verarscht, geradezu hintergangen. Ich versuchte dieser Komikerin zu erklären, dass ich körperlich und seelisch am Ende sei, dass ich mich ständig um meine psychisch kranke Mutter kümmern musste und aus diesem Grund auch Alkohol und andere Suchtmittel konsumieren würde. Die Therapeutin blickte mich ruhig und gelassen an. So, als ob ich nichts gesagt hätte, forderte sie mich erneut zu einer etwas genaueren Beschreibung meiner Gefühle auf. War sie taub? Hatte ich fantasiert? War das alles vielleicht nur ein Traum gewesen? Ich wollte über meine Krankheiten, die Drogen und über meinen vermuteten Wahn sprechen, und die da drüben wollte auf irgendwelchen albernen Gefühlen herumreiten?"

„Ich beruhigte mich und wollte ihr, wie ich beschlossen hatte, noch eine letzte Chance geben. So erzählte ich von der Nacht, als ich mittels Zahlenmatrix meinen Kompositionsschlüssel entworfen hatte: Als die Zahlen damals wie Eingebungen in meinen Kopf rieselten, war ich dermaßen überwältigt, dass es einfach nur sagenhaft war. Wieder ging die Therapeutin auf Tuchfühlung und wollte nur die Beschreibung dieses Gefühls hören. Nun riss mir der Faden. Sie brachte mich mit ihrer eigenwilligen, ruhig-besonnenen Art komplett aus dem Konzept. Wie sollte ich ein Gefühl benennen? Entweder ging's mir schlecht oder okay? Geil war es in dieser Nacht! Reicht das nicht? Wie sollte man einen Höhenflug beschreiben? Was konnte ich da schon erklären? Ich stand kurz davor abzuhauen, als mir der Einfall kam, dass dies wohl nur eine Masche sein konnte. Es hatte den Anschein, als zählte diese Therapeutin zu jenen Frauen, die mich verarschen wollten und mich so zum Ausrasten brachten. Nicht mit mir! Unter dem Begriff 'Hilfe' stellte ich mir etwas anderes vor. Ich war nicht nur genervt, sondern zornig und aggressiv. Ohne ein Wort zu sagen, verließ ich den Raum, knallte die Tür zu und lief schnurstracks in die nächste Kneipe."

„Insgeheim gestand ich mir jedoch ein, dass sie eigentlich sehr nett gewesen war. Diese einfühlsame Therapeutin. Sie hatte eine sehr angenehme Art und eine warme Ausstrahlung gehabt. Ihre Gelassenheit war es, die mich verunsicherte. Hatte sie es doch ernst mit mir gemeint? Immerhin hatte sie sich ja extra für mich Zeit genommen, mir einfach zugehört und sich lediglich nach meinem Empfinden erkundigt. Hatte ich vielleicht überreagiert? Verdammte Scheiße! Eigentlich wusste ich gar nichts mehr. Worüber hatten wir eigentlich gesprochen? Ich hatte begonnen, mir etwas von der Seele zu reden. Ohne Alkohol oder Drogen. Mir dämmerte, dass eine Therapie bei mir sicherlich sehr lange dauern würde. Aber ich wollte sie machen, es durchziehen. Irgendwie fühlte es sich gut an, dass ich mich stellen würde. Dass ich hoffentlich meinen Platz in der Welt finden würde. Und doch war mir klar, dass dies bestimmt nicht von heute auf morgen geschehen würde. Aus der Tiefe auf zur Höhe. Endlich einmal etwas ganz für mich selbst erledigen. Aus eigenem Antrieb. Als Geschenk für Lucy. Vorher musste noch die Pein des schlechten Gewissens weg ... Also kippte ich noch ein paar kräftige Gläschen."

Statt bei diesem Empfinden zu bleiben, weshalb er sich so unverstanden und in die Enge getrieben fühlte, betäubte sich Christoph aufs Neue mit seinem alten, besten Freund.

„Was war los? Es funktionierte nicht mehr so wie früher, mich einfach zu betrinken. Mit jedem Schluck wuchs mein schlechtes Gewissen. Mir war bewusst geworden, was ich hier eigentlich tat: Ich war drum und dran, mich nach Möglichkeit abzutöten. Es schien mir, als wäre genau das mein Problem. Anscheinend war ich unfähig, nüchtern über echte Gefühle zu sprechen, sie anderen zu vermitteln, zu gestehen, zu erklären, wahrzunehmen. Unfähig, sie selber zu ertragen, wahrhaftig zu fühlen, anzunehmen, damit umzugehen."

Es war wie verhext. Christoph trank und trank, doch er wurde nicht betrunken.

„Ich hatte es mir immer leicht gemacht und die Schuld auf die anderen geschoben. Langsam begann ich zu begreifen, dass die anderen gar keine Chance hatten mich zu verstehen. Ich hatte ja nie darüber gesprochen. Ich war gar nicht fähig gewesen zu beschreiben, wie und was tatsächlich in mir vorgegangen war. Es war mir bis dato niemals klar gewesen, was genau es hieß zu fühlen. Mit einem Mal meldete sich eine warme, liebevolle Stimme in mir. Ich verspürte den Drang mich zu besinnen, den Ort hier zu verlassen und endlich aufzuwachen. Mir fehlten im Leben geregelte Bahnen. Plötzlich erinnerte ich mich wieder daran, diese Stimme schon öfter wahrgenommen zu haben - wiewohl ich sie verdrängte, weil sie mir immer eine schreckliche Furcht eingejagt hatte. Die Tatsachen zu akzeptieren, Verantwortung zu übernehmen. Verantwortung für mich selbst. Das sollte sich nunmehr ändern."

Christoph flehte um ein Zeichen des Schicksals, um seinen Wegweiser. Schritt für Schritt begann er zu begreifen ...

„Meine Wahrnehmung soll wieder mir gehören. Mir selbst und meiner Umwelt will ich mehr Beachtung schenken, will bewusster durchs Leben gehen, mit mehr Obacht für Mensch und Natur. Ich möchte mein Leben mit all meinen Sinnen erleben und mehr Zeit in der Natur verbringen. Da, diese wunderschöne Rose und die verschiedenen Bäume dort drüben! Hörst Du die Schwalbe singen? Dieser wunderbare Duft, von Meer, von frischen Früchten, von Tannenbäumen, der Geruch der Erde. Himbeeren, lecker! Wie sie auf der Zunge zergehen."

Christoph entledigte sich seiner Schuhe und lief barfuß über die Wiese. Er nahm ein wahnsinnig stimulierendes, längst vergessen geglaubtes Gefühl wahr und begann als Mensch wieder ganz intensiv zu spüren. Mit all seinen Sinnen. So erkannte er auch all seine bisherigen Erlebnisse und Erfahrungen als Vorsehung an. Der Sinn göttlicher Natürlichkeit hatte sich ihm offenbart.

„Ich brauchte meine Kräfte für mein Projekt. Mit Michi wollte ich eine

Aussprache, um mit ihr Frieden zu schließen – uns und Lucy zuliebe. Einerseits konnte ich Michi verstehen, dass sie Angst hatte und unsicher war, wenn sie mir Lucy anvertraute. Aber ich vermisste meine geliebte Tochter so sehr. Und dieses ständige Bitten sie sehen zu dürfen, belastete mich gewaltig. Meine Sehnsucht hatte mich völlig aufgezehrt. Die Erinnerungen an die grauenvollen Ereignisse während der Trennung geisterten mir im Verstand herum. Das Schlimmste am Streiten war, dass ausgesprochene Worte wie Pistolenkugeln waren. Keines davon kann man nachher zurücknehmen. Ganz gleich, wie ich es drehen und wenden wollte. Das Blöde daran war, dass ich, sobald der Zorn verflogen war, meine Fehler immer erkannte. In der emotionalen Hochspannung hörten wir einander ohnehin nicht mehr zu. Und eine Entschuldigung war eben mal kein Radiergummi. Es war an der Zeit, die Zerwürfnisse und Missverständnisse zu klären und auszuräumen. Ich wollte ehrlich versuchen, nüchtern zu verstehen und nachzuvollziehen, was wirklich in unserer Beziehung schiefgelaufen war."

„Da Medikamente für mich kein hilfreiches Mittel zu sein schienen und diese paradoxen Wirkungen mir gefühltermaßen an den Kragen wollten, suchte ich im Internet nach alternativen Möglichkeiten, nach homöopathischen Mitteln, die mich gegen meine Beschwerden, die ich durch die vermehrt auftretenden Angstzustände, Panikattacken und Schlafstörungen hatte, unterstützen sollten. In der Apotheke besorgte ich mir Auszüge aus Blütentropfen, ätherische Aromaöle zur feinstofflichen Stimulierung sowie einige Tees. Die Tropfen nahm ich mehrmals täglich und vor dem Schlafengehen machte ich es mir zum Ritual, das Öl auf ein Aromatuch zu träufeln und genussvoll meinen Tee zu trinken. Täglich ging es mir ein bisschen besser. Ich fasste schließlich meinen ganzen Mut zusammen und rief Michi an. Sie beteuerte, dass sie niemals mit meinen Gefühlen gespielt hatte, mir niemals Böses antun oder gemein zu mir sein wollte. Sie meinte, dass ich trotz alledem ein wichtiger Mensch in ihrem Leben sei, auch wenn es nicht so toll und nicht nach ihren Vorstellungen gelaufen war. Wir gestanden uns ein, dass wir uns beide nach Nähe, Geborgenheit und Zärtlichkeit gesehnt hatten, jedoch auf Dauer offensichtlich nicht füreinander bestimmt gewesen waren. Wir einigten uns, dass für uns beide eine räumliche Trennung das Beste sei und dadurch jeder Einzelne für sich gute Chancen auf persönliche Entwicklung hätte. So könnte ich mich voll und ganz meinem Projekt widmen. Und wenn ich Zeit hätte, könne ich Lucy und Michi zu jeder Zeit besuchen kommen."

„Ich müsste kein schlechtes Gewissen mehr haben, wenn ich gedanklich in meiner eigenen Welt schwelgen oder aber auch unterwegs wieder mal die

Zeit vergessen würde. Ich war bereit zuzuhören. Deswegen konnte ich Michi zum ersten Mal verstehen. Gehört hatte ich ja immer nur, was sie mir vorgeworfen hatte. Doch verstanden hatte ich sie niemals. Auch kamen wir zum Schluss, dass wir offenbar komplett verschieden denken und fühlen würden, sozusagen aus verschiedenem Holz geschnitzt seien, und dass uns dieses Problem wohl oder wehe bis an unser Ende begleiten würde. Bevor wir das Ferngespräch beendeten, versicherte Michi mir, dass ich, so oder so, ein wichtiger Mensch in ihrem Leben sei. Nicht nur als Vater unserer Tochter. Sie wünschte uns beiden genügend Stärke dafür, irgendwann einmal wieder eine passende Partnerebene zu finden, um vielleicht dann jeweils ein glückliches Familienleben führen zu können. Doch auch, wenn dies nicht der Fall sein sollte: sie meinte, dass sie in mir einen wertvollen, sehr kreativen, liebenswürdigen, hilfsbereiten, lustigen und auch wahnsinnigen Freund dazugewinnen hat dürfen."

„Ich war dem Universum, meiner kosmischen Führung so unendlich dankbar. Die wöchentlichen Einzeltherapien bei der Psycho-Tante, wie Michi sie nannte, stärkten mich und bauten mich auf. Ich lernte mich immer intensiver mit meinen Gefühlen zu beschäftigen, mit dem Wahrnehmen meiner Umwelt und meiner selbst. Was in mir alles vorging, verstand ich zwar noch nicht zur Gänze, doch ich glaubte zu erkennen, dass ich keineswegs verrückt oder schwer krank war. Meine Einstellung zum Leben war eben anders. Für diese Andersartigkeit hatte ich noch keinen Namen. Ich fühlte mich vorerst sehr wohl in meiner Haut."

„So besuchte ich dann und wann ein kleines Café in der Stadt. Niemand kannte dort mein Vorleben. Außerdem arbeitete dort eine süße, zierliche Kellnerin. Sie verstand es auf ihre ganz eigene Weise, mit mir zu flirten und die kurzen, aber netten Gespräche mit ihr schmeichelten meinem Ego. Vor allem stillten die Begegnungen meine Sehnsucht nach dem anderen Geschlecht. Jeden Monat musste ich zum Psychiater, um von ihm meinen Gesundheitszustand abklären zu lassen. Nach wie vor verwunderte es den Arzt, dass ich mich ohne jegliche pharmazeutische Arzneien und ohne Drogenentzugsprogramm sichtlich gut erholte. Ich erzählte ihm immer wieder von meiner Tochter, meinem hoffnungsvollen Willen, dem Glauben an meine ganz persönliche höhere Macht und auch von meiner konsequenten Art und Weise, mit Herausforderungen umzugehen. Lediglich wenn die Anforderungen und der Druck durch meine Umwelt stiegen, dann steigerte sich auch meine Angst zu versagen, und Selbstzweifel machten sich wieder breit. Auf Anhieb wurde ich unfähig, klar zu denken. Schlaflosigkeit machte sich bemerkbar und der Drang, mich nicht mehr spüren zu müssen, verstärkte sich enorm. Als Reaktion darauf stieg mein Alkoholkonsum für gewöhnlich an. Ich hatte schon gelernt über meine Empfindungen zu reden und dem Psychiater zu vertrauen. Somit hegte er aufgrund meiner Aussagen sofort den Verdacht, ich würde an einer bipolaren Störung leiden. Aufs Neue legte er mir ans Herz, endlich die klinisch getesteten Hilfsmittel in Tablettenform einzunehmen. Sonst würde ich meinen Genesungs-prozess unnötig gefährden, weshalb die Krankenkasse mir unter dem Vorwand, mangelnden Genesungswillens zu zeigen, das Krankengeld versagen könnte."

„Diese geglaubte Tatsache verunsicherte mich natürlich sehr, doch mir ging es gut – auch ohne chemische Ersatzstoffe. Alles, was ich brauchte, waren Menschen, mit denen ich über meine andersartige Gefühls- und Gedanken-welt reden konnte. Gesprächspartner, die mir Verständnis entgegenbrachten, mich nicht bewerteten nach meinem Beruf, meiner sozialen Stellung, meiner Gesinnung. Und nun schon wieder eine zusätzliche Diagnose aufgrund meiner Ehrlichkeit? Waren sich diese Ärzte und Therapeuten allesamt ihrer Verant-wortung nicht im Geringsten bewusst!? Medikamente waren doch auch mit Nebenwirkungen verbunden. In der Regel waren sie an weniger sensiblen Personen getestet worden und nicht an Geschöpfen, wie ich eines war. Waren darauf die paradoxen Wirkungsweisen etwa zurückzuführen? Nein! Ich blieb dabei! Entschlossen folgte ich meinem Gefühl und meiner inneren Stimme. Ich wollte keine Medikamente mehr einnehmen. Für mich stellten diese lediglich eine Art der Suchtverlagerung dar, eine Änderung des Stoffwechsels. Selbst wenn es etwas länger dauern sollte, bis ich gesunden würde. Dies war mir immer noch lieber, als später möglicherweise wieder eine Pillen-Entwöh-nung durchmachen zu müssen!"

„Eines Tages trudelte endlich der ersehnte Brief der Rehabilitationsein-richtung ein. Als ich zu lesen begann, traf mich der nächste Schlag. Und das – wie ein Blitz aus heiterem Himmel! Unverständnis und Zorn wechselten einander ab und mischten sich. Aus Angst, durch dieses Trauma gleich wieder rückfällig zu werden, nahm ich Stift und Papier zur Hand und brachte meine Gefühle in einem Retourschreiben an die Klinik zum Ausdruck. Seit einigen Monaten wartete ich nun schon auf meine Aufnahme ins psychosoziale Zentrum. In dem Schriftstück machte man mir Hoffnung, dass ich in den nächsten Monaten aufgenommen werden sollte. Nach vielen qualvollen Monaten nach meinem Erstgespräch neuerdings – weitere Monate Wartezeit!? Für mich kam das einem Im-Stich-Lassen eines Hilfesuchenden gleich. Den Ärzten versicher-te ich, dass ich meine gesamte Geschichte an die Öffentlichkeit bringen würde. Nicht, um diese Institution in ein schlechtes Licht zu rücken, sondern um auf die Notwendigkeit der Errichtung weiterer Einrichtungen aufmerksam zu machen."

„Ich hatte meine Süchte mehr oder minder aus eigener Kraft besiegt und auch meine Vergangenheit in ambulanter Therapie einigermaßen aufgearbeitet. Menschen, die nicht so stur waren wie ich, hatten die aufgestauten Aggressionen gegen sich selbst gerichtet und ihrem Leben ein jähes Ende gesetzt. Ich konnte ja verstehen, dass Institutionen wie diese in der heutigen Zeit durchaus ausgelastet waren. Nur, war den Menschen, die in diesem System arbeiteten, überhaupt bewusst, wie viel Mut es erforderte, als Betroffener zu seiner Krankheit zu stehen!? Sich im Spiegel anzusehen und zu sagen: ‚Du hast ein Problem. Du. Du. Du. Nein. Ich habe ein Problem!' Danach den Schritt zum Hausarzt zu wagen, mit ihm darüber zu sprechen - voller Ungewissheit und großer Angst. Anschließend das Warten auf das Erstgespräch. Hernach das Warten auf die Aufnahme. Die Sucht. Der Entzug. Ein einziger Jo-Jo-Effekt. Zu alledem dann noch der gesellschaftliche Abstieg: finanzielle Schwierigkeiten durch Arbeitsverlust. Wenn sie mich zumindest an eine überbrückende Hilfseinrichtung verwiesen hätten! Aber nichts dergleichen! Ich war ganz allein mit mir. Vielleicht hatte ich es gerade deswegen geschafft. Weil mir dadurch eines klar geworden war: Wirklich wirksame Hilfe konnte nur von innen kommen. Sobald mir jemand die Hand gereicht hätte, wäre ich, auf die äußere Stütze vertrauend, wahrscheinlich wieder in diese oder jene Abhängigkeit gerutscht. Diese Ansicht hatte ich mir zum Glück zurechtgelegt. Andernfalls hätte ich - wie meine zwei Leidensgenossen - unter Umständen auch schon aufgegeben und mir das Leben genommen. Oder doch nicht? Denn mein wichtigster Grund, warum ich weitergemacht hatte in dieser schlimmen Zeit, war und blieb meine Tochter. Sie leuchtete mir als Licht meiner Hoffnung. Wäre sie nicht gewesen - das ist mein vollster Ernst! -, hätte ich mich, als ich die Hilfe am Nötigsten gehabt hatte, diese aber nicht bekam, längst umgebracht. Ich schenkte Lucy ihr Leben, und sie gab mir durch ihres das meinige zurück. Und ein weiterer wichtiger Grund war der Leitspruch eines wesentlichen Wegbegleiters gewesen: ‚Denke, was Du denken möchtest. Sei, wer Du sein möchtest. Und gehe, wohin Du gehen möchtest. Denn Du hast nur dieses eine Leben!'"

Good Bye My Love

Eine Geschichte über Begeisterung und Mäßigung

Ich bin herabgestiegen vom Himmel wie eine Sternschnuppe, die Dir ab nun den Weg erleuchten soll. Sieh ab jetzt nicht immer nur nach oben, schau lieber manchmal in Dich hinein. Deshalb bin ich hier: um Dir als neue Kraft den Weg zu weisen, Dich durch die tiefsten Tiefen und höchsten Höhen zu begleiten. Glaube an mich und öffne Dein Herz, um lieben zu können, ohne zu fordern. Denn, dafür werde ich mein Leben lassen. Ich mache Dich zu Deinem eigenen Gott. Du bist der Schöpfer Deiner Hoffnungen, Deiner Kräfte und Deines Glaubens! Deshalb glaube fest an mich. An Dich selbst. Wir sind göttliche Natürlichkeit.

„Noch vermochte ich nicht mit Gewissheit zu erkennen, ob die Besuche beim Arzt oder bei der Therapeutin zu meiner Genesung beitragen würden, oder ob ich wirklich krank oder sogar verrückt gewesen war. Ich wusste lediglich, dass ich Hilfe ernsthaft notwendig hatte, und versuchte diese auch anzunehmen, obwohl ich ganz und gar nicht davon überzeugt war. Das ständige Drängen des Arztes, diese Medikamente bitte einzunehmen, dann wieder diese neue Diagnose, und laufend die Aufforderung, dass ich mich darauf besinnen solle, weniger Alkohol zu trinken. Mir kam es so vor, als würde der Arzt tatsächlich glauben, dass nur Drogen und Alkohol die schädigenden Sucht- und Abhängigkeitspartikel darstellten. Diese Chemiecocktails waren doch nur legalisierte Mittel einzelner Industriezweige, um die Massen zu kontrollieren. Sie wurden dazu eingesetzt die Feinfühligkeit von Menschen zu übertünchen, sie zu täuschen. Alkohol, genauer gesagt, der Zustand, den dieser auslöste, war für mich momentan überlebenswichtig. Er konservierte sozusagen meinen innersten Wesenskern."

Immer noch schwebte Christoph in anderen Galaxien, und dieses angenehme Gefühl der Verliebtheit, das diese entzückende Kellnerin in ihm auslöste, unterstützte seinen ahnungsvollen Höhenflug.

„Ein paar Bierchen und dazu einige Spritzer, das machten doch alle anderen auch. Dass ich jedoch pro Nacht mehrere Durchgänge mit diesem Quantum Trost durchlief, keiner mit mir wirklich mithalten konnte und ich deshalb meist allein durch die Lokale streifte, das wollte ich nicht wahrhaben. So vergingen die Wochen wie im Flug, und obwohl ich begeistert an meinem Projekt weiterarbeitete, ging ich doch an manchen Tagen, oftmals in alter

Manier, im Wahn weit über der Promillegrenze gewissermaßen unter. Monat für Monat hatte ich es irgendwie immer wieder geschafft, mich zu motivieren und, wie geplant, ein neues Lied ins Netz gestellt. An dieser Stelle möchte ich die Geschichte loswerden, als ich vor der Veröffentlichung des letzten geplanten Liedes angekommen war. Es sollte der krönende Abschluss meines Gesamtkunstwerkes werden. Der Gedanke, für die Menschheit ein unvergessliches Geschenk zu erarbeiten, trieb mich inbrünstig an. Ich lebte fast ausschließlich meine künstlerischen Persönlichkeitsanteile aus, die ich bereits seit Kindheitstagen in mir trug. Mittlerweile glaubte ich tatsächlich, mit Haut und Haaren ein Künstler zu sein."

Gleich Indigo-Kindern, welche ahnten, als königliche Hoheiten geboren zu sein, glaubte auch Christoph an sein Geistesbild, der geborene Rockstar über dem Regenbogen zu sein und dieser Bestimmung folgen zu müssen. Diese überirdische Vision eines gigantischen, irdischen Musikspektakels mit imposantem, spektralem Farbenspiel beherrschten seine Gedanken, und der geplante Freitod, der von ihm ins Leben gerufenen Kunstfigur Sagittarius A* beherrschte seine Innenwelt. In seinem Hirn liefen immerzu die Bilder dieses einmaligen, zutiefst beeindruckenden Konzertes ab, nach dem seine Kunstfigur ein für alle Mal der Vergangenheit angehören sollte.

„Der Tod dieses einerseits irren Typen, der andererseits sagenhafte Musik erschuf und tolle Lieder komponierte, hatte einen fixen Platz in meinem Kopf eingenommen. Folgendermaßen hatte ich mir die Geschichte ursprünglich vorgestellt: Am geplanten Tag des Konzerts, dem 20.01.2011, sollte sich Sagittarius A* mit dem Lied *Good Bye My Love* vom erbärmlichen Rest der Welt verabschieden, um damit seine Liebe zur Natur zum Ausdruck zu bringen und die Hoffnung der Menschen zu entfachen. Er war der Schöpfer! Das schwarze Loch! Alles und Nichts. Das Ende und der Anfang. Pure Energie abseits jeder Materie und zugleich die größte Quelle von Radiowellen im Universum des Kosmos. Aus der Mitte der Milchstraße war er gekommen. Und dorthin sollte er wieder zurückkehren. Alle Überlegungen, genau an diesem Tag auf der Bühne Suizid zu begehen, gravitierten, so schräg meine Gedankenwelt auch anmuten mochte, dahin. Fantasie und Realität schienen komplett miteinander zu verschwimmen. Ich stellte mir allen Ernstes vor, dieses wahnsinnige Unterfangen meines Ablebens auf der Bühne in die Tat umzusetzen. So sollten die Menschen immer daran denken, wenn sie danach meine Lieder hörten, dass ich für sie und unsere Mutter Erde von ihnen gegangen war, indem ich das größte mögliche Opfer für sie erbrachte. In der doppelten Sieben, die auch für die ewige Ruhe stehen würde. Den Anfang. Das

Ende. Der Fall des letzten Vorhangs in ewiger Liebe und Verbundenheit."
Christoph fühlte sich mit diesem phänomenalen Sagittarius A* eins.
Ständig fochten seine helle und seine dunkle Seite interne Machtkämpfe aus.
Dennoch konnte er sich für keine der beiden Extreme entscheiden.

„Ich allein bin alles, und zugleich bin ich alleine nichts! Da war auf der
einen Seite der sensible, schüchterne Feigling, der ein normaler Familienvater
sein wollte. Auf der anderen Seite war der hemmungslose, verrückte Träumer,
der in die Welt hinaus wollte, seine Botschaft verbreiten und alles Unbekannte ausprobieren. Deswegen war auch dieses Datum für mich so zwingend.
Die Quersumme der Zahlen war die Zahl 7. Es gab sieben Grundtöne, sieben
Spektralfarben, sieben Tage in der Woche usw. Die *Sieben* war eine Primzahl,
die für die Menschheit seit jeher eine magisch-kosmische Bedeutung gehabt
hatte. Sie stand für die sieben Auswüchse des Bösen. Insgesamt sieben meiner
Songs hatte ich darum je einer der sieben christlichen Todsünden zugeordnet
– ebenso wie die restlichen sieben meinerseits je einer der sieben Tugenden
zugeschrieben wurden. Gut und Böse waren eben untrennbar miteinander
verbunden. Mein Leben hatte mir das wieder und immer wieder gezeigt.
Waren doch auch all die bösen und schlechten Begegnungen, die ich durchlebt
hatte, letztendlich Anstoß und Nährboden für all die einfühlsamen Texte und
Gedichte, die ich geschrieben hatte."

„So kam es, dass mir dank meiner Eingebungen ein Kompositionsschlüssel
zugefallen war, durch den ich meine Texte vertonen und in harmonisch klingende Melodien umwandeln konnte. Buchstabe für Buchstabe, Wort für Wort
und Zeile für Zeile wandelte ich auf diese Weise in Zahlen um. Die Quersumme
dieser Zahlen ordnete ich wiederum einem Ton auf meiner 7-tönigen Tonleiter zu. Ich fand es einzigartig, phänomenal, mit einem Wort – sensationell.
Das Gegenteil von rational. Es war mir möglich, durch Musik meine Gefühle
auszudrücken. Jedes Mal, wenn ich mich damit beschäftigte, vergeudete ich
keinen einzigen Gedanken an Alkohol, Drogen, Geld, Arbeit oder an sonstige
Ablenkungen. Ich entdeckte, dass bereits in früheren Zeiten die sieben Noten
des Gregorianischen Chorals als wahrnehmbarer Ausdruck einer göttlichen
Weltordnung gegolten hatten. Und dies passte wiederum perfekt zu meinem
Projekt. Ich hatte das tiefe Empfinden, dass in mir die Weisheit und das
Wissen eines kollektiven Bewusstseins verborgen lagen und es durch meine
Aktivität vom Innen ins Außen projiziert werden wollte. Dadurch fühlte ich
mich als Teil einer höheren Ordnung, die jedem einzelnen Menschen hier auf
Erden eine Botschaft vermitteln sollte. Achtsamkeit und Bewusstheit schien
die Lösung aller menschlichen Probleme, Nöte und Süchte zu sein. Entgegen

den gängigen Anschauungen von Religionen und Ideologien waren für mich das Gute und Böse nicht fein säuberlich zu trennen. Der Glaube an diese Zusammengehörigkeit aller Gegensätze flößte mir ein Vertrauen in die Sinnhaftigkeit meines Lebens ein, in eine bessere Zukunft, in eine friedvollere Menschheit: wie ein Silberstreif am Horizont! Dieser tiefe, unbändige und wirksame Glaube an mein Projekt hatte mich neben meiner unsagbaren Liebe zu Lucy bis dahin am Leben erhalten."

Für die meisten Menschen dieser Tage war es schwierig zu verstehen, was Gewahrsein überhaupt bedeuten sollte, was es hieß zu lieben, zu vertrauen. Überall herrschten Krieg, Neid, Widerstand und Streit. Die Menschheit hatte sich auseinandergelebt – trotz aller Errungenschaften ihrer Technik und Kultur. Der moralische hinkte dem übrigen Fortschritt hinterher.

„Ich will der Menschheit den Schlüssel schenken, mit dem sie ihre Gefühle, Gedanken und Worte in Musik umwandeln kann. Musik eint die Menschen. Vielleicht kehrt dann wieder mehr Einigkeit und Frieden auf der Erde ein. Vor langer Zeit hatte ich einmal gelesen, dass Musik keiner Übersetzung bedarf. Musik sollte angeblich die Gabe beinhalten, eine für die gesamte Weltbevölkerung verständliche, eine universelle Sprache zu sein. So konzentrierte ich mich mehr und mehr darauf, mein Vorhaben zu vollenden, und glaubte, in der Folge endlich frei sein zu können. Frei für den Tod. Frei für das ewige Leben. Frei für die Liebe. Frei für die Kunst. Frei für meine Familie. Frei von meinem *Ich*, um endlich *Selbst* sein zu dürfen. Die Botschaft sollte sich um den gesamten Erdball verteilen."

Nach und nach wurden die Tage kürzer und das Wetter grauer und regnerischer. Auf das herbstlich goldbraune Laub, das inzwischen von den Bäumen gefallen war, folgte bald auch der erste Schnee. Die Adventzeit kehrte ein. Das erste Weihnachtsfest ohne Vater stand an, und Christoph steuerte mit gemischten Gefühlen auf Weihnachten zu: das Fest der Liebe.

„In zuversichtlicher Vorfreude, mit Lucy den Heiligen Abend verbringen zu dürfen, schmückte ich gemeinsam mit meiner Mutter das Haus. Im Gegensatz zu mir nahm sie komischerweise ihre Medikamente ein, und es hatte den Anschein, als wäre sie dank der Pillen in einem halbwegs normalen Zustand. Ich war glücklich, wieder einmal eine Auszeit vom Psychoterror meiner Mutter zu haben. Es gab nämlich auch Tage, an denen sie von früh bis spät jammerte, wie schlecht es ihr ergehen würde, wie arm sie sei, und so in einem fort. Weil sie in einem Leben gefangen sei, dass ihr absolut keine Freude bereitete. Sie schimpfte über meinen verstorbenen Vater, weil er, wie man so schön sagt, eine Flasche gewesen war und nicht genug Mumm besessen hatte, mit ihr gemeinsam ein eigenes Lokal zu eröffnen. Sie wetterte gegen meinen Bruder und mich, vor allem aber gegen unsere Partnerinnen. Weil niemand von uns sie jemals hätte verstehen wollen. Sie zerfloss dann stets in Selbstmitleid und verstand es hervorragend, sich auf diese Weise über Machtspielchen in meinem Gewissen einzunisten und Herzensmitleid zu erhaschen. Manchmal dachte ich, dass ich das auf keinen Fall mehr aushalten würde. Manchmal fühlte ich ihr nach, da es mir selbst nicht anders erging. Zudem war sie meine Mutter. Allerdings trug jeder Mensch doch auch Verantwortung für seine eigenen Entscheidungen und den selbst gewählten Lebensweg. Gott sei Dank kamen immer auch Tage wie dieser, an denen sie einfach nur eine Mutter war, die glücklich und liebevoll sein wollte."

„Am 24.12. in aller Frühe putzte ich mich heraus. Ich bat meine Mutter, mir ihr Auto zu leihen, damit ich meine kleine Familie in der Stadt besuchen konnte. Da die öffentlichen Verkehrsmittel an diesem Tag nur im Zweistundentakt fuhren, wollte ich mobil sein und genügend Zeit haben, um am späten Nachmittag wieder zu Mama zurückzufahren. Ich war überglücklich über die Tatsache, dass Michi und ich uns stets einigen konnten über den Ablauf solcher Feierlichkeiten. Vorbereitet war ich ja. Den Tag hatte ich mir gut eingeteilt. Für jeden meiner Liebsten hatte ich ein kleines Geschenk besorgt. Und ich brannte vor Freude, für Lucy und Michi ein Festmahl zu bereiten. Michi hatte nach vorheriger Absprache die nötigen Lebensmittel eingekauft und einen kleinen nostalgischen Christbaum herausgeputzt. Der Tag hatte traumhaft begonnen. Lucy war entwaffnend süß mit ihren fast zwei Jahren. Sie plapperte alles nach, war unbeschwert, tollte herum und kuschelte leidenschaftlich gerne in meinen Armen. Umso schwerer fiel es mir, mich wieder zu trennen. Am liebsten hätte ich die Zeit angehalten. Was hätte ich bloß dafür gegeben, um für immer und ewig so glücklich beisammenbleiben zu dürfen und mich dabei so wohl zu fühlen! Ich war ausgesprochen dankbar für diese wunderschönen Stunden mit meinen Liebsten. Zuversicht erfüllte mich. Vielleicht sollte sich doch noch irgendwann alles zum Guten wenden?"

Wieder zu Hause angekommen, schloss Christoph die Eingangstür auf.

„Meine Mutter stürmte auf mich zu und schrie mich wutentbrannt an, was ich mir einbildete, zu dieser Stunde in ihrem Haus noch aufzutauchen. Was ich doch für ein gemeines Arschloch sei, sie am Heiligen Abend rücksichtslos alleine zu lassen. Enttäuscht, ganz außer sich vor Ärger warf sie mir vor, sie wünschte, dass sie mich nie geboren hätte. Ich glaubte meinen Ohren nicht zu trauen. Weihnachten war in unserer Familie noch nie von Harmonie überschüttet gewesen, doch mit so einer Szene konnte ich bei-Gott-nicht rechnen. Was brabbelte sie da bloß? Ich würde sie allein gelassen haben? Ich hatte, verdammt noch mal, ihretwegen meine Familie hintangestellt. Und was sollte das überhaupt? In ihrem Hause aufzutauchen? Das Haus gehörte mittlerweile meinem Bruder und mir, da sie ständig in Versuchung geraten war, es an irgendwelche Typen zu verscherbeln. Ihre verletzenden Worte, dass ich besser nicht geboren worden wäre, waren zwar ein alter Hut - dennoch trafen sie mich mit der Wucht eines Lanzenstichs. Solange Papa gelebt hatte, war es nicht so schlimm gewesen, doch seit seinem Tode kam es mir so vor, als würde sie den gesamten in ihr aufgestauten Zorn gegen mich richten. War ich zu ihrer Projektionsfläche geworden? Mutter war in Rage geraten, weinte und schluchzte, riss mir schließlich den Autoschlüssel aus der Hand und verschwand in der Dunkelheit dieser stillen Heiligen Nacht."

„War es wahrlich so schlimm gewesen, dass ich einen Teil meiner Zeit meiner kleinen Familie geschenkt hatte? Ja klar, für Mama war es die Ex, die mich auf die Straße gesetzt hatte und mir verbot, Alkohol zu trinken. Und Mutter war krank und fühlte sich seit dem Verlust ihres Ehemanns und Weggefährten bestimmt einsam. Immerhin war sie es gewesen, die mich auf die Welt gebracht und der ich mein Leben zu verdanken hatte. Et voilà! Da war es nun wieder - mein schlechtes Gewissen. Eigentlich hätte Mutter doch froh sein dürfen, dass ich mich wieder mit Michi versöhnt hatte und diese darauf so bedacht war, mich von meinen triebhaften Exzessen abzuhalten. Anscheinend verspürte sie allem voran Angst, nur ja nicht ihren geliebten Sohn zu verlieren, und wusste mit ihrer Enttäuschung - schlechtes Gewissen hin oder her - nichts Besseres anzufangen, als sie gegen ihr näheres Umfeld zu richten. Wieder einmal hatte ich die Schnauze voll. Ich rief meine beste Freundin Petra an und berichtete ihr von den Vorkommnissen der letzten Stunden. Daraufhin beschlossen wir, gemeinsam die Zeit totzuschlagen."

Wie gewonnen, so zerronnen. Christoph hatte von Neuem sämtliche Vorsätze über Bord geworfen. Es hatte etwas Befreiendes an sich, sich der unmittelbaren Befriedigung ungeniert hinzugeben wie einem Orgasmus und dabei im berauschten Zustand, nach Belieben auch mit einem selbstzerstörerischen Elan, umherzuziehen.

„Am dritten Tag der Zechtour, dem dritten in Folge nämlich, fing Mutter mich ab und teilte mir mit, ich solle am Abend gefälligst zu Hause sein. Sie hätte mir etwas Wichtiges mitzuteilen. Ein ungutes Gefühl zog in mir auf wie Wolken aus dem Nichts, eine böse Vorahnung, wie ich sie schon kannte. So förmlich und kalt, wie sie mit mir umging, konnte die Neuigkeit nichts Gutes verheißen. Darum bat ich Petra vorbeizukommen, damit ich dieser Irren, die in ihr gerade wieder die Oberhand zu gewinnen schien, unter keinen Umständen ausgeliefert sein musste. Die Anspannung ließ mich beinahe ausflippen, doch Petra schaffte es, mich zu besänftigen. Wir warteten schon in der Küche meines Elternhauses, als endlich das Auto meiner Mutter in die Einfahrt bog. Mein Herz begann vor Panik zu rasen. Den Geräuschen lauschend, glaubte ich, eine männliche Stimme zu vernehmen. Der Schlüssel drehte sich im Haustürschloss. Bald darauf hörte ich Schritte. Es war wie damals in der Kindheit, als ich sehnlichst auf die Heimkehr meiner Eltern nach ihren nächtlichen Streifzügen gewartet hatte."

„Mutter betrat die Küche im Schlepptau eines mir tatsächlich unbekannten Mannes. Umso verwunderter war ich, als sie mir den mittelalterlichen Typen als ihren neuen Freund vorstellte. Begeistert offenbarte sie mir, dass dieser in einigen Tagen, nämlich genau an Lucys zweitem Geburtstag, bei uns einziehen würde. Ich war geschockt. Noch bevor ich Zeit hatte, mir die Wohnsituation mit dem neuen Familienmitglied konkret vorzustellen, begann Mutter aus heiterem Himmel auf Petra verbal loszugehen, welche die volle Breitseite abbekam. Sie schrie sie fragend an, was sie in ihrem Reich zu suchen hätte. Überhaupt seien wir beide bloß unnützes Gesindel, das hier ständig herumlungern und sich auf ihre Kosten durchschnorren würde. In den selben ordinären Tönen schimpfte sie über meinen verstorbenen Vater und den angeblich durch mein Verschulden verloren gegangenen Sohn - meinen Bruder. Wieder und wieder warf sie mir vor, für ihr Unglück verantwortlich zu sein, und sagte, wie dumm sie doch gewesen war, meine ungeborene Schwester abgetrieben zu haben, und wie sehr sie es bereute, stattdessen mir mein Leben geschenkt zu haben. Wäre ich doch gleich bei der Geburt mit dem Kopf auf einem Stein aufgeschlagen und sofort tot gewesen, ihr wäre zumindest mein erbärmlicher Anblick erspart geblieben."

„Zum Glück hatte ich schon einen kräftigen Schluck meines Seelentrösters intus, denn der krönende Abschluss der Vorstellung stand noch bevor. Mutter nahm den Ehering von ihrem Finger und steuerte, während sie ihre linke Hand zu einer Faust ballte, geradewegs auf mich zu. Regungslos und verschreckt stand ich in der Ecke des Raumes - und plötzlich: Bumm! Der Schlag hatte gesessen! Ich war, ehrlich gesagt, ziemlich erstaunt. Als ich mich, Augenkontakt mit ihr suchend, nach einem kurzen Blackout gesammelt hatte, hakte ich nach und fragte, ob das alles gewesen sei: Bumm! Ich hatte vergessen, dass auch meine Mutter zwei Fäuste hatte. Bei diesem zweiten Blackout glaubte ich Sternchen zu sehen. Das war für mich ein Zeichen! Noch nie stand ich in meinem Leben so wachgerüttelt vor meiner Mutter. Sie hatte den Bogen endgültig überspannt. Mir war klar, dass wir genau an dem Punkt angekommen waren, wo sich unsere Wege ein für alle Mal trennen mussten. Obwohl es für mich wie ein bitterer Aufschlag auf den harten, kalten Boden war, wie ein Einknicken am eigenen Kreuzweg, und obwohl alle verstummt dastanden und niemand mir half, sodass ich mich fühlte, als müsste ich alle Sünden dieser Welt auf meinem Rücken tragen, wurde mir durch diese Schläge klar, dass meine Mutter sich in ihrer Krankheit total verrannt hatte. Oder aber, es war nur der letzte, aussichtslose, verbitterte Versuch, sich von mir emotional zu trennen. Und weil sie es nicht vermochte in Liebe loszulassen, musste diese Beziehung nun auf diese Art und Weise ein jähes Ende finden."

„Meine Unsicherheit wich dem bestätigenden Gefühl von Enttäuschung. Und alles, was sich jahrelang aufgestaut hatte, sprudelte unmissverständlich aus mir heraus. Dass sie es wohl bisher nicht verkraftet hatte, dass mein Bruder und ich uns schon seit längerer Zeit hatten abnabeln wollen. Dass sich durch ihren eigenen Widerstand ein völlig verqueres Mutter-Sohn-Bild in ihr entwickelt hatte, das sie obendrein viel zu oft und allzu gerne nach außen projizierte. Deshalb mutete es auch so unendlich schwierig an, die für mich richtige Entscheidung zu fällen. Jetzt war es aber so weit. Ich musste unter allen Umständen weg von hier. Das unentwegte Gejammere, eine niederträchtige Inszenierung in Endlosschleife, samt Eifersuchtsszenen: im Endeffekt - ein Baden in Selbstmitleid. Ich hatte es satt. Diese ständigen Schuldzuweisungen, um für das eigene Fehlverhalten miese Ausreden zu finden und die facettenreichen, eigenen Charakterfehler damit zu rechtfertigen. Ihr langjähriger Selbstbetrug, eine Art Konversionsstörung, hatte über die Jahre einen unglaublichen Grad an Perfektion erreicht, die sie nun in Form von höchst standhafter Boshaftigkeit auslebte, indem sie überall und bei jeder Gelegenheit Intrigen spann und sprichwörtlich Keile zwischen Menschen trieb, und zwar in allen Beziehungen. Was bloß konnte jemanden genau dazu veranlassen? Was musste im Leben eines Menschen Furchtbares geschehen sein, dass er so abgrundtief hassen konnte und böse zu sein wünschte? Mein Leben - ein Trauma transzendentaler Degeneration?"

„Für mich herrschte mit einem Schlag - beziehungsweise nach zwei Schlägen - reine Gewissheit! Das Maß war voll, denn ich hatte sie durchschaut - auch die Manipulationsversuche während ihrer Krankheitsschübe, die ich in diesem Augenblick bestenfalls als Trug und Tarnung empfand. Anscheinend hatte sie meine Hilfsbereitschaft bewusst von Mal zu Mal ausgenutzt. Es funktionierte blendend, weil sie jederzeit erfolgreich an mein schlechtes Gewissen appelliert hatte. Nun sollte damit Schluss sein! All die Jahre hatte ich immer wieder versucht, die Probleme und die Sichtweise meiner Mutter zu verstehen, ihr zuzuhören, ihrer Sicht der Dinge Glauben zu schenken, doch sie hatte, wie es schien, immer nur ein und denselben Kniff und Kunstgriff angewendet, mir das missliche Gefühl zu vermitteln, mitverantwortlich zu sein für das Leid innerhalb unserer Familie als auch für ihren persönlichen, erbärmlichen Zustand. Mutter war machtlos gefangen darin, das Naheverhältnis und Vertrauen zwischen uns schamlos auszunutzen. Ich musste einfach weg von hier, den Kontakt kategorisch meiden, denn ich selbst hatte weder die Kraft noch die Zeit, meine Lebensenergien an diese Beziehung zu verschwenden. Immerhin hatte ich eine eigene Familie, die auf meine Rückkehr, auf einen Mann in geläutertem Zustand hoffte."

Bestimmte, einschneidende Erlebnisse waren wie Kreuzungen und ließen sich nicht mehr mühelos geradebiegen, sei es, dass die falschen Worte längst gefallen waren, sei es, dass Dinge getan wurden, die nicht hätten getan werden sollen. Mit einem Ruck wurde sich Christoph seiner Verantwortung bewusst. Ab jetzt wollte er jede Sekunde seines missraten gedachten Lebens dazu nutzen, um sich weiterzuentwickeln und das zu tun, was ihn glücklich machen würde.

„Kurzerhand dankte ich meiner durchgeknallten Mutter sogar für dieses schräge Erwachen-Müssen. Schlagartig hatte ich erkennen dürfen, dass ich mich von den Miesmachern, den Energiefressern und all jenen befreien musste, die sich nicht mit mir gemeinsam freuen konnten, sondern, im Gegenteil, mir auch noch jede Freude verleiden wollten. Ob meine Mutter nun krank war oder nicht, ob sie bewusst oder unbewusst mit mir gespielt oder mich nur manipuliert hatte - es war mir mittlerweile einerlei. Ich wollte mich keinesfalls mehr darauf konzentrieren, was mir das Leben alles Böses angetan hatte, wie unfair die Menschen mir begegneten oder wie schlecht meine gesellschaftlichen Voraussetzungen gewesen waren, und ob vielleicht oder überhaupt meine Partnerinnen an der ganzen Misere schuld seien. All das interessierte mich nicht mehr im Geringsten. Es war doch egal, was ich alles versäumt hatte. Was wollte ich in meinem Leben eigentlich noch erreichen? Wer war ich, wer wollte ich sein? Bei allem Respekt und bei aller Liebe, die ihr als Mutter gebührten - was zu viel war, war zu viel. Sie war geübt darin, durch ihr Verhalten infolge ihrer angeblichen Krankheitsschübe mir all meinen Enthusiasmus, meine Begeisterung, meine Leidenschaft und meine Einsatzbereitschaft zu schmälern. Aus meiner Sicht war sie in ihren krankhaften Episoden nur darauf bedacht gewesen, mir meinen Mut, meinen Glauben, meine Hoffnung auf eine erfolgreiche Zukunft und somit auch auf meine Gesundung zu zerstören. Ich musste einfach weg von dieser geisteskranken Frau, denn ich ahnte, dass ich ansonsten mit ihr gemeinsam untergehen würde. Das hieß nicht, dass ich Lucy ihre Oma wegnehmen wollte, doch stand unter diesen Umständen keine weitere Begegnung in Aussicht. Also packte ich ein paar Sachen zusammen, stopfte sie in zwei Kunststofftüten, schnappte mir meinen PC und stürmte, ohne mich ein einziges Mal umzudrehen, aus meinem Elternhaus hinaus."

Da stand er nun in mitternächtlicher Dunkelheit, vor Anbeginn eines neuen Tages. Bilder aus der Vergangenheit blitzten abwechselnd in ihm auf. Und obwohl er zielstrebig aufbrach, ohne zu zögern, ohne es zu bereuen, verspürte er einen Abschiedsschmerz, der ihm in der Brust brannte. In einem Gefühl von Endgültigkeit und Unsicherheit krampfte sich seine Gestalt auf dem Boden zusammen, und seine Seele setzte an zu einem Tanz der Tränen.

„Als ich langsam wieder zur Besinnung kam, bemerkte ich, dass Petra abgehauen war. Und obgleich ich mich erschöpft und aufgelöst fühlte, überkam mich ein eigenartiges und zugleich erlösendes Freiheitsgefühl. Was nun? Immerhin war es bislang meine Mutter gewesen, die mir immer wieder Obdach gewährt hatte. Diese Option fiel weg. Viel wichtiger war die Tatsache, dass ich es mit meinen mittlerweile 34 Jahren doch noch geschafft hatte mich abzunabeln. So fühlte es sich jedenfalls an. Nicht motorisiert und überdies obdachlos geworden, tauchte ebenso überraschend ein vertrautes Gesicht in meinen Gedanken auf: die Kellnerin aus dem Kaffeehaus. Wir hatten schon einige ausführliche Gespräche über mein Leben geführt. Darum hoffte ich neuerlich auf Hilfe, nämlich auf ihre. Tatsächlich kannte meine neue Flamme jemanden in der Stadt, der mir zufällig ein Zimmer in einer Wohngemeinschaft zur Verfügung stellte. Mit ihrer Unterstützung quartierte ich mich dort ein. Ich bedankte mich beim Himmel, dass er mir diesen rettenden Engel geschickt hatte. Noch dazu war ich dankbar, trotz all der widrigen Umstände eine neue Freundin gefunden zu haben."

In seinem neuen Heim angelangt, nahm Christoph Papier und Stift zur Hand und schrieb seiner Mutter folgenden Brief:

„Die meisten Menschen präsentieren sich gerne als Opfer. Während andere versuchen, für sich und ihr Leben Lösungen zu finden und entsprechend zu handeln, kommt von Dir nichts dergleichen. Jämmerlich zu weinen und in Selbstmitleid zu zerfließen, ist natürlich viel einfacher, als für sich selbst Verantwortung zu übernehmen. Klar lässt sich Selbstmitleid auf dem Rücken anderer hervorragend abladen. Genau das aber sind die Versager, die sich selbst das Leben versagen und damit meist auch ihren Mitmenschen. Sie missbrauchen andere als ihre persönlichen emotionalen Mülleimer. In diesem Strudel habe ich das Ruder herumgerissen und mich dazu entschlossen, die mir gestellten Aufgaben auf meinem Weg ins Glück, sprich, zurück in die Gesundheit, zu bewältigen. Alle um mich herum sprechen hinter meinem Rücken über meine Drogensucht, verziehen dabei den Mund, rollen die Augen und verspotten mich regelrecht. Sie wollen mir keine Chance geben. Ihnen bin ich egal. Weil ich mir selbst keine Chance gegeben habe. Ich bin nicht Euer Eigentum, Euer Besitz. Ich weiß, dass ich nicht Nein sagen kann. Darum sage ich: Ja. Ich sage 'Ja' zu mir und meinem Leben. Manchen Leuten scheint keine Privatsphäre heilig zu sein. Im Gegenteil, sie weiden sich an den Niederlagen ihrer Nächsten. Das kotzt mich an. Und genau das will ich Dir damit aufzeigen. Dass Ihr ständig auf offenbar Süchtige, auf Verletzte, Gebrochene und Schwächere losgeht, um von Euren eigenen Problemen abzulenken. Ihr selbst seid die Süchtigen, die uns Jungen zur Abhängigkeit erziehen. Die Lösung kann und wird nie und nimmer die Beseitigung der Suchtmittel sein, oder die Schuld für die eigenen Probleme in der Außenwelt zu suchen. Vielmehr steckt im Problem des Schicksals Lösung, nämlich im bewussten und achtsamen Umgang mit allem Vorhandenen ..."

Während er sich seinen Schmerz von der Seele schrieb, wurde dem jungen Mann bewusst: Nur wenn er die *Mäßigung* verinnerlichen und neu erlernen würde, mit seinen Ressourcen nach Maß und Ziel zu haushalten, könne er beständig den Weg aus seinen Süchten und Abhängigkeiten finden.

„Den Silvesterabend verbrachte ich ganz allein an meinem Lieblingsplatz auf einer Anhöhe in den Weinbergen unweit meines Heimatortes. Erst jetzt hatte ich den Unterschied zwischen Heimat und Daheim verstanden. Dieser unglaublich überwältigende Ausblick auf das tiefer liegende Tal, auf die verschneiten Wiesen, Felder und Wälder, erzeugten in mir vorübergehend ein inniges Gefühl von Verbundenheit, völlig im Einklang mit der Natur zu schwingen und dadurch zufrieden zu sein. Einerseits war da die große Stadt, mit all ihren Lichtern und eng aneinandergereihten Behausungen. Andererseits diese unendliche Weite von Landschaft und vereinzelten, idyllisch beleuchteten Anwesen und Einfamilienhäusern. Alles lag im Widerspruch. Die Ruhe hier am Lande, der Lärm dort in der Stadt. Alles war eins und doch nicht gleich. Schon gegen 22 Uhr sah man am Himmel die Feuerwerkskörper in hellem Glanz und bunten Lichtern funkelnd explodieren. Den Jahreswechsel verkündete ein donnerndes Riesenfeuerwerk, und obwohl es wunderschön anzusehen war, verspürte ich eine tief sitzende, unergründbare Wehmut. Doch mir war es lieber, in dieser Stunde allein zu sein. Denn mir graute vor einer riesigen Gesellschaft, in der jeder jedem um den Hals fiel, um mit aufgesetzter Freundlichkeit ein frohes Neues Jahr zu wünschen. Unabhängig davon, ob man sich kannte oder nicht, ob man sich mochte oder hasste. Ich hatte diese 'Bussi-Bussi-Gesellschaft' satt."

Am 7. Tag des neuen Jahres sollte Lucy ihren zweiten Geburtstag feiern.

„Michi wusste, dass, wenn sie mich zur Geburtstagsfeier unseres süßen kleinen Schmetterlings einladen wollte, Zoff mit ihren Eltern vorprogrammiert war. Sie waren nämlich seit unserer Trennung nicht mehr gut auf mich zu sprechen, besonders Michis Vater, nicht zuletzt, weil ich ihm damals meinen Kokainmissbrauch gebeichtet hatte. Weil ich dachte, er als Kettenraucher würde mich noch am ehesten verstehen. Seitdem behandelte er mich als familiären Fremdkörper. In seinen Augen war ich ein unfähiger Süchtiger, der seine Tochter unglücklich gemacht und seine Familie im Stich gelassen hatte. Selbstverständlich war mir klar, dass sich jeder Vater für seine Tochter einen perfekten Schwiegersohn wünschte: reich in allen Belangen, klug obendrein, kurzum, ein idealer Ersatzsohn und Traumprinz für seine geliebte Tochter. Aus diesem Grund war es mir schon oft in den Sinn gekommen, all meine Erlebnisse in einem Buch festzuhalten. Immerhin war ich mittlerweile selbst Vater einer bezaubernden Tochter und monierte immerzu, dass die Erwachsenen vergessen hatten, wie sie selbst in jungen Jahren ‚drauf' waren. Vergessen vielleicht nicht – aber bestimmt verdrängt!"

„Das war schon bei Nadjas Eltern der Fall gewesen. Spätestens dann, wenn ich selbst einmal Schwiegervater sein würde, würde wahrscheinlich auch ich meine Vergangenheit und Jugendsünden längst verdrängt haben. Aus diesem Sichtwinkel konnte ich solche und ähnliche Vorwürfe zumindest verstehen. So wartete ich also vergeblich auf die ersehnte telefonische Einladung zum Geburtstagsfest unserer Tochter. Selbst war ich zu feige, Michi einfach anzurufen – warum auch immer. Zwar war ich nun Vater, doch fühlte ich mich eher in der Rolle eines Bittstellers und Besuchers. Wieder begann ich, diese Seite an mir intensiv zu hassen, diese Gefühle von Beklommenheit und Hilflosigkeit, immer so furchtsam und so gehemmt zu sein. Meiner Mutter hatte ich solch einen glorreichen Brief geschrieben. Jetzt saß ich selbst zutiefst verletzt da, indem ich einsam vor mich hin litt, anstatt guten Mutes und in voller Verantwortung zum Telefon zu greifen und Michis Nummer zu wählen. Nüchtern hatte ich diese Courage leider noch nie besessen. Meine Gedanken drehten sich im Kreis. Meine Gefühle fuhren Achterbahn. Wieder einmal hatte ich versucht meinen Weg zu finden, abgestimmt auf alle anderen. Immer wieder bemühte ich mich, allen Umständen zum Trotz, mich um meine kleine Familie zu sorgen, und doch wurde ich wie ein Aussätziger behandelt. Es kam mir so vor, als würde Michi sich an meinem Unglück weiden. Oder mich absichtlich veralbern? Nur, warum hätte sie das tun wollen? Meine Einbildung schien aus paranoiden Psychosen zu bestehen, in denen sich Gott und die Welt gegen mich gerichtet hatten. Schluss jetzt mit diesen Hirngespinsten! Aus tiefster Liebe zu meiner Tochter überwand ich diesen unerklärlichen Kleinmut und allen aufgestauten Frust und kreuzte kurzerhand in Michis Wohnung auf."

Christoph verlieh seiner Liebe in ihrer reinsten Form dadurch Ausdruck, dass er Lucy eine Blume überreichte - eine dornenlose, weiße Rose. Als Ausdruck unendlicher Dankbarkeit, dass Michi ihm das schönste aller Geschenke geboren hatte, überreichte er ihr eine rote Rose. Dessen ungeachtet fühlte sich für Christoph alles wie eine neuerliche Niederlage an. Die Vorstellung, in einigen Tagen das ultimative Konzert spielen zu müssen, schlug ihm schwer auf das Gemüt.

„Das Misstrauen, das man mir entgegenbrachte, zermürbte mich unbeschreiblich. Überall lauerten beißende Selbstzweifel und eine nagende Unsicherheit, wieder etwas falsch zu machen, zu versagen, zu enttäuschen. Meine unzähligen Visionen vom Konzert indes waren für mich so bedeutend geworden, so phänomenal, einzigartig und berauschend. Voller *Begeisterung* sah ich mich auf der Bühne stehen; die Menschen jubelten mir zu. Alles erstrahlte im hellen, bunten Lichtermeer. Ich fühlte mich wunderbar, war bewegt und aufgeregt - melodramatischer Lustgewinn in Reinform. Schaute ich jedoch in meinen wahren Wesenskern, fühlte ich mich zerrissen, wie ein kleiner, zerquetschter Wurm in einer Schrottpresse. Einerseits war ich davon wie besessen, mein Leben in die rechten Bahnen zu leiten, andererseits war ich allein damit restlos überfordert. Und so schaffte ich es nicht mehr, den eingeschlagenen Kurs zu halten, weshalb alles begann, aufs Neue aus dem Ruder zu laufen. Seit ich ein kleiner Junge gewesen war, träumte ich davon, einmal ganz vorne auf der Bühne zu stehen, davon, Erfolg zu haben. Doch jetzt ließ mich schon ein flüchtiger Gedanke an die fordernde Menschenmenge ein wenig schaudern. In mir und um mich herum herrschte ein heilloses Durcheinander. Unweigerlich folgten einige Tage in Sodom und Gomorra."

„Was die Vermeidung von Unlust anging, hatte ich schon von klein auf gelernt, mich darum selbst zu kümmern. Im nüchternen Zustand zum Beispiel kam es für mich nie und nimmer infrage Drogen anzurühren. Mich sinnlos zu besaufen hingegen, war für mich meistens zwanghaft. Im übermäßigen Alkoholrausch schwand zunehmend der Verstand, bevor eine Phase enormer Rücksichtslosigkeit und Aggression eintrat. Da war dann rasch der Zeitpunkt erreicht, an dem sich die Lust nach Drogen ins Unermessliche steigerte. Quellen dafür waren ja reichlich vorhanden. Die Mischung aus Alkohol und Kokain vergiftete meine Moral. Der 'Stoff' veränderte meinen Charakter. Gründlich ruinös verschob das weiße Pulver mein ursprüngliches Persönlichkeitsbild.

Das liebte ich an diesem Zeug, nämlich, dass es sogar aus anständigen, soliden Persönlichkeiten geile, aufrechte Lumpen machte. Es schaltete einfach mein Gewissen weg, also das, was einzig und allein in der Lage war, mein Urgedächtnis an das Urmenschliche, das gleichzeitig auch eine unmenschliche Seite hatte, zu überwinden, meine innere Tierheit als Zeichen des Tiers. Diese Einrichtung der Schöpfung schien mir, soweit ich es beurteilen konnte, das wahre Hindernis für wahrhaftige Entfaltung zu sein. Und Kokain war der Schlüssel, dieses Tor zu öffnen. Mein schlechtes Gewissen war restlos verschwunden und wiederkehrend zugleich. Wenn und wo es sich meldete, rief es mich zur Vernunft. Was wollte ich eigentlich? Sterben? Gesunden? Berühmt werden? Reich? Alles? Nichts? Ich wusste es einfach nicht. Und sowieso und überhaupt – ich wusste ja nicht einmal, ob ich krank war oder mir das alles nur eingebildet hatte, und wenn, ob ich den Mut und die Kraft besaß, diese furchtbaren Krankheiten zu besiegen?"

„Völlig verunsichert wendete ich mich betend an meinen Schöpfer, meine höhere Macht und rief um Hilfe und bat um Zuversicht. Der Weg aus dieser qualvollen Sehnsucht konnte für mich nur damit beginnen, dass ich mich von meinem Umfeld abwenden und in die Isolation gehen würde. Es schien mir unumgänglich, das Leben mit all meinen Sinnen bewusst wahrnehmen zu müssen, erst einmal nüchtern und klar zu werden, um mich danach achtsam darauf zu besinnen. Welche Sinne hatte ich eigentlich? Ganz klar: fünf. Die meisten gingen mit den sieben Öffnungen der menschlichen Wahrnehmungsorgane am Schädel einher: zwei Ohren zum Hören, zwei Nasenlöcher zum Riechen, zwei Augen zum Sehen und ein Mund zum Schmecken. Dann war da noch der Tastsinn. Auch meinen Spürsinn, meine Gefühlswelt und innere Wahrnehmung, hatte ich auf qualvolle Weise kennenlernen dürfen. Doch da war noch etwas. Ein siebenter Sinn?"

Christoph hätte schwören können, im für ihn alles entscheidenden Konzert den Künstler in sich sterben zu lassen. Um sich danach wieder seiner Familie zu widmen. Nach der Selbstverwirklichung – endlich Opferbereitschaft! Nach dem Ego – seine Nächsten! Insgeheim aber ahnte er, nein, wusste er, dass er es im familiären Zusammenleben nicht schaffen würde, für sich Verantwortung zu übernehmen. Mehr noch: Er war sicher, dass er dies zu lernen hatte, bevor er wieder für andere Verantwortung übernehmen wollte. So begann der Junge zum Erwachsenen zu werden. Und Erwachsensein war mit dem Alter eines Menschen keineswegs deckungsgleich.

„Es war mir leider nicht möglich, mein Vorhaben in durchgehend nüchternem Zustand umzusetzen. Ja, sogar dazu war ich zu feige! Zu ängstlich, zu bequem. Anscheinend war ich wirklich nur einer dieser 'Ich-will-ich-will-Burschen'. Ich war dermaßen verängstigt, dass es mir nicht möglich gewesen wäre, normal die Bühne zu betreten. Dort nüchtern aufzutauchen, war mir ebenso unmöglich geworden, und unter Drogeneinfluss wäre es für mich unverantwortlich gewesen. Kurzum, ich hätte Wasser gepredigt und Wein getrunken. So blieb mir eben nur noch eine Option: An diesem verhängnisvollen Tag beschloss ich ohne Überlegung, spurlos von der Bildfläche zu verschwinden. Mein Traum war zum Albtraum geworden – ich durchlebte den Horror meines Daseins. Es war nun traurige Gewissheit: dass ich tatsächlich unfähig war, nüchtern aufzutreten und mein Leben zu meistern. Unfähig, diesen einen, mein Leben lang gehegten Traum in die Tat umzusetzen. In geistiger Umnachtung, benebelt vor Verdrängung und blockiert vor lauter Feigheit, brach ich alle meine Kontakte ab und verkroch mich in einem Zimmer in der Stadt. Eine kurze SMS an Michi mit den Worten: ‚Mach Dir keine Sorgen, alles wird gut' beendete meine Show. Ich selbst war der Versager."

Mehr Zeichen gab es nicht von dem Erdenjungen. Er wusste, dass er im gewohnten Umfeld niemals von seinen Abhängigkeiten loskommen würde. Und er wusste nun, dass er tatsächlich loslassen wollte. Wenn schon nicht ihm selbst zuliebe, dann zumindest für seine bezaubernde Tochter. Es war jedes Mal und immer wieder viel zu einfach für ihn gewesen, an die Drogen zu kommen. Bei jeder winzigen Erschwernis, die für Christoph sehr schnell zum Weltuntergangsproblem anwuchs, musste er sich mit dem Teufelszeug unweigerlich in seine Traumwelten beamen. Der permanente Drang, etwas Bestimmtes und doch Unbekanntes wegmachen zu wollen, war Herr seines Tagesablaufs und Lebenswegs. Weder wollte noch konnte er einfach so weitermachen. Sein Beschluss stand alsbald fest. Er musste untertauchen. Nach dem Motto: Ohne Rückzug – kein Vorwärtskommen! Und er tat dies mit einer bestimmten Absicht, nämlich, um nicht länger diese herzzerreißende Sehnsucht ertragen zu müssen und endlich das Gefühl loszuwerden, immer etwas zu vermissen, niemals im Leben allein sein zu können, wieder und wieder in tiefe Einsamkeit zu tauchen – vorneweg mit der einen Absicht, von seinen Süchten loszukommen.

„Ich isolierte mich, um meine eigene Therapie durchführen zu können. Um bewusst allein zu sein, mit mir ins Reine zu kommen. Nur wenn ich es schaffen würde, allein sein zu können – ohne fremde Liebe und fremde Anerkennung – und wenn ich die Zeit nützte, um mich mit meinem bisherigen Leben und mir selbst auseinanderzusetzen, würde ich es schaffen können, meine Süchte zu besiegen. Ich wollte endlich lernen, in der Realität zu leben, ohne 'Stoff', ohne Hilfsmittel, ohne Betäubung meiner Sinne und Empfindungen! Es war für mich höchste Zeit zu erfahren, was wirkliche Liebe ist und was - leben lernen. Denn, was von meiner bisherigen Existenz geblieben war, nämlich Luftschlösser hie und reale Ruinen da, waren obendrein Schmerz und Einsamkeit. Ich stand nicht nur vor einem Scherbenhaufen, sondern war selbst zum Scherbenhaufen geworden - Herr Ruin. Sollte ich doch lieber mein irdisches Dasein beenden, so wie ich es von Anfang an vorgehabt hatte? Ganz still und leise?"

Aus bunten Scherben konnte man ein wunderbares Mosaik gestalten. So legte Christoph sein Leben in die Hände seiner ganz persönlichen, schöpferischen Macht, und wenn es ihrem Willen entspräche und so gedacht war, dann würde es mit ihm und seiner Läuterung bestimmt auch weitergehen. Und irgendwann - daran zwei-  felte er kein bisschen mehr -, irgendwann würde er seine Liebsten wieder in seinen Armen halten dürfen. Ein heller Moment konnte wahrhaftig ein ewiges Leben in Erleuch- tung nahebringen.

Lucy

Eine Geschichte von Liebe

Oft denkst Du an Menschen und Ereignisse mit diesem bestimmten Gefühl. Dem Gefühl, als ob Du davonlaufen müsstest, weil Du nicht bleiben kannst, wo Du gerade bist. Und trotzdem würde es nichts ändern. Es ist ein Gefühl der Machtlosigkeit. Meist sind es Gedanken an Menschen, die längst aus Deinem Leben verschwunden sind, oder Ereignisse, die Dich und Deine Seele zutiefst verletzt haben. Und doch ist der Auslöser dieses Gefühls die Sehnsucht nach Verständnis. Das tiefe Bedürfnis nach Liebe. Nimm Deine Empfindung an und wisse: Wirkliche Liebe bedarf keiner Erwiderung. Liebe beginnt mit einem Lächeln, wächst mit einem Kuss und endet mit einer Träne, um im Fluss der Ewigkeit zu münden. Lass die Vergangenheit los, damit Deine Zukunft im Jetzt zum Erblühen Platz findet.

„Gestartet hatte ich mein Projekt *Sagittarius A* - Genius Failure* am 17.12.2009, genau an meinem 33. Geburtstag. Ich hatte beim Internet-Surfen in einer global vernetzten Enzyklopädie gelesen, dass sich die Sonne vom 17. Dezember des einen bis zum 20. Januar des darauffolgenden Jahres im Sternzeichen des Schützen aufhielte. In vierzehn audiovisuellen Beiträgen wollte ich im World Wide Web meine Geschichte erzählen. Durch Geschichten, die das Leben schrieb. So sollte das Live-Konzert am 20.01.2011 stattfinden, genau im 14. Monat, an einem Datum mit der Quersumme 7. Alles passte perfekt zusammen. Ein Mensch allein hätte das alles nicht planen können! Die Häufung der Zufälle war schon mehr als bedenklich. Darum verlief die Geschichte auch nicht nach meinem Willen, sondern gestaltete sich stattdessen verhängnisvoll ...“

„Nun saß ich da, leidend und mutterseelenallein in diesem einsamen Kämmerlein. Ich dachte einzig und allein daran, bloß irgendwie wieder klar im Kopf zu werden. Die Stunden in Folge waren grauenvoll. Ich zitterte, schwitzte und fror. Mein gesamter Körper schmerzte unbeschreiblich. Es war, als ob mir jemand das Mark aus meinen Knochen saugen würde. Hoffnungslos fantasierte ich in meiner Welt dahin. Tief in mir, in meinem Unterbewusstsein, tobte geradezu ein Orchester. Eine laute, berauschende Symphonie gespenstiger Klänge eroberte meine Sinne. Alles wurde zunehmend bedrohlicher. In angsteinflößender Manier erreichte das üble Spiel eine Intensität, die sich kaum noch ertragen ließ. Ich hatte solche Angst, solche Furcht. Zusammengekrümmt lag ich in der Ecke dieses trostlos anmutenden

Zimmers. Ich spürte mich noch nie dem Tode so nahe. Das Blut stockte immer wieder in meinen Adern, mein Herz stolperte und pochte. Überall spürte ich Stiche. Mir war, als würde etwas leise Abschied nehmen wollen. Cold Turkey. Würde mich irgendjemand vermissen, wenn ich jetzt sterben würde? Viele Freunde und Bekannte hatten meinen Weg gesäumt. Doch wer würde wirklich um mich trauern? Mutter? Michi? Der hilfsbereite Engel? Einer Fata Morgana gleich, sah ich schemenhaft – alle Frauen beisammenstehen, die ich in meiner Vergangenheit jemals geliebt hatte. Oder war es doch nur ein Déjà-vu? Sie standen nur da und weinten mitleiderregend. Ich hatte mich weggesperrt. Niemand wusste in diesem Moment, ob ich noch lebte oder schon gestorben war. Im Bewusstsein der Menschen, die an mich dachten, war ich in diesem Augenblick vermutlich beides. Doch wie konnte das sein? Tot und lebendig zugleich? Plötzlich durchzuckte mich ein Geistesblitz, und ich dachte nur: ,Was soll dieser ganze Blödsinn hier?!' Irgendwie fühlte ich mich, im Gegensatz zu vorher, wieder in meinem Körper gefangen. Kein Mensch würde um mich weinen! Nein! Niemand! Weder ,meine' Frauen noch sonst jemand! Das müssten sie auch nicht – die sollten sich lieber um sich selbst kümmern!"

Immerzu hatte Christoph versucht, Gutes zu tun, wollte sich verbiegen und zurechtrücken für andere. So hatte er seine bösen Anteile in den Schatten gedrängt und war dadurch kläglich gescheitert. Als selbstgerechter Gelehrter.

„Sollen sie alle lieber selber ihr primitives, schäbiges Leben beweinen! Ich brauche kein Mitleid! Von niemandem. Nein! Ich werde kämpfen! Nur für Lucy und mich."

Der Name seiner Tochter – ganz Gedanke, ganz Gefühl – war wie der Strahl eines Diamanten, wie ein greller Gong, der Christoph innerlich aufhorchen ließ. Ein wunderbar warmes und gleichsam friedliches Gefühl ergriff sogleich den Suchenden.

„Meine Gedanken wanderten zu Lucy – meiner Lucy, dem Sonnenschein in meinem Leben. Abgesehen von ihr, war mein jämmerliches Dasein ein einziges Martyrium, das ich mir selbst zuzuschreiben hatte. Ich hätte es an dieser Stelle beendet, wenn es lediglich um mich gegangen wäre. Doch immerhin hatte ich mittlerweile ein Kind in diese Welt gesetzt, und meine Last wollte und durfte ich nicht an dieses unschuldige, bezaubernd reine Wesen weitergeben. Wenn ich mit Lucy zusammen gewesen war, hatte ich es geschafft, gesammelt, klar und nüchtern zu sein. Oder hatte ich mich selbst belogen? War ich tatsächlich nüchtern gewesen oder waren es einfach immer wieder nur Rauschpausen gewesen? Ich erinnerte mich noch so genau an diesen Tag damals: diesen bewussten sonntäglichen Nachmittag, als Michi und ich gemeinsam am Ufer des Flusses hockten. Während ihre Seele und Gestalt mich in ihren Bann zogen, trafen sich unsere verliebten Blicke. Die Sonne spiegelte sich auf der Haut ihres Gesichtes, das von süßen Sonnensprossen übersät war. Es glich dem Glitzern der Sterne am nächtlichen Firmament. Wir liebten uns wie nie zuvor, küssten uns zärtlich und leidenschaftlich. Alles schien, als würden wir im siebten Himmel schweben. Ich empfand, dass dieser Augenblick es gewesen war: ein Augenblick für die Ewigkeit! Eine Welle lebendiger Empfindsamkeit ergoss sich, als mich mit einem Mal eine Klarheit erfüllte, welche ich bis dahin noch niemals erlebt hatte. Für diesen einen Moment war ich mir sicher, dass ich ab jetzt ewig lebte. Obwohl es der gleiche Himmel war, den ich schon so oft gesehen hatte, erschien er mir an diesem Tag viel gewaltiger, heller, höher, weiter und eindringlicher denn je. Die Atmosphäre wirkte unglaublich freundlich, unendlich friedlich und farbenprächtig wie die Glückseligkeit selbst. Zwei Tränen entschieden sich, über meine Wangen zu rinnen. Es war der 22.04.2008."

Christoph hatte Entzugserscheinungen. Sein Körper krachte. Sein Geist marterte sich selbst. Jetzt, in diesem Moment, selbstgefangen in diesem beengenden Raum, wäre Christoph am liebsten gestorben, lieber noch – geflüchtet. Weit fort in eine andere Welt, in ein anderes Leben, auf einen anderen Planeten. Hauptsache: weg von da, wo er gerade eben war.

„Lucy war das Plus in meinem demoralisierten Leben. Meine Tochter liebte ich über alles. Täglich betete ich zu meinem Gott und dem Universum, dass sie gesund, wohlauf und glücklich sei und alle Mächte sie beschützen mögen. Sie - und ihre Mutter. So hoffte ich auch, dass sie mich nicht so sehr vermissen würde, wie ich sie vermisste, denn dieser Herzschmerz war für mich ohne Seelentröster fast unerträglich geworden. Das Leid der Trennung war und blieb für mich unbeschreiblich."

So sollte sich Liebe zum eigenen Fleisch und Blut anfühlen. Es war ihm, als wäre er eins mit seiner Tochter. Kernschmelze. Und doch entzweite ihn diese Macht. Kernspaltung?

„Für mich gab es nie und nimmer etwas Ergreifenderes im Leben, als den Moment, als ich Lucy das erste Mal an mir spürte. Dieses unglaublich süße, sanfte Wesen in meinen Armen zu halten! Für mich stellte sie die Verschmelzung von Michi und mir dar. Als ich ihr kleines, flaumiges Köpfchen streichelte, ihr zartes, winziges Händchen ergriff, spürte ich, dass ich Lucys Wurzel im Baum ihres Lebens war. Mir wurde bewusst, dass sich bei der Zeugung die Körper, die Geister und die Seelen von Mann und Frau verbinden und das Kind die Fusion verkörperte. Wie von selbst erfüllte mich ein Gefühl väterlicher Verantwortung. Ich beschloss, meiner Tochter möglichst Halt und Geborgenheit zu schenken. Lucy war die Tochter, die ich mir immer gewünscht hatte."

„Mein sehnlichster Wunsch war es eigentlich gewesen, sie öfter zu sehen und mit ihr mehr Zeit zu zweit verbringen zu dürfen. Es waren so viele Tage vergangen, in denen ich mein Baby nicht sehen, nicht hören, nicht riechen, nicht anfassen, nicht spüren durfte – weil ich es mir selbst versagt hatte. Weil ich Angst hatte, sie zu verlieren und die Liebe daher nicht zeigen konnte. So lange schon hörte ich ihr nächtliches Weinen nicht mehr. Dieses Weinen, mit dem Babys ihren Eltern zeigen wollen: ‚Hallo, ich bin da! Ich weine, weil ich von Mama und Papa geliebt und gekuschelt werden will! Ich weine, weil es lustig ist, weil ich Angst habe, weil ich Hunger habe, und ich weine, weil ich eine frische Windel brauche.‘ Babys weinten, um zu lernen. So lernten die Winzlinge zu vertrauen, zu erkunden, wann, ob und wie lange sie weinen mussten, um beachtet zu werden. Doch auch ich hatte gelernt. Mir wurde immer bewusster, dass ich jene möglichen Momente des Zusammenseins mit Lucy, die ich bereits verloren hatte und auch noch verlieren würde, niemals mehr zurückbekommen könnte. Das Versäumte blieb versäumt. Unabänderlich! Schlüsselerlebnisse, die ich nie mehr nachholen konnte: keine Verabschiedungen beim Weggehen, keine Begrüßungen beim Nachhausekommen, nachmittags kein Lächeln meines lieben, kleinen Sonnenscheins, das mein Herz erwärmte, und abends auch kein Gutenachtkuss. Ich liebte sie so sehr, ich vermisste sie unsäglich. Es machte mich so unendlich traurig, dass ich jetzt nicht bei ihr sein konnte. Es tat so weh. Ständig trug ich vier Fotos von ihr bei mir. Und wenn ich mich unbeobachtet fühlte, küsste ich diese bei jeder Gelegenheit. In meinen Träumen sang ich ihr Schlaflieder vor, und immer, wenn meine Gedanken abschweiften, musizierten und tanzten wir gemeinsam mit Michi als glückliche Familie durch den Alltag.“

Kinder brauchten keine teuren Geschenke. Was sie brauchten in jener entscheidenden Zeit, waren Eltern, die anwesend waren. Eltern, die ihnen die nötige Aufmerksamkeit schenkten. Eltern, die ihnen mit Verständnis und Liebe begegneten. Vor allem aber Vater und Mutter, die ihnen Wärme und Geborgenheit spendeten.

„Meine Eltern hatten zwar viel Zeit mit uns Kindern verbracht, allerdings meist in Gesellschaft. Diese Zeit gemeinsam und sinnhaft zu nutzen, hatten wir leider verabsäumt. Liebe und Zuneigung hatte ich durch musikalische Unterhaltung erfahren. Nüchtern und klar konnten sie mir meine Eltern niemals zeigen. Zu viel hatten sie anscheinend selbst als besonders empfindsame Menschen mitmachen müssen. Woher sollte ich dieses Gefühl auch kennen? Selbstverständlich wünschte ich mir das Leben einer Familie wie aus dem Fernsehen, filmreif, wie aus der Werbung: Vater-Mutter-Kind, Sonne, Lachen und Geborgenheit. War dies tatsächlich erstrebenswert oder einfach nur eingeimpftes Bedürfnis, eine Form von erzieherischer Abhängigkeit? Ja! Mein Wille machte sich wieder bemerkbar - der Wille weiterzukämpfen und durchzuhalten. Auf ein Neues spürte ich genau, dass ich Lucy aufwachsen sehen wollte, dass ich sie an ihrem ersten Schultag miterleben wollte, ihr während ihrer ersten großen Liebe, dem ersten Liebeskummer beistehen und sie sonst noch bei allem Möglichen begleiten wollte, was sie in ihrem Leben noch erwarten sollte. Ich wollte definitiv gesund werden. Da kam mir der Gedanke, dass meine Krankheit vielleicht nur eine Aufforderung war: die Aufforderung meines Schicksals, die Probleme mit meinen Eltern in Harmonie umzuwandeln. Konnte es sein, dass genau dieses Vorgehen Genesung bedeutete? Aussöhnung, Wertschätzung und Dankbarkeit? Wenn ich die Fähigkeit hätte, meine Probleme in den Griff zu bekommen, könnte Lucy somit unbelastet aufwachsen. Ja! Das war mein allergrößter Wunsch. Ich wollte meinem herzigen Mädchen ein angenehmes, unbeschwertes Leben ermöglichen. Obwohl mir immer klarer wurde, dass auch gerade die schlechten Erfahrungen dazugehörten. Doch dies war etwas anderes. Zur Last war mir doch nur die Vergangenheit geworden, niemals die Herausforderung des Augenblicks."

Nun glaubte Christoph endgültig begriffen zu haben, dass er krank und abhängig sei - auch wenn er nach wie vor keine Ahnung davon hatte, was dies genau für ihn zu bedeuten hatte.

„Die meisten Menschen wollten unter keinen Umständen verstehen, wie ein Vater, der seine Tochter angeblich mehr liebte als alles andere auf der Welt, wiederholt der Sucht verfallen konnte. Niemand schien darüber intensiv nachzudenken, dass Sucht keine Charakter- oder Willensschwäche, sondern eine Krankheit gewesen war, die, wie jede andere auch, erkannt und therapiert werden musste. Als Alkoholiker hatte ich darüber längst die bewusste Kontrolle verloren, den Konsum so achtsam zu steuern, wie ich es gerne gewollt hätte. Diese Erleuchtung schien nun gänzlich zu mir durchgedrungen zu sein: Ich musste Hilfe annehmen und brauchte langfristige Lösungen. Also fasste ich erneut Mut, meinen Psychiater und die Psychotherapeutin zu besuchen, um die Langzeittherapie gut vorbereitet antreten zu können. Monate nach meinem ersten Arztbesuch, bei dem ich mich schon einmal mit meinen Problemen konfrontiert hatte, wartete ich ja leider immer noch auf die Aufnahme. Diese war an die Bedingung geknüpft, dass ich dort nüchtern zu erscheinen hatte, nachgewiesen durch Blutbefund und negativen Drogenharn. Genau! Das klang etwa wie die Bitte, nur unverletzt ins Krankenhaus zu kommen. Dies war der wahre Grund, warum ich mich hier eingesperrt hatte, weshalb ich kurzfristig den Weg in diese Isolation gewählt hatte. Eben weil ich Lucy so liebte und mir klar war, dass ich es nur schaffen würde, wenn ich mich für einen bestimmten Zeitraum von der Außenwelt abschotten und meine Innenwelt erkunden würde."

„Die ersten Wochen – für die meisten Menschen wahrscheinlich unvorstellbar – fiel es mir wahnsinnig schwer, 'clean' und 'trocken' zu bleiben. Die wöchentlichen, einstündigen Gespräche mit meinem Arzt, dessen Aufgabe es war, sich mit mir und meinem Krankheitsbild der Sucht auseinanderzusetzen, waren die einzige Unterstützung, die mir zuteilwurde. Irgendwie reichte mir das ganz und gar nicht. Mehr und mehr fühlte ich, dass der Mensch den Menschen als Spiegel seiner selbst brauchte, um sich auszutauschen, um sich selbst darin besser verstehen zu lernen, sein eigenes Leben dadurch erst begreifbar zu machen und die wesentlichen Dinge erkennen zu dürfen. Ich befürchtete, dass mein gewohntes Umfeld mir keinen Halt geben konnte und darüber hinaus mit meiner Abhängigkeit nichts anzufangen wusste. Und, war nicht jeder Mensch in meinem Umfeld eigentlich nach etwas süchtig? Auch wenn es für manche lediglich die Abhängigkeit von der Normalität gewesen war. Ich hatte bereits einen Punkt erreicht, an dem ich meinen Süchten und Zwängen machtlos gegenübergestanden hatte und mein Leben nur noch unbewusst hatte meistern können. An einem Punkt, der zu einem Zeitraum geworden war, in dem ich mich und meine Sinne ständig betäubte und auf dem besten Weg war, stumpfsinnig zu werden. Ich wollte endlich raus aus diesem Teufelskreis, war ermutigt, bereitwillig aus meinem Fehlverhalten zu lernen, und hatte die volle Absicht, mein Leben in eine neue Richtung zu lenken. All die beklagenswerten, bitteren und düsteren Erlebnisse, die mich bislang heimgesucht hatten, wollte ich für meine Weiterentwicklung nutzen. Das Vergangene ergab somit einen Sinn. Es erfüllte den Zweck, derlei Erlebnisse dadurch endlich hinter mir lassen zu können. Um jeden Preis wollte ich verhindern, ständig an mir und meiner Andersartigkeit zu zweifeln, sondern vielmehr versuchen, mich selbst zu akzeptieren und auch zu respektieren."

„Wie gesagt, Anpassung hatte ihre Grenzen, auch bei mir. Wieso hätte ich demnach noch ein weiteres Mal diesen ärgerlichen Aufwand betreiben sollen? Immerhin war ich mittlerweile ein erwachsener Mann und Vater. Es konnte doch nicht so schwierig sein, als solcher zu handeln, oder? Dieses ewige In-der-Vergangenheit-Leben machte mich bestenfalls depressiv, unendlich traurig, handlungsunfähig. Schluss damit! Was ich brauchte, war ein Konzept für die Zukunft. Auch die fantastischen, unnötigen und ungewissen Sorgen über meine irdische Zukunft bereiteten mir schließlich nichts als Angst und Kummer. Immer wieder bremsten sie meine Zuversicht und sabotierten meine Aktivitäten. Wohl oder wehe musste ich mir selbst eingestehen, dass ich Ordnung in mein Leben zu bringen hatte. Irgendwo hatte ich einmal gehört, dass Ordnung im Außen zu Ordnung im Inneren führen würde. Und umgekehrt, dass eine äußere Unordnung die innere nur widerspiegle. Was war am Anfang gewesen? Allein war ich zur Welt gekommen. Was hatte mich ständig dazu bewogen, mein Leben von anderen abhängig zu machen? Ginge es denn überhaupt anders? Wie schnell versank ich in Gedanken! Wie zäh bei mir nur dieser Wille war, den Dingen auf den Grund zu gehen, sie zu ergründen, ihren Urgrund zu finden! - Allein stand ich da, in einer Wiese, neben Bäumen, inmitten unberührter Natur. Was waren meine ersten Gehversuche gewesen, nachdem mich meine Mutter abgenabelt hatte? Da fing das Ganze an: In Gedanken hing ich noch immer an der Nabelschnur. Das hieß, ich hatte meine grundsätzliche Abhängigkeit erkannt. Zurück in der Realität, wollte ich mein Recht auf Glück im Hier und Jetzt einlösen. Nicht gleich Glück auf ewig - dafür nur für heute, wenigstens ein bisschen! Zuallererst hatte ich die Aufgabe herauszufinden, welche meine Bedürfnisse waren, meine Bestimmung und die Dinge, die meinem Wesenskern entsprangen. Eine Strategie musste her. Doch wie sollte das alles gehen? Welche Bedürfnisse hatte ich eigentlich? Was war mir wirklich wichtig, ein wahres Anliegen? Was waren denn meine Werte, und wer war ich im Eigentlichen? Wofür war mir mein Leben geschenkt geworden? Wofür lebte ich?"

Geld und die künstliche Warenwelt, unnatürlich geschaffene Materie sozusagen, waren die bestimmenden Werte für den Großteil der Menschheit. Sollte es nicht eher eine tiefe, innere Überzeugung sein, die essenziellen Zusammenhänge des Lebens im Hinblick auf harmonisches Zusammenwirken allen Lebens erkennen zu wollen? Nun, dem war nicht so. Wenn sich die Menschen als die Krone der Schöpfung - also als gottgleich - ansahen, warum waren sie dann nicht jederzeit dazu bereit, dementsprechend zu handeln? Persönlich anstatt global, natürlich und nicht nur „stinknormal".

„Werte, die für mich Gültigkeit hatten, waren anscheinend tief in meinem Inneren verwurzelt. Allgemeingültige, gesellschaftliche Werte kannte ich ja schon, doch glücklich hatten sie mich nicht gemacht, obwohl sie mir in dieser komplizierten Lebenslage, zugegebenermaßen, als wertvolle Orientierungshilfe dienen konnten. Unbewusst hatten mich meine inneren Werte am Leben erhalten. Auch wenn ich sie noch nicht beim Namen nennen konnte, stellten sie ein wahrhaft wirksames Potenzial dar, ein Kräftereservoir, ein beständiges Energiezentrum. Ich wollte mich nicht länger verschließen, mich nicht länger selbst *verhalten*. Im Gegenteil, ich war bereit, der Veränderung mit offenen Armen entgegenzugehen, ihr ungetrübt ins Auge zu sehen. Ja genau! Sternenklar erreichte mich die Antwort aus meinem Innersten. Und doch schien sie einer tiefen Verbundenheit zu etwas viel Mächtigerem zu entspringen. Sei es drum! Es war an der Zeit, meinen Arsch zu bewegen und Lucy ein Vater zu werden. Frohen Mutes und mit neuem Elan nahm ich Kontakt zu Michi auf, nach Wochen in selbstauferlegter Gefangenschaft."

Die Kontaktaufnahme verlief nicht gerade glimpflich. Die junge Mutter war außer sich vor Wut. Sie hatte kein Verständnis dafür, was Christoph sich mit seiner letzten Aktion und Leerlaufhandlung wieder einmal geleistet hatte.

„Ich wusste, dass es nicht in Ordnung war, aber es war eben meine Entscheidung. Ein Zusammenleben mit ihr hätte mir, wenn man so will, niemals die Erkenntnisse der letzten Tage ermöglicht, zu denen ich mit mir selbst gelangt war. Ohne Punkt und Komma äußerte sie ihr Entsetzen bezüglich meines Vorgehens am Konzertabend. Was würde ich mir eigentlich einbilden? Einfach so von der Bildfläche zu verschwinden und nun so zu tun, als wäre nichts geschehen, als wäre alles bloß mein Problem, nicht ihres? Das war es in ihren Augen keinesfalls. Ich verstand, dass sie es nicht verstehen konnte. Sie und Lucy standen zu mir in einem anderen Verhältnis, waren mit mir in einer ganz bestimmten Beziehung, waren meine Familie, und das änderte alles. Diese hatte ich bekanntlich im Ungewissen gelassen. Extrem schlechtes Gewissen bemächtigte sich meiner. Warum aber war sie so böse zu mir, anstatt erleichtert zu sein darüber, dass ich doch noch lebte? Hin- und hergerissen vom Schlagabtausch, völlig überfahren und in die Enge getrieben, stieg meine Unsicherheit. Allmählich fühlte ich, wie wieder die Resignation einkehrte unter mein Dach."

„Einmal holte ich tief Luft und begann damit, mich zu rechtfertigen. Als Michi mich letztes Jahr auf die Straße gesetzt hatte, war ich da vielleicht irgendetwas wert gewesen? Damals hatte sie sich auch keine Gedanken darüber gemacht, wie es mir dabei ergangen war, zeigte sich gleichgültig, ob ich mich meldete oder nicht, und interessierte sich auch nicht dafür, wo ich unterkommen könnte oder würde. Ich bemühte mich, ruhig und sachlich zu bleiben und meinte weiter, dass wir unseren Streit besser beilegen sollten. Immerhin würde sich alles um Lucy drehen. Michi bemühte sich ihrerseits, und ich erzählte ihr von meinem Plan, in der Isolation Besinnung zu finden, fernab von dem mich krank machenden Umfeld, meinen alten Freunden, Bekannten und Verwandten. Und von meiner Absicht, mithilfe der Therapie wieder gesund zu werden. Keine Frage - ich hatte Mist gebaut, ja, doch ich hatte damals einfach keinen anderen Ausweg mehr gesehen. Mein Horizont war kleiner, enger, ichbezogener. So bat ich Michi auch um ihre Unterstützung, um die Hilfe von ihr als Mutter, unserer gemeinsamen Tochter zuliebe. Denn die Liebe zu Lucy leuchtete mir in dieser dunklen Zeit als einzige Motivation - auf dem steinigen Weg, den ich noch vor mir hatte. Ich konnte es fühlen, wie Michi versuchte, sich wieder zu beruhigen. Doch sie machte mir auch unmissverständlich klar, dass sie mir mein Fehlverhalten keinesfalls verzeihen könnte. Dessen ungeachtet, willigte sie ein, dass ich unser Mädchen am Wochenende sehen dürfe."

Das Gespräch hatte Wunder gewirkt. Christoph fiel ein Stein vom Herzen. Seine Erleichterung ging in Rührung über, und er weinte vor Freude und betete, dem Wohlwollen seines Schicksals dankbar.

„Neben den Gesprächen mit meinem Arzt tauschte ich mich auch immer wieder mit meinem blonden Engel aus, der netten Kellnerin aus dem Café. In meinem Versteck wartete ich oftmals auf den erlösenden Anruf, der mir ihren nächsten Besuch ankündigte. Wir verstanden uns prächtig. Bei ihr durfte ich sein, wie ich war. Immer dann, wenn ich mich bis dato verliebt hatte und es danach ernster wurde, begannen die Frauen damit, mich nach ihren Ansprüchen ummodeln zu wollen. Bei ihr war das ganz anders. Sie mochte mich als einfühlsamen, sensiblen Mann. Auch als verrückten Künstler nahm sie mich wahr. Meine Spinnereien störten sie nicht. Ich wusste selbst, dass ich ein extremer Typ war und es für andere mit Sicherheit schwierig sein konnte, meinem sprunghaften Leben zu folgen. Doch dieser Engel bestätigte mir täglich aufs Neue, dass ich als *Ich* in Ordnung war. Obwohl wir uns erst einige Wochen kannten, träumte ich bereits davon, mir mit ihr ein neues Leben aufzubauen. Michi als Mutter unserer gemeinsamen Tochter würde immer etwas Besonderes für mich bleiben. Und Lucy würde fraglos immer das Wichtigste in meinem Leben sein. Doch dieses engelhafte Wesen schien mir Erlösung von all meinen Beziehungsschmerzen zu versprechen."

„Wie üblich wartete ich wieder einmal auf ihren Anruf, um unser nächstes geheimes Treffen zu vereinbaren. Meine Aufregung war in jeder Hinsicht groß, weil ich ihr meinen Vorschlag mitteilen wollte: ein gemeinsames Leben. Sie war noch gar nicht richtig angekommen, als ich damit loslegte, ihr von meinen Träumen und Vorstellungen von Zukunft zu berichten - unserer gemeinsamen Zukunft. Schroff unterbrach sie mich in meinem Redeschwall. Verdutzt eröffnete sie mir alsdann, dass sie noch verheiratet sei und fragte mich, wie ich mir das vorgestellt hatte. Ich erstarrte, und mein Magen krampfte sich blitzartig zusammen. Sie hatte mir doch gesagt, dass sie ihre Beziehung beendet hätte. Ich musste mich wohl verhört haben. Was sagte sie da? Das konnte doch unmöglich wahr sein! Endlich war ich dieser wunderbaren Frau begegnet, diesem weiblichen Wesen, das mich niemals bekrittelt hatte, und jetzt - das? Der Boden unter meinen Füßen begann zu wanken und momentan wusste ich kaum noch, ob ich weinen oder lachen sollte. Das war wieder einmal so typisch für mich. Gutgläubig wie ich war, vertraute ich auf die Worte meiner Geliebten, zumal ich bereits mehrmals mit ihrem mittlerweile verflossen geglaubten Gatten über unser Verhältnis gesprochen hatte. Für mich war diese Angelegenheit beendet. Nun offenbarte sie mir, dass sie in Wirklichkeit noch gebunden war? Das hatte ich nun davon. Weil ich mich wieder einmal in eine Beziehung gedrängt hatte, obwohl ich anfangs einen inneren Widerstand gespürt und meine Bedenken geäußert hatte. Dies war gewissermaßen die gerechte Strafe für meine Unaufrichtigkeit gewesen."

„Anscheinend war ich durchgehend so sehr mit mir selbst und meinen Problemen beschäftigt gewesen, dass ich unter keinen Umständen bemerkt hatte, dass ich mich ebenso durchgehend als den Mittelpunkt des Universums wahrgenommen hatte. Ich dachte, alles würde sich immer nur um mich drehen. Alle im Kaffeehaus wussten natürlich über die noch bestehende Ehe der Kellnerin Bescheid. Doch die Beziehung zu mir hatte sie dort stets geheim gehalten. Jetzt standen wir da, in meinem Versteck, das aus ihrer Sicht zu unserem Versteck geworden war. Sie meinte beiläufig, dass sie es schön fände, mit mir eine so innige, gefühlvolle Freundschaft zu haben und so gute Gespräche führen zu können. Sie erklärte mir auch, dass es in der Beziehung zwischen ihr und ihrem Mann kriseln würde und sie sich überhaupt nicht sicher sei, ob die beiden zusammenbleiben würden. Auf jeden Fall wollte sie weiterhin meine Freundin bleiben, da es ihr noch nie so gut gegangen sei und ich doch so ein besonderer, einfühlsamer, liebevoller Mann gewesen war. Irgendwie war ich am Boden zerstört."

„Aus einem anderen Winkel betrachtet, hatte auch sie mir stets geholfen. Aus diesem Grund machte ich es mir zur Aufgabe, ihr bei den ihrigen Problemen beizustehen. Als Freund, mit gewissen Vorzügen. Irgendwo auf dieser gotterschaffenen, aber von Gott verlassenen Menschen-Erde musste es doch eine Frau geben, mit der ich mir meine Liebe problemlos erfüllen durfte? War das, bitte, zu viel verlangt? Ich versuchte, meinen Frust und meine Kränkung aus meinem Gedächtnis zu verbannen und mich auf meine derzeitige Situation zu konzentrieren. Immerhin durfte ich durch einen selbstbestimmten Lebenswandel und durch die Lösung der mir durch meinen Alltag gestellten Pflichten selbst entscheiden, ob ich weiterhin den Weg ins Glück, sprich, in die Gesundheit, oder den ins Unglück, durch die Krankheit, wählen wollte. Es war dumm, dümmer, am dümmsten, mein Leben ständig von äußeren Einflüssen abhängig zu machen. So viel Schlimmes und Enttäuschendes auch noch geschehen würde, ich wollte einfach gesund werden. Vor allem wollte ich mit meiner Tochter Spaß haben und für sie Verantwortung übernehmen."

Es war an einem sonnigen Samstagmorgen, als Christoph sich gut gelaunt, herausgeputzt und voller Vorfreude auf den Weg zu seiner niedlich-süßen Lucy gemacht hatte.

„Ich war gerade in der U-Bahn unterwegs gewesen, als mich - wie aus heiterem Himmel - für mich eine unerklärliche Panik, dieses nervige Angstgefühl von früher packte. Der Gestank, die vielen Menschen, zusammengepfercht in dieser lärmenden Maschine. Was, wenn Lucy gar keine Lust hatte, mich wiederzusehen? Was, wenn sie gar nicht mit mir spielen oder kuscheln wollte? Was, wenn sie mich gar nicht mehr erkannte? Doch vielmehr hatte ich Angst davor, dass ich gefühlsmäßig zusammenbrechen, besser gesagt, ausbrechen würde. Warum zum Teufel mussten mir solche Gedanken und Gefühle immer wieder das Leben schwer machen? Warum hatte ich permanent Angst vor der Antwort auf die Frage, wenn ich sie länger nicht gesehen hatte, ob mich meine Tochter überhaupt noch lieben würde? Die ganze Reise war wie weggewischt, als Lucy mit einem Mal freudestrahlend auf mich zu watschelte. Es war, als ob ich mein Leben vor mir laufen sah. Mein Herz hüpfte vor Freude, und meine Bedenken verschwanden ins Nirgendwo. Ich schloss Lucy in meine Arme, wirbelte sie sogleich durch die Luft, kuschelte danach und drückte sie ganz fest und warm an mich. Da fühlte ich wieder, wie sehr mich meine Tochter brauchte und wie notwendig auch sie für mich war. Vor allem aber machte sie mir keinerlei Vorwürfe. Es schien, als ob wir einfach dort fortsetzen wollten, wo unser Leben bei unserer letzten Begegnung geendet hatte. Dies gab mir wieder Auftrieb, und ich sah mich in meiner Weltsicht bestätigt. Ich fand es einfach wunderbar, ihre Stimme zu hören, den Duft ihrer Haut zu riechen, ihren kleinen, wärmenden Körper zu spüren. Wie sehr, beinahe wie wahnsinnig hatte ich sie vermisst! Lucy schien so klug, so lieb, so bedingungslos offen, so brav und kindlich frech."

„Der Wortwechsel mit Michi fiel sehr spärlich aus. Kurzerhand spazierte ich also mit Lucy zum Spielplatz. Nach einigem Herumtollen rasteten wir auf einer Parkbank, um das rege Treiben der lärmenden Kinderschar zu beobachten. Fürsorglich wie ein Beschützer legte ich meinen rechten Arm um ihre Schultern und sagte ihr, wie sehr ich sie liebte, wie stolz ich auf sie war. Lucy rückte ganz eng an mich, legte ihren Kopf an meine Brust und drückte mich ganz fest an sich. Tränen kullerten über meine Wangen. Das war bedingungslose Liebe! Ich fühlte mich unbeschreiblich glücklich. Mit einem Mal war ich mir ganz sicher, dass ich mich niemals mehr in meinem Leben einsam fühlen musste. Denn wenn mir alles im Leben genommen werden würde, hatte ich doch eine Tochter, die mich liebte und die ich aus ganzem Herzen liebte. Ganz gleich, wie weit wir auch noch voneinander entfernt wären. Mir wurde bewusst, dass ich meinen Weg der Mäßigung auf keinen Fall aufgeben wollte. Um keinen Preis auf dieser Welt. Ich wollte die Herausforderungen meines Schicksals annehmen, in erster Linie, um das Leben meiner Tochter vor systemischen Altlasten früherer Generationen zu befreien. Man darf den Kindern nicht die Trümmer der eigenen kaputten Welt hinterlassen."

„Später am Abend kehrte ich müde, zufrieden und glückselig in mein Zimmerchen zurück. Ich fühlte mich wieder stark genug, um klare Sicht zu haben. Lucy war hierbei mein emotionaler Kompass. Zuversichtlich startete ich zum ersten Mal seit meinem ominösen Verschwinden meinen Computer. Ich begann damit, die Gästebucheintragungen meiner Website zu lesen. Doch was ich dort alles zu sehen bekam, verletzte mich zutiefst. Die Bösartigkeit, die sich in diesen Zeilen fand, bestätigte den Egoismus gerade jener Menschen, denen ich durch mein Musikprojekt die Stirn bieten wollte. Anstatt durch meinen plötzlichen Abgang um meinen Verbleib besorgt zu sein, beschimpften und verurteilten sie mich. Sie waren knallharte Konsumenten: Wer lieferte, wurde geliebt - alle anderen wurden gehasst und waren geliefert."

Die Reaktion der Fans war ganz normal. Ja, so war es eben in dieser normierten Gesellschaft: oberflächlich und kalt.

„Diese Leute maßten sich an, im Zuge meines Verschwindens, über mich zu urteilen, mich öffentlich zu richten und verbal zu bespucken. Ohne auch nur einmal ernsthaft darüber nachzudenken, was wohl der tatsächliche Grund für mein Verschwinden gewesen war. Sie stellten, anscheinend ohne viele Gedanken daran zu verschwenden, irgendwelche Vermutungen an, die sie sich sensationsgierig ausgemalt hatten. Ich war verzagt, entmutigt, beinahe gebrochen. Wie konnten die Menschen nur so über alle Maßen hinaus zynisch, abscheulich, scharfzüngig, anmaßend und voller Gemeinheiten sein? Es war ungerecht. Ich wollte ein Gewinner sein. Aus gesellschaftlicher Perspektive aber war ich ein Verlierer."

„Angefangen hatte die ganze Geschichte am 17.12.1976 um 20.10 Uhr in einem Kloster für Neugeborene. Geboren wurde ich im Sternzeichen des Schützen, Aszendent Löwe - Hurra! Mit Voraussetzungen, die sich die Schöpfer neuen Lebens als die Grundlagen für ihre Kinder gewünscht hatten: alles da - mach' was daraus! Mein Kinderzimmer und meine Familie wurden zum Mittelpunkt meines Lebens, begleitet von Angst, Furcht, Einsamkeit und Schattendasein. Dann kam bald das Wirtshaus - besser als allein zu Hause -, wo ich meine Eltern sah und sie sich meist vertrugen. Auf diese Weise dürfte ich schon recht früh gelernt haben, dass Lokale Orte sind, an denen es keine Sorgen gab, keine Angst, dafür aber heimelige Geborgenheit, ausgelassene Gefühle, stimmungsvolle Musik und grenzenlose Nähe. Alle Menschen waren sich dort einig, glücklich und zufrieden, wenn auch nur zum Schein. Wenn es Probleme gegeben hatte, dann nur, weil sich wieder einmal eine Frau über den Zustand ihres Mannes beschwert hatte. Da hasste ich auch meine Mutter, weil sie dann immer mit meinem Vater zu streiten begann und dieser sich nicht wehren wollte ...“

So vermischte sich Christophs fantastische Vergangenheit aufs Neue mit dem Jetzt. Wie früher fischte er in alten, trüben Gewässern. Noch immer hatte er nicht gelernt, darauf zu gehen. Derweil alle Gegensätze für ihn verschwammen, verschafften sich grausame Bilder Platz in seinem Geist.

„Warum konnte ich das nicht einfach stoppen?! - Die Antwort blieb ich mir schuldig. Folglich flüchtete ich mich zurück ins Gewohnte, verfiel meinem Teufelskreis und ging ins nächste Lokal, um mir ein ‚Bier mit Beifahrer' zu bestellen und mich sinnlos zu betrinken. Trinken war scheinbar meine einzige sinnhafte Möglichkeit zur Problembewältigung. Genau! Das war es; darum trank ich immer und immer wieder. Aber es war doch dumm, mich wegen der Bosheit und dem Unverständnis meiner Umgebung, meiner Mitmenschen, Freunde und Verwandten zu ärgern. Ich ärgerte mich trotzdem. Wie beschränkt war das denn?! Ich ärgerte mich. Wenn ich wenigstens jemand anderen damit geärgert hätte! Tat ich das insgeheim nicht auch mit meinem Verhalten? Ich wollte die Realität schlichtweg nicht wahrhaben. Genau deshalb versetzte ich mich lieber mit Alkohol und Drogen in meine Wunderwelt. Im Rausch lösten sich alle unerträglichen Schuldgefühle auf, meine Gedanken hetzten sich nicht mehr ab, sondern wurden träge, eine gewisse Unbeschwertheit stellte sich ein und das Leben wandelte sich zur visionären Schaubühne. Trotz dieser Erkenntnis - oder aber auch gerade deshalb - fiel ich wieder in ein tiefes, schwarzes Loch. Schließlich verlangte jede Neurose nach Training."

„Die Tage vergingen wie Augenblicke, und wie schon so oft zuvor spürte ich, dem Exitus näher zu sein als dem Leben. Ein Gefühl erfüllte mich, eines jener Gefühle, dass nur noch eine Macht, viel größer als ich selbst, die ich aus meinem Innersten hervorholen musste, mir zu körperlicher und geistiger Gesundheit verhelfen könnte. Irgendetwas sagte mir, dass der Ursprung meines Leidens in der Weigerung begründet war, mein Jetzt zu akzeptieren. Mein Selbst zu akzeptieren. Meine innerste, andersartige Gedanken- und Gefühlswelt. In einem feinstofflichen Sinne war ich mit mir selbst noch nie ausreichend intim geworden. Ich beschloss, ab jetzt auf diesen Gott, wie nur ich allein ihn verstand und deutete, zu vertrauen. Ganz egal, wer oder was diese Macht auch war, dieses Universum, dieser Stern, diese Natur! Ich wollte und konnte mir kein Bild mehr machen von dieser Quelle - oder was auch immer es sein mochte. Am nächsten Tag erzählte ich meinem Arzt von dem Treffen mit Lucy, berichtete ihm über den erneuten, grauenvollen Absturz, nachdem ich, was mich überaus mutlos und traurig machte, die Zeilen im Web gelesen hatte - all die verächtlichen Anfeindungen meiner Person."

„Der Mediziner hatte mich offenbar in sein Herz geschlossen, vielleicht durch die Art, wie ich von meinen Erlebnissen gesprochen hatte. Irgendwie vermittelte der Psychiater mir das Gefühl, dass er an seinem erlernten Wissen zu zweifeln begann. Er sprach davon, dass bei mir die Anzeichen für eine psychische Krankheit wohl eindeutig vorhanden und nicht bloß akzentuiert waren, und dennoch würde in meinem Fall noch etwas anderes, etwas Unbegreifliches und Unfassbares zum Vorschein gelangen. Mit einem aufrichtigen Ton in der Stimme meinte er, dass dies seine Neugier erregt hätte. Er sprach mit mir über die vermeintliche Diagnose: eine oder mehrere tiefgreifende Persönlichkeitsstörungen. Professionell erläuterte er mir die Phasen von unermüdlichem Einsatz für mein Projekt, die enorme Begeisterung und genaue Vorstellung von der Umsetzung, gefolgt von totaler Trägheit, Selbstzweifel, sinnentleerten Besäufnissen und Selbstmordgedanken einige Zeit später. Diese affektive Störung sei durch einen episodischen Verlauf mit depressiven, manischen, hypomanischen oder gemischten Episoden gekennzeichnet. Des Weiteren eröffnete er mir die Tatsache, dass diese Symptome in der Öffentlichkeit kaum bekannt seien und man dadurch einfach als verrückt abgestempelt würde. Er meinte, dass die Allgemeinheit zu wenig wisse über die vielfältigen Funktionen der eigenen Psyche und dass die meisten Menschen es aus Angst auch gar nicht wissen wollten. Er äußerte auch die Ansicht, dass sich die Meinungen über psychisch Kranke seit dem Mittelalter nur unwesentlich verändert hätten und diesbezüglich immer noch einiges zu tun wäre."

„*Nichts ist den Menschen unbekannter als sie sich selbst. Glauben Sie mir! Da wäre noch viel Aufklärungsarbeit nötig.*"

„Ich war völlig durcheinander. Schon gut, auch ich wünschte mir mehr Aufklärung. Doch diese unverständlichen Diagnosen mit den F-Nummernkennzeichen, die in meinen Bescheinigungen standen, nach irgendwelchen Achsen, Tabellen und ICD-10-Codierungen geordnet, - sie alle verunsicherten mich zusätzlich und ließen mich resignieren. Ich blickte in diesem ganzen Psychodschungel nicht mehr durch. Offenbar schien ich tatsächlich den Wahnsinn meiner Mutter vererbt bekommen zu haben - ein Vermächtnis natürlich-systematischer Selektion. Der Doktor dürfte meine Niedergeschlagenheit und Verunsicherung bemerkt haben. Und so ließ er mich in meinem Glauben an meine höhere Macht und legte mir nahe, dass ich mir meinen Gott in meinem Innersten bewahren sollte, für den Fall, dass es mir die notwendige Sicherheit gäbe. Das tat gut."

„Mir persönlich war es egal, ob ich es beweisen konnte oder nicht, ob es nun unerklärlich, den anderen peinlich oder nur unglaubhaft war. Dieses Gespür sozusagen wirkte auf mich wie eine unerschöpfliche Energiequelle, wie Medizin. Eine Quelle, die aus mir selbst entsprang und nie versiegen wollte. Wie die glühende Lava unter der Erde. Sie allein nahm mir oft schon diese unerklärliche, immer wiederkehrende, ungewisse Furcht - auch wenn ich Angst hatte. Oder war es Sehnsucht gewesen? Der innigste Genesungswunsch als philosophischer Heilungsansatz durch Transzendentaltheologie? Angst war doch einfach nur die Abwesenheit von Liebe. Genau wie Dunkelheit die Abwesenheit von Licht war. Liebe schien der Transformator zu sein. Ich wollte lernen, mir meine Ängste einzugestehen, sie anzunehmen, sie zu besiegen. Bis jetzt lief ich doch immer nur davon und suchte meine Sucht! Dies war, meinetwegen, die einfachste Möglichkeit gewesen. Doch ab jetzt wollte ich mich meinen Gefühlen stellen, vorab verstehen, was sie mit mir machten, dort wieder welche entwickeln, wo sie vielleicht verkümmert waren. Ich wollte endlich ganz Mensch werden. Mit Gefühlen und Bewusstsein und aufrichtigen Regungen. Sie waren es doch, durch die ich mich lebendig fühlen durfte. Ständig hatte ich versucht, meine Vorahnungen zu unterdrücken, sie wegzuwischen, durch ablenkende Verhaltensweisen und mit Stoffen, die meine Wahrnehmung dämpften. Ich war bereit, zu lernen und keine meiner Emotionen, Ängste, Sorgen und Bedürfnisse jemals mehr zu verdrängen. Tatsächlich meinte ich eine außergewöhnliche Stärke und Macht zu besitzen, durch die ich imstande war, niemals aufzugeben. Warum blieb sie dem jungen Mann aus der Nachbargemeinde versagt, als dieser sich seinerseits von der Gesellschaft allein gelassen fühlte und deshalb von zu Hause wegging? Genau wie ich. Ich lebte, doch er war nun tot. Er war geradewegs zum Bahngleis gegangen und hatte sich vor einen fahrenden Zug geworfen."

Christoph erkannte, dass auch er den Weg in die Isolation gewählt hatte, wenn auch - anders.

„Es reichte mir. Ich hatte keine Ahnung, wie ich diese ewige Wartezeit auf meinen Therapieplatz noch länger überstehen sollte. Einen Hilfesuchenden konnte man doch nicht ruhigen Gewissens warten lassen. Als Einzelner war ich in einem hoffnungslos überlasteten System dagegen machtlos. Der behandelnde Psychiater druckste nur herum, weil er meiner beabsichtigten Aufnahme keine Dringlichkeitsstufe erteilt hatte. Musste ich erst sterben, um leben zu dürfen? Niemand hatte mir anscheinend eine reelle Chance eingeräumt und ernsthaft daran gedacht, dass ich so ehrgeizig und stark sein würde, um den Platz auch je in Anspruch zu nehmen. Ich hatte erkannt, dass ich in einer tiefen, psychischen Krise feststeckte - in einem unbeschreiblich katastrophalen seelischen Zustand. So viele widersprüchliche Emotionen tauchten plötzlich auf: Ich liebte und hasste mich und meine Umwelt, wünschte mir Hilfe und lehnte sie im nächsten Augenblick wieder ab, wollte unabhängig sein, es allein schaffen und sehnte mich doch so sehr nach Nähe und Geborgenheit, war wütend und traurig zugleich, und andererseits von irrealen Problemen und panischen Ängsten überflutet. Ich kam mir vor wie eine der Figuren in diesen Schneekugeln aus Kunststoff: Kaum begann der Schneesturm sich langsam zu legen, rüttelte und schüttelte erneut wieder jemand daran, und alles wirbelte wieder wild durcheinander. Spürbar klarer wurde mein Wunsch dadurch, es aus tiefstem Herzen schaffen zu wollen. Nüchtern und bewusst zu leben, das Trümmerfeld zu räumen. Ich hoffte, dass ich stark genug sein würde, mich meinen Problemen zu stellen. Dieser Weg war bis jetzt schon so unglaublich lang, einsam, steinig und schwer. Ohne professionelle Hilfe schaffte ich das nicht. Wofür gab es denn Ärzte! Ich brauchte geschultes Personal an meiner Seite. Es war eben eine Frechheit. Außerdem fühlte ich mich als Hilfesuchender im Stich gelassen. Doch ... hatten wir das nicht schon einmal?"

„Dieses Gefühl, am ausgestreckten Arm verhungern zu müssen, machtlos, wehrlos und ohnmächtig zu sein, diesem Gesundheitssystem hilflos ausgeliefert zu sein, machte mich todunglücklich. Aber nein, ich wollte deswegen nicht schon wieder trinken gehen. Stattdessen fing ich damit an, all diese Dinge niederzuschreiben, mit der Absicht, sie zu veröffentlichen: ungeschönt, echt, authentisch. Ich wollte mich nicht beklagen, sondern Dinge aufzeigen, darauf hinweisen, dass psychisch Beeinträchtigte, die als Nummern behandelt und weggeschoben werden, nur Warnzeichen eines kranken Systems sind. Man missachtet sie in diesen dunklen Zeiten ohne Glauben und stärkt dabei die Unmenschlichkeit, in einem Umgang ohne Wärme, Gefühl und Herz. Ich wollte den Menschen ein Beispiel sein für Offenheit, Aufrichtigkeit, Mut, Tapferkeit, Herzlichkeit sowie Verletzlichkeit. Mit anderen Worten, ich wollte Botschafter sein für eine ehrliche und einigende Menschlichkeit. Denn das war es doch, was wir alle gemeinsam hatten: Wir waren Menschen, und zwar solche, die dafür verantwortlich sein sollten, unser Leben hier auf Erden humaner einzurichten und naturverbundener zu führen - jeder Einzelne von uns. Der Vorwurf mochte stimmen: Ich war Süchtiger, Abhängiger, Außenseiter, Verlierer und, wer weiß, was nicht noch alles. Indes, in erster Linie war ich Mensch. Wie mitmenschlich und christlich war denn unser Miteinander? Humanismus, hatte ich mir einmal sagen lassen, hieß: aus der Perspektive des Betroffenen heraus zu urteilen, den Menschen und seine Not in den Mittelpunkt zu stellen, ihm unmittelbar zu helfen - und nicht nur voraussichtlich. Ich fand es ungeheuerlich, wie mit einem Süchtigen wie mir umgegangen wurde. Es kam für mich nicht infrage, mich ewig lang wegzusperren, bis ich endlich an der Reihe sein würde."

„Der Arzt hatte Verständnis für mein Anliegen und bemühte sich mir klarzumachen, dass es nun einmal Vorschriften, Bestimmungen und Vorgaben einzuhalten gab, an denen sich das Gesundheitssystem orientierte. Jenes Gesundheitssystem etwa, in dem man erst einmal schwer krank sein musste, um Hilfe zu bekommen? Mir war schon ganz mulmig, doch der Doktor fuhr seelenruhig mit seinen Ausführungen fort, hielt nun an der Diagnose einer Borderline-Persönlichkeitsstörung fest und erklärte mir, dass sich diese Störung durch Impulsivität und Instabilität in zwischenmenschlichen Beziehungen, Stimmungen und einem verzerrten Selbstbild niederschlug. Bestimmte Bereiche der Gefühle, des Denkens und Handelns seien dadurch mehr oder weniger beeinträchtigt. Er meinte, dass ich in einer tiefen existenziellen Krise stecken würde, die viele Bereiche des Lebens gleichzeitig berührte. Nichts schien sicher, selbstverständlich oder gar geordnet zu sein. Dann erläuterte er mir, dass meine Krankheit aus diesen über lange Jahre hinweg mir selbst entgegengebrachten, niemals nüchtern ausgelebten Gefühlsmischungen aus Aggression, Zorn, Wut oder Angst resultieren würde. Aus einer unbewussten Ablehnung von Eigenverantwortung heraus. Wichtig für meine Genesung sei ein einfühlsames Gegenüber mit klarem Kopf, welches sich niemals von meinen heftigen Gefühlen anstecken ließe. Dies sei gerade für Angehörige und das nahe Umfeld besonders schwierig. Darum sei es auch wichtig und notwendig, weiterhin zum Arzt und zu den Sitzungen zu gehen und Vertrauen zu entwickeln, sowie die Einnahme der empfohlenen Medikamente. Abschließend fügte er noch an, dass der Weg dorthin sehr steinig und langwierig werden würde, das Ganze sich aber letzten Endes lohnen könnte. Der Psychiater überreichte mir, wie gehabt, eine Schachtel Tabletten und legte mir ans Herz, diese auch unbedingt laut Verordnung einzunehmen. Ver-ordnung?"

Da saß er wieder, der liebe Christoph. Verstört, enttäuscht und völlig durcheinander.

„Diagnose hin oder her! Was für ein Leiden habe ich denn jetzt? Was genau ist mit mir los? Kann der da nicht in meiner Sprache reden? Wozu hat der Typ studiert und so viel gelernt, wenn er unfähig ist, mit einfachen Worten meine Krankheit zu benennen? Mir mitzuteilen, ob es überhaupt eine Krankheit ist oder vielmehr eine Kränkung, insofern als meine besondere Empfindsamkeit vielleicht genetische Ursachen hat? Oder ist er in Wirklichkeit krank? Dieser Idiot. Dieser verunsichernde, siebengescheite Psychiater! Ich komme mir echt erbärmlich vor, und armselig, als Schwarz-Weiß-Denker in einer grausigen Welt! Alles, was ich doch nur einmal in meinem Leben un- gestört aus tiefstem Herzen empfinden möchte, ist *Liebe*!"

Widerwillig schnappte sich Christoph die Pillen und stürmte aus dem Raum. Diesmal würde er sie einnehmen, sagte er sich.

If You

Eine Geschichte über Hoffnung und Verbundenheit

Manchmal begegnen Dir Menschen und Du spürst sofort, dass sie aus einem bestimmten Grund in Dein Leben getreten sind. Sie lehren Dich eine Lektion des Lebens oder helfen Dir dabei herauszufinden, wer Du bist oder wer Du sein willst. Die Menschen, die Du triffst, die Dein Leben beeinflussen, der Erfolg und die Niederlagen, die Du erlebst, helfen Dir bei der Erschaffung von dem, was Du bist und was Du sein wirst. Nutze jeden Tag. Sei in jedem Augenblick so bewusst wie möglich und nimm ihn an. Denn dein Leben besteht nur aus einer Aneinanderreihung eben dieser einzigartigen Momente.

„Warum nur war mein Leben so ein schwieriger Kampf? Ich konnte nicht mehr ... Jedes Mal, wenn ich dachte, es ein Stück weit geschafft zu haben und weiter zu sein als vorher, meldeten sich - zum Donnerwetter! - wieder nagende Zweifel und tiefe Verunsicherung. Irgendwie fühlte ich mich auf dem rechten Weg und arbeitete, so gut als möglich, an meiner Genesung. Doch die Einstellung des Psychiaters machte mich schon einigermaßen zornig: dass ich nun eine 'Dringlichkeit' aufweisen würde, um die Aufnahme im Therapiezentrum voranzutreiben. Was man mir wiederholt anbot, waren Enttäuschung und das Gefühl, nicht ernst genommen zu werden. Einerseits war mir klar, dass Eigeninitiative sehr wichtig war. Oftmals war es mir schlichtweg nicht möglich, jene Dinge zu tun, die für andere bloß Kleinigkeiten darstellten: ein Anruf, eine Rasur, ein Arzttermin, ein Behördenweg, Essen oder Trinken. Schon der Gedanke daran - reinste Höllenqualen! Inzwischen hatte ich nahezu den Eindruck, dass mir absichtlich Stolpersteine in den Weg gelegt würden. Nun gut, wenn es erforderlich sein sollte, wollte ich auch diese Hürden als Herausforderungen annehmen und einen Stein nach dem anderen beiseiteräumen und daraus mein neues Leben erbauen. Eines hatte ich ja kapiert, nämlich, dass es gerade für Angehörige und das nahe Umfeld enorm schwierig war, mit mir als Erkranktem zusammenzuleben und den Alltag zu teilen. Das hatte ich im Zusammenleben mit meiner Familie am eigenen Leib erfahren und auch ertragen müssen. Es war aussichtslos zu versuchen, meine Mitmenschen von meinen Ideen zu überzeugen. Das hatte ich leider erst lernen müssen. Ebenso unsinnig war es ihrerseits, mir meine Gedanken, Ängste und Wahrnehmungen ausreden zu wollen. Die irrealen Vorstellungen, über die sie meist den Kopf schüttelten, waren nun einmal Teil und Ausdruck meiner Persönlichkeit, meines Selbst, meines Kerns.

Genau das schien aber auch der Grund für meine Isolation zu sein. Anfang. Ende. - Ende. Anfang. - Alles. Nichts. - Nichts. Alles. - Lösung. Problem. - Problem = Lösung."

Aus dem besagten Grund war Christoph abgetaucht. Der Erdenjunge, der Menschensohn, der beständig Suchende. Aus demselben Grund ließ er alles hinter sich. In jener Zeit, die für ihn nie eine Auszeit war, lebte er, elendig allein, in seinen einsamen, winzigen vier Wänden in der großen, lauten, fürchterlichen Stadt.

„Ja, genau. Das war für mich die einzige Lösung. Distanz von allem, um mich sozusagen neu zu 'programmieren'. Ich wollte mir meines Ursprungs bewusst werden, diese Verbundenheit herausfinden, zu der bestimmten, unmöglich von Menschenhand geschaffenen Quelle zurückkehren. Es handelte sich um eine visionäre Erfahrung, ein mystisches Erlebnis. Ich wollte meine Wahrnehmungen unter keinen Umständen mehr verleugnen. Da war diese überdimensionale, lebensspendende, für jeden zugängliche Energie. Mir schien sie in dem Augenblick von Neuem unabkömmlich. Erst dadurch hatte alles Leben und die Gesamtheit des Universums meine Akzeptanz. Ohne jedwede Bewertung. Und Akzeptanz war wie Toleranz ein wohliges Gefühl, sprich, das richtige Gefühl. Viele von unserer Spezies geschaffenen Probleme würden sich in Luft auflösen, hätten die Menschen einander nur mehr akzeptiert, anstatt sich notorisch nur kritisch zu äußern. Offenheit war immer schon und in vielerlei Hinsicht eine Tugend. Das gefiel mir. Zufriedenheit erfüllte meinen Körper, meinen Geist und meine Seele. So fasste ich erneut den Entschluss, meinen Willen und mein Leben dieser, meiner ganz persönlichen, höheren Macht anzuvertrauen. Hoffnungsvoll bat ich sie, mir die nötige Gelassenheit, Ruhe und Entspannung zu spenden - als eine Art Basis für meine Weiterentwicklung."

„Häppchenweise und mit unendlicher Geduld trommelte ich all meine guten Geister zusammen, um mich auf mein Leben zu konzentrieren und das begonnene Projekt zu vollenden. Die besten Erfindungen, sagte man doch, waren meistens Erfolge infolge fehlerbehafteter Zufälle und Irrtümer gewesen. Also konnte gute Arbeit und Selbstfindung nur der Erfolg genussvollen, bewussten und achtsamen Lebens sein. Nie wieder würde ich fortan damit aufhören, auf meine höhere Macht zu vertrauen. Bei allem, das ich vorhatte, könnte ich das ohnehin niemals allein durchstehen. Da half alles nichts. Am allerwenigsten, sehnsüchtig auf die Hilfe von außen zu warten. Falls ich weiterleben wollte, musste ich vorerst meinen Alltag wieder in Ordnung bringen."

„Obwohl ich immer wieder erkennen musste, dass Michi und ich zu verschieden waren, fühlte ich mich ihr dennoch tief verbunden. Allem voran vereinte uns ein gemeinsames Kind. Dieser Umstand war für mich Grund genug, dass sie auf immer und ewig ein sehr wertvoller Mensch in meinem Leben sein würde. Wahrscheinlich war sie auch Teil meiner Bestimmung. Denn ich liebte Michi schon seit meiner Jugend. Mit ihr hatte ich meine ersten sexuellen Erfahrungen machen dürfen und die Zärtlichkeit, Wollust, Leidenschaft und Geborgenheit kennengelernt. Danach verlor ich sie aus den Augen, wenn auch niemals aus meinen Gedanken. Jahre später traf ich sie zufällig, an einem warmen Sommerabend beim Spazierengehen mit ihrem Freund. Sofort stellte sich meine Verliebtheit wieder ein. Mein Herz raste, mein Atem stockte. Doch ich ließ sie ein zweites Mal von dannen ziehen. Dann aber hatte ich mir geschworen, sie niemals mehr gehen zu lassen, sollte ich Michi noch ein einziges Mal begegnen. Deshalb war ich voller Zuversicht bei unserer dritten Begegnung. Michi sollte 'die Frau' in meinem Leben sein. Wir beide, Auserkorene, die füreinander bestimmt waren, einander ihr auserlesenes Fortbestehen zu ermöglichen. Für mich war es Fügung einer höheren Macht, ein plausibles Zeichen und somit ein Geschenk für die Ewigkeit. Aus unserer eigenen Körperlichkeit war Lucy als Einheit neuen Lebens hervorgegangen, für mich: schöpferischer Ausdruck der Verschmelzung von Mann und Frau. Obwohl ich noch immer enttäuscht und gekränkt war, dass Michi niemals an mich und mein Projekt geglaubt hatte, schöpfte ich erneut Hoffnung, sie als Frau, Freund und Weggefährtin zurückzuerobern, um im Einklang miteinander für unsere Tochter eine Familie zu sein. Nicht, dass unsere Beziehung je das Gelbe vom Ei gewesen wäre! Im Gegenteil, ich fühlte mich von ihr im Stich gelassen und verhöhnt. Sie wiederum hatte Angst vor dem Künstlertypen in mir, diesem offensichtlich Verrückten, dem ihr unverständlichen, zwiegespaltenen Teil von Christoph. Ich wollte zwar aus tiefster Seele ein guter Familienvater sein, aber ich begann mich während ihrer Schwangerschaft zu 're-realisieren'. Ich hatte den Kontakt zur Realität verloren, zur sozialen, zur familiären, zu jeder."

„Wahrscheinlich begann ich deshalb, mich zeitgleich mit Sagittarius A* zu identifizieren. Reasons of a Genius Failure, was übersetzt so viel bedeutet wie: *Gründe für das Versagen eines Genies*. 'Genius Failure' war zugleich ein Paradoxon aus der Psychologie, was, so die Kurzfassung, für die Vereinsamung eines Menschen stehen sollte, der ernsthaft daran geglaubt hatte, für Höheres bestimmt zu sein. Ja! Das Allmachtsparadoxon! Ich war gescheitert an diesem Konzert bzw. an meinem Größenwahn! Ja. Es war ein Reinfall für mich - aber auch ein Realitätsabgleich. Weiß der Himmel, warum es mir einfach unmöglich gewesen war, mich durchzuringen und dort aufzutauchen! Mein Traum zerplatzte damals mit einem entsetzlichen Knall inmitten eines Feuerwerkes der Gefühle. Es war wie eine wunderschön entstandene, aufgeblasene Seifenblase, die geplatzt war und sich urplötzlich in eine undurchschaubare Abwasserbrühe verwandelt hatte. Einsam fühlte ich mich, sehr einsam sogar. Verlassen. Ohne Freunde, ohne Frau und ohne Familie hatte ich versucht, wieder Fuß zu fassen. Mein Gesamtkunstwerk war der Grund meiner Vereinsamung. War es wirklich nur fixe Idee und innerer Zwang?"

„Aber, ... es könnte mir doch auch als Ausweg aus dieser Vereinsamung dienen. Nanu, die Lösung des Paradoxons! Wenn es mir möglich wäre, meine Gedanken und Gefühle in einfache Sprache zu übersetzen, könnte ich den Menschen dadurch aufzeigen, wie ich die Welt sah: das Leben als Fügung einer höheren Allmacht, einer inneren Essenz. Ob es ihnen bewusst war oder nicht. Jedenfalls war ich davon überzeugt. Weil mein bisheriges Leben es mir auf die härteste Art und Weise unter die Nase gerieben hatte. Ich war mir ganz sicher, dass sich für jeden das Universum so entfalten würde, wie es für sie oder ihn bestimmt war. Daher fühlte ich, dass ich in Frieden mit Gott, in Frieden mit dem Göttlichen in mir leben wollte – wie auch immer ich ihn mir vorgestellt hatte oder noch jemals vorstellen würde. Mein Gesamtkunstwerk sollte ja auch für die Gründe stehen, deretwegen ein Künstler in der Gesellschaft, der normierten, von Menschen geschaffenen, letztlich umfallen musste. Kreative Menschen passten in keine Norm. So sah ich im Projekt auch die Vollendung der sieben freien Künste in sich vereint: Grammatik, Rhetorik, Dialektik, Arithmetik, Geometrie, Musik und Astronomie. Die göttliche Zahl 7. Warum wollte das niemand erkennen? Nur weil mich keine Doktortitel schmückten? Das war doch nicht gleich Größenwahn! Ich hatte mir das alles nicht bloß ausgedacht, sondern es war mir einfach zugefallen und offenbarte sich mir. Es sollte doch dem einzelnen Wesen dazu dienen, sich selbst zu finden."

„Dieser Aufgabe wollte ich mich wieder hingeben. Alle Kraft trieb mich vorwärts. Entsprechend kam ich davon ab, die Welt retten zu wollen, und beschloss stattdessen, die Arbeit an mir selbst fortzusetzen – mit meinen fünf Sinnen und meiner gesamten Aufmerksamkeit. Die Vision, dass es mein Schicksal sein würde, etwas Großartiges für die Menschheit zu vollbringen, begleitete mich geradezu allgegenwärtig. Meine Hingabe zum Musikprojekt war es auch, die glücklicherweise immer wieder mein Denken und Fühlen beherrschte. Beides war wie ein loderndes Feuer. Bestimmende Verbundenheit. Anfänglich hatte ich das Projekt unter anderem ins Leben gerufen, um meine Liebe auszudrücken: meine Liebe zur Natur, zu allem Leben auf dieser Erde. Darauf und auf dessen Schutz und Wertschätzung wollte ich meine Mitmenschen aufmerksam machen. Im selben Atemzug wollte ich damit aber auch den Erwartungen meiner Familie und der großen Masse entsprechen, der Rolle als Vater und Familienoberhaupt gerecht werden zu müssen. All das – basierend auf eben nur einem einzigen Konzert. Danach sollte alles Geschichte sein ... Michi konnte das leider nicht verstehen. Sie gab mir auch einfach zu wenig Zeit, um ihr alles verständlich zu machen, es ihr zu beweisen."

„Natürlich war es der Wunsch einer jeden Frau, aus ihrem anfänglichen Lover vorzugsweise einen normalen Mann zu machen, um diesen nach ihren eigenen Vorstellungen, angepasst an die gesellschaftlichen Vorgaben und die tagtäglichen Pflichten, zu erziehen. Darum hieß es ja auch Beziehung. Nun, mir war ja klar, dass dies schiefgehen musste. Von Anfang an. Anfänglich fühlte ich mich bei Michi wohl. Gemeinsam mit ihr die Zeit zu verbringen, war für mich, als schien die strahlend warme Sonne nur für uns beide. Mein Leben fühlte sich in Ordnung an – und ich mich mit ihm. Ich liebte es, ihre weichen Lippen zu küssen, sie mit meinen Fingern zu berühren, in ihrer Nähe zu sein, mich geborgen zu fühlen und sonst nichts. Wie gern hätte ich sie damals zur Frau genommen und mit ihr ohne Aufsehen ein '0-8-15-Leben' geführt. In meinem Innersten schien ich ein hoffnungsloser Träumer und Romantiker zu sein, der in einer harmonischen, friedlichen, von Liebe erfüllten Welt hätte vor sich hin schwelgen wollen."

„Im Gegensatz dazu war die Realität grauenvoll und unbegreiflich düster. Meistens schwieg ich lieber, denn es war für mich oft nicht zu verstehen, warum für uns beide ein simples Alltagsgespräch dermaßen auseinanderdriftete. Obwohl wir beide dieselbe Sprache sprachen, dieselben Wörter benutzten, dachte ich manchmal, sie spräche Latein und ich Chinesisch. Eine vernünftige Unterhaltung schien uns beiden schier unmöglich. Pausenlos redeten wir aneinander vorbei. Wahrscheinlich lag es auch daran, dass wir einander nicht wirklich zuhörten. Jeder wollte die Gegenseite davon überzeugen, fundamental im Recht zu sein. Unbewusst wollten wir einander die jeweils eigene Meinung einreden. Immer wieder versuchte ich Michi dafür zu begeistern, dass wir zusammen noch eine Chance hätten. Hoffnung hingegen war nicht gleichbedeutend mit der Überzeugung, dass alles gut ausgehen würde, sondern vielmehr mit der Gewissheit, dass es gut wäre, so wie es ausgehen würde. Solche Verstrickungen in Gedanken schienen ihr schon ‚zu hoch' zu sein. Sie hielt sie für Ausflüchte und Spinnereien. Also gab ich meinen Träumen Ausdruck. Denn erst, wenn Menschen gemeinsam träumten, konnten sie anfangen, eine gemeinsame Zukunft, eine neue Realität anzusteuern. Hinhören wäre freilich die Lösung gewesen. Weil ein fruchtendes Gespräch nur auf offenem, aufrichtigem Zuhören fußen kann. Das wissen wir doch alle, oder?"

Christoph wollte unbedingt raus aus seiner Isolation, am liebsten sofort, von diesem Zimmer aus direkt hin zum Therapieplatz. Schließlich hatte der

Arzt ihm versprochen, sich um eine Beschleunigung der Sache zu kümmern. Zunächst einmal war jedoch Warten und Hoffen angesagt.

„Ach, die Vergangenheit ... Es nützte ja doch nichts. Es war nun einmal, so wie es war. Irgendwie war ich auch enttäuscht von meinem Doktor - schon wieder, oder noch immer. Es war endlich Zeit, mit dem Prozess meiner Genesung zu beginnen. Es leuchtet ein, dass ich lieber alles allein machen und schaffen wollte. Doch mein Leben lang geschahen die Dinge niemals so, wie ich es wollte, sondern eher widerfuhr mir das, was ich im jeweiligen Moment gerade für meine Entwicklung brauchte. Und jetzt benötigte ich zur Selbsthilfe zweifellos auch Unterstützung von außen. Mir wurde klar, dass ich einen geregelten Ablauf in einem geschützten Rahmen notwendig hatte sowie strikte Anweisungen, ordnende Regeln und fachmännische Aufsicht benötigte. Ohne Orientierung - wenigstens Direktiven!"

„In dem Moment, als ich mich nach guter Führung sehnte, erfuhr ich überraschenderweise und über einige Umwege, dass meine Mutter eine Abgängigkeitsanzeige bei der Polizei erstattet hatte und die Kriminalbeamten bereits nach mir suchten. Um Himmels willen, nein! Auch das noch! Das durfte doch alles nicht mehr wahr sein: Ich auf der Fahndungsliste meiner Ex-Kollegen!? Warum tat sie mir auch das noch an? Seit unserem grauenvollen Streit vor gut einem Monat herrschte totale Funkstille. Und nun machte sie einen solchen Aufstand? Warum konnte sie mich nicht einfach in Ruhe lassen?! Sie hatte es tatsächlich geschafft, die Exekutive auf mich zu hetzen. Das bedeutete zusätzliche Schwierigkeiten, die ich unter diesen Umständen wohl kaum gebrauchen konnte. So schnell wie möglich musste ich dieses Missverständnis in Ordnung bringen. Darum ging ich zur nächsten Polizeidienststelle und meldete mich sozusagen von den Toten zurück. Den diensthabenden Beamten erklärte ich kurz und bündig, dass es sich um einen Fehlschluss gehandelt hatte, weil meine Mutter psychisch krank sei und sie diese Anzeige wahrscheinlich in verwirrtem Zustand aufgegeben hatte. Ich wollte kein unnötiges Aufsehen erregen, also schwieg ich mich bei diesen - für mich fremden - Männern über unsere wahren familiären Zerwürfnisse aus. Da Mama faktisch krank war, konnte ich einigermaßen glaubhaft von mir ablenken, und für die Beamten war der Fall erledigt. Oder etwa doch nicht?"

„Obwohl ich ausgerechnet meine Mutter am wenigsten von allen sehen wollte, war es dennoch an der Zeit, sie zu besuchen. Die letzte Auseinandersetzung saß mir immer noch in den Knochen. Schon der Gedanke an den Streit ließ mich sofort wieder in Panik verfallen. Zittrig, mit Schweißperlen auf der Stirn kaufte ich mir ein Bahnticket und setzte mich in den nächsten Zug in Richtung Heimat. Warum hätte meine Mutter gewollt, dass ich wieder auftauchte? Und was dachten wohl die Leute im Dorf über mein Verschwinden? Würden sie es abtun als Durchdrehen des Spinners, der früher oder später doch wieder heimfinden würde? Ich war äußerst gespannt auf die Reaktionen und Vorwürfe, auf die Gesichter. Mein Herz raste und meine Nervosität stieg. Als der Zug in die Station einfuhr, konnte ich aus den Fenstern bereits den Garten unseres Einfamilienhauses erspähen. Ohne Rücksicht auf die winterlichen Temperaturen spazierte Mutter im Garten auf und ab und schnitt an ihren geliebten Rosen herum."

„Ruhigen Schrittes kam ich näher. Wie wenn sie mich gespürt hätte, trafen sich unsere Blicke, sie begann zu lächeln und winkte mir freudig strahlend zu. Fast herzlich fiel ihre Begrüßung aus, und als ob niemals etwas zwischen uns gestanden hätte, teilte sie mir ihren Kummer über mein Verschwinden mit. Natürlich auch die Sorgen der übrigen Dorfbewohner. Mir war richtig mulmig zumute. Mit dieser Reaktion hatte ich keinesfalls gerechnet. Keinerlei Vorwürfe, kein Geschrei, kein Wutausbruch? Nichts entsprach auch nur einem der unzähligen Bilder, die sich zuvor in meinem Kopf abgespielt hatten. Dennoch war ich skeptisch und blieb reserviert. Ich versuchte, meiner Mutter zu erklären, dass ich hatte untertauchen müssen, um wieder auf die Beine zu kommen. Ich machte ihr die Dringlichkeit begreiflich, mit der ich mich weiterhin abkapseln müsste, weil ich einfach keine Kraft mehr dafür hatte, mich ständig weiter herunterziehen und beeinflussen zu lassen. Zu meinem Erstaunen wirkte Mutter sehr gefasst, weder maßlos wütend noch maßlos traurig. Ich versicherte ihr, dass sie Lucy sehr wohl jederzeit sehen könnte, so sie es wollte. Auf eindringliche Weise machte ich ihr aber auch klar, dass ich wegen der Therapie für längere Zeit nicht nach Hause kommen würde."

„Plötzlich dämmerte mir, dass meine Mutter eher gedämpft gewirkt hatte als ausgeglichen und ruhig. Offenbar hatte sie genug Tabletten in ihren Organismus gepumpt, um alles um sie herum durch eine rosarote Brille wahrzunehmen. So war sie einfach nur künstlich glücklich, ihren geliebten Jungen wiederzusehen. Zwar hatte sie gehört, was ich so gesagt hatte, doch verstanden konnte sie es nicht haben. Leicht abwesend, plapperte sie über die Dorfleute weiter. Und von ihrer Angst um mich. Und davon, wie schön es sei, mich doch noch einmal gesund und munter wiedersehen zu dürfen. Ich fühlte, dass mit Mama irgendetwas komisch war, unstimmig, beunruhigend sogar. Angesichts ihrer vielen abartigen Anfälle der Vergangenheit war ich indes heilfroh, sie zumindest in diesem Zustand erleben zu dürfen. Wenn ich alles zusammenzählte, war ich nun doch erleichtert darüber, dass ich den Mut aufgebracht hatte, Mutter wieder unter die Augen zu treten. Denn, unabhängig von jenem grässlichen Streit, der mich aus dem Haus getrieben hatte, war sie ja - meine Mutter.

Und ich liebte sie immer noch. In Dankbarkeit für mein Leben. Und obwohl ich von dem Wiedersehen eigentlich schon genug hatte und es mir mehr schlecht als recht erging, wollte ich meine Nachbarn und Stammtischfreunde aufsuchen, um auch ihnen die Gründe meines Verschwindens mitzuteilen."

„Im Lokal angekommen, begrüßte mich die Kellnerin, allerdings zurückhaltend, in kühler Manier, mit abweisender Haltung. Ohne auch nur ein Wort zu sagen, brachte sie mir mein zuvor in alter Gewohnheit bestelltes Bier und zog, Stress vortäuschend, danach augenblicklich ab. Sehr besorgt um mich wirkte sie nicht gerade. Auch die anderen Dorfansässigen zeigten sich kein bisschen überrascht über mein Auftauchen. Diese Menschen hätten sich über mich angeblich, oder zumindest über meinen Verbleib, Sorgen gemacht? Jetzt geizten sie an Worten und ignorierten mein Erscheinen. Nicht ein Einziger fragte nach, wo ich die ganze Zeit gesteckt hatte oder wie es mir seither ergangen war. Vielmehr waren sie nachtragend und distanziert. Meine Dorfgemeinschaft also - eine Gesellschaft von Fremden! Ich konnte diese Kälte, ihr abfälliges Verhalten, ihre ganze Unnahbarkeit kaum aushalten. Warum hatte ich schon wieder mir selbst und meinen Gefühlen zu wenig Vertrauen und Achtsamkeit geschenkt? Waren meine positiven Erwartungen denn nur unreife Wunschträume und Knopfdruckfantasien? Auf jeden Fall wollte ich wieder einmal der Gutmensch sein, der seinen vermeintlichen Freunden von der bevorstehenden Therapie und von der Gewissheit erzählen wollte, mit der ich der Zukunft entgegensah, und dass sich alles zum Guten wenden würde. Wie dumm war ich bitte, oder besser gesagt, wie blind? Wie konnte ich tatsächlich glauben, dass sich auch nur irgendjemand um den verrückten Dorfjungen sorgen würde! Warum schaffte ich es immer wieder, mich so weit herabzulassen? Oder stellte ich mich insgeheim über sie?"

„Warum glaubte ich immer ans Gute in den Menschen, weshalb fiel es mir nur so verdammt schwer, der brutalen Realität ins Auge zu sehen? Den Dorfbewohnern hätte es sicherlich besser gefallen, meine Todesnachricht zu erhalten. Diese hätte dann wenigstens ihre Meinung über mich bestätigt - ihnen in der Eintönigkeit ihres dörflichen Lebens wochenlang Gesprächsstoff geboten. Hiermit fühlten sie sich von mir ein weiteres Mal vor den Kopf gestoßen. Sicherlich wären sie lieber scheinheilig hinter meinem Sarg hergelaufen und hätten zugeschaut, wie ich begraben worden wäre. Um die Bestätigung zu haben, dass der Typ endgültig am Boden bzw. unter der Erde liegen würde. Manche hätten vielleicht sogar geweint, jedoch nicht aus Trauer um mich. Bestimmt nicht. Sondern ihrer endgültig erbärmlichen selbst willen. Konfrontiert mit dem Tod, weinten sie höchstwahrscheinlich um ihr eigenes Leben. So wie bei Begräbnissen auch immer die Möglichkeit bestand, Erde auf den Sarg des

Verstorbenen ins Grab nachzuwerfen. Um zuallerletzt noch ein Schäufelchen nachzulegen. Ja. Das wäre bestimmt allen lieber gewesen, als einmal nur zuzugeben, dass da ein Mensch gewesen war, der voller Zuversicht und Hoffnung um sein Leben gekämpft hatte. Sie hatten sich ja nie etwas getraut außerhalb ihrer vorgefassten Bahnen - sogar zum Scheitern zu feig, geschweige denn zum Kämpfen! Doch für mich war es regelrecht ein Trauerzug: der Trauerzug durch eine angeblich besorgte Gemeinde. Nicht als Toter, sondern als Lebender. Und das hatte mich genau an meinem wunden Punkt getroffen."

Einmal abgesehen von persönlichen Interessen und möglichen Vorteilen, waren es die Leute gewöhnt, an sich selbst zu denken und nicht an andere. Ein fremder Blickwinkel war ihnen stets nur toter Winkel. Schwarzer Fleck. Sie beschimpften und verachteten Christoph, verurteilten sein Verhalten, machten ihn schlecht und versuchten, wenn auch womöglich nicht bewusst, dadurch erneut, ihn in die Knie zu zwingen. Doch in seinem Innersten herrschte bestimmende Klarheit: Es gab einen Weg zu gehen. Für seine Tochter. Für sich. Für alle Menschen.

„Sonst hätte ich es niemals geschafft, den Unterschied kennenzulernen: den Unterschied zwischen Alleinsein und Einsamkeit. Mit Sicherheit wäre es leichter gewesen, in meinen Süchten und Abhängigkeiten weiter zu existieren. Dann wäre mein Leben jedoch kein Leben mehr gewesen; das hatte ich erkannt. Weil mir das Unbewusste bewusst wurde. Unter keinen Umständen wollte ich in der Gosse enden. Bestimmt nicht! Ich wollte: meiner Bestimmung treu bleiben, meinem Gefühl und meiner Berufung folgen, durchhalten, durch die Therapie gehen, um mein wahrhaftiges Leben zu leben, um zu erwachen. Ich wollte Bewusstheit, sprich, bewusst weitermachen. Aus Verbundenheit zu einem Gott, aus Liebe zu meiner Tochter und aus Liebe zu mir selbst. Aber auch für Menschen, die ich nicht persönlich kannte, die mir durch ihre Gästebucheinträge im Musikprojekt wieder Vertrauen und Kraft zugesprochen hatten. Aber auch für die Verbitterten unter ihnen, die mich erbarmungslos und eiskalt beschimpft hatten, ohne Rücksicht auf meine Gefühle und ohne zu wissen, ob ich überhaupt noch am Leben gewesen war. Auch diese Menschen wollte ich durch mein Handeln dazu bringen, ihr Herz wieder zu öffnen, um dem wahren Leben in seiner Fülle und Buntheit begegnen zu können."

„Wie schnell konnte sich unser kleines Leben verlaufen! Wie schwer nur kam man aus diesem Spiegelkabinett der Eitelkeiten wieder heraus! Ich wollte meinem Schicksal Folge leisten und der Menschheit dienlich sein. Menschen konnten so grausam, so desinteressiert, so schrecklich ungerecht sein. Dieser Weg hätte mir wahrhaftig erspart bleiben können. Bei näherer Betrachtung musste ich dieser Gesellschaft sogar dankbar sein, dass sie mich wieder einmal abgelehnt hatte. Mich nicht als Teil von ihr akzeptiert hatte. Denn alles, wonach ich mich am meisten gesehnt hätte, war Geborgenheit, Zugehörigkeit und Verständnis gewesen. Es war kein besonderes, sondern ein allgemein menschliches Bedürfnis – wir alle waren soziale Wesen. Hätten mir die Menschen dies vermittelt, wäre ich höchstwahrscheinlich niemals über mich hinausgewachsen und für immer dort geblieben. Sollte diese Erkenntnis vielleicht die Grundlage dafür sein, meiner Tochter der Vater sein zu dürfen, der ich ihr immer schon sein wollte? Ich musste möglichst schnell weg von hier. Bloß keine Ablenkungen! Bitte keine Chance für ein weiteres Besäufnis."

Innerlich angeschlagen durch die Ablehnung und Kälte, völlig verstört und schweißgebadet, warf sich Christoph, daheim im stillen Kämmerchen angekommen, samt seiner Kleidung auf das Bett. Nach einigen Stunden unaufhörlichen Weinens und Wimmerns, des flehenden Selbstmitleides und auch der Verachtung seiner selbst und seiner Umwelt schleppte sich der sichtlich Gezeichnete in den Waschraum.

„Ich machte die Wanne voll mit heißem Wasser, fügte ätherische Öle bei und ließ meine müden Glieder in das entspannende Nass sinken. Ich bezog mein Bett neu und warf die gebrauchte Kleidung sowie die verschwitzte Bettwäsche zusammen in die Waschmaschine. In meinem Kopf kreisten die wildesten Gedanken. Beängstigende Gefühle schnürten mir den Hals zu. Mein Herz raste wie wild, und der einsetzende Entzug ließ aus der Angst Panik werden. Sterben – Kämpfen – Beten!? Von irgendwo aus dem Nirgendwo kam mir die Erkenntnis: Ich wollte ab nun versuchen, auf meinen Arzt zu hören und beschloss kurzerhand, die von ihm fachärztlich angeratenen Tabletten einzunehmen. Er wünschte mir aus tiefstem Herzen, endlich wieder einmal Ruhe zu erfahren, Frieden zu spüren und halbwegs erholsamen Schlaf zu genießen. Also schluckte ich die Dinger und kuschelte mich so zuversichtlich wie erwartungsvoll in mein Bettchen. Doch an Schlaf war nicht zu denken – genau wie damals. Übelkeit überkam mich. Als ich versuchte aufzustehen, sackte ich zusammen und schlug auf dem Boden auf. Der Schweiß schoss aus jeder Pore meiner Haut. O mein Gott, warum hast Du mich verlassen!"

„Irgendwann schlief ich vor Erschöpfung ein. Die grauenvollsten Albträume von hämischen Menschen, von Toten, von Särgen und Würmern, die mich bei lebendigem Leib auffraßen, reihten sich wie Kurzgeschichten aneinander. Nach einigen Minuten bemerkte ich, dass ich in meinem Bett lag und glücklicherweise nur geträumt hatte. Es war stockdunkel. Ich versuchte, mich zu orientieren, mich im Raum umzuschauen und irgendeinen Anhaltspunkt in meiner Umgebung wahrzunehmen. Nichts. Nicht einmal das Ticken einer Uhr war zu hören. Da wurde mir klar, dass die Medikamente für meinen

Zustand verantwortlich waren. Solche Qualen kannte ich von keinen sonstigen Substanzen, die ich mir jemals eingeworfen hatte. Und das waren in der Vergangenheit doch schon einige gewesen - wüste Erfahrungen mitgerechnet. Den ganzen darauffolgenden Tag über litt ich unter extremen Hitzewallungen, war regelrecht erschöpft und torkelte wie ein Betrunkener durch die Wohnung. Immer wieder musste ich mich hinlegen. Die Schlafphasen waren unruhig und rastlos. Die steigende Nervosität und neuerliche, unbeschreiblich kräfteraubende Angstattacken ließen mich abermals daran zweifeln, ob es überhaupt jemanden geben sollte, der sich mit diesen Medikamenten wohler fühlte als ohne."

„Mir fielen die Worte meines Arztes ein, dass sich der Körper an die Nebenwirkungen gewöhnen würde. Diesen Effekt kannte ich ja bereits von Alkohol, anderen Genussmitteln und Drogen. Da ich ein Kämpfer war und keinesfalls kampflos aufgeben wollte, startete ich einen zweiten Versuch. Wenn die Dinger den Genesungsprozess beschleunigen sollten, würde es, wie vom Arzt verordnet, schon passen. Beim zweiten Anlauf wurde ich sehr müde. Hingegen, mein Gehirn wollte prompt nicht abschalten, und ich war hellwach. Es fühlte sich beinahe so an, als würde ich auf Speed oder Kokain unterwegs sein und schlafen wollen. Die Stunden vergingen wie im Nebel, und ich fühlte mich betäubt, gedämpft und saftlos. Seelisch und körperlich ging es mir so schlecht wie schon lange nicht mehr. Vielleicht waren die Einsamkeit, der Entzug und die letzten Erlebnisse doch zu prägnant für mich gewesen. War alles, was ich brauchte, eine höhere Dosis der Arznei? Ich hatte dem Arzt voll und ganz vertraut. Jetzt fühlte ich mich verloren. Auch jegliches Zeitgefühl war bei mir dahin. Kurz, ich hasste den Zustand. Unfähig, auch nur einen klaren Gedanken zu fassen, griff ich erneut zu einer Tablette. Besser gleich noch eine drauf. Nun erst recht, denn das konnte doch unmöglich wahr sein! Wenn diese Präparate von Ärzten empfohlen wurden und es unzähligen Menschen damit besser ergangen war, so musste doch auch bei mir endlich die angenehme Wirkung einsetzen!"

„Der Punkt war plötzlich erreicht, da ich mein Bewusstsein über Wachheit und Traum verlor. Die Welt begann sich zu senken und ein riesengroßer heller Ball aus Licht und Feuer überhitzte die Erde und verschluckte sie. Ich sah Bilder in den buntesten Farben, und spürte Gefühle so stark wie nie zuvor. Sehnsucht und Traurigkeit mischten sich. Bevor wir alle sterben, wollte ich mich noch von Lucy verabschieden. Doch sie schlief so süß und friedlich. Ich wollte sie nicht wecken. Lieber wollte ich warten, bis sie von selbst erwachen würde. Es tat so unbeschreiblich weh: diese Hilflosigkeit, diese Machtlosigkeit. Die Zeit, sie lief. Ihr nur noch einmal in die Augen sehen, mich verabschieden.

Warum bloß wollte sie nicht aufwachen? Die Angst, den letzten Augenblick und Abschied zu versäumen, raubte mir den Atem. Als sie plötzlich die Augen öffnete, schlossen wir einander ganz fest in die Arme. Ganz nah drückte ich Lucy an mein Herz. Im Nu fiel ich auf meine Knie und weinte bitterlich. Obwohl ich anscheinend geträumt hatte, glich dieses Gefühl jeder bisher real erlebten Trennung von meiner geliebten Tochter. Dieser erbarmungslose Schmerz, der mir die Brust zu zerfetzen schien. Dieses übermächtige Sehnsuchtsgefühl, diese Hilflosigkeit und Aussichtslosigkeit - keine Chance mehr darauf, den Lauf der Dinge jemals ändern zu können. Ohnmächtig allen Zeiten gegenüber. Diese Realisierung vom Ende. Diese grauenvolle Angst vor der Endgültigkeit."

„So ging es dahin. Aus heiterem Himmel kehrte zur Abwechslung eine wohlige Ruhe in mich ein. Angenehme Wärme durchströmte meinen Körper, wodurch ich mich leicht und sicher fühlte. Eine bestimmte Gewissheit erfüllte mich, dass dies nur das irdische Ende sein würde. Doch der Anfang eines Lebens auf einer anderen Ebene hatte begonnen. Zufrieden über die Tatsache, mich noch ein letztes Mal von Lucy verabschieden zu dürfen, zog es mich dorthin zu gehen, wo es keine Materie mehr geben würde. Kommunikation und Gefühlsübertragung erfolgte dort über andere Kanäle. Raum und Zeit verblassten. Ich öffnete meine Augen. Angestrengt versuchte ich, irgendetwas um mich herum wahrzunehmen. War ich wach? Träumte ich? War ich vielleicht tot? Es reichte! Ich bat, mir Kraft und Erleuchtung zu senden. Mühsam versuchte ich mich aufzurichten. Von Schweiß überströmt, bewegte ich mich langsam ins Badezimmer. Entsetzt blickte ich auf diesen Mann da im Spiegel bzw. in das Abbild von dem, was mit meinem Selbstbild nicht mehr viel gemein hatte. Dieses Gesicht war aufgedunsen, die Augen glutrot und die Haut schuppte und juckte. Ehrlich gesagt, erkannte ich mich selbst kaum wieder. Tieftraurig blickte ich in die Augen meines heruntergekommenen Spiegelbildes."

Christoph war seines Lebens müde und des Leidens überdrüssig. Er fühlte sich kraftlos, ausgelaugt, überfordert, energielos, allein. Wehmut durchflutete sein ganzes Sein. Wer war er eigentlich noch und wen oder was stellte er hier dar? Wohin würde er gehen?

„Immer wieder fühlte ich mich mit allem Leid dieser Welt eins. Weshalb nur? Wieso? Ich wollte einfach nur noch schlafen, die Augen schließen und einschlafen. In ewiger Ruhe, für immer. Einiges kam zusammen: Gedanken ans Schweben, Gefühle von Schwerelosigkeit, Ergriffenheit und eine unbeschreibliche Sehnsucht nach Freude und Frieden, dem Wunsch, endlich angekommen zu sein. Ständig musste ich mich bemühen, die für mich bestimmten Informationen herauszufiltern. Je mehr Einflüsse, desto mehr Energieaufwand und Konzentration waren erforderlich. Es nagte an meiner Substanz. Meine Kräfte schwanden merklich. Erst, als mich ein inniges Verlangen nach Lucy überkam, begann ich zu realisieren, dass diese grauenvollen Bilder nur scheußliche Träume gewesen waren. Es dauerte noch eine ganze Weile, bis ich wacher wurde und ich mich nach und nach dazu aufraffen konnte, die Schachtel Tabletten in den Mülleimer zu werfen. Genug des Guten! Ein für alle Mal. Wenn dies der Weg zur Gesundheit sein sollte, dann musste ich eben krank bleiben. An solche Grausamkeiten wollte ich mich auf gar keinen Fall mehr gewöhnen müssen. O nein! Die Albträume, die Kreislaufprobleme, die Übelkeit, der Schwindel, das grässliche Ohrensausen, die schwarzen Punkte vor meinen Augen. Nein, ohne mich!"

„Am nächsten Tag trieb mich die Sehnsucht nach Lucy aus dem Bett. Obwohl ich noch sehr schwach und mir schwindelig war, musste ich meinen kleinen Sonnenschein unbedingt wiedersehen. Auf dem Weg zu ihr holte ich mir noch schnell ‚Homöopathie für die Seele‘. Zum Glück, vielleicht auch vor lauter Vorfreude, schien die grauenvolle Wirkung der Tabletten nachzulassen. Ich war heilfroh, dass Michi mir erlaubt hatte, diesen Nachmittag mit Lucy verbringen zu dürfen. Die Zeit mit meiner süßen kleinen Maus war stets so unbeschwert und wohltuend. Auch an diesem Tag tobten wir gemeinsam auf dem Spielplatz herum. Danach gab es ein köstliches Eis. Am Abend durfte ich sie noch baden und für ihren Schlaf fertig machen. Den krönenden Abschluss machte die Gute-Nacht-Geschichte *Die Prinzessin auf der Erbse*. An Tagen wie diesen durfte ich ein ganz normaler Papa sein. Diese Stunden mit meiner Tochter machten mich sehr glücklich und dankbar, nicht minder als zu wissen, dass sie gesund und wohlauf war. Alles fühlte sich so gut und echt an. Erneut versuchte ich, mit Michi in aller Ruhe einen möglichen Neuanfang zu besprechen. Sie aber war der Meinung, dass es noch viel zu früh sei, darüber nachzudenken. Ihr Vertrauen in mich war zerstört. Zusätzlich fürchtete sie diesen unkontrollierbaren Künstler in mir; diesen wollte sie auf keinen Fall mehr in ihrem Leben haben. In Michis Augen war ich eben immer noch dieser unzuverlässige Versager."

„Darüber hinaus erklärte sie, dass es ihr lieber wäre, wenn ich mich bei Lucy weniger oft melden würde, eben dann, wenn ich meine Abmachungen bezüglich der Treffen mit ihr nicht einhalten wollte. Denn Lucy würde darunter leiden, wenn sie sich immer mehr an mich gewöhnte und ich dann doch abstürzte und sie früher oder später wieder links liegen lassen würde. Irgendwie hatte ich das Gefühl, dass Michi nicht an meine Besserung glauben wollte oder konnte. Es war einer ihrer berühmten Seitenhiebe! Dieser hatte gesessen. Sofort verfiel ich in Selbstmitleid, war geschockt, enttäuscht und verbittert. Immerhin war ich krank im klinischen Sinne, deswegen in Behandlung und versuchte alles Menschenmögliche zu tun, um wieder auf die Beine zu kommen und normal zu werden, sprich, in der Gesellschaft, wie sie war, und nicht, wie ich sie mir wünschte, zu funktionieren. Und nun wieder diese Abfuhr! Ich als nutzloser Versager, als unbedeutendes Wesen, als Waschlappen, den niemand braucht, geschweige denn leiden kann. Wieder einmal war ich zu langsam, zu schlecht, zu wenig wert. Mit einem Mal war er wieder da - mein Begleiter, der innere Druck. Dieser unbeschreibliche, entsetzliche, seelisch zermürbende Druck, gegen den jeder Widerstand aussichtslos war. Dieses unablässige, immerwährende Müssen, dieses ständige: *nicht schnell genug, nicht gut genug, noch mehr geben, noch mehr zeigen.*"

„Unmittelbar nach unserer Verabschiedung probierte ich meinen Engel zu erreichen - die nette Kellnerin. Ich hatte das Gefühl, dass ich unbedingt und sofort mit jemandem sprechen musste. Gedanklich war sie meine erste Wahl. Die Alternative dazu wäre gewesen, sich volllaufen zu lassen, um wieder in die Dunkelheit meiner Träume einzutauchen, mit dem Wunsch, nie mehr daraus zu erwachen. Obwohl mein Engel verheiratet war, hatte sie mir während dieser schlimmen Wochen meines sozialen Rückzugs stets beigestanden, moralisch, seelisch und auch finanziell. Sie verlangte keine Änderung meiner Person, keine Versprechen. Außerdem hatte sie keine Erwartungen an mich gestellt. Ich wählte ihre Nummer, doch ich landete in der Mailbox. Der Druck stieg dadurch wie in einem Kessel. Niedergeschmettert und gedankenverloren machte ich mich auf den Weg in mein Kämmerlein. So, als ob sich mit einem Wink ein Hologramm auftat, versank ich fristlos in der Vision meines Musikprojektes. Es war wie in einem Film."

„Ein alter Freund der Familie begegnete mir aus heiterem Himmel. Er machte, als er schnurstracks auf mich zukam, lautstark auf sich aufmerksam und lud mich auf einen Plausch zu sich nach Hause ein. Komplett durcheinander, konfus und etwas irritiert folgte ich seiner Einladung. Zugleich war ich dankbar gewesen, in dieser Situation nicht allein sein zu müssen. Gewiss, das war rudimentär. Mein Bekannter hatte seinen Vater bis zu dessen Tode vor einigen Wochen gepflegt. So tauschten wir unsere Erlebnisse und die jüngsten Eindrücke aus unserer ziemlich beschwerlichen Vergangenheit aus. Mal sprachen wir über die Sterbebegleitung unserer Väter, mal lachten wir über vergangene Tage. Aus einem Bier wurden zwei, drei und weitere, bis Rudy irgendwann meinte, er hätte noch etwas Kokain zu Hause. Das überraschte mich, denn von seiner Drogenkarriere hatte ich bislang nichts gewusst, obwohl wir sehr nahe beieinander gewohnt hatten. Es war wie aufgelegt - nur für diese eine Nacht, versteht sich. Ich wollte unter keinen Umständen rückfällig werden und vernahm meine innere Stimme, wie sie sich wehrte und beschwerte. Indes, die Versuchung und der Wunsch, mich zu betäuben, waren einfach stärker gewesen." Überflüssig zu sagen: Christoph war psychisch instabil. Mit steigendem Alkoholspiegel stieg auch seine Gleichgültigkeit, im Gegenzug auch seine Hemmschwelle. Die Emotionen schaukelten sich durch das Gespräch über frühere Zeiten auf. Die unterdrückten Aggressionen aus dem Streit mit Michi und die unbeantwortet gebliebenen Anrufe bei seinem Engel ließen die letzten Gewissensbisse verstummen. Sein persönliches Tor zur Hölle begann sich erneut zu öffnen.

„Scheiß drauf. So fiel mir der Satz wieder ein, den mein Vater immer zu sagen pflegte, wenn ihn die Angst zu versagen gequält hatte, bevor er etwas Bestimmtes tun wollte: ‚Es kann nur noch, was draus werden, denn nichts ist es schon'. Nach den Erlebnissen der letzten Tage kam es mir doch sehr gelegen, mit meinem neuen besten Freund wieder einmal so richtig auf die Pauke zu hauen, uns wieder einmal ordentlich zu betrinken, uns einfach weit weg zu fühlen, und raus aus dem Gedankenkarussell. Wie die Väter, so die Söhne. Als die Drogen in Verbindung mit Alkohol zu wirken begannen, fühlte ich die alte, angenehme Wärme wieder - Glückseligkeit. Die Zufriedenheit, dass ich gut war, so wie ich war. Kein Streben nach Anderssein, keine Maßrege-lungen und auch keine stupiden Ratschläge von irgendwelchen normierten Menschen. Alles fühlte sich leicht an, erträglich und beschwingt. Angenehm herrlich, himmlisch, so, als ob mir Flügel wuchsen. Alles, was zählte, war der Augenblick. Kein Vorher, kein Nachher. Betört vom Staub der Engel, häuften sich unsere Zusammenkünfte. Da mich Rudy gebeten hatte, um der guten alten Zeiten willen 'Stoff' zu besorgen, und ich noch nie ein überzeugender Neinsager gewesen war, dauerte es nicht lange, bis ich mich überreden und breitschlagen ließ, versiegte Quellen von Neuem zu öffnen. Mein Selbstvertrau-en wuchs ins Uferlose. Unbändige Stärke, schlaue Überlegenheit, Freiheit und Lust überkamen mich - allesamt erregend, dynamisch, heißblütig, lebendig."

Das Tor zur Hölle öffnete sich noch ein Stückchen für die beiden Erden-jungen. Der Teufel war ihnen dicht auf den Fersen. Ihn auszutricksen, war unmög-lich. Allzu schnell wurden die wunderschönen Höhen so zu mitleiderregenden Tiefen. Bald sah Christoph seinen Traum vom Glück ewigen Wohlgefühls in seines Spiegelbildes roten, blutunterlaufenen Augen sterben.

„Die Sumpfgebiete des Fegefeuers voller wilder Tiere und Gefahren liegt gleich neben dem Reich der Herrlichkeit voller himmlischer Heerscharen. Nur Blinde sehen deren Nähe nicht. Es ist unmöglich, den ganzen Tag über in lauter ehrlich schuldlosen Gefühlen zu schwingen. Sie kommen und gehen von selbst, und wer sie festhalten will, sei es mit positiven Gedanken, sei es mit der

Haltung des Herabschauenden Hundes, sei es mit einer Spritze im Arm oder einem prallen Bankkonto, der kann nur verlieren. Überall finanzielle, militärische, terroristische Krisen, überall Druck und Anforderungen und zerfallende Beziehungen, immer mehr Dinge, die zu komplex und verrückt sind, als dass ich sie noch nachvollziehen könnte. Es ist nur logisch, dass ich da nach einem Rettungsboot suche, welches mich vom tobenden Meer auf die Insel der Glückseligen spült. Der ‚Stoff' macht mich viel direkter und ehrlicher. Er verstärkt die Intensität jedes Gefühls um ein Vielfaches. Bei einem Orgasmus schreie ich ohne Hemmungen. Ich könnte diesen Schrei zwar zurückhalten – diesen Befreiungsschrei –, doch es tut verdammt gut, ihn rauszulassen. Unter der Drogeneinwirkung traue ich mir viel mehr zu. Ich glaube, das Zeug ist nicht realitätsverändernd, sondern es unterstützt die Selbstverwirklichung. Es holt meine innigsten und verstecktesten Wünsche, Träume und Ziele aus mir hervor und unterstützt mich dabei, diese ohne Wenn und Aber umzusetzen. Es gibt kein 'Vielleicht' und 'Na ja' mehr. Entweder Ja oder Nein. Mir kommt es aber auch so vor, dass sogenannte Hirnaussetzer stattfinden. Gerade eben. Seit circa drei Minuten schaue ich auf einen fixen Punkt. Hoppla. Jetzt muss ich schlafen gehen. Ich schlafe, glaube ich, schon. Meth ...“

Das Crystal-Zeitalter war für Christoph erneut angebrochen. Wenn er in sich hineinhorchte, hörte er: „Chris-tal. Krist-all.“ Konnten Drogen tatsächlich diese sehnlich gewünschte, alles erfüllende, simple Rettung sein?

„Als hätte die Stunde der Wahrheit geschlagen, erkannte ich plötzlich die Gefahr, wieder komplett abzutrudeln. Bedrohlich bäumte sie sich auf wie eine Flutwelle. Mir wurde klar, dass ich ein Träumer gewesen war und Drogen nur den einzigen Zweck hatten: mir die Erfüllung meiner Träume vorzuspielen. Sie waren Betrüger. War ich blind? Ich lebte inmitten einer Welt, die längst nicht mehr nur Schönes zu bieten hatte. Nein. Sondern auch mehr Atombomben als überlebende Tierarten, mehr Schulden als Verstand, mehr Abgründe als Hoffnungen, mehr Feinde als Freunde, mehr Krieg als Frieden.“

Christophs Besessenheit mit der Weltverbesserung übermannte ihn einmal mehr. Es betraf ihn ja auch persönlich, aber sie bedrohte ihn, sogar viel mehr, als jede unermüdliche, noch so unsinnige Jagd nach Glücksgefühlen es je getan hatte. Seine Idee, die Welt zu veredeln, war mehr lose Absicht als ein wahrer Plan, mehr Flucht als Verantwortung. Doch die Stimme der Vernunft in ihm hielt sich zäh. Christoph war unzähmbar in seiner Widerspenstigkeit, ein Kämpfer, der die Lösung notfalls im Außen gesucht hatte. Und so kam es, dass er seine jämmerliche Existenz, die erbarmungslose Situation und sein ganzes drogengetränktes Leid in einer für ihn innerlich verarmten, kläglich scheiternden Welt besprach mit seiner Engelsbekanntschaft.

„Wenn sie mit ihrem Mann so unglücklich gewesen war und sie mich so lieb hatte, warum wendete sie sich dann nicht von ihm ab und einfach mir zu?

Ich verlangte von ihr eine Entscheidung und ich vergewisserte sie, dass ich mit ihrem Mann reden würde, falls sie andernfalls dieses Spiel nicht beenden würde. Da bemerkte ich, wie manipulativ ich sein konnte, wenn ich etwas unbedingt wollte. Ich spürte, dass ich Halt und Sicherheit brauchte. Immer sehnte ich mich nach einer Frau, von der ich meine Abstinenz abhängig machte. Dieses Muster hatte ich erkannt. So war es doch jahrelang zwischen mir und meiner Mutter gewesen, und auch mit Michi, die mich aus meiner Sicht gerade wieder hatte fallen lassen. Ja, so schien es bei all meinen anderen Beziehungen und Freundschaften auch zu sein. Oder war es eine Co-Abhängigkeit? Von den Menschen, die ich geliebt hatte und die mir nahegestanden waren, machte ich mich unbewusst, schleichend abhängig. Indem ich mich für sie verantwortlich fühlte und ständig dachte, in den Beziehungen zu ihnen loyal für sie einstehen zu müssen. So brauchte ich, wie es schien, auch die Beziehung zu dieser Frau, um weitermachen zu können. Stets suchte ich mir eine Perspektive, eine Herausforderung, um meinen Gedanken an ein nüchternes, freies Leben zu hegen - auch über Umwege."

„Irgendwie hatte ich meinen Himmelsboten zu sehr in Bedrängnis gebracht. Sie fühlte sich erpresst und beschuldigte mich, ihr Leben zerstört zu haben. Sie sprach mir vergeudete Liebe zu und bezichtigte mich, dass ich ihr Herz gestohlen hätte. Trotzdem würde ihr die jahrelange Ehe mehr bedeuten, denn mit meiner Aktion hatte ich nun alles zerstört. Sie sei schwanger, sagte sie. Mit Matteo. Natürlich nicht von mir, sondern von ihrem Mann. Nothing else matters. Also schickte sie mich zum Teufel und unsere Wege trennten sich. Bei Gott, diesmal war ich vor den Kopf gestoßen. Was hatte ich bloß schon wieder falsch gemacht? Wie konnte sie von ihrem Mann ein Kind erwarten, wenn ich ihren Worten Glauben schenken durfte und die beiden sich schon seit Monaten nicht mehr geliebt hatten? Alles, was ich wollte, war doch einfach nur eine feste, glückliche, gesunde Beziehung. Anscheinend war ich nie und nimmer dazu berufen, eine Partnerschaft zu einer Frau führen zu dürfen. Eigentlich dachte ich, dass ich unterm Strich ein guter Mann war. Ein Mann, der nichts als eine Frau wollte, die er lieben und verwöhnen durfte. Eine Frau, die zu ihm stünde, mit der er etwas unternehmen konnte, ohne in ständiger Angst vor Bewertung und Maßregelung leben zu müssen. Und doch vertraute ich in die Vorsehung der Sterne, denn wenn sie es wollten, dann würde ich ihn - unseren Sohn - noch früh genug aufsuchen, um mit ihm gemeinsam unseren Ahnen Tribut zollen zu dürfen."

„Aber es war wohl mein Schicksal, dass genau in diesem Augenblick Rudy wieder in mein Leben stolperte. Männer, Alkohol und Drogen waren eindeutig ein besseres Zuhause gewesen, ein viel besserer Suchtmittelersatz, als Frauen es jemals sein konnten. Ich hatte mich selbst belogen. In Wirklichkeit brauchte ich dieses euphorisierende Gefühl, dieses komplette Wegtreten. Mehr als ich es mir jemals eingestanden hatte. Und ich hatte darüber die Kontrolle verloren, war dagegen machtlos. So begann ich wieder regelmäßig in die Stadt zu fahren, um für uns beide sowie für eine neue, weibliche Drogenbekanntschaft, Speed und Koks zu besorgen. Nach all diesen emotionalen Katastrophen und ernüchternden Erkenntnissen rutschte ich dieses Mal vollends ab. So schlimm und so tief war es noch nie zuvor gewesen. Alles war mir völlig egal, ob leben oder sterben. Ich trank, nein, ich soff jeden Tag Alkohol, konsumierte Drogen und hatte das Verlangen, mich auszulöschen. Seelisch, psychisch und körperlich ging es mir schlechter als je zuvor. Rasch gelangte ich an einen Punkt, an dem ich erkannte, dass mein Organismus ohne die Zuführung dieser Gifte nicht mehr funktionieren würde. Mein Verlangen kontrollierte mich, nicht umgekehrt."

„Es folgten grauenvolle Monate des absoluten Niedergangs. Mich interessierte kaum mehr, ob mich Crystal, weißes Heroin und die anderen Drogen realitätsverfremdend oder selbstverwirklichend stimmten. Die Huren ernannte ich zu meinen Freundinnen, und sadomasochistische Sexpraktiken mitten im Drogenrausch schossen mich in andere Sphären, oft tagelang. Berauscht liebäugelte ich auch mit Spielautomaten, die dann den letzten Rest meines Geldes verschluckten. Bei brutalen Schlägereien stand ich in der ersten Reihe, meist ohne wahrzunehmen, was da überhaupt geschah und wie es dazu gekommen war. Das Ganze glich einem Untergang. Mein Hirn war vernebelt, was häufig dazu führte, dass ich mich in Situationen wiederfand, in denen meine Erinnerung keine Antwort darauf hatte, wie ich da bloß hineingeraten war. Und als wäre das alles noch nicht genug der Stereotype, kamen auch noch Waffen ins Spiel. Die Ereignisse hatten sich überschlagen. Ich war nicht mehr in der Lage, zu realisieren, ob ich lebte, wachte, träumte oder schlief. Und obwohl ich das Gefühl zu kämpfen beibehielt, erkannte ich nicht mehr, dass ich nur mehr hilflos herumschlug und, vom selbstgewählten Schicksal niedergestreckt, längst auf der Erde lag. Erbärmlich, armse-  lig, einsam und verlassen - von Gott und der Welt: die Therapie abgebrochen, die Sitzungen sausen gelassen, all meine Träume und Hoffnungen aufgegeben und vernichtet, weggespült, weggedröhnt, weggeworfen!"

Sweet Child Of Mine

Eine Geschichte über Menschlichkeit und Neid

Du sehnst Dich in Deinem Leben bestimmt oftmals nach Nähe, Zärtlichkeit, Geborgenheit, Zweisamkeit oder einfach nach einer innigen Umarmung. Obwohl Du nicht alleine bist, fühlst Du Dich einsam. Trotze diesem Gefühl der Einsamkeit und nutze es als den Weg, auf dem Dein Schicksal Dich zu Dir selbst führen will. Denn: Nicht, wer nichts hat, ist arm, sondern jener, der sich immer etwas wünscht.

„Ich lag mit den schlimmsten Entzugserscheinungen im Bett meiner Bleibe – die Gedanken durchsetzt von Sinnlosigkeit und Selbstaufgabe. Schüttelfrost und Schweißausbrüche quälten mich. Magenkrämpfe im Minutenintervall taten das Ihrige dazu. Die Haut und das Fleisch an meinen Knochen brannten. Stechende Schmerzen, beißende Müdigkeit, Wundgefühl im Hals und schlafraubende Krampfanfälle rafften mich dahin. Mein Kiefer war verspannt, und die Schleimhäute meines Körpers fühlten sich an wie loderndes Feuer. Schlucken war nahezu unmöglich geworden. Ungelenk schleppte ich mich zur Toilette. Benommen von den Nachwirkungen des Entzugs, driftete ich in ein Delirium. Blut rann aus meiner Nase, und meine Augen tränten. Gänsehaut und Schmerzempfindlichkeit: Alle Haare meines Körpers standen zu Berge, Berührungen wurden zu Qualen, die mich zum Himmel schreien ließen. Ich war am Ende. Wenn mein Zustand wenigstens noch zum Kotzen und Erleichtern gereicht hätte. Aber auch dazu war ich zu erschöpft. Nicht einmal die Gewissheit, mir das Leben nehmen zu wollen, war geblieben. Psychisch und physisch war ich erledigt. Ich musste wohl krank sein, wahrscheinlich kranker als das, was ich mir vor einigen Wochen noch zusammengereimt hatte. Wie irre war das alles geworden! Was für einen Wahnsinn durchlebte ich da! Dummheit war für mich keine Erklärung mehr. Und doch glich mein Benehmen dem eines törichten Kindes. Obwohl meine innere Stimme mich mit erhobenem Zeigefinger ständig davor gewarnt hatte, musste ich, wie mir scheint, es gerade deshalb immer wieder versuchen. Ohne Verantwortung mir selbst, meinem Körper oder meinem Geist gegenüber. Ohne Rücksicht auf Verluste. Naiv und unvorsichtig. Immerhin war es gefährlichste Chemie, womit ich mich da spielte. Und Chemie trennte mich anscheinend immer mehr von meiner inneren Allmacht."

„Eigentlich hatte ich es satt, wie ein verantwortungsloses Kind zu sein, das pausenlos Mist baute und dann zu seiner Mama lief, weil sie ja immer für es da sein würde ... Irgendetwas sagte mir, dass ich weiterhin um die Liebe meiner Mutter kämpfte, um ihre Anerkennung, um ihr Verständnis. Hatte sich dies bereits im Mutterleib manifestiert, dadurch, dass sie mich in der Schwangerschaft ernsthaft verlieren wollte, sich entschlossen hatte, mich sterben zu lassen? Anscheinend unbewusst hatte ich durch meine Handlungen versucht, mich meinerseits von diesem Kind in mir zu trennen. Doch, so funktionierte das nicht; so waren wir lediglich dazu verdammt, beide an unserem unbewussten Kampf zu sterben. Ich könnte doch nie und nimmer zum Mann werden, wenn ich ständig dieses unerwünschte Kind in meinem Inneren schalten und walten ließ. Ich wollte mich von dem Jungen verabschieden, ihn loslassen und somit anerkennen. Nur dadurch würde ich aus ihm 'herauswachsen' können. Ich wollte endlich ein Mann mit Zukunftsperspektiven sein, jemand, der sein Leben im Griff hat."

„Waren diese Gedanken schon wieder nur Irrtum, paranoide Wahnvorstellungen oder Stumpfsinn? Drehte ich einfach nur durch? Hatten die Drogen meine zentrale Festplatte zerstört? Ich war krank, krank im Körper, krank im Geist und krank in der Seele. Wie weit würde ich noch gehen wollen? Mittlerweile war ich nichts und hatte niemanden mehr. Ich mit mir selbst: entblößt, nackt und beschämt. Nicht einmal Kleidung konnte noch meinen wahren Kern verdecken. Die Würfel waren gefallen. Diesmal klopfte der Wahrhaftige laut an meine Tür. Ein nahezu unüberwindbares, sehnsüchtiges, starkes Verlangen übermannte mich. Mein Suchtgedächtnis - ja, so etwas hatte ich offenbar! - mochte mich schon wieder dazu zwingen, mir eine subversive Substanz einzuwerfen. Das Verlangen und meine Verzweiflung wurden so unerträglich, dass ich damit anfing, mit den Fäusten gegen die Fliesen zu schlagen. Immer heftiger schlug ich zu. Gewaltiger und direkter. Mit den verlängerten Armen meines innersten Schmerzes. Mein Blut spritzte durch die Luft und färbte Boden und Wände rot. Erneut begann ich zu halluzinieren. Ich sackte zu Boden und fiel in einen dem Koma ähnlichen Zustand, in dem ich abermals grauenvollen Wahnvorstellungen unterlag und Höllenqualen durchlitt. Wie lange dieser Zustand andauerte, konnte ich unter diesen Umständen zeitlich weder einschätzen noch begreifen."

Nach gedankenverlorenen Etappen und einschlägigen Enttäuschungen war Christoph nun tatsächlich auf eine höhere Macht angewiesen. Diese rührte sich denn auch bei ihm, und zwar in Form von intensiver Melancholie und Reflexion. Sie kam von selbst. Sensibilität und Besinnung kehrten folglich in ihn ein. Es war ein eigenartiges Gefühl von Heimweh: ein Heimweh, dem das Wissen um den Ort des Heims fehlte. Diese Melancholie war zugleich schmerzhaft und - auf eine etwas ungewohnte Art - auch angenehm. Ihm war, als ob er vor einem Problem stünde, dessen Lösung dennoch darin enthalten war. Auf jeden Fall sollte sie Christoph weiterbringen, nämlich näher zu sich auf seiner Suche nach dem tieferen Sinn des Leidens - und seines Daseins. Auch wenn er niemals endgültige Antworten auf die größten Fragen des Lebens bekommen könnte, machten ihn diese melancholischen Momente empfindsamer und eröffneten ihm eine gewisse Bestimmtheit und Bestimmung.

Seine Selbstbezogenheit hatte ihn zur Selbstaufgabe gezwungen. Nun war er leer genug, um mit Liebe gefüllt zu werden. Er hatte empfangen, um geben zu können. Indem er sich als Individuum mit seinen Bedürfnissen und willentlichen Wünschen zurücknahm, wurden überhaupt erst die Voraussetzungen geschaffen, dass Licht ins Dunkel fließen konnte. Nachdenklich spürte er dem Sinn und sinnvollen Zielen nach, bei denen es um mehr gehen würde als nur um materielle Werte. Unglaublich, wie es war, schien nach einer ewig gefühlten Dunkelheit von irgendwoher wieder helles, warmes Licht für Christoph zu leuchten. Als wäre er von einer überwältigenden Macht geweckt worden. Wie viel seelischen Schmerz konnte ein Mensch denn aushalten? Ihm wurde klar, dass seine Tage gezählt wären, wenn er so weitermachen würde wie bisher: Nicht-Null-Summen-Spiel. Tiefpunkt.

Da kam ihm Lucy in den Sinn. Zur Einsicht, und aus Zuversicht, sprach er ein Gebet. Beten fühlte sich gut an. Das Gebet. Ge-bet. Ein Umdenken. Dass man endlich umdachte, wollte er mit seinem Musikprojekt in dieser tristen Welt bewirken. In aller Klarheit erschien es vor seinem geistigen Auge. Als würde wieder diese angenehme Stimme sprechen, die er schon so oft vernommen und durch sein Verhalten zum Schweigen gebracht hatte: „Steh' auf! Mach' weiter! Die Menschheit braucht Dich und Deine Ideen!" Besonders sanft und wohlwollend erklang sie, als er sie zum ersten Mal wieder wahrnahm. Christoph wollte sein in Extreme verfallendes Leben für seine Mitmenschen opfern. Dadurch erst war die Sache richtig grausam geworden. Für viele war es unglaublich gewesen, wie ein Mensch in einer solchen Existenz gefangen sein und es trotz allem von sich aus immer wieder schaffen konnte, lichte Phasen zu erlangen. Christophs heller und freundlich hoffnungsvoller Geist meldete sich zur Stelle. Allmählich gelang es ihm, die Häufigkeit seines Drogenkonsums zu reduzieren. All seine unüberschaubaren, zügellosen Süchte verloren langsam, aber sicher an Macht. Vorerst.

„Die Nutten änderten ihren Status: von gebrauchten Sexsklavinnen oder gnädigen Herrinnen zu gleichgesinnten Gesprächspartnerinnen, die mich im Gegenzug mit Streicheleinheiten belohnten. Ab jetzt erkaufte ich mir die

Erfüllung meiner Sehnsucht nach Liebe, Verständnis und Geborgenheit. Mein innigster Wunsch wurde es, ein Zuhause, Nestwärme, Sicherheit und Vertrauen geschenkt zu bekommen. Zwar hatte ich noch keine Ahnung, wie sich das anfühlen sollte. Durch die Gespräche mit den meist blutjungen Mädchen erkannte ich jedoch immer klarer, dass die meisten von ihnen selbst unüberwindbare Probleme oder Sehnsüchte gehabt hatten. Warum sollte sich sonst auch jemand freiwillig diesem Milieu hingeben, Körper und Intimität verkaufen, sich prostituieren? Wer sonst ließ für Geld über sich herrschen und bestimmen, ohne selbst dafür etwas Wertvolles zu bekommen? Auch wenn es unter ihnen jene Frauen gab, die Spaß daran hatten und es wertvoll fanden, sich durch zahlende Männer selbst zu befriedigen. Die Regel war es sicherlich nicht."

„Die kleine Wohnung in der Stadt benutzte ich immer noch als eine Art Notunterschlupf. Mehr und mehr lebte ich wieder daheim im Elternhaus. Mein Herz erwärmte sich am bloßen Gedanken und Verantwortungsgefühl gegenüber meiner wunderbaren Tochter, aber auch durch die Stimme des Gewissens in Bezug auf meine kranke Mutter. Mit einer Selbstaufopferung, die mir gar nicht ähnlich sah, kümmerte ich mich um sie. Kochte ich nichts, aß sie nicht. War ich nicht da, schlief sie die ganze Zeit. Ihre Krankheit schritt trotz der Pflege sehr rapide fort. Die manischen Phasen waren ebenso wie die depressiven Episoden kaum noch kontrollierbar. Psychisch Kranke zu pflegen, erforderte eben besonders viel Ausdauer, Verständnis und Liebe - sehr viel genau jener Eigenschaften, von denen ich angeblich wenig Ahnung hatte. Vormittags führte meine Mutter noch fröhlich kleinere Arbeiten im Haushalt durch. Wenn ich dann Stunden später nach Hause kam, dröhnte laute Musik aus den Lautsprechern der Stereoanlage. Meist lag sie dann apathisch auf dem Wohnzimmerboden, abweisend mir gegenüber und orientierungslos. Ihre absolut unvorhersehbaren, wechselnden Höhen und Tiefen, ihre extremen Stimmungsschwankungen begannen irgendwann, mich zu überfordern. Mutter und ich, wir verfielen in einen alten Modus. Unsere Streitereien und viele der Vorwürfe, die meist die Vergangenheit betrafen und mit der Realität nichts mehr zu tun hatten, wurden wieder heftiger und lauter. Wie damals schon als Kind, sperrte ich mich dann in meinem Zimmer ein und wartete dort ängstlich und ungeduldig, bis die Anfälle abebbten und vorbei waren. Ich stellte mir, ehrlich gesagt, die Frage, ob sich durch meinen Entschluss, gesund werden zu wollen, irgendetwas in der Beziehung zwischen mir und meiner Mutter gebessert hatte. Diese Frage konnte ich leider nur mit einem 'Nein' beantworten. Im Gegenteil, ich hatte sogar das Gefühl, dass meine Mutter noch arglistiger wurde, je mehr Unabhängigkeit, Verantwortung und Zufriedenheit ich ausstrahlte. Meine Angst nahm zu, und zusehends schämte ich mich auch dafür, offensichtlich zu schwach zu sein für diese Welt."

Christoph fühlte sich zu schwach für einen Entzug, zu schwach für die Pflege seiner Mutter, zu schwach, um mit dem nötigen Ernst und der entsprechenden Ausdauer für seine Familie zu kämpfen, zu schwach, um sich ständig aufs Neue zu motivieren. Und obwohl er funktionierte, fühlte sich sein Leben sinn-los, erb-ärmlich, wert-los an.

„Immerwährend suchte ich in meiner Familie nach Anerkennung. Von Kindheit an war ich immer nur Mitläufer gewesen. Gerade deshalb, scheint es, wollte ich Schauspieler werden: weil ich sogar bereit war, in verschiedene Rollen zu schlüpfen, um Aufmerksamkeit zu erhaschen und obendrein vor mir selbst zu flüchten. Als Filmstar glaubte ich diese Anerkennung und Aufmerksamkeit erhalten zu können, durch Ansehen Beifall zu erfahren. Doch aus den Brettern, die angeblich die Welt bedeuten, waren nun einige Holzbalken geworden, an deren Kreuz ich mich durch meine Andersartigkeit festgenagelt sah. Und aus morschem Holz schnitzte man keine Violinen. Meine Lebensoptik hatte sich verschoben, mein Urteil sich unmerklich verändert. Bis auf ein paar unbedeutende Dorfbühnenauftritte und Kurzfilme hatte ich doch bisher nichts von Belang erreicht. Gewiss, es waren auch einige ganz gute Studioaufnahmen von eigens komponierten Liedern vorhanden, doch auch diese landeten irgendwo im Nirgendwo. Höhepunkte meiner Gesangskarriere bestanden bislang aus Auftritten im berauschten Zustand auf Zeltfestbühnen und in Karaoke-Bars. Aus meiner Mutter, der hübschen, bewundernswerten, immer freundlichen Kellnerin, war mittlerweile eine durch Medikamente, psychische Krankheiten und Krebs gebrochene, niedergerungene, armselige, alte Frau geworden. Auch ihr Traum von einem eigenen Lokal hatte sich nicht bewahrheitet. Durch die Kränkungen ihrer vielfach unerfüllten Existenz war sie zutiefst unzufrieden und schwer krank geworden. Und mein Vater, der zu Lebzeiten überaus begabte, fesche Musikant und Stimmungsmacher, hatte gleichermaßen eingemauert in einer gefühlskalten Welt gelebt, aus Angst, noch tiefer verletzt zu werden. Auch er hatte sein Unglücklichsein immerzu überspielt. Ach ja, da war ja auch noch mein Bruder gewesen, der Fußballstar der Familie. Doch auch bei ihm reichte es zu keiner Profikarriere. So folgten wir alle, jede und jeder, dem eigenen Willen und füllten unsere Unzufriedenheit, Einsamkeit und Leere mit Abhängigkeiten und lebten so-fort in Ablenkung durch andere Süchte. Da lagen sie nun, die Antworten auf das Warum: Egoismus und Eifersucht, selbst in der eigenen Familie! Unbehagen und die gelb vor Neid erfüllte Missgunst darüber, dass andere mehr Erfolg, Geld, Prestige und Anerkennung haben könnten, als wir selbst. Rampenlicht und Ruhm brauchten nur die Menschen, die selbst aufgehört hatten zu strahlen. Genau das waren die Gründe dafür gewesen, warum wir uns alle zerstritten und verleumdet hatten. Aus Neid - der Quelle und Wurzel des Hasses, der Intrige und der Verleumdung."

Eine Kaskade von Gedanken, Zergliederungen und Schlussfolgerungen nahm Christoph gänzlich ein: Sinnbehaftete Menschlichkeit. Bestimmung der Menschheit. Werteempfinden gemäß natürlicher Schöpfung. Alle Welt. Welt-All. Alles Innere. Inneres All. Innere Allmacht.

„Mein Verstand spielte völlig verrückt. Ich hatte zeitgleich Unmengen an Erkenntnissen, Wahrnehmungen, Empfindungen, Gedankenchaos, Gefühlsstrudeln. Doch was ich in meinem Leben noch niemals hatte, war die Möglichkeit, mich mit Gleichgesinnten in geschützter Atmosphäre auszutauschen. Wenn ich jetzt nicht bald ärztliche Hilfe bekäme, würde ich in diesem inneren Lärm noch umkommen. Mein Leben war zu einem einzigen Rennen geworden. Noch immer fühlte ich mich wie ein kleiner Junge, der flehend um mütterliche Fürsorge bettelte. Jetzt, da ich sie pflegte. Ich wollte aber reifen, mein wehrloses, inneres Kind akzeptieren und zum erwachsenen Mann werden. Dieses verletzte Kind, der Alkoholiker und der Drogensüchtige, aber auch der fürsorgliche Vater und aufopfernde Sohn - all diese Anteile in mir gehörten nicht minder zu mir als andere, und machten mich aus. Darum war nun die Zeit für einen neuen Abschnitt angebrochen: erwachsen zu werden und endlich zu erwachen; eigenständig, eigenverantwortlich und unabhängig zu sein."

„Was das eigene Schicksal betraf, musste man handeln, nicht verhandeln. Ich nahm also meinen ganzen Mut zusammen und rief meinen Psychiater an, mit der Bitte um einen neuerlichen Termin. Hörbar überrascht und doch spürbar erfreut, drückte er seine angebliche Besorgtheit um mich aus. Das wiederum überraschte - mich. Da war ein Mensch gewesen, der sich tatsächlich Sorgen um mich gemacht hatte? Um Christoph, einen von vielen Patienten? Ausgerechnet er, dieser systemkonforme Arzt, der meiner Ansicht nach seine Patienten nach 'Schema F' betreute und behandelte? Ausgerechnet dieser Weißkittel, der aus meiner Sicht auch maßgeblich an meinem neuerlichen Untergang beteiligt gewesen war? Dieser Typ mit seiner unsicheren Art, der mir unbedingt seine Tabletten einzureden versuchte und mich, statt zur Genesung, in einen Irrgarten von Albträumen getrieben hatte? Genau er hatte sich um mich Sorgen gemacht? Unglaublich! Doch schön. Ungeschönt und unverblümt äußerte ich mich genau darüber bei der vereinbarten Sitzung. Mitsamt all meinem Unverständnis über diesen bürokratischen

Krankenapparat, meinen Bedenken und Teilerkenntnissen. Zusätzlich zu meinem restlichen Gefühlschaos rechtfertigte ich damit gleichsam meinen Rückfall in den Exzess. Ich erzählte ihm von den Begegnungen der letzten Zeit, von all den Ausschreitungen und auch davon, wie leicht es mir gefallen war, erneut an Drogen zu kommen, und wie ich diese - wie ehedem - als Ausgleich zu meinen unerträglichen Gefühlszuständen eingesetzt hatte. Darüber hinaus drückte ich dem Arzt gegenüber auch die Dringlichkeit des von mir gewünschten Therapieaufenthaltes aus."

„Der Psychiater versuchte mich zu beruhigen, indem er mir von seinen Nachforschungen berichtete, die er in der Zwischenzeit angestellt hatte. Auch ließ er mich wissen, dass er von mir und meiner Geschichte beeindruckt gewesen war, von meinem schier unbändigen Kampfgeist und Durchhaltevermögen. In der Tat, ich war angenehm verwundert, ganz angetan. Als ich das Wort 'Test' vernahm, horchte ich auf. Mit einer nahezu offiziellen Ernsthaftigkeit erzählte mir der Wissenschaftler, dass er innerhalb seines Kollegenkreises Informationen eingeholt hatte - Informationen bzw. neueste Erkenntnisse in Bezug auf die Entstehung psychischer Krankheiten, eine Forschungseinrichtung, die noch in den Kinderschuhen stecken würde. Was sollte nun schon wieder auf mich zukommen? Wieder eine neue Diagnose? Doch keine Therapie? Andere Medikamente? Völliger Dachschaden? Ich lauschte weiter den Ausführungen des Arztes und war erstaunt, als er seine Vermutung kundtat, dass ich offensichtlich an keiner schlimmen, psychischen Erkrankung leiden würde, sondern die Ursache für mein Leiden wohl in einer bislang unerforschten, unpopulären, genetisch veranlagten Begabung zu suchen war. Das schlug dem Fass den Boden aus!"

Seit Monaten ging Christoph sporadisch zur Therapie. Seit Jahren litt seine Familie an angeblich vererbbaren, psychischen Krankheiten. Alle in ihr wurden davon gequält und waren daran zerbrochen. Christophs Leben verhielt sich synchron zum Kreuzweg eines Heiligen. Sein Leben lang war er wie ein Aussätziger oder Außerirdischer behandelt worden. Sogar Medikamente hatte er gegen seine Überzeugung eingenommen. Gegen nichts! Für nichts! Zum ersten Mal in seinem Leben hörte Christoph von besonderer Empfindsamkeit als göttlicher Begabung. Doch verstehen konnte er es noch lange nicht.

„Auf eine eigentümliche Weise wurde mir klar, dass ich sensibler war als andere, auch wenn ich dies niemals zugegeben hatte, geschweige denn hören wollte. Jetzt nannte der Arzt diese für mich bislang negativ behaftete Eigenschaft der Hochsensibilität! Abgekürzt: HS. Wie bitte? Die Haare auf meiner Haut stritten sich um Stehplätze. Und obwohl ich völlig trocken und 'clean' war, wurde mir ganz schwindlig. In meinem Innersten hatte ich immer schon gewusst, dass all meine Süchte und Abhängigkeiten nur Auslöser und Symptome sein konnten, die Ursache dafür aber etwas viel tiefer Liegendes sein musste. Der Arzt unterbreitete mir seinen Zugang auf der Grundlage eines sogenannten bio-psycho-sozialen Modells. Aha! Das konnte doch alles nicht wahr sein, dass ich all das hatte verschmerzen müssen, um anschließend zu erfahren, dass ich, erblich bedingt, begabt sei? Ja, sogar hochbegabt im Bereich sozialer und emotionaler Intelligenz? In unserer Familie von Wahnsinnigen etwa!? Eine Welle ausgesprochener Wut kochte in mir hoch. Nur durch totale Selbstbeherrschung war es mir möglich, mich einigermaßen gesittet zu verhalten. In Gedanken sah ich mich, wie ich dem Arzt eine Ohrfeige verpasste, kurz bevor sein abgerissener Schädel durch das Zimmer zu purzeln begann. Stattdessen atmete ich tief durch und erfuhr dadurch, was gesunde Selbstdisziplin und Selbstbeherrschung zu bedeuten hatten. Hätte ich nun meinen Emotionen freien Lauf gelassen, wäre ich bestimmt im Gefängnis gelandet."

„Als ich mich wieder einigermaßen gesammelt hatte, kam es mir so vor, als ob mich dieser durchgeknallte Doktor sogar ein wenig beneidete. War er es oder ich, der jetzt neben sich stand? Dieser gut situierte Arzt beneidete mich – seinen psychisch kranken Patienten. Dabei hatte er doch sein eigenes und ein bestimmt viel ruhigeres, schöneres Leben, das er lieben konnte? Für mich war mein verzwicktes Leben zu einem Zustand geworden, über den ich nachdachte, wie es hätte sein sollen, während es gleichzeitig an mir vorbeizog: also das, was passierte, während ich ganz andere Pläne gemacht hatte. Das Leben im Gesamten zog an uns allen teilweise vorüber, und doch konnte jedermann seine eigene Geschichte dazu schreiben. Eine Geschichte, die jederzeit zu ändern war, wenn man dies wirklich wollte. Nicht die Vergangenheit und nicht die Zukunft – nur das Heute, sein Leben für eben nur diesen einen Tag. Ich fragte mich ernsthaft, wofür dieser Psychiater eigentlich lebte? Handelte er aufgrund seiner inneren Überzeugung, nach bestem Wissen und Gewissen, um seinen Patienten Hilfe zu leisten? Oder war er einfach nur ein Handlanger der Pharmaindustrie? Natürlich wollte ich niemandem durch meine zum Ausdruck gebrachte Sichtweise die Chancen auf Heilung mittels erprobter Praktiken der Schulmedizin vermiesen. Es schien mir eher so, dass sich die Industrien den Markt der Krankheitsforschung teilten und, mit Verlaub, die Außenseiter ‘von der Pflanzenfront’ als unliebsame Störfaktoren ignorierten. Eher Absprachen, als der Wille, Menschen dauerhaft zu heilen, prägten diesen Markt. Letztlich ging es ums Geld, nicht um den Hippokratischen Eid. Zum Wohle der Menschheit sollten doch die Ärzte handeln, sich nach ihrem ärztlichen

Versprechen und Berufsethos richten. Dem war nicht so. Ich sah das gesamte Leben auf diesem Planeten als einen nie enden wollenden Genesungsprozess. Heilung konnte niemals endgültig erreicht werden. Alles, was für mich jetzt zählte, war der Augenblick als solcher. Alles war Nichts. Ende war Anfang. Abschluss zugleich Neubeginn. Das Jetzt beinhaltete Bindung und Loslassen. Mein Arzt hatte gesagt, dass die wissenschaftliche Forschung zu Hochsensibilität noch in den Kinderschuhen steckte. Gleich darauf erklärte er mir, dass er diese Studien und Forschungsarbeiten gerne vorantreiben würde. Die Wissenschaft! Wenn ich dieses Wort schon hörte ... Die Wissenschaft hatte festgestellt, dass alles, was die Wissenschaft feststellte, festgestellt worden war. Ich selbst war ein wissenschaftliches Phänomen, ein Paradebeispiel. Wenn ich nun tatsächlich diese HS-Begabung haben sollte, dann würde doch ich selbst der Profi, der Vorreiter in dieser Erkenntnis, sein. Oder? Eine Sammlung von Wissen ungeahnten Ausmaßes. Immerhin hatte ich achtzehn Jahre lang meine Mutter auf ihrem Weg durch die Psychiatrie begleitet und war seit nunmehr fast zwei Jahren selbst diesen therapeutischen Weg gegangen. Ich trug diese Begabung seit meiner Geburt in mir. Also musste irgendjemand in meinem Familiensystem an einem bestimmten Ursprung diese Erbanlage weitergegeben haben. Im weitesten Sinn war ich eigentlich so etwas wie ein Anthropologe. Menschenskind noch einmal! Alle Verrückten dieser Welt - besonders begabt!? Für diese Sitzung reichte mir der Input allemal."

„Die neuen Erkenntnisse überschritten mein Fassungsvermögen. Und doch fühlte sich diese Wissensbereicherung befriedigend an, wie etwas vollends Vertrautes. So, als ob ich dieses Wissen seit jeher in mir getragen hätte. Ich war heilfroh, als die Sitzung vorbei war. Erleichtert und irritiert trat ich den Nachhauseweg an. Dort angekommen, öffnete ich die Eingangstür des Elternhauses. Meine angeblich geisteskranke Mutter, die noch fröhlich im Garten gearbeitet hatte, als ich mich von ihr verabschiedet hatte, stürmte ungehalten auf mich los. Die Hysterie hatte sie gepackt, und sie erzählte lauter wirres Zeug: Geschichten über meinen verstorbenen Vater, Erlebnisse mit meinem Bruder und irgendeinen Vorfall mit einem gestörten Nachbarn. Lauthals schrie und schimpfte sie. Als sie auch noch mit Dingen herumzuschlagen begann, lief ich, so schnell ich konnte, in mein Zimmer und versperrte die Zimmertür. Flashbacks tauchten auf. Und obwohl ich diese irrsinnige Angst bereits kannte, kroch sie ohne Vorwarnung neuerlich in mir hoch und jagte mir Schweißperlen aus jeder Pore. Mein Herz pochte so schnell, dass die Gedanken in meinem Kopf miteinander um die Wette rannten. Wie ich sie hasste zuweilen! Diese laute, verzweifelte, vorwurfsvolle, bedrohliche und doch nach Hilfe schreiende Stimme meiner Mutter. Ich wollte ihr ja helfen. Bloß, während ihrer emotionalen Anfälle wurde sie unfähig zur Kommunikation und ließ keine andere Meinung gelten. Es war, als ob sie in einen rauschähnlichen Zustand eingetaucht wäre. Aus diesem Grund blieb ich ängstlich und dadurch unfähig, die Tür zu öffnen, um sie eventuell zu beruhigen."

„Genau genommen, wollte ich ihr gar nicht mehr helfen, sondern mich als erwachsener Mann behaupten, ihr endlich einmal die Stirn bieten, ihr furchtlos gegenübertreten, sie zurechtweisen und ihr sagen, dass sie mich mit ihrem Verhalten in den Wahnsinn treiben würde. Schon seit der Kindheit konnte ich es nicht ertragen, als sie dasselbe mit meinem Vater angestellt hatte, jedes Mal nämlich, wenn sie betrunken nach Hause gekommen waren. Sie schrie und er kuschte. Hand aufs Herz, ich fühlte mich psychisch missbraucht. Als sie an meine Tür zu schlagen begann und mich jähzornig aufforderte, aus meinem Zimmer zu kommen, erschrak ich heftig. Andernfalls, sagte sie, würde sie die Polizei anrufen und mich anzeigen. Sie hatte es schließlich schon einmal erfolgreich geschafft, mir die Polizei auf den Hals zu hetzen, unter dem Vorwand, ich hätte sie umbringen wollen. Zu meinem Bedauern kam mir vor, als ob ich ungewollt die Rolle meines Vaters übernommen hatte. Denn zu Lebzeiten war er es immer gewesen, den sie fertigmachen wollte. Und ich wusste zweifellos, dass sie es in dem jetzigen Zustand wieder tun würde. Sie versuchte mich regelrecht zu erpressen mit ihren Fantasien über meine Drogengeschichten und Schlägereien. Einmal hatte sie sogar behauptet, ich hätte ohne ihr Wissen und Einverständnis ihrem Kaffee absichtlich Drogen beigemengt."

Ganz so, als wäre eine überirdische Quelle sein Souffleur und eine aus ihr hervorgehende Macht, ein Selbstwirken hier am Werk, riss er sich auf einmal zusammen und wählte den Rettungsnotruf. Zum ersten Mal in seinem Leben hatte er selbst die Nothelfer für seine Mutter gerufen und damit sein schlechtes Gewissen und seine regressiven Ängste überwunden.

„Als Mutter das Martinshorn und die blitzenden Blaulichter vernahm, vollzog sich ein mir altbekannter und für sie typischer Bruch in ihrer Persönlichkeit - von der Widerstandskämpferin und brüllenden Löwin zum mitleiderregenden, hilfsbedürftigen, verhaltenen Lamm. Blitzschnell verschwand sie in ihr Schlafzimmer. Trotzdem war es diesmal anders. Damit, dass ich die Rettung rufen würde, hatte sie anscheinend keinesfalls gerechnet. Ich hatte Verantwortung übernommen, indem ich die Verantwortung für meine Mutter an Kompetentere abgegeben hatte. Den freiwilligen Helfern erklärte ich die Geschichte meiner Mutter und teilte ihnen mit, dass sie aus meiner Sicht einer Einweisung in eine psychiatrische Anstalt bedurfte. Als meine Mutter bemerkt hatte, dass ihre Taktik, Mitleid zu erregen, nicht mehr fruchtete, brach sie ihr Verhalten und weigerte sich durch ein Schreikonzert aus Leibeskräften, ihr Zimmer zu verlassen. Das war die heftigste Debatte überhaupt. Gemeinsam mit dem herbeigerufenen Hausarzt und den Polizeibeamten, die meiner Mutter allesamt Verständnis entgegenbrachten und gut zusprachen, konnte sie dazu bewegt werden, mit ihnen gemeinsam ins Spital zu fahren. Wiewohl schon Wahres in ihrer Darstellung lag, konnte ich den Einsatzkräften eindeutig glaubhaft machen, dass meine Mutter die Geschichten frei erfunden hatte und mich in ihren Irrsinn mit hineinziehen wollte. Denn ich hatte sie, bei Gott, nicht wieder mit einem Gewehr und dem Umbringen bedroht, so wie ich es schon einmal zuvor getan hatte, als sie mich durch ihr Mundwerk zur vollständigen Verzweiflung getrieben hatte."

„Immer wieder hatte ich all die langen Jahre über versucht, mich allein um meine Mutter und die Streitereien innerhalb unserer Familie zu kümmern. Kläglich darin versagend, nahm ich zur Kenntnis, dass ich nicht nur dafür, sondern auch für mich selbst professionelle Hilfe und Unterstützung notwendig hatte. Mein Leben war durchwachsen von seelischer Verwüstung. Himmelhochjauchzende Höhen und zu Tode betrübende Tiefen. In Phasen der Manie hatte Mutter in der Vergangenheit schon enormen Schaden angerichtet, weil es für sie darin unmöglich war, Vernünftiges zu leisten. Stets hatte ich Schlimmeres vermeiden können. Dann folgten Depressionen mit gemischten Episoden, die für sie als bipolar Erkrankte besonders quälend ausfielen. Die Anfälle warfen sie regelrecht aus der Bahn und lähmten sie. Zumindest hatte ich in der Zwischenzeit erwirkt, Rechtsgeschäfte, die sie im Kontext ihrer manischen Phasen zu ihrem und dem Schaden der gesamten Familie getätigt hatte, trotz Aufrechterhaltung ihrer Geschäftsfähigkeit rückgängig zu machen."

Stille war eingekehrt. Das Haus - geradezu totenstill und bedrohlich leer. Christoph, soeben noch verwundert und zugleich stolz über seine vermeintliche Beherrschung, brach zusammen - geschüttelt von einem Weinkrampf, selber hilflos, einsam und verlassen. Ohne Freunde, ohne Familie und mutterseelenallein. Keiner da, der ihn umarmte, zärtlich drückte, ihm zuhörte oder ihm die Hand reichte. Fast unerträglich und dennoch nicht ohne Hoffnung.

„Wie von einer fremden Macht getrieben, raffte ich mich auf, setzte mich zum Küchentisch und begann draufloszuschreiben. Ich schrieb über mein Leben, meine Gefühle, meine Gedanken und Ängste. Meine eigene kleine Welt hatte mich wieder eingefangen. Raum und Zeit verblassten. Die Feder füllte seitenweise Papier, und ich gab mich ganz meiner Fügung hin. Am liebsten hätte ich diese Worte in die Welt hinausgeschrien. So beschloss ich, einen schriftlichen Schlussstrich zu ziehen. Durch diese innere Inventur wollte ich alles aufarbeiten. In einem Tagebuch eines Süchtigen beschloss ich, alles noch einmal zu durchleben, um dadurch vielleicht begreifen zu dürfen, zu erkennen, zu reflektieren, umzudenken und danach abzuschließen mit der Vergangenheit."

„Die Geschichte von der neuerlichen Einweisung meiner Mutter sprach sich in der ortsansässigen Gesellschaft in Windeseile herum. Und wie damals, als ich meine Mitmenschen durch mein Verschwinden dazu motivieren wollte, mit mir - anstatt über mich - zu reden, wurde ihrerseits wieder nur getuschelt, gelogen, gedichtet und gerichtet. Allesamt waren sie nur neugierig, was im Hause Verrückt und Anders wieder einmal geschehen war. Das Verhalten meiner Mitbürger quälte mich zusehends. Deren skeptische Blicke allerorts nagten an meinem Selbstbewusstsein. Ich fühlte mich beobachtet. Als feinfühliges Opfer stumpfsinniger Lügen, Gerüchte und Intrigen konnte ich hören, was die Leute von mir dachten. Ich genierte mich regelrecht, denn es fuhr mir bis ins Mark meiner Knochen: ich, der wahnsinnige Außenseiter, von allen gemieden und hinter vorgehaltener Hand verspottet. Das Unverständnis der Leute weckte wiederum die Grausamkeit gefühlter Leere, ein Gefühl, das immer schon Auslöser für meine Suche gewesen war. Für meine Suche nach Liebe, Anerkennung und nach Sinn ergebenden, wahren Empfindungen."

„Warum gierte ich immer danach, das haben zu wollen, was andere hatten? Ich war zu einem richtigen Neider geworden, versuchte ständig, durch Äußerlichkeiten und materielle Werte Erfüllung zu erlangen - durch eine wunderbare Frau, in die ich verliebt sein durfte und nach der sich alle umdrehen würden, durch ein schönes Haus mit großem Garten und Pool, für das ich von meinen Nachbarn beneidet werden würde, durch ein teures, lautes Auto, mit dessen Motorenlärm ich auffallen könnte, durch gesunde, anständige und brave Kinder, die ich als Aushängeschild einsetzen wollte. Und durch den Wunsch, auch noch weltberühmter Künstler zu werden. Ja, diese Unersättlichkeit und Oberflächlichkeit waren mein Problem. Permanent wollte ich am besten gleich alles, und davon so viel wie möglich und noch ein bisschen mehr als alle anderen. Aber zum Teufel - warum!? Nichts von alledem war auf dieser Suche in Erfüllung gegangen. Nichts? Das stimmte auch wieder nicht. Einiges davon hatte ich sehr wohl erreicht, doch warum war es nicht auf Dauer die ersehnte Erfüllung gewesen?"

„Obwohl ich mich für Michi und Lucy entschieden hatte, war der Familienplan schiefgegangen. Als Reaktion darauf entschied ich mich für den Künstler in mir, für die wahrhaftigen, gefühlsbetonten Anteile in mir, für mein Projekt Sagittarius A* - Genius Failure. Auch das war schlecht gelaufen. Beides hatte ich mir aus tiefstem Herzen ja gewünscht, sowohl die wunderbare Familie da als auch die Künstlerkarriere dort. Der große Erfolg an beiden Fronten blieb bekanntlich aus. Und das war der Lohn für meine Entscheidungen. Durch meine standhafte Weigerung, klare Entschlüsse als Folge meiner Bestimmung zu fassen, war ich mittlerweile völlig ausgebrannt. Auch mein Fernbleiben von dem geplanten Konzert griff eindeutig auf mein Burnout zurück. Immer dann, wenn ich mentalem Druck ausgesetzt war, neigte ich dazu, Termine einfach fallenzulassen und mich vor der Verantwortung zu drücken. Gewaltige Versagensängste zogen mich in ihren Bann, Panik und Unwohlsein breiteten sich aus. Ständig fühlte ich mich verfolgt. Selbst nachdem ich meine Entscheidung zur Vaterschaft getroffen hatte, konnte Michi mit meiner Bedingung, nur dieses eine Konzert als Tribut mir selbst gegenüber zu geben, als Zeichen meiner Wertschätzung, nicht leben. Zu jener Zeit fand sie die Situation wenig aussichtsreich und wollte viel lieber einen zuverlässigen, fleißigen, normalen Mann an ihrer Seite. Dafür hätte ich mich so verbiegen müssen, dass ich daran bestimmt zerbrochen wäre."

„Selbstverständlich wollte ich jeden nur erdenklichen Augenblick meines Lebens mit meiner herzallerliebsten Tochter verbringen. Es war ja für mich selbst unglaublich und fast unerträglich schmerzhaft gewesen, erleben zu müssen, wie hilflos ein junger Vater sein konnte, wenn er sein Baby schreien hörte und es nicht trösten und umsorgen konnte. Es hatte mir den Atem geraubt, wenn ich an Lucys Flehen dachte und ihr nicht als Vater und Schöpfer zumindest beistehen durfte, nicht mit ihr kuscheln, sie nicht wachsen sehen. Es brachte mich fast um den Verstand, kein herzerwärmendes, liebevolles Lächeln von ihr empfangen zu dürfen, nur weil ich mich nicht schon wieder an die Gesellschaft und ihre angestammten Normen anpassen wollte. Mein Baby brauchte doch ihren Papa. Ihren leiblichen Vater! O mein Gott!"

Ein Orkan heftiger Gefühle und bitterer Gewissensbisse tobte in Christophs Brust. Seine Gedanken wurden so laut, dass sie förmlich schrien. Genau wie bei einem kleinen Kind. Wie bei einem Baby, wenn es nach Aufmerksamkeit buhlte, indem es eben brüllte. Egal, ob man sich die Ohren zuhielt, in einen anderen Raum ging oder versuchte sich abzulenken. Trotzdem war es da und schrie. So lange, bis es liebevoll in den Arm genommen wurde. Aus dem Brüllen wurde ein Schluchzen. Langsam, aber sicher brachte eine solche Beruhigung auch Gelassenheit.

„Ich will mich von den anderen nicht festnageln lassen, nur wegen meiner besonderen Feinfühligkeit, wegen meiner Erbanlage. Ich kann und will mich nicht mehr um andere kümmern und aufopfern, nur um im Gegenzug von ihnen Aufmerksamkeit zu erhalten. Ich will mich um meine Bedürfnisse und Gefühle kümmern und ihnen meine gesamte Aufmerksamkeit schenken: sie beachten, sie wahrnehmen und für mich sorgen. Denn, nur so kann ich weiterleben. Entweder würde ich in meinen derzeitigen Süchten weiterexistieren und früher oder später den Löffel abgeben, oder aber ich würde damit anfangen, mich darin zu üben, dauerhaft von allem Zeug loszukommen. Distanz war hier gefragt. Distanz zum Außen, um wieder das Innen zu finden – mich selbst. Doch wonach sollte ich suchen? Was wollte ich finden? Wofür lebte ich wirklich? Welche Aufgabe hatte ich auf dieser Welt? Die ständigen Katastrophenszenarien in meinem Gehirn, die Horrorvorstellung, durch die Auswüchse meiner Abhängigkeiten, durch mein Fehlverhalten in der Vergangenheit ohnehin schon alles verloren zu haben, trieben mir abermals den Angstschweiß auf die Stirn. Immer wieder diese grauenvolle, unerklärliche, allgegenwärtige Angst. Diese Unsicherheit, nicht zu wissen, wie ich nüchtern mit meinen wahren Gefühlen und Gedanken umgehen sollte. Sie machte mich feige. Sie schaffte Verwirrung und Unklarheit. Ungeachtet der Tatsache, dass ich mich seit dem Gespräch mit meinem Arzt nicht mehr fürchtete, hatte ich Angst. Unbeschreibliche Angst. Tagtäglich."

Dieser Zustand stellte für Christoph ein notwendiges Stadium seiner Entwicklung dar, einen Übergang sozusagen, um neue Klarheit zu erlangen. Unsicherheit und Angst dienten als Brücke zu einer anderen Art von Sicherheit. Diese würde dann nach anderen Maßstäben zu bewerten sein, denn sie reichte viel tiefer und umfasste viel mehr.

„Keine Frage, ich wollte mir nicht mehr den Kopf darüber zerbrechen, wohin mein Weg mich führen könnte. Nein. Ab jetzt wollte ich meinem Herzen folgen. Ich wollte meiner Herzensweisheit vertrauen, mich von ihr führen lassen. Fühlend konnte ich ihre Macht hören. Unmerklich begann ich diese sanfte, innere Stimme wahrzunehmen, alles hinter mir zu lassen, um für Lucy eine annehmbare Lebensbasis zu schaffen. Endlich eine vernünftige Idee: die Tür zur Vergangenheit nicht zuzuschlagen, sondern mit ihr ins Reine zu kommen, Frieden in das Chaos zu bringen, das meine Vorfahren in mir hinterlassen hatten. Denn sie lebten in mir fort, so wie ich lebte durch sie. Den Zufällen meines Schicksals wollte ich mich in der Gegenwart stellen, ohne die Herausforderungen sogleich zu bewerten. Das Unveränderliche an ihnen wollte ich bedingungslos annehmen. Dadurch würde ich wenigstens ändern, was sich ändern ließ. Obwohl ich das Gefühl hatte, dass mich die Menschen in meinem Umfeld hassten und mir nur Schlechtes wünschten, war ich es doch auch, der mit ihnen nicht klargekommen war. Ich fühlte mich erbarmungslos gefangen, von den Normen der Gesellschaft in die Knie gezwungen und in den Eigenschaften meiner genetischen Kreuzung fixiert. Ich wollte meinen Mitmenschen vergeben, hatte ich selbst doch erst kürzlich und zufällig vom Begriff der Hochsensibilität erfahren. Sie wussten ja nichts von der Existenz dieser genetischen Veranlagung. Wie hätten sie es auch wissen können?! Sie wussten ebenso wenig wie ich, was sie taten. Ich wollte so bald wie möglich die Therapie starten. Irgendwie musste ich es schaffen, mich selbst von Grund auf zu akzeptieren, meine Gedan- ken nicht länger im Wahnsinn zu verorten oder zu ignorieren und meine Gefühle zu leben. Mit mehr Selbstwert, für mehr Lebenspoesie, samt moralischer Grammatik. Ab jetzt wollte ich meine Sensibilität - aussprechen."

Either-Or

Eine Geschichte über Völlerei und Dankbarkeit

Dein Gott wird Dich nie verlassen. Das ist das Einzige, was zählt. Dir ist alles mit in die Wiege gelegt worden, doch entscheiden musst Du selbst - ob Dein Weg der richtige oder der falsche ist, ob Du Dich für das Gute oder zum Bösen entschließt. Eines ist gewiss: Glückliche Menschen haben vermutlich nicht immer das Beste vom Besten; doch sie leben im Einklang mit ihrer Bestimmung, in jedem Moment, der ihnen widerfährt.

Die Einsicht, sich in Distanz zu üben - Distanz zu seiner Außenwelt, Distanz zu seinen Süchten und Distanz zu seiner schrecklichen Angst - brachte für Christoph leider mehr Unsicherheit als Sicherheit mit sich. Zu lange hatten schädigende Einflüsse und Chaos in die Welt dieses verletzlichen und sentimentalen Menschenjungen Einkehr gehalten. Der ganze Wahnsinn seiner Familiengeschichte, dem er über viele Jahre schutzlos ausgeliefert war, konnte durch die bloßen Erkenntnisse der vergangenen Tage keinesfalls den nötigen Zugang zu seinem Bewusstsein finden. Ansichten brauchten Zeit, um zu sickern, und Gewohnheiten änderten sich nicht über Nacht. Sein Inneres glich einer Verwüstung. Momentan konnte er unter keinen Umständen verstehen, was ihm das durch sein gefühlsbetontes, feinsinniges Inneres gefühlte Leid mitteilen wollte, nämlich, dass es ihn auf den für ihn bestimmten Weg führen sollte.

„Das tat ich doch schon mein ganzes, elendiges Leben lang: Gefühle wahrnehmen, Gefühle spüren, Gefühle begreifen! Immer wenn ich nüchtern war, spürte ich nichts. Irgendwie machten mich all die Substanzen emotional durchlässiger. Ich wollte einen neuen Weg gehen. Einen Weg ins Glück, finanzielle und berufliche Unabhängigkeit erlangen, um endlich erfahren zu dürfen, was es bedeutete, wahre Lebensfreude zu verspüren. Nun war ich bereit, mein Leben in die Hände einer höheren Macht zu legen, egal, wie und was als Nächstes kommen würde. Alles wollte ich meiner höheren Macht überlassen. Auch wollte ich mich wieder um meine pflegebedürftige Mutter kümmern. Die Vorstellung, dafür meine angedachte Therapie noch etwas aufzuschieben, fütterte jedoch erneut meine Zweifel. Mir wurde klar, dass Mutter in naher Zukunft sehr viel Zeit in der psychiatrischen Anstalt verbringen würde, und so sah ich es als meine Verpflichtung an, sie zu begleiten. Das war ich ihr schuldig. Mutter schien sich ihrerseits voll und ganz auf mich zu verlassen. Denn obwohl sie anfänglich recht verärgert und gekränkt über ihre Einweisung war, zeigte sie sich alsbald dankbar für die ärztliche Hilfe - wenn auch nicht wörtlich davon überzeugt.

Außer mir, ihrem kleinen geliebten Sunny, und einem befreundeten Nachbarpaar gab es leider keine Menschen mehr, die sich sonst um sie gekümmert hätten. Mutter war froh darüber, dass sie durch die Einweisung einmal mehr von der lärmenden Gesellschaft abgeschirmt war."

Dem Ebenbild einer Orchidee glich diese empfindsame, menschliche Besonderheit. Bewusstsein und Achtsamkeit vermochten sie zu formen.

„Es konnte doch nicht möglich sein, dass ich bis jetzt immer nur dazu fähig gewesen war, mich in Extremen aufzuhalten, die Dinge entweder ganz oder gar nicht zu tun. Aus tiefstem Herzen wollte ich nun versuchen, Neuland zu betreten. Mir leuchtete ein, dass ich bisher verschwenderisch gelebt hatte, dass ich niemals geschätzt hatte, was mir zugeflogen war. Und meine Ängste entsprangen lediglich meinen Abhängigkeiten, die wiederum durch unbewusste Gewohnheiten entstanden waren. Ständig war ich versucht, an Sicherheiten festzuhalten, die außerhalb meiner selbst zu finden waren: Mutter, Frau, Geld, Reichtum, Sex, Anerkennung, Ruhm, Lucy, Lob, Job, Gesellschaft und dergleichen. Hingegen, diese Sicherheiten waren nicht wirksam gewesen, sondern bestenfalls von außen erwirkte Selbstbefriedigung. Immer wieder hatte ich mich davon beeinflussen und dadurch von meiner wirklichen Bestimmung ablenken lassen. Mein Wunsch zum Leben war anscheinend dem Angesicht des Todes entsprungen. In der Zwischenzeit war mir das völlig bewusst geworden. Umso mehr wollte ich den Lebensweg fortsetzen, meine Begabung für Künstlerisches fördern und mich als Künstler verwirklichen. Und für Lucy wollte ich natürlich ein verantwortungsvoller Papa sein. Für Michi war es Faktum, dass die wichtigsten Dinge für ein Kind Essen, Trinken und Kleidung waren. Für mich zählten eigensinnige Werte wie Liebe und Vertrauen weitaus mehr. Keinen Augenblick länger wollte ich dieser hilflose, unreife, nie erwachsen gewordene Mann sein!"

„Anfangs war es mir um die Entscheidung gegangen, entweder als populärer Einzelkünstler oder als zurückgezogener Familienvater zu leben. Nun galt es, eine Möglichkeit zu finden, beides unter einen Hut zu bringen. Eigentlich aberwitzig und unbegreiflich, welch seltsame und wirre Gedanken da schon wieder in meinem Geist herumspukten. Nichtsdestotrotz war ich dem lieben Gott dankbar, schlussendlich die richtige Entscheidung für mein Leben getroffen zu haben, mir nämlich das Ziel zugeflüstert zu haben, beides zu wollen. Irgendein Weg würde sich bestimmt eröffnen, denn diese unaufhörliche Suche nach Liebe und Anerkennung hatte mich in die Völlerei getrieben. Anscheinend war das der Grund gewesen, weshalb ich bereits mehrmals vor die Entscheidung gestellt worden war: Leben oder Tod. Was mich aber weiterhin plagte, war die Gewissheit, dass ich all die Fehler, die ich in meiner Vergangenheit begangen hatte, nicht mehr korrigieren konnte. Getan war getan. Gewissensbisse holten mich ein, denn zu allem Übel musste ich, so leid es mir tat, noch erkennen, dass ich mir die Distanz zu meiner Außenwelt in mühevoller Eigenleistung selbst erarbeitet hatte. Mit eisernem Willen. Bis zur Selbstausgrenzung. Durch mein schändliches, ungastliches und gereiztes Verhalten der letzten Zeit. In dieser abgeschiedenen und öden, elenden Einsamkeit würde ich wohl eher umkommen, als zu mir selbst zu finden. Das hatte ich mir ja bereits bewiesen. Mein neues Dasein würde nie und nimmer funktionieren. Alles, wonach ich mich am meisten sehnte, war ein liebevoller Mensch zum Reden und Anvertrauen. Ja, das war mein momentanes Bedürfnis. Mein gesamtes Vertrauen allein in meinen Allmächtigen zu setzen, erschien mir – zu wenig."

„Der Einzige unterdessen, der sich noch bei mir meldete, war mein Drogenfreund Rudy gewesen. Der nächste Anruf ließ also nicht lange auf sich warten. Ausgezeichnet verstand er es, mir immer wieder sein Interesse an der geplanten Änderung meiner Lebenseinstellung vorzugaukeln – aus meiner Sicht einzig und allein mit dem Ziel, mir erneut durch List und billige Tricks ein schlechtes Gewissen einzureden. Mehr noch: Ich hatte das Gefühl, dass er mich imitierte. Er war ein Mensch, der so tat, als würde er mich in- und auswendig kennen. Darum gab ich erneut nach und schenkte ihm Gehör. Er schien mir direkt aus der Seele zu sprechen. Am schlimmsten war es zwischen uns gewesen, wenn ich hin und wieder ein Mädchen angelacht hatte. Es kam mir vor, als ob er wahrhaft eifersüchtig reagierte. Sobald ich nicht dabei war, redete er schlecht hinter meinem Rücken und vollbrachte es geschickt, Liebe in Hass zu verwandeln. Darauf angesprochen, wand er sich immer heraus. Und obwohl ich unserer Freundschaft den gesundheitsfördernden Aspekt absprechen konnte, schaffte ich es nicht, vollends von ihm zu lassen."

„Irgendetwas Unsichtbares verband unser Innerstes. War es Liebe? Wahre Freundschaft? So nah an Feindschaft? Meine Süchte nach Erleichterung und mein Haschen nach Verständnis waren stärker. Ich besorgte 'Stoff'. Unermüdlich versuchten wir von nun an, uns gegenseitig zu bekehren, uns umzustimmen, und gemeinsam besprachen wir jedes Mal, zukünftig diese entsetzlichen Drogen-meetings zu unterlassen. Dieses Unterfangen erwies sich jedoch als deutlich schwieriger als gedacht. Einerseits lagen gute Argumente auf der Hand, andererseits zugkräftige Einwände auf dem Tisch. In benebeltem Zustand konnten wir den Sinn unseres Leidens nicht erkennen. War es doch so auch viel einfacher gewesen, im High-Zustand das Leben zu genießen und ausgefallene Dinge zu tun? Mit uns beiden hatten sich eben zwei einflussreiche Gefährten gefunden, die es genossen, sich gegenseitig zu manipulieren und mit kleinen Geschenken gefügig zu machen. Wir schöpften aus dem Vollen. Immer wenn ich meine Konsumgrenze erreicht hatte, beschloss ich, von diesem Teufelszeug abzulassen, endlich davon wegzukommen, um mich und mein Suchtverhalten zu kontrollieren. Ohne Erfolg. Mit Vitaminpräparaten und viel Flüssigkeit stellte ich mich meist wieder her, um aufs Neue bis zum Äußersten zu gehen. Darauf folgte die wiederkehrende Enttäuschung, wieder einmal versagt zu haben. Unsere gemeinsamen Drogenexzesse transformierten sich zu einem zügellosen Bullenritt auf Teufel komm raus."

Christoph wollte es anscheinend ganz genau wissen. Dann eines Nachts vollzog sich der einschneidende, prickelnde Umschwung durch seine bislang schicksalhafteste Begegnung. Victory.

„Tori war eine Technobraut und wirkte etwas burschikos. Auf ihrer freiliegenden Haut tummelten sich farbige Tattoos und Piercings. Diese Bilder und Silberstücke an sämtlichen sichtbaren und unsichtbaren Körperstellen beflügelten meine Fantasie. Ihr langes, dunkles, glattes Haar, meist zusammengebunden zu einem Pferdeschwanz, leuchtete schwarz-violett im Neonlicht. Ihre schlichte Kleidung bestand aus abgetragenen Jeans, einem ausgewaschenen, hautengen, bauchfreien T-Shirt und sichtlich gebrauchten Turnschuhen. Ihre kokette Erscheinung wirkte jugendlich und leichtsinnig. Ihre ausgelassene Art aber ließ auf ein frohes, zufriedenes Gemüt schließen. Erst der Blick in ihre Augen ließ das Dämonische erkennen - aufreizend, anziehend und abstoßend zugleich. Genau so ein Geschöpf konnte ich jetzt brauchen! In Gedanken sah ich sie vor mir knien, total ergeben, in meiner Macht. Ihr Haar um die Fesseln meiner rechten Hand gewickelt, so wie die Zügel eines noch zu zähmenden, wilden Tieres. Danke, lieber herzensguter Gott! Sofort schöpfte ich Hoffnung, seit Langem wieder einmal erfahren zu dürfen, was Glück und Freude in Verbindung mit geilem Sex zu bedeuten hatte. Dieser neue Schub ließ meine Lebenssäfte auftauen. Ihre Grazie, die, nicht anders als bei mir, in keine Schublade passte, die zu ihrer Verrücktheit und Andersartigkeit stand und die anscheinend nichts darauf gab, was die Leute redeten oder dachten - herrlich! Da ich ohnehin schon vollgepumpt war, ging ich einfach auf sie zu und sprach sie an. Die Erlebnisse der weiteren Stunden stellten all das in den Schatten, was ich mir zuvor vorgestellt hatte. Wir erlebten einen ausgelassenen, exzessiv entspannenden Event, nach dem Anstoß auf der Mittelauflage eines Fußballfeldes."

Die elektronischen Vibes, die aufgrund ihrer rhythmisch-monotonen Struktur und ihres sphärischen Klanges an alte Stammesrituale erinnerten, ließen Christoph und Tori hemmungslos abgleiten. Weit weg vom Alltag in einer angepassten Normgesellschaft.

„Irgendwann am späten Nachmittag kam ich, wenn auch nur langsam, wieder zu Bewusstsein. Die Nachwirkungen der Nacht beutelten meinen ausgelaugten und erschöpften Körper. Mein Verstand war vernebelt. Tori lag neben mir. Dieses Gefühl, eine zarte, goldige Maid in meinen Armen zu halten, erfüllte mich sogleich mit Stolz. Mein trauriges, leeres, deprimierendes und unerfülltes Leben war erst einmal zu Ende. Zärtlich küsste ich meine neue Freundin wach. Nach einem gemeinsamen, ausgiebigen Bad fühlte ich mich wie auf Wolke 7. Die Tage vergingen und zogen dahin, ehe ich aus meiner schillernden Traumwelt erwachte. Durch die ausführlichen Gespräche stellte sich bald eine ernüchternde Erkenntnis ein: Unweigerlich hatte ich feststellen müssen, dass ich in Tori eine Leidensgefährtin gefunden hatte, die meiner Mutter ähnlicher zu sein schien, als mir lieb war. Recht bildreich erzählte sie mir von ihrem bislang primitiven und verkorksten Leben. Nach der Scheidung von ihrem Ehemann lernte sie einen Typen kennen, der als Security bei Technoveranstaltungen tätig gewesen war. Durch diese Bekanntschaft rutschte sie nach und nach immer tiefer in die Drogenszene ab. Tori erzählte ausschmückend und eindringlich über ihre schrecklichen Erlebnisse, davon, dass sie dieser Typ im Rausch oft geschlagen und vergewaltigt hatte."

„Erschüttert über ihre Geschichte, um nicht zu sagen, entsetzt darüber, wuchsen meine Aggressionen wieder. Aus eigener Erfahrung wusste ich, dass Menschen oftmals im Rausch zu gewalttätigen Schlägern ausarten und hinsichtlich ihres Zorns und ihrer Enttäuschungen unkontrolliert sein konnten. Was für ein Kunststück: hemmungslos die Wut über die ganze Welt an irgendeinem Gegenüber auszulassen, das gerade nicht ins Konzept passte. Aber eine Frau schlagen!? Sie zum Sex zu zwingen, wenn dies nicht zum Spiel gehörte? Nein. Nie und nimmer würde ich auf eine Frau losgehen. Eine Frau zu schlagen oder gar zu vergewaltigen, war feige und nach allen menschlichen Maßstäben, wenn man so wollte, schwach. Tori tat mir so unbeschreiblich leid, allem voran wegen der Rücksichtslosigkeit und Übergriffe, die sie erfahren hatte. Zärtlich umarmte und tröstete ich sie. Tori hatte meinen Beschützerinstinkt aktiviert. Urplötzlich spürte ich wieder ganz deutlich, meine geglaubte Bestimmung zu erkennen. Es ging mir anscheinend gar nicht darum, eine wunderbare Frau zu finden, mit der ich ein harmonisches, zufriedenes Leben führen könnte. Vielmehr würde es meine Berufung sein, armen Seelen wie Tori zu helfen, sie in Schutz zu nehmen. In meinem Hirn überschlugen sich unaufhörlich lauter abscheuliche Szenarien, als Grübeln darüber, was ich diesem Sadist von Exfreund antun wollte, um dessen Schandtaten zu sühnen. Gedanken waren frei, doch intuitiv wurde ich mir klar darüber, dass ich mich auf dieselbe Stufe stellte, wenn ich Vergeltung üben würde. Es musste demnach eine andere Lösung geben. Immerhin war und ist jeder Mensch für sich selbst verantwortlich. Alle Menschen hatten ihr eigenes Schicksal, das jede und jeder nur für sich selbst annehmen, damit zurechtkommen, es aber auch ändern konnte. Dieser Grobian hatte sicherlich selbst genug Schlimmes erleben müssen. Warum sonst hätte er mit anderen Menschen solche Scheußlichkeiten aufführen sollen?"

Zumindest im Außen konnte Christoph sehr gut erkennen, was ein verantwortungsvoller Mensch zu machen hatte. Aber bei sich selbst – da schien er unbelehrbar zu sein. Verstehen war eine Sache, das Umsetzen des Gelernten eine andere. Oder sollte dieses Spiegelkabinett bereits Teil eines lehrreichen Prozesses sein?

„Für mich war klar: Tori war nun die Frau, die meine Hilfe brauchte. Ich fühlte, ich müsste sie beschützen und befreien. Einen anderen Grund für unsere Begegnung sah ich nicht. Vorerst vergaß ich meine eigenen Sorgen. Verantwortungsbewusst machte ich Toris Probleme zu den meinen. Die Rolle des edlen Samariters und helfenden Retters war wie auf mich zugeschnitten. Zudem lebten wir all meine sexuellen Gelüste und Begierden aus. Dies war ein griffiges, durchaus effizientes Belohnungssystem. Toris Geschichten wurden jedoch zunehmend skurriler. Eines Tages erzählte sie von ihrem Onkel, vor dem sie auf dem Dachboden seines Wohnhauses in Strapse gekleidet hatte auftreten müssen, bevor er sie zu streicheln und missbrauchen begann. Immer und immer wieder. So wie er es auch Toris Aussagen zufolge mit seinen eigenen Kindern gemacht hatte. Sie berichtete von ihrer alkoholkranken Mutter, die sie ständig mit Wegsperren bedroht hatte, manchmal auch sogar damit, sie umzubringen. Ich war von ihren Anekdoten so ergriffen, dass ich sie am liebsten in Watte gepackt und sie unter keinen Umständen mehr aus den Augen gelassen hätte. Alles schien glaubhaft. Sie war Opfer physischer und psychischer Gewalt geworden. Sie zeigte sich mir so dankbar und ließ mich teilhaben an ihrem Gefühl der Sicherheit und des behüteten Wohlseins. Sichtlich genoss sie unser Zusammensein, denn bei mir durfte sie so sein, wie sie war. Auch mir ging es immer besser, seit ich sie kennengelernt hatte. Sie meinte, dass ich ihr Traummann wäre und gestand mir, dass sie mit mir gerne eine Familie gründen würde. Und ich – ich war so verliebt!"

Christoph verlor den Überblick, was sich tagtäglich hinter seinem Rücken abspielte: Alkohol, Drogen, Sex gegen Bezahlung. Tori verstand es meisterhaft, Christophs leiseste Ahnung dahingehend sofort, auf für ihn glaubwürdige Weise zu entkräften.

„Tori hatte mittlerweile sehr viel Macht über mich erlangt. In erpresserischer Manier verlangte sie immer wieder von mir, ihr Drogen zu beschaffen. Andernfalls würde sie es selbst tun – für sexuelle Gegenleistungen von ihren Bekannten und Freunden. Dazu zählte auch mein 'Freund' Rudy. Dabei versicherte sie mir, dass allein ich an ihrer Misere schuld wäre, weil ich ihr durch meine mitfühlende

Art ihr Herz geöffnet hätte. Dadurch fühlte sie sich erst recht wieder schlecht und ausgenutzt. Langer Rede kurzer Sinn, Tori verstand es ausgezeichnet, mich mit ihren Liebesbekundungen und sexuellen Künsten weichzuklopfen. Im Gegenzug ging sie zur Drohung über, sich mit einer Überdosis das Leben nehmen zu wollen, nachdem sie den Behörden erzählt haben würde, wie ich sie durch sadistische Sexpraktiken gefügig gemacht hätte. Jetzt saß ich in der Falle! Dieses stumpfsinnige, psychisch kranke Ding hatte meine Empathie und fürsorgliche Ader, mein mitfühlendes Wesen maßlos ausgenutzt und ging dazu über, mich auszubeuten. In meiner Gutmütigkeit und Hingabe hatte ich geschworen, ihr zu helfen, ihr beizustehen und auf sie zu achten, was auch immer geschehen mochte. In bester Absicht war ich drum und dran, gemeinsam mit ihr ein neues Leben zu beginnen, abseits von Drogen und Gewalt. Ich hatte wahrhaftig an das Gute in ihr geglaubt, ihr vertraut. Ich war in sie verliebt gewesen. Mehr denn je wurde mir klar, was Drogen anzurichten imstande waren. Tori war krank, verlogen, missbraucht und hilflos. Sie hatte den Glauben an alles verloren. Wenn ich es bloß schaffen könnte, Tori davon zu überzeugen, dass es für alle von uns besser war, ohne das persönlichkeitsverändernde Gift auszukommen, hätte ich wenigstens den Funken einer Chance!"

Immer dann, wenn die Vernunft in Christophs Verstand durchzuschlagen schien, bezauberte ihn Tori erneut mit ihrer heuchlerischen Liebe. Drogen. Sex. Begierde. Völlerei. Immer dann, wenn die rosarote Brille sich zu verdunkeln begann, erschien sie, die sonnige Sexgöttin, um sein Gemüt zu erhellen. Tag für Tag, Woche für Woche, Monat für Monat wurde Geld zusammengelegt, um frischen Stoff zu besorgen. Zeiten berauschender Ekstase.

„Ich wollte kein Geheimnis mehr aus meinem Drogenkonsum machen. Ohnehin hatte es sich in meinem Umfeld schon herumgesprochen. Und wenn mich irgendwelche Leute auf Speed oder Kokain ansprachen, stellte ich zunächst klar, dass ich nichts verkaufen würde. Meistens legte ich dann doch die eine oder andere kostenlose 'Line' auf. Schließlich war jeder für sich selbst verantwortlich. Außerdem sah ich den Ursprung von Drogen in der Medizin. Was sollte daran anders sein als an irgendwelchen Medikamenten? Wenigstens war mir die Wirkung meiner Mittel bekannt. Meinem Konsum begegnete ich mittlerweile mit einer gewissen Gleichgültigkeit. Es war mir egal, wie oft ich noch abstürzen und ins Tal der Düsternis und des Verderbens gelangen würde. Aber auch über die Anteile meines edelmütigen Wesenskerns war ich mir im Klaren. Denn immer, wenn mein Lucy-Wochenende bevorstand, hörte ich von einem Tag auf den anderen auf mit allem, sei es mit Alkohol, Nikotin oder Drogen. Das war unzweifelhaft ein Zeichen, dass ich noch alles im Griff hatte, oder etwa nicht? Wenn Lucy weg war, drehte sich mein gesamtes Leben wieder um Tori, darum, wie es ihr ging, was sie wollte und meiner Meinung nach brauchte. Mich und mein Leben hatte ich folglich zur Gänze hintangestellt. Wenn wir unterwegs waren - und das waren wir sehr oft -, trank Tori im Verhältnis zu mir meist mehr Alkohol als ich. Auch in der Menge und Art von Drogen übertrieb sie es regelmäßig. Immer häufiger kam es vor, dass sie bei Partys Opfer von Gewalttaten und sexuellen Übergriffen wurde, nämlich immer dann, wenn ich nicht anwesend war, um sie beschützen zu können. Freilich glaubte ich ihren Ausführungen. Was hätte ich auch tun sollen? Sie tat mir einfach so leid. Ich spürte, dass irgendetwas in ihr versteckt zu sein schien, etwas Gutes, und so sah ich es als meine Pflicht an, sie zu retten. Wieder war ich bereit, mein Leben für eine Frau zu opfern. Was, verdammt noch einmal, hatte ich andauernd mit diesen Weibern zu schaffen!? So oft schon hatte ich verloren ... Jetzt aber war ich bereit dafür, mein altes Leben aufzugeben, damit wir ein gemeinsames, neues geschenkt bekommen würden. Wir beide waren krank und süchtig. Und trotzdem - oder gerade deswegen - wollte ich ihr in dieser dunklen Zeit als Partner beistehen, sie beschützen und ihr emotionalen Halt bieten und soziale Stütze sein. Schließlich hatte ich selbst nie jemanden gehabt, der mir zur Seite gestanden war in all den Zeiten meines Niedergangs."

„Einst glaubte ich beharrlich daran, die Menschheit besser machen zu müssen. Doch diesen Irrglauben hatte ich aufgegeben. So begegnete ich reihenweise Menschen, die noch tiefer gesunken waren als ich. Allerdings war ich so leicht beeinflussbar, dass ich meine guten Vorsätze jedes Mal schnell wieder zum Teufel jagte. Diese Spirale zog mich unaufhörlich nach unten, der Sog ging abwärts ohne Sicht auf den Grund. Im Sumpfgebiet von Sucht und Abhängigkeit war - da schienen sich alle einig - jeder auf sich gestellt, wenngleich im Leiden eigentlich alle auf Augenhöhe blieben. Ich war immer ein guter Zuhörer gewesen. Doch wenn es darum ging, meine eigenen Gefühle und Gedanken loszuwerden, war niemand da, der mich begleitete. Dementsprechend redeten wir letztlich alle aneinander vorbei."

„Wie auf einem Höllenritt quälte ich mich durch mein Leben. So sehr hatte mir liebevoller Beistand gefehlt. Wie oft wünschte und erhoffte ich mir die ersehnte, helfende Hand, die mir die Gewissheit schenken sollte, in keiner noch so schrecklichen Lebenslage mehr allein sein zu müssen. Sehnsüchtig bat ich um nur einen einzigen Menschen, Freund, Partner, Verwandten, Bekannten oder weiß Gott wen, der bedingungslos zu mir stehen und mit mir durch dick und dünn gehen würde. Am eigenen Leib hatte ich erfahren müssen, wie dieses Elend und diese einsame Suche mich, gleich einem schweren Kreuz, belasteten. Niemals wollte ich dies einem anderen Menschen antun. Niemand sollte dasselbe durchmachen müssen wie ich. Aus diesem Grund versuchte ich

Tori verständlich zu machen, dass wir mit dem Drogenmist endlich aufhören müssten. Sonst würde uns die Reise geradewegs ins Verderben führen. Wenn überhaupt irgendetwas, dann sei es einzig und allein die Liebe, die uns helfen könnte, gemeinsam 'clean' zu werden. Immerhin hatte ich es schon öfter geschafft und war mir sicher, dass es auch ein weiteres Mal möglich sein würde. Dazu entschließen musste sie sich aber selbst. Dies konnte ich ihr leider nicht abnehmen. Vereinter Kräfte würden wir es leichter meistern. Davon war ich überzeugt. Wieder einmal übernahm ich unbewusst für alle Mitleidenden die Verantwortung - nur nicht für mich selbst. Denn der einzige Grund, warum ich von dem Abfall der Pharmazie lassen konnte, war das gestillte Verlangen, für alle, die ich liebte, da sein zu müssen. Ich wollte ihnen ein Vorbild sein, herausstechen aus der Masse jämmerlich Leidender. Und ich brauchte diese Verantwortung, diese neuerliche Abhängigkeit, diese bestimmend stolze Gewissheit, dass ohne mich bei Gott nichts gehen würde."

„Ohne regelmäßigen Drogenkonsum und ohne gewohnten Alkoholgenuss rastete Tori periodisch ohne absehbare Gründe oder Vorwarnung aus. Solche Anfälle kannte ich bereits zur Genüge, sei es von anderen, sei es von mir selbst. Beinahe wieder an den Rand der Verzweiflung getrieben, hinderte mich eine Blindheit, die sich aus meiner Verliebtheit speiste, daran zu sehen, wie manipulativ und durchtrieben Tori tatsächlich war. Bald schon hatte ich den Eindruck, sie sei nach demselben Muster gestrickt wie Mutter. Auch sie wusste von meinen Schwachstellen und verstand es, sie geschickt auszunutzen. Wenn es Streit gab, lief sie einfach davon und drohte mir spontan mit einer Affäre. Mich in der quälenden Ungewissheit schmoren lassend, fischte sie bei mir nach Mitleid und verführte mich leidenschaftlich mit fesselndem, scharfem Sex. Punktgenau beherrschte sie es, mich offensichtlich zu belügen und zu betrügen. Man sah es ihr regelrecht an, dass sie diese Macht über mich aus-kostete. Wie ein Vampir war sie - mit mir als lebendigem Menschenopfer. Sie beherrschte es, mich mit meiner sensiblen Ader zu schlagen und meine sexuellen Fantasien als ihre Waffe einzusetzen. Sex war für sie eine Währung. Alles wollte ich dafür ertragen, nur um nicht darauf verzichten zu müssen. Diese Liebe war zu einem seltsamen Spiel geworden - zu einer neuen Abhängigkeit und einer Art Klärung der Besitzverhältnisse. Ich war schon lange nicht mehr in der Lage, die ständig wachsende Eifersucht abzustellen. Denn daran waren wiederum sexuelle Sanktionen geknüpft. Wie Stichflammen schossen sündhafte Begierden im Körper hoch, die in mir psychisch und physisch einen Flächen-brand verursachten. Es handelte sich um ein rasendes Gefühl schmerzhaften Verlangens, das mir die Kehle abschnürte, mich nach Luft ringen ließ und mich fast in den Wahnsinn trieb. Selbiges hatte mich so in seinen Klauen gefangen, dass ich an nichts anderes mehr denken konnte als an sie - wenn sie wie ein kleines Mädchen so traurig und hilflos um meine Liebe bettelte und mir danach schluchzend drohte fremdzugehen. Die bloße Vorstellung, Tori könnte mich mit einem anderen Mann betrügen, ließ mich beinahe explodieren vor Wut. Sie löste dann Unsicherheit, Machtlosigkeit und die Angst vor Abweisung in mir aus. Die Dinge, die wir im Bett oder andernorts anstellten, durften keinesfalls an die Öffentlichkeit gelangen. Damit begann sie mir aber zu drohen. Es gab kein Zurück mehr, denn es war unmöglich geworden."

„Im wahrsten Sinn des Wortes bestritt ich meine Rolle in dieser Partnerschaft in vollsten und extremsten Zügen. Ich war gefesselt. Vielleicht war sie ja der sprichwörtliche Deckel zum Topf gewesen? Einheiten bestanden doch seit jeher aus zwei Einzelteilen. Und so verlangte es auch der Unterschied der Geschlechter, die natürliche Einteilung nach Mann und Frau, um eins sein zu können. Oder sah ich das falsch? Dieses Denken war mir wohl oder wehe eingemeißelt worden! Lieben und geliebt zu werden. Das einzig wahre Glück auf Erden. Hauptsache: Liebe erhaschen. So wollte ich 'Nägel mit Köpfen' machen und wurde bei Toris Eltern vorstellig. Meine Absichten äußerte ich unverblümt, Tori zu meiner Frau machen zu wollen. Jedoch, der Jubel hielt sich in Grenzen. Natürlich war ich der Meinung, dass ihre Tochter einen tollen Mann gefunden hatte, der sie ab nun vor der Verdammung beschützen wollte. Alle schöpften Hoffnung."

„Jetzt war es den zukünftigen Schwiegereltern ein Anliegen, uns, dem frisch verliebten Paar, beim Erschaffen unseres Heimes zu helfen. Wieder einmal begann ich emsig, mich abzulenken und meine Arbeit, Zeit und Energie in den Traum von einer eigenen Familie zu investieren. Tori begab sich mir zuliebe aufgrund ihrer psychischen Probleme in therapeutische Behandlung. Ihr Hausarzt verschrieb ihr ein Antidepressivum und legte ihr einen mehrwöchigen Aufenthalt in einer psychiatrischen Heilanstalt nahe, welchen sie jedoch als völlig unnötig abkanzelte. Brav nahm sie täglich die Tabletten ein und trank trotzdem heimlich Alkohol dazu. Ich dagegen hatte bereits seit drei Monaten keinen einzigen Tropfen dieses verhängnisvollen Gesöffs angerührt. Ihr war das anscheinend völlig egal. Immer wenn sie getrunken hatte, hinterging sie mich aufs Neue. Als Nächstes wollte sie sich eine neue Arbeit suchen. Sie hatte mir versichert, dass sie in ihrem alten Job das Opfer von Mobbing geworden war. Betrübt durch die Geschichten, die sich an ihrer Arbeitsstätte angeblich zugetragen hätten, stand ich Tori fraglos bei und war sofort zu Diensten, sogar für sie Bewerbungen zu schreiben. Für das arme Geschöpf hatte nun auch noch der bürokratische Spießrutenlauf am Arbeitslosenmarkt und zwischen den Einrichtungen der Krankenkassen begonnen. Jede der auszahlenden Stellen wollte seine Klienten am Finanztopf des anderen verköstigt sehen. Täglich Tabletten, labile Psyche und jetzt auch noch der Verlust ihrer regelmäßigen Beschäftigung."

Unglaublich, was ein Mensch durch Willenskraft allein schaffen konnte, wie viel er zu ertragen imstande war auf dem Weg der Selbstfindung. Christoph hatte bereits von der Besonderheit gehört, die seine Suche hätte beenden können. Doch die bewusste Erkenntnis dahingehend fehlte. Der Alltag und sein Ablauf wickelten ihn ein und rollten ihn aus, je nach Begebenheit, Belieben und Zufall, aber sie lenkten ihn, wie gesagt, ab.

„Unermüdlich kümmerte ich mich um die Frau, die mich zugleich um den Verstand brachte. Sie war zu meinem Lebensinhalt und auch zu meinem Verhängnis geworden. Kaum etwas anderes hatte noch Platz in meinen Gedanken. Wir wohnten im Haus zusammen mit meiner kranken Mutter. Diese hielt sich jedoch nur ab und zu zwischen den Klinikaufenthalten zu Hause auf. Die Arbeiten an Toris Rohbauhaus gingen rasch voran. Neben all den organisatorischen Bemühungen um das Leben meines geliebten Schützlings hatte ich es sogar noch geschafft, einen gut bezahlten Job als LKW-Fahrer zu ergattern. Notgedrungen redete ich mir ein, dass dieser Job dazu beitragen könnte, als Musiker weltweit bekannt zu werden. Dies gab mir die nötige Motivation und Kontrolle darüber, nüchtern zu bleiben. Zudem war ich auf dem Highway mein eigener Boss. Ein König auf seinem Weg. Endlich verspürte ich wieder das Gefühl, das Lenkrad selbst in der Hand zu haben. Der Job stand sinnbildlich für mein Leben. Doch war dieser Beruf auch mein Leben? Meine Berufung? Egal. Ab nun folgte ich der vorgegebenen Richtung, dosierte das Gas richtig, um die erlaubte Geschwindigkeit nicht zu überschreiten. Zu schnell gefahren, falsch beladen, Ruhe- oder Lenkzeiten nicht korrekt nach Vorgabe eingehalten - all diese Verfehlungen hatten nämlich Strafen zur Konsequenz. Manchmal waren die Fahrten sehr beschwerlich, dann aber lief wieder alles wie geschmiert. Wahrhaftige Berg- und Talfahrten durch Stadt und Land. Friends on the Road. In meinem Privatleben allerdings zeichnete sich immer deutlicher ab, dass mir die Verantwortung, die ich für Tori und meine Mutter übernommen hatte, langsam über den Kopf wuchs; es war extrem kräftezehrend und nervig. Darum genoss ich die Tage, an denen ich mich regelrecht frei und glücklich fühlte, weil ich die Fahrt nutzte, um von meinem Musikprojekt zu träumen. Da kamen mir diese Indigo-Kinder wieder in den Sinn, über die ich vor Jahren einmal gelesen hatte. Man sagte ihnen eine starke Sensitivität und Intuition nach, oftmals Hellsichtigkeit und Hellhörigkeit sowie eine äußerst feinsinnige Verletzlichkeit oder aber auch parapsychologische Fähigkeiten."

„Das Alleinsein tat mir anscheinend gut. Wieder verspürte ich diese unerschütterliche Überzeugung, irgendwann käme der Tag, an dem mein Traum in Erfüllung gehen würde. Da war ich mir ganz sicher, obwohl es noch nicht Wirklichkeit geworden war. Immer wieder ereilten mich neue Ideen und Visionen, Geschichten, Bilder und Texte. Für mich bestand kein Zweifel, dass die Zeit bald reif sein würde, all jenes stimmig umsetzen zu können. Diese abersinnigen Einfälle entsprangen nun einmal meiner Leidenschaft. Nie und nimmer wollte ich sie aufgeben. Doch nun war wieder Zeit für den realen Alltag, in dem ich Tori und Mutter auf ihrem Weg zur Genesung zu begleiten hatte. Danach würde immer noch genügend Zeit bleiben, um meine Vorstellungen tatsächlich verwirklichen zu dürfen."

Die beiden umsorgten Frauen liebten Christoph sehr und zeigten es ihm auch, jede auf ihre Weise. Mehr noch liebten sie aber ihre unverbesserliche Selbstsucht auf der Suche nach sich selbst.

„Mutter und Tori verhielten sich phänomenal, geradezu spiegelgleich. Raubtieren ähnlich, tasteten sich beide unsicher und vorsichtig vor, um sich näher zu begegnen. Tori schien Angst zu haben vor meiner Mutter, einer für sie unberechenbaren Frau. Dabei stellte sie selbst ebendiesen Typ Frau dar. Die beiden schafften es immer wieder, sich heftig zu streiten, um kurze Zeit später wieder herzhaft, fast hysterisch miteinander darüber zu lachen."

Schönreden. Das war es, was Christoph ganz gut zu beherrschen schien. Manchmal hatten Menschen keine andere Wahl; seine war es nicht. So musste der Tag kommen, an dem Schluss sein würde mit Ausreden, Ausblenden, Ablenkung und Selbstbetrug.

„Früher als geplant kam ich von der Arbeit heim. Dem Anschein nach war niemand im Haus. Ich eilte ins Schlafzimmer, um endlich aus der verschwitzten, stinkenden Arbeitsmontur in neue, frische Kleidung zu schlüpfen. Hallo! Hallo? - Da lagen sie: eng umschlungen. Völlig nackt. Aha ... Reden? Schlagen? Umdrehen? Gehen? Mein Leben begann augenblicklich an mir vorüberzuziehen. Wut. Enttäuschung. Verbitterung. Was zum Henker nahm sich diese Schlampe alles heraus? Mein bester Freund! Ach ja, und er!? Ich stand kurz davor, komplett auszurasten, als mein Oberstübchen sich meldete, indem es Szenen aus verschiedenen Filmen einblendete: Streifen wie 'Spiel mir das Lied vom Tod' oder 'Pulp Fiction'. Blutüberströmt und wimmernd lagen sie da - der beste Freund und die Geliebte -, von mir als Rächer gnadenlos niedergestreckt. Dann folgte ein Filmriss. Wie aus einer Betäubung, einem Schlummer heraus vernahm ich, dass Tori sich mir mitleiderregend an den Hals geworfen hatte und in der ihr typischen Art begonnen hatte, mich um Vergebung anzuflehen. Widerlich, boshaft und verletzend, diese berechnende Falschheit in all ihrer

Arglist und Täuschung. Bestimmt hatte sie zuvor Rudy angebettelt um Sex bzw. um Drogen, die sie sexuell abbezahlt hatte. In mir stieg ein Machtgefühl auf, das Gefühl, die Situation im wahrsten Sinne des Wortes beherrschen zu können. Ich - ich ganz allein. Ich war Erster gewesen. Ich war derjenige, für den sie sich entschieden hatte. Meine Eifersucht begann zu schwinden. Bislang hatte ich stets um sie kämpfen müssen, sah dadurch ständig meinen Stellenwert gefährdet, hatte erbarmungslos gegen die Windmühlen meines Verstandes angekämpft. Das brachte mein doppeltes Feuerzeichen so mit sich. Doch jetzt war sie es, die beinahe bettelte und mich um Gnade und Verzeihung bat. Rudy hatte sich, leise wie ein Dieb, in der Zwischenzeit unbemerkt davongestohlen."

„Die Tage vergingen, und Tori beteuerte immer wieder, wie sehr sie mich lieben würde, welch wunderbarer Mann ich war, und so in einem fort. Sie versicherte mir, dass sie es ohne mich nicht bewerkstelligen könnte, von dem Teufelszeug wegzukommen. Überdies beneidete sie mich dafür, dass ich es zuvor schon mehrfach geschafft hatte. Immer wieder erinnerte sie mich daran, wie schwierig es doch schließlich auch für mich gewesen sei und wie oft ich es schon versucht hatte, von den Giften loszukommen. Dies alles wusste sie aus meinen Erzählungen. Ich wiederum wusste natürlich nur allzu gut, wie schwierig es tatsächlich jedes Mal für mich war und wie leicht es geschah, wieder und wieder den Drogen zu erliegen. Wenn ich Nein zu ihnen sagte, hörten sie meist nicht auf mich. Also versuchte sie, mich wieder nach bekannter Fasson zu blenden, aber mit jedem erneuten Ausrutscher ihrerseits gelang ihr dies zusehends schlechter. Tori war so krank im Kopf, so besessen. Ich musste den Spieß umdrehen - die Beziehung beenden. In ihrer Ausweglosigkeit begann Tori, härtere Geschütze aufzufahren. Die erste Antwort erfolgte in Form einer Überdosis Tabletten, die sie kurz zuvor noch von ihrem Arzt verschrieben bekommen hatte. Die zweite Antwort bekam ich, als Tori im Vollrausch durch Alkohol und Drogen regelrecht ausflippte."

„Eines Abends saß ich mit Mutter in der Küche unseres Hauses. Gemeinsam warteten wir besorgt auf Tori. Jemand klopfte an der Haustür. Ich öffnete. Tori war am Weg gestürzt und lag nun lallend und blutend vor unserer Haustür. Ich reichte ihr meine Hand, als sie ohne Vorwarnung hysterisch begann, mich zu attackieren. Jetzt war der Krug zu Bruch gegangen. Ich hatte das Ganze endgültig satt. Nun war auch meine Schmerzgrenze überschritten. Trotz der Aufregung versuchte ich ihr in aller Ruhe zu erklären, dass ich diese Zustände unter keinen Umständen mehr ertragen könnte und bat sie, ihr Zeug zu packen und unverzüglich auszuziehen. Mutters Blicke wanderten sprungartig hin und her zwischen mir und Tori. Mit einem Satz sprang Tori auf und zückte ein Küchenmesser. Wild fuchtelte sie damit herum. Weinend und verstört schluchzte sie irgendetwas davon, sich umbringen zu wollen, weil ihr Leben ohne mich keinen Sinn mehr ergeben würde. Ich hätte ihr immer nur Hoffnungen gemacht, und nun würde ich sie einfach so verlassen wollen!? Mit einem Mal erstarrte sie, blickte abwesend auf des Messers Schneide und stammelte, dass ich allein schuld sein würde an ihrem Tod. Momente unerträglicher Stille erfüllten den Raum. Die Atmosphäre war, gelinde gesagt, bedrückend. Schlagartig loderte in Toris Blick wieder Leben auf. Teuflisch starrte sie mich an. Sie hatte beabsichtigt mich mitzunehmen. O mein Gott!? Blackout!"

Mit einem wuchtigen Faustschlag unvorstellbar hemmungsloser Gewalt begegnete der Mann dem Versuch der Frau, sein Leben und das ihre beenden zu wollen. Ein lauter, dumpfer Knall und ein brennender Schmerz ließen ihn aufhören. Wie von Geisterhand war Christophs Schlag abgelenkt worden - geradewegs in die Trennmauer der häuslichen Räumlichkeiten.

„Noch nie hatte ich meine Hand gegen eine Frau erhoben. Schon immer hatte ich mir selbst geschworen, dass dies niemals geschehen würde. Wie tief war ich gesunken? Und doch hatte mich eine höhere Macht beschützt und ließ mich meinen Schwur halten. Ohne zu zögern, setzte ich Tori noch in derselben Nacht auf die Straße. Ende der Fahnenstange! Sichtlich geschockt, doch ohne die kleinste Stellungnahme, ging Mutter zu Bett. Ich selbst sperrte mich in mein Zimmer. Tori klopfte unaufhörlich an den Rollladen des Zimmerfensters, im Minutentakt vibrierte mein auf lautlos gestelltes Mobiltelefon wegen ihrer unzähligen Versuche, mich anzurufen. Ich presste mein Kopfkissen so fest an meine Ohren, wie ich es schon als Kind getan hatte. Aufgestaute Wut, Schmerz und Bitterkeit, aber auch Hass und Zorn bahnten sich ihren Weg aus meiner Seele, in Form von Tränen und noch mehr Tränen. Immer unerträglicher wurde die Gewissheit, dass sie mich nicht in Ruhe lassen würde. Mit einem Schlag sprang ich aus dem Bett und stürmte zur Haustür. Ich schrie Tori in täuschender Absicht an, dass ich die Polizei und den Notarzt verständigt hätte und sie bereits auf dem Weg wären, um sie abzuholen. Daraufhin flüchtete Tori, ohne ein weiteres Wort zu verlieren, in die Dunkelheit der Nacht."

„Einige Tage später meldete sie sich per Kurznachricht und teilte mir ihre Absicht mit, mich wegen Körperverletzung, Vergewaltigung und Drogenhandel anzeigen zu wollen. Und um allem noch eins draufzusetzen, meinte sie, sie würde jedem - vor allen aber Lucy und Michi - erzählen, was für ein schlechter und gewalttätiger Mensch ich wäre. Sie wollte es anscheinend tatsächlich durchziehen, mich als Gewalttäter, Vergewaltiger und Drogendealer dastehen zu lassen. Nach allem, was ich für sie getan hatte? Wie sollte ich diesem abscheulichen Wahn ein Ende setzen? Eine unsägliche Macht- und Hilflosigkeit gegenüber dieser weiblichen Intrige überwältigte mich. Tori hatte reüssiert.

Sie hatte mich erbarmungslos zu Boden geworfen, mich festgenagelt und mich mit meinen eigenen Waffen geschlagen."

Einmal mehr musste Christoph am eigenen Leib erfahren, wohin ihn sein unbewusstes Handeln, sein durch die Missachtung seiner eigenen Gefühls- und Gedankenwelt missglücktes Leben wieder geführt hatte. Es war, als sähe er alles wie durch einen Schleier hindurch.

„Tori war nicht nur der Spiegel meiner Mutter gewesen. Nein. Ich erkannte mich nun selbst darin. O Schande! Schon wieder hatte ich mein Verhalten darauf ausgerichtet, dass mich alle anderen nett und sympathisch fänden. Wieder einmal verriet ich Menschen mein Herz, verbog mich, tat, was ich eigentlich nie tun wollte, nur um ja nicht in Ungnade zu fallen. Mein Leben war zu einem burlesken Theaterstück geworden. Zu einem wahrhaftigen Affentheater. Zu einer Inszenierung sondergleichen. Und zu meiner Wahrheit. Doch alles, was ich wollte, war endlich einmal wirksam zu werden, meine eigene Wirklichkeit zu finden, authentisch, aufrichtig und ehrlich zu sein."

Allein zu sein ist ein goldener Stein. Der goldene Stein der Weisen.

„Mein bisheriges Leben hatte ich insgesamt darauf ausgerichtet, eine erfüllende Partnerschaft zu führen. Weil ich mir selbst nicht genügte und mit mir nicht glücklich gewesen war, nicht mit mir klarkam, mit mir nicht im Reinen gewesen war. Ich hasste mich zwar nicht buchstäblich, doch liebte ich mich ebenso wenig. Weil ich ja gar nicht wusste, was mich ausmachte. Es dämmerte mir neuerdings, dass ich all das an mir, was ich nicht liebte und bislang verdrängt hatte, wahrnehmen müsste, bedingungslos und in vollstem Vertrauen. Ein wundersames Gefühl von Gelassenheit erfüllte mich hernach. Bereitwillig, all das anzunehmen, was Gott mir fortan zufallen lassen würde, und ganz gleich, was auch immer noch geschehen würde, wollte ich handeln und Toris Erpressungen Einhalt gebieten. Ich wollte ändern, was noch zu ändern war, zu meinem eigenen und zum Wohle meiner, wenn auch kleinen und von mir getrennt lebenden, Familie. Unabhängig davon, wie groß dieses Wagnis auch sein würde. In aufrichtiger Dankbarkeit bat ich meine höhere Macht um Hilfe. Im Gegenzug würde ich niemals mehr Böses tun. Denn für mich war es wohl auch der Wille dieser Macht und das Prinzip höherer Gerechtigkeit gewesen, die mich nun für meine Sünden büßen ließen. Ich hatte erkannt, dass ich gar nichts gewusst hatte von Liebe."

Für Christoph hatte Liebe bislang nur das Fehlen von Schmerz bedeutet. Mucksmäuschenstill lag er in seinem Bett, als eines Nachts unerwartet jemand an der Tür klopfte.

„Ich erschrak und fühlte, wie ich erstarrte vor Beklemmung. Gedanken und Gefühle - gänzlich abgestorben. Ein mehr oder minder komatöser Zustand.

Als ich mich wiederfand, standen Polizisten vor mir. Einer von ihnen entschuldigte sich höflich für die nächtliche Störung und begann mit der Überbringung einer traurigen, mich herzlich berührenden Nachricht. Keine Handschellen, auch kein: ‚Sie haben das Recht zu schweigen.‘ Nein. Mit einem Schlag fühlte ich mich hellwach. Eine unbeschreibliche, unvorstellbare Schuld, Scham und Kleinheit durchströmte mein Wesen. O mein Gott! Was hatte ich nur angestellt! Was hatte ich mir bloß dabei gedacht, Tori sich selbst zu überlassen: Unter starkem Alkohol- und Drogeneinfluss war sie in Gewahrsam genommen worden. Auf der Fahrt ins Krankenhaus war ihr jedoch die Flucht aus dem Rettungswagen gelungen. In weiterer Folge hatte sie alles kurz und klein geschlagen, was ihr gerade in den Weg gekommen war. Auch Polizisten hatte sie verprügelt, die sie nach mehrstündiger Suche verletzt und völlig verwirrt irgendwo aufgegriffen hatten. Nach einer zwangsweise durchgeführten Ruhigstellung war sie schlussendlich doch noch in die psychiatrische Abteilung einer Krankenanstalt eingeliefert worden. Obwohl ich mit Tori abgeschlossen hatte, war ich total 'durch den Wind'. Mein schlechtes Gewissen schnürte mir die Luft ab. Die vielen Drogen hatten Tori langsam, aber sicher depressiv und psychotisch werden lassen. Dieses Scheißzeug hatte vielleicht sogar für immer körperliche oder geistige Schäden angerichtet. Ein durchgeführter Drogentest war positiv gewesen. Auf alle geprüften Stoffe, und das waren - einige. Sie hatte dadurch eine schwere, akut paranoide Psychose erlitten. Ich zweifelte an allem. An mir, an der Existenz einer höheren Macht, an Gott und an der Welt. Was sollte ich jetzt tun? Sollte ich für Tori erneut die Rolle des Beschützers, des Samariters einnehmen? Sollte ich sie einfach ihrem Schicksal überlassen? Sollte ich alle Zelte abbrechen, um endlich meinen Traum zu verwirklichen und in die Welt hinausgehen, um als Rockstar ein aufrechter Retter der Menschheit zu werden? Fragen über Fragen. Ohne Antwort. Ganz allein. Ein Häufchen Elend in nächtlichem Mondenschein.“

I Don't Need You Anymore

Eine Geschichte über Glaube und Verantwortung

Du kannst aus Deinem Leben all das machen, was auch immer Du Dir vorstellst. Erschaffe Dein Leben und gehe dann ohne Reue, in Treue, Schritt für Schritt. Halte Deinen Blick aufrecht, denn Du hast ein Geburtsrecht darauf. Sage Dir selbst, dass Du ein sensibler Mensch bist, und glaube an Deine besondere Empfindsamkeit. Denn wenn Du selbst nicht darin vertraust, ist es für andere umso schwieriger, an Dich zu glauben. Es ist so, dass Du nicht schätzt, was Du hast, bis Du es verlierst. Doch es ist auch wahr, dass Du nicht weißt, was Du vermisst, bis Du es gefunden hast. Wenn Du jemanden liebst, zeige es ihm jetzt, denn Du weißt nie, was der nächste Moment für Dich bereithält.

„Schon als Kind wurde mir niemals bedingungslose Liebe zuteil. Was heißt es eigentlich, zu lieben und geliebt zu werden? Als ich mit Michi zusammen gewesen war, glaubte ich wirklich an die große, einzigartige Liebe. Ich hatte das Gefühl, mit der mächtigsten Schöpfer- und Liebeskraft aller Zeiten ausgestattet zu sein. Hier bei ihr fühlte ich mich nach einer langen Reise angekommen. Diese Liebe zu Michi war so direkt, so stürmisch, kindlich verspielt und, kurzum, vollkommen gewesen. Michi war so unverschämt sexy, begehrenswert, anmutig, sanft berauschend und emotional gelassen. Alle Kälte dieser Welt verwandelte sich in ihrer Nähe in Wärme. Zu dieser Zeit waren meine Ängste verflogen. Alle Zeichen waren damals darauf ausgerichtet, mit ihr und unseren kommenden Kindern gemeinsam alt zu werden. Mittlerweile war mir klar geworden, dass diese Vorstellung nur Einbildung war und nach allgemeiner Betrachtung niemals Wirklichkeit werden würde. Allerdings war ich schlichtweg unfähig, eine im gesellschaftlichen Sinne gewöhnliche Partnerschaft zu führen, geschweige denn, diese auch noch aufrichtig, offen und ehrlich zu leben. Als ich Michi damals verloren hatte, schob ich ihr den Großteil der Schuld in die Schuhe. Doch langsam dämmerte es mir, dass auch ich mehr dazu beigetragen hatte, als mir lieb sein konnte. Vor allem aber erkannte ich, wie wertvoll sie tatsächlich für mein Leben gewesen war. Das tat mir immer noch sehr weh. Auf wohltuend sinnliche, bezaubernd süße, zart begehrliche Weise hatte ich sie geliebt. Ich fühlte mich Michi in ewiger Liebe verbunden. So dankte ich meinem Gott dafür in einem inneren Dialog. Durch die Vereinigung körperlich mystischer Welten mit den weisen Geistern des Himmels war ein wundervolles, faszinierendes Mysterium entstanden: Lucy. Denn Michi hatte mir das wertvollste Geschenk gemacht, indem sie Lucy zur

Welt brachte. Ich konnte es stärker spüren als je zuvor, dass dieses geheimnisvolle Band augenblicklicher Liebe uns beide bis ans Ende unserer Tage verbinden würde."

Christoph wollte loslassen, mit sich selbst ins Reine kommen und die Eingebungen der wundersamen, sinnlichen, allmächtigen und in jeder Hinsicht reinigenden Liebe als seine höhere Macht anerkennen.

„Unabhängig davon, was noch alles in meinem Leben geschehen und ob ich jemals irgendeine andere Frau zum Altar führen würde – Michi würde immer die Liebe meines Lebens bleiben. Ich dankte meiner höheren Macht aus tiefstem Herzen für die Fügung, damals in der Bar meine Jacke vergessen zu haben. Denn, jene bedeutsame Begegnung hatte zur Erfüllung meines Lebens beigetragen. Die Beziehung mit Michi war die einzige Entscheidung in meinem Leben gewesen, die ich mit gutem Gewissen und aufrichtig getroffen hatte, eine, die ich niemals bereuen werde. Ihr will ich auf immer dankbar sein und ihren Ahnen gegenüber all meine Wertschätzung zeigen, in welcher Form auch immer."

Alle anderen körperlichen Beziehungen, die Christoph bis jetzt eingegangen war, erwiesen sich als eigenartig, unbefriedigend, geradezu anrüchig, könnte man sagen, und durchwegs und immer wieder als verboten, zwielichtig, belastend und unerfüllt. Sie hinterließen stets einen fahlen Nachgeschmack, ein Loch im Leben, eine gewisse Leere. Es war offensichtlich, dass er sein ganzes Leben lang nach etwas gesucht hatte, wovon er glaubte, es selbst nicht zu sein. Mit anderen Worten, er hatte sich nach Ergänzung gesehnt, und zwar, weil er nicht sehen konnte, dass er bereits selbst eine Einheit darstellte. Es war diese genetische Besonderheit, von der er nichts gewusst, ja, deren Entdeckungsdrang ihn die ganze Zeit getrieben hatte, auf der Suche zu sich selbst. Alle Menschen waren zu Getriebenen geworden, indem sie in Bezug auf ihre eigene Wahrnehmung auf Wissen vertraut hatten, welches auf irrtümlichen Grundlagen aufgebaut war. Darum hatte sich unweigerlich überall und allerorts das Böse auf der Welt verbreitet, nämlich durch den vermeintlichen Glauben an äußere Mächte. Das Leben auf diesem Planeten war durch diesen kleinen Missing Link zu einer trostlosen Reise in die Verdammnis geworden. Weil sie alle verlernt hatten, ihrer eigenen Feinfühligkeit zu vertrauen. Weil sie verlernt hatten, sich achtsam und bewusst auf ihre Begabungen zu besinnen, ihrer eigentlichen Berufung zu folgen, ihre Bestimmung als sinnhafte Einrichtung einer natürlichen Schöpfung zu erkennen und wirksam zu entfalten. Zum Schutz ihrer aller Lebensgrundlage: der Mutter Natur."

„Es war, als würde ein schimmernder Schleier seine Sicht reflektieren. Doch das alles konnte auf keinen Fall den Sinn einer glücklichen Partnerschaft ausmachen. Bisher hatte ich mein Glück stets im Außen gesucht. Die Erfüllung meiner Sehnsüchte hatte ich immerzu von anderen Personen oder äußeren Umständen abhängig gemacht. Bis jetzt hatte Glück für mich immer nur Erfüllung durch Lustgewinn bedeutet. Ich hatte alles dafür getan, Unlust zu vermeiden. Dadurch hatte ich bisher nicht einmal wirklich geliebt, sondern im Gegenteil - ich hatte höchstens Angst davor, etwas zu verlieren. All das, was ich bislang als Liebe verstanden hatte, war doch nur ein Mix aus Ängsten, Bedürfnissen, Erwartungen, Besitzansprüchen und gegenseitiger emotionaler Abhängigkeit gewesen. Ich hatte meine eigene Wahrheit darauf aufgebaut, mein ganzes Leben, mein Ich. Und zum Schluss stand ich dann wie immer alleine da, weil ich mein Selbst nicht erkannt hatte. Niemand konnte meinen Weg an meiner statt gehen, und auch ich konnte für niemand anderen den seinigen gehen. Verantwortung - wohlgemerkt, in einem gesellschaftlichen Sinne - hatte mich von den für mich passenden Antworten abgelenkt. Dabei war ich selbst immer schon die Antwort auf all meine unbeantworteten Fragen gewesen! Und wie! So einfach schien die Lösung all meiner Probleme zu sein. Das war Weisheit; das musste Klugheit sein. Und genau das war ja auch das Schwierigste daran."

„Was mein Weg sein sollte, wollte ich am liebsten sofort wissen. Vor allem aber, wohin er mich führen würde. Der Mensch braucht den Menschen - das war mir klar geworden. Aber es konnte doch nicht jedermann ständig durch die Welt laufen und sich an anderen Menschen nähren. Dies war, was mich als Kind schon geprägt hatte: die leidhafte Opferhaltung. Schon in meiner Kindheit war ich Überforderungen, Kränkungen und Verletzungen ausgesetzt. Erst durch diese Erfahrungen konnte ich zu dem Wesen heranwachsen, das ich nun war: vorausdenkend, helfend, selbstkritisch, sensibel und mitfühlend. Eben deshalb hatte ich immer wieder jenen Schmerz spüren müssen, der durch den Mangel an selbstloser Liebe entstanden war. Oder hatte gerade ich bedingungslose Liebe erfahren dürfen, weil mir mein Vater alle Freiheiten geschenkt hatte, die ich gar nicht wollte? Physisch war er ja meist anwesend, doch eine psychische und mentale Stütze war er mir niemals gewesen. Diese mich selbst ablehnenden, mich selbst verachtenden Gedanken und Gefühle von Scham, Schuld und Selbstbezogenheit, von Enttäuschung, Neid und Eifersucht musste ich stets ganz allein durchleben. Ich hatte diese Emotionen doch als Kind noch nicht erfunden? Was war wann passiert - vor allem warum? Dass ich es verlernt hatte, einfach zu sein? Endlich wollte ich mich annehmen, diese bejahende Liebe begreifen dürfen, dieses Gefühl, ein unschuldiges, kostbares, heiles, wunderschönes, unendlich liebenswertes und besonderes Wesen zu sein. Mein Leben selbst war doch sinnvoll genug gewesen. Mein Vater - der Schöpfer. Meine Mutter - die Schöpferin. Und ich - ihr Geschöpf."

Ja, die Menschen ... Allesamt waren sie geliebte Kinder einer universellen Schöpfung. Und in ihrem Innersten befand sich die Quelle dieser Liebe, ihr Ursprung. Seit Anbeginn der Menschheit wartete die quellende Natürlichkeit darauf, entdeckt zu werden. Sprich, sie wartete auf Selbsterfüllung.

„Ich sehnte mich immer danach, zu einem anderen Menschen zu gehören. Solange ich aber nicht liebend bei mir selbst angekommen wäre, würde ich immer wieder diese grauenvolle, enttäuschende und schmerzliche Angst vor Trennung, Ausgrenzung und Verlassenheit erfahren und durchleben müssen. Die Art und Weise, wie die Frauen mit mir umgingen, sagte keinesfalls etwas darüber aus, welche Menschen sie gewesen waren, sondern vielmehr etwas darüber, was für eine Art Mensch ich zu sein schien. Da gab es ein Muster, das sich wiederholt hatte. Für mich war es ja selbst oft unerklärlich, warum ich Dinge so und nicht anders getan hatte. Es war: weder typisch Frau, noch typisch Mann. Also musste es doch auch etwas jenseits der äußeren Unterschiede geben. Der gedankliche Rahmen, in vereinfachten Kategorien von 'männlich' und 'weiblich' zu denken, wurde mir zu eng. Denn mein bisheriges Handeln war weder für mich noch für meine Gegenüber erfüllend gewesen. Insofern wollte ich mein Herz öffnen, für eine neue Sicht auf mich, und auf neue Weise in mich schauen."

Christoph wollte Veränderung: sich öffnen für die Liebe seiner Schöpfung, frei sein für ein wirkliches und wahrhaftiges Leben, ohne Angst vor dem Verlassenwerden, vertrauensvoll glauben an sich und sein Leben. Diese Vorstellung fühlte sich friedvoll an.

„Wieder schöpfte ich Glauben und vertraute auf die Kraft der Liebe. Niemand hatte das Recht, sich selbst als Maßstab aller Dinge zu sehen. Niemand hatte das Recht, über mich zu bestimmen. Aber auch ich musste damit aufhören, meinen Nächsten dieses Gefühl zu vermitteln. Ich wollte Menschen um mich herum haben, die mich bedingungslos lieben würden - und nicht nur darum, weil ich ihre Bedingungen erfüllen würde. Durch meinen Glauben an die Liebe wurde auch das Vertrauen in mich stärker. Der Glaube an meine Musik, an meine Lieder und an meine Botschaft. Die sieben Töne waren für mich wie sieben Engel, die mit Trompeten und Posaunen imstande gewesen waren, meine tiefe Traurigkeit und Perioden unerträglicher Angst heil zu überstehen. Sie halfen mir aber auch dabei, meinen innersten Emotionen Ausdruck zu verleihen. Der Rhythmus nährte mich und meinen Körper. Taktvolle Melodien besänftigten mein Empfinden. Die Atmosphäre erfüllte meine Seele. Musik berührte mich auf allen Ebenen. Mehr noch: Meine Musik spiegelte meine melancholische Traurigkeit wider und flehte förmlich nach tiefsinniger Ergründung. Es war meine Form, den tief sitzenden Schmerz auszudrücken. Denn wenn mir von sich aus niemand zuhören wollte, Musik hörten die meisten Menschen, ohne auch nur auf den Gedanken zu kommen, den Interpreten vor dem Ende eines Songs unterbrechen zu wollen. Ich konnte selbst bestimmen, was ich sagen wollte und wann ich damit aufhören mochte. Musik hatte auf mich eine befreiende Wirkung, machte so manches Mal gute Laune und ab und zu sogar richtig glücklich. Von klein auf war ich davon beeinflusst. Zugleich wurde mir auch bewusst, dass irgendwann meine letzte Chance kommen würde. Ich fühlte, dass – wenn ich es jetzt durch die helfende Kraft meiner Bestimmung nicht schaffen würde – ich es vielleicht nie mehr schaffen könnte. Immerhin wollte ich anderen Menschen helfen, ihnen als Beispiel dienen. Kein Vorbild, sondern transparentes Abbild ihres eigenen Lebens sein. Ganz egal, wie schlimm alles auch sein würde: Es fand sich immer ein Grund, um wieder aufzustehen! Auch gab es immer einen Grund, um an sich selbst zu glauben! Ich ahnte, dass ich dies aufzeigen musste. Denn helfen könnte ohnehin jedermann nur sich selbst. Schließlich musste ich erkennen, dass ich selbst dafür verantwortlich war, mich aus dieser misslichen Lage zu befreien."

„Gewissermaßen schien mir das Wort 'Liebe' passender als 'Gott'. Liebe beherrschte mich nicht, Liebe ermächtigte mich, Liebe ließ mich, wenn auch nur für kurze Augenblicke, Zufriedenheit empfinden. Nun begann ich auch zu kapieren, dass ich es niemals bewältigen könnte, normiert zu leben, sosehr ich mir das auch wünschte. Auch wenn ich meine Sucht und mein gestörtes Leben in den Griff bekäme, würde ich niemals so sein, wie es alle von mir erwarteten. So viel Schlauheit nistete schon in meinem chaotischen Köpfchen. Das konnte ich jetzt deutlicher als je zuvor, mit jeder Faser meines Körpers, wahrnehmen. Ich war eben anders. Ich hatte dieses sensible, für die meisten Menschen eigenartige Erscheinen. Doch ich hatte mir dies keinesfalls selbst ausgesucht. In Wirklichkeit wollte ich ja so sein wie sie, mich wie sie verhalten. Doch ich konnte nicht anders, als meine Bestimmung über die Musik auszuleben. Musik war und ist das Leben: Rhythmus, Klang, Harmonie. Durch Musik war das Leben vieler Menschen annehmbarer, offener, lebenswerter, ehrlicher, aufrichtiger und gefühlsbetonter. Die Menschen hielten sich nicht länger zurück, wenn sie durch die Schwingung von Musik geflutet wurden. Musik vermochte auch Gemeinschaftssinn zu fördern, bewog die Menschen dazu, sich zu bewegen, und animierte schüchterne Menschen zum Tanzen und Mitsingen. All die Offenbarungen und Ahnungen – eine einzigartige Erfindung des Kompositionsschlüssels zur Gestaltung meiner eigenen Songs. All das konnte doch unmöglich mein alleiniger Einfall sein? Das konnte doch nicht alles umsonst gewesen sein? All das hatte doch bestimmt einen tieferen Sinn gehabt."

Seit jenem Augenblick, in dem Lucy gezeugt worden war, erhellten Visionen und Eingebungen Christophs Leben. Nach und nach traute er sich zu fühlen, die Ursache empfindsam wahrzunehmen. Auch wenn die Wirkung noch nicht sichtbar schien, ein Funke Hoffnung hatte das Feuer in ihm entfacht.

„Meinen Gefühlen endlich wieder Platz geben – das war es, was ich wollte. Ich konnte mich gar nicht mehr daran erinnern, wann ich damit begonnen hatte, mich gezielt zu verschließen. Seit jeher hatte ich versucht, mich den Zwängen der Gesellschaft anzupassen, mich ihnen demütig unterzuordnen. Das war es gewesen, was mich unter enormen Druck geraten ließ. Weil die Gesellschaft etwas erwartet hatte. Weil die Gesellschaft jeder Einzelne gewesen war, von dem wiederum etwas erwartet wurde. Nein. Nein. Und nochmals Nein! Nie wieder wollte ich das mitmachen müssen! Nie mehr! Nicht mit mir! Die Erwartungen anderer, eines fremdbestimmten Systems, zu erfüllen, hatten mich fast zerstört. Ich musste meine restliche Aura erneuern, mich wiederbeleben, rechtschaffen werden und mich von meinen Abhängigkeiten erlösen. Alle hatten sie mich fallen lassen. Alle, für die ich mich mein Leben lang verbogen hatte. Es war an der Zeit für ein ernsthaftes, lautes, überzeugtes Stopp! Von Christoph. Der Entschluss war gefallen, dem ewigen Kampf gegen die Drogen, Suchtgifte, Alkohol und Nikotin ein Ende zu setzen! Egal, wie dornig dieser Weg auch sein würde. Wenn ich es nicht allein schaffen könnte, dann eben mithilfe irgendwelcher Zufälle."

Zum ersten Mal in seinem Leben fühlte Christoph sich ganz. Aus reinster, tiefster, innerer Überzeugung und aus vollstem Herzen heraus. In schöpferischem Vertrauen und Glauben an eine Zukunft in Frieden und Glück.

„Fantastische Träume – schön und gut. Doch wie sollte ich nun aus dem ganz realen Schlamassel mit Tori wieder herauskommen? Trotz all meiner Erkenntnisse fühlte ich mich ihr gegenüber schuldig. Es war zwar nicht meine Pflicht und Verantwortung, ihr ein Stück ihres Weges abzunehmen, doch ein gewisses Geleit hatten wir doch alle zu unserer Gesundung notwendig gehabt, oder? Mir kam es so vor, als ob ich durch mein Verständnis ihr Elend noch stärker wahrnehmen konnte. Unbedingt wollte ich ihr beistehen, ihr helfen. Es war typisch für mich, mich wieder in die Rolle eines Retters zu manövrieren. Doch ich konnte einfach nicht anders. Sie hatte es bestimmt nicht böse gemeint, all die Dinge, die sie mir angetan hatte. Ich fühlte und wusste genau, dass sie mich brauchte. Ohne Gleichgesinnten an seiner Seite würde das niemand durchstehen können."

Zu sehr erinnerte sich Christoph an seinen eigenen, steinigen Weg. Er konnte nun einmal nicht aus seiner dünnen Haut heraus und sowieso seiner sensiblen, feinsinnigen Art nicht entkommen.

„Alle der Reihe nach hatten sie mir stets geraten, wieder stärker werden zu müssen, mir eine dickere Haut zuzulegen. Alkohol und Drogen hätten mich emotional durchlässig gemacht. Labil. Emotional instabil. Doch gerade diese Eigenschaft war es ja gewesen, die mich zu so einem fürsorglichen und pflichtbewussten Freund gemacht hatte. Gerade jetzt - auf dem Weg zu ihrer geplanten Therapie in der psychiatrischen Heilanstalt - konnte und durfte ich Tori nicht allein lassen. Ganz gleich, was auch geschehen mochte, wie schlimm und furchtbar es auch werden würde. Tori konnte sich auf mich verlassen, mir vertrauen. So legte ich ihr nahe, dass sie diese Hilfe bewusst annehmen und sich ganz und gar auf ihre Genesung konzentrieren sollte. Noch immer glaubte ich an das Gute und Vernünftige in ihrem Wesen. Für mich war es dadurch aber auch leichter, auf meinem eingeschlagenen Weg der Nüchternheit zu bleiben."

Vielleicht war Christophs Entscheidung zu leichtfertig gewesen. Was ein übles Vorspiel hatte, hatte meist auch ein übles Nachspiel. Die Täuschung und das Reich der zwielichtigen Geister, Dämonen und Gespenster konnte Christoph hier keinesfalls erkennen. Zu warmherzig, offenherzig, edelmütig und beseelt war sein Wesen. Ge-wesen.

„Für Tori entwickelte sich der Aufenthalt zur Hölle. Bei jeder Gelegenheit kontaktierte und besuchte sie mich. Die Tabletten hatten sie erneut stumpfsinnig werden lassen. Meine kämpferische Ader veranlasste mich dazu, ihr unaufhörlich klarmachen zu wollen, dass sie die Zeit der Therapie für sich allein nutzen sollte. Sie kannte eben meine wunden Punkte und beherrschte es perfekt, mich immer wieder einzulullen - oder mit Drohungen zu bedrängen, dann eben mit den anderen Patienten Spaß zu haben und Partys zu besuchen, wo Cannabis konsumiert werden würde. Verdammtes, mitleidiges Eifersuchtsspielchen! Obwohl es offensichtlich war, dass sie ein Suchtproblem hatte, wollte sie dies nie und nimmer zugeben. Für gewöhnlich endeten ihre heimlichen Rauschtouren bei irgendwelchen gemeinsamen Freunden oder alten Bekannten im Bett. Dessen ungeachtet, stand ich ihr immer und immer wieder bei, holte sie von irgendwo ab und schaffte es unter Zuhilfenahme fantasievoller Begründungen, dass sie nicht aus der Klinik flog. Tori hatte doch erst vor Kurzem eine paranoide Psychose aufgrund von Mischkonsum erlitten. Wenn sie Drogen sah, dachte sie nur: ‚Rein damit! Und möglichst viel davon.' Was sollte noch alles kommen? Leberentzündung? Leberversagen? Störung der Herzfunktion oder gar Herzversagen? Ein Hirninfarkt, Schlaganfall? Nierenversagen? Überwässerung? Krampfanfall? Epilepsie? Totaler Dachschaden? Tod? Koma? Einer Süchtigen wie Tori war dies anscheinend einerlei. Einzig und allein die berauschende, alles vergessen lassende Wirkung beherrschte ihr ganzes Wesen.

Es war, als ob ich Mama, die Zweite, zu betreuen hatte. Auch sie hatte die Nebenwirkungen und Folgeschäden ihrer pharmazeutischen Medikamente niemals ernst genommen und die Nebenwirkungen regelrecht verdrängt! Obwohl sie es eigentlich gewesen war, die uns Kinder schon immer vor unbedachter Medikamenteneinnahme geschützt hatte. Sie war mittlerweile von Krankheit gezeichnet, überall Metastasen, die sie innerlich auffraßen."

„Ich wusste wirklich keinen Ausweg mehr – immer die gleichen Geschichten, egal wie gut oder schlecht ich es mit Tori auch meinte. Das Ergebnis war immer dasselbe: Absturz! Crash! Kollaps! Unsere gesamte Beziehung über war sie stets der schlagende Teil gewesen, verbal wie körperlich. Sie teilte generell gerne Schläge aus. Auch auf Festen aller Art, bei Freunden und Bekannten, ja sogar gegen Polizisten. Wenn das Temperament mit ihr durchging, war das Gegenüber nebensächlich. Immer wieder trieb sie mich zur Weißglut, meist so lange, bis ich wieder etwas Dummes und Unüberlegtes sagte, mit dem sie mich erneut erpressen konnte. Wieder und wieder hatte ich ihr aus der Patsche geholfen, verursacht durch mein Helfersyndrom. Dieses jahrelange, antrainierte Verhaltensmuster, das mich ständig dazu trieb, mich schlecht und schuldig fühlen zu müssen. Liebevoller Helfer, geschätzter Samariter: nichts anderes als ein idiotischer, unerwachsener Handlanger schien ich zu sein, erbärmlich und ohne jeglichen Selbstwert. Ich spürte all ihr Verlangen und diese tiefen Sehnsüchte, sich bloß an irgendjemandem festhalten zu wollen, ihren inneren Drang und Glauben, in mir einen Anker der Sicherheit gefunden zu haben, um ihre eigene Unsicherheit zu verbergen. Natürlich schien ich für sie die naheliegendste Lösung zu sein, als Freund und zugleich Mitbewohner, als Mentor und sinngebender Seelenverwandter. Verliebtheit statt Liebe. Nehmen statt Geben. Begründet auf ihrem unerfüllten, bislang missachteten Grundbedürfnis nach Sicherheit. Das war mir mittlerweile bewusst geworden."

„All ihr Leiden hatte – Hand aufs Herz! – nichts mehr mit mir zu tun. Es kristallisierte sich heraus, dass ich mein Dasein als Co-Abhängiger gefristet hatte. Mein Leben lang. Ich hatte mein Glück abhängig gemacht von der Zufriedenheit meiner Eltern, vom Überleben meines Bruders, von der Freude der Gesellschaft. Ich war zum Suchterfüller der Erfüllungssuchenden geworden. Erbärmlicher Nachahmer und Trittbrettfahrer. Jetzt war der Punkt gekommen, an dem ich mich nicht mehr hineinziehen ließ in den Sturm der Leidenschaft dieser Süchtigen. Es hatte mich zu viel Energie gekostet, mich für ihre Unfreiheiten und auferlegten Zwänge verantwortlich zu zeichnen. Ihr ständiger Freiheitsdrang und dieser sehnsüchtige Hunger nach der Erfüllung ihrer innigsten Wünsche, und zwar am besten sofort, hatten mich selbst zu einem Gefangenen werden lassen. Doch es war nicht mein Gefängnis gewesen, das mich begrenzt hatte. Nein. Sondern es war die Mauer ihres eigenen Kerkers, die mir im Weg zu stehen schien. Durch ihr systematisch unterdrücktes Verlangen nach Grenzenlosigkeit und Freiheit war ich selbst in Bedrängnis geraten. Das war das wirkliche Gift dieser Entwicklung. Toxisch und tödlich. Weil sie mir durch ihre Unfreiheit meinen Platz in Freiheit genommen hatten. Weil sie in Wirklichkeit genauso sein wollten wie ich. Alle wollten sie mir glauben machen, dass ich selbst der Süchtige bin. Dadurch erst wurde ich wahrhaftig abhängig: vom Wissen meiner Mitmenschen, von ihrer Sicht auf diese Welt, durch meine Gutgläubigkeit und mein grenzenloses Vertrauen auf ihren sanftmütigen Wesenskern. Ich hatte an das Gute in ihnen geglaubt. An ihre Sensibilität als Sinn im Leben. Nicht mehr und nicht weniger. Doch nun war es vorbei! Aus! Schluss!"

„Sie allein war für alle Menschen gestanden. Toris düsteren, schaurigen Drohungen hatten in meinen Gedanken mit einem Mal ihren Schrecken verloren. Mir doch egal, ob sie nun über mich die intimsten Sexgeheimnisse ausplauderte, mich anzeigte oder mich mit Selbstmordabsichten erpresste. All das machte sie, weil es sie selbst am Leben erhielt. Denn wenn sie mir damit Gutes tun wollte, dann hätte sie das alles für sich behalten. Ständig klammerte sie sich an meiner Entwicklung, an meinem Weg als Vorbild. Und doch waren es die immer wiederkehrenden Verletzungen ihrer Feinfühligkeit gewesen, die sie von einer Tat zur anderen am Leben erhielten. Der Schmerz gab ihr die Gewissheit, noch am Leben zu sein, sich noch zu spüren. Weil sie das nicht erkannte, missbrauchte sie mich durch diesen ursächlich inszenierten Selbsterhaltungstrieb. Doch ich ließ mich nicht länger missbrauchen, weder psychisch noch physisch. Und Basta! Die ganze Scheinheiligkeit hatte ich satt. Wahrscheinlich hatte sich auch Gott, dessen Existenz ich mir bislang immer wieder selbst vorgegaukelt hatte, in ähnlicher Weise von mir vergewaltigt gefühlt! Ich liebte Tori wie alle anderen Wesen, doch mit ihrem Verhalten konnte ich einfach nicht länger leben. Am Telefon offenbarte ich ihr meinen Entschluss, dass wir nicht mehr länger zusammen sein könnten. Aus und vorbei war es nun mit der Bettgenossenschaft. Mein Mut, Tori diese Botschaft zu überbringen und mich von ihr loszusagen, brachte mir spürbare Erleichterung. Unsere Beziehung war definitiv zu Ende. Anscheinend war Tori doch durchtrieben genug dafür, um zu bemerken, dass die Strategien ihrer Verführungskünste ihre Wirkung verloren hatten. Also war sie doch nicht so krankhaft, garstig, bösartig und berechnend gewesen, wie ich gedacht hatte?"

Wer hatte all die Drehbücher für dieses erbärmliche Leben geschrieben? Das Drehbuch für eine scheinbar niemals enden wollende Geschichte, an der sie alle beteiligt gewesen waren? Genau: Sie selbst hatten sie geschrieben. Über zahlreiche Generationen hinweg in ungeahntem Ausmaß. Sie selbst waren zu Schöpfern dieser tristen Story geworden. Sie alle waren zu ihrer höheren Macht geworden. Zu kollektivem Zwangsbewusstsein. Leidende Opfer ihrer Feinsinnigkeit. Getäuschte Abhängige. Als Teil des Lebens. Gegen ihre Bestimmung. Du selbst bist Macht. Du selbst bist Gott. Du selbst bist Schöpfer. Du selbst bist Licht. Du selbst bist Liebe. Du bist: ein Stück vom Universum, ein Teil des Himmels, Sternenstaub, ein Zwinkern in der Ewigkeit. Eine Gabe der Schöpfung und schöpfende Bestimmung: *Sag Sieben.* Denn es war fünf vor zwölf.

„Ich schlug die Augen auf: Orientierungslosigkeit. Ich lag im Bett, die Arme seitlich ausgestreckt, fast unbeweglich, jedenfalls steif. Mit stechenden Schmerzen in den Armen und unter den Rippenbögen. Ängstlich schaute ich mich um. Ein Seufzer der Erleichterung brach die betäubende Stille. Es war mein Bett, in dem ich da lag. Mein Zimmer. Mein Kopf war verraucht und schwer. Vorsichtig und unter brennenden Schmerzen öffnete ich meinen Mund. Einen kleinen Spalt. Die einströmende Luft legte den süßen Nachgeschmack von Drogen frei. Mein Körper begann langsam zu zittern und zu schmerzen. O mein Gott! Was hatte ich bloß schon wieder getan? Was zum Teufel war passiert?"

Ja hatte er gesagt – zu allen anderen. Und wieder einmal Nein – zu sich. Wieder war eine ausschreitende, exzessive Nacht vorübergegangen. Noch gestern war er sich so sicher gewesen, dass er die krankhaften Abhängigkeiten ein für alle Mal ablegen würde. Und nun? Diese Frau war der Auswuchs des Teufels, noch schlimmer als er selbst. Lila – der letzte Versuch.

„Ich war ihr hörig gewesen! Dieses Verhängnis war ein einziger Höllentrip. Ich sorgte mich um Tori. Ich sorgte mich um Mutter. Ich sorgte mich um alle. Wer aber sorgte sich um mich? Was soll das alles noch bringen? Warum hatte bisher noch niemand meinem sinnlosen Dasein ein Ende gesetzt? So viele Menschen sterben jeden Augenblick an Unfällen oder Krankheiten. Alle beobachteten mich und mein Leben von außen. Sie urteilten über mich, richteten mich aus, stellten mich bloß und traten mich mit Händen und Füßen! Doch warum zum Teufel beendete es niemand kurzerhand? Da lag ich. Regungslos. Betäubt. Wie versteinert. Leer. Es gab leider kein Allgemeinrezept für Loslassen, kein Patent zum Klügerwerden, keine Anleitung zur Selbstfindung. Plötzlich schoss es mir ein. So glasklar sah ich mich in Michi wieder. Wie lange hatte sie versucht, mir beizubringen, dass ich ein Problem mit Süchten hätte? Auch ich hatte sie nie verstanden. Auch ich hatte niemals verstehen wollen, dass sie mir eigentlich immer schon helfen wollte und ich mich deswegen ändern sollte. Sie wollte mich nur beschützen. Nie hatte ich es zugelassen, weil der Grund für mein Leiden Unverständnis gewesen war: Unverständnis über meine eigene Gedanken- und Gefühlswelt. Erst jetzt konnte ich nachempfinden, was Michi mit mir durchgemacht haben musste. Es war leichter, einem Tauben Dinge zu erklären als jemandem, der nicht zuhören wollte. Durch Tori begriff ich plötzlich, dass man niemandem helfen konnte, wenn der Betroffene sich unverstanden fühlte, wenn der zeitlebens für seine Feinfühligkeit Belächelte dies keinesfalls wollte. Was war ich nur für ein ungehorsamer Schüler des Lebens gewesen! Naiv und leichtgläubig. Durch meine Offenheit gegenüber all den Menschen war ich natürlich leicht zu verletzen, mit Taktik und List einfach zu beeinflussen – ein für alle nützlicher Idiot! Ob in der Arbeit, bei Unterhaltung, bei Sport oder in sonstigem Wettstreit. Wenn ich nichts mehr zu geben hatte, wurde ich verurteilt. So wurde ich zum fremdgesteuerten Extremtypen: ganz oder gar nicht, schwarz oder weiß. In Phasen der Überforderung gab es keinen einzigen Tropfen, keine Zigarette und keine Drogen. Dafür danach wieder so ausgiebig und brachial, dass die Hälfte schon gereicht hätte."

„Wie ungern gab ich es nur zu, aber ich war ein manisch-depressiver Mensch geworden, einer mit völlig bipolarem Verhalten, ein Mensch, den niemand verstehen wollte, nicht einmal mehr verstehen konnte. Ich verstand mich ja selbst nicht. In berauschtem Zustand traute ich mich zu reden, über Gott und die Welt, über die Zerstörung der Natur durch die Bestie Mensch. Als Spinner, Träumer und besoffenen Weltverbesserer hatten sie mich stets abgetan. Aus diesem Grund begann ich damit, meine Sinne und Wahrnehmungen, sogar meine Empfindungen zu betäuben. Mehr und mehr schüttete ich mich zu: mit Substanzen, Arbeit, Sex, Religion, falschem Glauben. Um mich abzulenken. Um mich zu unterhalten. Immer voller und voller. Um nichts fühlen zu müssen, um nicht nachdenken zu müssen. Um nicht daran leiden zu müssen, dass ich in der Gesellschaft, wo es kein richtiges Leben im falschen gab, meine wirkliche Bestimmung nicht ausleben durfte. Als die Schwäche mich übermannte, erledigten die Drogen den Rest meiner mittlerweile armseligen Menschlichkeit und entsorgten sie kurzerhand."

„Ich hatte mir einen goldenen Käfig gebaut: meinen Wesenskern aus Gold – den Mantel aus Eisen. Einen Käfig aus Kontrollmechanismen, der mich von meinem natürlichen Lebenssinn maßgeschneidert abschirmte. Ein Nerven- und Gefühlskostüm. Doch ich war nicht der Einzige gewesen. Niemand wollte der Wirklichkeit ins Auge sehen. Wie denn auch?! Zu bedrückend war der Anblick. Selbst ich hatte die Wirklichkeit nicht erkennen können. Weil ich mich selbst nicht sehen konnte. Durch Verblendung und Wahrheitsflucht hatte ich meine eigene Wirklichkeit verwirkt. Egoistisch und blind vor Sturheit. Dabei hatte ich Halt gesucht, hatte die Orientierung verloren, weil ich mir von außen eine Richtungsvorgabe erwartete. Zum Teufel mit den Himmelsrichtungen! Ich selbst war der Kompass gewesen. Getäuscht von durch Menschenhand geschaffene Magneten, die lediglich zur Ablenkung und Kontrolle meines ursächlich natürlichen Lebenssinnes bestimmt waren. Die ganze Zeit über hatte sich mein Leben biografisch gespiegelt, und zwar in allem und jedem, was mir bislang widerfahren war. Ich war an meine Grenzen gegangen, in erster Linie an die Grenze meiner Reizschwelle. Der Fortschritt der Gesellschaft war zu schnell für uns gewesen, zu schnell für mich als eigentlich stilles Wässerchen. Überdies hinkte der moralische Fortschritt dem technischen hinterher. Alles hatte ich mit der Reizmenge ausgeschaltet: Vorsicht, Einsicht, Natürlichkeit. Wie war das noch mit der Beschreibung Gottes gewesen? Mach Dir kein Bildnis? Suche ich nicht oben, suche ich nicht unten, suche ich nicht vorne, suche ich nicht hinten, suche ich nicht links und suche ich nicht rechts? Dann finde ich mich selbst! Endstation."

So war das Jetzt gekommen: indem der Mensch Teil eines kollektiven Unterbewusstseins geworden war. Als Spiegelbild biologischer Schöpfung. Am Anfang seiner Zukunft.

„Die Berührung eiskalter Hände ließ mich hochschrecken! Was war mit mir geschehen? War ich es jetzt gewesen, der eine Paranoia aufgerissen hatte? Eine Psychose? Als Tori sich wie eine Schlange an mich kuscheln wollte, sprang ich, wie von einer Tarantel gestochen, aus dem Bett. Erleuchtung! Allemal ein Wahnsinn! Plötzlich stand ich im Bad. Ausweglos. Ich war ein Süchtiger geworden! Ein abhängiger Süchtiger! Ein Süchtiger nach Liebe, Geborgenheit und Vertrauen. Da ich es im Außen vermutet hatte, so wie mir dies mein Leben lang glaubhaft gemacht wurde, hatte ich als braver Schüler vor langer Zeit zu suchen begonnen. Ich hoffte es in Religionen, Erwachsenen, Alkohol, Drogen und Beziehungen zu finden, es in diesen von Wissenschaft gezeugten Mitteln zu erhalten. Wissen allein wusste, streng genommen, nichts. Vertrauen hingegen war weise. Ich hatte es gefunden: Selbstvertrauen. Nun war ich stark genug, um das Leben anzunehmen, was auch immer kommen würde. Transformationelle Kraft, die mir dabei helfen wird, standhaft zu bleiben. Mit Tori und alledem wollte ich nichts mehr zu tun haben, im Gegenteil. Notwendigerweise brauchte ich Distanz, einen gesunden Abstand. Eher wollte ich im Gefängnis verrotten als zurück in die alte Schiene! Alle Menschen, die sich für den Weg zur Entwöhnung von Gewohnheiten entscheiden, alle, die sich für den nüchternen Weg entschließen, ja, all diese konnten mit mir gehen. Alle, die wie ich erkennen und einsehen wollten, nur bewusste Achtsamkeit sei die Erfüllung des Lebens an sich, würden Heilung erfahren dürfen. Wer mit mir ging, würde die Antworten auf seine Fragen finden - in sich selbst."

Das Werk war vollbracht. Christoph war gezeichnet durch sein Drogen-leben, durch all seine Süchte und die Vielzahl seiner Abhängigkeiten. Er war geboren, um zu sterben, und musste sterben, um zu leben. Christoph öffnete die Tür. Da standen sie schon. Sie hatten auf ihn gewartet. Sie legten ihm die Handschellen an und führten ihn ab. Wie ein Lanzenstich durchbohrte ihn der Gedanke daran, seine Tochter niemals wiederzusehen. Lucy. Sie - die ihm seine eigene falsche Wahrheit wieder vor Augen geführt hatte. Durch sie hatte er die Liebe wiedergefunden. Sie war seine Hoffnung immer dann, wenn er schwach gewesen war. Durch ihre Augen hatte er wieder sehen gelernt. Sie war das Licht, das sein Leben wieder zum Strahlen gebracht hatte. Unter all den Lügen war sie die einzige Wirklichkeit gewesen - seine eigentliche Wirklichkeit. Weil sie ihn von Anfang an geliebt hatte als den, der er we-senhaft war. Als Teil von ihm selbst. Ein unbeschreibliches Gefühl von Hilflosigkeit, Schuld und Scham durch-strömte ihn. Allem trotzend, nahm er die Schuld auf sich. Mutig. Dankbar. Sein Haupt neigte sich gen Erde.

Sue

Eine Geschichte über Wollust und Konzentration

Du denkst, Dein Leben bemisst sich ausschließlich in Zeit. Vergiss nicht, dass Dein irdisches Dasein nur den Sinn und Zweck hat, Teil von etwas Größerem zu sein. Du bist nämlich nur eine kleinere Einheit natürlicher Schöpfung, ein einzelnes Glied in einer Ahnenkette, wesentliche Einheit einer kosmischen Einheit. All Dein Handeln wird darüber entscheiden, ob Dein System auch in Zukunft Teil von diesem Großen sein wird. Es liegt jederzeit in Deiner Macht, für welchen Weg Du Dich entscheidest. Deine Bestimmung aber kennt nur einen Weg. Entschließe Dich, damit die Klärung wirksam wird. Darum wisse: Dein Leben misst sich nicht im Sekundentakt. Es geht nicht um die Zeit. Es geht um das Leben selbst.

„Als ich noch ein Jugendlicher und Hals über Kopf verliebt gewesen war, hatte mir mein Bruder ein Date weggeschnappt, zu dem ich ihn gebeten hatte, mich mit seinem Auto hinzufahren. Ich wollte der jungen Frau imponieren und hatte selbst noch keinen fahrbaren Untersatz. An diesem Abend fand mein Bruder jedoch selbst Gefallen an dem Mädchen. Und weil Verliebtheit blind machte, hatte mein Bruder nicht bemerkt, wie sehr er mich dadurch verletzt hatte. Gerade deswegen, weil er eben mein großer Bruder und mein Vorbild gewesen war, hatte er mich mit diesem rücksichtslosen Verhalten überhaupt verletzen können. Es war ähnlich wie ein paar Jahre zuvor gewesen, als er mir wegen eines Streits mit einer seiner Frauen eine feste Ohrfeige verpasst hatte. Ich war beinahe noch ein Kind gewesen und hatte eigentlich mit dieser Sache gar nichts zu tun! Eigentlich hätte es mir ja egal sein können, denn wohin die Liebe fällt ... Na ja, anscheinend war ich es diesmal gewesen, dem es hier bloß um eine schnelle Nummer gegangen war. Jedenfalls entfachte dieser Revierkonflikt tiefe Gefühle. Aus Wollust entbrannte Missgunst. Also redete ich mir ein, dass diese Liebe eine große Sache für mich gewesen wäre. Eine Chance, die bestimmt kein zweites Mal im Leben kommen würde. Allen erzählte ich von dieser miserablen Aktion. Natürlich hinter dem Rücken meines Bruders und dem seiner neuen Freundin. So lernte ich die Quelle und Wurzel der Verleumdung, der Triebhaftigkeit und der Selbstsucht kennen."

„Damals hatte alles seinen Anfang gefunden. Ach, wie zornig war ich gewesen. Am liebsten hätte ich ihn dafür gelyncht. Und obwohl ich auch von Sue, die ich begehrt hatte, enttäuscht gewesen war, war sie mir eigentlich egal.

Aus meiner Sicht war es für ein Mädchen sowieso nicht anständig, mit einem Mann auszugehen und dann mit dessen Bruder eine spaßige Nacht zu verbringen. Diese erste, einschneidende Begegnung mit enttäuschter Verliebtheit, sexuellem Verlangen und partnerschaftlicher Beziehung prägte sich in meinem Unterbewusstsein ein. Niemals hatte ich gelernt, bewusst zu fühlen und meine Gedanken und Emotionen danach in angemessener Ruhe und Gelassenheit anzusprechen. Dieses Erlebnis bestätigte lediglich mein Verhalten zu Frauen sowie meine Einstellung zu gesellschaftlich normiertem Zusammenleben. Dieses Ereignis hatte mich brennende Eifersucht gelehrt. Irgendwie hatte es mich aber auch an eine Geschichte erinnert: die Geschichte von zwei Brüdern, die durch die Wüste gewandert waren. Sie hatten gestritten, als einer seinem Gegenüber eine Ohrfeige verpasst hatte. Dem anderen tat es zwar weh, doch er sagte nichts und schrieb seine Klage einfach in den Sand. Als dieser in einem Fluss zu ertrinken drohte, rettete ihn prompt der Schläger. Der Gerettete meißelte seinen Dank in Stein. So durfte der Wind der Vergebung die Vergangenheit tilgen – und der Stein der Weisen die Dankbarkeit fassen."

„Wie schon erwähnt, lernte ich bald darauf Nadja kennen. Sie lernte ich auf ähnliche Art und Weise kennen, zumindest, was meinen Alkoholspiegel und mein überschwängliches Auftreten anbelangte. Sogar unsere Verabredung hatte ich vergessen, die wir in der Vornacht bei unserem feucht-fröhlichen Kennenlernen vereinbart hatten. Ich hatte sie einfach sitzen gelassen. Nach und nach schien dann aber doch mit ihr mein Traum einer festen Partnerschaft in Erfüllung zu gehen. Je mehr sich ihre Eltern und Verwandten gegen unsere Verbundenheit quergestellt hatten, desto mehr zeigte ich ihnen allen klar und deutlich, dass dieses Mädchen und ich zusammengehörten. Dass wir eine Einheit waren. Sie war mein Mädchen und ich ihr Freund. Händchenhaltend, verliebt schmusend und stolz wie ein Pfau spazierte ich mit ihr durch die Gegend – ich, der jüngste Sohn des Traumpaares, der kleine Bruder des Fußballstars, mit der schönen Tochter des örtlichen Autohändlers. Der Eindruck ließ nicht lange auf sich warten, dass wir als scheinbar unzertrennliches Paar erlebt und von vielen Gesellschaftern beneidet wurden. Ihre Eltern und deren Freunde begannen damit zu intrigieren, um unsere frische Liebesbeziehung zu untergraben. Nichtsdestotrotz blieben wir stur. Selbst bei einer landesweit inszenierten Talentshow wurden wir von Tausenden Fernsehzuschauern zum Sommerpärchen des Jahres gewählt. Der Preis bestand aus einer romantischen Traumreise nach Paris. All diese Erlebnisse machten meine Enttäuschungen wett. All diese Dinge begannen mich scheinbar zu erfüllen. Und doch wuchs meine Sehnsucht beständig. Alle hatten sie nur die Fassade gesehen. Niemand konnte ahnen, wie sehr ich mir gewünscht hatte, dass mein Leben tatsächlich so unbeschwert schön wäre, wie sie geglaubt hatten, es zu sehen. Denn mit jeder neuen Geschichte stieg auch das Interesse der Öffentlichkeit an unserem - an meinem Scheinleben."

Süchte und pathologische Abhängigkeiten ließen Menschen genau jene Realität sehen, die sie sehen sollten. Glaubhaft gedacht, erschufen sie gemeinsam das, worauf sie die Sicht einschränken wollten: eine Scheinwelt, als Summe geglaubter Wahrheiten. Nur Unabhängigkeit ermöglichte nüchtern klare Sichtweisen. Abhängigkeit trübte, im Gegenteil, den Blick auf die Wirklichkeit. Persönliche Bestimmung verblasste unter den Auflagen gesellschaftlicher Normen.

„Wir teilten das Interesse an klassischer Musik, am vermeintlichen Starleben in der Öffentlichkeit und am glanzvollen Dasein in einer reibungslos funktionierenden Gesellschaft, in der kein Funken von Feinfühligkeit zu spüren gewesen war. Allesamt rannten wir herum wie gereizte Raubtiere. Die sogenannte High Society erfüllte unser beider Leben. Viele bedeutende Highlights und unvergessliche Momente hatten sich zugetragen, die mir beinahe den Atem verschlagen hatten. Schein und Sein! Eines unserer wirklich schönsten Erlebnisse war jedoch ein gigantisches, phänomenales Naturschauspiel gewesen: eine totale Sonnenfinsternis. Der Mond schob sich im Sekundentakt vor die Sonne. Die Wolkendecke öffnete sich. Es wurde empfindlich leiser im sonst so hektischen Treiben der Welt. Dieses astronomische Ereignis, bei dem der Mond die Sonne, von der Erde aus gesehen, total verdeckte, warf seinen großen Schatten über die Erde. Licht und Dunkelheit, Sonne und Mond - die Geschwister des Lebens -, die die Erde in den Schatten stellten. Ganz ruhig wurde es im lauten Durcheinander des Getümmels. Eine friedvolle Stille. Sogar die Tierwelt hielt kurz inne. Ja, die Welt schien sogleich für einen kurzen Moment den Atem angehalten zu haben. Atemlose Wirksamkeit. Nebeneinander liegend, lauschten wir beide dieser angenehmen, erholsamen Ruhe. Mensch und Natur schienen in diesem Moment in Einklang, und ein Gefühl von unbeschreiblicher Einigkeit und tiefer Verbundenheit durchwanderte Körper, Geist und Seele. Kein Vogelgezwitscher, kein Hundegebell und kein Umweltlärm wahrnehmbar. Harmonische Stille. Sonne und Mond - Schwester und Bruder - drückten den Beobachtern auf der Erde ihren Stempel auf. Die Korona strahlte um sie wie ein Heiligenschein. So etwas Kosmisches erleben zu dürfen, hatte mich beseelt. Das machte endlich einmal Sinn im Leben. Diese universelle Einheit zu empfinden, mit all ihrer unerforschten Schöpfungskraft, brachte für kurze Zeit kosmischen Frieden auf unseren Planeten. Inmitten meines Seins. Ich war überwältigt, erfüllt und wunschlos glücklich."

„Seit jeher war es die Natur gewesen, der ich mich zutiefst verbunden fühlte. Schon als Kind lag ich gern rücklings im Garten und beobachtete das durch Sternschnuppen erleuchtete, nächtliche Firmament. Was ist dort draußen? Bin ich dort hergekommen? Würde ich dort hingehen? Irgendetwas von da draußen schien zugleich in mir zu wirken. Nach und nach setzte das Bewusstsein aus - abgelenkt durch filterlos wahrgenommene Einflüsse einer laut eigenen Angaben erwachsenen Gesellschaft 'von Welt'. Wie schön war es doch, zu den Erwachsenen gehören zu dürfen! Bald schon fühlte ich mich unwohl. Das sollte es dann also gewesen sein? Warum konnte ich die Liebe nur nicht als ebenso schwerelos empfinden? Stets fühlte ich mich leidend unverstanden. Beim Spiel der Liebe hatte ich ohnehin noch nie den Durchblick. Daran hatte sich bis jetzt nichts geändert, obwohl ich gleichzeitig eine unbeschreibliche Vorstellung, ein undefinierbares Gefühl, eine wohltuende Ahnung davon gehabt hatte, wie sich Liebe anfühlen sollte. Zu diesem Anlass eines gewaltigen Naturschauspiels hatte ich es zum ersten Mal im eigenen Wesen tiefgründig empfinden dürfen. Tiefsinnig. Eigensinnig. All meine Sehnsüchte waren für einen kurzen Moment gestillt. Zwischen Festhalten und Loslassen. Zwischen Licht und Dunkelheit. Zwischen Gut und Böse. Einfach - sein. Ehe ich mich versah, hatte der Alltag mich eingeholt. Ständiger Druck und Unzufriedenheit, unerfüllte Ansprüche und ungerechte Erwartungen meiner Mitmenschen. Das ganze Leid der Menschheit auf meinem Rücken ausgetragen. Hinter der um mein Herz gebauten Mauer brannte ein Schmerz."

„So begann ich damit, Ausflüge zu wagen, und bemühte mich, dieses Gefühl unerfüllter Liebe mit Sex auszugleichen. Es war Flucht. Alles andere, bloß nicht diese scheinheilige 'Bussi-Bussi-Gesellschaft'! Die dunklen Seiten zogen mich magisch an: Nutten, Zuhälter, rotes Licht. So gegenteilig und so verrucht. Abwegig und geächtet. Von den angeblich Geachteten. Sie, die oberen Zehntausend, die ich durchschaut hatte. Wie ein menschlicher Scanner. Sie wollten den ersten Stein werfen? Ihre eigenen berauschten Feste hätte sogar die schändlichste Dorfdirne nach kürzester Zeit gemieden. Für mich waren diese Frauen Wesen, bei denen ich mich verstanden fühlte, ohne auch nur ein Wort sagen zu müssen. Für mich waren sie keine Objekte gewesen, sondern vielmehr lustvolle Gestalten, die nach wirksamer Fasson meine Seele trösteten. In Wirklichkeit war ich ja nichts anderes gewesen als sie selbst. Bei ihnen durfte ich eben sein, wie ich war. Es gab keine Nörgeleien, ich musste mich niemals erklären, hatte keine Verantwortung für sie und auch keinerlei schlechtes

Gewissen. Zudem liebte ich die Abwechslung. Immerhin zahlte ich stets gut und brav. Weiß Gott warum, irgendwie passte ich in diese andersartige Welt. Was mir besonders gefiel, waren Begegnungen auf gleicher Augenhöhe. Über den Wolken scheint eben immer die Sonne."

„Das Ausleben meiner Andersartigkeit war zu meiner Sucht geworden. Abartig und doch zutiefst menschlich. Da war eben niemand, der mir vorgelebt hatte, mir erklärt hätte, in mich zu hören, in mich zu schauen, in mich zu fühlen, mir selbst Gedanken zu machen aufgrund meiner empfindsamen Wahrnehmung über ein eigenes, sinnvolles Leben. Kein Mentor weit und breit, der mich gelehrt hätte, dass wirkliches Leben keine Anerkennung von außen bräuchte. Dass alles, was ich gesucht hatte, in mir selbst zu finden wäre. Selbsterkenntnis. Selbstverständnis. Selbstbeherrschung. Selbstvertrauen. Selbstständigkeit. Selbstwert. Selbstliebe. Niemand war da, mit dem ich auch nur annähernd über meine wahren Gedanken und Gefühle hätte sprechen können. Mein Vater - mehr Beobachter als mentales Vorbild. Kein Pate. Kein Pater. Kein Bruder. Keine Schwester. Und auch, wenn mir Mutter ihren freundschaftlichen Rat als Beirat angeboten hatte, konnte ich ihr anfänglich natürlich niemals von meiner beschämenden Ungeniertheit und den unsinnig armseligen Hurenbesuchen erzählen. Ich konnte es einfach nicht - obwohl es mir irgendwann egal wurde und ich sie in einem völlig aussichtslosen und berauschten Zustand in eines der Etablissements mitgenommen hatte. Ich wollte ihr vor Augen führen, was aus meinem Leben geworden war. Einen Hilfeschrei wagen, um mich in Gottes willen vor dem Totalabsturz zu bewahren."

„Dazumal konnte ich mir nicht im Geringsten eine Vorstellung davon machen, wie sich Mama gefühlt haben musste. Mich als ihren Sohn immer wieder nach unglücklichen, kläglich gescheiterten, unerfüllten Beziehungen in ihren häuslichen Schoß aufzunehmen. Wie ein Neugeborenes, das wie bei einem Jo-Jo-Effekt immer wieder die Nabelschnur entlang zu seiner Mutter zurückschnellte. Immer wieder hatte sie mich aufgenommen, versuchte für mich da zu sein, meinen Schmerz zu lindern. So als ob sie irgendetwas aus alten Zeiten gutzumachen gehabt hätte. Oder als ob sie eigentlich noch nie von mir losgelassen hätte. Sie hatte es eben nur ungenau gewusst, wie es sich anfühlen sollte, bedingungslos zu lieben oder selbstlos geliebt zu werden. Sie konnte nun einmal auch nicht aus ihrer Haut hinaus."

"Jetzt erst, da ich selbst Vater war, wurde mir klar, wie furchtbar Mutter mit mir mitgelitten und mitgefühlt haben musste. Wahrscheinlich hatte sie mein unerträgliches Leid immer schon nachempfinden können. Nie fragte sie mich danach, weshalb all die Beziehungen schiefgelaufen waren. Den Frauen sagte sie in ihrem Schmerz Unverständnis mir gegenüber nach, begleitet von verachtenden Beschimpfungen, um ihrer Uneinsichtigkeit Ausdruck zu verleihen. Einsam, traurig, geschändet und scheinbar von Gott verlassen, hatte sie mich all die Jahre auf meinem Weg begleitet. Wo war er nun geblieben, dieser von Menschen ins Leben gerufene, allseits angebetete Gott? Ein Gott, der für die meisten ohnehin nur eine willkommene Gelegenheit gewesen war, um vom eigenen Fehlverhalten abzulenken, um ihm die Verantwortung zuzuschieben für ihre selbstherrliche und alles erschöpfende Verantwortungslosigkeit!? Erst jetzt wusste ich, dass Mutter und ich uns gefühls- und gedankenmäßig ähnlicher waren, als ich es auf Grundlage bisherigen Wissens angenommen hatte."

Wie offensichtlich lag die Antwort da. Für all die anderen. Nur nicht für einen selbst. Noch immer suchte jedermann die Antwort im Außen. Was müsste wohl noch geschehen, um die alles verändernde Erkenntnis durch Verständnis endgültig zum Anfang einer neuen Wirklichkeit werden zu lassen. Die Menschen waren in ihrem eigenen Leben gefangen. In einem Käfig von Vorgaben, Ausbildung und Einbildung. In einem ungestillten Verlangen, in Wissensdurst und Liebeshunger. Nur ein Wort hätte genügt und ihre Seelen wären gesund geworden.

„Mutter war nun alt und krank. Immer ruhiger wurde sie, nachdem ihr die Chemotherapie, wie man zu sagen pflegte, den Rest gegeben hatte. Auch die Psychopharmaka hatten dadurch jegliche Wirkung verloren. Ich hatte das Gefühl, sie würde spüren, dass ihr Ende nahte. Bei ihrem Leben bat ich all die Mächte, sie nicht länger leiden zu lassen und ihr ein schnelles Ende zu setzen. Ihr Blick war leer und ihre ganze Hoffnung schien verflogen. Zu lange war sie ungehört. Zu lange wollte sie ihr Leben gegen alles andere tauschen. Wahrhaftig enttäuscht, fristete sie ihr erbärmliches Dasein. Ich hatte erkannt, dass sie ihren inneren Widerstand aufgegeben hatte. Ohne Sinn und Zweck war unterdessen ihr Leben für sie geworden. Für sie, die sich in ihrem Leben stets als anders, ja, geradezu als Aussätzige wahrgenommen hatte. Mutter. Mit ihrem hilfsbereiten, feinfühligen, offenherzigen und gleichzeitig ach so weichen Kern. Mit dieser Eigenschaft, die ganz typisch für alle Mitglieder unserer Familie zu sein schien. Bisher hatte ich nur an das Leben geglaubt. Doch so intensiv wie jetzt war mir die Vergänglichkeit noch nie bewusst geworden."

Unschuldig gewesen waren sie an all dem Leid, das ihnen zugefügt worden war. Und trotzdem hatte er all die Schuld auf sich genommen. Verurteilt hatten sie ihn. Die Stumpfsinnigen. Aufgrund seiner genetischen Kreuzung. Wegen seiner angeblichen Andersartigkeit, die niemals jemand seit Anbeginn der

Menschheit als sinnvolle Begabung der Schöpfung erkannt hatte. Zu ihrer aller Schutz ward sie manchem von ihnen gegeben. Besondere Empfindsamkeit als Basis weltlichen Lebens. Als Grundlage menschlich wirksamer Entwicklung. Weisheit der Schöpfung anstatt bewiesener Wahrheit. Da stand sie nun, die Antwort auf alle je gestellten Fragen der Menschheit: das Geschöpf. Gleichgültig, ob Frau, ob Mann.

„Der markerschütternde Klick dieser eiskalten Handschellen hatte sich wie ein Blitzschlag in die Tiefen meines Unterbewusstseins elektrisiert. Vor meinem geistigen Auge schien mein ganzes Leben noch einmal mit all seinen einschneidenden Erlebnissen und Bildern abzulaufen. Zu jener Zeit, in jenem Moment stand mein katastrophales Leben kopf. Die glühende Erde bebte, die gellende Sonne verfinsterte sich und im Schweiße meines Angesichts schwand, wie durch einen Geistesblitz, meine Überzeugung in das Vertrauen eines glaubhaften Gottes. Niemals hätte ich damit gerechnet, dass Tori mich anzeigen würde. Niemals hätte ich damit gerechnet, dass ich eines Tages abgeführt werden würde. Zugleich empfand ich auch ungeahnte Erleichterung. Unter all den Schrecken war nun durch höhere Gewalt ein Schlussstrich gesetzt worden. Mit einem Schlag war ich getrennt von den Verführungen des Lebens. Nun konnte ich meine Maske ablegen und gestehen, warum ich all die Dinge gemacht hatte als Süchtiger und Getriebener, warum ich überhaupt zu diesem unsittlichen, traurigen, schaurigen, tauben, blinden und unzulänglichen Menschen geworden war. Mit jedem Wort, das ich ehrlich und aufrichtig sagte, fühlte ich, wie dafür ein Teil von mir sterben durfte. Endlich. Ein für alle Mal: loslassen, mich der Lügen entledigen, ohne Ausreden, ohne Verrat. Der Grundstein für mein neues Dasein war gelegt. Weiterentwicklung war angesagt. Alles im Leben hatte seinen Sinn. Welchen genau, das konnte ich zwar noch nicht erfassen, doch ich wollte mich in Zukunft bewusster darauf konzentrieren, mein Leben wieder selbst in die Hände zu nehmen. Bisher war ich mit meinem Verhalten nämlich nur gegen Mauern gerannt. Aufrichtigkeit und Ehrlichkeit sollten mir ab jetzt die Tür zu meinem Bewusstsein öffnen und mich aus diesem steinkalten Raum befreien."

„Freimütig und offen schilderte ich den Polizisten sämtliche Begebenheiten, wie sie sich aus meiner Sicht zugetragen hatten. Wie ich all die Dinge gesehen, empfunden und erlebt hatte. Ich stellte lediglich meine Sicht der Dinge dar und sprach ausschließlich über meine Gedanken und Gefühle. Mit jedem Wort, das ich sagte, schöpfte ich neue Kraft, fühlte Hoffnung und Zuversicht. Unwahrheit wurde direkt mit schlechtem Gewissen bestraft. Ich wusste, dass ich nicht so ein böser Mensch gewesen war, wie es von Tori und all den anderen dargestellt worden war. Vielleicht hatte ich ein paar böse Taten begangen, in so manchem Anfall von Verständnislosigkeit, hilfloser Machtlosigkeit oder lediglich aus Unzulänglichkeit. Doch deshalb war ich bestimmt kein schlechter Mensch gewesen. Jeder Mensch trug das Böse wie das Gute in sich. Davon war ich überzeugt. Rauschmittel vermochten mein von der Gesellschaft erzwungenes Verhalten zu lösen und ließen die Stimme meines inneren Widerstandes laut werden. So hatte ich gelernt zu überleben. Lebensnotwendig natürlich setzte ich Macht, Täuschung und Manipulation ein, um andere zu erniedrigen, auszunutzen und, wenn nötig, auch zu zerstören, bevor sie dasselbe wieder mit mir tun konnten. Kränkung war der Anfang dieses krankhaften Übels gewesen. Narzissmus, Selbstüberschätzung, übersteigerter Selbstwert, Gefühlskälte, Skrupellosigkeit, Verantwortungslosigkeit und Schuldablehnung waren die logischen Folgen vom Genuss eines Giftcocktails gewesen, an dem ich mich mein Leben lang - keineswegs zögerlich - genährt hatte."

Zwei wesentliche Zutaten hatten in gleichem Mengenverhältnis - für die üblichen fünf Sinne der Menschen unsichtbar - toxische Wirkung gezeigt: Alexithymie, die Unfähigkeit, Gefühle zu erkennen und zu beschreiben, und Hochsensibilität, die gesteigerte Empfindsamkeit mit einem hohen Maß an Feinfühligkeit. Universelle Gerechtigkeit und kosmische Ordnung begannen wirksam zu werden im Leben dieses Menschen, Christophs. Die kindlichen Verletzungen, Ursprung des sogenannten bösen Kindes, wollten also gesehen werden und ursächlich erkannt sein. So lange hatte er schon um Anerkennung gekämpft. Im Krieg gegen die unberührte, natürliche Verletzlichkeit - mit dem guten Kind in ihm. Weil nur das Gute Liebe bekommen hatte: Zuwendung, Zuneigung, Verständnis, Anerkennung. Im Menschen gedieh und pflanzte sich fort, was vorher eingepflanzt worden war. Durch bewussten Verstand. Vom Menschen selbst ins Unbewusstsein verdrängt, drang es ans Licht - das Dunkel.

„Ich war noch einmal mit einem blauen Auge davongekommen. Trotz meiner anfänglichen Aussichtslosigkeit wurde ich vor Gericht zwar nicht freigesprochen, zu meinem Erstaunen aber wieder auf freien Fuß gesetzt. Auf Bewährung gewissermaßen - ein Leben auf Probe. Eigenverantwortlich auf mich zurückgeworfen, hatte ich nun von höherer Macht die Chance erhalten, selbst für mich Sorge zu tragen, wohin mich mein Weg auch führen würde. Nun ja, alles schön und gut, doch ohne Betäubung hatte ich die Reize dieses menschlichen Wahnsinns bislang niemals ertragen können. Was nun? Kurzerhand entschloss ich mich dazu, die Geschichte meines Lebens selbst zu schreiben und niemand anderem mehr dafür den Stift zu überlassen. Ich war von den Produkten menschlichen Fortschritts abhängig geworden. Hätte ich mich wieder eingliedern sollen ins altbekannte Hamsterrad, das mich doch dorthin gebracht hatte, wo ich nun war? Nein, das war ausgeschlossen. Alles, was ich nötig hatte, war Distanz. Ich musste ein für alle Mal selbst die Führung und auch die Verantwortung übernehmen. Von einer anderen, durchaus realen Seite betrachtet, hatte die Nüchternheit mich stets in die Einsamkeit geführt. Ich kannte mich ja. Gleichgesinnte hatte ich im Sumpf der Fehlentwicklung zurückgelassen. Auch wenn sie alle, eigentümlich teilhabend, an meiner Geschichte mitgeschrieben hatten. All ihre Sorgen hatte ich zum Inhalt meines Lebens gemacht. Wie ein richtiger Messie kam ich mir mittlerweile vor. Irrsinnig viele und wahnsinnig sinnlose Erkenntnisse hatten sich bis dahin in meinem Innersten angesammelt. Sie schrien nach Klärung, wollten sortiert und geordnet werden. Kurz, ich war vollgesogen wie ein Schwamm inmitten einer Brühe von menschlichen Abwässern."

„Von Frauen, Freunden, Gesellschaft und Familie hatte ich ohnehin genug. Völlig auf mich allein gestellt, beschloss ich, die dunklen Seiten meiner Seele zu beleuchten. Wortwörtlich hatten sie seelische Verwüstungen in mir hinterlassen. Besser gesagt, war es das ständige künstliche Hervorheben des vermeintlich Guten, das die Natürlichkeit meines Wesens ausbrennen ließ. Distanziert von meinem alten Umfeld und dennoch keinerlei Gefühl von Einsamkeit wahrnehmend, schöpfte ich neuen Mut, mich doch noch der schon lange geplanten Entwöhnungstherapie zu unterziehen. Ich wollte endlich einmal wissentlich erfahren, was Bedürfnisse zu bedeuten hatten. Wie es sich anfühlen würde, einmal nur auf sich selbst achten zu dürfen. Wie es wohl wäre, ein Leben ohne unausgesetztes Verantwortungsgefühl gegenüber meiner Mutter oder anderen geliebten Menschen zu leben. Ohne schlechtes Gewissen und Vorwürfe, ohne gesellschaftlichen Druck. Einfach einmal Zeit und Raum für mich zu haben, einfach frei sein. Weg von all den Verantwortungen, die der tägliche Alltag so mit sich bringen würde. Einmal in meinem Leben wenigstens wollte ich klar sehen, mir selbst ein Bild machen, ganz nüchtern, wie neu erwacht. Erst wenn ich fähig sein würde, mein eigenes Leben ohne fremde Stütze zu bewältigen, erst dann würde ich wirklich und wahrhaftig leben. Ich wollte nicht mehr die Welt ändern. Zuerst wollte ich mich selbst kennenlernen. Das war alles. In gedachter Stille und Entspannung wollte ich trainieren, meine Intuition besser wahrzunehmen, und meine Bestimmung finden. Die Zukunft wurde für mich zu einem unbekannten Land, das es zu bereisen galt. Jetzt war ich bereit für den Neuanfang."

„Ich nahm meine unvollendeten Aufzeichnungen zur Hand und begann weiterzuschreiben. Punkt für Punkt, Strich für Strich, Bogen für Bogen,

Buchstabe für Buchstabe, Wort für Wort, Satz für Satz, Zeile für Zeile, Absatz für Absatz, Seite für Seite. All das Leiden vergangener Tage hatte es geschafft, in mir ein Feuer zu entfachen. Plötzlich hatte ich eine zündende Idee: meine Musik als hörbarer Gefühlsausdruck menschlicher Innenwelt in einem Buch. Wenn es mir helfen würde, zu mir selbst zu finden, warum dann nicht auch anderen Menschen? Immerhin war ich nicht der einzige Süchtige auf dieser Welt. Ein Ratgeber für Süchtige und gleichzeitig spiritueller Nachlass für Lucy. Ja, das fühlte sich gut an! Oder nein, besser noch – eine Geschichte! Ein Musikroman! Akustikroman? Hatte es so etwas überhaupt schon einmal gegeben? Wie dem auch sei. Ich schrieb weiter und weiter und durchlebte grauenvolle Augenblicke, ausgelöst durch meine Erinnerungen an vergangene Erlebnisse. Mit der Gewissheit, vor einem augenblicklichen Scherbenhaufen zu stehen, diese brennenden Schmerzen in der Hitze innerlicher Verwüstung, in Wahrnehmung meines bemitleidenswerten, desolaten Daseins. Sinnlosigkeitsgedanken wurden laut und immer lauter. Wie damals, bevor ich mich regelmäßig zu betäuben entschieden hatte, tauchten sogar Selbstmordgedanken wieder auf. Selbstzweifel, wiederholt sehnsüchtig, sich sehnend nach Betäubung. Jedoch, ich blieb standhaft. Denn ich wusste: Wenn überhaupt, würde ich nur auf diese aufrichtige Art und Weise von Selbstfindung die Fähigkeit entwickeln, mein ursprüngliches Wesen in mir zu entdecken, endlich meinen wahren Kern freizulegen, die Ursache meines Leidens zu ergründen. Gerade als ich den Eindruck hatte, diese innere Reise ins Ungewisse würde endlich losgehen, meldete sich mein Körper und fing an zu rebellieren. Durchfälle, Krampfanfälle, Angst- und Panikattacken, nächtliche Atemaussetzer, stechende Kopfschmerzen, Nasenbluten und Rückenschmerzen zum In-den-Himmel-Fahren quälten mich zunehmend. Ich schaffte es nicht mehr allein. Ich brauchte dringend ärztliche Hilfe und wählte darum die Nummer meines Hausarztes, eine telefonische Zahlenkombination."

Menschen waren, was jedermann kannte: Spiegel der Erkenntnis. So wurde auch dem Arzt immer verständlicher, weshalb Christoph so tief gesunken war. Durch Betäubung seiner Sinne. Ausgelöst durch Schmerzen. Unermessliche Pein. Alle hatten sie gedacht, dass er nur ein verrückter Säufer sei, eine Mimose, die alles dramatisierte. In Wirklichkeit hatte er gelitten, Blut geschwitzt und Höllenqualen durchleiden müssen. Wegen des unbekannten Sinns in seinem Leben. Des sechsten Sinns der Schöpfung. Komplexität der Gene. Komplexes Genie.

„Schon immer dachte ich in komplexen Zusammenhängen. Meine Querverbindungen und sogenannten Eselsbrücken hatte schon während meiner

Schulzeit niemand verstanden. Sie fragten mich immer, ob ich träumen würde. Dementsprechend merkte ich in diesem neuerlichen Gespräch mit meinem Arzt, dass er seine Schwierigkeiten damit hatte, meinen Ausführungen zu folgen. Er versuchte, sich scheinbar zu konzentrieren und die Zusammenhänge zu erkennen. Ich hatte es einfacher, weil ich all die Dinge wie auf einem Hologramm vor mir visualisieren konnte. Darum verstand ich nicht ganz, was an meinen Gedanken komisch oder abwegig sein sollte. Was wollte mir dieser siebengescheite Typ eigentlich mitteilen? Alles, was er da brabbelte, war ja aus einem ursprünglichen Kodex gerissen. Er hatte nicht den blassen Schimmer davon gehabt, dass sein vermeintlich geglaubtes Wissen nur ein winzig kleiner Ausschnitt aus der möglichen Gesamtheit war. Im Hinblick darauf schwand meine Hoffnung wieder, dass mich irgendwann jemals irgendjemand verstehen würde. War ich ein verkanntes Genie und die Welt einfach zu blöd für mich – oder war die Welt eine vielschichtige Vielfalt, die ich mir in meinen kleinen, gedanklichen Bahnen irgendwie so zurechtzimmerte, dass niemand mir folgen konnte?"

„Deshalb drängte sich der Gedanke wieder in den Vordergrund, endlich von zu Hause weg in eine Therapie zu dürfen, um mich von allen schädigenden Einflüssen distanzieren zu können. Ich brauchte viel mehr Zeit, um alle Zusammenhänge darlegen und erklären zu können. Schließlich war es mein einziges Ziel, mich selbst besser verstehen zu lernen. Trotzdem grübelte ich, wie gewohnt, noch eine gefühlte Ewigkeit darüber nach, was der Arzt mir eigentlich hatte sagen wollen. Dieser wissenschaftliche Mist hatte doch gar nichts mit meiner Abhängigkeit zu tun gehabt. Das war doch alles nur ein kleiner Stein gewesen im Mosaik des Lebens. Völlig aus dem universellen Gesamtzusammenhang gerissen. Das war mir zu engstirnig, zu einseitig, zu szientistisch. Es war schon recht verrückt, mir all den Wahnsinn, den ich da durchgemacht hatte, auf wissenschaftlich fundierter Grundlage erklären zu wollen. Sein Ratschlag: eine Klinik, in der man leben lernen würde. Na wunderbar! Sollte ich nun Luftsprünge machen oder lieber einen Anschlag auf diesen borierten Fachidioten, der wie die anderen seiner Sorte meine Mutter und mich jahrelang als Hilfesuchende im Dunkeln hatten tappen lassen? Was für eine hochmütige Willkür! Ein Leben lang hatte ich versucht, mich einer Normierung anzupassen, einer Normgesellschaft zu entsprechen, flüchtete darum in Drogen, Alkohol und viele andere Süchte. Und jetzt!? Nach unzähligen Diagnosen, erfolgreichen Abwehrversuchen irgendwelcher Medikamente nur diese drei Worte ..."

„Wofür lebst Du?" – Ein zarter Windhauch streifte Christophs Gesicht. Einsicht durchströmte sein Wesen und ging ihm mit Leichtigkeit unter die

Haut. Zwischen Himmel und Hölle war er gegangen. Auf dem Wasser im Fluss des Lebens. Die sehnsüchtige Sättigung seiner gewollten Lüste hatte ihn ausgehöhlt, anstatt ihn zu erfüllen. Das unter Steinen verborgen geglaubte Geheimnis war gelüftet. Er hatte das Serum für weltlichen Frieden gefunden, das einzig wirksame Werkzeug für harmonische Ausgeglichenheit. Als Botschafter der Liebe sollte er fortan seiner ganz persönlichen Bestimmung folgen dürfen, um mit Musik die heilende Kraft auf dieser Welt, auf der Erde zu verbreiten. Ganz gleich, was jeder Einzelne daraus machen würde: Alles ging vorüber. Nur das Jetzt blieb ewig. Das wurde ihm Schritt für Schritt bewusst. Durch Konzentration. Um dadurch wieder Leichtigkeit in sein Leben zu bringen.

Collector's Price

Eine Geschichte über Tapferkeit und Humor

Als Du geboren wurdest, hast Du geweint, und alle um Dich herum haben gelächelt. Lebe Dein Leben bis zum Ende so, dass Du lächelst, auch wenn andere weinen. Denn, nur dadurch kannst Du auch anderen ein Strahlen ins Gesicht zaubern. Um aufzugeben, lässt sich im Leben immer ein Grund finden. Und doch gibt es bestimmt immer mindestens einen Grund mehr, um weiterzumachen. Eine Frage, die Du Dir stellen solltest, ist, was Du Dir in Deinem Leben ganz von innen heraus wünschst.

„Ist der Tod das letzte Wort? Die Auferstehung? Das erwachsene Leben?"

So musste Christoph diese gründliche und furchtlose Inventur in seinem Innersten fortsetzen. Es war zwar schon schmerzlich gewesen, den Weg der Ignoranz, der Verblendung und des Selbstbetruges gegangen zu sein. Achtsam und bewusst jedoch auf seine Schattenseiten zu hören, war noch ungleich schwieriger. Eine waghalsige Selbstannahme. Einzig wirksamer Schutz gegen ablenkende Einflüsse: bewusste Wahrnehmung von Wirkungen und Folgewirkungen.

„Zu den ihnen sehr wohl bekannten Wirkungen und Nebenwirkungen hatte ich meine Ärzte und Apotheker ja immer brav befragt. Auch die Packungsbeilage hatte ich ganz artig gelesen. Von meiner Umwelt hatte ich, vertrauensvoll und kindlich blauäugig, Antworten auf meine Fragen erwartet – richtige Antworten. Was war über all die Jahre mit mir geschehen? Mit zunehmendem Alter begannen mich Sehnsüchte und Wünsche immer stärker anzuziehen. Im gleichen Verhältnis waren Süchte nach Substanzen und die Sucht nach Menschen bei mir eingerissen. Durch jede meiner Beziehungen waren im Gegenzug meine Selbstverantwortung gesunken und mein Selbstvertrauen geschwunden. Bewusste, nüchterne und klare Wahrnehmung war für mich unerträglich geworden, weil diese Wahrnehmung aus lauter Wahrheiten geschmiedet war, welche nicht mehr meiner inneren Wirklichkeit entsprachen. Auf diese Weise war ich über Jahre hinweg zum Schmied meines Unglücks geworden. Unehrlichkeit und Uneinsichtigkeit hatten Einkehr gehalten. Depressionen machten sich breit. Paranoide Psychosen, um meinen wirklichen Wesenskern wirksam am Leben zu erhalten? Persönlichkeitsstörungen, um mich vor Verblendung zu schützen. Burnout, um meine falsche Einstellung zu löschen. Seeleninfarkt. Bandscheibenvorfall. Tinnitus. Körperlicher Infarkt. Alles, um mich zum Stillstand zu zwingen. Als letzten

Hilfeschrei meines Selbst. Ich, dieser zwiespältige Typ. Mein Ich - das angepasste Wesen. Mein Selbst - bestimmende Natürlichkeit. Geknechtet war ich von so vielen grausamen Erlebnissen. Ich hatte es zu weit getrieben, ich hatte die dunklen Seiten so sehr ans Tageslicht gelassen, dass ich nicht mehr wollte, nein, nicht mehr konnte. Aus! Ich hatte mir mein eigenes Grab geschaufelt."

„Obwohl meine Schattenseiten mich mein ganzes Leben lang begleitet hatten, sagte mir eine sanfte, innere Stimme, dass ein bestimmter Teil in mir in dieser Manier nicht weiterleben wollte. Oder war ich von Anfang an ohnehin nur einer, ein anderer gewesen, der dachte, aus derselben Gedanken- und Gefühlswelt zu bestehen wie seine Mitmenschen? War es mein Wille, der da sprach? Der Wille einer höheren Macht? Na toll! Jetzt begann ich wieder Stimmen zu hören ... Mein Leben lang hatte ich schon fürchterliche Angst vor diesen Dämonen gehabt. Viel mehr Angst als vor meinem eigenen Tod. Vor dem war mir bei Weitem nicht so bange gewesen. Mein Leben lang hatte ich schmerzvolle Verluste durch den Tod wertvoller Freunde und geliebter Menschen ertragen müssen. Auch die Trennung von meiner Katze machte für mich im Wesentlichen keinen Unterschied zu menschlichem Abschied. So war mir auch bewusst, dass die Verabschiedung meines eigenen, dunklen Parts nicht einfach sein würde. Abschied war eben ein scharfes Schwert. Trennung hatte stets scheußlich wehgetan. Darum beschloss ich loszulassen, bevor der Tod mich ein nächstes Mal vom Leben trennen konnte. Ich wollte mir die notwendige Zeit dafür geben und mich nicht wieder ablenken durch Belustigung oder durch Unterhaltung, die meinen Schmerz verdrängte. Vielmehr wollte ich meiner Trauer eine Heimat geben, Raum und Stille schenken. Immerhin war ich durch die unterdrückte Kränkung krank geworden. Wie so viele andere auch. Leidvolle Empfindungen machten vor niemandem halt."

Mit Tapferkeit nahm Christoph, zumindest nach und nach, seine sinnvollen Empfindungen an. Es war in der Tat ein tapferer Schritt. Durch schöpferische Notwendigkeit begann sich eiserne Reserviertheit in wertvolles Gold zu wandeln. Heilung wurde wirksam. Absolute Liebe entpuppte sich als Nährboden einer neuen Wirklichkeit.

„Tränen, Tränen, und nochmals Tränen. Warum musste Liebe dermaßen wehtun!? Die Gewissheit über die feststehende Endgültigkeit, den geliebten Menschen vor sich niemals wieder mehr umarmen, nie mehr in meinen Armen halten zu können! Au weh. Als mein bester Freund damals überraschend gestorben war, leidend und wahrhaftig gebrochen an seinem Trennungsschmerz, war es für mich, als ob ich die Hölle in mir tragen würde. Immer wieder hatte ich meine Trauer und mein Unverständnis darüber beklagt.

Immer wieder gab ich meinem Neffen – dem Sohn meines Halbbruders, mit dem ich innerlich abgeschlossen hatte – die Schuld. Weil er unserem Freund in dieser Nacht die Freundin ausgespannt hatte. Was zum Teufel hatte ich mir da in meiner Trauer nur eingebildet? Darum musste ich auf dramatische Art und Weise wiederholt Menschen verlieren, die ich meiner Meinung nach fälschlicherweise geliebt hatte. Jeder meiner Freundinnen hatte ich monatelang nachgeweint, und teilweise trauerte ich immer noch um die verblichenen Beziehungen. Doch gezeigt hatte ich es nie jemandem. Warum? Weil es sich nicht gehörte. Mit der Zeit hatte ich mehr und mehr hinuntergeschluckt und in mich hineingefressen. Nicht anders als viele andere Menschen auch, denen ich begegnet war. Ein Schweigen der Lämmer. Jeder Trennungsschmerz, egal ob durch Tod oder Verlassenwerden, hatte tiefe Narben in meiner verwundeten Seele hinterlassen. Niemals eine Antwort auf all meine an Sinn gebundenen Fragen. Wenn es doch nur einen Grund oder eine Ursache für all dieses Leid gegeben hätte! Egal von wem. Von irgendwo. Nur eine einzige Antwort! Doch nichts dergleichen. Alles nur Lug und Trug."

„Es ergab sich, dass das Papier zu meinem besten Freund wurde. Meine Worte spiegelten meine Seele wider. Texte eindrucksvoller Emotionen, Ausdruck meiner Gedanken. Musik. Radiostrahlende Quelle meiner Seele. Mut und Hoffnung waren es immer wieder, die mich an die Liebe hatten glauben lassen. Doch wieder und wieder war ich verletzt worden, litt qualvolle Schmerzen, vielleicht nicht sichtbar, umso mehr aber empfindbar. Einerseits hatte ich erkannt, dass wirkliche Liebe keiner Erwiderung bedurfte. Andererseits hatte Trennung bislang immer wieder Schmerz verursacht. Also musste Liebe dem Gegenteil zugrunde liegen: dem Loslassen. Wie bitte!? Dieses eine Wort sollte die Antwort auf alle meine Fragen sein? Loslassen. Ich nahm meine Uhr vom Handgelenk, die ich zu meinem 18. Geburtstag von meiner Familie und von Nadja geschenkt bekommen hatte, und ließ sie los. Niemals hätte mir sie jemand wegnehmen dürfen. Dafür hätte ich ihn schlimm bestraft. Jetzt hatte ich sie losgelassen und vor mich auf den Tisch gelegt. Es fühlte sich gut an. Zudem war dieses störende Gewicht nicht mehr an meiner Hand zu spüren. Hm, so einfach war das, zeitlos zu sein. Als Nächstes legte ich meinen Stift aus der Hand. Mit einem Mal durchfloss mich ein Gefühl liebevollen, wertschätzenden Vergebens. Hm. Loslassen? Ja! Loslassen. Das schien mir der Lösungsansatz in meinem Problem zu sein. Wie ein Lichtschalter, durch den ich die Spannung regulieren konnte. Schmerz. Liebe. Ein. Aus. Klammern. Loslassen."

„Ich hatte mich und mein Leben mit persönlichen Dingen zugemüllt, weil ich den eigentlichen Wert meiner Hochsensibilität niemals als Gegebenheit und als Geschenk der Schöpfung angenommen hatte. Entsorgung war angesagt - die Lösung des Problems. Ich selbst war es gewesen, der die Liebe in mir hatte sterben lassen. Natürliche Wirklichkeit zu leben, war für mich zur Hölle auf Erden geworden. Nun stand ich erneut vor einem alten Problem: Die geplante Trennung von dem unliebsamen, zu Abhängigkeiten neigenden Suchttypen in mir unterschied sich nämlich nur gering vom altbekannten Schmerz des Verlustes geliebter Menschen oder Beziehungspartner. Immerhin war meine süchtige Seite ja auch eine Art jahrelanger Lebensabschnittspartner gewesen, wenn nicht gar jener, der mein Selbst konserviert und am Leben erhalten hatte. Eine Beziehung zwischen Ich und Selbst, eine Hassliebe zwischen Anpassung und Wirksamkeit. Auch dieses nun ungeliebte und abscheuliche Stückchen meines Seins, auch dieser beträchtliche, imposante Lebensabschnitt hatte eindeutig zu mir gehört. Das alles hatte mich ausgemacht. Ausgemacht? Mir schien, als ob ich mich einerseits ganz langsam von etwas distanzieren würde, und andererseits, als ob sich etwas angenehm Wärmendes in mir Platz verschaffte, ganz von selbst, wie von Geisterhand, ohne mein willentliches Zutun, ohne Absicht, als Nachwirken einer grundlegenden Einsicht. Es fühlte sich ganz anders an als dieses schreckliche Gefühl, von jemandem zum Abschied gezwungen zu werden, der lange Zeit fixer Bestandteil des eigenen Lebens gewesen war. Solcherlei war mühsam und grauenhaft gewesen. Diese Entscheidung hingegen, sich von seinen dunklen und seinen Kehrseiten trennen zu wollen, ging quasi von allein, so unkompliziert, so geniert. Obwohl nüchtern und klar."

„Das Wichtigste ist, dass Sie Ihre Suche im Leben fortgesetzt und Ihre Hochsensibilität erkannt haben, und dass Sie Ihre Widerstände aufgeben wollen. Lieber Christoph, ich rate Ihnen, sich noch während Ihrer in Kürze beginnenden Suchtentwöhnung nach einer für Sie passenden Selbsthilfegruppe umzusehen. Spirituelle Genesungsprogramme, in denen sich die Gleichgesinnten auf gleicher Augenhöhe treffen, arbeiten meist nach einem 12-Schritte-Programm. Diese haben sich bei regelmäßigem Besuch als sehr erfolgreich erwiesen, weil sich die Teilnehmer dort fühlen, als würden sie alle gemeinsam mit ihrem Problem in einem Boot sitzen. Einer redet - die anderen hören zu. Keine Diskussion, keine Streitgespräche, keine wissenschaftlichen Ratschläge. Wie genau das funktioniert, kann ich Ihnen auch nicht erläutern. Der Zauber einer angeblich höheren Macht wird dort wirksam. Ich sehe das recht pragmatisch, wie William James: Ganz gleichgültig wie - Hauptsache, es wirkt."

„Endlich war ich es losgeworden, einfach so, aus dem Bauch heraus. Nur zuhören, ohne meine Meinung kundzutun, stellte ich mir extrem langweilig vor, mehr als nur schwierig. Ach du grüne Neune - wie sollte ich das denn bloß aushalten? Über all die Jahre hatte ich mir antrainiert, jedem ständig meine Meinung mitzuteilen. Den meisten Menschen in meinem Umfeld hatte ich sie geradezu aufgedrängt. Laufend war ich versucht, all meine Erkenntnisse, meine Erfahrungen, Gedanken und Gefühle zu schildern. Sie sollten schließlich die Welt erreichen. Zeit meines Lebens hatte ich mich zu den Schwierigkeiten und dem Chaos auf unserem Planeten geäußert, wenngleich meine Sicht der Dinge durch betäubende Mittel meistens getrübt war. So zeigte ich mich dann doch bereit, wieder offen und ehrlich - vor allem nüchtern und bewusst - über meine wahren Gefühle sprechen zu wollen. Loslassen bedeutete eben auch, meinen inneren Widerstand zu beenden und die dazugehörigen Endlosschleifen zu durchbrechen. Ich hatte verstanden, was dieser Gott in Weiß mir eigentlich von Anfang an hatte sagen wollen ... Diese Chance, vielleicht sogar meine letzte, wollte ich nicht verwirken."

„Jetzt verstand ich den eigentlichen Sinn und Zweck all dieser psychiatrischen Einrichtungen, Tageskliniken, Entzugsanstalten, Rehabilitationshäuser und auch Tempel von Religionsgemeinschaften. Es waren Sammelplätze für Menschen, die als Folge ihrer besonderen, genetisch bedingten Feinfühligkeit und Orientierungslosigkeit krank geworden, über Generationen mutiert waren - zu geistig, seelisch und körperlich degenerierten Wesen. Allesamt hatten sie nur den Sinn gehabt, Menschen wie mir zu helfen, die wir uns alle nach Gefühl und Besinnung sehnten. Medikamente und Ärzte hatten nur Begleiter und Helfer sein sollen, die uns als Krücke und Hilfsmittel dienten. Als Dauerlösung waren sie nicht geplant gewesen! Niemals hatten sie Vergötterung oder Bewunderung verlangt. Ich selbst hatte ihnen dies zugeschrieben. Wahrscheinlich, weil ich davon ausgegangen war, dass das von ihnen gepredigte Wissen stimmen würde. Danach hatte ich sie zu hassen gelernt. Doch sie selbst waren nur Menschen gewesen, denen irgendein Wissen eingetrichtert worden war, mit dem sie dann arbeiteten - nach bestem Wissen und Gewissen. Niemals jedoch aufgrund ihrer eigenen, ihrer inneren, wirklichen Bestimmung. Sie hatten ihr Wissen auf Forschungsergebnissen aufgebaut, in der Annahme einer gewissen Endgültigkeit. Fehlermeldung! Was gestern noch für Wissenschaft galt, wurde heute schon Humbug geheißen. Wissen war relativ, denn es stand immer in einer Relation zu seiner Zeit, ihren Moden und Normvorstellungen. Und Medikamente waren nur dazu da gewesen, die Gefühle und empfundenen Schmerzen zu lindern, keinesfalls aber, um Heilung zu bewirken - um uns, die Feinfühligen, am Leben zu erhalten, bis die Lösung auf die alles entscheidende Frage hin gefallen wäre. So ergab für mich alles wieder einen Sinn! Für die sensibelsten unter uns Hochsensiblen war der menschliche Fortschritt zum Schlachtfeld in uns selbst geworden. Unmöglich, all die ganzen Eindrücke und Reize, die durch die vielen Erfindungen der Forschung jeden Moment auf uns einströmten, verkraften und verarbeiten zu können. Wir hatten uns nach Dämpfung unserer Sinne und Empfindsamkeit gesehnt, waren selbst zum Ursprung dieses nun vorherrschenden, weltweiten, kriegerischen Zustandes geworden. Beobachtet von der Mehrheit der weniger Sensiblen. Wie große, schreiende Babys in einer Welt von Entrückten, die jedoch glaubten, normal zu sein."

Das Leben der trüben Tage mit ungewissem Ausgang, die deswegen auch gezählt wären, sollte eingetauscht werden für unzählige Tage, die stattdessen sinnvoll und erfüllt sein würden. Mit bewusstem und achtsamem Leben. In ihm als besonders feinfühligem Wesen. Lebenslange Planung gab es nur als Illusion. Christoph wusste das. So konnte ein Süchtiger beim besten Willen niemals lebenslange Abstinenz planen. So vermochte kein Depressiver, im Dauerspaß zu leben. So sollte auch jede Forschungsarbeit einmal an ihr Ende gelangen dürfen. Um auf den Säulen der endgültigen Antwort eine neue Wirklichkeit zu erschaffen. Die Basis für natürliche Harmonie und kosmischen Frieden war nur im Jetzt eines jeden Menschen selbst zu finden.

„Um Mutter herum war es still geworden. Es ging ihr immer schlechter. Ihre lichten Momente schienen immer seltener zu werden. Mein Hass auf sie begann sich in Mitgefühl zu verwandeln. Ich hatte erkannt, dass ich sie weggestoßen hatte, aus Angst davor, sie gehen lassen zu müssen. Nüchtern war für mich das Unumstößliche daran kaum zu ertragen. Seit einigen Tagen waren mir immer öfter die Worte des Arztes bezüglich meiner Hochsensibilität in den Sinn gekommen. Was, wenn nicht das Loslassen, sondern die Hochsensibilität Ursache all meines Leidens gewesen war? Was, wenn meine Mutter dieses Erbgut ebenfalls in sich tragen würde, ich es von ihr geerbt hatte? Oder von meinem Vater, der vielleicht gerade deswegen so armselig daran zugrunde gegangen war? Was, wenn Mutter damit genauso ein Leben lang überfordert war und die Mediziner das nicht erkannt hatten? War etwa Mutter durch die Einnahme der von den Wissenschaftlern verabreichten Medikamente verrückt und krebskrank geworden? Was war es? Fahrlässige Körperverletzung? Fahrlässige Tötung? Menschenrechtsverletzung durch geglaubte Menschenpflichten? Mein Denkapparat lief auf Hochtouren."

„Alle waren wir irgendwelchen Abhängigkeiten verfallen, oberflächlich annehmbaren - indem wir in der Öffentlichkeit stets dem Zwang folgten, eine Maske tragen zu müssen. Mutter und Vater hatten das wunderbar geschafft, wie alle in unserer Familie, wie alle in meinem Bekanntenkreis. Ja, die ganze Gesellschaft hatte aus maskierten Übeltätern bestanden. Nach außen immer nett und lieb: Friede, Freude, Eierkuchen. Alles mit Humor. Abgelöst von menschlich unkontrollierbaren, bösartigen Gefühlsausbrüchen, wenn man ihnen das Suchtmittel entzogen hatte. Wie gereizte und in die Enge getriebene Tiere, die durch natürliche Instinkte ihrer Intuition folgten. Menschliche Entwicklung hatte deren Entfaltung verhindert – durch den sehnsüchtigen Durst nach verständlichem Wissen und den Hunger nach Liebe auf der Suche nach sich selbst. Darum war ich derart laut geworden, aufmüpfig, aggressiv und zwanghaft gestört: Ich kriegte diese Anpassung keinesfalls länger hin. Mutters und Vaters Anfang waren mein Anfang gewesen. Mein Anfang war umgekehrt zu Mutters und Vaters Ewigkeit geworden. Ihre Begabung war zu meinem Leben geworden. Unser Licht leuchtete bereits in Lucy. Sie war zugleich mein Ende und mein Anfang gewesen. Der Kreis hatte sich geschlossen. Nach und nach sah ich es ein, und wesentlich ergab alles für mich meinen Sinn. Eine in sich geschlossene, nach außen hin wirkende, unendliche Kugel. Am Ende hatten Mutter und ich nun dasselbe erfahren dürfen: Die Unkenntnis über unsere Begabung hatte uns ins Verderben getrieben, an den Rand der Gesellschaft, in die Anstalt, in den Alkoholismus, in die Abhängigkeit von äußeren Umständen. Ich liebte Mutter. Immer würde ich als ihr leibhaftiger Sohn zum Schutz vor ihr stehen."

„Wie durch eine Matrix sah ich mich einsichtig inmitten des Universums stehen. Zahlen und Noten begannen in meinem Kopf herumzuschwirren, Quersummen von Geburtsdaten, Tagesdaten und sonstigen gewichtigen Ereignissen, vernetzte Schicksalszahlen und Weltereignisse. Die Pyramiden als Hinweis auf die A-Men. Der Holocaust als symbolischer Spiegel, der sinnbildlich für die Erleuchtung der menschlichen Dunkelheit stand, zur Klärung all des Leides, das aus menschlich gegensätzlicher Empfindsamkeit und polaren Sichtweisen erwachsen war. Keinen Augenblick länger schien für mich das Leid all der verstorbenen Seelen als sinnlos. 7. Die Quersumme meines Geburtsdatums 17.12.1976 = 08080888 = 4. 40 Jahre zuvor war der amtierende Papst zur Welt gekommen. 17.12.1936 = 08080888 = 4. Vater aller Christen. Erster Jesuit. Der Papst, der angeblich als der Spiegel des Wahrhaftigen von Gott geweiht ist. Er und ich = 4 + 4 = 8. Unendlichkeit. Zahlenabweichungskombination der Geburtsdaten = 9736. Ist gleich Pyramidenbaukombination 973676379. Spiegel. Mitte 7. 9-armiger Leuchter. Das Licht in der Mitte, das alle anderen entzündet. Jesus versus Jetzt. U – vwxy – Z. Anfang – Grundlage der ICD-10-Codierung – Ende. Alle Krankheiten eine gemeinsame Ursache. ICD. In-Corpus-Delicti: Göttlichkeit. Personal Computer. Persönliche Einstellung. Spiegel des Menschen. Netzwerk. Anleitung zur menschlichen Einheit.

Die Sieben. Das Sieb. Sie ebnen. 7 = Gespiegelt übereinandergelegt = Sand-uhr. Indianisches Horoskop: meine Lebenszahl die 7. Christoph und die Zahl 7, dem dadurch bestimmt ist, leidvolle Erfahrungen machen und Opfer bringen zu müssen. Lebensretter. Gezeichneter. Ankunftszeit. 7 h = 19 h. Minus 7 ist 12 minus 7 ist 5. Fünf vor zwölf. 10. 90. 400 = 100 Prozent. 20 = 5 Prozent hochsensibel. 100 = 25 Prozent sensibel. 100 = 25 Prozent sensibel. 180 = 45 Prozent unsensible Gefühle und Gedanken. 45 + 55 Prozent. Quersumme 9 plus Quersumme 1. 9 gekreuzt 1 = 10 = 1 und 0. Eins. Kugel. Einheit durch Zusammenführung der beiden Gleichen. Ganzwerdung. Vollendung von geistiger und materieller Welt. 7 Sünden. 7 Tugenden. Mäßigung. Christoph. Christ-off. Christ-offer-us. Mutter! Mutter!"

Aufmerksam lauschte die Mutter den Worten ihres geliebten Sohnes, die ungefiltert wie ein Fluss von Geistesblitzen aus ihm herausquollen. In seinen Augen leuchtete ein Feuer der Begeisterung. All seinen geglaubten Wahnsinn erzählte er ihr, aufrichtig und in vollstem Vertrauen, ohne jegliche Furcht, von ihr deshalb als verrückt abgestempelt zu werden. Er sprach, sie hörte zu.

„Endlich waren all diese Gedanken aus meinem Kopf. Mutter sagte – nichts. Keine Vorwürfe, kein Geschrei, keine Hysterie oder sonstigen Auswüchse. Nach all den furchtbaren Jahren verschwiegener Empfindungen, nach all den Streitigkeiten wegen Frauen, Abhängigkeiten, Süchten, Missverständnissen, Geld und wegen der Familie saß sie nun da und lächelte ganz sanft. Als ob ich ihr aus der Seele gesprochen hatte. Stille. Mutter stand auf. Sie nahm einen weißen Stein aus der Tasche. Die Worte Abhängigkeiten und Freiheit standen darauf geschrieben. Sie griff nach meiner Hand und legte den Stein darin. Sie öffnete ihre andere Hand. Ein schwarzer Stein wurde sichtbar. Loslassen. Diesen behielt sie für sich. Hatte Mutter gespürt, dass ich sie verlassen müsste, um mein eigenes Leben in die Hand zu nehmen? Wie sollte ich es ihr nur beibringen?"

Hochsensibilität war eben keine Krankheit. Vielmehr waren Krankheiten als Folge und Zeichen von Missachtung entstanden – einer Missachtung der Menschen, sich ihrer natürlichen Begabung zu besinnen und ihrer genetischen Veranlagung entsprechend zu leben. Die gelebte und die natürliche Ordnung fielen in dieser Welt selten zusammen. Aber er hatte sich dieses komisch kosmische Gen niemals gewünscht. Im Gegenteil, wie all die gleichgesinnten Menschen dort unten hatte auch er gelernt, seine sensiblen Anteile bislang zu verfluchen, auch weil er nicht gewusst hatte, dass diese die eigentliche Grundlage allen Lebens darstellen. Durch die Hölle war er gegangen, um den Himmel zu finden. Die Erde selbst war die Himmelstreppe gewesen. Über all die Jahre und durch unzählige Einflüsse hatte er die Orientierung verloren,

die Sicht auf das wesentliche Selbst war getrübt worden durch immerwährende Selbstzweifel, genährt von seinem ständigen Begleiter – der Angst, einer
Angst davor, anders zu sein als die anderen, anders zu denken als die anderen und anders zu fühlen als die Mehrheit der Menschen auf diesem Planeten.
Das dachte er. In Wirklichkeit hatte die Hälfte von ihnen ähnlich gedacht. Die
Unsicherheit hatte ihn krank gemacht. Was sollte es schon bedeuten, dass dies
eine unerforschte und unpopuläre Begabung war?! Aus Kränkung war er krank
geworden. Und doch hatte er stets seinen Kopf über Wasser gehalten. Das Meer
der Menschen hatte sich gespalten.

Nun hatte er genug Aufgaben erhalten, denen er sich zukünftig entledigen
dürfte, solche Aufgaben, die seine gesamte Aufmerksamkeit erfordern und
alle gesammelte Energie freigeben würden. Da war sein Spross, Lucy, die ihn
für seine Art geliebt hatte und ihn durch ihre Augen wieder auf sich selbst
blicken ließ. Denn auch sie trug das Licht in sich. Sie hatte diese Eigenschaft
von ihm vererbt bekommen. Da war einerseits sein Wunsch, ein bewusster,
erwachsener Mensch zu sein, und andererseits seine Bestimmung, Aufklärungs-
arbeit zu leisten und die anderen in ihrem Empfinden zu bestärken. Ja, das
fühlte sich gut an. Wiederherstellung des körperlichen Wohlbefindens und
menschliche Gesundheit durch Regeneration – zur Entfaltung der körperlichen,
geistigen und seelischen Kräfte der Menschen! Die Förderung ihrer Anlagen
und Fähigkeiten bedeutete: ungeahnte Entwicklungsmöglichkeiten und bun-
te Vielfalt. Bislang ausgebildetes Verhalten sollte sich wandeln und von nun
an eine neue Empfindsamkeit wirksam in Erscheinung gelangen. Als Beispiel
und Ursache der Schöpfung.  Hinter dem Horizont. Denn
hinter wahrlich jedem Kon- flikt mit äußeren Mächten – ob
gut oder böse – hatte in Wirk- lichkeit ein unbewusster Konflikt mit sich selbst gesteckt. The Diamond Age.

Kapitel 3 - Die Auferstehung

„Also ...", sprach Christoph zu seiner mittlerweile gleichgültig wirkenden Mutter: „Ich kapituliere und begebe mich in eine Entwöhnungstherapie." Er gab zu, seinen Abhängigkeiten gegenüber machtlos geworden zu sein und sein Leben alleine nicht mehr meistern zu können. Wie denn auch! Schließlich hatte er es niemals gelernt. Er würde zwar immer ihr Sohn bleiben, doch fortan musste er auf sich selbst achten. Kein Ertrinkender konnte einem anderen helfen, ohne dabei mit ihm unterzugehen. Stark genug fühlte er sich, von nun an seinen eigenen Weg zu gehen. Seine Mutter hatte ihm von Geburt an eingetrichtert, dass ein eiserner Wille schon die Hälfte dieses Weges sei. Dort war er also angekommen. Nach einem Leben voller Prüfungen. Um in der Dunkelheit das Licht zu finden. Auf der Spur des Göttlichen. Durch sinngebendes, sinnhaftes Selbstwirken. Sein Glaube an Äußerlichkeiten hatte sich zu einer ebenso realistischen wie unwirklichen Gewissheit gewandelt. Er legte sein Leben in die Hände der natürlichen Schöpfung. Mutter und Sohn umarmten sich wie noch nie zuvor. Es war wohl Ausdruck einer bedingungslosen, selbstlosen Liebe gewesen. Dankendes Gebet.

„Du denkst, Du bist Beethoven, Du denkst, Du bist Mozart, Du bist Schubert, Du denkst, Du bist Brahms, da denkst Du falsch, denn Du bist Du und sollst auch Du bleiben. Und ich bin nicht Grace Kelly, ich bin nicht Lollobrigida, ich bin nicht Sophia Loren, ich bin auch nicht Diana, nein, ich bin ich. Schreibe meine eigenen Werke, die ich mir aus der Natur hole oder von meinen Visionen, an die ich fest glaube. Eine Vision ist kein Traum und auch keine Wahnvorstellung, sondern die klare Sicht einer bodenständigen, auf beiden Füßen im Leben stehenden Frau. Außerdem bin ich heute keine zwanzig mehr, nicht vierzig und nicht mehr fünfzig, hurra ich lebe noch, danke Gott dafür. Das sind meine Worte an Dich, den ich über alles liebe. Welche Farbe hat die Welt? Beschreibe es mir! Erst dann wirst Du begreifen, wie sehr ich Dich liebe. Es tut mir leid! Deine Mama ..."

Als erwachsener Mann machte sich Christoph auf den Weg, um für seinen bevorstehenden Klinikaufenthalt noch einige Dinge zu besorgen. In dieser lauwarmen, sternenklaren Sommernacht kehrte er zu seinem Elternhaus zurück. Sternschnuppen schienen wie Fäden vom Himmel zu fallen. Friedvoll fühlte er sich inmitten des gesamten Universums, als ihn plötzlich Zweifel überkamen und eine Unruhe sich in ihm breitmachte. Irgendetwas war offenbar unstimmig. Es war schon spät. Als Christoph näher kam, sah er noch Licht im Wohnzimmer. Er ahnte nichts Gutes, war irritiert, und ein unheimliches Gefühl stieg in ihm hoch, als er den Schlüssel ins Türschloss steckte und die Eingangstür aufsperrte.

„Hallo? Mama? Bist Du noch wach?"

Der lange Gang des Vorzimmerflurs war unbeleuchtet. Christophs suchender Blick wanderte, gefolgt von seinem Körper, voller Erwartung von Raum zu Raum. Da lag sie. Spärlich bekleidet und mutterseelenallein, rücklings auf dem handgeknüpften Seidenteppich im Wohnzimmer, vor der Stereoanlage, mit der rechten Hand auf das Bildnis ihrer beiden Söhne zeigend.

„Mutter, ich bin doch da. Bitte, komm, steh auf! Ich bring Dich ins Bett. Ich bin ja bei Dir und verlass Dich nicht."

Sanft umschloss er die Hand seiner Mutter, welche sie ihm schon so oft hilfesuchend entgegengestreckt hatte. Er hielt inne. Ein kräftiger Ruck ließ ihn zu Boden sinken. Neben ihr kniend, sah Christoph seiner Mutter ins Gesicht. Und da blickte er in erstarrte Augen, halb geöffnet, von einem grauen, matten Todesschleier überzogen, und doch so erlöst und zufrieden, geradezu gefallend. Sie war es, die nun ihn für immer verlassen hatte. Sie war gestorben.

Die darauffolgenden Tage verliefen für Christoph allesamt wie in Trance. Bei den Beerdigungsvorbereitungen fand er Briefe und Gedichte seiner Mutter. Nachts im Traum erschien sie ihm, fest umschlungen in den Armen seines Vaters. Seine Ahnen wirkten so glücklich, als wären sie wieder vereint, und sie lächelten Christoph freundlich an. Als sie in den Himmel aufstiegen, öffnete Christoph mit einem Mal seine Augen. Ab da war er allein. Später wieder in der Traumwelt angelangt, tanzte er mit seiner Mutter im Wohnzimmer, spürte, wie sie sich an den Händen hielten. Ihr Antlitz strahlte wie in Christophs Kindertagen, und ihr Lächeln war so bezaubernd, frei und reinen Herzens. In einer Rechtsdrehung löste sich ihr Griff, ehe sie über die Terrassentür durch einen weißen Vorhang in den sanft blauen Morgenhimmel entschwebte, vorbei am geliebten Rosenbeet in ihrem Garten.

Endlich hatte sie es geschafft! Befreit von dieser unbändigen Angst, mitansehen zu müssen, wie die Liebsten ihrer Lieben alle vor ihr gehen, löste sich das Band. Zwischen Mutter und Sohn.

„Zwei kleine Sternlein stehen dort am Himmel, eins leuchtet Dir ins Herz, das andere mir. So wie die Sternlein sich niemals trennen, so trenne ich mich nie, ja nie von Dir." Ja, das war der Refrain des einzigen Liedes, das Christophs Eltern jemals – sieben Jahre vor seiner Geburt – gemeinsam geschrieben hatten.

Sein Leben hatte eine dramatische Wende genommen. Er war unendlich dankbar und fühlte sich seinen Eltern so verbunden wie nie zuvor. Sie hatten sich ausgesöhnt. Seine Mutter war nicht dumm gestorben. Auch nicht dadurch, dass er ihr es kurz davor noch insgeheim gewünscht hatte, um sie vor weiterem, erbärmlichem Leiden zu bewahren. Nein. Es war, weil sie selbst den ersten Schritt gesetzt hatte, indem sie ihren jahrelang ausgefochtenen Widerstandskampf beendete – nachdem ihr eine Sozialarbeiterin gesagt hatte, dass sie wahrscheinlich gar nicht, wie ursprünglich vermutet, psychisch krank gewesen war und auch keine Medikamente gebraucht hätte. Weil die Ursache für ihr Leiden ihre besondere Feinfühligkeit gewesen war, diese unerkannte Begabung, die man durch Missachtung unter Verschwiegenheit gehalten hatte. Jetzt wusste er, dass seine Mutter den Anfang gewagt und selbst losgelassen hatte. Sie war in Frieden gegangen. Vielleicht traurig über die endgültige Gewissheit, selbst nichts mehr daran ändern zu können. Doch voller Hoffnung und gefühlter Liebe, dass sie in ihm und seinem Bruder gewissermaßen weiterleben würde.

Aus diesem Grund hatten zum Zeitpunkt des Todes ihre Finger auf deren Porträts gezeigt, auf die Bilder ihrer beiden Söhne. Sie hatte etwas entdeckt, was den Anfang einer neuen Zukunft bedeuten sollte. Was ihre Söhne jetzt waren, jeder für sich ein eigener Mensch, waren einst Vater und Mutter gewesen. Was sie jetzt als verstorbene Elternteile waren, das würden auch ihre Kinder einmal sein. Christoph dankte und liebte seine Mutter dafür, dass sie dieses Kreuz auf sich genommen hatte. Und dafür, dass sich ihrer aller Wege auch gekreuzt hatten. Zum ersten Mal war Christoph wahrhaft allein, ohne Eltern, ohne Frau, ohne Gesundheit. Doch war er nicht länger einsam. Er fühlte eine starke Verbundenheit und Liebe zu seinem Universum, zu seinen Ahnen und zu Lucy, ja, sogar zu sich selbst. Dieser Schatz leuchtete für ihn wie ein Freundschaftsring, in allen nur erdenklichen Farben, tief in seinem Inneren, und in dem seiner anderen Blutsverwandten. Wirkliches Leben fand im Schnittpunkt von Vergangenheit und Zukunft statt, frei von Gedanken, Verstand, Emotionen und Störungen. Das Hier und Jetzt schier im Mittelpunkt dieser Kreuzung. Das Jetzt als Weg.

Die Reflexion seiner Umwelt, das Erkennen vieler Tatsachen in den eigenen vorangegangenen Monaten und seine doch oftmals sehr komplexe Sicht von Leben und Tod sollten ihm nun dabei helfen, sich erstmals wahrhaftig von Alkohol, Drogen, Medikamenten und anderen Süchten loszusagen. Fest entschlossen, fasste er seinen ganzen Mut und stellte sich seiner bis dahin größten Angst: die Beziehungen zu seinen bis dahin immerwährenden Freunden und Begleitern zu beenden. Dies, so fühlte er, war der Anfang einer Wandlung, Teil eines Prozesses intensiver Auseinandersetzung, getragen von Respekt, Anerkennung, Wertschätzung und Dankbarkeit. Christoph fiel es schwer, sich sein eigenes schuldhaftes Verhalten einzugestehen und jeden Tag aufs Neue eine solche Inventur in seinem Innersten zu beginnen. Der Griff zu betäubenden Mitteln war höchstens eine Handlänge entfernt und hatte sich in seinen Alltag eingeschlichen, als etwas ganz Normales, Gewohntes, gleichsam Häusliches. Bewusst ließ er Tag für Tag die erste Dosis stehen, wieder und immer wieder. Ja, er hatte Gutes und Böses begangen, Sünde und Tugend gelebt, Unrecht und Recht erfahren. Er hatte genommen und gegeben. Hatte gerichtet und wurde gerichtet. Er war geboren worden und würde auch sterben. Er durfte Leid und Freude erfahren, durch Hölle und Himmel gehen. Er lebte, weil alles in ihm und er in allem war. Seine Gedanken an diesen süchtigen Typen, den er so lange dargestellt hatte, verblassten allmählich. Weil Christoph sich seiner Schattenseiten achtsam genähert hatte und sich mit seiner dunklen Seite verbrüderte.

„20.11.2011. Flavias Tor zur Freiheit. Sunny … Wie vieles musstest Du erleiden - hast den Himmel und die Hölle schon geseh'n - keiner hier kann das versteh'n - Sie sind glücklich hier auf dieser Welt - doch Du bist für mich der größte Held - geh' Deinen Weg - bin stolz auf Dich - ich liebe Dich … Flavia Julia Helena."

Kapitel 4 - Psychografie, Abhandlung & Synthese

„Schön, dass Sie meinem Rat gefolgt sind und diese Empfehlung wahrnehmen."
Dr. Sophie freute sich, Christoph in der Psychotherapiestation zum Aufnahmegespräch begrüßen zu dürfen.

„Wie soll es nun weitergehen? Sie erzählten mir, wir würden meine Begabung behandeln. Ich hatte schon immer große Angst vor diesen Eingebungen oder dem Erkennen von komplexen Zusammenhängen. Deswegen trank ich oft oder nahm Drogen und Medikamente, um all die hellsichtigen Gefühle und Bilder zu verdrängen. Es beunruhigte mich. Des Öfteren dachte ich mir, total verrückt zu sein, und fürchtete mich vor dem Ungewissen solcher Erfahrungen. Es war, als ob ich eine besondere Verbindung zum Universum hätte. Irgendetwas da oben, das mich wie durch einen Tunnel Dinge sehen und spüren ließ, die für andere unsichtbar waren, schlichtweg nicht wahrnehmbar."

Warum musste gerade ihm das widerfahren? Der Arzt überlegte, wie sehr Christoph unter dieser Veranlagung all die Jahre gelitten haben musste. Ob auch seine Mutter womöglich niemals Medikamente nötig gehabt hätte, weil sie eigentlich gar nicht krank gewesen war, sondern einfach sensibler als die meisten Menschen in ihrem Umfeld? Es weckte den Anschein, als wären all die Zustände Fluch und Segen zugleich gewesen.

„Ob dissoziative Anfälle und Episoden, Psychosen, Verhaltens- oder Persönlichkeitsstörungen - allesamt sind sie sinnbehaftete Schutzmechanismen, die den betroffenen Menschen und seinen sensiblen, verletzlichen Wesenskern von Natur aus schützen sollen. Das ist bei jedermann so. Auch Trübsinn oder Stumpfsinn sind Schutzeinrichtungen gegen die Verletzung des genetisch bedingten, natürlichen Lebenssinns, Ihrer Hochsensibilität. Wenn man in einer normierten Menge zu den zehn bis zwanzig Prozent gehört, die anders sind - also 'natürlich', wenn Sie so wollen -, dann kommt dies zum Tragen. Wir nennen das psychisch auffällig. Je ausgeprägter der Sensibilitätsgrad, desto extremer auch die seelisch emotionalen psychophysischen Schwankungen des Individuums. Heute bewerten wir danach den Schweregrad der seelischen Erkrankung. Doch mein Gefühl sagt mir, dass sich dies bald ändern wird, wenn alles, unter neuem Licht betrachtet, zum Vorschein kommt. Was heute noch als Krankheit zählt, ist morgen nichts anderes als eine Störung durch soziale Störfaktoren der menschlich biologischen Veranlagung. Aber um beim Schutz zu bleiben: Medikamente sind ebenso Schutz. Doch sie behandeln, wie alles andere auch, nur die Symptome. Die Sinnhaftigkeit von Sensibilität wird dadurch wieder nur verfälscht und verdeckt. Solange wir abhängig sind von kulturellen

Gewohnheiten, die uns kraft ihrer Wiederholung als normal erscheinen, werden unsere Sinne getrübt und unser Verstand getäuscht werden. Wir denken zu fühlen, dass uns dieses Verhalten tatsächlich Freude macht. Doch es handelt sich nur um eine Attrappe von wirklich wirksamer Lebensfreude und Freiheit. Wir nennen es Belustigung und Spaß. Denn wo Gewohnheit und Zwang vorherrschen, wird freudvolle Liebe zum Fremdbegriff. Liebe wird zum Verlangen und individualisiert sich zu einer sich selbst nährenden Gier und Selbstverleugnung. Hochsensibilität wird zu einer Art 'Limited Edition'. Es ist sehr betrüblich, dass Sie diesen steinigen Weg der Unkenntnis gehen mussten. Ab jetzt werden wir uns aber damit befassen, und langsam werden Sie lernen, Ihrer Begabung entsprechend zu leben. Sie sind nicht länger allein."

„Ich befürchte tatsächlich, dass in unseren Breiten die hochsensiblen Menschen an den Rand der Gesellschaft gedrängt werden. Dies geschieht, weil solche Menschen uns, öfter als angenommen, Angst machen, nicht zuletzt durch ihre Wahrnehmungen und ihre oftmals kindliche Ehrlichkeit. Vor allem jedoch durch ihre anders gelagerte Gedanken- und Gefühlswelt. Ebenso gewiss ist, dass der Weg zum Licht durch unsere Schatten führt, der Weg zur Selbsterkenntnis durch ein Konfrontieren mit den eigenen Schattenseiten. Weil der Großteil unserer Gesellschaft lediglich ein Schattendasein führt. So glauben sie, normal zu sein, und das ist der wirkliche Wahnsinn. Eine solche Haltung vermindert freilich deren Angst, weshalb sie auch glauben, dass alles in Ordnung sei. Die Grenze zwischen Normalität und Wahnsinn ist in Wirklichkeit fließend und insofern auch eine Frage der Konventionen. Schauen Sie, das Fehlen von Angst bedeutet noch lange nicht, auch Mut zu haben. Jede Abhängigkeit nimmt somit das Gefühl von Angst, am intensivsten jene, die wir gar nicht als solche wahrnehmen. Wenn wir erst einmal diese Abhängigkeiten weglassen - durch Arbeitslosigkeit, Scheidung, Führerscheinentzug und dergleichen -, dann erkennen wir, wie mutig und selbstbestimmt wir wirklich sind. In anderen Kulturen dieser Welt werden Individuen wie Sie der Gesellschaft entnommen, um dieser als Schutz zu dienen. Feinfühlige Wesen werden dort von der Gruppe behütet und erfahren eine Sonderbehandlung, in einem positiven Sinne und mit einem gewissen Wohlwollen, aufgrund ihrer besonderen Begabung, als Garanten zum Fortbestand der gesamten menschlichen Art: der Dalai Lama beispielsweise. Für ihn ist es selbstverständlich, im Exil zu leben. Wenn Sie sich jedoch auf Distanz begeben, sagt man Ihnen Sozialphobie nach. Seien Sie nachsichtig mit sich selbst! Ihre Süchte sind im eigentlichen Sinn nur im Gefühl von Sehnsucht begründet - Sehnsucht nach Ruhe, Ausgeglichenheit und nach einem Leben in Harmonie mit Ihrer natürlichen Veranlagung der Feinfühligkeit."

„Um Ihnen ein verständlicheres Bild vor Augen zu führen, möchte ich Ihnen eine Reihe anderer Beispiele bringen: die Rassenkonflikte zwischen Schwarzen und

Weißen, die Konflikte zwischen naturverbundenen Indianern und angeblich Zivilisierten, die Konflikte zwischen Mann und Frau, die Konflikte zwischen einzelnen Staaten und unterschiedlichen Religionen, die Konflikte zwischen Ideologien. Sie alle beruhen auf augenscheinlichen, voneinander abweichenden, äußeren Merkmalen der kontrahierenden Parteien. Was keiner bemerkt, ist, dass auch unter diesen äußeren Merkmalen zwei grundlegend verschiedene Empfindsamkeiten stecken. Irrtümlicherweise wurde bisher angenommen, dass das menschliche Wesen mit fünf Sinnen ausgestattet sei. Das ist in dieser Verkürzung unwahr; zur Ergänzung bedarf es mehr, nämlich jener Sinne, die mit ihren Wahrnehmungen und Empfindungen über den Horizont hinausgehen. Einziger Wermutstropfen hierbei: Im Bereich der Innenwelt kann niemand dem anderen die Schuld in die Schuhe schieben. Weil wir schlichtweg nichts von dem typischen inneren Unterscheidungsmerkmal gewusst haben. Bis jetzt. Ebenso wenig, wie sich ein Weißer angemalt hat, wurde auch kein hochsensibler Mensch im Laufe seines Lebens absichtlich schwach. Darum ist es ein Irrsinn, einen wegen seiner Feinfühligkeit Erkrankten nach einer gesellschaftlichen Pause wieder in sein altes Umfeld einzugliedern. Der nächste Zusammenbruch ist dann vorprogrammiert."

„Sensible Wesen sind von Natur aus feinfühliger und reizbarer durch äußere, schädigende Einflüsse als ihre Artgenossen. Daher müssen wir unser gesamtes Gesundheitswesen und die Medizinwissenschaften früher oder später neu überdenken und neu ordnen. Das wird selbstverständlich nicht von heute auf morgen passieren. Denn die Wissenschaft neigt zu vergessen, worunter sie Wissen geschaffen hat: unter den Bedingungen einer natürlichen Schöpfung. Millionen Jahre Evolution haben den Menschen auf eine Welt vorbereitet, die es als solche nicht mehr gibt, weil Kultur nicht Natur ist bzw. weil sie ein künstliches Umfeld schafft, künstliche Lebensbedingungen, die auf uns zurückwirken. So haben Menschen zur Erklärung fälschlicherweise niemals den ‚unnatürlichen' Fortschritt als Ursache ihres Leidens herangezogen, sondern versucht, eine angebliche körperliche, geistige und seelische Abwehrreaktion oder Missbildung des Individuums als unnatürlich zu betrachten – obwohl diese allesamt Folge unnatürlicher Überstimulation sind, etwa durch Technologie. Aus diesem Winkel lässt sich da, wenn auch nur bedingt, von einer Degeneration sprechen. Nicht der feinfühlige Mensch ist das Problem, sondern sein unnatürlich reizüberflutetes Umfeld. Im Menschen jedoch liegt zugleich die Lösung, indem sich jeder Einzelne seiner ganz persönlichen, schöpferisch natürlichen Empfindsamkeit bewusst und achtsam nähert und auch seine Umwelt dementsprechend störungsfrei gestaltet, klarerweise nicht im Handumdrehen, sondern mit Ruhe, Achtsamkeit und Gelassenheit. Indem wir lernen, uns selbst anzunehmen, können wir auch einen Andersdenkenden und Andersfühlenden verstehen lernen.

Vor allem dadurch, weil wir einsehen können, warum wir niemals verstanden worden sind. Das setzt jedoch – wie konkret in Ihrem Fall von Abhängigkeit – ein hohes Maß an Offenheit, Bereitschaft und Selbstehrlichkeit voraus. Wie im Kleinen, so im Großen. Wir müssen uns unweigerlich im menschlichen Kollektiv von unserer alten, eng gefassten Sichtweise entfernen. Der Schlüssel dazu ist das Wort ‚Distanz'. Tugendhaft ausgedrückt, kann man auch Mäßigung dazu sagen."

„Sehen Sie, lieber Christoph: Die Distanz zwischen der Angst und der Ungewissheit über die Zukunft – in Gedanken – sowie auf der entgegengesetzten Seite der Depression und dem schlechten Gewissen hinsichtlich Ihrer Vergangenheit – in Gefühlen – ergibt das Seelenleben. Ihre Sensibilität als Lebenssinn. Sensitivität. Gott. Natürlichkeit. Natur. Schöpferische Wirksamkeit. Trinität und Entelechie von Vater-Mutter-Kind. Sozusagen die Goldene Mitte. Den Goldenen Schnitt. Die Distanz zwischen Vergangenheit und Zukunft, also zwischen Gedanken und Gefühlen, heißt Gegenwart. Präsens. Jetzt. Die Distanz zwischen Himmel und Hölle heißt natürliches Leben. Die Distanz zwischen Unbewusstem und Bewusstsein heißt Sensitivität. Leben im Jetzt. Anders ausgedrückt: Zufriedenheit, Liebe, Kraft, Satori und Erleuchtung im Leben auf diesem Planeten. Die Königsdisziplin. Und der Weg dorthin führt über viele Stationen; eine davon ist hier. Alle davon sind Sie selbst. Annehmen. Loslassen. Momentum. Was Sie für Gott und Teufel halten, befindet sich nicht außerhalb von Ihnen. Sondern die Distanz der beiden heißt: menschliches Feingefühl."

Christoph war ausgesprochen nervös und zitterte am ganzen Körper. Ihm schien, als würde er sich selbst beim Reden zuhören. War nun der Arzt verrückt geworden? War das eine Filmszene? Versteckte Kamera? Oder hatten sie jetzt beide den Verstand verloren?

„Um Haaresbreite schramme ich gerade an einem Rückfall vorbei! Gestern musste ich mich wegen meiner Führerscheinabnahme einer Nachschulung unterziehen. Es entwickelten sich nervenaufreibende und intensive Streitgespräche unter uns Teilnehmern. Alles drehte sich um die Bewusstseinsstärkung in Bezug auf unseren Alkoholkonsum. Wenn ich jetzt diesem enormen Druck, diesem sehnsüchtigen Verlangen nachgebe, bleibt es bestimmt nicht bei einem Ausrutscher. Es wäre eine Katastrophe. Ich bin schon so oft hingefallen. Dabei möchte ich endlich frei sein! Ich bin einfach zu ehrlich für diese Welt. Wie soll ich lernen, meine Offenheit, Aufrichtigkeit und Bereitschaft gezielt einzusetzen? Das käme doch einer Lüge gleich, oder? Ich habe das Gefühl, dass ich die Wirklichkeit stets auf den Punkt bringe. Dadurch stoße ich bei Menschen genau in die sensible Mitte ihres Wesens vor. Entsprechend sind sie irritiert und beschämt. Doch Irritation sowie Ablehnung sind doch der Beginn persönlicher

Veränderung, oder etwa nicht? Persönlicher Wandel ist die Grundlage für gesellschaftliche Entwicklung, nicht gelebtes Feingefühl die Ursache all unserer Vermessenheit. Tiefgründige Entfaltung ist jedoch notwendig, wenn die Menschheit als Spezies im Kreislauf natürlicher Schöpfung fortbestehen will. Denn die einzige Art, die tatsächlich vom Aussterben bedroht ist, sind wir selbst. Durch eigene Kreationen, durch technischen Fortschritt und den zunehmenden Verlust unseres natürlichen Lebenssinns: durch den Wegfall der Sensibilität."

„Ich bin so dankbar, dass es Sie hier gibt, dass Sie trotz unserer Außenseiterrolle durch Ihr Engagement eine Oase des Rückzugs und Friedens geschaffen haben. Bin ich wirklich so verrückt, so anders, so schlecht? Oder liegt es einfach an dem Stumpfsinn und den abgründigen Scheinwerten unserer Gesellschaft? Oder an den Verantwortlichen in der Gesellschaft? Lauter unwichtige Personen auf wichtigen Positionen! Obwohl ich davon überzeugt bin, dass auch sie allesamt hochsensibel sind. Doch haben sie ihre Herzen, ihre Liebe, ihren Feinsinn zugeschüttet, im Glauben, nur dadurch überleben und gewinnen zu können. Wirkliches Leben indes und die Ewigkeit sind nicht im Trubel der Verblendung zu finden, sondern im Heil der Distanz zu diesem ganzen Wahnsinn und abseits des Kampfes um Geld, Macht, Wissen, Erreichtes und Prestige, Image oder Ruhm. Das wussten alle Großen der Kunst vor uns. Irgendwie komme ich mir vor wie der erste Mensch, der dies mit dem Begriff Sensibilität erklärt und zudem eine genetische Begabung dafür verantwortlich machen soll. Ich wünsche mir nichts mehr, als nach so vielen Jahren des persönlichen Widerstandes wieder zu mir finden zu dürfen. Ich fühle, dass diese Therapie hier wie eine Himmelsleiter funktionieren wird. Wie der Weg zum ewigen Leben. Nicht morgen, nicht gestern, sondern in jedem Moment unseres Daseins. Und ich wünsche, dass mir Erleuchtung widerfährt - sofern sie nicht ohnehin schon Einkehr gehalten hat. Denn ich glaube fest daran, dass dieser Zustand der einzige ist, für den wir in unserem Leben auf diesem Planeten bestimmt sind. Nicht in der Hölle, nicht im Himmel, sondern in einem Leben im Hier und Jetzt auf dieser naturbelassenen Erde."

„Dadurch wurde Ihr Suchtgedächtnis aktiviert. Wir dürfen uns niemals von der irrtümlichen Auffassung treiben lassen, wir seien nur unglückliche Opfer unserer Vererbung, unserer Lebenserfahrungen und Lebensumstände. Um den Weg in die Freiheit zu finden, bedarf es der Erkenntnis, dass es auch andere Kräfte gibt. Tatsache ist, dass Sie jeden Augenblick Ihres Lebens frei wählen und entscheiden dürfen. Alkohol und andere Mittel haben Ihnen schließlich auch dabei geholfen, mit den überreizenden Einflüssen in einer technologisierten Gesellschaft überhaupt zurechtzukommen."

Christoph sah sich durch alte Fantasiebilder in seine Vergangenheit zurückversetzt.

„Diese Hinweisreize lösen angenehme Rauschgefühle aus, welche wiederum gefahrvolle Gedanken bringen, nämlich, es wieder tun zu wollen. Ich verstehe Sie gut, sehr gut sogar. Das ist der Teufelskreis von Alkohol. Besser gesagt: die teuflische Abwärtsspirale einer jeden Abhängigkeit!"

Christoph erkannte zum ersten Mal in seinem Leben, wie einfach es doch war, von alten Gewohnheiten abzulassen, und um wie viel schwieriger es war, nicht wieder von Neuem in schlechte Gewohnheiten abzugleiten. Jeder Augenblick war der Anfang einer spannenden Reise. Ein Prozess. Der Prozess des Lebens.

„Versuchen Sie, Ihre Gefühle anzunehmen, und akzeptieren Sie diese Versuchung! Darin liegt zugleich die Lösung. Darüber reden ist sozusagen der Anfang, aber Distanz bleibt gefragt. Die Spanne zwischen einem Problem und seiner Lösung ist die Auseinandersetzung, die Änderung der Sichtweise. Und Heilung heißt wiederum, diese Gegensätze bewusst und achtsam anzugehen und zu akzeptieren. Nennen wir es ‚Ganzwerdung'. Nur durch Konsum und Abstinenz sind Abstand und Erkenntnisse möglich geworden. Indem Sie sich aufrichtig mit sich selbst auseinandersetzen und beschäftigen, wird Zufriedenheit und Glück erst möglich. Die Mitte von Müssen - also Sucht - und Können - also Abstinenz - ist Dürfen oder auch Genuss. Wenn Sie erkennen, dass Sie beides dürfen, ist ein Entschluss gefragt. Ein Entschluss Ihres Willens. Das, was Sie wollen, werden wir hier gemeinsam herausfinden. Keine Frage, das ist harte Arbeit. Und wie Oscar Wilde schon zu sagen pflegte: ‚Nichtstun ist die schwierigste Tätigkeit und zugleich diejenige, die am meisten Geist erfordert'. Durch augenscheinliches Nichtstun wird nämlich die Selbstbestimmung wirksam. Geniales Wirken und Schaffen sind Ausdruck eines Lebens im Jetzt."

Der Doktor wusste, dass ein Rückfälliger Verständnis notwendig hatte - woher auch immer. Denn Sucht, egal welcher Art, war in den meisten Fällen nur der Auslöser für eine dahinterliegende Auflehnung gegen Unverständnis, das seinerseits auf fehlender Selbsterkenntnis und mangelndem Selbstvertrauen fußte. Vielerorts tummelten sich da perfekte Schauspieler auf der Bühne des Lebens und spielten tagein, tagaus sich selbst und den anderen etwas vor. Zudem sprachen feinfühlige Personen besonders stark auf verschiedenste Stoffe an, auf welche die breite Masse sonst ganz normal reagierte.

„Ich bin bestimmt rebellischer als andere, und ich zweifle schon wieder daran, ob ich überhaupt Alkoholiker bin, und schöpfe den Verdacht, dass diese Krankheit heilbar ist. Ich glaube, dass diese Krankheit nur ein Auslöser ist. Die Ursache aber ist anderswo zu finden. Langer Rede kurzer Sinn, ich glaube schon wieder, alle Antworten für mich und auch für andere zu wissen."

„Hören Sie! Feinfühligkeit, Hochsensibilität, Dünnhäutigkeit, besondere Empfindsamkeit – egal, wie Sie es benennen wollen, nehmen Sie diese genetische Begabung als Tatsache und Erweiterung Ihrer fünf Sinne an. Es ist nun einmal so, dass Sie einfach aufnahmebereiter für die äußeren Reize und stärker emotional an ihnen beteiligt sind. Sie sollten sich mehr Ruhe, Zeit und Gelassenheit einräumen. Die alten Griechen haben einen Begriff dafür gehabt: Ataraxie. Das ist eine Form von Gemütsruhe, die die Lebensqualität steigert. Lernen Sie, Ihre Eindrücke gewissenhaft zu verdauen. So wie Sie beim Essen aufpassen, geben Sie Acht, welche Eindrücke, Nachrichten aus Zeitungen, aus dem Radio oder Fernsehen Sie aufnehmen wollen. Sie sind keinesfalls auf der Welt, um das ganze Leid der Menschheit ertragen zu müssen, auch wenn Sie es manchmal genau so empfinden. Diese äußere Unruhe bedeutet für Sie eine sehr hohe, negative Stressbelastung. Weil Sie zugleich nach Lösungen für die Wiedererlangung eines verloren gegangenen, harmonischen Urzustandes suchen. Ihre Begabung ist Fluch und Segen zugleich – Begabung und Herausforderung in einem. HSP ist keine Diagnose, sondern eine besondere Befähigung, die einer sinnvollen Schöpfung. Setzen Sie diese doch für das Wohl der Menschheit ein. Nun gehen Sie zur Aufnahme und dann werden Sie Ihrer Gruppe zugewiesen. Sagen Sie bitte immer gleich dem Therapeuten der jeweiligen Stunde, wenn Ihnen Gedanken an den Alkohol kommen, der Wunsch nach Betäubung, die Sehnsucht nach unmittelbarer Erleichterung, Sinnlosigkeitsgedanken oder gar solche, sich selbst das Leben nehmen zu wollen. Wir können Ihnen helfen."

Freundlich bedankte sich Christoph bei Dr. Sophie, der gerade etwas in seiner Schreibtischlade zu suchen schien. Christoph musste nicht mehr kämpfen und auch nicht länger davonlaufen. Er akzeptierte die Gegebenheiten und war bereit, sich seine Freiheit zu erarbeiten, mithilfe aller ihm zur Verfügung stehenden Kräfte.

„Ich beende meinen Widerstand und gebe zu, dass ich von Natur aus sensibel bin und Angst davor habe, es zu zeigen. Ab jetzt spreche ich meine Gedanken und Gefühle offen und aufrichtig aus."

Am nächsten Morgen sollte sich Christoph mit den anderen Patienten zur ersten Gruppentherapie treffen. Auf dem Programm standen die Ankunft in der Klinik sowie die Wochenplanung.

„Heute ist Montag, mein erster Tag als Patient auf der psychotherapeutischen Station. Es ist die erste von insgesamt zehn Wochen. Zehn mal sieben ist siebzig. Davon die Wochenenden abgezogen, ergibt fünfzig. Das heißt, am fünfzigsten Tag soll ich ein neuer Mensch sein? Na, da bin ich ja gespannt ... Irgendwie fühle ich mich unwohl, so ganz allein mit meinem Bewusstsein über meine Hochbegabung. Mein Gott ist bei mir und leitet mich. Angst habe ich, ja, durchaus. Doch ich fürchte mich nicht. Ich weiß, dass die Ärzte ihre Patienten gerne über diese genetische Grundveranlagung aufklären würden. Doch ihnen und dem Personal ist die ehrliche, persönliche Meinungsäußerung untersagt. Das wäre unprofessionell. Dr. Sophie scheint da eine Ausnahme zu sein. Irgendwie verstehe ich es auch, zumal Hochsensibilität nicht als Krankheit gilt und somit am Patienten nichts zu verdienen ist. Meine Ansicht ist ohnehin, dass Psychiatrien und Stationen wie diese nur vorhanden sind, um an uns feinfühligen Menschen Geld zu verdienen, und um uns gleichzeitig im Zaum zu halten. Die Pharmaindustrie und die Schuldmedizin sind meiner Meinung nach auf dem besten Weg, die Religionen dieser Welt abzulösen. Natürlich kann ich es nicht beweisen. Das muss ich auch nicht, denn ich bin davon überzeugt, dass alle Krankheiten dieser Welt letztlich Hochsensibilität zur Ursache haben. Ich kann nur vorleben, wie ich selbst zur Genesung finde, indem ich im Einklang mit meiner genetischen Veranlagung lebe und meinen Lebensstil entsprechend anpasse. Wie jede Generation ihren Teil dazu beiträgt."

„Jeder, der an seine ganz persönliche höhere Macht glaubt, wird es ebenfalls erleben dürfen. Seit dem Durchbruch der modernen Wissenschaft gibt es keine natürliche Entwicklung mehr. Die Menschen glauben, täglich etwas Neues zu erfinden, doch diese Entdeckungen und sogenannten Errungenschaften basieren immer auf denselben Grundlagen. Technik beherrscht unser Dasein. Die Menschen glauben nur an das Gegenständliche, das Greifbare. Sie telefonieren jeden Tag mit ihren Mobiltelefonen, unterhalten sich über drahtlose Verbindungen und hinterfragen nicht einmal, wie das wohl möglich ist, obwohl sie die Strahlung, die Übertragung der Stimmen, weder greifen noch sehen können. Ja sogar Gedankenlesen wurde mittlerweile zum realen alltäglichen Besorgnis - per SMS. Für die Existenz ihrer ganz persönlichen höheren Macht jedoch wollen die Menschen stets Beweise. Ein Kabel. Obwohl diese Bestimmung und Berufung ebenfalls auf ähnliche Weise erfolgt. Typen wie Columbus hielten einst eine kugelförmige Welt auch für unnatürlich. Andere wiederum wollten Galilei wegen astronomischer Ketzerei töten lassen. Einsteins Theorie gerät heutzutage ebenfalls wieder ins Wanken, und anerkannte Wissenschaftler gehen aufgrund der wissenschaftlichen Unlösbarkeit der Schöpfung wieder brav in Kirchen, Moscheen oder andere Tempel."

„Oftmals genügt schon die bloße Hoffnung auf Glaube, das Vertrauen darin, dass es gut so ist, wie jeder Einzelne von uns von seinem Schöpfer geschaffen ist. Ich habe aufgehört, mir einzureden, dass es besser werden wird. Es ist stimmig, wie es ist. Fühle ich mich gerade schlecht, hat das lediglich mit meiner Einstellung der Situation gegenüber, sprich mit meinem Blickwinkel, zu tun. Ich nehme mich an mit all meinen Gedanken und Gefühlen, mit all den grauenvollen und schrecklichen Erfahrungen, die mir widerfahren sind. In meinem Innersten weiß ich, dass alles seinen Sinn hat. Mit bestimmender Gewissheit. Das sind die Wurzeln meiner Gesundheit. Auch wenn ich noch krank bin. Diese an den Glauben gerichtete Hoffnung, ebendieses Vertrauen, ist der Nährboden für meine geistige, seelische und körperliche Heilung, für meine Genesung. Glaube ist mit dem Verstand und durch Wissenschaft nicht erklärbar. Es ist der fruchtlose, verzweifelte Versuch einiger Menschen, das Unbegreifliche, das Unfassbare kontrollieren zu wollen, die persönliche Empfindung allgemeingültig festzuschreiben. Doch das hat noch nie geklappt und wird auch niemals funktionieren. Nur durch Erleben, Erkenntnis und sensibilisierte Wahrnehmung ist Glaube und Vertrauen messbar. Die Emotionen sind die Sensoren. Ich brauche nicht für immer und ewig zu glauben. Nein, einzig die Bereitschaft, es nur für heute, diesen einen einzigen Tag lang zu glauben, ja, das ist der Weg meines Schicksals. All meine Krankheiten waren und sind Aufforderungen zum Erwachen und zur Bewusstwerdung. Achtsamkeit und Bewusstsein sind nur der Erfolg aus dem geglaubten, oberflächlich betrachteten Misserfolg. Im Spiegel des offensichtlichen Unheils offenbart sich wirksame Heiligkeit. Für alle. Im Leben. Im Augenblick. Im Jetzt."

Paranoide Psychose, Narzissmus pur? Visionärer Weitblick, Weissagung vom Feinsten? Hier schienen nun die Grenzen zwischen Genie und Wahnsinn, zwischen Zeit und Raum, zwischen Realität und Vision, zwischen Geschichte und Prophezeiung, zwischen Wahrheit und Wirklichkeit zunehmend zu verschwimmen. Die Krankenschwestern gingen den Gang entlang, vorüber an Christoph mit den Medikamenten, die sie abgepackt hatten, um sie jeden Morgen den Patienten direkt zu überreichen und die Einnahme zu kontrollieren. Sie bemerkten, dass die Tür zu Christophs Zimmer offen stand. Erstaunt sahen sie einander an und betraten ratlos den Raum. Christoph drehte sich um und wollte schon etwas sagen, als im selben Augenblick Dr. Sophie und sein junger Assistenzarzt zu ihnen stießen. Verlegen sahen sich die Pflegerinnen an.

„Seid Ihr auf der Suche nach dem neuen Patienten? Er ist nicht hier, er ist in der anderen Gruppe. Strikt lehnt er die Medikamente noch immer ab. Er will klar und nüchtern denken und fühlen, sagt er, und zu seiner Hochbegabung stehen lernen. Besser wäre, er würde lernen damit umzugehen. Tzzz ..."

Die Schwestern entfernten sich, Dr. Sophie wandte sich seinem Assistenzarzt zu und fuhr fort:

„Christoph sagte mir im Vertrauen, dass er das Gefühl hätte, wie neugeboren zu sein - als wäre er von den Toten auferstanden. Das sollten Sie wissen, denn diese

Anzeichen deuten auf eine schwere, beginnende Psychose, bedingt durch den jahrelangen Alkohol- und Drogenmissbrauch. Er sprach auch davon, dass er glaube, der Menschheit eine Botschaft überbringen zu müssen. Mittels eines Musikromans. Er erzählte mir irgendetwas darüber, dass er durch seine Eingebungen und Zufälle das seit Jahrtausenden bewahrte Geheimnis des Pyramidenbaus entdeckt hätte und am gleichen Datum wie der Papst Franziskus Geburtstag hat. Dieser sei als erster Jesuit in diesem Amt lediglich der Spiegel des wahren Messias, der Spiegel seines Selbst. Die Geschichte klang sehr stimmig, aber doch unglaublich. Ähnlich diesem Gedicht dieses Schriftstellers ... - Khalil Gibran beschreibt in seiner Darstellung 'Der Prophet' sehr detailliert die Ankunft und Entwicklung im Leben des erlösenden Messias. Er trifft komischerweise mit philosophischer Faust genau das Auge der Wirklichkeit, die sich durch die Geschehnisse in den heutigen Tagen bestätigt. Zugleich fühlt sich der besagte Patient bis zu seinem Erwachen von allem und allen unverstanden, hat aber gelernt, durch seine Hochsensibilität weiterzukämpfen. Von seiner Persönlichkeitsstruktur her hätte er das Zeug, hier eine kleine Revolution anzuzetteln. Er scheint eine lebhafte Fantasie zu besitzen und durch seine Intelligenz auch manipulative Eigenschaften an den Tag zu legen. Obwohl er fast kindlich naiv wirkt, so ehrlich und offen mit allem herausplatzt, fast selbstlos, voller Vertrauen. Bitte lassen Sie Vorsicht vor Vertrauen walten, lieber Herr Kollege. Am Ende der Einheit überreichte er mir einen Zettel, auf dem Folgendes geschrieben stand: Musikalisches Telegramm an die Menschheit - You'd Better Stop - Listen To The Voices - Sound And Vision - Slow Down - Bird On The Wire - Jealous Guy - Purple Rain - Nothing Else Matters - Too Much Love Will Kill U - Bobby Brown Goes Down - Tonight - Stairway To Heaven - Heroes - Knocking On Heaven's Door - Morning Has Broken - Man In The Mirror. Ironie am Rande: Solid Gold als Mitte."

Christoph war zu weit weg, um exakt hören zu können, worüber sich die beiden Ärzte unterhalten hatten. Früher hasste er es, wenn Menschen hinter vorgehaltener Hand redeten. Jedoch war er dazu übergegangen, solche Intrigen nicht mehr als Gefahr, sondern als Spiegel anzusehen. Er war durch solche Situationen gefordert, Geduld, Toleranz und Demut zu erlernen. Hätte er sie nun für ihr Verhalten verdammt, wäre er selbst ein Pharisäer gewesen. Auf diese Weise hatte er gelernt, nicht mehr über andere zu sprechen. Er wollte anderen gegenüber aufrichtig sein. Denn nur auf diese Weise konnte er beweisen, dass er auch sich selbst und seiner höheren Macht gegenüber ehrlich war. Unbemerkt von den Ärzten, verließ Christoph den Gang und betrat kurz darauf den Gruppentherapieraum. An der Außenseite der Tür war ein Schild angebracht: *Wen ich hier sehe, was ich hier höre, wenn ich gehe - ich lasse es dankend hier.* Die Stationsschwester Maria-Magdalena und die anderen Patienten warteten bereits.

„Hallo. Ich bin Christoph."

„High ... Angelika."

Angelika war früher einmal psychiatrische Krankenschwester gewesen, deren ganz persönlicher Weg sie ebenfalls in diese Einrichtung geführt hatte. Zum Erstaunen ihres Umfelds jedoch nicht als Zugehörige zur Belegschaft des Pflegepersonals.

Nach und nach fanden sich auch die noch fehlenden Mitpatienten ein. Christoph konnte trotz genauer Betrachtung keinen auffälligen Unterschied zwischen seinem Auftreten und dem der anderen erkennen. Einige von ihnen schienen irgendwie auf einer Wellenlänge zu sein. Andere wiederum lebten offensichtlich in Parallelwelten, in denen es keine Leitungen mehr gab. Doch dies war wohl eher auf die Umnachtung durch die verabreichten Medikamente oder auf andere Substanzen zurückzuführen. Was Christoph verwunderlich erschien, war die Tatsache, dass kein einziger Patient mit augenscheinlichen körperlichen Beeinträchtigungen anwesend war. Der Arzt betrat das Zimmer.

„Guten Tag, die Herrschaften! Wie ich sehe, haben Sie sich schon untereinander bekannt gemacht. Das Ziel in unserer ersten Woche ist, dass Sie sich bei uns einfinden und ankommen."

„So ein Blödsinn, ich bin doch schon hier."

Christoph war derart angespannt, dass er nicht sofort verstand, worauf der Arzt hinauswollte.

„Sie alle sind aus dem bestimmten Grund hier, dass bei Ihnen eine oder mehrere psychische Störungen diagnostiziert wurden. Ziel der mehrere Monate dauernden Therapie ist es aus meiner Sicht, dass Sie wieder lernen, ein möglichst erfülltes, einfaches und gutes Leben zu führen. Sie beginnen täglich mit der Morgenaktivierung. Dadurch und durch regelmäßig wiederholte Bewegungsabläufe aktivieren Sie Glückshormone. Sie brauchen keine Drogen. Wir wissen, dass wir Sie hier nicht grundlegend ändern können. Darum dürfen Sie selbst entscheiden, was Sie für Ihr Glück brauchen. Natürlich unter Einhaltung der Gruppenregeln. Die Medikamenteneinnahme wird von der Stationsaufsicht abgefertigt und kontrolliert. Wir arbeiten hier mit dem 5-Säulen-Modell der Identität."

Das verstand Christoph nicht so recht, und er wurde ziemlich nervös und unruhig.

„Entschuldigen Sie bitte ... Ich habe bereits im Zuge der Aufnahme gesagt, dass ich keine Medikamente nehme!", platzte es fast beängstigend aus ihm heraus. Die anderen Patienten schauten ihn verblüfft an und hielten ihn wohl für einen Schwätzer.

„Ich weiß, ich weiß. Was die Medikation angeht, sind Sie ein Sonderfall. Doch

Medikamente oder andere Mittel helfen Ihnen dabei, schneller wieder normal zu werden. Betrachten Sie diese als Krücke. Ziel ist es, zukünftig durch Entspannungs-übungen und andere Fertigkeiten sehr schnell in persönliche Entspannung zu finden. Das muss jedoch erst erlernt werden. Es setzt viel Übung und Ausdauer voraus. Das Einzige, was Sie mitbringen sollten, ist Ihre Bereitschaft, Offenheit und Ehrlichkeit, kurz, die Motivation, sich in Geduld und Gelassenheit zu üben. Den Rest übernehmen wir. Es wird hart, obwohl es eigentlich einfach ist. Und es endet auch nicht mit der Therapie. Endziel gibt es keines. Nur Zwischenziele. Wie Kafka so vortrefflich beschreibt, ist die Schule des Lebens ein Prozess, ständige Veränderung, ein ewiges Ankämpfen gegen unpersönliche Mächte. Und wir alle sind die Schüler. Ob Sie verrückt oder wahnsinnig sind oder nichts dergleichen, obliegt nicht mir zu beurteilen. Von mir erhalten Sie eine Diagnose nach derzeit gültiger Auffassung. Diese dient als Richtwert auf der Landkarte Ihrer Genesung."

„Psychische Störungen werden heute im Rahmen eines bio-psycho-sozialen Modells gesehen. Dabei können Auslöser auf allen drei Ebenen gefunden werden, ebenso wie bei den aufrechterhaltenden Faktoren. Eine umfassende Therapie integriert ebenfalls alle drei Ebenen. Schwarz-Weiß-Denken beispielsweise ist gemäß Schulmedizin eine kognitive Verzerrung und sollte im Rahmen einer Therapie überwunden werden. Schutzwege für Fußgänger sind schwarz und weiß, ebenso Leitpflöcke im Straßenver-kehr, und viele Dinge mehr, die uns Sicherheit spenden sollen und die uns Menschen als sinnvolle Schutzeinrichtungen dienen. Da liegt doch die Vermutung nahe, dass auch Schwarz-Weiß-Denken keine Störung, sondern einen wesentlichen Schutz-mechanismus zur seelischen Orientierung darstellt? Ob der Mensch nicht allgemein eine geisteskranke Spezies ist, sei an dieser Stelle dahingestellt. Bestimmt wirkt sich auch die Überstimulierung in einer Konsumgesellschaft auf die Psyche aus. Wie viele von uns dadurch ihre emotionale und soziale Kompetenz verlernen, ist wissen-schaftlich nicht ausreichend erforscht worden. Jedenfalls erachte ich es nicht für sinnvoll, alles aus einem Krankheitsbegriff heraus zu erklären. Eine allgemeingültige Ursache zumindest in Erwägung zu ziehen, klingt mir da schon ein wenig plausibler. Pathogenese ist nicht alles – es gibt auch eine Salutogenese. Hier lernen Sie Ihre Hypersensibilität von einer neuen Seite kennen und werden Techniken entwickeln, diese auf gesunde Art und Weise an Ihre Umwelt anzupassen. Die Funktionsfähigkeit soll wieder in den Vordergrund rücken. Das halte ich persönlich für sinnvoll."

„Im Zuge dieses stationären Settings spielen die affektiven Störungen eine ge-wichtige Rolle. Vor allem die Depressionen und Abhängigkeitsstörungen mit Al-kohol auf Platz eins, Psychosen aus dem schizophrenen Formenkreis, Demenzen, Angststörungen, Belastungsstörungen, somatische Störungen sowie Zwangsstö-rungen. Versuchen Sie hier nicht erneut auftretende Ängste oder Aggressionen zu

unterdrücken. Beides kann nämlich zur Verstärkung von Angst beziehungsweise Aggression führen. Viel wichtiger ist die Bewältigung. Sie dürfen gespannt sein, was passiert, wenn Sie auf Ihre Ängste eingehen. Exposition wie beispielsweise Angstkonfrontation ist uns ein besonderes Anliegen, ein wesentlicher Teil unseres Therapieprinzips. Viele von Ihnen haben schon in früher Kindheit gelernt, für Ihre Eltern Verantwortung zu übernehmen oder sich zumindest so zu fühlen, als wären Sie für deren Entscheidungen und Verhalten verantwortlich. Dies liegt in Ihren Genen. Weil Sie dazu erschaffen sind, die Dinge ins rechte Licht zu rücken. So übernehmen Mädchen oftmals die Funktion ihrer Mutter, als Erzieherin und Lebenspartnerin oder die der allgemein helfenden Beschützerin. Bei jungen Burschen ist es ebenfalls oft die Rolle des Vaters, die sie ungewollt einnehmen. Die verworrensten Konstellationen, Funktionen und Charaktere kommen da zum Vorschein. Beispielsweise folgen auf diesen psychischen Missbrauch Depressionen mit Suizidalität als Folge von Aussichtslosigkeit, die Dinge nicht ändern zu können. Und natürlich gibt es auch ständig traumatisierende Erlebnisse im Leben feinfühliger Wesen, wie Sie eines sind, welche wiederum negative Auswirkungen haben, wie akute und posttraumatische Belastungsstörungen."

„Womit wir wieder bei betäubenden Maßnahmen oder Zwängen angekommen wären. Das ist die medizinische Beschreibung von Wahnsinn, Irrsinn oder Verrücktheit. Doch aus langjähriger Erfahrung weiß ich, dass jene Menschen, die derartige Behauptungen über andere Menschen aufstellen, meist selbst an der Grenze zum Wahnsinn wandern und vor allem zur Überheblichkeit neigen. Glauben Sie mir: Jeder von Ihnen hat das Schlimmste bereits hinter sich. Was geschehen ist, das ist vorbei. Diese Aussage ist der Kerngedanke und Knackpunkt zugleich. Jetzt geht's vorerst darum, das Erlebte zu verarbeiten, denn alles, was jetzt noch wehtut, besteht lediglich in Ihrer Erinnerung und Fantasie fort. Kein Arzt, keine Droge, kein Medikament und kein Wunder wird Ihnen helfen können, Ihr Problem zu lösen. Nur Sie selbst! Mit Medikamenten, versteht sich, können Sie Ihren Schmerz lindern. Das Einzige hingegen, das langfristig hilft, ist: Erkennen, Reden und Handeln. Und damit hat ja jeder Einzelne von Ihnen bereits begonnen. Geben Sie sich selbst die Zeit dafür, wieder gesund werden zu dürfen, zu heilen. Egal, ob Sie Ihren Job verlieren oder alte Freunde, was andere sagen oder Ihnen raten. Hier dürfen Sie wieder lernen, auf Ihr Gefühl zu hören. Das Wertvollste in Ihrem Leben sind Sie selbst. Ihren eigenen Ideen oder Ihrer Bestimmung zu folgen, hat für mich persönlich nichts mit Wahnsinn, sondern vielmehr mit Träumen zu tun. Bei manchen Indianern hatten Träumer den Stellenwert von Heiligen – bei uns gelten sie als verrückt. Und den gedanklichen Entschluss, die Therapie als Teil von Selbstfindung wertzuschätzen, abseits der zivilisierten Welt, finde ich absolut wichtig und notwendig. Jeder Mensch hat

seine ureigene Persönlichkeit, und zwar in allen Bereichen des Lebens. Diese Individu-
alität auf respektvolle Weise seinen Mitmenschen gegenüber zu leben und aus Sicht
seiner Nächsten leben zu dürfen, wäre ein schönes Ziel. Was wir alles voneinander
lernen könnten? Entschuldigen Sie, ich schweife wieder vom Thema ab. Und ehe ich
mich zu weit aus dem Fenster lehne und in meiner Fantasterei schwelge, sollten wir
jetzt keine Zeit verlieren. Wobei Fenster und Türen ohnehin überflüssig werden,
sobald man einmal die Mauern um seine Sensibilität abgetragen hat."

Diese Sichtweise und Haltung war für Christoph grundsätzlich in Ordnung. Trotzdem beschloss er aus seinem Bauchgefühl heraus, weiterhin auf Medikamente zu verzichten. Zumal er aus Erfahrung wusste, dass er ohnehin zu Abhängigkeiten neigte, und der Meinung war, dass Wirkung und Dosis von Arzneimitteln hauptsächlich an weniger sensiblen Menschen erprobt worden waren. Er selbst hatte in der Vergangenheit schlechte Erfahrungen aufgrund extremer Nebenwirkungen und paradoxer Wirkungsweisen gesammelt. Insgeheim war Christoph auch davon überzeugt, dass seine Mutter demnach durch regelmäßige Medikamenteneinnahme an Krebs erkrankt war, an diesen schlimmen Geschwülsten, dieser Geißel der Menschheit. Obwohl sie eine sehr starke Persönlichkeit gewesen war im Sternzeichen Löwe, hatte sie den Kampf schlussendlich verloren.

„Hallo Christoph!" – Petra und Christoph kannten sich bereits von früher. Sie konnten es gar nicht glauben, dass sie sich ausgerechnet hier wiedersahen. Im Vergleich zu früher wirkte sie glücklich. Ihre Mitmenschen empfanden Petra durch ihr eher männliches Aussehen immer wie einen Fels in der Brandung, doch sie hatte Schlimmes in ihrem Leben erfahren müssen. Beizeiten hatte sie sich Christoph anvertraut: „Du weißt ja eh, so etwas vergisst man nie ..." Seit dem Tod ihrer Tochter war sie traumatisiert. Obwohl sie das Leben gelehrt hatte, stark und dickhäutig zu bleiben, um überleben zu können, zwang sie dieses Ereignis umso mehr in die Knie. „Du erinnerst mich immer noch sehr an meinen Papa." Petras Vater hatte ein großes Unternehmen aufgebaut. „Hast Du das echt ernst gemeint mit Deiner Aussage, den harten Weg ohne Medikamente gehen zu wollen?"

„High Petra, ja, das scheint mein Weg zu sein. Ab und zu will ich zwar was anderes, weil es ohne Sinnestäuschung oft kaum auszuhalten ist in dieser Welt, doch dann hilft mir ein Spruch: Mach' nicht Dein Problem zu meinem Problem!"

„Darum fragte ich Dich. Das habe ich mir schon gedacht. Es ist schön, dass Du so ungeschminkt darüber sprichst. Du hast mir aufgezeigt, dass ich noch lange nicht das Problem oder ein Schädling selbst bin, nur weil ich mich womöglich im Zentrum eines Problems befinde. Eines sage ich Dir: Die unnatürlichen

Einflussgrößen in der heutigen Zeit sind echt krass und irgendwie abartig. Machst Du es noch immer so, dass Du Dir suggerierst, nur für heute nüchtern, bewusst und achtsam bleiben zu wollen?"

„Ja. Du immer mit Deinem Gedankenlesen! Anscheinend sind wir eben alle nicht ganz dicht. Du hast den Sinn auch schon erkannt. Ich kann aber niemandem etwas vormachen. Auch wenn ich es noch so sehr wollte. Unsere Mitmenschen glauben, wir hätten einen schwachen Willen, mangelnden Charakter, oder wir seien krank. Wir haben nun mal mehr als fünf Sinne. Schön, dass Du weitergemacht hast und auch hier bist. Es tut so gut zu wissen, nicht allein zu sein. Alles Liebe."

Der Tag verging wie im Flug. Als Christoph auf dem Weg ins Krankenhauscafé war, traf er auf zwei seiner Mitpatienten, die in der anderen Gruppe waren.

„Na, wo geht ihr denn hin?"

„Wir wollten ins Café. Gehen wir gemeinsam hin?"

Ehe Christoph sich versah, war er mit den beiden anderen am Plaudern. Sie erzählten ihm, dass sie noch in dieser Woche in die Emmaus-Gemeinschaft in die nahe gelegene Stadt fahren wollten, weil sie bereits jetzt einen Arbeitsplatz für die Zeit nach der Therapie suchen wollten. Mit dem Stigma einer psychischen Erkrankung war es nämlich schwierig, in der Gesellschaft wieder Fuß zu fassen. Allzu schnell galt man deshalb als abgestempelt. Die soziale Wiedereingliederung machte den meisten sehr zu schaffen. Auf eigentümliche Weise wirkten sie traurig, und der junge Mann fragte sie nach dem Grund dafür.

„Nur weil der neue Patient die Medikamente abgelehnt und zu seiner Sensibilität stehen möchte, haben sie ihn rausgeschmissen! Wir hatten so sehr gehofft, dass er uns hilft, auch stärker zu werden."

Die beiden hatten in ihrer Aufregung und Sensationslust natürlich nicht bemerkt, dass Christoph selbst *der Neue* war.

„Ihr redet ja so, als ob Ihr auf einen neuen Messias wartet. So wie er der Geschichte nach bereits vor 2.000 Jahren gelebt haben soll." Sie lachten. „Ich glaube nur, dass diese Geschichte von Propheten erzählt wurde und heute wirklich geschieht. Jeder von uns trägt das Licht in sich. Wir müssen es bloß erkennen. Darum lehne ich jegliche Betäubung ab, ganz gleich, ob es sich um Drogen, Suchtmittel, Alkohol, Kaffee oder sonst etwas handelt. Um ehrlich zu sein, ich glaube auch, sogar ein Nine-to-five-Job kann zu einer Abhängigkeit werden. Wir alle hier in der Psychiatrie leisten echt harte Arbeit. Wir haben den Mut, unser gesamtes Leben zu reflektieren und endlich hinzusehen, auch auf die dunklen Seiten unseres Seins. Wir sind nur der Anfang einer weltweiten Bewegung, eines Erdbebens. Wenn sich alle Hochsensiblen selbst ermutigen, zu ihrer Begabung zu stehen, ihre von Gott gegebenen Gedanken und Gefühle nüchtern zu erleben, dann können wir unseren weniger sensiblen Mitmenschen die Angst vor uns und dieser höheren Macht nehmen. Denn auf dieser Angst, auf unserer eigenen Unwissenheit von Hochsensibilität als Gabe unseres Schöpfers, und auf dem Missverständnis dieser beiden grundlegend verschiedenen Menschentypen, sind sämtliche Unruhen auf unserem Planeten begründet. Erst wenn wir lernen, uns selbst anzunehmen, jeder einzeln, für sich selbst, auf seine innere Allmacht zu vertrauen, die Stimmen zu hören, erst dann wird es möglich sein, die Grundlagen für ein friedvolles Miteinander zu schaffen. Das ist sozusagen der Aufbruch in eine gänzlich neue - die achte - Dimension."

„Ich habe dieses tiefe dunkle Tal bereits durchschritten. Jeden Tag sehe ich an als ein neues Erwachen, als ein neues Leben. Mit dem Schlaf folgt wieder Dunkelheit. Als ich auf Drogen gewesen bin, habe ich mich fast umgebracht mit Alkohol und diesem Dreck. Und doch habe ich es gebraucht, um mein Vertrauen in meinen wirksamen Kern zu stärken, um ihn in mir wiederzufinden. Er ist ein Teil von mir, wie auch ich ein Teil von ihm bin. Wenn ich etwas tue, dann tue ich es eben. Ich bin dafür verantwortlich und stehe dafür gerade. Alle Religionen auf dieser Welt sind Anlaufstellen für Gläubige und Suchende. Doch sie alle suchen etwas, was sie dort nicht finden werden. Den wirklich wirksamen Glauben können alle nur für sich, tief in ihrem Inneren entdecken. Dazu bedarf es aber des Wegs durch die Dunkelheit. Es sind nicht der Wille oder der Glaube allein, welche die dauerhafte Freiheit und Unabhängigkeit bringen. Wir selbst und die uns verbindende Begabung - also, von mir aus, eine Art kollektive Leitungs-Energeia - sind ein wesentlicher Faktor. So wie ich mir nicht bewusst vorgenommen habe, krank zu werden, kann ich auch wieder heilen."

„Ganz gleich, was ihr hernehmt: die Geschichte von Jesus Christus, die Ausführungen der Alchemisten, die bislang ungelösten Rätsel um die Pyramiden, die Grundlagen aller anderen Glaubensrichtungen, die Musikbranche, die Kunst, die Politik, einfach alles, was auf diesem Planeten geschieht - es beinhaltet zugleich die Lösung der wirksamsten Energie, der Liebe in ihrer reinsten Form. All die Probleme der Menschheit beinhalten zugleich deren Lösung. Ein Prinz als Sklave. Wir alle sind Sklaven. Slaves to love. Schluss mit Knebelverträgen warnender Brüder. Ich kann die Zeichen lesen. Ich habe sie entschlüsselt und will sie der Menschheit vorbehaltlos übergeben. Alles bisherige Wissen weiß nichts. Auch wenn Ihr mich jetzt als Wahnsinnigen oder Idioten bezeichnet: Werft nicht mit Steinen, wenn Ihr selbst im Glashaus sitzt! Wir alle werden als Verrückte abgetan. Ich kann und will Euch nichts beweisen. Stattdessen werde ich Euch meine Aufzeichnungen preisgeben. Offenheit ist die einzige Bitte, die ich habe. Danach geht ganz tief in Euch und hört im Stillen auf Eure Stimmen, auf Eure Bestimmung. Wenn Ihr sie hören lernt, dann werdet Ihr wissen, was zu tun ist, und Ihr werdet das Licht in der Dunkelheit gefunden haben. Das ist die Stimme Gottes - des einzig wahren, unteilbaren Gottes. Dann werdet Ihr nicht mehr *Um Gottes willen* rufen, wenn Euer Verstand und Eure Gefühle Euer Empfinden negieren."

Plötzlich geriet Christoph mit seiner Erzählung in Fahrt und begann zu monologisieren. Seine Zuhörer waren gebannt von der Leidenschaft und Inbrunst, mit der er seine Sicht vorbrachte.

„Es gibt so viele unterschiedliche Glaubensrichtungen, wie es Menschen, Pflanzen und Lebewesen gibt. Doch alle sind sie Er. Und Er besteht aus allen. Der rote Faden. Rot ist die Liebe. Sie. Unsere natürliche Wirksamkeit unter uns Geschiedenen. Vielleicht überträgt sich ja alles als Stimme in Form von Radiowellen? Und *Got-t* bedeutet kurzerhand: ausgestattet mit der Kreuzung, wo Hochsensibilität - also Göttlichkeit - und Menschlichkeit sich treffen? Wenn Ihr Eurer Berufung, Eurer Bestimmung nicht folgt, ist Euer Weg ein anderer als der meine. Hört allein auf die Bedeutung Eurer Worte. Wir sprechen jeden Tag so viel und wissen gar nicht, dass wir unser Leben durch unsere Worte bestimmen. Kennt Ihr den Spruch: Dein *Wort in Gottes Ohr*? Ja, ja. So geschieht alles, weil jeder, der spricht, selbst Teil dieser Energie ist. Die unbewusste Programmiersprache des eigenen Selbstbewusstseins. Grammatik. Programm. Gramm. Gramma. Das Geschriebene. Es ist bekannt: Rechtsschreiben schult linke Gehirnhälfte - also Rechtschaffenheit, Ratio, Regeln, Kästchen-Denken, Wissenschaft, Einzelheit, Zeitempfinden, Logik, Analytik. Linksschreibung fördert die Kreativität - also Freidenkertum, Intuition, Körpersprache, Risiko, Spontanität, Überblick, Kunst, Komplexität, ganzheitliche Zusammenhänge, Symbole, Melodien, Gerüche, Sinneseindrücke. Letzteres wird durch Volksbildung und Vermassung verhindert. Neglect: Das Leck in den Genen. Neglect bedeutet die Vernachlässigung der Raum- und/oder Körperwahrnehmung bei Hirninfarkt-Patienten. Am häufigsten betroffen ist die linke Seite, somit ein Zeichen, dass das Gehirn sogar den physischen Teil des unterdrückten Lebensbereiches - der rechten Gehirnhälfte - quasi absterben lässt."

„So wird oftmals die betroffene Körper- oder Sinnesregion völlig vernachlässigt, beispielsweise beim Waschen. Neglect - ein körperliches Negligé als Folge seelischer Umnachtung. Was nicht erhört wird, verschafft sich dann eben durch Aggression Aufmerksamkeit, innerhalb des Organismus ebenso wie außerhalb. Wie zum Beispiel das Innenministerium in einem Staat. Zu den Aufgaben gehören die Fragen der inneren Sicherheit und auch Fragen im

Bereich 'Soziales'. Innere Sicherheit bezeichnet den Schutz der Gesellschaft und des Staates vor Kriminalität, Terrorismus und vergleichbaren Bedrohungen, die sich aus dem Inneren der Gesellschaft heraus entwickeln. Also ist auch die Vernachlässigung wesentlicher Gesellschaftsteile mit sozialem Ungleichgewicht verbunden. Innere und äußere Sicherheit, das heißt, ein Zustand von Harmonie, gelten zunehmend als voneinander abhängig. Klassischer Revierkonflikt. Vermächtnis einer neuen Medizin. Die fünf biologischen Naturgesetze zur Heilung der Menschheit."

„Alle uns bekannten Buchstaben, Zahlen, Noten und Klänge sind nur auf dieser einzig wirklichen Möglichkeit der Entschlüsselung aufgebaut. Der wirkliche Messias wird bestimmt nicht wollen, dass ihn die Menschen erkennen oder ihn erwartet haben. Das hätte sie alle nämlich weggebracht von dem Ort, an dem die einzig wirksame Lösung aller Probleme liegt. Weg vom Jetzt, weg vom Selbst. Und das Jetzt kennt keine Zeit, keinen Raum. Wann hat die Zeitrechnung begonnen? Genau! Er gehört zu den sensibelsten von uns Menschen. Umso vorsichtiger und scheuer wird er sein. Sein Weg ist bedeckt, um ihn über Jahrtausende hindurch vor den machtgierigen Individuen unserer Gesellschaft zu schützen. Er ist bestimmt einer unter uns, einer von uns, ein Außenseiter und keine gesellschaftliche Vorzeigefigur. Und wenn die Zeit gekommen ist, wird er mit Posaunen und Trompeten seine Botschaft verkünden. Das Warten wird ein Ende haben. Und alle werden sehen, dass er ein Erlöser ist, wenn auch nicht für ihre eigenen Probleme. Er wird ihnen das Wissen, die Erkenntnis vermitteln. Er kann ihnen die Augen öffnen, ihnen das seelisch aufrechte Gehen beibringen. Doch muss es jeder selbst in Angriff nehmen. Enneagramm als unvollkommenes Qualitätsmodell. Die Pyramide im Kreis, das Sechseck als Vierteilung der Kugel in dreidimensionaler Betrachtungsgrafik. Die Lehre des vierten Weges als Beginn der vierten Dimension im Sinne von Raumzeit. Werkzeug im Prozess der Selbstentwicklung. Standortbestimmung. Kompass. Zyklus der Generatorzahl 7. Oktavgesetz. Resonanz. Natürlich harmonischer Rhythmus. Gleichung. Verbindung islamischer Mystik mit christlicher Mystik antiken Ursprungs. Das Gesetz der Sieben."

„Mein - ah, hoppla! - sein Wille ist nicht dafür da, sich zu bereichern, sondern die Aufforderungen seiner inneren Allmacht auszuführen. In Liebe, Wertschätzung und Dankbarkeit. Wille ist die sprachliche Zusammenfassung von Erwartungen und Wünschen. Wenn ich damit aufhöre, zu erwarten und zu wünschen, wird der Wille weichen und die sensible Feinfühligkeit zum Vorschein kommen. Diese Stufe nennt man dann: Urvertrauen. Damit habe ich meinen Gott gefunden und brauche mich ab nun nur noch darin zu üben, einfach sensibel zu sein. Ich brauche keine Angst mehr davor zu haben, beim Retten eines gefallenen Engels zu versagen. Denn jener, der mich vom strebsamen Aufstieg hinunterziehen möchte, wird immer über mich siegen, der ich ihn mit falscher Stärke nach oben ziehen will. Weil die Schwerkraft, also die Anziehungskraft der Mutter Natur, immer auf der Seite des offensichtlich Schwächeren stehen wird. Doch Schwäche ist die irrtümlich geläufige Bezeichnung für Sensibilität. Mutterliebe. Empfindlich gelebte Verletzlichkeit ist die Stärke, die uns wieder auf den Boden der Realität bringen möchte. Sogar Anarchie macht Sinn: ihre Weitsicht, ihre Umsicht, dass der Mensch nicht über den Menschen herrscht. Weil sie der Natürlichkeit viel eher entspricht als der Zwang der Normen und Abhängigkeiten. Doch sie würde ebenso wenig bringen wie alles bisher Inszenierte. Ich gehe – jetzt."

Die beiden baten Christoph, sich beim Abendessen gemeinsam an einen Tisch zu setzen. Er willigte ein, obwohl er teilweise Angst hatte und in Gesellschaft oft panisch wurde, doch bei Gleichgesinnten wie diesen fühlte er sich irgendwie geborgen, verstanden, im wahrsten Sinn des Wortes gut aufgehoben und pudelwohl. Im Speisesaal angekommen, saßen bereits alle an einem Tisch. Das Gespräch mit den beiden Gleichgesinnten hatte bereits die Runde gemacht. Gespannt folgten sie Christophs Ausführungen zu einer für sie völlig neuen und dennoch vertrauten Sicht auf diese Welt. Christoph hatte alle Qualitäten eines Predigers. Er offenbarte sich, und sie hörten ihm willig zu.

„Was nützte es wohl, wenn ich der Menschheit in all das Einblick gebe, in die Welt meiner Gedanken, Gefühle, in die Bilder meiner Fantasie, meiner Träume? Wenn ich ihr meine Visionen überlasse, ihnen sage, dass ich glaube, selbst der Prophet zu sein? Wenn ich sie erkennen lassen würde, dass seit Anbeginn der Schöpfung alles Leben und Geschehen auf die Klärung dieses einen Irrtums aufgebaut ist, auf der aberwitzigen Annahme der Menschheit, dass alle von uns aus nur einem Modell mit unterschiedlichem Geschlecht und anderer Hautfarbe geschaffen sind? Hier zerbricht ein falsches Paradigma, und genau hier wird ein neuer, großer Einschnitt im Denken passieren. Es ist die Zeit gekommen für die letzte Dimension, die Menschen zusammenzuführen zu jener Einheit, die sie seit Anbeginn ihrer Tage noch niemals gewesen ist. Durch die Erkenntnis und Aufklärung des grundlegenden Unterschiedes: die verschiedenen Welten von Hochsensiblen und Niedrigsensiblen."

„Jedes Individuum geht stets von sich aus und verfällt der Annahme, dass alle so seien, so denken, so fühlen, so leben, so wahrnehmen – wie es selbst. Jeder Mensch sucht das Verständnis seiner Mitmenschen und deren Bestätigung, um sich dadurch in der Existenz des eigenen Seins eine Berechtigung zu verschaffen. So entstehen Milliarden von Wahrheiten. Dadurch erst entstehen alle Konflikte; aus beständigen Kränkungen entwickeln sich Krankheiten. Wenn ich der Menschheit mitteilen würde, dass durch Akzeptanz und Wertschätzung dieser grundlegenden Unterschiedlichkeit Harmonie und weltweiter, universeller Frieden möglich sei, dann würden sie mich für verrückt halten, mir Größenwahn unterstellen, mich der Blasphemie bezichtigen, mich verurteilen, mich mit ihren Waffen schlagen, mich mithilfe ihrer Wissenschaften in der Luft zerreißen. Sie würden mich entmutigen und mich bloßstellen, bis ich schließlich und endlich still wäre. Dann könnte ich gar nichts mehr bewirken. So folge ich also meiner Bestimmung, gehe den Pfad meiner Berufung und bringe jenen Licht, die mich benötigen und denen ich durch meine eigene Genesung Mut und Hoffnung spenden darf."

„Ihnen leuchte ich als Licht auf dem Weg durch die Dunkelheit irdischer Verfehlungen – alles ganz path-O-logisch. Auch Eure Homosexualität oder andere Neigungen sollen uns als Anzeichen dafür dienen, die Balance einer natürlichen Ausgeglichenheit wiederherstellen zu dürfen. Denn Neigung, in welche Richtung auch immer sie gehen mag, setzt natürliches Ungleichgewicht voraus. Gleichgeschlechtliche Gesinnung darf somit nicht länger als Krankheit oder gar als Abartigkeit betrachtet werden, sondern als eine dem Individuum zur Verfügung gestellte Schutzmaßnahme sinnvoller Schöpfung. Denn was scheint Männern oder Frauen näher gelegen, für den Fall, dass sie persönliche Sensibilität nicht in jener Natürlichkeit leben dürfen, wie sie ihnen von Geburt an in die Wiege gelegt wurde? Sexuelle Orientierung ist an sich Privatsache. Doch solange man die eigene Sensibilität im Wesen seines Gegenübers zu finden sucht, wird diese uns von Geburt an mitgegebene Begabung nicht heilend wirksam sein können. Du musst deshalb nicht zum Priester oder Geistlichen mutieren, denn auch dies ist nur ein Schutzberuf. Vielleicht sollte jeder Einzelne von uns als ein nur wenig mehr begeisterter Seelsorger seiner selbst in Erscheinung treten – nicht belehrend, sondern klärend. Noch wünschenswerter wäre es, dass wir die Wahl unserer Mittel sehr achtsam, reflektiert und schonend vornehmen sowie unserem Gegenüber diesbezüglich aufrichtig und offen begegnen, indem wir auch erläutern, was wir meinen. Ich spreche von jenen Mitteln, die wir Tag für Tag zur Selbstbefriedigung aufgrund unserer eigenen Unzulänglichkeit sehnsüchtig an uns reißen, ganz gleich ob Menschen, Tiere, Pflanzen, Substanzen, Verhaltensweisen oder Orientierungen. Bitte verwechselt nicht Eure bislang geglaubten Schutzinseln ausgebildeter Konzentration mit dem Vorhandensein von Filtern!"

„Hochsensibel zu sein bedeutet gleichsam, keine natürlichen Schutzfilter zu besitzen. Unsere Abhängigkeiten bilden diese Filter. Bitte lasst Euch dadurch nicht blenden und dazu verleiten, in der Annahme weiterzuleben, dass Ihr sehr wohl gut funktionierende Schutzmechanismen besitzen würdet und deshalb nicht hochsensibel veranlagt wärt. Ich werde Euch näher erläutern, wie Ihr dieses Dickicht durchblicken und aus eurem Dornröschenschlaf sanft erwachen könnt. Werft nicht gleich das Handtuch, sondern schenkt Euch, mit Verlaub, selbstfürsorglich Zeit und Raum, um diese Dinge zu erkennen und zu einer gewissen Gelassenheit gelangen zu dürfen. Path-O-logische Diagnosen sind im Endeffekt die Wegweiser auf unserem Weg aus der Krankheit – direkt hinein in den allumfassenden Heilzustand unseres natürlichen Ursprungs. Spinnerei am Abend bringt Glück und frohe Gaben. Ich bin Psych-O-path, ein persönlicher Botschafter der Menschheit als ihr wegweisender Diener auf dem Pfad eines seelisch universellen Reinigungsprozesses. Spirale versus Punkt mit Kreis. Das Schneckenhaus ist der Beweis. Auch DNS mahnt zum Vergleich. Zugleich der Wirbelsturm im Reich. Schwarze Löcher zwirbeln klärend. Der Tonfall ändert sich sogleich. Weil Harmonie verloren ging, sind wir nun entzweit. Das bestehende Gesellschaftssystem der Menschen will uns teilen wie den Weizen von der Spreu. Die Spirale soll uns mischen, uns vereinen, hin zu einem Einheitsbrei. Hokuspokus, der Mensch zur Einheit, Fidibus, gleich eins zwei drei. DNS, sie wird geändert, das Schneckenhaus geht auch verloren. Grauer Stumpfsinn wird sensible Nacktheit, zum Himmelreich wird auserkoren. Wenn der Sturm hat sich gelegt – Ruhe alsbald eingekehrt –, vorbei ist all der Hexenzauber, alles sauber rein gefegt. Ordnung ist der Schöpfung Auftrag, Natürlichkeit Prinzip mit Sinn. Verrücktheit gilt als Form des Schwindels, der Reinheit in die Seelen bringt. Wir wollten spitze sein im Zirkus, draufgegangen wären wir fast. Die Zeit des Sinnens ist gekommen, wieder Ruhe anstatt Hast. Ich bin zu meinem Teil Bestimmung, weiß, dass ich des Lebens Sinn. Mir reicht es für ewig in Gottes Himmel, weil ich hochsensibel bin."

„Diese Erkenntnis ist eine Gewinnermittlung ohne Gewähr, doch mit natürlich wirksamer Bestimmtheit. Himmel und Hölle sind nicht irgendwo, sondern hier auf Erden, im Hier und Jetzt. Niemals sind sie selbst die Ursache für Tugend oder Laster. Vielmehr begründen sich beide im Erbgut besonderer Empfindsamkeit, entweder als Ausdruck ursächlich bestimmter Selbstannahme oder aber als Ausprägung selbstverleugneter Verletzbarkeit. Jeder ist sein eigener Schöpfer und Projekt seiner selbst, so wie der Schöpfer auch nur Spiegel ist in uns. Zeig Du mir Dein wahres Gesicht, und ich werde erkennen, wer ich in Wirklichkeit selber bin. Die Menschen hätten seit Jahrtausenden auf meine

Ankunft gewartet und doch würden sie mich schlagen, aus Kummer, Verbitterung, Hass und Zorn, aus Enttäuschung hinsichtlich ihrer Erwartungen. Sie haben gelernt, in der Illusion der Zukunft zu leben, in immer wiederkehrender Enttäuschung ihrer Erwartungshaltung, sie wurden von machtgierigen Leuten missbraucht, in der Wartehalle sitzen und im Regen stehen gelassen. Die meisten von ihnen leben im Gestern, mit all seinen Fehlern und Sorgen, geistigen und körperlichen Schmerzen, ja, in all seinem Leid. Das Gestern ist jedoch nicht mehr unter ihrer Kontrolle. Alles Geld dieser Welt kann Vergangenes nicht zurückbringen: Wir können keine einzige Tat, die wir getan haben, ungeschehen machen. Wir können nicht ein einziges Wort zurücknehmen, das wir ausgesprochen haben. Das Gestern ist unwiederbringlich vorbei!"

„Das wissen die Menschen, und darum leben sie im zweiten Tag, über den wir uns keine Sorgen machen sollten, nämlich im Morgen mit seinen möglichen Gefahren, Lasten, großen Versprechungen und minderen Leistungen. Alles, was sie gestern falsch gemacht haben, möchten sie morgen richtigstellen. Aber auch das Morgen entzieht sich unserer Kontrolle. Morgen wird die Sonne aufgehen, in vollem Glanz. Mag sein, dass sie sich hinter einer Wolkenwand verbirgt. Aber eines steht fest - aufgehen wird sie. Bis sie aufgeht, sollten wir uns nicht über das Morgige Sorgen machen, weil morgen noch nicht geboren ist. Da bleibt nur ein Tag übrig - heute. Jeder Mensch kann nur die Schlacht eines Tages schlagen. Dass wir zusammenbrechen, geschieht nur, wenn Du und ich die Last dieser zwei fürchterlichen Ewigkeiten - gestern und morgen - zusammenfügen. Es ist nicht die Erfahrung von heute, die die Menschen verrückt macht, sondern die Reue und Verbitterung für etwas, was gestern geschehen ist, oder die Furcht vor dem, was das Morgen wieder bringen wird. Sie würden mir auch nicht glauben, weil sie auf den Namen fixiert wären: Jesus Christus. Was, wenn ich ihnen sagen würde, dass JeSUS für JeTZT steht, Christus für Chris-t-us, dass das S der 19. Buchstabe im Alphabet ist, die Quersumme daraus 1 ergibt und für die Zahl des Messias sowie für die Verbindung der 1 und 9 zur Einheit steht, und das T der 20. Buchstabe ist, welcher als Kreuzung von 2 ungeraden Einheiten oder menschlichen Kreisläufen zu einem stimmigen Punkt zu deuten ist, als allgemein gültigen Kreuzungspunkt zwischen Natürlichkeit und Normalität. Dass Z den letzten Buchstaben des Alphabetes darstellt, somit auf den Anfang am Ende deutet und die Zahlenkombination zwischen U und Z die Buchstabenreihe der 4 Buchstaben VWXY ergibt, welche wiederum der weltweiten ICD-10-Codierung aller möglichen Krankheiten und Unfälle zugrunde liegt und dies eine verschlüsselte Botschaft ist, um darauf hinzuweisen, dass der Messias einer von ihnen ist, einer von den offensichtlich psychisch Kranken, die jedoch, genetisch bedingt, vom Schöpfer mit einer anderen Begabung ausgestattet sind und von den Empfindungsunfähigen und sich selbst verdrängt werden? Was würde die grundlegende Einsicht meiner Formeln schon ergeben, wonach die Lösung des Pyramidenbaus im Fakt begründet liegt, aus Felskugeln die nötigen Steine gewonnen zu haben, oder wenn ich sagen würde, dass die Pyramiden mit ihren in Papyrus und ätherischen Ölen gewickelten Mumien an sich nur Zeichen gewesen sind, um auf die Geburt des wahren Messias, des Gesalbten, hinzudeuten, der alles Wissen in ein Buch verpackt hat, eines Messias, dessen Geburtsort an einem Fluss mit geschliffenen Steinen liegt? An einem befestigten Fluss, nahe eines Klosters, in dessen Gartenanlage eine Pfauenfeder zu erkennen ist. Im Reich des Ostens, in Österreich, sozusagen im friedlichen Leo des Planeten. Was würde es ändern, wenn ich verkünden würde, dass unter Wiedergeburt zu verstehen ist, dass sein Abkömmling ebenfalls dort auf die Welt gekommen ist und die Erleuchtung in der reinsten Form in sich trägt? In ihrem Namen. Ein Diamantkind. Lucy In The Sky With Diamonds. Weissagung hochsensibler Liebender. Diese Pyramiden aus ihrem Mittelpunkt 28 MHz Radiostrahlen ins Universum senden, welche wiederum die Quersumme 1 ergeben und mit meinem Kompositionsschlüssel in Verbindung zu setzen sind, in welchem wiederum die Anleitung für die Aufteilung der Pyramidenkugeln in Steine enthalten ist? Dass meine Eingebung eine Formel ergeben hat, die darauf deutet, dass die genetisch veranlagten Hochsensiblen mit 55 Prozent aller Menschen sogar in der Mehrheit sind? Dass dieser Formel das Eisbergprinzip zugrunde liegt, dass diese Erkenntnis das Eis zum Schmelzen bringen wird. Jesus Christ Superstar. Ein Musicalheld als Wegbereiter für die wirkliche Entscheidung."

Zur Veranschaulichung holte Christoph einen Zettel mit Notizen aus seiner Hosentasche hervor und fuhr mit seinen Erklärungen fort.

„HSM (Hochsensible Menschen) + LSM (Niedrigsensible Menschen) = M (Menschheit)

$10\% + 90\% = 100$ Prozent $1 + 9 = 10$

Das Fortpflanzungsprinzip im Hinblick auf die genetische Veranlagung mit/ ohne Hochsensibilität ergibt folgende Formel:

Mann HS + Frau HS	= Kind HS =	$10 + 10 = 20$ (5 % HSM++)
Mann HS + Frau LS	= Kind HS =	$10 + 90 = 100$ (25 % HSM+)
Mann LS + Frau HS	= Kind HS =	$90 + 10 = 100$ (25 % HSM+)
Mann LS + Frau LS	= Kind LS =	$90 + 90 = 180$ (45 % LSM--)

20 (5 % HSM) + 100 (25 % HSM) + 100 (25 % HSM) + 180 (45 % LSM) = 400 (100 % M).

4/0/0 bedeutet, dass die Menschheit aus zwei eigenständigen Kreisläufen besteht und nicht nur, wie bisher angenommen, aus einem.

55 % HSM + 45 % LSM = 100 % Menschheit

1 + 9 = 10

HSM (Hochsensible Menschen) + LSM (Niedrigsensible Menschen = M (Menschheit)
So schließt sich der Kreis. Anfang = Ende. Ende = Anfang. Aus 2 wird 1 und
bleibt doch 2. Zahlen als zentrale Bedeutung und Symbol des Bundes. Der Bibel-
code als Hinweisreiz."

„Wir dürfen nicht länger im Irrglauben leben, Liebe oder Hilfsbereitschaft
seien eine Frage des Charakters, Verstandes oder Willens. Wir, die Hochsensiblen, haben diese Werte in unseren Genen verankert und dadurch auch die
Pflicht, uns und die gesamte Menschheit aus dem bestehenden Chaos zu
führen. Alle, die wir durch diese natürliche Selektion das Licht erblicken, sind
die Lichter derer, die uns noch folgen werden. Unsere Kinder brauchen keine
neuen Führer oder Helden, in die sie ihre eigenen Potenziale und Hoffnungen
hineinprojizieren. Wir dürfen ihnen einfach den Weg nach Hause weisen, den
Weg zu ihrer Sensibilität. Kinder sind unkompliziert. Weil sie keine Komplizen
brauchen. Auch keine Komplimente. Sie haben uns sodann dabei geholfen, uns
selbst wiederzuentdecken, den Weg zu uns selbst zu finden. Durch sie als unsere
Spiegel. Indem wir selbst zu unserer besonderen Feinfühligkeit stehen und uns
völlig offenbaren lernen, uns entblößen, ohne Unterschied auf Geschlecht,
gesellschaftlichen oder sonstigen Hintergrund wie Glaubenszugehörigkeit
oder sexuelle Präferenz. Denn, jeder von uns war selbst einmal Kind. Und für
Kinder gibt es, Gott sei Dank, noch keine Geschlechtertrennungen, keine
Klassen, Religionen und Rassen."

„Kennst Du den wirklichen Grund dafür, weshalb Du als Kind Deine Eltern
angefleht hast, die Tür zu Deinem Zimmer einen Spalt geöffnet und das Licht
an zu lassen? Weil die Tür eine Schwelle, eine Grenze bedeutet hat: eine sichtbare Wand zwischen Deiner eigenen und der Liebe Deiner Eltern. Es war das
Verschließen ihrer eigenen Angst vor Verletzung, das Wegsperren ihrer eigenen Sensibilität. Technologische Trennung anstatt natürlicher Distanz. Weil
Eltern uns schweren Herzens und gegen unsere natürliche Veranlagung die
künstliche Abgrenzung lehren wollten. So wie sie selbst es vorgelebt bekommen hatten. Um uns auf diese auf Fehlannahmen gründende Art zu beschützen - vor dem Störungsfeld des Alltags, vor der Dunkelheit gesellschaftlichen
Lebens. So wurde alleine einzuschlafen zu unserer Gewohnheit, Einsamkeit in der Dunkelheit zu unserer Lebensregel. Bis heute. Denn jetzt ist der
Sankt-Nimmerleins-Tag. Nun wirst Du diese Türe öffnen und diese Verbundenheit empfinden. Denn untrennbar scheint Deine Sensibilität ab nun zwischen Dir und allem Leben. Leben ist Natur. Natur ist Gott. Gott ist Leben. Du

bist Leben. Die Liebe. Keine Religion, kein politisches System und keine andere Macht konnten den 'Anderskrieg' zwischen den menschlichen Innenwelten – den Krieg des Menschen gegen seine eigene, innere Natürlichkeit, gegen die Differenz des jeweils anderen, der aus göttlicher Sicht doch wieder gleich ist, gleich vor Gott – je stoppen. Auch nicht den Kampf gegen seine äußere Natur. Bis jetzt. Denn jetzt ist die Zeit gekommen, in der ein seit über 2000 Jahren Totgeglaubter die Vergangenheit zur Gegenwart ernennt, sein Leben zum Anfang unserer Zukunft kürt. Die Arche Noah ist genau dort, wo wir gerade die innere Rodung unserer Natürlichkeit und die daraus resultierende seelische Verwüstung nach außen wenden. Im Amazonas. Am Arsch der Welt. Denn dort kommen wir her, und dorthin werden die Letzten von uns wieder hingehen, und zwar als die Ersten einer regenerierten Menschheit und gesundeten, menschlichen Population. Nämlich jener, zu der wir von Anbeginn bestimmt waren, uns zu entwickeln. Nackt kamen wir auf diese Welt, und nackt werden wir wieder zurückkehren. Anarchie war nur ein Zwischenstopp auf dem Weg dorthin. An Arche. Analyse durchwächst Paralyse. Regeneration im Regenwald."

Seine Rede war im Speisesaal nicht unbemerkt geblieben. Seine Zuhörer unterdessen staunten. Da gingen ihnen die Augen auf, und sie erkannten ihn. Sie sahen nicht länger ihn. Stattdessen schauten sie sich an und sprachen wie folgt zueinander:

„Brannte uns nicht das Herz in der Brust, als er unterwegs mit uns redete und uns den Sinn alles bisherigen Wissens erschloss? Es war, als ob er die Sehnsucht gestillt hatte! Als ob er uns aus der Seele gesprochen hätte! Unglaublich, dass hier in diesem Erdteil, in einer Therapieeinrichtung der Schöpfer des Himmels geboren sein kann!"

Als sie mit dem Abendessen fertig waren, gingen alle auf ihre Zimmer. Im Aufenthaltsraum saßen die Patienten der anderen Gruppe beim Fernsehen. Es lief gerade eine Sendung über psychische Erkrankungen. Aus den Lautsprechern ertönte das Lied *Tausend Jahre sind ein Tag*. Einige setzten sich zu ihnen und erzählten, was Christoph beim Abendessen so von sich gegeben hatte. Eine heiße Diskussion entflammte.

„Hallo, Ihr zusammen. Warum seid Ihr so unfriedlich, beruhigt Euch doch! Warum schaut Ihr mich so entgeistert an? Was seid Ihr so bestürzt? Warum löst unser Gespräch plötzlich solche Zweifel in Euch aus? Wenn Ihr mir nicht glaubt, zeige ich Euch meinen Medikamentenspiegel, meine Blutwerte, meinen Drogentest. Warum braucht Ihr stets Beweise für alles? Ich nehme seit über einem Jahr keine Medikamente und versuche, mein Leben nüchtern zu meistern. Seht her, ich schwitze weder in meinen Händen, noch stinken meine Füße. Die meisten, die sich vergiften, haben diese Symptome. Ich bin ja kein Heiliger."

Als pünktlich um 20:00 Uhr die Abendnachrichten begannen, konnte Christoph nicht widerstehen.

„O Gott, wann werden diese ständigen Kriege und Unruhen aufhören! Merken die Menschen nicht, dass sie auf dem Holzweg sind? 70.000 Tote bei nur einem Erdbeben? Eine Mondfinsternis lässt den Mond am 4.4. blutrot erscheinen? Sternschnuppen leuchten wie Fäden am nächtlichen Himmel? Endzeitstimmung? So ein Blödsinn! Der Anfang ist gekommen. Zum letzten Mal: Die Konflikte, Krankheiten und all das Chaos inmitten der Menschheit bauen allesamt auf einem einzigen, seit Anbeginn der Menschheit sie selbst beherrschenden, fatalen Irrtum auf: auf dem Unwissen über Hochsensibilität als genetische Ausstattung der Menschen mit unterschiedlichen Gefühlen und Gedanken, welche die Menschheit in die Gruppe der Hochsensiblen und die der Niedrigsensiblen teilt. Der bewusste Kampf des Einzelnen nach Anerkennung, Geborgenheit, Zugehörigkeit und Freundschaft im gesellschaftlichen Leben, in der Familie, ausgelöst durch Unverständnis über die eigene andersartig wahrgenommene Gefühls- und Gedankenwelt, welches sich in selbst- und fremdschädigendem Handeln spiegelt, beinhaltet zugleich die Lösung und birgt sie in sich. Hochsensibilität ist keinerlei Krankheit, kein Virus, keine Einbildung oder Schwäche. Nein, es ist die Gabe unserer höheren Macht, ebenso wie Nichtsensibilität. Wenn wir es schaffen, den Kampf nach Anerkennung in uns selbst zu beenden, wenn wir lernen, uns anzunehmen als sinnvoll geborene Schöpfer, dann wird es auch möglich sein, unseren Nächsten zu schätzen. Der Preis dafür ist wahrlich hoch, nämlich die Selbstfindung in persönlicher Natürlichkeit. Doch der Preis, den jeder von uns aufgrund dieses Wahnsinns für ein bislang unerfülltes Leben in Abhängigkeiten und in Ablehnung bezahlen musste, diese Verblendung, dieses alles entscheidende Missverständnis, war und ist im Vergleich dazu viel höher. Dieser Preis lautet: Trennung von unserer wesentlichen Natürlichkeit durch persönliches Streben nach Individualität."

„Lasst uns gemeinsam die Einheit werden, die wir noch nie zuvor waren, als Menschheit vereint in gemeinschaftlicher Akzeptanz, gegenseitiger Anerkennung, selbstlosem Respekt, vertrauter Ehrlichkeit, schöpferischer Wertschätzung und Liebe miteinander sein. Wenn jeder beginnen würde, sich selbst zu lieben und zu akzeptieren, mit all seinen Fehlern, Eigenheiten, Schwächen, Stärken und Begabungen, mit all den Eigenschaften, wie Gott uns eben erschaffen hat, dann wäre endlich die Grundlage geschaffen für den Weltfrieden, den wir uns alle wünschen. Das wäre der Anfang einer glücklichen

Zukunft. Das Erkennen und Hinsehen allein genügt nicht. Wahrnehmen ist die Lösung für Harmonie in sich selbst und in weiterer Folge für Freundschaft. Euer Durst nach Wissen wird gestillt werden, Euer Hunger nach Anerkennung wird schwinden - wenn nur Ihr daran glaubt, dass es gut so ist, wie Ihr seid. Ich will und kann das Unheil nicht mehr sehen, denn ich konnte und kann es als Einzelner nicht ändern. Das Einzige, was ich verändern kann, ist mein Verhalten. Das ist Anfang und Ausgangspunkt. Das, was die Menschheit bis dato zu wissen glaubte, ist Geschichte. Ab heute schreiben wir eine neue Geschichte. Wo Wissen war, wird Liebe sein. Jetzt. Hochsensibilität ist keine Krankheit. ... Nun gut ... ich lass mich jedenfalls in den kleinen Tod fallen. Ich betrachte ihn als täglichen Abschluss. Mit einem einfachen Danke und ohne Erwartung schließe ich meine Augen. Gute Nacht."

Zufrieden mit der Darbietung seines Gleichnisses, zog sich Christoph in sein Zimmer zurück und stellte sich vor sein Bett. Er hob die Arme zu seiner abendlichen Meditation, streckte sie seitlich von seinem Körper weg und bedankte sich bei seinen Ahnen und der Schöpfung für diesen, wie er meinte, fantastischen Moment.

Am Tag darauf war Christoph gerade auf dem Weg zur Einzelvisite, als er Karin begegnete, die er von früheren Zeiten her kannte. Dementsprechend herzlich fiel ihre Begrüßung aus.

„Jesses! Christoph!"

„Beim Heiligen Geist! Servus, Karin!"

„So wie ich es Dir vorausgesagt hatte - jetzt sehen wir uns wieder. Obwohl ich schon länger hier bin als Du, warst Du mir schon in der Tagesklinik um vieles in Deiner Entwicklung voraus. Ich fühlte mich Dir damals so vertraut, als seien wir ein Herz und eine Seele. Die Geschichte von Deinen Vorfahren, dass Du von Deiner Oma Katharina den Glaubenssatz hattest: ‚Schickt der Herrgott a Haserl, schickt er a Graserl' - das hatte mich aus so manchem tiefen schwarzen Loch und der zuvor tief empfundenen Sinnlosigkeit befreit. So wie Du selbst zu wissen glaubtest, dass von dort Deine Gläubigkeit an eine höhere Macht herrührte."

„Ja, so war es tatsächlich. Trotz all der schlimmen Dinge, die mir widerfahren sind, sehe ich stets das Gute im Menschen, denn ich glaube an einen tieferen Sinn in allem. Du warst immer ein Wesen, das mir den Sinn meiner Sichtweise bestätigt hatte. Darum finde ich es einfach schön, dass sich unsere Wege wieder kreuzen, selbst wenn es an diesem Ort sein soll. Stehst Du noch immer im Kontakt zu Deinem verstorbenen Mann, von dem Du immer gesagt hast, er sei Dein Engel, Deine Höhere Macht?"

Karin hatte gemeinsam mit ihrem Mann fünf Jahre lang unermüdlich gegen dessen Krebserkrankung angekämpft. Obwohl für sie Sterben sicherlich keine Option war, erwischte der Tod die beiden eiskalt. Unglück machte vor Hoffnung nicht halt. Sie als seine geliebte und ihn über alles liebende Frau hatte sich gefühlt, als ob sie damals mit ihm gestorben wäre.

„Du weißt, dass Erwin der einzige Mensch in meinem Leben war, der mich immer schon so akzeptierte, wie ich war. Der Verlust und die Trauer darüber ließen mich verzweifeln. Wie bei Dir wurde auch in meinem Leben der Alkohol zum besten Freund, ohne den ich mich nicht mehr außer Haus getraut hatte. 30 Jahre war mein Mann mein ganzer Lebensinhalt gewesen. Er hatte mein Sein erfüllt. Ohne ihn war für mich alles sinnlos. Es gab Tage, da wollte ich nicht mehr weiterleben. Jetzt sagen die Ärzte, dass die lavierte Depression zu einer Anpassungsstörung ausgewachsen sei. Persönlich denke ich mir, dass ich diese Phase einfach gebraucht habe und diese Zeit auch brauche. Trennung verursacht eben Schmerz. Das ist normal. Um loszulassen, muss man eine andere Form von Liebe wiederentdecken: die Liebe zum Leben. Vielleicht war ich doch nur abhängig gewesen, weil ich vor meiner eigenen Gedanken- und Gefühlswelt ein Leben lang davongelaufen bin und mich selbst belogen habe. Meinen Job als Buchhalterin habe ich deshalb auch an den Nagel gehängt. Ich will frei sein, mein eigenes Leben schätzen lernen."

„Ich will Dir nur sagen, dass ich immer für Dich da bin, auch wenn Du in einem Moment am Leben verzweifelst und meinst, es beenden zu wollen. Ich würde Dich nicht davon abhalten - das weißt du -, sondern wäre da, um Dich zu begleiten, wie jetzt schon. Nur mit dem Unterschied, dass wir nicht wissen, wann es so weit ist. Suizid ist ohnehin nur ein fehlgeleiteter Versuch, sein ursächliches Verlangen nach Sicherheit zu stillen, indem wir dem eigenen Leiden zum angemessenen Zeitpunkt ein selbstbestimmtes Ende setzen wollen. Freitod - als letzte Aussicht auf Schutz der eigenen Sensibilität."

„Es tut gut, das zu wissen, lieber Christoph. Ich danke Dir aus tiefstem Herzen. Es ist ein tolles Gefühl, die Gewissheit zu haben, in guter Begleitung zu sein. Dann ist auch egal, wohin der Weg führt. Dazu muss man kein Pärchen sein. Schön, dass Du da bist. Das hilft mir sehr, diesen so leidvoll begonnenen Tag zu überstehen. Und - schön, dass es Dich gibt! Warum teilst Du eigentlich Deine Erfahrungen nicht mit anderen und schreibst ein Buch?"

„Du sprichst mir aus der Seele, meine Liebe. Das habe ich bereits versucht, doch so ein Medienkönig namens Salomon hat mich mit der Begründung abgewiesen, dass meine Geschichte ein Einzelfall sei und mir außerdem die nötige Qualifikation und der fachmännische Ruf fehlen würden. Ich sei bloß ein Taugenichts mit Drogenvergangenheit. Mich könne man in keiner einzigen TV-Sendung unterbringen. Da hat er wahrscheinlich recht."

„So ein Quatsch. Du bist Experte, in erster Linie durch Deine Erfahrung. Experienced Involvement. Hast Du ihm nicht gleich eine runtergehaut?"

„Au weia! Ich war noch auf Bewährung, doch gejuckt hätte es mich schon. Heute weiß ich allerdings, dass das nichts bringt. Durch meine Entwicklung gehöre ich eben nicht mehr zur werberelevanten Zielgruppe dieser Kanäle. Meine seelisch gefestigte Haltung würde ihr selbstinszeniertes Schicksal ins Wanken bringen, Löcher in ihre Mauern reißen, die sie aufgrund persönlicher Traumaerlebnisse um ihren Wesenskern herum gebaut haben. Denn sie alle spüren, dass meine Erkenntnis einer Supernova gleichkommt, ausgelöst durch die Rückkehr eines feinsinnigen Menschen, eines Mannes mit Geist aus seiner Versenkung. Einmal abgesehen von ihrem künstlichen Pelz, geht ihnen das gegen den Strich. Und das, obwohl es der reinsten Natürlichkeit entspricht. Ich suche nämlich den Dialog mit allen Menschen, fernab karger, schwarz-weißer Ethiken und Ästhetiken. Das entspringt meiner neu entdeckten Selbstliebe. Dieses Konzept – oder sollte ich sagen: dieses Rezept – könnte die menschliche Gemeinschaft stärken und sie dadurch schlussendlich befähigen, weit mehr zu bewegen als mit Sturheit und Eigensinn. Es erfüllt mich mit Liebe, Dankbarkeit und Zufriedenheit, wenn ich die Augen von Mitmenschen beobachte, wie sie sich vor Staunen öffnen, während sie auf dem Weg der scheinbar grenzenlosen Dunkelheit ins Licht der Erkenntnis treten, wenn ihr Leben durch ein simples, einziges Wort neuen Sinn erhält. Es scheint so, als ob wir unseren Kindern von dem Zeitpunkt an, an dem sie das Licht der Welt erblicken, sagen würden, dass sie selbst das Christkind seien. Keine Lügen. Keine Wünsche. Keine Ansprüche. Keine Enttäuschungen. Keine Trennung. Kein Schmerz. Niemals mehr Dunkelheit. Einfach nur Glück, Zufriedenheit und Dankbarkeit. Liebe und Licht. Wir selbst sind die Erlöser unserer Gefangenschaft. Danke, dass auch Du für mich immer wieder da bist, trotz Deiner eigenen Herausforderungen. Ich treffe mich seit unserer Begegnung mindestens einmal pro Woche mit gleichgesinnten Menschen, mit denen ich offen und ehrlich, absolut vertrauensvoll und auch absolut selbstlos über meine Gedanken und Gefühle sprechen darf. Mein Arzt hat mir das empfohlen. Das Einzige, was ich brauche, ist die Bereitschaft hinzugehen. Wir sehen es als Einstieg in unsere neue Zukunft an."

„Das finde ich schön. Ich bin so lange für Dich da, bis Du mir sagst, ich soll wieder gehen. Wo gehobelt wird, da fallen Späne. Das ist Tatsache. Weißt Du, wir sind uns ähnlich. Menschen wie wir werden immer Probleme oder – wie Du es nennst – Herausforderungen haben. Ich hoffe jedoch, dass unsere Freundschaft das aushält."

„Ich glaube, dass eine herkömmliche Freundschaft das nie aushalten könnte. Das hier zwischen uns ist was anderes, eine Art Begegnung zwischen den Welten. Und glaube mir: Ab dem Zeitpunkt allgemeiner Erkenntnis wird es keine Probleme mehr geben. Wir sind die Generation, die alles ins gerechte Licht rückt, die alles ins Reine bringt, für alle, die nach uns kommen werden."

„Hm? Wenn Du das so siehst? Könnte schon was Wahres dran sein. Für mich bist Du trotzdem mein bester Freund. Ich denke, ich mag Dich so gern, gerade weil Du so bist, wie Du bist, auch wenn es manchmal weh tut. Es wird wohl so sein müssen. Irgendeinen Sinn wird es schon haben. Sonst wären wir ja auch nur irgendein normales Paar, das sich bemüht, in den Augen der Gesellschaft einen Eindruck zu hinterlassen. Ich habe alle meine zwischenmenschlichen Beziehungen gründlichen Prüfungen unterzogen und mich dabei selbst hinterfragt, denn alle meine Kontakte waren meines Erachtens gestört, wie auch ich selbst, insofern als ich niemals erkannt habe, wer ich wirklich bin. Ich bin ständig damit beschäftigt gewesen, mich zu rechtfertigen, habe gelogen und betrogen. Anders gesagt, ich bin das gewesen, was andere für normal halten. Heute denke ich oft ruhig darüber nach und bin dankbar dafür. Auch ich habe meine Fehler. Und genau diese Erkenntnis brachte mich zur Wurzel des Übels. Stets habe ich gedacht, ich sei makellos. Gründlich zu forschen, mein wahres Selbst hinter meinem Ich zu finden - damit hat meine Zukunft erst so richtig angefangen. Also habe ich damit aufgehört, mich zu belügen, dass es irgendwann, irgendwo, irgendwie besser werden wird. Das Leben ist eben ein Prozess, eine Aneinanderreihung von Augenblicken, die sich nicht nur zeitlich messen lassen. Ich versuche, diese Momente ohne Bewertung anzunehmen. Auf diese Weise habe ich mir die Möglichkeit gegeben, wieder natürlich zu werden."

Nicht nur war die Begegnung von Karin und Christoph, für sich genommen, eine Überraschung gewesen; gute Freunde in stürmischen Zeiten waren wie Felsen im Meer, gut zum Kraftschöpfen und als solche viel wert. Es hatte den Anschein, als ob sich die beiden niemals aus den Augen verloren hatten. Irgendetwas, ein schier unsichtbares Band, hatte sie offenbar ständig in Verbindung gehalten, nämlich auf feinstofflicher Ebene.

„Wenn Du willst, kannst Du morgen nach der Therapie mit zu mir nach Hause kommen. Ich treffe mich mit meinem Neffen Andreas. Vielleicht kommt auch sein Bruder Peter. Wir haben uns schon lange nicht mehr getroffen und wollen über alte Zeiten plaudern. Außerdem hat er angekündigt, mir unbedingt etwas erzählen zu müssen über mein Baumhoroskop. Angeblich wäre ich darin ein Feigenbaum ... Ach, Mann, das ist so peinlich. Abends um zehn Uhr müssen wir aber wieder zurück sein."

So war es auch, und das Schicksal nahm seinen Lauf. Ein früherer gemeinsamer Bekannter stieß ebenfalls zu dem Wiedersehen hinzu. Aus gegebenem Anlass lud er Christoph und seine Freunde zu seiner Hochzeit ein.

„Ich besuche normalerweise keine Feste mehr, weil ich aufgehört habe, Alkohol zu trinken. Mein Vater und meine Mutter haben mich von frühester Kindheit an mitgenommen in diverse Lokalitäten. Alkohol wurde zu meinem ständigen Begleiter. Ich bin überzeugt, dass meine Eltern an den Folgeerscheinungen des Alkoholkonsums gestorben sind. Die Dosis macht das Gift. Und daraus habe ich gelernt und mich weiterentwickeln dürfen. Denn meine Eltern leben in mir weiter. Ich will nicht ebenfalls daran sterben. Darum habe ich im wahrsten Sinn des Wortes erkannt, dass ich meine Fässer schon geleert habe. Jetzt fülle ich sie mit Wasser. Ich will mich einfach nicht mehr fortwährend betäuben, sondern mein Leben klar, bewusst und nüchtern wahrnehmen. Wer einmal davon gekostet hat, wird erkennen, wie wohlschmeckend und süß das wirkliche Leben ist. Ich verstehe, dass dies schwer vorstellbar ist."

Karin stimmte ihm zu, und auch die anderen nickten bejahend. Christoph wirkte auf sie ausgeglichen und geerdet, wie jemand, der genau wusste, wovon er sprach. So verging die Zeit. Christoph verabschiedete sich schließlich und verließ die illustre Zusammenkunft. Als er wieder ins Krankenhaus zurückgekehrt war, fand gerade die Medikamentenausgabe statt. Christoph war ganz aufgewühlt. Er kochte über, nahm sein Handtuch und schnalzte damit auf die Pfleger und Ärzte. Dann nahm er die Medikamentendose, schüttete die Pillen auf den Boden und stieß die Tische um.

„Ich bin doch keine Wechselstube! Ich schlucke den Mist und Ihr verdient Euch dumm und dämlich damit. Schafft das Zeug hier weg!"

Der Kontrast zum netten Beisammensein von vorher war kolossal. Während die Ärzte ein wenig eingeschüchtert wirkten und die routinierten Pfleger nur die Augen verdrehten, war die Eifersucht der anderen förmlich spürbar. Sie fragten ihn nachher, was ihm das Recht geben würde, die Kompetenz der Ärzte infrage zu stellen.

„Ich stelle nicht das Vertrauen in die Ärzte infrage, sondern ihre von anderen irdischen Mächten beeinflusste Nüchternheit und Klarheit. Wie reflektiert ist denn ihr Umgang mit Psychopharmaka? Daran habe ich so meine Zweifel. Ich habe durchwegs paradoxe Wirkungsweisen auf diese medizinischen Mittel entwickelt. Aber wenn Ihr wollt, zeige ich Euch, was passiert."

Christoph nahm an drei verschiedenen Tagen unterschiedliche Medikamente ein - mit verheerenden Folgen. Völlig von Sinnen, wie ferngesteuert und in jeder Hinsicht betäubt, wandelte er durch die Räumlichkeiten der Therapieeinrichtung.

Sein Temperament war gestört. Durch geringste Dosen dieser angeblich lindernden Mittel hatte er erneut drei Tage Dunkelheit erfahren: Dunkelheit, die jener von damals glich, als er im Sumpf der Drogen und Abhängigkeiten gefangen gewesen war.

Als Christoph wieder klar im Kopf wurde, glaubten sie ihm, was er zuvor gesagt hatte. In der Hoffnung, dass er recht behalte.

So vergingen die ersten Tage und Wochen, ehe sie sich alle bei der wöchentlichen Großgruppe wiedersahen. Obwohl diese von den meisten Patienten lieber gemieden wurde, waren zufälligerweise just an jenem Tag alle da. Christoph aber schwieg. Zu gut hatte er sie gekannt, um sich vom Primararzt den Narren auf die Stirn schreiben zu lassen. Er war nun einmal ein Hochsensibler, der auf seine schrullige Weise seinerseits den Durchblick hatte. Umso erstaunter war er, als Dr. Sophie den Raum betrat, sich auf den Stuhl setzte und um ihrer aller Aufmerksamkeit bat. Er erzählte ihnen von seiner beabsichtigten Teilnahme an einem Ärztekongress und von seinem Wunsch, bei dieser Gelegenheit seinen Kollegen reinen Wein einzuschenken, indem er ihnen seine Ergebnisse aus zwanzig Jahren Forschungsarbeit präsentierte. Generalprobe eines Manifests an die Menschheit.

„Liebe Kollegenschaft, Therapeuten und Wissenschaftler, sehr geehrte Gelehrte, liebe Lehrenden, liebe Studenten und Krankenpfleger, liebe Journalisten, werte Politiker, geschätzte Abgesandte aller Religionsgemeinschaften, kurz, liebe Mitmenschen!"

„Ich bin Arzt geworden, weil ich einen Beweis finden wollte, einen ursächlichen Beweis, der als Grundursache für das Leiden von Millionen von Menschen mit psychischen Störungen, Beeinträchtigungen und Erkrankungen Gültigkeit finden sollte. Und ich habe ihn gefunden, in mir und anderen Menschen in unterschiedlicher Intensität: Hochsensibilität als Erbanlage und gemeinsames genetisches Merkmal. Durch Unwissenheit und Unkenntnis wurde diese an sich sinnvolle Begabung für viele von uns zum Problem. Bekanntlich liegt im Problem aber auch zugleich die Lösung. Auch wenn unser Berufseid nicht mehr in reiner Form Verwendung findet, liegen darin für mich die Grundsätze meiner ärztlichen Ethik, meines Berufs als Berufung. Darauf habe ich mich wieder besonnen. Auf einer meiner Reisen erblickte ich den hippokratischen Eid auf einem byzantinischen Manuskript des 12. Jahrhunderts. Hier will ich Ihnen diese ethische Grundlage ins Gedächtnis rufen."

„Bei meiner Aufnahme in den ärztlichen Berufsstand gelobte ich feierlich, mein Leben in den Dienst der Menschlichkeit zu stellen. Dadurch wollte ich nicht zuletzt meinen Lehrern die schuldige Achtung und Dankbarkeit erweisen. Ich wollte meinen Beruf mit Gewissenhaftigkeit und Würde ausüben. Die Gesundheit meiner Patienten sollte oberstes Gebot meines Handelns sein. Ich wollte alle mir anvertrauten Geheimnisse auch

über den Tod eines Patienten hinaus wahren und mit all meinen Kräften die Ehre des ärztlichen Berufes und die edle Überlieferung der Heilkunst aufrechterhalten. Meine Kolleginnen und Kollegen sollten dahingehend meine Schwestern und Brüder sein. Ich wollte mich in meinen ärztlichen Pflichten meinen Patienten gegenüber nicht beeinflussen lassen durch Alter, Krankheit oder Behinderung, Konfession, ethnische Herkunft, Geschlecht, Staatsangehörigkeit, politische Zugehörigkeit, Rasse, sexuelle Orientierung oder soziale Stellung. Ich wollte jedem Menschenleben von Beginn an Ehrfurcht entgegenbringen und selbst im Falle persönlicher Bedrohung meine ärztliche Kunst nicht in Widerspruch zu den Geboten der Menschlichkeit anwenden. Dies alles versprach ich feierlich und frei und berief mich dabei auf meine Ehre. Alles, was ich wollte, tue ich in diesem Augenblick – als Wiedergutmachung am Menschen, an mir, an unserem Planeten, selbst wenn Sie jetzt alle der Meinung wären, dass ich mich nun verstricke und innerhalb weniger Sätze selbst widerspreche. Es gehört zu meinem Beruf und ist Teil meiner Bestimmung, Erkenntnisse augenblicklich zu kombinieren. Nur Menschen, die keine Bereitschaft mitbringen, über ihren Tellerrand zu schauen, werden mir Widersprüchlichkeit vorwerfen. Momentane Entwicklungen bieten viel Spielraum für Interpretation, wenn es um Vergangenheit und Zukunft geht. Widerspruch ist ein Zeichen von Wachstum: je mehr Widersprüche, desto stimmiger das Leben. Was sonst, wenn nicht der Widerspruch, könnte so viel offenbaren! So bleibe ich dran am Leben, an meiner Selbstfindung. Es lohnt sich schon jetzt, denn es hat mir bislang ermöglicht, stets die für mich passenden Antworten zu finden."

„Nach zwanzig Jahren anthropologischer Forschungsarbeit will ich Ihnen hiermit Einblicke in meine wissenschaftlichen Erkenntnisse ermöglichen. Ich bin ein Wissenschaftler im gewöhnlichen Sinn, ein Gelehrter nach allgemeiner Auffassung. Ja, das bin ich. Doch ich bin auch Zeugnis eines Vaters und einer Mutter, ein Geschöpf. Ich habe all meine Ahnen verloren. Heute weiß ich von der Unkenntnis über genetische Eigenschaften. Beinahe wäre ich selbst gestorben durch einen Leidensweg, der seinesgleichen sucht, obwohl man es mir niemals angesehen hat. Ich bitte Sie für die nächsten Minuten, die notwendige Bereitschaft und Offenheit mitzubringen, um diese – meine – Wahrheit auch mit Verständnis und der notwendigen Ernsthaftigkeit empfangen zu können. Ich wende mich hier nicht nur in meiner Funktion als Arzt und Wissenschaftler an Sie, sondern in meiner Eigenschaft als Mensch und feinfühliges Wesen. Von Mensch zu Mensch. Als Vater eines Teenagers. Vor Kurzem hatte mein Spross einen Zeitungsartikel zum Thema 'Jugend und Arbeit' gelesen, verfasst vom umstrittenen Mitbegründer der ganzheitlichen Medizin, unserem werten Kollegen Dr. Rüdiger Dahlke. Er nannte darin das Wort Seeleninfarkte. Nikolaus, mein Sohn, erklärte es mir aus seiner Sicht. Er meinte, dass heutzutage die überhöhten

Leistungsanforderungen und die nicht faire Entlohnung zu Burnout führen würden. Ein weiterer Grund sei seiner Meinung nach die Orientierungslosigkeit am Arbeitsmarkt und die Arbeitslosigkeit an sich. Sie würde dazu führen, dass sich die jungen Menschen – aber auch die Älteren von uns – in einer langen Phase der Frustration und Enttäuschung emotional völlig zurückziehen. Stress pur durch augenscheinliches Nichtstun. Durch den Druck, unbedingt einen Job ergattern zu müssen, sind junge Menschen enttäuscht bzw. sie ziehen sich aus dem sozialen Leben zurück und sind frustriert, wenn sie den hohen Anforderungen und Leistungsansprüchen nicht entsprechen können. Denn es passt überhaupt nicht zu ihrer wahren Berufung. Kiffen wird zur Generalbetäubung, Saufen zum Ventil ihres Frusts, das Mobiltelefon zur Grundlage virtueller Wunschwelten. Bestenfalls nehmen unsere Nachkommen früher oder später irgendeinen Job an, der sie nicht erfüllt, da der Schmerz dann erträglicher scheint als die Mittellosigkeit und die daraus resultierende Verzweiflung, Kränkung und Selbstverletzung, welche wiederum die Offenbarung der eigenen Sensibilität zur Folge hat. Dieser Job steht meist nicht in Verbindung mit der tatsächlichen Ausbildung vieler Jugendlichen und wird auch in den meisten Fällen sehr schlecht bezahlt. Durch die unfaire Bezahlung seitens der Arbeitgeber wird das Selbstbewusstsein der neuen Generation nachhaltig geschädigt."

„Ein anderer Grund für den sogenannten Seeleninfarkt und das innere Ausbrennen sei, dass Jugendliche einen Beruf wählen, den sie eigentlich nicht wollen und nicht gerne ausüben, weil sie dabei ihre erlernten Fähigkeiten, die sie mittels einer Ausbildung in einer Schule oder an einer Universität erworben haben, nicht einsetzen können, vorausgesetzt, es kommt überhaupt so weit. Denn nicht alle finden zu ihrem Glück das passende Studium oder einen entsprechenden Beruf, der auch Spaß macht, Erfüllung und Freude bereitet. Ein weiterer Punkt sei der überhöhte Leistungsdruck in den Unternehmen wie auch an Schulen, Universitäten und Fachhochschulen. Da Jugendliche mit den kontinuierlich steigenden Leistungsansprüchen überfordert seien, sind sie heutzutage oftmals sehr gestresst, da sie täglich mehr Erfolg vorweisen und neuerliche Leistungen erbringen müssten. Solche Arbeitsbedingungen unter ständigem Leistungsdruck führen zu einem Burnout, weil sie unsere Jungen, die Garanten der Arterhaltung, von ihrem natürlichen Wesenskern entfernen. Die jungen Menschen, unsere Hoffnungsträger, brennen psychisch und seelisch aus, wegen eines Übermaßes an Stress, unangemessen schnellen Arbeitsweisen und auch durch unentwegtes Lernen und Nachlernen in den Ausbildungsstätten. Bürokraten und Nachahmer erziehen wir hier heran. Alles verkommt: Kreativität und wirklich wirksamer, emotional empfindsamer und sozial begründeter Wesenskern, Feinfühligkeit und natürlich sinnliche Menschlichkeit. Meistens sehen sie sich dadurch vor die Sinnfrage gestellt, die zwangsweise alles ins Wanken bringt, ob sie mit ihrer damaligen

Berufswahl überhaupt noch im Einklang mit ihrer tatsächlichen Bestimmung leben könnten. Sie hätten somit nicht die Chance, ihre Stärken und ihr Können zu zeigen, müssten in dieser unbefriedigenden Situation jedoch ausharren, um auf irgendeine Art und Weise ihr Geld zu verdienen und ihre trübsinnige Existenz zu sichern. Wen wundert es da schon, dass sie unbewusst Geld als Suchtmittel im Zuge individueller Selbstfindung zu schätzen lernen! Mit der Höhe der Entlohnung steigt ja auch das Selbstwertgefühl junger Menschen. Mein Sohn bestätigte mir, dass diese Sichtweise im Freundeskreis gelebt würde. Bei guter Bezahlung steigt, bei schlechter Bezahlung sinkt die Freude. Dies ist heute das überwiegende Bild am Arbeitsmarkt. Dazu würde außerdem das der menschlichen Veranlagung widersprechende Konkurrenzverhalten gestärkt werden. Unsere Systeme machen aus tiefsinnigen Menschen mit bestimmten Gefühlen stumpfsinnig ferngesteuerte Maschinenmenschen. Doch hier möchte ich Sie einmal mehr darauf hinweisen, dass diese Vorgehensweise sogar gegen die Menschenrechtskonvention in ihrer eigentlichen Fassung verstößt. Darum wurde diese schriftliche Grundlage von Menschlichkeit wahrscheinlich auch dementsprechend abgeändert. Die Familie ist die Grundeinheit menschlicher Gemeinschaft laut Menschenrechtskonvention. Man erkennt es ja auch an der ständig steigenden Zahl an Personen, die durch Stress, Burnout und andere Symptome in psychischen und seelischen Krisen stecken. Allein in Europa sind dies inoffiziell 170 Millionen Menschen. Der volkswirtschaftliche Schaden ist mittlerweile ohnehin höher als die Profite der Staatskassen. Wir reden hier von einem mindestens dreistelligen Milliardenbetrag. Der Schaden ist jedoch bestimmt nicht größer als jener der einzelnen Hauptakteure, die hinter all diesem Leiden ihre Hände in Unschuld waschen ... Doch auch dieser unsaubere Reinigungsprozess findet ab jetzt sein Ende. Die Resolution 217 A (III) der Generalversammlung vom 10. Dezember 1948 besagt in ihrer Präambel der Allgemeinen Erklärung der Menschenrechte, ich zitiere:

‚Da die Anerkennung der angeborenen Würde und dergleichen und unveräußerlichen Rechte aller Mitglieder der Gemeinschaft der Menschen die Grundlage von Freiheit, Gerechtigkeit und Frieden in der Welt bildet, da die Nichtanerkennung und Verachtung der Menschenrechte zu Akten der Barbarei geführt haben, die das Gewissen der Menschheit mit Empörung erfüllen, und da verkündet worden ist, dass einer Welt, in der die Menschen Rede- und Glaubensfreiheit und Freiheit von Furcht und Not genießen, das höchste Streben des Menschen gilt, ... verkündet die Generalversammlung diese Allgemeine Erklärung der Menschenrechte als das von allen Völkern und Nationen zu erreichende gemeinsame Ideal.'"

„Steht nicht im Artikel 25 wörtlich: ‚ärztliche Versorgung und notwendige soziale Leistungen, sowie das Recht auf Sicherheit im Falle von Arbeitslosigkeit, Krankheit, Invalidität oder Verwitwung, im Alter sowie bei anderweitigem Verlust seiner

Unterhaltsmittel durch unverschuldete Umstände'? Und besagt nicht Artikel 28, jeder habe ,Anspruch auf eine soziale und internationale Ordnung, in der die in dieser Erklärung verkündeten Rechte und Freiheiten voll verwirklicht werden können?'"

„Niemand darf demnach gezwungen werden Arbeiten anzunehmen oder Berufe zu ergreifen, die er oder sie ablehnt; dies wäre so unzulässig wie Zwangsarbeit. Ebenso kann der Anspruch geltend gemacht werden, für die gleiche Arbeit den gleichen Lohn zu erhalten. Und Arbeit setzt noch lange kein festes Angestelltenverhältnis voraus. Wir als Eltern schreiben unseren Kindern sogar oftmals die - unserem eigenen Wunschdenken entsprechende - Tätigkeit ihrer Zukunft vor. Erfüllen wir hiermit eigentlich unsere Pflichten als Erwachsene und Erzieher? Verletzen wir dadurch sogar bei unserem eigenen Fleisch und Blut grundsätzliche Menschenrechte und Pflichten als Obsorgeträger? Wenn Jugendliche allerdings ihren eigenen Weg in unserer Arbeitswelt gehen möchten, würden sie eher einen Job finden, der ihren eigenen Wünschen entspricht, als den Karriereweg zu gehen, den sie von uns Eltern vorgeschrieben bekommen, was heißt, dass sie sich somit unseren Vorstellungen zu beugen haben. Allein das Streben nach einem Platz in der Arbeitswelt ist ja beunruhigend. Haben wir unsere Kinder in diese Welt gesetzt, um sie zu Arbeitstieren und Lastenträgern zu erziehen? Zu Zwangsarbeitern? Widerstände sind da vorprogrammiert."

„Anstatt unsere Kinder als Parameter des Gesunden zu sehen, als kleine Wesen, die vor der abgeschlossenen gesellschaftlichen Prägung weitaus weniger gestört sind durch die Einflüsse unseres technischen Fortschritts, emotional und sozial mangelhaft, wie er ist, beharren wir auf unseren verkorksten Vorstellungen, auf angelernten Einbildungen. Zum Abschluss sagte Niki mir noch, dass es für ihn sehr wichtig sei, in seinem Leben viel Zeit für Stille und Ruhe zu haben: Zeiten, in denen er nicht zu sehr den hohen Leistungsansprüchen und Forderungen der Gesellschaft ausgesetzt sei. Denn dieser Druck mache das Leben unserer Kinder zur Hölle und führe langfristig zur Überforderung. Nun nahm ich seine Befürchtungen zum Anlass, um sie - aus Sicht meiner Frau - weiterzuspinnen. Wir haben die Pflicht unser Kästchendenken zu verlassen und die Menschheit in unserem jeweiligen Fachbereich auf diesen Irrtum aufmerksam zu machen. Die derzeitige Situation ist nicht länger haltbar. Um alle zusammen wirksam werden zu können, müssen wir die Wirklichkeit beim Namen nennen. Menschen müssen auch wie Menschen behandelt werden. Doch das geht in dieser hektischen, funktionalistischen Konsum- und Leistungsgesellschaft mehr und mehr verloren. Immer mehr von den Hochsensiblen erkranken, haben Unfälle, leiden unvorstellbare Qualen. Mittlerweile schützen wir uns vor zuvor initiierten Schutzeinrichtungen. Die Verstrickungen werden immer dichter."

„Wir haben einen Punkt erreicht, an dem auch schon die weniger Sensiblen auffällig werden: durch Burnout beispielsweise. Nun wäre noch zu beachten, dass es

unter den Arbeitslosen auch viele Menschen ohne Schulabschluss gibt, ebenso wie Schulabbrecher, die auf dem Arbeitsmarkt noch geringere Chancen haben, eine Anstellung zu finden. Hier besteht Handlungsbedarf bei jedem Einzelnen. Die Frage der Erziehung bleibt uns so oder so nicht erspart. Wir missverstehen Bildung und Wissen für Intelligenz. Hochsensibilität indessen bringt Intelligenz jenseits von Wissen mit sich: soziale und emotionale Intelligenz, die gefragter zu sein scheint als je zuvor. Daher sollte zumindest das Nachholen eines Pflichtschulabschlusses kostenlos sein und natürlich für alle zugänglich gemacht werden. Die Menschen, junge wie alte, verlieren die Lust am Leben, die Lust am Lernen, die Lust an der Entfaltung ihrer eigenen Veranlagungen. Ihre Persönlichkeiten sind oft weniger individuell, als sie denken. Weil sie durch Ausbildung immer mehr von ihrer wahren Bestimmung weggeführt werden. Demotivation, Mobbing, angeblich persönliche Schwächen – da wären wiederum unsere Lehrkräfte gefragt, die sich gemeinsam mit Eltern und Schülern für die Klassengemeinschaft einsetzen. Ein gutes Klassenklima, eine gute Zusammenarbeit und eine aufrichtige Hilfsbereitschaft in der Gemeinschaft können Wunder wirken. Dem wird entgegengewirkt, indem sogar der Musikunterricht mittlerweile aus den Lehrplänen gestrichen wird. Musik ist eine eigenständige Heilmethode, die der Wiederherstellung, Erhaltung und Förderung psychischer und körperlicher Gesundheit dient. Weil sie nämlich die Schwingung unseres Ursprungs ist. Sie vermittelt nicht nur dort, wo der sprachliche Ausdruck an seine Grenzen stößt. Musik bietet uns sogar die Möglichkeit, ins Unbewusste vorzudringen, beispielsweise als bilaterale Stimulation in der Traumatherapie. EMDR vermag auch traumatische Kindheitserlebnisse zu heilen, die krankhafter Entwicklung oftmals zugrunde liegen, weil diese Traumata die eigene ursprüngliche Sensibilität oftmals überlagern. Unfälle, Zahnarztbesuche, Operationen und andere schambehaftete Erlebnisse gehen über in Kaltblütigkeit und emotionale Verhärtung. Viele von uns wurden von Kindestagen an seelisch geschunden, vielleicht nicht immer offen, trotzdem aber nachhaltig. Denn Verletzungen des Schamgefühls werden nun einmal als Schande empfunden. Fehlt hier die Einfühlsamkeit der Erwachsenen und eine Möglichkeit, Verletzbarkeit zeigen zu dürfen, dann mutieren sensible Wesen zu Bestien."

„EMDR-gestützte Traumatherapie entspringt dem besagten Ursprung. Im wahrsten Sinn des Wortes: Uhr-Sprung. Die Erfindung der Uhr und ihres Tickens ist nichts anderes als eine frühe Form einer EMDR-Therapie, kurz, bilaterale Stimulation. Es bringt die Hochsensiblen in das momentane Jetzt, was wiederum ihr wirksamster Schutz ist, weil Takt dem verstörten Biorhythmus uns als Orientierung und Sicherheit dient, ebenso wie Musik, aber auch Zahlen. Es geht um Besänftigung des missachteten Sinns durch taktvolle Beeinflussung der fünf bekannten Sinne. Auch transgenerationelle Traumata lassen sich dadurch lösen, wobei jedes Hilfsmittel zur

Reizüberflutung wird, nämlich dann, wenn wir durch die Überlastung nicht mehr den wahren Sinn darin erkennen können. Zugleich kann Musik aber auch wirkliche Wunder bewirken. Sie hilft, Emotionen spürbar und Kommunikation in musikalischem Ausdruck direkt empfindbar zu machen. Vor allem bringt sie sensible Menschen in das Unmittelbare des Moments zurück. Dort wollen wir sie aber nicht haben, weil sie dort unverwundbar sind. Die Sprache mag Barrieren hervorbringen, doch Musik ist wertfrei und stimmig. Musik ist Abenteuer, Selbsterforschung und Selbstgestaltung. Ob Burnout, Essstörungen, Schlafstörungen, chronische Schmerzen, Autismus, ADHS, ADHD, PTBS, Persönlichkeitsstörungen, und weiß der Teufel was noch: Wir müssen aufhören, unsere Artgenossen und Kinder mit Medikamenten zu vergiften. Lasst uns Musik und sensible Selbstdarstellung in unser Leben bringen. Dasselbe sollte auch auf den Arbeitsplätzen gelten: Begegnungen auf gleicher Augenhöhe. Wir brauchen eine neue Gesprächskultur in unseren Familien und sonstigen Gemeinschaften, sozusagen ein neues Betriebssystem für unsere Gesellschaft: eine gute, durch Offenheit und Hilfsbereitschaft getragene Beziehung zwischen Arbeitskollegen, gerechte Aufteilung der Arbeit und auch gleichgestellte Verhältnisse zum Arbeitgeber. Die Manager und Chefs sollten die Anliegen der Belegschaft ausführen und nicht umgekehrt. Keine Lohnerhöhung sollte das Selbstbewusstsein der Menschen steigern – eher sollten gegenseitiges Lob und persönliche Selbstentfaltung diesen Zweck erfüllen. Dies wäre womöglich die wertvollste Stütze und eine neue Basis für familiäre Menschlichkeit. Der gläserne Mensch sollte keine Bürde darstellen, sondern als Chance gesehen werden, die Menschheit zur Offenbarung ihrer Verhältnisse zu bewegen und diese neu zu klären. Dadurch könnten verhaltene Trugbilder zu tugendhaftem Sein erwachsen."

„Die Systeme dieser Welt sagen den feinfühligen Menschen, dass sie krank seien. Also denken sie, dass sie krank sind. Würden ihnen die Systeme sagen, sie seien begabt, dann wären sie zwar anders, aber wenigstens gesund. Allein, wenn wir die bemerkenswerten Ähnlichkeiten bei Genese und Symptomatik zwischen Asperger-Syndrom, dem Aufmerksamkeits-Defizit-Syndrom sowie der Hyperaktivitäts-Störung betrachten: Normale Menschen besitzen die Fähigkeit, sich mehr oder weniger gut zu konzentrieren. Bei jenen Patienten hingegen ist die Sache anders. Wie schon die Hochsensiblen haben auch sie keine natürlichen Filter, keine andere Wahl. Obwohl wir solche Menschen von den Spitzen moderner Technologieunternehmen kennen und ihre Erfindungen unsere Gesellschaft, die der Normalen, beherrschen, meint ein und dieselbe Gesellschaft in Bezug auf die Hochbegabten, dass ihr Platz in der Psychiatrie sei, allem voran die Hochbegabten im Bereich sozialer und emotionaler Intelligenz. In Wirklichkeit leben unter uns viele unscheinbare Bill Gates, Steven Spielbergs, Glenn Goulds, John Nashs, Thelonious Monks, Eliots, Albert Einsteins, Richard

Brandsons und viele andere. So wie im Volksmund deren Ausbildungsstätten als
,Autistentempel' bezeichnet werden, können wir unsere Krankeneinrichtungen und
Arbeitsvermittlungsstellen mit Fug und Recht als ,Hochsensiblentempel' bezeichnen.
Wer dorthin kommt, wirkt wie aus einer anderen Welt hereingeschneit, so als wäre er
fremder Besucher auf unserem Planeten. Nur wissen sie einfach nichts davon. Das
grenzt an Völkermord! Die Seele und die Psyche der Menschheit sind krank geworden,
weil die Menschen aufgehört haben, über ihre wahren Gedanken und Gefühle zu
sprechen. In der Gesellschaft spiegelt sich lediglich die Bürgerlichkeit des Bösen.
Durch Reizüberflutung sind die Menschen in Hochspannung geraten - eine tickende
Bombe. Alles, was in Stillstand gerät, hört auf zu fließen, und dieser Staudamm ist
dem Bersten nahe. Das ist im Innenleben genauso wie im Körper. Aber, Menschen
wie Bill Gates und die von der Gesellschaft vermeintlich als Verrückte abgestempelten
Hochsensiblen sprechen letztlich ein und dieselbe Sprache. So werden die Erfindungen
einiger weniger Genies die Sinne und Sensibilität Millionen anderer ansprechen. Sie
haben sich über Jahrhunderte über unsere Kontrollmechanismen verständigt, ohne
es zu wissen, ohne es zu ahnen. Natürlicher Automatismus. Autismus. Wir müssen
endlich die Wahrheiten ans Licht bringen, damit eine neue Wirklichkeit entstehen
kann: eine Wirklichkeit, die das irdische Gleichgewicht wiederherstellen kann und
das Ende zu einem neuen Anfang macht. Nicht die Hochsensiblen wären ab sofort
länger das Problem und die schwarzen Schafe, sondern die angeblich Normalen, die
infolge ihrer schädigenden Einflüsse als Störfaktoren beseitigt werden müssten. Und
wer könnte dann - langfristig gesehen - daran verdienen? Niemand. Mich würde dies
nicht stören: Denn wirklich reich werden wir erst dann sein, wenn Geld obsolet wird.
Wenn wir nicht einlenken, werden wir für unser Verhalten von der Natur mit dem
Aussterben belohnt werden. Ich sehe es als meine Bestimmung an, dem großen Ver-
wirrspiel in meinem Einflussbereich ein Ende zu setzen, um neu beginnen zu dürfen.
Ein An-lass dient zum Los-lassen. Das will ich. Vorerst zumindest, was meine alten
Ansichten betrifft."

„Grundsätzlich ist Ihnen allen bekannt, dass psychisch beeinträchtigte Menschen
ihre Krankheit selten selbst erkennen können oder wollen. Meine logische Schluss-
folgerung aus dieser Tatsache ist, dass ihr jeweiliger Zustand tatsächlich gar keine
Krankheit ist, und dass Hypersensibilität eine gemeinsame Ursache für sämtliche
Diagnosen der ICD-10-Klassifikation sein kann. Für mich ist sie der einzig logische
gemeinsame Nenner. Auch wenn Hochsensible, die mit dieser genetischen Veranlagung
ausgestattet sind, oftmals als verrückt, wahnhaft und abnormal auffallen und an den
Rand der Gesellschaft gedrängt werden, sind sie doch auch ein Mitglied und Teil
unserer Gesellschaft. Wie Sie bald erkennen werden, ein gewichtigerer, als die
Wissenschaft bisher angenommen hatte. Ich bin der Meinung, dass meine besondere

*Empfindsamkeit als Erbanlage eine schöpferische Sinnhaftigkeit hat: um der Mensch-
heit als Frühwarnsystem für fehlerhaften und toxischen Fortschritt zu dienen. Sie
dürfen auch Früherkennung dazu sagen. Unsere sinnvollen, natürlichen Sensoren
durch Medikamente auszuschalten oder zu überbrücken, uns durch das Beibringen
abgehärteter Verhaltensweisen zur Abgrenzung vor unserer Umwelt zu motivieren,
sehe ich als Verbrechen an der Menschheit, das uns alle zum Schluss das Leben kosten
könnte. Es handelt sich um Degeneration. Denn eine Tatsache, welche die noch in den
Kinderschuhen steckende Hochsensibilitätsforschung bislang hervorbrachte, ist, dass
die hochsensiblen Wesen für den Fortbestand ihrer Art von wesentlicher Bedeutung
sind. Das ist im Fall von Tieren wissenschaftlich bewiesen und wird beim Menschen
nicht anders sein."*

*„Drehen wir den Spieß kurz um! So bedürfen äußerst feinfühlige Menschen
grundsätzlich des Schutzes derer, denen die stofflichen Einflüsse nicht so extrem zu-
setzen, also des Schutzes vor weniger sensiblen Wesen. Die Kette ist eben nur so stark
wie ihr schwächstes Glied – das sogenannte Missing Link. Besonders empfindsamen
Menschen fehlt aufgrund ihrer genetischen Veranlagung ein wirksames Filtersystem
gegen äußerliche Einflüsse wie Drogen, Alkohol, Genussmittel und andere Stoffe wie
Zucker, Salz oder Medikamente. Sie schaffen es kaum bis gar nicht, sich von bunten
Farben, angenehmen Geräuschen, finanziellen Erfolgsaussichten, wohligen Gefühlen
und abhängigen Beziehungen nicht ablenken zu lassen. Bei genauerer Betrachtung
erkennen wir, dass all diese Mittel und Einflüsse ab einer bestimmten Dosis für jeden
unserer Art toxisch wirken – bei hochsensiblen Menschen allerdings frühzeitiger als
bei anderen. Die Sensibleren müssen ihre Abhängigkeiten und Süchte als Barometer
erkennen lernen. Dadurch erst können sie diese beenden, um optimal leben zu können.
Daher müssen wir alle sehr bewusst und achtsam mit Umwelteinflüssen umgehen
lernen, die auf unser Wesen einwirken. Und dies erfordert Geduld, Gelassenheit und
regelmäßigen Erfahrungsaustausch mit Betroffenen. Voraussetzung dafür ist jedoch
die Wiederentdeckung der eigenen Sensibilität. Und damit sind wir alle ausgestattet.
Wir müssen wieder lernen, unserer Begabung entsprechend zu leben und uns gegenseitig helfen, uns von unbewusst angelernten Zwängen und Süchten zu befreien. Dies
ist ein Prozess, der lediglich durch eine Transmutation unseres Bewusstseins und eine
tiefgreifende Annahme unserer natürlichen Persönlichkeit stattfinden kann. Dann
werden nicht wir Menschen und unser Planet, sondern die Erkrankungen, Unfälle und
Degenerationen bald ausgestorben sein. Zu verlangen, unser aggressives Potenzial zu
zähmen, ist, wohlgemerkt, mehr als nur ein Katastrophendiskurs."*

*„Unbewusst wehrten wir uns bislang gegen die äußeren Umstände und das Un-
verständnis unserer Mitmenschen über das Feingefühl unserer Wahrnehmung,
Gedanken und Gefühle. Wir wussten nicht, was mit uns los war, hatten Angst, anders*

zu sein, weil wir keine begriffliche Erklärung für unsere sonderbare Innenwelt hatten. Das war der Grund, warum ich mich durch Wissen gesättigt und abgelenkt hatte. Als wir versuchten, diese Umstände zu ändern und dies nicht nach unseren Vorstellungen gelang, entglitt uns die Kontrolle über unseren bewussten und achtsamen Umgang mit den zur Verfügung stehenden Konsummitteln und Stoffen. Wir wurden zwanghaft süchtig danach und abhängig davon. Erst als wir erkannten, dass es an sich sinnvoll war, mit Hochsensibilität ausgestattet zu sein, durften wir aufhören zu kämpfen und lernen, uns selbst anzunehmen. Ab diesem Zeitpunkt waren wir den schädigenden Einflüssen nicht mehr machtlos ausgeliefert – ebenso wenig wie unserer Umwelt. Wir akzeptierten, dass wir uns selbst ändern mussten, um eigenverantwortlich mit den jeweiligen Umständen fertigwerden zu dürfen. Wir mussten zu unseren Anfängen zurückkehren, an jenen Punkt, bevor wir durch gesellschaftliche Einflüsse und urbane Globalisierung geprägt und entfremdet wurden."

„Für hochsensible Menschen mit ausgeprägter Spiritualität – also Hochsensitivität – ist dieses Erbgut der Schöpfung Fluch und Segen zugleich. Mitmenschen begegnen einander ohnehin oftmals mit unterschwelligem Neid und Unverständnis. Denn eines ist gewiss: Unsensible Menschen werden die Welt und ihre Eindrücke niemals so intensiv wahr-nehmen können wie sie, niemals so wahr-haftig, aufrichtig und bedingungslos lieben können wie sie, aber auch niemals im Ansatz so abgrundtief hassen können wie sie. Darum wirken gekränkte Hochsensible auf ihre Umwelt meist emotional instabil, sehr impulsiv, psychotisch oder was auch immer. Jeder, der sich genauer mit diesem Thema beschäftigt, wird bald erkennen, dass bisherig geglaubte Krankheitsbilder den verschiedenen Merkmalen der Typologisierung von Hochsensibilität sehr ähnlich sind."

„Liebe Mitstreiter, Ihr werdet bestimmt niemals bezweifeln, dass der Eiffelturm als Weltkulturerbe anzusehen ist. Würdet Ihr auf die Idee kommen, die rostigen Stellen der Konstruktion einfach mit Lack zu überdecken? Nein, denn dies würde höchstens einen Zeitaufschub verschaffen vor dem Totalzusammenbruch. Wenn ich dieses Kunstwerk mit der menschlichen Art vergleiche, ist emotionaler und physischer Schmerz ein Spannungsbarometer der menschlichen Psyche – wie Rost für Metall. Schmerz findet laut medizinischen Erkenntnissen niemals an der Stelle statt, an der die Verletzung selbst liegt, sondern im Inneren des Menschen. Warum versuchen wir Mediziner mit allen uns zur Verfügung stehenden Mitteln, diese sinnbehaftete Einrichtung der Natur zu dämpfen, auszuschalten, zu übermalen? Ich hatte anfänglich den Verdacht, dass von Ärzten und wissenschaftlichem Personal eine Art Machtmissbrauch stattfindet, aus Neid und aus Kontrollzwang heraus oder aber auch aus Geldgier und dem Druck seitens der Pharmaindustrie. Deshalb habe ich mit meiner aufrichtigen Meinung im Verborgenen gehalten. Doch die Erfahrung durch meinen eigenen

Lebensweg lehrte mich eines Besseren. Die Unwissenheit über Hochsensibilität als genetische Erbanlage ist für mich nicht nur ein fataler Irrtum, sondern das menschliche Weltwunder der Schöpfung. Lassen Sie mich zu einer Metapher greifen: Nur Eisen ist stahlhart und kann rosten. Durch eisernen Willen entsteht Schmerz. Gold ist weich und kann niemals rosten. Durch durchlässige Empfindung wird Heilung wirksam. Durch medikamentöse Behandlung jedoch wird sie verfärbt. Wir täuschen demnach die Natur. Darum strebe ich den UNESCO-Schutz von Hochsensibilität als immaterielles Weltkulturerbe an. Die Vorbereitungen dahingehend laufen bereits."

„Unlängst hatte ich eine interessante Patientenbegegnung. So manches am Leidensweg dieses Patienten zeigt Synchronizität zur Geschichte von Jesus Christus. Sein damaliger Alkohol- und Drogenabusus, seine ganze Betäubung hatte insgesamt den Zweck, seinen innersten Wesenskern vor äußeren Einflüssen zu schützen, die ihn innerhalb der Normgesellschaft sonst erdrückt hätten. Dadurch konnte er seine Hochsensibilität sozusagen konservieren, weil er in den Rauschzuständen seine innersten Empfindungen auszudrücken und auszuleben vermochte. So erhielt er sich seinen echten Kern, sein Selbst, sein loderndes Feuer immer am Leben – und konnte sich von seinen Mitmenschen nicht brechen lassen. Er hatte immer die Vision, ein Rockstar zu werden, wie Elvis, the King of Rock'n'Roll. Der erste bekannte Fall von Restless-Legs-Syndrom! Für Menschen wie ihn gab und gibt es keine adäquate, mentale Ausbildung in unserem Bildungssystem. Er gehört zu den Aufmüpfigen in dieser Welt, die unseren inneren, sensiblen Wesenskern mit ihrem Schaffen am Leben erhalten. Und wir alle sind gewissermaßen das System, jeder Einzelne von uns. Weshalb sonst sind bewusstseinserweiternde Substanzen unerwünscht? Weil sie mittels Psychosen den manipulierten Verstand gezielt aufheben und die auf Langzeit unterdrückte Sensibilität zum Vorschein kommen lassen. Leben im Jetzt wird dadurch möglich. Ohne Normen. Ohne Zwangsverhalten. Ohne einen überlegenen Verstand. Ein Leben aus der Mitte der eigenen Bestimmung ist die Folge. Mit Medikamenten wird dann wieder der Verstand hergestellt und der Zugang zur Sensibilität versperrt – Anästhesie als Kontrollschema. Psychosen haben im Grunde eine selbstreinigende Wirkung. Abusus. Abuse us. Wenn die Sensiblen die Chance hätten, uns den Weg zu weisen, dann würden wir bald erkennen, dass nicht gelebte Sensibilität sozial den Horror bedeutet, und dass natürlich gelebte Sensibilität daraus befreit. Wir missbrauchen die Hochsensiblen. Wir missbrauchen uns selbst. Denn im eigentlichen Sinne bedeutet Sensibilität Harmonie. Sie ist die Naturpolizei in sich selbst. Das ist die Terminologie des Heilprinzips. Durch diese Erkenntnis können wir endlich einen Schlussstrich ziehen und neu beginnen. Im Jetzt. Menschen wie er sind unsere Chance, einen Neuanfang zu wagen."

„Mein Patient hatte sich mir bereits nach einigen kurzen Gesprächen offenbart, mir Einblick verschafft in die Tiefen seines Selbst. Doch wie schon so oft, fühlte

er sich rasch instrumentalisiert, fremdbestimmt und überrumpelt, als ich bei ihm schwerste psychische Erkrankungen diagnostizierte und ihn aus wissenschaftlicher Sicht als weltfremd denunzierte. Mir war bewusst, dass unser sogenanntes Gesundheitswesen einem Krankensystem glich. Ohne Diagnose – keine Behandlung, keine soziale Absicherung, keine Deckung der Grundbedürfnisse! Mir war klar, dass ihm die jahrzehntelange toxische Beeinflussung seitens seines Umfelds Schaden zugefügt hatte. Diesem Schaden konnte man mit Medikamenten genauso wenig beikommen wie mit noch so exzessiver Bewusstseinslöschung, etwa durch andere Substanzen, Stromschläge, Arbeit oder sozialen Kontakt. Nehmen Sie einmal Alkoholismus her: Anstatt in den vielen Erkrankten zugleich die Lösung zu sehen, dass Alkohol für alle von uns zum bitteren Ende führen wird, geben wir ihnen Medikamente und erhalten die Betroffenen qualvoll am Leben. Schlimmer noch: Wir machen das mit voller Absicht, um sie wieder in den schädigenden Kreislauf der Wirtschaft zurückzubringen, und zwar mit allen erdenklichen, unnatürlichen Mitteln. Wir überbrücken sozusagen den Schutzschalter. Wir 'tunen' unsere hochsensiblen Mitmenschen bis zum Kollaps. Warum verzichten wir nicht gemeinsam auf Alkohol? Aus Egoismus. Und darum, weil Alkohol die weniger Sensiblen zahm und gefügig macht. Erst wenn der Mensch am Abgrund steht, wird er etwas unternehmen wollen."

Für einen kurzen Augenblick wirkte Dr. Sophie selbst ziemlich verrückt. Bevor er mit seiner Rede fortfuhr, räusperte er sich noch einmal und blickte betont signifikant in eine unbestimmte Ferne.

„Genau genommen, stehen wir bereits am Abgrund. Und die Hochsensiblen leiden darunter am meisten. Wir spielen ihnen sogar vor, dass sie durch ihre Krankheiten unser soziales System als Schmarotzer nutzen. Doch in Wirklichkeit bereichert sich die gesamte Gesellschaft an ihrem Schicksal. Sie sind es, die täglich schamlos ausgenutzt werden, vollgestopft mit Medikamenten, aufgefangen in psychiatrischen Zwischenlagern und Erholungszentren. Anstatt die Ursache zu beseitigen, die ihnen – und schlussendlich uns allen – Schaden zufügt, stopfen wir sie mit falschen Informationen und chemischen Mitteln voll, um sie noch länger ausbeuten zu können. Sie sind menschliche Versuchskaninchen. In Lagern, in denen sie Konzentration lernen sollen, um besser gewappnet zu sein für den Kampf im alltäglichen Leben gegen die Bestie Mensch. Wir müssen die Waffen niederlegen. Wie auch immer diese aussehen mögen. Sehen wir doch unser Schicksal als Chance und Krankheit als Weg."

„Betrachten wir einmal die Kriege zwischen angeblich Ungebildeten und der westlichen Welt. Es ist doch nur der kriegerische Aufruhr von besonders empfindsamen Menschen gegen eine niederschlagende Macht, die auf dem besten Weg ist, unseren Planeten zu zerstören – unbewusst. So schieben wir Religions- oder Glaubensbekenntnisse vor die Wirklichkeit. Erkenntnis, Vertrauen, Verständnis und Wertschätzung für

innere, sinnbehaftete Werte sind gefragter als je zuvor. Weshalb? Weil die toxischen Umwelteinflüsse nicht mehr nur die Hochsensiblen unserer Gattung erreicht haben, sondern bereits auch die ein bisschen sensibleren Menschen. Ich dachte, den betreffenden Patienten zu kennen, weil ich seine Mutter behandelt hatte und ich mir aufgrund ihrer bisherigen Diagnosen wiederum ein Bild von seiner Persönlichkeit gemacht hatte. Das war Ein-Bildung im Sinne von Sich-nur-ein-Bild-von-vielen-über-eine-bestimmte-Realität-machen. Einbildung durch Ausbildung, wie sie im Buche steht. Ich hatte schon lange damit aufgehört, mir selbst ein Bild zu machen von meiner eigentlichen Wirklichkeit. So hatte ich irrtümlicherweise angenommen, dass die Krankheit vererbt gewesen war. Doch wie konnte es dann möglich sein, dass er innerhalb kürzester Zeit vollständig genesen war? Zufällig entdeckte ich den größten Irrtum aller Zeiten in der Geschichte des Menschen: Es war nicht die Krankheit, die er vererbt bekommen hatte, sondern das genetische Material zur Hypersensibilität. Erblich bedingte Eigenschaft und sinnvolle Einrichtung natürlicher Schöpfung. Er hatte seine Mutter achtzehn Jahre lang begleitet, bis zu ihrem leidvollen Tod. Er hatte sie und andere psychisch Beeinträchtigte verstehen gelernt. Allesamt hatte er sie als mehr oder weniger hochsensibel entlarvt. Die meisten von uns haben ihr Wissen aus Büchern erworben. Er hat es durch Versuch und Irrtum am eigenen Leib erfahren und lernen müssen. Er selbst, könnte man meinen, ist das Prinzip der Schöpfung, das Leben zwischen Ursache und Wirkung. Wissen weiß so lange nichts, bis man es am eigenen Leibe erfahren hat. Fantasie und Realität, Raum und Zeit verblassen. Alles, was zählt, ist die eigene Erkenntnis. Wenn wir den Mut haben, die Grenzen zwischen Wahnsinn, Vorstellung, Wunschwelt und normierter Realität zu überschreiten, dann erst werden wir wissen, wie es sich anfühlt, wenn Träume zu einer neuen Wirklichkeit werden. Wir werden folglich nicht mehr unterscheiden können, ob unser eigentliches Leben ein Traum ist oder doch die Wahrheit. Richtig oder falsch verlieren als Kategorien ihre Bedeutungen. Gut oder schlecht ebenso. Die einzige Sicherheit, die uns bleiben wird, sind wir selbst. Jedem Einzelnen für sich. Die Einheit von Körper, Geist und Seele: innere Allmacht. Uns wird bewusst, dass wir selbst nichts dazu beigetragen haben zu unserem Ursprung, zu unserer Schöpfung. Wir werden empfinden dürfen, was Dankbarkeit ist, Selbstsicherheit, Selbstlosigkeit und aufrichtig sinnvolle Wertschätzung. Unser Widerstand wird schwinden und Zufriedenheit und Glückseligkeit werden Einkehr gefunden haben. Wir werden sein. Wir sind. Das ist Leben. Liebe ...“

„Das Wissen der Wissenschaft für sich allein weiß nichts. Weil wir es selbst nicht verstanden haben. Wir predigen Wissen, welches von Menschen wie Adler, Freud oder Jung in psychoanalytischer Forschungsarbeit durch Schmerz und eigenes Leiden erschaffen wurde. Doch hatten all jene ihre Forschungen bereits zu einem

allgemeingültigen Ende gebracht? Wie allen bestimmt bekannt ist, litten diese Mitmenschen vergangener Tage selbst an psychischen Störungen. Inwiefern? Was hatte sie so verbissen nach etwas suchen lassen, was kann ein echter Grund dafür sein, sich selbst aufzuopfern, um Klarheit zu erlangen? Meines Erachtens nur der innigste und unbändige Drang nach Selbstverständnis und Selbsterkenntnis, um die eigene – für die Normgesellschaft verschobene – Weltsicht zu begründen: die Sehnsucht nach inniger Liebe. Was glauben Sie, werte Damen und Herren, könnte denn der Grund dafür sein, dass seit Jahrtausenden noch kein Wissenschaftler, kein Gelehrter, kein Erfinder, kein Forscher, kein Entwickler, kurz, kein Mensch einen allgemeingültigen Beweis für die Schöpfung erbringen hat können? Warum ist es noch keinem Menschenverstand gelungen, den endgültigen Beweis unserer Herkunft im Außen zu finden? Ich werde es Ihnen sagen: Weil dort schlicht der falsche Platz war, um die Antwort finden zu können. Mein Patient hat mir die Augen geöffnet. So konnte auch ich meinen langjährigen Kampf beenden, meinen Wissensdurst und Hunger nach Anerkennung stillen. Als ich erkannt hatte, dass ich selbst zur Gruppe von Menschen mit hochsensibler Empfindsamkeit gehörte. Ich hatte verstanden und gefunden, wonach ich unbewusst ein Leben lang gesucht hatte. Mehr noch: Ab diesem Zeitpunkt konnte ich auch meine Mitmenschen verstehen, die nicht so fühlten und dachten wie ich, weil sie von der Schöpfung nicht mit derselben Erbanlage ausgestattet waren. Friede kehrte in mein Leben. Ich fand das Göttliche in mir, sozusagen meine Bestätigung für mich als Gott in Weiß."

Die Teilnehmer der Gruppenvisite lachten und vergaßen für einen Moment lang all ihre Sorgen und Ängste. Alsdann setzte der Arzt seine Ansprache fort.

„Selbstverständlich bleibt es jedem Menschen selbst überlassen, ob er sich weiterhin durch Erfindergeist oder Erwartungshaltung in seiner Entfaltung begrenzt. Denn auch wenn sein Machtstreben überdimensional ist, so sind seine irdischen Möglichkeiten beschränkt. Und diese Grenze gilt nach oben hin für alle Menschen auf diesem Planeten gleichermaßen. Weil es lediglich eine begrenzte Anzahl an Ressourcen und erreichbaren Möglichkeiten gibt. Einzig und allein durch Einsicht werden Sie sich bislang ungeahnte sowie mit den herkömmlichen fünf Sinnen nicht wahrnehmbare Chancen eröffnen. Unendlichkeit wird zu Ihrem neuen Lebensinhalt, nämlich in Form von unendlichem Frieden. Mir jedenfalls wird immer bewusster, dass die bestehenden Therapieformen auf Ablenkung abzielen – ebenso wie die Systeme unserer Normgesellschaft oder der Massenunterhaltung dienende Einrichtungen. Nur nicht auf den Schutz und die Besinnung von Hochsensiblen! 'Massen-unten-haltung', sagte ich. So waren die Patienten durch die Therapie größtenteils überfordert. Ihr Gehör unter Dauerbelastung, keine Möglichkeit zum Alleinsein, ständig elektromagnetischen Feldern und Strahlungen ausgesetzt, andauernd

Einflüsse durch intensive emotionale Wahrnehmungen und Gerüche. Die Liste ließe sich beliebig lang fortsetzen. Die Patienten hatten mir ihr Vertrauen nicht in der Absicht geschenkt, ihr Leben durch die Einnahme von Psychopharmaka meistern lernen zu wollen. Alles, was sie wollten und wollen, ist genesen - heilen. Sie wollen von uns eine Art Anleitung, wie sie ihrer genetischen Veranlagung entsprechend leben können. Doch ohne Tabletten oder entsprechende Betäubung ist das im Regelalltag offensichtlich gar nicht mehr möglich. Durch diesen Druck werden ihr ausfälliges Verhalten und ihr Wahn wieder stärker. Sie sehen sich gezwungen, sich umso mehr zu kontrollieren und werden zunehmend perfektionistischer. Kopfschmerzen, Nasenbluten, Gereiztheit, Aggressionen, Rückenschmerzen, Schlafstörungen, Stuhlprobleme, Selbstverletzungen, kurz: alle positiven Eigenschaften ihrer Empfindsamkeit wandeln sich unter Stress und Dauerbelastung in psychisch deviante Ausschweifungen sowie psychosomatische Störungen ihres Lebenskreislaufs, ihres Organismus. Ist nicht ähnliches Verhalten bei Tieren festzustellen, wenn sich diese bedroht fühlen und um ihr Leben fürchten müssen? Beim Menschen geht es nicht nur um ihr Leben im physischen Sinn, sondern auch um die Angst vor dem Verlust des eigenen, besonders feinfühligen Wesenskerns."

„Freilich, man könnte aufgrund meiner Ausführungen nun von einer Psychose ausgehen, die mich und meine Worte beherrscht, und behaupten, all das hätte nichts mehr mit der Realität zu tun - kein Wunder, denn ich bin als Primararzt ja täglich mit dieser Klientel zusammen gewesen. Vieles hängt hier vom Blickwinkel ab. Anzumerken bliebe noch, dass wissenschaftlich diskutiert wird, ob ein akut schizophrener, ein psychotischer Zustand ausreichend von der mystischen Erfahrung gesunder Menschen zu unterscheiden ist. Phänomenologisch betrachtet, besteht laut derzeitigem Wissensstand der einzige Unterschied darin, dass ein Mystiker sich nachträglich mit seiner Erfahrung in seiner Glaubenstradition eingebettet weiß, während ein Psychotiker mit derselben Erfahrung einsam und unverstanden bleibt, von seiner Umgebung stigmatisiert und ausgegrenzt wird und letztlich in eine eigene, weltfremde Ideologie flüchtet. Diese sogenannten eigenen, weltfremden Ideologien sind die individuelle Ausprägung von Hochsensibilität. Jeder der Betroffenen hat eine anders gelagerte Gedanken- und Gefühlswelt. Und wieder einmal wird es vom Verständnis des gesellschaftlichen Umfelds abhängig gemacht, ob ein Mensch als krank abgestempelt wird oder als genial Anerkennung findet."

„Die schulmedizinische Sichtweise habe ich verstanden, weil ich sie mir durch wissenschaftliche Theorie und Praxis angeeignet habe, und ich vermag es, aufgrund meines gesunden Menschenverstandes auch diese Sicht der Welt zu akzeptieren. Die Medizin jedoch schiebt Diagnosen vor die wahre Offenheit und Lebenslehre, nur um nicht in Versuchung zu geraten, vom eigenen Weltbild abzurücken. Bin ich nun

Mystiker oder Psychotiker? Wissenschaftler? Gelehrter? Ich bin alles. Allem voran bin ich Mensch. Und der Mensch ist des Menschen helfender Spiegel und mit seiner inneren Natürlichkeit das selbstwirksamste Heilprinzip."

„Ich will hier bestimmt nicht den ersten Stein werfen, ich will auch nicht, dass sich die Grenzen zwischen Wissenschaft, Religion, Industrie und Patienten verhärten. Im Gegenteil, alles, was ich mir aus tiefstem Herzen für das Heil der Menschheit wünsche, ist die Bereitschaft und Offenheit der Wissenschaft, gemeinsam mit den sensiblen Wesen in einen Dialog zu treten, für ein friedvolles Miteinander in Einklang mit unserer Natur und Umwelt. Darüber hinaus wünsche ich mir mehr Verantwortungsbewusstsein bei der Verabreichung von Medikamenten. Denn eines steht fest: Für rinnende Nase, Ohren- und Halsentzündung mit Fieber gibt es unter anderem eine allgemeingültige Ursache: grippale Infekte."

„Was macht es für die Schulmedizin und Wissenschaft so schwierig, dies weiterführend auch für alle anderen Probleme in Erwägung zu ziehen, kurz, auch für die Hochsensibilität? Oder denken Sie tatsächlich, dass 170 Millionen psychisch auffälligen Europäern ebenso viele unterschiedliche Krankheitsursachen zugrunde liegen? Wo denken Sie hin! Für mich sind Krankheiten Auslöser und Symptome, aber Ursache ist meines Erachtens das gemeinsame Erbgut – die Empfindlichkeit, das Feingefühl, die Hochsensibilität, je nach Ausprägung und Intensität. Diese Ursache dient jedoch als sinnvolle Schutzeinrichtung. Also wird angenommen, dass der wahre Grund des Leidens wiederum nur in äußeren Einflüssen zu finden ist. Darum wird auch irrtümlich behauptet, dass bestimmte Krankheitsbilder wie Sucht und dergleichen vererbbar seien. Nicht die Krankheit wird vererbt, sondern die Sensibilität als unser aller Chance, wieder den natürlichen Weg einzuschlagen."

„Zu einer Entspannung der Lage werden wir gleichgesinnten Patienten nicht durch Medikamente verhelfen. Gewiss nicht! Wenn wir bewusster und achtsamer vorgehen und Verantwortung für unsere Tätigkeit als Wissenschaftler übernehmen, um im Dienst der Menschheit eine allgemeine Genesung zu fördern, würde das für uns eine echte und lebensnahe Erleichterung bringen. Wir könnten endlich damit aufhören, die Verletzbarkeit unserer eigenen Sensibilität zwanghaft schützen zu müssen. Wir verdrängen und unterdrücken unsere Empfindungen, belügen uns und unsere Umwelt, aus Angst davor, ausgegrenzt zu werden. Erst das hat uns zu Gefangenen und zu Ausgegrenzten – von uns selbst – gemacht. Allein Aufklärung hilft. Lassen Sie es mich philosophisch formulieren: Dann können wir damit aufhören, uns mit aller Macht als Spitze der Evolution zu inszenieren. Denn das sind wir bereits. Verhalten wir uns bitte auch dementsprechend! Wir selbst und unsere Patienten sind schon Beweis genug für die wundersame menschliche Genesung. Damit ist gemeint, dass wir unserer genetischen Bestimmung, unserer natürlichen

Veranlagung entsprechend leben – dass wir genesen, auch wenn wir manchmal Verrücktes tun. Die Welt braucht verrückte Menschen. Ich sehe meine Verantwortung nicht in der Verteidigung der bisherigen medizinischen Erkenntnisse, sondern in der Weiterentwicklung derselben. In sämtlichen Therapieformen gehen wir davon aus, dass der Mensch an der Spitze der Evolution steht: soziales Kompetenztraining, Stärkung des Selbstbewusstseins, das Ich als Meister eigener Gedanken und Gefühle. Wir bieten Kapellen und Betstunden in Krankenhäusern. Doch kein einziger Therapieansatz berücksichtigt eine höhere, natürliche Energiekompetenz als gemeinschaftliches Unterbewusstes. Ist das nicht ein verstecktes Indiz, ein Beweis? Wissenschaftlich bewiesen ist es bisher zwar nicht. Doch kann es denn aus wissenschaftlicher Perspektive ausgeschlossen werden?"

„Ihnen allen danke ich in tiefer Verbundenheit für unzählige wertvolle Erlebnisse. Denn auch von Ärzte-, Therapeuten- und Pflegeseite her werden uns täglich sehr einfühlsames Vorgehen, Verständnis und Menschlichkeit nachgesagt. Dieser Zuspruch macht mich glücklich. Für die Patienten bedeutet es Balsam für die Seele, wodurch einer Chronifizierung ihres Leidens gegengesteuert werden kann. Erschöpfung und Einsamkeit sind es, worin deren Ängste wirklich wurzeln. Danke."

Nun fühlte Christoph sich in seiner Sicht endgültig bestätigt. Mehr noch: Zuweilen hatte er den Eindruck gehabt, als würde er sich selbst sprechen hören, als wäre dieser Mann da nur sein Sprachrohr, ein Medium seiner höheren Macht.

Ziemlich bald freundete sich Christoph mit Gideon an, einem seiner Mitpatienten, der nikotinsüchtig war. Die beiden sprachen nachts häufig über ihre ganz persönlichen Geschichten. Christoph wendete sich an seinen neuen Freund und begann zu erzählen.

„Ich will Dir etwas verraten: Ich glaube, wir Hochsensiblen sind die Amen. Die A-Men. Die Spitze der menschlichen Pyramide. Die Auserwählten. Der wirkliche Grund, weshalb wir leben, ist, um zu dienen, uns, allen Menschen, zu unserem eigenen Schutz. Als natürliche Warneinrichtung der Schöpfung gegen den toxischen, menschlichen Fortschritt. Jede Zigarette, jede Tablette, jeder noch so kleine Eingriff in unsere Natürlichkeit trennt uns von unserer wirksamen Nüchternheit, von unserer Begabung. Erst wenn wir lernen, von alledem loszulassen, werden wir reich an Empfindungen und imstande sein, uns zu entfalten. So habe ich den alten Teil von mir sterben lassen und fühle mich seit dieser Erkenntnis wie neugeboren. Ich hoffe, Du siehst das jetzt nicht falsch ... Bitte, lass Dich nicht verwirren durch Meinungen aus Schriften oder von Menschen, die nicht zu ihrer Feinfühligkeit stehen oder aus Furcht wild um sich schlagen. Irritation ist gut, Verwirrung sehr gefährlich. Für Dich, für mich, für uns alle. Vertraue mir! Doch vor allem vertraue Deiner inneren Stimme!

Deinem Feingefühl als Urmensch. Um diese Stimme hören zu können, solltest Du erst einmal wieder nüchtern und klar werden. Denn die Bilder, die Du dann siehst, sind Deine wirkliche Bestimmung. Lerne auch eine passende, stimmige Gesprächskultur! Hör zu, bis der andere ausgesprochen hat! Lass die Worte wirken. Reflektiere, antworte und teile!"

Ein Augenblick, so innig wie eine kleine Ewigkeit, verging. Die beiden Männer sahen einander an. Gideon gab keinen Laut von sich. Christoph fuhr fort.

„Dir vertraue ich, weil Du auf dem Boden der Realität stehst. So können wir Vision und Realität aufeinander abstimmen und gemeinsam den passenden Weg finden. Deine jüngeren Geschwister und all unsere Kinder brauchen keine Helden, sondern wollen wieder Gefühle leben dürfen. Diesen Weg werden wir ihnen vorzeigen, indem wir ihn selbst gehen. Obwohl Du mich noch nicht verstehen kannst, finde ich es toll, wie offen und bereit Du bist, mir Verständnis entgegenzubringen und meine Sichtweise in Erwägung zu ziehen. Auch ich habe dieses Begreifen für meine Entwicklung gebraucht, und das ist auch gut so. Denn ein Sprung ins kalte Wasser mag zwar erfrischend, könnte aber auch tödlich sein, kurz und schmerzlos oder auch sehr schmerzvoll. In Drogenkreisen nennen wir das ‚den Kalten': einen kalten Entzug. Und davon hat meistens niemand etwas. Wobei es stets die letzte und wirksamste, vor allem einprägsamste Art und Weise bleiben wird, um aufzuwachen. Wir sollten unsere Jünger nicht erziehen oder belehren, sondern sie bitten, uns zu erklären, wie man Empfindungen zeigt. Als Vater weiß ich, wie schwierig es sein kann. Manche Kinder sehen Dinge, die sogar meiner grenzenlos geglaubten Komplexität einen Rahmen verleihen, der sich danach selbst sprengt. Grenzaufhebung nenne ich das. Ich will und darf die verhinderte Natürlichkeit in meinen Mitmenschen, meine Natur nicht im Stich lassen. In den Kindern leben wir weiter. Unsere Kinder sind das 'Stargate', das Tor zu unserer eigenen Unendlichkeit. Wir dürfen sie dabei begleiten. Mir ist das eine Ehre."

„Ich bemerke zunehmend, dass mein Zustand immer sensibler wird. W-LAN oder Stadtbesuche sind mit mittleren bis starken Kopfschmerzen verbunden, ja manchmal sogar mit Tinnitus und starkem Ohrensausen. Verstärkt wird es, wenn ich ein paar Tage zuvor in unberührter Natur verbracht habe. Dann nehme ich sogar die Infrarotgeräusche von Alarmanlagen wahr - Superman returns. Ich habe schon versucht, mich weniger hineinzusteigern oder mich zusammenzureißen. Auch mit einem Faschingskostüm habe ich es schon probiert, mich zu schützen. Doch es kommt ganz von alleine. Und blind stellen will ich mich nicht mehr. Ich bewege mich einfach aus der Distanz, sozusagen aus meinem Exil heraus und achte bewusst darauf, welche Veränderungen ich wahrnehme, prüfe also die Dinge auf Ursache und Wirkung. Dann versuche ich, den Auslöser meiner Sensibilitätsstörung herauszufiltern. Und die Wahrnehmungen sind bestimmt auch nicht immer gleich. Wenn ich gezielt vorgehe, dann ist es auch nicht so gefährlich. Krankheit entsteht bekanntlich nur durch Dauerbelastung. Blöd ist nur, dass ich mich in meinem Leben an den Schaden gewöhnt habe und ihn nicht mehr als Störfaktor deute. Gewissermaßen wurde ich resistent – die unbewusste Form von Resilienz. Beides ist für mich gefährlich und kaum sinnfördernd. Heute weiß ich, dass all diese Dinge, ob Alkohol, Arbeit, Sexualität, Stress, Verliebtheit, Nahrung oder Zucker, der Natürlichkeit im Menschen entgegenwirken. Sie dienen dazu, zu normieren, zu füttern, zu zähmen – moderne Sklaverei eben. Hm? Und der Ursprung geht von den Gründungsvätern der Religionen aus. Bis auf jene der Naturvölker. Je populärer die Religion, umso schlimmer der Schaden für die Natur im Gesamten und für die Natürlichkeit im Menschen im Besonderen. Was die Weißen früher mit den Naturvölkern gemacht haben, praktizieren unsere Anführer jetzt mit uns. Narzisstische Diktatoren in Normkleidern und Nadelstreif. Und wir sind deren Sklaven. Sie machen dies sehr raffiniert, im wahrsten Sinn des Wortes. Sie behandeln uns industriell und chemisch, und wir lassen dabei unsere natürliche sozial-emotionale Intelligenz flöten gehen. So haben wir selbst damit aufgehört, in uns hineinzufühlen, was wir da eigentlich tagaus, tagein so treiben. Und wenn dann Menschen wie wir durch diese Maschinerie durchgelaufen sind und plötzlich doch ein letzter Funken Hoffnung das Feuer eines Lichtes entzündet, dann gibt es ein buntes Band ans Handgelenk, einen Stempel auf die Stirn – und ab mit ihm in die Psychiatrie: Genius Failed. Und wenn nicht gleich mundtot, dann zumindest auf Lebzeiten unglaubwürdig ...“

„Wie auch im Filmdrama 'Der scharlachrote Buchstabe' das A als bezeichnendes Symbol für öffentliche Diskriminierung steht oder der Davidstern als Zwangskennzeichen der Ausgrenzung im Nationalsozialismus traurige Realität wurde. Traurig, aber leider wahr. Ohnehin leiden wir und sind schon am Äußersten, und doch stopfen sie uns hier noch mit Chemie voll, um das Letzte aus uns herauszuholen. Arbeitsmarkt ist Menschenhandel. Und wir sind die eingebildeten Akteure, die immer noch denken, frei und selbstbestimmt zu handeln. Nur wir, mein Freund, können diesen Missstand aufdecken. Sie werden sich nicht länger gegen uns wehren können, weil wir sie mit ihren eigenen Waffen schlagen werden. Wir scharren schon in den Startlöchern. Das dachte ich zumindest. Doch ich weiß mittlerweile, dass die Obersten von diesem fatalen Irrtum nicht einmal eine Ahnung haben. Jede Form von Anschuldigung wäre also voreilig. Denn ob Davidstern oder andere Symbole

- allesamt stehen sie ursprünglich für die dahinterliegenden, edelmütigen Absichten ihrer Schöpfer."

„Aber, Christoph ...", warf sein Gesprächspartner ein: „Meinst Du nicht, dass Du das alles ein bisschen zu schwarz siehst?"

„Schau, Gideon, ich erkläre es Dir: Wir sind Natur, und unsere Leiden durch Kultur sind wiederum nur natürlicher Ausdruck einer Abwehr gegen die kulturelle Zwangsjacke. Durch unsere seelischen Leiden drücken sich in Wirklichkeit unsere emotionale und soziale Empfindlichkeit in uns aus. Die Natur schlägt uns mit ihren eigenen Mitteln. Warum? Weil wir sie zerstören wollen, sie sich wehrt und das natürliche Gleichgewicht außer Kontrolle gerät. Nur unser Licht kann die Sache beleuchten, sprich, lösen. Wir dürfen uns nicht mehr durch die Täuschung unserer fünf Sinne zum Narren halten lassen. Wir müssen uns distanzieren von der Gesellschaft. Denn wenn wir Teil davon bleiben, sind wir alle zum Scheitern verurteilt. Entweder hören sie auf, uns und unseren sechsten Sinn als nachteilig und als Störung auszulegen, oder wir müssen Abstand von ihnen nehmen. Die Zeit, in der man mit unserem Leid hat Geld verdienen können, ist ein für alle Mal vorbei. Jetzt. Ich bin nicht krank, sondern bin gezüchtigt worden wie ein Versuchskaninchen und dadurch erst erkrankt. Ich bin begabt auf diese Welt gekommen, begabt für die Menschenliebe, denn Menschen zu lieben, ist Zeichen natürlicher Schöpfung. Sie haben mir Fleisch zu essen gegeben und meinen Verstand geschärft, aber auch meine Feinfühligkeit zugeschüttet. Als ich aufgehört habe, Fleisch zu essen, bin ich plötzlich zunehmend emotionaler und gefühlsbetonter geworden. Meine innere und äußere Natur sind der Eyescan natürlicher Schöpfung. Wir sind die Wiedergeburt Gottes. 1!=0."

Der Wortschwall nahm kein Ende. Gideon konnte nichts mehr verstehen. Wie konnte ein Mensch seines Alters denn neu geboren sein? Er konnte doch nicht in den Schoß seiner Mutter zurückkehren und ein zweites Mal geboren werden. Christoph aber ließ sich nicht aus der Fassung bringen.

„Wir sind hochempfindsame Wesen, sprichwörtlich das Göttliche in sich. Gott bedeutet: Got 't'. Und t = cross auf Englisch und Kreuz auf Deutsch. Du hast die genetische Kreuzung bekommen, sprich, die Hochsensibilität. Jede psychoaktive Substanz und geistige Ablenkung trennt uns vom Zugang zu unserer Veranlagung. Deine Eltern haben Dich gezeugt. Aus Fleisch ist Fleisch geworden, aus Geist ist Geist geworden. Geist ist aber etwas, das wir nicht sehen können. Und was uns alle verbindet, ist die Seele, also Natur. Als ich Dir gesagt habe, dass wir von Neuem geboren werden müssen, habe ich das sinnbildlich gemeint, dass wir uns von allen schädigenden Einflüssen lossagen müssen.

Das ist wie mit dem Wind: Du hörst sein Brausen, weißt aber nicht, woher er kommt, und auch nicht, wohin er geht. Du selbst hast mir erzählt, dass der Flügelschlag eines Schmetterlings auf der anderen Seite der Welt einen Orkan auslösen kann. So verhält es sich auch mit unserer Begabung. Wenn Du so willst, ist sie dem heiligen Geist entsprungen. Aus unserer Seele. In jeder Zelle unseres Körpers. Der Fingerabdruck natürlicher Schöpfung."

Gideon wusste beim besten Willen nicht, wie das alles nur geschehen sollte. Gi-deo-n. Sein Name enthielt das romanische Wort für „Gott".

„Du selbst bist psychiatrischer Krankenpfleger und Behindertenbetreuer und verstehst das nicht? Nun gut, dann nochmals: A-men. Wir sind die Besonderen, die menschliche Spitze der Pyramide, der Gipfel der Evolution. Eine Mischung aus grafischer Darstellung, Englisch und Deutsch ... Zur logischen Veranschaulichung will ich es Dir in den Bildern meiner Bestimmung erklären: Irgendwo in der Geschichte des Menschen war ein natürliches Missgeschick geschehen, welches wiederum zum Prozess geistiger Erkenntnis und menschlich natürlicher Entwicklung dazugehört. Es kommt aus einer Zeit, als die Hochsensiblen dachten, sie wären der letzte Stand aller Entwicklung. So begannen sie, die weniger sensiblen Wesen unter ihnen zu unterdrücken, sich selbst verherrlichen zu lassen, den Göttern gleich. Weil sie Dinge sehen konnten, die den anderen verborgen geblieben waren. Dies geschah vor ungefähr 3.000 Jahren. Die Pharaonen der Ägypter - ein zufällig schicksalhafter biologischer Prozess: der Alkohol. Das Mittel zur Entmachtung der selbsternannten Götter war geboren worden. Könige an der Macht - weil hochsensibel und hochsensitiv - konnten als Herrschende von nun an betäubt und ihrer Sinne beraubt werden. Dadurch verloren sie den Zugang zu ihren Empfindungen und konnten das Volk nun nicht mehr schützen - durch warnende Voraussicht. Alle menschlichen Geschöpfe hatten dadurch ihren ursprünglichen Sinn in der höheren, natürlichen Ordnung verloren. Es gab kein Frühwarnsystem mehr. Die schöpferisch universelle und sinnvolle Weltsicht ward rüde gestört. Alkohol löste die Sehnsucht nach noch mehr Betäubung aus. Der Versuch, von da an den Süchtigen ihre Rauschmittel zu entziehen, scheiterte kläglich, damals ebenso wie heute."

„Die einzige Lösung, diesem unsinnigen Irrsinn ein Ende zu setzen: dankbar für jede Erkenntnis und Einfühlsamkeit bewusst loszulassen von den angewachsenen Abhängigkeiten. Dann ist die Waage wieder im Lot. Die eigene Hochsensibilität als Geschenk der Natur anzuerkennen und die Überreizungssymptome als Alarmsignal zu deuten, macht unsereins zum Zünglein an der Waage. Wenn die Grenzwerte auf dem eigenen Reizbarometer überschritten sind und keine Möglichkeit besteht, sich vor der Reizüberflutung in Sicherheit zu bringen, beginnen wir damit, Sicherheit durch Betäubung unserer sensiblen Sonde zu erlangen: durch Rauchen, Alkohol, ritualisierte Verhaltensweisen, visualisierte Traumbilder. Leben wird zum täglichen Überlebenskampf, zur allzu alltäglichen Existenz. Weil uns der Sinn unserer ursprünglichen Begabung nicht in ihrer Eigenschaft als etwas Schützendes vermittelt wurde und somit besondere Empfindsamkeit bis dato auch keinen Sinn machte. Denn das Leben ist dadurch zur unsinnigen Qual und zum stillen Leiden von Milliarden verkommen. Jetzt darf uns bewusst sein, dass wir alle eine Gemeinschaft sind. Jeder Einzelne ist nur so stark wie unser sensibelstes Glied. Hochsensibilität als Schwäche wird zu unserer höchst überlebenswichtigen Stärke - Begegnung auf gleicher Augenhöhe, auf Höhe unseres geistigen Auges. Hochsensibilität wurde uns von Gott selbst in den Kern unseres Wesens gelegt. Diagnosen wurden uns bestenfalls von Menschen auferlegt, meist von ängstlichen und machtbesessenen. Die Scham der Irrläufer, sich ihre eigene Täuschung einzugestehen, tut ihren Rest dazu. Unsere Aufgabe ist es nun, selbst als Lot zu dienen, um das natürliche Gleichgewicht wiederherstellen zu dürfen."

„Es gibt nur einen wirksamen, einen wirklichen Weg: Mehr und auch weniger sensible Menschen, also wir alle, können die harmonische Wirklichkeit erstmals, seit Anbeginn der Zeitrechnung, herstellen. Weniger ist eben gleich mehr. Die Spitze eines Eisberges über Wasser ist lediglich sichtbar durch das Bestehen der Masse unter Wasser. Dadurch erst vermag die Spitze auf dem Wasser zu schwimmen. Dies ist keine neuerliche Abhängigkeit, sondern eine Symbiose. Wasser- und Lufterwärmung - also schädigende Einflüsse, ausgelöst durch menschlichen Fortschritt - haben die Verringerung des Eisbergvolumens zur Folge. Der Eisberg gleichsam als Spiegel der Menschheit ... Die Spitze ist sichtbar, auch wenn der Eisberg längst schmilzt. Überleben wird das gesamte für das menschliche Auge sichtbare Geschöpf schlussendlich nicht; das Geschöpf löst sich auf. Was bleibt, ist jedoch nicht unsichtbar: Wasser. Und Wasser heißt Leben. Wir haben verlernt unserer genetischen Begabung entsprechend zu leben. Uns auf dieses Geschenk der Zeugung zu besinnen. Seit Generationen. Die Menschen geben heute Wissen als Wahrheiten weiter. Die Menschen nehmen Gesehenes als ein Bewiesenes an. Warum nicht auch dieses Geschenk der Schöpfung? Ich habe Dir schon erklärt, wie ich körperliche Verformungen, Krankheiten, Kriege und derartige materielle Degeneration sehe. Schon das bezweifelst Du. Wie sollst Du mir glauben, wenn ich zu Dir über innere Werte, besondere Eigenschaften, unsichtbare Dinge spreche? Wir Menschen mit dieser Begabung sind selbst die Himmelsleiter. Und ein Quäntchen an Sensibilität ist bestimmt in jedem Einzelnen von uns Menschen zu finden. Da sind keine Vergleiche notwendig. Ich habe mich ja selbst ein Leben lang partout nicht ausgekannt - hinten und vorne nicht. So habe ich gelernt, hinten hinter mir zu lassen und vorne vor mir. Ich fange in der Mitte an und lebe seitdem im Jetzt."

Die Muse ließ nicht lange auf sich warten. Christoph fühlte sich durch Gideons Teilnahmslosigkeit erst recht dazu angefacht, sein Weltbild wortreich zu verkünden. Die anderen wollten ihn schon zum Patientensprecher wählen, doch Christoph winkte ab, denn er wollte nicht, dass sie ihn als ihresgleichen auf einen Podest stellten. Lieber blieb er neben Gideon.

„Ich will Euch heute als stellvertretender Patientensprecher meinen Dank aussprechen und Euch Folgendes mit auf den Weg geben: Ihr selbst seid die Kontrolleinrichtung Eurer Gedanken und Gefühle. Macht aus Eurem Leben das, was Euch von der Schöpfung mitgegeben wurde. Wenn Du nur einmal während der Therapie das Gefühl hattest, Dir wäre ein Stein vom Herzen gefallen, dann war dies der erste Stein der Mauer um Dein Herz. Denn auch, wenn Du jetzt sagst, dass es kein Allheilmittel gibt: Hochsensibilität ist dieses Mittel. Im Problem liegt zugleich die Lösung. Ich litt bis zu dem Zeitpunkt, an dem ich endlich erkennen durfte, dass die Schöpfung seit Generationen mich über meine Ahnen mit Hochsensibilität ausgestattet hatte. Wenn die Erkenntnis Heilung gebracht hatte, dann musste zugleich die Unkenntnis es gewesen sein, die mir mein Leid bescherte. Also ist Hochsensibilität zumindest in meinem Fall aller Leiden Heilmittel - zu 100 Prozent menschlich erwiesen. Ich für mich selbst habe die Schere zwischen Arm und Reich, zwischen Hunger und Wohlstand, zwischen Schwarz und Weiß, zwischen Liebe und Hass geschlossen. Äußerer Unterschiedlichkeit schenke ich keine Beachtung mehr. Denn ich weiß, dass es darunter verborgen nur zwei unterschiedliche Ausstattungen zu finden gibt, die einander bedingen. Wenn ich noch leide, dann nicht mehr aufgrund meines Fehlverhaltens, sondern als Zeichen von Solidarität mit all dem Leben auf diesem unserem Planeten und in diesem Universum. Und vergesst bitte niemals: Wir alle hier sind nur körperliche Besucher für eine bestimmte Durchgangszeit, in der wir einander und unser Bewusstsein gegenseitig spiegeln, während uns durch ausgleichende Gerechtigkeit die Rechnung unserer Taten präsentiert wird, ohne Wenn und Aber, serviert auf silbernem Tablett. Betrachtet durch das Golden Eye. Wenn ich sterbe, dann nur, weil die Gesellschaft es so will."

Das Geschenk der Schöpfung war die Liebe in sich, die Sinnlichkeit im Wunder Mensch. Jeder, der an seine eigene Begabung glaubte, würde in sich selbst das ewige Leben finden. Aus diesem Grund hatte Christoph diesen Weg gehen dürfen, auch um allen zu zeigen, dass wirkliches, ewiges Leben als spirituelle Wiedergeburt nur ohne Betäubung erreicht werden konnte. Christoph wollte nicht Recht behalten, sondern glücklich sein. Ihm war klar, dass jeder, der gegen seine eigene Natur und Natürlichkeit lebte, sich selbst zugrunde richten würde. Jeder, der nicht an seine Sensibilität glauben wollte, war ohnehin verloren in dieser Welt.

„Glauben heißt nichts wissen. Weil ich nicht alles wissen kann, glaube ich also. So habe ich erkannt, dass es eine allgemeingültige Realität gar nicht geben kann. Weil immer und überall von jedem Menschen ein Stück eigenen Glaubens hineininterpretiert wird. Darum gibt es so viele Realitäten, wie es Beobachter gibt. Denn nichts ist so, wie es ist, sondern immer nur so, wie es mir erscheint – womit wir wieder beim Glauben angelangt wären. Insofern bedeutet Glauben für mich: Vertrauen. Gebet heißt: gebe t. Ich fühle mich berufen, diese Botschaft meiner Erkenntnis weiterzugeben, ohne Vorbehalte und ohne mich selbst dadurch zu bereichern, auf dass alle die Möglichkeit haben, sich selbst wiederzufinden, unabhängig davon, ob der Einzelne es nutzen und seiner eigenen Bestimmung folgen oder es verwerfen will. Wer es wie ich als Chance begreift, wird sich dadurch selbst retten. Und dadurch werden wir die Welt retten können. Es ist wie beim Automobil: Die Lichtmaschine im Auto ist die Psyche des Menschen, sein Geist, der Lichtblick. Doch wodurch fährt das Auto? Durch den lebendigen Fahrer: den Menschen. Die Seele, die das Auto ins Rollen bringt, ist auch jene, die es erfunden hat: der Mensch. Das ist die gemeinsame Basis, der rote Faden. Jetzt kann ich das Netz weiterspinnen. Woher hat der Mensch die Idee für das Auto gehabt? Vom Geist freilich, und von seiner Kreativität. Also ist der Mensch gleich Schöpfer, zumindest in diesem Bereich unnatürlicher Schöpfung. Im Bereich natürlicher Schöpfung nenne ich es menschliche Entwicklung. Warum gibt es technologischen Fortschritt überhaupt? Weil der Mensch zu irgendeinem Zeitpunkt der Evolution den Zugang zu seiner natürlichen Entwicklung verloren hat. Den Draht zu seiner eigenen Sensibilität. Seine schöpferische Empfindsamkeit ist abhandengekommen, seine kreative Erfindung laut geworden."

„Ich selbst bin Legastheniker, ein Mensch, der links und rechts vertauscht. Auch das erachte ich als Sinn meines Schicksals – weg von Wegkreuzungen vorgegebener Entscheidungsfreiheit, und auf in die bestimmende Richtung meines Gefühls, geradeaus zur goldenen Mitte meiner Empfindung. Darum ist jede Folge unnatürlicher Erfindung gleichzeitig ein menschlicher Hilfeschrei und eine Anleitung für den Menschen, zu seinem natürlichen Ursprung zurückkehren zu dürfen: zur Selbstfindung und Verschmelzung mit seiner besonderen Feinfühligkeit. Wenn jemand bis zur letzten Kommastelle in seinem angeblich intelligenten Kopf rechnen kann, gilt er allseits als Genie. So wird ein abnorm großer Mensch als professioneller Basketballspieler eingesetzt und erlangt dadurch Weltbekanntheit. Auch wird ein begnadeter Koch durch gefühlsmäßig beeinflusste Eigenkreationen ein Kochbuch schreiben, das sich millionenfach verkauft, unter Angabe gelisteter Zutaten als empfohlene Mengenangaben. Normierungen und allgemeingültige Nennung sind willentlich möglich, doch niemals allgemein gültig. Weil eben kein Ei dem anderen gleicht. Und doch wird es jeder Frau und jedem Mann schmecken, wenn sie beim Zubereiten ihrem eigenen Gefühl gefolgt sind. Denn Hunger nach Liebe macht die besten Köche. Weil die Suche nach Liebe durch den Magen geht. Weil es die Menschen schmecken können. Begreifen. Tasten. Fühlen. Sehen. Hören. Wenn ich nun aber die Bilder und meine Sichtweisen kundtue, die meiner Begabung sozial-emotionaler Intelligenz entspringen, meinem sechsten Sinn und nicht meiner Ratio, finde ich mich als Patient in der Psychiatrie wieder. Aus den Augen, aus dem Sinn. Komisch, oder?

So war das eben mit ausgleichender Gerechtigkeit. Da alle Menschen diese Eigenschaft von jeher verdrängt hatten, war all das Chaos daraus entstanden. Hochsensibilität hatte all die Zeit über in ihnen selbst geleuchtet wie eine Glut, die sich weiterhin entfachen ließ. Irdische und himmlische Philosophie. Doch die Menschen hatten die Finsternis mehr geliebt als sich selbst. Sie hatten gelernt, ihre Begabungen in den Schatten zu stellen. Auf diese Weise wurde der Hass ausgebrütet. Durch diese verblendeten Wahrheiten hatte Christoph zu sich selbst finden dürfen. Ihm offenbarte sich, dass er selbst, in sich, die Antwort verkörpert hatte. Durch seine Zeugung war diese Tatsache vollbracht und er selbst der Beweis.

Schon vor seinem Klinikaufenthalt hatte Christoph damit begonnen, sich einmal pro Woche mit Gleichgesinnten zusammenzusetzen, um, nach zwölf Traditionen und zwölf Schritten lebend, wieder zu sich selbst finden zu dürfen. Sensibel. Anonym. Gemeinsam. Durch Sieben zum Einklang von Körper-Geist-Seele. 144.000. 9, Novum. Neu. IX. Neutrales Verhalten mit 0. Einheit. Frieden. Bassschlüssel. Grundlage. Begleitung. Sich aufrichtig auszusprechen, um aufzutauen. Christoph hatte dieses spirituelle Selbstfindungsprogramm von deren Gründern übernommen. Die Anonymität und die angewandte Gesprächskultur vermochte hierarchische Strukturen der Umwelt außer Kraft zu setzen. Die Menschen waren alle gleich gewesen in ihrer Veranlagung. In der Gemeinschaft zählte nur die Aussage, nicht der persönliche Wille. Keine Religion, keine Sekte, keine Partei, keine Organisation. Einfach nur sensible Menschen, die miteinander ihre Erfahrungen, Kraft und Hoffnungen geteilt hatten.

Auch materielle Güter wurden innerhalb der Gemeinschaft relativiert – durch freiwillige Spenden. Viele Gleichgesinnte hatten durch regelmäßige Besuche der Freundschaftstreffen bereits wieder zu sich selbst finden können. In geschützter und vertrauensvoller Atmosphäre. Auch wenn ihnen die Ursache für ihr Leiden bis jetzt noch nicht einleuchtete, hatten sie es trotzdem geschafft, von den verschiedensten Abhängigkeiten loszukommen.

Die Gründer dieser Programme sahen sich als Wegbereiter für alle, die ihnen noch folgen würden. Christoph hatte jetzt die Ursache seines Leidens entdeckt, ja sogar die Ursache ihrer aller Leiden: Hochsensibilität. In ihnen hatte er seine eigene Bestimmung wiedergefunden. Lebensfreude konnte nun zu seiner Wirklichkeit werden. Christoph hatte erkannt, dass der wahrhaftige Glaube an Gott ihn abgelenkt hatte von der Wirklichkeit in ihm selbst, von der Wirksamkeit seiner inneren Allmacht. Alle hatten sie bezeugt, was sie gesehen und gehört hatten. Niemand jedoch hatte sein eigenes Geschenk der Zeugung angenommen. Christoph beschloss, dieses Wissen unbegrenzt weitergeben zu wollen. Doch die Ärzte waren nicht gut auf Christophs Treffen zu sprechen. Das stimmte ihn traurig. Er verließ die Gruppe und ging wieder in die Therapie zurück, allem voran, um sich den Empfehlungen der Ärzte zu fügen. Seines Lebens neuer Freude müde, betrat Christoph die Therapiestation. Schwester Maria hatte Dienst. Eigentlich hatte sie ja Magdalena geheißen, doch sie selbst hatte sich in Maria umbenannt. Er kannte sie von früher und ging zu ihr, um über seine wiederkehrenden Süchte zu sprechen. So nah fühlte er sich wieder, wie kurz vor einem Rückfall in sein altes Versagen. Es war 18 Uhr, die Zeit der Medikamentenausgabe. Er fragte sie nach einem Notfallmedikament.

„Wenn Du wüsstest, worin meine Begabung besteht. Sie ist für die meisten bestimmt keine überraschende Erfindung. Ich habe mich dem Arzt offenbart, ihm von meinen besonderen Anlagen erzählt. Ich wollte ihm meine Sicht der Dinge erklären. Doch er nahm sich nicht die erforderliche Zeit dafür. Er meinte nur, ich sei größenwahnsinnig. Er meinte, als Botschafter die Welt retten zu wollen, komme einer prophetischen Denkweise gleich. Nicht ich allein war es gewesen, der sich mit irgendeinem Propheten oder Gott verglichen hatte. Er tat es gleichermaßen. Von Ehrgeiz getrieben, hat er sich meine Sicht zu eigen gemacht. Und in meinem Fall sei dies nun einmal eine sehr, sehr schwere psychische Erkrankung. So werde ich auch diese Diagnose annehmen, mich mutig den notwendigen Veränderungen stellen. Denn ganz gleich, ob es eine geschriebene Geschichte gibt, die synchron zu meinem Lebensweg verläuft – diese Schrift, welche die Menschheit hoffnungsvoll auf das Heilbringende blicken lässt und von einem sinnvollen Leben im Jetzt abzulenken scheint, wird durch nichts adäquater und besser ausgelegt als durch Selbstsicht, nämlich, indem man die geschriebenen Worte durch ein ‚Ich selbst' tauscht und ergänzt. Eben Schein und Sein. Selbstlos. Damit meine ich: ohne Rücksicht auf persönliche Verluste zum gewinnbringenden Reichtum der Menschheit beizutragen und, befreit davon, loszulassen, was außerhalb meiner Möglichkeiten liegt, um zu erkennen, was die Bestimmung meiner inneren Allmacht ist, mein roter Faden der Schöpfung, mein besonderer, doch unsichtbarer Draht, durch den es zwischen mir und ihr gefunkt hat. Der rote Faden, der all das Leben durch Natürlichkeit verbindet. Als konstante Grundbedingung von Heil und Gesundheit. Dem blauen Faden gemeinsamer Interessen zugrunde liegend."

„Wer bist Du überhaupt, dass Du glaubst, alles und jeden heilen zu können? Den Menschen zu geben, was sie brauchen? Ihren Durst zu stillen? Woher hast Du diese lebendige Energie? Du glaubst in Deiner Vermessenheit, dass Du eine Weisheit gefunden hast, die größer scheint als die der Pharmaindustrie und wissenschaftlicher Forschung, als alles von Menschen Geschaffene?"

„Ich habe für mich eine wirksame Lösung, ein ursächliches Elixier gefunden. Es ist bloß meine Sicht der Dinge, mein Verständnis von Leben, meine Wirklichkeit, nüchtern und klar gesehen. Nur aus der Begegnung mit meiner Umwelt ist diese Universallösung erwachsen. Ich bin lediglich der Sammler, der alles zusammenträgt, die Komplexität gekreuzt zusammenfasst, in einem Roman beispielsweise. Rho-Man. Chi-Rho. Römisch. Universell und allgemeingültig. Katholikos. Genauso wie Du und alle hier brav mitarbeiten und ihren bescheidenen Beitrag leisten. Das Ergebnis ist jedoch noch viel mehr als die Summe der einzelnen Teile, die wir mit unserem Verstand oder Gefühl wahrnehmen können. Das Ergebnis entspricht dem Ursprung: Natur. Das geht über unseren Verstand und alles, was wir uns vorstellen, weit hinaus. Doch es ist mir gleichgültig, weil es genauso weit hinausgeht, wie es in mich hineingeht. Ich trage meinen Teil einfach dazu bei und bin sehr dankbar dafür. Ich lasse mich nicht mehr von Menschen bestimmen. Meine Bestimmung kommt nämlich dort her, wo auch jene meiner Mitmenschen, jene allen Lebens, herkommt. Also hat niemals ein Mensch das Recht, über einen anderen zu bestimmen. Das ist natürlich und begreiflich. Für mich ist alles andere wirklicher Größenwahn."

„Wer diese Medikamente nimmt, wird sie immer wieder nehmen müssen, denn sie bringen Erleichterung. Die Wirklichkeitsschau tut nämlich weh. Verdammt weh! Wenn man erkennen muss, dass man zeitlebens Wahrheit mit Wirklichkeit vertauscht, sich getäuscht hat, getäuscht worden ist. Wir Hochsensiblen sind nur die Spitze des Eisberges, die Ersten der Menschheit, und gleichsam die Letzten. Darum werden wir derzeit noch als krank beschrieben.

Doch in Wirklichkeit sind wir die Seher, die Hellsichtigen, die Hellhörigen, die Feinfühligen. Hell heißt Hölle. Wir erkennen in dem, was ihr Frieden nennt, die höllische Wirklichkeit. Wir sind die Engel der Hölle. Und wenn Du ganz ehrlich zu Dir selbst bist, dann weißt Du, dass mittlerweile die Mehrheit der Menschen an Krankheiten, Degenerationen und anderen Nöten leidet. Wir sind längst keine Minderheit mehr. Aufrichtigkeit als Lichtblick ist zur Notwendigkeit geworden. Und ja, wir emotional Durchlässigen sehen tatsächlich die Wirklichkeit, nämlich filterlos, ungeschönt, unmittelbar. Die Hölle auf Erden, das ist die durch Menschenhand geschaffene Verunstaltung. Durch und in uns wird menschliche Fehlentwicklung und technischer Fortschritt sichtbar. Wir schwingen wenigstens auf gleicher Wellenlänge. Weshalb sonst gibt es Millionen von Kindern, die von Geburt an mit einem absoluten Gehör ausgestattet sind, zu welchem sie im Laufe ihres Lebens einen wirksamen Zugang verlieren? Irgendwann wird die Zeit kommen, wo auch die weniger Sensiblen erwachen werden, ob sie wollen oder nicht. Dann wird eine neue Wirklichkeit wirksam werden. Medikamente sind ein Mittel zur Dämpfung wirklichkeitsnaher Sichtweisen. Da könnte ich ja gleich wieder zu koksen beginnen oder mir Alkohol besorgen, um meinen Schmerz zu lindern, der mir zugefügt wird von der Blindheit meiner Mitmenschen. Sie verletzen mich, indem sie die Augen vor der Wirklichkeit verschließen und so tun, als ob alles normal wäre. Ich möchte nicht länger zu irgendwelchen Streitfragen menschlichen Fortschritts Stellung beziehen, noch mich an irgendwelchen öffentlichen Debatten beteiligen. Dadurch bin ich erst krank geworden. Meine Sicht ist schließlich nur eine Sicht, eine persönliche Einsicht."

„In der Abgrenzung von der normierten Gesellschaft habe ich einen Weg gefunden, den Anfang dieser neuen Wirklichkeit zu leben, ohne Widerstand und Kampf. So gebe ich mir die Gelassenheit, Dinge hinzunehmen, die nicht ändern kann, und schöpfe Mut, um die Dinge zu ändern, die ich auch ändern kann. So erwäge ich die Weisheit, das Eine vom Anderen zu unterscheiden, indem ich, meiner inneren Bestimmung dankend, ihr entschlossen folge. In momentaner Wertschätzung für alles, was ist, und in fürsorglicher Duldsamkeit - weil verändernde Wirksamkeit ihre Zeit selbst bestimmt. Mein Motto: Liebe und Mitgefühl gegenüber Mitmenschen und ihren Sorgen und Lasten. Jedermann soll seine Geschwindigkeit wieder selbst bestimmen. Jetzt für das Jetzt. Und so tanke ich Kraft aus dieser niemals versiegenden Quelle, jeden Augenblick zu meinem bewussten Erwachen zu machen und die schöpferische Kraft zu erhalten, aufzustehen und es Tag für Tag aufs Neue zu tun: meiner Bestimmung zu folgen. Auf diese Weise habe ich nicht mehr das Gefühl zu sein. Aber ich fühle, dass die Menschen nur auf den Funken Wirklichkeit warten, der sich wie ein Flächenbrand in einem Sturm der Liebe ausbreiten wird, in ihnen und im Innersten ihrer Nächsten. Der Wissensdurst nach dieser einzigen, noch offenen Frage für die Menschheit wird dadurch gestillt werden, die Frage nach dem Sinn des Lebens beantwortet sein. Die eigene Empfindsamkeit ist dieser Sinn. Die Antwort. Der Schlüssel. Das Wort. Der wirkliche Sinn des Lebens als Geschenk unserer Schöpfung. Unserer Natur. Fortpflanzung. Das Meer der Pflanzen. Wir Kranken sind die Wirklichkeit. It is real. Is-ra-eliten. Exodus."

Aufmerksam hörte Maria zu. Von Christophs Bombast nahm sie keine Notiz. Stattdessen bemühte sie sich, das Wesentliche seiner Worte zu erfassen und zwischen den Zeilen zu lesen. Für sie war der Krug gebrochen. Sie erzählte Christoph davon, dass sie schon viele Religionen ausprobiert hatte. Doch den wahren Glauben hatte sie in sich selbst gefunden. Darum besuchte sie auch die Abendschule, um hier nicht länger schöpfen gehen zu müssen. Sie hatte aber nicht gewusst, dass es dafür einen Namen gab, dass ihre Besonderheit einen genetischen Ursprung hatte. Darum wollte sie sich Wissen aneignen.

„Glaube mir, Maria-Magdalena! Die Stunde wird kommen, zu der Ihr alle weder die Schulmedizin anbetet noch die auf Wissenschaft basierende Industrie. Denn dadurch bietet Ihr Euch selbst und anderen lediglich Dinge an, die ihr zwar kennt, die jedoch nicht Eurer inneren Wirksamkeit entsprechen. Ich habe mich selbst gefunden und weiß, dass unter der augenscheinlichen Krankheit das Heil verborgen liegt. Ich weiß, dass alle meine Mitpatienten und Millionen anderer auf dieser Welt insgeheim davon wissen, was ich habe erkennen dürfen. Sie trauen sich jedoch noch nicht, es zu leben, weil wir noch in der Minderheit sind. Was der Menschheit als Gott im Außen vorgegaukelt wurde, war nur Geist. Wahrheiten gibt es viele und doch nur eine einzige Wirklichkeit. Mein wirksamer Schöpfer war mein Vater. Nicht aus dem Geist. Nein. Aus ihm bin ich entstanden. Durch ihn. So bin ich in ihm. Mit ihm. Hast Du Papa eigentlich gekannt? Er war ein begnadeter Musiker und beseelter Sänger."

„Ach, Christoph! Ich weiß, dass das Universum im Umbruch ist. Wenn Einer kommt, dann wird das wohl so sein. Dann werden wir schon davon hören. Keine Angst!"

„Ich bin es, ich, der mit Dir spricht. Jetzt. Der Queue, der die Kugeln ins Rollen bringt. In allen von uns Menschen steckt das Gute. Nur können sie es nicht alle erkennen und aus sich hervorholen, weil ihnen glauben gemacht wird, besondere Feinfühligkeit sei ein Krankheitsbild. Die Kranken sind plötzlich jene, die sehen, jene, die die Wirklichkeit sehen, ihr ins Angesicht schauen. Krankheiten sind demnach das Zeichen der Schöpfung, eine Unterdrückung des Lichts und Verdrängung der Wirklichkeit, die sich dadurch den Weg zum Licht verschafft. Die Kranken selbst sind als solche der Spiegel der gesellschaftlichen Gesamterkrankung, sprich, Schwachstellen am Rand der Gesellschaft, die die Grundschwäche ihrer Mitte offenlegt. Ihr dürft uns nicht länger wegsperren. Im Gegenteil, wir müssen einen Dialog zwischen uns und dem Rest von uns herstellen, damit unser Leiden auch einen Sinn ergibt."

„Hier ein kleines Beispiel: Im medizinischen Betrieb und für die Pharmaindustrie ist es wichtig, dass Patienten sich wohl und behaglich fühlen, damit die Kundenzufriedenheit stimmt. Dies ist ein vergleichsweise schwieriges Unterfangen, da die meisten Patienten allein schon in Hinblick auf einen Klinik- oder einen Arztbesuch ängstlich oder gestresst reagieren. Der typische Geruch in Wartezimmern von Arztpraxen und Krankenhäusern trägt bereits zu einem Unbehagen der Patienten bei. Es ist der Geruch von Basenpulver. In einem basischen Klima können keinerlei Krankheitserreger überleben. Also: Tschüss die Base! Ist das nicht eigenartig? So werden ätherische Öle und Duftstoffe eingesetzt, die die Patienten entspannen und ihnen spontane, geschäftsfördernde Entscheidungen erleichtern sollen. In den Kirchen nennt man diesen Stoff Weihrauch. Weih' ihr Rauch euch! Erweiche euch ihr Rauch! Zwecks edler Spendenfreude. Nicht gewusst? Unwissenheit schützt vor Strafe nicht, sagt man, und die Strafe bezahlst Du mit Deiner Gesundheit und der einmaligen, mit Deiner Geburt erhaltenen Chance auf Heilung. Ganzwerdung bedeutet, wieder so zu sein, wie Du auf die Welt gekommen bist. Eigentlich wurdest Du erst nach Deiner Geburt gespalten."

„Doch weil mir bewusst ist, dass diese Wirklichkeit für die Menschheit derzeit noch als inakzeptabel erscheint, lasse ich die Menschen damit lieber in Ruhe. Sonst verschließt sich der Einzelne emotional noch mehr, und dieses Spiel des Wahnsinns nimmt niemals ein Ende. Ich selbst habe auch erst nach 36 Jahren Hölle die Wirklichkeit erkennen und meinen Weg trotzdem noch finden dürfen. Dessen ungeachtet, akzeptiere ich die Terminologie medizinischer Diagnostik und den aktuellen Stand der Wissenschaft, damit die sogenannten Normalen einen Namen für die Komplexität meiner Wirklichkeit parat haben. Sollen sie in ihrer sicheren Komfortzone weiterleben! Dann brauchen sie mich und meine Wahrnehmungen nicht zu fürchten. Irgendwann werden sie erkennen, dass meine Worte und mein Leiden Sinn machen. Wenn ich ständig versuche, gegen Windmühlen anzukämpfen, werde ich diesen Kampf verlieren, wahrscheinlich, weil ich mir das Leben nehmen würde, aus purer Verzweiflung. Ich zeige Verständnis für das Unwissen und die Uneinsichtigkeit meiner Artgenossen und bleibe in ihren Augen der psychisch Kranke. Nur so kann ich ihnen auf sensible Art und Weise meine Sicht näherbringen, wohlgemerkt in der Geschwindigkeit, die sie vertragen und für sich selbst als passend festlegen. Rücksicht hindert mich am Fortschritt. Das ist andererseits auch gut so. Denn dadurch erst wird menschliche, soziale und emotionale Weiterentwicklung rückblickend möglich, sodass Harmonie und ausgleichende Gerechtigkeit wirksam werden. Eiserner Wille weicht sensiblem Verständnis. Doch eines werde ich niemals wieder tun: mich verbiegen oder verstellen. Denn wirklich leben werde ich einzig und allein, wenn ich selbst meine Sensibilität zeige und ihr in ihrer natürlichsten, direkten Form und Stimmigkeit Ausdruck verleihe. Dann bin ich authentisch. Glücklich, friedlich, genesen. Als Mensch, als Zeichen von Göttlichkeit, als natürliches Lebewesen. Ihr lebt nach dem Leitsatz: Die Kröte, die nach mir kommt, fresst ihr eben ganz allein. Froschkönig. Wir sind quasi die Vorkoster des Königs. Wir erhalten unsere Art, indem wir auf Gifte überreagieren, und Ihr lebt, so gesehen, auf unsere Kosten. Alles, was wir wollen, ist: natürlich zu sein. Herzlich. Mensch. Ihr aber wollt berühmt, mächtig und reich werden – durch unser und durch fremdes Leid. Für Euren Hass gibt es keine wirklich guten Gründe mehr, bloß noch billige Ausreden und faule Entschuldigungen. Doch den persönlichen Ballast der Ahnen für das eigene Leben zu verwerten, ist besser, als über andere hinter ihrem Rücken zu lästern. Denn dies allein ruft wirksame Veränderung hervor."

„Mich haben sie aufgrund meiner Sichtweise vorzeitig in Pension geschickt. Ich habe das seltene Glück, amtlich und auf immer von der Lohnsklaverei befreit worden zu sein. Das ist doch nur Ausdruck meiner Hochsensibilität. Dasselbe wäre auch für alle anderen Hochsensiblen möglich, denn vor dem Gesetz sind alle Menschen gleich zu behandeln. Das Problem ist, dass all die kranken und leidenden Gleichgesinnten es nicht wagen, von ihren sensiblen Wahrnehmungen zu sprechen, dass sie ihre genetische Veranlagung namens Hochsensibilität nicht mit ihren Leiden in einen ursächlichen Zusammenhang bringen, aus Angst, als verrückt abgestempelt oder als Weichei beschimpft zu werden. Doch gerade darin liegt die Lösung. Pension soll kein Ziel sein, sondern vielmehr eine Möglichkeit finanzieller Grundsicherung, um sich nebenher für soziale Dienste, Öffentlichkeitsarbeit und Aufklärung engagieren zu können. Kein Golden Handshake, sondern ein Golden-Sense-Shake. Darum blieb mir auch der echte Pensionsschock in Form von Herzinfarkt oder Hirnschlag erspart. Weil ich mich im Bereich der Selbsthilfe engagiere. Die meisten Menschen holen sich jahrzehntelang ihre Ohrfeigen ab, schlucken und schweigen geduldig, mit dem Ziel, im Austausch für die lebenslängliche Unterwerfung irgendwann in den wohlverdienten Ruhestand treten zu dürfen. Ende mit der Unterdrückung - vorbei der Traum. Ruhe sanft in Ewigkeit! Ich aber möchte in alle Ewigkeit leben. Wie bitte? Ich weiß, wovon ich spreche. Dass man mir bereits in meinem relativ jungen Alter eine Pension zugesprochen hat, ist ein Auslöser gewesen für ein dumpfes, unbewusstes Gefühl von Nutzlosigkeit und dadurch auch Grund für schwere Depressionen. Gedanken von Sinnlosigkeit und unterschwellige Selbstmordabsichten sind an der Tagesordnung gestanden - obwohl ich den sehnlichsten Wunsch nach Leben und Frieden habe. Gelegentlich habe ich mit dem Wunsch nach Betäubung geliebäugelt. Wenngleich Pension einen natürlichen Lebensstil im eigentlichen Sinn ermöglichen sollte, ist der Schock dieser Nachricht wie der Fall in ein tiefes, schwarzes Loch, eine bodenlose Erfahrung. So wie man dies aus dem Jugendalter kennt, nämlich aus Träumen in jenen nächtlichen Traumphasen, die sich im Zeitraum vor der alles entscheidenden Berufswahl auftun. Hochleistungsdenken und Schaffensdrang wurden leider zur traurigen Normalität."

„Heute weiß ich, dass die nächste Generation die natürliche Freiheit schon viel früher wird erleben dürfen. Sie lassen sich das bestimmt nicht so lange gefallen wie wir. Sobald die jungen Wilden selbst über ihr Leben bestimmen dürfen, werde ich ihnen den Weg ins Glück und zu innerem Reichtum und seelischem Wohlstand abseits materieller Werte eröffnen und sie dabei begleiten. Ich werde sie in ihrer Ausdruckskraft sensibler Verletzbarkeit bestärken, denn eines weiß ich ganz gewiss: Ein Leben in der Stadt, in diesem unnatürlichen Lebensumfeld zwischen Lärm, Staub, Schmutz, Strahlung, Elektrosmog und anderem Gift für Körper, Geist und Seele kann der Mensch niemals zu sich und zum für ihn ursprünglich bestimmten Frieden finden. Feinfühligkeit zu leben, bedeutet dort, zugleich verletzt zu werden. Resilienz ist ein Schutzprinzip. Ich bin pensioniert worden, weil ich für diese grobe, ungastliche Gesellschaft von Natur aus zu sensibel bin. Pension als Reparationszahlung - weil andere die Nutznießer meiner besonderen Begabung gewesen sind. Ich tauge nicht länger zum Nießbrauch menschlichen Stumpfsinns. Die Reizüberflutung hindert mich daran, mich gesundheitlich - also körperlich, geistig und seelisch - vollends zu entfalten. Im normierten, geregelten Alltag wird meine besondere Sinnesfunktion äußerst stark, wenn nicht gar brutal beeinträchtigt. Hochsensibilität ist der darunterliegende Sinn als Erbanlage, der jedoch die längste Zeit als solcher negiert und missachtet wurde, sowohl von mir als auch allen anderen Menschen auf diesem Planeten. Darum habe ich auch den rechtmäßigen Status eines Behinderten zuerkannt bekommen, aber nicht, weil ich behindert bin, sondern, weil ich aufgrund meiner genetischen Veranlagung durch die schädigenden Einflüsse meiner Umwelt behindert werde. Behinderung ist keine Krankheit, sondern eine Definition. Als Behinderung gilt jede Auswirkung einer nicht nur vorübergehenden körperlichen, geistigen oder psychischen Funktionsbeeinträchtigung. Der Begriff umfasst auch jede Beeinträchtigung der Sinnesfunktionen, die geeignet ist, die Teilhabe am Leben in der Gesellschaft zu erschweren. Jede schädigende Einwirkung auf meinen Organismus hat Auswirkungen in Form von Sinnesstörungen zur Folge und stellt für mich zugleich eine wesentliche Beeinträchtigung meines Heilzustandes dar. Ich bewege mich sehr wohl im Rahmen geltenden Rechts. Ich kann nichts dafür, wenn bisher noch niemand besondere Feinfühligkeit als genetische Ursache von Krankheit zugrunde gelegt hat. Trotz allen Auffassungsunterschieden zeugt es zudem von liebespendender Selbstfürsorge und ausgeprägter sozial-emotionaler Intelligenz, in gesundheitlich ungewisser Zeit für etwaige Eventualitäten vorzusorgen, sowie für die Sicherung familiärer Grundbedürfnisse vernünftig einzustehen. Oder etwa nicht? Selbstvertrauen ist begründet in persönlicher Selbstbestimmung durch persönliche Begabung mit dem sechsten Sinn. Von Natur aus."

„Man mag es betrachten, wie man möchte – ich habe gelernt, mich über Wasser zu halten. Es kann einfach nicht im Interesse der Öffentlichkeit liegen, alle anderen neben mir in den Fluten der Überreizung ersaufen zu lassen. Ein Kapitän verlässt sein sinkendes Schiff nicht, ohne seinen letzten Passagier in Sicherheit gebracht zu haben. In Anlehnung daran kann mangelndes Verantwortungsbewusstsein seitens der Öffentlichkeit nicht länger den Leidenden gegenüber als deren eigene Schwäche attestiert werden. Aufgrund der neuesten wissenschaftlichen Erkenntnisse wird die Schuldfrage neu zu klären sein. Gesetz regelt Macht. Und Ohnmacht. Ebenso wie Religion. Wirklicher Glaube regelt und überlegt nicht, sondern fügt sich edelmütig und entschlossen dem Moment."

„Justiz ist im Grunde genommen eine Einrichtung zur Justierung disharmonischer Erscheinungen innerhalb demokratischer Normsysteme. Ich denke, dass Justiz selbst neu justiert gehört und sich dieses Themas ernsthaft anzunehmen hat. Zunehmend entwickeln sich die Konsequenzen gesellschaftlichen Konsum- und Leistungsdrucks zum Staatsproblem. Wie Du bestimmt weißt, gelten die innere Sicherheit eines Staates sowie dessen äußere Sicherheit als zunehmend voneinander abhängig. Es ist die Aufgabe des Innenministeriums, die Bevölkerung vor Gefahren zu schützen, auch vor solchen, die sich aus dem Inneren der Gesellschaft selbst entwickeln. Spätestens an diesem Punkt sollte Dir einleuchten, dass Unwissenheit nicht vor Strafe schützt. Ist es denn ansonsten anders? Die Strafe ist die Krankheit und das qualvolle Leiden der Unwissenden. Das Problem in unserem kranken Gesundheitssystem ist, dass die Forschungsergebnisse über Hochsensibilität noch nicht in das Bewusstsein der Mehrheit und auch nicht in die Praxis unserer Systeme eingeflossen sind. Und diese Tatsache stellt ein beachtliches Gefahrenpotenzial dar. Dem Modus Operandi liegt in jedem einzelnen Fall eine Reizüberbelastung der persönlichen, genetischen Veranlagung mit Hochsensibilität zugrunde. Unwissenheit macht Menschen zu Tätern. Oder zu Opfern. Beides sind extreme Ausprägungen basaler, aufgestauter Aggressionen, die auf ein Unverständnis gegenüber der eigenen Veranlagung zurückzuführen sind."

„Unsere Krankenkassen und Ministerien veröffentlichen allerlei Statistiken, sprechen betriebswirtschaftlich gedachte Warnungen aus, doch die Produzenten betreiben weiter zwielichtige Werbung und schmeißen den Menschen - ob sensibel oder nicht, ob Eltern oder Kind - lauter toxischen Mist hin, inklusive Gegengift zur erfolgversprechenden Lebensverlängerung. Eine Leberkäsesemmel beispielsweise hat mehr Vitamin C durch beigefügtes Konservierungsmittel ‚Ascorbinsäure' als ein Sack Zitronen. Niemand fördert den Schutz persönlicher Sensibilität, die Folgen durch Reizüberflutung jedoch werden gewinnbringend bekämpft. Und stillschweigend. Alle verdienen sie am Leid von Milliarden Menschen. Am liebsten ohne Lärm, ohne lästige Fragen, ohne viel Aufsehen. Wird es einmal zu laut, dann sind freilich die Aufständischen daran schuld. Massenvernichtung vom Feinsten: W-LAN, Industriekantinen anstatt gesunder Wirtshauskultur, technische Mobilität als Grundvoraussetzung für Nahrungsbeschaffung, körperliche Leiden durch Bewegungsmangel, Nebenwirkungen aus Medikamenteneinnahme, und seelische Vereinsamung als sehnsuchtsstiftende Selbstvernichtungsstrategie hochsensibler Individuen. Der Fortschritt durch Technologisierung und Computerisierung verursacht nebst anderen Negativsymptomen auch viele neue Quellen elektromagnetischer Strahlung. Dementsprechend gelten Radiostationen auch als Störsender. So wie elektromagnetische und andere Strahlen den Magnetsinn des Menschen stören, stören auch diese die natürliche Empfindlichkeit des Menschen: ihre Sensibilität. Wir bräuchten einen Faraday'schen Käfig, um uns wieder zu besinnen. Durch diese Störfelder verlieren wir den Zugang zu unserer inneren Bestimmung. Natürlichkeit wird außer Kraft gesetzt. Der Sinn meldet sich zwar hin und wieder, doch wir können ihm nicht mehr mühelos folgen. Durch diese störenden Strahlungen und andere toxische Einflüsse werden elektrische Felder in unserem Hirn induziert und Chemikalien in unsere Organe gebracht. Unsere in natürlicher Atmosphäre funktionierenden Magnet- und Sensibilitätsrezeptoren werden dadurch außer Kraft gesetzt. Die dem Menschen als wirksamste Energie mitgegebene Sensibilität stumpft folglich ab und geht über

Generationen verloren. Wir laufen Gefahr, irre zu werden und entrücken zunehmend unserem natürlichen Ursprung."

„Die letzten Hochsensiblen stecken wir in Irrenanstalten, und wir zimmern uns ein bequemes Bild zurecht, wonach sie Verrückte seien. Für eine sich selbst verherrlichende und als demokratisch bezeichnende Gesellschaft ist das ein Armutszeugnis. Sie enttarnt sich als eine Gesellschaft, in der der Einzelne jeden Bezug zu seiner eigenen, sozial-emotionalen Intelligenz als einem Geschenk schöpferischer Natürlichkeit verloren hat. Diese Gesellschaft tritt auf als Multiplikator vereinsamter, von Angst geplagter, deprimierter, frustrierter, destruktiver, von Hass, falscher Scham und Sühne erfüllter Wesen. Rassismus und Gender Mainstreaming also – die letzten traurigen Aufhänger für die wirklichen Ursachen des Ausnahmezustandes in der Welt? Oder doch der Versuch, zwischen angeblich sozial Schwachen und arbeitendem Volk Hass zu schüren? Zwischen Inländern und Ausländern? Zwischen Einheimischen und Asylanten? Zwischen Schwarzen und Weißen? Zwischen Linken und Rechten? Paradoxe Intervention? Advocatus Diaboli versus Advocatus Dei. Gegensprecher versus Fürsprecher. Einzig und allein Selbstsprechung ist Fürbitte für persönliche Heiligsprechung. An dieser Stelle möchte ich übrigens erwähnt wissen, dass nicht Du als Arbeitnehmer mit Deinen Abgaben meine Pension bezahlst – auch nicht irgendein Arbeitgeber. Nein. Sondern jeder Konsument, mich inbegriffen. Wir kaufen uns selbst. Das ist das Perverse an der Sache. Du glaubst mir nicht?"

„Hier das Exempel: Der Konsument zahlt 100 % für eine Mechanikerstunde. Davon bekommt 10 % der Arbeiter aufs Konto, 25 % der Chef, 50 % der Staat, 15 % der Energie- und Materialhersteller sowie das Merchandising des Firmengebäudes. Die Autohersteller verdienen bei jedem Ersatzteilverkauf, den wiederum der Konsument bezahlt. Behaupte also bitte nie wieder, dass Du mit Deinen Abgaben meine Sozialleistungen bezahlen würdest, die ich als Konsument inklusive Deines Gehalts zuvor bar bezahlt habe, inklusive des Gewinns Deines Arbeitgebers, inklusive der Sozialabgaben und Steuern für die Erhaltung des Sozialsystems. Jetzt fragst Du Dich bestimmt, woher dann der Verbraucher das Geld hat? Bingo: vom Verbraucher. Hm. Dann steuern ja nicht irgendwelche Großen dieses Schiff, sondern jeder von uns selbst? So ist es. Du und ich. Wir beide. Und damit wir das nicht erkennen und zusammenfinden, hetzen sie uns gegeneinander auf. Ich allein bin dafür verantwortlich, was ich mit meinem Geld kaufe, wen ich bezahle, was ich tue. Kaufen muss ich – noch. Deshalb achte ich ab jetzt darauf, dass ich Güter kaufe, die für meine Natur auch gut sind. So wie es im Wort schon steckt: Ich werde keine Be-sorg-ungen mehr machen und achte ab jetzt darauf, Müll und Technologie zu vermeiden und strebe danach, wieder zu einfachen, natürlichen Mitteln zurückzukehren. Dafür zahle ich weniger und brauche darum auch weniger Grundeinkommen. Auf mehrere Generationen aufgerechnet, wird Geld dadurch an Wert verlieren, während wirkliche Werte, nämlich, menschliche Grundwerte wieder an Bedeutung gewinnen werden. Das klingt genau so einfach wie es auch ist. Jetzt ist Dein stärkstes Argument gegen die sogenannten Sozialschmarotzer entkräftet. Erst jetzt wirst Du die wirkliche Ursache deines Neides und Deiner Intoleranz erkennen dürfen: die unfreiwillige Versklavung Deiner eigenen Feinfühligkeit und Deine gekränkte Seele in einer Konsumgesellschaft, die Dich an Deiner persönlichen Entfaltung hindert. Wenn nicht Du selbst Dich daran hinderst aus Gründen der Bequemlichkeit ... Bisher bist Du arbeiten gegangen, weil Dir für das Monatsende Geld versprochen wird. Deine Arbeit schießt Du voraus. Ob sie auch bezahlt wird, sei dahingestellt. Bei einer Firmenpleite schaust Du durch die Finger. Denn Dir schwebt immer nur Dein Konsum vor: was Du Dir für Dein teures Geld kaufen und mitnehmen kannst. Dein Streben ist überhaupt auf Nehmen geschult und ausgerichtet, nicht auf Geben. Ich habe gelernt zu arbeiten, weil ich dadurch einen Teil meiner sozialen und emotionalen Intelligenz verschenken darf. Dafür bekomme ich soziale Zuwendungen des Systems, damit auch ich meine Grundbedürfnisse stillen darf. Mit dem Zweck, unseren natürlichen Lebensraum schätzend und achtend beim Regenerieren und Heilen helfen zu dürfen. Wir sind sozusagen Genesungsbegleiter der natürlichen Schöpfung. Mein wirksamster Lohn ist innerer Reichtum durch Dankbarkeit. Es mag vielleicht blöd oder schwülstig oder weltfremd klingen, ist es aber nicht."

„Wir haben es selbst auf die Spitze getrieben. Jetzt dürfen wir es auch selbst wieder ins Lot bringen. Besser gemeinsam als einsam. Ich weiß, dass es zwischen Gut und Böse viele Grautöne und komplizierte Zwischenbereiche gibt, die zuweilen schwer zu verstehen sind. Deshalb sollten wir uns nie nur auf das Oberflächliche konzentrieren oder über andere urteilen, ehe wir sie wirklich verstehen. Seelische Wunden aufzumachen, tut zwar sehr weh, und doch ist es gesund, weil sie dadurch erst heilen können. Darum gilt die Haut auch als der Spiegel der Seele. Für ihre Regeneration hat uns die Natur ein Heilmittel geschenkt: den Schleim von Nacktschnecken. Obwohl Du bislang bestimmt gedacht haben könntest, dass diese Wesen keinen Sinn und keine Lebensberechtigung hätten - Natur hat immer einen Sinn und erfüllt immer einen Zweck. Ebenso wie meine Natürlichkeit in Form von Hochsensibilität. Auch sie ist Reinigungsmittel mit Sinn und Zweck. Mag es noch so notwendig sein, den Spiegel zu putzen, um eine klare Sicht auf das Bild zu bekommen, es selbst kannst Du nur verändern, indem Du die Natürlichkeit des Originals freilegst. Das Bildnis des Dorian Gray?

Menschen, die gerne im Alleingang die Rechnung begleichen, handeln womöglich nicht so, weil sie reich sind, sondern weil sie Freundschaft und die Freude zu geben für wichtiger halten als Geld, sie es sich jedoch nicht sagen trauen, aus Angst, unter Umständen abgewiesen zu werden. Menschen, die in der Arbeit die Initiative ergreifen, machen das nicht etwa, weil sie dumm sind, sondern, weil sie durch ihre Leistung etwas beitragen und Zuneigung und Lob bekommen wollen, dies aus Angst vor Verletzungen der eigenen Scham aber nicht mitteilen können. Menschen, die sich nach einem Streit zuerst entschuldigen, machen das womöglich nicht, weil sie notwendigerweise falschliegen, sondern, weil sie ihre Mitmenschen wertschätzen und auch sich selbst Fehler eingestehen können. Denn, Fehler zu machen, als Wagnis und als Bereitschaft, erfordert schon sehr viel Mut. Sich dafür zu entschuldigen, verlangt einem noch viel mehr ab, nämlich Aufrichtigkeit. Menschen, die Dir oft schreiben, tun das vielleicht nicht, weil sie nichts Besseres zu tun haben und Dir damit auf die Nerven gehen wollen, sondern, weil Du Dich immer in ihren Gedanken befindest, sie jedoch Angst haben, es Dir persönlich zu sagen, wie sehr sie Dich lieben. Wer weiß – Du könntest die Liebe ja mit Verliebtheit oder sexuellem Verlangen verwechseln."

„Durch unser entfremdetes Verhalten, aus Schamgefühl und Angst heraus haben wir Menschen uns auseinandergelebt. Den sozialen Kontakt haben wir durch das Verbergen unserer Emotionen vernachlässigt und uns individualisiert. Wir haben uns selbst und unsere Feinfühligkeit und Sensibilität ausgegrenzt und alles ganz tief in unserem Inneren weggesperrt. Durch ein Schweigen darüber, durch normiertes Verhalten. Dadurch wurden wir zu Vermissten, zu Sonderlingen, zu Inhaftierten unseres Selbst. Aus primärem Leben im Moment wurden Sekunden, Minuten, Stunden, Tage, Wochen, Monate, Jahre, Jahrzehnte, Jahrhunderte, Jahrtausende ... Die Momente vergingen, und immer mehr versagten wir uns unsere Selbstliebe, die Liebe zu unserer Sensibilität, die Liebe zu unserem größten Geschenk, dem Geschenk des Lebens. Lieben wir unsere Natürlichkeit denn noch? Und unsere natürliche Schöpfung? Was wurde nur aus unserer Liebe zum Göttlichen in uns?! Je mehr wir die Verbundenheit zu unserer von Natur aus mitgegebenen Sensibilität verloren hatten, desto isolierter wurde unsere emotionale und soziale Ader, das Mitgefühl zu unseren Mitmenschen. Undankbarkeit ließ uns zu Kreaturen erwachsen."

„Eines Tages betrachtete ich die Abbildungen meiner Eltern und ich fragte sie, wer diese Menschen dort auf den Fotos wären. Mit verkniffenen Tränen in den Augen lächelten sie, weil diese Frage ihre Herzen berührt hatte und sie ihre Sensibilität nicht offenbaren konnten. Und sie sagten, dass dies die Menschen sind, die mit mir gemeinsam die beste Zeit ihres Lebens verbringen durften."

„Allein in Österreich leben 1,7 Millionen Menschen unter 19 Jahren. Diese Kinder und Jugendlichen haben keine Lobby. Es ist eigentlich die Aufgabe der Politik und der Gesundheitsbehörden, die Versorgungsqualität für Kinder nachhaltig zu verbessern, Defizite in der Kindergesundheit aufzuzeigen und Lösungen für etwaige Engpässe zu finden. Und das Zurückhalten dieser für die persönliche Entfaltung eines jeden Menschen doch so wichtigen Information von besonderer Feinfühligkeit als genetischer Veranlagung des Menschen ist ein Defizit, das uns allen Chaos und Unzufriedenheit gebracht hat. Wir müssen zusammenhelfen und alles in unserer Macht Stehende unternehmen, um unsere Kinder zu schützen - nicht nur in Österreich, sondern auf der ganzen Welt. Wie wir alle wissen, sind Kinder und Jugendliche die zukünftigen Erwachsenen, wie auch wir selbst einmal Kinder waren. Ihnen gehört die Zukunft. Indes, das haben wir vergessen. Jetzt wissen wir nicht mehr ein und aus. Darum sollten wir uns wieder auf die Mitte besinnen: die Mitte unseres Seins. Und uns unserer Sensibilität besinnen. Es ist wichtig, dass wir wieder lernen, auf unsere sensible Bestimmung zu hören. Ganz sanft möchte sie uns in Sicherheit wiegen. Ruhe und Stille sind sehr wichtig. Distanz. Rückzug. Genieße es und lass dich fallen. So wie der Himmel weint, brauchen auch wir die Tage der Tränen. So wie die Sonne strahlt, haben auch wir die Momente der Freude. Sich jeden Moment das zu gönnen, was die sensible Seele, unsere Sensibilität, unser Grundlebenssinn, unsere Natürlichkeit uns sagt, ist die Kunst, um die notwendige Wende von Schmerz und Leid in Heil und Zufriedenheit zu vollziehen. Für uns selbst. Für uns als Menschheit. Für alles Leben. Für Vater Kosmos und Mutter Natur. Hier und überall. Über All. Unter all unserer Verbitterung liegt diese Energie von liebenden Seelen begraben. Indigo. Indipendence goes. Unabhängige geht!"

„Die Kinder dieser Welt sind vielleicht unsere allerletzte Chance. Ich bin ein Mann, der durch ihre Augen wieder sehen und in ihren Spiegelbildern wieder lieben hat lernen dürfen. Ich für meinen Teil habe 39 Jahre lang die Lösung meiner Probleme innerhalb einer Gesellschaft gesucht, die sich ihres Erwachsenseins allzu sicher ist. Mittlerweile tragen mir die Eltern dieser Gesellschaft ständig die Bilder meiner Vergangenheit nach. Weil sie selbst an der Stelle stehen bleiben wollen, an der sich jeder von ihnen befindet. Nicht aus Sturheit, sondern aus Mangel an aussichtsreichen Möglichkeiten und aus Orientierungslosigkeit heraus. Ich bin ihnen zu Dank verpflichtet, doch ist ihr Weg nicht mehr der meine. Meine persönliche Bestimmung ist es, mich weiter-zuentwickeln. Das kann ich höchstens mit Menschen, die gleichfalls zu persön-licher Entwicklung und natürlicher Entfaltung bereit sind. Dazu zähle ich alle

Kinder auf dieser Welt, die Mutter meiner Tochter, meine Therapeuten und eine Handvoll anderer Menschen in meinem Umfeld. Obgleich es da draußen bestimmt noch viele gibt, die sich mir bestimmt bald zeigen werden und denen ich mich bereits im Voraus zutiefst verbunden fühle. Ich widme meine gesamte Kraft und Energie, um im Zeichen des Friedens für sie einstehen zu dürfen. Sie brauchen uns Erwachsene nicht dazu, um von uns belehrt oder für unsere eigene Entwicklung benützt zu werden. Vielmehr sehe ich es als meine Verantwortung, ihnen als beschützender Freund zur Seite zu stehen und mich für den Schutz ihrer Sensibilität einzusetzen. Wir brauchen in der Schule keinen Religionsunterricht, der schon unsere Kinder in Verschiedenheit schult, sondern Zeit für Sinnfindung und Selbsterkenntnis im Sinne unserer genetischen Veranlagung namens Sensibilität."

„Mich und meine Gefühlswelt zu verschließen, war bislang die einzige Möglichkeit, um in einem toxischen Umfeld überleben zu können. Es war niemals ein Weg zu wirklichem Leben, dafür aber eine Gratwanderung zwischen Leben und Tod. Und ich leide darunter, weil ich die Wirklichkeit kenne und Du wie alle anderen auch Eurem eigen Fleisch und Blut kein gesundes, heiles Leben ermöglichen wollt, was übrigens nichts mit Geld zu tun hat. Denn Ihr seid es, die sie bremst und an persönlicher Entfaltung hindert, Ihr diejenigen, die ihnen einen ungesunden Lebensstil und ein verrücktes Werteempfinden vermittelt. Mitunter ist dies der Grund dafür, weshalb unsere Kinder so oft krank sind, verschnupft, bettnässend, zornig oder unaufmerksam, der Grund, weshalb sie geschwollene Lymphknoten haben, Epilepsie, dunkle Augenringe, Fieberblasen, Nasenbluten, Albträume, Aggressionsstörungen und ADHS - ihr Körper, ihr Geist und ihre Seelen arbeiten auf Hochleistungsbetrieb und sind permanentem Stress ausgesetzt. Sie kommen in diesem unwirtlichen Lebensumfeld kaum bis gar nicht mehr zu ernst zu nehmender Entspannung. Wirksames Gegengift: leistungssteigerndes Amphetamin wegen paradoxer Wirkung bei Hochsensiblen. Doch Ritalin kann ADHS nicht heilen, es dämpft nur die Symptome. Weil die Anzeichen des Verhaltens ganz natürliche Folgen anhaltender Reizüberflutung sind. Die Nebenwirkungen des Medikaments sind dabei mehr als bedenklich. Ich möchte, dass Euch bewusst wird, dass Ihr dafür mitverantwortlich seid - nicht ich, nicht Eure Kinder, kein Arbeitgeber, kein Geld und keine sonstige Ausrede. Und unsere Kinder spiegeln das wider, indes, nicht aus Garstigkeit, sondern weil sie uns lieben, wenn sie uns zeigen, was falsch läuft, indem sie uns damit emotional verletzen. Sie wollen unsere Emotionen wecken, uns auf der feinsinnigen Ebene begegnen, die Mauern um unsere Sensibilität einreißen. Als Spiegel unserer Selbst."

„Auf Dauer wird uns diese emotionale Vernachlässigung und emotional-soziale Inhaftierung alle noch das Leben kosten! Eine Zivilisation, die ihre Kinder vernachlässigt, gefährdet das Überleben der Spezies. Das ist traurige Gewissheit. Es ist ganz gleich womit Du Dich eindeckst – ob mit Musik in einer Klangwolke, ob mit Liebe auf Wolke Sieben, ob mit Parfum in eine Duftwolke, ob mit Industrie in eine Staubwolke. So wie sie Dir zu geglaubtem Schutz verhilft, wird sie für andere zum Übel. Weil sie im Wesentlichen stets nur die natürlich sensible Bestimmung bedeckt. Erst wenn wir unsere Schutzmechanismen, unsere technologischen Schutzschilder und unsere rosaroten Brillen ablegen, unserem Gegenüber die Verletzbarkeit unserer sensiblen Seele aufrichtig offenbaren, ja erst dann formen wir unsere Realität zu einem Meer der Liebe. Mittels Aufklärung über die eigene Begabung durch natürliche Schöpfung – bis heute Gott zugesprochen – werden sich Liebe und Verständnis entfachen, und Selbsterkenntnis wird möglich. Schamgefühle bezüglich der eigenen Feinfühligkeit verblassen. Sensibilität wird sich selbst eingestanden. Aufrichtig und offen. Das A & O in Deinem neuen Leben. Menschlichkeit wird wertvoller als Konkurrenz, Kampf und Krieg. Harmonie und Frieden werden wirksam, allem voran durch die Bereitschaft zur Selbstfindung. Die Kranken und Verunfallten unter uns sind sozusagen die Indikatoren für den durch die Menschheit selbst initiierten, toxischen Fortschritt, für auf Technologie basierende Fehlentwicklung. Die Ersten, die es trifft, sind die Wehrlosen und die Hochsensiblen. Der Mensch ist nun einmal ein Gewohnheitstier. Anerkenne Deine bisher in sehr negativer Form bezeichnete ‚Abhängigkeit' ab jetzt schlicht als ‚Ort der Sicherheit'. Dadurch wird Dir Dein Handeln wieder bewusst und Du darfst dein Mittel der Sicherheit nach eigenem Ermessen ergreifen oder loslassen. Schnell wirst Du erkennen, ob Dir Deine bisherige Ablenkung als Diener noch beisteht oder sie Dich bereits selbst zum Sklaven gemacht hat. Dadurch übst Du Dich darin, wieder Dein eigener Meister zu werden. Spende Dir Gelassenheit und Ruhe. Sei lieb zu Dir selbst. Unbewusste Abhängigkeiten und Muster der Gewohnheit lösen sich folglich in Wohlgefallen auf. Dort, wo Unsicherheit durch Missbrauch herrschte, erwächst Sicherheit aus Bewusstsein. Seele und Geist werden zu Teamspielern. Heilung wird wirksam, und Deine Natürlichkeit wird zu neuem Leben erblühen. Friede und Harmonie im natürlichen Biorhythmus universeller Schöpfung erwachsen zu neuer Wirklichkeit. Sensibilität bringt Licht ins Dunkel."

„Oder muss es denn ernsthaft erst dazu kommen, dass auch Du den körperlich-geistigen Point-of-no-Return erreichst? Damit Du spätestens dann durch seelische Kraft aus der Dunkelheit der Verblendung auferstehen darfst und das ausschließlich auf Deine Dir bislang bekannten fünf Sinne begründete, fokussierte Denken aufgibst und Deinen innersten Wesenskern - deine Sensibilität - zu neuem Leben erweckst? Weil sie es ist, die Du dann als fehlgeglaubten Gott um Hilfe anflehen wirst? Hilf Dir selbst, dann hilft Dir Gott! Du bist Gott! Du bist Natürlichkeit! Du bist Dein sechster Sinn!"

„Bitte sieh endlich einmal ein und erkenne, dass Du der Mittelpunkt Deines Universums bist. Du brauchst nicht mehr darum zu kämpfen. Du hast es bereits geschafft. Nichts und niemand kann die Welt so empfinden wie Du selbst. Du bist einzigartig. Ohne Dich gibt es nichts in Deinem Leben außer Fremdbestimmung. Hast Du das erst einmal akzeptiert wie auch die Tatsache, dass Dir dieses tiefe Empfinden niemals jemand wegnehmen kann, dann wirst auch Du einem jeden anderen Menschen und Wesen seinen Freiraum und seine Selbstbestimmung zusprechen. Angst und Scham werden weichen. Friede wird zum kosmischen Einheitszustand. Ganz gleich ob 'Berg Heil', 'Ski Heil', 'Petri Heil' oder 'Weidmanns Heil' - heil wirst du nur, wenn Du Dich und Deine Sensibilität als Lebenselixier annimmst. Denn durch Beschäftigung oder anderweitige Ablenkungen wurde noch niemals jemand heil, ganz im Gegenteil. Dadurch ist immer nur Leid für den Nächsten entstanden, also im Endeffekt auch für einen selbst. Und wir Hochsensiblen wollen keinen Geheimbund zurückgezogener Nörgler und Heuler begründen, sondern heilen. Dazu müssen wir unsere Erkenntnisse weitersagen und unsere Lebens- und Leidensgeschichten öffentlich beichten. Aufrichtigkeit ist die wesentliche Voraussetzung dafür. Denn alles, was in Bewegung bleibt, darf heilen. Unbewegliche Gewässer wie etwa Seen, in denen das Wasser staut und steht, sind zum Versumpfen verdammt. Mit der Sensibilität verhält es sich ähnlich. Wer Dinge nach außen hin schönt, wird seine innere Hässlichkeit nie vollends ablegen können. Wenn wir es schaffen, Wissen und Weisheit im Austausch mit unseren Mitmenschen zu vereinen, um unsere bislang geglaubte Schwäche zu unser aller Stärke zu machen und dadurch gemeinsam Erfahrung, Kraft und Hoffnung zu teilen, ja dann wird diese Idee uns bis dahin ungeahnte Möglichkeiten eröffnen, die einem lang anhaltenden Frieden und der Harmonie den Weg ebnen. Erst dann werden wir im Einklang mit unserer Bestimmung gerecht sein und eine momentane Freiheit leben, die unsere Vorstellungskraft und Wünsche bei Weitem übertrifft. Jetzt ist der Moment, die eigene Sensibilität zu honorieren. To honor us. Horus. Uns zu beichten. Be-ich-ten. Bin ich zehn."

„Eines aber möchte ich an dieser Stelle noch loswerden: Jede Technik und jede den Organismus schädigende Substanz hat ihren Ursprung dennoch in der Natur. Menschen, die die Zivilisation für ein Leben in der Natur verlassen, werden eins mit ihr, werden sensibel, dankbar, zufrieden, gläubig und glücklich.

Menschen, die vom Land in die Stadt ziehen, werden krank, gereizt, unglücklich, depressiv und unsensibel. Glaubst Du wirklich, dass die Natürlichkeit des Menschen daran Schuld trägt? Oder sind es vielmehr die toxischen Erfindungen des Menschen? Die Menschheit als Ganzes ist der Störfaktor. Was die Natur gibt, nimmt die Natur auch wieder. Im Endeffekt kommt die Natur mit noch so schadhaften Erscheinungen klar. Doch wir Menschen sind es, die diese Genialität der Natur nicht überstehen werden. Denn wenn wir selbst als Schädlinge auftreten, wird die Natur auch uns bekämpfen, wobei dieser Kampf seinen Höhepunkt bereits erreicht hat. Mit anderen Worten, die menschliche Niederlage hat ihren Tiefpunkt erreicht. Anstatt ihre liebende Unterstützung dankend anzunehmen, vernichten wir weiter. Der Mensch begegnet sich nicht auf der Höhe seines Potenzials. Das bedeutet nicht, dass die Natur uns nicht unterkriegen möchte, sondern, dass sie uns als einen Teil von ihr im Kreislauf ewigen Lebens willkommen heißt. Sagen wir Ja zu ihr. Alle denken und fühlen, dass ihnen der Glaube an irgendetwas – selbst wenn es der Glaube wäre, an nichts zu glauben – die erforderliche Kraft spenden könnte, inneren Frieden zu finden und Berge zu versetzen. Wie die aktuelle Lage auf unserem Planeten beweist, ist dem leider nicht so. Glaube, welcher Art auch immer, tut in Wirklichkeit nur eines: Er verhilft der eigenen, bislang unerkannten, wissentlich nicht begreifbaren Sensibilität zu jener Ruhe, die der Harmonie und Ausgewogenheit des natürlichen Urzustandes am Nächsten kommt, also dem entspricht, was wir das Paradies, das Jenseits, Nirwana, Walhalla oder aber auch Gott und Himmel nennen. Ein Mönch findet daher im Glauben und in der Meditation seinen Frieden, jedoch nicht, weil er zu sich selbst gefunden hat, sondern weil er dieses Gedanken- und Gefühlskonstrukt nutzt, um es als Filter über den eigentlichen Urzustand zu legen – quasi als Lärmschutzwand um die eigene Sensibilität herum. Würde er diese Erkenntnis gewonnen haben, dass seine Sensibilität, als seelisches Merkmal und schöpferisch gegebener Lebenssinn, noch ein Stück darunter verborgen liegt, unentdeckt durch Unkenntnis seiner genetischen Verankerung, dann könnte er sowohl seinen äußeren als auch seinen inneren Ort der Sicherheit verlassen und wie das Auge eines Tornados innerhalb des Chaos menschlicher Gesellschaft wirksam werden. In aller Ruhe und Stille. Weil ihm dadurch erst bewusst wird, dass er seine Sensibilität niemals verlieren kann. Denn sie ist in sich die Formulierung eines umfangreicheren Reinigungsprozesses, das Auge im Sturm des Lebens. Körperlichkeit ist lediglich der Ausdruck, die materielle Form dafür, welche wiederum wegen des Ernsts der Lage eine sinnvolle Kehrtwende erfordert. Distanz ist eine Sache. Im Gleichklang mit seiner inneren Natürlichkeit zu leben, sie zu offenbaren, sie durch ihre Verletzung als Folge aufgetretener Leiden sich selbst und anderen aufrichtig mitzuteilen und Sensibilität zum Schutz unserer Natur zu zeigen und dafür auch einzustehen, ist eine andere Sache. Das wäre wohl das größte Meisterstück, die einzig gültige Wirklichkeit von allem. Ob Glaube oder nicht - in Wirklichkeit ist Sensibilität das Licht."

„Deshalb: Such den Einklang mit der Natur und Deinem natürlichen Feingefühl, und Du wirst Frieden, Glück und Harmonie in Deinem Leben finden dürfen, kurz, wirkliche Liebe. Du weißt, dass ich Dir sehr dankbar bin und Dich liebe. Wenn ich die Botschaft platziert habe, bin ich wie eine Wolke und lasse allen Besitz hinter mir. So wie ich auch irgendwann meinen Körper hinter mir lassen werde. Denn alles, was ich bin und darstelle, ist meine sensible Empfindsamkeit."

„Auf das Leben meiner Kinder habe ich kein Recht. Ich habe es ihnen geschenkt. Und sie haben mir das meinige zurückgegeben. Ich habe kein Recht, Ansprüche an ein Geschenk zu stellen. Ich will und kann Menschen nicht ändern. Hör in Dich hinein. Was ich machen kann, ist, den Menschen zu erklären, warum ich Dinge tue und wie ich sie tue. Ich lebe meine Einstellung. Entsprechend habe ich es satt, wenn mir jemand erklären will, dass mein Geschenk keinen Wert hat, nur weil es keinerlei Profit bringt. Ich habe mein Bestes gegeben, und dies mit edelmütigen, sinnigen Absichten, aus vollstem Herzen. Es steht jedem Menschen frei, es anzunehmen oder nicht. So habe ich meine Sicht und respektiere auch Deine. Doch bitte behaupte nicht, dass ich mich blenden lassen würde. Denn wenn ich nur eines erkannt habe in meinem Leben, dann ist es die Gabe, Recht von Unrecht zu unterscheiden. Und glaube mir: Oft verwandelt sich für mich das irdische Paradies dadurch in ein Leben wie in der Hölle. Sich bewusst dem Fegefeuer auszusetzen, ist nämlich die Hölle. Das weißt Du selbst. Ich habe mir diese Einstellung wieder erarbeitet und zurückgeholt. Das war alles andere als leicht, und doch war es einfach. Ich sehe das auch bei meiner eigenen Tochter. Sie lebt mit ihrer Mutter in der Stadt, somit gegen ihre natürliche Lebenseinstellung, und muss sich jetzt die ihrer Mutter anlernen. Darin liegt das Problem: weil sie schon bemerkt hat, dass sie das Leben und die Reizüberflutung in der Stadt überfordern. Demgemäß wird sie zornig, aggressiv und aufmüpfig. Sie leidet mit ihrer Begabung unter den schädigenden Einflüssen, sogar körperlich, wenn auch nicht bewusst, geschweige denn absichtlich. Das geschieht aus ihrem Herzen heraus, aus ihrem Unterbewusstsein. Denn aggressiv zu sein, ist angenehmer, als Trauer zu zeigen, insofern als Aggression und Zorn das Bedauern über die eigenen Unzulänglichkeiten erträglicher werden lassen. So wie die Mutter nicht in die Natur gehen möchte, so kann auch ich nicht mehr in die Stadt ziehen. Durch Städte und Verschmutzung sterben die meisten Menschen, durch unberührte Natur die wenigsten. Denn die Gefahr unseres technischen Fortschritts ist schleichend und anfangs oft unsichtbar. Wenn unsere gemeinsame Tochter Probleme und Konflikte mit ihrer Mutter hat, spiegelt sich darin nur der eigene innere Kampf mit ihren Zweifeln – jenen Zweifeln, einerseits das zu tun, was ihr Feingefühl ihr anrät, und andererseits, was ihr überlegter, eingetrichterter Verstand ihr empfiehlt. Doch eines ist bestimmt: der Verstand, verstanden als Zweckrationalität, als instrumentelle Vernunft, als Schläue auf fremde Kosten, hat noch alle Menschen ins Verderben gestürzt. Das Gefühl hingegen hat ihnen inneren Frieden und Liebe gebracht. Und ich muss dabei zusehen, weil ich von Euch nicht ernst genommen und als verrückt abgestempelt werde. Und so leide auch ich, weil ich fühle und sehe, was ihr ein heiles Leben ermöglichen würde, ich es aber nicht umzusetzen imstande bin."

„Selbstfindung ist eben ein individueller Prozess. So etwas Urpersönliches lässt sich nicht an andere delegieren. So bringen Scheinwissenschaft, Lug und Trug nur Leid in eine gesamte Familie. Es bleibt einzig und allein der Weg in den gesellschaftlichen Stumpfsinn. Darum gehe ich einen Schritt weiter in Richtung Liebe, nämlich einen Schritt zurück. Weil ich niemand anderen ändern kann. Das kleine ,Ich bin Ich'. Unsere Kinder sind nicht unsere Feinde oder Gegner, sondern unsere Chance, vielleicht sogar unsere einzige Möglichkeit. Nur durch sie und in ihnen dürfen wir weiterleben, nicht durch uns selbst. Und wenn ich nicht mein Innerstes dafür gebe – ungeachtet des persönlichen Verzichts und Loslassens von aller materiellen Fixierung –, dann wird mein Leben, unser Leben aussterben. Das ist nicht die Idee eines Wahnsinnigen, sondern wissenschaftlich bewiesen. Eure Vorstellung von Frieden ist dort, wo ihr lebt: im Störfeld technologischen Fortschrittes. Also werde ich mich völlig distanzieren und meiner Tochter sagen, warum ich mich so entschieden habe. Auch wenn es wehtut. Das habe ich gelernt. Ich mache das, weil ich meine Tochter liebe. Sie ist mein eigen Fleisch und Blut. Meine Seele und jene unserer Ahnen leben in ihr weiter. Wir alle sind ihr eigentlicher Lebenssinn, ihr verborgener Telos. Und ich weiß, dass sie ihren Weg gehen wird. Weil sie es sogar geschafft hat, mich wieder auf den meinen zu weisen. Weil ich Vertrauen in sie und unsere höhere Natur habe, in unsere Begabung. Mein Kind hat meine Feinfühligkeit geerbt, sodass auch ihre Mutter irgendwann eingelenkt hat. Sie wird Schritt für Schritt von selbst erkennen, empfinden, lernen, dass ihre feinsinnige Natürlichkeit die Grundlage ihres Lebens, allen Lebens ist, dass ihre Gene sie leiten. Früher oder später wird sie sich ebenfalls distanzieren, wie jedes sensible Wesen, aus einem grundlegenden Naturtrieb heraus, nämlich dem der Selbsterhaltung. Das Einzige, was ich somit machen kann, ist, darauf zu achten, dass meine Tochter nicht leidet zwischen meiner Grundeinstellung der Bestimmtheit und jener überlegten, angepassten Einstellung ihrer Mutter. Ich würde alles tun, um sie zu beschützen. Entführen darf ich sie nicht. Außerdem braucht sie die Liebe ihrer Mutter. Die Mutter muss selbst lernen loszulassen, und das geht nur, indem sie unsere Tochter lehrt, von sich aus loszulassen. Was wir als Eltern tun dürfen, ist, unserer Tochter Herzlichkeit, Geborgenheit, Nähe und Wärme zu spenden, sicherheitsspendende Gefühle in jeder Hinsicht. Dadurch vermitteln wir ihr Vertrauen, Schutz, Verständnis. So bilden wir für sie Schutzzonen, in der sie ihre Veranlagung ungestört ausleben darf. Sie selbst wird es sein, die sich von uns immer weiter distanziert. Doch die innere Verbundenheit durch das Band der Liebe wird niemals abreißen. Ich habe nicht das Recht, unsere Tochter vor ihrer Mutter zu schützen. Ich würde dadurch die Natur negieren. Sie ist ihre Mama. So muss ich schauen, was sonst noch möglich ist. Meine Tochter einzusperren und sie vor der Umwelt zu beschützen, wäre noch problematischer, noch krankhafter. Schützen kann ich sie nur, indem ich mich zurücknehme und sie seltener sehe, als Zeichen absoluter und bedingungsloser Liebe. Ich will mein Kind nicht aufstacheln und vergiften, nie manipulieren oder belügen. Auch wenn ich mir wünsche, dass ihre Mutter noch schneller Einsicht zeigen könnte. Doch ich glaube, das tut sie bereits, auf ihre Weise, in ihrer eigenen, persönlichen Geschwindigkeit."

„Es ist wichtig, die richtigen Dinge zu tun, und nicht, die Dinge völlig richtig zu tun. Viele dieser Dinge sind an und für sich schon die falschen, und zwar seit Generationen. So werden mittlerweile auch Medikamente fahrlässig verschrieben und missbräuchlich verwendet. Doch gegen alles muss man nichts einnehmen. Wenn ich den Nobelpreis hätte, einen Doktortitel und Auszeichnungen sowie Geld, dann würdet Ihr mir Glauben schenken. Den zahlreichen Nobelpreisträgern zum Trotz herrscht kein Friede, keine Harmonie, kein Einklang auf unserem Planeten. Warum bloß? Nobel geht der Mensch zugrunde. Warum vertraust Du nicht auf das, was Du empfindest? Wir Hochsensiblen leiden Höllenqualen. Wartest Du, bis es Dich selbst erwischt? Dann hat doch unser Leiden gar keinen Sinn! Warum glaubst Du es nicht schon jetzt? Aus eigener, innerer Bestimmtheit? Genau! Ich weiß warum: weil Ihr verstimmt seid wie ein vernachlässigtes Instrument und wir erst am Anfang unserer Zukunft sind. Doch diese Entwicklung wird schneller vonstattengehen, als Euch lieb ist. Ich für meinen Teil weiß, dass ich die Wirklichkeit anspreche und nicht die Chimäre. Auch Du selbst bist der lebende Beweis dafür. Denn wäre dem nicht so, dann wäre für Dich und Euch alles klar und Ihr würdet mir geradewegs sagen: Verschwinde!"

„Meine Bestimmung spricht Eure durch Verstand und Wissenschaft über-legte, natürliche Einstellung an. Damit treffe ich Euren sensiblen Punkt, im Herzen Eures Feingefühls. Dort liegt die Basis unseres Lebens, unser Solarplexus, unser Sinn im Leben, unsere Empfindung. Ich habe sie bereits gefunden. Ihr müsst sie erst wieder neu entdecken. Und auch, wenn Du es nicht wahrhaben willst: Du bist bereits mittendrin. Das spüre ich. Weil ich selbst schon an dieser Kreuzung gestanden bin. Und das spürst Du genau. Weil ich die Wirklichkeit lebe und - bin. So habe ich mich lieben gelernt, und so liebe ich auch Dich, weil Du eine noch leidende Gleichgesinnte bist. Und ich liebe die Mutter meiner Tochter, weil ich erst dadurch unsere Tochter lieben darf. Ich könnte hier noch stundenlang mit Dir reden, meine Liebe. Doch würde es nichts ändern, wenn nicht Du den ersten Schritt für Dich machst, kraft Deiner eigenen Sensibilität, die Dir hilft, zu Dir selbst und einem anderen Menschen zu stehen. Uns selbst und unsere Natur dankend als vollkommen anzunehmen, ist die einzige Bestimmung natürlicher Schöpfung. Der große Leibniz hat es einst eine prästabilisierte Harmonie genannt: die beste aller Welten. Ein Entzug von den technischen Errungenschaften würde die Not ebenso wenig wenden, wie einem Süchtigen sein Suchtmittel wegzunehmen - bewusst loszulassen, das Ruder selbst zu steuern, mit Bedacht auf den harmonischen Urzustand unserer Reinheit und Natürlichkeit. Natur ist keine Gewalt. Natur ist unsere Mutter, unser Ursprung. Wenn wir sie wertschätzten, bräuchten wir sie nicht zu pflegen. Denn sie gibt selbst auf sich acht. Darin liegt die Kunst des Erwachens.“

„Natürliche Spiritualität ist der Pop des Lebens. Ich bin der Meister des schweren Metalls, der es vergoldet, der Weiße des schwarzen Rock. Wer einmal mitten in der Nacht geweckt wurde, wird sich dies für ewig merken, auch wenn er es noch so sehr verdrängen wollte. Wir Hochsensiblen gehen diesen Weg nicht unseretwegen und leiden diese Höllenqualen nicht für ein Leben zurück ins Chaos. Die Ersten würden die Letzten sein, heißt es in der Bibel. Und die Letzten werden die Ersten sein. In Musik sind unsere Gefühle und diese Botschaft für Euch Menschen konserviert. Und solange nicht das letzte Radioempfangsgerät ausgeschaltet ist, werden wir nicht verstummen. So wird die Botschaft, analog zu unserer Bestimmung, zur Wanderpredigt werden. Wenn ich da bin, bist Du dort. Wenn Du dort bist, bin ich da. So bin ich immer da, als Lebender unter den Toten. Auch wenn ich längst tot bin, werde ich leben, wie auch die Toten leben und nicht umsonst gestorben sein werden. Schweigen ist eisern, Reden ist Gold. Hier und jetzt! Gegenstände sind dazu da, um von uns benutzt zu werden. Natur und Natürlichkeit sind dazu da, um von Menschen geliebt und wertgeschätzt zu werden. Die Menschheit läuft irr, weil wir Dinge lieben und die Natur bloß benutzen. Wir erwachten Hochsensiblen erkennen das. Ihr – die wirklich Verrückten! – streitet das ab. Doomsday C-lock. Halbkreis der Verschlossenheit. Zwei Kreisläufe, die zusammenfinden. Glocken, die locken. Die Wartenden aus ihren Verstecken. Lasst uns mit allen Glocken auf dieser Welt eine neue Ära einläuten. Als Zeichen dafür, dass wir unsere Unterdrückung nicht länger dulden und alles Totgeschwiegene an die große Glocke hängen wollen. Klingelingeling ... Wir fangen an. Soll jetzt jeder zeigen, was er kann."

„Bewegung im Uhrzeigersinn entspringt der rechten Gehirnhälfte. Wahrnehmung gegen den Uhrzeigersinn weist auf die Nutzung der linken Gehirnhälfte. In welche Richtung drehen sich die Zeiger der Uhr? Nach rechts. Welche Gehirnhälfte wird da geschult? Die rechte. Perfekt. Vollendete Gegenwart. Der wirkliche, der einzige Zweck des Uhrzeigersinns ist somit gelüftet. Uhr-zeig-er-Sinn. Er zeigt Euch der Uhr Sinn. Doch Du wirst es noch immer nicht verstanden haben. Weil für Dich Erwachsensein bedeutet, solche Dinge einfach wegstecken zu können. Für mich bedeutet Erwachsensein bewusstes Wahrnehmen und Ändern. Nicht mich oder die anderen ändern, sondern die Umstände. Er-wach-sense-in. Er weicht Sinne ein. Weitsicht durch Einsicht. Alles, was Ihr wegsteckt, muss jemand anderer entdecken. Das ist unseren Nachkommen gegenüber sehr unfair. So habe ich meine bisherige Erkenntnis durch das soeben geführte Gespräch mit Dir um einen Lösungsansatz erweitert und gehe dir somit nicht länger ‚auf den Zeiger'. Ich nehme meine Diagnosen an, als beidseitige Schutzzone. Nennen wir sie der Einfachheit halber Schutzdiagnosen. Sie schützen Euch stumpfsinnig Erzogene vor Zerstörung durch Lichtgeschwindigkeit. Uns Hochsensible schützen sie vor Eurer in Sinnlosigkeit begründeten Zerstörungswut. Ich bin anscheinend meiner Zeit voraus. Ich bin sozusagen eine Nullzone. Chemisch ausgedrückt, bin ich ein Ozonloch. Dort, wo die toxischen Belastungen am schlimmsten sind, ist eine ideale Brutstätte für die Abhärtung der Sensibelsten durch Gewöhnungseffekte gegeben. Auswirkungen verpesteter Luft, aggressive Sonneneinstrahlung durch Sonneneruption, Wärme und Kälte extremer abwechselnd als anderswo. Dazu kommen die extremen Belastungen technologischen Fortschritts. Wir sind sozusagen vergleichbar mit Pilzen oder einem Schwamm, sowohl im Meer als auch an Land. Wir werden erst durch schädliche Faktoren sichtbar. Darum wachsen wir auch wie Pilze aus dem Boden, weil nämlich die schädlichen Einflüsse in unseren Breiten zunehmen. Zwar können wir uns mit Psychotherapie, Heilkräutern, Medikamenten und dergleichen helfen, doch es handelt sich um Ablenkungen, durch die wir uns nicht in die Irre führen lassen dürfen. Sonst laufen wir erneut Gefahr, danach wieder die Starken zu spielen. Viel wesentlicher ist es, die Erkenntnisse unserer schmerzhaften und folgenschweren Verletzungen mit unserer eigenen Sensibilität in Verbindung zu bringen. Mit diesem Wissen wiederum können wir unserer Natur und Mitmenschen dienlich sein."

„In diesem Sinn wirst Du so lange Geister sehen, bis Du erkennst, was sie Dir sagen wollen. Egal, ob Du träumst oder wach bist. Immer sind es Anteile Deines Selbst, Deiner Ahnen, die Dich auf den für Dich passenden Weg einstimmen wollen. Wohlwollend. Niemals mit bösen Absichten. Unsere Bequemlichkeit werden wir mit unserer Gesundheit bezahlen. Und die Geister, die wir selbst riefen, werden wir ohne unser Zutun nicht mehr los. Allein der Mensch vermag es, böse Absichten zu hegen. Aus einem Grund: aus Überreizung, aus Verblendung. Im Nichtstun schlummert allenthalben noch die Entwöhnung vom schädigenden, technologischen Fortschritt unserer Zeit. Ins Narrenkästchen schauen - Luftschlösser bauen. Wenn es keine Vögel mehr gibt, dann gibt es keine Menschheit mehr. Wir sind die Vögel, um die es da geht. Ich selbst bin ein Schluckspecht gewesen. Oder doch eine Schnapsdrossel. Irren ist menschlich. Humor erleichtert nüchterne Erkenntnis. Ich lege mir keine Ausreden mehr zurecht, um meine eigenen Abhängigkeiten rechtfertigen zu können. Das wirst Du bald noch deutlicher erkennen."

„Meine finanzielle Absicherung betrachte ich als Chance, meinen Mitmenschen das Licht überbringen zu dürfen: das Licht des Friedens. Daran werdet Ihr mich bestimmt nicht hindern. Sie bezahlen mich mit ihrem schwer verdienten Geld dafür, die Wirklichkeit erfahren zu dürfen. Ich bin ihnen gegenüber zur Wahrheit dieser Wirklichkeit verpflichtet - nicht mir, nichts anderem und auch sonst niemandem, nicht einmal einer Gottheit. Nichts und niemandem außer meiner Natur als höchster Instanz. Nicht ich führe sie hinters Licht, sondern sie sich selbst. Die Menschen sind für mich wie meine eigenen Kinder. Verstehst Du das? Ich möchte nicht, dass sie das Gefühl haben, ich würde ihnen die Liebe entziehen und sie verstoßen, nur weil sie es sind, die mich belügen. Denn das stimmt so nicht. Dafür können sie nichts. Sie verteidigen lediglich ihr bisheriges Wissen, weil sie ebenso Vertrauen haben, wie auch ich Vertrauen gehabt habe. Doch ich befürchte, dass ich ihnen zeitlebens genau diese Schuldzuweisung vermittelt habe - obwohl ich ihnen auch gesagt habe, dass sich das Leben unter ihnen für mich problematisch gestaltet hat. Es ist zu hart und ungerecht von mir gewesen, dem Volk die ganze Schuld zuzuschieben und meinen Verdacht der Verleumdung auf sie zu projizieren. Ich nehme demnach die ganze Schuld auf mich. Dankbar nehme ich sie an, weil es wirklich so ist, dass ich als Hochsensibler mein Hauptproblem damit habe. Je nüchterner ich werde, desto schwieriger wird es, diesen gesellschaftlichen Wahnsinn zu

ertragen. Und ich bemerke, dass sich meine Mitmenschen emotional verschließen und umso mehr verhärten, je mehr ich ihnen meine persönliche Sichtweise als Universallösung verkünden will. Weil sie dieses Verhalten für ihr
Überleben brauchen, vor allem in den Städten, für feinfühlige Wesen sind so viele
Einflüsse, sinnlose Reize und Störfaktoren tagein, tagaus eine schwere Last. Immerhin bin ich nicht der erste Mensch, der ihnen Heilung verspricht. Ob Du
mir das jetzt glaubst oder nicht, ist mir einerlei. Auch wenn ich Dich verstehen
kann. So empfindet Ihr mich – den *Seher* – hier als *Störfaktor*. Weil ich ein offen-
herziges Leben zu meiner Bestimmung gemacht habe und der Menschheit diese
Werte ebenfalls mitgeben will. Ich erkenne Entwicklungen, die anderen Menschen meistens verborgen bleiben. Ob es mich selbst betrifft, den Weltfrieden,
Dich oder andere Menschen, die mir am Herzen liegen. Ich wittere, dass sogar
die Ärzte hinter vorgehaltener Hand davon Bescheid wissen, dass wir Hyper-
sensiblen nicht im klassischen Sinne krank sind. Es gibt für uns einfach keinen
adäquaten Platz innerhalb des Lebens in Saus und Braus: weil wir stets darauf
drängen, Ungerechtigkeiten aufzudecken; weil wir Harmonie herstellen wollen
und Gerechtigkeit; weil wir uns, gutgläubig wie wir sind, für das Gute einsetzen
wollen; und weil wir darauf hinweisen, dass es für Menschen mit einer ausgeprägten Veranlagung wie meiner in der Gesellschaft nicht möglich ist, einfach
natürlich und gesund zu leben. Vor allem ohne Betäubung wie Medikamente,
Alkohol oder andere Ablenkungen wie Arbeit oder Beziehung. Wir selbst sind
es, die dem System Krankheit diagnostizieren, lange, bevor es auch der Rest
unserer Art verspüren wird. Wir als ihr Spiegel stören zugleich ihren stetig
steigenden Lustgewinn. Wenn Ihr uns wenigstens glauben würdet, dass wir
nicht krank sind, sondern krank gemacht werden, dann wäre das zumindest
Balsam auf unseren Seelen. So lasst Ihr uns aber im Fegefeuer schmoren und gebt
uns keine andere Möglichkeit, als in einer Lüge zu leben. Kannst Du nur im
Geringsten nachempfinden, wie es uns ergeht? Wir leiden unter dem Spannungs-
feld zwischen Eurer und unserer Lebensauffassung. Wir leiden, weil wir bloß
einen einzigen Sinn mehr in unserem Leben bekommen haben – als Geschenk
natürlicher Schöpfung. Darf das wirklich wahr sein? Unsere Bestimmung ist es,
die Gerechtigkeit und Wirklichkeit ans Licht zu bringen. Ich hab' genug davon.
Mir reicht's!"

Schwester Maria und Christoph standen beim Schwesternstützpunkt, als
auch die anderen Mitpatienten nach und nach zurückkamen. Unsicher lugten
sie zu den beiden hinüber. Doch niemand unter ihnen sagte auch nur ein Wort.
Die Krankenpflegerin, die sich seine Ausführungen angehört hatte, ließ ihn
plötzlich stehen und eilte ins Ärztezimmer.

„Kommt her! Christoph hat mir alles gesagt, was wir befürchtet haben. Er hat sich enttarnt. Er glaubt wirklich, dass er der Messias ist. Der Typ hat den ur Knall. Ich glaube, er will einen Schlussstrich ziehen und sich am Ende womöglich noch etwas antun!!!"

Die Ärzte machten sich in eilmedizinischer Manier auf den Weg zu Christoph. Doch er war weg – als hätte er sich in Luft aufgelöst und der Erdboden ihn verschluckt. Währenddessen wurde in der Einrichtung das Abendessen angerichtet, und die Patienten drängten zur Medikamentenausgabe. Alle waren sie von Süchten gegeißelt worden: von Drogen, Alkohol, Handy, Spielsucht, Arbeit, Beziehung, Geld, Zucker, Selbstsucht, Streitsucht, Sexsucht – und, wer weiß, wovon allem noch.

Da war **eine Tochter** gewesen.

Ihr hatte Christoph im Vertrauen von seinen Visionen und Träumen erzählt. Ohne dass sie ihn gekannt hatte, vermochte sie diese zu deuten. Diese Begebenheit hatte ihn motiviert, seine Erkenntnisse mit anderen Menschen zu teilen. Sie selbst litt an Größenwahn und ahnte, dass sie für Höheres bestimmt gewesen war. Ihren Vater kannte sie nicht, denn dieser war, bevor sie geboren wurde, bei einem schrecklichen Unfall ums Leben gekommen. Diagnose: Anpassungsstörung und PTBS. Stille Post. Psychologisches Paradoxon. A Genius Failure. In ihrem Herkunftsland war sie sehr angesehen gewesen, doch hier in diesen Breiten wusste man nichts mit ihr anzufangen. Und so landete auch sie auf dem Boden fremdländischer Realität.

„Ein sehr guter Freund hatte mir einmal gesagt, dass man sich manchmal sehr bemühen müsste, um einem unter seiner Feinfühligkeit leidenden Freund zu helfen. Ein anderer meinte, dass ein Ertrinkender einen anderen Ertrinkenden nicht retten könnte. Ein dritter Mensch sagte, dass man tote Pferde nicht reiten könne. Alle Meinungen hatten ihre Berechtigung. Der Dalai Lama sagte beizeiten, er denke an manchen Tagen, dass es besser wäre, wenn wir gar keinen Glauben mehr hätten. Alles Wissen, alle Religionen und alle heiligen Schriften würden ein irrsinniges Gewaltpotenzial in sich bergen. Deshalb bräuchte die Menschheit eine weltliche Ethik jenseits allen Glaubens und Wissens. Daraus erkenne ich, dass auch er bislang noch nichts von Ethik als genetische Erbanlage weiß. Denn ich sage: *Hochsensibilität* ist diese weltliche Ethik. Das ist keine Frage des Wollens oder des Glaubens. Bei Gott – also von Natur aus – nicht! Das ist eine Frage der Veranlagung – das Prinzip genetischen, menschlichen Erbgutes. Glaubst du, dass wirklich wirksames Glück ausschließlich von persönlichen Umständen oder der geistigen inneren Einstellung abhängt? Bestimmt nicht!

Die innere, natürlich mitgegebene Grundeinstellung ist Genetik. Die geistige Einstellung ist Betrug, ein Zudecken des genetisch bedingten Feingefühls. Heute heißt es *Hoch*-Sensibilität. Das ist wie mit einer leuchtenden Taschenlampe. Wenn Du sie im Tageslicht hältst, ist das Licht wirkungslos, schlicht nicht wahrnehmbar. Doch mit zunehmender Dunkelheit beginnt das Licht offensichtlich stärker zu strahlen, obwohl die Stärke der Strahlung gleichbleibt. Oder nennt man dies dann *Hoch*-Licht? Über Licht in der Dunkelheit freut sich jeder Mensch. Weshalb nicht über emotionale und soziale Intelligenz in der Dunkelheit des Alltags? Sehr ausgeprägte Hochsensibilität zu leben, ist so, als ob man ins offene Messer laufen würde. Nur im Exil ist dies möglich. In der Distanz zur Gesellschaft. Doch die westliche Gesellschaft ist darauf aufgebaut und ausgerichtet, dass entweder Arbeit möglich ist oder – wenn nicht mehr – Krankheit gelebt wird. Für gesunde, heile Menschen gibt es keine soziale Absicherung."

„Wenn ich wenigstens – als eine Art Leidensbarometer – Anerkennung finden würde, wäre ein Sinn darin erkennbar, für diese Gesellschaft zu leiden. Doch die Leute glauben ja, ich sei nur ein Schwächling, kaputt und nicht viel mehr. Für andere zu schuften und sich zu schinden, bis man ein Wrack ist, gilt heutzutage nach wie vor als cool. Das ist überall, wo Du hinsiehst, so. Das, was die meisten unter dem Begriff *Liebe* verstehen, ist der unerfüllte Versuch nach Selbstliebe. Nichts anderes als Selbstverliebtheit. Verliebtheit ist eine Schutzfunktion der Seele, um nicht die emotionalen Verletzungen des eigenen Selbst einsehen zu müssen – die rosa Brille als natürliches Antidepressivum. Es ist ein Schutzmantel gegen wirkliche Liebe. Zum Schutz des innersten, sensiblen Kerns eines Wesens. Das Träumen von der großen Verliebtheit beschützt vor erlebten, traumatischen Verletzungen der Selbstliebe. Träumen schützt vor Traumen. Doch Lieben ist ein Sinn wie Sehen, Hören, Tasten, Riechen. Alle haben diese Gabe geschenkt bekommen, doch die meisten sind erblindet. Entfremdet. Degeneriert. Früher hatte ich nicht einmal daran denken wollen, dass meine besondere Feinfühligkeit an sich schon Sinn genug ist, um als menschliches Wesen eine Lebensberechtigung zu haben. Dass es meine Bestimmung ist, meine Berufung, mein Beruf. Feinfühligkeit als Beruf – ja, das soll man einmal jemandem erzählen, der in der Arbeitswelt gefangen ist! Dann landet man auch hier. Davon befreit, könnte ich jedoch meiner Bestimmung auch innerhalb des gesellschaftlichen Systems gerecht werden und dank der sozialen Absicherung wieder lernen, meine Fühler auszustrecken: um Missstände aufzudecken und sie hernach gemeinschaftlich zu beseitigen. Offen, aufrichtig und ehrlich. Dann bräuchte ich in Bezug auf all die Vorwürfe, die man mir häufig gemacht hat, kein schlechtes Gewissen mehr haben, dass ich angeblich Sozialschmarotzer sei."

„In meiner Heimat startete ich einstmals ein Projekt, besser gesagt, ich war kurz davor, eines zu starten, denn bis zum Ende hin war alles ausgeklügelt und auch fertiggestellt. Veröffentlicht habe ich es jedoch nie. Sogar eine eigene Domain im Internet hatte ich damals urheberrechtlich schützen lassen: www.pharmaklage.com. Mannomann, hatte ich damals Angst vor einem Attentat ... Obwohl ich überhaupt nichts Böses vorhatte. Vielmehr wollte ich eine Diskussionsplattform ins Leben rufen, zwecks Austausch zwischen Patienten, Wissenschaft und Industrie. In dust us tree. Den verstaubten Stammbaum entstauben. Damit nicht wieder ein anderer im Staub ersticken muss. Another One Bites the Dust. Gutmensch wurde ich dann wieder genannt. Na ja. Einem Glauben müssen Taten folgen. Der Rest ist Fiktion. Die Fähigkeit, harmonische Gesprächspartnerschaften aufzubauen, ist eine Manifestation schöpferischer Wirklichkeit. Zu den Erfolgen zählen glückliche Zufälle und Umstände. Zufall als Beweiskraft."

„Ich hatte schon damals Recherchen zum Thema ‚Hochsensibilität' begonnen und mit führenden Persönlichkeiten aus diesem Bereich Gespräche über Forschungsstand und Therapieformen geführt. Je mehr ich herausfinden und helfen wollte, desto klarer wurde mir, dass ich hier mit verschlossenen Türen zu rechnen hätte und auf taube Ohren stoßen würde. Vorerst war ich zum Schluss gekommen, dieses Thema ein für alle Mal sein zu lassen. Ich hatte erkannt, dass ich in Wirklichkeit nichts Wesentliches zum Wohle von HSP beitragen konnte. Wollte. Oder durfte. Die Wahrheit war, wie mir schien, dass ich, wie auch alle anderen Hochsensiblen, wohl oder wehe meinem Innenleben zur Gänze ausgeliefert sein würde. Ein jeder war meines Erachtens verdammt dazu, seinen eigenen, persönlichen, für ihn gangbaren Weg zu finden. Je nach Umfeld, Prägung und Bedürfnis. Augen zu und durch. Sprüche wie *Lebe ein bewusstes Leben* oder *Das ist Begabung und ein Geschenk* langweilten mich. Vor allem die aufkommende Geschäftemacherei, in der sich ein Sensibler auf Kosten eines anderen Sensiblen verwirklichen wollte. Unzählige Coaching-Angebote, die nur Geld kosteten, aber unserem Grundproblem – die schnelle Überreizung oder erhöhte Empathie – nicht im Geringsten beikommen konnten. Objektive Probleme hätten da subjektiv gelöst werden sollen. Dabei wurde das Subjekt Mensch wie ein Objekt behandelt, nämlich als Kunde."

„Also erkannte ich keinen Sinn mehr darin, mich der Sache länger zu widmen. Es war vergeudete Liebesmüh, denn es brachte mir nichts, außer unerfüllbare Hoffnungen zu wälzen. Das dachte ich damals zumindest. Ich hatte akzeptieren müssen, dass mein Leben von meinem unbändigen Vorwärtsdrang und den nachfolgenden Rückschlägen geprägt gewesen war. Es kam mir wie mein Schicksal vor. In Wirklichkeit war dies bereits der erste Schritt in Richtung Heilung. Ich hatte dadurch gegen mein ewiges *Andersseinwollen* kapituliert und meine Feinfühligkeit endlich akzeptiert. Doch ein Schritt in die richtige Richtung wird nicht immer automatisch als solcher erkannt. Und wahrscheinlich war es in Ordnung. Denn wirksame Entwicklung und wahre Bestimmung nehmen sich die Zeit, die sie brauchen, und entfalten sich in einer natürlichen Geschwindigkeit. Heute weiß ich, wer ich bin, und dass es gut so ist. Zu jenem Zeitpunkt jedoch war das Thema 'Geisteskrankheit und HSP' für mich abgehakt. Ich hatte keine Lust mehr, mich weiter im Kreis zu drehen. Mit anderen Worten, ich hatte die Hoffnung auf eine gesellschaftliche Akzeptanz der Hochsensiblen aufgegeben. Ein allgemeines Umdenken erschien mir äußerst unrealistisch. Kein Wunder bei dem vorherrschenden Zeitgeist und all dem antisozialen, dämonischen bis 'dämotionalen' Verhalten auf unserer Erde. – *Unserem* Erdball? Gehört er uns denn? Wir Menschen maßen uns an, über sämtliche Lebewesen bestimmen zu dürfen, auch darüber, welche andere Gattung, Art oder Form besonderer Schutzwürdigkeit bedürfe und welche als Freiwild zu behandeln sei? Ist es nicht eher so, dass Leben im Allgemeinen besonderer Schutzwürdigkeit, Ehrfurcht und Wertschätzung bedarf? Nicht wir Menschen sind die großen Architekten dieses Universums. Wie vermessen war die Menschheit bloß geworden? Und obwohl ich nach dem Kennenlernen meiner genetischen Veranlagung anfangs große Erleichterung verspürt hatte, dachte ich, dass diese Erkenntnis in Bezug auf mein Gefühlsleben keinerlei Veränderung bewirkt hätte. Doch heute weiß ich, Erkenntnis ist aller Dinge Anfang. Irritation ist Grundvoraussetzung jeder persönlichen Entwicklung. Persönliche Entwicklung ist die Grundlage für gesellschaftlichen Wandel. Und gesellschaftlicher Wandel ist die einzig wirksame Lösung aller durch uns selbst geschaffenen Probleme auf diesem Planeten, in dieser Welt natürlichen Ursprungs. Zur Einsicht jedoch braucht es ein Quäntchen mehr: Mut. Niederlage. Aufrichtung. Aufrichtigkeit. Bereitschaft. Offenheit. Vertrauen. Wertschätzung. Und Dankbarkeit. Mich in der Folge auf meine Kreativität zu konzentrieren, hatte mir beileibe nicht geschadet, denn sie hatte mich in meinem Leben stets am meisten erfüllt."

„Erfüllung. Befüllung. Leere anfüllen. Nehmen statt geben. Völlerei. Aufklärungsarbeit hätte mich nicht weitergebracht. Selbsthilfe bzw. Selbstfindung war mir andererseits zu mühsam gewesen. Und beides zusammen wäre erst recht nicht gut gegangen. So füllte ich weiter, ohne zu fühlen. Ich wollte keine Energie mehr vergeuden, weil meine Hilfsbereitschaft mir nicht im selben Maße zurückgeben konnte, was ich herzugeben gewillt war. Wie mir auch niemand meine Entscheidungen abgenommen hatte, wollte auch ich nicht länger im Namen anderer die Arbeit leisten, zu der sie selbst nicht bereit gewesen waren. Ihr Egoismus war unübersehbar. Von Empathie merkte ich wenig bis nichts – wahrscheinlich eine weitere, natürliche Sicherheitseinrichtung zur Selbsterhaltung. Kräftig redete ich mir damals ein, dass Kreativität einen freien Kopf und Muße bräuchte, kurz, künstlerischen Freigeist. Und so verschloss ich mich neuerdings der Außenwelt, in emotionaler Hinsicht, durch die verschiedensten Mittelchen und Ablenkungen. Das war mein Weg – für mich überlebensnotwendig. Und doch war es nur eine Ex-istenz. Einsam und verlassen. Bis zu dem Zeitpunkt, an dem ich mir Hilfe suchte. Endgültig. Für einen Neuanfang. Vergebens hatte ich mich bemüht, mir selbst als einem leidenden, feinfühligen Menschen zu helfen. Es klappte mehr schlecht als recht. Ich hatte bis zum damaligen Zeitpunkt viele andere Ertrinkende untergehen sehen, denen ich nicht helfen konnte, und war verzweifelt deswegen. Ich hatte erkannt, dass ich mich zuerst selbst retten musste. Doch da waren zehn Prozent Feinfühlige am Rande der Gesellschaft gegenüber neunzig Prozent angeblich Normalen. So spiegelt sich diese Unwissenheit über Sensibilität auch in mir wider wie in einem Fraktal. Denn erst wenn ich die marginalisierten zehn Prozent meiner Sensibilität zu hundert Prozent kommuniziere, darf ich in den neunzig Prozent Isolierungsmaterial – bestehend aus Gedanken, Gefühlen, Affekten, Bedürfnissen, Handlungen, Giften und Ablenkungen – den krankmachenden Schutzmechanismus erkennen. Mein Lebenssinn erschließt sich mir dann und kann somit diese zehn Prozent in meinen Mitmenschen ansprechen. Die scheinbare Schwäche des Persönlichen erfährt so eine Transformation zur Stärke der Gemeinschaft. Ohne diesen Aspekt fällt das individuelle Leiden sinnentleert aus. Er ist der zentrale Sinn, der die Universallösung darstellt. Zum Glück durfte ich von meinem toten Alter Ego loslassen, um leben zu dürfen. Und das alles, bevor ich erkennen durfte, dass meine Begabung mit Feinfühligkeit an sich schon Bestimmung genug ist. Ich brauche nicht mehr und noch mehr leisten oder schaffen. Denn ich bin Geschöpf und Hochleistungsinstrument, wenn nicht gar Seismograph, Präzisionswerkzeug und Messeinrichtung. Ich werde hier lediglich wieder justiert und bin da zur selbstklärenden Filterreinigung."

„Die Aufzeichnungen meines Kampfes habe ich gesammelt und wollte sie meinen Mitmenschen damals zur Verfügung stellen. Dann wurde ich auf Selbsthilfe aufmerksam: auf das 12-Schritte-Programm, das sich der Ursache meines Leidens annimmt. Krankheit oder, meinetwegen, Erkrankung als

Ausgangspunkt und Definition zu wählen, bedeutet schon, den Bezugsrahmen vorab gewählt zu haben; heraus kommt reine Symptombekämpfung. Ich erkenne darin kein Hilfsprogramm für Revoluzzer, Protestierende oder andere Querulanten, ganz im Gegenteil. Wenn ich leben will und mich wirklich lieben lernen möchte, kann ich es einfacher tun, wenn dies nicht meinem Nächsten zuliebe, sondern mir selbst zuliebe geschieht. Fundamental geht es nur um Hilfe zur Selbsthilfe. Nicht um mehr und auch nicht um weniger. Der Leitgedanke dabei: Hilf Dir selbst, dann hilft Dir Dein natürliches Feingefühl! Denn: I GoT It. So durfte ich durch meine eigene Therapie auch den Weg meiner Eltern und deren bestimmenden Einfluss in meinem Leben erkennen. Ich nehme mir kein Blatt mehr vor den Mund, rede sozusagen nicht mehr durch die Blume. Denn Einrichtungen wie diese hier platzen ohnehin aus allen Nähten. Grund dafür ist die Angst des Einzelnen in der Gesellschaft, von allem bedingungslos abzulassen. Aus Angst vernichtet der Mensch in einem Rundumschlag alles, was ihm in die Quere kommt. Frage: Letzter geglaubter Ausweg ist es, neue bewohnbare Planeten und außerirdische Lebensformen zu suchen? Die Antwort darauf lautet: ein Massenphänomen namens Einsamkeit. Hope Of Deliverance. Global Genius Failure. In Wirklichkeit haben sie alle Angst vor dem Betreten von Neuland, vor den großen Unbekannten während der Stürme auf hoher See ihrer Seelenlandschaft."

„Die Menschheit vereinsamt im Glauben daran, von Höherem bestimmt zu sein. Oder doch eher aus Unsicherheit heraus, als Schutzfunktion vor emotionaler Verletzung der eigenen Sensibilität? Immer ernüchternder werden auch die wissenschaftlichen Ergebnisse dazu. Jetzt gehen sie reihenweise wieder in die Kirche. Ich sage: Aufgewärmt schmeckt nur Gulasch gut. Ursache ist gleich Wirkung, und umgekehrt: Wirkungen erfolgen aufgrund von Ursachen. Wenn Chaos als Wirkung begriffen und für es bisher noch keine Ursache gefunden wurde, dann heißt das, dass sie nur noch nicht entdeckt wurde. Missachtung des sechsten Lebenssinns Feinfühligkeit ist eine solche Ursache. Es ist ein natürliches Filtersystem. Das Fermi-Paradoxon: die Frage, warum wir bisher noch kein außerirdisches Leben im Universum entdeckt hätten, wenn es das denn geben sollte. Dieser große, natürliche Filter grenzt von Anfang an evolutionär das natürliche Auftreten von intelligentem Leben im Kosmos stark ein. Und dagegen hat sich der Mensch irgendwann wirkungslos zu wehren versucht. Außerirdisches Leben kann nur bis zu einem gewissen Zeitpunkt bestehen, bis ein Filter von Bedingungen es daran hindert, sich weiterzuentwickeln. Genau das passiert jetzt: Die stumpfsinnigen Menschen sind insofern die Außerirdischen, als sie keine Verbundenheit mehr empfinden zu ihrer Natur und unserem Planeten. Sie leben auf, befinden sich jedoch außerhalb der Erde. Dort suchen sie nach intelligentem Leben. Und das ist dumm. Die eigene Lebensgrundlage zu zerstören, um danach auf andere auszuweichen, ist sogar sehr dumm. Und Hochsensibilität ist eine Hochbegabung im Bereich sozialer und emotionaler Intelligenz. Wir selbst sind dieses intelligente Leben, das wir leider anderswo suchen. Astrophysiker wie Stephen Hawking warnen schon lange vor der Kontaktaufnahme mit Außerirdischen. Dem kann ich mich nur anschließen. Für mich als Hochsensiblen ist es eine Gratwanderung, mich mit Menschen ohne jeglichen Bezug zu ihrer Natur abzugeben. Wir haben auf diesem Planeten das Geschenk unserer Körperlichkeit und Geistigkeit erhalten. Denn der Großteil von Leben auf bewohnbaren Planeten in unserem Universum spielt sich lediglich in Form von Schwingung ab. Doch es schützt sich vor außerirdischem Leben, also vor gefühllosen menschlichen Individuen. Wirkliches Leben ist zerbrechlich, sanftmütig, klar, sensitiv.“

„Unser Planet wurde über die Jahrtausende zu einem riesigen Treibhaus voller Abgase, Kohlenstoffdioxid, Schmutz, Lärm und Strahlen. Wir sind Zuchtexemplare eines kosmischen Gärtners, Versuchskaninchen der Evolution. Gewissermaßen haben wir uns verselbstständigt. Wettervorhersagen sollten uns von unserer ursprünglichen Fähigkeit der Witterungsbestimmung entfremden, uns dahingehend desensibilisieren, manipulieren und uns alsdann trübe Aussichten prophezeien. Wir Hochsensiblen sind wie Pilze und Parasiten. Denn auch diese brauchen all diese schmutzigen und reizbaren Lebensgrundlagen, um lebensfähige Temperaturen zu ermöglichen. So waren bestimmt auch Außerirdische am Bau der Pyramiden von Gizeh beteiligt, nämlich, unsensible Menschen, die sich nicht sofort gegen ihre Versklavung erhoben haben. Unser Leben auf diesem Planeten hat mittlerweile einen unhaltbaren Zustand erreicht. Wahrscheinlich sind Venus und Mars nur Spiegel dessen, was mit der Erde passieren wird: Abbilder und Momentaufnahmen planetarischer Entwicklung. Denn auch unsere Atmosphäre wird irgendwann viel zu heiß werden, wenn wir nicht aufhören, uns zu vermehren und zu überhitzen. Dann wird das Wasser verdampfen und die Atmosphäre zum Hexenkessel oder überhaupt verschwinden. Organisches Leben wird aussterben, obwohl das Leben selbst die Erde erst bewohnbar gemacht hat. In so einem Fall hätten wir eine Chance bekommen, die wir leider nicht erkannt haben. Noch nicht. Gerade bekommen wir eine zweite Chance darauf, zumindest ein paar unserer Art zu erhalten. Darüber hinaus glaube ich, müssten wir alle Technik und Umweltbelastung aufgeben. Maschinen wieder zu Leben machen. Zu sinnvollem Leben. Zu herzlichem Sein.“

„Feinsinniges Leben gibt es vermutlich überall, nicht nur innerhalb unseres Sonnensystems. Natürlich könnte es auch der Fall sein, dass allem Anschein nach der Planet Erde mit seinen Lebensformen selbst nur die Funktion eines universellen Schmutzfilters innehat. Dass die Erde wiederum feinsinnigeres Leben in unserer Galaxie vor Vernichtung oder Verletzung bewahren soll. Menschenskind! Schon die Vision empfinde ich als so angenehm stimmig, dass mir dabei das Herzchen aufgeht. Da erscheint mir mein Leben hier gleich wieder sinnvoller. Auch ich bin wahrscheinlich eine Art Schmutzmagnet, der innermenschliche Verunreinigung in Gold verwandelt: ein Goldmagnet. Nicht ich bin derjenige, der größenwahnsinnig ist, weil ich meinen Glauben an eine höhere Macht ausspreche, als deren kleiner Teil ich mich begreife. Vielmehr habe ich bereits gelernt loszulassen, weil ich auf dem Weg zum Licht an meine eigenen Grenzen geführt wurde. Die Natur als meine höchste Instanz habe ich wieder schätzen und lieben gelernt. Ich bin nichts und doch alles, und alles ist nichts. Raum und Zeit existieren gar nicht in einem Leben in der Unendlichkeit. Und genau das ist es, was all unsere Systeme verhindern wollen. Sie wollen den Wahnsinn auf diesem Planeten durch auferlegte Zwangsmaßnahmen im Zaum halten. Diese Ordnung schüttet die Gefühlswelt zu."

„Ich bin lediglich trojanische Reiterin. Das Pferd dazu haben sie selbst gebaut, diese Deppen. So habe ich es mir zur täglichen Aufgabe gemacht, vor allem meine Sinne zu schärfen, die ich brauche, um in unberührter Natur wieder überleben zu können. Schärfung durch Entgiftung. Zu diesem Zweck habe ich über mein Seelenleben Bilanz ziehen müssen und furchtlos im Denken, gerecht im Urteil, aufrecht im Gefühl sein wollen. Bestimmt ist es anfangs einfacher, den Weg der Ignoranz, Verblendung und des Selbstbetruges zu gehen, als jenen des Mutes, auf seine innerste Stimme zu hören und seine Schattenseiten zu beleuchten, diese zu akzeptieren und anzuerkennen. Die Sehnsucht jedoch wächst und wird umso stärker. Süchte und Zwänge sind etwas, das sich ausbreitet. Aus Angst. Es handelt sich geradezu um einen Güterzug an negativen Erfahrungen, die aneinander hängen: Eigenverantwortung sinkt. Selbstaufgabe droht. Gedanken, Gefühle und Handlungen - kaputt. Selbstvertrauen schwindet. Orientierungslosigkeit steigt. Unehrlichkeit und Pessimismus halten Einkehr. Burnout. Das Lebenslicht in Form der eigenen Feinfühligkeit erlischt. Depressionen aus eigener Unzulänglichkeit heraus machen sich breit. Dem Ausbruch folgt meistens eine Psychose. Ein Seeleninfarkt. Und zwar lange, nachdem bereits die Alarmsignale des Körpers übergangen worden sind. Die Psyche ist dabei die letzte Instanz natürlicher Schöpfung. *Neues Lernen.* Ja, das tue ich, da ich, außer zu sterben, keine andere Wahl mehr gehabt habe."

„Irgendwann habe ich damit aufgehört, ausschließlich über meine Wünsche und Ziele zu reden. Das ist nicht weniger vergeudete Energie als die Ignoranz meiner eigenen Feinfühligkeit. Ist sie noch so sehr eine genetische Gabe, so macht sie das im Gegenzug nicht zum Freibrief, mich vor anderen immer in den Mittelpunkt stellen zu müssen. Erst muss ich wieder lernen, wie ich als Kind funktioniert habe. Dies ist mein Ziel: wieder unbeschwert zu sein, leichtfüßig und emotional rein wie in Kindestagen. Jetzt denkst Du bestimmt, es wäre einfach. Nein, das ist es nicht. Der Schlüssel zum Erfolg liegt im Tun. Und darin liegt für mich die Lösung: Ich mache den Umkehrschwung und sage mir, dass ich ganz natürlich sein will. Und automatisch beginne ich, meiner Natürlichkeit entsprechend zu leben. Bloß, so wie jeder Rausch eine Wonne mit Nebenwirkungen ist, so hat die Nüchternheit nebst Vorteilen auch Nebenwirkungen: Ängste, Trauer, Zwänge, Zorn, schlechtes Gewissen, Meinung in Gleichschaltung, Bewusstsein nach Norm und weiß Gott, was noch alles."

„Mir fällt es mittlerweile leichter, damit umzugehen, weil ich davon sprechen kann, meist in geschützter Atmosphäre, in meiner Übungswerkstatt für den Alltag: in meinem Selbstliebe-Meeting – so nennen wir unter uns die regelmäßigen Zusammenkünfte zur Aussprache. Dort kursiert ein Spruch: *Hört auf damit, Eure Kinder zu erziehen – denn sie machen Euch ohnehin alles nach.* Und *bitte* oder *danke* steht in keinem Märchenbuch als Zauberwort. Das musst Du schon selbst vorleben. Erst dann wird das Leben zur Magie. Ich habe lernen dürfen, meine Welt wieder durch Kinderaugen zu sehen. Mithilfe von Achtsamkeit und bewusstem Wahrnehmen. Selbstverständlich braucht dies Übung. Andererseits ist es wie Radfahren oder Schwimmen: Hast Du einmal erkannt, wie es geht, dann ist es schnell wieder aufgefrischt. Und üben kann ich in der gemeinsamen Aussprache und bei meiner Psychotherapie. Unterdessen bin ich auch froh darüber, dass ich manchmal angespannt bin, in erster Linie, weil ich dadurch wahrnehme, dass mich schon wieder irgendein schädigendes Ereignis erwartet. Korrekt, Du hast richtig erkannt: Ich bin nicht verpflichtet, dort zu erscheinen, wo ich im Vorhinein weiß, nur Probleme anzutreffen. In so einem Fall sage ich den Termin einfach ab. Sonst geht der Schuss nach hinten los. Und diese Kugel geht nicht daneben, denn sie trifft mich und mein Leben. Und dann heißt es wieder: Ja, hättest Du eben besser auf Dich achtgegeben, reiß Dich zusammen, bla, bla, bla ..."

„Gewissermaßen bin ich ein Spannungsbarometer, ein bioresonanter Klangkörper, ein Echolot. Aus diesem Grund habe ich Unsicherheit als wert- und sinnvoll schätzen gelernt. Angst gehört in einem bestimmten Ausmaß zweifellos dazu. Sie ist im Wesentlichen eine Schutzfunktion und die Eigenschaft besonders feinfühliger Wesen. Darknet. Fear-2-Fear. Friend-2-Friend. Man kann auch das Wort 'Schüchternheit' oder 'Scheu' benutzen – was wiederum mit Sensibelchen und Weichei gleichgesetzt wird. Angst kann mich hemmen, denn sie ist in der Regel ein schlechter Ratgeber. Aber sie kann auch mein größter Lehrer sein. Scheu ist doch nicht dasselbe wie bescheuert. Wildtiere zum Beispiel gehen auf sensible Menschen zu; auf stumpfsinnige gehen sie los. Ich habe meine Natürlichkeit wiederentdeckt. Darum meide ich die toxische Gesellschaft. Stell Dir vor, es hat einmal ein Experiment gegeben, bei dem man Neugeborene von ihren Müttern getrennt hat. Gesprochen mit ihnen oder sie berührt hat man nicht. Sie sind alle gestorben. Die grausame Geschichte, die auf Salimbene von Parma zurückgeht, soll auf Anweisung Friedrichs II. geschehen sein. Jahrhunderte später, Ende der 1950er Jahre, hat Harry Harlow ähnliche Experimente an Rhesusaffen-Babys durchgeführt. Die Wissenschaft schließt daraus, dass der Mensch den Menschen braucht – seine Zuwendung, den Austausch, Verbundenheit. Ich behaupte, dieser Test ist ein Beweis dafür, dass physisches Leben so lange besteht, wie den Älteren der Nachwuchs als Entwicklungshilfe zum natürlichen Ursprung dienen darf."

„Jener Generation, die den Reinheitszustand erreicht, wird keine physische Generation mehr folgen. Leiblichkeit ist sozusagen nur so lange notwendig, bis das systemische Ungleichgewicht durch sich selbst gelöst wird. Der 13. Krieger. Danach wird das Körperliche unnötig. Materie wird überflüssig, insofern als der einzig wirkliche Sinn aus Antimaterie besteht. Aus einem anderen Blickwinkel betrachtet, könnte man so weit gehen zu behaupten, dass körperliche Störungen wie Taubheit, Blindheit, Stumpfsinn und dergleichen auf evolutionäre Schutzmaßnahmen menschlicher Sensibilität als Antwort auf die Reizüberflutung der fünf Normsinne hindeuten. Die fünf Säulen der Menschheit. Anders ausgedrückt, bringt die Natur degenerative Prozesse als natürliche Maßnahme zum Schutz des wesentlichsten, einzig wirklichen Lebenssinns hervor. Unglaublich, oder? Das ist doch alles zum Aus-der-Haut-Fahren!"

„Ach, wie habe ich mich mein Leben lang gegen Initiativen wie diese hier gewehrt. Letztendlich habe ich lernen dürfen, dass psychiatrische Einrichtungen, Rehabilitationskliniken und ähnliche Institutionen da sind, um mir zu helfen. Ich sehe sie als hilfreiche Stützen auf meinem Weg zu mir selbst. Psyche. Psyche? Was ist schon Psyche? Dafür gibt es doch heute noch nicht einmal eine wissenschaftlich belegte, allgemeingültige, stringente Erklärung, zumindest nicht in den gängigen Lehren und wissenschaftlichen Werken. Alles, was ich als sensible, einfache Frau wissen muss, ist, dass ich dazu da bin, um im Einklang mit der unberührten Natur zu leben. Alles, was mich davon abhält oder durcheinanderbringt, sind die tatsächlichen Störfaktoren. Nicht ich als Hochsensible bin der Störfaktor. Nein, ich bin die Gestörte, weil die Umwelt mich gestört, meine natürliche Schwingung durcheinandergebracht hat. Ich habe damit aufgehört, Ärzte oder andere Erfindungen zu vergöttern. Entsprungen sind sie allesamt nur dem Menschen auf der Suche nach sich selbst. Sie sind Ausdruck des Geistes, auf dem Weg fremd der Heimat, weg von Seele und Psyche, weg von unserer sensiblen Veranlagung. Wir mussten unser Feingefühl verschließen, weil wir sonst ins offene Messer gelaufen wären. Hingegen, heute ist es Zeit, die Box der Pandora zu öffnen. Pan - Alles. Dorer - Zusammenbruch des Palastwirtschaftssystems im alten Griechenland. Peter Pan, ein Verrückter? Hahaha. Na ja, Ärzte und Seelsorger sind eben auch nur Menschen, die mich als Begleiter und Helfer näher zu meiner Mitte bringen dürfen. Ob sie mir schaden wollen oder doch nur helfen - dies einzuschätzen, obliegt mir selbst. Wenn ich es nicht will und schon mit der Erwartung hingehe, eine Krankheit zu finden, dann werden mir die Besuche dort bestimmt nichts anderes bringen als Krankheit. Aus Uneinsichtigkeit erwachsen bestimmt nicht die für mich passenden Therapiemöglichkeiten. Dazu ist es wichtig, dass ich mein Gegenüber auf meine genetische Veranlagung aufmerksam mache, sie darauf hinweise, auch wenn ich mir selbst noch unsicher bin. Doch sie gehört zu mir wie die Teile meines Körpers oder Geistes."

„Wenn ein Arzt sagt, dass ich mir all das nur einrede, obwohl er noch nichts davon gehört hat, dann ist das so, als ob er sagen würde, dass er nicht wisse, was ein Ohr ist, oder ein Finger. Und ich weiß auch, dass viele meiner Artgenossen den Weg zum Arzt lediglich als willkommene Möglichkeit nutzen, um an Medikamente als Mittel legaler Betäubung zu gelangen - was ja auch nichts Verwerfliches darstellt. Denn es ist allemal besser, unter ärztlicher Aufsicht gezielt Arzneien einzunehmen, die geprüft sind, als irgendeinen Mist einzuwerfen. Auch ich habe solche Phasen durchlebt. Mit Medikamenten als Krücke, als zeitweiliges Hilfsmittel, wenn auch nie als Dauerlösung. Denn niemand, der die Wirklichkeit für sich entdeckt hat, macht mehr lebenslängliche Pläne. Genauso wenig, wie ich als Kind geplant habe, hier zu landen, kann sich auch kein Abhängiger einen jahrelangen Enthaltsamkeitsplan zusammenschustern und auch keine Depressive Pläne für wochenlangen Schabernack. Kein Kampf dauert ewig. Genauso wenig wird nicht ewig Friede sein. Noch nicht. Ich kenne niemanden, der sich bewusst hingelegt hat und ewig liegen geblieben ist, auch wenn er das noch so sehr gewollt hätte. Das Einzige, was ich gebraucht habe, ist die Begeisterung gewesen, meine Feinfühligkeit in all ihren Facetten leben und wahrnehmen lernen zu wollen. Ich bin herabgestiegen vom Himmel wie die Schnuppe eines Sternes. Ab nun soll mir meine Sensibilität als Licht auf dem für mich bestimmten Weg weisen. Ich sehe nicht mehr immer nur nach oben und suche dort nach irgendeiner höheren Macht. Lieber schaue ich öfter tief in mich. Darum und dafür lebe ich: um mir selbst als neue Kraft den Weg zu weisen, für die Wiederherstellung des natürlichen Gleichgewichtes. Ich bin das schlechte Gewissen der Menschheit, Stimme der Schöpfung. Und darum wollen mir die Menschen auch nicht zuhören, denn sie haben Angst und wissen ganz genau, dass sie die Bösen sind, die mich so weit getrieben haben. Doch hier bin ich in Sicherheit."

„Feinfühligkeit und die damit verbundene kosmische Energie - ganz wie ich sie empfinde und in mir spüre - begleitet mich seitdem durch die tiefsten Tiefen und höchsten Höhen. Ich habe wieder gelernt, mir selbst zu vertrauen und an diesen Sinn zu glauben. So öffne ich mein Herz, zumindest im sicheren Umfeld eines Meetings, um zu lieben, ohne zu erwarten, um zu sprechen, ohne unterbrochen zu werden. Ich rede davon, was mich im Herzen schmerzt und mir auf der Seele brennt. Denn dafür ist mir mein Leben geschenkt worden. Ich mache mich zu meinem eigenen Gott. Ich und mein feinfühliger Wesenskern, den ich von Natur aus geschenkt bekommen habe, sind Schöpfer meiner Hoffnungen, Kräfte meines einzig wirksamen Glaubens. Darum glaube ich fest an die Sinnhaftigkeit meiner Begabung. Durch sie erst bin ich zum Ausdruck von Göttlichkeit geworden. So vertraue ich und lasse los von meinen Ansprüchen und, wenn möglich, von materiellen Bedürfnissen. Nur dadurch bin ich frei, friedlich und heil. Ich brauche nichts, weil ich selbst alles bin - und doch nur Teil eines Ganzen. Wenn ich mich so umsehe, dann erkenne ich gegenwärtig viele Plagen, die sich in der Welt ausbreiten und sich wie Wanderheuschrecken über alles Grün hermachen: Häuser, Beton, Auswüchse der Industrie, Autos, LKWs und industrieller Ackerbau. Eisern wurde unser Schweigen, statt durch Reden zu Gold zu werden. Ich persönlich bin bereit, den durch meine Unachtsamkeit an Mensch und Natur angerichteten Schaden schrittweise wiedergutzumachen. Denn es bringt mir nichts, zu Streitfragen in der Gesellschaft Stellung zu nehmen. Ich habe mir immer nur die Frage nach der Ursache meines Leidens gestellt. Und diese Frage hat mich zu mir selbst geführt und meinem Leben wieder Bestimmung gegeben. Wo immer es mir möglich ist, mache ich bei den Menschen und in der Natur alles wieder gut, mit Einfühlungsvermögen und besonderem Feingefühl, und ohne mich selbst oder andere dadurch zu verletzen. Und das habe ich dem bereits erwähnten 12-Schritte-Programm zu verdanken. Denn erst dadurch haben sich meine Einstellung zum Leben und meine Erwartungen geändert, indem ich nämlich zurück zu meinem Ursprung gefunden habe, zu grenzenloser Unabhängigkeit. Retour zu einem sinnvollen und von sich aus erfüllten Leben in Dankbarkeit."

„Ich leite hier in der Einrichtung die Gartengruppe. Vom Frühling bis zum Herbst betreuen die Patienten hier in der Gruppe ein großes Beet. Gemeinsam besprechen wir, was angepflanzt wird und wie die Arbeiten aufgeteilt werden sollen. Bei Schlechtwetter passen wir uns der Witterung an und treffen einander zum Austausch über Projekte für den Garten. Dadurch trainieren wir Selbstbestimmung, soziale Interaktion, Selbstdisziplin und Körperwahrnehmung im Kreislauf mit der Natur. Und wenn es der Reifungsprozess gerade erlaubt, dann bereiten wir gemeinsam in der Therapieküche leckere Speisen. Nach dem Essen wird die Gruppeneinheit reflektiert und anschließend der Platz wieder sauber gemacht. Manchmal kommt es freilich vor, dass wir auch gemeinsame Pläne für die Freizeit machen. Wir stellen uns dazu ein persönliches Programm zusammen. Und sollte es gelegentlich zu Ungereimtheiten kommen, dann können wir in Meeting-Manier und der dort vereinbarten Gesprächskultur die Patienten-Gruppe dafür nützen. Wir haben die Möglichkeit, darin die verschiedensten Aspekte des Zusammenlebens unter uns frei zu besprechen. Die Neuen erfahren so das hiesige Alltagsleben aus Sicht von Mitpatienten. Jedes Zusammenleben braucht nun einmal Empfehlungen. Wer mitmacht, ist dabei. Wer nicht, schließt sich selbst aus. Jedem steht die Teilnahme völlig frei. Und weil wir hier ja alle so 'fertig' sind, brauchen wir verständlicherweise ein Fertigkeitstraining: die sogenannte Skills-Gruppe. So wie ich mir ein Leben lang selbstzerstörerische und fremdschädigende Möglichkeiten zu entspannen antrainiert habe, so lerne ich hier Fähigkeiten zu nutzen, die meine Verhaltens-, Gefühls- und Denkmuster verändern. Schritt für Schritt, ohne viel Aufsehen. Immerhin sind es genau solche Muster und Glaubenssätze gewesen, die mich in diese Schwierigkeit, in seelische Belastungen und psychische Krisen geführt haben. Sie haben auf Lust nach der Sucht basiert. Nun bin ich dank der Therapiegruppe ein anderer. Meine emotionale Belastbarkeit wird erhöht, und langfristig gesehen, können dadurch Krisen häufig schon frühzeitig erkannt werden, am besten durch mich selbst."

„Ich sehe mich als Feuerwehrfrau: Die üben auch nicht erst, wenn es brennt, sondern oft und lange, bevor es zum Einsatz kommt. Und es ist noch lange nicht so anstrengend, wie Du es Dir jetzt vielleicht vorstellst: Gummiband am Handgelenk schnipsen, Wäscheklammern an die Haut klemmen, Ablenken mit Achtsamkeitsübungen über die Sinnesorgane Augen, Tastsinn,

Nase, Ohren und Geschmack mittels Chili, Brausetabletten, Bonbons, scharfer Kaugummis, Eiswürfel oder Tabasco. Was auch hilft, ist, beispielsweise einen Kieselstein in die Schuhe zu legen, Knetgummi oder Eiswürfel in die Hand zu nehmen, Taschentücher zu zerknüllen oder zu zerreißen, Steine zum Fühlen in die Hosentaschen zu stecken oder einfach mal barfuß zu laufen. Kurz, einfach jede gezielte Abweichung von der Norm, die Dich aus dem üblichen Kreislauf von Gewohnheiten herausholt. Was mich angeht, liebe ich ätherische Öle, Parfums oder Räucherstäbchen. Und was einen oftmals aussichtslosen Tag rettet, ist das Gespräch mit einem Gleichgesinnten – wenn schon nicht persönlich, dann wenigstens am Telefon. Glöckchen klingeln zu lassen, ist auch sehr fein. Oder Schreiben. Wichtig ist, dass mich diese Fertigkeiten beruhigen. Vor allem darf ich nicht vergessen, dass diese ebenfalls nur Übergangslösungen darstellen. Sonst nehme ich wieder meine Bestimmung als Hochsensible nicht wahr, und der nächste Absturz ist vorprogrammiert. S-kill-s. Killing Me Softly. Denn Ablenkung vom Kurs – also von meiner Bestimmung – endet meist im Acker oder an einem Baum, schlimmstenfalls im Gegenverkehr. Atmung ist für mich Besinnung auf meinen Lebenssinn. Ach, weißt Du was? Ich hole mir kurz meine persönliche Liste und zeige sie Dir. Dann kannst Du sie Dir abschreiben. Einen Moment, bitte!"

Darauf stand Folgendes:

„Gedichte/Geschichten schreiben, malen, zeichnen, Hirn-Flickflack, Entspannungsübungen oder Atemübungen machen, mit Stofftier ins Bett kuscheln – Vorsicht: Gefühle werden nicht erwidert! –, versuchen zu schlafen, mit Haustier spielen, Geduldübungen, Kreuzworträtsel, Sudoku, Computerspiele, Sinnestraining, Primzahlen zählen oder Zahlenreihen aufsagen, Erdungsübungen, Zettel mit aufmunternden Sprüchen von anderen oder mir selbst, Projekte detailgenau planen, Distanzierungs- und Imaginationsübungen, mir etwas Gutes tun, spazieren gehen, gemeinsam Spiele spielen, Gefühlen und Emotionen in der Natur freien Lauf lassen, lesen, Listen erstellen, etwas schreiben, Bilanz ziehen über Positives und Negatives im Laufe des Tages, aufräumen, bügeln, Wäsche waschen, Haus putzen, im Garten arbeiten, Wohnung dekorieren, Briefe schreiben, Probleme adressieren bei auslösender Person, Boxsack bearbeiten, Sport betreiben, alte Telefonbücher oder Zeitungen zerreißen, laut schreien, weinen, lachen, mit Kindern oder alten Menschen beschäftigen, basteln, einkaufen gehen, Bewegung, Tee oder Wasser trinken, Kreativität ausleben, Fahrrad oder Inliner fahren, schwimmen."

„Was zählt, ist die Absicht, natürlich zu bleiben – und nicht das Ziel, wieder fit wie ein Turnschuh aus künstlichem Stoff zu werden. Bei dieser Gelegenheit wäre ein Vergleich angebracht: Die sichtbare Energie von Sensibilität zeigt sich wie bei einem Fahrrad-Dynamo. Stillstand = Rückschritt = Degeneration. Bewegung = Entwicklung = Regeneration. Bei seelischem Stillstand, sprich, bei nicht ausgelebter Feinfühligkeit ist Dunkelheit die Folge des Wirkungsprinzips. Bei dynamischem Lauf erstrahlt das Licht durch grundsätzlich erzeugte Energie. Wärme bzw. Licht. Ursächliche Energiequelle ist hier menschliches Leben, Wille und Muskelkraft. Ja, ja, schon gut ... Jetzt hast Du es erkannt: Die Natur selbst ist das Perpetuum Mobile. So, bist Du nun fertig mit dem Abschreiben? Fein. Wie Du daraus bestimmt bereits erkennen durftest, liegt in fast jedem Skill auch die Möglichkeit zur Sucht oder zum Zwang, vor allem dann, wenn es Dich wieder von der eigentlichen Besinnung ablenkt. Das Einzige, was Dich wahrlich zur Besinnung bringt, sind Aktivitäten in der reinen Natur. Das wirst Du merken, sobald Du es tust. Bei mir ist es manchmal so, dass ich scheinbar grundlos traurig bin, so als ob ich das gesamte Leid der Menschheit auf meinen Schultern tragen müsste wie Atlas die Welt. In solchen Augenblicken kommt in mir oft der Wunsch hoch, wieder mein altes Leben zurückhaben zu wollen. Sehnsucht nach Betäubung: Es scheint dann viel einfacher zu sein, den Weg des geringeren Widerstands zu gehen, indem ich mich neuerlich verschließe. Mich dem Leben und seinen Verstrickungen zu stellen, verlangt indes mehr Mut, mehr Anstrengung und auch mehr Selbstachtung. Geborgenheit und Verständnis sind menschliche Grundbedürfnisse, von denen die sogenannten Normalen gelernt haben abzusehen. Ich denke, dass dies Trauerphasen sind, da der grundlegende Handlungsimpuls ein Wunsch nach dem Alleinsein ist. Ich betrauere mein altes Leben: jenes in der meinerseits für gut befundenen Gesellschaft, das Leben in meiner Ursprungsfamilie. Doch niemand von ihnen wusste auch nur irgendetwas von ihrer Genetik. Sie sind emotional und sozial vernachlässigt worden. So lerne ich Schritt für Schritt - in Mäuseschritten, wenn man so will - Abschied zu nehmen und loszulassen. Von meinem verzerrten Selbstbild, vom alten Kind in mir - denn dies ist wahrhaftiges, achtsames, bewusstes und selbstfürsorgliches Erwachsenwerden, ein Reifen aus erkannter Notwendigkeit, eine Art Erwachen. Ein gewisser Abstand, versteht sich, zu meinen eigenen und den mir auferlegten Sichtweisen bringt Nähe hervor: die Nähe zu meinem feinfühligen Wesenskern, eine gesunde Liebe mir selbst gegenüber. Und so hat mich auch die letzte Therapieeinheit um Quantensprünge weitergebracht. Nun kann ich getrost einsehen, dass ich keine Einzelkämpferin mehr bin, sondern dass es viele Menschen gibt, die daran arbeiten, das Gleichgewicht auf unserem Planeten wiederherzustellen. Man mag es glauben oder nicht, aber ein wesentlicher Teil davon sind die Therapeuten und Psychiater sowie das Pflegepersonal."

„Und sieh her: Mein Anliegen, dass meine Sicht der Dinge auch bei Ärzten Anklang finde, hatte sich erfüllt. Letzte Woche erst. Ich musste zu einem Arzt bei einer öffentlichen Stelle wegen der Zuerkennung meiner Sozialleistungen. Kurz, ich sollte Geld erhalten und dafür den bürokratischen Kram erledigen. Ohne mich zurückzuhalten, hatte ich dort mein Leben gebeichtet, im völligen Vertrauen an meine höhere Macht. Ganz bedächtig und still wurde da der Arzt, sah mich prüfend an und meinte plötzlich, er wüsste, wovon ich spräche. ,Sie sind nicht krank', sagte er. Was? Wie bitte! Ich dachte, aus allen Wolken gefallen zu sein. Er fuhr fort:

,Sie sind bewundernswert. Alles, was Sie auf sich nehmen, und der Weg, den Sie gehen. Denn dieser Weg ist viel schwieriger als jener der Verdrängung bzw. als ein Leben voller unbewusster Abhängigkeiten. Es sind nicht Sie, die krank ist, sondern unsere Gesellschaft und unsere Systeme sind es. Ich weiß das, weil ich selbst jahrelang als Alternativmediziner tätig gewesen bin. Aber ich habe gelernt zu schweigen ... Weil ich meinen Platz und meine Existenz hier gesichert habe. Nur reißt mir mittlerweile die Geduld: Menschen diagnostizieren zu müssen, bei denen keine Krankheit vorliegt, ein allgemeines Leiden als Schuld des Einzelnen zu verkaufen – anstatt Hochsensibilität als wundervolle Begabung, als eine Gabe natürlicher Schöpfung anzuerkennen und Sie und all die anderen in Freiheit entlassen zu dürfen. Ihre Sicht und Ihre Begabung überschreiten und sprengen das wissenschaftliche Spektrum bei Weitem. Die meisten meiner Kollegen wollen allerdings von alledem nichts wissen. Sonst müssten sie zugeben, dass ihr Wissen nichts weiß, dass sie Fehler gemacht haben und dadurch Menschenschicksale zu verantworten hätten. Und so ist mir auch jetzt untersagt, Ihnen hier schriftlich zu bestätigen, dass sie gesund seien. Denn dadurch würde ich alle bisher gestellten Diagnosen meiner Kollegen für null und nichtig erklären. Und dann wären Sie der erste bezeugte Fall in der Menschheitsgeschichte, der alles auf diesem Planeten auf den Kopf gestellt hätte. Glauben Sie, man würde das erlauben? Nie und nimmer. Ich halte daher fest, dass Sie psychotisch sind, denn damit können Sie zumindest weiterhin im Schutz des Systems leben. Das wird Sie finanziell absichern. Somit ist Ihre Feinfühligkeit vorerst nicht gefährdet.'"

„War das nicht wie in Schindlers Liste? Das war die Krönung! Jetzt war ich Königin der Guten. Mir war nicht klar, ob ich geträumt hatte oder ob das wahr gewesen war. Ganz gleich, wie ich es drehen wollte - im Endeffekt würde es darauf hinauslaufen, dass mir niemand auch nur ein einziges Wort glauben würde. Weil ich mir das ja wahrscheinlich wieder nur eingebildet hatte? Wohl kaum. Oder aber der Arzt aus Angst vor einem aggressiven Anfall einer angeblich Größenwahnsinnigen so handelte. Wie dem auch sei, ich nahm die Begebenheit dankbar an und deutete sie als Zeichen meiner Bestimmung, auf dem rechten Weg zu sein. Die Gunst war jedenfalls auf meiner Seite, denn Timing war alles, was in dieser entrückten Menschheit zählte. Das staatliche System entschied auf Berufsunfähigkeit. Staatliche Absicherung für Hochsensible als Schutzstellung innerhalb des Allgemeinwohls? Oder eher Diskriminierung aufgrund genetisch bedingter Begabung? Eine Hochsensible unter Stumpfsinnigen. Eine Schwarze unter Weißen? Obwohl sie selbst die Weiße war. Berufsunfähigkeit infolge besonderer Feinfühligkeit? Sind Männer demnach berufsunfähig, weil sie einen Penis haben? Ich möchte Dir an sieben Beispielen den X-Faktor näherbringen."

„1. Ein Mann schläft mit seiner Freundin. Plötzlich reißt er die Augen auf, sieht das Universum und weiß, dass dies jetzt die Zeugung seiner Tochter war. Er schreibt es auf. Wochen später teilt die Frau ihm mit, sie sei schwanger. Eine Tochter kommt schließlich zur Welt.

2. Ein Mann streitet mit einem anderen. Der eine denkt sich: ‚Halt's Maul und verrecke!' Minuten später schneidet sich der andere mit einer Baumaschine ins Gesicht.

3. Ein Mann schlägt dem anderen mit den Knöcheln seiner Finger auf den Kopf. Der andere sagt und wünscht dem einen: ‚Pass auf, dass Du Dir nicht selbst den Schädel auseinanderschlägst.' Minuten später ereignet sich ein schwerer Verkehrsunfall, bei dem der eine mit dem Kopf durch die Windschutzscheibe fliegt.

4. Ein Mann wacht in der Nacht auf und hat das Gefühl, dass er zu einem nahe gelegenen Teich fahren muss. Irgendetwas stimmt nicht. Er missachtet das Gefühl. Am nächsten Tag erfährt er, dass zur selben Zeit ein anderer Mann im See ertrunken war.

5. Ein Mann wünscht sich bei seiner höheren Macht den schnellen, leidlosen Tod seiner eigenen Mutter. Einen Tag nach der letzten Umarmung der beiden findet der Mann seine Mutter auf - gestorben an einem Herzinfarkt.

6. Ein Mann sieht einen anderen. Die beiden reden miteinander. Freundschaftlich, offen, ruhig und vertraut. Obwohl sie sich nie gut verstanden haben. Der eine verabschiedet sich. Fast scheint es, als wüssten die beiden, dass dies ihre letzte Begegnung gewesen sei. Einige Wochen später erfährt der Mann, dass der andere verstorben ist.

7. Ein Mann sieht seinen Neffen mit dessen erster wahrer Liebe. Der Mann will sich wegen vergangener Taten rächen und denkt intensiv daran, dem Neffen seine Freundin auszuspannen, um ihn diesen Schmerz einmal selbst spüren zu lassen. An diesem Abend besucht der Neffe seinen Onkel

nach Jahren des Abstandes und entschuldigt sich für seine Fehler von damals, aus ganzem Herzen. Ein versöhnliches Gespräch krönt den Abend."

„Verstehst Du, was ich meine? Deshalb bin ich doch nicht verrückt. Wir Hochsensiblen fühlen und empfinden so, weil wir durch einen unsichtbaren, roten Faden verbunden sind. Es ist eine Verbindung mit allem Leben – tiefsinnige Verbundenheit. Weißt du, wie viel Angst ich vor meinen Wünschen und Gedanken hatte? Ich war damit ein Leben lang allein, seit meiner frühen Kindheit. Wir sind anders, ja, durchaus. Die Andersartigen. Und als solche machen wir Menschen Angst. Gleichermaßen sind wir besonders und könnten, wenn sie es nur zuließen, ihnen auch ihre Ängste nehmen und unsere Begabungen für das Gute einsetzen. Wenn ich alle meine Herzenswünsche zusammenzähle, will ich, dass wir Menschen uns insgesamt wieder verstehen. Auch ich selbst musste mich durch Abgrenzung von äußeren Faktoren wie etwa meinen Abhängigkeiten lösen, um meine Suchtmechanismen erst einmal durchschauen zu können. Nach und nach konnte ich dieses Knäuel entwirren und die Schutzmauern abtragen."

„Auf ähnliche Weise können wir nun alle damit beginnen, die Grenzen abzubauen, die entlang ethnischer Zugehörigkeit, Religion, unterschiedlicher Weltanschauung, Behinderung, Alter, sexueller Orientierung, Geschlechtsidentität oder der Unterschiedlichkeit von Geschlechtern zwischen uns gezogen werden. Um uns wieder auf das Wesentliche im Leben zu besinnen. Ich hatte meine Begabung verdrängt. Ich hatte meine Sensibilität in den Schatten verbannt. Dadurch wurde ich krank. Mein Gefühl sagt mir zwar, dass Diagnosen nur Instrumente sein sollten, die zur Heilung und Ganzwerdung beitragen konnten, auch wenn sie von Ärzten meistens als Zuordnungsinstrumentarium für die passenden Medikamente missbraucht wurden. Ziel war es nicht, sie loszuwerden, sondern, sie als stimmigen Wegweiser auf dem Weg zu mir selbst zu betrachten. Niemals will ich Diagnosen als endgültige Wahrheiten betrachten. Ich habe leider keine Notizen oder Aufzeichnungen von dem Gespräch mit dem Arzt gemacht, doch ich werde versuchen, die Grundideen aus diesem Gespräch so situationsgerecht wie möglich zusammenzufassen. Meine Sicht zur Wirklichkeit also:"

„Der Wahrheit nähert man sich kontextuell. In der Wissenschaft gibt es Theorien, die in einem bestimmten Kontext wahr sind und ihre Gültigkeit haben, zum Beispiel die physikalischen Gesetze nach Newton. New-Ton. Neuer Ton. Der Ton macht die Musik. Und wir sind mittlerweile in einem Narrenauflauf, weil wir alle zum Narren gehalten werden. In einem anderen Kontext jedoch sind diese Gesetze ungültig oder schlicht nicht anwendbar. Der Makrokosmos im Gegensatz zum nuklearen Bereich: Dort gelten andere physikalische Gesetze, wie die Relativitätstheorie oder aber auch die Quantenphysik. Pandora. P-and-or-A. PA - die Public Address. Die PA-Anlage ist eine Beschallungsanlage, die der Wiedergabe von Sprache oder Musik an ein Publikum, sprich, an die Öffentlichkeit dient, sozusagen eine tontechnische, öffentliche Ansprache. Sie besteht aus Lautsprechern und Verstärkern, aus Monitoring und Verkabelung, aus stimmgebenden Einzelteilen. And/or: Und/oder. Eine unter Verschluss befindliche Erkenntnis zeigt sich, indem sie sich durch einzelne Stimmen Gehör verschafft. Es zählt nicht länger das Entweder und das Oder. Sondern gleichgestellt: und/oder. Und das ändert alles, was die Menschheit bisher zu wissen glaubt. Wir Verrückten - die Psychiatrierten dieser Erde - sind die Büchse der Pandora. Die Wissenschaft - ob Medizin, ob Biologie oder Psychologie - arbeitet mit Theorien, die als Karten oder Erklärungsmodelle der Wirklichkeit gelten, also als einzelne Wahrheiten einer noch nicht zur Gänze erforschten Wirklichkeit, als Teilbereiche einer Einheit allen Lebens. Diese Theorien werden durch die Forschung erweitert und/oder verfeinert und/oder auch grundsätzlich verändert und/oder widerlegt. Was jedoch jedem Wissenschaftler einleuchtet, und/oder was mir als sehr wichtig erscheint, ist die Tatsache, dass eine wissenschaftliche Theorie - inklusive jener über den menschlichen Körper und/oder über die menschliche Psyche - letztendlich nur eine Karte, ein bloßes Erklärungsmodell der Wirklichkeit ist und/oder daher nicht als absolute Wahrheit zu setzen ist."

„Was die Psychiatrie betrifft, habe ich für mich herausgefunden, dass in den letzten 150 Jahren beachtliche Fortschritte stattgefunden haben mögen, jedoch keine Entdeckung der Wirklichkeit und/oder keine Entwicklung in diese Richtung. Die Zeiten, in denen Menschen, die als psychisch krank gegolten hatten, eingesperrt sowie grausam und entwürdigend behandelt wurden, sind vorbei. Fortschritt findet leider nicht linear und in keinem regelmäßigen Rhythmus statt, weil er technisch und an sich schon unnatürlich ausgerichtet ist. Entwicklung hingegen hat ihren ureigenen, natürlichen Rhythmus, der uns wiederum sehr langsam vorkommt, weil wir diesen immer nur an unserer eigenen, verstandesgemäßen Lebensdauer abgleichen, anstatt ihn im ganzheitlichen, in einem umfangreicheren Sinne zu betrachten. Die Technik ist es gewesen, die uns Gefühle wie Langeweile gebracht hat. Schlussendlich sind wir und unser eigenes Leben nur einzelnes Glied einer im Kreis angebrachten Kette. Und wir Hochsensiblen sind das MissingLink. Darum wollen wir auch immer recht behalten. Wissenschaft und Fortschritt sind Momentaufnahmen. Die Idee, die damals Sigmund Freud und sein Kollege Dr. Breuer haben, nämlich, eine Therapie in Form von Gesprächen zu probieren, ist zu dem Zeitpunkt um 1890 absolut revolutionär gewesen, aber auch damals schon von vielen Zeit- und Artgenossen mit Augenrollen und Spott aufgenommen worden. Das Erklärungsmodell der menschlichen Psyche, das Freud als Grundlage der Psychoanalyse benützt – das Ich, das Überich, das Es, das Bewusste und das Unbewusste, Lebens- und Todestrieb –, hat sich als nützlich erwiesen. Manche Psychotherapieschulen haben dieses Modell teilweise übernommen, andere Schulen haben andere Modelle der menschlichen Psyche gelehrt. Wie gesagt, meiner Meinung nach sind das alles nur Theorien, Karten der Realität, Abbilder und Repräsentationen und darum nicht als absolute Wahrheiten zu betrachten. In unserer Gesellschaft sind Psychiater und Psychologen befugt, Diagnosen in Bezug auf psychische Erkrankungen zu stellen. Eine solche Diagnose, die mit dem Zweck gestellt wird, dem Menschen zu helfen, ihn in seinem Heilungsprozess zu unterstützen, kann verletzend sein und wird heutzutage nur mehr als Verkaufsargument für Psychopharmaka und sonstige Medikamente missbraucht."

„Die andere Dimension einer psychiatrischen Diagnose ist die soziale Stigmatisierung, die in unserer Gesellschaft immer noch traurige Realität ist. Ein nicht unwesentlicher Aspekt ist dabei das sogenannte Münchhausensyndrom. Besonders sensible Wesen sehen sich meines Erachtens gezwungen, sich in Krankheitsbilder zu verkriechen, sich regelrecht hineinzureden und darauf auszuweichen, weil sie sonst niemand anhört oder wahrnimmt. Meinem Urteil nach bauen all diese Diagnosen, die ganze Sicht und Definition von Krankheit auf einem riesigen Missverständnis auf. Es wird bislang nie in Betracht gezogen, dass alle Leiden sowie Unfälle der Menschen über Generationen aus Reizüberflutung, Dauerbelastung und Schädigung des sechsten Sinnes zustande kommen. Und zwar genau jener Menschen, die feinfühliger sind als andere. So wird stets nach außen getragen, die Krankheiten seien vererbt und die Opfer sogenannte *Unfallpersönlichkeiten*."

„Für mich liegt alles auf der Hand und in einer Ursache. Nunmehr ist Feinfühligkeit als genetische Veranlagung wissenschaftlich erwiesen. Das heißt für mich, sie muss den Stellenwert eines zusätzlichen Sinns haben wie Sehen, Hören, Riechen, Schmecken oder Tasten. Jene Generation, die Sensibilität als sinnvolle Erbanlage erkennt, leitet dauerhafte Genesung ein. In der Zeitlichkeit – ein Stück Unendlichkeit. Wenn jemandem das Augenlicht fehlt, entbehrt er eines seiner Sinne und ist krank. Bekommt er sein Augenlicht zurück, dann ist er geheilt. Anders jedoch bei psychischen und seelischen Krankheiten, denen der sechste Sinn, die Hochsensibilität, zugrunde liegt: Bin ich offenherzig und emotional, gelte ich laut ärztlicher Einschätzung als emotional instabil oder zu durchlässig. Stumpfsinn wird demnach implizit als Gesundheit anerkannt. Das ist das durchwegs Irre am System der Pharmaindustrie und Schulmedizin. Dementsprechend wird Hochsensibilität auch nicht als Möglichkeit herangezogen oder als eine menschliche Stärke geschätzt, denn wir haben gelernt, sie als Schwäche zu erfahren. Wir sind darauf geschult, uns zu verschließen, auszusortieren, zu kategorisieren, zu instrumentalisieren. Dies bedeutet aus meiner Warte, dass sich die Katze in den Schwanz beißt. Doch was macht es bitte so schwierig, dieses Missverständnis zuzugeben? Es geht hier um keine Schuldfrage, niemand kann etwas dafür. Wir sollten feiern, anstatt verstecken zu spielen. Unser ganzes Leben lang wollen wir doch wissen, wer wir in Wirklichkeit sind!? Fein. Jetzt wissen wir es, und alle unsere bisherigen Erkenntnisse sind folglich darauf hinausgelaufen, dies herauszufinden – seit Anbeginn der Menschheit. Anstatt es zu erkennen und unser Fehlverhalten zuzugeben, verstricken wir uns immer mehr. Hat das vielleicht etwas mit dem Rosenkranz als Deutung zu tun, dem Dornenkranz als Weissagung? Maria, eine psychisch Kranke? 55 Kugeln zum Beten plus ¾ und ein Kreuz? Der Fingerrosenkranz mit zehn kleinen Perlen und einem Kreuz? Rose? Was heißt Neurose? An diesem Begriff möchte ich Dir meinen Gedankengang verdeutlichen."

„Der Begriff Neurose ist alt und bezog sich vor über 200 Jahren eigentlich auf jede Erkrankung des Nervensystems ohne erkennbare, mechanisch ausgelöste Ursache. Erst im 19. Jahrhundert bezeichnete man damit eine Organstörung ohne nachweisbaren Krankheitsbefund, wie zum Beispiel Herz- oder Magenleiden. Dr. Sigmund Freud schließlich führte jene Definition ein, die das 20. Jahrhundert dominierte. Unter einer Neurose verstand man eine seelische oder psychosozial bedingte Gesundheitsstörung ohne nachweisbare, organisch-körperliche Ursache. Womit man es hier zu tun hatte, war also eine krankhafte Störung der Erlebnisverarbeitung. Es gibt offenbar in diesem Leben nicht verarbeitete Konflikte, die bis in die Kindheit zurückreichen können, welche später wieder zum Problem werden und sich in seelischen, psychosozialen oder körperlichen, meist psychosomatischen Krankheitszeichen äußern. Das Verhalten der Betroffenen kann zwar stark beeinträchtigt sein, bleibt aber im Allgemeinen innerhalb kulturell vorgezeichneter Grenzen. Auch die Persönlichkeit bleibt erhalten, was nicht bei jeder seelischen Krise zutrifft. Die neurotischen Krankheitszeichen sind unmittelbare Folge oder sogar symbolischer Ausdruck des krankmachenden seelischen Konflikts, der aber unbewusst bleibt. Unter dem Unbewussten versteht man jene seelischen Vorgänge, die ablaufen, ohne dass man direkte Kenntnis von ihnen hat und ohne dass man sie bei vollem Bewusstsein registriert, geschweige denn kritisch reflektieren kann. Gängige Beispiele sind Wunschvorstellungen, bedürfnis-gesteuerte Motivationen wie auch zwanghafte Einstellungen. Die Psychoanalyse begreift das Unbewusste als eigenständiges System verdrängter Triebansprüche und Komplexe, aus konflikthaften Situationen entstandene, später weitgehend verdrängte Vorstellungen, deren blockierte Inhalte krankheitserzeugend und krankheitsunterhaltend wirken können. Für die Organisatoren - eine sehr einbringliche Art der Unterhaltung. Dies nennt man dann neurotische Entwicklung oder einen psychosomatischen Krankheitsverlauf. Eher unrichtig sind die Begriffe *unterbewusst* oder das *Unterbewusstsein*, die es, genau genom-men, gar nicht gibt, selbst wenn sie noch so häufig unter Laien, mitunter sogar in Fachkreisen zu hören sind."

„Bei den Neurosen handelt es sich, wie gesagt, in der Regel um misslungene Verarbeitungs- und Lösungsversuche unbewusster Konflikte, die bis in die Kindheit - oder noch weiter, in vorangegangene Generationen - zurückreichen können und durch bestimmte Situationen und Reize, sogenannte Trigger, ausgelöst werden. Aufgrund der vielfältigen Theorien und Konzepte lässt sich jedoch keine einheitliche Definition geben, die für alle verbindlich wäre - wenigs-tens noch nicht. Im Gegenteil, es gibt letztlich eine Vielzahl von Definitionsvor-schlägen, je nach Beschwerdebild, Ursache und Verlauf sowie eine überaus verwirrende Einteilung, je nach akademischer Schulrichtung. Das hat dazu geführt, dass der Begriff Neurose in den neuen, weltweit tonangebenden Klassifikationen bei der Weltgesundheitsorganisation (WHO) nur noch ange-deutet wird und bei der Psychiatrischen Amerikanischen Vereinigung (APA) gänzlich gestrichen oder durch andere Begriffe ersetzt worden ist. Aha. Das ist doch interessant. Ein Begriff, der keine tatsächlich begründeten Erkran-kungen beschreibt - mittlerweile ersetzt durch unzählige andere Diagnosen!? Apa? Amerika? Apartheid? Wenn ich jetzt noch davon ausgehe, dass man die ICD-10-Codierung in ihrer ersten Auflage sinngemäß deshalb eingeführt hat, um Erkrankungen statistisch besser erfassen zu können ... na, da stinkt etwas gewaltig, oder etwa nicht? Ein statistischer Mechanismus, der sich zur Skala und Basis von Krankheitsdiagnostik gewandelt hat? Hm. Womöglich bilde ich mir das bloß ein? Funktionelle oder Befindlichkeitsstörungen, Neurosen und Persönlichkeitsstörungen sind die verbreitetsten seelischen Leiden unserer Zeit und Gesellschaft. Abhängig vom jeweiligen Untersuchungsansatz, gibt es unter anderem die Annahme, dass zehn bis zwanzig Prozent der gesam-ten Bevölkerung davon betroffen sind - im Laufe des Lebens irgendwann nahezu jeder Mensch einmal. Diese psychogenen, rein seelisch ausgelösten und innerlich unterhaltenen Störungen, machen einen Großteil der psychisch erkrankten

Bevölkerung aus. Wie bitte? Wo auch noch Gürtelrosen manche Menschen schmücken - Ausbruch aus ansonsten viraler Unterdrückung. So gibt's hier auch einen Blinden, der sich seine Blindheit nur einredet. Als ihn eine Frau über die Straße leiten will und sie ein herannahendes Auto übersehen hat, rettet er ihr das Leben, indem er sie zurückhält. Paradox, oder doch ein Beweis dafür, dass auch noch so offensichtlich gefühlsblinde Menschen das Gute in sich tragen - I'd Rather Be Blind?"

„Es ist eigenartig - oder vielmehr auffällig -, dass sich die erwähnten Zahlen mit jenen decken, wonach ungefähr jeder fünfte Mensch auf diesem Planeten eine besondere Erbanlage in seinen Genen trägt: mit verfeinerten Sinnen, einer differenzierten Wahrnehmung, einem hohen Maß an Empathie, mit der Fähigkeit zu vernetztem Denken in komplexen Situationen und einem sechsten und/oder siebenten Sinn als einer Art Echolot für noch nicht greifbare Entwicklungen und Aspekte von Themen und Problemen, die dem Bewusstsein der Niedrigsensiblen verborgen bleiben. Herr Freud, nach all seinen Erkenntnissen angeblich um seinen Verstand gekommen, als Vater der Psychoanalyse und wegweisender Wissenschaftler für die heutige Auffassung von Krankheit und Gesundheit? Oder wurde er unter Umständen absichtlich krebskrank? Weil Geld nicht stinkt? Oder doch? Bis vor dem Beginn des wirklich schnelllebigen technologischen Fortschrittes waren sämtliche Erkrankungen, die keine augenscheinliche mechanische Einwirkung als Ursache hatten, also als Neurosen betitelt worden - quasi als Einbildungen aus der Seele, die man wiederum nicht nachweisen konnte. Mit fortlaufender Zeit teilte sich dieser Begriff in unzählige Diagnosedefinitionen auf. Nun ist man so weit, den Neurosebegriff völlig von der Bildfläche verschwinden zu lassen? Weil alles in einer vormals statistisch geführten ICD verankert sein soll? Komisch, dass seither aus einer eingebildeten Krankheit und einem einzigen Überbegriff hunderte, angeblich nachweisliche Krankheitsbilder konstruiert worden sind, nämlich solche, für die es natürlich immer auch Medikamente gibt. Noch verdächtiger in alledem: Schon damals belegen die Zahlen, dass zehn bis zwanzig Prozent der gesamten Bevölkerung an Neurosen leiden würden. Wie viel Prozent HSP gibt es nochmals? Aha, ebenfalls zehn bis zwanzig Prozent? Hm. Das Einzige, was hier wirklich nicht zu stinken scheint, ist Geld. Im Grunde ist das Ganze ein Geschäft."

„Ich weiß, ich wiederhole mich. Und indem die sogenannte Wissenschaft publiziert, dass diese Krankheiten vererbbar seien, aktivieren sie dadurch die selektive Wahrnehmung und Leichtgläubigkeit der Sensiblen und beängstigten Betroffenen sowie all derer Blutsverwandten. Man könnte meinen, so würde dafür gesorgt werden, dass weitere Verwandte am Placebo-Effekt und an einer angeblich wissenschaftlich belegten Beeinflussung zu Konsumenten teurer Pharmazieprodukte herangezüchtet werden. Und so wiederum werden Chemikalien gezielt in die Nahrung der Menschen gemengt, um weitere Krankheiten auszulösen. Antibiotika helfen dabei, weil sie die natürliche Membran der Zellen deaktivieren. In der Tat, die Wissenschaft belegt die wirkliche Natur und schöpferische Sinnhaftigkeit mit einem Fluch. So ist aus dem Segen menschlicher Sensibilität ein Unheil des Universums geworden, ein Affront gegen die menschliche Empfindsamkeit. Würden sie es zugeben, dann könnte sofort Heilung eintreten, auf natürlichem Wege und ohne Zuführung diverser Mittelchen. Eigentlich unterdrückt man da nicht nur die Hochsensiblen, sondern ein ganzes Völkchen. Man hält es nieder, sperrt es weg und beutet es aus, womöglich bis zum Genozid."

„Schon Bertolt Brecht sagt: ‚Wenn Unrecht zu Recht wird, wird Widerstand zur Pflicht.‘ Ich sage, Widerstand ist zwecklos, weil Widerstand gegen das Menschliche im Menschen und gegen unsere Natur das Chaos über uns gebracht hat. Und Widerstand ist sinnlos, weil Widerstand gegen die innere und äußere Natürlichkeit den Sinn allen Lebens, somit auch den Menschen, vernichtet. So füge ich mich meiner naturgemäßen Bestimmung und strebe nach einem Leben im Einklang mit meiner Natur. Das ist vielleicht meine einzige Chance auf wahrhaftiges Leben. Gegen diese Chance haben nicht einmal die hinterlistigsten Machthaber auf diesem Planeten ein taugliches Mittel - nicht die geringste Chance. Wir sind hochsensibel. Weil Ihr uns Menschen verkauft habt. Wir sind die Stimme Gottes. Die Stimme der Natur. Als wirksamstes Mittel gegen jene unserer Art, die uns selbst vernichten wollen. Aus Profitgier und Machthunger, aus emotionaler Vernachlässigung und Neid. Die Menschheit wurde durch Jahrhunderte ihrer Sensibilität beraubt. Von Euch, wer immer Ihr seid und wo auch immer Ihr Euch jetzt aufhaltet. Die Erkenntnis ist unser. Die gezielte Degeneration hat nun ein Ende. Wir werden Tag für Tag in unserem empfindsamen Wesen verkannt, als psychisch labil, als krank oder gar verrückt abgestempelt und an den Rand der Gesellschaft gedrängt. Wir werden gekränkt bis zur Krankheit. Doch wir haben die Andersartigkeit genutzt, um das Licht zu entdecken, denn Recht braucht Unrecht nicht zu weichen. Die Natur steht auf unserer Seite, und sie bedeutet ewiges Leben. Gerade die sensiblen Menschen sind es, die neue Sichtweisen, entscheidende Impulse und kreative Lösungen für die drängenden Probleme unserer Zeit liefern."

„Die Befugnis, bei anderen psychische Erkrankungen zu diagnostizieren, kann in uns allen Angst und Misstrauen hervorrufen. In erster Linie ist sie

Ausdruck einer ausgeübten Autorität, die nicht immer die natürlichste aller Autoritäten sein muss. Manche von uns reagieren dann mit Abwertung. Irvin Yalom beispielsweise, Psychiater und Vertreter der existenziellen Psychotherapie, beschreibt in seinen Büchern einige überzogene Reaktionen, wenn seine Mitmenschen erfahren haben, welchen Beruf er ausübt. Ironie des Schicksals: Mit seinen Patienten hat er immerzu eine fast freundschaftliche Beziehung gepflegt - offen, engagiert, gleichberechtigt. Einerseits haben manche Menschen übertriebene Hoffnungen darin gesetzt, dass er mit einem Blick bereits eine Situation beurteilen könne und auf der Stelle eine Lösung parat habe. Andererseits haben sie mehrheitlich misstrauisch und abwertend reagiert. Er berichtet, dass viele seiner Kollegen, die öfters schon mit ähnlichen Reaktionen konfrontiert gewesen sind, irgendwann für sich beschlossen haben, den anderen nicht mehr zu sagen, dass sie Psychiater oder Psychotherapeuten sind. Sie haben damit begonnen, sich zu verschließen, emotional und sozial zu verarmen. Sie sind es nunmehr, die unsere Wissenschaft anführen, uns mittels Diagnosen denunzieren und abwerten, die Wirklichkeit zur Lüge machen und die Lüge zur Wahrheit. So sind alle, die ihre wirkliche Wahrnehmung und ihre Vielschichtigkeit verschweigen: funktional gesund. Und ich, die davon offen und aufrichtig spricht, bin angeblich krank? Durch all meine persönlichen Erlebnisse kann ich jedoch auch bestätigen, dass es viele Missverständnisse betreffend Psychotherapie gibt. Auch wenn hundert Jahre Praxis und fundierte Forschungen angeblich das Gegenteil beweisen, wird sie von manchen Menschen weiterhin als eine Art Manipulation betrachtet und jede heilende Wirkung bezweifelt. Schweigen ist eben eisern und Reden ist nun einmal Gold. Danke."

Da war **ein Freund** gewesen.

Er war so sehr auf Frieden konzentriert gewesen, dass er mit Gefühlen wie Zorn, Hass und Aggression überhaupt nicht hatte umgehen können. So sehr hatte er sie in seinen Schatten verdrängt, dass sich all diese aufgestaute Energie gegen ihn selbst gerichtet hatte. Allen wollte er es immer recht machen. Bis sich seine Kraft zu Ende neigte und er versuchte, sich das Leben zu nehmen - psychische Störungen in der Ahnenreihe. Sein Sohn war an multipler Sklerose erkrankt.

„Möge die Macht mit Dir sein, edler Jedi. Für viele mögen solche Filme nur Quatsch sein. Doch ich erkenne immer wieder etwas Tiefsinniges darin, eine tiefere Bedeutung hinter der Handlung. Für mich ist immer klar gewesen, dass für jeden Menschen die komplexeren Zusammenhänge zum wirklichen

Leben eindeutig erkennbar sein müssten. Doch da täusche ich mich anscheinend. Spüren tun es vielleicht schon sehr viele, aber benennen können sie diese Macht nicht. Für mich ist es besondere Feinfühligkeit. Das heißt nicht, dass ich ein Weichling oder Schlappschwanz wäre. Ich bin davon überzeugt, dass ich nicht krank bin, sondern anders begabt. Für mich ist Hochsensibilität ein genetisches Erbgeschenk meiner einzigen, meiner wirklichen höheren Macht: unser aller Natur. Es ist erwiesen, dass diese Eigenschaft eine Begabung im Bereich emotionaler und sozialer Intelligenz darstellt. Emotionen offen zu zeigen, zählt in der heutigen Gesellschaft unterdessen zu den Persönlichkeits- und Verhaltensauffälligkeiten. Das ist meines Erachtens echt krank. Da kann man faseln, wie viel man will, von emotional instabiler Persönlichkeitsstörung, emotionaler Durchlässigkeit und von weiß Gott was. Was kann ich bitte dafür, dass die Vielzahl der schädigenden Einflüsse für mich - als einem lebenssinnigen Wesen innerhalb einer leistungsorientierten Gewinngesellschaft - längst das Limit des Erträglichen überschritten hat? Als ich nichts von meiner Veranlagung gewusst und der gängigen Meinung Glauben geschenkt habe, ist mein Leben eine einzige, große Sinnkrise gewesen. Ich habe die Ansprüche der Gesellschaft und der Älteren verinnerlicht und sie zu meinen Glaubenssätzen und Vertrauensvorgaben gemacht. Auf diese Weise habe ich den Zugang zu meinem natürlichen Wesenskern überhaupt erst verlieren können. Die Erkenntnis darüber, dass ich nicht bescheuert bin oder abnorm, hat mich sehr erleichtert."

„Noch schlimmer ist es für mich, von meiner besonderen Empfindsamkeit zu wissen, sie leben zu wollen, in der gängigen Gemeinschaft jedoch meinen Platz nicht einnehmen zu können. Warum? Weil gefühltermaßen Gesellschaft und technologischer Fortschritt für mich tödlich sind. Unter dem alltäglichen Wahnsinn leide ich mehr, als wenn ich mich völlig zurückziehe und all das hinter mir lasse. Ich möchte nicht belämmert werden. Lieber ein Ende mit Schrecken als ein Schrecken ohne Ende, sagt man. Gestern sind wir von der Spielegruppe aus ins Kino gegangen. Dies verfolgte den Zweck, bestimmte Dinge zu trainieren: Erleben und Verhalten im Miteinander und Gegeneinander, Wahrnehmen von Teamgeist und Eigensinn, Spielwitz und Risikofreude, Gewinnen und Verlieren, Umgang mit Ungewissheit und Frustration bei verschiedenen Spielen und Aktivitäten, freilich unter Anleitung bzw. in Begleitung von Pflegepersonen - wobei ich mir manchmal insgeheim denke, dass die Pfleger glücklicher darüber sind als wir, endlich einmal wieder unverkrampft Gefühle zeigen zu dürfen. Ich mag die Pfleger alle sehr. Ach ja, der Film ... Star Wars VII - Das Erwachen der Macht. Mir erschließt sich die Handlung folgendermaßen: Das Böse im Menschen kämpft gegen das Gute im Menschen und umgekehrt, weil keine der Seiten erkennt, dass sie beide beeindruckend und obendrein miteinander verwandt sind, dass sie eigentlich zusammengehören. Erst die Trennung voneinander hat sie zu Feinden werden lassen. Verbitterung aus Unterdrückung gegen Stumpfsinn durch Verleumdung. So spiegelt sich alles auch außerhalb der Menschen im restlichen Universum. Das Böse setzt die Sonne ein, um das Gute zu zerstören. Das Gute setzt die Sonne ein, um das Böse zu zersetzen. Lasertechnologie. Synergetik. Epigenetik. Hochsensibilität. Stumpfsinnigkeit. Psychische Erkrankungen, angebliche zumindest. Hörigkeit. Angehörige. Gesundheit. Krankheit. Ich bin gespannt, wie viele Folgen noch kommen müssen, um den Menschen auf diesem Planeten die Augen – und Herzen zu sich selbst zu öffnen? Ich selbst entferne mich von dem, weil zu weit links wie auch zu weit rechts, zu weit vorne sowie zu weit hinten, zu weit oben und zu weit unten, allesamt viel zu weit weg ist von dem Platz, an dem ich am meisten bewegen kann: in meinem Innersten."

   „SAG 7 – Die Entdeckung der Sensibilität. Im Prinzip finde ich es schade, dass ich mich in eine Selbsthilfegruppe flüchten muss, um dort meine Feinfühligkeit ausleben zu dürfen. Ich habe wahrlich versucht, die sensible Gesprächskultur in meinen Alltag einzubauen, meine emotionale Offenheit beizubehalten. Ein bisschen fühlt es sich an wie nackt durch die Stadt zu laufen. Dabei bin ich verletzbar und werde ausgelacht, gedemütigt und erniedrigt. So bin ich in dieser Einrichtung gelandet. Und das Einzige, was ich will, wäre einfach – leben. Meine Natürlichkeit, meine empfindsamen Gefühle, im Einklang mit meiner Natur. Aber ich muss mich ins Jetzt flüchten, mir vorsagen: dass es in der Gegenwart keine Probleme gibt, lediglich Herausforderungen; dass ich mich nicht entscheiden muss zwischen meinen Stärken und Schwächen; dass ich das Gute vom Bösen in mir nicht trennen kann. Doch auch dies erscheint mir alles in allem nicht ganz stimmig. Denn ich selbst fühle doch gar nichts Böses in mir, das weiß ich. Wenn ich mich ärgere oder traurig bin, dann höchstens darüber, wie ich und wir Menschen auf unserer Natur herumtrampeln. Sie hat uns doch niemals gezwungen, in Abhängigkeit von ihr zu leben. Sie liebt uns, hat uns alles geschenkt, was wir sind. Und deshalb schänden wir sie? Plündern sie? Wofür halten wir uns eigentlich? Ohne Natur, unseren einzigen Gott, hätten wir nichts. Ende der Debatte! Anstatt unseren Planeten zu wertschätzen, suchen wir, nachdem wir ihn zugrunde gerichtet haben, neue Himmelskörper, die wir besiedeln könnten, um dorthin auszuweichen. Schweine hinterlassen nicht so viel Mist wie wir Menschen, wenigstens keinen so schädlichen für die Mutter Natur."

„Ist es da ein Wunder, wenn ich oftmals an Selbstmord denke? Ich fühle mich häufig in einer aussichtslosen Lage, hilflos, machtlos, demoralisiert, auch darum, weil ich meine Aufgabe darin sehe, die unsensiblen Menschen auf ihr Fehlverhalten aufmerksam zu machen und zum gemeinsamen Schutz und Erhalt unserer Natur zu bewegen. Dies erfordert jedoch, meine eigene Natürlichkeit wieder zuzulassen und leben zu dürfen - was mir ja verwehrt bleibt. Wenn ich sage, was ich wirklich denke, lande ich schnurstracks wieder in der Psychiatrie. So schafft man mich weg, wie sie ihre Sorgen wegschaffen - im Modus der Verdrängung. Denn ich mache sie auf die Sorgen der Natur aufmerksam. Weil meine Feinfühligkeit die Stimme der Natur ist. Ich habe schon allerlei versucht: Aktivismus, passive Aggression. Es ist vollkommen egal. Der Einzige, der da den Ärger hat, bin ich selbst gewesen. Vielleicht ist es wirklich besser, einfach hier zu warten, bis es weltweit richtig kracht. Dann bleiben ohnehin nur wir übrig und können neu beginnen. Bis dahin hieße es, ein sehr einsames Leben zu verbringen. Was wird in so einem Fall aus dem Gemeinschaftswesen Mensch? Ich bin der Meinung, dass wir sowieso alle zu viel sind. Es gibt sowieso zu viele von uns, finde ich. Jedermann will am liebsten ewig leben und zusätzlich noch drei Tage. Anstatt aus Liebe gegenüber der nächsten Generation ihr den Vortritt zu überlassen, erhalten wir uns mit den ärgsten Technologien künstlich am Leben. In manchen Indianerstämmen kommt man Gott gleich, wenn man den Freitod wählt. Wie gesagt, für mich sind Natur und Gott gleichzusetzen - genauer noch: Natürlichkeit."

„Zuweilen fühle ich mich fast so wie Luke Skywalker, so als würde ich eine Himmelsleiter empor- und herabsteigen, immer und immer wieder. Ich denke, mein Leben misst sich nur in Augenblicken - alles nur Momentaufnahmen! Wie Lieder oder sonstige Aufzeichnungen für Lichtspieltheater. Ich bin mir bewusst, dass mein irdisches Dasein nur den einen Sinn und die besondere Aufgabe hat, Teil von etwas Größerem zu sein. Als kleiner Teil eines umfangreicheren Systems, einer höheren Macht, wie die natürliche Schöpfung sie für mich darstellt, habe ich das Gefühl, ein sehr gewichtiger Teil darin sein zu können. Von anderen erkannt zu werden, schwebt mir naturgemäß vor. Wenn mich nur endlich jemand ernst nehmen würde! All mein Handeln wird darüber entscheiden, ob ich auch in Zukunft Teil dieses Großen sein werde. An mir liegt es jeden Tag aufs Neue, für welchen Weg ich mich entscheide. Darum weiß ich auch: Mein Leben lässt sich nicht im Sekundentakt messen, sondern in Momenten, die mir das Leben dankenswerterweise schenkt! Für mich ist das Leben ein Prozess natürlicher Entwicklung. Wenn wir alle zusammenhelfen würden, wäre es sichtlich einfacher."

„Einige Worte über Toleranz wären an dieser Stelle angebracht. Und bitte, ich will bestimmt niemanden davon überzeugen, dass es nur einen Weg zum Glauben gibt. Denn jeder Mensch besitzt seit seiner frühesten Kindheit seinen eigenen, sein persönliches Urvertrauen. Wir alle, ganz gleich welcher Rasse, welchen Geschlechts, welcher Religion oder Hautfarbe, sind gleichermaßen Kinder einer lebendigen, natürlichen Schöpfung, zu der wir durch einfache und verständliche Mittel wieder eine Verbundenheit empfinden können. Diese drückt sich aus durch: Offenheit, Hilfsbereitschaft, Aufrichtigkeit, Nüchternheit, Achtsamkeit und Bewusstheit. Dazu bedarf es der Distanz zur Technik, und auch der Dankbarkeit für das Geschenk unserer Natürlichkeit. Ein Anfang ist Artikulation, das Aussprechen. Denn eisernes Schweigen bringt nichts. Reden ist Gold. Wir verehren unsichtbare Götter und töten die sichtbare Natur. Man könnte meinen – weil wir die unsichtbare Natur in uns begraben. Wir erklären unsere Natur für nichtig, weil wir unsere besondere Feinfühligkeit nicht in der Praxis leben. Die Lösung liegt darin, unsere eigene Feinfühligkeit wieder zu offenbaren, sie auszuleben. Dann wird die Natürlichkeit sichtbar und das Göttliche wirksam. Wir selbst sind der Lebenssinn. Liebe. Natur. Sensibilität. Gott. Meine Toleranz gegenüber meinen Mitmenschen und vor allem die Dankbarkeit gegenüber meiner Natur sind nur deshalb zerrüttet, weil ich selbst nicht gelernt habe, sie offen zu zeigen. Wie denn auch? Meistens habe ich die Gesellschaft blind nachgeahmt und bloß nachgelebt, was ich gehört, gesehen, gespürt, gerochen und geschmeckt habe. Fünf Sinne auf dem Weg zum Stumpfsinn. Man hat mich toleriert, aber so angenommen, wie ich bin, hat man mich eher nicht. Darum habe ich gelernt, mich zu verstellen, und habe die natürliche Einstellung verloren. Vorgelebt von Kindheit an hat man sie mir auch nicht. Natürlich sein ist nicht normal, und umgekehrt. Normierung schließt jede Natürlichkeit aus."

„Und dieses üble Spiel geht seit Generationen nur so dahin. Aus Natur wurde Umwelt, aus Mensch wurde Person. Stets waren wir Außenseiter, kraft unserer besonderen Sensibilität, mit unserer offenbar andersartigen Gedanken- und Gefühlswelt. Doch, nicht ich bin andersartig, auch nicht die weniger Sensiblen. Im Wesentlichen sind wir alle großartig und von der gleichen Art. Menschen, die es nicht zeigen können, haben es einfach nur verlernt. Ob es sich wiederfinden lässt, weiß ich leider nicht. Das müsstest Du schon selbst herausfinden. Wenn der Funken überspringt, und ein neues Bewusstsein in der Welt entfacht, dürfen wir durch diese Erkenntnis und das Verständnis gemeinsam unsere Natürlichkeit wieder leben lernen. Es ist unsere wirkliche Bestimmung, sie wiederzuentdecken, diese Macht erwachen zu lassen. Erst dies wäre eine wirksame Entwicklung, mit anderen Worten, mehr als nur Fortschritt. Denn dieser steckt noch in seinen Lippenbekenntnissen zu einer Humanität fest, die als solche niemals Fuß gefasst hat. Wie viel Technologie verträgt der Mensch? Gesünder für uns wäre es ohne sie allemal. Der Bedarf an Krankheiten fiele auf einmal weg. Für mich jedenfalls ist es überlebensnotwendig, meine Kränkung, meine Verbitterung, den Ärger und die Trauer darüber zuzulassen, diesen in meinem Innersten verborgenen, über Jahrhunderte unterdrückten Gefühlen Ausdruck zu verleihen. Dadurch wird Heilung primär möglich. Durch Groll und Kränkung erkrankte ich. Solcherlei hat schon Karl Kraus gewusst, wenn er sagt, Kränkungen machen krank. Und darunter liegt gleichzeitig die Genesung und das Glück verborgen. Mit dieser Sicht stehe ich heutzutage recht allein, doch ich glaube, es rührt daher, dass die Menschen übermäßige Angst vor der Wirklichkeit haben. Sie ängstigen sich, weil es für sie mit Verlusten einherginge, weil sie noch nicht erkennen, dass sie mit ihrem Verhalten sich selbst an die Wand fahren. So bin ich wahrscheinlich nur einer der Ersten, die durch diesen dunklen Korridor ins Licht hinübergegangen sind. Und jene, die dazu bestimmt sind, in die Arche Noah einzusteigen, werden mir noch folgen. Dann habe ich das Schlimmste bereits hinter mir. Denn das Problem beinhaltet immer zugleich auch die Lösung: das Prinzip von Ursache und Wirkung. Behandeln wir das Problem nicht länger als ein Problem, sondern als naturwüchsige genetische Begabung, dann ist dies eo ipso die Lösung all unserer Probleme. Es gibt nichts, rein gar nichts in diesem Universum, das beständig, unverändert, gleichbleibend ist. Alles existiert in ununterbrochener Veränderung und Abwechslung. Und so ist es mir von Natur aus vorherbestimmt, nicht auf immerdar die Scheißkarte zu ziehen."

„Ich glaube, dass ich dort das Licht schon sehen kann, wo für die meisten noch Dunkelheit herrscht, während viele von ihnen mir die Dunkelheit als Licht verkaufen möchten. Wie sonst, wenn nicht über den hellhörigen Kontakt zu mir selbst, könnte ich jemals genesen! Ich schaffe hier nur die Voraussetzungen, meiner genetischen Veranlagung entsprechend leben zu dürfen. Immerhin bin ich nicht der Einzige hier, dessen Eltern auch schon in psychiatrischer Behandlung gewesen sind. Es werden nur vereinzelt Menschen übrig bleiben: genauer jene, die von sich aus bereit sind, die Natur zu ihrer höchsten Instanz zu erklären. Fazit: natürliche Aussiebung. Sieb-schaft, Sippschaft, als Lösungsmittel vom Schildbürgertum. Bei meinem ersten Aufenthalt hatte mich der langjährig behandelnde Arzt meines Vaters empfangen. Er behauptete, dass wir uns von irgendwo her kennen sollten. Ich meinte salopp: ‚Wie der Vater, so der Sohn'. Was wollte ich damit ausdrücken? Ich hatte das Gefühl, dass ich mit ihm dort weitermachen würde, wo die Behandlung meines Vaters aufgehört hatte. Ich sagte ihm lediglich, dass ich der Ansicht wäre, ein mir hinterlassenes Schlachtfeld geräumt zu haben und es ab jetzt mit neuem, altem Leben befüllen zu wollen, im Wissen um meine Hochsensibilität und High-Sensation-Seeking-Begabung. Anstatt Erleichterung zu spüren, legte ich durch meine Offenheit und Naivität den Nährboden für einen neuen Kampf. Auch dahingehend, weil ich alle Empfehlungen zur Medikation kategorisch abgelehnt hatte."

„Schon die erste Nacht war ein Albtraum gewesen. Mein Bett befand sich genau zwischen Fenster und Tür im Energiefluss. Darüber hinaus war das Fenster geöffnet. Von Schlafhygiene war in jenem Spital wenig zu spüren. Es war wortwörtlich ein Krankenhaus, ein Ort zum Krankwerden: überall Steckdosen und elektromagnetische Hochspannungsfelder, Ecken, Kanten, harte Matratzen und Kunststoff - so weit das Auge reichte. Als ich aufwachte, waren meine Augen geschwollen, die Nase völlig verstopft, Halsschmerzen quälten mich, und - mein armes Kreuz! In der Morgenrunde erklärte ich mein Einzelschicksal, holte hie und da in die Vergangenheit aus und berichtete von mitgeschleppten Altlasten und über meine Probleme im Jetzt. Unbekümmert erzählte ich von meiner wahren Befindlichkeit. Es war wie in einem Karussell der Gefühle, eine Achterbahn zwischen gestern, heute und morgen. Um ehrlich zu sein, ich fühlte mich weit weg von mir selbst. Ergab es denn einen Sinn, mich durch Gedanken an die Vergangenheit selbst runterzuziehen? Mein Verstand wusste keine passende Antwort darauf. Irgendwie überforderte mich dort alles ungemein, obwohl ich mich andererseits wie daheim gefühlt hatte. Endlich angenommen, angekommen, ohne Verantwortung zu tragen. Meinen Mitpatienten fühlte ich mich von Anfang an sehr verbunden. Der Arzt meinte beiläufig, dass man mir die Anstrengungen nicht ansehen würde. Keine Frage, ich hatte mitzuspielen gelernt. Doch hatte ich mich wirklich so sehr verstellt all die Jahre? Ein altes Sprichwort besagt, dass die Haut der Spiegel der Seele sei. Also wäre meine Seele sehr rein gewesen, bis auf die Narben von meinem Selbstmordversuch. The First Cut Is The Deepest. Natürlich wollte mir der Arzt gleich Medikamente verabreichen, damit ich besser schlafen würde. Doch ich wehrte ab, denn wie man sich bettet, so liegt man. Und ich wollte lieber leben, mich nicht mehr betäuben. Irgendwie hörte ich aus den Gesprächen meiner Mitpatienten, dass sensible Menschen weniger aus Genesungsgründen ihre Medizin nahmen, sondern eher zum Zweck, eine analoge Wirkung zu erzielen, durch legale Substanzen als Ersatz zu illegalen. So sprach ich auch mit einer Ernährungsexpertin, die mir einen Speiseplan zur Stoffwechseldiät zusammenstellte, da ich sogar auf Salz- und Zuckerkonsum wechselwirkendes Suchtverhalten festgestellt hatte. Bei einem Kinobesuch war es mir zum ersten Mal aufgefallen."

„Am eindrucksvollsten war die Teilnahme in meiner ersten Gruppenvisite gewesen. Wie nirgendwo anders verschwammen hier die Trennlinien zwischen Patienten, Pflegepersonal, Studenten und Ärzteschaft: Alle trugen Zivilkleidung - vorgetäuschte Anonymität. Am meisten verwunderte mich, dass ich vom Aussehen her nicht zwischen Menschen mit psychischen Krisen, geistigen Beeinträchtigungen oder anderen innerweltlichen Konflikten unterscheiden konnte. Einerseits war das angenehm und entspannend, andererseits bestanden erhöhter Erklärungsbedarf und Konfliktpotenzial. Was jedoch alle gleichstellte, war die Gewissheit gewesen, dass wir Menschen sind. Ich hatte das Thema 'Medikation' angesprochen und meinem Wunsch Ausdruck verliehen, als Hochsensibler Verständnis und Akzeptanz bezüglich Medikamentenablehnung entgegengebracht zu bekommen. Sogleich ergriff der Arzt das Wort und wies mich darauf hin, dass Ärzte und Mitarbeiter, was die Aufklärung medikamentöser Behandlungsstrategien anbelangte, einer Frageverpflichtung unterliegen würden. Sinnvoller erscheinen würde mir ein Fragerecht aus Patientensicht, denn auch die manipulative Ausnützung des Diagnoseschocks hatte in der Vergangenheit oftmals das blinde Vertrauen in pharmagebundene Ärzte gestärkt - zum Leidwesen und damit einhergehenden Sinnverlust der Patienten. Einige Tage nach meiner Einweisung klagte der Großteil der Patienten über Nebenhöhlenentzündungen, Migräne, Schweißausbrüche, Albträume, Schnupfen, Schlafstörungen, Nebenwirkungen von Medikamenten und Kreuzschmerzen. Für mich stand fest, die Lebensumstellung hatte etwas ausgelöst. Es war so, als ob der Wegfall des kontrollierten Verantwortungsbewusstseins Erlösung brachte. Hartnäckigkeit hatte mir einen harten Nacken beschert. Verspannungen. Körperliche Einschränkungen folgten der seelischen Unbeweglichkeit. Was für eine Ironie! Wer rastet, der rostet. Die Ärzte verabreichten ehestmöglich Medikamente gegen die Wehwehchen und Symptome langjähriger Reizüberflutung. Ausheilen war damals noch nicht angesagt. Mir hatte es gutgetan, mich endlich einmal in fremde Obhut fallen lassen zu können, sprich, in geschützter Umgebung zu sein. Wenn selbstbestimmt, dann sicher."

„Eine Mitpatientin teilte mir mit, dass sie nur noch drei Monate zu leben hätte. Sie bat ausgerechnet mich, sie zu begleiten, obwohl wir uns nur einige Tage kannten. Irgendwie spiegelte sie mir meine eigene Lebensmüdigkeit. Wieso eigentlich nicht? Genauer betrachtet, begleiten wir Menschen uns alle, von einem Moment zum anderen, mit dem Unterschied, dass wir nicht wissen, wann genau wir sterben. Dies wurde mir dadurch bewusst. Auch wenn sich später noch herausstellen sollte, dass mich meine Gleichgesinnte schamlos belogen hatte. Sorgenpüppchen als Schutz vor Selbstaufgabe. Aufmerksamkeitsdefizit – also doch mehr Spiegel und Lerneffekt als angenommen? Zum ersten Mal in meinem Leben nahm ich wahr, wie befreiend es sein konnte, Verantwortung abzugeben und mich selbst nicht mehr kontrollieren zu müssen. Für kurze Augenblicke war neue Lebensfreude in mich eingekehrt. Ich konnte wieder lachen, weinen, wollte am liebsten singen, hüpfen, tanzen und springen – einfach nur die Welt umarmen. Um-arm-en. Hm, und so wurde mir auch die Magie von Religionen erstmals bewusst. Als Gläubiger konnte man alle Verantwortung abgeben, sein Leben in die Hände irgendeiner virtuellen, seiner eigenen Fantasie entspringenden Gottheit legen, seine moralische Grammatik dem religiösen Dogma überlassen. Auch dies war nur Flucht, ein bequemes Fliehen in neue Abhängigkeit, in der die Menschen sich von ihnen selbst entfremdeten und anderen ihre Führung anvertrauten. Worauf es aber ankam, war, wiederzuentdecken, wie wir uns vor dem Erwachsenwerden begegneten, als wir noch keine Unterschiede kannten. Wir stellten nicht die Defizite der Menschen, sondern ihre Begabungen in den Mittelpunkt, und spielten mit offenen Karten. Darin lag die Lösung, in der Kunst des Liebens. Wieder offen zu sein. Denn, hinter jeder gehaltenen Hand offenbart sich bestimmt Hochsensibilität als sechster Sinn des Menschen. Wenn dieser Zeitraum vorbei ist, werden Raum und Zeit überflüssig geworden sein. Alles, was von da an zählen wird, ist liebend einfache Wertschätzung – auch wenn die Situation zuvor noch, aller Wahrscheinlichkeit nach, brutal ausartet. Die Brut der Geisteskranken, im Gegensatz zu den Geisteskontrollierten. Allesamt sind sie Pharisäer. Wahrer Glaube ist für mich Glaube und Vertrauen in meine naturbelassene Feinfühligkeit als Schöpfung der Natur. Die Natürlichkeit besitzt kein Gesicht. Ich bin. Ich glaube fest daran, dass ich der Weg bin, die Wahrheit und die Wirklichkeit – das Licht. Wenn mir nur irgendjemand der Ärzte hier seine Zeit schenken würde, könnte ich alles erklären! Das stimmt mich einerseits wehmütig, trübselig, trist. Andererseits muss ich nicht immer alles erklären können. Auch ohne große Worte werden sich die Dinge verwirklichen. Im Wissen darum fühle ich mich vollkommen. In so vertrauten Zuständen und Phasen schwinden meine Furcht und übrigens auch mein Hungergefühl."

„Meine Frau hat mir da einen Trick gezeigt. Da es mir oft schwerfällt, Entscheidungen zu treffen, hat sie mit mir geübt, Entschlüsse zu fassen. Beim Pilzsuchen gibt es eine goldene Regel: Kann man den Pilz nicht mit absoluter Gewissheit bestimmen, sollte man ihn auf jeden Fall stehen lassen. In meine

Sprache übersetzt, bedeutet das: Verspüre ich Unsicherheit, lasse ich es – empfinde ich Klarheit, nehme ich mich der Situation an. Sobald ich über eine zukünftige Entscheidung nachzudenken gezwungen bin, lasse ich es sofort bleiben. Denn nur, was mir eindeutig und glasklar erscheint, entspricht auch dem für mich bestimmten Weg. Wo ich nach dieser inneren Regel vorgehe, hat sie mich stets vor Schlimmerem bewahrt, denn auch die Unsicherheit, sich nicht entscheiden zu können, ist im Grunde ein wertvolles Gefühl. Also habe ich gelernt, mich von Angelegenheiten, die mir eine Entscheidung abverlangen, wenn möglich, zu distanzieren: persönliche Sicherheit durch sensibilisierte Wahrnehmung meines Gefühls von Unsicherheit. So verlor ich auch die sinnlose Furcht vor Zukunftsplanung und Vergangenheitsbewältigung. Weil momentane Entschlussfindung wirksam ist."

„Ich liebe meine Frau. Und ich habe mich nicht minder von meinem feinfühligen Wesenskern distanziert als emotional von ihr. Was mich hierbei anspornt, ist mein Verlangen, daran zu arbeiten, auch mit meiner Frau wieder ins Reine zu kommen, unabhängig davon, ob wir zusammenbleiben oder nicht. Aufrichtig will ich mich mit ihr aussprechen, Ungereimtes klären, Missverständnisse ausräumen und mich ihr vorsichtig wieder nähern. Doch die Distanz war an sich wichtig. Nur dadurch konnte ich mein Klammerverhalten abstreifen und neuerlich zu mir selbst finden. Durch die Distanz von Krankheit und Gesundheit allein mag man das Heil erreichen. Der Übergang von Kalt zu Heiß ist angenehm warm. Der Abstand zwischen Leben und Tod äußert sich im Wachstum. Mann und Frau: ewiges Leben im Kind. Himmel und Hölle: Erde. Gott und Teufel: der Mensch. Sieger und Verlierer: Gemeinschaft. Freude und Leid: Frieden. Arm und Reich: Genügsamkeit. Schlaf und Wachheit: Sein. Fortschritt und Rücksicht: Ruhe. Lärm und Stille: Bestimmung. Stumpfsinn und Hochsinn: Besinnung. Liebe und Hass: Verständnis. Krieg und Frieden: Nichteinmischung. Sucht und Askese: sinnvoller Genuss. Einzig und allein die Natur kennt keine Distanz. Wir sind Teil von ihr und sie ist Teil von uns – Synergie in ihrer reinsten Form. Also kennt Technologie keinen Gegenpol, weshalb sie uns auch nur in eine Richtung führen wird, nämlich ins Verderben."

„Bis zur Kenntnisnahme meiner Hochsensibilität habe ich selbst in einer Traumwelt gelebt. Ich war gesellschaftlich toll unterwegs, als mir alles irgendwann zu viel wurde. Als daraufhin mein Sohn auch noch die Diagnose Multiple Sklerose bekam, kam das für mich einem Schlag ins Gesicht gleich. Mein Suizidversuch ließ mich erwachen. Doch die Realität ist nicht leicht zu verdauen, dafür umso schwerer zu meistern. Ihre Unbarmherzigkeit macht sie abstoßend.

Folglich kommen mir solche Gedanken periodisch. Mühsam nährt sich das Eichhörnchen. Ich muss eben lernen, alleine auf mich zu achten. Ich kann nicht alle Menschen vor dem Verderben retten, genauso wenig, wie ich tote Pferde nicht reiten kann. Sicherlich ist es einfacher, mich Ablenkungen und Süchten hinzugeben und in eine Traumwelt zu taumeln. Ob durch Alkohol, ob durch andere Mittel, das Leben im Rausch ist und bleibt ein Zufluchtsort vor den grausamen Einflüssen unserer Mitwelt, und zugleich Hilfeschrei unserer Mutter Natur."

„Anfangs habe ich den Kampf nicht meinetwegen aufgenommen, sondern, um meinem Sohn bei seiner Genesung behilflich zu sein. Ich glaube, dass psychische, seelische oder körperliche Störungen und Schäden in einem Menschen, der in Disharmonie lebt, aus den Beziehungen der Ahnen stammen - epigenetisch, oder wie auch immer. Je nachdem, wie die Eltern zueinander waren, wird sich das Leben des Kindes gestalten. Deshalb darf mein Sohn durch seine Krankheit die Probleme zwischen mir und seiner Mutter in Harmonie umwandeln, indem er meine und ihre Anteile in sich selbst versöhnt. Und dabei kann ich ihm helfen, indem ich dasselbe tue. Seine Krankheit führe ich auch auf eine nervliche Überreizung seitens der Umwelt zurück. Unterdrückte Aggressionen, unausgesprochene Verletzungen, Ängste und verdrängte Emotionen und Empfindungen. Wenn ich lerne, wieder davon zu sprechen, dann mag auch er heilen, mein Liebster. Unsere hochsensiblen Kinder werden den Großteil ihres Lebens von Menschen beeinflusst, deren natürliche Lebenseinstellungen mit den unsrigen so viel zu tun haben wie Orangensaftkonzentrat mit frischen Orangen. Unsere Kinder saugen diese Eigenschaften ungefiltert wie ein Schwamm auf und werden blind für ihre Natürlichkeit, so wie auch wir selbst es geworden sind. Wie Korallenriffe heutzutage aussehen, wissen wir nur allzu gut: wie Meeresfriedhöfe. Vorstellung und Wirklichkeit klaffen hier auseinander. Wahrheit und Bewusstsein finden nicht mehr zusammen - Spongebob Schwammkopf. Umso größer wird die Kluft zwischen Hochsensiblen und Stumpfsinnigen. Im Endeffekt verschwenden wir unsere Leben mit Warten, Ärgern und dem vereitelten Willen zu Veränderung, allem voran zum Ändern der Lebensumstände. Doch das geht nicht, weil die Systeme uns und unsere Kinder an sich binden, materiell ebenso wie geistig. Während sie auf Eigennutz und Gewinn aus sind, werden den Kleinen falsche Ideen eingeimpft. Auf lange Sicht werden wir aus dieser Situation nur als Wesen hervorgehen, die versagt haben. Und so wie es keine Wunder gibt, wird auch Hoffen allein nicht genügen. Daher muss jeder von uns zwar seinen eigenen Weg gehen, jedoch wir alle sollten auch an einem Strang ziehen: am genetischen Strang unserer Sensibilität, im Endeffekt für den Fortbestand unserer Spezies. Ich möchte mich weiterentwickeln und für meine nachfolgenden Generationen Werte schaffen - Werte, auf denen sie aufbauen dürfen. Doch dazu bin ich in dieser Gesellschaft, unter den herrschenden Bedingungen nicht imstande."

„Ich möchte nicht länger warten. Nur Kinder, scheint es, haben noch eine Seele und ihr Herz am rechten Fleck. Sie tragen unsere Begabung der Hochsensibilität bereits als Geschenk mit sich herum. Also werden wir stets mit ihnen sein, auch wenn wir körperlich abwesend sind. Durch ein Leben in städtischer Umwelt würden sie körperlich kaputtgehen, innerlich verwelken und sterben, manche langsamer, andere schneller. Sie würden es. Und dabei sehe ich bestimmt nicht tatenlos zu. Also werde ich weiterziehen und alles vorbereiten. Für den Tag, an dem die Menschheit erkennen wird, wonach ihr wirklich wirksamer Kern sich sehnt: nach Natur. Und sie werden mich finden, denn ich werde da sein. Wir werden uns wiedersehen und uns näher sein als jemals zuvor. Das ist es, was ich in meinem Innersten weiß, und wogegen ich mich bislang gewehrt habe: gegen das Loslassen von Gewohnheiten, die mit Erfundenem behaftet und nichtig sind. Doch es nützt nichts. Die Zeit der Entscheidung naht. Und wenn ich nicht meiner natürlichen Bestimmung folge, werde auch ich umkommen. Das ist das Gesetz Gottes, Gesetz der Natur. Ich darf mich nicht anpassen an diese scheinheilige, gleisnerische Gesellschaft. Ich möchte nicht mehr 'normal' sein. Lieber möchte ich leben und natürlich sein. Weil ich schon jetzt in meinem Erben weiterlebe. Daher werde ich auch mein Leben dafür geben, um all unseren natürlichen Seelenverwandten ein wertvolleres Dasein auf diesem Planeten zu gewähren. Das ist meine Pflicht und Verantwortung als Vater. Ob hochsensibel oder nicht. Wer für die nächsten Generationen Verantwortung übernimmt, hinterlässt, so es ernst gemeint ist, keinen planetaren Saustall."

„Ich werde keine Dinge mehr tun nur aus Anpassung. Diese Zeit ist endgültig vorbei. Warum sollte ich mich auch an jemanden anpassen, der selbst nicht bereit ist, seine Lebensweise und sein Handeln an die anderen anzupassen?! Auch habe ich gelernt, mich keinen Menschen mehr zu fügen, die nicht die Natur zu ihrer höchsten Instanz erkoren haben. Denn allein sie ist es, die uns Leben geschenkt hat, und sie wird es sein, die es wieder nimmt, wenn wir sie nicht lieben, indem wir sie schonen. Du magst jetzt denken, dass dies die Worte eines Verrückten sind? Das mag schon sein ... Doch für mich ist es gewiss, dass diese Verrücktheit nur durch tiefe, aufrichtige und nüchterne Einsicht ans Licht gelangt ist. Sie ist Zeichen und Ausdruck meiner reinen Seele und der verschütteten Sensibilität, die ich wieder ausgegraben habe, ein Merkmal meiner eigenen innenliegenden Natürlichkeit, unser aller Wirklichkeit. So werde ich wieder 100 Prozent meines Lebens nutzen, um unverstellten Blickes zu schauen und in Klarheit zu leben: durch Authentizität und Herzensweisheit. Dann bin ich bestimmt ein Vater, wie ihn sich unser Kind verdient hat. Wir sind von Natur aus mit Glück und Lebensfreude gesegnet, auch wenn wir uns nicht mehr so oft sehen. Die Verbundenheit zwischen unseren Seelen wird klarer und aufrichtiger sein als je zuvor. Bis zu dem Tag, an dem wir uns wiedersehen. Im Jetzt. Bis dahin wird ihn seine Mutter nach bestem Wissen und Gewissen begleiten. Weil sie sich für ein Leben im Kreise dieser Gesellschaft entschieden hat. Und ich möchte ihr beistehen, soweit es meine Verpflichtung verlangt und so sehr ich es schaffe. Jeder von uns beiden folgt seiner jeweiligen Bestimmung in seiner eigenen Geschwindigkeit, wodurch unser Zeugnis sich entfalten wird wie ein bunter Schmetterling. Das ist sinnvolle Entwicklung, selbst wenn es nicht nach meinem Willen geschieht. Ihr Wille geschehe. Das ist nun einmal der Lauf der Natur, beim Menschen wie beim Tier: natürliche Selektion. Nicht die Besonderen und nicht die Besseren, sondern die Angepassteren überleben? Alles, was meine Ahnen mit unreinem Herzen getan haben - ohne sie dafür zu verurteilen -, will ich mit genussvoller Sinnlichkeit erleben. So kann ich in der Distanz vom Lärm der Gesellschaft meine wirkliche Bestimmung und natürliche Einstellung wiederfinden, mich im Einklang mit der äußeren und inneren Natur entwickeln. So wird meinen Sohn all dies nicht mehr belasten, was mich und seine Mutter belastet hat, und ich habe zumindest meinen Anteil zur Genesung unseres Stammbaumes beigetragen. Ob er sich dann von all den ihm mitgegebenen Belastungen befreien kann und in neuem Glanz erstrahlen wird, ob er als Spross des Lebensbaumes erwachsen darf, nun, das weiß ich nicht. Dazu müsste man die Natur der Schöpfung befragen! Doch ich bin voller Hoffnung. Dafür nutze ich die Therapie hier. Sie ist dienlich, wenn es gilt, passende Empfehlungen und eine annehmbare Lebensführung für mich als HSP zu erforschen und herauszufinden. Für mich ist sie gleichsam der Beweis, dass die Gedanken und Gefühle von HSP nichts mit Geisteskrankheit zu tun haben, sondern als Hilferuf unserer Natur einzustufen sind, zum Heil der gesamten Menschheit gedacht."

„Wir sind die Botschafter des Friedens, Ausdruck der Möglichkeiten spiritueller, individueller und menschlicher Entwicklung. Wir sind die Skywalkers und Ihr seid die Vaders. Lasst uns den Kampf beenden, indem wir den Widerstand in uns beenden. Dann wird die Macht unserer besonderen Feinfühligkeit auch als neuer Lebenssinn mit uns allen sein. Ich will kein Aktivist mehr sein, sondern einfach *selbst aktiv bleiben*. Nur das Denken hat mich krank gemacht.

Hier spiele ich oft Tischtennis, gehe spazieren, schwimmen, laufen oder übe mich auch in fernöstlichen Entspannungstechniken wie Qi Gong oder Tai Chi. Ebenso nutze ich das Angebot einer Physiotherapie. Es ermöglicht mir, mein Bedürfnis nach körperlicher Aktivität zu stillen, körperliche Tätigkeiten wieder aufzunehmen, meine eigene Körperwahrnehmung zu fördern und in Beziehung zu mir und anderen zu treten. Der Verlust der Verbundenheit zu meiner Feinfühligkeit ist einhergegangen mit der Verabschiedung vom Bezug zu meinem Körper - als Warnzeichen und Folge meiner emotionalen und sozialen *Erblindung*. Ziel ist es, neue Freude an der Bewegung sowie ein besinnliches Körpererleben zu erfahren. Schmerzen sind in diesem Sinne ein Zeichen, dass ich mich abseits meiner ganz persönlichen Geschwindigkeit und Kräfte bewege. Um individuelle Ziele zu erreichen, werden überdies für mich spezifische Übungen in der Einzelheilgymnastik hierorts zusammengestellt und im Laufe der Therapie weiter optimiert, sodass ich diese später zu Hause betreiben kann. Nicht Leistung soll die Motivation sein, sondern Wohlbefinden."

„Auch Entspannung ist ein wichtiges Thema. Mittels verschiedener Techniken wird hier die Fähigkeit zur Entspannung geschult. Mit fortschreitendem Training entspannt sich die Muskulatur immer besser. Dies wirkt sich positiv auf mein allgemeines Wohlbefinden aus. Wie gesagt, das Prinzip von Ursache und Wirkung - auch in gespiegelter Version. Psychische Erkrankungen werden häufig von Haltungsschwächen begleitet. Rückenschmerzen sind da keine Seltenheit. Der Fokus der Wirbelsäulengruppe liegt auf funktionaler Fitness: Mobilisierung, Kräftigung und Dehnung des Rumpfes und der rumpfnahen Muskulatur. Durch gezielte Bewegungen wird die Haltung korrigiert und die Körperwahrnehmung geschult: Degeneration weicht Regeneration. Ich brauche mir keinen Fuß auszureißen, um die Freude an der Bewegung und der eigenen Vitalität wiederzuentdecken. Einfache Spaziergänge in zügigem Tempo - am besten allein und ohne jegliche Ablenkung - genügen oft schon."

„Doch zurück zum Ursprung unserer Natürlichkeit. Hier geht es auch um die passende Vitaminzufuhr. Vita-min-prä-parat. Für mein Leben - die erste Wahl, zur Reparatur. Vitamin B-Komplexe beispielsweise wirken wie ein Katalysator für sämtliche Stoffwechselprozesse im menschlichen Organismus. Sie regen im Körper selbstwirksame Prozesse an, deren Wirkung einem Antidepressivum gleichkommt: Prävention statt Exekution. Für eine sonnige Seele. Eine andere Möglichkeit wäre auch, mittels Bewegungs-und Ballspielen zu agieren und interagieren, je nach Wetterlage, drinnen oder im Freien. So motiviert mein Körper meine Psyche. Fehlentwicklungen meiner Persönlichkeit werden somit positiv verändert sowie soziale Beziehungen ermöglicht und verbessert. Die gemeinsame Aktivität als Beisammensein mit Gleichgesinnten steht im Vordergrund. Auf diese Weise erlebe ich mich selbst und andere in selbstaktiver Beziehung und kann wieder mehr Zugang zu meinen eigenen Fähigkeiten und Fertigkeiten finden. Entscheidend ist nur, dass ich mich dadurch nicht vom eigentlichen Problem ablenken lasse. Denn, wenn ich nach der Therapie so weitermache wie vorher, werde ich nicht lange darauf warten müssen, bevor ich wieder dorthin gelange, wo ich jetzt bin. Für mich ist Regelmäßigkeit relevant und tägliche Besinnung notwendig. Das ist Balsam für meine Seele, Seelenstriptease zur Befreiung, durch Selbsthilfe und Psychotherapie, in selbstbestimmten Intervallen. Ja. Auch Intervalltherapie erfüllt zweifellos ihren Zweck und macht Sinn. Davon wird abhängen, ob meine Psyche, mein Geist und mein Körper heil werden. Jeden Morgen bei geöffnetem Fenster kurze Turnübungen als Morgenstimulierung und Morgenaktivierung. Sieben Minuten am Tag - einfach, weil ich mich mag, zur Wiedergutmachung mit mir selbst. Ich will mich nicht mehr an meiner Selbstzerstörung beteiligen, sondern nur mehr dem dienen, dem ich verantwortlich bin, nämlich meiner inneren Natürlichkeit. Öffentliche Streitfragen interessieren mich nicht länger. Ich habe genug mit mir selbst und meinen Mühen zu tun: mich selbst wieder in Einklang zu bringen, um die Macht aus mir wirken zu lassen. Die M8 ist keine übermenschliche Größe. Sie ist die Grundlage allen Lebens. Sie ist die Feinfühligkeit in Person. Möge die M-Acht mit Dir sein."

Da war **eine Großmutter** gewesen.

 Sie führte früher ein kleines Wirtshaus und war glückliche Pensionärin. Sie fühlte sich stets als die „Psychologin für den kleinen Mann". Mama Maria hatten sie die anderen liebevoll genannt. Sie hatte, nach jahrelangem Reizdarmsyndrom und Essstörungen, bereits Darmkrebs überstanden. Aktuell litt sie an Depressionen, weil sie nicht von ihren Kindern und Enkeln loslassen konnte und sie deshalb sehr traurig gewesen war, etwas länger, als man normiert traurig sein durfte. Auch die verpestete Luft machte ihr oft sichtlich zu schaffen. Menschlicher Katalysator. Ja, manchmal waren sogar Anzeichen von demenzieller Erkrankung, Derealisation und Depersonalisation spürbar.

„Für mich ist es von enormer Wichtigkeit, mit gleichgesinnten *Menschen in Kontakt* zu bleiben, Gespräche mit wertvollen Inhalten zu führen. Das ist es, was ich brauche, auch wenn es dabei manchmal laut wird oder mitunter Tränen fließen. Auch Fäuste habe ich schon sprechen sehen, wobei dies ohnehin nur der Fall ist, wenn Drogen oder Alkohol im Spiel sind. Oder beides. Obwohl Exzesse sinnlos erscheinen, ist doch darin seit jeher auch eine tiefergreifende Ursache zu entdecken, nämlich Reizüberflutung, als Niederbügeln von Sensibilität und Gutherzigkeit. Viele meiner Verwandten halten mich für verrückt. Doch hier in meinem Lokal fühle ich mich wohl, mit meinen Freunden, mit meinen Gästen. Gell, Ihr Lieben? Sicher trinke ich auch ab und zu ein Schluckerl, aber niemals mehr als ein Achterl. Besser gesagt 0,125 Liter. Oder 1,25 Gramm? Moment: Gramm bezieht sich ja ursprünglich auf Wasser. 1/24 Unze also. Lose Skrupel. Oder warte, wie war das jetzt noch ‚mal? Entschuldigt bitte, aber da komme ich meistens durcheinander. 1/8 sind 2/16. 1/16 ist 0,0625 Liter. Präzision bis in den kleinsten Teil der Königselle. Millimetergenau. Gell, Ihr Lieben? Ja, freilich. Na, Hauptsache, ich kann mit jemandem darüber reden. Alzheimer ist mir lieber als Parkinson. Besser, ich vergesse zu bezahlen, als ich verschütte alles. Und trinken tun wir's sowieso nimmer. Alles ist doch ausschließlich Frage der Gesellschaftsschicht. Hier heißt es Depersonalisation, dort heißt es Bilokation. Die einen nennen es Fluch, die anderen sagen Ekstase dazu. Verwirrung durch Seelenschau wohin das Auge reicht. Wir, die Auserwählten, bilden das Gegengewicht zum Stumpfsinn. Wenn die Zahl erfüllt ist, kommt ohnehin das Ende der Welt. Von mir aus nenne es Leidensliebe oder Opfermystik. Was ins Gewicht fällt, ist, dass ich mich durch all den Blödsinn und die Missachtung meines sechsten Sinnes nicht länger für meine beseelte Liebe schäme. Ich habe gelernt, mich anzunehmen, wie ich bin. Meine Gedanken und Gefühle möchte ich aussprechen, sie leben, mich ihnen hingeben und lernen, meine Pension und meinen Lebensabend sinnvoll zu nützen. Ich glaube, dass ich sehr wohl eine Menge von Erfahrungen weitergeben kann. So tut es mir und auch sonst niemandem weh. Denn immer, wenn ich versucht habe, mich angepasst zu verhalten, wurden diese schlimmen Zustände zunehmend ärger, fast wie Psychosen. Also habe ich irgendwann damit aufgehört, mich sinnlos niederzumachen und - genieße seitdem. Na ja, wenn ich ganz ehrlich bin, nutze ich den Wein schon auch ein wenig, um mich gezielt zu betäuben. Aber so einen echten Rausch habe ich schon lange nicht mehr gehabt. Das will ich auch nicht mehr."

„Eigentlich finde ich es sehr schade, dass es nicht mehr Möglichkeiten gibt, um die eigenen Gedanken, Gefühle und Empfindungen, die tief verborgenen Bilder und Wünsche zu teilen und auszudrücken. Es ist jammerschade, dass es dafür Psychiatrie- und Therapieeinrichtungen wie diese hier geben muss. Aber, was soll's ... Wie heißt es so schön: ‚Während sich die Klugen ihre Köpfe über Pläne zerbrechen, erobern die Dummen die Burg.' Wie schön, wenn ich das noch erleben dürfte! Orte der Begegnung, Gesprächskultur vom Feinsten, emotionale Familie, Gemeinschaft im eigentlichen Sinn. Nichtsdestotrotz habe ich mich damit abgefunden, dass ich zurückgezogen und distanziert bleiben sollte, wenn ich aus dem Vollen schöpfen und gesund bleiben will. Heutzutage ist es für mich schon beinahe unmöglich geworden, einen Heurigen oder auch den Reitverein meiner Enkelin zu besuchen. Ich reagiere nämlich auf W-LAN allergisch. Ja, Du hast recht gehört! Ich leide in der Tat an einer W-LAN-Allergie oder, meinetwegen, an einer Unverträglichkeit. Mein Blutdruck steigt dadurch, ich bekomme Kopfweh und werde sehr nervös. Meine Unruhe rührt daher, dass diese geopathischen Störfelder zu einer Schwächung und Irritation der Regelvorgänge meines Organismus führen. Atmung, Verdauung und Blutdruck – auf einmal alles gestört! Es folgen Müdigkeit, stechende Kopfschmerzen, Schlaflosigkeit, Atem-, Darm- und Kreislaufbeschwerden sowie vegetative Dystonie aufgrund dieser normativen Naturverfehlung, bis hin zu Immunschwäche, Therapieresistenz, COPD und multipler Sklerose. Sogar emotionale Krisen und psychische Störungen werden auf eine Langzeitbelastung durch elektromagnetische Strahlung zurückgeführt. Ich persönlich führe es auf meine besondere Sensibilität zurück. Ein Leben inmitten der Gesellschaft ist mir im Grunde durch die vielen Schadfaktoren, welche meine Sinne ständig überreizen, nicht mehr uneingeschränkt möglich."

„Zum Glück bin ich schon alt, aber im Endeffekt bin ich gewiss nicht die Einzige mit solchen Beschwerden. Die meisten meiner gleichgesinnten Freunde setzen diese aus Unwissen nicht in Verbindung zu ihrer genetischen Prädisposition. In einer Art Umkehrschluss habe ich diese Erkenntnis auf folgenden Nenner gebracht: Technik nährt Verstand. Verstand verursacht Erfindungen, die Grundlage von Chaos und Hass. Natur wiederum nährt Sensibilität. Sensibilität verursacht Einsicht, die Grundlage von Harmonie und Liebe. Und wir spielen dabei die Clowns im Zirkus. Wir machen uns zum Narren, obwohl wir sehr genau wissen, was hier summa summarum läuft. Das ist unser tränendes Auge. Eigentlich sind wir lediglich Nutzmenschen, gezüchtet für den Ertrag. Ein junger Mann hatte das ebenfalls erkannt. Er litt an ähnlichen Beschwerden. Als Reaktion wurde er fahrlässig an den Rand einer angeblich sozialen und humanitären Gesellschaft gedrängt – als Staatsbürger in seinem eigenen Land, obwohl ihm ein Recht auf persönliche Entfaltung und Gesundheit zusteht, nämlich ein grundlegendes Menschenrecht, ob Inländer, ob Ausländer. Aufgrund der ständigen Reizüberflutung durch allgegenwärtige Einflüsse hat man ihn sogar in Berufsunfähigkeitspension geschickt. W-LAN hier, Registrierkassenpflicht dort – allesamt neue Schläge mitten ins Gesicht. Oder besser gesagt: ins Zentrum meines sechsten Sinns. Denn diese

Kassensysteme und andere technische Errungenschaften funktionieren ausschließlich über schnurlose Kommunikation. Eine andere gleichgesinnte Leidensgenossin bekam in Frankreich aufgrund ihrer Beschwerden bereits staatlichen Schadenersatz zugesprochen. Nicht die Clowns sind der Horror, sondern die mittlerweile lebensbedrohlichen Umstände. Das alles Entscheidende ist, dass wir unsere mit der eigenen Sensibilität direkt in Zusammenhang stehende Verletzlichkeit offenbaren und lernen, die Reaktionen und Begegnungen unserer Mitmenschen zu ertragen."

„Stets suchen wir den Weg des Ausweichens und des Rückzugs, sei es ins eigene Lokal, sei es ins angebliche Downtown, sei es in die sozial schwächere Gesellschaft. Ich habe mich distanziert, wo es nur irgend möglich war. Inzwischen erreicht es immer mehr Menschen. Wenn die Uneinsichtigkeit der weniger Sensiblen dem fortschreitenden Stumpfsinn Zündstoff verschafft, dann werden sensible Menschen wie wir bald ausgerottet sein. Ich meine zwar eine Minderheit, und doch weisen ungefähr 15-20 Prozent der Weltbevölkerung diese genetische Begabung der Hochsensibilität auf. Das betrifft dann in etwa 1,42 Milliarden Menschen weltweit. Kein Zweifel besteht daran, dass wir nur die Ersten sein werden, die es erwischt. Wieso? Eine Milchmädchenrechnung: weil Ihr uns nicht als Segen für uns alle seht, sondern als Fluch und Spaßbremser. Wir sollten unsere Regierungen und Bürgervertreter dazu auffordern und es zu ihrem eigenen Anliegen machen, im Sinne der Weltgesundheit ein Verbot für so toxische Technologien wie W-LAN-gesteuerte Registrierkassen zu erwirken. Man schädigt damit mich und meine Gesundheit schwer - eine Gefährdung der öffentlichen Sicherheit im wahrsten Sinne des Wortes. Denn ich fühle mich nicht mehr sicher, in erster Linie wegen des W-LANs. Warum hilft uns niemand? Ich aber sollte mich einer Gesellschaft anpassen, deren Mitglieder unwillig sind, sich ihrerseits an unsere Natur anzupassen? Ich habe keine Sozialphobie, sondern ausgeprägte Fühler für ausgleichende Gerechtigkeit. So wie unsere Gesellschaft unsere Natur verkauft und zerstört, verkauft sie auch uns Hochsensiblen - und sich selbst. Wenn ich an Sozialphobie leiden würde, dann hätte ich mir einen stinknormalen Job gesucht, Karriere gemacht und Geld angehäuft, um dann auf eine einsame Insel auszuweichen und das Schlimmste an mir vorüberziehen zu lassen, oder mir einfach das Leben genommen. Dann heißt es wieder: Selbstgefährdung oder Fremdgefährdung. So ein Blödsinn! Im Gegenteil, wir sind diejenigen, die durch die Gesellschaft in Gefahr gebracht werden, Tag für Tag. Ach, wenn ich nur blind wäre für diesen ganzen Stumpfsinn!"

„Doch wir wollen nicht länger die Augen vor den Wahrheiten verschließen. Wir möchten dem Auge der Wirklichkeit das Licht eröffnen! Mit unserem Licht. Wir müssen gemeinsam wirksam sein. Das Leid, das Du unserem Planeten antust, siehst Du in mir als Person gespiegelt. Das Leid, das Du in mir siehst, spiegelt nur jenes wider, das Du selbst erleben wirst. Das Leid, das Du selbst erleben wirst, ist jenes, das Du Deiner Natur angetan hast. So schließt sich der Kreis. Du merkst, dass den Anfang nur jeder bei sich selbst machen kann, weil alles im Außen nur eine Spiegelung unseres Selbst ist. Wann kapiert Ihr das endlich? Die falschen Religionsführer haben ihre Schäfchen im Stich gelassen und diese in die Fänge der Wölfe von Pharmaindustrie und Wissenschaftskonzernen getrieben. Der Wolf und die sieben Geißlein - doch nicht mehr lange. Das schwöre ich Dir als Mutter bei den meinen und all denen, die unsere Hilfe notwendig haben. Na freilich! Ihr seid ja eh so lieb. Das Leben in der Gesellschaft - ein Leben in Unkenntnis meiner genetischen Veranlagung - hat mich nun einmal hierher geführt. Und der Aberglaube gegenüber meiner wirklichen Herkunft. Wenn ich meine Begabung schon früher hätte absegnen können, wäre mir bestimmt vieles erspart geblieben. Diese Phasen, in denen ich mich aufgeführt habe wie ein gereiztes Tier, wie eine getriebene Kreatur. Diese Systeme haben dadurch ein Verderben heraufbeschworen. In Wirklichkeit sollten nicht die angeblichen Täter bestraft werden, sondern die tatsächlichen Verursacher. Bei mir im Lokal habe ich wenigstens Schäden weitgehend verhindern können, immer dann, wenn die Streitereien über Gott und die Welt losgegangen waren. Manchmal wäre ich schon beinahe der Versuchung unterlegen, meinen Senf zu den gesundheitlichen, beziehungstechnischen und religiösen Problemen meiner Kundschaft abzugeben. Doch ich war und bin keine Ärztin, keine Ratgeberin oder Besserwisserin. Niemand kann einem anderen sagen, wie dieser leben sollte. Was für den Einen die passende Dosis ist, wäre unter Umständen für einen Dritten Gift."

„Heute herrscht mehr Chaos als jemals zuvor. Kämpfende Nationen, streitende Truppen, stumpfsinnige Machtspiele zwischen Religionen und weltlichen Mächten, Menschen gegen Menschen. G7, G8, G9, G10, G12 und so in einem fort. Biologische Zellteilung. Der Mensch gegen die Natur. Die Menschheit - auseinandergerissen durch Unwissenheit von der Unterschiedlichkeit ihrer natürlichen Anlage der Sensibilität, auf der Suche nach sich selbst. Weil es ja selbstverständlich ist, zu leben, zu atmen. Das Menschsein - gescheitert aus reiner Selbstherrlichkeit und Verblendung auf der Suche nach dem Paradies im Jenseits, nach individuellen Mustern anstatt nach gemeinschaftlicher Einkehr und Einsicht. Think Tank, Denkfabriken. Politische, soziale, religiöse und wirtschaftliche Konzepte, die Einfluss auf die öffentliche Meinungsbildung ausüben und diesen begründen. Lobbyismus. Drehtür-Effekt. Pantouflage, unsere großen Pantoffelhelden, die selbsternannte Elite. Elektronische Lichter statt natürlicher Erleuchtung. Friedhof der Sinnlosen. Die Zahl der Menschen beabsichtigen sie auf 500 Millionen zu dezimieren. Vorher mästen sie uns noch wie Stopfgänse, um sich an uns zu bereichern, an der Ernte unserer Arbeit, an unserer Hinrichtung. Mit allen Mitteln versuchen sie, uns den Weg ins Verderben schmackhaft zu machen. Verschwinde im Winde der Erkenntnis, süßer Tod! Wir sind die Kreuzritter im Sinne sensibler Menschlichkeit. Andererseits tummeln sich da die Geheimbünde. Ursprünglich waren sie die Ersten, die sich gegen dieses globale System machthaberischer Unterdrückung aufgelehnt haben: Gehe-im-Bund = Geheimbund. Hätten sie alle zusammengeholfen, wären sie mächtiger und schlagkräftiger gewesen. Doch das war früher eben nicht denkbar, hochgradig gefährlich. Doch, was nicht ist, kann ja noch werden ... Vielleicht werden sie zu guter Letzt noch von den Hells Angels begleitet. Das wäre durchaus sinnvoll. Die Erklärung steckt ja schon im Entpacken des Wortsinns: die Höllenengel, ein Widerspruch in sich. Ich glaube, hier in der Einrichtung hat das jemand verlautet, dass die Bösen die Guten sein werden. 81 : 18 = 4,5. Junge Römer als Beschützer eines Falken. Was mich angeht, habe ich ja mit der Kirche nichts zu schaffen, aber gelegentlich verirrten sich auch junges Gemüse und Schulschwänzer zu mir ins Lokal, meistens vormittags, nämlich dann, wenn Religion im Stundenplan angesagt war. Morgenland im Abendland. Morgenstund' hat Gold im Mund. Ratatouille der unterschiedlichsten Klassen und Nationen: Wer nicht rechtschaffen ist, jedoch an den glaubt, der die Gottlosen zu Gleichberechtigten kürt, ja, dem wird sein Glaube gerechnet zur Gerechtigkeit. Darauf nahm ihn der Teufel mit sich in die heilige Stadt und stellte sich mit ihm oben auf den Tempel. Da führte ihn der Teufel auf einen Berg hinauf und zeigte ihm in einem einzigen Augenblick alle Reiche der Erde. Let's Rock Around The Clock. Ein anderer Teil fiel auf kargen, felsigen Boden, wo es kaum Erde gab, und ging sofort auf, weil das Erdreich nicht tief war. Denk Dir jetzt, was du möchtest – ich gebe hier nur sinngemäß wieder, was unter Gästen erzählt wurde. Immerhin hatte ich damals auch erzieherische Wirkung. In dieser Aussage geht es schließlich nicht um mich, sondern um den wesentlichen Kern des Inhaltes. Ich habe meine Gäste nur bedient, weil sie mich damit beauftragt haben. Na freilich! Das ist eben seelsorgerische Dienstleistung vom Feinsten. 45 = DE. Defensive End. Die Deborah-Zahl: dimensionslose Kennzahl für die Zeitabhängigkeit als Verhältnis von Relaxation zu Beobachtung, und naturwissenschaftlich gesehen, der Übergang eines Systems in seinen ausgeglichenen Grundzustand. Das Debora-Lied: Die Berge wankten vor dem Blick des Herrn, vor dem Blick des Herrn, des Gottes Israels. Hochsensible können durch Visionen Berge in Bewegung sehen, während sie menschlichen Betrachtern ohne diese Veranlagung als starr erscheinen. Glaube versetzt eben Berge. Oder handelt es sich nicht vielmehr um Begabung mit besonderer Feinfühligkeit?"

„Diesen ausgewachsenen Burschen kenne ich höchstpersönlich – ein sehr tiefsinniger, gebildeter, junger Mann. Aus meiner Sicht stach er immer hervor, auch wenn er zuweilen umgeben war von Leuten, die man leichtfertig Pöbel schimpft. Der Auftritt dieser Gangs dient gewissermaßen auch dem Schutz der eigenen Empfindsamkeit. So haben sie vor den meistens stumpfsinnigen Schnöseln wenigstens Ruhe – durch ihre Tätowierungen und forschen Umgangstöne. Ich hatte ihnen stets über meine Erlebnisse erzählt, wie ich mit meiner Hochsensibilität umging. Und siehe da, sogar ich hatte nicht gelernt, meine Begabung zu leben, sondern hatte sie umgangen, weil ich sie nicht als genetisches Geschenk meiner Natur annehmen wollte, nicht als Wunder. Hochmütig und stolz war ich also, wenn ich mich selbst als Krone der Schöpfung bezeichnete. Zu schön wär's gewesen, hätte ich einen doch so berühmten Satz aus dieser Operette zu meinem Lebenssinn gemacht: ‚Ist der Ruf erst mal ruiniert, so lebt es sich ganz ungeniert.' Ja, ja, meine Lieben … Was soll ich Euch erzählen?"

„Ach ja. Durch meine Arbeit und dank meiner Begabung bin ich eben ein weltoffenerer Mensch als viele meiner Nächsten. Es gibt bereits wissenschaftliche Projekte, welche die Unstimmigkeiten in der biblischen Geschichte aufgedeckt haben. Wie etwa das 'DNA of God'-Projekt der US-Forscherin Suzanne Olsson. Auch sie ist der Meinung, dass die christliche Religion in ihrer heutigen Form den wirklichen Sinn des Lebens und der Lehre Jesu missverstanden hat. Die Vorstellung, dass Jesus, Sohn des Josef und Heiler der Aussätzigen, für die Sünden der Menschen gestorben sein soll, sei ein großer Irrtum. Denn eine Sünde ist nur Sünde, bis ein Gesetz oder eine Handlung sie als Übertretung oder Sünde festlegt. Das klingt für mich vernünftig und logisch. Mehr noch: Für mich bedeuten Religionen eine globale Form von Schutzmaßnahmen, ebenso wie die Lüge vom Christkind, dem Nikolaus oder Krampus, mit deren Lockung oder Drohung man als Elternteil seine Kinder erzieherisch zur Ordnung anhält oder besänftigt. Es gibt im Christentum die zehn Gebote: Acht von ihnen sind identisch im Buddhismus und fünf davon im Hinduismus. Auch dem Islam sind solche menschlichen Gemeinplätze bekannt. Diese Gebote richten sich gegen Lügen, Stehlen, Töten und sexuelles Fehlverhalten. Basierend auf diesen Geboten, betonte Jesus das moralische Verhalten – mit dem Zusatz der Liebe als dem obersten aller Gebote. Olsson glaubt, dass er als Lehrer für Moral und Rechtschaffenheit hervorragende Arbeit geleistet hat. Reicht das als Mission nicht aus? Das lateinische Wort ‚religio' zum Beispiel hat eine breite Bedeutungsspanne. Diese reicht von Bedeutungen wie etwa Besorgnis, Bedenken und Gewissenhaftigkeit über Gottesfurcht und Frömmigkeit bis hin zu Frevel, Fluch, Aberglaube und Sünde. Schon der Begriff selbst ist ein Widerspruch in sich und zugleich allumfassend."

„Ich finde, die Kirche sollte das 'DNA of God'-Projekt von Olsson sogar fördern. Man könnte zum Beispiel die DNA des heiligen Blutes und die Blutgruppe mit dem Turiner Grabtuch oder dem Sudarium Christi, dem berühmten Schweißtuch der Veronika, vergleichen. Außerdem gibt es sogar noch eine Familie in Kaschmir, die den Anspruch erhebt, von Jesus abzustammen. Hier bei uns läuft ein angeblich Wahnsinniger herum, der von sich behauptet, Christus zu sein. Es ist bestimmt ein langer Prozess, aber schrittweise könnte damit bestätigt werden, was uns als Geschichtsschreibung zur Verfügung steht. Dann gilt persönliche Maßregelung nicht länger als Auslegungssache, sodass religiöse Willkür durch einen klaren Seelsorgeauftrag ersetzt werden würde. Natürlich würde die nüchterne Erkenntnis die Gemüter bewegen. Menschen zittern vor den nackten Fakten. Somit wären die Leichen aus dem Keller, wie denn auch die Sterne von Zeit zu Zeit aufeinanderprallen, mit dem einzigen Sinn, dass daraus neue Elemente und neues Leben erwächst. Es geht um natürliche Reinheit: um Ruhe, Harmonie und Stille. Jeder Glaube hat ausnahmslos mit Fundamentalisten zu kämpfen, mit Gestalten, die ihre Religion in einer bestimmten Art und Weise interpretieren, die keine alternativen Denkweisen zulässt. Dieses Problem entsteht infolge traumatischer Erlebnisse der Betroffenen - nichts anderes als die Symptomatik von Psychotikern. Doch auch dafür gibt es mittlerweile Heilungsaussichten. So würden aus dieser wissenschaftlichen Beweisführung heraus bestimmt menschliche Entwicklungen beginnen dürfen, die uns dienlich sein könnten, als gesamte Menschheit neue Lebensfreude zu erlangen. Wie bewundernswert, wie schön wäre es, wenn ein direkter Ahne Jesu die Arbeit und das Werk seines Vorfahren in der heutigen Zeit weiterlebte! Wie der Vater, so der Sohn. Und es ist nun einmal so, dass dort, wo gehobelt wird, auch Späne fallen. Und wenn Christus so ein revolutionärer Mensch ist wie Jesus in der biblischen Darstellung, dann sage ich nur: 'Halleluja!' Wo wir schon beim ins Narrenkastl schau'n und Luftschlösser bau'n sind ... Vom 'Turiner Grabtuch' die Wuchstaben verbechselt ergibt plötzlich 'Irre tun Tagbruch'. Allein die Schattierung darauf lässt ganz klar das Ziffernblatt einer Uhr neben einem skizzierten Sternsymbol erkennen. Auf der Stirn des Abdrucks erscheint das Kreuz auf einer Domkuppel sowie Grafiken sich spiegelnder Siebener."

„Ich will Euch eine Weihnachtsgeschichte erzählen, auch wenn jetzt Sommer ist, eine Geschichte, wegen der man mich meistens angesehen hat, so als ob ich von einem anderen Stern käme. Es sind dieselben gewesen, die in ihre Keller lachen und weinen gehen. Oft genug hatten sie zu mir gesagt, dass ich nicht richtig ticken würde. Ja, das stimmt, aber vielleicht nur nicht nach ihrer Uhr. Sie meinten, dass ich so etwas doch nicht frei von der Leber weg behaupten könnte. Alles kann ich! Solange ich bei mir bleibe. Zugehört haben sie mir trotzdem. Also muss schon ein Quäntchen Trost und Wahrheit gewesen sein in meiner Geschichte. Ich liebe Bilderberg. Ah, Bilderbücher ..."

„Es war einmal in einer fernen Zeit. Chaos herrschte, überall Krieg und Dunkelheit. Die Menschen waren zu Feinden geworden, im jeweiligen Kampf gegen das Jetzt, im Kampf gegen ihre Empfindsamkeit, verfangen im Kampf gegen sich selbst und ihre Natürlichkeit. Nur die Kinder durften glücklich sein, solange sie im Glauben ans Christkind schwelgten. Eines Tages erblickte ein Prinz das Licht der Welt. So goldig war er, sanft und fein. Irgendwie schien er etwas ganz Besonderes zu sein. Herzlich, edelmütig, klar und rein. Wie ein kleiner Sonnenschein. ‚Wenn, ja wenn, ja dann, aber dann. Und wenn dann, aber dann, ja dann!‘, sprach der König. ‚Papi, lieber Papi. Erzähl mir doch bitte die Geschichte vom Christkind!‘, bettelte der kleine Prinz. ‚Jetzt!?‘, fragte der König sehr verwundert: ‚Jetzt? Nein. Jetzt ist keine Zeit!‘ Traurig suchte der kleine Prinz seine Mutter auf. ‚Mami, bitte, bitte, erzähl mir doch die Geschichte vom Christkind!‘, flehte der junge Adelige. Doch auch die Königin schien für den Jungen keine Zeit zu haben. So vergingen die Jahre. Sekunde für Sekunde. Ticktack, Ticktack. Moment für Moment. Der kleine Prinz war zu einem ansehnlichen Herrscher herangewachsen. Er war bekannt für seine Gutmütigkeit, gerechte Art und Hilfsbereitschaft - in dieser von Dunkelheit und Krieg beherrschten Zeit. Er schien ständig auf der Suche nach etwas zu sein. War es vielleicht die Suche nach der Antwort auf das Christkind gewesen? Eines Tages wurde der Prinz zum König erkoren. So wie es die Ordnung in dem Königreich vorgeschrieben hatte, heiratete er eine ganz bezaubernde, mit Gold und Edelsteinen geschmückte Königin - in einem sonderlich wunderbaren Festakt, begleitet von Sänftenträgern und im Beisein des geschätzten Volkes. Kaltherzig wirkte sie, streng und stark. In Wirklichkeit hatte sie ein sanftes Herz gehabt. So ward sie ihm vertraut gewesen, und gleichgesinnt. Sie besaß jene Eigenschaften, die sich der König für sich selbst gewünscht hatte. Mit den Jahren wuchs der Bauch des Königs stetig, just als auch das Bäuchlein der Königin sich eines Tages zu wölben begann. Neues Leben bahnte sich den Weg ins Königreich der beiden. Der König war so aufgeregt, dass er es kaum noch erwarten konnte, seinen Spross in den Armen halten zu dürfen - so sehr hatte er sich doch ein Kind gewünscht. Ihm war, als würde er sich auf das Christkind freuen. Aber es dauerte nicht mehr lange, ehe er ein bezauberndes Töchterchen in seinen Armen hielt, einen Sonnenschein und Stern zugleich, ein neues Licht im Königreich. Sanftmut und Stolz, Liebe und Freude empfand der König - beschützende Stärke und Herzlichkeit. ‚Moment einmal!‘, dachte der König sich ahnungsvoll: ‚Bist Du gar die Antwort auf die Geschichte vom Christkind?‘ Ganz aufgelöst und zittrig lief der König zu seinen Eltern und fragte sie erneut: ‚Vater! Mutter! Ist das vielleicht die wirkliche Geschichte vom Christkind?‘ Die Überraschung war groß. ‚Jetzt?‘, fragte der Großvater die Großmutter. ‚Ja. Jetzt!‘, antwortete die alte Königin. ‚Nicht im Wunsch ans Außen liegt der Zauber des Lebens‘, murmelte der alte König, ‚sondern im Dank ans Innere Deiner Natur und Deiner Ahnen. Unser geliebter Sohn, wir danken Dir für dieses Leben. Denn wir schenkten Euch das Eure. Und Ihr gabt uns das unsere dafür, für alle Zeit und in alle Ewigkeit.‘ Erleichtert entgegnete der junge König: ‚Danke.‘ Von diesem Moment an hatte er aufgehört, stets zu wünschen und zu suchen. Er hatte gefunden, wonach er sein ganzes Leben lang gesucht hatte. Nun war ihm die wirkliche Geschichte der Schöpfung zuteilgeworden. Durch das Leben im Spiegel seiner Tochter. So wie ihn seine Tochter fortan leiten sollte, so hatte auch er selbst seinen Vater einst geleitet. Das Gefühl zwischen ihnen, Sensibilität, so natürlich wie jeder Atemzug, war ihr gemeinsamer Wegweiser zu wirklichem Glück. Erst der Prinz machte den gekrönten König zum wirksamen König. Der Prinz wiederum durfte erst durch seinen Vater reifen. Das Geheimnis vom Christkind der Menschen war demnach gelüftet. Und auch wenn sie schon gestorben sind, so leben sie noch heute. Im Königreich des Lebens.“

„Also, wenn man mich fragt ..., ich glaube, dass Jesus von Nazareth nur ein Wahrsager und Prophet war, eines von vielen Christkindern. Angeblich soll er irgendwann im August geboren worden sein. In diesem Sinne kann die von uns gefeierte Geburt doch nur ein Hinweis auf den wahren, den kommenden Messias sein. Der vierzehnzackige Stern von Betlehem ist die bildliche Darstellung der Verbindung von männlichem und weiblichem Prinzip, denn der Siebenstern mit der Öffnung nach oben symbolisiert das männliche Prinzip, den Gehörnten, wie bei den Steinböcken. Auch der Spitz nach unten weist auf das männliche Geschlechtsteil, das Genital, hin. Und bitte, das ist nur meine ganz persönliche Sichtweise aus verschiedenen Erzählungen von Kunden, die bei mir regelmäßig ein und aus gegangen sind. Ja? Na freilich, Ihr Lieben! Das weibliche Prinzip hat die Öffnung nach unten, auch zweideutig zu verstehen, als Scheide. Der Stern spiegelt nicht die vierzehn Geschlechter der Radix Jesse wider, sondern die kleinste menschliche Einheit der Schöpfung: Vater-Mutter-Kind. Oder anders gesagt: Mann + Frau = Zeugnis. Das Loch in der Erde im Mittelpunkt des Sternes weist auf den Ursprung der Schöpfung hin: auf Mutter Natur. Die Erde selbst ist wiederum Mittelpunkt und Zeugnis der Schöpfung der sieben Planeten und eines überdimensionalen Schwarzen Loches in unserer Milchstraße. Milchstraße, schwarz ums Loch – ja, ja ... Schon interessant, Ihr Lieben. Gell? Aussehen tut es ja eigentlich wie Kaffeesud, der sich durch den Wasserwirbel beim Umrühren in der Mitte vom Tassenboden sammelt. Auch die Tonhöhe, sprich, die Bestimmung verändert sich mit der Geschwindigkeit des Strudels. Strudel für Rudel. Rudimentär."

„Weil Ihr es seid, verrate ich Euch noch ein Geheimnis, weshalb mich immer alle *Mama Maria* nannten. Ganz einfach: weil ich meinen Gästen immer meinen Begriff von Mutter erklärt habe. M ist das Zeichen für Mutter, das aufnehmende Prinzip, welches das eindringende Genital des Mannes empfängt, der Pyramide. M-utter = Uterus = Gebärmutter. Maria = M und Arier. Arier sind das Urvolk. Die Urheimat. Hat jemals irgendjemand Forschungen zum Typus der Innenwelt unserer Ahnen angestrebt? Wohl, wohl! Die Psychotherapie und Epigenetik. Epiphany Moment – Moment der Erleuchtung. Die alten Sprachen verwendeten sowohl für Seele, Geist, Hauch oder aber auch Atem stets denselben Wortstamm: spirare, spiritus, Inspiration, Psyche. Spirale. Und Spiritus ist auch ein Zündstoff. Entweder wir inspirieren uns wieder selbst – ausgehend von unserem inneren Wesenskern natürlicher Feinfühligkeit her – oder wir lassen uns weiter von außen inspirieren. Spirit versus Spiritus. Spiritus contra Spiritum. Wir brauchen einfach ein psychotherapeutisch spirituelles Programm zur Neuorientierung, aufgebaut auf der bewussten Verbindung zweier grundsätzlich verschiedener Innenwelten der Menschen. Ein Programm also, welches uns ermöglicht, die Sensibilität zurück ans Licht zu bringen, uns die wirkliche Bedeutung des Läutens wieder nahezubringen. Läuterung. Der Glöckner von Notre-Dame. Quasimodo. Quasi Modus. Ein Zeugen-Schutzprogramm für die Lichtbringer. Stumpfsinn und Hochsensibilität in ein ausgleichendes Maß gebracht, in die Waage. Quasimodogeniti. Denn im Inneren sind wir alle gleich, und manche wurden über die vielen tausend Jahre schlicht ihrer Sinne beraubt. So macht es allem Anschein nach auch keinen Sinn, sehende Kinder mit blinden Kindern gemeinsam in einer Klasse zu unterrichten. Rassentrennung wäre besser: Unsensible und

Hochsensible apart! Doch sollten sie zumindest im Leben miteinander Freude empfinden dürfen. Nichts anderes ist es im Bereich des sechsten Sinns."

„Mein Hauptproblem war immer, dass ich mich nicht von meinen Liebsten abnabeln konnte. Heute glaube ich, dass die Ursache dieser frühen Bindungsstörung ein Mangel an emotionaler Zuwendung gewesen ist. Ich war einfach noch zu sehr mit mir selbst beschäftigt, als meine Tochter geboren wurde. Meine berufliche Karriere - ungeheuer wichtig! Selbstverwirklichung stand ganz oben auf der Liste: alles und noch viel, viel mehr erleben, das Leben genießen wollen. Hauptsache: Attraktion zu sein für die anderen, teure Hobbys zu haben, schicke Kleidung und eine top Wohnung. Eine regelrechte Maskerade der Statussymbole! Meine Kinder waren mir, obwohl ich ihr kindliches Bedürfnis nach Aufmerksamkeit, Geborgenheit und Zuwendung hätte stillen sollen, bei der Verwirklichung meiner selbstbezogenen Ziele eher hinderlich. Sie hätten mich dringend gebraucht, hätten das Gefühl haben sollen, im Mittelpunkt zu stehen, ganz und gar. Zu oberflächlich hatte ich mich ihnen emotional, intellektuell und physisch zugewandt. Wo war ich gewesen, als sie verunsichert waren und Angst hatten in ihren Bettchen? Dann, wenn sie mich besonders dringend gebraucht hätten? Verdammt und zugenäht! Es tut mir wirklich leid. Jetzt bin ich es, die nicht loslassen kann, und leide selbst daran. Doch ich habe es eben selbst nicht besser vorgelebt bekommen. Zu früh sah ich mich gezwungen, mich auf mich selbst zu verlassen. So wichtig wäre es gewesen, dass in Momenten der Bedrängnis und Furcht und Sorge meine Eltern für mich dagewesen wären. Und ich selbst als Mutter hätte meinen eigenen Kindern beistehen müssen, um ihnen zu vermitteln, dass es möglich ist, diese Angst zu überwinden, allem voran durch Geborgenheit und Sicherheit. Mütterliche Bindung statt mütterlicher Abhängigkeit wäre gewachsen. Leider klappte das nicht. Weder bin ich die Einzige, noch ist es etwas Besonderes. Immer mehr Mütter sind ausgebrannt."

„Zudem glaube ich, dass unser gesellschaftlicher Fortschritt auf diesem Missstand aufbaut und verantwortlich ist für all das Chaos auf unserem Planeten. Denn so, wie es sich zwischen Mutter und Kind zuträgt, ist es auch zwischen Mutter Natur und ihren Menschenskindern. Mikrokosmos - Makrokosmos. Menschen, denen diese Nähe in sehr früher Kindheit untersagt bleibt, sind gezwungen, den daraus resultierenden Mangel an emotionaler Sicherheit durch verstärkte Selbstbezogenheit zu kompensieren. Wenn man unter Bedingungen wie diesen nicht zerbricht, hat man offenbar gelernt, sich selbst zu bejahen. Wo aber das Leben sich in so einer Persönlichkeit bejaht, wird die Lücke im Herzen ausgebaut zum Palast im Kopf. Gehen wir

Menschen nicht alle letztlich unsere eigenen Wege? Mit Ellbogentechnik? Gell? Ja."

„So schaffen sie sich eine eigene Lebenswelt und schirmen sich gegenüber fremden Einflüssen und Anregungen ab, die nicht mit ihren Vorstellungen übereinstimmen. Extremisten und Grenzdenker, Diktatoren und Menschenfeinde. In dieser nur von ihnen selbst bestimmten Welt verschwinden alle wirklichen Herausforderungen. Es können keine vielfältigen neuen Erfahrungen mehr gesammelt werden. Alles bleibt beim Alten. Für das Lernverhalten dieser Menschenkinder bedeutet dies einen Rückgang an Motivation und Verständnis. Es fehlt die Begabung, sich zu erinnern an das tiefe Wissen des Unbewussten, das komplexe Erkennen von Zusammenhängen kosmischer Komplexität. Im Lösen von Konflikten entscheiden sie sich für die Einschränkung. Krieg ist daher das Zeichen ihrer emotionalen und sozialen Beschneidung. Ihr Sozialverhalten wird bestimmt von zunehmendem Rückzug in erdichtete Sonderwelten, von Ablehnung jeglicher fremden Vorstellungen und von aggressiver Verteidigung ihrer eigenen Ansichten. Meist handelt es sich hierbei um recht einseitige und pseudoautonome Strategien der Angstbewältigung. Die Betroffenen grenzen sich zunehmend von den Vorstellungen anderer, vor allem denen wirklich Erwachsener, ab, um nicht zu sagen - Erwachter. Ihr mangelndes Einfühlungsvermögen behindert sie beim Erwerb vielfältiger sozialer Kompetenzen. Die Welt wird bestimmt von groß gewordenen Kindern mit massiven Störungen im emotionalen und sozialen Bereich schöpferischer Intelligenz. Die Erwachsenen dieses Planeten sind diese vernachlässigten Kinder unserer Ahnen. Damit fehlt ihnen die Grundvoraussetzung dafür, gemeinsam mit möglichst vielen, unterschiedlichen Menschen nach tragfähigen Lösungen zu suchen und Verantwortung für sich und andere übernehmen zu können. Sie bleiben entweder in einer abhängigen Beziehung zu ihren primären Bezugspersonen stecken oder suchen sich Partner, mit denen sie diese abhängige Beziehung weiterführen können: Monogamie. Polygamie. Polyamorie. Demokratie. Vereinigte Nationen. Europäische Union. USA. Russland. China. Die Weltlichkeit. Die Religionen. Die Menschheit unseres Planeten. Bekommen sie Kinder, so entwickeln sie auch zu diesen eine abhängige und abhängig machende Klammerbeziehung - womit wir wieder bei Hochsensibilität angekommen wären: Hochbegabung emotionaler und sozialer Intelligenz. Hochsensibilität ist somit keine Hochbegabung, sondern menschlicher Lichtblick einer von Angst geprägten und durch degenerative Sensibilität zerrütteten Gesellschaft. Sensibilität war und ist die ureigene Grundeigenschaft des Menschen. Hier die physiologische Parallele: Die Beschneidung von Frauen und Männern hat ihren Zweck verfehlt, nämlich, Menschen ihres sensiblen Grundlebenssinnes zu berauben. Dieser grausame Versuch, eine wesentliche Art von menschlichem Feingefühl verstummen lassen zu wollen, ist fehlgeschlagen. Denn jenen Sinn, den man dadurch versucht hat abzustumpfen oder überhaupt zu verstümmeln, liegt ganz woanders: inmitten unseres Seins, viel tiefer noch als die Empfindung sexueller Scham."

„Das Schöne daran ist, dass man dieses Manko aufheben, diese Degeneration heilen, dieses Problem lösen kann. Anscheinend hilft bei mir schon die synergetische Innenweltreise von gestern. Die Therapeutin ist echt toll. Das ist so eine Art Anleitung zur Selbstheilung, eine Mischung aus Psychobionik, Chemie und Physik. Da geht's um vielerlei Dinge wie Selbstbestimmung und Synergetik als Lehre vom Zusammenwirken. Ja, so wie ich immer sage: selbstständige Synergien und keine Zusammenschlüsse. Weg von Fremdbestimmung und hin zu ahnenbestimmter Selbstorganisation. Wer weiß, vielleicht schafft jemand es irgendwann einmal, diese ganzen Verknüpfungen aufzuzeigen, irgendein normaler Mensch. Denn die Wissenschaftler sind auf ihren Teilbereich dermaßen fokussiert, dass sie rundherum nichts wahrnehmen. Das ist der Tunnelblick wie bei Besoffenen. Bitte, nicht falsch verstehen – das ist nur meine ganz persönliche Sichtweise. Ein Tunnel inklusive Notbeleuchtung bietet natürlich enorme Sicherheit. Der Ausstieg in das grelle Licht aber macht Angst. Er blendet und bewirkt Verblendung. Doch das legt sich. Die anderen Sinne gewöhnen sich rasch an die wohltuende Wärme. Das Problem wird nur sein, dass man so einem 0-8-15-Typen keinen Glauben schenken werden wird, weil er selbst durch den Stempel der Psychiatrie mundtot gemacht sein wird. Natürlichkeit passt ganz und gar nicht ins System der Normalität."

„Ich sehe das ebenso in der Synästhesie. Für mich ist das Y phonetisch ein Ü. Sühne ist die Ausgleichsleistung menschlich verursachter Schuld. Sühne as the ten. Die Hochsensiblen sind die Büßer der Menschheit, das zehnte Glied in der Kette. Wir empfinden – also das Gegenteil von erfinden – komplexe Zusammenhänge zwischen Zahl, Wort, Farbe, Geruch, Geschmack und dergleichen, um als Teil der gesamten Menschheit, die das Verhältnis zu ihrem einzigen Gott – also ihrer Natur – sündhaft verletzt hat, wieder zu versöhnen. Hochsensible als Akt göttlicher bzw. natürlicher Wiedergutmachung. Gründonnerstag. Aschermittwoch. Na ja, wer weiß … Für mich macht es auf jeden Fall Sinn. Auch mich selbst betrifft es. Als ich mich von meinem Mann getrennt habe, hat es mich schon betroffen. Er hat damals stets die Meinung vertreten, dass er mich und meine Sicht niemals verstehen würde, weil ich wie von einem anderen Planeten wäre. Ich wiederum bohrte immer nach in ahnender Hoffnung und der Annahme, dass der *Schalter* in ihm irgendwo unter der Oberfläche schlummerte, und dass wir uns ähnlicher seien, als uns lieb wäre. Jetzt fällt mir ein Stein vom Herzen. Mah, tut das gut! Na klar, das war es: weise Voraussicht! Nun darf ich auch ihn noch in Liebe loslassen. Weil ich recht gehabt und den Grund gefunden habe: emotionale und soziale Verhärtung durch frühkindliche Erlebnisse. Epigenetik liefert den wissenschaftlichen Beweis dafür – den Umkehrschwung, dass Hochsensibilität somit keine Hochbegabung ist, sondern, dass Sensibilität zur genetischen Grundfunktion des Menschen zählt. Es ist eine menschliche Grundeigenschaft, ein Beleg allgemeiner emotionaler und sozialer Intelligenz. Anstatt es zu leben, fressen wir es in uns hinein. Nicht einmal als kleine Kinder durften wir es leben."

„Wir Menschen haben bloß verlernt, es zu leben. Daher fallen jene, die es noch in sich tragen, als außergewöhnlich auf. Und es gibt einen Lichtschalter, mit dem man diese im Verborgenen liegende Quelle heilbringender Liebe in allen Menschen wieder sprudeln und leuchten lassen kann. Es sind die Kinder. Jetzt ist mir einiges klar. Darum bin ich hier und es geht mir wiederholt schlecht. Weil bei mir der Schalter aktiviert worden ist und das Licht erstrahlt ist. Wieder habe ich, wenn ich recht bedenke, mich von der Dunkelheit im Alltag täuschen lassen. Enttäuschung ist es auch, die ich dann erfahren habe. Das ist der wirkliche Grund, warum sich die Menschen zunehmend öffnen und immer mehr von uns in die Psychiatrien strömen. Wir erkennen den Wahnsinn da draußen. Sinn und Zweck der Übung ist es, die Verbundenheit zu unserer Natur wiederherzustellen und achtsam und bewusst unseren natürlichen Lebensraum zu pflegen – für uns und die nächsten Generationen Menschen, Pflanzen und Tiere. *Danke*, dass ich diese Erkenntnis eigens erleben darf. Denn jetzt macht für mich wirklich *alles Sinn*. Dies ist für mich, als ob ich Weihnachten und Ostern an einem Tag feiern könnte. Der Ost-Stern. Ich bin davon überzeugt, dass durch diese Erkenntnis auch unsere zwischenmenschlichen Beziehungen sinnlichere Qualitäten bekommen. Unsere Sensibilität ist die Ursache des Herzens, die unser Verstand nicht gekannt hat. Bis jetzt zumindest. Wieder bewusst zu leben und zu lieben, im Jetzt. Das ist der Anfang unserer Zukunft. Ich fühle mich wie neugeboren. Am liebsten würde ich Euch jetzt alle umarmen und am liebsten gleich die ganze Welt!"

„Jetzt weiß ich, warum mir gestern in dieser synergetischen Innenweltreise der heilige Christophorus erschienen ist. Er hat die Wahrheit vom Leben im Jetzt übers Wasser getragen. Vielleicht lebt er heute noch? Oder seine Nachkommen? Wer weiß das schon ... Jesus hat ja angeblich selbst nur die nahe Ankunft des Reiches des Schöpfers gepredigt. Er hat stets in einer dritten Person gesprochen, nie von sich selbst. Der Kopf im Heiligenschein weist vielleicht nur auf den Mittelpunkt einer Kugel hin - wie bei den Kugeln auf einem Christbaum. Damals dachten noch alle, die Welt sei eine Scheibe. Tja, so viel zur Nachhaltigkeit. Ja, ja, meine Lieben. Ein nachhaltiger Lebensstil ist nur durch Umweltschutz möglich. Das hat schon der Papst in seiner Umwelt-Enzyklika gesagt. Laudato si. Denn wenn die Natur einmal nicht mehr ist, dann ist auch für uns das Garn aus. Es gibt schon so viele verrückte Vögel wie uns hier, doch niemand will uns noch hören. Aber, wie ein altes Sprichwort besagt: ‚Für jeden Vogel stirbt ein Mensch. Und wenn erst einmal alle Vögel ausgestorben sind, dann gibt's auch keine Menschen mehr.' Ja, ja, so ist das. So sehe ich das auch. Wenn wir sensible Vögelchen, als Warneinrichtung der Menschheit, erst einmal ausgestorben sind, dann gibt's für keinen von unserer Gattung mehr Hoffnung oder Zukunft. Terminator. Ökologische Bekehrung. Hausputz. Innenputz. Schluss mit Schönfärberei. Die Menschheit steht vor Fragen, die keinerlei Aufschub mehr dulden. Mit technologischem Fortschritt als Partner von gewinnorientierten Wirtschaftssystemen und entsprechenden Moralvorstellungen rasen wir mit Volldampf einer Stahlbetonmauer entgegen. Zu auf eine Mauer, die wir uns selbst zuvor gebaut haben. Es ist längst egal, ob man an einen Gott oder eine Religion glaubt. Wir müssen in die Sinnhaftigkeit unserer Schöpfung danken lernen, ohne diese länger zu hinterfragen oder erforschen zu wollen. Mir würde ja auch niemals die Idee einschießen, meine eigenen Kinder zu hinterfragen, zu zerlegen oder zu sezieren, nur um herauszufinden, woher sie kommen. Oder vielleicht gar mich selbst. Na, das stelle sich mal einer vor! Im Wesentlichen sind die Fragen egal? Solange Liebe die Antwort ist ..."

„Es ist schon bewundernswert, wie ich selbst als Baby im Mutterleib gut aufgehoben war, keine unnötigen Emotionen oder Schmerzen notwendig hatte, nicht abhängig von Mutter war, sondern - dass ich das neue Leben, ihre eigene Reinkarnation darstellte. Und dann der Start aus der pränatalen Phase im Mutterleib in die Anderswelt des Irdischen. Geboren als eine von vielen Soldaten. So-old-at-ten. Sold-a-ten. Sold-at-ten. Attentat. Teile und herrsche. Divide et impera. Ein Paradigma für den Entwurf von effizienten Algorithmen. Allgo-right-men. Paradigmenwechsel: Informatik, Mathematik, Genetik. Tik bleibt Tik. Physik. Sik bleibt sick. Chemie. He. Me. I. Das eigentliche Problem - Stumpfsinnigkeit und Sensibilität - wird so lange rekursiv in kleinere und einfachere Teilprobleme zerlegt, bis man diese lösen und be-*Herr*-schen kann. Herr-Gott Natur. Anschließend wird aus diesen Teillösungen eine Lösung für das Gesamtproblem rekonstruiert. Herr Gott. Natur. Natürlichkeit. Hochsensibilität. Niedrigsensibilität. Natürliche Sensibilität. Warte kurz! Ein Lichtblick etwa innerhalb des ganzen Wahnsinns!? Wir können unser Leben nicht mehr meistern, darum versuchen wir es gemeinsam. Ich kann niemand anderen ändern, weil ich auch mich selbst nicht ändern kann, so gerne ich das auch hätte. Die einzig passende Lösung liegt im Annehmen – meiner selbst und meiner richtungsweisenden Sensibilität. De Mello sagte schon: ‚Ohne Dich kann ich nicht leben, ich liebe Dich.‘ Doch das ist nicht Liebe, sondern Abhängigkeit. Liebe ist von meinem Gefühl her: ‚Wenn ich da bin, ist Liebe da.‘ Und wenn ich erkenne, dass ich nur Nr. 1 von zehn bin und mich annehme, mich selbst, meine Grundeigenschaft der besonderen Sensibilität, und mich samt ihr liebe, dann wird es ein Leichtes sein, die anderen neun zu verstehen, zu denen ich ein Leben lang gehören wollte. Denn das, was mich mit ihnen verbindet, ist – wie könnte es auch anders sein?! – der Sinn allen Lebens."

„Ich habe ihn wiederentdeckt. Wie bei ihnen war er auch bei mir verschüttet. Weil ich nichts davon wusste, weil er mir ausgeredet wurde, weil ich ihn ausgeblendet hatte. Nun habe ich ihn wiederentdeckt. Das ist für mich die Formel für den Weltfrieden. Die Formel 1. Und dafür brauche ich eine Anleitung, ein einfaches Programm für sehr komplexe Menschen, ein Programm für Hochsensible. Naturbewusstsein ist mein neues Leben, mein Sinn. Nicht ich und mein Verstand sind an oberster Stelle, sondern – wir sind da zur Wiederherstellung des ursprünglichen Gleichgewichts. Das Gleichgewicht in mir selbst. Bewusstes Loslassen von technischem Einfluss. Natürliche Harmonie, Einklang mit meiner Natur. Ich sehne mich nach einem schlichten, sinnerfüllten Leben, und ich will dazu beitragen, unser aller Ökosystem wiederherzustellen, für diejenigen, die nach uns kommen. Biodiversität. Ich will meinen Körper nicht länger als nötig auf künstliche Weise am Leben erhalten. Ohnehin lebe ich in meinen Kindern weiter. Sie werden lösen, was ich nicht zu lösen vermochte. Doch ich will mein Notwendiges dazu beitragen. Ein guter Anfang ist ja schon damit getan, genau hinzusehen und meine Einkaufs-, Konsum- und Verhaltensmuster zu hinterfragen. Da halte ich meinen Geist offen. Grundsätzlich ist es egal, womit ich mich *zumache*. Denn was alle Möglichkeiten als Ergebnis gemeinsam haben, ist die Tatsache, dass ich dadurch nicht offen bin. Zumachen heißt: nicht offen zu sein. Und alles, was zu ist, ist so lange uneinsichtig, bis es geöffnet wird. Also ist *zu sein*, in zeitlichem Verständnis ausgedrückt, bedauernswert. *Zu viel* oder *zu wenig* von etwas ist demnach auf Dauer auch nie zufriedenstellend, denn es bringt Unheil, das Gegenteil von Heil. Also ist Erkenntnis Schritt Nummer 1, Entschluss Schritt Nummer 2, und so weiter und so fort. Denn jetzt sind alle zu – unbewusst. Und zu heißt, nicht für ihren sensiblen Wesenskern offen zu sein. Weil sie bislang von ihrer Wesenssensibilität und dessen genetischem Sinn zu wenig gewusst haben."

„Der wirkliche Irrglaube muss in der Gesellschaft gesucht werden. Dort ist er zu finden. Doch vor der Gesellschaft kann man in der Regel nicht fliehen. Und dann wirkt sie auf einen ein und wirkt und wirkt, bis sie - falsch, wie sie ist - wirksam wird. Deswegen sind wir nicht aufnahmefähig für emotionale und soziale Entwicklung. Erleuchtung ist, gesellschaftlich gesehen, ein Ausnahmezustand. Hallo? Das ist eigentlich der Urzustand als Baby! Und da sich neunzig Prozent der Weltbevölkerung durch irgendein Verhalten wie Glauben, Religion, Mittelchen hin und Mittelchen her, Beziehung, Partnerschaft, Arbeit und +*~ zudröhnen, wird Dir jetzt vielleicht endlich klar, dass jedermann sich verzweifelt wehrt, seine emotionale und soziale Intelligenz aufleben zu lassen. So leben wir in einer unentwegten Themenverfehlung und verwirken den wirklichen Sinn des Lebens, obwohl die Zeichen so klar vor unser aller Augen liegen. Das Eisbergprinzip. Zehn Prozent, neunzig Prozent. Pro-Z-ent. Für und von. Nehmen wir zum Beispiel das Prozentzeichen: zwei ganze Kreisläufe, getrennt durch einen Strich. Der Strich durch die Rechnung. Die Änderung ist dann der nächste Schritt."

„Loslassen hängt für mich immer schon mit bewusstem Tun zusammen. Es beginnt mit dem Zulassen von Gefühlen, von inneren Bildern und Empfindungen. Wem nützt es, wenn wir unseren Hausmüll in einem Zehn-Liter-Behälter sammeln, der in einem geordneten Haufen von Sondermüll steht? Mitten in unseren Wohnhäusern! Wir dürfen uns diese Angelegenheit nicht länger schönreden. Schluss mit dem Selbstbetrug! Wenn wir bereit sind, die Mauern um unsere Feinfühligkeit abzubauen, dann werden auch die Mauern außerhalb unseres Körpers, unseres Geistes und unserer Seelen verschwinden. Langsam, Stein für Stein. Und mit jedem Stein, den wir selbst in die Hand nehmen, untersuchen und, wenn nötig, zu Sand und Staub zerreiben, wird ein Stück unserer gespaltenen Persönlichkeit zusammenwachsen und heilen. Die Krankheit stellt die Mauer dar - und das Heil unsere besondere Begabung. All das Meditieren und Beten in der Kirche, der ganze Glaube an einen Gott und die Hilfe von außen haben mir nicht geholfen, solange ich nichts in die Tat umgesetzt habe. Die Kirchen, Moscheen und Tempel inmitten der Dörfer dieser Welt warten ja nur darauf, die Botschaft verkünden zu dürfen. Ein Ei gleicht tatsächlich dem anderen. Dies besagt das Spiegelei. Gell? Bisher erschienen uns viele Begebenheiten und Fakten als unergründlich. Ich aber sage Euch, der Moment ist gekommen, in dem wir erkennen dürfen, dass nichts - wirklich gar nichts - von dem, was wir heute kennen, grundlos geschehen ist. Das Ei war vor der Henne. Denn das Leben erwächst aus dem Sinn, nicht aus dem Körper. Dieser ist nur eine Art und Weise der natürlichen Formulierung. Wie Zündholz, Pech und Schwefel. Marmor, Stein und Eisen bricht, aber unsere Liebe nicht. Wie dem auch sei, angeblich sollen ja die Christen die meiste Erlösung durch einen Erlöser erfahren. Sollen sie eben beten. Englisch gelesen: be ten. Seid zehn. 1, eine Pyramide. 0, eine Kugel. Ein Ganzes. Einheit. 5 + 5 Finger sind 10. 5 x 5 = 25. 2 + 5 = 7. 2 x 5 = 10. 55 pro zehn, Kreuz. 55 Prozent: %. Lieber spucke ich mir in die Hände und kremple meine Ärmel auf. Wie allgemein bekannt ist, läuft einem nur deshalb das Wasser im Mund zusammen, weil übermäßige Speichelproduktion eine biologische Folgeerscheinung ist und insofern ein Symptom für ursächliche Sinnesüberreizung. Darum spucken auch so viele Jugendliche."

„Wahrscheinlich ist es viel einfacher, andere auf ihr Fehlverhalten aufmerksam zu machen, anstatt bei sich anzufangen. Wie war das noch einmal mit Splittern und Balken im Auge? Es ist leichter, mir selbst einzureden, dass, wenn Du dann bereit bist, etwas zu ändern, auch ich etwas ändern will: zuerst Du, dann ich. Und weil alle sich dies vorsagen, verändert sich nichts. Wenn ich die Stimmen meiner Feinfühligkeit jedoch rauslasse, ist genau das die Stimme, die mich ans Licht führt. Sie selbst ist das Licht. Ich bin davon überzeugt, im unbewussten Leben den Ursprung zu finden. Doch ich kann es mir heutzutage nicht mehr leisten angesichts der vielen Gefahren, die auf mich lauern. Mein Geist ist angefüllt mit Gedanken, meine Psyche voller Eindrücke und Einflüsse, meine Gefühlswelt randvoll mit Unsicherheiten, Ängsten und Zwängen. Allesamt sind sie Zeichen jahrtausendelanger, anhaltender Reizüberflutung meines Seins, meiner Seele, meiner Natürlichkeit."

„Und doch sehe ich da Bilder von Harmonie, von Kraftorten und visionären Zuständen in natürlich friedvoller Balance. Es sind Zeichen und Motive, mich dorthin zu bewegen. Dort komme ich her, dort gehe ich hin. Darum will ich auch nach diesen Prinzipien in all meinen Angelegenheiten handeln, selbst wenn ich weiterhin als Verrückte abgestempelt werde. Wenn ich mein egoistisches Verhalten zurücknehme und die Natur in mir wirken lasse, erfahre ich inneren Frieden. So kann durch mich und mein Hinzutun die Natürlichkeit der Schöpfung wieder ihre Bestimmung finden - für den Fall, dass ich ewig leben soll. Andernfalls werde ich ausselektiert. Verantwortlich dafür wäre dann ganz allein ich. Jeden Tag und jeden Augenblick aufs Neue. Ich will meine Gedanken und Ahnungen praktisch umsetzen, mit einfachen Tipps. Vielleicht sollte ich einen Internetblog gründen - die Technik so lange sinnvoll nutzen, bis wir den Wunschzustand erreicht haben. Warum jammere ich, dass Maschinen und Roboter die Menschen ablösen? Eigentlich sollte ich das als Segen für die Menschheit betrachten: dafür, dass mein Körper entlastet und mir beschwerliche, körperliche Arbeit abgenommen wird, während ich mich auf die wesentlichen Dinge konzentrieren darf. Na ja. Brauche ich all das Zeug denn wirklich, das diese Maschinen da vor sich hin produzieren? Aufgepasst: Pro-du-zieren. Dinge, die das Du verzieren? Eigentlich ist die Menschheit ein riesengroßer Maskenball. Hallo-we-en. Wir verdecken unseren wirklich wirksamen Kern, unsere Feinfühligkeit, hinter Kunststoffen, Instantprodukten, chemischen Illusionen, charakterlichen Masken und allerlei verrücktem Aufputz."

„Ich komme schon wieder weg von meinem eigenen Berg, und er rückt nicht von alleine näher. Das rührt daher, dass ich mich schon als Kind ständig in Wettkämpfen habe vergleichen müssen. Ich musste Turnerin sein, weil ich keine Leichtathletin war. Ich musste Klavier spielen können, weil auch die angesehenen Mädchen der Schule es konnten. Ich war traurig, wenn ich mich bei einem Malwettbewerb am Mitmachen hinderte, weil die anderen aus meiner Sicht schöner gemalt hatten und ich Angst davor hatte, nicht Erste zu werden. So wurde ich schon als Kind zu verschrobenem Denken verzogen. Meine Feinfühligkeit hatte keinen Platz in der Gesellschaft, die Tiefe meiner Empfindung keinen Ansprechpartner. Schlimmer noch: Durch die Unmenge an Eindrücken hatte ich gar keine Zeit gehabt, bei mir zu bleiben. Man stelle sich vor: Hochsensibilität als genetische Veranlagung findet bis heute nicht einmal Erwähnung in der Verfassung meines Heimatlandes! Unglaublich, oder? Denn Demokratie, Humanität, Solidarität, Friede und Toleranz gegenüber den Menschen sind Grundwerte, die man schon in der Schule lernt, Werte, auf deren Grundlage der gesamten Bevölkerung, unabhängig von Herkunft, sozialer Lage und Aussehen, unter steter Sicherung und Weiterentwicklung bestmöglicher Qualität ein höchstmögliches Bildungsniveau zugesichert werden soll. Der Lärm und das Durcheinander meiner Umwelt halten mich von meiner Bestimmung ab und entfernen mich von meinem Wesenskern. So züchtete ich mir Minderwertigkeitskomplexe an, unter anderem, weil ich stets jemand sein wollte, der ich einfach nicht war."

„Da müsste man ganz vorne anfangen. Schüler, Eltern und Lehrer sollten partnerschaftlich zusammenwirken und unseren Kindern die bestmögliche geistige, seelische und körperliche Entwicklung ermöglichen, damit diese zu gesunden, selbstbewussten, glücklichen, pflichttreuen, musischen und kreativen Menschen werden, die befähigt sind, über kulturelle, soziale, religiöse und moralische Werte Verantwortung für sich selbst, ihre Mitmenschen, ihre Umwelt und die nachfolgenden Generationen zu übernehmen. Gesetzestexte zu verstehen, ist mühsam, nicht wahr? Da wird schnell einmal Deutsch zu Chinesisch. Heidi und die Welt der Berge. Vielleicht sind die Verrückten der heutigen Zeit nur der Hilferuf einer wahrhaftig entrückten Gesellschaft? Einer Gesellschaft, in der jeder Einzelne gegen seine veranlagte Bestimmung lebt. Wie selbstbestimmt ist denn das Leben normalerweise so, alles in allem? Zudem schreibt die staatliche Verfassung die persönliche Verfassung vor, indem jeder Jugendliche seiner Entwicklung und seinem Bildungsweg entsprechend zu geübtem Urteil und sozialem Verständnis geführt werden soll, dem politischen, religiösen und weltanschaulichen Denken anderer aufgeschlossen zu sein sowie befähigt, am Kultur- und Wirtschaftsleben des Landes, Europas und der Welt teilzunehmen und in Freiheits- und Friedensliebe an den gemeinsamen Aufgaben der Menschheit mitzuwirken. Klingt das verwirrend? Wo zum Teufel bleibt da noch Freiraum für persönliche Entfaltung bzw. die versöhnliche Erkenntnis, dass es auf der einen Seite Menschen gibt, die eine genetische Begabung im Bereich sozialer und emotionaler Intelligenz aufweisen, und auf der anderen Seite eine Mehrzahl derer, die mit diesen Werten überhaupt nichts anfangen können? Wenn ich den täglichen Äußerungen von Politikern und sogenannten Ehrenmännern folge, welcher Partei auch immer sie angehören, dann könnte ich beinahe täglich im Müßiggang zur nächsten Polizeidienststelle spazieren, um die politische Führung des Landes wegen Verletzung der eigenen Verfassung anzuzeigen. Aus diesem Grund habe ich mich damals auch selbstständig gemacht, wollte selber Spielführerin sein, meine eigenen Geschicke lenken. Was macht ein Mensch, wenn er sich aufgrund seiner wesentlichen Persönlichkeitsmerkmale von der Mehrheit der menschlichen Gemeinschaft missachtet fühlt? Er sucht nach Gleichgesinnten, nach Leidensgenossen. Ich lernte, mich selbst führen zu müssen, weil ich sonst im falschen Spiel des Lebens nicht überlebt hätte. Ich lernte anspruchsvolle Choreographien, trainierte mein Hirn und meine Psyche entgegen aller Begabung und brachte jede Menge Schwung in mein Leben, aber abseits meiner natürlichen Schwingung. Setzt man in dieser Strategie nun die genetische Differenz der Persönlichkeiten in Bezug zu deren emotionaler und sozialer Intelligenz als etwas Ursächliches zugrunde, das Hochsensibilität von Abstumpfung trennt, dann liegt die Lösung selbstredend auf der Hand. Gleichheit wird, so gesehen, trotz grundlegender Unterschiedlichkeit möglich. Das habe ich früher noch nicht gewusst."

„So hat sich in mir folgende Haltung entwickelt: *alles oder nichts*. Wie beim Spielen von Backgammon - der vermeintliche Gegner als Spiegel des Selbst. Schwarz. Weiß. Pyramiden. Sterne. Die Würfel sind gefallen. Aus zwei mach eins.

Die Menschheit spielt um den Schinken. Meinen Neustart hier sehe ich als konstruktiven Lösungsansatz des mir Möglichen. Mir ist klar, dass es noch keine psychologische Testung für soziale und emotionale Intelligenz gibt. Brauche ich etwa für alles einen Beweis? Ist mein Weg in die Krankheit nicht Beweis genug? Ich will nicht länger alle Sorgen mit mir selbst ausmachen und in Gesellschaft um den heißen Brei herumreden. Ich will von mir reden, ich will lernen, meinen Mitmenschen meine wirklichen Gefühle und verborgenen Gedanken zu offenbaren, ich will sinnlich leben und dafür mit Leib und Seele einstehen. Im Einklang mit allem Leben und dem Universum will ich ab jetzt gesunder und glücklicher Nützling der Menschheit sein. Psychohygiene. Psycho high Genie. Was ist also gut für mich und meine Natur? Gehe ich in der Natur spazieren und fühle mich danach wohl, dann ist das mein persönliches Heilmittel. Darin besteht auch der Sinn des Jakobswegs. Jakobsmuscheln am Jakobsweg: ein Hinweis auf glanzvoll kostbare Werte innerhalb unscheinbarer Schale, wie ein Sandkorn in der Wüste. Sensibilität im Menschen gleicht der Seele einer Muschel, die aus einem Sandkorn eine Perle bildet. Eine Perle von einem Menschen. Indem ich meine Natur sauber halte, gebe ich meine Dankbarkeit zurück. Genauso ist es wichtig für mich, zu erkunden, wie ich in Zukunft meine Freizeit gestalten will. Ich denke, dass es sinnvoll wäre, im ersten Jahr meiner Bewusstwerdung keine drastische Richtungsänderung vorzunehmen, Ruhe zu bewahren, Geduld walten zu lassen und den Prozess als solchen zu erkennen und anzunehmen. Ich bin mir bewusst, dass ich an bestimmten Orten nichts verloren habe. Wer sich in Gefahr begibt, kommt darin um."

„Gerüche, Personen, Assoziationen und Orte haben großen Einfluss auf meinen hochempfindsamen Wesenskern. Sie beeinflussen mein Wertebewusstsein, sie erinnern mich an vergangene Situationen und lösen automatisch gewisse Verhaltensmuster aus. Meistens sind es Trigger aus dem Leben in der Hölle dieser Stumpfsinnigkeit. Automatisierte Abläufe neu zu programmieren, verlangt Geduld, Achtsamkeit und Konzentration ab, und ich bin meine beste Trainerin. Heute sehe ich mich manchmal selbst als unbeteiligte Beobachterin. Irgendwann sehe ich meine beiden, von mir getrennten Persönlichkeitsanteile - den guten und den bösen - gegenüberstehen. Und irgendwann einmal werde ich mit göttlichem Auge schauen, wie sich diese drei umarmen und zu einem Ganzen verschmelzen. Mit allen Sinnen fühle ich ganz tief in mich hinein und mache mir eine Liste aller Personen, denen ich in meiner Vergangenheit durch mein egoistisches Verhalten Schaden zugefügt habe. Ich will es auch wiedergutmachen, jedoch nur, wenn ich sie dadurch nicht zusätzlich verletze oder mir selbst damit erheblich schade. Ich behandle meine Freunde ehrlich und akzeptiere diese, wie sie sind. Meinen Freundeskreis passe ich dabei meinen neuen Bedürfnissen an. Ich entwickle einen gesunden Egoismus, der die anderen funktionalisiert, ein Bewusstsein von den Funktionen menschlichen Miteinanders, kurz, Funktionsbewusstsein. So, wie ich selbst nicht perfekt bin und anderen nicht alle ihre Wünsche erfüllen kann, darf auch ich mir nichts erwarten. Alles, was ich erhalte, empfange ich als Geschenk und mit großer Dankbarkeit. Erwartungen und Ansprüche schüren nur Ärger. Ärger führt zur Trennung. Trennung wiederum verursacht Schmerz. Zuneigung verursacht Liebe. Liebe spendet Verständnis. Verständnis ermöglicht Loslassen. Letztlich wird Abhängigkeit einem Gefühl der Verbundenheit weichen."

„Manchmal begegnen mir Menschen, bei denen ich sofort spüre, dass sie aus einem ganz bestimmten Grund in mein Leben getreten sind. Sie lehren mich eine Lektion des Lebens oder helfen mir dabei herauszufinden, wer ich tatsächlich bin oder wer ich sein will. Diese Menschen, die ich treffe, die mein Leben beeinflussen, die Erfolge und die Niederlagen, die ich erlebe, helfen mir bei der Erschaffung dessen, was ich bin und sein werde. Ich nutze jeden Tag. Denn heute ist das Morgen, dass ich mir gestern erschaffen habe. Ich bin in jedem Augenblick so bewusst wie nur möglich und nehme ihn als solchen an. Dadurch werde ich lernen, im Fluss zu leben. Lange genug lebte ich, wahrscheinlich aus Sehnsucht nach Glück, eine Phase, die vom Kick zum Albtraum hin und her pendelte und schließlich beim Albtraum stecken geblieben war. Es war eine Suche, keine Willensschwäche, die missglückte Suche nach der großen Liebe. Ich selbst war Schöpferin einer in mir herrschenden Hassliebe – so wie alle meine damaligen Kneipengäste von ihrer Feinfühligkeit heimgesucht wurden, weil sie nicht länger ein Schattendasein führen wollten. Sucht ist keine Krankheit, sondern Zeichen und Hilfeschrei des innersten Selbst, meiner Sensibilität. Sie ist das Weinen der Schöpfung. Sucht braucht keine Medikamente. Sucht braucht Handlung, Verständnis, Empathie. Abhängigkeit braucht Lösung. Diese Lösung besteht aus Selbsterkenntnis und Anerkennung der Hochsensibilität als genetische Begabung und lebendiges Zeichen natürlicher Schöpfung. Sicherlich ist es nicht einfach, Gewohnheiten aufzugeben, die uns vom Wesentlichen ablenken. Wenn wir erst einmal das Ziel unserer Suche in uns selbst, unsere Begabung also, erkennen, dann hat der Funken Hoffnung bald schon einen Brand entfacht."

„Süchte stehen in der Hitliste der Krankheitsursachen. Sie rangieren gleich hinter Herz-Kreislauf-Erkrankungen und Krebs. Dann kommen die Folgeerkrankungen aufgrund von Medikamentenmissbrauch. Denn meistens liegt bei Beschwerden gar keine neue Krankheit vor, sondern Nebenwirkungen eingenommener Medikamente. Auch frei erhältliche Medikamente oder Naturheilmittel können die Wirkung anderer Substanzen und Verhalten verändern. Ein Medikament sollte eine zeitlich begrenzte Stütze, eine Erleichterung sein und keine Dauerlösung. Viel wirkt nicht immer viel. Vorsicht: Wechselwirkung durch Polypharmazie! Psychische Erkrankungen sind schon lange kein Randgruppenproblem mehr. Und wieder ist es nur die Gier und Profitsucht, die die führenden Köpfe unserer Gesellschaft die wahre Ursache, nämlich die Hypersensibilität, vertuschen lässt. Krankheiten wie Krebs haben allesamt eine gemeinsame Ursache: die Einwirkung toxischer Einflüsse auf den Organismus. Krebs ist keine metaphysische Säuberung der eigenen Rasse, sondern ein Abwehrmechanismus der Natur gegen ihre Schädlinge. Wir müssen wieder lernen, an unsere Sensibilität zu glauben. Erst als ich selbst die Freiheit erlangt hatte, mir diesen wirksamen Glauben neu zu formen, durfte ich die Peitschenrute aus dem Fensterbrett meines geistigen Auges nehmen, mit welcher der liebe Gott angeblich seine Schäfchen im Zaum zu halten versuchte. Die Angstmache hatte ein Ende. Der Grundstein für den Beginn einer neuen Wirklichkeit war damit gelegt worden. Allmählich durfte ich mich meiner Hochsensibilität annähern und mich auf bewusste Art und Weise kennenlernen. Jene tiefsinnigen und besonders empfindsamen Eigenschaften, derentwegen ich mich schon als Kind zu isolieren und von meiner Umwelt zu distanzieren begonnen hatte, waren in neuem Licht erstrahlt. Schiefes Licht wich ursprünglichem Schein. Schiefe Bahn wich momentanem Sein. Wo einer sind, da sind viele. Einer für alle, und alle für einen. Alles weist darauf hin, dass Du sehr wohl an eine höhere Macht geglaubt hast, wie ich auch, nämlich an die Macht der Gewohnheit. Nur Du selbst kannst Dein Herz zum Singen bringen."

„Wann erkennen wir endlich, dass wir nur hinters Licht geführt worden sind? Wir alle werden missbraucht, geschändet und gedemütigt. Nummer eins unter allen Süchten ist Nikotin, gefolgt von Alkohol. Würden Zigaretten und Alkohol heutzutage eine Verträglichkeitsprüfung durchlaufen, müssten sie sofort verboten werden. Weshalb tut aber niemand etwas dagegen? Na, um die Massen unten zu halten, ihre Sinne zu betäuben. Sämtliche Drogentote haben zugleich Alkohol in ihrem Blut - legale und illegale Substanzen, wohin das Auge reicht! Gibt es überhaupt noch sinnvolle Gründe, Genuss und Ritual von Sucht zu differenzieren? Ich denke nicht, dass Sucht eine chronisch fortschreitende Krankheit ist, sondern ein massenhaft fortschreitendes Zeichen eines ernst zu nehmenden, degenerativen Prozesses des Menschen. Was tatsächlich degeneriert, ist die natürliche Beschaffenheit. Die grenzenlose Sinnlosigkeit der Gesellschaft wird hier manifest, denn sozialer, körperlicher und psychischer Abstieg sind darin vorprogrammiert. Selbstverständlich verfolgt nicht jedes Mittel oder jede Verhaltensweise einen bestimmten Zweck. Bestimmt aber dienen sie dazu, den Menschen von sich selbst und seinem wesentlichen Kern abzulenken. Ich trank mein Glas Wein auch nicht immer, weil ich es brauchte, sprich, um nur ja mit meinen Ängsten klarzukommen oder um Hemmungen zu überwinden. Oft genug trank ich es aus Lust und Laune, aus Freude am Feiern, und um zu genießen. Das redete ich mir zumindest ein. Die Frage, die ich mir danach stellte, war, weshalb ich eigentlich nicht ohne verschiedene Formen der Belustigung Freude empfinden konnte? Was war in meinem Leben geschehen? Da liegt für mich bereits der Anfang des Übels begraben - ob an chemische Stoffe gebundene Süchte oder Verhaltenssüchte wie Computerspiele, Einkaufen oder Arbeit. Am schlimmsten sind ohnehin die Abhängigkeiten, von denen wir gar nichts wissen: Automatisierungen täglich wiederkehrender Handlungen. Denn Abhängigkeiten sind nicht unbedingt an bestimmte Stoffe gebunden. Siehe: Spielsucht. Meistens sind es ohnehin nicht die Drogen, die abhängig machen, sondern die Erlebnisse und Gefühlsdurchbrüche, die sie auslösen und fortbestehen lassen. Es liegt auf der Hand, dass Hochsensibilität als grundlegende Ursache anzunehmen und bedingungslos zu akzeptieren ist. Immer schwieriger wird es nämlich für unseren Organismus, die hausgemachten Glücksbotenstoffe herzustellen. Weil unser Unterbewusstsein mitbekommen hat, dass diese Erlebniswelt sich nur in der Fantasie abspielen würde und sich dadurch in der Realität nichts ändert, filtern Endorphin und Dopamin sozusagen Angst und Schmerz. Auch steigern diese beiden Hormone die Leistung und heben die Stimmung an.“

„Sind das nicht alles auch Zeichen dahingehend, dass dem Menschen sein eigener Treibstoff ausgeht? Ist es der Einzelne, der erkrankt, oder eher die gewinnorientierte Leistungsgesellschaft, die krank macht? Durch Süchte wie Essen, Arbeiten, Sex oder Spiele steigern die Betroffenen die körpereigene Drogenzufuhr. Das ist nichts anderes, als wenn sich ein Fixer die Nadel setzt oder ein Alkoholiker sich der Schnapsflasche annimmt. High Sensation Seeking. Und genauso, wie ein Alkoholiker nicht nach einem Glas aufhören kann, wird ein Verhaltenssüchtiger auch sein Verhalten nicht stoppen können. Das einzig wirksame Mittel gegen das Ver-halten seiner Empfindungen und Gefühle sind offene, bereitwillige und aufrichtige Gespräche. Sich öffnen. Genau, meine Lieben! Ja, ja. Was war da noch mit diesem netten, jungen, hübschen Mann aus diesem Film? Er soll gesagt haben: ‚Wenn mich eines Tages die Geschwindigkeit umbringt, dann weint nicht, denn ich habe gelächelt.‘ Typisch High Sensation Seeker - eine krankhafte Ausprägung unterdrückter

Sensibilität. Paul Walker war sein Name. Sein Name gab ihm schon den Hinweis, dass er besser hätte zu Fuß gehen sollen. Bestimmt hatte er seine Fans nur beruhigen wollen, weil er sie ganz in seinem Innersten liebte und doch einsam gewesen war und sich sein sensibler Wesenskern nach Anerkennung und Selbstannahme gesehnt hatte. Soll er so, wie viele seiner Kollegen, doch nicht umsonst gestorben sein! Ich bitte Euch feinsinnigen jungen Menschen da draußen: Geht in Eure Mitte und öffnet Euch."

„Ich bin sogar davon überzeugt, dass Essen im heutigen Ausmaß bereits seit Langem eine Abhängigkeit darstellt. Weil wir heutzutage Energie vergeuden, die wir früher niemals gebraucht hätten – damals, als wir noch im Einklang mit der Natur und mit nichts anderem als einfachem Nichtstun im Fluss des Lebens als unserer Bestimmung lebten. Rauschzustand mit Messer, Gabel und Herz ist das heute. Wenn ich bewusst in ein Stück Fleisch beiße und mir das Martyrium vorstelle, wie das Tier geschlachtet wurde – nein, danke! Betrachte einmal all das gespritzte und vergaste Gemüse, die unreifen und chemisch behandelten Früchte, die Gerüche durch Verpestung der Atemluft. Dazu die Sucht nach dem Mobiltelefon. Die Strahlung durch Handys und W-LAN. Und liefert die Wissenschaft nicht selbst den Beweis? Zur Krebsbehandlung glaubt man an die Kraft der Strahlung. Aber als Krankheitsauslöser verwirft man sie? Na, da erkläre mir einer einmal die Logik dahinter. Ich glaube, dass die Wissenschaft selbstredend der Beweis dafür ist, dass die Schöpfung niemals bewiesen werden kann, weil sie selbst der unbewusste Beweis dafür ist. Wir Menschen, wir, die Suchenden, haben uns zu unserem Ursprung aufgemacht und sind so in große Verwirrung geraten. Wir sollten beizeiten merken, dass uns keine noch so wissenschaftliche Theorie helfen kann, weil wir dadurch nicht einen Bruchteil der Sicherheit erreichen können, den uns der Glaube in unsere natürliche Schöpfung schenkt, der uns auch als Beweis dient. Komisch, dass bei Süchtigen dieselbe Hirnregion aktiviert wird wie jene der Hochsensiblen bei übermäßiger Stimulierung ... Und Menschen mit dieser Hochbegabung erliegen viel schneller den äußeren Einflüssen, nicht zuletzt, weil sie von Natur aus ihre Eindrücke nicht filtern können und dabei an ihrem Organismus Schaden nehmen, weil sie nämlich selbst die Schutzfilter sind. Wie sonst sollte man beispielsweise die Zunahme von Süchten bei Rollenspielen oder Internetforen wie Facebook erklären? Die meisten beginnen, noch ehe sie das Frühstück zu sich genommen haben, mit einer App ihres sozialen Netzwerkes. Klassische Suchtverlagerung, krankhaftes Verlangen, auch beim Sex. Und dann treffen sie sich alle in den 12-Schritte-Programmen. Weil einzig und allein die Identifikation mit der Erkrankung einen noch hoffen lässt und weil dann ein spirituelles Programm als letzte Hilfe am Horizont erscheint. So machen sie sich abhängig vom Nicht-süchtig-Sein, während die eigentliche Ursache unerkannt bestehen bleibt."

„Die genetische Veranlagung zur Hochsensibilität ist es, um die sich alles dreht, meine Lieben. Ja, wirklich! Worum geht es bei Sucht? Wohl, wohl: um die Vermeidung unangenehmer Gefühle wie Angst, Leere, Unruhe, Liebes-kummer oder Traurigkeit. Doch woher kommen diese? Wohl, wohl: aus der Reizüberflutung im Alltag. Haben wir uns erst einmal an den Schaden gewöhnt, schmerzt uns der Wegfall dieser äußeren Einflüsse. Ob Partnerschaft, glück-bringende Beschäftigung, Gemeinschaft, Geborgenheit oder Zugehörigkeit. Woher stammt dies wiederum? Wohl, wohl: daher, dass wir irgendwann damit aufhören, unsere Feinfühligkeit anzunehmen und zu entfalten, weil wir zugemüllt werden und besorgt sind. Wir müssen unsere Umwelt entsorgen, damit wir uns selbst entsorgen. Klarheit und Harmonie im Außen bringt Ordnung im Inneren. So glauben all die Suchtforscher daran, dass es keinen bestimmten Persönlichkeitstyp gibt, der für Sucht besonders anfällig ist. Weil die Typisierung der genetischen Anlage 'Hochsensibilität' noch nie aus diesem Blickwinkel in Erwägung gezogen worden war. Und anstatt dieses wun-derbare Erbgut als Geschenk natürlicher Schöpfung anzunehmen, wird von Neuem versucht, daraus eine Krankheit zu machen, aus der Profit geschlagen werden kann. Diese Teufel, diese Geldwechsler, diese Vogelhändler. So, wie in der Medizin die Suchtkranken nicht sehr beliebt sind, sind sie gleichsam unbeliebt verkannte Hochsensible innerhalb der Gesellschaft. Indem sie auf Missstände aufmerksam machen, agieren sie als Spiegel der Gesellschaft. Sie selbst spiegeln die Hoffnungslosigkeit wider, die ihnen in der Gesellschaft begegnet. Hört auf damit, Süchtige in Behandlung zu schicken. Beginnt lieber damit, die Süchtigen anzuhören und ihre Spinnereien wahrzunehmen. Denn allein darin liegt die Lösung all unserer Probleme verborgen. Die Natur hatte einen Plan, als sie uns zwei Ohren, aber nur einen Mund gegeben hat. Wenn die Anzahl der Süchtigen ohne Medikamenteneinfluss auf natürliche Art und Weise zu sinken beginnt, dann wissen wir, dass wir fortbestehen werden. Psychotherapie und Selbsthilfegruppen haben mir, abgesehen von der Absiche-rung durch das Sozialsystem, dabei geholfen, mich aus den Fängen der Abhän-gigkeiten zu befreien. So will ich auch wieder etwas davon zurückgeben, indem ich von meiner Hochsensibilität künde, anderen Mut zuspreche und Hoffnung gebe. Ob sich dann der Einzelne genauer damit beschäftigt, ist seine eigene An-gelegenheit. Das Schöne jedoch ist, dass er es nicht mehr allein tun muss. Der Austausch mit seinen Mitmenschen, als eine Möglichkeit, die eigene Erfahrung und dadurch Kraft und Hoffnung zu teilen, und die Erkenntnis, dass man in seiner Wahrnehmung und Empfindung nicht länger allein ist, all das stellt den Anfang einer neuen Zukunft dar. Ein Leben im Jetzt wird dadurch möglich."

„Eine besondere Rolle spielen für mich auch ätherische Öle. Sie halfen mir auch dabei, den in mir aufkeimenden Krebs zu besiegen. Ätherische Öle wirken auf Körper und Seele. Es gibt enge Zusammenhänge zwischen der emotionalen Ebene, dem Immunsystem und dem Hormonsystem. Diese Vorgänge nennt man Neuroimmunologie. Die Düfte der ätherischen Öle tragen dazu bei, den Körper zu stärken und ein positives Umfeld zu schaffen. Der Geruchssinn stellt ein offenes Tor zum Unbewussten dar. Gell? Daher werden ätherische Öle sehr gern in der Psychoaromatherapie verwendet. Wenn ein Duft eingeatmet wird, wirkt er auf das Riechepithel. Der Geruchseindruck wird daraufhin in einen Nervenimpuls umgewandelt und im Riechkolben verstärkt. Er wird als elektrische Ladung an das limbische System weitergeleitet. Der Geruchseindruck - im Sinne eines Nervenimpulses - wird von der Amygdala und dem Hippocampus zunächst analysiert. Diese beiden Gehirnteile sind für die emotionalen Reaktionen von großer Wichtigkeit. Der Geruchseindruck kann Erinnerungen aus kürzester oder vergangener Zeit hervorrufen. Der Impuls wird an den Hypothalamus weitergeleitet. Dieser hat die Funktion eines Regulators und Zwischensenders und sendet entweder Impulse an mehrere Teile des Gehirns oder reagiert sofort, indem er Hormonfunktionen in Gang setzt. Sie beeinflussen auch die beiden Hemisphären des Gehirns. Die rechte Gehirnhälfte ist für ganzheitliches, schöpferisches Denken, Kreativität, Emotion sowie für die Steuerung der linken Körperhälfte verantwortlich. Die linke Hemisphäre ist für logisches Denken, Rationalität, analytisches Denken sowie für die Steuerung der rechten Körperhälfte verantwortlich. Ich kann jetzt nicht weiter ausholen. Langer Rede kurzer Sinn, man kann mit Ölen das Zusammenspiel von Hormonen, Gehirnteilen und Drüsen positiv beeinflussen und anregen."

„Ich glaube, dass wir Menschen selbst dafür verantwortlich sind, dass sich unsere Gehirnhälften im Laufe der Evolution geteilt haben. Weil wir unsere feinfühligen Anteile vom Verstand getrennt haben. Wenn wir den Mut haben, wieder auf unsere Bestimmung im Innersten unserer Seele zu hören, dann werden sich die 95 Prozent des nie gleichzeitig genutzten Gehirns wieder mit seinen ungenutzten Teilen verbinden. Momentanes Leben im Fluss wird wieder möglich. Das verhält sich so wie mit der systematischen Besteuerung des Einzelnen. Früher wurden Steuern mit Gewalt und Strafe eingetrieben, damit der Adel in Saus und Braus sein Leben finanzieren konnte. So wurden wir zur systematischen, periodischen Selbstbesteuerung erzogen, indem uns aus einem kleinen Teil der Einnahmen Annehmlichkeiten für das vermeintlich geglaubte eigene Wohl zurückgegeben wurden. Dazu zählen beispielsweise öffentliche Verkehrsmittel – so haben wir keine Ausreden, nicht rechtzeitig zu einer Arbeit zu erscheinen. Asphaltierte Straßen – hier können wir die von der Industrie zur Verfügung gestellten Automobile verbrauchen, um in die industriell geführten Supermärkte zum Einkaufen zu fahren, weil wir verlernt haben, uns selbst zu versorgen. Der Mensch als automatischer Selbstteiler: Individuum mobile. Der Einzelne wurde von seinesgleichen abhängig gemacht. Das steckt schon im Wort Steuer: Er kann sich zwar wehren und das Steuer auslassen, doch das Lex Tributum mobile fährt weiter, geradezu eigenständig. Dadurch ist das Stimmgewicht des Einzelnen entmachtet und die Möglichkeit zur Selbstbestimmung von Haus aus entkräftet. Denn, Annehmlichkeiten für die Mehrzahl der Menschen werden Aufruhr und Meuterei stets unterbinden. Leid wird erträglich gemacht und Gewohnheit zur Abhängigkeit. Weil Täuschung mit Geschick, List und Trug bis zur Unkenntlichkeit verwässert werden. Ein paar Wenige lachen sich dabei ins Fäustchen und sehen uns beim Sterben zu. Und diese Komplexität erkenne ich wie das Amen im Gebet. Für mich sind diese Zusammenhänge logisch: weniger Autofahren – mehr Lebensfreude und Gesundheit!"

„Ja, ja, so ist das. Seelische Erkrankungen reichen von körperlich-funktionellen Beschwerden bis zu schwersten, die Lebensqualität massiv belastenden psychischen und physischen Beeinträchtigungen. In der Depression beispielsweise befindet sich der Erkrankte in einer hoffnungslosen, ausweglosen Situation, die begleitet wird von Sinnlosigkeitsgefühlen. Ich kenne das nur allzu gut: ‚Es hat doch alles keinen Sinn mehr ... Wozu soll ich überhaupt noch leben? Lasst mich in Ruhe, es ist doch alles sinnlos!' Na klar, das habe ich damals ernst gemeint. Weil ich mich von meiner feinfühligen Sinnhaftigkeit abgeschnitten hatte. Mit allen Sinnen wahrzunehmen und zu genießen, ist speziell unserer Gesellschaft abhandengekommen. Sinnvolles Sein bedeutet: zu tasten, zu schmecken, zu riechen, zu sehen und zu hören. Doch da gibt es noch andere Sinne jenseits des Horizonts – Fühlen ist nur einer davon, visionäre Sicht ein weiterer. Nennen wir es einfach den siebten Sinn. Menschen, die unter einem depressiven Tief oder Burnout leiden, haben häufig zu nichts mehr Lust und zeigen sich zunehmend passiv. Sie fühlen sich völlig isoliert in ihrer Trauer. Weitere Symptome können Angst, Schuldgefühle, Panikattacken, Schlafstörungen, Unruhe und Reizbarkeit sein, bis hin zu Gedankenkreisen, Libidoverlust, Schmerzen, Konzentrations- und Aufmerksamkeitsschwäche, Denkhemmung, Vernachlässigung von Körperhygiene und Nahrungsaufnahme. Wichtig ist es, diese Verstimmungen und

Stimmungsschwankungen vorerst als Krankheit anzuerkennen, die aus Missachtung der eigenen Begabung erfolgt ist. Die eigenen Gefühle zu beachten und ernst zu nehmen, Hoffnung vermittelt zu bekommen, um dadurch Ressourcen entdecken und fördern zu können, sind der Anfang aus dem Tief. Förderlich sind eine Tagesstruktur und das Training von speziellen Fertigkeiten wie zum Beispiel der Umgang und die richtige Anwendung von ätherischen Ölen. Man kommt kaum umhin, mit einem Gefühl des Wohlseins an einer erblühten Rose zu riechen und dabei nicht genussvoll die Augen zu schließen. In diesem sinnvollen Moment haben Probleme keinen Platz, und sei es auch nur für Sekunden, denn da sind wir verbunden mit allem, was wir sind und was wir empfinden. Unsere Riechzellen nehmen auf und leiten weiter bis in unsere Seele. Wir können sehr viel gewinnen, wenn wir wieder lernen, Düfte zu genießen und uns auf sie einzulassen. Dabei sollen uns diese Essenzen keine heile Natur und Welt vorgaukeln. Zur Besinnung darauf, wie man die natürliche Harmonie auf unserem Planeten wiederherstellt, braucht es schon mehr."

„Die Technik aber sucht keinen Ausgleich. Sie will die Natur nur bezwingen. Eigentlich ist der ganze technische Mist wie eine Plage. Wie Stechfliegen sind unsere Häuser damit vollgestopft, sichtbar in Form von Mobiltelefonen, Mikrowellenherden oder Pillen in Hausapotheken, und unsichtbar wie deren Strahlung sowie andere technologisch hergestellte Störenfriede - in den Häusern und überall im ganzen Land. Bei Menschen wie bei Tieren. Hi Vieh. S-tech. Kleiner Scherz am Rande ... Hat nicht das S die Form der menschlichen Wirbelsäule. Zufall? Wenn man einmal genauer betrachtet, wie die Sprachen entstanden sind, dann eher nicht! Wenn mich jemand fragt, dann sage ich immer, es wird heutzutage ja auch viel zu viel gearbeitet. Also, mir war der Ruhetag im Wirtshaus immer so heilig wie anderen der Sonntag. Denn da soll der Mensch sich mit sich selbst beschäftigen. Bitte sehr, aber das ist nur meine Sicht der Dinge. Einkehr halten und Besinnung, Meditation und Seelenreise, Sinnlichkeit leben und von Gefühlen und Empfindungen sprechen, sich Freude und Leiden von der Seele reden, ohne zu werten und bewerten, ohne Ansprüche. Nicht über andere schimpfen oder herziehen. Nein, bei Gott nicht. Selbstreflexion heißt nicht, an mir zu arbeiten, sondern einfach zu sein. Ich rede von mir, von meinen Gedanken und Gefühlen, frei von der Seele, wie es mir genau jetzt eingeht und was auch immer mir dabei in den Sinn kommt. Darum gibt es auch den siebten Tag. Um zu reinigen."

„Auch ich habe erst lernen müssen, meine Begabung in Dankbarkeit und als Geschenk einer sinnvollen Schöpfung anzunehmen und sie sowohl für mich als auch für meine Umwelt heilbringend zu entfalten - jeden Moment aufs Neue. Ja, ja, meine Lieben. Da schaut ihr, was? Ich hab leicht reden, ich bin ja schon eine alte Oma. Der Trick ist Folgender: Ich fürchte mich auch nicht länger vor meinen Wahrnehmungen. Und eine tägliche Inventur meiner Innerlichkeit gehört sowieso seit Jahren zu meinem Abendritual vor dem Schlafengehen. Denn eines ist mir immer wichtig gewesen: niemals böse schlafen gehen. Weder mit mir, noch mit anderen. So habe ich gelernt, einmal am Tag *Danke* zu sagen, und ich habe damit aufgehört, mir ständig Dinge zu wünschen und zu *erbitten*. Meine Bedürfnisse habe ich somit in Zufriedenheit und Erfüllung umgewandelt. Das klingt fein, und das ist es auch. Steter Tropfen höhlt den Stein. Steter Dank bringt Sonnenschein. Auch wenn es nicht ganz einfach ist. Man muss wissen: Am Anfang tut es sehr weh. Loszulassen von all den Annehmlichkeiten, die ich im Wesentlichen ja gar nicht gebraucht hätte. Rausch ist eben fein – da ist man für kurze Zeit weit weg von allem. Und wenn dann etwas nicht mehr berauschend ist, tut's weh. Auch wenn es nicht gleicht blutet, schmerzt es trotzdem. Nämlich genau dort, wo man es nicht sieht, dafür umso mehr. Nüchtern leben ist anfänglich schwieriger als durchwegs berauscht. Das ist definitiv so. Unter uns gesagt: Ich habe es auch nicht alleine geschafft, meine besondere Feinfühligkeit zu entdecken. Ja, ja, das musste ich aber auch nicht. Denn ich bin zu den AA gegangen. Übersetzt: zu den Anonymen Alkoholikern. Das wissen die Ärzte gar nicht, weil es schon so lange her ist. Sonst würden sie noch behaupten, dass ich süchtig bin. Ich würde nicht sagen: 'süchtig', sondern eher ungeschützt. Für mich ist es lebensnotwendig, mich zu hinterfragen, zu reflektieren. Reflexion kann nur im Austausch mit Gleichgesinnten passieren. Wenn ich das nicht getan hätte, würde ich bestimmt nicht mehr leben und hätte diese Erkenntnis niemals gewinnen dürfen. Weil ich einfach schon zu sehr zugedröhnt gewesen war. Und wie man sieht, bin ich immer noch hier. Um ehrlich zu sein, ich brauche den Schutz und habe keine Kraft mehr zu kämpfen."

„Das Wichtigste, was ich in der Selbsthilfe gelernt habe, ist der Wortlaut '*Ich bin*'. Denn es war der Beginn, ausgehend von meiner Kapitulation, nicht mehr länger gegen mich und meine Veranlagung leben zu müssen. Es war meine *Selbsterkenntnis* darüber, dass ich anders denke und fühle als die meisten anderen, und zwar, weil es mir von der Schöpfung in die Gene gelegt wurde. Das Aussprechen meiner Ängste eröffnete den Prozess meiner Genesung und einer neuen, grenzenlosen, inneren Freiheit. Es war für mich die Befreiung von meinen Zwängen, die sich durch die emotionale Barrikade aufgestaut hatten. Das andere Heilmittel, das mir zuteilwurde, war die *Gesprächskultur*. Einer redet – die anderen hören zu. So bin ich in all den Jahren nicht eine von ihnen geworden, sondern war bereits von Geburt an immer eine von ihnen gewesen. Ja, *ich bin hochsensibel*, sage ich heute. Und den Anfang machte mein *Selbstgeständnis*. Wenn Du nur einmal während des Lesens dieser Zeilen das Gefühl hattest, Dir sei ein Stein vom Herzen gefallen, dann war dies der erste Stein der Mauer um Dein Herz, durch dessen Lücke von nun an Licht eindringen darf, und Du wirst verstehen, was ich damit meine. Denn auch wenn Dein Verstand Dir vielleicht sagt, dass es ein Allheilmittel doch gar nicht geben kann: Du hast recht. Denn Sensibilität ist dieses Mittel in Dir. Im Problem liegt zugleich die Lösung. Ich litt bis zu dem Zeitpunkt, an dem ich erkennen durfte, dass mich die Schöpfung durch die Generationen vor mir mit Sensibilität ausgestattet hatte. Wenn die Erkenntnis Heilung gebracht hat, dann muss umgekehrt die Unkenntnis es gewesen sein, die mir das Leid beschert hat. Also ist Hochsensibilität zumindest in einem Fall aller Leiden Heilmittel, nämlich in meinem Fall. Das ist zu hundert Prozent menschlich erwiesen. Ich bin ein Mensch. Wäre echt interessant, ob das noch jemand von sich behaupten kann. Dann würde zumindest ich nicht allein dumm sterben. Aber, wie schon erwähnt, ich bin gespannt, ob ich die Wende noch erleben darf. Die Sonnenwende. Das Sonnentor. Wer ist nun der Tor? Nun ja, das ist nebensächlich. Ich tue eben stets das, was im Augenblick erforderlich ist und meiner Einsicht nach getan werden soll. Ob bewusst oder unbewusst. Es wird schon seinen Sinn haben, dass ich dies alles durchmachen musste. Jetzt geht es darum, nüchtern und klar zu bleiben, damit ich bewusst und achtsam leben kann. Dann würde ich meiner Enkelin bestimmt die Drogen nicht verbieten. Doch aufklären würde ich sie durchaus und ihr sagen, dass ich den wirklichen Grund kenne, warum sie glaubt, Drogen nehmen zu müssen. Denn dann könnte sie sich nie wieder sinnlos betäuben, sondern wäre sich dessen ständig bewusst, dass sie die Möglichkeit hat, sich für das Licht zu entscheiden. Anderen vor uns war der bewusste Weg verschlossen, und sie sind erbärmlich zugrunde gegangen und krepiert. Visionäre, Künstler, Helden, Psychiater, Ärzte, Bob, Bill und noch viele unserer direkten Ahnen und indirekten Verwandten. Menschen wie Du und ich. Zeigen wir ihnen Dankbarkeit und lassen wir ihren Tod nicht umsonst gewesen sein."

„Ach, ich bemühe mich, so aufrichtig und ehrlich von meinen Gefühlen zu sprechen, wie es nur geht. Denn dann bin ich selbst das lebende Beispiel für meine Liebsten. Gell, ihr Lieben? Na freilich. Wie immer die Mittel auch genannt werden: Seelentröster, Rauschgift, Betäubungsmittel. Allesamt haben sie doch nur ein und denselben Zweck. Wobei Alkohol als erstes wirksames Mittel vermutlich gesellschaftlich erwünscht gewesen ist, weil er aus Sicht der auf den Erlöser Wartenden eine Art natürlicher Weichmacher ist. Er lässt den sensiblen Wesenskern des Menschen während des Rauschs weich bleiben – im Gegensatz zu den meisten anderen Mittelchen, die der Ruhigstellung dienen. Das mit dem Alkohol oder den Drogen ist schon dumm, wenn man dieses Experiment nicht im Griff hat. Und ich hab's wieder im Griff, sonst wäre ich ja nicht nüchtern. Denn ich habe gelernt, meine im Verborgenen gehaltenen Gefühle und Gedanken anzusprechen, und habe es geschafft, mich als Umtauschplatz und Müllhalde zu entsorgen. Eine Tempelreinigung ist unumgänglich. Das Wort Tempel kommt übrigens von Temperament. Tempelreinigung heißt Reinigung der Seele, des Körpers und des Geistes. Kurzwort: Fasten. Tempo rausnehmen. Nur durch Nüchternheit und Klarheit wurde es mir wieder möglich, zu erkennen und mich auch konkret weiterzuentwickeln. Den natürlichen Kreislauf wiederherzustellen."

„Sieh hier: Mein Verstand hat gelernt, nach realen und materiellen Dingen zu verlangen. Er kann höchstens durch Begreifen verstehen. Weil er Angst hat vor dem Unsichtbaren, Unfühlbaren, Unhörbaren, Geschmacklosen, Geruchlosen, Gegenstandslosen, Angst vor der Liebe. Weil diese unberechenbar, unsagbar und unbeschreiblich wirksam ist, in jedem natürlichen Leben. Dein Verstand kennt die Mittel und verbündet sich mit Deinem Gefühl, um die darunter verborgene Liebe zu zähmen, sie in Schach zu halten. Doch die Liebe selbst kennen die beiden nicht. Liebe wirkt, Verstand überlegt. Er ist materiell, sie immateriell. Er ist die Nacht, aus der alles erwacht. Sie ist im Schatten und strebt an das Licht. Er glaubt, stark zu sein. Sie fühlt sich schwach. Doch wie ein kleiner Sprössling wird sie immer den Weg ans Licht finden, natürlich und unbeschwert, fast kindlich. Spürst Du, wie Du langsam zu Dir kommst? Wie Deine Worte und Fragen weniger werden? Klar haben wir gelernt, unsere Sinne und Gefühle, unseren Verstand und Geist zu gebrauchen. Bislang galt es, unseren Lebenssinn, die Liebe, zu schützen. Indem die Reize und Gefahren von ihr abgelenkt werden. Dazu sind Verstand und Gefühle schließlich da. Stell Dir einmal vor, dass ich Dir ständig mit dem Finger ins Auge fahre. Da wirst Du Dich auch nicht gleichzeitig auf Geruch, Gehör, Tasten oder Schmecken konzentrieren können. So ist das auch mit der Liebe, also mit Deinem sechsten Sinn. Schneckenfühler kommen raus – gereizt – zurück ins Schneckenhaus. Außerdem glaube ich, dass alles aus Kreisen bzw. aus Kugeln besteht. Aus einem rohen Gesamtkörper kann man dann einen Kristall schleifen, doch niemals die perfekte, makellose Kugel. Dies bedeutet, dass einzig und allein die Schöpfung einwandfreie Kügelchen bauen kann. So gibt's auch den menschlichen Makel: die Suche nach Beweisen. Wir können noch so lange suchen, wie wir wollen - wir selbst sind Zeugnis und Beweis. Niemals können wir uns selbst zeugen oder beweisen. So, meine Lieben. Jetzt ist aber Sperrstunde. Wir haben eh schon wieder die Nacht zum Tag gemacht. Gell? Na freilich."

Da war **ein Bruder** gewesen.

Er überbrachte den anderen immer gute Nachrichten, war nicht so negativ dem Leben gegenüber eingestellt wie die Medien. Anonymität und Diskretion waren für ihn sehr wichtig gewesen, nicht zuletzt, weil sein Vertrauen schon oft missbraucht worden war, nämlich immer dann, wenn er sich von vertrauten Menschen wieder dazu hatte bewegen lassen, sich zu öffnen und sein wahres Gesicht zu zeigen. Er hatte eine sehr starke Mutter gehabt, durch deren Lebensschule er ging. Dies bot ihm Gelegenheit, eine widerstandsfähige Persönlichkeitsstruktur zu entwickeln. Deshalb war auch er hierorts gelandet.

„Ich bin hier, weil ich *mich nicht aufgebe*. Als ich durch meine Erkrankungen immer wieder in einem tiefen Loch landete und dachte, nicht weiter fallen zu können, mitunter spürte, dem Ende nah zu sein, kam ich zum Glauben, dass in mir und um mich herum eine Macht wirkt, die mir das notwendige Bewusstsein zurückgeben könnte, um mein Leben von Neuem nüchtern und unabhängig meistern zu lernen. Kurz, ich entschloss mich, meine körperliche und geistige Gesundheit wiederzuerlangen. Für mich ist sie Gott: Empfinde Liebe. Fühle Frieden. Ich denke, Gott ist nichts anderes als mein Leben, das ich lebe. Im Jetzt. So wie eine unerschöpfliche Goldader. Seit ich, so scheint es, von meiner genetischen Veranlagung erfahren habe, neigt sich mein lebenslanger Misserfolg nun einem Ende zu. Eigentlich ist es etwas viel Wertvolleres als Gold. Das gottverdammte Gold würde ich wahrscheinlich für mich behalten wollen. Doch dieser Schatz stellt einen besonderen Schatz dar: wirklichen Reichtum, wenn ich ihn nur lebe und dadurch weiterschenke. Es ist wie ein Wunder. Wenn ich zu mir stehe, dann heilen meine Schmerzen. All meine Probleme verblassen. Raum und Zeit verschmelzen zu einem erfolgreichen Moment - immer dann, wenn ich meine helfende Hand nach einer noch leidenden Seele ausstrecke. Menschen selbstlos zu helfen, fühlt sich jedes Mal an wie die Wiederherstellung einer großen, menschlichen Familie, wenn auch nur im Kleinen. Wenn ich mit Gleichgesinnten spreche, sieht mir meine eigene Vergangenheit sozusagen direkt in die Augen. Der Ursprung meines Leidens ist die Weigerung, das Jetzt vom Standpunkt meiner besonderen Empfindsamkeit zu akzeptieren. Einfach so, wie es ist. Nehme ich es an, finde ich inneren

Frieden. Liebe, Gott, mein Selbst, eine Macht, umfangreicher als alles, jenseits von Religion und Konfession. Da gibt es keinerlei Politik und keine Rassenunterschiede. Ich bin Mensch. Ich vertraue ja auch auf die Ärzte, warum nicht auch auf eine höhere Macht wie Gott, das Universum, einen Stern, die Natur? In Wirklichkeit kann man diese Quelle mit einem Namen gar nicht benennen; das Weltall ist zu groß für nur einen einzigen. Denn auch wenn mein Glaube und mein Vertrauen in meine unnatürliche, wahrhaftig unwirkliche Umwelt schwinden, dann ist diese unbeschreibliche, nur im Innersten spürbare, übermenschliche Kraft trotz allem da. Sie gibt mir Sicherheit – auch wenn ich es nicht beweisen kann, es oft abstreite, es mir peinlich ist, mein Verstand es sich nicht erklären kann. Ich spüre da etwas im Tiefsten meiner Seele. Es wirkt wie eine unerschöpfliche Energiequelle, die immer gibt und alles kann."

„Angst ist etwas, womit ich sehr schlecht umgehen kann. Es ist wichtig, dass ich mir diese Angst eingestehe und als normal anerkenne. Angst ist etwas ganz Natürliches, Unsicherheit ein Warnzeichen für Gefahr. Ich werde durch die Bewältigung jeder neuen Angstsituation stärker und lerne daraus, auch diesen unangenehmen Gefühlen mit Akzeptanz zu begegnen, sie abzustimmen auf die jeweilige Situation und meine Bestimmung als Hochsensibler. Früher wollte ich immer davonlaufen. Das ist *eine* Möglichkeit. Eine andere ist, sich diesem Gefühl zu stellen. Und weil ich mich beides nicht getraut und auch nicht den Mut gehabt habe, meiner Bestimmung zu folgen, habe ich es mit Alkohol, Drogen und der Erfüllung anderer Sehnsüchte weggemacht, bin ausgelastet gewesen und habe mich tot gestellt. Jetzt darf ich es ausleben. Ehrlich und offen. Um mich zu entlasten. Ich mache grundsätzlich nur mehr das, was ich von ganzem Herzen fühle. Mit Gelassenheit nehme ich Dinge hin, die ich nicht ändern kann. Mutig ändere ich Dinge, die ich objektiv ändern kann. In aller Ruhe vergleiche ich sie und unterscheide die einen von den anderen. Ich will Mensch sein. Dafür benötige ich meine Stimmungsschwankungen ebenso wie meinen Verstand. Sie sind überlebenswichtige Einrichtungen meiner Körperlichkeit. Unterdrücke ich meine Gefühle, schneide ich mich vom Menschsein ab. Ich verdränge keine meiner Emotionen, Ängste, Sorgen und Bedürfnisse mehr. Lasse ich nämlich meine Gefühle fließen und lerne ich sie durchzustehen, zu ertragen und zu halten, dann erst werden sie schwächer. Der Weg zum Licht führt direkt durch das Menschsein. Damit verbinde ich die Selbsterkenntnis, die von sich aus das gesamte Potenzial meiner biologisch bedingten Natur nutzt. Unbelebte und belebte Natur regenerieren zu ursprünglicher Einheit. Mein Geist ist auf die Seele, die Stille, das Ewige ausgerichtet. Die Funktionalität des Geistes, das ist mein Verstand. Er ist insofern Vermittler zwischen den Welten. Mit universellem Verständnis sieht und hört er das, was wirklich ist, was unter all den Wahrheiten der Menschen verborgen liegt, was ohne sein Urteil im Unsichtbaren verbleibt. Dadurch erhellen Geistigkeit und Erkenntnis meine Seele. Ihr Licht wiederum durchflutet meinen Körper, belebt und beruhigt. Auf diese Weise bin ich eingerichtet in Gesamtheit und Göttlichkeit. Doch darin liegt auch die Gefahr, dass ich innerlich verhärte und kaltblütig werde. Solange ich nicht aufgebe, kann ich nicht verlieren. Das stimmt, weil es immer einen nächsten Tag gibt. Wer aber ständig mit dem Kopf durch die Wand geht, wird sich früher oder später eine weiche Birne und andere Verletzungen zuziehen. Deshalb muss ich auch bereit sein, die traumatischen Erlebnisse meiner Vergangenheit jederzeit aufflammen zu lassen. Weil ich gelernt habe, das Notwendige an den Dingen - auch an den inneren Regungen - als das Schöne zu sehen. Amor fati."

„Oftmals geschahen mir Dinge, die ich als schrecklich, schmerzhaft und ungerecht verkannt hatte. Doch aus diesen Erlebnissen durfte ich lernen, dass sie nur zum Problem wurden, weil ich mich gegen die in mir angelegten Fähigkeiten gewendet hatte. Traum@ta sind wie Einschlüsse im Gletschereis der Seele. Erst wenn wir das Eis durch willenlose Bereitschaft wieder zum Schmelzen bringen, können auch die Verletzungen aus vergangenen Tagen im Schein der Erkenntnis beleuchtet werden und nach und nach ausheilen. So waren die ärgsten Verletzungen zugleich die stärksten und wichtigsten Lektionen in meinem Leben. Denn dadurch erst konnte ich mich im Zuge der Verarbeitung wieder sammeln und wirksam werden. Diesen unsinnigen Widerstandskampf kann sich jede weitere Generation ersparen. Wieso? Weil ich den Sinn in Hochsinnigkeit erkannt habe! Das Geheimnis ist demzufolge gelüftet. Verantwortungsbewusste Reserviertheit scheint mir nur mehr als Stütze auf dem Weg zu seelisch entlastender Befreiung. Nur die Antwort in sich selbst bringt Freiheit und Frieden fließend mit sich. Verantwortung wird überflüssig. Sanftmut wird gleichsam zum wirksamen Lebenselixier im natürlichen Fluss wirklich sinnhaften Lebens. Wenn ich im Stillen darüber nachdenke, erkenne ich, dass ich ohne die Bewältigung dieser Hindernisse niemals mein Potenzial, meine Stärke, Willenskraft und Liebe auch nur annähernd verwirklicht hätte. Ich höre niemals auf, meinen Gefühlen notwendige Anerkennung und Akzeptanz zu schenken. Das kann ich nur, wenn ich meinen inneren Widerstand beende. Indem ich selbst diese Dinge im Abgleich auf Naturverträglichkeit teste und durch meinen Lebensstil vorlebe, will ich die Menschen auf ihr Fehlverhalten aufmerksam machen. Dadurch werde ich zur Stimme und zum Werkzeug natürlich sinnlicher Schöpfung. Selbst bin ich

Schöpfer. Wer für einen Führer ist, der sollte Menschen führen. Den Anfang darf er bei sich selbst machen. Wenn er sich gefunden hat – wo sonst als im Jetzt?! –, wird er erkennen dürfen, dass er gar nicht mehr führen möchte und auch nicht führen muss, niemals führen kann. Denn im Jetzt darf er nur eines: begleiten, und begleitet werden. In Freundschaft und gemeinschaftlich wirksamer Verbundenheit. Das ist wirkliche Unabhängigkeit, wirksame Freiheit. Wir vermögen kein einziges Jetzt gewaltsam festzuhalten. Und doch ist es diese Energiequelle, die uns jetzt für das Jetzt erleuchtet. Jetzt. Jetzt. Jetzt. Bis in alle Ewigkeit."

„Es gab bestimmt diese Momente, in denen ich so einsam war und mir andere Wesen gefehlt hatten, dass ich sie am liebsten aus meinen Träumen entführt hätte, um sie in Wirklichkeit umarmen zu können. Niemals konnte ich ihre Gesichter sehen. Heute weiß ich, dass mein Selbst es war, das mich im Traum um Annahme und Umarmung gebeten hatte. So hatte ich mich selbst angenommen und missbrauchte nicht mehr andere Menschen dafür, bloß um mich selbst zu befriedigen. So sehe ich es hier als Beginn an, mich aus gesellschaftlicher Befangenheit zu befreien: Freiheit durch Ausgrenzung, Einschränkung durch Selbstbetrug. Es gibt so viele Menschen, die zudem sexuell und physisch missbraucht werden. Viele von ihnen berichten davon, genau dort im Missbrauch ihre innere Freiheit kennengelernt zu haben. Durch Züchtigung von außen zur Freiheit im Innen. Dann kann es doch nur noch eine Frage der Zeit sein, bis die niedergehaltenen Massen endlich erwachen und ausbrechen aus diesem kollektiv inszenierten System plastischer Schutzmechanismen. Meine Hochsensibilität ließ mich schon als Kind Offenheit für etwas Besonderes halten. Als ich dann nach meiner Pubertät in die Öffentlichkeit ging, wurde ich erst recht meiner Freiheit, meines Geburtsrechts auf persönliche Entfaltung beraubt. So wurde ich zum Freiheitskämpfer und durchschaute, dass nicht die Erkrankung vererbt wird, sondern die Begabung mit Hochsensibilität. Derweil versucht man, sie mit allen möglichen Mitteln zu unterdrücken. Das ist doch bitte keine Paranoia! Jene Generation, die aber erkennt, leitet sogleich die allgemeine Genesung ein."

„So ist es nicht unbedingt notwendig, dass ich hochintelligent oder mit funkelndem Verstand ausgestattet bin. Es genügt, dass ich eins und eins zusammenzählen kann. Und zwei Diamanten nebeneinander strahlen eben nun einmal heller als hintereinander. Solange Menschen an Wahrheiten glauben, wird ihnen die Wirklichkeit verborgen bleiben. Diese eröffnet sich erst dann, wenn die eigene Wahrheit plötzlich zerbrochen ist. Bei mir kam es infolge meines körperlichen, geistigen und seelischen Zusammenbruchs.

Zerstörung und Trümmer leiten den Aufbau überhaupt erst ein. Der Weg ist dann geebnet. Das ist keine Reformation, sondern mutige Transformation. Ab da beginnen rosige Zeiten. Ich schlage einen Austausch vor: materielle Werte gegen sinnvolle Werte. Darum leihe ich auch kein Geld mehr her. Borgen bringt Sorgen am Morgen. Geld fällt meiner Meinung nach definitiv unter Suchtmittel. Ich bin kein Dealer. Wenn jemand Hunger oder Durst hat, kein Dach über dem Kopf, Kleidung braucht zum Anziehen oder sonst irgendwie bedrängt und bedürftig ist, dann werde ich ihm, wenn möglich, unter die Arme greifen, dringende Dinge geben, schenken. Denn meistens ist das, was man im Moment zu brauchen glaubt, nicht das, was notwendigerweise ist. Der Wegfall materiellen Werts ist oft die Lösung in sich, um die wirkliche Not zu wenden. Durch Einsicht und Verständnis. Not ist lediglich ein Mittel, um aus Wahrheiten die Wirklichkeit ans Licht zu führen."

„Ähnlich sehe ich das im Bereich der Medikamentenverschreibung. Die Therapie mit Psychopharmaka, aber auch anderen Medikamenten, sollte stets unter aktiver Mitarbeit des Patienten selbst erfolgen, am besten in einem permanenten Behandlungsprozess. Ich habe es noch nicht geschafft, auf die Tabletten gänzlich zu verzichten, aber ich arbeite daran. Die dafür notwendige regelmäßige Aufklärung über Wirkungsweisen und Nebenwirkungen kann ich nur selbst bestimmen. Jeder Organismus funktioniert auf andere Weise empfindlich. Lediglich die Packungsbeilage durchzulesen oder auf die Aussagen meines Arztes zu vertrauen, hat mit bewusster Achtsamkeit nichts zu tun. Ich kann das letztlich besser abschätzen als ein Beipackzettel oder der Arzt. Eine Beurteilung der Wirkungsweise und die Planung über die gezielte Betäubung meiner Sinne obliegen mir allein. Die Verantwortung auf den Arzt zu schieben, ist seit meiner Erkenntnis über meine Hochsensibilität vorbei. Obwohl es dadurch gleichzeitig fahrlässig ist, wenn ich zunächst darauf aufmerksam mache und dann trotzdem vergiftet werde. Die meisten von uns nehmen diesen Mist ohnehin nur ein, weil sie sich erwarten, high zu werden. Die Dosierungsempfehlungen wecken jedoch nur das angebliche Suchtgedächtnis. Dabei ist es eine Einbildung. Denn wenn jedem Patienten die Möglichkeit gegeben wäre, alle Tabletten unbegrenzt zu nehmen, ohne Beeinflussung seines Intellektes durch Packungsbeilagen, dann wird er selbst herausfinden, was Sache ist. Alles andere sind einfach wirksame Mittel der Werbung, um mehr Absatz zu erzielen. Wie in allen anderen Bereichen auch ... Nichts anderes als Tempolimits."

„Meine Gefühle von Sehnsucht, Leere oder Craving sind für mich Hinweise einer sensitiven Störung und ein Anzeichen dafür, dass ich gerade wieder gegen mich selbst kämpfe, dass ich im Widerstand gegen meine eigene Wirklichkeit, gegen meine Selbstbestimmung, im Augenschein einer falschen Wahrheit lebe. Da läuten bei mir die Alarmglocken: Zeit ist es, denke ich mir dann, endlich aufzustehen, mit der Verblendung Schluss zu machen und wirksam zu werden, um mir die Wirklichkeit zu eröffnen. Für jeden von uns gibt es nur ein einziges Ziel im Leben, auch wenn wir jeder für sich unseren eigenen Weg gehen. Trotz allem bleibt das Ziel stets dasselbe, nämlich, uns selbst zu finden, andere zu lieben und achtsam zu leben. Existieren wir gegen unsere sensible Wahrnehmung und sensitive Art, erleben wir unseren Aufenthalt auf diesem Erdball als Hölle. Und Hölle ist dahingehend kein Ort, sondern ein Zustand. Doch daran sind wir nicht schuld. Denn bisher haben wir niemals gelernt, uns selbst als sensible Wesen anzunehmen, die einzig und allein die Aufgabe hätten, das Überleben unserer Spezies zu sichern: mit der Bestimmung, unseren Geist dafür einzusetzen, um unseren Planeten als Lebensgrundlage und bedeutsamen Teil noch umfangreicherer kosmischer Konstellationen zu schützen. Doch jetzt wissen wir es. Darum sind wir jeden weiteren Moment dafür zuständig. Haben wir das erst einmal kapiert, wird das Leben zum Himmel auf Erden. Die Natur ist das Paradies. Himmel oder Hölle - die Entscheidung liegt stets bei uns selbst. Auf der Erde ist beides vorhanden."

„Das wirksamste High in jedem von uns ist eben, sich selbst zu finden. Doch quakt man es hier wie weltweit schon so laut wie ein Haufen Frösche. Sogar die Muse der Künstler *On Air* strahlt das aus. Genauso verhält es sich im Leben jedes Einzelmenschen: Du kannst es noch so verbissen wollen, es wird Dir nichts einfallen, wenn die Muse Dich nicht küsst. Doch was jeder Einzelne tun kann, ist, sich für seine seelische Bestimmung selbst die Atmosphäre zu schaffen, abseits von Raum und Zeit, sodass wir sie alle empfangen möchten. Unser sechster Sinn fühlt sich unerwünscht, wenn wir uns ablenken, in welcher Form auch immer. Wir müssen der Liebe schon den entsprechenden Rahmen gewähren, damit sie sich ungestört entfalten kann. Ob ich gläubig bin? Natürlich glaube ich an etwas Höheres. Der Kosmos ist nicht grundlos da. Ich mache mir aber kein Bild mehr von irgendeiner höheren Macht, irgendwo da oben im Himmel. Auf der Erde, da unten weilt sie, und auch nicht im Wasser oder sonst wo unter der Erde. Ich verpflichte mich bestimmt nicht dazu, irgendwelchen Göttern - weder schwarzen, noch weißen - zu dienen, niemandem außer mir selbst und meiner Bestimmung. I Am Just A Jealous Guy. So liebe ich mich und darf daran genesen, sagen wir, indem ich mein Leben als bewusstes Dasein gestalte, in dem achtsame Gebote tonangebend sind. Mein einziger Wunsch ist es, meine individuelle Hochsensibilität nüchtern, bewusst und besonnen zu leben und diese zu meinem und dem Wohle meiner Natur einzusetzen. Denn dadurch helfe ich mir selbst und auch anderen, wirkliche Lebensfreude zu finden."

„Meine Vergangenheit will ich weder beklagen, noch die Tür hinter ihr zuschlagen, geschweige denn die Zukunft vorhersagen. Ich selbst bin das Tor, das Jetzt, mein Lebensstrom ... Mir gefallen sie ja, die meisten anderen Wahnsinnigen hier. Und anderswo ebenso. Da sagen sie immer, dass sie allesamt keinen Glauben hätten. So ein Blödsinn! Die meisten Menschen heutzutage besitzen einen außerordentlich wirksamen Glauben. Nur ist er ihnen ganz und gar nicht bewusst: Aberglauben. Denn wenn irgendjemand etwas sagt, dass er etwas glauben würde, dann entgegnet ihm sein Gegenüber sofort: ‚Ja - aber‘. Wenn Du schon Gott sein willst, dann spiele Dich nicht auf, sondern handle dementsprechend. Du hast Dir soeben selbst bewiesen, dass Du es kannst. Denn Wissen spricht, und Weisheit hört zu."

Da war **ein Vater** gewesen.

Ständig hatte er Süßigkeiten bei sich, am liebsten Schokoriegel. Und er war besessen von Sex, von sadomasochistischen Spielen, Mars-Riegeln und Computerspielen. Darüber hinaus war er recht streitsüchtig. Von Anfang an hatte er das System der Globalisierung infrage gestellt. Seinen Freund Christoph hatte er sogar zu einer Klage gegen die Pharmaindustrie überreden wollen, doch dieser hatte das Unterfangen als aussichtlos und als sinnlos bewertet. Aus seiner Sicht erschien solcherlei wenig zielführend. Das Oberhaupt hingegen wollte nicht mehr verhandeln ... Als Kämpfer liebte er Tischtennis und meinte immer, dass er in seinem Gegner stets auch seinen Meister gefunden hätte. Seine Spielweise war unorthodox. Vereinzelt musste er das Spiel auch unterbrechen, wenn ihn gerade wieder einmal eine Panikattacke ereilte. Mit einem Mal konnte er furchtbar aggressiv werden. Anscheinend verspürte er Angst vor Nähe, vor Freude, vor Bindung - Angst davor, geliebt zu werden oder gar selbst zu lieben. Bei einem schrecklichen Unfall hatte er dereinst seinen Sohn verloren.

„Im Gegensatz zu den Schreibtischgenerälen müssen wir an vorderster Front das Leid unter uns Soldaten teilen. Wenn man mich fragt, ich wäre für einen Therapiehund oder natürliche Eigenproduktion unserer Speisen in einem Therapiegarten. Es ist ja kein Wunder, dass man hier paranoide Wahnvorstellungen bekommt. In der Gesellschaft musste ich auch meine natürliche Veranlagung, meine Fähigkeit und meine wirkliche Neigung standhaft unterdrücken. Das ist psychologische Kriegsführung, um nicht zu sagen, ein

Kreuzzug gegen die Menschlichkeit. Immerhin bin ich hier, weil ich den Mut hatte, um *Hilfe zu fragen*. Das ist keine Schwäche! Psychotherapie ist meiner Meinung nach ein gemeinsamer Prozess, der zu einem bewussteren, gesünderen und erfüllteren Leben führen sollte. So wie ich mir und meiner höheren Macht unverhüllt meine Fehler eingestehen darf, sollte ich auch anderen Menschen offen und filterlos meine innersten Wünsche, Bedenken und Handlungen schildern dürfen. Habe ich meine Wahl getroffen und ich den passenden Therapeuten gefunden, scheint es von Vorteil zu sein, mit ihm durch alle Höhen und Tiefen zu gehen. Denn wenn ich ständig die Bezugsperson wechsle, laufe ich damit auch vor meinen Ängsten weg oder weiche ihnen indirekt aus. Hingegen, hinsehen heißt das Motto, auch wenn sich noch so tiefe Abgründe auftun. Wenn ich ein Gefühl der Abneigung gegenüber meinem Therapeuten empfinde oder durch Reibungspunkte in negative Emotionen verfalle - Enttäuschung, Verbitterung, Selbstmitleid, Wut, Hass, Aggression, Trotz, Scham, Unsicherheit usw. - ist das gut so. Nur auf diese Weise lerne ich das Handwerkszeug für den Umgang mit meinen Mitmenschen in ähnlichen Situationen. Denn die Distanz zwischen Problem und Lösung heißt nicht Trennung, sondern Konflikt. Psychotherapie stellt eine Strategie dar, um Menschen wie mir Konfliktfähigkeit beizubringen und im Gespräch zu erproben. Das Letzte, das ich möchte, ist es, wieder zum Widerstandskämpfer zu werden. Denn die wirkliche Bedeutung meiner Veranlagung sehe ich darin, dass ich Frieden stifte, auf Missstände aufmerksam mache. Eben dafür nutze ich meinen Psychotherapeuten. Ihm gegenüber muss ich kein schlechtes Gewissen haben, dass ich ihm womöglich durch meine Aufrichtigkeit seelische Qualen bereite. Bei ihm lade ich ungeniert meinen emotionalen Müll ab. Immerhin ist er dafür bestens ausgebildet worden. Noch dazu unterliegt er der ärztlichen Schweigepflicht. Entsprechend offen begegne ich ihm auch. Seine Aufgabe ist es nicht, mir irgendwelche Tabletten zu verschreiben. Darum nehme ich auch das Angebot an, diese Station für mich zu nutzen, unter anderem, um mich selbst neu kennenzulernen."

„Ich sehe diese Einrichtung als Gesamtangebot an vielfältigen therapeutischen Einheiten, das grundsätzlich psychotherapeutisch konzipiert ist. Das Therapieprogramm lässt sich individuell gestalten. Ich nutze die Zeit hier, um eine geistige Standortbestimmung durchzuführen und meinen Status Quo zu erheben - meine Sterne neu zu ordnen. Ich will mein Tun und Treiben nach allen Seiten hin reflektieren und in konzentrierter Differenzierung abklären, was mir angelernt wurde und wer ich angesichts dessen tatsächlich bin. Ich will wieder selbstständig denken lernen: nüchtern, klar, bewusst und achtsam. Möglichst alle psychischen, physischen und sozialen Aspekte möchte ich berücksichtigen. Hier befinde ich mich wenigstens in einem größtenteils geschützten Rahmen, um mich seelisch zu erholen und zu entlasten. Ich betrachte meinen Aufenthalt hier als einzigartige Gelegenheit zur Regeneration, einmal abgesehen davon, dass ich es nicht ganz so sehe wie die Ärzte, die mich wieder fit machen wollen für einen Wiedereinstieg ins gesellschaftliche Leben, ins Getriebe, ins Hamsterrad. Das hat mich schließlich hierher geführt. Nun darf ich meine seelischen Fähigkeiten, meine emotionalen und sozialen Begabungen als positive Ressourcen menschlicher Hochsinnigkeit wiederentdecken. Dort hinsehen, wo es wehtut, um die Faktoren zu erkennen, die mich mein Leben lang gestört, gehemmt und überfordert haben. Ich möchte raus aus diesem Vermeidungsverhalten. Mich selbst zu entfalten, ist das Ziel - meine Identität wiederzufinden. Vielleicht gelingt es mir ja mithilfe der Therapeuten, meine Familie zu sensibilisieren und ihnen meine Sicht der Dinge näherzubringen. Auch die systemische Familienaufstellung wird, hoffe ich, dazu beitragen. Ich will mir da konkrete Perspektiven erarbeiten, um meine aktuelle Lebenssituation und -aufgabe an meine wirkliche Bestimmung anzupassen. Natürlich muss ich dabei meine krankheitsbedingten Beeinträchtigungen miteinbeziehen, denn bestimmte körperliche Schäden wegen der Missachtung meiner Veranlagung lassen sich nicht mühelos beseitigen. Das wäre Selbstbetrug. Gleichzeitig will ich auch nicht in Selbstmitleid verfallen, sondern die Chancen nutzen, die in mir angelegt sind. Und wer weiß - der Glaube versetzt angeblich Berge. So will ich denn wieder lernen, an meine Hochsensibilität zu glauben und mir selbst zu vertrauen. Mich äußern trauen. Grenzen setzen lernen. Denn, Grenzziehungen erzeugen bestimmte Freiräume. Um diese danach wieder abzubauen, damit ich innere Freiheit erlange. Ich bin bereit, sowohl an den gruppen- als auch den einzeltherapeutischen Sitzungen offen und ernsthaft teilzunehmen. Die Gruppe will ich nutzen, um eigene Erlebnisse im Austausch mit anderen aufrichtig abzuklären. Seien es die aktuellen Beziehungen auf der Abteilung, seien es die Verhältnisse in meiner Familie, in meinem Beruf, im Alltag inmitten der normierten Gesellschaft. Ja, das will ich: mir ein eigenes Bild machen, abgestimmt auf meine Empfindungen."

„Mein Gefühl ist mein Führer, und nicht mehr die Umgebung. Im Jetzt. Wann sonst?! Den verschiedenen Aspekten meines Erlebens will ich wieder mehr Aufmerksamkeit schenken, will mich zu meinen innersten und verborgensten Gedanken und Gefühlen bekennen, sie meinen Mitmenschen gegenüber kommunizieren, ohne jedoch meinen Willen aufzuzwängen oder mich zu verbiegen. Weg von zwanghaftem Verhalten, das ist es, was ich will, weg, nur weg von aller Abhängigkeit, Übertragung, Sucht. Denn auch Streit ist eine Sucht. Stattdessen hin zu Ritual und Genuss. Ich mache nun gezielt Übungen zur Förderung der Wirksamkeit meiner hochsinnigen Empfindungen, Übungen, die dazu dienen, meine herkömmlichen fünf Sinne wieder wirken zu lassen. All meine besonderen Fähigkeiten wollen durch regelmäßige Übung wieder passender in meinen Lebensalltag integriert und bewusst wahrgenommen werden. So habe ich auch damit begonnen, mich wieder viel bewusster zu ernähren, sowohl körperlich als auch geistig und seelisch. In Einkehr und Besinnung finde ich täglich die bewusste Verbindung zu meiner Hochsensibilität. Ich danke ihr, dass sie mich ihre Stimme hören lässt und mir die Kraft gibt, wirken zu dürfen. Auch ist mir bewusst, dass ich gewisse Schwierigkeiten habe mit einem Leben an der Spitze einer Pyramide. Dass es eine übergeordnete Ebene gibt, das glaube ich durchaus. Diese ist für mich jedoch nicht begreifbar. Jeder sollte sie für sich selbst frei definieren dürfen. Ich persönlich stelle keinen direkten Bezug zwischen dieser Ebene und dem Menschen her. Dafür halte ich den Menschen für zu unbedeutend, gemessen an seinen bisherigen Beiträgen zum Gesamtgefüge auf diesem Globus. Für mich besitzen die Darwin'schen Gesetze ihre Richtigkeit, dahingehend, dass es eine natürliche Auslese gibt, die im Grunde für das Wohl der Allgemeinheit und der Evolution vonnöten ist. Anpassung an die Umwelt und natürliche Zuchtwahl sind evolutionär die beiden entscheidenden Faktoren. Die unangepasste Art ist weniger fit und stirbt folglich aus, wobei, wie Darwin betont, Fitness nicht bedeutet, der Stärkere zu sein, sondern der Angepasstere, wenn es um äußere Bedingungen geht. Der starke Jäger hängt, so gesehen, letztlich von der schwachen Beute ab, nicht umgekehrt. Auch im Tierreich gibt es so etwas wie Hochsensible, bei Fischen beispielsweise. So wie wir auch alles kleine Fische sind."

„Das Problem liegt nun einmal im Loslassen. Der Mensch versucht mit allen Mitteln, ewig an seiner materiellen Ebene - der Körperlichkeit - festzuhalten. Darum müssen wir uns selbst dezimieren. Seit jeher hat das die Natur ganz allein vollzogen: durch Naturgewalten, Krankheiten, Seuchen und dergleichen. Später einmal kamen die Gier, der Neid und der Verstand hinzu, um unserer Spezies auf natürliche Weise Einhalt zu gebieten, aber auch, damit wir uns weiterentwickeln. Denn wenn der Mensch als einzelnes Mosaik herausgebrochen wird, dann ist das Bild nicht vollständig. Doch wie bei allem wird auch hier der Goldene Schnitt seine Gültigkeit haben. Auf den Punkt gebracht, sage ich - und das ist bitte nur meine Sicht der Dinge -, dass die Entwicklung des menschlichen Verstandes an unserem Unglück Schuld trägt. Erst der Verstand hat uns die Möglichkeit gegeben, aus dem natürlichen Kreislauf auszubrechen. Dadurch wurde es überhaupt erst möglich, Glück und Unglück zu erleben. Verständnis ist die Weiterentwicklung, Einsicht in sich selbst die Lösung. Diese Einsicht lebe ich Tag für Tag aufs Neue. Das Mittelding zwischen Glück und Unglück heißt Zufriedenheit. Davon betroffen sind beileibe nur zehn Prozent seit Anbeginn der Menschheitsgeschichte."

„Ich habe keine Angst mehr vor dem Tod, am wenigsten vor der unausweichlichen Tatsache, dass mein Körper irgendwann verrottet. Ich habe diese Urangst überwunden, an dem einzig möglichen Platz dafür – im Jetzt, dem Mittelpunkt unendlicher Lebendlichkeit. Möglich wird es mir nur, wenn ich mich von unnatürlichen Einflüssen distanziere, zumindest auf geistiger Ebene. Denn im Jetzt kann niemals mehr geschehen, als gerade eben passiert. Dadurch hat sich mein eigenes Handeln grundlegend geändert. Diese neue Lebenseinstellung gilt für mich fortan als *Goldene Regel*: Ich habe damit aufgehört, mir selbst Schaden zuzufügen. So habe ich unwillkürlich auch damit Schluss gemacht, andere zu gefährden. Die Nahrungspyramide ist sinnbildlich wie für mich geschaffen. Alles Unnatürliche, was ich nicht einnehmen sollte, ist für mich natürlich ansprechend. Zwar habe ich ein automatisches Filtersystem in mir, bin aber als menschliche Alarm- und Kläranlage dazu bestimmt, durch bewusste und achtsame Wahrnehmung auf Nebenwirkungen zu reagieren. Suchtgedächtnis ist gleich Warneinrichtung: Vorsicht! Wie ist das zu verstehen? Wenn ich als Hochsensibler einer Sache verfalle, ist es mit größter Wahrscheinlichkeit so, dass es auf Dauer auch allen anderen Menschen schadet. Die Missachtung dieser wirksamen Eigenschaften obliegt nur mir. Doch dann wird Heilung in immer weitere Ferne rücken, in jener Geschwindigkeit, in der sich umgekehrt Krankheiten ausbreiten: Herz- und Gefäßstörungen, Abhängigkeiten, Suchterkrankungen, Diabetes, erhöhte Blutfette, Gastritis, Verstopfung, Durchfall, Gewichtsprobleme, Essstörungen, Heißhungerattacken, Nahrungsmittelunverträglichkeiten, Allergien durch Allergene, psychische Störungen, Bandscheibenvorfälle, hysterische Blindheit, Ischias, Multiple Sklerose, Krebs. Es klingt jetzt vielleicht verrückt, aber wenn ich mir die Dinge gedanklich so zurechtlege, ergibt für mich das Leben wieder einen Sinn. So befreie ich mich Tag für Tag von unbewussten Abhängigkeiten und werde meiner Berufung gerecht. Für mich sind das wirkliche Glücksmomente. Einfach ist es bestimmt nicht, die Bedürfnisse von allen Menschen abzudecken. Darum kann ich nur bei mir selbst beginnen."

„Ich weiß, dass die meisten meiner Mitmenschen lediglich mit fünf Sinnen ausgestattet sind. Darum können und werden sie niemals verstehen, wovon ich wirklich spreche. Aber ich will ihnen vergeben, denn sie wissen nicht, was sie tun. Sie wissen nicht, was ich empfinde, welchen Zugang ich zu einer umfangreicheren Energie tatsächlich in mir trage. Doch auch dies erfüllt einen übergeordneten Zweck. Unsere im Wesentlichen unterschiedlichen Gedanken- und Gefühlswelten, die Unterschiede unserer besonderen Empfindsamkeiten und die jeweiligen Fähigkeiten bedingen einander. Ich muss ihnen gedanklich eine Eigenständigkeit einräumen, um sie gleichermaßen gültig und ausgeglichen wirken zu lassen. Dadurch gestehe ich ihnen Lebensberechtigung zu. 0 x 0 = 0. Zwei Kreisläufe werden zu einem, weil sie parallel zueinander wirken - und doch gemeinsam. Was auf den Menschen im Makrokosmos zutrifft, hat bestimmt auch im Mikrokosmos seine Gültigkeit: das Kreisprinzip natürlicher Schöpfung. Unsere unterschiedlich eingeschlagenen Wege haben uns an einer Kreuzung des Lebens zusammengeführt. Ob wir den gleichen Weg gehen, ob wir gelegentlich abbiegen, um uns woanders zu treffen, wird sich letztlich zeigen. Unser innerer Kompass wird unsere Bestimmung sein und uns den rechten Weg weisen. Kein Geschöpf auf Erden indes darf jemals vergessen, dass es noch etwas Umfangreicheres außerhalb unseres Kreislaufes gibt. Die eigene Hochsensibilität ist nur Teil dieses größeren Ganzen. Und wenn auch nur unsere Eltern diese Macht sind - wir selbst sind es nicht. Das Vergessen dieser Bestimmtheit hat immerhin zu dem Chaos geführt, in dem wir uns derzeit befinden. Starrsinn, Hochmut und Aberglauben regieren die Welt. Die dem entgegengesetzten Zutaten sind Unterwürfigkeit, Demut und Gutgläubigkeit. Es bedarf eben immer zwei gleichbelichteter Einheiten, um Harmonie zu bewirken. Um die Ausgewogenheit kann man sich nicht drücken. Die Erkenntnis darüber ist das Zünglein an der Waage. Ich bin der Meinung, dass wir Menschen uns nun sehr wohl als Gemeinschaft ansehen dürfen. Unser gemeinsames Wohlergehen sollte an erster Stelle stehen. Die Genesung des Einzelnen beruht auf der Verbundenheit innerhalb der Gruppe von uns Hochsensiblen, wie es denn auch für die Gruppe der weniger Sensiblen erforderlich ist. Dadurch erst können wir in ausgewogenem Urteil, gutem Gewissen und symbiotischer Einigkeit leben lernen. Bei Zwillingen funktioniert das ja auch. Ich will nicht länger zwanghaft herrschen und Widerstandskämpfer sein. Gegenseitige Wertschätzung und Mitgefühl. Ja, das ist es, was nottut. Ab jetzt werde ich immerfort meiner Bestimmung dienen."

Da war **ein Sohn** gewesen.

Sein Spitzname lautete Nikola. Er war der Ansicht bzw. zur inneren Überzeugung gelangt, dass seine beiden bereits verstorbenen Elternteile in ihm weiterleben würden. Er sah es als seine ausschließliche Bestimmung, das System seiner Ahnen ins Reine bringen zu müssen. Nach der

Rückkehr von seiner Missionarstätigkeit im Amazonas plagten ihn manische Depressionen und Schizophrenie. Gleichzeitig bestand der Verdacht auf eine bipolare Störung. Obendrein war er der missbräuchlichen Verwendung von Medikamenten verfallen. Als Sohn eines serbischen Apothekers kam dies jedoch nicht von ungefähr – ein pharmazeutischer Barkeeper mit erweitertem Angebot. Gedankenbegründetes Besitzempfinden.

„Erinnerung ist viel wichtiger als Wissenschaft. Heute habe ich Geburtstag, und dafür danke ich meinen Eltern von ganzem Herzen und allen, die vor ihnen da gewesen sind. Auch wenn ich sie und ihre Geschichten nicht persönlich kenne. Dankbar bin ich für all die Beschwernisse, die sie auf sich genommen haben, für all das Leid, nur damit ich heute hier atmen und leben darf. Denn ohne jeden Einzelnen von ihnen wäre ich gar nicht am Leben. Solange mir mein Leben und mein besonderes Feingefühl zuwider gewesen waren, konnte ich ihnen klarerweise für dieses Geschenk auch nicht danken. Ich freue mich über die schönen Erfolge in diesem Jahr und feiere fortan das Gelungene. Heute ist das Morgen, das ich mir gestern erschaffen habe. Das Alphaprogramm, ein Leben im Jetzt. Ich bin Familie. Endlich kann ich mich hier gesellschaftlich zurückziehen und *mich* andererseits mit Gleichgesinnten sozial und aktiv *beteiligen*. Das macht Spaß und Freude. Es braucht keine unnötigen Zuwendungen, die zwischen den wirklichen Empfindungen stehen, sondern einfach nur Dankbarkeit und Zufriedenheit. Zu Lebzeiten war mein Vater, bevor er irgendwann zum Apotheker wurde, Elektriker gewesen. So ist auch der Funken zwischen ihm und meiner Mutter übergesprungen. Er hat mir den Zusammenhang zwischen der Elektrizität und dem wesentlichen Menschsein immer als Gleichnis erklären wollen. Das war gar nicht so einfach zu verstehen. Computer und Maschinen sind auf unsere Eingaben angewiesen, damit diese arbeiten können. Wir Menschen sind auch ohne diese von besonderem Wert. Vor allem werden wir bestimmt durch innere Werte. Maschinen sollten für Menschen etwas sehr Hilfreiches und bestenfalls Mittel zum Zweck sein. Maschinen sind ein Jahr nach ihrem letzten Geburtstag schon wieder veraltet. Wir Menschen können aufgrund unserer Erlebnisse innerhalb eines Jahres die Persönlichkeit verändern, innere Entwicklungen durchmachen und interessanter und reifer werden. Die Technik schreitet fort, der Mensch entwickelt sich. Das sollte man zumindest annehmen können ... Was steht da schon wieder in dieser blöden Zeitung? – Hol Dir das Wetter aufs Smartphone. Und wehe das Wetter passt dann nicht zum Wetterbericht!"

„Sag, wer oder was glaubst Du eigentlich zu sein! Hast Du die Weisheit mit dem Löffel gefressen? Haben sie Dich als Kind vernachlässigt oder zu heiß gebadet? - Aha. In dieser Manier hat man mit mir mehrmals schon gesprochen ... Du sagst zu mir also, ich sei nicht ganz bei Sinnen? Du fragst mich, auf welcher Welt ich lebe? Das kann ich Dir gerne beantworten: Ich lebe auf dem Planeten Erde, aber nicht so wie Du, als Besucher und gedankenloser Durchreisender, sondern als Gast. G - ein Kreis mit Pfeil. Ast - ein Zweig unter vielen. Oder weißt Du gar nicht mehr, wie ein Baum in der Natur aussieht? Logisch biologisch. Nur weil Du die Zeichen nicht erkennst, weil Du einen beschränkten Blickwinkel hast, weil Du Dich nicht mit allem Möglichen und Unmöglichen berauscht und nie die Wahrnehmung verändert hast, bin ich plötzlich der Wahnsinnige? Ich habe Komplexität, die Du nicht im Geringsten erahnen kannst! Wenn Du die Augen schließt, dann wirst Du sehen, was in Wirklichkeit Dir gehört. Genau! Nichts. Nada. Black. Doch dann nimmst Du vielleicht endlich einmal die Stimme aus dem Off wahr: Deine Stimme, wo Du herkommst, aus dem Nichts, aus dem schwarzen Loch. Wenn Du von Neuem Deine Augen öffnest, dann betrachte in Zukunft alles, was Du siehst, als Geschenk! Denn nichts anderes ist es. Danke der Schöpfung dafür, Deinen Eltern, Deinen Ahnen, Deiner Natur, Deinem Ursprung. Und hör endlich auf damit zu glauben, Du seist der Beherrscher des Universums. Du bist nicht mehr oder weniger als die Pflanzen, die Tiere, das Wasser oder die Luft. Ohne Natur bist Du nichts. Ohne Dein Gefühl bist Du nichts. Und jetzt lass mich in Ruhe. Ich kann Deinen Anblick nicht länger ertragen. Sind wir Menschen füreinander denn nicht Spiegel? Bei Gott nicht! Du bist nicht länger mein Spiegel. Darum gehe ich lieber in die Natur, als mich an Dich und Deine Spiegelfechtereien anzupassen. Nicht ich isoliere mich, nein, Du bist es, der gefangen ist in Deiner kleinen Welt von Abhängigkeiten, Ängsten und Zwängen. Wenn Du doch so toll und mutig, so mächtig und stark bist - warum traust Du Dich dann nicht, mit mir zu gehen? Nur Du und ich, ganz alleine? So! Und wer ist jetzt das Weichei, das Sensibelchen, die Memme?"

„Du könntest sein, wer ich bin. Doch ich will nicht länger sein, wer Du zu sein glaubst. Nicht ich bin feige, nicht ich bin krank, nicht ich brauche Resozialisierung, nicht ich bin emotional vernachlässigt. Im Gegenteil, Du, mein Freund, brauchst dringend Hilfe, viel notwendiger, als Du geglaubt haben magst. Darauf, dass Du in einer Welt von Entrückten als normal giltst, kannst Du echt stolz sein! Geniale Leistung! Tolles Auto! Feine Frau! Nette Kinder! Super Wohnung! Alles da, worauf es der Norm nach ankommt. Wie oft hast Du Deine Frau schon betrogen? Deine Kinder geschimpft, weil sie Dich nachgeäfft haben und Dein Spiegel sind, den Du so hasst? Wie oft holst Du Dir im stillen Kämmerchen einen runter? Wann hast Du das letzte Mal Deine Freunde belogen, etwa darüber, wie viel Du in der Firma tatsächlich zu sagen hast? Halt' einfach Dein Maul und leb' Dein beschissenes Leben weiter. Ich gehöre eben noch zu denen, die wissen, wie es sich anfühlt, ohne Smartphone kacken zu gehen. Und eines weiß ich: Du wirst ab jetzt nie mehr wieder echten Spaß daran haben, wenn Du Schaden anrichtest und Dir und Deinen Mitmenschen diesen als Annehmlichkeit unterjubeln willst. Ich bin Dein schlechtes Gewissen. Diese Rolle steht mir gut, und ich mag sie. Denn ich weiß, was Du tust, wenn Dich niemand beobachtet, und kenne Deine dunklen Flecken. Weil ich selbst genau dort gewesen bin, wo Du jetzt bist. Viel Spaß beim Leben! Und jedes Mal, wenn Du Deine belanglosen Zeitungsartikel liest, dabei Deinen Café Latte schlürfst und die Kleine vom Nachbartisch begutachtest, jedes Mal, wenn Dir das Leben zusagt, wirst Du an mich denken. So lange, bis Du loslässt von Deinen alten Vorstellungen, krankhaftem Verhalten und Deinen Zwängen und Ängsten. Ich habe Dich nämlich durchschaut. Auch wenn Du mich wegsperrst oder tötest, werde ich noch da sein, nämlich, als Stimme in Deinem Innersten - schlimmer als je zuvor. Denn dann werde ich Dein schlimmster Albtraum sein, werde Dich in der Nacht besuchen, und zwar so lange, bis Du aufwachst und Dich wirklich zu erkennen gibst. Man sieht sich im Leben immer zweimal, mein Freund. Das ist gewiss. Also, bis bald! Auf ein gelungenes erstes Mal ...“

„Was!? Verdammt! Jetzt bin ich schon wieder auf diesen Mist hereingefallen. Sorry. Wenn ich eine Zeitung sehe, kann ich kaum widerstehen, in diese Falle zu tappen. Da kann ich mich so sehr ärgern, dass ich mich völlig vergesse. Es tut mir leid. Bitte verzeihe mir! Eigentlich weiß ich ja, dass ich mich nicht länger ärgern, mich hilflos fühlen oder als machtlos ansehen muss, nur weil sich wieder einmal ein tiefes Empfinden rührt, dass es mir an Entscheidungsgewalt mangeln würde. Die viel stärkere Eigenschaft liegt in meiner Sensibilität verborgen, nämlich vorbewusste Entschlusskraft. So bringe ich meine geglaubte Schwäche ans Licht, meine Sensibilität, zeige meine Verletzlichkeit und werde stärker denn je. Dadurch lerne ich, mein Leben wieder wertfrei zu gestalten - weil ich selbst der Wert bin, nach dem ich mein ganzes Leben lang gesucht habe. Dadurch wird meine Sanftmut zu jener Kraft, zu der ich von Natur aus bestimmt bin, der Kraft, die alles natürlich sauber hält. Ich bin durch diese mediale Beeinflussung schon wieder von mir weggekommen, habe mich verloren und wiedergefunden. Jesus Maranatha! Wo waren wir stehen geblieben? Ach ja, richtig: Ich will es mit fremder Hilfe - warum auch nicht?! - schaffen, wieder im Einklang mit meiner Natur zu leben, mit meinen Ahnen. Selbstverständlich weiß ich, dass Menschen in psychischen Krisen in einem Gefühlschaos stecken. Deshalb bin ich doch nicht gleich manisch oder depressiv. Wer weiß von meiner Ahnenreihe? Wer weiß, was sich alles in mir vereint hat? Welche Konflikte mein Unterbewusstsein und mein Zellgedächtnis in all den tausenden von Jahren gespeichert hat? Niemand. Ganz genau! Viele widersprüchliche Emotionen tauchen in mir auf, wie bei jedermann, ich liebe und hasse, wünsche mir Hilfe und lehne sie ab, will unabhängig sein und alles alleine schaffen - und sehne mich doch nach Geborgenheit, bin wütend und traurig zugleich und von vielen realen Ängsten und irrealer Furcht überflutet. Bei jedem von uns weint die Seele eben anders. Menschen, die psychisch erkranken, stecken in einer tiefen existenziellen Krise, die unzählige Bereiche des Lebens berührt. Nichts scheint in so einem Fall mehr sicher und selbstverständlich. Dies wiederum macht es schwierig, sich zu orientieren und Entscheidungen zu treffen. Sie überfordern einen dann schnell. Denn eines ist mir klar: Krankheiten resultieren aus jahrelang mir selbst entgegengebrachten, unausgelebten Gefühlen wie Aggressionen, Zorn, Wut oder Angst - und aus einer gewissen Ablehnung von Verantwortung. Wie das? Weil ich es ja gar nicht anders gelernt habe. Ich habe in der Gesellschaft gar keine Chance, wirkliche Verantwortung für mein Leben übernehmen zu dürfen, allem voran weil es gar nicht erwünscht ist. Anpassung und Gehorsam sind heutzutage gefragt. Darum ist es für mich in solchen Situationen sehr hilfreich, ein Gegenüber zu haben, das einfühlsam genug ist, zugleich aber klaren Kopf bewahrt und sich von meinen heftigen Gefühlen nicht anstecken lässt. Klar ist dies gerade für Angehörige und das nahe Umfeld oft schwierig, nicht zuletzt dann, wenn sie mit mir zusammenleben und den Alltag teilen. Doch ist es auch nicht so, dass ich mein Lebtag ruhig gewesen wäre. Na klar, ich habe schon immer auf Missstände aufmerksam gemacht, doch hören wollte es niemand. Diese Neigung entspricht nun einmal meiner Natur. Ich bin die Stimme der Natur, sozusagen ihr Gewissen. Durch mich zeigt sie auf etwas, was ihr wehtut oder wohltut. Wenn ich gesund bin, dann ist das ein Zeichen, dass es ihr gut geht. Bin ich krank, ist das ein Zeichen, dass dort, wo es mich krank macht, auch in ihr die Harmonie gestört ist. Da kannst Du sagen, was Du willst - es ist nicht sinnvoll und verhindert auch jegliche Möglichkeit von Heilung, mir meine Gedanken, Ängste oder Wahrnehmungsideen auszureden. Irreale Vorstellungen sind Ausdruck meiner Persönlichkeit. Die Frage ist, ob es wirklich so irreal ist, wenn man mich nicht mit der Norm abgleicht, sondern von einem Zustand reinster Harmonie in Natur und Kosmos ausgeht. Muss ein Gedanke denn akademisch oder mainstream-journalistisch formuliert werden, bevor er seine Berechtigung hat? Ich bin da definitiv an etwas dran ..."

„Die Gespräche mit Angehörigen, in denen sie die Unmöglichkeit meiner Ideen zu beweisen versuchen, bringen meine Einstellung genauso wenig ins Wanken, wie sie eine Blinddarmentzündung oder einen grippalen Effekt nicht wegreden können. Sieht man den Menschen als Individuum aus einer ganzheitlichen Betrachtungsweise, so ist es in Wirklichkeit nicht möglich, eine scharfe Grenze zwischen somatischen und psychischen Symptomen oder Krankheiten zu ziehen. Bei der Berücksichtigung von Körper, Geist und Seele handelt es sich lediglich um verschiedene Arten der Manifestation von in den Schatten gestellten, unterdrückten Werten. 'Kollektives Trauma'. Thorwald Dethlefsen und Ruediger Dahlke beschreiben es so, und ich bin davon überzeugt, dass es stimmt: Die Tränen eines depressiven Patienten sind nicht *psychischer* als Eiter oder Durchfall. Die Unterscheidung sieht bestenfalls an den Endpunkten des Kontinuums berechtigt aus, wo man eine Organdegeneration mit einer psychotischen Persönlichkeitsveränderung vergleicht. Je mehr wir uns jedoch von den Endpunkten zur Mitte hin bewegen, umso schwieriger wird es, die eindeutige Trennlinie zu finden. Individualität hebt sich gewissermaßen auf. Doch selbst die Betrachtung der Extreme rechtfertigt beim Hinsehen keinesfalls die Unterscheidung zwischen *somatisch* und *psychisch*, da der Unterschied nur in der Art und Weise der jeweiligen Symboläußerung liegt. Asthma unterscheidet sich im Erscheinungsbild von einem amputierten Bein genauso stark wie von Schizophrenie. Die Klassifizierung in *somatisch* und *psychisch* bringt zum Teil mehr Missverständnisse als Ordnung mit sich. Doch das soll man bitte einmal einem Arzt in unserer Gesellschaft erklären! Was ich auch wiederum verstehen kann ... Ein Arzt in der Psychiatrie hier hat am Tag für einen seiner Patienten durchschnittlich sechs Minuten Zeit. Ja, Du hast richtig gehört: satte sechs Minuten. Wie soll sich da bitte in einem Gespräch für ihn daraus ein Sinn ergeben können, geschweige denn, die Komplexität meiner Sichtweise sich ihm erschließen? Das ist, als ob ich hier ein Staubkorn nehme und Dir erkläre, dass es Teil einer Pyramide ist. Obwohl Du das vielleicht noch glauben würdest, weil Du beides kennst. Nun gibt es da jedoch viele Dinge, die Du nicht kennst, die mir aber wiederum bekannt sind."

„Warum denkst Du eigentlich nicht darüber nach, warum Du *Ja* sagst, wenn ich Dich frage, ob Du mich hören kannst, wo ich doch in Wahrheit gar nicht da bin?"

„Umso wichtiger ist es, dass wir uns unseres Ursprunges bewusst werden und die Verbundenheit zu einer nicht von Menschenhand geschaffenen Quelle nicht mehr leugnen. Nur dadurch wird alles Leben und die Gesamtheit des

Universums unsere Akzeptanz erfahren. Und Akzeptanz ist zweifellos die Lösung vieler von unserer Spezies erschaffener Probleme. Jeder Einzelne von uns sollte sich nicht länger weigern und endlich den Entschluss fassen, seinen Willen und sein Leben seiner ganz persönlichen, höheren Macht anzuvertrauen. Das spendet Gelassenheit, bringt Ruhe, Entspannung und Zufriedenheit. Wir können dieses Chaos nur beseitigen, wenn wir diese Chance nutzen und gemeinsam Tacheles reden. Auf dieser Grundlage ist Weiterentwicklung möglich."

„Sicherlich könnte man jetzt behaupten, dass ich Resilienz erlernen kann und das Leben eben anstrengend sei. So lebe ich jedoch am Sinn meiner Lebensbestimmung vorbei. Nach dem Motto: hinter mir die Sintflut. Sinnflut. Denn, so wie die Natur für alles von selbst Lösungen entwickelt, bin ich selbst so ein Lösungsinstrument der Natur. Nicht das Leben selbst ist anstrengend, sondern die es bestimmenden Umstände und künstlichen Verhältnisse. Wenn ich lerne, mich völlig natürlich zu geben und mich frei von sämtlichen unnatürlichen Einflüssen zu halten, dann kann ich persönlichen Frieden finden. Denn ich bin der Meinung, dass meine besondere Empfindsamkeit erst zum Segen wird, wenn ich sie für das Wohl unserer Natur einsetze. Und jeder weiß, wie gut ein Spaziergang in der frischen Luft in naturbelassener Umgebung tut, wie entspannend und befreiend das ist. Die andere Seite der Medaille sieht ähnlich aus. Nicht die großen Dinge sind es, die Dich umbringen, sondern die Aneinanderreihung kleiner Unaufrichtigkeiten, Enttäuschungen und Stolpersteine. Resilienz bedeutet nicht gleich Genesung. Lediglich macht sie resistent auf der Bewusstseinsebene. Genesung heißt für mich, meinen genetischen Anlagen entsprechend zu handeln, zu leben, zu fühlen. Mein Ziel ist es – somit auch mein Therapieziel –, meine Veranlagung zu äußern, mich wieder nüchtern und klar zu geben. Das ständige Ausreizen meiner Spannungskurve würde mich früher oder später ausleiern. Oder die Saite reißt – also die Seele –, weil der Bogen überspannt ist. Darin sehe ich auch die Ursache für Suchtkrankheiten, Depressionen, Burnout, Unfälle aller Art: Durch Verdrängung und Unterdrückung wird aus der eigenen Wahrnehmung all der überflutenden Reize irgendwann Krankheit oder ein Unglück."

„So habe ich gelernt, Danke zu sagen. Ein Dank ist das kürzeste Gebet, jedoch auch eines der wirksamsten. Also müssen die Anstrengungen und das Chaos von Menschenhand geschaffen sein – aus mangelnder Einsicht und Selbstannahme. Das wäre ein typischer Fall von ‚Da siehst Du es, da hast Du es!'. Und siehst es nicht, dann hast es trotzdem. Darum sehe ich lieber zweimal hin und betrüge mich, wenn möglich, nicht selbst. Aus demselben Grund spiele ich da einfach nicht mehr mit. Für mich ist die Natur – Gott. Und ich bin Teil davon. Schon in der SensBibel ist zu lesen, Du sollst Dir kein Bild von mir machen, Du sollst keine anderen Götter neben mir verehren, denn ich bin ein eifersüchtiger Gott. Die Bibel ist für mich nur eine schriftlich festgehaltene, visionäre Illusion. 40 Personen schreiben in über 1.600 Jahren ohne Absprache untereinander so einiges. Trotzdem fügt sich alles zusammen, als ob es einen roten Faden gäbe, einen *heiligen Geist*, das *heilige Gen*. Die Verbindung allen Lebens, ein großes Ganzes, in sich geschlossen, nach außen hin offen, geschrieben von aufrichtigen, hilfsbereiten und offenherzigen Personen aus Fleisch und Blut, Menschen, die ihre innersten Empfindungen, Gedanken und Gefühle offenbart haben. Zahllose Voraussagen dieser Aufzeichnungen haben sich in der Vergangenheit bereits bis ins kleinste Detail erfüllt – ausgehend von Eingebungen durch einen Gott, der einzig und allein Gültigkeit hätte. Demnach ist alles klar für mich: Natur ist Gott. Und 'Gott' steht meiner Auffassung nach als Akronym für 'Go on to tell'. So ist ihrerseits meine Natürlichkeit göttlichen Ursprungs. Auch sie ist Gott, bevor ich mich durch schädigende Einflüsse zu verschließen begonnen habe. Die Lösung: mich einfach so annehmen, wie ich bin, und alles um mich herum ebenso. Alles Natürliche, versteht sich. Denn alle Technologie ist bereits ein Bild, entstanden wiederum aus Bildern: Einbildung und Ausbildung. Die einzig wirkliche Kunst liegt in der Fähigkeit zur Einsicht. Stumpfsinnigkeit ist, so gesehen, keine Frage der Dummheit oder mangelnder Intelligenz. Im Gegenteil, es ist eine Art, sein eigenes Überleben zu sichern, kurzfristig zumindest. Langfristig wirst Du dafür mit Gleichem, mit dem Leben bezahlen. Meine Absicht ist es nicht, Stumpfsinn abzuwerten, sondern zu veranschaulichen, dass lediglich ein wesentlicher Sinn verkümmert zu sein scheint. Das kann bereits seit Generationen der Fall sein. Deswegen kümmern wir Hochsensiblen uns auch so gern um andere, weil die meisten sich ihrer wesentlichen Bestimmung nicht mehr bewusst sind."

„Diese Geschichte zieht weite Kreise. Mittlerweile haben wir sogar schon mit Kindern im Kindergarten Probleme, von der Schule einmal ganz zu schweigen. Doch sind sie eigentlich keine Problemfälle, sondern Barometer allgemeiner Entwicklungen. Als solche stellen die angeblich problematischen Kinder eine Chance für uns alle dar, unsere Umwelt wieder unserer Natur anzupassen, und nicht umgekehrt. Als unsere Kinder klein waren, durften sie die Dinge von sich aus machen, was als Ausdruck ihrer Begabung verstanden wurde: interessiert und tätig zu sein ohne Anordnungen. Schule ist eine Erfindung des Systems, um die gleichgeschaltete Individualität zu fördern und den persönlichen Gefühlsausdruck kollektiv zu unterdrücken. Wie reagierst Du denn, wenn Dir jemand aufzwingen möchte, was Du seiner Meinung nach zu tun hättest? Wenn Du bewertet wirst, wenn Du unentwegt Leistungen erbringen musst, wenn Du malen musst, was man Dir sagt, wenn Du zuhören oder still sitzen musst, obwohl Dir Deine innere Stimme, Deine Natürlichkeit, sagt, dass dies nicht stimmig ist und auch im Augenblick nicht passt? Weil Du beispielsweise Bewegung brauchst oder in die Natur willst, zu Deinem Ursprung. Was, wenn Dich ständig jemand mit Vorgaben beeinflusst, aus Sorge darüber, wer Du einmal sein sollst, und dabei völlig vergisst, dass Du heute schon jemand bist? Die innere Natürlichkeit ist Hochsensibilität, sprich, eine Ausdrucksform unberührter Natur. Und dies ist keine Einbildung, sondern ein Geschenk ebenjener Schöpfung, gegen die Du gelernt hast, Dich zu wehren. Du brauchst nur das W weglassen, und da hast Du es schon: ehren statt wehren. So und nicht anders!"

„Wir sollten unsere Kinder ehren, anstatt uns gegen sie zu wehren. Solange Du das nicht tust, führen sie sich auf wie gereizte Tiere. Die Überlastung und Reizüberflutung bei HSP drückt sich aus als Gereiztheit. Aber auch die Kinder wehren sich gegen ihre Unterdrückung. Sie merken, dass ihre Natürlichkeit - also der Ausdruck ihrer Feinfühligkeit - ihnen nichts als Schmerz bringt, insoweit als sie nicht natürlich sein dürfen. Das heißt, dass wir die Ursache dieses Schmerzes sind. Wir fügen den Sensiblen in unserer Gesellschaft seelisches, psychisches und schlussendlich auch körperliches Leid zu. Folglich möchten sie dann irgendwann auch nicht mehr spazieren gehen, werden müde, gelangweilt, depressiv. Es sind die ersten Anzeichen von Kränkung und Verletzung. Natürlichkeit = Feingefühl, auch bei ihnen. Verletzt und krank jedoch werden sie, weil sie die Natur - ihre eigene Natürlichkeit - zu hassen beginnen, umso mehr man sie systematisch dafür abstraft. Daher auch abermals die Aggressionen. Sie durchleben unfreiwillig einen inneren Kampf gegen sich selbst. Von den Älteren lernen sie, Natürlichkeit, also der menschliche Grundlebenssinn, sei schlecht. Sie lernen, dem Ausdruck eines Lebens gegen ihre eigene Natur in Form negativer Gefühle, einen Kontrollmechanismus darüberzulegen, kurz, ihren Verstand. Vertrauen ist gut, Kontrolle ist besser. Und das stimmt eben nicht. Wenn Du die Kontrolle verlierst, dann danke am besten Gott dafür. Strafrechtlich gesehen, handelt es sich hierbei sogar um ein Offizialdelikt, weil wir unsere Kinder durch solche Erziehungsmethoden und auch durch Medikamente, die wir ihnen zuweilen verabreichen, ihre mentale Entwicklung und ihre Gesundheit schädigen. Kollektive Körperverletzung, psychophysischer Missbrauch ist das. So werden sie zu Stumpfsinnigen und Jasagern, zu Mitläufern und Erfüllungsgehilfen des Systems herangezüchtet, dahin gezüchtigt. Ist es verwunderlich, dass sie blind werden für ihre Natürlichkeit? Wohl kaum.

Schlimmer noch: Sogar die erste Instanz des Schadens, ihre Gefühlswelt, wird verstümmelt und außer Kraft gesetzt. Alles, was zählt, ist Verstand - und hier nicht einmal Vernunft, Feinsinn, Urteilskraft, sondern bloß noch ein zweckrationales Schema, mit welchen Mitteln sich welches Ziel präzise erreichen lässt. Aus diesem Winkel bräuchten die Stumpfsinnigen unter uns eigentlich Schutz wie die Menschen mit anderen Behinderungen. Denn Sensibilität ist ein eigener Sinn, den wir leider bislang nicht als solchen begriffen und geschätzt haben. So wie Blinde, Lahme, Taube, Gefühllose, Geruchlose oder Geschmacklose besonderen Schutzes bedürfen, brauchen auch die Stumpfsinnigen ein möglichst barrierefreies Leben. Derzeit sind sie fremd bestimmt, werden zur Fremdbestimmung erzogen, gehalten wie Arbeitsvieh und gewinnbringend ausgenutzt. Zur Belohnung gibt's dann einen *Candy Cane* ins Maul gesteckt - als Symbol der Liebe zum Opfer."

„So wie ein Blinder keine Stufen sieht, kann auch der degenerierte Sensible die für ihn schädlichen Einflüsse nicht auf Anhieb entlarven: Zucker, Alkohol, Allergene, Nikotin, Funk, Radiowellen, Abgase und vieles mehr - allesamt vom Teufel Mensch ins Leben gerufene Einflüsse. Unsere Leitwölfe haben prinzipiell nichts dagegen. Was an Schutz allen verwehrt bleibt, gewähren sie aber den Hochsensiblen - inklusive Stigma. Doch bevor sie durch Barrierefreiheit natürliches Leben schützen, versuchen sie dieses so früh wie möglich durch Verstandesdisziplinierung und Gehirnwäsche auszulöschen. Eine nützliche Waffe des Systems in alledem: Schulpflicht. Schuldmedizin, Schulden, Schuld, Pflicht statt Licht. Denn Eltern, die diesen Missstand erkennen, werden amtlich von ihren Kindern getrennt, weil ihnen geistiger Mangel nachgesagt wird. Das ist verständlich, denn Sensibilität ist keine Intelligenz des Geistes, sondern Intelligenz im emotionalen und sozialen Bereich. Eigentlich gehört sie zum Grundsinn natürlicher Schöpfung. Ich weiß, dass das Feingefühl Dinge tut, die der Verstand nicht kennt. Und Sensibilität ist nichts, was man lernen kann, sondern Geschenk Gottes - eine Gegebenheit der Natur, die bei diesem oder jenem Menschen da ist oder nicht. Doch, verlernen kann man es allemal, so wie es sich auch wieder erlernen lässt, darum wird es immer siegen. Zumindest dann, wenn nichts mehr zu helfen scheint. Der Herr hat uns die Zeit gegeben. Von Hast und Ungeduld hat er nichts gesagt. Du bist der Herrgott, der Zeit als Eile erwähnt. Ich wette mit Dir, wenn ich mit hoffnungslosen Kindern arbeite und ihnen täglich die Natur als Ort und Anblick liefere - sowohl ihre eigene, innere als auch die äußere, vom Bewusstsein unabhängige -, dann sind sie so wie ursprünglich: ausgeglichen und ruhig. Und das alles sind Zeichen für extrem ausgeprägte Natürlichkeit und Hochsensibilität. Und dann hast Du den Beweis für das, was ich hier berichte. Denn die aufmüpfigsten Kinder und Menschen sind die Sensibelsten unter den Sensiblen. Nur weil sie manchmal zornig oder aggressiv reagieren, sind sie deshalb nicht gleich böse. Bosheit ist nicht gleich Wut. Gefühlsbeladene Reaktionen und Handlungsimpulse sind lediglich die natürliche Antwort auf belastende Einflüsse durch Umweltreize. Reizend, oder? Gereizt, mitunter. Die Wissenschaft schöpft aus der Vergangenheit, um die Zukunft zu beeinflussen und den Augenblick zu definieren, indem sie dadurch die Vergangenheit neu erklären will. Wie soll das bitte gehen? Na ja, wie es geht und was dabei rauskommt, sieht man mittlerweile. Anstatt den Moment angenommen zu haben, wie er ist: natürlich, einfach und klar."

„Die Wissenschaftler sind wie kleine gereizte Kinder, die nach der Aufmerksamkeit ihrer Mutter schreien, sie geradezu aussaugen. Unsere Natur ist diese Mutter. Doch sie wird sie nicht länger stillen. Es ist Zeit loszulassen. Wir, die erwachten Hochsensiblen, sind Eure erwachsenen Geschwister. Wir wissen, dass Ihr aus Angst schreit. Darum wollen wir Euch in aller Geduld, in Eurer eigenen Geschwindigkeit von all dem Müll, mit dem auch Ihr uns abhängig und gestört gemacht habt, das Loslassen vorleben. Gemeinsam schaffen wir das. Fang an, die Bücher zu lesen und Deine eigene Hochsensibilität anzunehmen und danach zu handeln, dann wirst Du selbst am glücklichsten damit sein - und unsere gemeinsame Natur. Frieden wird einkehren, genau dort, wo Du bist. Du brauchst dann nicht mehr in den Urlaub zu fahren, ans Meer oder in die Berge, sondern darfst wieder in Harmonie leben. Jeden Moment aufs Neue. Vielleicht verstehst Du dann besser, was ich meine. Sensible Wesen reagieren völlig natürlich - im Gegensatz zu normal. Und 'normal' kommt vom Wort 'Norm', was immer eine gewisse Normierung impliziert. Die Natur lässt sich aber nicht normieren. Ginge es, wären wir längst alle tot. Wir müssen weg von dem Gedanken, dass wir normal sind. Vielmehr sind wir angepasst, wenn auch nicht an unsere höchste Autorität - die Natur. Und das ist das gröbste allen Fehlverhaltens. Sonst gar nichts. Es gibt da keinen Kompromiss. Entweder wir erkennen unsere Natur wieder als unsere allumfassende, schöpferische, göttliche Instanz an, oder wir sitzen auf dem absteigenden Ast, am Eingang zum Aussterben. Jedermann kann nur sich selbst läutern und seine bisherigen Gewohnheiten und sein Verhalten mit dieser einzig stimmigen Sichtweise arrangieren. Statt Strenge und Härte bis zum Stumpfsinn könnten wir wieder Eigenverantwortung übernehmen und Vertrauen in unsere Feinfühligkeit setzen. Bestimmt ist das nicht einfach - keine Frage! Aber Neuland zu betreten, ist stets mit Gefahren verbunden. Hier ist die größte Gefahr der Schmerz. Eigentlich betrittst Du dadurch auch kein Neuland, sondern jenes

Land, von dem Du abstammst. Nennen wir es der Einfachheit halber Heimkehr, jenseits aller geographischen und ideellen Grenzen. Ich überlege auch schon, ob ich alles verkaufe und das Geld einfach herschenke oder mir einfach Land erwerbe, ein unberührtes Fleckchen Natur. Dann bewahrt sich wenigstens dieser Rückzugsort vor dem Einfluss der Technik. Denn, was bringt mir alles, was ich jetzt an ungesundem Müll angesammelt habe, wenn ich in zehn Jahren schon so geschädigt bin, dass ich wieder in der Klapsmühle sitze?"

„Wenn ich recht überlege, ist es an der Zeit, dass wir uns ernsthaft zusammensetzen und gemeinsam eine Strategie erarbeiten. Was sagst Du? Wir müssen klären, was das alles soll, warum wir so sind, und erst dann werden wir es gemeinsam verstehen lernen?! Ich habe es ja gut, weil ich schon hier sitze. Doch irgendwann wird auch bei Dir das Fass voll sein, und da hilft Dir alles Reden auch nichts mehr. Das weißt Du. Warum ist es für Dich so schwierig, meine Sichtweise als die eines angeblich psychisch Kranken ernst zu nehmen, zu akzeptieren, dass ich die Wirklichkeit so erlebe und nicht anders? Das weiß ich, nur Du noch nicht - weil es Dir noch nicht bewusst ist. Ich respektiere Deine Wahrnehmung und Sichtweise der Dinge doch auch. Trotzdem will ich Dir nahelegen und Dich eindringlich daran erinnern, dass es so nicht weitergehen kann. Freilich kann ich oftmals nicht darüber sprechen, weil ich zu emotional wirke, zu zerrüttet aus dieser langanhaltenden Phase des Unverständnisses heraus, das mir entgegengebracht wurde. Jeder Mensch hat ein Recht auf seine subjektive Wahrnehmung, wodurch es zu akzeptieren gilt, dass man derzeit bei bestimmten Themen nicht auf einen gemeinsamen Nenner kommen kann. Doch was macht es so schwierig, dass wir einfach an einem Strang ziehen? Du bist ja, nur weil Du nicht mit dieser genetischen Anlage beschenkt wurdest, deswegen nicht schlecht, falsch, dumm oder sonst etwas. Umgekehrt bin ich aber nicht krank, verrückt oder abartig. Du hast selbst *zugemacht*, um Dich zu schützen, lediglich auf eine andere Art und Weise als ich. Wahrscheinlich steckt dieser Sinn sogar in Dir, seit Deiner Geburt womöglich. Sonst hättest Du nicht überlebt. Also bist Du ein sehr intelligentes und soziales Wesen."

„Und ich weiß, dass Du sehr sensibel bist. Aber Du schämst Dich dafür, so zu sein, weil es Dir als Kind eingetrichtert wurde. Deshalb schämst Du Dich auch jetzt in vielen Momenten, im Innersten noch Kind geblieben zu sein. Sensibel. Schon als Kind durftest Du nicht mehr Kind sein. Als sensibel veranlagtes Kind hattest Du nämlich oft Angst inmitten Deines völlig reizüberfluteten Umfelds. Da dies jedoch nicht in die Normalität des Alltags passte, hattest Du damit begonnen, Dich für Deine Angst und Sensibilität zu schämen. Welche Ängste hattest Du denn? Hattest Du Angst davor, alleingelassen zu werden?

Oder Angst, so zu werden wie Mama oder Papa? Vielleicht ohnmächtige Angst davor, dass sich Deine Eltern wieder streiten oder sich gegenseitig oder Dich sogar schlagen? Heute schämst Du Dich dafür, diese Angst gehabt zu haben. Auch damals schon hatte diese Angst Dir nichts genützt. In Deinem Inneren glaubst Du noch immer, schwach, wehrlos, machtlos, hilflos oder fehl am Platz zu sein. Doch sensibel zu sein, ist Deine gewahre Bestimmung. Und es ist ganz natürlich und durchaus begründet, dass natürlich sinnvolle Schutzmechanismen - in Form von persönlicher Scham und Angst im Wesen des Opfers - versagen, wenn diese Sicherheitsschranken durch Handlungen erwachsener Täter gewaltsam überschritten werden. Ehrlich! Das bedeutet keinesfalls, dass Du deswegen ein Versager bist. Du brauchst Dich nicht länger dafür zu schämen. Mach' die Scham und deine Ängste zu Deinen Freunden. Sprich sie anderen gegenüber an. Dann wirst Du schnell erkennen, dass Du auch weiterhin sehr wohl hin und wieder Kind sein darfst. Jedoch nicht, wenn es das verletzte Kind in Dir unwillkürlich möchte, weil es wieder einmal um Aufmerksamkeit und Wiedergutmachung bettelt, ausgelöst und getriggert durch ähnliche Situationen aus der Vergangenheit. Sondern, weil Du selbst es so haben willst. Dadurch wirst Du auch erkennen lernen, dass es nicht okay war, was man Dir damals als Kind angetan hatte - Dir, als besonders empfindsamen Wesen."

„Leider hatten Dich die Eltern nicht geschützt, weil sie es selbst nicht besser wussten. Wenn zudem noch die Gewalt von Deinen vertrauten Bezugspersonen kam, dann nur deshalb, weil sie sich selbst als sensible Wesen ständig missachtet fühlten und sich selbst im Eigentlichen als für nicht lebensberechtigt hielten. Sie begannen unwillkürlich damit, sich innerlich zu betäuben und abzutöten, mit dem Zweck, ihre sensiblen Empfindungen, ihren sechsten Sinn zweckdienlich abzustumpfen. So wurde aus dem göttlichen Segen zusehends ein Fluch der Menschheit. Es ist verständlich und recht symptomatisch, dass diese Wesen irgendwann damit beginnen, ihre eigene natürliche ‚Brut' oder ihren ‚Wurf' gewaltsam zu bekämpfen. Sie wollen dem Leiden im wahrsten Sinn des Wortes ein Ende setzen. Das ist zwar purer Wahnsinn, doch die Tierwelt zeigt dies Tag für Tag - leider auch die Häufigkeit häuslicher Gewalt in der menschlichen Gemeinschaft. Der Missbrauch nimmt erst ein Ende, wenn Du Deinem verletzten inneren Kind mitteilst, dass es mittlerweile selbst zum Täter mutiert ist. Es missbraucht nun Dich als Erwachsenen und hat Dich im Sinne ausgleichender Gerechtigkeit gleichsam zum Opfer gemacht. Anerkenne diese Anteile in Dir und sei Dir bewusst, dass Du es fortan in der Funktion als Vater oder Mutter sein wirst, von denen das Kind ab nun Beachtung geschenkt bekommt. Dann erst wirst Du empfinden, wie sich wirklich wirksame

Freiheit anfühlt. Denn derzeit lässt Du Dich durch unzählige Auslöser jeden Tag immer wieder ködern und verfällst in ein altes Verhaltensmuster zurück. Im Anschluss darauf kippst Du ins Trauma der Vergangenheit. Dein Verstand kann jedoch nicht unterscheiden, ob etwas gestern war, jetzt ist oder morgen sein wird. Es macht einfach das Gestern zum Jetzt und nimmt Dich augenblicklich darin gefangen. Dazu kommt die momentane Angst vor möglichen ähnlichen Verletzungen in der Zukunft. Die Zukunft gesellt sich zum Moment. Das Jetzt wird zu Deinem Albtraum. Dein Alltag wird zum Tagtrauma. Bilaterale Stimulation ist die einzige Chance, wieder ins reale Leben zu gelangen. Denn das verletzte Kind lässt Dich, den nunmehr Erwachsenen, nicht ohne Weiteres los. Das innere Kind möchte dem betroffenen Erwachsenen alle Verletzungen heimzahlen, die ihm als Kind von anderen Erwachsenen zugefügt worden sind. Wenn Du das verstehst, dann sind 90 Prozent der eigentlichen Selbstheilung bereits vollbracht. Du kannst lernen, diese Anteile zu inkludieren sowie die Tiere oder Wesen, vor denen Du bislang Angst gehabt hast, zu Deinen Kraftpartnern ernennen."

„Am einfachsten ist, Du siehst Dir kurzerhand das Musikvideo von Sia zum Lied 'Elastic Heart' an. Dann wirst Du sehen, wovon ich hier berichte. Doch wirklich wirksame Erlösung liegt in der einzig stimmigen Antwort auf die Theodizee-Frage. Come In And Find Out. Der Körper ist das Fruchtfleisch; unser Geist dient ihm zum Schutz. Die Psyche ist des Menschen Lot. Gefühle sind der Reinheit Sieb. Die Seele ist des Menschen Saat, genetisch insbesondere uns bestimmt. Sensibel zu sein bedeutet auch, verletzlich zu sein. Verletzlichkeit zu zeigen heißt hingegen, stark zu sein. Ich musste den Retourgang einlegen, um meine Sensibilität von dort abholen zu dürfen, wo ich sie als Kind verloren hatte. Ich musste meinem Kind Respekt und Verständnis schenken, um mit ihm gemeinsam die Verletzungen vergangener Tage beleuchten zu können. Die anerkennende Wertschätzung, dass selbiges als wesentlicher Teil tatsächlich in mir lebte, war der Schlüssel. Ich spendete den Verletzungen meiner sensiblen Vergangenheit viel Aufmerksamkeit. Dadurch durfte sie heilen. In Wirklichkeit sind diese unerhörten Schandtaten es, die uns im Laufe der Zeit durch Gewohnheit abhängig werden ließen. Das Stillen meiner individuellen Sehnsüchte durch tägliche Annehmlichkeiten, deren Besorgnis ich fälschlicherweise als selbstfürsorgliche Wohltat auslegte, war lediglich der missglückte Versuch, um die erbärmlichen Schreie meines verletzten inneren Kindes verstummen zu lassen. Solange ich dieses unbändige Verlangen zu stillen versuchte, trugen die unbemerkt gebliebenen Täuschungsversuche keinerlei Früchte."

„Das nächste Aufflammen meiner Armseligkeit ließ nicht lange auf sich warten. Das Kind begann immer wieder loszuschreien und zog mich auf diese Weise erneut in seinen Bann - weil ich dachte, dass Kinder nur zu ändern sind, indem wir sie ablenken und ihnen die Wahrheit nicht auf die Nase binden würden. Ich selbst hatte es nicht anders beigebracht bekommen. In Wirklichkeit hatten sowohl meine kindlichen wie auch meine älteren Anteile schlichtweg Angst: davor, dass der ganze Schwindel auffliegen könnte. So versuchten beide, sich immer wieder zu täuschen. Wir begannen damit, uns gegenseitig zu manipulieren. In der Auflösung dieser Systematik begründet sich für mich auch der Exorzismus - eine Vorgehensweise, die ich persönlich als Wahnsinn tituliere. Ich helfe mir da lieber selbst durch klärende Dialoge mit meiner Psychotherapeutin. Da sie mich im Gespräch begleitet, habe ich gelernt, mir meinen innersten Wesenskern als kleines trotziges Kind vorzustellen. Auf diese Weise darf ich den Kleinen aus dem für uns beide notwendigen Sicherheitsabstand betrachten lernen. Wenn wir uns anfangs zu nahe kamen, stand meine Therapeutin sofort zur Stelle. Und obwohl ich dachte, als erwachsener Mann in die Sitzungen zu gehen, war es mein inneres Kind, das mich dort hinzugehen bewegte, wahrscheinlich, weil es dieses Spiel schon satthatte und endlich in Ruhe gelassen werden wollte. Dort hinter der horizontalen Schädelhöhe, wo auf dem Naturspielplatz die Seelen ewiger Kindheit in Frieden leben. Dort, wo den ganzen Tag lang die Sonne scheint und alles Böse von uns und unseren erwachsenen Anteilen ferngehalten wird.“

„Zunächst lernte ich, die Verletzungen der Vergangenheit nicht in meine Gegenwart zu verschleppen. Ich begann also, mit meinem göttlichen Auge, mit der mir zuteilgewordenen, alles schöpfenden Macht meiner Vorstellungskraft, all die schrecklichen Ereignisse von früher zu untersuchen, aus sicherer Distanz. Wie graue Gewitterwolken ließ ich diese Ereignisse an mir vorbeiziehen. Mit meinen fünf Sinnen nahm ich den Moment wahr, die Geräusche, die Gerüche, den Geschmack, das Gespürte, das im realen Augenblick zu Sehende. So wurde der reale Moment wieder zu meinem Ort der Sicherheit. Ich ließ mein Ebenbild aus jungen Jahren ungehindert tun, was es tun wollte. Je öfter ich das tat, desto eher verloren sich die dunklen Schatten dieser schrecklichen Macht. Ich durfte endlich loslassen und ließ den kindlichen Anteil mit all seinen Verletzungen dort, wo er nun völlig unbeschwert sein und Erlösung finden darf. Parusie wird wirksam. Mit anderen Worten, ich akzeptiere, dass es nicht in meiner Macht liegt, die Geschehnisse der Vergangenheit zu ändern. Ich habe mich selbst beweint, betrauert, aber nicht länger bedauert. Denn sonst hätte der Schrecken niemals ein Ende genommen. Meine Selbsttäuschung und mein Selbstbetrug konnten schließlich ausklingen. Ich bin es, der von dort wegging, um hier und jetzt als Erwachsener zu erscheinen, der mit all seinen Sinnen ankommen darf. Um hier als Wächter des Lichts das ausgelassene Treiben auf dem Spielplatz der sensiblen Seelen zu beschützen. So wandelte sich der Seelenfriedhof in mir zu einem Naturschauspiel kindlich natürlicher Ausgewogenheit. Reizüberflutung ist dort nicht einmal mehr ein Fremdwort."

„Alles Übel dieser Welt begründet sich in dieser ursächlich aufgezeigten Systematik. All das bestehende weltliche Chaos ist höchstens ein Symptom dieser ursächlichen, individuellen Streitigkeiten. Die Schuld bei irgendwelchen Religionen oder sonst wem zu suchen, erscheint hoffentlich auch Dir als völlig sinnlos. Denn im Streben der besagten Mächte lag bestimmt nicht die Absicht, uns Menschen Böses anzutun – nicht im Geringsten. Sie alle wollten gewiss nur eine Möglichkeit finden, die uns allen als Gemeinschaft zu bestem Wohl gereichen sollte. Denn im eigentlichen Sinne dienten Religionen dazu, durch Anwendung der Faktoren Zeit und Raum die Heilung alter Wunden zu bewirken. Einige Versuche war es wert. Doch als Dauerlösung wird jede Täuschung kläglich scheitern. Wie heißt es doch so schön: Ehrlich währt am längsten. Verhaltensnote 1: Setzen. Verhaltensnote 5: Aufstand. Mal zwei ergibt 10: Liebe durch gegenseitige Wertschätzung. Punkt. Satz. Sieg. Für alle Beteiligten. Jetzt erst dürfen wir unsere inneren Kinder in Liebe gehen lassen. Damit sie dort zurückbleiben dürfen, wo sie sich durch nunmehrige Heilung am geborgensten fühlen und endlich zur Ruhe kommen dürfen: in den Tagen unserer kindlichen Vergangenheit. Dort, wo für sie die Welt ab jetzt wieder in Ordnung scheint, sie Erlösung und Frieden finden durften. Lassen wir sie gemeinsam spielen und glücklich sein. Nun sind wir es, die ebenfalls von dort weggehen dürfen, wir selbst, als erwachsene Menschen."

„Ich habe das auch alles durchgemacht, doch ich hatte es da ein wenig einfacher, weil ich nur bestimmte Mittelchen weglassen musste. Gib Dir bitte Zeit und mach' den Gelassenheitsspruch zu Deinem steten Begleiter, zu einem Anker. Es wird besser werden, vertraue mir. Die Eigenschaftsmerkmale von *Hochsensibilität* sollen Dir nicht als sofortige Identifikationskriterien zur Selbstbestätigung dienen. Vielmehr möchten Sie Dir das Ziel Deiner ganz persönlichen Entwicklungsreise beschreiben. *Wenn* ich es geschafft habe sie zu entdecken, zu entwickeln, zu entfalten – ja! –, dann können alle es schaffen. Ich weiß, dass alles, was Du bisher getan hast, viel schwieriger gewesen ist als das, was Du noch vor Dir hast. Du wirst sehen, in zwei bis drei Jahren werden wir gemeinsam darüber lachen. Wir dürfen nicht länger unsere Augen verschließen und uns schlafend stellen. Unser aller Leben hängt am seidenen

Faden! Die einzige Lösung ist Selbstliebe durch Selbsthilfe. Und 12-Schritte-Gruppen sind Zusammenschlüsse von Menschen, die miteinander ihre Erfahrung, Kraft und Hoffnung teilen, um ihr gemeinsames Problem als Herausforderung zu begreifen und sich selbst sowie anderen bei der Genesung behilflich zu sein. Sie sind keine Zusammenschlüsse von Degenerierten, sondern sie sind die Botschafter des Friedens. Sie machen alles ehrenamtlich, gänzlich freiwillig und unentgeltlich. Grund dafür ist, dass sie Wissen für sich entdeckt haben, welches sie jedem Menschen barrierefrei zur Verfügung stellen wollen, um selbst an sich zu arbeiten, doch nicht länger allein zu sein. Sich helfen zu wollen, sich anzunehmen. Es sind Menschen, die ein gleiches Anliegen haben und gemeinsam etwas unternehmen möchten. Synergie heißt nämlich Selbstermächtigung. Sie dienen im Wesentlichen dem Informations- und Erfahrungsaustausch Gleichgesinnter, der praktischen Lebenshilfe sowie der gegenseitigen mentalen Unterstützung und Motivation. In der Gruppe erfahre ich, dass es anderen ähnlich ergeht. Das Gefühl der Einsamkeit schwindet - es wird mir zugehört. Ich fühle mich daher zugehörig. In der geschützten Gruppenatmosphäre erlebe ich Verständnis - es entsteht Vertrauen. Mit Gleichbetroffenen finde ich Ermutigung bei Rückschlägen. Nach einem gemeisterten Rückwärtsschritt fühle ich mich in meinem Selbstvertrauen gestärkt und kann wieder voller Hoffnung und Glauben vorwärtsschreiten. Durch Gespräche erkenne ich die Anzeichen herannahender Krisen und deren Auslöser und Ursachen. Wie ich das anstelle, fragst Du? Ich verrate es Dir: indem ich alles tue, was ich zu meiner Ganzwerdung beitragen muss - hinsehen."

„Mein Leben hat in Zukunft nicht nur zusätzliche Tage, sondern diese Tage haben einfach auch wieder mehr Leben - dank Achtsamkeit und Bewusstwerdung. Ich meine es doch nur gut mit Dir, will Dich beschützen und vor einem Totalzusammenbruch bewahren. Denn ich bin überzeugt, dass nicht jeder Mensch diesen Weg gehen und ein zweites Mal dieselben Lasten auf sich nehmen muss. Hör' auf und besinne Dich. Ich kann Dir zeigen, wie es geht. Es ist nicht immer wichtig, Geld zu verdienen. Geld ist lediglich ein Mittel, das uns alle entzweit hat und eher auseinander- als zusammengebracht. Vielleicht findest Du eine ehrenamtliche Herausforderung in einer Gruppe oder einem Verein für Naturschutz, Tierhilfe oder zwischenmenschliche Solidarität. Doch das wichtigste ist, nicht wieder die Feinde im Außen zu suchen, sondern bei Dir selbst den Anfang zu machen. Innenkehren, nicht Außenputz! Denn zur längerfristigen Stabilisierung und Genesung ist ein regelmäßiger Kontakt zu Deinem Innersten unumgänglich, wie denn auch der Austausch mit anderen Menschen notwendig und sinnvoll ist. Er wird Deine Selbstheilungs- und Selbsthilfekräfte fördern, auch wenn Du unter Umständen noch nicht erkennst, was wirklich los ist. Wenn du bereit bist zur Einsicht, wird Dich die Erkenntnis allemal erreichen. Ungeachtet der konkreten, individuellen Zielsetzung kann jeder Einzelne gewünschte und angestrebte Vorstellungen seiner zukünftigen Lebensweise verwirklichen. In Selbstverantwortung geschaffene, von Gleichgesinnten geleitete Treffen und Gruppen schaffen die nötigen Voraussetzungen für solche Begegnungsstätten. Alle finden dadurch eine würdevolle Aufgabe und bilden die Basis für einen Neuanfang durch Anlaufstellen für psychisch (noch) nicht akut Erkrankte, die so zu einer gesundheitsfördernden Atmosphäre beitragen. Ich gebe Dir doch nur Feedback ... Das heißt, einem Menschen zu sagen, wie man ihn sieht, ohne ihn zu verletzen. Und mit jedem Wort, das ich zu Dir sage, komme ich mir selbst ein Stückchen näher. Wir alle benötigen zu unserer Orientierung Rückmeldungen darüber, ob und wie uns unsere Mitmenschen wahrnehmen. Wie wir mit dem, was wir tun, was wir sagen und wie wir uns tragen, auf unsere Umwelt wirken. So fungiere ich als Feedback der Natur für alle anderen Menschen. Jedes Feedback ist eine Lernchance, sowohl für mich als auch für Dich, weil der Mensch den Menschen braucht - und der Mensch wiederum die Natur. Das ist Liebe. You only live once! Oft denke ich an Menschen und Ereignisse mit diesem spezifischen Gefühl. Dem Gefühl, als ob ich davonlaufen müsste, nicht bleiben könnte, wo ich gerade bin. Und trotzdem würde es nichts ändern. Es ist, alles in allem, ein Gefühl der Machtlosigkeit, oder einfach nur schlechtes Gewissen. Meist sind es Gedanken an Menschen, die bereits aus meinem Leben verschwunden sind, oder Ereignisse, die mich und meine Seele verletzt haben. Oft sind es oberflächliche Werte, denen ich hinterherlaufe, und doch ist der Auslöser dieses Gefühls die Sehnsucht nach Liebe, Gemeinschaft, Vertrauen, Verständnis, Anerkennung, Geborgenheit und natürlicher Harmonie - das tiefe Bedürfnis nach Liebe. Ich nehme meine Gefühle an, wohl wissend, dass die wahre Liebe meine Begabung ist, feinfühlig zu sein. Sie bedarf keiner Erwiderung. Liebe ist ein Lächeln, Liebe ist ein Kuss, und Liebe ist nicht minder auch eine Träne. Ich lasse meine Vergangenheit los, damit meine Sensibilität im Jetzt Platz zum Erblühen findet. Die Natur nutze ich als Spiegel, um selber zu heilen. Denn alles von Menschenhand und auf unnatürliche Weise und künstlichem Wege Geschaffene ist nichts als der hilflose Versuch und eine technische Imitation dessen, wie Leben tatsächlich aufgebaut ist."

„Mein Vater hat mir das schon immer erklärt. An dem Beispiel eines fünfpoligen YMM-Kabels mit vier Quadratmillimetern Durchmesser. Es beinhaltet ein Dreiphasenkabel als Außenleiter, einen Nullleiter und die

Erdung. Ein roter Draht ist die sogenannte Seele, ein Prüfzeichen des Kabels, ob auch alles in Ordnung ist. Es besteht wiederum aus drei Stofffäden. Und das sagt schon einiges aus. Elektrischer Strom ist die Bauanleitung des Universums, die Erfindung des Menschen, die aus seinem Innersten kommt und ihm als Spiegel den Aufbau seines Selbst und unseres Universums zeigt. Alles Unnatürliche sind Hologramme der Funktionalität der menschlichen Innenwelt. Holo-cause – eigenhändige Ursache. Eine Maschine funktioniert, wenn man den Stecker in die Steckdose steckt. Das heißt: Phase 1 als Außenleiter, sozusagen der Geist des Menschen; der Nullleiter als Psyche; und die Erdung als Körper. Die Zuleitung durch das Dreiphasenkabel sind beispielsweise die Entwicklungsstufen, welche die Alchemisten beschrieben haben sollen oder auch andere synchron dazu in Worten der Trinität. Der Mensch ist wie die Maschine, die dann funktioniert. Jetzt sagst Du bestimmt, dass der Mensch doch nicht so einfach mit Kabeln vergleichbar wäre. Ich aber sage dir, es gibt bereits Akkubohrmaschinen. Unser Planet Erde ist so etwas wie ein riesengroßer Stromverteiler, nur eben im Bereich anderer Energie, wobei die Sache mit dem Strom gar nicht so weit hergeholt ist. Denn Ampere und Ohm sind ja das Alpha und Omega. Wir selbst sind dieses A & O. Nicht ich will Dich irreführen, denn Du wurdest irregeführt, und ich will Dir die Wirklichkeit weisen. Das kannst Du jetzt gern auf alles ummünzen. Auch auf Asterix und Obelix und ihren Zaubertrank. Das A & O und ihr Alkoholgemisch. Aus Realität wurde Zeichentrick, aus Animation wird Realität. Und die Geschwüre, die überall Blasen schlagen, kennen wir ja auch. Wir verpesten unsere Luft mit Abgasen und schießen den Ruß in den Himmel. Das macht uns Menschen und unser Vieh krank, ebenso uns Normalbürger wie auch alle, die glauben, sie könnten mit ihren Medikamenten und Mittelchen zaubern und Wunder vollbringen. Und nicht die Insekten schaden uns am meisten, nein, sondern die Sekten, die uns als gültige Religionen verkauft werden. In-Sekten. Sie teilen die Menschheit. Ich will nicht länger morden und Schaden anrichten an meiner Natur und meinen Mitmenschen. Lieber ergründe ich täglich meinen sensiblen Wesenskern und übe mich darin, achtsam und bewusst zu handeln."

„Wenn Du die Welt aus Kinderaugen sehen lernst, werden die Hologramme verschwinden und Du wirst Dich als Einheit wiederfinden. So schwinden wenigstens meine Gefühle der Nutzlosigkeit, der Andersartigkeit und des Selbstmitleids. Was für mich von besonderer Bedeutung erscheint, ist, mich selbst besser zu verstehen. Da kann die Wissenschaft schon sehr dienlich sein. Mein Psychiater ist ein echt angenehmer Zeitgenosse, gesittet, freundlich, sehr einfühlsam. Auch wenn er noch lange nicht so komplex denken kann wie ich, zeigt er Offenheit und Bereitschaft, meine Sicht nachvollziehen zu wollen. Er hat mir erklärt, dass Psychoedukation eine systematische und strukturierte Vermittlung von Wissen darstellt, welche wissenschaftlich fundiert ist und sich auf psychische gesundheits- und störungsrelevante Informationen und Kompetenzen bezieht. Psychoedukation kann unterschiedlichen Zielen dienen und wird folglich auch sehr spezifisch eingesetzt, beispielsweise, um mich in Psychohygiene innerhalb der Öffentlichkeit zu üben. Innerhalb der Öffentlichkeit? Nicht schlecht! Frage: Wo wäre dann außerhalb der Öffentlichkeit? Innerhalb meiner Persönlichkeit? In so einem Fall kann Öffentlichkeit ja niemals auf inneren Werten aufgebaut sein – was wiederum ein Beweis ist für alles, was ich sage. Siehst Du, so komme ich stets auf neue Dinge bzw. besser dahinter. Psychoedukation ist zu meinem persönlichen Lebensweg geworden, weil sie kein Therapieverfahren darstellt, sondern in diesem bloß als Behandlungskomponente eingesetzt wird. Medizinische und psychologische Konzepte seelischer Störungen und Erkrankungen werden hier vermittelt und zu persönlichen und gesellschaftlichen Konzepten in Relation gesetzt. Dementsprechend werden in der Gruppe künftige individuelle und krankheitsbezogene, prophylaktische und therapeutische Strategien zur Lebensbewältigung erarbeitet. Dagegen ist nichts auszusetzen, oder?"

„Darum will ich Dir auch gerne das bio-psycho-soziale Modell näherbringen, sozusagen als wissenschaftliche Grundlage eines ganzheitlichen Verständnisses von Krankheit. Dieses Modell gilt inzwischen als die bedeutendste Theorie für die Beziehung zwischen Körper und Geist, wobei, nebenbei gesagt, die Seele meistens unterschlagen wird. Es sagt jedenfalls aus, dass sich Krankheit dann einstellt, wenn der Organismus die selbstregulativen Funktionen zur Bewältigung von auftretenden Störungen auf beliebigen Ebenen des Systems *Mensch* nicht ausreichend zur Verfügung stellen kann, kurz, wenn relevante Regelkreise für die Funktionstüchtigkeit des Individuums überfordert sind oder ganz und gar ausfallen. Wegen der parallelen Verschaltung der Systemebenen ist es nicht so bedeutsam, auf welcher Ebene genau oder an welchem Ort eine Störung generiert oder manifest wird, sondern welchen Schaden diese auf der jeweiligen Systemebene, aber auch auf den unter- oder übergeordneten Systemen zu bewirken imstande ist. So gesehen, muss Gesundheit in jeder Sekunde des Lebens *geschaffen* und aufrechterhalten werden. In diesem Modell bedeutet Gesundheit die ausreichende Kompetenz des Systems *Mensch*, beliebige Störungen auf beliebigen Systemebenen selbstregulativ zu bewältigen. Nicht das Fehlen von pathogenen Keimen, wie Viren, Bakterien und dergleichen, oder das Nichtvorhandensein von Störungen und Auffälligkeiten auf der bio-psycho-sozialen Ebene liefere demnach Gesundheit, sondern die Fähigkeit, diese pathogenen Faktoren ausreichend wirksam zu kontrollieren. Pathogenese versus Salutogenese. Ein Salut auf die Gesundheit! So hat jeder seinen Schuss. Und so kommen wir von der klassischen Psychosomatik zur bio-psycho-sozialen Medizin. Nie gehört? - Dass Dir das ein angeblich Verrückter erst erzählen muss ..."

„In der klassischen Psychosomatik geht es um die Frage, ob psychologische Faktoren eine schädigende Wirkung auf körperliche Vorgänge haben. Konnte dies empirisch halbwegs plausibel gemacht werden, sprach man von psychosomatischen Erkrankungen. Im bio-psycho-sozialen Modell geht es jedoch um die Frage: *An welchen Punkten des Heilungsprozesses haben psycho-soziale Faktoren einen wie großen Einfluss – sind solche eventuell vernachlässigbar oder aber prozesssteuernd? Und: In welchen Phasen des Krankheitsverlaufs zeigen psycho-soziale oder aber bio-chemische Variablen auf welche Weise ihre Wirkung?* Hier gilt, dass bei jedem Krankheitsprozess psycho-soziale Faktoren als potenzielle Einflussgrößen zu kalkulieren sind. Das bio-psycho-soziale Krankheitsmodell ist aus Studien zur Allgemeinen Systemtheorie von Ludwig Bertalanffy hervorgegangen. Das bio-psycho-soziale Modell ist das gegenwärtig kohärenteste, kompakteste und auch bedeutendste Konzept, *innerhalb dessen der Mensch in Gesundheit und Krankheit erklärbar und verstehbar wird.* Mithilfe der Systemtheorie ist es möglich, Systeme unterschiedlicher Komplexität nach einheitlichen Prinzipien zu beschreiben. Unter einem System versteht man eine Menge von Elementen, zwischen denen Funktionen oder Beziehungen bestehen. Lebende Systeme tauschen Materie, Energie und Informationen mit der Umwelt bzw. zwischen ihren Subsystemen aus. Das bio-psycho-soziale Modell beschreibt also die Natur als eine wechselseitige, hierarchische Ordnung von Systemen. Jedes Niveau in dieser Hierarchie repräsentiert ein organisiertes dynamisches System oder *Ganzheit,* und jedes System weist Qualitäten und Beziehungen auf, die für dieses Organisationsniveau typisch sind. Nichts existiert isoliert, alle Ebenen der Organisation sind miteinander verbunden, sodass eine Änderung auf einer Ebene im Prinzip auch eine Änderung in den angrenzenden Systemebenen bewirken kann. Ein Ereignis läuft somit mehr oder minder gleichzeitig auf verschiedenen Dimensionen ab, was technisch dem Prinzip der parallelen Verschaltung entspricht. Der Mensch - seine physische Erscheinung sowie sein Erleben und Verhalten - wird als ein Ganzes betrachtet und behandelt."

„Der Mensch ist einerseits aus Subsystemen wie den Organen zusammengesetzt und gleichzeitig dem Organ namens *Nervensystem* und auch anderen Organsystemen übergeordnet. Bezüglich geistiger Phänomene einerseits und körperlicher Phänomene andererseits sagt die Theorie im Allgemeinen, nicht auf eine These bezogen, dass mentale Phänomene relativ zum Nervensystem emergent sind, das heißt, sie sind zwar bestimmt durch und auch erzeugt von physiologischen und physikochemischen Ereignissen, sie sind aber charakterisiert durch emergente Eigenschaften, welche unterscheidbar sind von neurobiologischen Eigenschaften und auch nicht reduzierbar auf neurophysiologische Tatbestände. Emergenz ist ursprünglich ein philosophischer Begriff, demzufolge höhere Seinsstufen durch neu auftauchende Qualitäten aus niederen Seinsstufen entstehen. In medizinischer Hinsicht bezieht er sich auf das Hervorbringen von Phänomenen, die auf der jeweils darunterliegenden Systemebene nicht vorhanden sind und damit dort auch nicht als Erklärungsgrundlagen zur Verfügung stehen. Die damit verbundene entscheidende Erkenntnis ist, dass eine noch so genaue Klärung der Bestandteile und ihrer Beziehungen untereinander auf jeweils einer Systemebene keine ausreichende Klärung der Phänomene auf der nächsthöheren Ebene der Systemhierarchie erbringt. Mit anderen Worten, die größten Anstrengungen auf neurologischer oder biochemischer Ebene werden es nicht schaffen, die Erlebens- und Verhaltensphänomene aufzuklären, und zwar aus prinzipiellen Gründen, da das jeweils höher liegende System Phänomene produziert, die auf der darunterliegenden Ebene noch gar nicht existieren. Ein psychologisches Konstrukt wie etwa *Selbstunsicherheit* oder *Hilfsbereitschaft* werden wir auf biologischer Ebene vergeblich suchen. Verhalten und Bewusstsein sind nicht vollends auf Botenstoffe und bioelektrische Impulse reduzierbar. Was wir dort finden, sind vielfältige nervöse, humorale oder aber auch biochemische Erregungsmuster, die ohne Kenntnis der übergeordneten Funktion in ihrer psychologischen Bedeutung gar nicht zu verstehen sind. Eine wichtige Folgerung aus dem bio-psycho-sozialen Krankheitsmodell besagt, dass jedes Ereignis oder jeder Prozess, der an der symptomatischen Manifestation und der Behandlung von Störungen beteiligt ist, folgerichtig nicht *entweder* biologisch *oder* psychologisch ist, sondern *sowohl* biologisch *als auch* psychologisch."

„In der Vergangenheit erschienen geistige und körperliche Aspekte deshalb so verschiedenartig, weil durchwegs die Funktion der geistigen Phänomene in nicht-materiellen Ausdrücken und die Funktion des Körpers in materiellen Begriffen beschrieben wurden. Solange die Medizin die Sprache der Materie und nicht die Sprache der Funktion benutzt, bleibt das Rätsel von Geist und Gehirn unlösbar. Hiermit ist das Rätsel zugleich gelöst: Hypersensibilität. In der Systemtheorie ist eine Funktion eine Beziehung zwischen zwei Systemebenen, die jedem Element der einen Systemebene genau ein Element der anderen Systemebene zuordnet. Erst der Begriff der Funktion stellt ein integriertes und dynamisches Konzept dar. Der Übergang von Gesundheit zu Übergewicht beispielsweise liegt in den dynamischen Funktionen des Systems Mensch. Damit kann biomedizinische Krankheit und psychosoziales Leid einheitlich begriffen und Übergewicht als eine dynamische Funktionsstörung von Körper, Geist und Seele verstanden werden – ausgelöst durch die Unterdrückung der sensiblen Anteile des Selbst, die Verleumdung der inneren Bestimmung, der eigenen Natürlichkeit. Daraus folgt, dass eine Störung wie Übergewicht nicht biologischer ist als eine Phobie und eine Phobie nicht psychosozialer ist als Übergewicht. Der übergewichtige Mensch mit seinem Denken, Fühlen und Handeln und seiner individuellen Lebensumwelt bekommt insofern wieder jene Bedeutung zurück, die im reduktionistischen Mensch-als-Maschine-Modell verloren gegangen ist."

„So, jetzt wären wir wieder da angekommen, wo wir vorher schon waren ... Und wie, bitte, will mir jetzt ein Arzt erklären, dass er wisse, wie ein Medikament wirkt, und vor allem, dass es mir bei meiner Heilung helfen soll? Das ist ja wirklich zum Überschnappen! Das führt uns direkt zur Synergetik. Ich sage Dir gerne, was das sein soll. Die Synergetik ist die Lehre vom Zusammenwirken von Elementen – gleich welcher Art –, die innerhalb eines komplexen dynamischen Systems miteinander in Wechselwirkung treten, wie Moleküle, Zellen oder Menschen. Sie erforscht allgemeingültige Prinzipien und Gesetzmäßigkeiten des Zusammenwirkens, die universell in Physik, Chemie, Biologie, Psychologie und Soziologie vorkommen, und liefert eine einheitliche mathematische Beschreibung dieser Phänomene. Die spontane Bildung synergetischer Strukturen wird als Selbstorganisation bezeichnet. Die Synergetik ist in den 1970er Jahren aus der statistischen Physik der Nichtgleichgewichtssysteme hervorgegangen und behandelte demgemäß zunächst rein physikalische Systeme, deren bekanntestes der Laser als zentrales Beispiel für kollektives Verhalten ist. An diesem beispielhaften System der Selbstorganisation, fern dem thermodynamischen Gleichgewicht, konnten die wesentlichen Prinzipien wie jenes der Ordnungsparameter, das Versklavungsprinzip und der Zusammenhang mit der Theorie der Phasenübergänge entwickelt werden. Das Prinzip der Ordnungsparameter besagt, dass das Verhalten, also die Dynamik der Systemteile eines komplexen Gesamtsystems durch einige wenige Ordnungsparameter bestimmt wird. Damit findet, verglichen mit der Komplexität bei der Betrachtung eines Einzelsystems, eine erhebliche Komprimierung von Information statt. Denn zur Verhaltensbeschreibung des Gesamtsystems, reicht es, abhängig vom Raum der Ordnungsparameter einige wenige Gleichungen aufzustellen, die das Gesamtsystem beschreiben können. Da wären wir nun bei den psychisch Kranken angekommen ... Durch die grundlegende Ähnlichkeit aller Systeme, die sich unabhängig von der konkreten Wechselwirkung aus vielen Bestandteilen zusammensetzen, konnte man die entwickelten Methoden auf viele andere Bereiche ausweiten. In der Chemie ist das bekannteste Beispiel die Belousov-Zhabotinsky-Reaktion, bei der sich unerwartete, chaotische räumliche und zeitliche Muster beobachten lassen. Und unsere Welt besteht ganz offensichtlich aus zwei grundsätzlich verschiedenen Systemen: aus Menschen, die ihre Feinfühligkeit leben wollen, aber es nicht dürfen, und anderen, die sie leben sollen und es nicht einmal wollen. Das bedeutet zwangsfolgend Krieg und Chaos. So habe ich die Sinnhaftigkeit meiner eigenen Erlebnisse im Zusammenhang mit denen meiner Ahnen durch die Erkenntnisse aus meinen Psychiatrieaufenthalten erkannt, nämlich, die Hochsensibilität. Was heute lediglich als *Hoch* bezeichnet wird. Weil es hochkommt. Ständig fragte ich mich, *warum*? Die Antwort liegt oft so nah und trotzdem sehen wir sie nicht. Weil sie uns nicht bewusst ist. Ziel ist es, dieses Bewusstsein zu stärken."

„Hochsensibilität ist gleichzusetzen mit einem Hyperbewusstsein, mit hyperemotionalem Empfinden. Medikamente und zahlreiche legale Substanzen helfen dabei, es einzudämmen, zu verhindern, zu betäuben. Einige andere jedoch konservieren sie auch. Eine andere Möglichkeit ist, sich komplett zu öffnen. Dazu bedarf es aber eines allgemeinen Verständnisses und geschützten Rahmens, vor allem aber auch einer kräftigen Portion Mut der weniger sensiblen Menschen. Es bedarf dazu Mut, ‚nicht ganz dicht' zu sein. Sich in schädigendem Umfeld zu öffnen, kann sogar tödlich sein. Also sollten wir nicht weiter verhärten, sondern genau hinsehen, wer und was uns schadet. Wie sonst wäre es zu erklären, dass es mir besser ging, als ich Missionar im Amazonas gewesen war? Das war tatsächlich ein Leben im Einklang mit der Natur, obwohl ich eigentlich mit der Absicht hingefahren war, die Menschen dort zu moralisieren, ihnen unsere Kultur beizubringen. Ach, was war ich für ein Narr gewesen! Auf menschlicher Ebene haben wir im Westen eine regelrechte Unkultur. Die Bewohner - besser gesagt: die Lebenden - im Amazonas halten sowohl bewusst als auch unbewusst an ihren alten, seit Jahrtausenden überlieferten Lebensweisen fest. Und das meine ich wörtlich so, wie ich es formuliere: Lebens-weise. Ich war fasziniert von ihrer Art zu leben und fühlte mich zeitweise wie daheim angekommen. Also änderte ich nach kürzester Zeit meinen Auftrag und versuchte, selbstkritisch die Zusammenhänge zwischen ihrer Kultur und Lebenswelt sowie jenen zum Christentum herzustellen - was übrigens gar nicht so einfach war, da ich alles mir durch die Oberen Eingetrichterte zunächst einmal verwerfen musste. Trotzdem gelang es mir nach und nach, Brücken zwischen meiner und ihrer Erlebniswelt herzustellen, wobei ich seither der Meinung blieb, dass ihr Leben der wirklichen Bestimmung des Menschen entspreche. Denn diese Menschen leben in enger Verbundenheit mit ihrer natürlichen Umgebung. Die indigene Bevölkerung dieser Region lebt seit Jahrtausenden von der Natur und vom Fluss. In den letzten Jahrhunderten wurde dieses Leben allerdings durch die Kolonisierung, das zwangsweise Zusammenleben verschiedener Völker und die Vermischung unterschiedlicher Kulturen gestört. Trotzdem ist einiges dieser ursprünglichen Naturverbundenheit bei den Menschen erhalten geblieben, auch wenn sie nunmehr aus einer Mischung der Indiobevölkerung, Portugiesen und den Nachfahren afrikanischer Sklaven besteht. Indigene Indigokinder - wie Mogli im *Dschungelbuch*. Warum in die Ferne schweifen, wenn das Gute liegt so nah?"

„Der bisher gelebte menschliche Verstand, samt allen daraus entsprungenen Erfindungen des technischen Fortschritts, ist ein Fehler der Natur. Ich denke mir, erst in Verbindung zur eigentlich lebensspendenden, jedem Menschen innewohnenden Sensibilität wird harmonische Entwicklung und friedliche Koexistenz möglich sein. Die Lebensauffassung der Urvölker ist, einmal abgesehen von zivilisatorischen Errungenschaften wie Papier, Buchdruck, Medizin usw., bestimmt viel praktischer und viel ökologischer als unsere. Sie ist aufs ganzheitliche Wohlsein des Menschen ausgerichtet, vor allem jedoch auf den Einklang zwischen Mensch, Tier und natürlicher Beschaffenheit. Mich als Moralapostel haben sie ebenso wirken lassen, ohne sich dadurch selbst aufzugeben oder ihre ganzheitliche Lebensauffassung zu verlieren. Die Hochsensiblen innerhalb ihrer Gemeinschaft nennen sie *Paje*. Das sind echte *Hoch*-Sensible. Denn was bei uns *hoch*-sensibel heißt, ist dort der Durchschnittstyp, der Otto-Normal-Mensch - und nicht Verbraucher. Denn alles, was dort passiert, wird einer allgemeinen Wechselwirkung zugrunde gelegt. Das Prinzip von Ursache und Wirkung. Dieser *Paje* ist sozusagen ein Medizinmann. Nein, das stimmt nicht zur Gänze, und zwar in dem Maße nicht, als er andere nicht betäubt, sondern das Gleichgewicht wiederherstellt. Er bringt das Leben wieder ins Lot, in die Waage, wenn es zu einem Ungleichgewicht gekommen ist. Auch die Stechmücken *Aedes aegypti* sind solche natürlichen Schutzeinrichtungen, um die menschliche Population im Zaum zu halten: die schwarzen Blattern des Ägyptenlandes."

„Wenn jemand zum Beispiel mehr gefischt hat, als die gesamte Familie tatsächlich zu einem zufriedenen Leben nur für heute braucht, gerät die

Harmonie zwischen Mensch und Natur aus dem Gleichgewicht. Die Natur bietet genug an, um davon reichlich und glücklich leben zu können. Wenn wir darauf vertrauen und sie schätzen, dann tut sie dies für jedes Heute. Daher ist es dort nicht notwendig und auch nicht rechtens, mehr zu nehmen, als man zum Leben braucht. Aus dem einfachen Grund, weil das Leben als solches bereits als das wertvollste Geschenk angesehen wird, das jedermann für sich besitzt. Der Austausch und das Zusammenleben mit anderen Menschen werden als Draufgabe verstanden, als Sahnehäubchen, als ein Extra. Wenn sie sich nicht daran halten, setzt sich die Natur zur Wehr, sodass der Fischer nichts mehr fangen wird. Die Christen sind im Vergleich wie Fischlein. Also wird irgendwann dieser besagte Naturbursche kommen. Er wird die Wirklichkeit ans Licht bringen. Dann wird diese Erkenntnis den Fischlein wie Schuppen von den Augen fallen. Darin sehe ich die wesenhafte Aufgabe des Christentums. Doch was machen die Vertreter stattdessen, diese Menschenfischer? Sie sitzen in ihren goldenen Tempeln und lassen den Herrgott einen guten Mann sein, anstatt vorzuleben, was die wahre Botschaft in den heiligen Schriften aussagen will. Die Amazonas-Bewohner leben in enger Verbundenheit mit der Natur, weil sie sich als Teil von ihr sehen. Sie selbst sind die Verkörperung der Natürlichkeit. Also behandeln und bezwingen sie diese nicht, sondern wertschätzen sie, halten sie sauber und sehen sie als Grundlage für ihr Heil und ihre Gesundheit. So machen sie sich die Eigenschaften ihres sechsten Sinns zur Grundlage täglicher Exerzitien. Keine Spur von Ausbeutung, so wie wir Europäer und die Kolonialmächte dies tagein, tagaus vorleben - zum Nachteil aller. Diese Völker haben uns niemals etwas getan! Und was tun wir im Gegenzug? Wir erschließen die dort befindlichen, bis dato unerschlossenen Rohstoffvorräte und Bioreserven, roden ihre Urwälder und zerstören nicht nur deren Lebensraum, sondern auch die Lungen dieser Erde. Weil wir selbst nicht mehr genug davon haben und nie genug kriegen können. Dies bedeutet, dass wir bereits aus dem letzten Loch pfeifen und ohnehin kein Aufschub mehr geduldet werden sollte. Hier wiederum ist der Gedanke des Christentums passend: Zumindest könnte man die gesamten natürlichen Besitztümer unter eine Art von Naturschutz stellen und zum Gemeingut der Menschheit erklären. Sonst werden wahrscheinlich auch diese Flächen schon bald zubetoniert werden."

„Längst ist es an der Zeit, dass die Päpste und alle, die geistlich und weltlich schalten und walten, von ihrem Thron heruntersteigen und das Leben vorleben, wie es naturgemäß sein soll. Denn die Religionen, vor allem das Christentum, haben mit ihrem kolonialistischen Auftritt die Glaubensauffassung indigener Völker in Einbeziehung ihrer Natur niemals geachtet. Im Gegenteil, Ächtung war der Regelfall. Achtung wäre die entgegengesetzte Entwicklung. Religionen nahmen den Menschen den Glauben an ihre einzige wirksame Göttlichkeit - an die äußere Natur und ihre innere Natürlichkeit. Sie haben die wirklichen Heilsbringer verachtet, unterdrückt und demoralisiert, ungefähr so, wie es heute mit uns Hochsensiblen in unserer Gesellschaft passiert. Auch dort hat mir gegenüber niemand offen und ehrlich zugeben wollen, dass er ein *Paje* ist. Weil auch diese Menschen Angst davor haben, herausgepickt und geächtet zu werden. Weil wir aus der westlichen Welt dafür bekannt sind, die Werte des Nächsten -auch die unseres sensiblen, inneren Wesens - zu verachten. Weil wir kurzum die Teufel sind. Weil wir wissen, dass wir gar nicht mehr überleben könnten ohne Technologie und der manischen Plünderung der Natur. Diese kulturelle Manie beweist: Wir haben Angst. Diese ganzen Glaubenskonflikte entstehen doch erst dadurch, sei es im Bereich der Religion oder anderer Wertesysteme. Es geht um die Achtung des anderen, seiner Werte und Kultur. Bei sich selbst muss man beginnen. Erst wenn ich meine eigene Sensibilität als wertvoll annehme und als wünschenswert erachte, erst dann kann ich auch mein Leben wieder als Geschenk begreifen und die Natur sowie die Natürlichkeit in mir dankend schätzen lernen. Meine Bereitschaft, diese Begabung sodann in aufrichtiger Dankbarkeit zu leben, ist der Schlüssel zur Schatzkammer meines Herzens. Ab da kann ich auch vom eigenen Leben loslassen und den seelischen Krampf auflösen. Eigentlich habe ich zwischen der Lebensform der Naturvölker und dem Christentum eine spirituelle Brücke geschaffen. Denn dort wie auch hier geht es mehr denn je darum, die verschiedenen Formen der Unordnung, das Chaos und die Risse im Leben und der Gesellschaft wieder zu heilen. Und dazu gehört es eben, dass Ihr uns endlich zuhört. Jahrtausendelang stand die Kirche auf der Seite der Unterdrücker. Immer weiter entfernt hat sich der Einzelne dadurch vom Ganzsein. Das Göttliche in uns haben wir folgenschwer ins Außen, in entfernte, unerreichbare Regionen projiziert."

„Umfassende natürliche Heilung ist allerdings auch schwieriger geworden. Die Kirche hat die Macht, die Missstände aufzuklären und umzulenken. Immerhin hat sie als Business, spezialisiert auf Metaphysik, einige Milliarden Kunden, die mit sofortiger Wirkung wesentlich zur Rehabilitation unserer menschlichen Gemeinschaft beitragen könnten. Das Christentum, Auswuchs des Judentums - ein Second-Hand-Produkt. Irgendetwas ist da ziemlich aus dem Ruder gelaufen. Ob im Glücksspiel, in der Prostitution oder im Musikgeschäft. Es ist für die Kirche als große Institution nicht einfach, Orte und Räume zu eröffnen, in denen der Mensch in seinem konkreten Problem zum Heil gelangt. Doch Selbsthilfetreffen sind ein solcher Raum für Heilung. Wir könnten die Kirchen nutzen, um dort in Aussprachen Orte der Begegnung zu schaffen, um in geschützter Atmosphäre, im Kleinen den Anfang für eine neue Wirklichkeit der Welt zu schaffen: ein harmonisches und friedliches Miteinander aller Menschen. 15 Prozent sind angeblich hochsensible Menschen mit direkter Verbundenheit zur Natürlichkeit. Meist sind dies jedoch sogenannte Atheisten oder Agnostiker. 85 Prozent wiederum gehören weltweit einer Religionsgemeinschaft an, also Gläubige, die bislang an eine äußere, übergeordnete Macht geglaubt haben. Sensibilität, die im Inneren zu finden ist, stellt diese Macht dar. Von diesen 85 Prozent geht wahrscheinlich die Hälfte in die Kirche, weil es der andere auch tut – so bleiben circa 40 Prozent derer, die aus innerem Antrieb und Überzeugung hingehen. 40 + 15 = 55 Prozent. Wahrscheinlich ist in 55 Prozent der Menschheit Sensibilität als Veranlagung nachzuweisen, bei den anderen 45 Prozent leider bereits degeneriert. Die Kirche sollte die noch unberührten Völker und ihre Natur gefälligst in Ruhe lassen und sich für eine neue Mission die Frage stellen, wie man mit anderen als nur den Mächtigen zusammenarbeiten kann. Mit *allen* anderen Religionen. Und vor allem: mit uns. Die letzten Naturvölker am besten – gar nicht einbeziehen, weil wir sie sonst vergiften, schädigen, krank machen und töten. Der Unterschied zwischen *Paje* und *Padre* besteht darin, dass Erster das Gleichgewicht im Abgleich mit der Natur herstellt, der andere in Anlehnung an die eigenen, machthaberischen und materialistischen Werte und unnatürlichen Vorgaben.“

„Es sollte wieder darum gehen, den einzelnen Menschen *heil* zu machen, indem sie die Wirklichkeit von der genetischen Erbanlage der Schöpfung preisgeben und damit aufhören, die Menschen an *Heilige* und einen Gott im Außen glauben zu lassen. Das wunderbare Phänomen hat auch dort keine Namen. Denn viele *Paje* berichten, dass ihre Kinder manches von ihrem Wissen und ihren Fähigkeiten mitbekommen haben. Aber das Eigenartige daran sei, dass genau diese *Heilfähigkeiten* nicht durch Worte weitergegeben werden können. Doch das Eigentliche, das sozusagen als Wunder oder Magie wirkt, können sie nicht verbal vermitteln. Die Einführung und Weitergabe dieser Fähigkeiten geschieht in erster Linie durch Beobachtung und im eigenen Entdecken dessen, was man selbst an Fähigkeiten und Glauben in sich trägt. Das ist die Lösung: Kein Mensch kann einen anderen heilen, nur jeder sich selbst, durch Besinnung und Einkehr auf die wesentliche Feinfühligkeit und Natürlichkeit. Dann bin ich wieder zurückgekommen, und da hat der ganze Wahnsinn so richtig Fahrt aufgenommen. Da hat es mir den Kuckuck herausgenagelt!

Tja. Das heutige Glaubens-Chaos ist ohnehin nur auf besserwisserische Wort-Klauberei zurückzuführen. Alles nur wortgewandte Pseudogläubigkeit! Wobei für mich Glaube an eine höhere Macht irgendeine größere Kraft oder umfangreichere Energie im Universum ist – oder weiß der Kuckuck wie und wo und was. Sie macht allem Anschein nach etwas mit mir, mit jedem von uns, mit allem Leben, seit Urzeiten schon. Urzeit? Kuckuck? Uhrzeit? Kuckucksuhr? Durch Selbsterhöhung steigen wir hinab und durch Demut hinauf. Die so errichtete Leiter ist unser irdisches Leben. Das habe ich irgendwo mal gelesen."

„Kürzlich habe ich vom magischen Tal der Pyramiden in Bosnien gehört. Es sollen die höchsten Pyramiden der Welt sein, an einem Ort namens Visoko – was auf Serbokroatisch bezeichnenderweise 'höher gelegen' oder einfach nur 'hoch' heißt. Die neue Entdeckung der Neuzeit. Na, ich bin gespannt, ob die Menschheit es jetzt erkennt, was ich schon lange aufzeigen will ... Hochenergetisch magische Plätze und Zeichen früher Hochkulturen. Erkundet hatte es ein Bauunternehmer namens Osmanagic. Auch interessant ist, dass im Namen der Wortstamm *Osmane* vorkommt. Jetzt sind die Forscher und Wissenschaftler endlich so weit vorgedrungen, dass sie in pyramidalen Strukturen nicht nur rituelle und astronomische Zwecke sehen, sondern auch frei messbare Energieproduzenten entdeckt haben. Sie kommunizieren mit dem Energiesystem der Erde, dem Kosmos und dem Energiewesen Mensch. Dass sie möglicherweise auch die Erde mit einem energetischen Schutzgitter stabilisieren, wie manchmal behauptet wird, glaube ich aber nicht. Ich bin der Meinung, dass die dort gemessene Frequenz die Feinfühligkeit im Menschen erhält. Die Pyramiden sind wie die Schutzschalter im Stromzählerkasten: sehr magisch der Energiestrahl – der mit Messgeräten erfasst wurde – und sich auf der Spitze der 220 Meter hohen Sonnenpyramide befindet. 28 Kilohertz – eine Frequenz, die nachweislich harmonisierend und hochtransformierend auf die menschliche Zell-Schwingung Einfluss nehmen kann. In spirituellen Kreisen wird von Bewusstseins-Update berichtet, gewissermaßen automatische Erleuchtung. Wer weiß, ob die Idee von Instant-Erkenntnis nicht auch bloß eine westliche Konsumgewohnheit widerspiegelt. Tatsache ist, ein tiefes Gefühl des inneren Friedens, der Freiheit und Klarheit stellt sich bei vielen Menschen ein, die längere Zeit auf der Spitze der Sonnenpyramide verbringen, ein Gefühl genau dessen, was ich kennengelernt habe, als ich im Amazonas geweilt habe, in unberührter Natur. Das ist die Schwingung des Universums. Die Pyramiden sind lediglich Zeichen der Natur, Botschaften an uns, dass wir wieder vertrauen und uns besinnen dürfen. Die Suche nach dem Ursprung und der Schöpfung darf ein Ende haben, ja, sie muss sogar beendet werden. Sonst ist das Gleichgewicht womöglich gefährdet – nicht nur jenes in uns, sondern vielmehr auch jenes im Kosmos."

„Immer mehr Menschen unterschiedlichster Herkunft sind auf der Suche nach innerer Balance und einer tiefen Verbindung mit der Natur und dem All und der Unendlichkeit. Auch wenn die Weltmachtführer uns noch so sehr gegeneinander aufhetzen wollen – jetzt ist Schluss damit! Es ist doch ganz egal, ob ich Christ bin, Jude, Moslem oder Atheist. Wir wollen Frieden und Harmonie im Einklang mit unserer Natur herstellen. Wir wollen nicht mehr nur existieren, wir wollen auch leben. Mit einer neuen Her't'zenergie, da diese ein Tor zu anderen Dimensionen darstellt. In eine Dimension, in der es keine Tore mehr gibt. Frieden in der Magie natürlicher Landschaft. Ein Leben zwischen Himmel und Hölle auf dem Planeten Erde. Allein die Grundbausteine der Pyramide weisen hochregenerierende Sauerstoff-Ionen auf, wie sie selbst auf den höchsten Bergen unseres Planeten nicht gemessen werden. Gegossen aus Beton, wie er in dieser Qualität mit allen Mitteln heutiger Technik nicht auf der Erde hergestellt werden kann. Entstehungszeit: vor circa 30.000 Jahren. Ich bin der Meinung, dass die Geschichte nicht neu geschrieben werden muss, sondern die Geschichte unsere Zukunft ist und wir endlich alle Bücher wegwerfen dürfen. Einfach nur tiefgreifenden Frieden spüren, Blockaden lösen, Synergien bilden, auftanken, heilen. Auf unserem Planeten gibt es hunderte Pyramiden-Systeme. Durch diese wird die Energie auch auf der gesamten Erde verteilt. Sie fördern unsere Entwicklung, damit wir ins Reich unserer Natur Einkehr finden dürfen. Schon komisch, dass 36.000 heilsame Negativ-Ionen gefunden wurden, ebenso viele wie das Sternenbild über den Cheops-Pyramiden für eine Umrundung an Jahren benötigt. Frieden und Sensation. Sense-at-zion. Was soll ich dazu noch sagen? Eigentlich ist doch alles schon gesagt, nicht wahr? Um die antiken Monumente zu verstehen, müssen wir sie durch drei Ebenen betrachten: die physische, die körperlich-energetische und die spirituelle. Unsere wissenschaftlichen Instrumente sind einfach nicht fein genug und zu fragmentarisch, um den Sinn und Zweck der ältesten Pyramiden zu erklären. Wissenschaftler, Archäologen, Historiker oder Anthropologen aus dem Mainstream sind oft das Haupthindernis für die menschliche Entwicklung; sie forcieren den technologischen Fortschritt und huldigen ihrem Götzen, der reduktionistischen Quantifizierung. Die Kluft zwischen materieller und spiritueller Wissenschaft muss in Wirklichkeit überbrückt werden, wenn wir zum vollen Verständnis der Vergangenheit gelangen wollen. Wir müssen die Vergangenheit zum Anfang unserer Zukunft machen. Ein Leben als natürlich sinnige Wesen."

„Die megalithischen Monumente von Yonaguni in Japan gehören zum vorherigen Zyklus der Menschheit. Auf dem Boden des Pazifiks gelegen, 80 Meter unter dem Meeresspiegel, sind sie der unbestreitbare Beweis, dass vor mehr als 12.000 Jahren in jener Region eine fortschrittliche Kultur existierte, bevor gewaltige Mengen von Eis schmolzen und das Niveau des Pazifiks ansteigen ließen. Machu Picchu in Peru erzählt die Geschichte von vier unterschiedlichen Zivilisationen und verschiedenen Konstruktionsstilen – wobei die früheste die meistentwickelte gewesen war. Das allein ist doch der Beweis dafür, dass das Ende der Technologie zugleich Anfang einer neuen Welt sein wird, ob wir wollen oder nicht. Wenn wir Teil davon sein wollen, dann wird uns nichts anderes übrig bleiben, als uns unserem Leben und unserer Natürlichkeit zu fügen. Denn, wenn wir es nicht tun, werden wir krank, werden leiden und sterben. Ich weiß, wovon ich spreche, mein Freund. Gleichzeitig verbreiten alle Geschichtsbücher die Story von den Inkas, die in neuerer Zeit die Erbauer dieses *königlichen Rückzugsortes* gewesen seien. Neue Datierungen von peruanischen, mexikanischen, chinesischen und ägyptischen Pyramiden werden uns weit zurück hinter die anerkannte Geschichte und ihre bekannten Herrscher bringen. Die ältesten chinesischen und ägyptischen Pyramiden sind von weit besserer Qualität als die in jüngerer Zeit errichteten, die aus diesem Winkel betrachtet nur missglückte Kopien sind. Die älteren sind aus Granit- und Sandsteinblöcken gebaut, während die neueren kleiner sind und aus Backsteinen und Schlamm bestehen. Spuren von fortgeschritten entwickelten Wesen finden sich überall um uns herum. Dies bedeutet, dass wir selbst darin verstrickt sind, aber oberflächlich und unzulänglich. Einen Weg heraus aus diesem Schlammassel bietet das Eintauchen in die bislang verborgene Welt der Emotionen und Sinnigkeit. Anstatt dies zu tun, sind die Mainstream-Wissenschaftler in der Zwischenzeit damit beschäftigt zu versuchen, diese Monumente in ihre Zeitkoordinaten einzupassen, anstatt sie als Möglichkeit der Heilung anzusehen. Ja, angeblich hängt ja auch der Mond nicht so, wie er laut ihren Angaben hängen soll – so ein Böser doch! Ja, das ist die gleiche Sache wie mit dem Wetter auf dem Smartphone. Da wären dann noch die zweihundert Pyramiden von Cahokia in Illinois (USA), die die astronomischen Kenntnisse der Erbauer belegen, die mehrere Millionen Tonnen Baumaterialien bewegten und offenbar den Unterschied zwischen kosmischem und magnetischem Norden kannten. Die Welt der Maya ist ein weiteres Beispiel für die damaligen Kenntnisse über das Universum. Unser Sonnensystem kreist in der Milchstraße, und dieser Zyklus von 36.000 Jahren beeinflusst alles Leben auf unserem Planeten. Die Anasazis, die Ahnen der Puebloindianer, benötigten kein Alphabet oder materielle Kommunikationsmittel, um aus den Tiefen des

Universums kommende Gefahren in verschiedenen Dimensionen zu erkennen. Sie haben das Mittel in sich gefunden: die Hochsensibilität. Solange sie sich weiterhin auf ausgeleierten Gleisen bewegen, werden die Pop-Archäologen nie imstande sein zu erklären, was für Geräte und welche Logistik nötig waren, um die Steinköpfe auf den Osterinseln herzustellen, die Granitblöcke des Akapana-Pyramidenkomplexes in Bolivien zu bearbeiten oder die Kammern der Gizeh-Pyramiden zu erschaffen. Auch die Logik für die Erschaffung des Ur-Computers war bestimmt auf Wissen über menschliche Sensibilität als Grundlebenssinn begründet."

„Die Steinkugeln in Westmexiko, im Süden Costa Ricas, auf der Osterinsel und an etwa zwanzig Orten in abgelegenen Gegenden Bosnien-Herzegowinas sind ein offensichtlicher Beleg für das Verstehen von und das Umgehen mit Formen und Energien in einer lange verschütteten Vergangenheit. Und doch sind sie allesamt Beweis dafür, dass der Mensch irgendwann in dieser Zeit den Bezug zu sich selbst verloren hat. Er hat verloren, was ihm von seiner Natur mitgegeben worden ist: Feinfühligkeit und sein eigenes Leben als wertvollstes Geschenk. Vor allem jedoch hat er seine Dankbarkeit verloren. Das wirkliche Geheimnis der Menschen und unseres Kosmos wartet darauf, neuerlich entdeckt zu werden. Finden wirst Du es nur in Dir selbst, indem Du spürst, was es mit Dir anrichtet, wenn Du wieder aufrichtig und offen von Deinen Empfindungen sprichst. Bereits Sokrates hat von der Heilkraft der Aussprache gewusst. Sprich, damit ich Dich sehe!"

„Die bosnischen Pyramiden etwa haben keine ganz präzise Ausrichtung auf den kosmischen Norden, sondern sie weisen mit einer Abweichung von 0 Grad, 0 Minuten und 12 Sekunden auf etwas hin. Es ist die Stunde der Wirklichkeit, in der sich zwei Kreisläufe zu einem verbinden. Der Mensch erreicht durch zwölf Schritte die Einheit zwischen Körper, Geist und Seele. Ein Team von Physikern erfasste einen Energiestrahl, der aus der Spitze der Bosnischen Sonnenpyramide austritt. Der Radius des Strahls beträgt 4,5 Meter und seine Frequenz beträgt, wie vorher schon erwähnt, 28 Kilohertz. Der Strahl ist kontinuierlich und seine Stärke wächst, während er aufsteigt und sich von der Pyramide wegbewegt. Dieses Phänomen widerspricht den bekannten Gesetzen von Physik und Technologie. Dies ist der erste Beweis von nicht-physikalischer Technologie auf unserem Planeten. Es scheint, dass die Pyramidenerbauer vor langer Zeit ein Perpetuum mobile geschaffen haben und dass diese *Energiemaschine* immer noch arbeitet, wie auch der Mensch es tut, als Perpetuum mobile der Schöpfung. Im Untergrundlabyrinth entdeckten die Forscher zudem drei Kammern und einen kleinen, blauen See. Das Energiescreening zeigt, dass das

Ionisationsniveau in den Kammern 43 mal höher ist als die durchschnittliche Konzentration außerhalb, was sie zu *Heilungsräumen* im Untergrund macht. Für mich ergeben sich daraus auch konkrete Parallelen zum Bau von Kirchen: Weihwassergefäße, die Anordnung und Anzahl der Räume, die meisten der Kirchturmspitzen in Pyramidenform mit aufgesetzter Kugelsymbolik und spitzem Strahl nach oben. Hat man an Kirchen jemals gleichartige Messungen angestellt? Die Seen werden sich rot färben. Mit Liebe. Vielleicht sollen alle Kirchen auf unserem Planeten als Archen dienen? Warum sonst nennt man den Altarbereich das *Schiff*? Außerdem hat die elektromagnetische Detektion bei den Pyramiden bestätigt, dass das Niveau der negativen Strahlung durch die Hartmann-, Curry- und Schneider-Gitter in den Tunneln gleich null ist. Es wurde keine technische Strahlung von Elektrokabeln oder technischen Einrichtungen sowie keinerlei kosmische Strahlung oder Radioaktivität in den Tunneln festgestellt. Keramische Skulpturen sind über den Untergrundwasserströmen positioniert und die negative Energie wird dadurch in positive umgewandelt. Alle diese Experimente weisen darauf hin, dass das Untergrundlabyrinth einer der sichersten Untergrundbauten der Welt ist, und dies macht es zu einem idealen Platz für die Verjüngung und Regeneration des Körpers. Es sind sogenannte Netzfreischalter, wie sie auch heute noch verwendet werden."

„Zweihundert Jahre professioneller Ägyptologie haben keine befriedigende Antwort auf die Frage geliefert, was der Zweck der ältesten und überragenden Pyramiden sein soll. Ich sage Dir: Die ältesten Bauwerke der Menschheit sind Hologramme und künstliche Darstellungen des Menschen in seiner ureigenen Form und Natürlichkeit. Unsere Geschichte verändert sich mit jeder neuen Entdeckung. Vielleicht sollten wir endlich damit aufhören, da draußen zu suchen, und unseren Blick auf uns selbst richten. Indem wir lernen, unsere Anfänge besser zu verstehen, können wir im Jetzt eine Wahl treffen, jeden Moment aufs Neue. Dann wird die Zukunft der Erfolg dessen sein, was wir jetzt tun. Ich werde dir jetzt mal zeigen, was ich tatsächlich so alles draufhabe ..."

„Die *Stimme Gottes* - Mind Control. Doch nur Technologie? Schöpfungsbericht Bibel als prophetischer Charakterdarsteller? Vom Mensch initiierte Persönlichkeitsspaltung durch unnatürlich inszenierte Traumata? Kriege? Hetze? In Person manifestiertes Duell? *Individuell?* Kollektive Trennung tiefer liegender, sensibler Sinnigkeit von Körper und Geist des Menschen? Intrige. Perfidie. Kabale und Liebe? Die Psychiatrien als Schaubühnen und Spiegel eines gesellschaftlichen Trugbildes. Die Kranken unter uns als Moralapostel für Entwicklung emotional sozialer Intelligenz und Wiederentdeckung der Erbanlage Feinfühligkeit als Basis eines neuen Bewusstseins. Katharsis, um

Gottes willen. Die Erlangung innerer Freiheit durch seelische Notwendigkeit. Apostelkuchen, Lebkuchen, Weihrauch und Wein als Seelentröster. We-in. Wien. Eigentlich das Prinzip von Zuckerbrot und Peitsche. Doch die Teilung der Einheit Mensch in Individuen durch gesellschaftliche, weltliche und religiöse Zwänge hat nun ein Ende, im Hier und Jetzt. Endzeit. Worüber wir früher noch gelacht haben, das ist mittlerweile zur traurigen Gewissheit geworden. Menschen, idealisiert von Menschen. Manche Menschen als Gewinner, andere Menschen als Opfer. Die Menschheit insgesamt als einziger Verlierer. Weltliche Justiz als kollektiver Größenwahn. Glück im vom Menschen inszenierten Unglück: Natur allein gilt als letzte, einzig gültige Instanz richterlicher Gerechtigkeit. Die Welt als Biotop. Bio Top. Biografisch. Psychografisch. Neubeginn. Entscheidung durch höchste Instanz. Entweder-oder. Wir müssen Wissen wieder als Ergänzung zur natürlichen Intelligenz und zur Wiederherstellung der kosmischen Ordnung einsetzen. Durch unseren Verstand als Kontrollorgan ist schöpferische Harmonie mittlerweile völlig außer Kontrolle geraten. Zwingen wird uns keiner dazu. Natur gab uns die Möglichkeiten in Form von Veranlagung. Die Rechnung bekommen wir in jedem einzelnen Fall präsentiert. Einzeln nicht minder als im Kollektiv der Menschheit. Wenn der Moment für wirklich wirksame Entwicklung noch nicht gekommen ist, wird auch Dein noch so vehementes Handeln dieses Wachstum nicht herbeiführen können. Kein Mensch kann es. Keine weltliche Macht, keine Religion, kein Gott. Wenn der Herrgott nicht will - nutzt es gar nichts? Irrtum! Denn, Natur ist gleich Gott. Natur wirkt. Wenn der Augenblick reif ist, wird sich jenes fügen, was von ihr aus dazu bestimmt ist. Auch dagegen kannst Du tun und lassen, wie Dir beliebt. So ist es bei den Pflanzen, bei den Tieren, bei den Menschen. Natürlichkeit wird stets die Basis sein, die höchste Instanz kosmischer Ordnung, in allem und jedem, in Dir genauso wie in allen anderen Dingen. Sie selbst ist der Fokus. Betrachte die Menschen nicht länger nach ihrem Aussehen, sondern sieh' den Menschen tief in die Augen. Du wirst bemerken, dass die Augen eines Menschen kein Alter zeigen. Sie sind zeitlos, raumlos, weil die Augen das Tor zur Seele sind. Liebe, sie ist eben unendlich. Natur in ihrer reinsten Form als unberührte Natürlichkeit wird ebenso endlos wirken. Sensibilität, sie ist die Seele allen Lebens."

„Angeblich ist ein neues Manuskript aufgetaucht, demzufolge die 144.000 Besiegelten aus der Johannesoffenbarung für die Anzahl von Minuten stehen, die in Summe 100 Tage ergeben. Verwendet wird diese Zeiteinheit von allen Völkern Israels. Also der heutigen Erdbevölkerung. Is it real? Diese wiederum stehen in direktem Zusammenhang mit der 100-Tage-Frist sowie der Herrschaft der 100 Tage, die der Ankunft des Erlösers vorangegangen sind - also Frankreich und Napoleon. Alle Machtsysteme haben mittlerweile versagt. Besiegelt wird das durch die hier beschriebenen 100-Tage-Pläne. Diese 144.000 Minuten besiegeln dies rein, weise und jungfräulich. M in you ten = me new ten. Es ist das Zeitalter der Amen gekommen, der Hochsensiblen. Das Zeichensymbol A, stellvertretend für die oberste Spitze einer Pyramide. Ankh. Tutanch. Hieroglyphe. Gottes- und Lebenszeichen für Heiler und Seher im alten Ägypten. Darstellung eines kleinen Menschen in einem Kleid. Ein Mädchen. 7. Sieben. Das Sieb. 14. Die Verdoppelung. Zwei 7er gespiegelt übereinandergelegt ergeben eine Sanduhr. Gegenmittel der Hier-o-glyphe: Glyph-o-sat. Alles natürliche Leben wird dadurch ausgerottet, auch wir Hochsensiblen."

„Die vier Engel stehen für die Himmelsrichtungen N / S / W / O - auch Windrichtungen genannt. Diese sind noch nicht allzu lange in Gebrauch. Also sind sie stillgestanden. Der fünfte Engel, der das Zeichen Gottes trägt, sprich, das 'Ankh', 'Ank' oder auch Henkelkreuz, und der von der Sonne her kommt, ist ein Mensch. Er verkündet, dass die Menschen wieder die Natur zu ihrer einzig wirksamen Instanz ernennen sollen, zu ihrer äußeren wie auch ihrer inneren, ausgestattet mit einem Sprachrohr: der genetisch veranlagten Hochsensibilität, dem bislang missachteten sechsten Sinn innerhalb des Menschen, der Tiere, der Pflanzen und allen Lebens. XPC. Die Initialen desjenigen, welcher der Menschheit das Wissen über die genetische Kreuzung überbringen wird. Christus. Chris't'us. Chris kreuzt uns. Darum beten die Christen. Be ten = sei 10 = sei Gott. Du selbst bist die göttliche Einheit. Friede sei mit dir. Chris ten = Chris Zehn. 5 Finger und 5 Finger sind gefaltete Hände = 10. Und 19 = Ost-er-met-on-zykl-us = 1+9=10 = 1 Kreislauf. Im Osterland führt er uns zu einem Kreis zusammen. Jesus, Maria und Josef! Zurück in die Vergangenheit. Ostarrichi - das Land, in dem durch die unbefleckte Empfängnis der im Jahr 1717 geborenen Monarchin Maria Theresia erstmals die Erbfolge einer Herrscherdynastie über die weibliche Linie erfolgte. Die Menschen sind derzeit gespalten in 45 % jener, denen der Sinn besonderer Feinfühligkeit fehlt, und 55 % derer, die mit dem Erbgut der Schöpfung ‚Hochsensibilität' ausgestattet sind. Also, 55=10=1. Und 45=9. Darum 9+1=10. Alles ganz einfach. Und da ist bestimmt noch vieles mehr. Katechismus - darunter stelle ich mir ein kirchliches Grundprogramm für die Justierung persönlicher Einstellungen vor, und unter Heilsgeschichte den individualisierenden Fortschrittsglauben menschheitlichen Massenbewusstseins. Darunter begraben ist die Ursache für wirkliche Heilung: Hochsensibilität. Fazit: Religiöse Glaubensbekenntnisse als Entfremdung des Menschen von seiner in Zyklen lebenden Natürlichkeit. Naturheilkunde versus

Alchemie, Religionen versus Pharmaindustrie. Na servus ..."

„Wenn sie die Massen nicht täuschen wollen, was dann? Na klar, sie warten tatsächlich auf den königlichen Erlöser. Man fand von Jesus deshalb keine menschlichen Überreste, weil er angeblich in den Himmel aufgefahren sei. Vielleicht stimmt das gar nicht, und er hatte womöglich sogar einige Soldaten als Helfer, die ihm die Flucht ermöglichten? Und wenn sie nicht gestorben sind, dann leben sie noch heute. So wie ich das deute, hat er sich seine Anonymität bewahrt. Sinnbildlich hat er seine Körperlichkeit aufgegeben, seine Maske fallen gelassen. Keine Frage. Nicht die Hülle zählt, sondern der sensible Kern. Die Frontalsicht auf die Kreuzigungsszene ergibt die schattierten Umrisse eines Henkelkreuzes. Der Kopf ist dabei der Henkel. H-Enkel. Der Human-Enkel, der Erbe der Menschheit. The Son Of A Preacher Man. Testament. Notar. Establishment. Notarzt. Ich gehe mit meiner Laterne und meine Laterne mit mir, dort oben leuchten die Sterne, hier unten leuchten wir. Spieglein, Spieglein auf dem Kreuz. Das weltweit allerorts bekannte Luciafest als Hinweis auf die Sonnenwende. Ecu Elf York. Die Lichterfeste dieser Welt – ja sogar in China – sind nichts anderes als Illumination. Das Verwenden dekorativ und künstlerisch gestalteter Beleuchtungskörper weist auf diesen Zweck hin. Wesentliche Aufmerksamkeit und Bedeutung wird dabei der Anordnung von Fenstern – also von Löchern – in Gebäuden sowie deren spezieller Beschaffenheit beigemessen. So weisen auch die Kreuzigungspunkte an den Extremitäten der Jesusfigur sinnbildlich auf die anatomische Beschaffenheit eines jeden Menschen hin: zwei Brustwarzen und ein Nabel. Das ist doch zum Aus-der-Haut-Fahren! Wir Hochsensiblen sollen also die langersehnten Lichtbringer sein, die der Menschheit die Botschaft überbringen sollten? Warum zum Teufel verfrachtet man uns dann in die Psychiatrien? In Wirklichkeit sind wir in diesem großangelegten Lichterfest menschliche Projektoren als Spiegel der Gesellschaft. Das Rätselraten hat ein Ende."

„Um Himmels willen, das wird ja immer bunter. Jesus Christus, Anonymität, A-non-imitate. Kein Imitat, sondern der Wahrhaftige selbst. Imagine. Ruhig atmen, ganz ruhig. Atmen. Atmen? Wir Menschen begehen den gleichen Fehler wie vor 2000 Jahren! Wir trauen seinen Worten nicht, weil er als ein Verrückter verrufen ist. Dabei ist er einer von uns. Doch nicht er ist es, der uns belügt. Nein, sie sind es. Die Spitzen der Hintermänner der Industrie. Die Automarken. Die Großkonzerne. Die Wirtschaftszweige. Allesamt schlagen sie uns mit unseren eigenen Waffen. Sie haben unseren Segen zu unserem Fluch gemacht. Zeichen, Symbole und Grafiken, die unseren innersten Wesenskern ansprechen, weil sie unserer Seele entspringen. Sie spiegeln uns unser nichtiges

Innenleben, führen es uns verführerisch vor Augen und verdienen sich damit noch krumm und dämlich. Ich habe es durchschaut! Dadurch entwickelte ich mich vom symbolischen Glaubensbekenner zum Einsichtigen genetischen Ahnenwissens. Ich bin Universalerbe. Nun ist es von essenzieller Bedeutung, dass ich mir meine Veranlagung mit Hochsensibilität be-greif-bar mache. Immer, wenn ich wieder von meinem eigenen Weg abkomme, stelle ich sie mir bildlich vor als Goldnugget, Perle oder Diamant, als inneres Kind oder Licht, das mir von Natur aus ins Zentrum meines Körpers gelegt scheint. Jakobsweg. Dadurch strebe ich nicht mehr von außen nach innen, sondern beginne schön langsam damit, meine Natürlichkeit von innen nach außen erstrahlen zu lassen. Und wenn mich die schädigenden Einwirkungen wieder einmal zu vergiften versuchen, dann schließe ich die Muschel einfach für bestimmte Zeit zum Selbstschutz. Das ist wirklich ein göttliches Gefühl."

„Anarchie war der Ursprung natürlichen Lebens. Guerilla-Living ist ab jetzt angesagt: Gefühle zeigen, Empfindungen ansprechen, Sensibilität mitteilen, zusammen lieben. Das ist die Antwort auf all unsere noch unbeantworteten Fragen. Erst mit den passenden Menschen an meiner Seite wurde aus Fantasie eine neue Wirklichkeit. Ich bin nicht mein Verstand, ich habe einen Verstand. Ich darf anders denken. Ich bin nicht mein Gefühl, ich habe ein Gefühl. Ich darf anders fühlen. Auch handeln darf ich, wie ich will, und es muss nicht immer gleich sein. Denn ich bin meine Sensibilität. Sie allein ist natürliche Intelligenz und beseelte Liebe in Reinform. Gerade ist Christi Himmelfahrt: Chris and I. Aus der Hölle auf Erden in den Himmel auf Erden. Die Heiligen Schriften machten uns zu Gefangenen der Vergangenheit und zu Sklaven zukünftiger Erwartungen hinsichtlich unserer Erlösung. Doch alles wirkliche Leben geschieht hier in diesem Augenblick. Unkenntnis über der eigenen Veranlagung war das V-erd-erben. Aufklärende Einsicht und Selbsterkenntnis dieser natürlichen Begabung ist wiederum unsere Rettung. Der Glaube an Geschichten hat uns den Moment der Erleuchtung genommen. Der Glaube in die von Natur aus gegebene Veranlagung wird ihn uns wiederbringen. Liebe das All! Weil das alles Liebe ist. Liebe das Ganze! Weil das Ganze Liebe ist. Liebe dein Erbgeschenk! Weil dein Erbe die Liebe ist. Zu lieben ist im Wesentlichen ganz einfach, wenn man sich nicht verkrampft – man muss nur aufrichtig und offen sein. Weshalb die Menschen sich das eigene Leben so kompliziert machen, konnte ich zeitlebens bzw. zeit meines Leidens nie verstehen, und zwar so lange nicht, bis ich es selbst verstanden hatte, weshalb ich mir mein eigenes Leben so schwierig machte. Liebe ist die Ausgeglichenheit zwischen Geben und Nehmen."

„Ich selbst war von Hass und Zorn erfüllt, hatte gelitten auf meinem Weg ins Licht und mir von nichts und niemandem auch nur ein Wort sagen lassen. Zuhören? - Keine Chance! Gott und die Welt wollte ich belehren, läutern, überzeugen. Meine Mitmenschen schenkten mir Akzeptanz in meiner eigenen, natürlichen Geschwindigkeit, genauso wie jedem anderen Menschen seine eigene Geschwindigkeit durch dessen Natur bestimmt schien. Wir alle glauben stets, alles würde sich um uns drehen. Doch wir drehen uns mit der Erde um deren Mittelpunkt. Wir sind für die Natur lediglich Mittel zum Zweck, Katalysatoren. Verständnis und Aufklärung sind die Geschenke und Werte, welche die Menschen da draußen dringender notwendig haben als wir, die leidenden Hochsensiblen. Jetzt könntest Du behaupten, dass manche Menschen sich ja gar nicht ändern wollen. Ich sage es Dir noch einmal: Hochsensibilität ist genetisch verankert, eine Erbanlage, und keine Willens- oder Charakterschwäche. In Liebe oder Sinnhaftigkeit zu leben ist daher keine Frage des Willens mehr. Die Menschen, von denen Du vielleicht glaubst, dass diese 'nicht wollen', können gar nicht anders. Weil sie keinen Sinn darin sehen, weil sie mit diesem sechsten Sinn von Natur aus eben nicht beschenkt wurden. Wer keine Augen hat, kann nichts sehen. Wer keine Ohren hat, kann nichts hören. Wer keine Nase hat, kann nichts riechen. Wer keine Zunge hat, kann nichts schmecken. Und wer keine Hochsensibilität hat, kann nichts empfinden. Sie können das nicht sehen, weil ihnen das 'Gottesgen' fehlt. Es ist allein unsere Bestimmung, ihnen durch unser Leid zu zeigen, was unser aller Weg als geeinte Menschheit sein sollte, als Einheit Mensch, die wiederum nur Teil einer umfangreicheren Schöpfung ist."

„Nicht alle Menschen werden verstehen, was das alles soll. Wie bitte? Ob Jesus mit seinem Leid bei Nichtbegabten etwas bewirkt hätte? Ich denke - bestimmt, denn sonst würden nicht drei Milliarden Menschen dieser Glaubensrichtung angehören, einmal abgesehen davon, dass man seiner Figur auch in vielen anderen Religionen Bedeutung zukommen lässt. Doch dies hängt nicht von Jesus ab, sondern vom Mut der Menschen, ihren Mitmenschen zu vertrauen - nicht auf deren Worte, sondern auf deren Taten. Wenn Jesus die Welt zu retten vermocht hätte, dann wäre niemand imstande gewesen, ihn zu töten. Doch jene, die nichts empfinden, werden auch in Zukunft nichts empfinden. Jene, die nicht glauben, werden auch jetzt nicht glauben. Sie werden aber auch nicht leben, sondern aussterben und zuvor noch degenerieren. Obwohl die Unsensiblen dachten, Jesus getötet zu haben, lebte er weiter, durch seine Botschaft der Liebe, und in seinen Ahnen und Nachkommen. So ist er auferstanden. In Christus. Und Christus lebt heute, hier und jetzt. Er wird sich den Menschen bald zeigen. Und neuerlich werden die Menschen ihm nicht glauben, wenngleich auch das einen Sinn verfolgt, von dem wir nichts wissen. Denn er wird die Ersten einer neuen Generation berufen, die der Anfang einer neuen Zeitrechnung sein werden, der Auftakt für eine neue Menschheit, die innerhalb der nächsten tausend Jahre wieder Stille und Harmonie einkehren lässt. Durch natürliche Aufrichtigkeit passiert die Offenbarung ihrer eigenen Sensibilität. Darum warte nicht, sondern lebe. Liebe. Bewusst. Im Jetzt. Jesus ist Geschichte, Christus ist die Zukunft. So wie er in Vergangenheit nicht begreifbar war, so wird er auch in Zukunft nicht zu begreifen sein, außer für sich, in sich, einzig und allein als Empfindung seines Selbst. IHS, die Initialen für: *I* am *H*ighly *S*ensitive. Hör' zu! Du hast nicht Jesus in Dein Leben geholt, sondern das Jetzt. Tiefgründig zu sein, ist keine Kunst. Diese Eigenschaft ist vielmehr natürlich. Die Kunst liegt darin, Tiefgründigkeit in eine Verpackung aus Oberflächlichkeit zu wickeln, um sie danach einer breiten Öffentlichkeit zugänglich zu machen, nebenbei gesagt, ohne dafür gelyncht zu werden. Das war bei den Mumien so, das ist im Fall der heiligen Schriften so, und es war immer so, bis jetzt. Denn nun kommt die ganze Wirklichkeit ans Licht, die über Jahrtausende unter unzähligen Wahrheiten versteckt gelegen ist. Der einzig wirklich gültige Beweis dafür ist, dass es keinen Beweis dagegen gibt. 0, Punkt. Harmonie. Einheit. Ausgleichende Gerechtigkeit. Uni-vers-um, alles wird einmal gewendet und gänzlich umgedreht. Nullmeridian: *Greenwich*. Das von mir erwähnte Manuskript gleicht einem Buch mit sieben Siegeln. Alles, was wir Menschen voller Furcht und Grauen erwartet haben, ist bereits Ver-gangenheit. Das Schlimmste ist bereits vorbei. Wenn wir es schaffen, wieder zusammenzufinden und uns wieder zu besinnen - im Jetzt - dann ist uns das Paradies sicher. Para*dies*. Es sagt aus, dass das mit dem Zweitglied verbundene Erstglied eine Fehleinschätzung ist. Das Ende des Hinters-Licht-geführt-Wer-dens. Das Ende des Sterbens: Para-dies. Der Beginn des ewigen Lebens. Was sagst Du dazu?"

„Jetzt könntest Du vielleicht sagen, dass ich nur ein gescheiterter, völlig verrückter Querulant und Fanatiker bin. Doch ich habe mir auch sehr viele bodenständige Gedanken über eine mögliche Lösung gemacht. HSP bedeutet auch: Human Survival Project. Wesentlich ist hier die Verbundenheit in-nerhalb einer Gemeinschaft durch die Gleichgesinnung - also Sensibilität. So kann äußeren Problemen mit einer Stimme und mit vereinten Kräften begegnet werden. Ich habe bereits betont, dass Bereitschaft, Offenheit und Aufrichtigkeit die Grundlagen von Harmonie sind, denn jeder Organismus - gleich ob Individuum, Familie oder mehr - wird aufgrund unausgesproche-ner Probleme innerlich wie auch äußerlich auseinanderfallen. Aus Kränkung wird Krankheit. Schwächung tritt ein. In unserer modernen Gesellschaft haben wir es verlernt, den Einzelnen mit all seinem emotionalen und sozialen Wissen in gewichtige Entscheidungen einzubinden, die die gesamte Gemeinschaft betreffen. Für diese und für alle nachfolgenden Generationen. Dies führt zu Unzufriedenheit, Unmut und Chaos. Diese Machtlosigkeit duldet man auf Dauer nicht. Die Folge ist entweder ein blindes Wüten und Zerstören oder der innere Abschied und die Distanzierung von der Gesellschaft – Isolation in die eigene Sensibilität. Ver-zwei-flung. Viele Erwachsene reagieren nicht bewusst, ebenso wenig wie Kinder Tiere absichtlich verletzen, wehrlose Pflanzen zertrampeln, frech sind oder Streit beginnen. Diese Reaktionen sind lediglich die Symptome einer Reizüberflutung als einer natürlichen Antwort auf jedwede Art von toxischer Aktion. Ihre Handlungen dienen nur als Spiegel der ihnen selbst am eigenen Wesen zugefügten seelischen Grausamkeiten. Diese Seelen unserer Kinder sind von Angst durchflutet, weil wir sie wehrlos Tag für Tag diesem gesellschaftlichen Wahnsinn unseres Kulturkreises aussetzen. Täglich missbrauchen wir ihr wertvollstes Geschenk an uns: ihr Vertrauen. Wir dürfen nicht ständig von unseren eigenen traurigen Erlebnissen aus der Vergangenheit auf ihre aktuelle Entwicklung Rückschlüsse ziehen. Stattdessen müssen wir uns mutig dazu entschließen, uns durch ihren ursprünglich begründeten Widerstand an unsere eigenen Verletzungen erinnern zu lassen. Dadurch werden wir erkennen, wer wir vor unserer sozialen und emotionalen Isolation im Wesentlichen wirklich gewesen sind. Unsere Kinder sind der Schlüssel zu unseren Festungen der Armseligkeit. Wir dürfen nicht länger zusehen, wie die zarte Natürlichkeit, zerbrechlich wie die Flügel der Schmetterlingskinder, vom Meer der Reize und des Stumpfsinns zerschmettert wird. Dann wären wir alle dem unaufhaltsamen Untergang geweiht."

„John Young begründete das Peacemaking, eine Zusammenfassung universell geltender Erkenntnisse und Verhaltensregeln diverser Ureinwohnerstämme. Dieses dient der Reparatur unserer Kultur durch eine tiefere Verbundenheit mit der Natur. Viele Menschen unserer sogenannten Zivilisation nannten diese Stämme und Gemeinschaften primitiv. Doch heute wünschen wir uns das, was sie haben: keine Bomben, keine Obdachlosen, keine Verbrecher und darum auch keine Gefängnisse. Keine Banken, keine Kredite, keine Schulden und keine Altersarmut. Keine korrupten Politiker und keine parasitäre Bürokratie. Keine Zivilisationskrankheiten einer normierten Gesellschaft, in der Zivilisten kasernenartig als Kauf-, Stimm- und Arbeitsvieh gehalten werden. Diese Krankheiten sind in indigenen Völkern völlig unbekannt. Keine Trinker, keine Giftler, keine Hackler, keine Spieler, keine Huren, keine Manager, keine

Sparer, keine Helden, keine Pfarrer, keine Rechtler, keine Spechtler. Bei uns aber zählt Leistung und Konsum. Hier lösen Gefängnisse, Psychiatrien und Kirchen bestimmt nicht die Probleme einer kranken Gesellschaft. Dort jedoch folgt jeder seiner Bestimmung und einer Aufgabe, im Konsens der Gemeinschaft. Als natürliche Wesen leben sie im Einklang und in Harmonie mit ihrer äußeren Natur und inneren Natürlichkeit. Für sie kennt Natur weder Belohnung noch Bestrafung, nur faire Konsequenzen, nämlich immer dann, wenn durch sie selbst das Gleichgewicht gestört wird. So leben sie nach einer anscheinend gültigen Universallösung seit Jahrtausenden stabil und friedfertig. Diese universelle Lebensweisheit heißt natürliche Sensibilität. Alle Wesen einer Gemeinschaft sind somit wesentlich an Entschlüssen beteiligt. Auch wir hatten einmal diesen Einheitsgedanken in uns. Ich glaube sogar, dass wir ihn noch immer in uns tragen: irgendwo da drinnen, als sensible Natürlichkeit. Doch in unserer Kultur wurde aus dieser feinen *Unity* der USP. Wir haben uns verkauft, das steckt schon im Wort: 'Alleinstellungsmerkmal'. Das hat uns letztendlich in die Einsamkeit getrieben, doch die Lösung liegt auf der Hand - besser gesagt, in unserer Seele: eine Kon-*sense*-Entscheidung hat, weil sie freiwillig und einstimmig ist, einen ganz anderen Stellenwert als demokratisch getroffene Entscheidungen, bei denen es immer auch Verlierer gibt! In dieser einmal getroffenen Sinnhaftigkeit sind alle involviert, und alle werden auf die Umsetzung des gemeinsamen Entschlusses mit vereinten Kräften hinarbeiten."

Im Hintergrund stehen die folgenden Young'schen Friedensstifter-Prinzipien:
1. Man lässt einander ausreden.
2. Man redet niemals schlecht oder abwertend über einen Dritten.
3. Man darf sich bei anderen entschuldigen oder um Verzeihung bitten und verzeiht ihnen im Gegenzug auch.
4. Man verfolgt dabei den altruistischen Gedanken, dass rationale Entscheidungen möglichst allen und nicht nur Einzelnen zugutekommen, in dem Maße sogar, dass man Entschlüsse auch im Sinne nachfolgender Generationen fassen muss. Uneigennützigkeit, Vertrauen und Ehrlichkeit - zugunsten der Gemeinschaft, gegen den Egoismus.

„Alle sollen die Entscheidungen mittragen, weshalb sie konsensuell getroffen werden müssen, also im Sinne der Übereinstimmung und Einheit. Kinder sind währenddessen ebenso anwesend wie Erwachsene. Ist kein Konsens möglich, geht das Problem noch einmal zurück in die Beratung oder in Beratungsgruppen, die dann Delegierte in die Hauptversammlung schicken - je nach Gruppengröße. Alle Gemeinschaftsmitglieder sind durch diese Mechanismen an den Entscheidungen und Beratungen beteiligt, jede Stimme zählt und wird auch angehört. Wer nicht zu den Beratungen kommt, hat offensichtlich nichts beizutragen und muss dann die Entscheidungen der Versammlung mittragen und notfalls ertragen. Diese Friedensstifter-Prinzipien sollten auch im familiären Alltag bei den Mahlzeiten angewendet und geübt werden. Danksagung, Befindlichkeitsrunde, gemeinsames Essen, geschlossenes Aufräumen – mit so einfachen Mitteln lassen sich aufkommende Probleme direkt ansprechen und lösen, anstatt sie anwachsen zu lassen, bis sie das Gemeinschaftsleben explosiv erschüttern. So kommen regelmäßig und unausweichlich unterschwellige, für die Betroffenen jedoch wichtige Probleme auf den Tisch. Sicherlich ist dies am Anfang harte Arbeit und auch emotional höchst belastend, die gestörten Bande zwischen den einzelnen Personen in Ordnung zu bringen. Doch mit der Zeit geht eine stabile, fürsorgliche und starke Gemeinschaft daraus hervor, und das ist genau das, was wir für unser aller Zukunft brauchen."

„Eine Führung in Krisenzeiten ist elementar wichtig – was unter keinen Umständen zu verwechseln ist mit Herrschertum und Unterwerfung. Ein sensibler Gruppenführer wird in täglichen Befindlichkeitsrunden die Befindlichkeiten der einzelnen Anwesenden erfragen, jeden zu Wort kommen lassen und praktische oder soziale Probleme an Ort und Stelle anhören lassen und vorsichtig erörtern. Amerikanische Ureinwohner haben bei wichtigen Entscheidungen die Auswirkungen auf sieben Generationen, sprich, auf 200 Jahre, berücksichtigt. Dadurch bekommt ein Entschluss oder eine Maßnahme eine ganz andere Bedeutung und Zukunftsfähigkeit. Vor allem wird Gelassenheit spürbar und Ruhe wirksam. Das Wohl der Gruppe wird von den eigenen Bedürfnissen abhängen. Jede Gruppe wählt kompetente Menschen, die sich in Gremien versammeln und die Gruppenentschlüsse nach oben wirken lassen, sich mit den anderen Gremien beraten und das Gewissen der Gruppen – also der kleinsten Einheiten – als Aufgaben delegieren. Spaß und Entspannung sollten ebenfalls einfließen. Gemeinsamer freier Tanz nach dem 5-Rhythmen-Prinzip beispielsweise oder gemeinsames Singen, besonders vor Versammlungen und wichtigen Entscheidungen. Fehlverhalten soll angesprochen werden dürfen. Entschuldung und Verzeihung zu gewähren, wird dadurch zu einer Grundlage funktionierender, sensitiver Gemeinschaft. Gruppenführer werden von den einzelnen Anwesenden direkt gewählt. Dieser wird sich durch besondere Sensibilität und qualitative Eigenschaften sowie durch sein aufrichtiges Auftreten bis dahin den Respekt und die Liebe der Gruppe nahezu unbewusst erarbeitet haben. So ist es nur natürlich, dass sich ein Gruppenführer mit der Zeit und der zunehmenden Reife und Erfahrung seiner Gruppe immer weiter aus der Führungsposition zurückziehen und anderen, mittlerweile ebenso kompetenten Führungspersönlichkeiten die Führung überlassen wird. Ein solcher Gruppenführer wird, ähnlich einem Ältesten, in der Gruppe sehr angesehen sein. Sein Rat und seine Zustimmung können den neuen und zukünftigen guten Gruppenführern eine große Hilfe und Unterstützung sein. Doch Gruppenführer gibt es nicht wie Sand am Meer, von wegen! Sie müssen in ihre Aufgabe, Position und ihre Fähigkeiten hineinwachsen, und das braucht Zeit. Zukünftige gute Gruppenführer brauchen wohlmeinende Unterstützung und Starthilfe durch erfahrenere Gruppenmitglieder zuzüglich Vertrauensvorschuss. Auf diesen ahnenreichen Grundsätzen begründen sich auch die *Big Five* des *OCEAN*-Modells."

„Notorisch nörgelnde, besserwisserische, zwanghaft kritisierende Gruppenmitglieder können einen zukünftigen guten Gruppenführer niemals zu Fall bringen, weil die Gruppe als Einheit stets stärker wirkt als der Einzelne. Das Individuum schadet sich dadurch bloß selbst. Lediglich auf eigene Vorteile ausgerichtete Individuen ergattern sich dadurch selbst einen Platz innerhalb der Gruppe, werden jedoch davon abgehalten, einen dauerhaften Schaden anzurichten. Natürliche Selektion wird wirksam. Damit komme ich wieder zu den Indianern. Die Mohawks, Irokesen und andere Stämme aus der Region, von denen übrigens auch die Friedensstifterprinzipien stammen, haben sich, wie ich finde, ziemlich genial organisiert. Was mir jedoch ein bisschen missfällt, ist die unterschiedliche Wertigkeit zwischen Mann und Frau, durch die eine bestimmte Hinterlist gefördert wird. Ich bin der Meinung, dass Frauen und Männer an einem Tisch, Kinder und Erwachsene gemeinsam, auf gleicher Augenhöhe sitzen sollten. Innerhalb eines Clans sollten auch keine gesellschaftlichen Werte wie Beschäftigung, finanzieller Stand oder andere Abhängigkeiten zählen. Hochsensibilität ist die einzig sinnliche Voraussetzung für Clanführer. Der Chief wird von allen anderen auf Zeit gewählt. So schützt ihn die Gruppe vor Missbrauch des Amtes. Der Gruppenführer ist musikalisch, theatralisch begabt und verfügt über ein feines Gespür für die sozialen und emotionalen Anliegen der Menschen. Außerhalb der Versammlungen wird gearbeitet und gefeiert. Gemeinsam organisiert man diese Feste in freiwilligen Diensten. Dadurch, dass während dieser Feste und allgemein innerhalb der Gemeinschaft auf Alkohol, Zucker oder andere schädigende Stoffe bewusst verzichtet wird, vermeidet man schlechte Stimmung. Sollte dies doch einmal der Fall sein, wird sofort ein Friedenstanz eingeleitet, um die Sinne wieder zu reinigen und die Verbundenheit zur inneren und äußeren Natürlichkeit herzustellen - so lange, bis die schlechte Stimmung wieder verflogen ist. Im schlimmsten Fall entfernen Krieger des Lichts denjenigen, der die schlechte Stimmung, schlechte Wörter - sozusagen als Störfaktor - in die Versammlung gebracht hat und nicht davon ablassen will."

„Im Prinzip wird aber bei den Versammlungen immer wieder betont, dass die Anwesenden nicht nur für sich sprechen, sondern im Sinne der Interessen der sieben nachfolgenden Generationen argumentieren sollen. Da könnten auch wir noch etwas lernen über nachhaltiges Denken! Auch jenen, die bei den Versammlungen zurückhaltend sind, die still oder nervös auf ihren Sitzen herumrutschen, wird Beachtung geschenkt. Sie werden vom Sprecher aufgefordert, ebenfalls ihre Meinung kundzutun. Es sind die stillen Stimmen, nach denen der Sprecher Ausschau hält. Stille Wasser sind eben tief. Ein Ältestenrat begleitet die junge Generation. Dort sitzen nicht unbedingt die Ältesten, gemessen an Jahren, sondern jene mit dem reichsten Erfahrungswissen und Erkenntnisschatz, sozusagen die Herzensweisen, die sich ihrer Sensibilität bewusst sind und eine sehr ausgeprägte emotionale und soziale Intelligenz aufweisen. Diese Ältesten werden auf den Versammlungen und auch sonst durch bestimmte Personen umsorgt, bekommen besondere Plätze in möglichst naturbelassener Atmosphäre. Sie dienen ihrer Gemeinschaft als Frühwarnsystem."

„Wie auch immer man zum Wissen anderer Kulturen persönlich stehen mag, die obigen Strukturen haben bei den Naturvölkern jahrtausendelang, besser gesagt, bis heute für Frieden und Eintracht gesorgt. Nüchternheit war ein Gebot des Zusammenlebens und Trunkenheit bestenfalls ein kontrolliertes Ritual. Dieser Frieden wurde im Zuge des christlichen Evangelisierungsauftrages durch die technische Aufrüstung gestört. Die Christen predigten Wasser, tranken Wein und gaben sich der Bereicherung und allerlei eigennützigen Zwecken hin, als wären neben Gott sie die eigentlichen Götter. Dadurch sind diese im Begriff zu zerbrechen wie alle anderen Religionen. Es geht hier schon lange nicht mehr um Glauben, sondern um fehlende Einsicht der eigenen Feinfühligkeit. Was sich abspielt, ist ein Kampf zwischen Verstand und Gefühl, zwischen der männlichen und weiblichen Innenwelt des Individuums. Um den eigenen sensiblen Wesenskern zu schützen, bauten Menschen Schutzmauern um ihren verletzlichen Wesenskern. Ob leichtfertig, grob fahrlässig, unabsichtlich oder vorsätzlich - ist nebensächlich. Solche Schutzmechanismen bestehen nunmehr aus körperlichen und psychischen Abhängigkeiten, gekoppelt an Substanzen wie ‚Feuerwasser' und handlungsbezogene Suchtmittel. Handlungsbezogen heißt hier, dass sie die Persönlichkeit verändern und das Handeln auf eine bestimmte Weise ausrichten. Im Laufe der Jahrtausende entwickelte sich daraus eine globale Schutzmaßnahme namens 'Normalität'."

„Die Hochsensiblen in unseren Breitengraden sind lediglich die natürliche Antwort auf das gegenteilige Extrem der mittlerweile Sensibilitätsblinden. Das Problem liegt darin, dass die Schutzmauern der Mehrheit aus der Normgesellschaft zugleich auch für die Hochsensiblen massive Hindernisse bilden. Ab einem bestimmten Punkt können sie nicht mehr weiter zurückweichen, sondern stehen selbst mit dem Rücken zur Wand. Danach beginnen sie – aus Angst vor der eigenen Vernichtung – damit, sich im Überlebenskampf anzupassen und, anstatt auf die Barrikaden zu steigen, sich mit denselben Mitteln zu betäuben. Da Hochsensible jedoch keinen Filter haben gegen toxische Einflüsse, entgleisen sie seelisch. Diese schädigenden Mittel sind gleichzeitig Bewusstseinsöffner, womöglich mit einer Schlüsselfunktion. Denn süchtige Hochsensible bringen durch ihre Offenheit und Aufmüpfigkeit wiederum die Schutzfunktion der weniger Sensiblen ins Wanken. Druck erzeugt bekanntlich Gegendruck. Auflehnung gegen die Grobheit macht sich breit und stößt auf Ablehnung. Genau darin liegt auch die Lösung, die wir nur gemeinsam finden und vollbringen können, nämlich, die persönliche Bereitschaft der Hochsensiblen, ihr Leiden anzusprechen und ursächlich mit ihrer Begabung besonderer Feinfühligkeit in Verbindung zu bringen. Der Gegenseite eröffnet sich die Erkenntnis, dass die eigene Hartherzigkeit aus Selbstschutz heraus erfolgt und die sensibleren Wesen unter uns zu erdrücken droht. So geht jedermann die halbe Strecke des Weges, wodurch wir uns dann in der Mitte einig werden, in vollem Umfang. Wenn also in Zukunft jemand vor Deiner Gefängnismauer, sprich, vor Deinem Haustor, liegt, öffne ihm bitte die Tür und weise ihn darauf hin, dass es vermutlich mit der Missachtung seiner bislang unerkannten Begabung mit Hochsensibilität zu tun hat, weshalb er leidet. Strecke die Hand aus und hilf ihm. Lade ihn in deinen Bund ein und hilf ihm zu erkennen, dass auch Du Dich nur deshalb eingemauert hast, weil Du Dich schützen musstest. Sein qualvolles, inneres Leid wird Dich erweichen, und Du kannst ihn ermutigen. So schließt sich der Kreis im vollen Umfang der Kreisformel. So können wir auch die Erfindung von Diagnostik und Sucht als eine Art Momentaufnahme seelischer Erkrankung sinnvoll nutzen. Denn dadurch wird das Entgelt im Krankheitsfall weitergezahlt, sodass der Suchtkranke Anspruch auf eine angemessene Behandlung sowie therapeutische Hilfe hat, auch wenn der Betroffene seine Sucht leugnet. Und das macht jeder Süchtige, selbst jener, der jeden Tag allem Anschein nach brav zur Arbeit geht, doch in Wirklichkeit seiner Arbeitssucht frönt. Fehlende Einsicht ist ein wesentliches Merkmal von sogenannten psychischen Erkrankungen. Mittlerweile zählt bei Rauschmitteln auch Gewohnheitsverhalten zum schädlichen Gebrauch, der unweigerlich zur Suchterkrankung führt. Ob Teufelskreis oder Lichtkreis. Ich nenne es das Kreisprinzip."

„Dieses Prinzip liegt auch dem Pyramidenbau zugrunde. Diese Bauwerke sollen uns sinnbildlich dazu dienen, als siebentes und letztes noch bestehendes Weltwunder auf die Entwicklung der Menschheit hinzuweisen, wie sie sich dieser Tage zuspitzt, im wahrsten Sinn des Wortes. Die Lebensweise der Naturvölker funktioniert immer noch und ist natürlich logisch nachempfindbar. Denn wir alle sind Menschen mit den gleichen Grundbedürfnissen: einem Leben inmitten unberührter Natürlichkeit im Herzen natürlicher Schöpfung. Wer weiß, vielleicht profitieren wir von dem alten Wissen, welches Verstand und Seele gleichstellt, und nutzen es zugunsten unserer Kinder und Kindeskinder, um in ihnen und durch sie unser ewiges Leben finden zu dürfen. Denn, ein Naturgesetz wird stets Gültigkeit haben: Wie ich in den Wald hineinrufe, so schallt es zurück. Forrest Gump. Die Weisheit der Natur leitet durch Bestimmung den Genius des Menschen. For rest gumption. In der Ruhe liegt die Kraft. Geistig beschränkter Intellekt versus sozial-emotionale Intelligenz. Was sich hier ja wundersam wie von Geisterhand zusammenfügt. Es ist eine einfache Rechenübung, dass wir Menschen dorthin zurückkehren, woher wir kommen, ins und aus dem Nichts. Denn für einen Menschen von heute bedarf es 254 Menschen sieben ihm vorangegangener Generationen. Dies bedeutet, dass die Menschheit niemals erwachsen kann, sondern schlussendlich von der Bildfläche verschwinden wird - als Rückkehr in die absolute Harmonie eines unendlichen Urzustands. Seelenfrieden. Wo ich wiederum bei meinen Ahnen lande. Mein Vater, der Elektriker. Ich, der psychisch Kranke. Mich würde ja mal brennend interessieren, was Gelehrte zu meiner Sicht der Dinge sagen?"

Da war **eine Freundin** gewesen.

Eine Seelentrösterin, mit einem sanften und anmutigen Wesen und einer ganz bodenständigen Art. Pünktlichkeit war zwar nicht gerade ihre Stärke, doch dies war wahrscheinlich auch nur Symptom ihres Krankheitsauslösers gewesen: Depression durch Burnout nach Polytoxikomanie. Mit ihr sprach Christoph über Gott und die Welt. Immer wieder hatte sie ihm Denkanstöße gegeben, zum Beispiel die Anregung, dass er die Hälfte seiner Einnahmen zu wohltätigen Zwecken spenden möge. Sie hatte das Leben als Wunder angesehen - ein Wunder, die Augen öffnen zu dürfen, ein Wunder, zu sehen, zu hören, zu atmen, zu denken, zu spüren, zu fühlen, ein Wunder, aufstehen zu dürfen ohne Schmerzen. Im Jetzt hatte sie dieses

Glück gefunden. Emotional durchlässige Persönlichkeit und Helfersyndrom, passiv aggressiv, Fraisen in der Ahnenreihe.

„Eigentlich bin ich ja Psychiaterin, besser gesagt, wäre ich es jetzt, wenn ich nicht selbst verrückt geworden wäre, das heißt, wenn ich nicht schon früher die Wirklichkeit für mich entdeckt hätte. Ich hatte mich persönlich zu schnell entwickelt, um als Vogerldottore erfolgreich werden zu dürfen. Hier ein Näschen, da ein Stäubchen - war ich wohl ein Friedenstäubchen. Schon komisch, dass mein Kollege - also mein behandelnder Psychiater - behauptete, dass ich mit zunehmender Nüchternheit immer verrückter würde. Folgerichtig ist daraus zu schließen, dass er 'voll zu' sein muss, wenn er behauptet, normal zu sein. Übersinnlichkeit. Feinstofflichkeit. Metaphysischer Bereich. Welt des Unsichtbaren. Ursprünglich bin ich gelernte Radio- und Fernsehmechanikerin. Gesellschaftliches Gefüge und der Einfluss Angehöriger hinderten mich vorerst an einer wirksamen Entwicklung. Die Offenbarung des eigenen Feingefühls war unweigerlich mit dem Beruf verbunden. Aufrichtig davon zu sprechen? - Nie im Leben! Das war schon bei meinem Vater so gewesen. Er war zeitlebens Polizist. Das Zentralorgan in seiner Arbeit war die Tageszeitung. Er hat sehr viele Menschen beamtlich behandelt. Viele davon waren ihm sogar dankbar für ihre Festnahme und seine Interventionen in mehreren Fällen, weil sie das angeblich wach gerüttelt hätte. Das kann ich mir sehr gut vorstellen. Wobei er auch seine Vorgesetzten dazu anregen wollte, intensiver mit Hilfseinrichtungen zu kooperieren. Hätte jemand den meisten Straffälligen bereits früher zugehört, wäre es gar nicht erst so weit gekommen, dass sie straffällig werden. Doch die oberste Instanz antwortete ihm auf seine herzlichen Bemühungen standhaft, dass die Exekutive im Auftrag des Anklägers handeln und nüchterne Sachverhaltsdarstellungen und Tatbestandsaufnahmen durchführen sollte, mehr nicht. Menschlichkeit hängt dann individuell vom Beamten ab. Und daran appellierte er eindringlich: an das Herz der Menschen hinter der Fassade der Uniform. Als jemand, der einer von ihnen war, wusste er, wie den meisten seiner Kollegen diese Fassade selbst geschadet hatte - außen hart, innen zart. Weil die Uniformen ihre repräsentative Wirkung verloren und indes Schutzfunktion für die Sensibilität ihrer Träger übernommen hatten. Exekution vor Prävention. Zum Schutz Patronen in Pistolen. Anstatt menschliche Schutzpatrone durch Namenstage. Alkoholismus, Drogenkonsum, Depression, Burnout, Scheidungs- und Selbstmordraten - so viel davon, dass der Teufel tanzt. Die Zeit ist reif für ein wenig Zärtlichkeit. Obwohl Reden ja bekanntlich nix kostet, ist es doch so schwierig. Die meisten reden ungemein viel oberflächlichen Stumpfsinn, da auch dies eine Schutzfunktion ist, um ihre wirklichen

Gefühle und Gedanken nicht aussprechen zu müssen. Aggressives Zwangsverhalten. Erzwungenes Verhalten gegen das Außen richtet sich irgendwann gegen sich selbst. Höchste Stufe: Selbstmord, Freitod. So ist die Hölle mittlerweile leer, weil die Teufel alle auf der Welt herumwandeln. Geborene Engel, auf den Hund gekommen."

„Bei mir hat alles mit der Schluckimpfung angefangen. Gib dem Affen Zucker, eingeteilt in Broteinheiten. Das ist doch offensichtlich genug, billige Nachahmung. Ich wurde zum Impfopfer. Nun gut, damals war die Medizin auch noch nicht so weit. In einem Film habe ich einmal einen Arzt sagen hören:

,Schauen Sie: Ich diagnostiziere täglich Krankheiten, von deren Ursache und Herkunft ich nur aus Büchern gelesen habe. Gegen die Symptome verabreiche ich Medikamente, von deren genauer Zusammensetzung und Wirkungsweise ich ebenfalls nur durch Aufzeichnungen erfahre - an Menschen, die ich nicht im Geringsten kenne.'

Sogar in den bekanntesten medizinischen Einrichtungen arbeiten Schamanen bei Operateuren mit, um ihnen ruhige Hände zu verschaffen. Künstliches Fieber wird bereits seit Urzeiten gegen Krebs und andere Beschwerden eingesetzt. Diesen tieferen Sinn und Zweck haben auch Drogen und Alkohol, Zucker und andere Stoffe - zum Schutz des sechsten Sinnes, der Sensibilität. Göttliches Auge. Dimethyltryptamin, kurz DMT, das traditionelle *Sakrament* der südamerikanischen Schamanen. Es ist dieser körpereigene Wirkstoff in unserer Zirbeldrüse, der das göttliche Auge erwachen lässt. Zeit und Raum, Leben und Tod heben sich auf. Grenzenloser Geist wird wirksam, seelische Freiheit erlebbar. Ich will lieber mit Gefühl sterben, als ohne Gefühl gelebt zu haben. Äther. Unter uns gesagt, habe ich ja eine eigene Sprache entwickelt. Denglisch. Eine Mischung aus Deutsch und Englisch: jedem Koffer sein Kofferwort. In Verbindung mit Phonetik ist es dann Penglisch. Äther. At-the-air. Ä = zwei Kugeln über der Spitze einer Pyramide. Altgriechisch *aither*. Ai-the-r. Symmetrische Spiegeltechnik. The Air. Die Luft. Lunge. Blauer Himmel. Personifikation des oberen Himmels in der Mythologie. Mystiker versus Psychotiker. Hypothetisches Medium für die Ausbreitung des Lichts im Vakuum. Quintessenz. Das fünfte Element. Aristoteles. Ar-ist-tot-teles. AR: die Archimedes-Zahl. Dimensionslose Kennzahl. Atemregler. Atmosphärischer Fluss. Edelgas. Einheit und Gewicht. 10 x 10. Augmented Reality - computergestützte Erweiterung der Realitätswahrnehmung aller menschlichen Sinnesmodalitäten. Aspect Ratio. Die Erscheinung des Schlüssels. Wirklichkeit in Länge mal Breite. Aar. Der Adler als Wappentier. Österreich. Sichel. Kreuz. Gesprengte Ketten. Freiheitsstatue. Siebenstern. Teles - antiker griechischer Philosoph. Telegonie - die heute verworfene Theorie der Vererbungslehre namens Genetik. Wiedergeburt.

Schöpfungsgeschichte. Ahnenreiche. Tele = fern. Phonetisch de-lay. Eine Verzögerung von Schall. Das Balancieren einer drehenden Freestyle Frisbee-Scheibe. Thales und die Sieben Weisen. Die Erde als Scheibe, Kugel, Murmel. Hexen wahrsagen, indem sie in ihre Kristallkugel murmeln. Wir müssen nicht mehr murmeln. Sprich Deine Wahrnehmungen aus und mache Deine Sensibilität zu Deiner Wirklichkeit! Dann wird ein Hexenzauber zur wirksamen Wirklichkeit. Denn viele Wahrheiten bündeln sich zu einer einzigen Wirklichkeit. Früher wurden Hexen verbrannt, Schamanen zum Scheitern verurteilt. Wer heutzutage den Stempel der Psychiatrie vorweisen kann, dem ergeht es ähnlich - ein sehr kluger Einfall. So haben Menschen einen Weg gefunden, die hochsensiblen und hellsichtigen Wahrsager abzusondern und sie selbst durch ihre Wahrnehmungen als verrückt abzustempeln. Nicht schlecht, dieser verwegene Plan ... Telekinese. Doch Ausgewogenheit der Natur und göttlicher Plan sind klüger: Hochsensibilität versus Stumpfsinn. Freiheit der bislang unterdrückten, menschlichen Sensibilität, Frieden im Menschen, Sinnieren als Heilung. Zufall? Beifall? Notfall? Anfall? The ether. Die Weite des Himmels. Funktionelle Stoffgruppe. Betäubungs- und Lösungsmittel. Da fällt mir Viktor Schauberger ein. Freie Energie. Infinity & Eternity. Die vertikale und horizontale Zahl 8. Soso. 4-blättriges Kleeblatt. Glück. Sonnenrad links und Sonnenrad rechts übereinandergelegt. Gespiegeltes Hakenkreuz. Halbwert. #."

„Den Anstoß dazu gab mir, als ich mich mit Paracelsus und der Abbildung des Vitriol-Siebensterns näher zu beschäftigen begann. Zwei Sterne übereinandergelegt ergeben einen 14-Stern - männliches und weibliches Prinzip übereinandergelegt: Hinweis auf Paarung und Zeugnis neuen Lebens. Die 14 Zacken stehen für die sieben Tugenden und für die sieben Sünden, die in jedem Menschen vereint sind. Genau dieses Zeichen kennt man aus Jerusalem, der angeblichen Geburtsstätte eines von uns, eines A-Typischen. Die Forschung hat die Existenz der Hochsensibilität bestätigt. Dies bedeutet also zugleich, dass neben HSP auch NSP, die Niedrigsensiblen, existieren. Was beide verbindet, ist die Sensibilität. Jedes Lebewesen hat zumindest einen noch funktionierenden Sinn der insgesamt sechs Sinne. Der siebente Sinn ist die Vollendung in sich, die alles erfüllende Energie. Erst seitdem ich meine Sensibilität wieder empfinden kann, darf ich wirklich aus dem Vollen schöpfen. Darin also liegt der rote Faden menschlichen Lebens. Mir glauben sie das ja nicht, obwohl ich spüre, dass die Erlösung so nah ist. Der Retter ist bestimmt schon unter uns. Durch Therapie wird Heilung möglich. Ich persönlich glaube ja nicht an Gott, Jesus oder sonstige blödsinnige Erfindungen wie Religionen und Konfessionen. Ich sehe das alles recht wissenschaftlich. Das ist meine Arbeit. Ar be it. Die Kreuzinschrift

I N R I steht für NR zwischen zwei Geraden. Noise Reduction, das Rauschunter-drückungsverfahren, ein technisches Verfahren im Bereich der Signalverar-beitung. Also ein Zeichen. Dessen Ziel ist es, das meist unerwünschte Rauschen zu verringern und in ein Nutzsignal zu verwandeln. Dazu werden im Signal bestimmte Frequenzanteile mit auf die Anwendung abgestimmten Filtern jeweils unterdrückt oder verstärkt. Zu den Anwendungsbereichen gehören unter anderem die Audiotechnik bei Sprache und Musik, die Akustik allgemein oder die Bildverarbeitung, um das Rauschen von Bildsensoren zu minimieren. Entsprechende Filterfunktionen können aber auch in Bereichen der Mechanik, wie beispielsweise der Hydraulik, Verwendung finden. Es spricht sozusagen alle bisher bekannten sechs Sinne als ausgleichende und reinigende Konstante an. Das Ganze wiederum ist eine Erfindung des Menschen selbst, seinem Geist entsprungen. Insofern sollte man es als erwiesen ansehen, dass dies die technische Abbildung des menschlichen Inneren ist. Denn Er-findung ist nur der Spiegel vom Inneren des Menschen. Sinnfindung. Sensibilität ist so eine Frequenz."

„Der ureigene Zweck des Menschen ist es, rauschfrei zu sein. Vergleiche ich das mit dem Bild von Jesus am Kreuz, dann heißt das für mich in die Sprache der Wissenschaft übersetzt: Der Gekreuzigte ist rauschfrei. Er betäubt sich durch nichts. Er selbst ist ein Filter, der Katalysator, sprich, ein Hochsensibler. Ein weiterer Hinweis ist NR oder NawaRo - Nachwachsender Rohstoff. Bei den Indianern Nawajo. Organische Rohstoffe, die zielgerichtet für weiter-führende Anwendungszwecke außerhalb des Nahrungs- und Futterbereiches verwendet werden. Na, klingelt's? Ein Hinweis auf die Lösung aller von Men-schenverstand geschaffenen, hausgemachten Probleme, auf den Heiland, auf jenen, der Heil ins Ägypterland bringt. Der Highlander - es kann nur einen geben. Je nach Anwendungsbereich werden Rauschunterdrückungsverfahren auch als *Rauschfilter* oder als *Störfilter* bezeichnet. Jesus ist der reine Filter für ein gestörtes Umfeld, obwohl er zu seiner Zeit von den Autoritäten als der gestörte Außenseiter dargestellt worden ist. Im Falle, dass man das Kreuz zwischen den Silben IN und RI berücksichtigt, ergibt sich das Wort INTRI. Intro, die Einführung. Sie ist eine kurzgefasste, thematisch bezogene Einleitung in den kompletten Inhalt von und bei Text-, Musik-, Bild- und Videowerken. Es hat die Funktion, das Werk vorzubereiten und beim Zuseher Spannung aufzubauen, In-teresse zu wecken und zum Wiedererkennungswert beizutragen. Die Namensbe-deutung und Herkunft von INTRI zeigt auf die Herkunft und Züge für Lebensweg # 7, Planet Neptune, Farbe Grün, Mondstein, philosophische und spirituelle Eigenschaften. Verbunden sind damit die Charakter- und Persönlichkeitsmerk-male: Intelligenz, Intuition, Spiritualität, analytisch, alleine und geheimnisvoll."

„Zudem ist NR die Abkürzung für Nummer. Er ist also die Nummer 1. Eine Nummer ist ein meist numerischer, das heißt aus einer Ziffernfolge bestehender Identifikator, der zur Kennzeichnung und Ordnung von Objekten verwendet wird. Er - als das erste objektive Subjekt. Zurückzuführen auf die original grammatikalisch-maskuline Form *numero*. Letztendlich geht es auf das lateinische *numerus* zurück, die Zahl, Anzahl oder auch der Rang. Die Wurzel findet sich im altgriechischen Zu-, Aus- und Verteilen. Ursprünglich das *Zugeteilte*. Der den Menschen zur Aufklärung Zugeteilte. Klingelt es noch immer nicht? Du kannst ja auch mal umschalten zwischen Text - Binär - Hexadezimal - Konverter. Eine Konferenz inkognito. In Kognitiv. Jesus. 101. In der Kriminologie nennt man diese Vorgehensweise *Personenbeschreibung* oder auch *Phantom*bild. Die Beschreibungen und bildlichen Darstellungen der Religionen sind nichts anderes als *Phantombilder* des wahren Lichtbringers. *Phantom*zeit. Jesus wurde nicht gekreuzigt, sondern er ist ein Hinweis auf Christus. Jesus und Christus sind nicht ein und dieselbe Person. Jesus ist ein Bildnis von Christus. Chris X us. XP. Die Spitzen von zwei Pyramiden. Ein Bild von dem, der das Gleichgewicht wiederherstellt. Das Zünglein an der Waage natürlicher Harmonie und einträchtiger Natürlichkeit. Er, der das gesamte Missverständnis ent-larven wird. Die Entelechie in sich. Der König der Juden - Sündenbock der Nation. Mit dieser Bezeichnung ungeschoren davonzukommen, ist erst seit dem Holocaust möglich. Vom schwarzen Schaf zum Unschuldslamm. Er hat sein Leben, welches ihm eingehaucht wurde, genutzt. Es ist ge-lungen. Auch wenn ihm niemand glauben wird, obwohl er wahrscheinlich von Pontius bis zu Pilatus gelaufen ist. Uns Hochsensiblen ergeht es allen so. Vielleicht war auch alles ein inszenierter Opfermord, der zur Zivilisation der Menschheit beitragen sollte, als Mittel der Medikation. Konzentration. Lagerraum für Menschen mit besonderer Beseeltheit. Gerichtsbarkeit. Kontrolle. Jesus als Mordopfer und Scheintoter. Die Selbsterkenntnis dieser Vererbung allein bringt oftmals schon große Erleichterung für Betroffene."

„Bislang macht alles den Anschein, dass ein Großteil der Menschheit einen kollektiven Phantomschmerz lebt. Warum? Weil Menschen, die mit Sensibilität veranlagt sind, als Grundeigenschaften Gutgläubigkeit, Treue und tiefes Vertrauen an eine liebende Schöpfung mitbringen. Gut so, denn sie haben sich nicht getäuscht. Sie sind lediglich getäuscht worden. Gott ist die Wirklichkeit. Auch wenn sie nun enttäuscht sind, werden sie trotzdem ihre Barmherzigkeit leben. Bereit sein - für neue Wege. Achtsam durch den Tag gehen - die kleinen Wunder sehen. Ruhe ausstrahlen - die Hektik ausgleichen. Mauern einreißen - aufeinander zugehen. Hören - mit dem Ohr des Herzens. Ehrlich sein - aus innerster Überzeugung. Rücksicht nehmen - gegen den Trend der Ellbogentechnik. Zivilcourage riskieren - zum Schutz sensibler Natürlichkeit. Ideale in den Blick nehmen - doch die Realität annehmen. Grenzen abbauen - dem Fremden Verständnis entgegenbringen. Klage wahrnehmen - sie will gehört werden. Erlebnisse mitteilen - Inneres teilen. Insel der Barmherzigkeit sein - im Meer der Gleichgültigkeit. Trauer und Tränen ertragen - um wortlos beizustehen. Sich in Vergebung üben - um nicht im Groll zu versinken. Denn kein einziger von uns Menschen ist gänzlich ohne Schuld. Jener, der tatsächlich überzeugt davon ist, schuldlos zu sein, der möge gegen diese Klarstellung den ersten Stein werfen!"

„Ich selbst weiß, wovon ich spreche: Ich litt an multiplem Substanzmissbrauch, war gerüttelt durch zahlreiche andere Wehwehchen und Bandscheibenvorfälle. Heute weiß ich, dass nicht ich das Problem war, sondern mich das Leben in der toxischen Gesellschaft krank gemacht hatte. Seelentröster, Rauschgift, Betäubungsmittel - wie immer Du sie auch nennen willst - erfüllen doch allesamt nur einen Zweck: durch Reizüberflutung die eigene Feinfühligkeit nicht wahrnehmen zu müssen. Das Einzige, was sie einem mitteilen könnte, ist der Schmerz der von außen eindringenden Aggression der unsensiblen Welt. Stets wurde behauptet, dass es gegen den Alkoholismus und andere Suchtkrankheiten, Verhaltens- sowie Zwangsstörungen keine wirksamen Heilmittel gäbe, weil etwa die Krankheit selbst die Angst der Menschen sei, sich selbst zu äußern. Doch diesem Grundproblem liegt die Lösung und das Heilmittel als Ursache zugrunde: die genetische Veranlagung mit Hochsensibilität. Gesteht sich der Betroffene zu 100 Prozent ein, dass er von Natur aus sensibler ist als andere Menschen und dass er bisher Angst hatte, es zu zeigen, dann kann er sich von dieser Grundangst befreien. Die Traumatisierung durch Stumpfsinn kann ausgeheilt werden. Somit ist Heilung von der Alkoholkrankheit ebenso möglich wie auch von vielen anderen Störungen. Alkohol ist dergestalt nicht länger das zum Tode führende und für kurzzeitige, vermeintliche Befreiung sorgende Distanzmittel. Hypersensibilität ist in diesem Sinne nicht länger als Schwäche oder schräges Phänomen anzusehen. Denn durch Selbstannahme transformiert sich diese vermeintliche Schwäche zur Stärke, die alles zu heilen vermag. Die Entscheidung liegt stets bei uns selbst. Sie haben uns eben nun einmal zu grauen Friedens-Tauben gemacht: taub für den Frieden. So wie wir uns innerlich gegen toxische Einflüsse wehren, so weiß auch die Natur sich gegen ihre Zerstörung durch den Menschen zur Wehr zu setzen. Wir sind die Stimme der Natur, wir geben ihrem Leid Körperlichkeit. So häufen sich in umweltschädigenden Ballungszentren die

Folgen durch natürliche Einflüsse wie Aller-Gene. Was wir Hochsensiblen unternehmen können, ist, unsere Natur für uns Menschen um Vergebung zu bitten. Denn die Stumpfsinnigen wissen nicht, was sie tun. Wir selbst waren wie sie. Sie aber suchen ihresgleichen. Was uns einzig und allein bleibt, ist der Entschluss, uns selbst wieder zu besinnen und unser Handeln auf die Grundsätze der Natur abzustimmen. Wir müssen uns endlich die Hände reichen und uns gegenseitigen Frieden bringen. Wir sehen uns nicht nur, wir brauchen auch einen globalen Friedensgruß als Zeichen von Einsicht. Frieden = Free Eden. Die Heimkehr ins Paradies. Ewiges Leben für die Totgeglaubten. Im Jetzt."

„Wie Du bestimmt schon erfahren hast, traf unlängst ein Blitz die Spitze des rechten Mittelfingers der 38 Meter hohen Christus-Statue in Rio de Janeiro. Ein Blitz fiel demnach auf 30 Quadratzentimeter dieser weltweit bekannten Figur. Der Mittelfinger kennzeichnet die Normen, die Disziplin, die Strukturen und die Naturverbundenheit. Der Mittelfinger zeigt den eigenen Zorn und die Erregung und damit auch die Sexualität. Hm. Jetzt leuchtet es Dir aber ein, oder? Der Mensch - die Gesellschaft - die Normen - Gesetz - Rechtsprechung - Disziplin - strukturierte Hierarchien - Mathematik - Zeichen - Rechtschreibung - Notensprache - Musik - Gottheiten - Natur. Die ganze Kette beginnt wieder von vorne mit dem Menschen. Der Mensch ist gleich Natur, und Natur ist gleich Gott. Technik wiederum ist eine Erfindung des Menschen, entstanden aus der Verleugnung seiner inneren Natur. Weil viele dieses Spiel erkannt haben, werden die Stimmen des Zweifels an der Gediegenheit des Gegebenen immer lauter und zugleich die Kriege immer mehr und das allgemeine Chaos immer schlimmer. Entsprechend habe ich gelernt, mich als besonders feinfühliges Wesen zu akzeptieren, und - siehe da: Heilung wurde wirksam, nach unzähligen Jahren in der Hölle, binnen kürzester Zeit. Ich bin nüchtern, clean, Nichtraucherin, Vegetarierin, esse keinen Zucker mehr, habe von Drogen, regelmäßiger Arbeit und anderen betäubenden Möglichkeiten der Ablenkung losgelassen. So habe ich mein Leben und meine Gefühle dank Psychotherapie und Selbsthilfe wieder in den Griff bekommen. Und dies vollends ohne Medikamente."

„Im Wesentlichen ist sogar die Erfindung des Automobils nur irgendein Spiegel der menschlichen Innenwelt. Hier eine Skizze der Grundsatzproblematik: Die Industrie produziert Autos, die schneller fahren, als das Gesetz es durch die maximal zulässige Fahrtgeschwindigkeit erlaubt. Analog dazu: je ausgeprägter die Hochsensibilität, desto höher auch die Maßlosigkeit. Wieso? Weil Hochsensible, genetisch bedingt, eben keinen natürlichen Filter besitzen. Gesetze, Religionen, Medizin und andere Kontrollmechanismen stellen künstliche Filter dar. Wird ein Schnellfahrer erwischt, zahlt er Strafe und füllt dadurch im Gegenzug die Staatskassen. Der industrielle Wettlauf aufgrund unerkannter Hochsensibilität hat also begonnen. Schlimmstenfalls bezahlen die Hochsensiblen mit ihrem Leben. Das ist eine Ausbeutung sondergleichen, Betrug im größten Umfang seit Menschengedenken. Die Medizin verabreicht Medikamente gegen diese angebliche Filterstörung. Religionen locken die Verblendeten in Tempel, um die eigenen Emotionen zu besänftigen. Institutionen der Gerichtsbarkeit sperren unsere sensiblen Straftäter in Käfige. Darin erkennt jedermann den eigentlichen Zweck der Justiz: Die natürliche Einstellung reizüberfluteter Hochsensibler wird zwangsweise geändert und an die Norm des Kollektives angeglichen. Ist nun der reizüberflutete Mensch schuld oder vielmehr das reizauslösende System? Schlussendlich ist die zu klärende Frage, die da noch übrig bleibt, wenn all diesen Menschen Maßlosigkeit oder emotionale Filterstörung vorgehalten wird, folgende: Wie kann ein Filter gestört sein, der nicht einmal vorhanden ist? Aus Sicht eines Hochsensiblen bedeutet dies den reinsten Nonsens. Daher können auch niemals Schuldbekenntnis oder Einsicht erfolgen. Lediglich aus dem Grund einer möglichen Straflinderung, niemals jedoch aus reinem Herzen, es sei denn, der Hochsensible hat erkannt, dass er nicht in diese Welt passt. Und das ist dann schon wieder falsch. Was stimmt, ist, dass er einfach nicht in unsere gegenwärtige Gesellschaft passt, die seit Jahrhunderten und Jahrtausenden für einige Wenige passend aufbereitet wurde."

„Ihr, liebe Freunde, habt uns lange genug verarscht. Deshalb will ich Dir hier das Konzept der Psychotherapie anhand eines Beispiels verständlich machen. Trotz einiger Jahre Autofahrt bist Du ein unsicherer Fahrer geblieben. Nun musst Du aus privaten Gründen nach Australien und dort Dein Auto lenken. Um im anders gehandhabten Stadtverkehr klarzukommen, wird es erwartungsgemäß nicht ausreichen, dass Dir irgendjemand irgendwann den Hinweis gegeben hat, in diesem Land links fahren zu müssen. Du befindest Dich in der gleichen Lage wie so mancher Patient einer Psychotherapie: Obwohl Du nicht dazu verpflichtet bist und Dich niemand dazu zwingt, könnte es sinnvoll sein, einige Fahrstunden zu nehmen. Ein guter Fahrlehrer wird vieles ziemlich genauso machen wie ein guter Psychotherapeut. Er wird Dir anfangs etliche Erläuterungen geben und trifft mit Dir einige Absprachen. Dann wird er mit Dir losfahren. Für den Psychotherapeuten heißt dies: Er geht mit Dir eine therapeutische zwischenmenschliche Beziehung ein. Dir wird wichtig sein, dass der Fahrlehrer Dir das Gefühl vermittelt, an Deiner Seite zu stehen und Dir wirklich helfen zu wollen. Je besser und stimmiger die Chemie zwischen Dir und Deinem Fahrlehrer, desto erfolgreicher Deine

Entwicklung als zukünftiger Fahrer. Und desto weniger bis gar keine Chemie brauchst Du von außen zuzuführen. Umgelegt auf das Psychische, heißt das: Es ist keineswegs irrelevant, dass man von der Hochsensibilität als genetischer Veranlagung Bescheid weiß. Ansonsten fahrt Ihr mit der Kirche ums Kreuz. Auch die Psychotherapie kommt ohne Vertrauen, ohne eine gute und hilfreiche zwischenmenschliche Beziehung nicht aus. Sobald Du losgefahren bist, wirst Du mitunter noch Fragen haben, über die Du sprechen willst, ohne aber Angst haben zu müssen, Dich lächerlich zu machen oder Dich irgendwie schämen zu müssen. Darüber hinaus wird Dir ein guter Fahrlehrer beim Fahren aufmerksam zuschauen und an Deiner Fahrweise einige Dinge bemerken, die Dir selbst unter Umständen noch gar nicht aufgefallen sind. Er tut aber gut daran, Dich nicht quasselnd zu überfordern oder totzureden, da Du ja das Fahren erlernen sollst. Ebenso wird ein guter Psychotherapeut im Verlauf der psychotherapeutischen Sitzungen vorgehen. Entscheidend für Dich ist, dass Du einfach losfährst in einer für Dich ungewohnten Umgebung und nach etwas anderen Regeln."

„Ungewohnte Umgebung und etwas andere Regeln bedeuten in der Psychotherapie, dass der Patient in seiner zwischenmenschlichen Beziehung zum Psychotherapeuten andere Reaktionen erlebt, ungewohnte Fragen gestellt bekommt und neue emotionale Erfahrungen macht. Das ist der entscheidende Punkt, an dem die Therapie intuitives, implizites Wissen verändert. Bei einigen besonders gelagerten Problemen - bei bestimmten Angstsymptomen und bei sogenannten Zwangsstörungen - wird der Therapeut Übungs-Exkursionen, sogenannte Expositionsübungen, machen, um mit dem Patienten etwas Neues einzuüben. Da der Fahrschüler aber letztendlich nicht lernen soll, mit einem Fahrlehrer, sondern selbstständig bzw. mit anderen Beifahrern sein Auto lenken zu können, wir der Fahrlehrer Dich ermuntern, auch ohne ihn zu üben. Bei der Psychotherapie wird der Patient, gestützt auf die in der Therapie gesammelten neuen Erfahrungen, nun auch in seinem Alltag neue Sicht- und Verhaltensweisen wagen, vor allem dort, wo er bisher durch Angst, übergroße Scham oder Rücksichtnahme eingeengt gewesen ist. So bin auch ich über einige Jahre hinweg wieder stufenweise erwacht. Denn, erst als ich von der Hochsensibilität gehört habe, ist ein wirklich wirksames Erwachen für mich möglich geworden. Aus mir selbst heraus. Dank dieser Erfahrung darf ich die Welt nun mit einem neuen Bewusstsein erleben, mit neuen Augen sehen, nämlich mit den Augen meiner Feinfühligkeit, dem Auge Gottes, meines Herzens, unabhängig und frei. Ja, ich darf mir auch meine Fehler eingestehen. Weil diese nur Folge von Fehlverhalten sind. Meine Gefühle habe ich lange genug im Verborgenen gehalten. Daran bin ich jedoch nicht selber schuld. Jetzt darf ich ohne Selbstmitleid und schlechtes Gewissen daraus lernen, meine Grenzen bewusst wahrnehmen, seelisch reifen. Ich darf bei mir wiedergutmachen, was ich mir selbst angetan habe, aus Unwissenheit und aus dem Bewusstsein heraus, dass ich von Sensibilitätsblinden umgeben bin, und darf in Verständnis und Akzeptanz mit ihnen leben. Weil sie noch immer dabei sind, das zu tun, wozu sie ihr Umfeld ein Leben lang motiviert und erzogen hat. Ich will freiwillig ich sein, selbst entscheiden, bewusst erwachsen sein, Verantwortung übernehmen. Davor habe ich nämlich immer nur andere imitiert. Ich denke, ich bin keine Suchende mehr. Ich bin ein Wesen, das sogar Alkohol nicht mehr ausstehen kann, weil er mir nicht schmeckt. Insgeheim hat er mir nie geschmeckt. Doch die Wirkung hat mich vom ersten Schluck an fasziniert. Im Mund war er süß, im Magen allerdings war es gallig bitter. Er hatte mich verändert. Weil er mir körperlich, geistig und seelisch auf Dauer schadete, nicht minder als andere Mittel auch. Auf Basiszutat Zucker. Urinstinkt sagt, süß ist gut. Das liegt im Naturell des Menschen. Bitter wird's erst lang danach. Urinstinkt. Urin stinkt."

„Ich habe mich gänzlich neu definiert, um neu durchzustarten. Das ist zwar nicht einfach, doch es tut gut. Du bist der Erste, dem ich das mitteile, weil es mir schwerfällt. Ich bin in meinem Sicherheitsnetz gefangen gewesen. Das habe ich wenigstens erkennen dürfen, aber auch erst nach einigen Therapieanläufen. Niemals habe ich diese als Weg zurück in die Gesellschaft betrachtet. Psychotherapie ist für mich das Erkennen meiner psychischen, sozialen und körperlichen Beeinträchtigungen und Störungen gewesen. Mit wissenschaftlichen Methoden wie Tests, Skalen, Fragebögen sowie projektiven Verfahren hat man meine Persönlichkeitsstruktur, meine psychische Befindlichkeit sowie meine Leistungsfähigkeit und mögliche Einschränkungen untersucht. Freilich bin ich mir am Anfang wie ein Versuchskaninchen vorgekommen. Doch was ich zu guter Letzt sehr aufschlussreich empfinde, ist die Biofeedbacktherapie. Dort werden unbewusst ablaufende Körperfunktionen durch Rückmeldung auf einem Bildschirm direkt beobachtbar gemacht. Mir sind sozusagen meine eigenen Scanner-Funktionen vor Augen geführt worden."

„Herzraten, Köpertemperatur, Muskelspannung, Hautleitwert, Atemtiefe und -frequenz sind direkte Indikatoren für psychische Belastungen wie beispielsweise Stress oder Angst. Ziel ist es, mithilfe des Biofeedbacks zu lernen, auf diese Indikatoren durch das Aneignen wirksamer Fertigkeiten wie Entspannungsstrategien, Atmung, innere Bilder und neue Glaubenssätze Einfluss zu gewinnen. So habe ich mein eigenes Leiden schon einmal sehr stark lindern können. Biofeedback ist somit ein Lernen von Körperwahrnehmung, Selbstkontrolle und Selbstheilung. Neurofeedback stellt eine Ergänzung dazu dar. Was für mich darüber hinaus wichtig gewesen ist, nennt sich soziales Kompetenztraining in der Gruppe. Inhalt dieser Gruppe sind theoretische und praktische Bausteine zum Thema Angstbewältigung, Kommunikation sowie andere soziale Kompetenzen wie Abgrenzungsfähigkeit, Durchsetzungsvermögen, das Stellen von Forderungen und der Umgang mit Konflikten. Mithilfe von Übungen können in einem geschützten Rahmen neue Verhaltensweisen ganz konkret erarbeitet und eingeübt werden. Soziale Kompetenz – häufig auch Soft Skills genannt – ist die Gesamtheit persönlicher Fähigkeiten und Einstellungen, die dazu beitragen, individuelle Handlungsziele mit den Einstellungen und Werten einer Gruppe zu verknüpfen. In diesem Sinne lassen sich auch das Verhalten und die Einstellungen von Mitmenschen beeinflussen. Soziale Kompetenz umfasst Fertigkeiten, die für die soziale Interaktion nützlich oder notwendig sind, inklusive Manipulation. Aber, Vorsicht: Verhalten hindert am Entfalten."

„Am meisten halfen mir die Gespräche mit den Psychologen und dem Pflegepersonal, die allesamt psychotherapeutische Qualifikationen mitbrachten, vor allem hinsichtlich der Einfühlsamkeit und Aufrichtigkeit. Ziele der individuellen, ressourcen- und krankheitsbezogenen Arbeit in den psychotherapeutischen bzw. klinisch-psychologischen Einzelgesprächen sind beispielsweise differenzierte psychotherapeutische Diagnostik und Therapieplanung im engeren Sinn, aber auch die Klärung der notwendigen Rahmenbedingungen für seelische und geistige Arbeit in der Auseinandersetzung mit aktuellen Fragestellungen, Problemen und Krankheitssymptomen. Die Förderung positiver Ressourcen und Hilfestellungen bei der Stärkung seelischer Fähigkeiten ist ebenfalls von großer Bedeutung. Über Erfolg oder Misserfolg einer Therapie entscheiden: alle die seelische und geistige Bearbeitung störenden, hemmenden und überfordernden inneren und äußeren, sozialen Prozesse und Verhaltensweisen sowie die Klärung von Identitätsproblemen und auch von seelischen und zwischenmenschlichen Konflikten, insbesondere zu den aktuell nahestehenden Bezugspersonen. Ausgehend davon, sollten klärende Gespräche mit Lebenspartnern und Familie stattfinden. Denn wir Hochsensiblen sind in erster Linie dafür geschaffen, Fehlentwicklungen innerhalb der eigenen vier Wände – vor allem unseres eigenen biologischen Systems – aufzuzeigen. Oftmals ist dies der häufigste Grund unserer Erkrankungen. Aus Kränkungen sind Krankheiten entstanden. Die Bearbeitung der neuen Selbst- und Beziehungserfahrungen im modellhaften, therapeutischen Milieu und die Erarbeitung konkreter Perspektiven für die unmittelbaren Lebensaufgaben unter Berücksichtigung krankheitsbedingter Beeinträchtigungen und Risiken erscheinen mir ebenfalls als zielführend. Wie überall anders auch, bringt die regelmäßige Wiederholung entweder Leid oder Heilung. Es ist eben noch kein Meister vom Himmel gefallen. Wobei ..., na ja. Eigentlich finde ich mich jetzt dort wieder, wo ich war, bevor ich als Kind von den anderen verbogen wurde. So darf ich heute eine neue Freiheit kennenlernen. Häufig habe ich die Selbsthilfegruppen als eine Art Ersatzdroge benutzt, was an sich nicht Zweck der Übung und nicht der Sinn einer solchen Gemeinschaft ist. Auch habe ich in der Folge Freunde gefunden, die mir wohlgesinnt sind, Menschen wie Dich. Und das hilft mir sehr, mindestens so sehr wie die Erkenntnis, dass ich heute Satori, einen Zustand der Erleuchtung, erleben darf. Nur durch Glück habe ich das erkannt. Zunächst habe ich mich einem Freund anvertraut, der buddhistischer Mönch ist. Hätte ich mit meinem Arzt gesprochen, hätte ich wahrscheinlich noch eine weitere Diagnose dazubekommen, wahrscheinlich paranoide Psychosen oder etwas Ähnliches. Aus dieser schöpferischen Sinnhaftigkeit meiner genetischen Veranlagung, aus meiner Hochsensibilität habe ich neuen Glauben geschöpft."

„Evangelien und religiöse Schriften haben keinen geografischen Bezug, sondern einen rein wissenschaftlich-biologischen, einen quasi biografischen. Okkult heißt O.k.-Kult. Die Ausführungen beziehen sich auf die Natur des Menschen und wollen seit Jahrtausenden die Wirklichkeit ans Licht bringen. Der Tempel beispielsweise ist der Körper. Der See Genezareth ist die Genesung der Seele. So ist auch die Darstellung des Vitriol-Sterns der Alchemisten eine bis ins kleinste Detail getreue Personenbeschreibung des in der Bibel und Grundlagenwerken anderer Religionen besagten Messias, Christus. Hauptsächlich bezieht er sich auf die Ausführungen des heiligen Johannes, dessen Ausführungen wiederum nur die literarische Beschreibung darstellen. Konkret sind die Hinweise so zu verstehen, dass der Betrachter den Faktor *Zeit* weglassen muss. Ze-it. Zu penglisch: see it. Siehe hin. Auch See-it. Das Meer, welches durch Moses getrennt wird. Moses. Die Muse. Jesus. Das Jetzt. Links. Rechts. Auch die Anonymität und Einheit der beschriebenen Personen ist wichtig. Nicht das Äußere zählt, sondern die Innenwelt. So können mehrere Genannte auch ein und derselbe sein, weil sie dadurch die unterschiedlichen Entwicklungsstufen im Leben eines Menschen spiegeln. **V**isita **I**nteriora **T**errae **R**ectificando **I**nnuendo **O**ccultum **L**apidem. Ein Mann ist's, der den Mittelpunkt und das kosmische Gleichgewicht herstellt. Das Geheimnis der Pyramiden, der Scheibe, des Kreises, der Kugel, des Kosmos, der Schöpfung, das Geheimnis von Vater, Mutter und Kind ergibt einen Zusammenhang, den er herstellt. Der Kreis ist auch ein Tierkreis. Der schwarze Spitz nach unten bedeutet, dass dieser Mensch ein Mann und im südlichsten der Tierkreiszeichen geboren ist: Sagittarius. Ein Schütze. Zugleich ist dies ein Hinweis auf die Entstehung des Universums: das schwarze Loch Sagittarius A*. Zwischen Sonne, Mond und Sternen, also auf dem Planeten Erde. Dieser Mann ist ein Weißer. Das Buch unten deutet hin auf *Der Engel mit dem Buch* aus der Johannesoffenbarung, so auch der Fuß auf der Erde, der andere im Wasser, der Adler im oberen Bereich des Bildes. Dies bedeutet, der Mann ist ein Erdenbürger. Rechts hält er eine Fackel. Sie steht für Entzündung. Der Mann hat eine schwere Verletzung an der Hand, mit einer Narbe wie eine Schnur. Dadurch ist ihm jedoch auch ein Licht aufgegangen, ein Licht, wie es Nahtoderfahrungen beschreiben. Gebetsbänder sind heute noch Zeichen an den rechten Händen vieler Gläubiger. Eine Narbe, die siebenmal gewickelt ist. Moment einmal: Christentum. Chris tentum. Chris Hand. Christ Rist ist Ten Tentum. Rist heißt instep. In zehn Schritten. Zehn Gebote. Der Gekreuzigte genagelt durch Rist und Hände. Zehn Zehen und zehn Finger. All diese Hinweise auch versteckt im Wort Christentum. Chris und die Hand, die daran erinnert. Zurückhalten. Begreifen. Im Gedächtnis behalten. Katechismus. Such im Asket. Sachte Musik. USA im Sketch. Der gewichtigste Streitpartner des Christentums: Islam. I slam - ich vernichte, ich schlage zu. Auch im Islam ist Jesus Christus ein Begriff. Hilal und fünfzackiger Stern. Eine sichelförmige Narbe und die 5 Finger einer Hand. Christentum versus Islam. Bis jetzt. Er wird alle vereinen. Die Begriffe der Religionen sind Vorhersagen auf deren Stellung in der Endzeit. Tentum ist die Pluralisierung der Christen, von dem, was Chris als Erstes tut. Chris is top human - die Verbindung aller Gegensätze, welche von Menschenhand getrennt wurden. Ich glaube, dass die Islamisten nicht gegen uns als Menschen kämpfen, sondern gegen unsere westliche, alles zerstörende Einstellung gegenüber Mensch, Umwelt und Natur. Sie wollen, notfalls mit Gewalt, das entgegen unserer inneren und äußeren Natur angelernte Zwangsverhalten westlicher Zivilisation brechen, indem sie die Systeme im Keim ersticken und vernichten. Infiltration der Kulturen und Glaubensbekenntnisse. Wenn wir zumindest einen religiösen Konsens im Hinblick auf Naturschutz schaffen könnten, wären wir bereits hochweise."

„Die Fischblase steht für Luft, die an die Oberfläche kommt: ein in sich geschlossener, nach außen hin dehnbarer Zustand, zwar Körper und doch nur Luft. Erst wenn Fische tot sind, treiben sie auf der Oberfläche. Die Blase steht für den Gesellen. Das heißt, er ist Teil einer Gesellschaft, in der sich Folgendes abspielt: Der Junge kommt in einer Zeit der Dunkelheit - gleichbedeutend menschlich-seelischer Umnachtung - zur Welt. Die Menschen sind lebende Tote. Er selbst geht diesen Weg durch die tiefsten Tiefen und Abgründe der menschlichen Psyche. Psychotherapie. Terra. Pi. Bis zu dem Punkt, in dem er das äußere Chaos als den Spiegel seiner Seele erkennt. Er begegnet einer Frau. Beide schöpfen Hoffnung. Ihre Liebe verleiht ihnen Flügel. Aus dieser Liebe entsteht neues Leben, ein neuer Eintrag im Stammbaum ihrer Ahnen, ein Kind. Dieses Leben besitzt magische Kraft wie ein Einhorn und lässt den Mann durch seine Unschuld und Reinheit neu erwachen, weil es ihm zeigt, wer er zu sein gelernt hat, und wer er in Wirklichkeit im Verborgenen seiner Innenwelt ist. Das Einhorn trägt die fünf Sinne sichtlichen Lebens, es selbst hat vier Füße und ein Horn anstelle des dritten Auges. Also 5 + 4 + 1 Sinn. Die Summe ist 10, ein Ganzes, ein Kreislauf. So darf er das wahre Licht der Welt erblicken, und es schließt sich der Kreis. Der Anfang ist gleichzeitig das Ende. Das Ende ist der Anfang. Das Gleichgewicht ist wiederhergestellt. Der erste Mensch, der dies bewerkstelligt, ist der Anfang eines neuen Bewusstseins für alle Menschen. Awareness, Bewusstheit. Das Ordnungsprinzip natürlicher Schöpfung wird somit wirksam - das Prinzip von Ursache und Wirkung. Epigenetik. Dieser Zyklus zeichnet eine Schlaufe: Wiederentdeckung von Sensibilität als Lebenssinn - Entstehung einer neuen Wirklichkeit. Alle für einen, einer für alle. Vollendung in zwölf Dimensionen."

„Der Mann links ist zugleich der Mann in der Mitte. In der Filmbranche nennt man diese Einstellung *Close up*. Eröffnung. Der G-Punkt. Er ist der Vater - Feuerdrache im chinesischen Horoskop, Aszendent Löwe. Der Mann ist warmherzig wie das Sonnenprinzip. Die Mutter links ist die Jungfrau, kaltherzig wie das Mondprinzip. Es ist ihr erstes Kind. Mit ihrem Korb und Einkommen hält sie es über Wasser. Alles ist ein in sich gekehrter Spiegel, angeordnet nach dem Prinzip der Synchronizität. Allein = alle in. G ist die Umkehrung von e. Goldene Zahl. Alle in einem vereint."

„Leider kann ich die Menschen nicht retten. Lediglich den Einzelnen kann ich motivieren, sich selbst zu retten. Sonst gehe ich dabei selbst unter und lenke einmal mehr nur davon ab, meine eigenen Probleme anzupacken und die anstehenden Hausaufgaben des Lebens zu lösen. Meine Freunde sagen immer, dass mein Gesicht Bände spricht. Was soll das schon heißen? Mein Leben lang habe ich mich vehement gegen die Oberflächlichkeit meiner Mitmenschen gewehrt. Als ich irgendwann kapituliert habe, gezeichnet durch die Betäubung und andere Zwänge, habe ich während meiner Ausbildung zur Psychiaterin selbst den Weg in die Psychotherapie gefunden. Es hat mir große Erleichterung beschert, denn ich habe mich verstanden gefühlt. Endlich habe ich jemanden gefunden, mit dem ich offen und aufrichtig sprechen kann ... Umso tiefer bin ich anschließend aus allen Wolken gefallen, als mir meine Offenherzigkeit eine Diagnose eingebracht hat: Verdacht auf Instabilität und emotional durchlässige Persönlichkeitsstörung. Was ist das für eine Gesellschaft, in der man das Zeigen von Gefühlen als Krankheitsbild auffasst? Schweigen sei gesünder. Soziales Kompetenztraining soll das sein? Was dort unter Gesundheit verstanden wird, ist in Wirklichkeit ein Zustand der Lähmung. Gesünder kommt wahrscheinlich von Sünde. Ich habe einfach mein Licht eingeschaltet. Der Schalter hierzu ist die Feinfühligkeit, die sich im Artikulieren meiner Empfindungen manifestiert. Zum Einschalten von elektrischem Licht brauche ich ja auch nicht zu wissen, wie Elektrizität im Detail funktioniert. Ich habe da ein Geheimmittel: kolloidales Gold. Jeden Morgen - einen kleinen Holzlöffel voll im Mund zergehen lassen! Es ist Sitte von alters her, dass man den Spender lobet sehr. Nahezu scheint es, als wären wir systematisch kastriert worden, sterilisiert. Diese Maßnahmen nehmen einem Wesen das Temperament. Das Temper-a-ment ist die Seele im Tempel eines Lebewesens. Wird Dir die Möglichkeit der Fortpflanzung geraubt, dann nimmt man Dir auch Deine Seele weg. Systeme sind dazu da, die Menschen zu zähmen. Stumpfsinn ist, so gesehen, die Folge systematischer Kastration und Sterilisation der emotionalen und sozialen Grundintelligenz ganz natürlicher, menschlicher Wesen. Es ist auferlegtes Zwangs-verhalten, dazu gedacht, die Menschen daran zu hindern, sich ansonsten natürlich zu dezimieren, während die Machenschaften der Großen auf Quantität aufbauen. Der hochsensible Mensch ist zum Mastvieh, zur goldenen Gans, zum Opferlamm geworden. Oder ist er doch nur Lastenträger, etwa wie ein Esel oder ein Kamel? Unter Reitsportfreunden ist es bekannt, dass das Füttern in der Herde Futterneid fördert sowie Krankheiten und Unfälle bei Tier und Mensch verursacht. Was sonst! Die Ursache und Verantwortung liegt bei den Menschen, die das Futter zur Verfügung stellen. Was für eine Ironie! Gerade beim Menschen wird Verstand vorausgesetzt, aber er macht alles falsch. Über-legung. Ja, und? Der Verstand kann niemals den Urinstinkt überlegen - auf Dauer nicht, und am allerwenigsten die natürliche Sensibilität. Da dürfte wohl die *Raubtierfütterung Mensch* außer Kontrolle geraten sein. Oder doch eher die beabsichtigte Ordnung des Herdentiers Mensch? Welcher Futtergeber da wohl wieder dahintersteckt? Trägt er in diesem Fall etwa keine Verantwortung? Ist er denn je von ihr entbunden?"

„Da es dazu passt, möchte ich hier Bertolt Brecht zitieren, der bekanntlich gesagt hat, dass es viele Arten zu töten gäbe. Man kann jemandem ein Messer in den Bauch stechen, das Brot entziehen, die Heilung einer Krankheit verweigern, ihn in eine schlechte Wohnung stecken, durch Arbeit zu Tode schinden, zum Suizid treiben, als Kanonenfutter in den Krieg führen usw. Nur weniges davon sei in unserem Staat verboten. Lass Dich auf den Gedanken ein! Dann stellt sich schnell heraus, dass er aktueller ist als jemals zuvor. Mundtote, scheintote Untote innerhalb demokratischer Mörderregierungen. Die Demokraten sind aus dem einstigen Kampf gegen die Technokraten und Monarchen hervorgegangen. Heute sind sie selbst um nichts besser. Denn alle wissen wir, dass es so nicht weitergehen kann. Vom Grundgedanken her sind nicht die Diktatoren die Bösen, bei Gott nicht. Es gibt diktatorische Systeme, in denen grundsätzlich alles erlaubt ist, bis auf wenige allgemein bekannte Verbote. Der Sinnhaftigkeit oder Sinnlosigkeit derselben und auch der Konsequenzen eines Übertritts ist sich ein jeder bewusst. Wir im Westen leben in Demokratien, in denen alles reglementiert und verboten ist, bis auf eine Handvoll Ausnahmen. Wer lebt nun wirklich freier? Und wo steht geschrieben, dass die Mehrheit immer die bessere Entscheidung trifft? Heterarchische Soziokratie wäre angesagt. Sogar die Natur wehrt sich schon gegen uns – was kein Wunder ist. Denn in einer Demokratie geht das Recht vom Volk aus. Und wenn etwas ausgeht, dann ist es weg. Somit wurde dem Einzelnen wieder einmal sein Recht entzogen, und zwar unter Anwendung demokratisch-diplomatischer Mittel, durch Suggestion. Und die Machthaber dieses kapitalistischen Systems setzen sich mit allen Mitteln zur Wehr, vor allem, indem sie uns im Erwerbszwang halten und mit Medikamenten mundtot machen. Auch daran verdienen sie sich dumm und dämlich. Es ist, als würde man Dir zuerst die Füße absägen und dann zu Wucherpreisen die fehlenden Prothesen verkaufen. Sie selbst, die Kapitalisten, sind der Auslöser für all das Übel hier auf Erden. Das Wetter wird heißer, weil die Atmosphäre auf die Menschheit und ihre Industrie so reagiert, wie ein Körper mit Immunzellen gegen Schädlinge und Eindringlinge wirkt. Wir selbst sind Heizkörper. Durch jeden Einzelnen strahlt immer mehr Wärme ins Universum ab. Auch massive Kälte ist ein Mittel gegen Hitze. Das erkennt doch jedes kleine Kind. Wir sind einfach viel zu viele – Schädlinge, die ein gesamtes Ökosystem gefährden. Alles, was wir wahrnehmen in unserer Umwelt, ist der Kampf im eigenen Organismus. Wir HSP sind das Schutzsystem gegen unsere gleichartigen Schadgenossen. Die Natur benützt uns als trojanische Reiter, um die Riege der Schädigenden zu entmachten. Das trojanische Pferd ist kein Mythos – es wird soeben Wirklichkeit. Für alle, die es noch nicht wissen: Das Trojanische Pferd verfolgt den Zweck, Angreifern den Zugang zu einem geschützten System zu verschaffen, indem es, als etwas Schönes oder Nützliches getarnt, die Angegriffenen dazu veranlasst, es selbst in den geschützten Bereich zu holen.

Alleiniger Gewinner, versteht sich, bleibt die Natur. Oder wie manche zu sagen pflegen: Gott."

„Die Menschen haben die Natur angegriffen, als und indem sie ihre Feinfühligkeit verleugnet haben. Dadurch haben sie sich isoliert. Jene, die aufgrund ihrer besonderen Sensibilität aus dem System ausbrechen, stecken sie in Psychiatrien. Wenn wir uns jetzt, da unsere Zahl wächst, formieren, können wir die Machenschaften der stumpfsinnig gewordenen Menschen beenden. Sofern wenigstens wir den Ernst der Lage erkennen und uns nicht länger benutzen, quälen und foltern lassen. Als jene, die dies nicht nur durchschauen, sondern auch leben und in die Tat umsetzen wollen, stempeln sie uns als psychisch krank, unglaubwürdig und wahnsinnig ab; stopfen uns mit Medikamenten das Maul; verkaufen den anderen weiter das Unrecht als Recht, die Dunkelheit als Licht; erklären die Wirklichkeit zur Lüge und die Lüge zur Wahrheit. Sie drehen uns das Wort im Mund um. Mit allen nur erdenklichen Mitteln gegen unsere Natürlichkeit vorzugehen – sowohl in unserem Inneren als auch im Außen –, das haben sie gelernt, das beherrschen sie nur allzu gut. Weil sie den natürlichen Lauf der Dinge nicht akzeptieren wollen, schaufeln sie sich ihr eigenes Grab. Der Drang danach, Feuer im Außen zu legen, um Wärme zu finden, hat begonnen nach dem Löschen der natürlich gefühlsbetonten Herzlichkeit in uns selbst. Denn früher hat der Mensch sich in Dankbarkeit an das Leben seiner Natur angepasst. Ausgewogenheit und Einklang sind der natürliche Zustand gewesen. Heute passt der Mensch seine Natur an sich an. Chaos und Krieg herrschen an vielen Orten dieser Erde. Die Lösung des besagten Problems liegt auf der Hand. Die Zeit ist gekommen, den Trend umzukehren und sich wieder an unsere Natur anzupassen. Wie? Indem wir die Natur in uns, unsere besondere Empfindsamkeit wieder leben lernen. Denn die Schädlinge werden sich ohnehin selbst richten, ohne dass wir auch nur einen Finger rühren. Darum warte ich nicht mehr, bis mein Nachbar etwas ändert. Ich tue es aus innerer Bestimmtheit und aus Dankbarkeit, meiner Sensibilität zuliebe. Tue ich es nicht und warte nur ab und schiebe die Verantwortung immer auf andere, dann werde ich der Einzige sein, dem es schaden wird. Aber nicht nur mir, sondern auch all meinen lebenden und zukünftigen Nachkommen. Emotionales Erbrechen als Lichtblick in die Anderswelt. Die Pomodoro-Technik. Oder doch der Tomato-Effekt? Von mir aus kannst Du Dein Kind bestrafen mit Winkelstehen, es wegsperren, es züchtigen oder sonstigem Schwachsinn. Du wirst es weiterhin rechtfertigen, indem Du sagst, es sei schlimm, nicht brav oder Dir gegenüber frech gewesen. Verhaltensnote 5 ist Liebesnote 1. In Wahrheit hat es von Dir genau das gewollt, was Du ihm nicht geben hast können: Einsicht in Dich, Liebe und Feingefühl."

„Die Jugend lasse ich in Frieden. Denn sie sieht die Wirklichkeit noch am ehesten. Und ich entschließe mich jeden Tag aufs Neue, Dinge wieder zu entdecken und andere Dinge zu entsorgen. Denn der eine Tag, der alles im Leben verändern kann, beginnt jeden Morgen neu. So mache ich mich zur Wettergöttin. Natürliche Feinfühligkeit besiegt technologischen Stumpfsinn. Die Natur hat die Natürlichkeit im Menschen zum Teil wieder zurückerobert. Ich ermutige jeden dazu, sich auf seine Krankenakte den Vermerk *HSM* für Hochsensiblen Menschen eintragen zu lassen. Schluss mit verhaltener Anonymität. Alles – und wirklich alles – in unserer Gesellschaft ist auf den Mord unserer Feinfühligkeit ausgerichtet. Mit dem Wissen über die eigene Empfindsamkeit ändert sich alles, gänzlich und ursächlich, von der Wirkungsweise der Medikamente bis hin zu abweichenden Therapieempfehlungen und Einflüssen aller Art. Wir alle sind einstmals hochsensibel gewesen. So wie es Menschen gibt, die von Geburt an blind sind, gibt es Menschen, die von Geburt an abgestumpft sind und zu besonderer Feinfühligkeit nicht fähig. Die führenden Forscher behaupten, dass wir kurz vor der Begegnung mit Aliens stehen. Höchstwahrscheinlich! Wir selbst sind nämlich die Aliens. A lie n. Eine Lüge in Umkehrung. N ist der 14. Buchstabe des Alphabets. 7 + 7. Das Alpha-bet. Darauf kannst Du wetten. Blind für die Liebe. Lie – be. Lüge besteht. Lie = Lüge. be = bestehen. Lie + be = Liebe! Liebe ist eine Lüge in sich. Setze überall auf diesem Planeten statt dem Wort *Liebe* das Wort Feinfühligkeit ein, dann wirst Du das Geheimnis um die Liebe gelüftet haben."

„Für mich steht an erster Stelle, *mich selbst anzunehmen*. Vermutlich ist jeder Mensch nach etwas süchtig. Hat er keine Sucht, ist er vielleicht normalitätssüchtig. Abhängigkeit ist jedenfalls der größte anzunehmende Unfall auf dem Weg ins Glück. Ich war selbst meinen Süchten und Zwängen gegenüber oftmals machtlos und konnte dadurch mein Leben nicht mehr bei vollem Bewusstsein meistern. Also akzeptierte ich eine Änderung meiner Routine. Alle begehen sie in ihrem Leben Fehler. Es geht darum, daraus zu lernen. Es gibt kein Richtig oder Falsch. Leider spiegeln wir meistens unsere eigenen, inneren Grenzen und beschränken unsere Möglichkeiten nach außen. Wir nehmen sie als richtig oder falsch, gut oder böse, schlimm oder brav wahr und machen uns dadurch erst diese Glaubenssätze zu eigen und zu unserer Realität. Tatsächlich gibt es diese Gegensätze gar nicht, denn sie werden durch unsere subjektive Wahrnehmung gestaltet."

„Ich bin der wichtigste Mensch in meinem Leben, so wie jeder andere für sich selbst. Ich lerne Tag für Tag, die Folgen meines Handelns und daraus resultierende Fehler anzunehmen. Durch diese Erlebnisse wird so etwas wie persönliche Weiterentwicklung überhaupt erst möglich. Nichts geschieht zweimal auf exakt dieselbe Weise. Jedes Mal lerne ich etwas Neues. Manchmal brauche ich eben mehrere Anläufe, bevor die Erkenntnis tatsächlich eintritt. Entscheidend dabei ist, ich verzeihe mir mein *Anderssein*. Dieses mein Anderssein heißt Hochsensibilität. Das ist weder eine Krankheit noch eine Charakter- oder Willensschwäche und gewiss auch kein Defekt. Nein, es ist eine genetisch bedingte Begabung, leider erst vor Kurzem entdeckt. So wie ich meine Mitmenschen akzeptiere, ebenso respektiere und schätze ich diese menschliche Eigenschaft. Es gibt Dinge, die ich an mir nicht mag, doch es gibt auch Eigenschaften und Merkmale, die ich durchaus mag. Ich stehe zu dem, wie ich aussehe und was ich tue! Wenn ich mit einer Sache nicht zufrieden bin, nehme ich es gelassen an und entschließe mich, sie mit Geduld und nach Maßgabe meiner Möglichkeiten zu ändern, unabhängig davon, was die Leute vor sich hin blöken. Ich bezeichne dies als meine *gesunde Fehlerkultur*. Ab jetzt bin ich ins Gelingen verliebt. In meine Einbildungen und Gedanken versunken, wurde ich in der Vergangenheit oft depressiv und traurig. Wird mir jetzt bewusst, dass ich eine bestimmte Situation mit einer unbewussten, automatisierten Handlung von früher verbinde, sage ich mir mit einer bestimmten Handbewegung selbst: Halt! Danach nehme ich die Situation dankbar an und ändere bewusst mein Verhalten durch gewollte Aktivität. So belohne ich mich zugleich. Ich bin stolz auf mich, meine Grenze erkannt und mich dafür entschieden zu haben, was ich will oder nicht will. Ich habe seither meinen Ort der Sicherheit und bringe auf diese Weise Ordnung in mein Leben. Denn Ordnung im Außen bringt Ordnung im Innen, und umgekehrt. Ich setze jetzt meine Antriebe und offensichtlich negativen Eigenschaften für das Gute ein. Nicht für immer, nur für heute. Gelegentliche Sorgen über meine ungewisse Zukunft haben mir Angst gemacht. Ab heute werde ich das Glück nicht mehr suchen, denn ich habe es durch mein Leben bereits im Jetzt gefunden. Ich bin ab heute mein eigener Trainer. Gemeinsam wachsen wir an unseren Herausforderungen. Ich sage mir: ‚... jetzt gib Gas ...', manchmal auch: ‚... jetzt mach' eine Pause und genieße die Ruhe ...'. So bin ich immer dankbar und zufrieden mit dem, was ich gerade tue. Ich selbst, eine Frau von Welt, mache mich zum Maß aller Dinge. Die Erfüllung meiner Bedürfnisse befindet sich jenseits von Zeit, Ort und Personen. Immer dann, wenn ich ein bestimmtes Bild von der Erfüllung eines Bedürfnisses im Kopf habe, handelt es sich schon um einen Wunsch, ein Ziel oder eine Strategie meiner unbewussten Bedürfniserfüllung."

„Welche Werte habe ich überhaupt? Was ist mir wirklich wichtig? Worüber rege ich mich auf? Wofür bin ich bereit zu kämpfen? Wofür brenne ich?

Was würde ich vermissen, wenn ich es nicht hätte? Wovon braucht die Welt meiner Meinung nach mehr? Akzeptanz? Wertschätzung? Nähe? Gemeinschaftlichkeit? Rücksichtnahme? Sicherheit? Einfühlung? Ehrlichkeit? Liebe? Schutz? Respekt? Unterstützung? Nahrung? Obdach? Berührung? Umarmung? Beständigkeit? Disziplin? Entspannung? Erfolg? Flexibilität? Freundschaft? Geborgenheit? Sexualität? Vertrauen? Verständnis? Herzlichkeit? Nähe? Ruhe? Harmonie? Inspiration? Ordnung? Selbstwert? Selbstvertrauen? Mut? Klugheit? Wissen? Sinnhaftigkeit? Anerkennung? Freiheit? Unabhängigkeit? Gesundheit? Verlässlichkeit? Kraft? Lebensfreude? Großzügigkeit? Offenheit? Optimismus? Hilfsbereitschaft? Verbundenheit? Zielklarheit? Ausdauer? Gelassenheit? Stille? Achtsamkeit? Bewusstheit? Gerechtigkeit? Mäßigung? Hoffnung? Glaube? Tapferkeit? Weiblichkeit? Männlichkeit? Gleichberechtigung? Gleichstellung? Begeisterung? Menschlichkeit? Verantwortung? Konzentration? Dankbarkeit? Frieden? Humor? Pflanzen? Tiere? Natur?"

„Meine Werte entsprechen meiner tiefsten inneren Überzeugung darüber, was für mein Leben und meine Vorstellung von kosmischer Ordnung wichtig und richtig ist. Sie gehören zu mir und sind sogar dann in mir verwurzelt, wenn ich sie, aus welchen Gründen auch immer, nicht lebe. Das Hinterfragen meiner Glaubenssätze - meiner eigenen Werte - kann mir bei vielen Entscheidungen als wertvolle Orientierungshilfe dienen. Darum gewinne ich in Zukunft bei wichtigen Entscheidungsfragen Zeit durch das Aufschieben meiner Antwort. Denn in emotionaler Erregung setzt mein Verstand aus. Ich akzeptiere meine Werte und Bedürfnisse ab heute als mein beständiges Energiezentrum, als eines mit der höchsten Anziehungskraft. Ich werde mich darin täglich verbessern und lernen, mich selbst so zu sehen, wie ich bin, und meine Mitmenschen zu akzeptieren, wie sie sind. Ein Gefühl beruhigender Dankbarkeit erfüllt hernach mein Sein. Der Widerstand wird geringer, und bald beginne ich, meine Mitmenschen sogar zu mögen, wie denn auch sie mich immer mehr anerkennen und als jenen annehmen, der ich bin."

„Wer bin ich? Was bin ich? In welchen Augenblicken bin ich *Ich*? In welchen Situationen bin ich wirklich *Ich selbst*? Wie bin ich denn, wenn ich *Ich selbst* bin? Bin ich auch authentisch? Womit schaffe ich *Authentizität*? Wofür lebe ich?"

„Dies ist die Botschaft der freien Energie. Verstehst Du mich jetzt? Alle singen von dieser Macht und niemand weiß, dass mit Liebe die genetische Veranlagung natürlicher Schöpfung, die angeborene besondere Feinfühligkeit, gemeint ist. Werte sind nur Überlegungen über Deine eigene Feinfühligkeit. Und Überlegung führt zwangsfolgend zu Leid. Wenn Du so willst, kannst Du es auch folgendermaßen formulieren: Wir *leiden*, weil wir *lieben*.

Drei Buchstaben sind gespiegelt bei leiden und lieben. Wir müssen damit aufhören, uns anzupassen. Wenn wir Sensiblen sterben, dann stirbt die Liebe! Dann stirbt der Mensch aus. Das ist ein Faktum! Also habe ich schon immer Recht gehabt: Ich liebe alle Menschen, ich empfinde etwas für sie, ich fühle mit ihnen, mit Dir, mit uns. Denn die Liebe braucht uns Menschen. Wo wäre sie nur ohne uns! Seit dieser Erkenntnis ist mir schlagartig alles klar geworden. Nun darf ich mithilfe anderer in verschiedenen psychiatrischen und psychotherapeutischen Einrichtungen wieder lernen, mich selbst zu erhalten und von außen kommende Unterstützungen abzulegen. Und ganz egal, wie tief ich auch gesunken sein mag, ich habe relativ schnell bemerkt, dass auch andere aus meinem Leid Nutzen ziehen können. Mein Selbstwert ist infolgedessen gestiegen. Ich habe wieder Wertschätzung für mich selbst erlebt, es mir erarbeitet. Ich bin wer, weil ich Wertvolles erfahren und ebensolches bewirken kann. Ich bin nur deswegen ich, weil ich wieder gelernt habe, meine Feinfühligkeit zu leben. Jeder Mensch wünscht sich, dass *Du* ihn annimmst und *Du Dich* ihm zuwendest, und er will sein *Ich* diesem *Du* gegenüberstellen und dabei erleben, dass sein *Ich* in der Form passt, die es hat. Indes, jeder Mensch hat Angst davor, nicht verstanden zu werden, weil jeder von uns gelernt hat, seine Feinfühligkeit zu verbergen – der eine mehr, der andere weniger. Mangelnde Selbstannahme rührt hierbei nur von mangelnder Fremdannahme her. Das heißt, dass es in der Kindheit zu diesen Fehlern gekommen sein muss, und auch, dass Du niemals schuld daran bist. Jeder Mensch will ganz er selbst sein dürfen, denn das allein befreit. Er will sich so zeigen dürfen, wie er ist. Dann ist er echt. Und er möchte darin so gesehen werden, wie und was er ist. Ansehen. Anhören. Anklang finden. Du musst wissen: Der negative Selbstwert besonders feinfühlig veranlagter Menschen entstammt den Ungerechtigkeiten, den ständigen Vergleichen mit anderen, dem unermesslichen Druck, der dadurch ausgeübt wird, dem ständigen Gefühl des Versagens, nicht sein zu dürfen, wer man in Wirklichkeit ist. Durch Vergleiche wird man niemals der Einzigartigkeit seiner Person gerecht. Solche Vergleiche motivieren zu Rivalität, aber sie führen nicht zu einem selbst. Das ist das Prinzip unserer Konsum- und Leistungsgesellschaft: Abwertung, Ausgrenzung, Grenzüberschreitung, Gewalt und Missbrauch, körperlich wie seelisch, stetige Überforderung, Ignoranz, Kritik und Kritteleien durch Arbeitgeber oder Angehörige, Misstrauen und Unglaubwürdigkeit, Unehrlichkeit, Belogenwerden, Verheimlichen, Idealisierung, Unstimmigkeiten, Ambivalenz im Urteil, Streit wegen Lächerlichkeit und Schamgefühl, Sarkasmus und Zynismus, Funktionierenmüssen, Leistung und noch mehr Leistung."

„Mangelnder Selbstwert lässt sich leicht entlarven: entweder dadurch, dass Menschen spontan immer wieder negativ zu sich Stellung nehmen, negative Redeweisen haben, sich ständig selbst erniedrigen und entwerten oder aber, umgekehrt, sich überbewerten, sich pausenlos großartig finden, sich ständig in den Mittelpunkt stellen wollen und als das Wichtigste auf Erden hinstellen. Auch Bedürftigkeit in Situationen der Unsicherheit ist ein Zeichen dafür. Oder wenn man sich als Zuhörer dazu gedrängt fühlt, dem anderen Anerkennung auszusprechen. Krass wird es, wenn man diese Anerkennung gar nicht mehr freiwillig zollen mag. Unter Selbstwert – auch Eigenwert, Selbstwertgefühl, Selbstvertrauen, Selbstachtung, Selbstkonzept – versteht die Psychologie den Eindruck oder die Bewertung, die man von sich selbst konstruiert. Das kann sich auf die Persönlichkeit und die Fähigkeiten des Individuums, die Erinnerungen an die Vergangenheit und das Ich-Empfinden oder auf das Selbstempfinden beziehen. Hier liegt der springende Punkt: Wenn man niemals gelernt hat, dass die eigene Feinfühligkeit ein Sinn und ein Geschenk natürlicher Schöpfung ist, sondern, ganz im Gegenteil, als Schwäche und Träumerei deklariert und als deviant gebrandmarkt wird, dann ist Leid mehr oder minder vorprogrammiert. Die Basis für einen sicheren Umgang mit sich und der Umwelt hängt eng mit dem Selbstvertrauen und dem Selbstwertgefühl zusammen. Die Selbstsicherheit bildet sich im Laufe der kindlichen Entwicklung aus. Und da meiner Meinung nach jeder Mensch mit einem bestimmten Grad an Feinfühligkeit ausgestattet ist – insoweit als dies die Grundlage allen Lebens ist – weist ein jeder in diesem Bereich ein Manko auf. Man-k.o. Also, die generalisierte Angststörung der Gesellschaft."

„Das Wunderbare ist, von Dir geliebt zu werden. Liebe erzielt Wirkungen, die zu angenehmen, positiv erlebten Gefühlen führen. Das Erhalten von Wertschätzung und Anerkennung ist eine besondere Form der Liebe sozialer Wirkung, jedoch ohne Geschenke oder materielle Zuwendungen, sondern durch Menschlichkeit, durch das Identifizieren mit Vertrauenspersonen und Gleichgesinnten, die selbst bereits die notwendige Selbstsicherheit haben und auf Menschen positiv reagieren. Wichtig ist auch, in der späteren Entwicklung durch eine Balance zwischen erlebter Freiheit und der Verbundenheit zu Bezugspersonen das Loslassen zu erlernen, am besten durch gezieltes Alleinsein in naturbelassener Umgebung, sprich, in einem natürlichen Umfeld, in der Natur selbst. Nur dadurch kann ein bewusstes Leben in Selbstannahme und Eigenverantwortung zustande kommen. Selbstbehauptung und ein einfaches, zufriedenes und heiles Leben – durch persönliche Integrität und die Anerkennung seiner genetischen Veranlagung als ein sinnvolles Geschenk natürlicher Schöpfung. So entfalten sich authentische Selbstsicherheit und gesundes Selbstwertgefühl, weitgehend abgekoppelt von der Rückmeldung eines Gegenübers."

„Ehrlich gesagt, ich fühle mich erfolgreich. Und ich bin jetzt nicht glücklich, weil ich erfolgreich bin, sondern weil ich spüre, dass ich und meine Feinfühligkeit bei Dir Anklang finden. Doch mach Dir jetzt, bitte, keinen Kopf darüber! Wichtig ist, dass wir nach unseren Gefühlen leben. Nur dann werden wir gut geleitet. Ich weiß, dass diese Ansicht diejenige ist, die mich erfüllt und glücklich stimmt, weil ich weiß, dass mir dieser zusätzliche Sinn mit in die Wiege gelegt worden ist. Da verorte ich die wirkliche Wiege der Menschheit, allem voran, weil ich mich nicht daran erinnern kann, dass ich mich bewusst dafür entschieden hätte. Und wenn ich das nicht getan habe, dann haben es weder mein Vater noch meine Mutter je so gemacht. Das ist für mich mein neuer Glaube: Urvertrauen. Genau darum geht es auch: Jedermann versteht darunter etwas anderes, obwohl es nur eine wirkliche Antwort gibt. Das ist das Problem und zugleich die Lösung für all das Chaos auf dieser Welt. Ich mach mir keinen Kopf mehr: Stattdessen schmelze ich dahin und lasse meinen Gedanken und Gefühlen freien Lauf. Für einen jeden hat es bisher individuell nur eine richtige Antwort gegeben! Für mich jedoch gibt's in diesem Punkt eine All-in-One-Lösung: die eigenen Schwächen als Folge von Überreizung der eigenen Feinfühligkeit wahrzunehmen und meine Gedanken und Gefühle wieder auszusprechen. Das macht die Liebe, so wie ich sie sehe und spüre, so wundervoll. Nächstenliebe durch Selbstliebe. Wenn ich zu meiner Sensibilität stehe, dann stehe ich zu mir selbst. Ich kann, mich selbst liebend, langsam heilen. Ich wehre mich nicht länger dagegen und lasse einfach los. Meinem Gott, der Natur, bin ich dankbar für dieses wundervolle Geschenk der Gene."

„Wir Menschen haben offenbar alle Angst davor, die Liebe - unsere Feinfühligkeit - offen zu zeigen, nicht zuletzt deswegen, weil das in der heutigen Gesellschaft automatisch mit Verletzung einhergeht. Stimmt schon. Aber auch ein nicht ganz so feinfühliger, weniger sensibler Mensch darf eines Tages seinem Feingefühl begegnen. Er tut es nämlich schon, indem er leidet. Seinem negativen Akt des Leidens fehlt jedoch der positive Drall. Aber ich kenne den Weg hinaus. Diese Lösung ist nicht bloß eine wunderschöne Vorstellung. Selbst wenn ich jetzt hier in dieser Anstalt sitze, habe ich es aus meiner Sicht geschafft, nüchtern leben zu können. Ich bin nicht verrückt, sondern begabt. Und darum brauche ich Schutz vor Schmutz. Darum bin ich hier. Und egal, wie ich meine Liebe lebe, sie kommt immer an, vielleicht nicht zur rechten Zeit, nicht beim rechten Menschen, auch nicht zur linken Zeit, beim linken

Menschen, sondern zum angemessenen Zeitpunkt bei bestimmten Menschen. Und wenn Du mir jetzt nicht glauben kannst, besser gesagt, wenn Du nicht an die Sensibilität in Dir glauben kannst, liegt genau in Deiner Sicht Dein eigentliches Leid. Denn wer diesen Sinn verleugnet, der wird ihn auch nicht leben dürfen. Wenn Du ihn jedoch aussprichst und wiederfindest, dann darfst Du zu neuem Leben erblühen und Dich entfalten. Wir sind die Lebenden unter den Untoten. Wenn wir Rücksicht nehmen, sterben auch wir. Hör' auf damit, nach den Regeln der Untoten zu spielen und Dich mundtot machen zu lassen. Sonst wird auch Deine Feinfühligkeit irgendwann sterben. Danke Deinem Vater und Deiner Mutter und all Deinen Ahnen dafür, dass sie zwar selbst ins Verderben gegangen sind, doch für Dich die Liebe konserviert haben – durch ein Leben im Rausch unserer Gesellschaft. Sie zählen zur Liga der außergewöhnlichen Gentlemen. Das Leben besteht darin, seine Feinfühligkeit zu erkennen. Aus einer Kreuzung wird ein Kreisverkehr. Viele Menschen machen übrigens auch heute noch an Wegkreuzungen ein Kreuzzeichen."

„Der Weg zur Selbsterkenntnis der eigenen Hochsensibilität ist simpel. Es gilt regelmäßig anzusprechen, was Du denkst und fühlst, und zu benennen, wie es Dir tatsächlich geht. Im Kreise von Gleichgesinnten. Vielleicht ein neues Kinderspiel zum Freilernen: Ich spür', ich spür', was Du nicht spürst. Ein Kreisverkehr hat auch mehrere Ausfahrten, die trotzdem allesamt auf einer Ebene liegen. Ich nenne es Meeting. Jeder Mensch lebt und fühlt und reagiert auf seine eigentümliche Weise, so auch Du auf Deine. Der Schlüssel zum Glück liegt nicht darin, auf seine eigene individuelle Stimme zu hören, nie dagegenzuarbeiten und ihr keinesfalls zu widersprechen, sondern darin, in dieser Stimme sich selbst und seine genetische Veranlagung als Geschenk der Natur zu erkennen, die Augen, die Ohren und vor allem sein Herz offenzuhalten. Unser aller gemeinsamer Nenner ist nämlich dieser Sinn. Wir selbst sind der Kreisverkehr, in dem alle Ausfahrten in einem Mittelpunkt einmünden. Ich bin das Gefäß, in dem die gesamte Genetik meiner Ahnen gesammelt und gebündelt ist. Mein Körper und mein Geist bestehen zur Gänze daraus. Meine Seele ist meine Natürlichkeit, meine besondere Feinfühligkeit, meine Liebe. Sie ist der rote Faden allen Lebens. Ohne jeden Einzelnen der Meinen vor mir hätte es mich nie gegeben. Das ist Faktum und die einzig gültige Antwort. Dankbarkeit und Wertschätzung sind der Schlüssel zu dieser Realität, bar aller Fakten und Beweise. Denn Dein eigenes Gefühl und Deine Empfindungen, die Stimme Deiner Seele, sind Beweis für Dich genug. Denn wenn Du es nicht lebst, wirst Du leiden. Du allein bist ab jetzt dafür verantwortlich. Und glaube mir: Ich sage das hier nicht, weil ich Dich verletzen will, sondern weil ich Dich liebe."

„Doch ich werde mich niemals mehr für jemanden aufgeben. Das habe ich durch mein eigenes Leben im Verderben gelernt. Und dafür danke ich ihm aus tiefstem Herzen. Und jetzt gerade empfinde ich wieder diesen Zustand, diese Erfüllung in mir selbst. Ich bin imstande - wie genial! -, mich zu inspirieren, damit ich mich selbst erfülle, weil ich gelernt habe, meinen Vater und meine Mutter zu ehren. Ich glaube, dass auch meine Eltern und Ahnen diese Begabung hatten. Doch sie wussten es nicht und hatten so einen irrsinnigen Kampf in sich selbst auszutragen. Hoffentlich darf ich in mir alles wiedergutmachen, auch für meine Eltern, auf dass ich lange lebe in meinem Körper, den mir meine Natur geschenkt hat. Es ist von Bedeutung, mir selbst und anderen gegenüber unverhüllt mein Fehlverhalten zuzugeben. Gerade das stellt die Magie der Gruppentherapie dar: Alle übernehmen abwechselnd sowohl die Funktion des Therapeuten als auch die des Verletzten. Denn jeder Mensch, der sich seiner besonderen Feinfühligkeit als einer genetischen Begabung nicht bewusst war, musste durch leidvolle Erlebnisse erst hierher finden. Somit können die schmerzvoll in den Schatten verdrängten Anteile und die Feinfühligkeit in neuem Licht erstrahlen. Heilung und Versöhnung wird wirksam. Ändere nicht meine Meinung, sondern finde Dich darin selbst! An Deiner Mode erkenne ich Deine Einstellung zur Natürlichkeit. Denn Mode heißt Einstellung. Deine Wertschätzung gegenüber Deiner Natur. So steigt die Zahl der Hochsensiblen im Laufe der Zeit auch nicht, sondern es finden einige der Stumpfsinnigen - ebenso wie ich - wieder ihren Sinn im Leben zurück, kathartisch, durch Tiefschläge und Seeleninfarkte, psychische Krisen oder Schicksalsschläge. Denn diese knacksen mit einem Schlag die Mauer an, die um den eigenen, sensiblen Wesenskern gebildet wurde. Durch Verlust des natürlichen Selbstbildes. Wir Menschen sind nämlich lediglich Sklaven unseres Tenue und unserer Haltung, die an einem bestimmten Punkt einem jeden zum Verhängnis wird. Im Schützengraben erkennt - aufgrund genügend Psychoterrors - ein jeder seinen Gott, seine Natur. Vor dem Ende ist zugleich nach dem Ende. Die Zahl der Sensibilisierten steigt, da sie durch emotionale und mentale Zerstörung die Verständigungseinrichtung zwischen ihrer eigenen Seele und der Seele der Gesamtschöpfung wiederherstellen durften, nämlich in Form einer Entdeckung ihrer feinsinnigen Natürlichkeit: Die Rückkehr ins Paradies durch das Tor zur Freiheit, ganz gleich, ob durch Arbeitslosigkeit oder andere Fügungen des Schicksals. Die Kinder dieser Menschen sind um eine Spur emotionaler. Gerade sie sind unsere Hoffnungsträger - diejenigen, die man als Taugenichtse tituliert, weisen die stärkste emotionale und soziale Intelligenz auf. Sie stehen ihrer Natürlichkeit viel näher als sonst jemand. Im

Wesentlichen ist der Mensch ja natürlicher Sensor. Heutzutage gleichen Menschen eher präzisierten Tresoren."

„Für mich ist Zeit wertlos. Dem Glücklichen schlägt keine Stunde. Du solltest den Autopiloten wieder ausstellen und selbst das Steuer und die Verantwortung für Dein Leben und Deine Natürlichkeit übernehmen. Denn sonst wirst auch Du Deinen sechsten und siebenten Sinn verlieren - und dadurch Dein Leben, Deine Liebe. Diese ganzen unangenehmen Gefühle und Empfindungen haben einen Namen: Heimweh. Hochsensible haben Heimweh nach ihrer inneren Natürlichkeit, Sehnsucht nach unberührter Natur. Wenn wir gegen unsere Natur leben, ist unser schlechtes Gewissen Strafe genug. Und hör' bitte auf damit, andere dafür zu bestrafen. Denn das wirst Du selbst mit dem Leben bezahlen. Wir Weißen sind die gefährlichsten unserer Art. Ob es die Indianer waren, Schwarze, andere Naturvölker oder die Aborigines. Wir haben sie mit unserer Erfindung der Blendung alle bekämpft, weil wir den Bezug zu uns verloren haben. 60.000 Jahre lang pflegten die australischen Ureinwohner ihre Kultur, abgeschottet von der Außenwelt, bis ins 19. Jahrhundert hinein wie steinzeitliche Jäger und Sammler lebend. Als aber die Weißen kamen und den Kontinent besiedelten, änderte sich alles. Die Aborigines wurden abgeschlachtet, ihr Land wurde geraubt, ihre Traditionen missachtet, ihre Sprache fast getilgt, und man nahm Eltern ihre Kinder weg, um sie in Heimen zur Zivilisation zu zwingen. Kurzzeitig sah es so aus, als ob ihnen gar das Aussterben drohte. Heute ist davon keine Rede mehr, doch Probleme gibt es weiterhin genug. No Bushismus, Mr. President. Fool me once, shame on you - fool me twice, shame on me. Wir brauchen unsere Artgenossen nicht zu zivilisieren. Besser wäre, unsere Zivilisation lässt sich durch ihre Naturverbundenheit wieder rekultivieren. Das wird auch so geschehen, früher oder später. Denn der Marree Man - the Stuart's Giant - wird bald in Wirklichkeit seinen Stab der Gerechtigkeit schwingen, sodass die sieben Linien über seinem Sonnengeflecht solche Wellen schlagen, die einem Erdbeben gleichkommen. Das 4,2-Kilojahr-Ereignis des Menschen in heutiger Zeit. Zeitabschnitt extremer Dürre. Seelische Verwüstung."

„Evangelisches Potpourri: Als Jesus vierzig Tage und vierzig Nächte gefastet hatte, bekam er Hunger. Und dabei wurde er vom Teufel in Versuchung geführt. Die ganze Zeit über aß er nichts; als aber die vierzig Tage vorüber waren, hatte er Hunger. Und er sprach lange zu ihnen und lehrte sie in Form von Gleichnissen. Bei dieser Belehrung sagte er zu ihnen: Ich taufe nicht selbst, sondern ihr als meine Jünger ... -; Licht aus dem Evangelium. Da dreht sich ja der Engel um. Wir hier haben uns bewusst entschieden, nicht mit unwürdigen Methoden zu arbeiten, bei denen wir das Licht des Tages scheuen müssten.

Wir greifen nicht zu betrügerischen Mitteln und verfälschen auch nicht Gottes Botschaft. Im Gegenteil, weil wir uns Gott gegenüber verantwortlich wissen, machen wir die Wirklichkeit bekannt, und gerade dadurch empfehlen wir uns dem Gewissen jedes einzelnen Menschen. Breaking Dawn - bis zum Ende der Nacht. Ihr seid in Wirklichkeit die wahren Menschenfresser. Und eines weiß ich ganz bestimmt: Erst wenn der letzte Schlachthof auf dieser Welt verschwunden ist, werden sich die Schlachtfelder auf diesem Planeten zu Plätzen des Friedens wandeln. Und so wie die Pharaonen damals die Menschen für ihre eigenen Zwecke versklavt haben, werden wir Feinfühligen heute vom Stumpfsinn unterdrückt. Es steht 1:1. Wie die Pest sind wir Menschen über Getier und Natur hergefallen. Und erst wenn wir den Ureinwohnern unseres Planeten zeigen, dass wir wieder von ihnen lernen wollen, ihrem Zugang zum Kosmos in Form besonderer Feinfühligkeit Glauben schenken, werden auch sie wieder Nachkommen in die Welt setzen. Kein Privateigentum, keine Vorräte, keine Technik, keine Waffen, kein Ackerbau, kein Pfeil und Bogen oder Werkzeuge aus Metall. Keine Schrift. Stattdessen: Taten. Ureinwohner und Angehörige indigener Völker nehmen Pflanzensamen vor dem Aussäen für 10 Minuten in den Mund. So verbindet sich ihrer Ansicht nach die eigene DNA mit jener der Pflanze. Danach erwächst ihnen aus der Pflanze ihr persönliches Heilmittel. Genau jenes, welches sie in der jeweiligen Entwicklungsstufe für sich persönlich brauchen. Gleichsam erkenne ich dazu Parallelen im Prozess der Fortpflanzung. Die Kinder sind die Chance für eine heilsame Entwicklung der Eltern. Sie führen uns vor Augen und spiegeln uns genau das, was wir zur universellen Genesung brauchen. Erkennen wir es und nutzen wir die Chance, werden wir ewig Teil dieses kosmischen Ganzen sein. Wenn es uns egal ist, dann ist es auch der Natur gleich. Sie ist da recht unsentimental. Der Entschluss liegt stets in unserem eigenen Ermessen. Weil als Gewinner stets die Natur hervorgehen wird, niemals die Technik."

„Nicht das Land gehört dem Menschen, sondern der Mensch gehört der Natur. Sie ist die höchste aller Instanzen. Planbar ist so ein Vorhaben niemals innerhalb einer großen Gemeinschaft, sondern nur in kleinen, unabhängigen Kreisen, die sich wieder auf ihre Feinfühligkeit besinnen, indem sie bei sich selbst den Anfang wagen. Emotionale Familie. Dieses Vorhaben wird sich trotzdem sehr schwer umsetzen lassen, denn an den einflussreichsten Machtinstrumenten wie Medien, Kunsteinrichtungen und anderen Stellen sitzen Hochsensible, die - ihren angeblichen Wahnsinn in Kunst umwandelnd - der Psychiatrie entronnen sind. So wurden die Medien zu Organen der Wahrheiten, entgegen aller Wirklichkeit. Sie haben Futterneid, Angst um ihre Existenz, was auch verständlich ist, denn es ist eine Strategie, um das eigene Überleben zu sichern. Doch ohne Einsicht und ohne die Selbstannahme der eigenen Feinfühligkeit und Offenherzigkeit wird dies uns alle das Leben kosten. Die individuelle Einsicht ist zwar Pipifax im Vergleich zu den Entwicklungen auf unserem Planeten – und dennoch die stärkste Macht gegen jedes schadhafte System. Erfolg spielt sich nur im Kopf ab, er ist eine Vision, so wie Trauer eine Erinnerung aus der Vergangenheit. Das Leben im Jetzt bringt Friede, Ruhe, Entspannung, Besinnung. Und genau das ist die Verbundenheit, die ich spüre: Deine Begabung mit Feinfühligkeit. Du bist die Antwort auf all Deine ungelösten Fragen. Sei getrost ein Störenfried! Und bringe durch Dein eigenes Erwachen die Störung in den Frieden. Denn die Störung ist wahrlich die Entstörung und der augenscheinliche Friede lediglich ein Dornröschenschlaf. Auch wenn unsere Begegnung hier endet, so werden sich unsere Wege niemals mehr trennen, nicht zuletzt, weil wir gelernt haben loszulassen, aus Liebe. Wenn unsere Natur es so will, dann werden wir uns wiedersehen, und wenn nicht – auch gut. Sie wird es gewesen sein, die uns für alle Zeit und in alle Ewigkeit verbindet, so wie David Bowie dies in seiner Geschichte von Lazarus auf dem Album 'Blackstar' darstellt."

„Sagittarius A* ist so ein Blackstar in unserem Kosmos. Schon das Evangelium erzählt von Lazarus. Hat David es nachgemacht oder war das Evangelium nur Prophezeiung? Vielleicht ist das Video der Beweis dafür, dass alles, was dort beschrieben ist, in diesem Augenblick gerade hier geschieht. Genau darum glaube ich auch nicht an die Geschichte von Jesus Christus. Denn, Christus läuft hier bestimmt gerade irgendwo herum, mal da, mal dort. *Nichts Genaues weiß man nicht, drum höret, was Besinnung spricht.* Männer mit langen Haaren und langen Gewändern ... Ja, ja. Wir gehen selten in kurzen Hosen spazieren. Im Gegensatz zu den Zeiten, als die Menschen diese Zeilen geschrieben haben. Moses. Muse. Musik. Musiker. Botschafter der Liebe. Genies. Sie allein haben das Feingefühl im Menschen am Leben erhalten, durch ihre eindringliche Kunst. Dass Instrumente elektronisch geworden sind, ist zweitrangig. Sie, die Musiker und Künstler, haben mit ihrer Stimme, als Ausdruck von Gefühl, dem letzten Stumpfsinn Einhalt geboten. Also ist Schweigen eisern und Reden folglich Gold. Wir Hochsensiblen sind die Alchemisten von heute. Man braucht schon komplexe Gedankengänge, um das Gesamtbild zusammenfügen zu können: absolute Offenheit und Bereitschaft, reine, nüchterne und ungetrübte Sensibilität."

„Wenn man als Psychiaterin und Psychotherapeutin abends Nachrichten sieht, muss man doch regelmäßig irritiert sein. Obwohl ich keine bin, aber die

Geschichte kennt ihr ja bereits. Da geht es um Kriegshetzer, Terroristen, Mörder, Wirtschaftskriminelle, eiskalte Buchhaltertypen und schamlose Egomanen. Nun, niemand behandelt diese armen Seelen! Im Gegenteil, solche Figuren gelten als völlig normal. Besinnt man sich dann und sieht sich die Menschen an, die Tag für Tag in den Krankenheilanstalten dieser Welt ihr Leid ertragen – rührende Demenzkranke, dünnhäutige Süchtige, hochsensible Schizophrene, erschütternd zartbesaitete Depressive und mitreißende Maniker –, dann beschleicht einen doch ungeniert der schlimmste Verdacht: Ihr behandelt die Falschen! Euer Problem sind nicht wir, die Verrückten, unser Problem seid Ihr: die Entrückten, die vermeintlichen Normalen. Denn diese bilden die Mehrheit einer entrückten Gesellschaft. Der Heiligenschein über den bildlichen Darstellungen ist lediglich der Hinweis darauf, dass sich der Verstand dieser Personen im Mittelpunkt des Kreises befindet."

„So weit, so gut. Ich verabschiede mich jetzt und bin dann auf und davon. Zum Glück benötige ich keinen Reisepass, weil Wahnsinn keine Grenzen kennt, im Gegensatz zu Verrücktheit. Ihr Verrückten! Ihr seid verrückt. Ich begebe mich auf eine Innenweltreise und schließe meine Augen. So erkenne ich, dass sich Raum und Zeit aufheben. Die Wüste in mir sind meine verletzten Anteile. Ich komme in eine Oase, die sich in ein buntes Blumenfeld verwandelt. Ich finde mich in einem Garten wieder. Alle sind da: Vater, Mutter, meine Großeltern und viele andere meiner Ahnen. Auch wenn ich ihre Gesichter und Körper nicht erkennen kann, spüre ich sie. Die Toten, sie leben, in mir, jetzt. Alles, was hochkommt, lasse ich sein. Ohne mich einzumischen, bleibe ich Beobachter. Verständnisvoll breite ich meine Arme aus und empfange meine Generationen. Ich empfinde Dankbarkeit für mein eigenes Leben, Zufriedenheit und Frieden. Eine angenehme Wärme durchströmt mich. In mir sind sie alle vereint und können im Lichte meines Lebens in Ewigkeit leuchten. Ich halte die Umarmung so lange, bis ich spüre, dass es sich leicht anfühlt. Dann erst lasse ich los, mit einem einfachen *Danke*. Ich öffne die Augen und bin geheilt. Meine Lebensregel vom Garten Eden. Desiderata. Ich gehe meinen Weg gelassen im Lärm und in der Hektik dieser Zeit. Im Sinn behalte ich meine besondere Empfindsamkeit. Sie ist die Stille, die in mir wohnt. Ich möchte sie wirken lassen. Die Stimme der Natur in mir. In mich, durch mich, aus mir. In Distanz zur Gesellschaft darf ich Gelassenheit und Klarheit leben. Ich möchte nicht mehr herumirren, wie viele meiner Mitmenschen, nur weil sie den Glauben an die natürliche Schöpfung in sich selbst nicht mehr finden können und ihren Bezug zur Natur verloren haben. Ich bin die Stimme Gottes, die Stimme kosmischer Harmonie und gelebter Natürlichkeit."

„Auch ich habe etwas zu sagen. Aufdringliche und aggressive Menschen meide ich fortan, denn sie sind allesamt undankbare Ungläubige, und es ist letztlich egal, welcher Religion oder Fraktion sie angehören. Meinem Geist bereiten sie Sorgen. Sie sind Gift für meine Seele und meinem Wesen eine Last. Ich vergleiche mich nicht mehr mit anderen, denn es wird immer Menschen geben, die glauben, größer zu sein als ich, und solche, die glauben, geringer zu sein als ich. Doch hier im Jetzt sind wir alle gleich. Die Unterschiede heben sich auf durch das Lot aller Dinge, durch den roten Faden universeller Harmonie: Sensibilität. Indem ich mich entwickle, erfreue ich mich. Auch wenn dies für andere als Bescheidenheit gelten mag – ich bin vollkommen. Ich lasse mich nicht mehr blenden durch geschäftliche und berufliche Angelegenheiten. Gerade sie haben Lug und Trug in die Welt gebracht. Ich lebe die Tugend, wo ich nur kann, in der Hoffnung, dass mir die Meinesgleichen von allein begegnen. So eignen wir uns als Helden, ganz im Stillen, hell wie Licht. Auf diese Weise bin ich ich selbst und täusche weder mich noch andere. Die Liebe bin ich, frisch, still und stetig wachsend wie grünes Gras. Erwachsen bin ich und lasse würdevoll ab von dem, was einmal war. Mein Geist ist eins mit meinem Sinn, als Herzensweisheit nüchtern klar. Erschöpfung ufert aus in Sorge, Zweifel sind nur ein Mangel an Vertrauen. Als Einsamkeit bemerk' ich heute, dass die Natur mich wieder ruft. Ich bin ein Kind des Universums, genauso viel wie Baum und Tier. So wie ich mich umgangen hab' die Jahre, umgehe ich jetzt sie. Weil ich mich gefunden habe, in meinem Sinn als ein Genie. Jetzt ist es mir bewusst wie nie: durch mich hat sich das Universum entfaltet, ganz so, wie es mir bestimmt ist. So bin ich mit mir selbst im Reinen, zurück lass' ich die Technologie. Denn es gibt nur einen Gott auf Erden. Er ist kein Ding und nicht Figur, sondern die unberührte, belassene Natur. Denn trotz allen Trugs, der Mühsal und zerbrochener Träume ist der Planet doch wunderbar. Ich bin nicht heiter, hab' aufgehört zu streben. Sensibel liebe ich mein Geschenk des Lebens. Die Stunde der Wahrheit ist Anfang der Wirklichkeit. Die Macht, die mich dazu ermächtigt, einfach nüchtern und klar zu sein, braucht meinen Dank nicht im Geringsten, weil sie mich einzig und allein dazu bestimmt hat, durch mich Wirksamkeit zu erlangen. Drum bleibt mir keine andere Wahl, einfach zu mir selbst zu stehen und mich dem Naturschutz zu verpflichten. Erst, wenn ich mich wieder besinnen kann, darf ich auch meiner Sinnlichkeit wieder Ausdruck verleihen. Ich brauche niemanden läutern oder maßregeln. Jene, die sich nicht daran halten, werden ohnehin zugrunde gehen und an ihrer Feinfühligkeit krepieren. Deshalb nimmt die Zahl der besonders Empfindsamen auch stetig zu. Je schlimmer wir Menschen unseren Planeten behandeln, desto

mehr sterben von uns. Wie dumm sind wir eigentlich? Wahrhaftige Schwach-
köpfe! Und leider ist Dummheit die einzige Eigenschaft des Menschen, gegen
die kein Kraut gewachsen ist. Sind wir dumm, stumpfsinnig? Oder doch nur
sinnbefreit, ein sinnloses Kapitel in der Ewigkeit? Wir kaufen uns Dinge, damit wir sie danach wieder ent-sorgen. Anstatt diesen immer wiederkehrenden
Trott zu erkennen, müllen wir uns wieder zu. Wir trotten, wir Trottel. Anstatt
uns der Entsorgung zu erfreuen. Wieder und immer wieder. Jeder kann dies
selbst für sich ändern. Wie? Was für eine Frage! Indem wir uns selbst und unserer natürlichen Schöpfung verständnisvoll begegnen."

„Wirksame Beweise werden wir niemals auf natürliche Art und Weise
finden können, weil wir selbst das Gesicht und der Beweis sind. Und wenn wir
ganz ruhig sind und in stilles Wasser sehen, werden wir uns auch wiedererkennen und empfinden, wie tiefgründig stille Wasser sind. Wasser ist Leben.
Wir sind dieses Wasser. In Verbindung mit Wasser beeinflusst die Energie-
frequenz natürlicher Strahlung die Schwingung aller Lebewesen. Leben wird
dadurch ermöglicht. Zugleich ist alles Leben Schutz des Gleichgewichts. Tiere
fressen Tiere. Pflanzen fressen Pflanzen. Menschen töten Menschen. Der
Beweis: Die Grundfrequenz natürlicher Schöpfung beträgt 28 Kilohertz.
Darum haben die Pyramiden 4 Seiten. 4 x 7 = 28. 2 + 8 = 10 = 1 Kreislauf
= 1 Pyramide. Erde. Pi. Therapie. Die Frequenz selbst ist ewiges Leben. Wir
sind ein Teil davon. Leben und Tod gibt es nur auf körperlicher Ebene. Jeder,
der einmal bewusst und achtsam lebt, ist ewiges Leben. Wer das eingesehen
hat, wird damit aufhören, ewige Körperlichkeit kreieren zu wollen, sprich,
unnatürliche Kreaturen zu erschaffen. Er wird Mut schöpfen loszulassen,
seine Sensibilität annehmen. Dieser Funken Hoffnung wird das Feuer ewigen
Lebens in sich selbst entfachen. Und die, die sich eigenständig geläutert
haben, werden leben. Zumindest ihr biologisches System wird weiterhin bestehen. Eine ganz einfache Rechnung, die bestimmt aufgeht, ob wir wollen
oder nicht. Keep it simple. Das ist der gerechte Dank. Die Waage. Die Endzeit
einer Neuzeit. Die Spitze zweier Pyramiden, die wie bei der Sanduhr Völle und
Leere vereinen, oder Tag und Nacht, oder Gut und Böse, oder Himmel und
Hölle, oder Mann und Frau, oder Mensch und Natur. One Vision. Vergangenheit und Zukunft, Leben und Tod - alle Gegensätze treffen sich. Jetzt. Leben
im Hertz der Schöpfung bedeutet Unendlichkeit. Das ist auch der Sinn und
Zweck, weshalb Christen das Ritual der Beisetzung erfunden haben und sich
be-erd-i-gen lassen, in Kisten aus totem Holz: Holz verrottet, und die Würmer
fressen den Leichnam. Vögel fressen die Würmer. Andere Vögel - die Störche
etwa? - bringen die Kinder. Somit wird man wiedergeboren."

„Fälschlicherweise dachten sie, dadurch wiederaufersehen zu dürfen. Doch das aus dem Erdloch schlüpfende Kind auf der Vitriol-Darstellung bezieht sich nicht auf die Erde in einem materiellen, geografischen, atomischen Sinn, sondern auf den anatomischen, psychobiografischen Ursprung: Terra-pi, kurz, Therapie. Wenn Du Dir die Bilder auf der Grafik ansiehst, wirst du erkennen, dass der Vogel auf dem ersten Bild die Darstellung eines Raben ist. Welche Exemplare sind als Friedhofsvögel bekannt? Die Grafik wurde irrtümlicherweise als ein Vorgang im Jenseits ausgelegt. Es gibt gar kein Leben nach dem Tod. Ewiges Leben lässt sich vielmehr in der Unmittelbarkeit des gelebten Augenblicks orten, unterhalb der geistig darübergelegten Entwicklung: seelisches Heil durch Offenbarung der eigenen Sensibilität, im Sinne einer genetisch bedingten, natürlichen Schöpfung und Göttlichkeit. Das Kind als Zeugnis von Vater und Mutter. Vater. Anim-us. Bewirke uns. Mutter. Spirit-us. Begeistere uns. Das Kind. Corp-us. Vereine uns. Trinität des Lebens. Und ich danke meinen Eltern für alles, was sie mir mitgegeben haben. Ich liebe sie, weil ich erst durch sie existieren darf. Und ich liebe Dich, mein gleichgesinnter Freund. Und alle Deine Ahnen, ohne die Du jetzt nicht wärst. Danke."

Da war **ein anderer** gewesen.

Im Sternzeichen Zwilling, einer, der nichts und niemandem Glauben schenken wollte außer sich selbst: Selbstsucht auf der Suche nach dem Wesentlichen. Er war Christoph sehr ähnlich gewesen, aber innerlich schien er noch gespaltener zu sein. Er zweifelte sogar daran, ob die Welt eine Kugel sei oder doch nur ein Hologramm aus gegenständlichen Realitäten, vielleicht nur ein einziges Atom in einem Körper. Mikrokosmos-Makrokosmos, umgekehrt und spiegelgleich. Er hatte an Schizophrenie und paranoiden Wahnvorstellungen gelitten und schon mehrfach versucht, sich mit Tabletten, Drogen und Alkohol umzubringen. Einmal uferte es gar in ein Nahtoderlebnis aus. Wie soll sich da bloß jemand auskennen!

„Ich habe aufgehört, über mich zu sprechen. Nun übe ich mich darin, Dinge von mir zu geben, davon zu reden, zu entsprechen als Sprachrohr meiner inneren Bestimmung. Für mich ist mein sechster Sinn meine - ja, eine - höhere Macht. Ich bin Gott. Das klingt etwas größenwahnsinnig. Sagen wir so: Ich bin Teil einer umfangreicheren Energie, die wiederum Teil von mir ist. Erst wenn ich damit aufgehört habe, mich zu betäuben, kann ich aus meinem Leben all das machen, wozu ich stehe. Auch Wissen ist eine Art von Betäubung. Eigentlich sehr schade, dass wir Bücher dazu brauchen, um Wissen zu erlangen, welches wir schon hatten, als wir weder lesen noch schreiben konnten. Deshalb fasse ich den Entschluss, mich von schädigenden Einflüssen zu distanzieren, ab jetzt meine innere Berufung wahrzunehmen und ihr meinen Willen und mein Leben anzuvertrauen. Ich erschaffe meine Wirklichkeit. Dann gehe ich ohne Reue. Schritt für Schritt. Jetzt für ein Jetzt. Ich halte den Kopf oben, denn ich habe jedes Recht dazu. Ich bin ein besonderer Mensch; daran glaube ich fest. Bestimmt aber bin ich nichts Besseres. Im Jetzt hat alles seinen Sinn und Platz. Wenn ich selbst nicht daran glaube, ist es für andere schwer, an mich zu glauben. Es ist leider so, dass ich nicht schätzte, was ich hatte, bis ich es verlor – wahr auch, dass ich nicht wusste, was ich vermisste, bis es mir begegnete. Wer weiß bitte schon, was der nächste Augenblick bringt. Gut geraten! Niemand. Warum? Darum. Und Punkt. Darum habe ich aufgehört zu diskutieren. Es gab eine Zeit der Diskussion. Wenn der andere sich ärgerte, war dies ein Anzeichen dafür, dass ich mich durchgesetzt hatte. Wenn der andere nicht verstehen wollte oder konnte, war irgendwann Schluss mit der Diskussion. Entweder hatte ich dann die Macht, meine Interessen durchzusetzen oder ich musste mich trennen. Wer ein persönliches Problem mit einem anderen Menschen hat, sieht oft nur die Alternativen zwischen einer Schuldzuweisung und dem Unterdrücken von Emotionen. Beide Verhaltensweisen sind einseitig und letztendlich erfolglos."

„Was aber tun und wie den Gesprächspartner darauf aufmerksam machen, dass ich eine andere Meinung habe oder ich mir ein anderes Verhalten von ihm erwarte? Was mein Ich möchte, ist, vom anderen verstanden zu werden, ohne dass dieser sich dabei angegriffen fühlt. Wo liegt nun das Problem, die Herausforderung? Mithilfe von Ich-Botschaften kann es gelingen, den anderen darauf aufmerksam zu machen, wie sein Verhalten erlebt wird und was es für einen selbst bedeutet, im positiven wie auch im negativen Sinn. Dies bedeutet, dass eine Ich-Botschaft weit über eine sachliche Mitteilung hinausgeht. Sie ist eine aufrichtige, offene emotionale Äußerung, durch die ich meine ehrliche Meinung und die dabei empfundenen Gedanken und Gefühle oder auch Visionen mitteile. Oft beschäftige ich mich mit Empfindungen, die ich den mir Nahestehenden gar nicht kundgetan habe, aus Angst vor der Überwindung meines Schamgefühles oder der Unsicherheit, mich zu äußern, meine innerste Wirklichkeit preiszugeben, mich intim zu entblößen. In Zukunft achte ich auf meine eigene Verbalisierung und versuche, selbige meinem Gegenüber verständlich zu machen. Durch sie wird mein Gefühlschaos meistens überhaupt erst ausgelöst. Mein Leben gleicht einem Gesamtkunstwerk. Gefühle, Empfindungen, Eingebungen und Visionen bestimmen es, und ich bilde es. Emotionen sind mein Treibstoff, Empfindungen mein Momentum. Gefühle machen mein Leben zur Hölle, während Ausgeglichenheit sich wie der Himmel anfühlt. Ziel ist es, ohne Drogen und Medikamente so gefühlsintensiv und ausbalanciert zu leben als möglich. Genau so hat es mir der Arzt, Dr. Sophie, gesagt. Die Tugend und göttliche Weisheit - wenn er nur wüsste ... Um über meine Gefühle sprechen zu können, muss ich sie zunächst benennen und zuordnen können. Den Weg zum Licht werden sie mir einzig und allein dann weisen, wenn ich sie nüchtern und klar zu erkennen weiß. Am besten gelingt mir das, wenn ich meine Gefühle von einer nicht wertenden, urteilsfreien Seite angehe. So erkenne ich einerseits angenehme Gefühle wie Zufriedenheit, Entspannung, Überraschung, Glück, Sympathie, Zuneigung, Liebe, Geborgenheit, Vertrauen, Geduld, Dankbarkeit, Hoffnung, Überzeugtheit, Erleichterung, Freude, Mut, Stolz oder Tapferkeit; andererseits unangenehme Gefühle wie Schuld, Schmerz, Trauer, Traurigkeit, Enttäuschung, Kränkung, Verbitterung, Ungeduld, Stress, Unsicherheit, Scham, Ärger, Zorn, Hass, Aggression, Sehnsucht, Neugier, Trotz, Nervosität, Langeweile, Überheblichkeit, Ekel, Geiz, Gier, Neid, Missgunst, Hilflosigkeit oder Angst. Zu den ausgeglichenen Gefühlen zählen: Gleichgültigkeit, Gefasstheit, Gleichmut, Verträumtheit sowie Zufriedenheit."

„Ich lerne hier, die momentane Situation aus *Sicht des Jetzt* zu beschreiben. Dabei versuche ich mir vorzustellen, dass ich die gesamte Situation durch eine Art Kamera betrachte, durch ein göttliches Auge. Das gehört zu den Eigenschaften meiner Hochbegabung und erleichtert es mir im Gespräch, beim Beschreibenden zu bleiben und nicht überstürzt eine Interpretation oder eine Bewertung vorzunehmen. Führen zu wollen - damit habe ich aufgehört. Ich lasse mich leiten, indem ich mich selbst leite. Ich verzichte darauf, meinen Gesprächspartner persönlich bzw. seinen Charakter anzugreifen. Lediglich die erkennbaren und konkreten Konsequenzen für mich selbst bringe ich zur Sprache. Meine Gedanken sind voll und ganz im Jetzt, vor allem die Gedanken darüber, welche Gefühle sie in mir auslösen. Wichtig ist mir, dass ich meinem Gegenüber die Bedürfnisse und Werte erkläre, die mit meinen Gefühlen verbunden sind. Mit Begründungen kann jeder von uns viel besser umgehen als ohne sie. Vollständig wird eine Ich-Botschaft, wenn ich meinem Gesprächspartner eine Alternative anbiete. Dementsprechend versuche ich, meine Wünsche positiv zu formulieren, und verzichte auf Erwartungen. Ich bin mir aber bewusst, dass die Entscheidungsfreiheit bei meinem Gegenüber liegt. Dadurch lerne ich Entschlossenheit."

„Über andere spreche ich nicht mehr. Ich formuliere meine Botschaften energievoll, erzähle von mir selbst und meinen Wünschen und Bedürfnissen.

Das ist für viele Menschen schon im privaten Alltag schwierig genug und im Berufsalltag meist ungewöhnlich. Wir alle können aber mit den Wünschen und Forderungen anderer Menschen wesentlich besser umgehen, wenn wir eine Begründung für die - häufig hochemotionalen - Äußerungen zu hören kriegen. Meine Begründung ist Hochsensibilität. Ich nehme mir jetzt gerne die Zeit, meinen Mitmenschen aufmerksam zuzuhören. Gespräche werden dadurch für mich zum Genuss. Sie lockern die Beziehungen auf und inspirieren zu wertschätzenden Begegnungen und zur Selbsterkenntnis. Menschen kommen und Menschen gehen. Das heißt für mich Freundschaft - nicht Konflikte, sondern gemeinsam Freude zu schaffen, jedermann für sich, nach eigenem Empfinden. Ohne Ermessen. Messer sind zum Schneiden da. Ich wähle meine Worte mit Bedacht. Negative Geschichten interessieren mich nicht, gute jedoch erzähle ich gerne weiter, zum Beispiel, wie ich mich dabei gefühlt habe. So verbreite ich positive Schwingungen, die ich durch das Gesetz der Resonanz wieder zurückbekomme."

„Gewalt ist ebenfalls ein Mittel, seine Bedürfnisse einzufordern. Doch viel förderlicher ist es, sie durch Mitmenschlichkeit, Einfühlungsvermögen, Verständnis und ein gesundes Miteinander zu stillen. Wirkliches Glück und Freude verspüren wir doch nur, wenn es auch dem Nächsten gut geht und wir freiwillig dazu beigetragen haben. Meine eigenen Bedürfnisse sind die Ursache und der Auslöser meines Handelns. Wenn die innere Stimme meines Selbst nicht mit den Worten meines durch die Umwelt geprägten Ich übereinstimmt, spürt das unser Gegenüber, am allermeisten noch ich selbst. Werde ich erst einmal aufrichtig und spreche über meine verborgenen Gedanken und Gefühle, dann bin ich authentisch und ausgeglichen und zufrieden. Tu ich das nicht, dann macht sich beidseitig Misstrauen breit, auch weil ich mich selbst belüge, wenn meine inneren Gedanken und Gefühle nicht meinen Worten und Taten entsprechen. Weg von Verhalten, hin zu Entsprechung - das ist Identität. Wenn ich wieder damit beginne, mich in der Vergangenheit oder Zukunft zu verlieren, dann sollen mich sowohl positive als auch negative Gefühle wieder an die Stelle bringen, an der meine wirkliche Entfaltung und wirksame Selbstheilung möglich wird: in die Gegenwart, ins momentane Jetzt."

„Mein antrainiertes schlechtes Gewissen sind Glaubenssätze aus langjähriger Suggestion und eine nachwirkende Gehirnwäsche meiner Erziehung und Ausbildung in dieser Gesellschaft. Ich will kein Geselle sein, kein Konstrukt eingetrichterter Wahrheiten, die nichts mit den eigenen, wirklichen Bedürfnissen meines Selbst, mit meiner individuellen Persönlichkeit, meiner Seele zu tun haben. Solche Sachen erzeugen massive Spannung, die umschlägt in

Gefühle, wobei starke Gefühle uns dazu bewegen, zurück in automatisierte Verhaltensweisen zu verfallen, um das jeweilige Gefühl zu stillen. Suchtkreislauf. Diesen Teufelskreis will ich durchbrechen! Ich bin nämlich mein eigener Meister. Ich habe das Ziel, die Gefühle bei Auftreten von außen zu beobachten und ihnen somit Beachtung zu schenken. Dadurch bzw. durch Anerkennung wandelt sich das Gefühl von Erregung zu Zufriedenheit. Durch diese Verbrüderung von meinem *Ich* mit meinem *Selbst* darf ich neue Glaubenssätze formulieren, die auf meine erwachsenen Bedürfnisse abgestimmt sind, und ich erlebe fortan Glück, Freude und Zufriedenheit. Wenn man so will, ist mir sozusagen ein Licht aufgegangen. Ich erlebe Erleuchtung, einen Seelenorgasmus. Ich soll selbstständig und eigenverantwortlich sein. Meine Hauptaufgabe ist es, den Hochsensiblen, die noch immer leiden, diese Botschaft zu überbringen. Ja, das fühlt sich gerecht an. Das passt. Hm. Hm? Wie bin ich jetzt eigentlich darauf gekommen? Ach ja, eigentlich bin ich Alchemist."

„Pst! Ist da jemand? Nein? Gut. Das ist hier echt zum Verrücktwerden. Ich darf mir nichts anmerken lassen, sonst fällt dem Arzt noch auf, dass ich die Medikamente nicht einnehme. Wie Stechmücken verseuchen diese Pillen, nicht weniger als die unsichtbaren Strahlen des Mobilfunks, uns Menschen und die Tiere - Strahlen, so unsichtbar wie Staub, der eine Stauballergie auslösen kann. Unsichtbarer Stress und Dauerspannung, alles voll von Radiowellen und unsichtbarer Strahlung. Unsichtbare Atombombe, radioaktive Strahlung. Ein Leben mitten im Herz technischen Fortschritts. Was für eine Plage! Wie Kobolde schwirren sie herum. Cobalt. K.O. bald. Was mich entspannt, ist ein Spaziergang in der Natur, im Wald oder an einem See, Musik oder aber auch weise, wegweisende Schriften alten Wissens. Das Faszinierende beim Lesen solcher Texte, finde ich, ist das Gefühl, dieses Wissen immer schon in mir getragen zu haben. Die Wissenssammlungen und Aufzeichnungen der Alchemisten stehen, wenn man mich fragt, sinnbildlich für die Ereignisse der heutigen Zeit. Es lässt sich auf moderne Verhältnisse ummünzen: Psychiatrie als Krankheit - also verkündete Dunkelheit, obwohl Erleuchtung. Normgesellschaft als Gesundheit - also Verblendung, weil Dunkelheit. Irreführung in organisierter Form. Fotografisch gesehen, ein Negativstreifen."

„Die Alchemie - auch Alchymie, oder Alchimie - ist ein alter Zweig der Naturphilosophie. Wie der Zweig einer Wurzel. Sie wurde im Laufe des 17. und 18. Jahrhunderts von der modernen Chemie und Pharmakologie abgelöst. Pharmakologisch. Pharma-K.O.-logisch. Womit ich schon beim Kern meiner obigen Aussage angekommen bin: Herkömmlich wird angenommen, dass die Herstellung von Gold durch Goldsynthese und anderer Edelmetalle durch Edelmetallsynthese das einzige Ziel der Alchemisten gewesen wäre. Doch, wie das Wort Herstellung schon andeutet, es geht um die Herstellung eines Zusammenhanges. H sind zwei Parallelen, die durch eine Gerade verbunden sind. Erstellung erklärt sich hier von selbst. Es handelt sich um einen Hinweis. Gold. Go-old. Zahlenwert 743. Die Hochzeit der Philologie mit Merkur. Was ruf' ich Dich, verehrungswürdige Siebenzahl, in Erinnerung? Da du die Werke der Natur vollführst, ganz unberührt und ohne Zeugungsakt, ist unter Göttern Dir der Name Jungfräuliche *Tritonia* zuteilgeworden. Denn angesichts des Umstandes, dass alle Zahlen innerhalb der Zehn entweder nur erzeugt werden, oder selbst andere erzeugen und von anderen erzeugt werden, oder zwar andere hervorbringen, selber aber nicht aus anderen hervorgehen, so gilt: Die Sechsheit, Achtheit, Neunheit werden lediglich erzeugt; die Vier dagegen schafft und wird erschaffen; Ein-, Zwei-, Drei- und Fünfheit bringen andere hervor und werden selber nicht erzeugt. Die Siebenzahl dagegen hat noch die Besonderheit: Weil sie nichts zur Welt bringt, gleicht sie einem Mädchen; doch weil aus keinem sie geboren wird, daher ist sie *Minerva*. Und da sie aus Zahlen, so männlichen als weiblichen, besteht, so wird sie *das wehrhafte Mädchen Pallas* genannt. Aus Dreien doch und Vier wird Sieben, die Zahl, welche des Monds Gestalten füllt: Erst ist er *gehörnt* - die Griechen nennen's *sichelförmig* -, danach ein Halbmond - in der Mitte durchgeschnitten -, darauf zeigt er seine größere Hälfte - auf Griechisch: *rings gekrümmt* -, dann ist er *voll* - auf Griechisch *panselen*; entsprechend wandert er abnehmend wieder durch die drei besagten Formen. Diese Zahl ist Mondes-Lichtes Zeichen: Eins, Zwei, Drei, Vier, Fünf, Sechs und Sieben ergeben, wenn man sie addiert, die XXVIII. Genauso sind es sieben Umläufe und ebenso viele Planeten, gleich viele Wochentage, so viele Wandlungen der Elemente ineinander: Aus ungeformtem Stoff wird zuerst das Feuer; aus Feuer wird Luft, aus Luft dann Wasser, und aus Wasser Erde. Gleichermaßen erfolgt ein Aufstieg: Aus der Erde gibt es Wasser, aus dem Wasser Luft, aus der Luft das Feuer - aus dem Feuer in den sinnlich nicht mehr fassbaren Stoff wird es den Durchgang wohl nicht geben. - Und nun, Naturausstattung von Menschen! Kann man nicht zeigen, dass sie sich dieser Zahl fügt? Zum ersten, Sieben-Monat-Geburt gibt den Menschen fertig gebildet los. Sodann hat Mensch im Haupt sieben Gänge, die für die Sinne zuständig sind: zwei Augen, zwei Ohren, zwei Nasengänge, einen Mund. Die kleinen Kinder bekommen im siebten Monat ihre Zähnchen, wechseln das Gebiss im siebten Jahr. Zugleich setzt die zweite Siebenzahl die körperliche Reife in Bewegung und somit die Fortpflanzungsfähigkeit; die dritte dann der Wangen rote Blüte; zur vierten wird das Anwachsen der Gestalt beendet, die fünfte ist vollkommener Abschluss des jugendlichen Alters."

„Auch hat die Natur im Leibe bestens versteckt der lebenswichtigen Organe sieben an der Zahl: Zunge, Herz, Lunge, Milz, Leber und zwei Nieren.

Entsprechend machen sieben Körperteile den Menschen aus: Das Haupt herab zum Hals, Brust, Bauch, zwei Hände und zwei Füße. Ebenso viele Sterne stehen auf der Himmelsachse Scheitel. Auch Neunheit ist vollkommen und wird manchmal sogar vollkommener noch genannt, weil aus der Drei sie, der Vollkommenen, durch Vervielfältigung ihrer Form zu ihrem Ende kommt. Sodann, weil sie den Endpunkt der ersten Zahlenreihe bildet; und daher wird sie Mars genannt, als von dem das Ende aller Dinge herkommt. Zwar als Quadratzahl ist sie auch die Endbestimmung solcher Zahlenwerte, die mittels Beitragsleistung wachsen. Denn auch das letzte Stück der Tonleiter ist sie. Der Beitrag von der Acht zur Neun kommt als der Ton des Takts heraus. Nicht weniger spricht man ja auch von *Musen*, nämlich neunen. Und im Weltgebäude sind's neun Zonen: Der *Kugel* selbst, der sieben *Sternengötter* und der *Erde*. Die *Zehnzahl* aber muss man jenseits von allen gelten lassen, hat sie doch alle Zahlen von verschiedener Leistung und Vollkommenheit in sich. Mag auch die erste Zeile zu Ende sein, erfüllt sie für die zweite Reihe die Leistung einer Einheit: Sie ist es, die die Regeln, Verhältnisse, Seinsgattungen, Erscheinungsformen, Unterschiede, Vollkommenheiten sowie die Nichtvollendung der Zahlen erster Zeile in sich schließt. Man gibt sie dem *Ianus*, wiewohl die Meisten sie die *Rückkehr auf den Ursprungsstandort* nennen möchten."

„So ist denn kurz dazu gesprochen worden, was da bei der *Zahl* die erste Reihe ausmacht, welcher der Götter sie enthält und was für Leistungen obendrein. Und nun, *was Zahl denn selber ist*, was für Entsprechungen und Formen sie in ihr selber zeigt, will ich kurz darlegen: *Zahl ist Versammlung von Einheiten, oder Menge, die von Einheit ausgeht und in Einheit ausläuft*. Hm. In God We Trust. Auf dem One-Dollar-Schein finden sich zwei interessante Wahlsprüche auf Lateinisch. Nie gehört? Novus ordo seclorum: eine neue Ordnung der Zeitalter. Annuit Coeptis: Er heißt das Begonnene gut. Er, durch dessen Erscheinung die Kombinationsgabe komplexer Zusammenhänge mit dem allsehenden Auge deutlich wird und dessen Erkenntnisse sich auf den dreieinigen Gott beziehen. Römische Zahl MDCCLXXVI. 1776. Zusammengesetzt aus 1000-500-100-100-50-10-10-5-1. Entspricht den arabischen Zahlen der ersten Zahlenreihe 151-151-151. Das ergibt 7 7 7. Summe: 21. Das 21. Jahrhundert. Quersumme 3. Ein Dollarschein in der Hälfte gefaltet, mit der rechten Seite nach unten geklappt. Ein zweiter Dollarschein, auf gleiche Weise gefaltet, sei daneben hingelegt. Den rechten Schein um 180 Grad drehen und die beiden gefalteten Enden zu einem ganzen Schein zusammenschieben. Nun den linken Schein um ein Zehntelmaß von der Gesamthöhe der Scheine - das sind 6 Millimeter - nach oben hin verschieben. Und siehe da: vom neuen Mittelpunkt aus wird eine grafische Darstellung mit vielversprechendem Inhalt sichtbar. Was sich darbietet, ist die Skizzierung des Ursprungs allen Lebens, eine Säule aus zugleich weißem und grauem Rauch. Diese dampfähnliche Substanz entweicht aus einem in kleinkariertes Schwarz gehüllten Rohr. Weißer Rauch signalisiert Wasserdampf und ist ein Hinweis auf den neuen Papst. Schwarzer Rauch, der einen Mangel an Sauerstoff beim Selbstzünder signalisiert, zeigt an, dass kein Ergebnis im Zuge einer Papstwahl zustande kam. Ein rotes Kupferrohr als einzige Verbindung vom Kanonenofen der Konklave aus der Sixtinischen Kapelle bis hin zur Außenwelt? Bitte schön, da haben wir ja wieder alle Farben, die wir schon kennen: weiß, schwarz und rot. Ob bei dieser undichten Stelle bald einmal der Rauch aufgehen wird! Im Mittelpunkt der auf den beiden zusammengelegten Dollarscheinen sichtbaren, um 45 Grad nach links geneigten Rauchsäule, ist zudem ein menschliches Auge zu erkennen. Dies alles in Kreuzform angebracht, symmetrisch und spiegelgleich – leicht zu erkennen auch die getrennte Silbe 'WASHI' des Wortes 'Washington' sowie zwei schematisch angedeutete Darstellungen ein und derselben Zahl: 7. Wash I? Dieses Bild wiederum ist eingerahmt in die Form eines Spiegels, wie wir solchen von alten Möbelstücken her kennen, von den sogenannten *Psychen*, einer Art mobiler Waschtische, das A & O in den Schlafzimmern unserer Großeltern. Ach ja, es sieht auch aus wie das Alpha & Omega. Die Oberkante der Spiegeleinfassung auf der Scheinhälfte entspricht genau dem Halbmaß der Unterkante der Darstellung sowie dem Zahlenwert der *Konstante Phi*: 1,61... Die Abmessung der an Holz erinnernden Unterkante der Spiegeleinfassung entspricht wiederum genau einem Drittelmaß der Gesamthälfte. Minor, Major und das Ganze. a+b/a=a/b oder a/a+b=b/a. Spiegelprinzip."

„Die auf dem linken Schein dargestellte Gesichtshälfte ergibt in Ergänzung mit dem Teil der Rauchsäule in der oberen Hälfte des rechten Scheines den Kopf eines Menschen mit Rabenmaske. Diese Form der Maske – wörtlich aus der arabischen in die deutsche Sprache übersetzt, bezeichnend für einen Narren, eine Posse, Hänselei oder einen Scherz – geht von der Grundform der venezianischen Karnevalmaske *Zanni*, auch Scaramouche genannt, aus, und steht in ihrer Bedeutung für den Tod und das Unheil. Die weitergeführte Maskenform der skizzierten Darstellung auf dem Schein entspricht der des *Dottore della Peste*, einer bizarren und imposanten Figur des Pestdoktors. Doch anders als die meisten der Masken hat diese Form ihren Ursprung und Hintergrund nicht im Theaterwesen, sondern beruht auf geschichtlichen Tatsachen. Die Pestmaske gehörte im Europa des 17. Jahrhunderts zur Ausrüstung und Bekleidung des Pestdoktors. Die Pest, bekannt auch als der Schwarze Tod oder die Geißel der Menschheit im Mittelalter, gilt auch im modernen Zeitalter noch als eine der weltweit schlimmsten Infektionskrankheiten. Vermögen also Geldscheine womöglich auch Krankheiten zu übertragen? Mehr als ein Drittel der Menschheit wurde im Laufe des 14. Jahrhunderts von dieser heimtückischen und unheilbaren Krankheit ausgerottet. Setzt man in die erwähnte Masken-form eine Augenkonstruktion aus buntem oder klarem Glas ein, erinnert sie wiederum an eine Gasmaske. Eine besondere Funktion der Maske bezog sich auf die Atemwege der Helfenden. So verwendete man unter der Maske äthe-rische Öle und Duftstoffe diverser Kräuter, welche die Aufgabe eines Filters für die uns bekannten fünf Sinne übernahmen und zusätzlich auf natürlichem Wege vor Ansteckung schützen sollten - also auch unseren sechsten Sinn na-türlicher Schöpfung, unseren sensiblen Lebenssinn. Die Träger der Maske er-innern an einen apokalyptischen Vogel, dessen Erscheinung Unheil verheißt. Wer ihn als gesunder Mensch erblickte, ergriff sogleich die Flucht. In Frank-reich und Italien von damals waren Masken allgemein der Theatergattung der ‚Commedia dell' Arte' zugeordnet und traten von dort aus ihren weltweiten Siegeszug an. Man verstand darunter eine leicht verständliche Schauspiel-kunst, ein unterhaltsames Theater sowie ein Lustspiel verschiedener Gesell-schaftsschichten. Durch Maskierung wurden Charaktereigenschaften ange-deutet, um der Person darunter größtmögliche Anonymität zu gewähren. *Lady Liberty* - der Name der Freiheitsstatue - war 1886 ein um zehn Jahre verspäte-tes Geschenk Frankreichs an die Vereinigten Staaten zum 100-Jahre-Jubiläum der Unabhängigkeitserklärung von 1776."

„Der One-Dollar-Schein veranschaulicht auf eindrückliche Weise das Prinzip des goldenen Schnitts, die Verbindung der beiden Extremprinzipien: Symmetrie und Asymmetrie. Die Teilung einer Strecke mittels Zirkel und Lineal im Konstruktionsverfahren, um innere und äußere Teilung zu erreichen. Der Goldene Schnitt, als Spezialfall der *harmonischen Teilung*, zeigt die verbin-denden Eigenschaften der auch als *Göttliche Proportion* bezeichneten Gesetz-mäßigkeit sowie die *harmonische Schönheit dieses die Gegensätze verbindenden Charakters.* Das Pentagramm und der Goldene Schnitt. Das Pentagon? Let's Rock. Mano cornuta. Das Zeichen des Gehörnten. Die Bauweise der Freiheitsstatue? Die Bauweise der Pyramiden! Was!? Nein, das kann jetzt aber nicht wahr sein! Da sind ja noch zwei Siebener zu sehen ... Einer stehend, bestehend aus einer kopfstehenden Spiegeleinfassung rechts, und ein zweiter auf dem Kopf, beste-hend aus der korrekt sichtbaren Spiegeleinfassung. Die beiden Hälften überei-nandergelegt ergeben einen - ergeben eine - ergeben ein - na, das gibt's doch nicht! - ergeben zugleich einen Einser, eine Sanduhr, ein Gefäß, das aussieht wie der heilige Gral. Der Einser - die Zahl, die aussieht wie ein Mikrofonstän-der oder Tambourstock und sinnbildlich für das männliche Geschlechtsteil steht. Eine Sanduhr, sinnbildlich den Zeitraum einer Schwangerschaft und zugleich Teilung darstellend. Ein innen weiß gefärbtes, als beinahe leeres Gefäß oder ein Weinkelch, bezeichnend für den heiligen Gral. In dessen linkem, unterem Eck sowie im rechten, oberen Eck je acht Blätter eines Vogelbeerbaumes samt Früchten und fünf Perlen. Legt man die ausgefalteten Scheine übereinander sind es in jeder der vier Ecken acht Blätter mit fünf Perlen. Ist gleich 32 und 20. Ergibt in Summe 52. Quersumme 7. Insgesamt sind also vier Siebener in alle Richtungen gespiegelt. Ergibt 28. Quersumme 10. Am 28.10. ist übrigens Weltspartag."

„Die englische Übersetzung von Vogelbeere oder Mehlbeere lautet 'Haw',ein Kernobstgewächs innerhalb der Familie der Rosengewächse. Mehlfässchen, Weißdorne oder Christdorn, die meist Beeren genannten Apfelfrüchte – zwischen 0,7 und 2,5 Zentimeter breit –, als sanftes Herzmittel wirkend, auf sehr starkem, festem und hartem Holz gewachsen, mit ausgeprägter Neigung, sich auch ohne menschliche Hilfe untereinander zu kreuzen. Am häufigsten finden sich Artenzahlen von um die 200, die Bandbreite der angegebenen Artenzahl reicht jedoch von 100 bis 1000. Alle Nachkommen haben genetisch identische Klone der Mutterpflanze, die in der traditionellen Taxonomie die Gattung ‚Weißdorn' in ungefähr 15 Sektionen unterteilt. Alle besitzen sie aus mythologischer Sicht die Kraft, böse Geister abzuwehren, vor Verhexung zu schützen und Kinder vor dem Unglück zu bewahren. Er ist auch als Wohnort der Elfen bekannt. In der römischen Antike war er dem *Ianus* heilig. Moment einmal, hatten wir den nicht gerade eben ein Stückchen weiter oben, vorne, hinten? Die Rose – wohlriechende Blüte einer Blütenpflanze mit Stacheln als Symbol der Liebe. Der Fruchtapfel und seine Blätter sind das Ebenbild vom Pentagramm. Jede Zacke des Sterns sowie eines der Blätter stehen sinnbildlich für einen der uns bislang fünf bekannten Sinne des Menschen. Die mittlere Perle der Fruchtknospe einer Rose, ihr innerster Wesenskern sozusagen, der ihre Samen trägt und sie im nächsten Jahr erneut erblühen lässt, entspricht der Sensibilität unseres menschlichen Wesens. Sie in sich hält das ewige Leben für uns bereit. Auch wenn die Rose nur für Wochen erblüht, so ist ihre Seele bereits viele tausend Jahre alt. Dem Menschen scheint es ebenso. Aus 'Haw' wird 'Hawk'. In deutscher Sprache ist darunter der 'Falke' oder 'Halunke' zu verstehen, aber auch 'hausieren', 'feilbieten', 'verkaufen'. Hey! Das ist mehr als nur eine Wortschatz- und Übersetzungsübung. 'Hawking' wird in unserer Sprache 'Falkenbeize', 'Falkenjagd' genannt. Vogelkopf. Einen Augenblick, bitte: Wie heißt noch schnell dieser Typ, der mit seinen Theorien stets für Aufsehen sorgt? Dieser theoretische Physiker und Astrophysiker, angeblich einer der brilliantesten Köpfe unserer Zeit und Mitglied der päpstlichen Akademie der Wissenschaften? Ach ja, genau: Stephen Hawking. Haha.

Der 'König der Vogelbeeren'. Ja, sogar er warnt vor der künstlichen Intelligenz, und auch er sieht darin eine riesengroße Bedrohung für die Menschheit. Er glaubt, dass dadurch das Ende der Menschheit eingeleitet werden könnte. Gott sei überflüssig? Reizüberflutung vom Feinsten? I wo! Auch schon draufgekommen? Und wenn man sich jetzt einmal auf der Zunge zergehen lässt, dass er selbst die rudimentären Funktionen von künstlicher Intelligenz nutzt, um mit seiner Außenwelt zu kommunizieren, dann erkennt sogar das kleinste Kind den Ernst der Lage."

„Nur keine Angst! Auch wenn es den Anschein hat, dass die Entwicklung des Menschen durch die biologische Evolution langsamer erfolgt als schädigender, zerstörerischer, technologischer Fortschritt durch künstliche Intelligenz: Gottes Mühlen mahlen langsam, aber sie mahlen gerecht. Was passiert, wenn wir schneller unterwegs sind, als die Polizei es uns erlaubt? Wir werden bestraft. In diesem Fall freilich erfolgt die Strafe nicht von Menschen, sondern als Antwort der Natur auf unser Fehlverhalten. Davon bin ich überzeugt. Das steht ja auch auf dem Dollarschein: *This note is legal tender for all debts, public and private. In meine Sprachauffassung übersetzt, bedeutet dies: Diese Banknote gilt nach weltweit anerkannter Rechtsprechung kraft der auf ihr selbst vermerkten Hinweise, als rechtmäßig zulässiges und selbstsprechendes Beweismittel, um im Prozess des Falles aller Fälle die bis zu jenem Zeitpunkt als streng vertraulich behandelten und vor der Öffentlichkeit geheim gehaltenen Informationen in Bezug auf besondere Empfindsamkeit als allgemeingültige Ursache für die Vereinsamung des Menschen zu bezeugen, mit dem tieferen Sinn und Zweck, dadurch sowohl den Einzelnen wie auch sämtliche Völker dieser Welt gänzlich von der ihnen bis dahin zur Anklage angerechneten Schuldenlast freizusprechen.* Der Greenback bringt uns ausgleichende Gerechtigkeit."

„In Zusammenfassung des ganzen Zaubers: Es wird ein Mann im Spiegelbild des Menschen erscheinen, in säuberndem Ton. Er ist kein Geistlicher, kein Intellektueller und auch kein Arzt. Er ist ein Mann der Künste, ein Mann, der sich auf irdischer Durchreise befindet, um zu heilen, ein gewöhnlicher Mensch aus dem Volk. Durch die Spaltung seiner Persönlichkeit wird ihm Einblick gewährt hinter die Kulissen menschlichen Seins. Er bringt die Hinter- und Vorderseiten, das Oben und Unten, das Links und Rechts, das Innen und Außen, die Dunkelheit und das Licht auf einer Ebene zusammen und darf deswegen im Zentrum seiner selbst die Göttlichkeit erkennen. In seinem Inneren ist er mitunter ein Gefangener von ihn überlegenden, dunklen Mächten gewesen. Er ist zum Narren gehalten worden, bis zu dem Tag, an dem die Einsicht seiner Seele die Dunkelheit vertreibt und die Trinität des göttlichen Augenblicks das Licht der Welt erblickt. Dies ist auch der Grund, weshalb schwarze Farbe in der Sonne heißer wird als weiße, weil nämlich die Dunkelheit das Licht anzieht, um von ihm erwärmt zu werden. Er trägt die genetische Kreuzung allen natürlichen Lebens in sich. Hingegen hält er sich auch verdeckt und wahrt seine Anonymität. Er selbst ist der Spender neuen Lebens. Erst durch den Prozess der Fortpflanzung wird ihm selbst erlösende Erkenntnis zuteil. Die Box der Pandora ist damit geöffnet. Geld ist nur das Mittel zum Zweck, damit der Schein gewahrt bleibt, mit dem tieferen Sinn, die Menschheit auf sein Eintreffen vorzubereiten. Bei uns Menschen zeichnet sich das gleiche Bild ab wie in der Natur bei den Fliegen: Wenn der Winter kommt und damit die Angst vorm großen Sterben, dann werden sie noch einmal aggressiv. Doch der nächste Sommer folgt bestimmt. Here Comes The Sun. It's alright. Der Sonnenkönig ist geboren im Symbol des Sonnenrades und als Schütze im Zeichen des Feuers. Er wird die Vergangenheit zum Augenblick berufen und das Heil unter die Menschen bringen. Mit einem Schauspiel wird er der Menschheit Einblick in die Tiefen seiner Psyche und Seele gewähren. Wirkliche Wertschöpfung liegt allein der Natürlichkeit des Menschen zugrunde. Sie liegt nicht im materiellen Gut, denn Geld ist nur ein Schein, und der Schein trügt. Seine augenscheinliche Aufgabe besteht darin, jene Energiequelle abzuzeichnen, die dem Menschen als einzig sinnvolle und unerschöpfliche Basis seit Anbeginn seines Seins zur freien Entfaltung zusteht: seine Sensibilität. Der Künstler eröffnet der Menschheit den Zugang zu einem neuen Leben in heilbringender, gesundheitsspendender Natur. Die Wiederherstellung des harmonischen Urzustandes unseres Planeten wird ab nun unser aller Leben Bestimmung sein. Nicht jeder Mensch wird es gutheißen. So darf auch unsere eigene Art diesen Reinigungsprozess durchlaufen, der wiederum jene hervorbringen wird, die von sich aus Bereitschaft zeigen, sich selbst zu läutern."

„Andächtig, wie diese Erkenntnisse sind, bewirken sie, dass einem ja ganz schön schwindelig werden kann! Was, wenn man dann auch noch die der Längsseite nach gefalteten Dollarscheine zueinanderführt, übereinanderlegt, spiegelt und kopiert!? Dann ist da noch der 10-Euro-Schein. Dieser zeigt, ergänzend zum Dollar, ebenfalls sehr deutlich, was Sache ist und in nächster Zeit auf uns zukommt. Das smaragdgrüne Hologramm der Europa, sichtbar mit 10 Perlen an ihrem Hals, ist abgekupfert von einer ungefähr 2000 Jahre alten Vase, die man zum Mischen von Wasser und Wein verwendet hat. Sie wird unter den Pyramiden aus Glas im Louvre aufbewahrt. Mann, Stier und Frau ergibt Zentaur. Mythologie als Prophezeiung. So wie auch aus Europa ein Kontinent geworden ist. Einzig weiser Chiron, rechte Hand und Freund der Götter, Erzieher der Ärzte und Kenner der Arzneikunde. Körperlich diesen wilden Tiermenschen gleich, trägst Du in Dir Gene gottesgleich. Sagittarius A und

Centaurus A, massive Quellen von Radiowellen. Sein Sohn Achilleus. Pyruus. Akireu. Acquire. Aqua. Du Meergottheit vererbten Ahnenwissens, der sich der erlösenden Reinigung der Menschheit annimmt. Psychosoziales Moratorium anstatt Ektogenese, meine Herrschaften und Heerschaften! Die Natur mahnt sie zur Ordnung! Aus Mythos wird Metapher, und Metapher wird zur Wirklichkeit. Die Torbogen auf der Vorderseite des 10-Euro-Scheins und die auf seiner Rückseite gezeigte Brücke seien rein fiktive Darstellungen im Stil der Romantik? Weder den Torbogen noch die Brücke gibt es wirklich, weil kein Land bei der Auswahl der Motive bevorzugt werden sollte? Dass ich nicht lache!"

„Flavia Iulia Helena, auch Helena von Konstantinopel, war die Mutter des römischen Kaisers Konstantin. In der katholischen und auch der orthodoxen Kirche wird sie als Heilige verehrt. Der Legende nach veranlasste Helena Grabungen, bei denen unter anderem Reste des Kreuzes Christi sowie der Ort des Heiligen Grabes gefunden wurden. Helena ließ, wie es in der Sage hieß, die aufgefundenen Reste des Kreuzes Christi in drei Teile teilen. Ein Drittel des Kreuzes blieb in Jerusalem, ein Drittel nahm die Kaisermutter mit nach Rom, und ein Drittel sandte sie ihrem Sohn nach Konstantinopel. Ob die heute bekannten Reliquien tatsächlich zum Kreuz Jesu gehörten oder auch nur echt in dem Sinne sind, dass sie überhaupt aus der Zeit um 33 n. Chr. stammen, ist umstritten. Über dem Grab und der Kreuzauffindungsstelle ließen Helena und ihr Sohn Konstantin eine Basilika errichten, die sogenannte Grabeskirche. Auch die Geburtskirche in Jerusalem und die später zerstörte Eleona-Basilika auf dem Ölberg gehen auf Helena zurück. Darüber hinaus ist sie auch Stifterin vieler anderer Kirchenbauten in und um Jerusalem herum sowie an anderen Orten. Wenn wir nun die Eingangstore der Grabeskirche mit der Abbildung auf der Vorderseite des 10-Euro-Scheins vergleichen, dann erkennen wir sehr wohl starke Ähnlichkeiten. Und die drei Obelisken vor den Stützmauern der drei Brückenbogen? Pst! Nur die Ruhe! Darauf sollten wir vorerst nicht noch näher eingehen. Pst! Anch-Gott. Das ist so nervenaufreibend hier. So viel sei aber noch beiläufig angemerkt: Das Dollarzeichen setzt sich ursprünglich aus zwei in sich geschriebenen Buchstaben zusammen, nämlich dem S und dem P. Somit ergeben die beiden Zeichen \$, weil im Laufe der Zeit das P schlecht erkennbar und zugleich die Schreibweise vereinfacht wurde. \$ und € übereinander gelegt ergeben somit '=CSP' - dieselbe Abkürzung für Concentrated Solar Power. Sonnenwärmekraftwerk. Hm. Sonnenkönig. Herzenswärme. Hochsensibilität als besondere Kraft der Schöpfung Werk. Die Suche nach dem 'perfekten Menschen' hat ein Ende, liebe Freunde: ein Mann - ein Wort. Ein Wort - ein Mann. CSP = Christoph Stefan Pen ... Pst! Schnell weg hier. Good Luck ... Moment! Nicht auflösen. Pssst!"

„So wie mir als Einzelnem schwindelig wird, so überschlagen sich durch solche Offenbarungen auch die Ereignisse demnächst. Denn auf andere Weise lassen sich die Menschen anscheinend nicht wachrütteln. Wir alle sind einem Schwindel aufgesessen. Es wird jetzt bald einmal ordentlich knallen müssen. Ich persönlich werde aber bestimmt nicht darauf warten. Vielmehr gedulde ich mich, verweile in Gelassenheit und achte darauf, die mir in natürlicher Weise erscheinenden Zeichen zu erkennen und passend zu deuten. Ich fahre lieber auf Halbmast und auf halbe Sicht. Dadurch wird auch mein Alltag das mir bislang Bekannte und Unbekannte in neuem Licht erscheinen lassen. Einsichtige Selbsterkenntnis im Abgleich mit meiner Umwelt wird die Ketten meiner einsamen Gefangenschaft sprengen. Denn wer zureichend informiert ist, kann auch selbst Entscheidungen treffen. Für den, der nicht informiert ist, entscheiden die anderen. Bislang kannten wir alle nur die beschränkte Wahrheit, darum ist uns ab nun auch alle Schuld erlassen. Denn wer die Wirklichkeit nicht kennt, ist ein Gutgläubiger, der von den meisten seiner Mitmenschen durch Scheinwahrheiten nur zum Narren gehalten wird. Doch wer ab diesem Punkt hier die Wirklichkeit kennenlernt und sie trotzdem eine Lüge nennt, der macht sich zum Verbrecher. Pst! Da kommt jemand. Hast Du was gehört? – Nein, doch nicht."

„Selbst wenn man die Sichtweise eines anderen nicht zu 100 % versteht, kann man sie zu 100 % akzeptieren, denn: Akzeptieren bedeutet nicht dasselbe wie gutheißen oder billigen. Es bezeichnet lediglich die Selbsterlaubnis, mit dem übereinzustimmen, was im Augenblick besteht, um vom erbitterten Kampf mit der Realität abzulassen. Annehmen ist die Entscheidung, den Augenblick ertragen zu lernen wie ein schweres Kreuz, das man zu schleppen hat. Zwischen Leiden und Akzeptieren ist dennoch ein großer Unterschied. Zu leiden heißt, den Schmerz nicht anzunehmen. Akzeptanz weist wiederum darauf hin, den Schmerz bereits angenommen zu haben. Was heute noch als normal gilt, wird bald als Verbrechen an der Menschheit gelten. Die Geschichte beweist es immer wieder. Im Nationalsozialismus beispielsweise war es normal, Mitmenschen anderer Abstammung zu verfolgen und umzubringen, etwa Juden, Slawen, Roma. Aus heutiger Sicht ist es inakzeptabel geworden und darum ein undenkbares Gräuel und unvorstellbares Leiden von Abermillionen von Mitmenschen. Heute ist es normal, mündige Menschen in Psychiatrien zu stecken. Obwohl der Begriff Psychiatrie bereits auf Johann Christian Reil zurückgeht, der in Deutschland lehrte und mitunter äußerst kritische Artikel zur Versorgung psychisch Kranker am Übergang des 18. zum 19. Jahrhundert publizierte. Wenn im mittlerweile 21. Jahrhundert demnach menschliche Wesen mit Schizophrenie diagnostiziert werden, weil sie zu viel Dopamin im Gehirn haben, dann frage ich mich ernsthaft, ob diese Menschheit tatsächlich noch zu retten ist. Pst! Ich komme schon wieder vom Hundertsten ins Tausendste."

„Nun gut, das Spektrum der Alchemisten reicht von früheren, praktischen Chemikern und Pharmazeuten, deren Vorstellungen über den Aufbau der Materie, bis hin zu stark esoterischen und mythisch gefärbten Spekulierenden. Auch der lang verbreitete Glaube an eine Transmutation von Metallen und anderen Elementen zählt dazu, sowie Ideen über eine parallele Wandlung des Adepten, die in neuerer Zeit zum Beispiel das Interesse des Tiefenpsychologen Carl Gustav Jung geweckt hat. In meinen Augen allesamt betrügerische Goldmacher, Falschgeldwechsler, Vogelhändler. Das erinnert an jene Geschichte mit den Schafen: Der gute Hirte gibt sein Leben hin für die Schafe. Der bezahlte Knecht aber, der nicht Hirte ist und dem die Schafe nicht gehören, lässt die Schafe im Stich und flieht, wenn er den Wolf kommen sieht. Die Religionsführer flüchten vor der Pharmaindustrie ebenso wie die Ärzteschaft. Und der Wolf reißt uns und jagt uns auseinander. Da fliehen sie, die Pharisäer, weil sie nur bezahlte Knechte sind und ihnen an den Schafen nichts liegt. Ich will der gute Hirte sein. Ich kenne meine Leidensgenossen, und sie kennen mich. Dies ist nur eine Parallele zu den Ausführungen eines lange verstorbenen Gleichgesinnten. Und doch lebt er durch diese Erkenntnisse irgendwie weiter und gleichsam wieder in jedem von uns auf. Leben und Tod verlieren ihre Wirkung im Jetzt. Ewigkeit wird wirksam. Zeit und Raum verschwinden im Fluss dieser einmaligen Energie. Und die heißt heute Psychiatrie. Die ältesten bekannten Aufzeichnungen über die Alchemie - insbesondere die Tabula Smaragdina - stammen aus dem alten Ägypten und dem hellenistischen Griechenland. Da diese zunächst ausschließlich über die arabische Welt nach Europa gelangt sind, stammt das Wort Alchemie vermutlich vom arabischen *al-kīmiyā'* und ägyptischen *k(he)m*, dem Wort für schwarz, ab. Dieses findet seinen Ursprung im Griechischen, eventuell *chymia* oder *chemeia* für Metallguss oder auch *chymos* für Flüssigkeit. Ägypten steht also sinnbildlich für die in die Dunkelheit - also das Unterbewusstsein - verdrängte Übersinnlichkeit? Meinetwegen. Weiter. Durch Alkohol wird dieses empfindsame Wesenskorn offenbar konserviert, durch Selbstfindung entdeckt. Anonymous Alcoholics. Chinesische Wurzeln scheinen sehr unwahrscheinlich zu sein, obgleich es auch chinesisch ausgesprochene Worte mit ähnlichen Bedeutungen gibt. Die Bedeutung des Wortes ist bislang nicht sicher geklärt und die möglichen Auslegungen sind vielfältig. Paracelsus und Georg Agricola verwendeten die Worte *Chymia* oder *Chymista* für die Alchemie. Beispielsweise lässt sich Alchemie mit *Kunst der Ägypter* oder in einer anderen Lesart dagegen als *Lehre des Gießens* übersetzen. Wasserguss. Samenerguss. Schöpfung. Gi. Essens. Energieessenz. Jemand hier? Mah, doch nicht! Zum Glück."

„Wie gesagt, die Tabula Smaragdina hat man für das grundlegende Buch der Alchemisten gehalten. Sie ist eine dem Hermes Trismegistos zugeschriebene, ursprünglich wohl griechische, später in lateinischer Fassung verbreitete Sammlung von wenigen, angeblich schwer verständlichen und auslegungsbedürftigen Sätzen, in denen die gesamte Weltweisheit enthalten sein soll. Nicht einfach zu verstehen, oder? Ich finde es gar nicht so schwierig. Mit der Abbildung des Vitriol-7-Sterns als sinnbildliches Ziffernblatt und zugleich Kompass. Bei genauer Betrachtung von vorn ist beispielsweise das Bildnis des Mannes in der Mitte eine Nahaufnahme vom Gesicht des auf der linken Seite sitzenden Königs. Aus Sicht des Mannes selbst sieht man das Bild nicht. Auch nicht die Mutter und den Vater. Obwohl das Bild beschrieben ist, scheint es vor den eigenen Augen leer zu sein. Den eigenen Geist legt er quasi in die Hände seines Vaters. Allein meine Einsicht dahingehend würde Bände füllen können. Doch mich fragt ja niemand ... Darum bin ich auch hier, in der Anstalt. Ein häufiges Ziel der Alchemisten war die Transmutation von unedlen Metallen zu Gold und Silber. Dass dies möglich wäre, wurde aber auch von Gelehrten des Mittelalters keinesfalls allgemein anerkannt; große Wissenschaftler wie Avicenna, Ramon Lull und Arnaldus von Villanova lehnten diese Vorstellung ab. Das verhinderte nicht, dass ihnen eine große Zahl alchemistischer Schriften zugeschrieben wurde, was allgemein gängige Praxis der frühneuzeitlichen und mittelalterlichen alchemistischen Literatur war und deren Beurteilung erschwert. Ein weiteres Problem ist, dass nicht immer ersichtlich ist, was in alchemistischen Texten mit den dort erwähnten, meist vermengten Chemikalien nun gemeint ist. Der Stein der Weisen war dabei den Alchemisten eine besondere Tinktur. Es machte scheinbar die Umwandlung eines unedlen Metalls zu Gold oder Silber möglich - vergleichbar mit einem Katalysator in der heutigen Chemie. Die Alchemie war aber nur teilweise von der Idee der künstlichen Herstellung von Gold und dem Stein der Weisen beherrscht. Damals wurde auch ein Universalheilmittel gesucht: Panacea. PC. Personal Computer. Persönliche Rechnung und Einstellung. Ein gesuchtes Universallösungsmittel wurde Alkahest genannt. Neben einer theoretischen, mehr esoterischen Komponente gab es einen praktischen Teil, der den sorgfältigen Umgang mit den Destillations-, Extraktions- und Sublimationsapparaturen voraussetzte. Irgendwie klingt das alles wie in einem Drogenlabor. Im arabischen Raum war Rhazes ein typischer Vertreter der ausschließlich praktischen Orientierung der Alchemie gewesen. In der griechisch-arabischen Alchemie wiederum waren die Urelemente Erde, Wasser, Luft und Feuer nach Empedokles bekannt. Er nannte es die Vier-Elemente-Lehre. Hinzu kam eine schon in Ansätzen bei Aristoteles vorhandene Auffassung von gegensätzlichen Prinzipien. Warm - kalt. Trocken - feucht. Schwarz - weiß. Gut - Böse. Vergangenheit - Zukunft. High - down. Clean. Jetzt. Danach sollten die Stoffe für Umwandlungen erst einmal von unreinen Zutaten befreit und auf die Materia Prima, den Urstoff, zurückgeführt werden, zunächst durch Anwendung wie Erhitzen, Abkühlen oder durch den Zusatz bestimmter Stoffe. Danach wurden sie in Gold überführt. Ja, genau - an der Nase herumgeführt."

„Im arabischen Raum kam ab dem 9. Jahrhundert auch den Elementen Schwefel und Quecksilber eine besondere Bedeutung zu, was für die abendländische Alchemie bestimmend wurde, die durch das Bekanntwerden arabischer Autoren ab dem 12. Jahrhundert von Spanien aus nach Europa drang. Die beiden Elemente übernahmen die Rolle von Prinzipien bei der Umwandlung von Stoffen. So wurde das Prinzip Schwefel - philosophischer Sulphur - den Elementen Feuer und Luft zugeordnet, also allem Brennbaren. Das Prinzip Quecksilber - philosophisches Mercuris - den Elementen Erde und Wasser. Auch die Planeten hatten ihre Bedeutung gefunden. Ausgehend von den inzwischen entdeckten Mineralsäuren und ihrer Bedeutung, führte Paracelsus im frühen 16. Jahrhundert ein drittes Prinzip ein: das Salz. Sein und das Ziel seiner Nachfolger war in erster Linie die Erneuerung der damaligen Medizin und Entdeckungen in der Pharmazie, genannt Iatrochemie. Alchemisten hatten gegenüber Außenstehenden beständig ein strenges Schweigegebot bezüglich ihrer Kenntnisse. Sie bedienten sich einer verschlüsselten Fachsprache, die für Uneingeweihte nicht verständlich war. Viele Geheimnisse wurden nur mündlich und nur den vertrauenswürdigsten Schülern, den sogenannten Adepten, anvertraut. Adept stand für Eingeweihte. A! Deppen. Einfach kosmisch komisch ... Ab dem 16. Jahrhundert verbreitete sich das alchemistische Wissen mit Aufkommen des Buchdrucks in immer größeren Kreisen."

„Wie schon kurz angeführt, bezogen sich die Alchemisten mehrfach auch auf die Astrologie. So standen die einzelnen Metalle für verschiedene Himmelskörper: Gold für die Sonne, Silber für den Mond, Eisen für den Mars, Kupfer für die Venus, und Quecksilber für den Merkur. Alchemisten befassten sich, im Gegensatz zu gelegentlichen Falschangaben, nur allegorisch mit der Herstellung lebender Kunstwesen. Doch die Kunst wurde zum Mittel, das wirkliche Wissen zu konservieren. Anklänge an diese okkulten Experimente finden sich verstreut über den gesamten Erdball: in Kunstwerken, in bildhaften Darstellungen, wo chemische Elemente personifiziert wurden, sprich, als Personen auftraten. Aus der Vereinigung von Mann und Frau wurden etwa Hermaphroditen geboren, die die Merkmale beider Ausgangsstoffe trugen. Damit war und ist bestimmt nicht die Erschaffung eines künstlichen Wesens gemeint. Vielmehr wurde und wird eine chemische Reaktion bildhaft gedeutet. Die künstlerisch oft aufwendig gestalteten Bildbände haben meist allegorischen und meditativen Charakter und sind keine Anleitung zu realen Experimenten. Ich sehe es sogar so, dass unsere heutige Realität ein Hologramm dieser Aufzeichnung ist. In all dem Wirrwarr geht es allein um Vater-Mutter-Kind und Schöpfung."

„Jeder beliebige Punkt, von dem aus man anfängt, die Welt zu betrachten, ist so gut wie jeder andere, um zur Bewusstheit aufzusteigen und zur Natürlichkeit der Schöpfung vorzudringen. Betrachten wir an dieser Stelle einmal gemeinsam ‚Die Berufung des Hl. Matthäus', das bekannteste Gemälde Michelangelo Merisi da Caravaggios. Es entstand um 1600 herum in der Stilepoche des Frühbarrock und gilt bislang als eines der epochalsten Werke der Kunstgeschichte. Es war eine kirchliche Auftragsarbeit und befindet sich bis heute in der Kirche San Luigi dei Francesi in Rom – meines Erachtens deshalb ein Auftrag der Kirche, weil mit diesem Bild auf ein in der Zukunft eintretendes Ereignis hingewiesen werden soll. Es dient auch als Phantombild und bildnerische Erhaltung von Wissen in einem Kunstwerk, sozusagen das Storyboard eines Drehbuches."

„Als Altarbild wurde eine Darstellung des schreibenden Matthäus mit dem Engel bestellt, als rechtes Seitengemälde eine Darstellung des Martyriums des Heiligen Matthäus und als linkes Seitengemälde die Berufung des Hl. Matthäus. Das Gemälde mit dem schreibenden Matthäus stellt den Evangelisten Matthäus dar, die anderen beiden den Apostel Matthäus. Nach dem damaligen Verständnis waren Apostel und Evangelist identische Personen, nach neueren wissenschaftlichen Erkenntnissen handelt es sich historisch um zwei unterschiedliche Personen. Dies bedeutet, dass jener, der schreibt, nicht die gleiche Verkörperung darstellt wie die anderen beiden. Die Berufung deutet auf den 'Jünger Jesus', was auf den 'Jüngeren als Jesus' hindeutet. Das von Caravaggio zuerst erstellte Altarbild wurde von den Auftraggebern schließlich abgelehnt. Akzeptiert wurde erst die zweite Variante. Als nächstes Gemälde stellte er die 'Berufung', danach das 'Martyrium' fertig."

„Die Art der Darstellung und die Lichtführung machen das Bild zu einem der meistbeachteten überhaupt. Caravaggio teilte die Beteiligten im Geschehen in zwei Gruppen auf: die beiden Personen rechts, der den Matthäus mit einer Geste berufende Jesus und Simon Petrus, und die Gruppe links, der Matthäus selbst angehört, der mit seinem Fingerzeig nach fragender Fasson auf seine Begleitfiguren zeigt – wobei in einer neueren Interpretation in dem jungen Mann ganz links Matthäus erkannt werden möchte. Die seltsam kraftlose Geste, mit der Jesus auf Matthäus hinweist, ist der Geste des Adams von Michelangelo nachempfunden. Obwohl Jesus eigentlich die zentrale, handelnde Figur ist, stellte ihn Caravaggio dennoch nicht in das Zentrum des Bildes, sondern, um die Dramatik zu steigern, an den rechten Rand und ließ ihn dazu noch von Simon Petrus halb verdecken. Die Petrusfigur fügte Caravaggio erst nachträglich ein, wie nach einer neueren Untersuchung festgestellt wurde. Grund dafür könnte sein, dass damit die Bedeutung des Petrusamtes der Päpste hervorgehoben werden sollte, da im Zeitraum der Erschaffung die Gegenreformation noch deutlich aktiv gewesen war."

„Das Epochale an der Darstellung, könnte man sagen, ist, dass zum ersten Mal in der Kunstgeschichte eine heilige Handlung nicht in einem heiligen Rahmen oder etwa in einer Ideallandschaft stattfindet, sondern in einer alltäglichen Stube, schlicht ausgestattet, nahezu minimalistisch. Caravaggio betonte die Alltäglichkeit durch das verstaubte Fenster oben rechts und die Darstellung der Kleidung der Personengruppe um Matthäus. Es handelt sich um gewöhnliche Straßenkleidung an der Wende vom 16. zum 17. Jahrhundert. Auch die Wand des Raumes ist kalklos, die Raumdarstellung selbst kahl, sodass die Konzentration des Betrachters nicht von der Gestik der handelnden Personen abgelenkt wird. Wer neben den drei Heiligen die sonst noch dargestellten Personen sind, ist nicht überliefert. Caravaggio ist allerdings dafür bekannt, häufig ihm bekannte Personen, zumeist seine lombardischen Landsleute, hineingepinselt zu haben."

„Schon das Chiaroscuro bei ihm – überwältigend! Die durch das harte Schlaglicht von rechts oben ins Extreme gesteigerte Hell-Dunkel-Wirkung hatte vor ihm noch keiner in dieser Dramatik fertiggebracht. Zwar wurde damit experimentiert, aber nicht in dieser Kraft. Dass der Lichteinfall von rechts oben kommt, ist kein Zufall. Caravaggio wusste nämlich, dass das Bild auf der linken Seite der Kapelle hängen würde, mit einem Lichtfenster über dem Altarbild – und war sensibel genug, um sich diesen Durchblick zunutze zu machen. Das Bild zeigt Caravaggio in der Blüte seines Schaffens. Die feine psychologische Betrachtung der unterschiedlichen Verhaltensweisen von Menschen in ihnen nicht vertrauten Situation zeugt davon. Während der junge Bursche in dem gelb-roten Gewand in der Bildmitte zurückweichend und an Matthäus anlehnend reagiert, wendet der vordere sein Gesicht, wie es scheint, nach einem Schienbeinstoß gegen seinen Körper interessiert zu Jesus und Petrus hin. Kaum angetan hingegen wirken die beiden Figuren der linken Seite. Der untere zählt seelenruhig sein Geld weiter und ist am Ablauf des Geschehens überhaupt desinteressiert, ebenso der obere, ältere Mann, der ihm dabei durch die Brille zusieht. Das sind jene Eigenschaften, die bisher bekannt zu sein schienen."

„Der Künstler, habe ich vorher gesagt, eröffnet uns Blickwinkel zu einem neuen Leben, heilbringende Einsichten sogar, und schärft den Blick für Welt, Mensch und Natur. Was ich persönlich aus der Betrachtung des Bildes als Erkenntnis mitnehme, ist, dass die einzigartige Hell-Dunkel-Wirkung der Szene darauf hinweist, was Licht ins Dunkel bringen soll. Das gilt sowohl für die Zeit, in der sich diese Ereignisse zutragen werden, als auch für die Situation selbst.

Die Darstellung und Gestik weist nicht nur auf geografische oder besondere physische und physiognomische Beschaffenheiten hin, sondern spricht auch die darunter liegende Betaebene an, sozusagen die psychografische und biografische Innenwelt und Handlungsabfolge: die den Menschen innewohnenden Werte."

„Ich denke, dass die rechte Figur im Bild nicht die Darstellung des historischen Jesus ist, sondern jene von seiner Reinkarnation als kerygmatischer Christus, des Heilbringers laut Johannesoffenbarung. Das frontale Fenster und die düster verrauchte Stimmung spielen auf ein typisches Bild an, das heutzutage jeder Windows-10-User kennt: das blaue Fenstersymbol von Windows als Bildschirmschoner am Desktop. Dies kann nur bedeuten, dass sich die gemalten Ereignisse in unserem Zeitalter zutragen werden. Anbei angemerkt sei, dass das Fenster aus vier Scheiben besteht, und das Licht, das vier der insgesamt sieben Personen beleuchtet, nicht aus diesem Fenster, sondern von rechts oben einfällt. Klarerweise ist das Fenster ein Hinweis darauf, dass eine unverstellte Sicht und eine Einheit aus vier Einzelnen bestehen. Vier Gleiche als Teil eines größeren Gleichen: das Fensterkreuz als Hinweis auf die genetische Kreuzung. Das magische Quadrat steht für die Chiffre Gottes, wodurch er die Welt aufrechterhält: 4, die Zahl des Irdischen, als halbe 8, die die Zahl der Unendlichkeit ist - ∞. A & O. Aufrichtigkeit & Offenheit. Durchsicht und Einsicht. Emotional-intellektuelle Durchlässigkeit."

„Die Hand Jesu - also Christi Hand bei Caravaggio - wurde Michelangelo Buonarroti entlehnt und erinnert frappant an Adams Geste vom Deckenfresko der Sixtinischen Kapelle. Du kennst das sicherlich. ‚Die Erschaffung des Adam' ist schließlich weltberühmt. Gott streckt darin seinen Zeigefinger aus und erschafft Adam. Michelangelos Adam wiederum zeigt dieselbe Geste wie Caravaggios Christus. Beide halten ihre Hand in derselben Manier, bloß - gespiegelt. Adam gilt als der Mann des ersten Menschenpaares. Er ist Stammvater im Buch Genesis, metaphorisch gewendet: im Buch der Genesung, vom Sündenfall zum Heil bzw. von der Erkrankung zur Erleuchtung. Darin besteht auch das Drehbuch für die Heilung der menschlichen Seele, ihrer Sensibilität und ihres Schicksals. Adam = Jesus = Christus = Urvater. Natürlich nicht in derselben Personifizierung, sondern im Sinne der genetischen Kreuzung, mit dem ‚Gottesgen' namens Hochsensibilität. Die Geste des Gottes wiederum ähnelt jener des vermeintlichen Matthäus im Bild - was aus meiner Sicht falsch wäre. Denn, mich dünkt, dass der junge Mann in der linken Bildhälfte eigentlich die Figur des Matthäus darstellt."

„Matthäus bedeutet 'von Gott gegeben' und 'Geschenk Gottes'. Der Name 'Jesus', jüdisch 'Jeschua', leitet sich wiederum von dem Wort 'JHWH' ab, welches sich wiederum von 'Gott' ableitet. Phonetisch hört man auf Deutsch

'Matthäus' auch als 'Mate-us', wobei 'Mate' im Englischen vieles heißen kann: Kamerad, Freund, Geselle, sich paaren, begatten. 'Us' bedeutet 'uns'. Zusammengenommen, lässt sich der Name Matthäus auch als Hinweis auffassen, dass sich Mann und Frau gepaart haben und er daraus entstanden ist als ein von Gott Gegebener. Ein erster Hinweis auf die Trinität natürlicher Schöpfung: Vater-Mutter-Kind. 1 + 1 = 2 < 3. Schlussfolgerung: Christus=Vater, Matthäus=Sohn, Mutter=Natur. Die Drei als Urbild des Erkennens, das beim Durchschnittsmenschen schläft, jedoch in jedem erweckt werden kann: der Genius. Die Stammeltern des neuen Reiches der Menschheit: Adam und Eva. Zahlenwert laut Alphabet: 1-4-1-13 und 5-22-1. Summe 10 und 10 sind 20. Zehn, die Zahl Gottes. Mann und Frau liegt Göttlichkeit inne. Quersumme 1 + 1 = 2. Adam, der Spender. Vier Buchstaben. Eva, die Schöpferin. Drei Buchstaben. 4 + 3 = 7."

„Der Alte nahe der Bildmitte ist Großvater. Daher stimmt es auch bedingt, dass dieser bisher als Matthäus betrachtet wurde. Dies belegt auch die Wahl der Kleidungsfarben der drei vorerst beschriebenen Personen. Allesamt bestehen sie aus der Verbindung Rot-Gelb-Orange. Diese Kombination steht gleichsam für Feuer, Flamme und Wärme, wiewohl diese ganz bestimmte Zusammensetzung von Farben eine Bedeutung zu haben scheint, nämlich, dass die Figuren mit dieser Kleidung miteinander in Verbindung stehen und durch denselben roten Faden verbunden sind. Fragt sich, wie soll man dann den gleichfalls beleuchteten Jüngling mit der weißen Feder auf dem Hut einordnen? Ja genau. Ihn deute ich als Mädchen, welches seinerseits Enkel des alten Mannes in der Mitte des Bildes ist. Es legt ganz vertraut, nahezu heimelig die Hand auf dessen Schulter, was sich als Beweis für Vertrautheit und Zusammengehörigkeit der Personen auslegen ließe. Die vier Personen sind, so gesehen, durch ihre Genetik miteinander verbunden. Das heißt, dass die als Jesus Christus dargestellte Person hier Vater von zwei Kindern, einem Sohn und einer Tochter, ist. Die weiße Feder steht stellvertretend für das Göttliche und das Jenseits, für Engel, himmlische Helfer und Boten Gottes. Diese werden traditionellerweise mit Federn dargestellt, um ihre Göttlichkeit und Transzendenz zu zeigen. Die weiße Feder fungiert auch als Symbol des Friedens. Dieses Mädchen ist die am meisten Er- und Beleuchtete. Einzig der junge Matthäus hat auf der Kleidung des rechten Armes blaue Ärmel mit einem roten Streifen. Blau stand damals für die Farbe der Lüge, der Luft, des Wassers, des Himmels und der Sehnsucht. Rot stand und steht für die Liebe. Gewissermaßen deuten die Farben darauf hin, dass die offen und aufrichtig gelebte Liebe durch die Lüge gespalten worden ist, ebenso wie die Körperhaltung des Jungen eine Untermalung seiner Verzweiflung ausdrückt, der Teilung in sich. Die Verbindung von rot-blau steht für körperliche und geistige Kräfte, was das Fehlen von seelischen Kräften impliziert."

„Matthäus soll Zöllner gewesen sein. Zöllner verkörpert eine Art des 'Untergejubelten'. Die Zöllner machten faktisch gemeinsame Sache mit der Besatzungsmacht, wo sie auf Brücken und Durchgängen wachten. Bei Matthäus scheint es sich in diesem Zusammenhang um einen unehelichen Sohn zu handeln, welcher der Liebesbeziehung zwischen Christus und einer verheirateten Frau entsprungen ist. Die Seinen nehmen im Land der Fremden sozusagen den Eigenen die Schneid ab - ein Ausdruck dessen, dass die Erkenntnis der Vaterschaft vor dem Jungen und der Öffentlichkeit geheim gehalten wird. Das Kind wächst infolgedessen bei der Mutter und ihrem Ehemann auf, während Christus als biologischer Vater verschwiegen wurde. Kurz, man hat ihn in den Schatten gestellt. Deshalb hat der junge Matthäus ebenfalls sein Gesicht ,verloren', seinen Vater als Spiegelbild. Aus diesem Grund ist bei Caravaggio das Gesicht des Matthäus nicht zu erkennen, insofern als es im Schatten liegt. Und darum auch der bezeichnende Titel des Bildes: 'Berufung'."

„Interessant ist der Sitzplatz - konkret: der Sessel -, auf dem Matthäus sitzt. Es handelt sich dabei um einen sogenannten Scherenklappstuhl aus Holz. Die Klappstühle in dieser Beschaffenheit gab es, wie abgebildet, in der Zeit von Jesus noch gar nicht. Es sieht aus wie ein Teakholzmöbelstück aus heutiger Zeit. Eine Schere deutet darauf hin, dass die Basis des Jungen entzweit wurde: er, etwas verloren dasitzend wie ein Objekt innerhalb der Scherenmesser der Schöpfung. Die Schere ist ein Werkzeug zum Einschneiden oder Zertrennen und als solche ein sinnbildlicher Hinweis darauf, dass der Junge von seiner genetischen Ahnenreihe getrennt wurde. Die Schere steht aber auch für die Frucht, das Abgeschnittene, das Gepflückte, für die Narbe, die Verletzung. Die todbringende griechische Schicksalsgöttin Moira Atropos hatte als Beigabe in den meisten Darstellungen die Schere. Seelische, also genetische, Regeneration erfordert die Kenntnis über die eigenen biologischen Eltern, denn nur durch sie als Spiegel und als die letzten Lebenden seiner gesamten Ahnenreihe lässt sich der eigene Genius entfalten, sprich, die persönliche Begabung des von ihnen mitgegebenen Erbgutes entwickeln. Hochsensibilität ist so eine Veranlagung, die man als erblicher Segen erkennen oder als Erbsünde missachten kann. In der römischen Mythologie entspricht der Schicksalsgöttin Atropos die Parze Morta. Die Parzen sind in der römischen Mythologie die drei Schicksalsgöttinnen, die den drei Moiren der griechischen Mythologie entsprechen. Sie können gemeinsam oder auch einzeln agieren. Die Parzen heißen Nona - die Neunte, Decima - die Zehnte, und Parca - in römischer Literatur auch Morta benannt - die Geburtshelferin. Ihre Namen sind eine Anspielung auf ihre ursprüngliche

Bedeutung als Geburtsgöttinnen, wobei sich Nona und Decima auf die Monate einer normal verlaufenden Schwangerschaft beziehen. Im Zuge der römischen Interpretation wurden sie den griechischen Moiren angepasst und damit in Schicksalsgöttinnen umgedeutet. Das heißt, dass es den Übergang von der bislang unvollendeten Neunten in die Zehn einleitet, die unverkennbar für Gott steht. Zudem zeichnet sich die Szene in einem geschlossenen Kreis ab. Die Beschaffenheit des Sessels und des Gesamtarrangements auf dem Bild kann ein Hinweis auf den Beruf als Frisörin oder Kellnerin der Mutter des Jungen sein."

„Von Christus aus strahlt das Licht der Erleuchtung, wenn auch dafürgehalten werden könnte, dass es nicht von ihm unmittelbar ausgeht, sondern von einem Punkt über und hinter ihm. Jeder der Angestrahlten gehört zur Ahnenreihe. Nun ganz auffällig ist die zählende Hand neben der Hand des jungen Matthäus. Diese gehört nämlich, was nicht ganz offensichtlich zu erkennen ist, nicht zum Mann mit der Brille, sondern zum Zeigenden in der Mitte. Matthäus wirkt nicht so, als ob er zählen würde, sondern als ob er seine Hand zu einer Faust geballt hätte. Der Daumen des Zeigenden zeigt auf sich selbst, der Zeigefinger derselben Hand auf den Jungen. Die Hände des vermeintlichen Matthäus und die des tatsächlichen, blutjungen Matthäus berühren einander. Es sieht so aus, als ob die beiden Hände zum Abgleich nebeneinander bzw. beinahe gegenüber lägen – gespiegelt. Die rechte Hand des Großvaters mit der rechten des Enkels: Spiegelsymbolik."

„Der Mann mit der Brille zählt nicht, wie bislang geglaubt, das Geld, sondern ist gerade dabei, sich die Brille aufzusetzen, was wiederum bedeutet, dass er sich gerade vorbereitet, etwas zu kontrollieren, nämlich die Gleichheit der beiden Hände – so als würde er etwas bezeugen sollen. Nun zur Bedeutung des Daumens, mit welchem der Alte in der Mitte auf sich zeigt: Am Daumen befindet sich ein Sesambein. Sesam öffne dich! Anwendung der denglischen Sprachverwendung und Phonetik: se-sam-be-in. The-same-be-in. Zu Deutsch: dasselbe innenliegend, sozusagen dieselbe genetische Veranlagung natürlicher Schöpfung, die Hochsensibilität. Zudem besitzt der Daumen Oppositionsstellung. Das heißt, er kann den anderen Fingern gegenübergestellt werden. 1 zu 4 ist 5. 5+5=10."

„Gegenüberstellung bedeutet in der Kriminalistik, Menschen anhand der Gesichtszüge wiederzuerkennen. Das Gesicht des Alten ist erleuchtet, der Bart versteckt den unteren Teil. Bei Christus ist der obere Teil im Schatten, dafür jedoch der untere Gesichtsbereich erleuchtet, ebenso wie beim jungen Matthäus. Es deutet darauf hin, dass der Junge die obere Gesichtspartie des Großvaters hat, indessen die untere des Vaters. Das Mädchen ist komplett erleuchtet, was bedeutet, dass es im Gegensatz zum Jungen bereits als Kind des Christus offiziell anerkannt worden ist. Das Wort Daumen stammt vom westgermanischen 'thuman' ab. Dies bedeutet auch 'besonders starker oder kräftiger Finger', oder auch 'Daumenbreit' und 'Zoll', passend auch wieder zum Zöllnerberuf des Matthäus. Der Daumenvergleich galt früher als eine Art Gentest. Man kann auch sagen als frühe Form des 'Vaterschaftstests' ohne technische Hilfsmittel.

Die Daumenregel, zuweilen Faustregel genannt, dient als schnelle Ermittlung eines Wertes, ohne eine präzise technische Berechnung durchzuführen, so einfach, dass sie sich nur durch Kopfrechnung, also nur durch den Hausverstand und die vorlogische Intuition, bestimmen lässt, resultierend aus Erfahrungen und Empfindungswerten. Die englische Übersetzung für 'rule of thumb' lautet Daumenregel, wobei 'thumb' auch 'beschmutzen' heißen kann. Dies passt assoziativ zu meiner Deutung, der zufolge es sich bei dem jungen Matthäus um einen Nestbeschmutzer handelt. Er ist ein sogenanntes Kuckuckskind, denn Jesus Christus wirkt in Caravaggios malerischer Komposition so, als ob er seine rechte Hand ebenfalls zum Vergleich hinstrecken möchte, den dann der Alte mit den Brillen vorzunehmen hätte."

„Vor den Daumen des Matthäus und des Alten liegen insgesamt sechs Münzen. Zwei große, klar zu erkennen, zwischen denen eine dritte kleine eingeklemmt zu sein scheint. Eine unmittelbar dahinter, zwei parallel darüber. Münzen stellen Kreise, aber auch Kugeln dar, und das Auflegen von Münzen oder Knöpfen kennt man aus der systemischen Familienaufstellung in der Psychotherapie. Der Daumen gilt auch als Zählfinger, wobei der Daumen des älteren Matthäus zur Präsentation aufgelegt wirkt - und nicht dazu, um, wie bisher angenommen, die Münzen zu zählen. Numerologisch interessant ist, dass insgesamt sechs Münzen auf dem Tisch liegen, jedoch sieben Menschen auf dem Bild zu sehen sind. Sieben ist auch ein sprachlicher Hinweis auf die Tätigkeit des Siebens. Und auf die Einleitung der letzten 1000 Jahre nach dem 7000-Jahre-Plan Gottes. Trotz gelegentlicher Widerstände gegen diese Interpretation liegt ein großes Geheimnis mit prophetischem Charakter im Schöpfungsbericht. Im Buch Genesis hat Gott die Welt in sieben Tagen erschaffen.

Ein Tag wird gezählt als 1000 Jahre:

1. Tag = 1000 Jahre = Licht und Finsternis = 1. Sinn = Sehen.

2. Tag = 2000 Jahre = Himmel & Erde = 2. Sinn = Riechen.

3. Tag = 3000 Jahre = Wasser & Land = 3. Sinn = Schmecken.

4. Tag = 4000 Jahre = Sonne, Mond & Sterne = 4. Sinn = Spüren & Fühlen.

5. Tag = 5000 Jahre = Fische & Vögel = 5. Sinn = Hören.

6. Tag = 6000 Jahre = Mensch - Ebenbild Gottes & Tier = 6. Sinn = natürliche Hochsensibilität.

7. Tag = 7000 Jahre = Ruhe & Harmonie = Gleichgewichtssinn.

Erstaunlicherweise deckt sich das in der Bibel mit dem Auftauchen der großen Persönlichkeiten, die auf ebendiese Jahrtausende fallen: 1000 Jahre = Adam. 2000 Jahre = Noah. 3000 Jahre = Abraham, Moses. 4000 Jahre = David. 5000 Jahre = Jesus - das Lamm Gottes. 6000 Jahre = Kirche - die Braut des Lamms. 7000 Jahre = Jesus Christus - der Löwe Juda. Y'schuah. Yes sure. Ja sicher. Wer Gottes 7000-Jahresplan verstanden hat, weiß, dass wir uns mit Beginn des 21. Jahrhunderts zu Anbeginn des letzten Jahrtausends befinden. Man muss selber kein Prophet sein und auch nicht Theologie studiert haben, um erkennen zu dürfen, dass sich sämtliche Vorbedingungen für die letzte aller Zeiten bereits vor unseren Augen erfüllt haben: Der technologische Fortschritt, die Explosion des Wissens, die unlösbaren Probleme der Finanzwirtschaft, die hochsensible politische Lage rund um den Nahen Osten, weltweite Unruhen, zunehmende Erdbeben und Toben der Meere in Form von Tsunamis als Ausdruck menschlicher Reizüberflutung ... - all das, längst prophezeit. Jesus agierte als Messias exakt im Zeitplan Gottes vor rund 2000 Jahren. Es ist also nur mehr eine Frage von natürlicher Entwicklung, wann Christus, das Licht der Welt, hier unter uns neuerlich auftauchen wird."

„Nun aber wieder zurück zu Caravaggio und seinem Gemälde. Der Zeigefinger steht für den Fingerzeig. Darunter ist der Hinweis eines Menschen auf eine Sache oder einen anderen Menschen zu verstehen. Der alte Mann zeigt demnach mit dem Daumen und Zeigefinger seiner linken Hand auf sich und zugleich auf Matthäus - die klare Andeutung einer Verbindung und Verbundenheit. In der Blindenschrift steht der linke Zeigefinger für Anfang. Er wird auch als der sehende Finger des Chirurgen bezeichnet. Der ausgestreckte Zeigefinger gilt als Geste der Kraftübertragung von dem, der hinzeigt, auf jenen, auf den der Finger gerichtet ist. Der Zeiger überträgt dabei seine Kraft auf die Gezeigten. Es bedeutet auch, dass der Zeiger seine eigene Kraft verliert, und auch, dass der Alte sozusagen die ihm innewohnenden Kräfte - den Genius - an seinen Enkel weitervererbt hat, also von Gott an Matthäus, den von Gott Beschenkten. Der Großvater gibt sein Erbgut an den Enkel weiter. Auf Leidende zu zeigen fordert es heraus, das Leid des Gezeigten anzuziehen. Daraus folgt, dass der Alte das Leid seines Enkels durch diese Erleuchtung auf sich ins Jenseits nimmt. Der Genius, sprich, die Sensibilität als göttliches Erbgut der Natur, lebt ewig inne. Es deutet überdies darauf hin, dass der Alte in der Mitte bereits im Jenseits weilt, wie denn auch die Darstellung der Momentaufnahme als Bild bezeugt, dass momentanes Leben keine Vergänglichkeit kennt. Vergangenheit und Zukunft verschränken sich im Jetzt. Raum und Zeit verblassen."

„Nun noch ein Wort zu dem jungen Mann in der schwarz-weißen Kleidung. Dieser verkörpert meines Erachtens die Kirche. Simon Petrus - Bekenner und Verleugner von Jesus zugleich – greift mit der linken Hand auf die Schneid eines Schwerts und zeigt dem Jungen mit drohender Geste, dass er seine linke Hand lieber dort liegen lassen solle, wo sie ist. Simon Petrus könnte auch den Papst darstellen, der in jener Zeit der Vorkommnisse – als Spiegel des Jesus Christus – zu regieren vorgibt. Die linke Hand des Jungen befindet sich in Bewegung in Richtung seines eigenen Degens. 'Degen' ist umgangssprachlich die gängige Abkürzung für 'Degeneration', die eine Entartung bezeichnet. Entartung stellt eine formale, strukturelle und funktionelle Abweichung von der natürlichen Gegebenheit dar und steht insofern für Involution, just in einer Zeit, in der die Natürlichkeit durch Technik ersetzt werden soll und erfolgreich verdrängt wird. Natürliche Hochsensibilität weicht von der Norm selbstverständlich ab. Die Gleichung könnte man folgendermaßen formulieren: Natur = Natürlichkeit = fünf Sinne + sechster Sinn seelischer Sensibilität = Heilzustand versus Norm = Unnatürlichkeit = fünf Sinne ohne sechsten Sinn = Krankheit. So gesehen, hat auch die Kirche ihre wirkliche Funktion als Seelsorgerin und Sensibilitätsschützerin verraten und ist somit selbst entartet. Die Farbenkombination der Kleidung des Jungen – schwarz-weiß – steht für den Widerstreit der Gegensätze und für Veränderung. Dies ließe sich so übersetzen, dass sich die Kirche in der Zeit der abgebildeten Ereignisse in einer Phase der Veränderung befindet. Die Welt schwarz-weiß zu sehen bedeutet gewissermaßen, sie nicht grausam zu sehen. Dem liegt nämlich ein argloser Wunsch nach Klarheit und Eindeutigkeit zugrunde, was typisch ist für Menschen mit psychischen Krisen, deren Anzahl in heutiger Zeit mit jedem Moment steigt. In fünf Jahren soll das Krankheitsbild der Depression laut Weltgesundheitsorganisation WHO zur verbreitetsten Krankheit der westlichen Gesellschaft aufgestiegen sein. Zugleich stehen die Farben im Gemälde für die Farben der Trauer, auch für die Gegensätze von Licht und Dunkelheit. Der Degen scheint matt zu sein, weil er das Licht nicht reflektiert. Die Vermutung liegt nahe, dass es sich um einen sogenannten Trauerdegen handelt. Der Degen gilt als hieb- und stichfest, also auch metaphorisch gesehen die Geschichte des Christentums als hieb- und stichfester Beweis für die Wirklichkeit des Berufenden. Alles deutet darauf hin, dass der Junge das Geschehen auf dem Bild beweist und durch das Ereignis eine einschneidende Veränderung der Kirche einleitet. Simon Petrus als Pontifex und erster Christ schützt Christus vor dem Schwert der Kirche, weil diese bislang den Glauben verbreitet hat, wonach Jesus keine Kinder hatte. Christus ist soeben dabei, den Schwindel aufzudecken und Licht ins Dunkel zu bringen: sowohl Licht zu bringen in das Geheimnis der Erbsünde und die bislang gängige, verwässerte Auslegung der Schöpfungsgeschichte im Allgemeinen, als auch das Lüften des Geheimnisses bezüglich seines unehelichen Sohnes Matthäus."

„Auf dem Tisch steht ein Tintengefäß mit Federstift, daneben ein weißes Blatt Papier, unbeschrieben, wartend auf die Unterzeichnung eines neuen Vertrags. Es ist ein Zeichen dafür, dass, erst wenn die Arbeit an der Welt im Sinne der Ästhetik beginnt, der Einzelne auch zu sich selbst finden darf. Der besseren Welt geht die schöne Seele voraus. Erst dann darf sich jeder Einzelne zwischen einem Leben in der Entfaltung seines natürlichen Genius einerseits und der Existenz inmitten einer durchschnittlichen Normgesellschaft andererseits entschließen – ein Neubeginn durch Beleuchtung des Ahnenwissens. Das bislang gespaltene Meer der Menschheit wird sich in die Farbe der Liebe färben."

„Die drei Bilder des Michelangelo sagen, wie ich annehme, den Zeitpunkt voraus, an dem der leibliche Vater eines Matthäus und einer erleuchteten Tochter kommen wird, ein Schriftsteller, der seinen leiblichen Sohn erkennen und diesen zu sich berufen darf. Dieser Vater ist zugleich Christus bzw. die Wiedergeburt von Jesus, ein Genius der Ahnenreihe, welcher wiederum als neuer Adam gilt, als erster Mann der Stammfamilie, welche als erste familiäre Einheit im Sinne natürlicher, biologischer Schöpfung, einer neuen Menschheit mit neuem Bewusstsein Anerkennung finden wird. Er ist Sohn Gottes, sprich, des Alten in der Mitte des Bildes in der 'Berufung des Matthäus'. So schließt sich der Kreis Gott-Vater-Sohn. Körper-Geist-Seele. Im Bild mit sieben Menschen. Gleichsam passend zur 7-strahligen Masche des zusammengebundenen Beutels auf dem Tisch, zu einem Bund. Was Gott zusammengeführt hat, darf der Mensch nicht trennen. Gott hat die Menschen mit sechs Sinnen beschenkt, doch der Mensch hat den Grundlebenssinn der Sensibilität von den anderen fünf getrennt – aus reiner Eigennützigkeit, um als menschliches Wesen die Ewigkeit zu beherrschen. Fünf Säulen im Diesseits gen einer Säule im Jenseits. Das Jenseits wird zum Jetzt, das Diesseits zur Vergangenheit. Lichtzeit zwischen Altem Testament vergangener Ereignisse und Neuem Testament als Drehbuch unserer Zukunft."

„Jedermann könnte gemeint sein, jeder der vier Männer, die um den kleinen Tisch herum sitzen, wiewohl auch der Junge. Matthäus hat noch gar nicht gemerkt, dass der Unbekannte auf ihn zeigt, so vertieft ist er darin, die Steuern nachzuzählen, die er heute eingenommen hat. Oder hat er es gemerkt und hebt nur deshalb sein Haupt nicht, weil er es nicht wahrhaben will? Oder könnte überhaupt ein anderer gemeint sein? Nicht einmal darüber wurden sich die Betrachter in vierhundert Jahren einig. Offenbar hängt es vom Betrachter selbst ab. Schon damals in Rom, vor zwanzig Jahren habe ich mich gefragt, warum ich vom ersten Blick an denjenigen für erwählt hielt, der am wenigsten auf den Erlöser achtet! Seine Begleiter jedenfalls scheinen die anderen zu beruhigen, dass sie nicht gemeint sind. Sie können weiter Steuern eintreiben, Tag für Tag, ihre Familie ernähren, indem sie andere Familien ausplündern, Arbeit abwälzen, indem sie sie anderen aufbürden, kurz, ein übliches Menschenleben führen. Nur zu Matthäus sagt Jesus: ‚Folge mir!‘ Kein weiteres Wort mehr steht in der Bibel über die Berufung des Matthäus, keine Begründung, keine Erklärung, nur: ‚Folge mir!‘ – Wir alle wissen: Matthäus stand auf und folgte. Der Bruch mit allem kann als ein Wunder verstanden werden."

„Den Künstler interessiert nicht das Wunder selbst, weil es nicht darstellbar ist und allzu schnell komisch wirkt, wie Caravaggio es ein einziges Mal vom ungläubigen Thomas gemalt hat, der seinen Finger in Jesu Bauch gesteckt hat. Unter den Malern hat er den schärfsten Blick. ‚Wenn ihr wüsstet, was ich weiß, ihr würdet wenig lachen und viel weinen ...‘, neckt ein islamischer Sufi. ‚Ist mein Wort nicht wie ein Feuer, spricht der Herr, und wie ein Hammer, der Felsen zerschmeißt?‘ – so sagt es Prophet Jeremia."

„In seiner ‚Berufung des Heiligen Matthäus‘ fängt Caravaggio offenbar den Moment unmittelbar vor der Berufung ein, nicht das Berufensein selbst. Vielleicht wäre es exakter zu sagen, dass man es sich bei keinem von ihnen vorstellen kann, da jeder Mensch erwählt werden könnte. IHS. I'm Highly Sensitive. ‚Wirklich der da?‘, fragt der Bärtige, derweil der Brillenträger neben ihm die Münzen interessanter findet. Oder der Bärtige fragt, wie andere Betrachter meinten: ‚Was! Wirklich ich?‘ Der Mann im Vordergrund mit der Feder am Hut scheint gar nichts zu begreifen. Zu Jesus blickt er, weil der Junge ihm unterm Tisch gegen das Schienbein tritt: ‚Na und?‘ Das Wunder ist nicht der Auftritt des Erlösers; das Wunder besteht darin, dass einer es bemerkt – und, wenn ich mich nicht täusche, ausgerechnet derjenige, der den Erlöser nicht einmal beachtet. Fassungslos werden die Männer erst sein, wenn er die übernächste Sekunde seine Familie, seinen Beruf und seine Weltsicht aufgibt. Wie zur Warnung stellt das Martyrium auf der gegenüberliegenden Seitenwand dar, worauf die Berufung hinausläuft. Wir alle könnten damit gemeint sein. Wir alle sind gleichzeitig Wahllose und Opfer. Der Finger könnte auf jeden von uns zeigen, und zwar immer. Die Tür hinter mir könnte aufgehen und der in der Tür stehende Selbstmordattentäter mein Leben wegsprengen. Unser Geist jedoch wird nur dann zugänglich, wenn die Dynamik des Lebens im Rhythmus der Natürlichkeit pocht und die Trauer über die Vergangenheit und die Angst vor der Zukunft ablöst!"

„Wir haben uns von unserem Ursprung abgewandt. Wieder zu unseren natürlichen Wurzeln zurückkehren dürfen wir, wenn wir es erkennen. Wir leben in einem Versuchslabor, weil wir in unserer Unbewusstheit von ihm abhängig geworden sind: zu sein im Rausch des Forschens, im Endloswürzen der Erlebnisse, im Goldrausch der Versuchung. Die alchemistischen Vorstellungen beruhten auf den damals gängigen und auch für nicht-okkulte Forscher verbindlichen Naturphilosophien. Auch wenn manche der Vorstellungen von einst abwegig erscheinen mögen, so führte doch die Theoriebildung über die Wandlungen der Stoffe in der praktischen Laborarbeit hin zur modernen Naturwissenschaft. In der Alchemie erlangte das Experiment einen gänzlich neuen Stellenwert für eine prinzipiell anti-aristotelisch ausgerichtete Wissenschaft. Der geschichtliche Weg hierbei: von der Natürlichkeit über Alchemie zu Naturwissenschaften."

„Der Übergang von der Alchemie zu den aktuellen Materialwissenschaften wie der Metallurgie, der pharmazeutischen Produktion und der medizinischen Forschung geschah teilweise fließend. Gewisse Traditionen wurden allerdings obsolet. So bauen wir immer höhere Türme auf dem doch so ursächlichen Fundament unserer Ahnen, unserem natürlichen Ursprung. Dadurch haben wir den Boden unter den Füßen verloren. Und eine Leiter aufzustellen, um wieder hinabzusteigen, haben wir auch vergessen. Jetzt bauen wir weiter, weil wir glauben, irgendwann endlich anzukommen. Doch auch Gras wächst nicht unendlich. So sind wir am Ende angelangt, während der Turm gerade dabei ist einzustürzen. Das Fundament jedoch wird stehen bleiben. Und jene, die glauben, an der Spitze gestanden zu sein, werden bei dem Aufprall ihr Leben lassen. Die Unterdrückten jedoch werden auferstehen und in weiser Erkenntnis wieder im Einklang mit ihrer Natürlichkeit fortbestehen. Einzige Ausnahme: Wir helfen gemeinsam, den süchtigen Baufortschritt zu stoppen, und helfen uns selbst abzusteigen, in altbekannter Manier der Seilschaften. Wenn nicht, ist es für mich auch okay. Denn ich werde ohnehin fortbestehen, weil ich ein Staubkorn des Steines der Weisen bin. Mir kann niemand mehr etwas anhaben, weil ich die Ewigkeit in mir gefunden habe. Jetzt. Blödsinn? Nein. Mir ist es einerlei. Alchemisten standen als frühzeitliche Chemiker und Metallurgen mit dem Bergbau und der Metallverarbeitung eng in Verbindung. Zufall? Bestimmung? Schicksal? Ganz gleich, wie Du es benennen willst, all das zählt nun nicht mehr."

„Ein weiterer Bereich war neben der Pharmazie die Glasherstellung. Die experimentelle Anwendung der Alchemie ist die Grundlage für die Wiedererfindung des Porzellans gewesen, aber auch des Schwarzpulvers in Europa. Porzellan zum Beispiel ist ein Abfallprodukt der Suche nach Gold. Geschichte ist in vielerlei Hinsicht sehr aufschlussreich. Ein Alchemist am sächsischen Hof, Johann Friedrich Böttger, rettete sein kostbar geglaubtes Leben, indem er seinen Arbeitgebern wenigstens weißes Gold liefern konnte. Ein berühmter Alchemist war außerdem Vincentio Casciorolo aus Bologna, der 1604 erstmals einen Phosphoreszenzstoff herstellte: den sogenannten *Bologneser Leuchtstein* oder *Lapis Solaris*. Diese Entdeckung förderte Diskussionen über die Natur des

Lichtes und führte bereits 1652 zu ersten spektroskopischen Untersuchungen. Damit waren die Leuchtziffern erfunden worden. Der Hamburger Hennig Brand war Alchemist, der 1669 den weißen Phosphor und dessen Chemilumineszenz *Phosphorus mirabilis* entdeckte. Es war das erste Mal überhaupt, dass durch eine chemische Reaktion elektromagnetische Strahlung dazu gebracht wurde, im ultravioletten und sichtbaren Bereich des Lichts zu emittieren. Diese Chemilumineszenzreaktion fand als Mitscherlich-Probe Eingang in die forensische Chemie und ist heute noch ein kleiner Teil dieses beeindruckenden Experiments und allumfassenden Gesamtkunstwerks – das Opus Magnum. Das Große Werk ist ein Begriff der mittelalterlichen europäischen Alchemie, das sich auf die erfolgreiche Umwandlung des Ausgangsstoffes in Gold oder auf die Schaffung des Steins der Weisen bezieht. Entelechie: die Eigenschaft, das Ziel in sich selbst zu haben. Der Stein der Weisen wurde als Metapher für eine geistige Umwandlung in der Hermetischen Tradition verwendet. Der Weg zur Herstellung des Steins der Weisen oder auch Lapis Philosophorum verlief über vier, später über drei Stufen. Je nach Darstellung geht man sogar von sieben oder zwölf Stufen aus. Die praktische Anwendung des Opus Magnum sollte unedle Stoffe durch Transmutation in Gold verwandeln, indem man den unedlen Stoff etwa durch den roten Stein führte. Es bildete das Gegenstück zum einfacheren kleinen Werk, bei dem man durch das weiße Elixier unedle Stoffe in Silber verwandelte. In der Alchemie bestand immer ein Disput darüber, wie die Stufen im Einzelnen ausgestaltet werden sollten. In einem vierstufigen Prozess ist die Nigredo-Stufe, die Schwärze, der Anfang und versinnbildlichte den Urzustand der Materie. Man bezeichnete diesen Zustand auch als die Materia Prima. Als weitere Prozesse schließen sich die Phase der *Weißung, Gelbung* und *Rötung* an. Letztere ist die höchste Stufe. Grundlage dieser Stufen bildete die griechische Philosophie der Quaternität. Der ganze Prozess ist höchst interessant: das Vierteilen eines Prozesses in die Melanosis (Schwärzung), Leukosis (Weißung), Xanthosis (Gelbung) und Ioisis (Rötung). Angelehnt ist diese Vorstellung an die antike Elementarlehre von Erde, Wasser, Luft und Feuer. Erst im späten Mittelalter wurde die Quaternität zur Trinität, wobei die Stufe der Gelbung entfiel. Schwarze Menschen. Weiße Menschen. Rote Menschen. Gelbe Menschen. Eine andere Aufteilung war: Materia Prima, Calcination, Sublimation, Solution, Putrefaction, Destillation, Coagulation, Tinctura, Multiplikation, Projection. Im Verlauf der Jahrhunderte entwickelte sich das Opus Magnum zu einem unentwirrbaren Gemisch unterschiedlichster Anweisungen und Erfahrungen, die den praktischen Prozess immer unverständlicher werden ließen. Meist wollte man dadurch über die eigene Unwissenheit hinwegtäuschen oder Misserfolge verschleiern.

Die Anweisungen waren zudem symbolträchtig, vieldeutig und in rätselhafter Sprache geschrieben."

„Paracelsus geht über die vier Stufen hinaus und beschreibt unter anderem in seiner *De Natura Rerum* den Prozess einer besagten siebenstufigen Transmutation. Bei George Ripley sind es nach seinem Liber Duodecim Portarum bereits zwölf Stufen zur Goldherstellung. Zwölf Schritte zur Genesung: die zwölf Dimensionen ewigen Lebens. Genau dieses unentwirrbare Netz aus Gedanken und Bildern ließ den Begründer der Analytischen Psychologie, Carl Gustav Jung, zu dem Schluss kommen, dass der Schritt von der Quarternität zur Trinität mit inneren und psychischen Gründen zu erklären sei. Nicht äußere oder praktische Prozesse wurden im großen Werk beschrieben, sondern unbewusst innere Zusammenhänge in die Materie und Arbeitsweise hineinprojiziert. Projektion. Doch nun hatte man wieder nur das Menschliche herangezogen, das gegenteilige Extrem. Dieser Ansatz entwickelte sich auch parallel zur praktischen Alchemie in der abendländischen Mystik. So sprach man bei den Rosenkreuzern von geistiger oder theoretischer Alchemie, die eine Vollendung des eigenen Menschen mit sich bringen sollte. Gustav Meyrink knüpft unter anderem an diese Tradition in seinen Werken an, in seiner mystischen Deutung von drei Stufen. Nigredo als die Schwärzung oder Fäulnis als Individuation, Reinigung, Ausbrennen von Unreinheiten oder auch Solniger. Ausbrennen? Burnout? Individuation? Rückzug? Isolation? Reinigung durch Alkohol? Drogen? Dem folgt Albedo als die Weißung oder Vergeistigung, Erleuchtung. Erkenntnis? Einsicht? Hochsensibilität? Und endet im Rubedo als der Rötung oder Vereinigung des Menschen mit dem Göttlichen, Vereinigung des Begrenzten mit dem Unbegrenzten. Vereinigung von HSP und LSP?"

„In der Alchemie handelt es sich nicht nur um eine praktische Disziplin im Sinne einer Metachemie. Sie hat vielmehr auch eine philosophische Dimension. Die verschiedenen alchemistischen Vorgänge - wie die Umwandlung eines bestimmten Metalls in ein anderes - symbolisieren die Entwicklung des Menschen, das heißt - heiß, rot, schönes Wortspiel -, für innerpsychische Prozesse. Denn die Transmutation der Psyche, wie sie die antiken Mysterienkulte lehrten, durch Leiden, sinnbildlichen Tod und gewandelte Auferstehung des Adepten zu einer neuen, göttlichen Existenz, wurde in den alchemistischen Werkstätten seit der Antike auf die Materie übertragen. Dies erst führte zur *Transmutation der Materie.* Die mineralischen Stoffe erleiden durch Zerstückelung, Verbrennung und Behandlung all die Wandlungsqualen wie der zur Erlösung und Wandlung bestimmte Mensch. Die Menschen wurden von ihren höheren Sinnen getrennt; daran besteht kein Zweifel mehr. Wenn die Trennung im Individuum selbst geschieht, dann auch im großen Stil innerhalb der gesamten menschlichen Gemeinschaft. Krieg ist die Folge. Streit. Unruhe. Chaos. Angestrebt hatte man die Umwandlung niederer Stoffe zu edleren Metallen, in das unsterbliche Gold, oder zu einer Universalsubstanz namens Lapis, zur erlösenden Universalmedizin. Die Entdeckung dieser Analogie beschreibt als erster Zosimus aus Panopolis in seinen Traumvisionen. Ha! Und ich soll ein Wahnsinniger sein? So ein Stumpfsinn! Der Psychoanalytiker Herbert Silberer arbeitete in seinem Hauptwerk *Probleme der Mystik und ihrer Symbolik* wohl als Erster die psychologische Dimension der Alchemie heraus. Der Schweizer Psychiater und Psychotherapeut C. G. Jung sah in den Arbeitsmethoden und Wandlungsbildern der Alchemisten eine Parallele zu den Traumbildern moderner Menschen während ihrer biographischen Selbstfindung. Dabei spielen persönliche Probleme, scheinbar unlösbare Aufgaben, existenzielle Krisen oder notwendige Reifungsprozesse eine große Rolle. Diesen Prozess nannte er Individuation und beschrieb ausführlich die Abläufe und Gesetzmäßigkeiten dieser unbewussten Bilderwelt oder *Transmutation der Psyche*. Das Leben – ein Traum. Die Erforschung der Individuation betrachtete er als wesentliche Aufgabe seiner Analyse. So bleibt da noch das Synonym für Alchemie oder die Spagyrik: die pharmazeutisch-therapeutische Umsetzung alchemistischen Wissens. Spa-o-age-iro. Trennen und vereinigen. Sogar ein Blinder könnte erkennen, dass technologischer Fortschritt insgesamt auf den Grundlagen der Alchemie aufbaut. Warum in Gottes Namen verspottet die Wissenschaft diese Tatsache, anstatt sie in Wertschätzung und Dank als solche anzuführen? Vielleicht könnten wir das Geheimnis lüften, das Rätsel entschlüsseln? Wie gesagt, mir hört ja niemand zu. Hallo? Ist da jemand? Aha. Niemand da ...“

„Nur mit der Ruhe! Vollkommenheit, mein Freund: die eigene Individualität zum Zwecke der Gemeinschaft auflösen. Sicherheit und Stärke durch Anonymität, das ist die Lösung. Im Endeffekt hat auch die gesamte uns bekannte Geschichte der Alchemisten nur den einen Zweck, den Ablauf der Ereignisse auf dem Weg der Menschheit in metaphorischen Epochen darzustellen, als endgültigen Hinweis auf das Erscheinen des wirklichen Königs am Tage des Gerichts. Nämlich jenes Königs, der mit seinem Wasser alle Geheimnisse der Menschheit zu entwirren und aufzulösen vermag, auch jenes der Goldherstellung. Er ist das Königswasser, das die Rätsel löst. Ich weiß, dass es für Dich schwierig ist, all das zu glauben. Noch ist es das. Doch lass es einfach zu und beende Deinen Widerstand! Vertraue einfach! Dann wirst Du nachempfinden können, wovon ich spreche, mein Freund. Ich liebe Dich. Darum brauche ich Dich nicht länger. Und Danke noch einmal für das, wie ich finde, sehr bemerkenswerte Gespräch. Es hat mir die Möglichkeit gegeben, einiges zu durchleuchten und mich aus einem Zwiespalt zu befreien. Ausgewogener Schlaf ist für mich von enormer Wichtigkeit, ebenso Achtsamkeit im Alltag und bewusste Nüchternheit. Deshalb meide ich Fernsehen, Spiegel, Radio, Zeitung, Zucker, Alkohol, Drogen, Medikamente, Gesellschaft, Öffentlichkeit. Ursache: Hochsensibilität. Auslöser: Überstimulierung durch äußere Umstände wie Erwerbszwang, sinnlose Arbeit, Medienmanipulation, Gesellschaft und Zeitgeist. Gängiges Hausmittel: Alkohol und andere dämpfende, betäubende Stoffe. Natürliche Hilfsmittel: Schlaf, Natur, Bewegung, Kräuter, Sternenhimmel, Sonne, Wasser, Mond, Gespräche – und das Selbsteingeständnis meiner hochsensiblen Veranlagung. Jetzt bin ich aber müde geworden ..."

„Da fällt mir prompt noch das Johannesevangelium ein, wo geschrieben steht: ‚Nachdem die Soldaten Jesus ans Kreuz geschlagen hatten, nahmen sie seine Kleider und machten vier Teile daraus, für jeden Soldaten eins. Sie nahmen auch sein Untergewand, das von oben her ganz durchgewebt und ohne Naht war.' Na klar! Das ist der Beweis dafür, dass Jesus Christus nicht ein und dieselbe Person ist. Christus steht für den Menschen. Jesus für das spirituelle Jetzt, für die so erbeutete Ewigkeit. Sie hatten damals das Jetzt entdeckt, das Heil und die Lösung für alle Probleme. Ent-k-leiden. Die Schöpfung. Das Ende der Natürlichkeit. Der Anfang unserer Zeitrechnung. Die Unendlichkeit als Konzept wurde bewusst aus dem kollektiven Gedächtnis gelöscht. Vier Himmelsrichtungen. Ohne Naht. Norden, Süden, Westen, Osten. Weiter steht dort geschrieben: ‚Sie sagten zueinander: Wir wollen es nicht zerteilen, sondern darum losen, wem es gehören soll. So sollte sich das Schriftwort erfüllen: Sie verteilten meine Kleider unter sich und warfen das Los um mein Gewand. Dies führten die Soldaten aus.' Hm, hier ist, was sich in meinem Kopf tut, wenn ich daran denke: Vier-Viertel-Takt. Klang. Musik. Einklang. Viertel Stunde. Die vier Elemente und die Dreifaltigkeit des menschlichen Organismus ergeben sieben. Selbstfindung in zwölf Schritten. Ägypten, die dunkle Welt, das Unterbewusstsein. Israel. Is real. Realität. Die Pyramiden von Gizeh: eine überdimensionale, astronomische Uhr. Ziffernblatt. 26.000 Jahre für eine Umdrehung. Sagittarius A*. Schwarzes Loch. 13 Milliarden Jahre alt. 13.000.000.000 : 26.000 = 500.000. 26.000 : 13.000.000.000 = 0,000002. 500.000. Die Hälfte. 0,000002. Ein Fünftel. 500.000 x 0,000002 = 1. 500.000 + 0,000002 = 500000,000002. Spiegelgleich. 5 + 2 = 7. Grafisch gesprochen, ergibt 5 + 2 in digitaler Schrift der Siebensegmentanzeige übereinandergelegt die 8 mit drei überlappenden, horizontalen Einzelnen. Unendlichkeit. Dreieinigkeit. Die zwei vertikalen Linien, gekreuzt in Verbindung mit den drei horizontalen Linien, zeichnen eine Sanduhr mit Mittelstrich. Zwei sich an den Spitzen treffende Pyramiden. Viermal die Zahl 7 in alle Richtungen gespiegelt. 4 x 7 = 28. Quersumme 1. Die 2 mit 2 gespiegelt direkt aneinandergestellt, zeigen die Umrisse eines Bildschirms. 5 gespiegelt und 2 normiert ergibt ein Herz. Das Hakenkreuz und Sonnenrad, Symbol des Heils und der Wende zum Glück - missbraucht, geschändet, zweckentfremdet. Bestehend aus vier zusammengefügten Siebenern. Die Form der 7, aus einem anderen Blickwinkel betrachtet, zugleich die 4. Und 4 x 7 = 28, wobei 2 + 8 = 10. Quersumme 1. Und 4 x 4 = 16, wobei 1 + 6 = 7. Nun möge man die Ziffern zusammenfügen. 28 + 16 = 44, wobei 4 + 4 = 8. Auch 7 + 1 = 8. Und 4 + 7 = 11. Daraus die Quersumme: 1 + 1 = 2. 2 x 4 = 8. 4 x 11 = 44. 4 + 4 = 8. In drei Linien als Ergebnis die 8. 3 x 8 ist 24. Also viermal die 8. 4 x 8 = 32. 3 und 2 ist 5. 13 x 2 = 26. Diese mal 2 ergibt 32. 32 Bits. Mal 2 sind 64 Bit. Der 8.5.1945, das Ende des Zweiten Weltkrieges, in Europa der *Tag der Befreiung*. 128ster Tag im Jahr des Gregorianischen Kalenders. Buddhismus. Christentum. Islam. Vereinigung. Heilige Maria, Mutter Gottes!"

„Heilige Maria? Die Mutter von dem Menschen und von Jesus, dem Jetzt. Die Mutter der Jünger. Mutter Natur. Die Geschichte von Lazarus aus Bethanien, der von den Toten Erweckte. Totgesagte leben länger. Beta, die zweideutige Erklärung des Leidens Christi aus Sicht Jesu. Die Auferstehung aus einem anderen Blickwinkel, auf der Betaebene. Metaphorisch gesehen, stehen alle für einen, einer für alle. Darum Maria, die Schwester von Martha und Lazarus. Maria steht für die Mutter der Schöpfung, das weibliche Teilchen, und das Jetzt für das männliche. Moses. Die Muse. Martha als Hinweis auf das bereits vergangene Martyrium. Juden, die Guten, die Gutmenschen. Menschenteilung in Hochsensible und Niedersensible. Der Holocaust. Der Krieg der Religionen. Heiliger Krieg. HSP und LSP. Nordpol. Südpol. Äquator. Wassertor. Wasser rot. Die Flüsse und Seen werden sich rot färben. War Christus vor 2.000 Jahren lediglich ein Menschenopfer gewesen, durch das man die Geschichte verändern und die Menschen hinters Licht führen wollte? ‚Dort kreuzigten sie ihn und mit ihm zwei andere, auf jeder Seite einen, in der Mitte Jesus.' Vergangenheit - jetzt - Zukunft. ‚Er trug sein Kreuz und ging hinaus zur sogenannten Schädelhöhe, die auf Hebräisch Golgota heißt.' Schädelhöhe. Augenhöhe. Goal got. Tor bekommen. Google. Schafstor. Die Zeit besteht durch unsere Augen nur in unserem Kopf. Longines - eine Uhrenmarke. Der Lanzenstich des Hauptmanns Longinus. Long-in-us. Zeit ist Gold. Goldener Speer. Heilige Lanze. Heiliger Nagel. Heiliges Blut. Vitriolöl. Eisenvitriol als Quelle für Schwefelsäure. Eisensulfat als blutbildendes Mittel in Filmtabletten. Starterbatterie. Akkumulator. Blauer Minuspol, roter Pluspol. Der Sammler. Jesus, die Primärzelle, und Christus als Sekundärzelle und Sekundärelement. Sie lenken uns von unseren übersinnlichen Wahrnehmungen - vom Jetzt - mit geraubter Zeit ab. Selbstverständlich! Pilatus und Jesus. Der Autopilot, der stets ins Präsens geht, um sich zu beraten, ob es richtig sei, dies oder das zu tun. Der Dornenkranz ist das Ziffernblatt einer Uhr. Der kurze und der lange Balken des Kreuzes sind die Zeiger. Dort steht, sie hätten ihm ins Gesicht geschlagen. Wem die Stunde schlägt. 6 Uhr. 60 Minuten. 60 Sekunden. 6 x 6 = 36. 3 + 6 = 9. Das macht, wenn man die beiden Ziffern zusammenlegt, 69. Die Goldene Zahl. 24 Stunden. 2 + 4 = 6. 7 Tage die Woche. 7 x 24 = 168. Nach Quersummenformel: 1 + 6 + 8 = 15 = 1 + 5 = 6. 52 Wochen. 168 x 52 = 8736 = 8 + 7 + 3 + 6 = 24 = 2 + 4 = 6. Der sechste Sinn der Schöpfung. 6V12V24V. Die Zeigerstellung, die oben und unten verbindet. Zugleich 9. Wir drehen uns im Kreis. Verrückter Irrweg als Kreuzweg, einem Sammelplatz von Geistern und Dämonen."

„Seit dem Christentum besteht die Zeitrechnung. Den beiden Räubern und Schächern, Gestas und Dismas, haben sie die Füße gebrochen. Gestas – das Gestern. Dismas – der Sonnenuntergang. Die Kirche wird als die in Purpur gehüllte Macht angesehen. Das Christentum besteht aus lauter verblendeten und getäuschten Hochsensiblen. Oh mein Gott! Nur, Moment einmal: 24.12.00. 2 + 4 + 1 + 2 = 9 und zwei Kreise bzw. Einheiten. Nach 24 Stunden schaltet sie auf eine Minute. 0001. 9 + 1 = 10 = 1 und 1 geschlossene Einheit. 24 Stunden ist das Ende des Tages und zugleich der Anfang eines neuen. Mitten in der Nacht, inmitten der Dunkelheit. Pyramiden. Tag-Nacht-Gleiche. Du ärgerst Dich doch nicht über meine assoziative Methode des Schlussfolgerns? Hoffentlich nicht! Schau her: U = Umkehr. H = die Verbindung zwischen zwei Parallelen. R = für die Lösung von stetigen Problemen, im gewissen Sinne beliebig guter, nahe beieinander liegender, näherungsweiser Lösungen in Form von reellen Zahlen. Reelle Zahl als exakte Lösung. Analysis. Das R gespiegelt ergibt das Christusmonogramm, das Chi-Rho in Vollendung. Christliche Zeitrechnung ist demnach der Endzeitkalender der Menschheit. Wie viele Weltreligionen gibt es? Fünf? Sieben? Sie alle haben den Namen dieser herrlichen Begabung missbraucht. Weltreligionen versus Naturreligionen. Nur sie allein trennen Gott und die Welt nicht, kennen keine Ketzerei, keinen Gesinnungsterror zur Achtung des Falschen gegenüber dem Richtigen. Dabei gehören 85 Prozent der Weltbevölkerung einer Weltreligion an. 100 minus 85 ist 15. Und 15 Prozent sind angeblich Hochsensible mit einem besonderen Draht zu einer höheren Macht. Atheisten und Agnostiker vielleicht? Da spiegelt sich schon wieder etwas. Mit ein bisschen Glück steckt in jedem von uns dieser Funke Hoffnung? Verblendung! Ketzerei! Wie bitte? Was für Ketzerei? Kette zerreißen. Schwächstes Glied in der Kette? Katze. Hure Babylons? Die Hur'. Uhr. Gegner der Gläubigen? Sie selbst sind dieser Reichtum und diese Pracht. Die Götzen. Und die unter ihrer Herrschaft Leidenden werden sich freuen und laut jubeln, wenn die Stunde der Wahrheit schlägt. Alle diese Schriften sind gleichnishaft erzählt und sinnbildlich in sich gespiegelt. Die Guten sind die Bösen. Die Bösen werden die Guten sein.

Das Ende der Geschichte mit der Kreuzigung Jesu ist das Ende des Jetzt vor 2000 Jahren gewesen. Zugleich ist das Ende jener Geschichte der Anfang unserer Zeitrechnung geworden. Die Unterdrückung der Gutmütigen. Zeitgleich auch die Wiederentdeckung des ewigen Lebens im Moment. Momentum. Der Anfang der Geschichte wiederum ist das Ende der Versklavung des Jetzt. Das Heute. Das Ende unserer Versklavung. Black Jack. Roulette. Illuminati. Illusion. Illustration. Die Erleuchteten, welche die Herrschaft von Menschen über Menschen durch wesentliche Aufklärung überflüssig machen. Einfach genial! Diese Schrift löst die Zeit auf. Wenn man das Evangelium von hinten nach vorne liest, kommt man im Jetzt an. Heute. Jesus - als das Jetzt - ist zu Fleisch und Blut geworden. Erläuterung durch: Jesus Christus. Die beiden Namen werden einzig am Anfang des Evangeliums in einem Zuge genannt. Nur dort treten sie gleichzeitig in Erscheinung. Die Geschichte eines Menschen, eines Christen, in der heutigen Zeit, der die gespaltene Menschheit kreuzt. Einer, der die Christen aus ihrer Krise führt - also die Kristen. Dieses Wort bezeichnet die Christen, die in einer Krise stecken. Die Lösung der Sinnkrise durch ein Leben im Jetzt und der Verkündung dieser Botschaft. Der Antichrist. HSP und LSP. Alle Menschen eine Einheit. Chris T us. T. Ein Tisch. Tisch-1-er. Ein Autor, der am Tisch sitzt und schreibt. Chris X us. Das Zeichen für Jesus Christus. Verdammt noch einmal, dieses Kürzel ist doch die Unterschrift von ...? Oh mein Gott! Jetzt erst erkenne ich, was das hier alles soll. Äquinoktium. Tagundnachtgleiche. Anfang einer neuen Zeitrechnung. Der Kalender. Ein Jahrweiser. Das Schuldbuch der Menschheit."

„Die Einführung des gregorianischen Kalenders war im übertragenen Sinn eine Zeitkorrektur. Der julianische Kalender hinkte im 16. Jahrhundert im Vergleich zum 4. Jahrhundert dem Jahreslauf der Sonne bereits um zehn Tage hinterher. Seit 1900 und noch bis 2099 besteht zwischen beiden Kalendern eine Differenz von 13 Tagen, um die der julianische dem gregorianischen Kalender nachläuft. Wenn zum Beispiel laut gregorianischem Kalender der 7. Januar ist, dann hat man laut julianischem erst den 25. Dezember. Hey! Das ist ja das Weihnachtsfest von vier orthodoxen Kirchen: Patriarchat Jerusalem, Russland, Serbien, Georgien. Sowie von drei altorientalischen Kirchen: Syrer, Kopten, Äthiopier. Das bedeutet, dass der Erlöser am 7. Jänner geboren sein muss. Der Namenstag des 25. Dezembers ist der Christtag. Der darauffolgende der Stephanstag. Christoph? Stefan? Schöpfer? Gott. 6, die Goldene Zahl. Der Goldene Schnitt. Schnitt ist Hälfte. 10 Tage ausgesetzt. 10 Tage Verschiebung. Das entspricht dem Zahlenwert des Wortes ‚be-ten' und zugleich dem Ergebnis der Lösungsformel HSM + LSM = M = 1 + 9 = 10. 10 ist Gott. 365 Tage minus 10 ist 355. Die Mitte ist 360. 36.000 - ein Umlauf der Pyramidenuhr - durch 360 ist 100.

Ein Ganzes aus zwei Kreisläufen. Mannomann! Moment einmal: die Goldene Zahl – die Numerus aureus – kennzeichnet die Position eines Kalenderjahres der christlichen Ära innerhalb des 19-jährigen Mondzirkels. Dieser Position sind die Goldenen Zahlen 1 bis 19 fortlaufend zugeordnet. 1? 19? Anfang? Ende? 1 + 9 = 10 = 1 = 0? Hm. Na klar. 1!=0}. Die am häufigsten angegebene Formel zur Bestimmung der Goldenen Zahl für das Jahr mit der Jahreszahl lautet GZ = (j + 1)mod 19. Das Ergebnis 0 ist in 19 umzuwandeln. So hat das Jahr 2009 die Goldene Zahl 15. 1 + 5 = 6. Das göttliche Symbol, und wieder die goldene Zahl. 7.1.2009. 7 + 1 + 2(00) + 9 = 19(00) = 1 + 9(00) = 10(00). Vollkommenheit. Voll-komm-men-he-it. Der vollkommene Mensch, der es ist. Das Jahr 2014 hat die Zahl eins. Neubeginn. Zwei Einzelne ergeben einen Kreislauf als eine Einheit. Die 4, das Kreuz, die Zahl für Tod und Leid. Tod. Leben. Ende. Anfang. Das ist es! 2014 durch 19 ist 106. 2014 minus 19 ist 1995. Minus 19 ist 1976. Minus 19 ist 1957. Minus 19 ist 1938. Zweiter Weltkrieg. Drittes Reich. Hakenkreuz. Sonnenrad. Heilssymbol. Größenwahn. Nazis. Narzissten. Psyche. Bücherver-brennung. Menschen zweier Klassen. Spiegel. 4 x 19 = 76. Vier Teile. Vier Him-melsrichtungen. Vier Besatzungsmächte. Sessel. SS. Seles. Lese. Seel. 7 + 6 = 13 = 1 + 3 = 4. Verbindung der vier Elemente. Feuer-Wasser-Himmel-Erde. 38 Jahre ist die Hälfte. 1976. Wieder die Hälfte ist 2014. Wer zum Teufel ist 1976 geboren? Am 17.12.? Der Papst? Ein Jesuit? Der Papst als Messias? Heute 39. Nein. Der Papst als Spiegel des Propheten – schon eher. Wirkzeit 1 bis 3 Jahre? Verdammt noch einmal! Was ist dann 2014? 2 + 0 + 1 + 4 = 7. 2014: 19 = 106. 1 + 0 + 6 = 7. 7? Vereinigung? 7 + 7 = 14. Sonnenstrahlen? Zwei Siebensterne übereinander-gelegt ergibt ein Tetradekagramm. Dieses Symbol kenne ich doch. Das habe ich doch schon irgendwo gesehen. Ach ja – mit einem Loch von vier Metern Durchmesser in der Mitte! Wieder die 4! Jesus naht! Die Erdspalte auf meinen Aufenthalten in Jerusalem. Der Stern von Bethlehem in der Geburtsgrotte. Ich fühle, ich bin der Lösung schon viel näher ... Verdammt und zugenäht. Das Wort Tempel kommt von Temperament. Tempelreinigung heißt Reinigung der Seele. Fasten. Fast as ten. Beinahe wie Zehn. Na, jetzt schlägt es aber zwölf! Sieben Wochentage. Der Tag. Der Anhänger. Das Fangen. Das Etikett. Etik at t. Ethik bei Kreuz. Die Sittenlehre durch Tags. Normen, auf denen verantwor-tungsbewusstes Handeln fußt. Sit ten. Setzen, Zehn! Versklavung menschlicher Sensibilität bis ins kleinste Detail."

„Mittwoch ist nicht die Mitte der Woche. Sondern Donnerstag. Der Tempel 17 Meter breit. 17 : 4 = 4,25. 4 ¼. Markus 4,25: ‚Denn wer da hat, dem wird gegeben; und wer nicht hat, von dem wird man nehmen, auch was er hat.' Ephesus 4,25: ‚Darum leget die Lüge ab und redet die Wahrheit, ein jeglicher mit seinem Nächsten, sintemal wir untereinander Glieder sind.' Johannes 4,25:

,Spricht das Weib zu ihm: Ich weiß, dass der Messias kommt, der da Christus heißt. Wenn derselbe kommen wird, so wird er es uns alles verkündigen.' Römer 4,25: ,Welcher ist um unsrer Sünden willen dahingegeben und um unsrer Gerechtigkeit willen auferweckt.' Lukas 4,25: ,Wahrhaftig, das sage ich euch: In Israel gab es viele Witwen in den Tagen des Elija, als der Himmel für drei Jahre und sechs Monate verschlossen war und eine große Hungersnot über das ganze Land kam.' Die Sprüche Salomos 4,25: ,Lass Deine geschlossenen Augen gerade vor sich sehen.' Das göttliche Auge sieht die Wirklichkeit. Lebe und liebe. Bewusst. Im Jetzt. Das ist alles, was ich zu sagen habe."

Da war ein **Verwandter** gewesen.

 Sohn eines spanischen Wissenschaftlers jüdischer Abstammung. Radio, Fernsehen, Kirchenbesuche, Zeitungen, alle waren sie für ihn Absender von versteckten Botschaften gewesen, und er verstand sich als deren Empfänger. Offenbar Schizophrenie vom Feinsten, samt paranoider Psychosen. Ursache: bislang unbekannt. Fazit: Lebenszeitrisiko weit über 50 Prozent. Er und nur er, wie er stets betonte, hatte Botschaften daraus entschlüsseln können. Die anderen seien ihm zufolge zu feige gewesen, es zuzugeben. Ständig hatte er über Rückenschmerzen geklagt, über Kopfstechen, über Nasenbluten aufgrund von W-LAN, über Neurodermitis und Allergene. Kein Wunder, bei der rasenden Geschwindigkeit, in der dieser junge Menschensohn unterwegs gewesen war. In wachsender Gesellschaft.

„Ich bin der Liebling des Himmels. Meine Ahnen waren Pharaonen. So wie sie habe auch ich den direkten Draht zur Schöpfung. Wow! Schon wieder ein Signal, wie jenes vom 15. August 1977, empfangen auf einer Frequenz von 1420 MHz aus Richtung des Hauptsterns Chi Sagittarii im Sternbild des Schützen. Jeu Q, das Spiel des Lebens. Judge 65. Der Richter mobilisiert alle Kräfte, um die Mühen vergangener Zeiten mit Erfolg und Ertrag zu belohnen. 56 - die Theorie der endlichen Kugelpackungen. Radikal 76 - das Piktogramm eines atemlos erschöpften Menschen als Schuldner. 67 - Glückliche Zahl im Siebprinzip. Das Sieb des Erastosthenes. Dixit Algorismi und die Methode Pappos von Alexandria. Pappas. Der Papst. Religiöse Heuristik und weltlicher Algorithmus als von Mensch definiert geglaubte und zur Manipulation eingesetzte Größen; sie fließen ineinander und gereichen nun als ursächlich universell bestimmte Handlungsvorschrift des allmächtigen Baumeisters aller Welten zur Lösung der Probleme aller Klassen zu Ruhm und Ehre der natürlichen Schöpfung. Zurück in die Zukunft. Religionen hatten damals die Prophezeiungen der Zukunft zur realen Gegenwart inszeniert und dachten, dadurch das tatsächliche Eintreten der Weissagungen verhindern zu können. Defekter Verweis. Error 404. Toter Link.

Die angeforderte Ressource konnte nicht mehr gefunden werden. Menschliche Synthese tritt ein. 1420 MHz bezeichnet in der Astronomie die HI-Linie, die charakteristische Radiostrahlung von neutralem Wasserstoff. In Hertz sind das 1,42 Milliarden. Hier ist Wasser, und Wasser heißt Leben – genauso viele Herzen und Leben, wie es angeblich Hochsensible auf unserem Planeten gibt. Das gibt's doch nicht, dass ich als einziger Mensch dies entdecke. Oder doch? Auch ich bin so ein Mann mit *Hertz*. Hihi. Meine Frequenz läuft auf 28 Kilohertz. Dir sag ich's. 2 gespiegelt ergibt ein Herz auf einer Waagrechten. 28. Unendliche Liebe. Ewiges Leben. Sinn. Sense. Sense-N-Mann. Mannohmann. Ist das anstrengend, es macht müde ...“

„Gut und Böse gehören zusammen. Ich muss endlich damit aufhören, mich kontrollieren zu wollen. Sonst werde ich noch wahnsinnig – vergebene Liebesmüh! Ich selbst kann meine Bestimmung ohnehin nicht ändern, auch wenn ich sie noch so sehr verdränge. Bestimmen. Dimmen. Licht ins Dunkel. Hm? Was ich ändern kann, ist meine Einstellung zur fiktiven Realität. Oder doch zur realen Fiktion? Ganz gleich, wie man es hält: Anfang ist Ende, und Ende ist Anfang. Die Vergangenheit ist nur der Spiegel unserer Zukunft. Denn alles, was jetzt zu Materie und angeblicher Normalität geworden ist – Autos, Schiebetüren, Computer, Maschinen, Raumschiff Enterprise –, waren vor einiger Zeit noch Spinnerei, Visionen von Verrückten, Auswüchse verlorener und unglücklicher Seelen auf dem Weg zum Glück, pure Erfindungen. Was da so läuft, kenne ich nur aus dem Kino. Wie es ausgeht, habe ich oft genug gesehen. Jetzt versuchen die Fischer uns auch das noch wegzunehmen, indem sie uns in ihren Netzen einfangen. Ihre Fangmethode: soziale Netzwerke. Der virtuelle Moment hat mit wirklichem Leben hier und jetzt nichts mehr zu tun. Die Präsenz von Freunden und Ereignissen, die ich auf diesen Plattformen sehe, ist bedingt real: jedenfalls nicht meinem wirklichen Leben entsprechend. Es handelt sich um keine echten zwischenmenschlichen Beziehungen, sondern um vorgespielte Sozialkontakte. Die Initiatoren helfen uns in manipulativer Absicht dabei, die Erlebnisse unserer Vergangenheit und die Wünsche unserer Zukunft zu visualisieren und nehmen uns dadurch in sozial-emotionale Gefangenschaft. Wir konzentrieren unsere Handlungsimpulse auf die Bildschirme. In Postings bringen wir unsere Gefühle zum Ausdruck, wodurch unsere wirksamste Energie spurlos verpufft. Außerhalb dieses virtuellen Gefüges können wir dadurch nichts Wesentliches mehr bewirken. Wir werden zu fremdbestimmten Marionetten, zu einem Hansdampf in virtuellen Gassen, zu erbärmlichen Figuren semi-existenter Lebensführung. Jetzt können sie mit uns machen, wie ihnen beliebt. Den Köder haben wir ja geschluckt. Wir haben uns damit abgefunden, weil wir guten Glaubens sind, dass unsere Meinungsäußerung, für sich genommen, bereits eine Wirkung zeitigt und im wirklichen Leben tatsächliche Veränderung auslösen würde. Doch da täuschen wir uns gewaltig. Denn sie haben dadurch unseren sensiblen Wesenskern technologisch isoliert. Auch ein Netzwerk ist ein Bauwerk, nicht wahr? Drinnen zu sein, heißt eben zugleich, nicht völlig frei zu sein. Schön langsam beginnen wir infolgedessen, in echten zwischenmenschlichen Begegnungen zu schweigen, in kontrolliert bestimmter Gewissheit darüber, dass wir sowieso bald wieder Dampf ablassen dürfen, und zwar in unserer Scheinwelt und nur dort. Verdammt noch einmal! Mit immer heimtückischeren Mitteln und auf höchst unnatürlichen Wegen versuchen sie es, unsere natürliche Schutzeinrichtung zu überbrücken und unsere angeborenen Selbstschutzmechanismen zu zähmen. Es handelt sich um Täuschung und Verblendung unter der Gürtellinie. Sie sind die wahrhaftigen Wölfe im Schafspelz."

„Hier ein konkretes Beispiel: Eine Freundin arbeitet als Kellnerin, und als ich sie sonntags im Lokal besuche, amüsieren wir uns köstlich, und sie äußert dabei ihre Absicht, mich bald einmal privat wiedersehen zu wollen. Da kommt Freude in mir auf, denn es sind echte Glücksgefühle. Heute, am Tag danach, lese ich ihre erfreuliche Nachricht auf Facebook, mit der sie mich für morgen tatsächlich zum Kaffee einlädt. Heute von gestern für morgen? Nachrichtentechnische Freude vor dem morgigen Tag vermischt sich mit den Bildern und Empfindungen unserer gestrigen, wirklichen Begegnung. Das Gestern wird auf einmal zum Jetzt. In Gedanken ist für mich Sonntag, also ist morgen folgerichtig Montag. Sie hat geschrieben, dass wir uns 'morgen' treffen. Zapp. Zapp. Hey! Heute ist ja schon Montag! Sofort mache ich mich auf den Weg, um zum vereinbarten Treffpunkt zu gelangen. Das Lokal ist jedoch geschlossen. Am Eingang steht: Montag Ruhetag. Enttäuscht rufe ich meine Freundin an und frage sie, weshalb sie mich so verletzt. Sie äußert sich dazu, indem sie sich darauf beruft, unser Wiedersehen erst für Dienstag anberaumt zu haben. Ich antworte gelassen, dass mir dies sehr wohl bewusst sei, doch ... Ruckartig leuchtet mir ein, dass sich meine Gedanken, Wunschvorstellungen und Sinneseindrücke vermischt haben. Der fehlerhafte Gedankengang liegt letztlich bei mir: weil ich es nicht mehr gewohnt war, ein reales Treffen zu besuchen. Jetzt weiß ich, warum ein jeder Topf dann seinen Deckel findet oder sich gleich und gleich gerne gesellt. Mittlerweile bieten sie uns virtuelle Portale, in denen wir all diese Bilder momentan durch vorgestellte Handlungen vereinen. Der Trottel ist fertig. Die Konsequenz: psychologische Inhaftierung und seelische Gefangennahme, zunehmender Isolationszustand."

„Wir sind nichts anderes als tiefenpsychologisch lahmgelegte Schreibtischtäter, hypnotisierte Schläfer, die tatenlos dabei zusehen müssen, wie das wirkliche Leben an ihrem Dasein vorbeizieht, vorausgesetzt, dass es überhaupt noch wahrgenommen wird. Denn die Art der List und die komplexe Weise der Tarnung dieser Inszenierung macht es äußerst schwierig, selbige zu entlarven. Wir sind ihnen wie die Fischschwärme ins Netz gegangen. Das beurteile ich als vorsätzliche psychosoziale Massenvernichtung. Netze spannen sich gewiss nicht von alleine. Da steckt, im Gegenteil, immer die bestimmte Fangabsicht eines Fischers dahinter. Ganz gleich, ob du in Gedanken auf den Anruf eines geliebten Menschen wartest, auf die Rückmeldung Deiner Freunde auf ein 'Like' auf eines Deiner Postings und SMS, oder ob Du Dir vielleicht schon wieder den Kopf zermarterst hinsichtlich des nächsten Online-Treffens mit Deiner verruchten Sexsklavin: Du bist unterdessen selbst zum Standby-Sklaven virtueller Welten mutiert. Reduziere einmal Deine Lebensgeschwindigkeit im Wettlauf um persönliche Befriedigung und halte inne inmitten des Chaos! Du bist in einem Dauerzustand der Reizüberflutung gefangen. Du wirst Dir leider eingestehen müssen, dass es unterm Strich nicht mehr gesund und lebenswert erscheint, hier zu verweilen, in diesem Trauerspiel, in dieser fast perfekten Simulation. Wirkliches Leben und Menschlichkeit gelten nur noch als notwendiges Übel, das es so schnell wie möglich zu überwinden gilt. Sensibilität und persönliche Entfaltung finden keinen Raum mehr in der ganzen Hektik. Was zählt, ist Stärke durch Betäubung, eiserner Wille, Kontrolle und bewusste Konzentration. Zeit ist eben Geld, und davon kann man nie genug haben. Also eilen wir weiter anstatt zu verweilen, wie getrieben vom Rausch nach immer neueren Ablenkungsstrategien. Hunde, wollt ihr ewig leben? Verdammt in alle Ewigkeit! Mitnichten. Windows. Das blaue Fensterkreuz als Spiegelglas der Göttlichkeit. Das Zeichen Gottes. Baby-Blues. Schimmernd glänzendes Blau als Farbe der Klarheit mit emotional ausgleichender, beruhigender und mäßigender Wirkung. Personal Computer – eine moderne Form des Gottesdiensts. Die Wartezeit, während der Prozessor hochfährt, als Zeit der Besinnung am Arbeitsplatz, als unbewusstes Tischgebet. Der Bildschirm schirmt jedoch die Sicht auf das wirkliche Leben ab. Er ist ein besänftigendes Massenunterhaltungsmittel im 21. Jahrhundert, ein mobiler Heimgebetsplatz. Bloß Verschwörungstheorie? Vielmehr Verschwörungspraxis. Wo kein Kläger, da kein Richter? Hiermit klage ich an!"

„Auch mir haben sie eingeimpft, dass Krankheit als Schwäche gilt, von Sensibilität ganz zu schweigen. So begann ich teilzunehmen an diesem Wettrüsten. Doch, je weiter und je länger ich laufe, desto rüstiger wird auch die Missachtung meiner genetischen Begabung, sodass sie die Form eines verletzten, inneren Kindes annimmt. Beinahe wäre ich stumpfsinnig geworden, abgebrüht und hartherzig. Die Chancen zu heilen verringern sich stetig. Mit jedem neuen Tag gehen wir der Dunkelheit ein Stück entgegen und kommen unserem Untergang näher. Die Kränkungen aus der Kindheit werden zum Alter Ego. Geflügeltes Wort. Computerspiel. Je früher ich mich wieder mit meiner Beseeltheit vereine und die Verletzungen aus meiner Kindheit aufarbeite, desto eher darf ich ursächlichen Frieden und neue Lebensfreude erleben. Bevor Du in Zukunft wieder über einen anderen Menschen zu urteilen beginnst oder ihn ausrichten und bewerten möchtest, frag ihn lieber einmal, ob du sieben Meilen in seinen Schuhen gehen darfst! Bitte ihn bei dieser Gelegenheit auch gleich um seinen Mantel, um sein zart besaitetes Seelenkostüm. Ab diesem Zeitpunkt wirst Du zu lernen bereit sein und erkennen dürfen, dass Vernunft als Ausdruck geistig-seelischer Entwicklung gilt und ihr euch ähnlicher seid, als Du bisher unter Umständen gedacht hast."

„Zum Glück gibt es Musik. Das ist die verschlüsselte Kommunikation unter uns Hochsensiblen – eine einheitlich verständliche, kosmisch universelle Sprache wie die Mathematik. Radiowellen! Alles im Kosmos ist Schwingung. Sie hat als Musik unseren feinfühligen Wesenskern am Leben erhalten, als Ausdrucksmittel für Gefühle, Bedürfnisse, Stimmungen, innere Konflikte und Spannungen. Ich liebe meine Musiktherapeutin. Hihi. Pardon, ich meine die Musiktherapie. Hihi. In der Musiktherapie kann ich einen passenden Zugang zu meinen eigenen Gefühlen und Bedürfnissen finden. Sehr oft geht es aber vorrangig nur um die Beschreibung von Wahrnehmungen. Die Musiktherapie eröffnet mir Spielraum für spontane Kommunikation mithilfe einfach spielbarer Musikinstrumente und umfasst aktives Spielen ebenso wie Musikhören und gemeinsames Singen. Zwischen den Spielphasen geht es darum, miteinander ins Gespräch zu kommen und an das musikalische Erlebnis anzuknüpfen. Im gemeinsamen Spiel können folgende Themen auftauchen: Was sind meine Stärken? Wie kann ich mich abgrenzen? Wie viel Raum nehme ich mir? Was sind meine Bedürfnisse? Wie nehme ich zu anderen Kontakt auf? In der Musiktherapie darf ich neue Handlungsspielräume erarbeiten sowie typische Beziehungsmuster und Rollen hinterfragen. Kurz, ich selbst darf als selbstwirksam erlebt werden. Eine musikalische Vorbildung oder besondere Begabung ist dabei nicht vonnöten. Vielmehr geht es um das gemeinschaftliche Suchen kreativer Ausdrucksmöglichkeiten, dazu gedacht, sich selbst zu finden. Dafür muss ich nur die Bereitschaft aufbringen, diese Macht als solche anzuerkennen und ihr auch zu vertrauen. Denn die wirklich große Kunst gehört dem Universum. Leonardo da Vinci hat einmal verlautet, die Natur sei der beste aller Maler. Was nun in der Musiktherapie vorliegt, ist also eine bilaterale Stimulation gegen Traumata, die Neunte Symphonie als Hinweis auf das Jetzt: die Unvollkommene. Kompositionsschlüssel großer Komponisten sind in ähnlicher Weise entstanden wie die Bilder weltberühmter Maler, all die Kreationen großartiger Künstler, die Pyramiden der Pharaonen, die heiligen Schriften der Propheten. Sie sollten uns einfach Mahnmal und Zeichen sein – und nicht Mittel zum Zweck, um Geld zu verdienen, nicht um des Ruhmes, Glanzes und des Reichtums willen. Sie sollten uns Anleitung sein auf dem Weg ins Licht, als Wegweiser zu uns selbst. Doch wir haben uns allzu leicht ablenken lassen. Aber auch sie, die Künstler, hatten einfach nur vertraut: auf ihre Schöpfungen und Werke, auf ihr all dem geopfertes Leben, auf die Kraft ihrer Dankbarkeit an Vater und Mutter und die vererbten Talente. So konnten sie Bilder, Zahlen, Zeichen, Noten sehen. Wie von Geisterhand haben sie geschrieben, gemalt, komponiert, gehandelt."

„Im Klartext: Wir sind Teil eines Plans. Teil von geplanten 10. Plane-ten. Ebene 10. Wenn wir alle diese Teile zusammenfügen, wird es vielleicht noch immer nicht perfekt sein, doch es wird funktionieren. Denn aus den Steinen einer Ruine lässt sich eine neue Stadt aufbauen, auf ähnliche Weise, wie auch Mosaike aus Scherben bestehen. Versuche doch einmal, Deine unverstellten, aufrichtigen Gedanken niederzuschreiben und die Worte mit einem Zahlenschlüssel in die Sprache der Musik umzuwandeln. Oder setz Dich einfach hin und spiele. Oder singe nach Zahlen. Ich sehe die so entstehenden Tonfolgen als Aufgabe, als Hingabe, als eine Art, dem göttlichen Element der Feinfühligkeit im Menschen Ausdruck zu verleihen. Hm. Zum Glück ist jetzt gleich Ergotherapie. Gestalterische Methoden regen die Selbstreflexion und die Entfaltung persönlicher Ressourcen an. Wenn ich *etwas Kreatives tue*, dann entspannt mich das zusätzlich. Das ist es, was ich jetzt brauche, zuweilen also auch ein bisschen gezielte Ablenkung. Zudem bin ich beim Basteln ein richtiger Schöpfer, auch wenn mir nicht alles gelingt und makellos von der Hand geht. Ich selbst bin vollkommen, weil mich die Natur so erschaffen hat: nach dem Goldenen Schnitt. Wie auch die Steine. Mineralien. Silikone. Eigentlich besteht ja alles aus klitzekleinen Kügelchen. Silikone. Kügelchen. Hihi. Als ob wir das nächtliche Firmament betrachten würden ... Oder was dachtest Du denn? Es ist schon recht verdächtig, dass die in der Johannesoffenbarung beschriebenen zwölf Edelsteine allesamt die Härtegrade zwischen 6 und 9 aufweisen. 6 und 9 übereinandergelegt ergeben das Zeichen für die Goldene Zahl, oben und unten in Verbindung, zugleich die 8, Symbol der Unendlichkeit. Wie viele Sinne wurden dem Menschen bisher zugeschrieben? 1 bis 5. Haargenau! Schwachsinn, Irrsinn und Stumpfsinn wurden da nicht mitgezählt. Hihi. Na, dämmert es Dir? Ja, genau: Gen-au. Na? Die Härtegrade 1 bis 5 für die offensichtlichen, oberflächlichen Sinne. Die Härtegrade 6 bis 9 für die härteren, tiefliegenden, seltener vorkommenden Mineralien, von weiß über schwarz bis rot. Mineral.

Miner-al. Zum Bergarbeiter. Aluminium. Mineralien. Der Weg zum Berg. Steinhauer. Und, schon etwas heller? Kalt, wärmer, am wärmsten? Ein Kinderspiel? Weitab davon!"

„Der Diamant, im Innersten der Erde, in den Tiefen des Selbst. In dem Buche nicht erwähnt? Selbstverständlich nicht, denn er steht für den Erlöser selbst! Ein Diamant, der zwar von anderen geschliffen wird, indes im Innersten er selbst bleibt, was ihm sein Strahlen ermöglicht. Härtegrad 10. Ordnungszahl 10. Neongas. Sonne. Orange. Rot. Kehren wir kurz zu den Quersummen zurück: $9 + 1 = 10 = 1$. Einheit. Die weichste Stufe in Summe mit der härtesten: $6 + 10 = 16 = 7$. Der Amethyst, der letzte Stein in der Offenbarung. Härtegrad 7. Ordnungszahl 7. Stickstoff. Nitro-genium. Laugensalz der Erde. Der A-Horizont im Ackerbau. Der Mensch als Katalysator. Stickstoff – der Treibstoff für das Leben, gleichzeitig jedoch auch das giftigste Gift. Gas. Sag. Sieben. Ein Prozess des Säuberns, die Vollendung in sich selbst. Selbstfindung, spiegelgleich. Weich ist hartsinnig, hart ist feinfühlig. Chemie, Alchemie. Schwarz – Weiß – Rot. Der rote Faden sensibler Verbundenheit. Richtschnur. Lot. Komplexität. Dieser Nenner ist mehr als die Summe seiner Teile. Ui, ui, ui ... Na, da wird noch etwas auf uns zukommen. Zum Glück habe ich das schon vor allen anderen bemerkt. Sonst wäre das Ganze wirklich zum Wahnsinnigwerden. Wie gesagt, entspannt mich die Bastelstunde. Da gehört es eben dazu, das Werkmaterial zu betrachten, es in seiner Ursprungsform anzuerkennen. In meiner Fantasie visualisiere ich es dann als fertiges Werkstück und Kunstwerk, bearbeitet von mir als Kreatur. Ist das jedoch der Sinn meines Lebens? Meine Kreativität zu missbrauchen, um zur Kreatur zu werden? Weshalb lasse ich die Sache nicht sein, wie sie ist? Schätze sie als das, was und wofür sie ist? In Dankbarkeit? Brauche ich das Ding überhaupt? Wieso bin ich überhaupt da und muss mir darüber Gedanken machen, *überlegen*? Ich will meine Gefühle nicht darüberlegen, doch ich muss, nicht zuletzt, weil es mittlerweile viel zu viele Erfindungen gibt, die für mich gefährlich und schädlich sind, sogar tödlich sein können, wenn ich sorglos meinem Gefühl folge. Warum nur? Warum! Es *war, um* mich erkennen zu dürfen, aus freiem Willen, um meine Feinfühligkeit wiederentdecken zu dürfen, um mich auf meine Natur einzulassen und aus vollstem Herzen loszulassen, nämlich von allem, was ist, von allem, was sein wird. Um endlich das annehmen zu dürfen, was unendlich ist: ich selbst in eben diesem Moment. Ich selbst bin ein Werkzeug, mit all meinen Ecken und Kanten, Furchen und Kratzern, Mängeln und Fehlern. Ich will nicht länger von anderen geschliffen und zurechtgebogen werden. Ich will sein. Wirken. Wirksam. Wirklich."

„Darum liebe ich die Ergotherapie. Sie ermöglicht mir mithilfe verschiedenster Medien das gezielte Training von Alltagsfähigkeiten, Sinnes- und Selbstwahrnehmung, Planungs- und Handlungskompetenzen, kognitiven Fähigkeiten.

Es führt mich zur Wiederentdeckung meiner Kreativität und Ausdrucksfähigkeit. Als übergeordnetes Ziel der Ergotherapie gilt immer die Erlangung der größtmöglichen Selbstständigkeit. Im Vordergrund stehen hierbei die individuellen Ziele sowie die spezifischen Ressourcen und Probleme. So darf ich, begleitet durch liebe, gleichgesinnte Therapeuten, spielerisch mich selber wiederentdecken. Selbst wenn es manchmal sehr ernüchternd sein mag oder wehtut, darf ich hier lernen, dass ich im Innersten meines Wesens bereits vollkommen zur Welt gekommen bin. Vielleicht auch degeneriert. Ernüchtern heißt Entwöhnen, und dies ist immer mit Entzugserscheinungen verbunden. Doch dafür kann ich nichts, nicht mehr oder nicht weniger als für meine stumpf gewordene Feinfühligkeit. Diese Misere habe ich den Generationen vor mir zu verdanken, die von ihrer Feinfühligkeit offenbar nichts gewusst und sie daher nicht gepflegt haben. So bin ich es jetzt, der in sich den Frieden für sie alle wiederherstellen darf. Moment einmal! Das tiefe Empfinden erschleicht mich, auf einmal ganz zu sein. Ich fühle es tief drinnen. Keine Signale, kein Empfang? Nichts von außen? Nichts tut weh? Alles da, geradezu vollkommen. Mann - sorry! - Frau, fühlt sich das gut an. Zwecks gen-den-der Oberflächlichkeit wär's gewesen. Geh'ned tief. Genetiv. Des Mannes. Der Frau. Hihi, tut das gut!"

„Eigentlich kann es mir egal sein, wie ich entstanden bin. #241200 ICD+. Pränatales Bartter-Syndrom Typ 2, Mutation im Kaliumkanal-Gen ROMK. Röm.-kath.? Wechselrichter im Stromkreis. Victron Energy Phoenix Inverter 24/1200 1000 Watt 24 V/DC 18,4 - 34 V/DC DC. Frequenz. Hertz. Die Erde. Der Kosmos. Das Universum. Oder sonst was. Hihi. Die Hauptsache ist, dass ich Vater und Mutter danke für mein Leben. Obwohl es mir scheiße geht, strebe ich danach, dass es mir besser geht. Könnte es, nein, sollte es denn anders sein? Das heißt, dass ich dieses Gefühl schon irgendwann einmal erlebt und gespürt haben muss. Sonst würde ich nie danach streben. Also liebe ich grundsätzlich mein Leben. Wenn ich mich liebe, dann muss ich gezwungenermaßen auch meine Eltern lieben. Und die Ahnen. So ist es. Auch wenn ich keineswegs liebe, was sie mir da angetan haben. Kann ich ihnen das verzeihen? Ihnen ihre Fehler vergeben? Hm? Natürlich kann ich das! Nämlich, indem ich mir selbst vergebe und bei mir wiedergutmache, was ich mir selbst angetan habe. Das mag jetzt vielleicht blöd klingen, aber ich habe ohnehin nur diese beiden Möglichkeiten zur Verfügung. Will ich lieben, kann ich auch lieben. Dann werde ich leben. Will ich nicht lieben, kann ich auch nicht lieben. Dann werde ich sterben. Warum sollte es bei mir anders sein als überall sonst in der Natur? Ich bin an sich nichts Besseres. So wie ich nicht geplant habe, dass ich krank werde, brauche ich auch nicht planen, gesund zu werden, denn ich bin, wie ich bin - wenn ich nur auf meine Feinfühligkeit vertraue und meine oftmals bedauerte, gefühlsmäßige

Durchlässigkeit lebe, sprich, wenn ich offen und bereit dafür bin, meine Gedanken und Gefühle mit voller Aufrichtigkeit auszudrücken. Schließlich ist alles, was im Fluss bleibt, heilsam. So wird mich diese Macht, die mich ins Leben gesetzt hat, wohl auch wieder heilen, von innen heraus. Sie wird meine antrainierten Charakterfehler beseitigen. Nichts wünsche ich mir mehr als das."

„Ich selbst bin die Initialzündung, für die ich bloß den Mund zu öffnen und loszusprechen habe. Mein geistiges Auge wird folgen und sich von selbst öffnen. Dann kann ich bestimmt schon bald meine Medikamente weglassen. Meine Medikamente? Eigentlich ein Wahnsinn! Meditation statt Medikamente wäre ein viel wirksamerer Anfang: eine imaginäre Reise an meinen Kraftort anzutreten. Nur das Bild dieses Paradieses zu sehen, niemals den Weg und die Möglichkeiten denken. Einfach nur erleben, wie es dort riecht, wie es dort aussieht, wie es dort ist. Es gibt dort weder Hitze noch Kälte, keine Körpergröße oder Statusunterschiede. Alles - ist. Das Leben, ein Traum. Ist es die Erde, das Wasser, der Himmel, ein fremder Stern? Eines ist es bestimmt: Tor und Zugang zu meinen eigenen Stärken, Gefühlen und Bedürfnissen, eine Tür zu meiner ganz persönlichen Empfindsamkeit. Innere Stimmen und Ideen werden deutlicher, wenn ich sie mir bildhaft vorstelle. Es ist kein Zufall, dass das Johannesevangelium im Bild des Siebensterns dargestellt worden ist - eine damalige Vision, die dieser Tage zur Wirklichkeit wird. Die Welt wird nicht untergehen. Und ich werde leben. Aus bewusster Achtsamkeit wird schöpferisches Unterbewusstsein. Wie fein! Niemand wird mehr zwischen Krankheit und Heil unterscheiden. Jeder ist. Wir sind die Spitze der Pyramide und das Herz auf einer Linie. Das Alpha und das Omega, die Ersten und die Letzten, der Anfang und das Ende. Verstehst Du jetzt, was ich mit Kreativität meine?"

„Du hast Dir sicherlich gedacht: ‚Der Typ da dreht schon völlig durch, wechselt die Zeiten, glaubt, er sei ein Pharao oder - weiß der Teufel ... Der ist doch wahnsinnig!‘ Dessen ungeachtet, hast Du bis hierher weitergelesen. Wer ist nun wahnsinnig? Der Wahnsinnige selbst oder der, der den Wahnsinn über sich ergehen lässt? Warum? Jetzt denkst Du bestimmt: ‚Hallo, hallo! Weshalb kann der denn meine Gedanken lesen?‘ Des-halb. Weil uns genau die besondere Eigenschaft verbindet, die uns bislang von uns selbst getrennt hat. Wir sind nun einmal Gleichgesinnte, Genossen, Genießer. Wir sind dafür geschaffen, das Unmögliche zu denken, bar aller Grenzen, jenseits jeglichen Vorstellungsvermögens, um das verhinderte Mögliche zu verwirklichen. Vielleicht ist die vermeintliche Realität nur ein Traum - und der Traum die Realität. Mach Deine Wirklichkeit zum Traum, aus dem Du aufwachst. Verwandle Deine Träume in reales Leben! Stell Dir bitte vor, dass alles, was Dir bis jetzt als Wahrheit vorgegaukelt wurde, nur Lug und Trug wäre - und die angeblichen Lügner die wirklich Wahrhaftigen sein könnten. Was, wenn Hitler gar nicht der Böse gewesen wäre, sondern derjenige, der die Wirklichkeit ans Licht bringen wollte? Leider gewaltsam und mit unpassenden Mitteln! Zwangssterilisation und Euthanasie als Ausdruck grenzenloser Hilflosigkeit eines Hochsensiblen auf der Suche nach sich selbst! Psychiater waren damals als gutachtende Täter, Kindermörder, Organisatoren, als Leiter von Tötungsanstalten, und sogenannte Rassenhygieniker maßgeblich daran beteiligt gewesen. Darum wurden sie auch alle von der Schöpfung dafür bestraft. Vielleicht steckte auch in diesem Falschen etwas Wahres. Und nenne mich um Himmels willen nicht Nazi. Ich bin selber jüdischer Abstammung. Das Letzte, was ich je vertreten könnte, ist der Massenmord an meinen Vorfahren. Aber, Vergangenes interessiert mich nicht mehr - und das Kommende auch nur bedingt. Darum lebe und liebe ich, bewusst, im Jetzt! Glücklich und dankbar bin ich für mein Leben, meine Natur und meine besondere Feinfühligkeit. Wahrscheinlich war auch Adolf Hitler hochsensibel, und die Juden sind es auch. Und alle Menschen sind im Grunde genommen sensibel veranlagt unter ihrer harten Schale. Man findet ihre Sensibilität, sobald man an der Oberfläche kratzt, was umgekehrt nicht bedeutet, dass sie in ihrer Persönlichkeit keine Brüche aufweisen würden, die sie verändern und deformieren. Ach, weißt Du: Schweigen ist eisern, Reden ist Gold!"

„Wir leben in einer Gesellschaft, welche von älter gewordenen Kindern regiert wird, die allesamt in einer frühkindlichen Phase von ihren Bezugspersonen emotional und sozial vernachlässigt oder misshandelt wurden. Mangelnde Konfliktlösungskompetenz ist nur eine der vielen Folgen. Eine zweite: tief sitzende, unausgesprochene Angst. Dadurch wird Selbstsucht ausgelöst. Das Wunderbare an der Sache ist, dass sich die Lösung im Problem verbirgt: anstatt die eigenen Ängste zu verschweigen, sie einfach auszusprechen; Offenheit und Bereitschaft, seinen sensiblen Wesenskern zu enthüllen; seinen Ängsten, Zwängen und Sorgen Ausdruck zu verleihen, durch Gefühl und nicht durch Gewalt. Die emotionale Durchlässigkeit der Hochsensiblen impliziert keineswegs, dass wir krank sind. Im Gegenteil, wir sind begabt und noch dazu all das, was Du auch sein könntest - oder eigentlich schon bist, wenn Du nur ein bisschen mehr Mut aufbringen würdest. Nun weißt Du, was der wahrhaftige Wahnsinn ist. Beim Autofahren lernen wir bereits, welcher Personenkreis aus dem Vertrauensgrundsatz auszuschließen sei: Kinder, ältere Menschen, Gebrechliche und Alkoholisierte. Wir lernen spätestens dort, die wirklich Sehenden nicht länger ernst zu nehmen. Doch gerade ihnen sollten wir vertrauen, weil sie noch unser aller Natürlichkeit am Nächsten sind. In vino veritas. Darum steht vor jeder Zeile von Rebstöcken auch ein Rosenstock, als Lesezeichen, um die Trinkenden vor dem Verrücktwerden zu schützen. Weinlese in jeder Zeile? Sehr interessant!

So wie die Tatsache, dass ein Weingarten aus der Vogelperspektive wie die Seite eines Buches aussieht. Hihi. Kinder, Betrunkene und Narren sagen in der Regel die Wahrheit. Doch nur einer kennt die allgemeingültige Wirklichkeit: Du hast nur dieses eine, unwiederholbare Leben. Mache es zu unserer neuen Wirklichkeit, zu lebendiger Ewigkeit. Nüchtern und bewusst. Heute ist der Anfang vom Rest Deines Lebens! Heute ist der Anfang unserer Zukunft!"

„Meine Wünsche halte ich in Zielcollagen fest, damit ich sie mir täglich vor Augen führen kann. Auf diese Weise komme ich meinen Träumen immer näher und lerne sie als Teil der Wirklichkeit anzuerkennen. Je bewusster sie werden, desto mehr Erfolge erlebe ich dadurch, persönliche Erfolge, die mich ständig aufs Neue überraschen. Alles, was ich jeden Moment fortwährend tue, die Art, wie ich agiere und entscheide, bildet einen Bestandteil dieser Collage. Ich habe mit einem Spiel begonnen, sagen wir, mit einem Hobby. Sozusagen bin ich ein Hobbit. Nun, dieses Spiel ist mein Leben. Aus einer virtuellen Welt habe ich mir meine Wirklichkeit erschaffen. Ob ich damit erfolgreich sein werde, weiß ich noch nicht. Das ist mir auch ziemlich egal, in dem Maße zumindest, in dem ich durch meine Heilung weder mich noch jemand anderen verletzt habe - nicht so wie früher, in meinem kleinen Kreuzzug gegen die Gesellschaft, die durch Staatsgewalt und Gesetze glaubt, geordnet zu sein. Anstatt unsere Häftlinge beispielsweise nach den wirklichen Beweggründen ihrer Taten zu fragen, laden wir sie durch das bestehende Rechtssystem zur Falschaussage ein. Mehr noch: Wir zwingen sie zur Lüge. So viel zu Reue und Rehabilitation. In Wahrheit sind sie froh darüber, dass sie von uns weggesperrt werden. Die wirkliche Freiheit findet man ohnehin nur in sich selbst. Ich brauche nichts mehr zu leisten, denn ich bin. Das reicht allemal. Ich bin versöhnlich mit mir. Ich bin nicht mehr mein schlimmster Feind, sondern mein eigener, der beste Trainer, sozusagen der mir persönlich selbst zugeteilte Sozialarbeiter. Die Schnittstelle zwischen Bewusstem - dem stationären Bereich - und Unbewusstem - also ambulantem Bereich. Der Mensch braucht den Menschen, sonst verliert er den Verstand. Ich habe auf meinem Weg Hilfe notwendig: Beratung, Betreuung, Begleitung, wenn auch auf gleicher Augenhöhe."

„Ich konnte niemals Nein sagen. Doch ab jetzt sage ich: ‚Bis hierher und nicht weiter!' Selbstliebe für meine Natürlichkeit und die Natur geht der Nächstenliebe voraus. Wer meine Mutter Natur beleidigt, bekommt meine Faust zu spüren. Das ist meine Bestimmung. Das tägliche Leben in den verschiedensten sozialen Bereichen ist mir zur Phobie geworden, nicht zuletzt hinsichtlich rechtlicher Fragen und Probleme. Habe ich das alles wirklich notwendig? Haben wir Menschen, die Tiere, die Erde, das Wasser und der Himmel all das notwendig? Wie viel Zivilisation verträgt die Welt überhaupt? Oder ist diese

Belastung nur noch toxisch? Vorerst sehr wohl - toxisch für mich und meine sensiblen Artgenossen. Später dann für alle unserer Art? Inzwischen habe ich gelernt, das System für mich zu nutzen. Meine Stärken und Schwächen hatte ich rechtzeitig definiert und einzusetzen gelernt. Grundsätzlich gebe ich hiermit Einblick in meine Persönlichkeitsstruktur, in mein Leben, meine Intimität. Den passenden Platz in der Welt zu finden, war mein oberstes Ziel. Doch den hatte ich längst gefunden: Planet Erde. Die Menschen vor uns hatten diesen Platz verändert, und wir wurden in dieses Erbe hineingeboren."

„Es ist so, dass bei mir sowohl genetische Hochsensibilität als auch eine High-Sensation-Seeking-Begabung vorliegt, die in beiden Fällen weder wissenschaftlich anerkannt noch als Erkrankung definiert sind. Zudem bin ich noch ein menschlicher Scanner. In der Arbeitswelt finde ich es sehr schwierig, diese meine angeborenen Fähigkeiten irgendwie einzusetzen. Die Wirtschaft ist bekanntlich auf Leistungssteigerung aufgebaut und auf Profitmaximierung ausgerichtet. Damit kann ich nur aufwarten, wenn ich meine Leistungsgrenzen überschreite. Dabei liegt meine wirkliche Bestimmung und Berufung in der Eigenschaft, Widersprüche zu erkennen und auf Missstände aufmerksam zu machen, nicht etwa, weil ich ein Querulant wäre, sondern aus Gründen, die mit meiner sozialen und emotionalen Intelligenz zusammenhängen. Da ich durch Drogen- und Alkoholerfahrungen vorbelastet bin, mündet jeder Versuch einer Eingliederung in so ein Wirtschaftsleben bis dato immer in einem gehörigen Ausrutscher. Die Last des Leistungszwangs erdrückt mich dann kurzerhand. In jedem Job, den ich bisher ausübte, wurde ich ausgegrenzt, sei es als Sensibelchen und Träumer, sei es als Weltverbesserer oder verrücktes Genie. In Wirklichkeit wollte ich mich wegen meines ausgeprägten Gerechtigkeitssinnes, innovativen Denkens, sozialen und ethischen Engagements sowie meiner Kreativität zugunsten eines allgemeinen Wohls der Mitarbeiter und einer Anpassung der Firmenbelange einsetzen für schöpferische Natürlichkeit und umweltschützende Nachhaltigkeit. Die Folgen für mich waren in der Regel psychosomatische Schmerzen, mehrfache Beschwerden beim Verdauungstrakt und andere Krankheiten bis hin zu übermäßigem Alkoholgenuss, Suchtgiftmissbrauch, Burnout, Depression und Nervenzusammenbruch. Du siehst also, dass ich arbeiten will, aber zu verunsichert und zu ängstlich bin, unter Umständen wieder zu Alkohol oder Drogen zu greifen - was in meinem Fall den Tod miteinschließen kann. Und wenn ich als Feinfühliger sterbe, dann sterben irgendwann alle Menschen aus. Deshalb tue ich all das nicht für mich, hier in der Einrichtung zu hocken; für die Menschheit will ich es tun. Ich weiß, dass ich das Recht auf freie Berufswahl habe und im Falle von Arbeit auch ein Recht auf faire Entlohnung. Ich brauche einen Job, der mir Vergnügen bereitet und meinen Fähigkeiten entspricht, einen menschenwürdigen Job, in dem Weitsicht und die sensible Behandlung von Mitmenschen eine Rolle spielen: eine angenehme Arbeitsumgebung, wo meine eigenen Grenzen selbst von den Kollegen geachtet werden. Ich weiß, dass es solche Arbeitsstellen gibt und beabsichtige auch, eine solche Stelle für mich zu schaffen."

„Hohe Sensibilität hat etliche Nachteile, wie Du siehst, aber auch viele Vorteile. Ich vermag es, Reize wahrzunehmen, die an den meisten Menschen unbemerkt vorüberziehen. Dies ist für mich eine Bereicherung. Insofern als ich einfühlsamer bin, nehme ich insgesamt Dinge ganzheitlicher und detailorientierter wahr. Generell spreche ich sehr stark auf die Ängste, Sorgen und Nöte meiner Mitmenschen oder anderer Lebewesen an. Ich bin recht kreativ, intelligent, gewissenhaft und habe neben einer ausgeprägten Intuition ein besonders reiches Innenleben. In Situationen, die es erfordern, unterschwellige Reize zu entschlüsseln und daher mit Bedacht zu handeln, bin ich meinen weniger sensiblen Mitmenschen ebenfalls einen Schritt voraus. Das sage ich, ohne in ein Konkurrenzdenken verfallen zu wollen. Ich bin da, weil ich die Menschen liebe und ihnen Gutes tun will. Das sind die sogenannten negativen Nebenwirkungen der hohen Sensibilität: das frühere Erreichen des Gefühls von Reizüberflutung oder Überforderung. Dämpfe, Geruch oder Staub in der Luft beeinträchtigen mich ebenso stark wie Lärm, grelles Licht, enge Kleidung oder das Dauersurren des Computers und anderer Maschinen. Regelmäßige Nahrungsaufnahme ist für mich enorm wichtig, weil Hunger oder Durst mich so weit aus der Bahn werfen können, dass ich mich auch unter größter Anstrengung nicht mehr konzentrieren kann. Aus dem Unterzucker schlittere ich dann in bittere Erfahrungen, sodass ein Rückfall nahezu vorprogrammiert ist. Schlafmangel verringert meine Leistungsfähigkeit ganz massiv. Spannungen oder Konflikte mit den Mitmenschen bringen mich völlig durcheinander. In Wettbewerbssituationen oder unter Beobachtung tue ich mir schwer, locker zu bleiben und gute Leistungen zu erbringen. Darüber hinaus kennzeichnen mich übermäßige Schreckhaftigkeit sowie das starke Bedürfnis nach Sicherheit, Ausgeglichenheit und Harmonie, nach einem Umfeld, das frei wäre von unangenehmen Überraschungen. All diese gesellschaftlich festgeschriebenen Schwächen sind jedoch meine größten Stärken: je feinfühliger, desto sinnvoller. Für mich. Für meine Natur. Für uns Menschen. Für unseren Planeten. Als Warneinrichtung gegen technologische Fehlentwicklung. Wartet nicht länger auf Außerirdische! Wir, die Men in Black, sind schon da. Vorsicht! Normverstand funktioniert wieder. Hihi."

„Und da ich schon dabei bin - nur noch ein paar Worte, die mir sehr am Herzen liegen: Oftmals wird mir nahegelegt, die Zeit meiner psychischen

Krisen in meinem Lebenslauf lückenlos zu schließen, indem ich den Alkoholismus und meine psychische Rehabilitationszeit darin verberge. Das werde ich künftig nicht mehr tun. Aus gesundheitlichen Gründen kann ich mir gar nicht erlauben, unter falschen Voraussetzungen einen Arbeitsplatz zu ergattern. Es geht mittlerweile nicht mehr nur um mich, sondern um den Fortbestand der gesamten Menschheit. Darum will ich meine Eigenart nicht kaschieren und stattdessen meine Talente weiter nutzen, auch um den Preis, von meinen Mitmenschen dafür gelyncht zu werden. Was ich bereits in mir trage, kann man mir niemals mehr wegnehmen. Nur weil ich das mir auferlegte Normdenken abgelegt habe, bedeutet das noch lange nicht, ich sei ein Geisteskranker. Gutgläubig, wie ich bin, habe ich gedacht, in diesem Schlachtfeld geglaubter Vernunft meinen Platz gefunden zu haben, nämlich in Form einer neuen Berufsbezeichnung: Ex-In. Als Unterstützung und zugleich Unterstützer in allen sozialen und sozialrechtlichen Fragen sowie bei der Inanspruchnahme von Sozialleistungen für Patienten und deren Angehörige. Als Mitwirkender bei der Einleitung von Maßnahmen der medizinischen, beruflichen und sozialen Rehabilitation sowie bei präventiven und gesundheitsfördernden Maßnahmen. Als Hilfesuchender und Hilfespendender in der Organisation und Planung der erforderlichen Nachsorge im stationären, eilstationären und ambulanten Bereich zur Existenz-, Betreuungs- und Pflegesicherung von Menschen in psychischen Krisen. So wie ich selbst einmal in dieser Situation gefangen war - oder noch immer bin? Angesichts meiner Erlebnisse und Erfahrungen, sprich, meines Expertenwissens bezüglich HS und HSS-Begabungen, habe ich eine Beschäftigung als Genesungsbegleiter in einer psychiatrischen Fachabteilung einer der medizinischen Einrichtungen angestrebt. Ex-In ist aus einem Pilotprojekt entstanden, an dem Psychiatrie-Erfahrene, psychiatrische Fachkräfte und Ausbildner aus sechs europäischen Ländern zusammenarbeiteten, einem Projekt, das aus dem europäischen Leonardo-da-Vinci-Programm gefördert wurde. Es basiert auf der Überzeugung, dass Menschen, die selbst psychische Krisen durchlebt haben, diese Erfahrungen einsetzen können, um andere in ähnlichen Situationen zu verstehen und zu unterstützen. Na, wie komisch! Ach ja? Zudem hat man ein Ausbildungsprogramm entwickelt, das auf diesem individuellen Erfahrungswissen aufbaut und Menschen mit Psychiatrie-Erfahrung zur Mitarbeit in psychiatrischen Diensten qualifiziert."

„Die Psychiatrie ist gelegentlich gekennzeichnet durch ein rein medizinisches Verständnis psychischer Störungen und eine medizinisch orientierte Behandlung mit allerlei psychologischen und sozialen Komponenten. Das umfangreiche Wissen - von psychiatrie-erfahrenen Menschen über unterstützende Haltungen, Methoden und Strukturen bis hin zur Nutzung der persönlichen

Ressourcen und Genesungspotenziale – findet im traditionellen Versorgungssystem kaum noch Beachtung. Das daraus hervorgegangene Behandlungssystem lässt genesungsorientierte Ansätze weitgehend unberücksichtigt. Viele Nutzer, versteht sich, sind mit den bestehenden Angeboten unzufrieden. Untersuchungen haben gezeigt, dass die Einbeziehung des Expertenwissens aus Erfahrung zu einem erweiterten Verständnis psychischer Störungen, zu neuem Wissen über genesungsfördernde Faktoren in der Psychiatrie, zur Entwicklung neuer Methoden und umfassender Inhalte in der Fachkräfteausbildung sowie zu innovativen Angeboten psychiatrischer Dienste beiträgt. Die Ex-In-Ausbildung soll durch Ausweitung von Expertenwissen durch Erfahrungswissen das psychiatrische Versorgungssystem stärken. Die Einbeziehung von qualifizierten Ex-Ins soll zu einer Verbesserung psychiatrischer Angebote beitragen, auch durch vermehrte Nutzerorientierung und eine stärkere Ausrichtung an Genesungsprozessen, der sogenannten Recovery. Anfangs bin ich ziemlich zuversichtlich gewesen, mein Heilungsvermögen und selbst angeeignetes Fachwissen in die menschliche Gemeinschaft einfließen zu lassen. Ich wollte etwas von dem zurückgeben, was ich zuvor erhalten hatte, und meinen weniger sensiblen Mitmenschen, denen der gesellschaftliche Stress und die Alltagsbelastungen noch nicht an den Kragen gingen, auf diese Weise meine Dankbarkeit erweisen. Indessen, ich wurde wieder abgelehnt. Meine Visionen waren den Entscheidungsträgern verdächtig und wurden als reine Geschäftsidee interpretiert. Vom Vorsitzenden, einem Arzt und Mann der Wissenschaft, wurde ich abgeschmettert, weil ihm meine konzentrierte Ausrichtung auf das Konzept der Hochsensibilität als etwas erschien, was nicht in das standardisierte System unserer Gesellschaft integrierbar sei. Oh ja, das kannte ich schon zur Genüge! Was der Bauer nicht kennt, frisst er nicht, lautet ein Sprichwort. Hihi. Deshalb wären auch konzeptuelle und methodische Diskussionen zu befürchten gewesen, die in diesem Bereich keinen Platz finden sollten. Natürlich wollte er mich in keiner Weise von meinen Ideen abbringen, wiewohl es ihm auch der eigenen Einschätzung nach nicht zugestanden hätte, meine Sicht der Dinge hinsichtlich ihrer Nützlichkeit für die Betroffenen zu beurteilen. Nun frage ich Dich, wenn Du denn noch hier bist: Liest Du noch, weil Du neugierig bist, oder weil Du ein wenig verstehen kannst, worüber ich spreche? Zu Deinem besseren Verständnis will ich es Dir hier etwas genauer erklären."

„Grundlegend ist zunächst das sogenannte bio-psycho-soziale Modell als die heute gängigste Betrachtungsweise nach dem Begriff der Psychosomatik. Vielleicht hast Du ja schon davon gehört. Das heißt, dass man von drei Seiten auf eine Erkrankung einwirkt: auf biologischer Ebene über schuldmedizinische Medikation zwecks Dämpfung, auf sozialer Ebene in Bezug auf den sozialen Hintergrund des Patienten, und auf psychotherapeutischer Ebene. Wie aus der systemischen Familientherapie bekannt ist, entsteht eine Erkrankung im Kontext eines Systems. Eine mögliche Heilung wird schlussendlich davon abhängen, ob die Familie und das soziale Umfeld unterstützend einwirken. Auch bei einer vordergründig positiven Haltung ist mit Widerstand der Gemeinschaft zu rechnen, insoweit als sich ein etabliertes System gegenüber Veränderungen vorab feindlich verhält, da der therapeutische Eingriff auch für die anderen Familienmitglieder Konsequenzen mit sich zieht. Vor Beginn des Technologiezeitalters zählte Familie noch als Auffangnetz und Heilungsinstanz. Soziale Begabungen wurden in persönlichen Begegnungen entwickelt und verfeinert. Wenn einem Menschen etwas nicht passte, konnte er nicht so einfach davonlaufen wie heute. Konflikte wurden ausgetragen, Versöhnung wurde erarbeitet. Verbundenheit und Liebe waren Resultat und Erfolg mentaler und emotionaler Anstrengungen. Nun setzt die Wissenschaft dort an, wo sie den Betroffenen in ein normiertes soziales Umfeld zu integrieren gedenkt: durch Langzeittherapie, dosierte Medikamente und soziale Beeinflussung. Der Wendepunkt von der angeblichen Krankheit zur Gesundheit wird gemessen an der Wiedereinführung in den Arbeitsmarkt, daran, ob man der Wirtschaft wieder dienlich wird und dahingehend als nützliches Mitglied der Gesellschaft gilt. Gelingt dies, sind die Erfolgsaussichten deutlich höher. Frage: Bin ich total durchgeknallt oder lasse ich mich einfach nicht neuerlich in die Dunkelheit verfrachten? Indem ich an meiner Denkweise festhalte, obwohl ich die der anderen nachvollziehen, ja sogar in ihrer eigenen Sprache verstehen, in der Terminologie der Wissenschaft erklären kann? Das Problem ist, dass ich alles, was die Wissenschaft bisher zu wissen geglaubt hat, auf den Kopf stelle. Somit treffe ich jenen wunden Punkt der Menschheit, welcher oben lediglich innerhalb der Familie beschrieben worden ist. Die Krankheit ist in Wirklichkeit die Heilung. Die Unbelehrbaren sind die Propheten. Wie verrückt ist das denn, bitte! Der eingebildete Kranke – der kranke Eingebildete? Allesamt eher ausgebildete Eingebildete! Ex-In zu sein, ermöglicht es, sie mit ihren eigenen Waffen zu schlagen, um schlussendlich auch sie selbst heilen zu können, denn ein Abhängiger des Systems erkennt seine Abhängigkeit nicht. Wir müssen sie zu ihrem Schutz belügen und ihre Paläste infiltrieren. Wein zurück zum Ursprung bringen: Wasser."

„Dies sind Ansätze aus dem psychotherapeutischen Prozess:

1. Dechiffrieren des Wahns, der geglaubten Wahrheit und das Erkennen des eigentlichen Konflikts. Der Wahn hat die Aufgabe, die wirklichen Gegebenheiten zu *chiffrieren*, weil die tatsächliche Konfliktsituation zum gegeben Zeitpunkt narzisstisch nicht ertragbar ist – was sich wiederum mit den Ansichten

einiger anerkannter Ärzte deckt, dass wir mittlerweile in einer von Narzissmus geprägten Gesellschaft leben. Es geht sozusagen darum, der Wahrheit ins Auge zu blicken. Das können wir nur erreichen, wenn wir reinen Wein einschenken: Wasser predigen, und Wasser trinken.

2. Den Konflikt lösen. Durch Reintegration abgespaltener Ich-Anteile, also seines sensiblen Wesenskerns, gelangt der Betroffene zu einem tieferen Verständnis, wandelt die nur durch Wissenschaft erlangte Einbildung in Einsicht um, löst und geleitet die abwertende Haltung zu einer neuen Sichtweise aufgrund bislang gültiger Auffassungen von Krankheit und Gesundheit und kann somit Aggression und Unverständnis auflösen. Das Problem ist, dass die abwertende Haltung die natürliche Schöpfung betrifft. Das wäre so, als ob ein Mensch sagen würde, er wäre nicht von einer Mutter geboren. Im Grunde ist dies ein ganz normaler Ablösungsprozess wie auch zwischen Eltern und Kind. Hier ist jedoch die Bindung durch die schicksalhafte Verstrickung unzähliger Einflüsse und Abhängigkeiten wie Arbeit, sozialer Ansprüche, Luxus, Prestige und den Mangel an schöpferischer Beweiskraft sowie Irrglauben prädestiniert, lebenslang zu gewähren. Ich wusste, dass dies auf Widerstand stoßen würde. Doch ich will es erklären: Wenn wir, die das bereits erkannt haben, uns formieren könnten, in friedlicher Absicht, ohne Waffen, dann wären wir eine Bewegung, die etwas bewegen könnte: eine Bewegung, die die Erde beben ließe. Bislang unter Wasser - dadurch stärker als über Wasser. Die Wellen, die das Ganze schlägt, würden zu einem Tsunami unvorstellbaren Ausmaßes werden und große Veränderungen auslösen.

3. Wandel der Gesellschaft zu menschlicher Gemeinschaft. Dieser Punkt ist von besonderer Bedeutung, auch wenn Ärzte ihn vorzugsweise in breitem Bogen umgehen. Die Therapeuten sprechen hier verkürzt von einer *Wiedereingliederung in die Gesellschaft*. Doch diese Floskel führte bislang auch zu nichts, außer - zurück in die wirtschaftliche Verwertbarkeit des menschlichen Rohstoffs und seiner billigsten Ware, der Arbeitskraft. Einerseits verweist der von mir eingeforderte Wandel auf die Frage des psychologischen Massencharakters, wie sie Wilhelm Reich gestellt hat, als er zum Beispiel vom gesellschaftlichen Einbruch der sexuellen Zwangsmoral oder der unsensiblen, autoritären Persönlichkeit gesprochen hat. Andererseits stellt meine Art des Denkens aus psychotherapeutischen Ansätzen heraus auch die Frage nach der Wiederherstellung von Gemeinschaft innerhalb der Gesellschaft, wie sie Paul de Man beschrieben hat, nämlich als unbewusste, politische Sehnsucht aller Weltverbesserer. Jedenfalls kommt man auch bei der Reintegrationsthese nicht ums Nachfragen umhin: Was für eine Gesellschaft soll das überhaupt sein, in die ich mich angeblich zu integrieren hätte?"

„Falls Du der Meinung bist, dass ich wirklich einen Arzt aufsuchen sollte ...
Glaube mir, ich habe es versucht! Und ich sitze noch immer hier. Sie glauben
mir einfach nicht. Ich denke, dass Begründungsworte ein sehr eindrucksvoller
Beweis für meine Sicht der Dinge sind. Das Schlimme daran sind meine Zweifel.
Weiterhin weiß ich nicht, ob ich die Menschen – im übertragenen Sinn – lieber
schlafen lassen sollte, also einfach still zu bleiben, oder ob es besser wäre, in
Ruhe und Gelassenheit mitzuhelfen, ihr Erwachen zu fördern, als Anfang eines
universellen Wandels, zu ihrem Besten, zu ihrem persönlichen Glück und ihrer
persönlichen Erleuchtung. Denn verrückt zu sein, bedeutet für mich, lediglich
aus dem Mittelpunkt einer dominanten Sichtweise entrückt zu sein. Und dies
vermag eben nur ein Hochsensibler zu berappen. Wenn die alte Sichtweise so
entstanden ist, dass sie sich durch die vielen Jahrtausende langsam von selbst
verschoben hat, na dann weißt Du ja jetzt, dass der verrückte Teil vielleicht der
Mittelpunkt des Ursprungs ist, den alle anderen nicht mehr zu sehen imstande
sind, weil ihnen einfach die Besinnung dazu fehlt. Wir sollten das Konzept
eines ganzheitlichen Therapieansatzes in Verbindung mit Selbsthilfe nutzen.
Wie sonst können wir es schaffen, in der Sprache eines Arztes die passenden
Worte zu finden? Ich habe noch einige solcher Schriftstücke und Zurückwei-
sungen, die ich allen Interessierten liebend gern zur Verfügung stelle. Im Sinne
der Lebensrettung, des Naturschutzes, der universellen Liebe."

„Schaffen wir doch eine neue Form, in der wir alles einbringen und neu
ordnen, unsere bisherigen Forschungsergebnisse neu entwickeln. Durch Offenheit, Bereitschaft, aufrichtige Ehrlichkeit. Getragen von natürlich sinnvoller
Menschlichkeit. Als edelmütige Waffe gegen das Falsche: gegen stumpfsinnige
Verblendung, rohe Gewalt, niedrige Macht und blinde Leidenschaft. Ich bin
diese Schritte gegangen und ich habe das Licht gefunden. Du magst noch so
sehr glauben, dass ich geistig umnachtet bin. Nicht ich bin es. Oder hast Du,
warum auch immer, den Eindruck, dass wir in einer Zeit leben, die vor klaren
Gedanken, aufrechten Gefühlen und frischer Tatkraft strotzt? Hihi. In welchem
Märchen bist Du bloß aufgewachsen?! Pink Floyd hat schon die Mauer um den
Geist eines Jungen besungen – Another Brick In The Wall –, entstanden nicht
durch Einsicht, sondern durch Bildung. Der autonome Geist aber will frei sein
und seine geistigen Mauern niederreißen. Sein Ziel ist: Entfaltung und passge-
naue Einschätzung der ureigenen Feinfühligkeit, Meister seines eigenen Wesens
zu sein. Damit meine ich nicht, dass ich besser wäre als andere Menschen,
sondern, dass der Schüler in mir sich zum Meister aufschwingt: Me-ist-er. Was
mich zum Meister macht, ist er. Früher haben Musikanten die Menschen
therapiert. Sogar dieser Bereich wurde durch Musiktherapie reglementiert und
in vorgefasste Passungen gepresst. Alles Sinnvolle und Sinngebende wollen sie

an sich reißen und damit Geld scheffeln. Lasst die arbeitslosen Hochsensiblen ihre Instrumente stimmen und bezahlt sie mit öffentlichen Geldern dafür, dass sie die Musik wieder zu den Menschen bringen! Kostenlos, in Arztpraxen, an öffentlichen Plätzen, dort, wo die Menschen leiden. Kleinkünstler können staatliche Gelder besser gebrauchen als die schnöseligen Organisatoren von Seebühnen und Opernhäusern. Hochsensible sind Selbsthilfebeauftragte."

„Machen wir uns Menschen zu Tempeln aus gläsernen Fassaden mit Herzen aus Gold! Lasst uns gemeinsam Licht ins Dunkel bringen! Ein Aufruf der Medien. Bo. Komme zum Pharao. Indigene Sprachkultur. Hihi. Die Finsternis hat 3.000 Jahre gehalten. Ob drei Jahrtausende oder drei Tage, scheint zweitrangig zu sein, denn sie ist zum Greifen nah. Was tun wir unserem Tierreich an? Wir schlachten Nutztiere, um unsere Haustiere zu füttern, die wir vorher gezähmt haben, damit sie uns Trost spenden. Wieso? Weil wir verlernt haben, unsere Mitmenschen direkt auf unsere verborgenen Gedanken und Gefühle anzusprechen. Wir haben Tiere durch Kuscheltiere ersetzt, aus Stoff, aus Kunststoff, haben künstliche Seelentröster erfunden - ein Friedhof der Kuscheltiere, der in die Betten unserer Kinder Einkehr gehalten hat, damit wir, die Erwachsenen, uns der Verantwortung entziehen können, unseren Kindern die eigenen Ängste und Gefühle offenzulegen. So liegen wir getrennt von unseren Liebsten, während wir uns zwingen, von ihnen loszulassen, noch bevor sie selbst es aus freien Stücken und natürlichen Motiven heraus tun würden. Wollen sie dann nicht mehr aus unseren Gläsern trinken oder von unseren Tellern essen, kränken wir uns und spielen selbst die Beleidigten. Wie das?! Weil sie nun bereit wären loszulassen, weil wir Angst haben vor dem Schmerz, verlassen zu werden, weil wir selbst von unseren Eltern getrennt wurden - anstatt unsere Kinder, unser eigen Fleisch und Blut, anstatt die Wiedergeburt von Vater und Mutter, Großvätern und Großmüttern, Ahnen und Ähnlichem in einer Person als unbefleckte Empfängnis unserer Erlösung zu betrachten. So gründen wir einen Weltältestenrat. Ich weiß, dass Du mir zustimmst und Dich jetzt fragst, was Du als Einzelner denn unternehmen sollst? Und ich sage Dir: nichts, rein gar nichts. Wenn Du liebst, tust Du ohnehin das, was Dir Dein Herz sagt. Doch Du liebst nicht, und darum handelst Du nach Deinem Verstand - und sogar da nur nach seinen instrumentellen Anteilen und nicht im Sinne der Weisheit. Nur Deine Feinfühligkeit hat die passenden Antworten parat, die Dein Verstand Dir niemals gewähren wird. Wirkliche Liebe hingegen kann nur aus freiem Willen und tiefstem Herzen entstehen, bedingungslos, frei von Ansprüchen. Also liegt es bei Dir. Stelle anderen keine rhetorischen Fragen, die Du bestenfalls als Ausrede verwendest, um untätig bleiben zu können. Denn die Antwort für die Wirklichkeit findest Du nur in Dir."

„Bei einem Selbstmordversuch wurde ich mit einer Nahtoderfahrung belohnt, die mir zu neuem Leben verhalf. Es war am 11.8.1999 während einer totalen Sonnenfinsternis. Seither wollte ich etwas, was angeblich noch niemals jemand zuvor geschafft hatte: loslassen und zugleich annehmen, Tag und Nacht vereinen, Gut und Böse zusammenfügen. Ich glaube, dass ich es schaffen werde. Letztens sah ich ein überwältigendes Bild. Tag und Nacht in harmonischem Einklang. Einerseits die Nacht - der Mond. Andererseits der Morgen - die Sonne. Ich zückte meinen Fotoapparat. Doch dann steckte ich ihn wieder in meine Tasche und genoss den Moment, im Bewusstsein darüber, dass er niemals wieder kommen würde, weil er mir vom Himmel auf ewig geschenkt worden war. Keine Linse kann einfangen, was das menschliche Auge sieht. Die meisten Menschen leisten sich regelmäßig Dinge, die ich mir nicht leiste. Darum brauchen sie auch ein geregeltes Einkommen, dessen ich nicht bedarf. Unterm Strich sind sie abhängig, aber ich lebe in Freiheit. Trotzdem geben sie mir das Gefühl, dass sie in Freiheit leben würden und ich der Gefangene wäre. Das ist der Unterschied zwischen Sucht und Genuss, Müssen und Können. Ganz gleich, ob es um die Suchtmittel Alkohol, Zucker, Kaffee, Kauf, Liebe, Sex, Spiel oder Arbeit geht. Die freie Wahl, also das Dürfen, trägt jedermann für sich selbst, wenn ihm diese Zustände bewusst werden. Abhängigkeit entwickelt sich immer und ausschließlich unbewusst. Darum wurde ich niemals drogenabhängig und konnte meinen Konsum auch steuern. Ich wusste von Kindestagen an, dass diese Mittel gefährlich sind. Doch Alkohol, Spiel, Ausbildung, Handystrahlung, Gesellschaftsleben, Partnerschaft und Zigaretten bestimmten meinen Alltag. Davor hatte mich niemals jemand gewarnt. Das Ganze jemals als Ritual oder Genuss zu nehmen, entzog sich mir irgendwie. In Wirklichkeit stellten diese Dinge die echten Abhängigkeiten dar. Sie waren von Menschenverstand erfunden. Darum lebe und liebe ich. Bewusst. Im Jetzt. Einen anderen Weg in die Freiheit kenne ich nicht. Die Isolation scheint der einzige Weg zu sein, nicht ständig kontrolliert zu werden und darauf achtgeben zu müssen, mir ja keinen Schaden zuzufügen. Ich ändere mich selbst, denn dadurch ändert sich auch die Einstellung meiner Kinder. Trojanisches Pferd. Auf ähnliche Weise habe ich gelernt, nicht länger gegen meine gleichgesinnten Mitmenschen auszusagen. Bitte tu auch Du das nicht! Wie? Indem Du uns als verrückt abstempelst. Dann sind nicht nur wir, sondern auch Du selbst im Arsch."

„So. Ich muss jetzt mal ... Nicht links. Nicht rechts. Nicht oben. Nicht unten. Nicht vorne. Nicht hinten. Jetzt und hier. Die Weisheit in mir. Was vor oder hinter mir liegt, ist nichts verglichen mit dem, was in mir liegt. Und ich danke meiner Natur, dass sie mich ihren Willen erkennen lässt, und bitte sie tagtäglich, mir die Kraft zu geben, ihn auch auszuführen. Ungeachtet aller traurigen

Erlebnisse, die mir in meinem Leben widerfahren sind, kann ich mit Liebe diese Lektionen richtig deuten und zum Glück überstehen. Nie wieder werde ich erlauben, diese Ereignisse zu Bausteinen einer Mauer um mein Herz werden zu lassen. Ebendas hatte mich hochmütig, herablassend und stolz gemacht. Dadurch entwickelte ich ein Gefühl der Überlegenheit, der Eingebildetheit und ein übersteigertes Selbstwertgefühl und verbaute mir mit dieser Mauer der Vermessenheit, Ruhmsucht und Prahlerei den Weg zur wirklichen Glückseligkeit. Und doch war sie Teil davon im Jetzt. Hochmut kommt vor dem Fall, sagt man zu Recht. Ich nehme meinen Schmerz an und lasse ihn zu, damit durch die Liebe mein Glaube und mein Vertrauen wachsen können. Nur so werde ich die Stimmen, die mich führen, sanfter sprechen hören. Danke. Dafür werden die Götter mich niemals vergessen. Weil ich selbst Gott bin, so wie Du selbst auch einer bist. Und alle, die vor uns hingefallen sind. Durch unsere Wirklichkeit werden sie ewig leben. Das ist das Einzige, was schlussendlich zählt. Sie legten mir alles in die Wiege, doch entscheiden musste ich selbst, ob mein Weg der richtige oder falsche war, ob ich das Gute oder das Böse, die Liebe oder den Hass wählte. Eines bleibt für mich Gewissheit: Das Glück hatte ich gefunden, indem ich meine andersartige Gefühls- und Gedankenwelt als genetische Gabe entdeckte, als Veranlagung natürlich sinnvoller Schöpfung, die ich schließlich als solche angenommen hatte. Ich durfte Hass und Liebe zu einem ausgewogenen Ganzen vereinen. Und dafür war und bin ich dankbar."

„Ja, auf geht's! Hihi. Ich will tanzen - zur Musik aus meinem Plattenspieler, jener Kunststoffscheibe, die sich dreht. Der Startknopf. Roter Kreis. Rotring. Zirkel. Steinmetz. Freimaurer. Wärme. Jetzt. Musik als eine Momentaufnahme. 33. 45. 9. Umdrehungen. Umdrehen. Die Welt als Scheibe. Kugel. Saphir. Diamant. Darin liegt das Halbmassegeheimnis der Pyramidenhöhe und des Umfangverhältnisses. Terra. Phi. Therapie. Irrationaler Zahlenwert des goldenen Schnitts. Frikativ als konstruktiver Engelaut. Christ. Off. Hihi. Am sechsten Tag wollte Gott noch etwas erschaffen, das ihm ähnlich war. Ähnlich. Ahnen. Hihi. Er wollte Menschen machen. Und er erschuf den Menschen nach seinem Ebenbild: einen Mann und eine Frau. Unterhalb der Oberfläche liegt der gemeinsame Nenner: Gott ist Sinn. Fünf Tage - fünf Sinne. Am sechsten Tag - der sechste Sinn. Sensibilität. Jeder Mensch ist sensibel. Sinnig. Sensitive. Gott freute sich über die Menschen. Er vertraute ihnen alles an, was lebte: Fisch, Vögel und die übrigen Tiere, den Wald mit allen Bäumen, die Blumen und übrigen Pflanzen. Sorgsam sollten wir damit umgehen, sie behutsam umgehen, kurz, sie in Ruhe lassen. Gott sah alles an, was er geschaffen hatte, und er sah, dass alles sehr gut war. Die Blume des Lebens. Der sechste Tag. Die Goldene Zahl. Mensch ist Gott. Gott ist Feinfühligkeit in Person. Per. Son. Zum Sohn.

Wir können das ewige Schuldbuch auflösen, den Kalender begleichen, indem wir unsere persönliche Einstellung präzisieren und uns einer Eichung unterziehen. Ich hatte meine Welt zu einer Hassliebe gemacht, durch die Anteile in mir. Ich liebe mein Alter Ego der Abhängigkeiten. Ich liebe Dich, Feinfühligkeit, mein Erbe der Schöpfung. Ich liebe Euch beide. Ihr seid eins. Nicht Feindseligkeit soll fortan meine Begegnungen ausmachen, sondern selbstreflektierte Redseligkeit mein feinfühliges Innenleben mit Liebe erfüllen. Schluss mit der Erbsünde. Des Glaubens und der Bekenntnisse bin ich überdrüssig. Nicht ich brauche ihn – der Glaube braucht mich. Denn ohne meine passende Einstellung ist der ganze Glaube nichts wert. Alles, was ich wirklich wissen muss, steckt schon seit meiner Geburt in mir. Darum glaube ich an ein Leben im Jetzt. Ich bin auf keinen Fall meschugge. Ich bin genial. Ein Genie. Das Heil. Die Sonne. Das Sonnenrad. Gestürzter und auferstehender Siebenstern. Stern mit 14 Zacken. Die Liebe. In sich selbst. In meinem Körper. Mein Körper ist der Tempel. Der Tempel ist die Pyramide. Die Pyramiden – das reale Zeichen einer Vision. So wie die Ufos in den Höhlenmalereien uns die eigene Zukunft voraussagen. Die Vielfalt war zu Anbeginn. Der Mensch ist evolutionärer Trichter. Aus vielen wird nur einer übrigbleiben. Die Vergangenheit ist unser aller Zukunft. Wir selbst sind die Pharaonen. Die Könige. Selektion des Wunders Schöpfung. Wir alle sind die Lieblinge des Himmels. Ahoi!"

Da war der **biologische Vater** einer **unehelichen Tochter** gewesen.

Sein Großvater: Überlebender des Zweiten Weltkriegs. Daher zu völliger Konformität und Normalität erzogen. Zu menschlichem Automatismus. Sozial. National. Rational. Trotzdem war er voller Kraft und Gnade. Turn- und Deutschlehrer. Burnout infolge einer Sozialphobie. Anpassungsstörung. Panik. Rheuma. Chronische Gastritis.

„Leicht ist es ja nicht, mich mit über zwei Metern Körpergröße an genormte Verhältnisse anzupassen. Leider. Nicht einmal unter den Abnormalen galte ich als normal. Basketballprofi hätte ich werden sollen. Solange haben sie mir das eingeredet, bis sie meine Hochsensibilität entdeckt haben. Mit dieser zusätzlichen Eigenschaft wurde ich als zu schwach abgestempelt. Wenn es nach der Mehrheit der Menschen ginge, dann hätte ich eigentlich keinerlei Lebensberechtigung. Das ist fast wie früher in der Nazizeit. Mein Opa hatte oft etwas davon palavert, dass der Führer bestimmt auch ein Hochsensibler gewesen ist. Juden und sogenannte andere Degenerierte hatte er als Menschen zweiter Klasse angesehen – eine unbewusste Kategorisierung zweier unterschiedlicher Menschentypen. Wie verheerend und vernichtend die Folgen waren, brauche ich niemandem zu erläutern. Ebenso waren Churchill und Stalin der Weltlösung bei ihrem letzten Gespräch 1944 schon sehr nahe gewesen. Doch zu engstirnig und eigennützig betrachteten sie die auf dem Notizzettel von Churchill handschriftlich vermerkten Eingebungen einer höheren Instanz. Die Einflusszonen in Südosteuropa hatten Stalin und Churchill bereits auf ihrer Moskauer Konferenz im Oktober 1944 informell auf einem kleinen Zettel aufgeteilt. Die Zahlen decken sich mit jenen hier. Mein Opa hatte mir ebenfalls erzählt, dass sie völlig verwundert gewesen waren, als die Amerikaner und Engländer kamen. Fünf Jahre war er alt gewesen, als die Russen einmarschierten ...“

„... und die Amis. A mis. Nettes Wortspiel. De oppresso liber. Gerechtigkeit den Unterdrückten. Wasser predigen und Wein trinken. Fluch und Segen für die Betroffenen. Die Freiheitsstatue. Römische Göttin der Freiheit. Eingeweiht am 28.10.1786. Weltspartag. Rechte Hand - vergoldete Fackel. Linke Hand - Tafel mit Handhaben. Eine zwölf Meter lange Leiter als Himmelstreppe. Gesprengte Kette zu ihren Füssen. Leuchtturm. Eine siebenstrahlige Krone, die ursprünglich die Sonne, in ihrem Fall jedoch die sieben Weltmeere und die sieben Kontinente symbolisiert. Die Freiheit erleuchtet die Welt. Der Wunsch von Cleveland, dass ein Lichtstrom die Dunkelheit der Ignoranz und Unterdrückung durchdringen möge, bis die Freiheit die Welt erobert. Eine Frau als schwächstes Glied der Kette, die an der Spitze der Pyramide steht. Feinfühligkeit. Das weibliche Prinzip. Auf jeder Seite der Pyramide zehn goldene Kugeln. Scheiben. Top Ten. Top 40. Ein Zehnstern als Fundament. Gott. Das Licht des Lebens. 1. Sichtbar gewordener Gott. 0. Urgrund des Seins göttlicher Liebe. 10. Vollendete Verwirklichung des Schöpfungsplanes. Ein Mensch. Das Pendant. Die Abbildung des Vitriol Siebenstern. Mann. Frau. Vergangenheit. Zukunft. Die Gegenwart. Bewusst manipuliert? Unbewusst geplant? Planet der Affen. Eine schreiende Farce zwischen Hochsensibilität und Stumpfsinn. Ein Kampf zwischen unterdrückter Veranlagung und natürlichem Leben. Natürliche Sensibilität: Menschen mit emotionaler und sozialer Intelligenz werden geschändet, ihre Kinder und Frauen in erbärmlicher Weise behandelt, ihres Verstandes, ihrer körperlichen Gesundheit und ihrer psychischen Stabilität beraubt. Systematisch zerstört. Weltweit. Und doch durch Genius natürlich bestimmt. Von Gott. Aus der Natur des Wesentlichen im Menschen. In allem Leben.“

„Mein Opa und die anderen Ortsansässigen selbst hatten ja ursprünglich gedacht, dass die Befreier allesamt Schwarze seien. Na ja. So ist das eben mit der Ungewissheit und der Furcht vor dem Unbekannten. Wie im Innen, so im Außen. Bombenangriff. Doch Kinder hatten sie alle gerngehabt. Opa sagte immer, dass es etwas ganz anderes sei, als Hochsensibler mit einer schlimmen Situation aufzuwachsen, als sich erst im Erwachsenenalter mit schlimmen Dingen konfrontiert zu sehen. Dann wäre es viel schlimmer. Weil man sonst bereits als junger Mensch lernt, sich emotional zu schützen. Immerhin. Die Freude auf Glück wirkt im Menschen leider niemals stärker als die Angst ob des Glücksverlusts. Sozial-emotionale Verhärtung. Schock. Trauma. Krieg bleibt Krieg. Ob mit Waffen oder ohne. Heimtückisch und kalt. Verleumdung. Erschießung. Nur, weil der eine dem anderen eins auswischen wollte ... So lehrte sie das Leben, das mit allem Besitz auch die Freunde schwanden. Alle waren auf sich gestellt und kämpften ums eigene Überleben. Doch da kam eines zurück: der Glaube, das Urvertrauen. Denn im Schützengraben hatte ihn bislang noch jedermann wohl oder wehe gefunden. In einer aussichtslosen Lage generiert der Geist sozusagen Kraft aus dem Nichts. Und dieses Nichts ist wiederum das All: Hochsensibilität. Wenn man von der Sonne spricht, dann scheint sie. Deshalb bin ich hier. Nein, nicht weil ich in diesem Krieg teilgenommen hätte ..."

„Solange ich meiner Bestimmung als Lehrer folgte, war alles gut. Denn Kinder machen untereinander keine Unterschiede, wenigstens solange nicht, bis sie beginnen, die Erwachsenen nachzuahmen. Das war auch mein Problem. Als ich in die Oberstufe gewechselt hatte, wurde es zunehmend schlimmer. Ich bekam das Gefühl, nicht mehr zu wissen, wer ich eigentlich war. Mein Leben, mein Ich, alles, was mich ausmachte und ich zu verkörpern schien, wurde immerfort durch meine Umwelt vorgegeben. Die Schüler neigten dazu, mich schamlos auszunutzen. Obwohl ich von Natur aus gewiss eine besondere Bestimmung innehabe ... Bin ich ein Irrläufer? Nach langer Zeit hatte ich mir wieder einmal Fotos aus meiner Vergangenheit angesehen. Ich identifizierte mich mit allen Menschen auf den Lichtbildern, bloß mit einem nicht: mit dem Abbild meiner Person. Auch wenn ich hier in den Spiegel sehe - ich kenne mich nicht! Wer ist dieser Mann, frage ich mich dann, dessen Spiegelbild mich ansieht? Das Bildnis und die Facetten dieses Menschen sind mir fremd. Ich weiß nicht, wie er fühlte, wie er spürte, was und wie er dachte, was er wollte oder will - als ob er innerlich tot und kein eigenständiges Wesen wäre, wie ein Außerirdischer, ein Beobachter, ein völlig Fremder. Jetzt, da ich hier isoliert bin, verschlimmert sich alles noch. Heute bemerkte ich, dass ich allmählich den Akzent und die Sprachbetonung der Krankenschwester anzunehmen schien. Imitierte ich unbewusst die anderen Erwachsenen? Offenbar hatte ich damit begonnen. Das hatten auch die Kinder mit mir in der Schule angestellt. Vielleicht glaube ich aus diesem Grund manchmal, dass ich jemand ganz anderer bin, nämlich, weil ich alles und jeden in meiner Umwelt und alle meine Hauptbezugspersonen auf mich übertrage. Darum habe ich früher dauernd mitgemacht bei allem Möglichen. Und jetzt nirgends. Aus solchen Lebenserfahrungen entspringt letztlich meine Theorie vom Spiegelprinzip: aus einem Mangel an Selbstbestimmung. Wahrscheinlich lebe ich noch gar nicht. Made - Raupe - Puppe

- Schmetterling. Besser wäre, ich ginge gar nicht mehr unter die Leute. Irgendwie schüchtern sie mich ein. Ich bin hilflos, meistens sprachlos. Wer bin ich eigentlich in ihren Augen? Ein Biest? Wer steht mir bei? Wer hört mir zu? Wer fördert mich? Wer zeigt mir denn, dass mein Leben lebenswert ist? Dass auch mein Leben einfach schön sein kann? Stattdessen starren sie mich alle ständig an. Auch ich habe manchmal das Bedürfnis, mich nur ein wenig anzulehnen, mich einfach fallenzulassen, anonym zu sein, Verantwortung abzugeben. Bin ich wegen meiner Körpergröße so angsteinflößend? Reicht schon der Wuchs? Bin ich wegen meiner besonderen Wahrnehmungen tatsächlich so furchterregend? Nur, weil ich mich in meine Mitmenschen hineindenken kann, fühlen kann wie sie, empfinden wie Du? Ich möchte doch niemandem Schaden oder Leid zufügen. Mein tiefster Lebensinhalt ist es, für die Probleme von Mitmenschen Lösungen zu finden, Hoffnung zu schaffen, ihnen Mut zu spenden, ihre negative Umwelt auszuschalten. Das kann ich einzig und allein, wenn ich beginne, mich mit ihnen zu identifizieren. Eigentlich bin ich dann gewissermaßen wie sie selbst, und das ist sehr, sehr anstrengend und kräfteraubend, auch weil ich es nicht steuern kann."

„Hochsensibilität ist für mich ein Fluch. Egal ob in Beziehungen, Partnerschaften oder an der Arbeitsstelle. Darum bringe ich überall Unruhe hinein wie ein Zyklon. Erst da beginnt aber wirkliche Entwicklung. Wir alle sind doch Schöpfer unserer begreiflichen Umwelt: durch unsere unbegreifliche Natürlichkeit. Zum Glück liebt mich meine Tochter so, wie ich bin, mitsamt meinen Makeln und Macken. Da auch sie nun schon älter ist, hat sie, was mir durchaus einleuchtet, nicht mehr so viel Zeit für mich. Obwohl ich dadurch an und für sich mehr Zeit hätte, *mich zu entspannen*, fehlt sie mir zugleich. Meine Gedanken sind oft bei ihr, und ich erkenne, dass ich mich in ihr wiedergefunden habe bzw. wieder nicht mein eigenes Leben gelebt habe, als wäre ich dazu verdammt, von anderen seelisch abhängig zu sein. ‚Recken oder strecken Sie sich einmal täglich ordentlich ...‘, hat der Arzt zu mir gesagt. Ganz ein Lustiger, oder? Soll ich mich dafür auf den Gang legen? Was ich hier wieder lernen möchte, ist gemütlich spazieren zu gehen. Im Freien, in der Natur. Wie gern hatte ich das als Kind gemacht, mich einfach nachts in die Wiese zu legen und den Sternenhimmel zu beobachten. Irgendwie hatte ich ständig das Gefühl, dass mich irgendetwas mit alledem *da oben* verband. Wasser? Musik? Licht? Es wurde zu einem wirksamen Ritual für mich. Nach und nach, als dann immer mehr Grünflächen verbaut wurden und der Lärm zunahm, hatte ich damit aufgehört. Na ja. Und jetzt bin ich hier. Zeit des Umbruchs. Standortbestimmung."

„Ausgelöst werden persönliche Umbruchzeiten und der Weg aus der Orientierungslosigkeit mitunter durch den Tod geliebter und nahestehender Personen.

Der Arzt hatte mir das bestätigt. Mein Knacks kam, als mein Opa gestorben war, und als ich von meiner alten Schule verwiesen wurde. Diese Ereignisse lassen sich zum anderen auch als Ursache und Auslöser einer Entwicklung auf tieferer Ebene begreifen: vom Schatten zum Hellen. Für andere wirken diese Menschen dann als hell-sichtig. Höllensicht als mein Platz unter der Sonne. Dies entspricht jedoch nur der Sichtweise jener Menschen, die das Dunkle bereits erfahren haben. Der Schmerz der Verdunkelung und Kälte, zugefügt durch Menschen ohne besondere Empfindsamkeit. So beginnt alles durch den Tod, wie es augenscheinlich auch endet. Erst das Ende ist der Anfang. Analog könnte man sogar behaupten, dass der Tod der Eltern erst der richtige Neubeginn des Kindes sei und zugleich deren Ende als Individuen. Meine Katze starb, als ich vier Jahre alt war. Dieses leidvolle Erlebnis setzte zum ersten Mal bei mir eine Bewusstseinsveränderung in Gang. Nach und nach sind in meinem Leben so manche Inhalte weggefallen, mit denen ich etwas füllen und ersetzen wollte, was ich schon als Kind in den Schatten verbannt hatte: meine Sensibilität. Warum sollte ich das auf der seelischen Ebene nicht mit einem Todesfall auf der körperlichen vergleichen! Vermutlich nahm ich damals schon all das aufgrund meiner Hochsensibilität viel intensiver wahr. Einen Sinn meiner sensiblen Begabung sehe ich auch darin, den Menschen die Angst vor dem Tod zu nehmen, sie einfühlsam zu begleiten, zu ermutigen, Tod als Teil der Spielregeln des Lebens und auch als Teil des eigenen Erwachens anzuerkennen, um ihnen ein Licht zu sein in dieser dunklen Zeit. Zahllose Menschen verlieren in Phasen psychischer Umbrüche neben ihren Liebsten auch noch Anstellung, Einnahmen, Gesundheit und dergleichen. Im Problem eines Verlusts steckt jedoch immer auch die Lösung: entweder zu erwachen oder selbst daran zugrunde zu gehen. Das Ganze beschreibt den Weg zur Erleuchtung, die im Hier und Jetzt stattfindet. Wenn man sie zulässt und bereit ist, diesen Weg zu gehen. Und das hat nicht der Arzt gesagt."

„Meine Eltern, meine Mitmenschen, meine Freunde, Verwandten und Bekannten – niemals hat mich auch nur einer von ihnen danach gefragt, wie es mir all die Jahre ergangen ist. Nicht einmal vor ihrem Abgang haben sie mich von sich aus gelobt, umarmt oder mir sonst irgendeine emotionale Geste zugestanden. Und doch weiß ich heute, dass sie mich geliebt haben. Ich war ihr Spiegel und für ihren Geschmack zu aufrichtig. Hätten sie mir ihre Liebe zugesagt, dann hätten sie sich selbst lieben müssen. Aber das konnten sie nicht, weil sie nichts von ihrer Begabung wissen wollten. Meine Eltern waren erbärmlich zugrunde gegangen und von allen, außer von Opa und mir, fallengelassen worden, da sie der Gesellschaft nicht mit ihrer Schönheit und Musik dienen konnten. Anscheinend passte ich nicht ganz in ihr Konzept. Nichtsdestotrotz bin ich es, der sie beide weiterträgt. Die Harmonie, Wertschätzung und Dankbarkeit und die mir vererbten Fähigkeiten habe ich mir alleine erarbeiten müssen. Mama und Papa waren nämlich schon gestorben. Dadurch habe ich erkannt, dass Dankbarkeit nur bei mir beginnen kann, und bei meinen Großeltern - obwohl sie mir vieles verbaut und zerstört haben. Ohne sie und alle mir unbekannten Ahnen hätte ich niemals die schönsten zwei Geschenke erhalten: mein Leben und das meiner Tochter. Ist es tatsächlich so wahnsinnig, wovon ich hier spreche? Vielleicht erkennen viele sich und ihre eigenen Erlebnisse in meiner Geschichte wieder. Nehmen sie es nicht ähnlich wahr? Wir könnten das Wissen der Psychiatrierten als umfangreichste, je von Menschen initiierte, anthropologische Studie gelten lassen. Gelegentlich habe ich das Gefühl, dass eine höhere Macht ihren unsichtbaren Einfluss auf alles Leben ausübt - als kosmische Kraft, als Schöpfer, körperlos, immateriell. Ab dem Zeitpunkt der Schöpfung wird dann jedes Geschöpf seiner Entwicklung im Leben, sich selbst überlassen. Darin begründet sich das Prinzip von Liebe: Geben und Nehmen in ein und demselben Moment, Tag und Nacht, Gut und Böse, Annehmen und Loslassen. Andernfalls wird man von emotional und sozial unterbelichteten Menschen manipuliert, bis die Krankheit sich auswächst. Wenn der Schmerz und das Leid erst einmal unerträglich geworden sind, darf man erwachen. Diese innere Wende ist entscheidend. Betroffenheit wandelt sich dann in momentane Dankbarkeit; aus Bedauern wird Bewunderung, aus Mitleid Verständnis. Es geht darum, die Balance von Geben und Nehmen zu reaktivieren. Realität. Regeneration. Genesung. So wie diese höhere Macht lediglich im Großen beobachtet, vollzieht sich dies im Kleinen. Das Prinzip von Mikrokosmos und Makrokosmos wird, ineinander greifend, wirksam. Ich erkenne immer klarer, dass wir Hochsensiblen das Universum, die Welt, die Staaten, die Länder, die Menschen, die Natur, die Tiere, die Familie, die Organismen und den Kreislauf auf diese Weise deuten. Alles spiegelt die Polarität in allem. Anfang ist Ende, alles ist Nichts."

„Die meisten Menschen sind imstande, dies zwar im Großen zu erkennen, wollen jedoch nicht wahrhaben, dass sie nur Teil dieser Gesamtheit sind und es in ihnen genauso vorgeht. Darin sehe ich die Aufgabe und den Lebenssinn von uns Begabten: allen Menschen diesen Sinn wieder klar zu machen, das heißt, Sensibilität, Menschlichkeit, Liebe. Nur dadurch können wir zur Eintracht finden, in Frieden leben und Entwicklung und Fortbestand unserer Spezies sichern. Konstellationen von Lebensformen - ich habe das auch meinen Schülern stets vermittelt. So lernten sie ihren inneren Betrachter, den eigenen Trainer in sich kennen, welcher wiederum in jedem von uns zu verorten ist. Der sogenannte innere Schweinehund ist im Wesentlichen unsere besondere

Feinfühligkeit, die sich dadurch bemerkbar macht und sprichwörtlich um Aufmerksamkeit bettelt. Wir alle sind göttliche Wesen, natürlich begnadet, menschlich verdorben. Wäre es da nicht an der Zeit, wieder zu lernen, uns für Eigenverantwortung zu sensibilisieren? Das sagt der Arzt. Nun, Ärzten wird in unserer Gesellschaft unbewusst oft mehr Macht zugesprochen als der wirklichen, in jedem von uns schlummernden, höheren Macht. Das sage ich. Na ja. Das Vertrauen und den Glauben an die Sinnhaftigkeit, an das Selbstvertrauen und die Selbstheilungsmöglichkeit zu stärken, diese Wesenheiten einfach wieder ins Bewusstsein zu bringen, das ist mein ultimativer Zweck hier. Ruhe und Stille suche ich, um mich zu besinnen. Mein Ziel ist es, bewusst und natürlich sensibel zu leben. Aus gesellschaftlicher Sicht, versteht sich, wäre das bewusst unangemessen, denn die Norm gilt mittlerweile als Maß aller Dinge. Sie bestimmt alles, aber niemand fragt, wer die Norm bestimmt. Das ist schlichtweg unstimmig mit aller Natürlichkeit und allem natürlichem Leben auf diesem Planeten und auch darüber hinaus. Die Anzahl der Psychiatrierten steigt im Gleichschritt mit zunehmender Normierung zwecks gewünschter Ordnung. Kurz, der Mensch wird in eine ihm fremde Form gepresst. Wie vermessen! Und eines weiß ich – nicht ich habe hier den Vogel. Würde ich als Vollidiot meinen eigenen Vogel nicht mehr erkennen, wäre eh schon alles zu spät und Hopfen und Malz verloren. Ich habe im Unterricht ein Wort für helle Seelen begründet: Ideaten. Na ja. Verstehst Du, oder? Irgendwie waren meine Vorgesetzten in der Lehrerschaft stets unerreichbar für mich. Die latente Verbindung zwischen ihrer und meiner Sensibilität war, mit einem Wort, gestört. Durch überlegte Störfaktoren. Darum möchte ich Dir hier einen Brief zeigen, den ich einer amtlichen Würdenträgerin geschrieben habe."

***

„Sehr geehrte Dame! Ich schreibe Ihnen heute in meiner Eigenschaft als hochsensibler Mensch, nicht als Bittsteller, nicht als Bürger, nicht als psychisch Kranker, nicht als Förderwerber, sondern als Mann und Vater. Bislang habe ich stets versucht, den Dialog zu suchen. Es macht den Anschein, dass ich deutlichere Worte wählen muss, aufrichtig und selbstlos, in absolutem Vertrauen Ihnen gegenüber. In Ihrer wesentlichen Eigenschaft als Mensch, als Frau.

Hinsichtlich der Tatsache, dass jede Sekunde weltweit hochsensible Menschen mit Medikamenten ihrer Sinne beraubt werden, an den Qualen ihrer durch äußere Einflüsse überstimulierten Körper, Psychen und Seelen leiden, fordere ich Sie hiermit herzlich auf, konkret tätig zu werden. Durch Ihre Mithilfe und auf Ihre Initiative hin können wir im eigenen Land, im Osterreich des Westens, den Anfang für einen globalen Aufruf wagen. Wir können die bisher uns alle ruinierenden Wahrheiten technologischen Fortschritts beseitigen, um eine neue Wirklichkeit entstehen zu lassen. Wir sind dazu verpflichtet, die Dinge wieder ins rechte Licht zu rücken. Der volkswirtschaftliche Schaden für die Gesundheitssysteme und Krankenkassen sind durch die Ignoranz in Bezug auf Sensibilität ins Bodenlose gestiegen. Die Lösung liegt jedoch auf der Hand: Stärkung und Einbindung von Hochsensiblen in die menschliche Gemeinschaft, im Sinne des Schutzes einer Minderheit durch die Mehrheit, also Wirksamkeit aufgrund natürlicher Schöpfung, zum Wohle unserer Natur und unserer Gesundheit, zum allgemeinen Wohle allen Lebens auf diesem Planeten, der Menschheit als Einheit zuliebe. Hilfesuchenden müssen wir die Hand reichen.

So werte ich es als Ihre Pflicht angesichts des von Ihnen ausgeübten Amtes, meinen Hilferuf ernst zu nehmen und alle möglichen Schritte und Maßnahmen einzuleiten, die Menschen dieser Welt auf den Missstand gesellschaftlicher Entwicklung, auf die menschliche Fehlentwicklung aufmerksam zu machen, die mehr Leben schädigt und zerstört als je zuvor. Besondere Feinfühligkeit ist keine Krankheit, sondern eine Warneinrichtung der Natur. Bitte glauben Sie mir, dieser Hilferuf ist kein Schrei aus letzter Kraft. Es ist erst der Anfang. Sie sehen durch meine initiierten Vorhaben, dass ich ein Friedensbotschafter bin, kein Kämpfer, kein Extremist. Denn ich bin der Meinung, dass ich nur bewirken kann, was ich selbst bereit bin vorzuleben, zu geben. Und das ist Liebe. Tag für Tag, von einem Moment zum nächsten. Ich selbst habe das Kreuz dieser genetisch bedingten Hochbegabung im Bereich emotionaler und sozialer Intelligenz getragen. Ich habe meine Eltern zu Grabe getragen, geliebte Menschen verloren und meine Familie hinter mir gelassen, all das – auf der Suche nach mir selbst. Durch dieses eine Wort wurde meine Seele wieder gesund: Hochsensibilität. Und obwohl ich mich gesünder fühle denn je und aufgehört habe, mich durch Abhängigkeiten zu betäuben, werde ich seitens meiner Kollegenschaft, des Schularztes sowie der Schulpsychologin zunehmend belächelt. Blindlings vertrauen sie auf die allgemeingültige Aussage der Ärzte, wonach Medikamente das Allheilmittel darstellen würden. Laute und quirlige Kinder werden ruhiggestellt, Kopfschmerzen und andere kleine Wehwehchen medikamentös gestillt. Das ist eine symptomatische Praxis und als solche das Gegenteil von Feinsinn, nämlich Engstirnigkeit, Dummheit, Stumpfsinn. Und doch brauchte es beides, um wirksam werden zu können.

Dieser Umstand stellt aus meiner Sicht einen Verstoß gegen die Genfer Menschenrechtskonventionen dar. Hier geht es nicht darum, irgendjemandem die Schuld in die Schuhe zu schieben, was nur weitere Konflikte hervorbrächte, weil jeder der Streitpartner im Grunde genommen Recht hat: niemand ist schuldig. Die Schuldfrage ist, wo Handlungsmöglichkeiten zu finden wären, fehl am Platz. Die unterschiedlichen Grundtypisierungen von Menschen, die Sinne mancher, die über die bekannten fünf Sinne hinausgehen, wurden bislang verkannt. Es geht jetzt vielmehr darum, das Beste aus dieser Erkenntnis zu machen und alle Hebel in Bewegung zu setzen, die jeder von uns zu bedienen imstande ist. Eben darin liegt die einzig wirksame Lösung all unserer Probleme auf diesem Planeten. Meine Tochter ist Schulanfängerin. Ich habe bei der Beantragung der gemeinsamen Obsorge von der Mitarbeiterin beim zuständigen Standesamt einen Zettel bekommen – einen Hinweis und eine Aufforderung, meine Pflichten als Vater wahrnehmen zu müssen. Ich will mich hier gerne auf eine Stelle beziehen, die Ihnen bestimmt bekannt sein wird. Diese sehe ich als sehr wesentlich und wichtig für die natürliche Entwicklung unserer aller Nachkommen für unsere Nächsten. Ich will Sie keinesfalls zurechtweisen oder irgendeinen Erziehungsstil kritisieren, aber ich sehe in diesem Schreiben eher die Erkenntnisse meiner täglichen Forschungsarbeit als Lehrer bestätigt. Der Eindruck drängt sich mir auf, dass auch Sie diese Tatsache ebenfalls interessieren könnte: Der bisherige Stand wissenschaftlicher Forschung von Dr. Elaine Aron, Wissenschaftlerin im Bereich Hochsensibilitätsforschung, wird meine folgenden Ausführungen ebenfalls bestätigen. Nun gut, die Passage im genauen Wortlaut:

1. *Rechte und Pflichten des Obsorgeträgers in Bezug auf Pflege und Erziehung Die Pflege umfasst nach dem Gesetz besonders die Wahrung des körperlichen Wohles und der Gesundheit sowie die unmittelbare Aufsicht, die Erziehung, besonders die Entfaltung der körperlichen, geistigen, seelischen und sittlichen Kräfte, die Förderung der Anlagen – sprich genetische Veranlagung, Fähigkeiten, Neigungen und Entwicklungsmöglichkeiten des Kindes sowie dessen Ausbildung in Schule und Beruf.*

Ich weiß, dass es nicht förderlich erscheint, an junge Menschen zu kommunizieren, dass sie etwas ganz Besonderes seien. Ich habe bisher die gegensätzliche Meinung vertreten. Daraus ergibt sich wieder einmal der Goldene Schnitt unterschiedlicher persönlicher Ansichten – ein Querschnitt aus weniger sensibler und hochsensibler Wahrnehmung. Denn ich bin nunmehr zur Einsicht gekommen, dass ich meiner Tochter keinesfalls vermitteln sollte, dass sie *etwas Besseres* sei als jemand anderer. Dies würde auch nicht meiner oder ihrer Veranlagung entsprechen, weil sie ihrem Wesen nach sehr artig und hilfsbereit ist. Faktum ist: Meine Tochter ist wegen meines Erbguts mit der genetischen Veranlagung Hochsensibilität ausgestattet – mein Geschenk an sie. Und diese Besonderheit stellt nun einmal eine Hochbegabung im Bereich sozialer und emotionaler Intelligenz dar. Wir sind dazu bestimmt, unsere Umwelt zu schützen, für unsere Mitmenschen zu sorgen und auf einen gesellschaftlich toxischen Fortschritt hinzuweisen, wir sind dazu da, unseren Mitmenschen den Weg aus diesem Schlamassel und selbstverständlich gewordenen Chaos zu weisen, ob wir das nun wollen oder nicht. Es ist einfach so. Das Problem dabei, das zugleich die Lösung in sich trägt: Die Systeme, dahingehend auch die Schulsysteme, sind auf Normierung ausgerichtet und nicht auf die persönliche Entfaltung im Bereich dieser weitgehend unbekannten Intelligenz.

Das ist das Hauptproblem. Im Vergleich zu meiner eigenen Schulzeit hat man in dieser Angelegenheit schon kleine Schritte vorwärts gemacht. Als Lehrer weiß ich, wovon ich hier spreche. Und das ist auch die Lösung, auch deshalb, weil wir durch unsere Erkenntnisse förderlich Einfluss nehmen können auf den Verlauf des Kommenden. Können? Aus meiner Sicht haben wir auch die heilige Pflicht dazu! Denn Hochsensibilität ist nach neuesten Erkenntnissen ein sechster, siebenter oder auch achter Sinn, so wie Schmecken, Hören, Sehen, Tasten, Riechen. Wenn wir als Eltern und angeblich Erwachsene diese Hochsinne verkümmern lassen, käme das einer Absurdität gleich, als ob wir unseren Kindern, um sie auf die Welt vorzubereiten, die Augen zukleben, die Zunge betäuben, Handschuhe anziehen, die Nase zukneifen und Stöpsel in die Ohren stecken würden. Die Veranlagung bringt es überdies auch mit sich, dass die fünf Normsinne viel besser ausgeprägt sind. Licht und Farben wirken auf diese Kinder eindringlicher als auf andere. Dies heißt, dass sie für Reize empfänglicher sind und diese nicht unbewusst, also nicht ohne ihr aktives Hinzutun filtern können, weil ihnen ein natürlicher Filter, wie ihn andere Menschen besitzen, schlichtweg fehlt. Ein bewussterer Umgang ist insofern die einzige Lösung. Bewusste Achtsamkeit jedoch wird durch ein Zusammentreffen schädlicher, äußerer Einwirkungen vereitelt und verwässert. Verletzungen tieferer Sinne manifestieren sich leider nicht sofort in äußerlichen Symptomen, sondern in Form psychischer und psychosomatischer Störungen wie eben Kopfweh, Schlafstörungen, Unruhe und dergleichen. Anfänglich durch Gereiztheit, Nervosität, unbegründetes Weinen. Meine Tochter klagte bereits in der ersten Woche über einige dieser Nebenwirkungen. Zwei weitere Kinder hatten sogar Unfälle. Andere wiederum wurden aggressiv und laut.

Ich bitte Sie, zumindest zum Wohle meiner Tochter, meine Sicht, auch wenn es Ihnen zu glauben schwerfällt, als Wirklichkeit anzunehmen. Über die Jahre bin ich zur Überzeugung gelangt, dass Kinder, nur wenn sie all ihre Sinne zu leben lernen, sich in Gesundheit, Lebensfreude und Glück entfalten können. Wie ein kleiner Schmetterling, wie die Entelechie der Metaphysik. Der ständige Lärm, die Luft, die indirekte Strahlung in unseren Städten, Medikamente, Alkohol, sinnlose Dienstverhältnisse, selbstauferlegte Zwangspartnerschaften grundsätzlich unabhängiger Lebewesen, die Einschränkung seelisch-emotionaler Naturwüchsigkeit, all das ist bestimmt nicht förderlich.

Es verursacht bei ihr nur eines: Stress. Wenn ich dies im Leben meiner Tochter zulassen würde, sagt man in spätestens 15 Jahren, dass sie ihre seelischen Störungen von mir geerbt hat - und den Krebs von O-Mama und O-Papa. Doch ich weiß, dass sie keine Störung, sondern eine Begabung in sich herumträgt. Darum werde ich alles in meiner Macht Stehende tun, um die gesunde Natürlichkeit in ihr zu fördern, zu festigen und zu erhalten, um eine Degeneration ihrer Begabung erst gar nicht eintreten zu lassen. Doch ich will nicht kämpfen. Dann würde ich ihr ein Bild vermitteln, das immer nur zu einem führt: Krieg.

Aus diesem Grund habe ich damit begonnen, eine Art Tagebuch zu führen, eines, in das ich die gesundheitlichen Veränderungen meiner Tochter einschreibe. So hat sie mir zum Beispiel erzählt, dass sie seit Schulbeginn jeden Tag Kopfschmerzen hat. Sie konnte den Schmerz sogar eingrenzen, und zwar auf einen Punkt hinter ihrer Stirn, genau zwischen ihren Augen, dort, wo auch das geistige Auge seinen Sitz hat. Sie hat definitiv gesagt, dass die Kopfschmerzen erst daheim begonnen hatten, konkret, nachdem der Stress in der Schule nachgelassen hatte. Des Weiteren würde sie am Abend schwerlich einschlafen können, obwohl sie sehr müde sei. Auch das ist ein Zeichen von Überstimulierung. Dank dieser Aufzeichnungen wird es mir möglich sein, sowohl positive als auch negative Veränderungen ihrer gesundheitlichen Gesamtverfassung und ihres Wohlbefindens nachzuvollziehen. Sie erzählte mir über Träume vom brennenden Kindergarten: dass sie in ihnen nach Hause flüchtet, bevor sie erschrocken aufwacht und sich zu Mama ins Bett kuschelt. Letzte Woche hat sie zum ersten Mal in ihrem Leben ins Bett genässt. Angeblich ist das typisch für einen Großteil der Kinder nach ihrem Schulantritt, gesetzt, dass sie damit nicht zurande kommen. Typisch!? Da muss doch selbst der Unsensibelste erkennen, dass dem Phänomen eine allgemeine Ursache zugrunde liegen muss. Nicht der Mensch ist in diesem Fall das Problem, sondern enorme Belastungen durch schädigende, äußere Einflüsse - bereits im Volksschulalter, bitte. Volksschule. Mittelschule. Normierungseinrichtungen für die Mittelschicht, das Mittelmaß, die Mehrheit, das bloße Fußvolk, die neue Menschheit.

Brav schreibe ich weiter und führe meine Aufzeichnungen, begleite meine Tochter auf ihrem Weg, schenke ihr Mut und Hoffnung, bei sich zu bleiben, bestärke sie darin, über all ihre Gedanken und Gefühle aufrichtig zu reden: von ihren Leidenschaften und Hoffnungen, von ihren Schmerzen und ihrem Leiden. Ich sporne sie dazu an, den Dialog zu suchen, nicht etwa, um zu jammern, sondern, um aufzuzeigen und selbstbestimmt, ihr eigener Maßstab seiend, sich selbst zu heilen. Nur so wird es ihrer Mutter und mir möglich sein, ihr bei Belastungen beizubringen, ihre ganz persönlichen Grenzen auszuloten. Dadurch gewinnt sie an Selbstbewusstsein, steigert auf natürliche Weise Selbstachtung und Selbstwert, empfindet für sich Verständnis und Wertschätzung und wird so als erwachsenes, weibliches Wesen adäquat für sich sorgen und auf sich aufpassen können. Eigenverantwortlich wird sie glücklich sein, sich selbst und andere lieben, ein Urvertrauen zum Leben haben. Und flugs schlüpft aus der Raupe ein Schmetterling, sich entfaltend in selbsterfüllter Farbenpracht. Ich denke, dass es wichtig ist, uns selbst und unsere Kinder vor Einflüssen, die sie schädigen könnten, möglichst zu bewahren. Es ist nun einmal wichtig, mit unserer besonderen Empfindsamkeit dafür einzustehen und dadurch wirksam zu werden. Das sehe ich als unsere Pflicht an. Und so sähe es auch aus, wenn wir für die kommenden Generationen Verantwortung übernehmen würden. Da mag die Normgesellschaft noch so sehr anderer Meinung sein! Fest steht, dass maximal 15 Prozent der Menschen mit dieser genetischen Begabung ausgestattet sind. Dies heißt, dass in jeder Schulklasse mit 20 Kindern mindestens drei Kinder diese Besonderheit aufweisen. Zum anderen gibt es Berechnungen, die besagen, dass 55 Prozent aller Menschen, neben den ursprünglich angenommenen fünf Sinnen, mit mindestens einem weiteren Sinn ausgestattet seien.

Was im Falle meiner Tochter hinzukommt, ist ihr *Draht nach oben*. In medizinischen Fachkreisen spricht man diesbezüglich von Hochsensitivität. Ja, Sie haben richtig gelesen: in Fachkreisen. Wir sprechen hier nicht von meiner eigenen Idiotie, sondern von wissenschaftlichen Arbeiten und Grundlagenkenntnissen. Kurzum, sie ist auch von Natur aus mit einer ausgeprägten Spiritualität ausgestattet - was an sich nichts mit Religionen oder dergleichen zu tun hat. Als Kind hat sie mir öfters davon erzählt. Die meisten hätten dabei die Augen verdreht und sich abgewandt. Ich aber habe ihr verständnisvoll zugehört, als sie wieder angefangen hat mit: ‚Eine gelbe Stimme sagt mir, dass ich ...' - ein Hinweis auf ausgeprägte Synästhesie, die zumeist während der ersten Jahre der Schulbildung bei Kindern verloren geht. Solche Sachen sollten den Menschen, um Himmels willen, keine Angst mehr machen. Wie wunderbar! Es kann doch nicht sein, dass wir diese Feinheit der Schöpfung negieren. Das würde sie nur unglücklich, krank und lebensmüde machen. Immer mehr Menschen zerbrechen daran oder verfallen langfristig in Süchte und Abhängigkeiten, weil sie im Zuge der Normierung nicht gelernt haben, sich voll und ganz anzunehmen, und dass es in Ordnung ist, wie sie sind. Ich wünsche mir einfach, dass wir unsere Nachkommen nicht notorisch mit anderen vergleichen. Wir sollten uns wieder gut zureden und uns bei jedem noch so kleinen Konflikt daran erinnern, dass neues Leben - nicht nur unser eigenes, sondern auch fremdes - ein Geschenk natürlicher Schöpfung ist und dass das Bestehende selbst in dieser Form einen Sinn hat. Falls irgendetwas auseinanderklafft, verstärken wir unsere Widerstände, anstatt das äußere Umfeld an unsere Kinder anzupassen.

Nicht die Kinder sind falsch; sie sind noch natürlich. Wenn wir unsere Kinder als Maßstab nehmen, werden wir genesen. In unseren Breiten beziehen wir gesellschaftliche Entwicklungen lediglich auf eine Generation. Bestenfalls. Das zeugt nicht gerade von Weitsicht. Und so realisieren wir bisher das Gegenteil: Wir normieren unsere Kinder, weil wir glauben, dadurch die Schöpfung kontrollieren zu können. Von meiner Seite aus wenigstens will ich alles Erdenkliche tun, um Kindern zu ermöglichen, ihr eigenes Leben als schönstes Geschenk anzunehmen. Dann haben auch wir als Eltern die Gewissheit, dass unsere Kinder zu lieben befähigt sein werden – solange wir leben und darüber hinaus. Denn sie tragen schon jetzt unser Licht in ihnen.

Obwohl wir nicht mehr zusammenleben, oder vielleicht auch gerade deshalb, danke ich der Mutter unserer Tochter dafür, dass wir es geschafft haben, eine wirksame Basis zu finden, um uns gemeinsam und aufrichtig für das Glück unserer Tochter einzusetzen. So wie wir in unserem Zusammenwirken jede oberflächliche Reiberei zum Wohle unserer Tochter beigelegt haben, wünschen wir uns auch, mit Ihnen gemeinsam eine Basis zu finden, um den Bürgern dieser Erde diese Botschaft, diesen Funken Wahrheit zu überbringen. Und bitte – denken Sie nicht allzu kompliziert! Ein Leben ist viel zu kurz dafür. Stellen Sie sich nur einmal vor, Sie veranlassen eine Direktorin zu einem Mitteilungseintrag, der in der gesamten Schule die Eltern der Schüler auf das Bestehen von besonderer Empfindsamkeit als einer genetischen Sonderausstattung aufmerksam macht. Ja, so ist das eben mit der wirklichen Liebe. Weder kennt sie Grenzen, noch braucht sie Dolmetscher. Die Botschaft werden alle aus eigenem Antrieb in ihre Sprache übersetzen, egal, ob Mann, ob Frau, ob Kranker, ob Geheilter, ob Arzt, Bauarbeiter, Priester oder Politiker, ob schwarz, ob weiß. Allein die Hoffnung bleibt mir, Sie ein wenig für das Thema begeistert zu haben. Und ich ahne, dass es auch sehr zu Ihrem eigenen Glück beitragen kann und wird oder schon beigetragen hat. Jetzt. Es ist nicht fünf vor zwölf. Es ist 12. Und 24. Und zugleich 00. Den kritischen Punkt haben wir längst überschritten. Lassen Sie uns gemeinsam diese Chance nutzen, die Gelegenheit des Augenblicks, aus zwei Nullen eine Eins zu machen, aus zwei Kreisläufen eine Pyramide zu bauen, sodass Menschen mit fünf Sinnen und Menschen mit mehreren Sinnen zu einer menschlich verträglichen Einheit finden und unsere Kinder als die Lichtbringer unserer Spezies erwachsen. Es genügt, die Öffentlichkeit für diese erbliche Eigenschaft zu sensibilisieren. Der Einzelne würde in der Folge beginnen, sich damit zu beschäftigen und die ungelösten Fragen für sich aufzuschlüsseln. Bisher trauten sich die Menschen nicht, sich zu öffnen, weil sie Angst davor hatten, als psychisch krank abgestempelt zu werden. Heute dürfen wir ihnen das Gefühl geben, wertvoller Bestandteil der menschlichen

Gemeinschaft zu unser aller Schutz zu sein. Und glauben Sie mir: Menschen, die mit besonderer Feinfühligkeit ausgestattet sind, wollen nicht böse sein. Im Grunde genommen wollen sie nur helfen, andere schützen, uns Gutes tun. Auch Sie spüren das jetzt, tief in Ihrem Innersten. Abschließend möchte ich noch meine Bereitschaft äußern, in einer von ihnen zusammengestellten Projektgruppe mitarbeiten zu wollen. Als Vater und Lehrer könnte ich Ihnen nähere Einblicke in meine Sicht der Dinge gewähren. Mit dieser Sichtweise bin ich, bei Gott, nicht mehr allein. Und Gott bedeutet für mich, mit besonderer Feinfühligkeit ausgestattet worden zu sein, vom Erbgut, von der natürlichen Schöpfung. Ich sehe es jedoch nicht als meine Aufgabe, Hebel in Bewegung zu setzen, die bereits Mitmenschen wie Sie in der Hand haben. Ich will Menschen dazu bewegen, den Hebel selbst umzulegen. Erst dadurch werden grenzenlose, selbstlose und uneigennützige Freiheit, gelebte Liebe und eine gesunde Gesellschaft möglich, in einer Welt, in der wir seit Langem schon verlernt haben, uns selbst zu lieben, weil wir unserer Liebe beraubt wurden. Wenn Sie in sich gehen und Ihre innere Bestimmung - also Ihre persönliche Hochsensibilität - wirken lassen, werden Sie wissen, was zu tun ist. Und hoffentlich folgen Sie dann Ihrer Berufung mit Hingabe. In selbstwirksamer Aufgabe. So wie ich es jeden Tag aufs Neue tue. Indem ich ein einfaches *Danke* sage."

***

„Wie das so spielt, ging diese Dame danach wirklich in sich, und ich wurde versetzt, entlassen und künftig zu den psychisch Kranken gezählt. Davon kann ich jetzt ein Liedchen singen. Opa sagte immer, dass ich für diesen Brief den Friedensnobelpreis hätte bekommen sollen - wenn ich, was ich ja nicht bin, Wissenschaftler gewesen wäre. Eigentlich war es blanker Wahnsinn, dass ich hier gegen Windmühlen ankämpfen musste. Grundsätzlich wäre es die Aufgabe des Arztes, mich auf die Hochsensibilität als eine genetische Grundeigenschaft aufmerksam zu machen. Was war das noch einmal, das mir all die Jahre so große Angst bereitet und mich zum Rückzug von dieser Welt und ihren Menschen getrieben hat? Was war es, das Zweifel in mir säte, wo Wirklichkeit keimte? Ich betäubte meine Furcht, betrauerte meine Einsamkeit und verzagte vor meinem Anderssein. Dabei wollte ich all die Jahre des Haderns und Verzweifelns über bloß dazugehören, wissen, dass alles mit mir stimmt, nichts als glücklich sein. Plötzlich erkannte ich, dass ich in meiner Abkehr von der Welt falsch herum stand, dass ich dem Licht die ganze Zeit den Rücken zukehrte, dass die dunklen Drachen bloß Schatten waren, niedergerungen von etwas in mir, das meinem Dasein Größe gibt und Sinn verlieh: von meiner Sensibilität. All die Jahre, und endlich verstehe ich, dass ich keine Laune der Natur bin, sondern auf dem Weg zu einem neuen, besseren Miteinander der nächsten Generation angehöre - in

Frieden mit mir selbst und allem Leben. Ich bin der Anfang unserer Zukunft. Stell Dir das einfach mal vor, heute wäre der Tag, an dem wir beginnen, unsere Gefühle und Gedanken offen auszusprechen, jener Tag, an dem wir wieder mehr miteinander statt übereinander reden, an dem wir andere in ihrem Anderssein annehmen und wertschätzen, an dem unsere Bewertungen und Erwartungen einer neuen Offenheit Platz machen, kurz, der lang ersehnte Tag, an dem wieder Friede und Freude in unser Leben einkehren. Heute ist der Tag, an dem alles neu beginnt."

„Feinfühlig, dünnhäutig, sensibel – all diese zarten Wesenszüge werden in unserer Leistungsgesellschaft häufig als Schwäche ausgelegt und von sensiblen Menschen meist auch als solche empfunden. Die Kehrseite der Medaille – etwa die Fähigkeit, sich in Situationen einzufühlen oder in Menschen hineinzuversetzen, empathisch zuzuhören, behutsam mit anderen umzugehen – deutet auf Qualitäten, die gerade in unserer Zeit von großer Bedeutung sind. Der Beitrag besonders feinfühliger Menschen ist für uns alle sehr wertvoll und wichtig. HSP: Barometer der Gesellschaft und Seismographen der Seele. Dennoch werden sie an den Rand des menschlichen Zusammenlebens gedrängt, weil sie selbst nichts von der Existenz dieser Begabung wissen. Meist zweifeln sie an ihrer geistigen Gesundheit und leiden als Sensible in einem weniger feinfühligen Umfeld, können mit ihrer besonderen Fähigkeit nicht umgehen und verfallen durch Unverständnis oft Süchten und Abhängigkeiten. Wie können sensible Menschen lernen, glücklich und zufrieden zu leben? Na ja, ich habe mich für den Weg der Psychotherapie und Selbsthilfe in zwölf Schritten entschieden, insofern als es mich stets nach einer Klärung aller mir unklaren Empfindungen verlangt. Durch meine Tätigkeit im Lehramt habe ich immer schon musiziert. Dabei beschäftigte ich mich immer wieder mit der Natürlichkeitsfrage und der Klangempfindung meiner Songs und habe nach langem Suchen und einem analytisch-philosophischen Ansatz die für mich letztgültige Erklärung gefunden: eine zwischen Leben und Tod, zwischen Takt und Rhythmus, zwischen Stumpfsinn und Hochsensibilität. Eine erheiternde Anekdote? Na ja, wer weiß."

„Heutzutage ist es überall so, dass man sich vor wirklichen Gefühlen ängstigt. Über Sex spricht man offener als über die wirklichen emotionalen Regungen, Engen und Verletzungen. Chemsex – auch sehr bei Jugendlichen beliebt. Ein Wahnsinn! Damit verbunden – die Angst davor, dass durch die Offenlegung der eigenen, verborgen verhaltenen Emotionen auch unangenehme Empfindungen hochkommen könnten. Im Lauf der Jahrhunderte und Jahrtausende hat man gelernt, die Normen und Verstandesinstrumente zu schulen. Absolute Norm birgt für die meisten Menschen Vertrauen. Was passiert, ist Kontrolle durch äußere, unnatürliche Mechanismen. Normal zu sein, ist dann die logische Folge, als eine Art Sicherheit im Kollektiv. Im eigentlichen Sinne entfernt sich der Einzelne dadurch von seiner Sensibilität, also von seinem natürlichen Wesenskern. Ist man lange genug gewisser Kontrolle ausgesetzt, bahnt sich die Natürlichkeit ihren Weg. So ist es nur eine Frage der Zeit gewesen, bevor sich auch das 12-Schritte-Programm weiterentwickelt hat. Besonders bewährt haben sich solche Programme bereits in den USA. Dort, wo vom System keine sozialen Leistungen für Krankheiten erbracht werden, verhindern solche Selbsthilfesysteme finanziellen volkswirtschaftlichen Schaden in Milliardenhöhe. Angeblich Süchtige reißen sich dadurch wieder von ihren Abhängigkeiten los und verwandeln sich zurück in funktionierende, glaubenskontrollierte Mitglieder der Gesellschaft: geglaubte innere Freiheit in äußerer Abhängigkeit vom System. Auch in anderen Ländern, in denen das Sozialwesen nicht so auf das gesundheitliche Wohl der Bürger ausgerichtet ist, wie in Mitteleuropa zum Beispiel, greifen diese Programme. Das politische Interesse zur Förderung solcher Initiativen ist dort dementsprechend groß. Sogar die unterschiedlichen religiösen Gemeinschaften interessieren sich dafür. Doch jedes Pflänzchen und alles Leben strebt zum Licht. Seeleninfarkt. Psychische Krise. Körperlicher Einbruch. Ausgelöst durch Schicksalsschläge: Arbeitslosigkeit, Todesfälle, Krankheiten oder Unfälle, sprich durch eine Abweichung von der Norm. Dies zeigt mit aller Deutlichkeit, dass die einzige Eigenschaft, die unserem Leben Sinn verleiht und jedem Menschen von Geburt an natürlich innewohnt, die lebensspendende Sensibilität ist, heute Hochsensibilität genannt. Sie ist verschüttet unter wissentlichen Emotionen, der Psyche, dem Geist und Verstand. Somit musste über die Jahrtausende natürliche Empfindung dem programmierten Taktgefühl weichen. Doch Takt, das ist ein toter Rhythmus, so lebendig wie der Tod. Wir Menschen sind die einzige Art, die ihresgleichen nach geistiger Intelligenz bewertet, schätzt und einordnet, nicht zuletzt, weil mit abnehmender Sensibilität und zunehmender Verletzlichkeit der Verstand stetig erfinderischer werden musste – zum vermeintlichen Schutz des Individuums. Wir sollten uns besser unserer Sinne behelfen. Das Feingefühl, also die Sensibilität, ist um nichts weniger ein Sinn als die anderen Sinne auch – Hören, Sehen, Fühlen, Schmecken, Riechen oder Spüren. Dieses Geschenk der Schöpfung wurde lediglich unterdrückt und in den Schatten gestellt, das weltweites Chaos gebiert."

„So wie wir beispielsweise niemals auf die Idee kämen, einen Blinden als Scharfschützen einzusetzen, sollten wir heute die als hochsensibel geltenden Artgenossen nicht wegsperren, sondern sie ihrer Bestimmung entsprechend zum Gesamtwohl unserer menschlichen Gemeinschaft einsetzen und wirksam werden lassen. Handeln müssen sie nicht einmal; Hochsensible wirken allein schon durch ihr Sein, durch Nüchternheit. Alles andere ist Misshandlung dieser genetisch begabten, mitunter letzten möglichen Rettung unserer Art. Was zählt, ist letztendlich die Einheit aller Menschen als Weltvolk, als das Volk natürlicher Schöpfung. Was tun wir stattdessen? Die Ursache für die Erblindung eines Menschen interessiert uns nicht, wir lassen ihn durch Technik wieder sehen. Andererseits stopfen wir die Sensiblen mit Chemie voll und berauben sie ihrer sensiblen Wirklichkeit. Als ich mit Musik begonnen hatte, kamen all meine Lieder aus der Dose. Mit anderen Worten, die meisten Instrumente waren programmiert, und zwar taktgenau. Der natürliche Rhythmus ging freilich verloren. Anfänglich war mir das egal. Nach und nach spürte ich Unwohlsein. Plastik. Drähte. Dioden. Schrott. Ich fühlte mich durch die Arrangements eingeengt und erkannte, dass ich diese Sicherheit anfangs gebraucht hatte, weil ich Angst vor meiner emotionalen Offenbarung hatte. Denn Musik bedeutete zugleich emotionale Öffnung. Mehr und mehr hinderte mich dieses Ordnungs- und Taktprinzip an meiner sensiblen, persönlichen Entfaltung. Und so fand ich meinen Ursprung wieder, meine Liebe, mein Feingefühl. Weil es meine Schüler, die es hörten, genau dort traf, wo es hergekommen war: aus der Seele."

„Fragst Du heute einen Schüler, der vor dem Berufseinstieg steht, was er machen möchte, bekommst Du die Antwort: nachher - zum AMS. Na ja, das Arbeitsamt ist seinerseits nicht gerade rosig. Trotzdem ist die Antwort verständlich. Auch mich als Lehrer hat niemand ernst genommen. Die Orientierungslosigkeit innerhalb der Jugendlichen rührt daher, dass ihre Meinungen in der Gesellschaft keinen Anklang finden. So habe ich selbst auch wieder damit begonnen, mich meiner Sensibilität zu verschließen. Mitgeschwommen bin ich wieder - mit den anderen. Angepasst habe ich mich - der Mehrheit und ihrem Mittelmaß. Krankheit und Leiden sind mein Lohn dafür gewesen. Immerhin hat meine Tochter gelernt, sich selbst zu schützen. In einem goldenen Käfig zu sitzen, macht aber auch keinen Spaß. Wie dem auch sei, Hauptsache, sie hat das Licht gefunden. Vielleicht ist es auch der falsche Weg, Stärke zeigen zu wollen. Indem die Hochsensiblen sich permanent an Niedrigsensible anpassen, wird der ganze Lug und Trug überhaupt erst möglich, und die Sensibilität muss sich ins Schattendasein verkriechen. Wenn ich mich zu meiner Offenheit und Feinfühligkeit bekenne, durchbreche ich diese Endlosschleife. So werde ich Meister in Bezug auf meinen sensiblen Wesenskern und treffe mein Gegenüber genau in seinem schwachen Punkt. So wird Schwäche mal Schwäche zu Stärke: - x - = +."

„Sollte ich unter Umständen wieder mit dem Musizieren beginnen? Einfach mit meiner Gitarre in die Wirtshäuser gehen ... Früher haben Musikanten die Menschen therapiert. Sogar dieser Bereich wurde durch die Musiktherapie und ihr Reglement vereinnahmt. Es wäre doch eine tolle Idee, die arbeitslosen Hochsensiblen ihre Instrumente stimmen zu lassen und mit öffentlichen Geldern dafür zu entlohnen, dass sie ihre Musik und ihr Wissen über Sensibilität unter die Leute bringen - kostenlos. Möglich wären auch Aufklärung und Öffentlichkeitsarbeit in Arztpraxen, an öffentlichen Plätzen, in Unternehmen, oder staatlich subventionierte Auftritte von Selbsthilfebeauftragten, im Sinne eines Freiwilligendiensts für die Menschheit. Kein Gesetz spricht dagegen. Keine Normierung kann es verhindern. Somit wäre die Selbsthilfe gesetzlich verankert. Es ist sogar wissenschaftlich erwiesen, dass gemeinsames Singen die Herzen der Menschen beruhigt und dass sich dabei ihre Atmung synchronisiert. Stets will man die Menschen auseinanderbringen, weiter und immer weiter. Na ja. Wenn sich jemand rassistisch äußert, ist er ein Rassist. Das ist die Grundlage von Hass im Asylbereich: Gesetze da, Gesetze dort, und der Hass wird mehr. Ich als besonders sensibler Mensch werde meiner Veranlagung halber gesellschaftlich benachteiligt und diskriminiert. Dass dies ein Gesetzesverstoß ist, interessiert natürlich niemanden, obwohl Hochsensible - wenn man bedenkt, wie viel Geld mit uns verdient wird - gar keine Randgruppe mehr darstellen. Sie spielen mit uns die Reise nach Jerusalem: ein altes Kinderspiel, in dem derjenige, der einem anderen seinen Platz überlässt, übrig bleibt und ausscheidet. Sie verkaufen uns alle für sich. Siehst Du jetzt, wie ich meine Arbeit und den Austausch mit Menschen nutze, um dadurch die Lösung für das Leid der Menschen und der Natur zu definieren? Natürliches Schöpfungsprinzip inklusive Heilungsansatz für Milliarden auf unserem Planeten? Und das macht mich nicht stolz, sondern dankbar und zufrieden. Und zu einem psychisch Kranken: Anpassungsstörung und Sozialphobie. Na ja. Darüber ließe sich streiten ...“

„Das Problem ist, wie gesagt, dass in unserer Gesellschaft jedes intensivere Wahrnehmen sofort als *ver-rückt* angesehen und die *psychische Sonderbarkeit* nicht als Chance erkannt wird. Ihre Sensibilität können heutzutage eigentlich nur die Künstler ausleben. Oder die Ärzte und Therapeuten. Wer seinen Arsch dorthin nicht in Sicherheit bringt, in ein beschütztes Metier, in eine berufliche Nische, ist verdammt in alle Ewigkeit - oder landet in der Irrenanstalt. Die Menschen hier drinnen spiegeln im Endeffekt nur im Kleinen wider, was es im Großen an Leben und Chaos da draußen gibt. Wenn wir die Stimmen hier sammeln würden, könnten wir diese zum Wohlergehen aller Menschen einsetzen - nach dem Spiegelprinzip. Die Sensibilität der Leidenden müsste sich nicht länger durch Krankheit, Angst oder Zwangsverhalten Ausdruck verschaffen. Vielmehr könnten wir reinen Tisch machen und uns an ebendiesen zusammensetzen, um Lösungen zu definieren. Alle dienen einander als Spiegel.

Daraus resultiert, dass man sich zuerst auf den anderen konzentriert, dadurch Parallelen und Differenzen zu seiner Person herausarbeitet und schließlich sich selbst verstehen lernt, indem man an sich arbeitet. Damit fällt auch die Notwendigkeit weg, seine Mitmenschen verändern zu wollen. Stattdessen ändert man sich selbst, nämlich durch Mitmenschlichkeit. So können sich die Menschen durch Selbstannahme, Selbsterkenntnis und die Bereitschaft, sich positiv zu entwickeln, wieder einig werden und neu vereinen. Eigentlich beschreibt jeder Mensch hier mit seiner Krankengeschichte einen wesentlichen Beitrag zur wissenschaftlichen Grundlagenforschung. Dürften wir offen und aufrichtig preisgeben, was uns im Herzen verletzt und auf der Seele brennt, ohne dafür bestraft oder sediert zu werden, dann könnten wir sinnvoll die höchsten Höhen und tiefsten Tiefen durchschreiten, um persönlich zu wachsen, um gesellschaftlich zu erwachen. Und dies wäre der Anfang unser aller Zukunft: die Bereitwilligkeit jedes Einzelnen, sich selbst und nicht sofort die Welt zu ändern."

„Opa hat niemals behauptet, der Weg zu sich selbst sei kein Kampf, im Gegenteil. Dieser Kampf wird noch härter ausgefochten als einer mit Waffen. Denn seinen eigenen Widerstand zu bezwingen und die Waffen eingebildeter Stärke niederzulegen, erfordert viel mehr Mut, als schwer bewaffnet in eine Schlacht zu ziehen. Und auch Hochsinnigkeit ist eine Waffe, eine Naturgewalt: mit edelmütigen Absichten eingesetzt - das Schwert des Friedens; mit eigennützigen Absichten versehen - eine vernichtende Macht. Die Geschichte hat dies vielfach unter Beweis gestellt. Wo Liebe beispielsweise Kontrolle hervorruft, um Macht auszuüben, ist die Liebe auch frühzeitig verschwunden. Liebe ist stets der 0-Pol. So könnten wir alle gemeinsam Licht ins Dunkel bringen. Die Kunst liegt nicht darin, allem, was ich liebe, zu entsagen. Das wäre für mich grausam. Genau darin liegt meines Erachtens die wahre Kunst des Lebens: im Kunststück, mich anzunehmen, um ausgeglichen und gelassen und wirksam zu werden, und so Einfluss auf gemeinschaftliche Entwicklung zu nehmen. Unabhängigkeit heißt für mich nicht, dass ich in den Wald ziehe, meine Tochter und Liebsten nie wiedersehe, alle Beziehungen kappe und zum Einsiedler werde. Freiheit und Unabhängigkeit beginnen in meinem Kopf. Ich will mich bemühen, hinzusehen und bewusst zu leben. Ich tue alles mit der nötigen Ruhe und Konzentration, ein momentanes Erlebnis nach dem anderen, in exakt der Zeit, nach deren objektiver Bestimmung ich mich ihrer Realisierung besinne. Rom wurde nicht an einem Tag erbaut. Auch ein neues Betriebsprogramm für die Menschheit wird nicht über Nacht programmiert. Wenn ich es nur schaffe, aus dem Prozess von Ursache und Wirkung, von Irrtum und Bestimmung usw. die Grundlagen zu bilden, dann wird dieser Sprung in eine neue Epoche binnen einer Generation möglich sein. Und wenn ich in fünfzig Jahren auf einer Bank sitze, in harmonischer Natürlichkeit, und meine Ahnen vor mir umherlaufen sehe, dann werde ich gewusst haben, dass es von vornherein möglich gewesen ist."

„Und weil ich bis dahin nicht sinnlos warten will, erfreue ich mich heute schon in manch glückseligen Momenten, dass ich bin, wer ich bin, komme, was wolle. Das ist für mich Freiheit, Erleuchtung, Unabhängigkeit und Frieden. Ich bin kein Ignorant und Weichei, sondern ein mutiger Mensch, der sich durchaus bewusst ist, was er tut. Eigentlich ist ja das Ganze wie bei einer Seilschaft. Verstehst Du mich? Und ich bin nicht derjenige, der sich einfach abseilt. Nun, wenn nichts anderes übrig bleibt, weil Ihr anderen nicht hören wollt, dann müsst Ihr eben selbst fühlen. So gehe ich erst gar nicht mit hinauf auf den Berg, weil mir mein Gefühl sagt, dass der Aufstieg schiefgeht. Und da nützt es auch nichts, wenn ich Euch davor warne, dass Euer Absturz eine Lawine auslösen kann und Ihr dadurch ein Dorf mit siebenhundert Einwohnern mit in den Tod reißt. Das ist dann eben eine Kettenreaktion. Und losgetreten hat es nicht das schwächste Glied am Seil, sondern das stärkste. Der Auslöser, das sind jene, die geglaubt haben, stärker zu sein. Die Schwachen werden die Starken sein, indem sie ihre Sensibilität zeigen. Und die Starken werden die Schwachen sein, weil sie, sich selbst versagend, ins Unglück stürzen. Schwarzer Humor mitten im Winter! Na ja. Ich bin eben mal ein kleiner Naseweis. Vielleicht sollte ich mich zum Mentaltrainer umschulen lassen und in einem Strukturvertrieb arbeiten. Die bauen alle auf der Gutgläubigkeit und Begeisterungsfähigkeit von Hochsensiblen auf. Diese wiederum fühlen sich dort verstanden, finden Gemeinschaft und Geborgenheit und können kommod ausgebeutet werden. Täglich wird Millionen Menschen nach dieser Fasson das Geld aus den Taschen gezogen. Die positiven Eigenschaften werden ausgenutzt, die negativen unterdrückt. Der psychische, seelische und körperliche Zustand der Vertrauensleute verschlechtert sich - ein klassischer Jo-Jo-Effekt. Eine Hinterlist! Na ja. Da habe ich mich schon wieder ertappt, wie ich wieder in altes Fahrwasser eintauche. Na ja, auch Götter machen Fehler. Alle glauben, dass die Erstgeborenen gestorben sind. Doch sterben bedeutet S-t-erben: die menschliche Kreuzung erben. Denn, was die Natur hervorbringt, kann der Mensch niemals vernichten. Da wäre ich wieder bei 2-4, 1-2, 0-1. Mitternacht ist zugleich der Anfang vom Tag. Besser gesagt, 00:01 Stunde. Siehst Du? Das wollte ich eigentlich vermeiden und sowieso immer unterdrücken! Diese Zahlenspielereien, dieses Wörterteilen. Das ergibt doch alles keinen Sinn. Für mich alleine. Doch vielleicht ergibt es alles einen Sinn, wenn die Teile zusammengefügt werden. Na ja. Ich soll nicht schon wieder nach den Gütern meines Nächsten verlangen, schon gar nicht nach den Sinnen und Werten der nächsten Generation, derer nach mir, meiner Nachkommen."

„Wenn jedermann bereit wäre, sich selbst aufzugeben zugunsten seiner Nächsten, würde stets der jüngsten Generation alles gehören, und die Alten wären entmachtet. Kinder an die Macht! Die Älteren wären also gezwungen, die Kinder zu ihrer obersten Instanz, zu ihrem jüngsten Gericht zu küren. Wir würden uns nach unseren Kindern richten, nach ihrer Natürlichkeit. Dann wären wir alle Probleme los. Denn für Kinder zählt kein Reichtum oder materielles Gut. Kinder wollen unsere Sensibilität und Zuneigung, unsere Aufmerksamkeit und Liebe. Eigentlich wollen sie uns von all dem Mist fernhalten. Ihnen geht es um andere Werte: Geborgenheit, Herzlichkeit, Wärme. Das weiß ich als Lehrer nur allzu gut, aber der Arzt glaubt mir das nicht. Ich sollte damit beginnen, dass ich durch Meditation und Einkehr das Vertrauen zu meiner inneren Allmacht täglich vertiefe. Ich sollte ihr einfach danken, dass sie mich ihren Willen erkennen lässt und mir die Kraft gibt, ihn auszuführen. Denn wäre ich nicht hier, dann würde ich niemals auf all diese Lösungsideen kommen. Ich - ein wirklicher Ideat. Vielleicht darf ich dann wieder zu mir selbst finden, auf dass Heilung und Genesung wirksam werden. Lerne ich erst einmal, mein tägliches Leben nach meiner Sensibilität auszurichten, lebe ich meine Bestimmung als besonders empfindsames Wesen in einer neuen Freiheit und Wirklichkeit. Das ist es. Ja, Schluss mit Anonymität! Ich möchte in voller Größe zu meinem Feingefühl stehen, und da komme ich immerhin auf über zwei Meter. Jawohl, ich lasse mich nicht mehr so einfach umwerfen. Von Natur aus bin ich sensibel und anders - alles andere als normal, wenngleich noch allemal natürlich. Zu lange Zeit habe ich mein Können zu sehr analysiert. Dadurch habe ich mich selbst gelähmt: Paralyse durch Analyse. Meine Sensibilität habe ich meinem Verstand untergeordnet. Ob ich so bei anderen besser ankomme? Was für ein Fehler! Außerdem bin ich ja schon angekommen, nämlich bei den Kindern, die mich annahmen. Die Erwachsenen waren es, die mich aussonderten. Jetzt ist mir doch einiges klarer. Die Therapie zeigt anscheinend Wirkung. Oder ist es das vertraute Gespräch mit Dir? Ja, vielleicht sogar beides. Da muss ich den inneren Zweifelteufel ganz einfach abwürgen und die Sachen, die zu machen sind, erledigen. Selber kann ich meine Leistung nicht objektiv beurteilen. Mit der stimmigen Taktik kann sozusagen nix schiefgehen. Wer soll mich bestrafen, weil ich sensibel und aufrichtig bin? Mir scheint, ich werde das ganz locker angehen und dann wahrscheinlich selbst erstaunt sein, dass alles so einfach vonstattengegangen ist."

„Die Sensibilität ist meine Melodie, die Natur mein Rhythmus. Durch meine Anpassung witterte ich Stolpersteine, wo gar keine lagen. O-Papa hat bereits in einer sehr dunklen und aussichtslosen Zeit Menschen mit seiner Musik Hoffnung gegeben, sie die schlimmen Gedanken vergessen lassen und in die Magie des Moments entführt. Ich folge ihm auf meine Art und Weise. Das fühlt sich jetzt echt gut an. Eigentlich ist es gar kein Gefühl. Es ist eher ein tiefes Empfinden. Moment einmal, was hat mir der Mönch damals erzählt? Kundalini? Satori? Jetzt bin ich irritiert. Bin ich etwa ein *Erleuchteter*? Bitte halte mich jetzt nicht für verrückt, denn das tun bereits die Ärzte und Therapeuten. Oder habe ich wieder einen psychotischen Schub? Dann gibt's gleich wieder Medikamente. Faible. Shit. So ein Hit. Softspot of Bodhichitta. Wir hatten diesen Mönch zu uns in die Schule eingeladen. Er hat den Kindern erzählt, dass Kundalini und Satori zwei verschiedene Dinge sind. Dem Sinn nach haben sie nichts miteinander zu tun. Kundalini gilt in Indien als eine ätherische Kraft im Menschen, die der Materie am nächsten steht und den Energiefluss von den niederen zu den höheren Chakren in Gang setzt. Unter Satori versteht man in Japan den Zustand der Erleuchtung, der weder mit Worten zu beschreiben, noch wissenschaftlich zu belegen ist, zumal Satori auch für diejenigen, die den Zustand jemals erreicht haben, ganz unterschiedlich reflektiert wird: von der Empfindung tiefer Zufriedenheit bis zu einem Gefühl allseitiger Einheit. Es ist ähnlich schwer mit Worten auszudrücken, wie wenn Du jemandem einen Orgasmus beschreiben sollst. Das ist keineswegs einfach. Er selbst hatte diesen Zustand noch niemals erreicht. Doch er hatte Mönche kennengelernt, die nach ihren Angaben zu Satori vorgedrungen waren, und Menschen, die fast ihr ganzes Leben der Meditation geschenkt hatten, in verschiedenen Formen, und bis jetzt keinen Satori-ähnlichen Zustand erlebt hatten. Bewusstes Hinarbeiten auf diesen Zustand sei auch begrenzt möglich."

„Aber es soll Menschen geben, beispielsweise einen Bauern, der während seiner täglichen Arbeit Satori erreichen kann. Kurz, man müsse nicht ständig meditieren oder Mönch werden, um Satori zu erreichen. Sensibilität ist die Antwort des Sensei. Die Ärzte werden mir da bestimmt nicht weiterhelfen können, weil man hier im Westen kaum Ahnung davon hat. Wenn ich also so fühle und einen Zustand erreicht habe, der für mich die Erleuchtung spiegelt, bin ich dann nur einer dieser glückseligen Menschen? Ist dieses Geschenk dann nur für mich? So wie ich den Fluch empfinde, darf ich wohl auch diesen Segen empfinden - als Erfolg und Belohnung für die Bereitschaft, zum Schutz unseres Universums meine Sensibilität mit meinen Mitmenschen zu teilen. Wenn das kein Deal ist! Ein Ideal. Weißt Du was? Ich nehme es einfach an und höre hiermit auf, es zu hinterfragen. Analysieren bringt nichts - mit ignoranten Ärzten darüber zu sprechen, rein gar nichts. Ich entschließe mich hier und jetzt, etwas daraus zu machen und es zu genießen. Immerhin habe ich schon so vieles erreicht, wofür ich mächtig dankbar sein darf. Und ich darf nun damit aufhören, herausfinden zu wollen, was mit mir los ist. Ich nehme mich und mein Schicksal an. Diesen Zustand habe ich schon öfter erlebt und mich nicht getraut, davon zu erzählen, weil ich Angst hatte, völlig übergeschnappt zu sein. Ich dachte stets, dass dieser Zustand allen bekannt und zugänglich ist: diese direkte Verbundenheit im Ganzen. Unbeschreiblich. Unsagbar."

„Ja, auch ich hatte mich damals von der Mutter meiner Tochter getrennt, als ich die Parallelen zu meinen Eltern erkannt hatte. Unser Ahnensystem hatte ich transformiert. Jetzt hatte ich den Durchbruch geschafft. Das war wie ein Ritt durch die Hölle. Jetzt hatte ich den Himmel kennengelernt. Beides auf diesem Planeten. Wir selbst sind die Himmelsleiter. Die gefallenen Engel. Seitdem ich weiß, dass meine genetische Veranlagung mit Hochsensibilität einen schöpferischen und natürlichen Sinn hat, durfte ich wieder auferstehen, ganz werden, heilen. Ich kämpfte gegen ein ganzes System von Traditionen, gesellschaftlichen Zwängen und stumpfsinnigen Wahrheiten. Heute habe ich mir eine neue, meiner innersten Bestimmung entsprechende Wirklichkeit aufgebaut. Ich mag vielleicht verwahrlost sein, aber ich bin frei. Und Du hast mich darin bestärkt, dass es in Ordnung ist, was ich wahrnehme und empfinde. Du bist Teil dieser Wirklichkeit. Danke nochmals. Ich wünsche Dir auf all Deinen Wegen Frieden, Heil und Freude. Wenn wir unsere Kinder achten und dafür Sorge tragen, dass sie unsere Entschlüsse begreifen, dann lieben sie uns dafür. Vater und Mutter zu danken für ihr Leben, das ist das ewige Leben im Kreislauf des Seins. So wird uns bewusst, dass wir unseren Körper einmal loslassen werden. Doch irgendetwas bleibt schon jetzt für die Ewigkeit, in jedem einzelnen Moment unseres Seins. Das ist der Zustand, den ich meine: Leben. So viele drängende Fragen, so viele ungelöste Konflikte. Ob von globaler Tragweite oder lokale im eigenen Land, ob innerhalb unserer Familien oder nur uns persönlich betreffende: Unsere bisherigen Antworten haben uns zwar weitergebracht, indessen auch immer weiter weg von uns selbst. Wirkliche Veränderung, die nicht nur frische Farbe auf alte Wände malt, beginnt bei uns selbst. Wirksamer Wandel verlangt nach neuen Wegen. Schaff Dir von Zeit zu Zeit und ganz bewusst Momente der Stille und horch in Dich hinein. Mit ein bisschen Mühe findest Du dort eine Antwort, die alles zu lösen vermag: Deine von Natur aus gegebene, Sinn und Frieden stiftende Sensibilität."

„Im Verständnis des Du erkennst Du Dich selbst. Im Verständnis dessen, dass Dein Gegenüber anders empfindet als Du, hörst Du auf, das immer Gleiche und Bekannte zu erwarten. Ein echtes Wir darf entstehen. Mein eigenes Leben mache ich erst dann zum Segen, wenn, langfristig gesehen, mein Leiden einen Sinn ergibt. Etwa jeder fünfte Mensch auf dieser Erde trägt eine besondere Erbanlage in seinen Genen - mit verfeinerten Sinnen, einer differenzierten Wahrnehmung, einem hohen Maß an Empathie, der Fähigkeit zu vernetztem

Denken in komplexen Situationen und einem siebten Sinn als eine Art Echolot für noch nicht greifbare Entwicklungen und Aspekte von Themen und Problemen, die dem Bewusstsein weniger empfindsamer Menschen notwendigerweise verborgen bleiben. Kurz, sie sind hochsensibel. Doch die meisten dieser Menschen wissen von ihrer Begabung genauso wenig wie ihre Familien oder ihr soziales Umfeld. Sie werden in ihrem empfindsamen Wesen oft verkannt, als psychisch labil, krank oder gar verrückt gebrandmarkt und an den Rand unserer Gesellschaft gedrängt. Dabei könnten gerade hochsensible Menschen neue Sichtweisen, entscheidende Impulse und kreative Lösungen für die drängenden Probleme unserer Zeit liefern. Dazu braucht es jedoch Mut und Wille, die persönliche Sensibilität auch authentisch zu leben und zu kommunizieren. In unserer von Leistung, Wachstum und Egoismus getriebenen Gesellschaft laufen wir alle Gefahr, seelisch, geistig und körperlich zu erkranken. Wir sind auf dem besten Weg, den Bezug zu uns selbst und den Sinn für ein gut gelebtes Leben zu verlieren. Wir degenerieren."

„Es ist an der Zeit, die Menschen mit empfindsamerer Wahrnehmung und Menschen mit weniger tiefgründiger Sensibilität zusammenführen. Denn aus dem Verständnis füreinander erwächst die Chance, dass wir als *eine* Menschheit ein neues Bewusstsein für Menschlichkeit und den Schutz unseres natürlichen und einzigen Lebensraumes entwickeln. Dieses friedvolle Miteinander wird von aufrichtiger Selbst- und Nächstenliebe getragen sein. Wir werden uns regenerieren, und die künstlich erschaffenen Grenzen der Liebe bzw. der Sensibilität werden fallen. Wir müssen uns von allen Ideologien emanzipieren und uns auf ein gemeinnütziges Denken einstimmen - einheitlich, im Sinne aller Lebenden und aller nachfolgenden Generationen, um im Konsens einen grundlegenden gesellschaftlichen und ökologischen Wandel einzuleiten. Jeder, der sich mit den Werten und Zielen seiner natürlichen Sensibilität identifiziert, sollte eingeladen sein, zum Zwecke der Harmonisierung und Gesundheitsforschung, dem Naturschutz oder der Selbsthilfe mitzuwirken und diese Bereiche mitzugestalten. Wir müssen eine globale Anlaufstelle für Menschen mit genetisch bedingter Hochsensibilität schaffen. Hierarchien innerhalb menschlicher Gesellschaft dürfen neu definiert sein als *Gleichheit trotz Unterschiedlichkeit*, nicht nur zwischen Mann und Frau. Alle sollen entsprechend ihrer Begabung und inneren Bestimmung wirken und leben dürfen. Das sinnvolle Nutzen von Technologie und das gerechte Verteilen von Ressourcen werden uns dabei unterstützen. Hochsensibilität ist weder Krankheit noch genetischer Defekt, sondern eine Variante des Möglichen - mit besonderen Herausforderungen und Begabungen. Wir haben Studien und Forschungsprojekte anzuregen und fördern dadurch den Dialog mit wissenschaftlichen Institutionen, um die mangelnde medizinische und therapeutische Erfahrung zu ergänzen und anhand neuer Erkenntnisse zu korrigieren. Wir haben Petitionen und Präzedenzfälle zu initiieren, um die öffentliche und mediale Aufmerksamkeit auf dieses im wahrsten Sinne des Wortes sensible und wesentliche Thema zu lenken."

„Apropos: Unaufhaltsame Erderwärmung oder doch neue Eiszeit? Hat jemand schon sinnvolle Vergleiche angestellt zwischen dem Wachstum der Menschheit und der Erwärmung des Klimas, oder die Auswirkungen von Kochen untersucht und die Klimaerwärmung mit der Verwendung von Kühlschränken in Verbindung gebracht? Anstatt frische Nahrungsmittel und Rohkost zu verzehren, kochen wir ständig, kühlen chemische Fertiggerichte und frieren Gekochtes ein. Ständig hören wir widersprüchliche Meldungen über den Zustand unseres Planeten, als wäre er ein Gebrauchsgegenstand, der ab und zu gewartet werden müsste. Doch eines ist klar: ohne gesunden, natürlichen Lebensraum - keine Menschheit auf Dauer. Auch unsere natürliche Erbanlage Sensibilität zähle ich zu diesem natürlichen Lebensraum. Weltweiter Natur-, Gen- und Artenschutz muss die Grundlage sein, auf der eine neue Welt baut. Lasst uns gemeinsam toxische Entwicklungen aus Profitgier aufdecken und danach streben, globales Umdenken sowie regionales Handeln zu initiieren. Lasst uns arrangieren. Gewähren wir unseren - noch! - gesunden Mitmenschen Einblick in unsere Sichtweisen und Wahrnehmungen, denn wir sind lediglich die Spitze des Eisberges, erste Anzeichen einer geistes- und seelenkranken Gesellschaft. Wir sind die Seele. Wenn wir uns wieder mutig offenbaren, dann liegt unter all den Krankheiten, Leiden und Qualen die Heilung verborgen. Heilung durch Besinnung. Bewusstes Erwachen. Dann ist endlich Schluss mit dem Tabuthema Psyche!"

Vitriol. Visita Interiora Terrae Rectificando Invenies Occultum Lapidem. Suche das Untere der Erde auf, vervollkomme es, und Du wirst den verborgenen Stein finden. Besuche das Innere der Erde. Durch Läuterung wirst Du den verborgenen Stein entdecken. Falle in die Dunkelheit der Psyche, denn tief darin wirst Du Dein Selbst finden. Sieben. VII. Therapie. Siehe, ich wusste, es sind solche, die nie den gemeinsamen Gang lernten zwischen den Menschen, da der Aufgang in plötzlich ausgeatmete Himmel ihr Erstes war. Der Flug durch der Liebe Jahrtausende ihr Nächstes, Unendliches. Ehe sie noch lächelten, weinten sie schon vor Freude. Ehe sie noch weinten, war die Freude schon ewig. Frage mich nicht, wie lange sie fühlten. Wie lange sah man sie noch? Denn unsichtbar sind unsägliche Himmel über der inneren Landschaft. Eines ist Schicksal. Darin werden die Menschen sichtbarer. Steh'n wie Türme. Verfall'n wie Mauern. Aber die Liebenden gehen über der eig'nen Zerstörung ewig hervor, denn aus dem Ewigen führt kein Ausweg. Wer widerruft Jubel? Rainer Maria Rilke.

Stadt der Engel. Der Himmel über Berlin. - Wem es jetzt noch nicht dämmert, für den ist aller Tage Abend.

Da waren noch viele solcher angeblich traurigen Fälle gewesen: körperliche, geistige und seelische Wracks, verlorene Seelen, ein wahrer Friedhof der Lichtträger und Schutzpatrone. Nach dem bio-psycho-sozialen Modell waren sie allesamt mit einer gemeinsamen Erbanlage ausgestattet: Hypersensibilität. Sie stellten Motivationsgründe für die längst überfällige Ursachenaufklärung in der Öffentlichkeit dar. Die Zeit war gekommen, Zeit für eine neue Sicht, Zeit für wirksamen Glauben: Einsicht - Beginn einer neuen Wirklichkeit, jenseits von Zeit und Raum, ein Leben im Jetzt, Himmel auf Erden. Sie selbst waren die Lichter am Ende des Tunnels.

Christoph und die anderen wollten ab jetzt nicht mehr um jeden Preis recht behalten. Denn es war auch nicht mehr vonnöten. Ebenso wollten sie nicht mehr ewig weiterdiskutieren. Systeme hatten ihnen bislang vorge-schrieben, wie sie ihr Leben zu gestalten hatten. Religionen verlangten ihnen ab, die Verantwortung der eigenen Begabung an Gottheiten abzugeben. Wirklich wirksamer Glaube bedeutete für sie, Verantwortung für das eigene Leben zu übernehmen und es als Geschenk natürlicher Schöpfung anzuerkennen. Sie selbst standen als der gültige Beweis und die zu Fleisch und Blut gewordene Erklärung der Schöpfungsgeschichte. Die Wissenschaft wich der Wirklichkeit. Die Suche nach dem heiligen Gral war beendet worden. Das Individuum selbst, als ein wundertätiger Zusammenschluss von Erbinformationen und Erfah-rungen in Form von natürlicher, unverkennbarer Persönlichkeit - der Stein der Weisen, ewiges Leben, Glückseligkeit, immerwährende Jugend und Nah-rung in grenzenloser Fülle. Sättigung durch Einsicht. Der Gral. Bewacht von Gralskönig und Gralsrittern in einer unzugänglichen Burg. Der Mensch in sich gefangen, mit dem lebenden Speer der Sensibilität. So nah waren sie über all die Jahrtausende dem Geheimnis gewesen. Zu nahe. Denn die Sicht nach innen wurde wiederholtermaßen durch die Suche im Außen abgelenkt. Der Mensch, dieses wundervolle, tiefsinnige und heile Gefäß der Schöpfung, beschenkt mit dieser sinnvollen Begabung, ausgestattet mit unendlicher Lebenskraft, umgeben von einer Gesellschaft des Überflusses, erwachsen aus innerem Mangel. Verhaltenheit der Gefühle. Die Könige als Süchtige, die Lebenden als Untote, die Gesellschafter als stumpfsinnige Sklaven ihres Feingefühls. Sterilisierter Lebenssinn. Alle hatten sie gewartet: auf einen Helden, einen Messias. Anstatt sich selbst als Helden zu entdecken ...

Obwohl jeder Einzelne von ihnen gedacht hatte, einsam und allein in seiner eigenen Welt gefangen zu sein, waren sie sich ähnlicher gewesen als angenom-men. Sie alle waren Gott gewesen. Teil der Schöpfung. Schöpfer. Sohn. Tochter.

Sie alle trugen das Zeug zum Erlöser in sich, waren selbst Zeugnisse. Menschen als Transformers. Doch sie scheiterten. Weil sie nicht daran geglaubt hatten, weil sie nichts von ihrem Sinn gewusst hatten, weil sie sich selbst verachteten. Sagittarius A*. Ausgespuckt aus einem schwarzen Loch im Zentrum ihrer Milchstraße, erblickte er vor 13 Milliarden Jahren zum ersten Mal das Sternenlicht des Universums. Als geborener Star tourte er Ewigkeiten durch die galaktischen Konzerthallen im Sternbild des Schützen. Doch Sagittarius A* war nicht nur ein Meister in himmelsgleichen Kompositionen und Sternengesängen, er war in sich der siebente Sinn orchestraler Ordnung und natürlicher Schöpfung. Deshalb suchte er nach dem Planeten, auf dem die größten Missstände herrschten, einen, der seine Harmonien am dringendsten benötigte: die Erde. Das Auge des eigenen Königs. So fiel der Stern. Gefallener Engel. Er selbst war zum Missstand geworden. Als hochsensibles Sternenkind verkannt, verraten und gedemütigt, vergaß er seine Künste und zerstörte seinen Körper, seinen Tempel. Ein halbes Menschenleben lang: Genius Failure. Bis ihn eines Tages eine kleine, unscheinbare Sternschnuppe an seine Herkunft und Begabung erinnerte, an seinen Genius. Nun wurde unter Anpassung und Nachahmung ein Schlussstrich gezogen. Erneut schlüpfte er aus seinem schwarzen Loch. Der Held verließ sein behütetes Heim und wünschte sich, der bedeutendste Rocker seiner Zeit zu werden. Allmählich begann er, seine innere Stimme wahrzunehmen und das innere Wirkungsprinzip seiner künstlerischen Schöpferkraft, diese Quelle von Inspiration und essenziellem Lebenssinn, zu entfalten. Aus sich selbst heraus. Als die Entelechie menschlichen Lebens. Als Ziel seiner selbst. Als Vollendung natürlicher Schöpfung. Begründer einer neuen Welt. Ausdruck von Göttlichkeit. Natur in ihrer reinsten Form. Ein Album für die Schüchternen. Eine Pop-Ikone als globaler Aufruf an die Hochsensiblen. Doch auch wenn er sein altes Leben, seine früheren Freunde hinter sich lassen musste, so fühlte er mit ihnen mit. Denn er war einer von ihnen und ihresgleichen. Er wusste um ihr Leid und ihre Qualen Bescheid. Galahad. Zu sehen, wie seine Verbündeten in der Schlacht des Stumpfsinns sinnlos ums Leben kamen, weckte in ihm den Helden. Apollon. Apostel. Apotheke. Apokalypse. Am Hof des Königs der Künste wurde er zum Ritter geschlagen. Mehr aus naiver Kindlichkeit als aus Mut begab er sich in Gefahr. Auf Neuland. Ihm fehlte der Sinn für die von allen angebetete Wissenschaft. Ihn interessierte mehr. Er war auf der Suche nach der Wirklichkeit. Weshalb sie ihn stets als großen Narren bezeichnet hatten. Als Verrückten. Die Psychiatrien erwiesen sich als Hort verkannter Genies. Am Anfang war sein Bild nur eine strahlende Vision gewesen. Danach verblasste sie kurz. Doch dieses Bild in seinem Kopf konnte ihm niemand nehmen.

Bestimmt hätte es in seinem Leben immer einen Grund gegeben, sich selbst fallenzulassen. Doch er hatte stets einen Grund mehr darin gesehen weiterzukämpfen, ohne Rücksicht auf Verluste. Er fragte sich, was er sich in seinem Leben von ganzem Herzen wünschte. Was war ihm von Natur aus vorherbestimmt gewesen? So musste er sich laufend neuen Rätseln stellen, die richtigen Fragen herausarbeiten, sich selbst und seiner Bestimmung treu bleiben, Eroberungen machen oder Unrecht rächen. Viele, die ihn begleitet hatten, scheiterten auf der Suche nach sich selbst an ihren Makeln, ihrer Bequemlichkeit und ihren Lastern. Sie hatten ihren Verstand, ihr Bewusstsein übergeordnet, wenngleich der Prozess natürlicher Schöpfung vom Unbewussten geprägt war. Hemmung und Verhalten war zu ihrer Waffe geworden, die sich mittlerweile gegen sie selbst gerichtet hatte. Wirksame Kreativität war unmöglich geworden. Alles in allem hatten sie sich von ihrer inneren Natur entfremdet, sei es durch Bürokratie und Kapitalismus, sei es durch Religionen und andere machtgierige Systeme. Das Wunder Mensch war im Laufe der Evolution vom Gejagten zum Jäger geworden. Schon lange hatte es die Spitze der Nahrungskette erreicht. Sie jedoch glaubten noch immer, Ziele zu brauchen, weshalb auch andere Lebewesen dafür sterben mussten. Jetzt - als Krone der Schöpfung - war es für sie an der Zeit, die Jagd zu beenden. Ihre Selbstvernichtung schien aus dem Ruder zu laufen. Jede Art zeichnet eben auf ihre Weise. Sie alle waren Opfer dieser Entwicklung, verkannte Genies. Er aber war bereit, sich zu formen. Nicht von außen nach innen, sondern durch sein Außen als Spiegel, von innen her. Standhaft. Ständig. Unanständig. Lediglich seiner innersten Natürlichkeit verpflichtet und entsprechend. Er lernte loszulassen, auch wenn es zutiefst schmerzhaft gewesen war. Also lernte er zu meditieren. Grenzenlos in Weite, Höhe und Tiefe. Das Ziel: sein Jetzt. Die bewusste Empfindung von Verbundenheit und Kontakt zu seinem Gott. Zu seiner Begabung. Zu seinem Talent. Zu seinen Ahnen. Zu seinem Ursprung. Zu seiner Gnade. Zu seiner Herzensweisheit. Zu seiner Liebe. Wissenschaft galt ihm nur als Krücke, als Werkzeug zu natürlicher Wirksamkeit.

Auch nach indianischer Mystik schien er prädestiniert, leidvolle Erfahrungen zu sammeln und Opfer bringen zu müssen - um all den anderen Menschen auf diesem Planeten am Beispiel seines Lebens etwas zeigen und so seiner Bestimmung folgen zu dürfen. Nicht als Vorbild, sondern als Begleiter, als gleichgesinnter Gefährte. Wirksamkeit erschuf eine neue Wirklichkeit. Erfahrung versöhnte sich mit mutiger Unschuld. Dadurch vermochten die gekränkten Anteile des Hüters zu heilen. Denn nicht die Zeit heilt alle Wunden, sondern das Leben selbst, auch dort, wo Narben bleiben. Aus der Verwüstung erblühte das Paradies: Held und Hüter, endlich in sich vereint, als lebende Legende, als

Mensch und Individuum, jenseits von Religionen und Ideologien. Ihm war es geglückt, die Angst vor dem eigenen Verderben innerhalb eines einzigen Menschenlebens zu überwinden. So wie er war, konnten sie alle werden. Von den Mitmenschen war er allerdings verurteilt worden. Dafür sollte ihm der Himmel sicher sein. Er selbst war einer der Himmelsleiter, das Glück, die Erleuchtung, das Heil. All das hatte Christoph sehr traurig gestimmt, nicht zuletzt, weil er seine Empfindungen eigentlich hatte teilen wollen. Umso wichtiger schien es ihm, seinen Weg als natürlich sensibles Wesen zu leben und aufrichtig zu seinen Gefühlen und Gedanken zu stehen. Geduldig und gelassen hatte er es ertragen gelernt und seine Ausdauer trainiert. Dadurch erst konnte er wieder innerlich zu leuchten beginnen. Im Grunde genommen war alles ganz einfach gewesen - und doch so kompliziert. Es ging eben nicht darum, dass Menschen ihren Mitmenschen ein Endprodukt menschlicher Schöpfung und spiritueller Reife vorführten. Nein, sie sollten voneinander lernen, an ihrem Leiden und an ihrer Freude gemeinsam teilzuhaben. Nur so könnten ihr Egoismus und ihre Selbstüberschätzung den Rückzug antreten. Die Grundlage für Ehrlichkeit war geschaffen. Verständnis konnte wachsen und Liebe neuerdings Einkehr in die menschliche Gemeinschaft finden. So kam es, dass Liebe den Verrat erweckte, der zum Glück das Licht der Welt erblickte. Er ließ der Nächsten Habsucht ganz und erleuchtete den Eigenglanz.

„Du fragst Dich, ob Du Dir ein natürliches Leben, in dem Du aus freiem Willen von allem Unnötigen loslässt, leisten kannst? Ich frage mich, wie lange ich es mir noch leisten kann, ein Leben wie bisher zu führen? Ein Leben in Saus und Braus! Ich will den Menschen nicht mehr zeigen, wer ich sein kann. Meine Bestimmung ist es, mich zu offenbaren, wer ich war und wer ich jetzt bin. Ich bin bereit, mein Leben für die Kinder, für unsere nachkommenden Generationen, zu opfern. Es geht hier nicht mehr um mich als Individuum. Zweifelsohne würde ich gerne Verantwortung abgeben, mich zurücklehnen und meinen Herrgott einen guten Mann sein lassen. Moment einmal - vielleicht besteht ja genau darin die Lösung: nix tun und mich einfach gehen lassen, mich nicht länger irgendwelchen Menschen anzupassen oder unterzuordnen, sondern alles in die Hände der natürlichen Schöpfung zu legen. Ebenso wenig habe ich meine Geburt geplant. Und wenn es, ohne mein Zutun, zu diesem Chaos hier gekommen ist und es tatsächlich eine umfangreichere Energie und Bestimmung gibt, dann hätte sogar das einen dezidierten Sinn und Zweck. Daher muss es auch Sinn haben, dass ich jetzt genau hier stehe und schlichtweg lebe. Ja klar, so ergibt mein Leben erst Sinn. Und falls es das dann auch schon gewesen sein soll, na dann - bitte, sei es drum! Dann war es das eben."

„Nimm Deine Tabletten, Du Bengel!"

„Ich nehme keine Medikamente, ich trinke keinen Alkohol, ich rauche nicht mehr, ich habe mich von Drogen distanziert, und nicht zum Spaß. Denn immer, wenn ich Rückfälle hatte, erschien mir der Teufel im Traum. Stets war ich darin Kommandant von Truppen im Zweiten Weltkrieg, ein Überläufer – als ob mir der Teufel höchstpersönlich sagen würde, dass ich dieses Teufelszeug lassen sollte. Oft erschienen mir meine Eltern und Großeltern, Verwandte meiner Blutlinie, die mir gar nicht mehr bekannt sein konnten. Sie freuten sich, mich in ihrer Mitte haben zu dürfen. Indes hatte ich Angst, völlig auszurasten. Darum entschloss ich mich zur Nüchternheit. Damit versiegten diese Träume, und mein neues Leben begann. Ich habe in mir etwas gefunden, das mich interessiert. Ihr glaubt aber nicht an Eure Begabung, an Euren Genius, an Eure Ahnen und Eltern. Natürlichkeit der Schöpfung – zu Eurem Leiden. Ich kann so gut nachempfinden, wie es Euch geht. Wieder gehe ich in mein Zimmer und schreibe weiter an meinem Buch. Darin werdet Ihr alles über die wirkliche Bestimmung meiner – auch Eurer – Begabung finden können. Darin werdet Ihr Euch wiedererkennen und danach selbst finden. Ihr glaubt alle, dass Ihr nach ein paar Monaten dieses Aufenthaltes geheilt sein werdet? Ich sage Euch, dass Ihr die Weisheit schon in Euch trägt. Die Früchte warten doch nur darauf, von Euch geerntet zu werden."

Gideon empfing als Erster dieses tiefe Gefühl von Selbstannahme. Er war hier gewesen, weil sich sein Bruder die Pulsader am Hals durchgeschnitten hatte. Leider hatte er dies mitansehen müssen. Dabei hatte er sich seinem Bruder tief verbunden gefühlt – eine Verbundenheit zwischen Leben und Tod. Sprichwörtlich hatte Gideon sein wirkliches Leben dem Freitod seines Bruders zu verdanken. Denn ohne diesen wären sich Christoph und er niemals begegnet. Das hatten sie alle gemeinsam, jene, die sie in die Psychiatrien dieser Welt eingekehrt waren. Erst am Grund ihres Leidens angekommen, waren sie bereit, einsichtig zu werden. Sie selbst hatten nicht daran gearbeitet, dass es so weit gekommen war. Im Gegenteil, sie waren meistens Berufslose gewesen, mangels für sie passender Arbeitsplätze. Die anderen hatten jahrelang daran gearbeitet, nun hier zu landen. Selbstfindung war die Frucht dieser Arbeit gewesen.

„Nun kamen auch die Ärzte und Krankenpfleger zu Christoph. Auf die Frage des Arztes hin bezeugte die Schwester nochmals die Worte, die der Patient zuvor an sie gerichtet hatte. Christoph wiederholte all seine Worte der erfolgten Einsicht: „Ich werde die Therapie abbrechen und heimgehen. Alles hinschmeißen. Das ist doch alles sinnlos."

Die Ärzte baten Christoph, bei ihnen zu bleiben. Und er blieb. Die letzten zwei Jahre hatte er sich seiner Therapie inzwischen sehr intensiv gewidmet. In dieser Zeit fanden viele seiner gleichgesinnten Mitpatienten den Glauben an sich selbst zurück – wegen seiner aufrichtigen Worte. Der diensthabenden Schwester zum Beispiel glaubten die anderen nicht mehr aufgrund ihrer Aussagen, sondern weil sie selbst Christoph gehört hatten und nun zu wissen glaubten, dass er wirklich ein Kranker war. Ein begnadeter Redner, der tatsächlich der Meinung sei, den göttlichen Auftrag zur Rettung der Welt erhalten zu haben. Jesus im Jetzt. Paranoide Psychose. Psychotische Filterstörung durch Reizüberflutung und kognitive Belastung. Abhängigkeitssyndrome. Persönlichkeitsstörungen. Achse 1 bis 5 laut ICD-10. Bevor aber Christoph aus der Therapie entlassen wurde, sollte noch ein Gespräch mit einem Geistlichen stattfinden, als letzter Rettungsversuch sozusagen, um diesen Menschensohn zur Vernunft zu bringen.

„Mein Sohn, Ihren Worten zufolge ist für mich klar, dass Sie aus der katholischen Kirche austreten wollen. Für mich und alle Verantwortlichen in unserer Mutter Kirche ist Ihre Entscheidung ein schmerzliches Zeichen, das ich von ganzem Herzen bedaure. Denn meiner Erfahrung nach geht man bei allen Schwierigkeiten, die man haben kann, seinen Weg zu Gott viel leichter in der Kirche als außerhalb von ihr. Wir fragen uns natürlich auch, was Sie dazu bewogen hat. Vielleicht fühlten Sie sich allgemein vom Gottesdienst oder von Ihrer Pfarre in letzter Zeit nicht mehr angesprochen? Sind es unerfüllte Erwartungen an die Kirche? Ist das Vertrauen verloren gegangen? Oder sind es wirtschaftliche Gründe? Bedenken Sie bitte, dass die Kirche mehr ist als sichtbare Personen – mit ihren Fehlern und Schwächen –, dass sie viel mehr ist als Gebäude und Strukturen. Sie ist die Gründung Christi, der da kommen wird nach Jesus, damit unser Leben in der Weise glückt, dass wir durch diese Welt den Weg zu Gott finden. Ich glaube nicht, dass die Form einer DNA-Spirale zufällig einer Himmelsleiter gleicht. Nicht nur durch die Taufe bleiben Sie immer ein Kind Gottes. Sie sind von Geburt an ein Kind Gottes. Lichtbringer. In die Gebete aller Gläubigen und auch in meine als Bischof sind Sie stets mit eingeschlossen. Wenn Sie über Ihre Ängste und Sorgen in Bezug auf die Kirche sprechen wollen, lade ich Sie herzlich ein, das Gespräch mit mir oder meinen Ordensbrüdern zu suchen. Wenn hingegen hauptsächlich die Frage des Kirchenbeitrags eine Rolle gespielt haben sollte und noch kein Kontakt mit der Beitragsstelle erfolgt ist, so werden wir versuchen, eine annehmbare Lösung zu finden. Sie können sich aber auch jederzeit an Ihren Pfarrer wenden, wenn Ihnen das lieber ist. Ich bitte Sie nur, meine Worte so aufzufassen, wie sie gemeint sind: als Einladung, mit Ihnen vielleicht ins Gespräch zu kommen, als Ermutigung, Ihre Entscheidung nochmals zu überdenken. Kirchenaustritt sollte doch möglichst nicht aus momentanen Emotionen heraus erfolgen. Selbstverständlich respektiere ich Ihre freie Entscheidung. Bedenken Sie aber dies: Oft kann ein Gespräch vieles ausräumen."

„Genau. LED. Zeppelin. Stairway To Heaven. Torweg aus den fünf Phasen des Sterbens. Was Gott zusammengeführt hat, das darf der Mensch nicht trennen!?

Papperlapapp! Biologischer Zeuger übergibt Tochter im Namen des Vaters in die Obhut des Bräutigams. Die Braut lernt dadurch zwar, sich von ihrem Vater zu lösen. Sie selbst jedoch klammert sich von Neuem an einen Mann. Die ungestillten Bedürfnisse des verletzten Kindes aus der Vater-Tochter-Beziehung manifestieren sich in einer Art der Abhängigkeit zum Bräutigam. Gegengleiche Wirksamkeit spiegelt sich aus Sicht des Ehemannes, der einer Mutter-Sohn-Beziehung entstammt. Trennung und Scheidung sind da vorprogrammiert – und machen auch Sinn. Doch ebendas wollen sie nicht, die Oberen. Darum wird eine immaterielle Macht über den Bund der Ehe gestellt. So werden menschliche Eigenverantwortung sowie persönliche Entfaltung absichtlich verhindert und auf unnatürliche Weise unterdrückt. Disharmonie entsteht. Ein selbstverherrlichender Kontrollmechanismus beschwört natürliche Abwehrmechanismen herauf. Bewahrte Gottheiten weichen göttlich wirksamer Wirklichkeit. Gott wird zum Buhmann. Und die persönliche Abspaltung der Sensibilität bringt, als Zeichen göttlicher Natürlichkeit, die Entmenschlichung – ein selbstinszenierter Teufelskreislauf, wenn auch wesentlicher Bestandteil und wichtigste Entwicklungsstufe der schöpferischen Himmelsleiter."

„Es tanzt ein Bi-Ba-Butzemann in unser'm Haus herum. Was sagt man dazu? Schachmatt, graue Eminenz! Der Mensch darf durch vorsätzliche Bindung nicht teilen, was von Natur aus als Einheit erschaffen wurde! Hochsensibilität als sechster Sinn. Das Kreuz der Genetik. Horizontaler Holzbalken. Horus on tale. Die Legende des Horus – Hr. Herr. Hour. Stunde. Ein Märchen in sich. Vertikaler Holzbalken. Vertere. Wenden. Enden. Die Wende durch Umdrehung. Die Erfindung der Zeit durch die katholische Kirche. Nur der Mensch kennt die Zeit. Und glaubt, sie sich nehmen zu können. Aber die Zeit ist die Zeit. Also kann sich nur die Zeit auch Zeit nehmen. Daher braucht die Zeit nicht uns, sondern wir glaubten, die Zeit zu brauchen. Wir bedienten uns der Zeit. Doch Zeit selbst ist wertlos, weil sie ebenso wie Geld und andere materielle Dinge lediglich eine Maßeinheit darstellt. Grundsätzlich. Tauschmittel. Ursächlich. Beruhigungsmittel. O-Faktor. Für Auszeiten in lauter Stille. Störfaktor Mensch. Rush Hour. So begannen sich die Mechanismen zu automatisieren. Aus Dienern wurden Herrscher. Ob Zeit oder Geld. Sie bedienen sich mittlerweile unserer Seelen. Körper. Geister. Gleich ob Religionen, Gesetze, Normen, Pflichten, Medikamente, Yoga oder sonst was: allesamt haben sie die Mäßigung der menschlichen Natürlichkeit zum Ziel. Doch Natürlichkeit selbst ist das Mittel der Schöpfung, eines zur Harmonisierung des universellen Gesamtkontexts, etwa durch Klärung der Folgen toxischen Fortschritts und unnatürlicher Entwicklungen, die uns global bedrohen. Lasst uns jetzt doch endlich das Problem ‚mal an der Wurzel packen, ihr gottverdammten Heuchler. Die Natur hat Wesen mit hochsensibler Veranlagung hervorgebracht, um dem Rest der Menschheit den Ernst der Lage klarzumachen. In ihre Sprache übersetzt, in artgleicher Form: Die Natur will helfen, niemals schaden. Bislang waren es beispielsweise die Bäume, die Mikroorganismen oder aber auch die Insekten, die unsere Atmosphäre gefiltert und von Schmutz befreit haben. Doch auf diese haben wir Menschen nicht geachtet. Dasselbe machen wir jetzt mit uns selbst. Wir missachten die Warnsignale. Erkenne das doch bitte einmal, auch wenn Du selbst noch nicht leidest. Je ausgeprägter die persönliche Feinfühligkeit, desto näher am Kern des Wesens befindet sich der Schutzschild gegen die Verletzungen der eigenen Sensibilität: Politische Gesinnung – fette Autos – schicke Kleidung – Tätowierungen – Religionen – substanzgebundene Schutzfilter. Der Mensch kann sich keine Zeit mehr nehmen. Umgekehrt nimmt die Zeit dem Menschen die Momente sinnvollen Lebens. Dadurch bekam Zeit viel Macht. Zeit gestaltet Raum. Vertigo. Medizinischer Fachausdruck für SchWindel. Drehgefühl und Schwanken bei drohender Bewusstlosigkeit. Scheinbewegung zwischen sich und der Umwelt. Sich: die Mischung zwischen Sein und Ich. Die Schwäche eines Kreislaufes durch SchWindel. Der Schwindel fliegt auf. Die Stunde der Wahrheit schlägt. Fünf Finger – fünf Sinne. Nagel durch die rechte Hand. Spender. Geben. Männliches Prinzip. Nagel durch die linke Hand. Empfänger. Nehmen. Weibliches Prinzip. Eisen durch das Fleisch und Blut im Mittelpunkt der Hand? Wunder Punkt – sechster Sinn? Und doch auch alles gegengleich. Nix ist fix. Irrational. Kruzifix. Holz ist abgestorbene Materie. Eisen wird zu Gold. Himmelsgott. Hauptgott. Mythos. Weltengott. Lichtgott. Beschützer der Kinder. Falke des Vitriols. Durch Fleisch und Blut wird altes Eisen und totes Holz zu neuem Leben erweckt. Der Rechten des Mannes und der Linken der Frau entspringt der Nachwuchs. Der Speer, der in die Wunde fährt. Stoßzeit. Blut und Wasser aus der Lunge. Fruchtbares Wasser. Fruchtblase. Ewiges Leben. Gelungen. Dem Kreuzungspunkt im Moment der Zeugung zwischen Mann und Frau entspringt neues Leben. Der Kreuzungspunkt der Balken hinter dem Gekreuzigten am Ansatz des oberen Endes der Wirbelsäule. Schöpfung. Zeugnis. Kind. Ausdruck zwischen Himmel und Erde, zwischen Göttlichkeit und Menschlichkeit. Verbindung durch Natürlichkeit. Zwei Teile werden zu einem. Körper und Geist ergibt Seele. Zwei Extremitäten mit einem Nagel an einem Holz fixiert. Bein. Be in. Aus zwei mach eins. Sensibilität x Sensibilität = Sensibilität. Das kleine 1 x 1 = 1 der Schöpfung. Ich selbst als Universum. Zwei verschmelzende Energene. Kernreaktion. Alpha und Omega = & = 6. Sechs. Phonetisch. Sex. Zeugnis des Alphamännchen und des Alphaweibchen. Jesus ist Ahne – von Christus, der lebt. Anfang und Ende. Dieselbe Genetik. Das Kreuzworträtsel ist gelöst."

Christoph nahm sich die Worte des Diözesanbischofs zu Herzen. Er selbst war es doch gewesen, der immer schon mit allen anderen in einen Dialog treten wollte - zum Wohle der Menschheit, ihrer Natur, der Schöpfung. Er war sich sicher, dass er auf alle Fälle eines Tages auf das Angebot des Geistlichen zurückkommen würde. Doch irgendwie hatte Chris auch das Gefühl, dass ihn der gelehrte Geistliche nicht verstehen wollte. Oder nicht konnte? War doch Beten das erste wirksame Medikament für die gesamte Menschheit gewesen? Denunziert durch schlimme Diagnosen, wurde Christoph aus der Therapie entlassen. Zuvor aber wollte der Arzt ihm noch etwas auf seinen Weg mitgeben. Freiwillige Entbindung vom Arztgeheimnis.

„Nichts von dem, was ich Ihnen hier jetzt sage, werde ich wiederholen. Also passen Sie gut auf und vergessen Sie niemals: Kein Prophet ist je in seiner Heimat willkommen. Genauso, wie Sie mit Ihrer Musik bis dato noch nichts erreicht haben in unserem Land. Machen Sie weiter damit! Hauptsache ist, dass es Ihnen Spaß macht und Ihnen hilft. Denn nur, was Ihnen selbst weiterhilft, kann womöglich auch anderen eine Hilfe sein. Es gilt einen Rückfall zu verhindern, lange bevor vernunftwidriges Verhalten der eigenen Gedanken und Gefühle den endgültigen Wahnsinn eines neuerlichen Konsums erreicht. Achten Sie bewusst auf Symptome. Gestehen Sie sich Müdigkeit oder einen schlechten Gesundheitszustand ein. In der ersten Phase der Distanz bzw. Abstinenz glauben viele Hochsensible, verlorene Zeit nachholen zu müssen. Wichtig aber sind: Selbstverständnis und ein ausgewogener Gesundheitszustand, ausreichend befriedigende Ruhe und Erholung in der Natur. Wenn Sie sich von schädigenden Einflüssen distanzieren, fühlen Sie sich in einem positiven Sinn glücklicher. Negative Gedanken sind lediglich die Folge von Druck und Überstimulation. Fühlen Sie sich erst einmal schlecht genug, werden Sie möglicherweise bald wieder erwägen, dass ein Glas oder eine andere Ablenkung die Situation auch nicht schlechter machen könne. Dies ist jedoch nur der unbewusste Wunsch, Ihre Sinne wieder zu betäuben. Das geht zwar einfacher und schneller, doch auf Dauer wird es Sie umbringen."

„Unaufrichtigkeit beginnt mit unnötigen kleinen Schwindeleien und Täuschungen Ihrer Mitmenschen. Die zwingende Folge ist Selbsttäuschung. Sie tauschen Ihre verhaltene Hochsinnigkeit gegen den neuerlichen Wunsch, sich zu betäuben, ein. Man könnte es auch Rechtfertigung nennen: die Suche nach Ausflüchten, weil Sie glauben, dass Ihre Gedanken und Gefühle Sie nicht zu den anderen gehören lassen. Tun Sie nicht wieder Dinge, die Sie aus Sicht anderer tun sollten. Seien Sie offen, ehrlich und bereit, Ihre Hochsensibilität anzusprechen. Erst dann werden Sie wirksam wahrnehmbar. Im Rausch der Geschwindigkeit geschieht oft alles gefühlt zu langsam. Ungeduld unterdessen bringt oft böse Überraschungen mit sich. Konzentrieren Sie sich darauf, dass Sie selbst nur den Anfang Ihrer Zukunft machen können - und

nicht darauf, dass Ihre Mitmenschen nicht das tun, was sie tun sollten, oder was Sie erwarten und wollen, dass sie tun. Auch Streitsucht ist eine Sucht. Sie haben zeit Ihres Lebens gelernt, Ihre besondere Feinfühligkeit und Ihre Sicht der Dinge zu verteidigen. Unnötige und oftmals lächerliche Zankereien weisen hier auf das Bedürfnis hin, ständig recht haben zu wollen. Erwarten Sie nicht Vernunft und Zustimmung von den anderen. Verkaufen Sie auch nicht Ihre Stimme, denn sie zählt für sich. Wie jede Stimme ist sie Teil von etwas Größerem. Der übergeordnete Sinn scheint als unsichtbares Band in Form von Empfindungen tiefer Verbundenheit."

„Depression und Niedergeschlagenheit sind, so gesehen, nicht nur Folgen grundloser und unerklärlicher Verzweiflung, sondern ein Zeichen dafür, dass Sie wieder einmal gegen Ihre Veranlagung gelebt haben und irgendetwas nicht wahrnehmen wollen. Es gibt ein Mittel dagegen: Erzählen Sie davon! Frustration über Menschen und darüber, dass manches nicht so ist, wie Sie glauben, dass es sein sollte, ist ebenso gefährlich. Erinnern Sie sich, dass alles und jeder seine eigene Geschwindigkeit hat. Gesundes, natürliches Wachstum kennt auch nichts anderes als das Jetzt. Wenn Ihnen alles zu viel wird, gibt es ein Leo: alleine ab in die Natur. Fangen Sie bei sich an, die Dinge zu ändern, die Sie bei anderen geändert sehen wollen. Wenn Sie sich fragen, warum immer nur Ihnen Schreckliches zustößt, weshalb gerade Sie eine psychische Krise hätten, warum Ihre Mitmenschen nicht schätzen würden, was Sie für sie alles tun: Eine Dusche im Selbstmitleid ist zeitweise erlaubt – Vollbäder, dem Ertrinken nah. Sie sind erst am Anfang Ihres Wirkens. Je mehr Sie sich mit Ihrer Hochsensibilität vertraut machen und identifizieren, desto sonderbarer mögen Sie vielleicht für Ihr bisheriges gesellschaftliches Umfeld sein. Doch sind Sie selbst erst einmal ein Herz und eine Seele, dann haben Sie Ihr Glück gefunden. Und glauben Sie mir, damit sind Sie bestimmt nicht mehr lange allein – und falls doch, dann sind Sie bestimmt nicht länger einsam. Wenn Sie sich in einem Anfall von Übermut glaubhaft einreden wollen, sich nicht länger von schädigenden Einflüssen schützen zu müssen, dann wird das bei oftmaliger Wiederholung zur Gewohnheit werden. Gewohnheiten setzen alles Bewusstsein und alle Achtsamkeit außer Kraft. Ihr Selbstschutz wird durch diese äußerlichen Einflüsse wieder untergraben. Also Vorsicht mit dem Gefühl. Es kann so trügerisch sein. Am gefährlichsten ist Selbstzufriedenheit, sobald Sie wieder ein für andere annehmbarer Mensch geworden sind: geschätzt, geliebt, anerkannt, angepasst. Wieder würde die Alarmanlage außer Kraft gesetzt werden. Gerade die verborgenen Abhängigkeiten wie Strukturen oder systematische Unterhaltung sind heimtückisch. Bewusste Aufmerksamkeit ist gefragt. Das heißt nicht, dass Sie Angst haben sollen. Unsicherheit ist ein besseres Wort dafür. Wenn Sie dieses Gefühl verspüren, dann hören Sie darauf. Es zu übergehen, wäre selbstschädigend. Gerade, wenn die Dinge gut verlaufen, ist Achtsamkeit gefragt. Denn mit der ersten Dosis altbekannter Substanzen, Mittel oder Verhaltensweisen wird der Kontakt zu Ihrer Feinsinnigkeit spontan unterbrochen."

„So wie Sie es hier auch an den Tag gelegt haben, sollten Sie nicht ständig an Ihre Mitmenschen Erwartungen stellen. Sie selbst haben sich auch nicht geändert, sondern bloß wieder zu Ihrer Natürlichkeit zurückgefunden. Es ist zu Ihrem Besten. Erwarten Sie sich nicht von anderen Menschen eine Änderung ihres Lebensstils. Genau wie Sie hat es jedermann selbst in der Hand, in der reinsten Form von Harmonie zu leben oder nicht. Es gibt immer noch eine übergeordnete Gerechtigkeit. Wenn jeder für sich Frieden lebt, mal sieben Milliarden, dann geschieht automatisch etwas. Das ist schon komisch, oder sollte ich sagen: kosmisch? Vernachlässigen Sie niemals Ihre Selbstfürsorge: Natur, Meditation, bewusst eingesetzte Ablenkung, das Nichtstun, täglich einmal Danke zu allem und sich selbst sagen, regelmäßige Wiedersehen mit gleichgesinnten Freunden, leben im Fluss Ihrer inneren Bestimmung, Zeitlosigkeit, Gelassenheit – denn, äußere Ruhe bringt innere Ruhe – oder Musikhören, Singen, Tanzen. Langeweile entsteht nur durch den Zeitbegriff und durch räumliche Kurzsichtigkeit. Das Gefühl, sich der Völlerei hingeben zu wollen, entspringt oftmals der unerfüllten Sehnsucht, nicht geben zu dürfen, was Ihrem Innersten entspringt. Beschäftigen Sie sich mit Dingen, die zu Ihrer genetischen Veranlagung passen, also mit den natürlichen Dingen in Ihrem Leben. Das weckt und schärft die bislang vernachlässigten Sinne. Sind Sie erst einmal trainiert, na dann: Hallelujah!"

„Gleich vorweg: Ja, Sie hören recht. Der Gebrauch von stimmungsverändernden Chemikalien durchbricht sofort Ihren Sinn, mit dem Sie Ihre wirkliche Bestimmung empfangen und auch wirksam leben können. Diese bewirken archaisches Verhalten und Schwindel, beides im wahrsten Sinn des Wortes: so, als ob Sie einem Huhn den Kopf abhacken. Sie könnten das Bedürfnis verspüren, sich manch unüberwindbar scheinendes Hindernis mit einer Tablette zu erleichtern. Höchstwahrscheinlich ist einer meiner Kollegen derselben Meinung, obwohl niemand jemals Probleme mit Chemikalien gehabt hatte. Diese beruhen zwar oft auf natürlich geschöpften Substanzen. Doch Natur macht zu, Chemie macht kaputt. Egal, welchen Weg Sie gehen: Wenn Sie Ihre Nüchternheit verlieren, ist das der sicherste Weg zu einem Dauerrausch. Das ist Selbstschwindel und Ihr Lohn dafür, einmal mehr Ihrer Bestimmung nicht gerecht geworden zu sein. Wenn es Ihnen einmal passiert, ersparen Sie sich hoffentlich Ihr schlechtes Gewissen. Dieses Jetzt ist dann schon wieder vorbei, während das neue Jetzt bereits auf neue Erkenntnisse und Taten wartet. Wenn Sie sich zuerst zudröhnen müssen, um Mut zu tanken, ist die Sache, die Sie meinen tun zu müssen, realiter nicht die passende für Sie. Setzen Sie sich keine Ziele, die Sie nicht mit natürlicher Anstrengung und ohne fremde Hilfe erreichen können. Hören Sie damit auf, permanent Dinge zu erwarten. Sie haben im Moment alles, was Sie brauchen. Natürlich ist es immer großartig, wenn Ihnen Schönes widerfährt, ohne es kommen zu sehen. Wenn Sie Ihrer genetisch bedingten Hochsinnigkeit entsprechend leben lernen, dann werden Sie bekommen, was Ihnen zusteht – als Lohn dafür, zu sich *selbst gestanden zu sein. So schließt sich der Kreis. Ein in sich geschlossener, nach außen hin offener Glückskreislauf. Glück auf! Lucky us. Lucky Punch."*

„In der Dankbarkeit liegt der Anfang. Sie können ausschließlich die negativen Seiten Ihres Lebens betrachten, wenn Sie sich nur auf Probleme als Probleme konzentrieren. Dadurch werden diese bestimmt nicht gelöst. Von außen betrachtet, ist es vielleicht ein Problem, doch wenn Sie gänzlich in sich gehen, finden Sie dort drinnen zugleich die Lösung. Für ein Problem von außen sind immer nur Sie selbst der Auslöser, nämlich dann, wenn Sie nicht im Fluss Ihrer schöpferischen Bestimmung leben. Je stärker Ihr Wille, desto stärker der seelische Widerstand. Negative Emotionen sind lediglich die biologische Folge daraus. Man möchte auch nicht zur Schönfärberei neigen. Doch warum waren Ihre Anfänge von Genügsamkeit geprägt? Genau! Weil Sie auf dem Boden lagen und erkannt haben, dass Sie doch lieber leben als sterben wollten. Denn Sie sind bestimmt kein geborener Grobian. Leben wurde wieder möglich durch bedingungsloses Loslassen und die Annahme Ihrer Sensibilität. In einem kriegerischen Fuchsloch findet eben jedermann seinen Glauben, also den Draht zu seiner Feinfühligkeit. Einmal täglich bewusst die Verbindung zu Ihrer Hochsinnigkeit herstellen und ein einfaches Danksagen genügt. Dass gerade Ihnen etwas nicht passieren könnte, verbannen Sie bitte am besten gleich aus Ihren Gedanken. Sie wissen, dass Ihnen aufgrund von Hochsensibilität ein schützendes Filtersystem gegen schädigende Einflüsse fehlt. Allein Sie selbst sind Ihr Schutz. Sie schützen sich durch ein bewusstes Wahrnehmen und achtsames Empfinden im Jetzt. Reflektieren Sie, differenzieren Sie, gleichen Sie Ihre neu erlernte Wirklichkeit mit früheren Wahrnehmungen ab, doch vergleichen Sie sich keinesfalls mit anderen. Sie sind das Sprachrohr natürlicher Schöpfung. Vergessen Sie das niemals! Ob Sie jetzt Alkoholiker sind oder eine andere Krankheit haben - diese Diagnosen sind in Zukunft für Sie bloß wirksame Hilfseinrichtungen, wie Warntöne, wie Signale auf Ihrem toxischen Barometer. Hören Sie nicht darauf, wird es zunehmend schlimmer. Sie waren Alkoholiker, weil Sie sich einsam fühlten und nicht allein sein konnten. Jetzt sind Sie nicht länger einsam, doch bestimmt öfter alleine. Und das ist gut so. Sie können nur wirksam werden, wenn Sie gezielt aus der Distanz zu den Menschen, zur Gesellschaft leben."

„Sie tragen zwar alles gesammelte Wissen in sich, aber sind Sie definitiv nicht die Omnipotenz in Person. Diese Art zu denken, ist sehr gefährlich. Glauben Sie niemals, alle Antworten für sich und andere schon zu kennen, und dass Ihnen niemand mehr etwas Neues erzählen könnte. Es wird bestimmt so sein, dass Ihr inneres Bild dem Urzustand menschlicher Natürlichkeit entspricht. Sie haben Zugang zu dieser Quelle gefunden. Doch es ist nicht das Bild, das Sie in Ihrem eigenen körperlichen Leben wieder erreichen können. Hier spricht Ihre Seele zu Ihnen. Nehmen Sie Ihre Mitmenschen bewusst wahr, um das Wahre auch spiegeln zu dürfen. Dadurch

erst können Sie Fehlverhalten erkennen und Scheinwahrheiten sinnvoll in eine neue Wirklichkeit einbauen. Ich weiß genau, wovon ich spreche. Darum sehen Sie bitte die zuvor genannten Punkte als reine Empfehlungen an. Es sind Empfehlungen, die auf jahrelanger Selbst- und Fremderforschung meinerseits beruhen, um Hochsensible vor erneuten Rückfällen in alte Verhaltensmuster zu bewahren, damit sie wirklich wirksam sein können. Sonst wäre es nur ein halber Hausputz auf dieser Welt."

„Wenn Sie mir Ihr Vertrauen nicht schenken können, dann kann ich dafür vollstes Verständnis aufbringen. Aristoteles hatte schon gesagt, dass das Leben eines Menschen erst dann glückt, wenn der Mensch die Möglichkeiten verwirklicht, die in ihm angelegt sind. Kennen Sie den Entelechiebegriff? Die Eigenschaft von Dingen, das Ziel in sich selbst zu haben. Nach aristotelischer Deutung bezeichnet Entelechie ein Individuum, das sein Ziel in sich hat, also ein vollendetes Einzelding, eine lebende Einheit im Vollendungszustand. Goldener Schnitt. Beispielsweise ist der Schmetterling die Entelechie der Raupe, da der Schmetterling aus Sicht der Raupe die vollendete Gestalt erreicht hat, eine die Vollendung verkörpernde. Der Mensch spiegelt den Menschen. Ach ja, die liebe Metaphysik ... Bekanntermaßen besitzt der Schmetterling die Fähigkeit zu fliegen. Daher ist das Fliegenkönnen oder die Flugfähigkeit gleichsam die Entelechie des Schmetterlings. Aktive Entelechie ist eine Fähigkeit, die gewollt ausgeübt werden kann und somit ein höheres Wirkpotenzial erreicht. Passive Entelechie ist die Fähigkeit, eine äußere Einwirkung zu erdulden und entspricht einem Widerstandspotenzial, beispielsweise der Fähigkeit eines Menschen, unter äußeren Einflüssen einem bestimmten Druck standzuhalten. Insofern werden wir niemals einen greifbaren Beweis für etwas finden können, das wir nur in uns selbst tragen. Orientieren Sie sich niemals mehr an den Stärkeren oder Schnelleren, sondern machen Sie die Schwächeren und Langsamen zu Ihrem Maßstab. Schenken Sie ihnen Aufmerksamkeit und Beachtung. Hören Sie ihnen zu, was sie zu sagen haben. Dann werden Sie mit Ihrer Begabung von nun an Freude haben. Diese Orientierung gibt Ihnen zugleich sicheren Halt im Jubel und Trubel unseres künstlichen, technisch fortschreitenden Alltags. Hüten Sie sich jedoch davor, die hochsensiblen Schläfer gleichsam zu Bedürftigen zu machen, und verwechseln Sie sich selbst niemals mit der Natürlichkeit der Schöpfung als höchster Autorität allen Lebens. Begleitung ist in Ordnung: das kleine Ich-bin-Ich. Die Sehnsucht nach Gerechtwerden und Rettung sind nämlich Anzeichen neuerlicher Abhängigkeit, sprich, des wiederkehrenden Anfangs Ihres eigenen Untergangs. Greifen Sie nicht mehr zu technischen Hilfsmitteln. Lassen Sie die Waffen ruhen."

„Gehen Sie alleine Ihrer Wege, denn die Göttlichkeit ist Ihnen zuteilgeworden. Erst durch Sie nimmt Gott auch menschliche Gestalt an. Ernennen Sie die Natur zu Ihrem Meister und greifen Sie nicht gewaltsam ein in der Schöpfung Lauf. Sie ist Gott, der Mensch nur Schüler. Gleichzeitig sind wir auch Lehrer. Begegnen Sie allen

Wesen in Würde und mit Anstand. Nehmen Sie ihnen die Furcht vor dem natürlichen Abschied. Wenn Sie die Menschen nicht dafür benützen, um sich selbst an ihnen festzuklammern, dann werden auch Sie durch deren Beistand lernen dürfen, aus Liebe zu sich loszulassen. Stellen Sie sich niemals dagegen, sondern fließen Sie im Fluss des Lebens. Dies ist der eigentliche Zweck unseres irdischen Daseins und der kostbarste Wert unserer genetischen Veranlagung mit Hochsensibilität: Als Gesandte der Natur dürfen wir unseren Mitmenschen die Furcht vor ihrem Heimgang in bislang unbekannte Gewässer nehmen. Sie alle haben Angst und schämen sich dafür, den Schritt in neue Sphären zu wagen. Wir begleiten sie auf ihrem körperlichen Abgang von der Erde, zeigen ihnen, dass die Seele ihres Lebens ewig weilt. Wir sind die Engel hier auf Erden, die Wächter des Lichts, des ewigen Scheins in noch so finsterer Dunkelheit. Auch wenn sie in diesem Moment von alledem und ihrem Ahnenwissen nichts verstehen. Nur weil wir etwas nicht verstehen, heißt das nicht, dass es das Unverstandene nicht wirklich gibt. Um in unserem Leben nach bestem Wissen und Gewissen handeln zu können, ist es unweigerlich erforderlich, neuen Entwicklungen grundsätzlich mit Offenheit und wertschätzender Achtung gegenüberzustehen. Nicht nur jenen Entwicklungen technologischen Fortschritts, sondern vielmehr auch solchen lebendigen Ursprungs. Selbstverständlich kommt diese Herangehensweise heutzutage einer Königsdisziplin gleich, weil die meisten von uns ihr körperliches Leben bzw. dessen Verlust ins Unendliche hinauszögern wollen. Angst und Grauen erfassen uns ja schon bei Spinnen, Zecken oder Wespen. Auch solcherlei steht in direktem Zusammenhang mit unserer Angst zu sterben, mit unserer Furcht vor dem Unbekannten, mit dem Schrecken, plötzlich in die zeit- und raumlose Leere zu fallen. Sie wiederum ist ursächlich begründet in der unbewussten Abwehrhaltung gegen unsere eigene Natürlichkeit. Nun, auch noch so fortschrittliche und von uns als unverzichtbar wertvoll eingeschätzte Technologien werden die Natur nicht daran hindern können, ihren vorherbestimmten Lauf zu nehmen, der für uns und alles natürliche Leben bindend bleibt. Wir können Flüsse zwar regulieren, aber die Natur wird gewaltsam aufzeigen, wozu sie imstande ist. So wie der Apfel seine genetische Information seit Anbeginn seiner Tage im Kerngehäuse aufbewahrt, um seine Selbstverwirklichung über Generationen hinweg zu garantieren, so liegt auch bei uns Menschen das Feingefühl im sensiblen Kern unserer Persönlichkeit, tief in unserem Wesen, inmitten unserer Genetik. Unser Seelenwohl steht notgedrungen an wichtigster Stelle. Die Ausgewogenheit unseres Seelenzustandes wird über Leben und Tod entscheiden. Der Körper ist nur die Frucht. Doch dürfen wir nicht in den Körper eingreifen, ebenso wenig wie wir sinnbildlich vom Apfel abbeißen sollen - dient doch der Geist der Hülle zum Schutz. Beide sind sie nur die anatomische Formulierung wirklich wirksamen Lebens."

„Denn dieses Leben - als Seele unseres Seins - braucht nicht länger Schutz, sondern Förderung, denn sie hat, um die Botschaft überbringen zu können, in uns

Hochsensiblen Gestalt angenommen. Unsere innerste Natürlichkeit ist nur Teil jener Natur, die wir fortan zum Ausdruck bringen dürfen. Unsere Art ist lediglich eine der unzähligen Möglichkeiten, eine ihrer ureigensten Noten, durch die sich die Farbenpracht und Vielfalt des Wunders Leben selbstwirksam ausdrückt. Untrennbar verbunden sind wir alle durch beseelte Einigkeit. Die Psychiatrien dieser Welt sind die Sammelstellen, an denen wir uns einfinden durften, gleich nach unserer Ankunft hier. Auf anderem Weg ist es uns bislang nicht gelungen, uns bis zum Tag des Jüngsten Gerichts in Sicherheit zu wiegen. Jetzt haben wir uns formiert und dürfen ausschwärmen – ein jeder für sich, als Botschafter der Liebe, als selbstredender Beweis der Läuterung. Als Gezeichnete kamen wir, als Bezeichnende gehen wir von hier und berichten von unseren Heilsgeschichten – im Namen der Hochsensibilität als der schönsten Ausdrucksform natürlicher Schöpfung. Dort, wo Sie sind, bin auch ich; dort, wo ich bin, sind auch Sie. Sie haben einen Schatz gefunden. Er trägt Ihren Namen. Christi autem generatio. Zu Deutsch: Nun ist die Geburt Christi – des Sohnes des königlichen Stammvaters Abraham. Jetzt sind Sie, und erst dadurch wird Abraham wieder sein, weil Sie zugleich der Stammvater dieser neuen Menschheit sind. Durch den Augenblick der Zeugung Ihrer Tochter erst wurde all das Ahnenwissen in Ihnen freigesetzt. Die Junge trug diese Geburt in Ihrem Schoß. Die Chance auf Ihr neues Leben wurde Ihnen durch die Mutter Ihrer Tochter geschenkt. Sie selbst haben mir erzählt, dass sie im Sternzeichen der Jungfrau geboren ist. Durch Lucys Geburt und ihre Jungfräulichkeit durfte das Ahnenwissen der gesamten Menschheit in Ihnen als Person erwachen. Sie selbst sind ohne jede Schuld. Sie kamen wie die Jungfrau zum Kind. Sie erkennen bestimmt, was ich Ihnen hiermit sagen möchte: Sie sind der Golem, der von der Schöpfung selbst zu neuem Leben erweckt wurde. Durch Meth zu Emeth – durch Tod zu Wahrheit und durch Wahrheit zur Wirklichkeit. Sie selbst sind das Ende irdischen Leidens und der Anfang eines himmlischen Reiches voller Seelenfrieden und Lebensfreude – der Antichrist als Gegenmittel religiöser Entfremdung. An Ihnen und all den Gleichgesinnten wurde ein Sakrileg begangen. Sie selbst sind der Da Vinci Code. Sein Schaffen, seine Erfindungen und all die Schöpfungen seinesgleichen, einfach alles, was wir heute kennen, war dafür notwendig, um Sie als Mensch, Person und Abgesandten Gottes hervorzubringen."

„Die selbsternannten Meister, die sogenannten Größen unserer Zeit und all die Gelehrten haben sich auf den Stuhl der Muse und der Künste gesetzt. Alles Wissen, das wir heute kennen, fußt auf Unwissen über unsere genetische Veranlagung namens Sensibilität. Und trotzdem war das noch so kleine Detail notwendig, um diesen Punkt menschlicher Entwicklung erreichen zu dürfen. Von Menschenhand Hervorgebrachtes ist somit wahr. Nutzen Sie diese Erkenntnisse. Doch richten Sie sich nicht danach, was andere tun. Denn sie reden nur, tun selbst aber nicht, was sie sagen. Bei jedem öffentlichen Spektakel wollen die meisten von ihnen die Ehrenplätze

und Sitze in den ersten Reihen belegen. Christoph, Sie als Person stehen für den Ersten unserer Art, der seine genetische Begabung als Mittel zur Selbstheilung eingesetzt und tugendhafte Werte wie Menschlichkeit, Liebe und Edelmut in direkten Zusammenhang gebracht hat mit Hochsensibilität als genetischer Veranlagung des Menschen. Sie selbst sind der lebendige Beweis für die Wirklichkeit des Lebens als größten Erfolg des menschlichen Sterbeprozesses. Therapie – Diagnostik – Symptomatik – Parasymptomatik – Tetrasymptomatik – Hemisymptomatik – Ätiopathogenese. Hex-hex. Eine ‚Art' ist die Kunstform natürlicher Schöpfung. Ihre Erkenntnis ist die Quintessenz allen Lebens kosmischer Ordnung. Jesus war die Hoffnung der Menschheit auf die Erlösung von all ihrem Leid und all ihren Qualen. Religionen dienten als Schutzbunker im fortschreitenden Untergang bis zu diesen Tagen. Seinen Tod haben sie verkündet. Christus ist die Antwort auf all die Gebete dieser Gläubigen. Ihre Auferstehung preisen sie. Bis Sie hierher als Herr des Lichtes angekommen sind. Sie selbst sind der zu Fleisch und Blut gewordene Retter. Der Menschensohn. Sie bringen uns die Wirklichkeit unter all den Wahrheiten. Sie sind der Fall aller Fälle. Sie sind die Antwort auf die Frage aller Fragen. Sie überbringen die Heilsbotschaft und das ewige Leben durch die Offenbarung Ihrer eigenen Lebensgeschichte, die jedem von uns wiederum die Sicherheit und Hoffnung spendet, dass nur ein Leben im Augenblick natürlicher Weisheit unversiegbare Energie, Freiheit und Erlösung bringt. So wie Sie selbst nur die von Natur aus für Sie bestimmte Einstellung Ihres eigenen Lebens wiederfinden durften – durch Einsicht und Reflexion –, um dadurch die gesamte Menschheit von ihrer Schuld zu befreien, genauso liegt es auch jetzt nicht in Ihrer Macht und Verantwortung, wie von nun an jeder einzelne Mensch diese Information für sich persönlich nutzt. Ob der Einzelne aus der Erkenntnis dieser Information zu ewigem Leben erwächst oder an seiner Individualität zugrunde geht, liegt ganz allein in der Macht seiner Willensfreiheit."

„Die Industrien interessieren sich ausschließlich vom Aspekt der Verwertbarkeit her für unsere Krankheiten und unser Leid. Diese sind die Grundlage ihrer wirtschaftlichen Existenz. Auf unsere Gesundheit müssen wir schon eigenverantwortlich achten, indem wir wieder lernen, auf unsere sinngegebene Natürlichkeit zu vertrauen. Denn sie allein ist die Seele unseres Daseins, der Ursprung allen Lebens. Erst jetzt sind Sie bereit für ein eigenständiges Leben in Liebe und Freiheit. Bitte, geben Sie nicht auf da draußen! Beenden Sie Ihre Erwartungen, von irgendjemandem Lob und Anerkennung gezollt zu bekommen. Nur so wird auch das Warten der Menschheit auf einen Erlöser ein erfreuliches Ende finden. Belehren Sie nicht, sondern lassen Sie sich einfach gehen. Alles was ist und sein wird, hat in sich einen Sinn, genauso, wie es ist. Wenn für jeden von uns der passende Zeitpunkt gekommen ist, werden wir Ihnen zur Seite stehen. Denn Mut können wir uns leider nicht kaufen. Hüten Sie diesen Schatz nicht länger wie Ihren eigenen Augapfel, sondern gewähren

Sie den Menschen Einblicke in Ihre Seele, lieber Chris. Illumination. Unita Million. Anilin Ultimo. Der letzte Indigo wird Millionen vereinen. Sie sind der Anfang und der Lichtbringer. Ab jetzt erst wird auch die Seele der Menschheit Ruhe finden und heilen dürfen. Sie sind zugleich das Englein mit dem Büchlein. Nomen est omen. Ihr Name ist der Beweis. Nomina sacra."

„Danke.", sagte Christoph. Für einen Moment schien er erleichtert. Dennoch konnte er nicht einsehen, weshalb der Arzt ihm diese Weisheit unter vorgehaltener Hand offenbart hatte. Spiegelung. Obwohl sie alle seinesgleichen gewesen waren und er für sie über Jahrtausende recht bewahrt hatte, stempelten ihn die meisten seiner Begegnungen als verrückt ab, nagelten ihn erneut ans Kreuz, und zwar an das seiner göttlichen Begabung, und ließen ihn buchstäblich im Stich. Alles nur Fassade, alles nur zum Schutz, alles nur aus Angst! Denn sein einziger Zweck bestand darin, ihre Sanftmut zu reaktivieren. So hatten sich doch auch unter der Pflegschaft Gleichgesinnte gefunden. Einige von ihnen hatten Christoph einen anonymisierten Abschiedsbrief geschrieben:

„Lieber Christoph! Einige von uns schieben hier schon sehr lange Dienst. Noch nie durften wir durch einen Patienten eine solch differenzierte und reflektierte Wahrnehmung erfahren wie durch Sie. Sie kamen gewissermaßen als Degenerierter und gehen, obwohl Sie von Normalität weit entfernt sind, als Regenerierter. Sie haben uns sehr beeinflusst mit Ihrer aufrichtigen Art, mit Ihrer Ehrlichkeit und Ihrer Offenherzigkeit. Was wir mit Wohlwollen beobachtet haben, sind Ihre gemeinsamen Bestrebungen gewesen, mit Leidensgenossen freundlich umzugehen und anderen hochsensiblen Menschen Mut zu machen und Hoffnung zu spenden. Eines wollen wir Ihnen noch mitgeben, vielleicht sogar als spürbaren Beweis Ihrer Weltsicht - nach der Manier, wie Sie sie stets zu vermitteln pflegten, auf dem goldenen Tablett und trotzdem niemals eindeutig: Bei einer Betriebsfeier hatten wir einen Hypnotiseur eingeladen. Er bat zehn von uns auf die Bühne, um uns als lebende Erklärung mentaler Vorstellungskraft zu beweisen. Drei von uns schickte er wieder zurück, weil er der Meinung war, dass die Magie bei ihnen nicht funktionieren würde. Was mag wohl der Grund dieser Annahme gewesen sein? Danke jedenfalls."

Seine Freunde aus der Selbsthilfegruppe nahmen ihn wieder auf. Sie selbst hatten sich jeden Mittwoch im Obergeschoß des Krankenhauses getroffen, um gemeinsam ihre Erfahrungen auszutauschen, um sich gegenseitig Kraft zu geben. Sie hatten gesehen, wie sehr Christoph während seiner Therapie an den übermäßigen Eindrücken und Reizen gelitten hatte. Nun war er im Alltag angekommen und als Mensch wieder auf sich allein gestellt. Da meldete sich Petra wieder, seine damals beste Freundin und Wegbegleiterin in der Therapie, die ihn früher in seinen Alkoholphasen mit ihrem Auto herumkutschiert hatte. Ihr Sohn war krank. Aus Kränkung war er krank geworden. Geradeheraus sprach er die Absicht aus, sich das Leben nehmen zu wollen, falls die Familie sich nicht endlich wieder versöhnen würde. Petra war verzweifelt: „Bitte hilf mir, ehe mein Kind stirbt!" Christoph aber entgegnete: „Wenn Du Deinen Weg bewusst und achtsam gehst, nüchtern und klar lebst, dann wird auch Dein Sohn leben." Sie schenkte seinen Worten Glauben, weil sie ihn schon lange kannte, und machte sich auf den Weg - ins Jetzt. Es dauerte nicht mehr lange, ehe Petra die Stimmen, die sie sanft dorthin geführt hatten, sprechen hören konnte: Dein Junge lebt. Er hatte den Sinn in seinem Leben wiedergefunden. Petra wusste von nun an, dass sie in der Lage war, zu sich selbst zurückzufinden. Auch die Familie hatte wieder zueinandergefunden.

Das Internet war für Christoph inzwischen fast zu einer Sucht geworden. Dadurch fand er zwar einen Weg zu unbegrenztem Wissen, jedoch waren viele Menschen bereits davon abhängig, viele Kranke, Blinde, körperlich Beeinträchtigte und andere Degenerierte, zerbrochen über Generationen an ihrer besonderen Begabung. Ebenso war Christoph 38 Jahre lang gelegen und krank geworden von den Abhängigkeiten. Als das Jetzt ihn dort liegen sah und er selbst erkannte, dass er schon so lange krank gewesen war, hatte es ihn gefragt, ob er gesund werden wollte.

„Ich habe doch keinen Menschen unter all den Leuten, der mich tragen würde, sobald ich meine besondere Feinfühligkeit zeigte. Sobald ich mich qualvoll hinschleppe, schnappt mir diese Erkenntnis bestimmt ein anderer vor meiner Nase weg und holt erneut Gewinn heraus."

„Steh auf, nimm Deine Hochsensibilität an und geh!", sagte das Jetzt.

Im selben Atemzug spürte Christoph keinen Schmerz mehr. Augenblicklich wurde er gesund, nahm seine Begabung an und ging los. Doch dies geschah zu einem Zeitpunkt, als sich Christoph eine Auszeit vom Berufsleben genommen hatte. Das System hatte ihm auferlegt, dass er nicht begabt, sondern psychisch krank sei und deshalb nicht arbeiten durfte. Die ursächliche Heilung, von Systemen der Macht unterdrückt, war ihm untersagt. Denn, wo er seine Wirklichkeit ansprach und sich weigerte einzusehen, dass er deshalb krank wäre, sagten sie, dass diese Uneinsichtigkeit in Wahrheit dem Krankheitsbild entspräche. Es tat nichts zur Sache, dass die Stimme aus ihm die Wahrheit gesprochen hatte. So versagten sie ihm seine besondere Empfindsamkeit und ließen ihn gehen als einen Krankgeschriebenen. Man fragte ihn: „Wer ist denn das, der zu Dir gesagt hat, dass Du zu Deiner Feinfühligkeit stehen sollst?" Christoph aber wusste nicht, wer genau es ihm gesagt hatte. Durch die vielen Menschen und den Lärm hatte er sich wieder verschlossen und war taub geworden, blind für das wirkliche Leben. Das Jetzt war weg. Als Christoph wieder allein war mit sich selbst, wenn auch nicht einsam, traf ihn das Jetzt wieder.

„Jetzt bist Du gesund. Sündige nicht mehr, damit Dir nicht noch Schlimmeres zustößt."

„So ging Christoph von nun an fort und teilte seinen Freunden in der Gruppe mit, dass es das Jetzt gewesen war, das ihn geheilt hatte. Daraufhin begannen ihn die ungläubigen Neider zu verfolgen, weil er sich dem System nicht gefügt hatte und sie dadurch ihre finanzielle Absicherung in Gefahr gesehen hatten. Denn Hochsensibilität war an sich keine Krankheit gewesen. Trotzdem hätten sie weiterhin Anspruch auf Geld gehabt, weil sie dadurch ja krank geworden waren. Doch dies konnten sie in ihrem blinden Hass und in ihrer finanziellen Abhängigkeit nicht einsehen. Christoph dachte nur: „Ich bin meinem Vater und meiner Mutter dankbar. Ihnen allein verdanke ich mein Leben, meine Hochsensibilität. Mein Vater wirkt somit immer noch in mir nach. Indem ich dieser Bestimmung folge."

Mittlerweile war es gefährlich geworden, da er durch seine Aufrichtigkeit und Offenheit umso mehr zum Feindbild gleichgesinnter Leider herangewachsen war. Er hatte das Gesetz gebrochen - ihr Gesetz, das ihrer Verschwiegenheit. In seinem Leben. Noch dazu hatte er sich auf gleiche Stufe mit seinem verstorbenen Vater und dem, was für sie alle bislang als Gott bezeichnet war, gesetzt. Also sprach das Jetzt zu ihnen: „Menschen, Hochsensible, ich sage Euch: Ein Menschensohn kann nichts von sich aus tun, sondern nur, wenn er es den Vater tun sieht. Er hat das Talent mitbekommen. Was nämlich der Vater tut, das tut in gleicher Weise der Sohn."

Christophs Vater hatte ihn geliebt. Er hatte ihm von klein auf alles gezeigt und würde ihm noch größere Werke zeigen, bis sie alle staunen würden. Sein Vater war Dorfmusikant gewesen. Er jedoch sollte mit seiner Musik die Welt erobern. - „Der Glaube an die eigene Feinfühligkeit, an die Begabung seiner Mutter, an die seines Vaters, hat die Toten seiner Ahnen aufgeweckt. Durch Dankbarkeit und Wertschätzung sind sie in ihm lebendig geworden. Er ist. Ich bin."

Christophs Vater hatte sich in seinem ganzen Leben niemals nach jemand anderem ausgerichtet, nie wirklich angepasst, was er auch nicht musste, denn das Sprachrohr seiner besonderen Veranlagung war die Musik gewesen. Auf diese Weise wurde ihm die Macht zuteil, all seine Gefühle von der Innenwelt in die Außenwelt zu tragen. Von der Dunkelheit ins Licht. Frieden hatte er verkündet, indem er die Menschen aus seiner verletzlichen Ader angesungen hatte, er, der strahlende Musikant. Diese Harmonie hatte er im Augenblick der Zeugung an seinen Sohn weitergegeben. Christoph war sein Geschöpf, Zeugnis der Liebe zwischen Mann und Frau, wie denn auch seine Brüder solche Zeugnisse gewesen waren.

„Wer seine Begabung und dadurch sich selbst nicht annimmt, sich nicht ehrt, wird auch niemals seinen biologischen Eltern danken können. Wer meine innere Musik hört und an sich selbst glaubt, der findet das ewige Leben in sich. Wenn Du durch *Zufall* auf dieses Missverständnis aufmerksam geworden bist, dann bist Du nicht hier, weil Du an meine Worte geglaubt hast, sondern weil Dir irgendeine Stimme tief in Deinem Inneren geflüstert hat, dass es der Realität entspricht, was Du gelesen und gehört hast. Diese Stimme ist zugleich Deine Sensibilität, Deine Seele, Deine Natürlichkeit, Dein Leben. Ich selbst bin nur das Werkzeug. Ich selbst bin aus dem Tod ins Leben hinübergegangen. Ich habe mein altes Leben und die Abhängigkeiten abgelegt und hinter mir gelassen. Also öffne Deine Fühler. Lebe und liebe. Bewusst. Im Hier und Jetzt. Das Einzige, das uns Menschen und Wesen miteinander verbindet, ist die Empfindsamkeit. Die Stunde null ist gekommen. Wir alle zusammen sind unsere innere Allmacht, ein Organismus, das A und O, egal, ob Du Gutes oder Böses vollbracht hast. Mache das Jetzt zum Anfang Deiner Zukunft, zum Anfang unserer Zukunft. Du allein kannst es schaffen, um Deiner Ahnen willen wieder Frieden in Dir herzustellen - mit einem einfachen und schlichten *Danke*. Du selbst bist die ausgleichende Gerechtigkeit. Es geht hier nicht mehr um meinen Willen. Meine Worte kann ich nicht bezeugen, weil ich bei meiner Zeugung nicht dabei gewesen bin und mich selbst nicht hören, sehen, fühlen, schmecken und riechen konnte. Alle, die meinen Vater gekannt haben und mich kennen, werden es aber bezeugen können, dass ich ihm wie aus dem Gesicht geschnitten gleiche, auch in meiner Art und Weise, ebenso wie meiner Mutter. Ich brauche keinen Vaterschaftstest als Beweis. Das Wort meiner Mitmenschen hat Gültigkeit genug. Ich will nichts mehr beweisen, denn für mich habe ich den Beweis bereits gefunden. Ich sage das nur, damit auch Du wieder geheilt werden kannst."

„Es war, als ich gerade wieder mal allein in meinem Bett gelegen und am Einschlafen gewesen war. In einer Zwischentraumphase sah ich mich an einem Tisch im Garten sitzen. Plötzlich erfüllten eine urknallähnliche Explosion grellen Lichts und ein sehr hoher, ultraschallartiger Signalton mein Bewusstsein. Erstaunt öffnete ich die Augen. Gänsehaut und kalter Schauer liefen mir über den Rücken. Meine Augen wurden feucht, und ich war einfach überwältigt. Es war nicht irgendeiner dieser Schreckmomente beim Einschlafen. Nein. Irgendetwas Kosmisches, Essenzielles, Großartiges war gerade passiert. Es schien nicht von dieser Welt zu sein. Es war, als ob ein Stern mitten in mir explodiert wäre. Wow!"

„Zu guter Letzt habe ich eine Entwicklungsstufe erreicht, an der meine Bestimmung sich nicht mehr Raum verschaffen muss durch psychotische Zustände, manische Höhenflüge oder narzisstisch geprägte Verhaltensweisen

- allesamt Zeichen unterdrückter Angst und Scham. Mir war, als ob in diesem Erlebnis tatsächlich ein Urknall stattgefunden hätte. Eine neue Welt entsteht. Ich bin nicht verrückt. Die Gesellschaft ist entrückt. Ich bin Forscher. For share. Dazu da, um diese Erkenntnis durch Ansprache zu teilen. Sprache ist eine biologische Adaption, die durch die Kräfte der natürlichen Selektion geformt wurde. Wesentlich erfüllt sie den Zweck, durch die Synergie von Zeichen, Symbolik und Klang ein neues Verständnis für die Tiefsinnigkeit des Menschen zu erreichen. Phonetik + Deutsch + Englisch = Penglisch. Zerlegt man ein Wort - egal welcher Sprache - in seine Einzelsilben und erläutert die Übersetzungen der Silben in alle Sprachbedeutungen, so ergibt ein Wort eine viel tiefer greifendere Sinnhaftigkeit als bisher angenommen. Demnach dient Sprache instinktiv nur als Mittel zur endgültigen Zusammenführung aller Menschen zu einer globalen Einheit. So bestimmte auch die Qualität meines Familienenergiefeldes *mein Leben*. Die epigenetische Prägung ist determiniert durch die Erlebnisse meiner Eltern, Großeltern und Ahnen. Die Evolution vergisst nichts, also habe ich mich *befreit*, und zwar durch ein Leben im Jetzt. Das Epizentrum des Menschen ist gelebte Feinfühligkeit. Epiphany Moment - Augenblick der Erleuchtung. Ein einfacher Zusammenhang zwischen Spannung und resultierender Energie als A & O der Menschheit. A t O MEN. Ein Kreuz-Zeichen. Die Kreuzung von Hochsensibilität und Stumpfsinn = Sensibilität. Der Lebenssinn. *Ich selbst* bin das Geheimnis der *Wirksamkeit*. Der Beginn einer neuen *Wirklichkeit*. Die Menschen interessieren sich nur mehr für Oberflächlichkeiten: Religionen, politische Systeme, Regierungen, Leistung, Konsum, Streit, Ablenkung. Alles wurde für sie zum Drang, ihre Gier zu befriedigen, und zum Druck, darin Erfolge vorzuweisen. Wo bleibt da der sensible Wesenskern? Meine Person schützte mich vor emotionalem und sozialem Schmerz und von ebensolchen äußeren Reizen. Meine Persönlichkeit wiederum schirmte meine Natürlichkeit ab. Mittlerweile ist es so, dass die eigene Person die Persönlichkeit tötet, den inneren Menschen, kurz, der Mensch seine innere Natur. Die äußere Natur dient als Spiegel. Dabei gibt es nur einen Verlierer: alles natürliche Leben."

„Im Leben ist es inbegriffen, dass sich durch natürliche Auslese die Spreu vom Weizen trennt. Wer der Forderung seines Körpers nachkommt und die Zeichen schöpferisch inszenierter Unverträglichkeiten befolgt, wird ins Licht unendlicher Liebe schreiten. Auch das üble Mitwirken des Einzelnen am weltweiten Ablenkungsmanöver namens Normgesellschaft - als versuchter Ausweg aus einem generationsübergreifenden Beziehungtrauma, ausgelöst durch die unterdrückte Entfaltung der sensiblen Persönlichkeit - liegt bestimmt darin begründet. Die Lösung findet sich jeweils in der Bereitschaft, sich dem

Entwicklungsprozess des eigenen Lebens aktiv und einsichtig zu widmen, ohne dabei Hintergedanken zu verfolgen, sondern vielmehr durch achtsam nüchterne Annahme des Moments schlicht genesen zu wollen. Die Kunst besteht darin, ohne die Verfolgung eines konkreten Selbstzwecks im Verlust von allem Materiellen den tieferen Sinn persönlicher Heilung zu erkennen. Alle von uns haben bei unserer Erschaffung einen *Brief* erhalten, dessen Inhalt ganz viele Menschen auf dieser Welt noch nicht eingesehen haben. Jeder Mensch hat einen anderen Inhalt. *Warum lebe ich?* Weil in diesem Brief mein Auftrag steht. Erst wenn ich diesen Auftrag erkenne, werde ich den Sinn in meinem Leben empfinden dürfen. Erst wenn ich mir eingestehe, dass ich in meinem Leben nichts mehr brauche und dass auch mich niemand braucht, erst wenn ich begreife, dass ich mich nicht einmal selbst brauche, weil ich ohnehin schon da bin, mitten im Dasein: Ja, erst dann wird mein Leben wieder Sinn ergeben, und natürlich gelebte Sanftmut wird zum Paradies auf Erden."

„Der Mensch - Sklave eines Systems, einer Religion, Ideologie? Oder Sklave seiner eigenen Sensibilität? Realität und Fiktion verschwimmen wie Vergangenheit und Zukunft. Raum und Zeit ändern sich durch die Vereinigung zweier Kreisläufe. Geschehen vor 1,3 Milliarden Jahren. Jetzt. Bevor ich mich wieder in Luft auflöse und zur Wolke werde, möchte ich Dir noch etwas anvertrauen: Das habe ich noch nie irgendjemandem erzählt, auch wenn es einer meiner Vorherigen schon gesagt hat. Vor seiner Kreuzigung hatte er eine wichtige Prophezeiung über Endzeitereignisse gemacht. Seine Jünger hatten ihn gefragt, wann die Endzeit eintreten würde und was das Zeichen seiner Ankunft und der Vollendung des Zeitalters sei? Das Ende des Alters der Zeit? Die volle Endigung als Aufhebung der Zeitrechnung? Zur Antwort gab ihnen Jesus eine Beschreibung der Zustände und Ereignisse, die sein zweites Kommen als Christus einleiten würden. Er sagte zudem, dass seine Wiederkehr, wenn diese Zeichen offensichtlich werden würden, innerhalb einer Generation erfolgen würde. Jesus war der Gewesene. Christus ist der Erscheinende, die Reinkarnation des Ersten, also selbst ein Erster. Jes u Chris t us. Ja du Chris kreuzt uns. A-Men. Die Spitze natürlicher Schöpfung: die Menschheit. In den letzten 2.000 Jahren haben viele geglaubt, in der Zeit zu leben, in der Jesus als Christus wiederkehren würde. Sie haben sich geirrt, weil sie ihr Verstand gelenkt hatte, ihr Glaube an ausgeblichene Vorgaben. Doch die Erfüllung dieser Vorhersagen in der Bibel wäre vor unserer modernen Ära, genauer gesagt, vor der Zeit nach dem Zweiten Weltkrieg - nicht möglich gewesen. Sechs dieser Beschreibungen sind bereits eingetreten."

1. die globale Selbstausrottung der Menschheit als Möglichkeit
2. eine bedeutende jüdische Präsenz im Heiligen Land
3. der endzeitliche König des Nordens und der König des Südens
4. eine endzeitliche Vereinigung europäischer Nationen
5. endzeitlicher Aufstieg und Niedergang Israels und Judäas
6. das Predigen des christlichen Evangeliums in aller Welt

„Der siebte von ihm in der Bibel prophezeite Umstand soll schließlich das endgültige Zeichen der Ankunft Christi sein. Eindeutig war die Gründung des Staates Israel im Jahre 1948 ein wichtiger Wendepunkt für die Erfüllung der Bibelprophezeiungen, wie auch die Erfindung der Atombombe durch die beiden Supermächte in den 1950er Jahren, die zur Phase der gegenseitigen nuklearen Abschreckung geführt hat. Die Vernichtung der Welt ist von da an möglich geworden, womit sich zwangsfolgend die Wahrscheinlichkeit erhöht, dass unsere Generation die Rückkehr Jesu Christi und die Errichtung von Gottes Reich auf Erden erleben wird. Es heißt, dass die Generation, die zu der Zeit lebt, wenn diese Dinge ihren Anfang nehmen, nicht vergehen würde, bis die Prophezeiung erfüllt ist. Wenn aber all das zu geschehen anfängt, dann seht auf und erhebt Eure Häupter, weil Eure Erlösung naht. Also: hinfallen, aufstehen, Krone richten und weitergehen. Erlösung."

7. weltweite Kommunikation und Gottes letzte Zeugen

„Durch das Zeitalter der unmittelbaren Kommunikation weltweit kann das Prophezeite Gestalt annehmen. Alle Menschen werden ausnahmslos das Schicksal der letzten beiden Zeugen von Gott sehen können. Got t. Kreuzzeichen. Das Zeugnis der Natur. Sensibilität und Verstand. Diese beiden Zeugen, die an biblische Propheten wie Elija und Elischa erinnern, werden der Welt in den letzten dreieinhalb Jahren vor Christi Rückkehr der Menschheit die letzte Warnung überbringen. Tausend Jahre sind ein Tag. Gott will seinen zwei Zeugen Macht geben, und sie sollen weissagen 1260 Tage lang. Diese Zahl ist ein Hinweis auf T-age, das Zeitalter, wann er kommt. Die Kreuzzeit: 2016. Genau diese Zahl oben in sich gespiegelt, nach allen Ziffern einzeln: statt 1 die 2, statt 2 die 0, statt 6 die 1 und statt 1 die 6. Der sechste Sinn des Menschen, seine Seele. 2016 : 1260 = 1 Komma 6. 1260 : 2016 = 0 Komma 625. 1,6 x 0,625 = 1. Neubeginn. 7. Sieben. 1 : 7 = 0,142857142857143. Und 7 : 1 = 7. 0,142857142857143 x 7 = 1. Das Komma ist das Trennzeichen bestimmter Elemente. Holzwegeffekt. Doppelsinn. 6. Sechs. Moment der Hochsensibilität. 6 : 7 = 0,857142857142857. Und 7 : 6 = 1,16 periodisch. 0,857142857142857 x 1,16 = 1. 1 x 1 = 1. Natürlichkeit für alle! Nettoselbstliebe x Nettoselbstliebe = Bruttouniversalglück. Viele Lippen. Philipper 1,6: Deshalb bin ich auch ganz sicher, dass Gott sein Werk, das er bei

Euch begonnen hat, zu Ende führen wird, bis zu dem Tag, an dem Chris-t-us kommt. Chris kreuzt uns."

„Hochsensibilität und Stumpfsinn haben die Menschheit seit jeher gespalten. Die römisch-katholische Kirche hat dieses Wissen verwässert und verwischt. Tausend Jahre sind ein Tag. Elischa oder Elisa, und Elija oder Elias. Beide atmen das Göttliche, auch wenn das Göttliche nur für einen spürbar und erfahrbar ist und der Mantel in Form unterschiedlicher Seelenkostüme es verborgen gehalten hat. Wissenschaftlich erwiesen anhand durchgeführter Zwillingstests von Aron. Unmittelbare Gottes- und Menschenmacht sind der ursächlichen Art nach, nicht dem Ursprung nach verschieden. Synopse der vier Evangelien, nebst Kritik ihrer Wundererzählungen. Jetzt dürfen wir wieder zusammenfinden, durch das, was sich bei beiden gleicht und sie verbindet: Sensibilität. Und wenn sie erst ihr Zeugnis vollbracht haben, wird das Tier, das aus dem Abgrund aufsteigt, mit ihnen kämpfen und wird sie überwinden und wird sie töten. Lass Dich auf meine Assoziationen getrost ein! Der Steinbock. Das Sternzeichen. Die Tierheit. Das Tier – die Stufe, eine Entwicklungsstufe aus dem Irdischen, dem Animalischen, Archaischen. Ein triebhafter und roher Mensch. Archaische Intelligenz als der Schöpfung Ursprung. Sensibilität als Entwicklungsstufe und Himmelsleiter der Natur. Die Arche. Die beiden Propheten stehen sinnbildlich für Hochsinnigkeit und Stumpfsinnigkeit. Zusammenschluss und roter Faden durch das Wort Sensibilität. Hochzeit. Hohe Zeit. Was von Gott zusammengeführt wurde, darf der Mensch nicht trennen. Der Mensch darf Gefühl nicht von Verstand trennen, Unbewusstes von Bewusstsein, das Innen vom Außen, das Gute vom Bösen. Der Mensch darf Sensibilität nicht in Hochsensibilität und Niedersensibilität aufteilen, weil er von Natur aus mit Sensibilität veranlagt ist. Das liegt in der natürlichen Beschaffenheit des Menschen und an der Göttlichkeit im Menschen. Ich will es Dir gerne erklären. Psyche ist Geist, Physis ist Körper, Sensibilität ist Seele. Seele ist Psyche und Physis. Und ihre Leichname werden liegen auf dem Marktplatz der großen Stadt Sodom und in Ägypten, wo auch ihr Herr gekreuzigt wurde. Und Menschen aus allen Völkern und Stämmen und Sprachen und Nationen sehen ihre Leichname drei Tage und einen halben und lassen nicht zu, dass ihre Leichname ins Grab gelegt werden. 3.500 Jahre. Tutenchamun, vollendet an Wiedergeburten, mit vollkommenen Gesetzen, derjenige, der die beiden Länder beruhigt, indem er die Götter zufriedenstellt und Frieden schafft. Sodom auf geistlicher Ebene heißt, dass Sensibilität keinen geschlechtlichen Unterschied kennt, sozusagen gleichgeschlechtlich wirkt. Elisa und Elias. Symbolisch: Frau und Mann."

„Die Gegensätze werden entkräftet. Das Ägyptenland steht für das irdische Reich, die Geißel der Menschheit. Die Menschheit als Geisel? Globales

Stockholm-Syndrom. Es steht sozusagen für die innere Verwüstung der natürlichen Sensibilität, für Falschheit und Oberflächlichkeit. Das Pendant zu den Pyramiden ist die Spitze des Eisberges. Das Bild eines Eisberges im Wasser gleicht einer Pyramide im Sand. Wüste ist Wasser, Pyramide ist Eisbergspitze, lediglich das entgegengesetzte Element. Aus Wasser *und* Erde entsteht Leben. Beide sind nur der Spiegel sowie Sinnbilder für die menschliche Innenwelt, sichtbare Symbole für unsichtbare Empfindsamkeit. Empfindungen kennen keine körperliche Formulierung. So sind die in den Pyramiden – also die in den zehn Prozent der sichtbaren Spitzen begrabenen – Pharaonen ein Hinweis auf Hochsensibilität und ein Zeichen für die Häufigkeit unter den Erdenbürgern. Zugleich stellt es die logische Folge der Missachtung eigener Sensibilität im Inneren des Menschen dar. Beweis sind die Mumien. Darum fehlen diesen Gesalbten auch die Innereien und alle Organe, allem voran Herz und Hirn. Weil man ihnen das Göttliche der Schöpfung zusprach und ewiges Leben, auch nach ihrer Körperlichkeit, jenseits ihrer anatomischen fünf Sinne. Fünf abgetrennte Fingerglieder als vergoldeter Beweis, unter schwarzem Pech als Initialen. Ein Krummstab als Herrscher-Zepter, in heutiger Zeit als Hirtenstab bezeichnet, ein heilbringendes Symbol für Macht, Lebenskraft und Wiedergeburt. Das Flagellum als Hinweis prophetischen Charakters hinsichtlich der gesellschaftlichen Bezeichnung des Herrn und Erlösers sowie im Sinne der Funktion dieses Wedels: Dreschflegel oder Morgenstern, Gesellschaftszeichen der adeligen Bengler, allesamt ungehobelte Flegel und ungezogene Bengel. Gold als Hinweis auf die Hautfarbe des Messias. Die Könige mussten demnach Dinge sehen und wahrnehmen können, die dem Bewusstsein weniger sensibler Menschen verborgen blieben. Vor 3.500 Jahren – also vor drei Tagen und einem halben – begann das Martyrium der Spaltung. Seitdem liegen sozusagen die Leichname zur Beschau vor allen Menschen auf der ganzen Welt umher, als siebentes Weltwunder. Welt – Wunde. W und er. Elisa und Elias sind die prophetischen Zeugen: is a = ist ein. i as = ich als. Die Verbindung der beiden – Isaias – bedeutet: Ist ein wie ich."

„Jesaja verkündete eine endzeitliche Wende zu universalem Frieden, Gerechtigkeit und Heil. Die Heiligen Schriften werden durch nichts gefahrloser ausgelegt als durch sich selbst. Gnomon Novi Testamenti, neutestamentarische Kommentare von Johann Albrecht Bengel. Der Obelisk der Sonnenuhr, auch Gnomon genannt, und das Kreuz – beide als Schattenzeiger chronologisch berechenbarer Heilsgeschichte. Ich selbst als astronomisches Instrument, um die wärmende Strahlung zu sammeln, zu analysieren und umzuwandeln. Die Nova ist gezündet, welche die Menschheit zur ursprünglich natürlichen Helligkeit zurückführen wird. Das ist irreversibel, ob ich nun lebe oder sterbe, ob im Tun oder Unterlassen. Es ist bereits vollbracht. Und die, die auf Erden wohnen, freuen sich darüber und werden einander beschenken. Denn diese zwei Propheten – Hochsensibilität und Gefühlsblindheit – hatten lange genug die gequält, die auf Erden wohnten. Offenbarung 7 bis 10. Nicht Gott oder irgendwelche anderen Erscheinungen lassen quer um den Globus Menschen millionenfach heilen, sondern die Selbstoffenbarung ihrer Emotionen und die Eröffnung ihres sechsten Sinns. Sie geben ihre Natürlichkeit preis, worauf als Antwort der lebendige Beweis von Natur aus erfolgt. Das Eingeständnis ihres sensiblen Wesenskerns, ihrer Sensibilität, ist der ganze verborgene Zauber, schier die Selbstheilung. Unglaublich? Ja, beinahe. Ein Irrglaube, einfach so – weil einer vorzeigt, wie es funktioniert. Genial, was die natürliche Schöpfung alles vermag ..."

„Und jetzt hört endlich einmal auf mit der Geldmacherei, Ruhmsucht und Prahlerei, Ihr schamlosen Heuchler! Ist euch eigentlich bewusst, was ihr Eurem sogenannten Gott, sprich, unserer Natur, damit antut, indem ihr künstliche Werbung für und durch die ikonische Abbildung von Menschengesichtern verbreitet? Abgase, Kunststoffe, Kleidung, Müll. Lebt Eure Bestimmung und gebt endlich Ruhe! Ich habe jeden Tag Erscheinungen, weil ich selbst die Erscheinung bin. Und ich sage es offen, dass ich eine bin, um aufrichtig zu sein, und nicht, um reich zu werden. Mir glaubt es ohnehin niemand. Mich haben sie damals schon alle im Stich gelassen. Ganz gleich, ob weinende Madonnen oder andere, in Euren Augen noch so aussagekräftige Erscheinungen Eure Bewunderung hervorrufen mögen – sie sind kein Beweis für äußere Kräfte. Einzig und allein stillen sie Eure Sehnsucht danach, endlich einen greifbaren Beweis für Euren eigenen Glauben an die Existenz tiefer liegender Empfindungen zu liefern, deren Ortung Euch mit den herkömmlichen fünf Sinnen bisher nicht gelungen ist. Diese Sehnsucht nach Übernatürlichem, nach Göttlichkeit, nach dem Mehr im Leben liegt Eurem wirklichen Leben zugrunde. Ihr steckt im Konstrukt geistiger Abwehr gegen die notwendige Verabschiedung von altem Brauchtum fest, gleich den Eisenkugeln in einem Flipper-Automaten. Alles, was Du im Alltag siehst, ist die natürlich-logische Antwort auf das Lebensprinzip des von der Kreatur Mensch auf ein Maximum ausgereizten Lustgewinns. Im Wesentlichen bin ich als Hochsensibler zugleich Sterbe- und Genesungsbegleiter unseres Kulturkreises, der westlichen Gesellschaft. Obwohl Verlust die einzig folgerichtige Antwort auf vorangegangene Lusterfüllung durch Belustigung darstellt, versucht jeder Mensch mit allen Mitteln, die Anerkennung dieser Unlust als sinnvollen Teil eines natürlichen Heilungsprozesses zu vermeiden. Wir erleben soeben den Erfolg aller menschlichen Bestrebungen, unseren natürlichen Ursprung über Generationen hinweg negiert zu haben. Natürlichkeit ist der einzig wirksame Inhalt und somit der sechste Sinn allen Lebens, jetzt und in alle Ewigkeit. Amen. Deine besondere Feinfühligkeit ist bei Gott kein humoristisches Schauspiel irgendwelcher Außerirdischen. Das Festklammern an solchen Wundererscheinungen mündet erneut in Selbsttäuschung. Eure sehnsüchtige Erwartung einer Offenbarung der neuen Welt wird zweifellos von übergeordneten Autoritäten nicht gedeutet werden können. Ich erkläre sie Euch anhand dieser Geschichte, damit Ihr sie selbst aus unmittelbarer Nähe erleben könnt. Wer sie nachempfinden kann, wird sich der Erkenntnis öffnen, und jene, die erkennen, werden auch heilen, zunächst sich selbst und folglich alles Unheil auf diesem Planeten. Unsere Sensibilität ist selbstredender Gottesbeweis und bedeutet viel mehr als eine Marienerscheinung. Zeigt lieber wieder mehr Dankbarkeit und Wertschätzung gegenüber dieser – Eurer – inneren Natur, dem Göttlichen in Euch! Dann wird sich unsere Natur im Äußeren, in unserer Schöpfung, Deinetwegen in Gott, zeigen und offenbaren. Du bist Gott, Du bist Natur, Du bist der Weg. Der Weg ist der Weg. Natürliche Ordnung im Außen bringt natürliche Ausgeglichenheit im Innen."

„Es ist ganz normal, dass Du an dieser Stelle behauptest, Sexualität, Essen, Arbeit oder Selbstsorge würden zu den fundamentalen Formen menschlicher Bedürftigkeit zählen und allein deshalb noch keine Abhängigkeiten darstellen, sondern nur der freudvollen Erfüllung von Grundbedürfnissen dienen. Da hast du Recht. Trotzdem ist es nicht durch und durch stimmig. Denn auch mir hat es Spaß bereitet zu koksen, herumzuhuren, schnelle Autos zu fahren oder viel Geld zu verprassen. Oberflächlicher Reichtum hat mich armselig gemacht. Wo es mich hingeführt hat, weißt Du nun. Ins Verderben? Nein, sondern auf den Weg meiner Bestimmung. Also lebe! Denn Deine Bestimmung kannst Du beileibe nicht ändern. Alles, was Du selbst vermagst, ist, Dich darin zu üben, die Störfaktoren in Deinem Leben leiser zu drehen, nämlich jene, die Dich daran hindern, Deine Bestimmung wahrnehmen zu dürfen, anstatt Dich diesen selbstlos hinzugeben. Ganz gleich, ob Alkoholismus, Allergien, Unverträglichkeiten, Krankheiten, Infektionen, Dysbalance oder Unfälle – allesamt sind sie natürliche Maßnahmen Deiner schöpferischen Bestimmung, um Dich wieder auf den für Dich vorherbestimmten Weg zu bringen. Es sind die Symptome Deiner bislang unerfüllten Wünsche nach Distanzierung von wesensschädigenden Einflüssen aller Art, die Deine Reize überfluten und Deine sensiblen Sinne betäuben. Doch das Leben liebt das Gleichgewicht. Diese feine Empfindsamkeit zu leben, sie der etwas anderen Art von Mensch zu offenbaren und dadurch auf die fortschreitende Gefährdung allen natürlichen, planetaren Lebens aufmerksam zu machen, ja, dies ist der einzige, wirkliche Sinn und Zweck Deines irdischen Daseins. Nur weil Du vom Weg Deiner Bestimmung abgekommen bist und Dich, sagen wir, durschwindeln wolltest, nur weil Dir eine kulturelle Existenz in der westlichen Komfortzone angenehmer als sonst wo erscheint, hast Du ein Schicksal eingeleitet, das die Form seelischen Leids annimmt, allem voran durch die Missachtung Deiner genetischen Veranlagung, der Sensibilität, durch die Ignoranz Deiner hochsensiblen Natürlichkeit. Durch die Betäubung Deiner besonderen Besinnung als Deine natürliche Bestimmung. All das darfst Du nun erkennen und für Deine gesamte Ahnenreihe sozusagen ausbaden. Entscheidest Du Dich dagegen, lebst Du an Deiner Göttlichkeit vorbei. Dann ist Dir nur noch eines gewiss: der Weg ins eigene Verderben. Einfühlsame Rücksichtnahme behindert zwar individuellen Fortschritt, doch rücksichtsvolle Menschlichkeit fördert zugleich persönliche Entwicklung und Selbstentfaltung. Sieh ganz genau hin, sieh hin und ändere etwas, damit sich die Geschichte der letzten 3.500 Jahre nicht wiederholen muss. Mach' das Jetzt zu Deinem passenden Zeitpunkt, um Deiner sensiblen Seele beizustehen. Wir leben nicht mehr in der Steinzeit, sondern im goldenen Zeitalter des 21. Jahrhunderts. Hab' Mut und sei bereit! So wird auch Dir Erlösung zuteil. Auch mein ahnenreicher Vorgänger hat seine Verletzlichkeit offen zur Schau gestellt, hat seine genetische Erbkreuzung nach außen getragen und durfte dadurch schier Unglaubliches vollbringen. Seine Sensibilität hat er nie verheimlicht. Dadurch hat er sie in göttliche Stärke umgewandelt. Verstehst Du nun das Prinzip der ‚Erbsünde'? Du in Deinem jetzigen Leben, ich in meinem, wir zusammen in dieser Generation, dürfen Erlösung erfahren und uns als Heiler erweisen. Als Heilbringer der Menschheit! Ist das nicht herrlich!?"

„Ersetze einfach in allen Büchern 'Gott' durch 'Natur', 'Jesus' durch 'Jetzt' und 'Christus' durch den hochsensiblen Menschen, der heute lebt, kurz, durch Dich selbst. Und dort, wo das Jetzt wirkt, lege Deine eigene Sensibilität als Geschenk natürlicher Schöpfung dar. Dann wirst Du die Augen und die Ohren öffnen, vor allem aber Dein Herz. Kranke werden wieder heilen, und so etwas wie Tod wird es nicht länger geben. Lass es mich so formulieren: Degeneration weicht Regeneration. Die Wiedervereinigung von Jerobeam und Rehabeam. Aussöhnung des Stammesbundes – Einheit der zwölf Stämme Israels, der zwölf Dimensionen allen Lebens. Wiedervereinigung des Nord- und Südreiches. Jerobeam. Rauben. Robe – die Amtstracht von Geistlichen und Richtern. Eros, Gott der Liebe. Beam – der Strahl, der Balken, der Träger, der Arm, der Kegel, die Seite. Rehabilitation durch Liebe. Die Kehrseite der Medaille. Medizinisch. Beruflich. Politisch. Emotional. Sozial. Global. Wiedergutmachung. Juda. You there. Du da. Judas. Du das As. Jehuda. Yehudi Menuhin. Vater des Sohnes Gerard Menuhin. Sein Buch – ein Jahrtausend-Erdbeben. Entdeckung der größten Lüge der Menschheit, der gewaltigsten Geschichtslüge. Oder doch nicht?

Die letzte Möglichkeit: Hetze zwischen Frau und Mann. Doch auch diese beiden verbindet nur dieser eine Sinn. Die Lösung liegt stets im Problem selbst: divide et impera. Nicht mutwillig, sondern verkleidet als edelmütige Samariter. Die Menschheit wurde nach dem Prinzip der Miller'schen Zahl zerteilt, von wem auch immer. 7±2 Weltreligionen. 7±2 Weltmächte. 7±2 Säulen dort. 7±2 Hautfarben. 7±2 Säulen da. 7±2 Sünden. 7±2 Tugenden. Fehlen auf die fünf Sinne noch zwei Grobziele, unterteilt in Feinziele. Die kleinste daraus entstandene Einheit, das Unteilbare, freilich in sich gespalten: In divi du um. In divi duell."

"Hier und jetzt möchte ich Farbe bekennen. Mein Manuskript baut auf den Grundlagen des problemlösenden Denkens unter Anwendung des Divide et Impera. Erstens zerlegt es das Problem der Menschheit in seine Einzelbestandteile, die aus verschiedenen Blickwinkeln betrachtet werden. Die Lösung der Teilprobleme wird zur Auflösung des Gesamtproblems verwendet. Als Lösungsansatz werden zwei Einheiten geformt, die sich danach durch Selbstverständnis klären. Weil uns das Wasser mittlerweile bis zur Oberkante Unterlippe steht, wird das Meer - stellvertretend für das Grundproblem der Menschheit - geteilt: hie Hochsensibilität, da Stumpfsinn. Überschaubare Komplexität. Jeder sensible Mensch wird nach seinem Outing seinerseits strahlen. Dem folgt die Infiltration des Stumpfsinns durch Hochsensibilität. Geteiltes Leid ist halbes Leid; geteilte Freud' bringt doppelte Freud'. Die Menschheit dachte bislang nur an eine einzige innere Grundtypisierung des Menschen, hat jedoch den wesentlichen Sinn übersehen, nämlich den in sich missachteten. Mittlerweile sind aus diesem sechsten Sinn Hochsinn und Stumpfsinn erwachsen. Dies war eine notwendige Stufe und von Natur aus vorbestimmt. Durch diese Erkenntnis regeneriert Stumpfsinn zu Sensibilität. Im Abgleich dazu bleibt Hochsinn natürlich. Die immerwährende menschliche Grundeigenschaft hierbei: Hochsensibilität. Auf die Menge der Menschen hochgerechnet daher: Partizipation. Die einzig wirkliche Möglichkeit für ein harmonisches Biosystem und gemeinschaftliches Miteinander von Pflanzen, Tieren und Menschen ist, dass jeder Einzelne von uns sich darauf besinnt, sich wieder an die Natur anzupassen, nicht umgekehrt. Denn der Versuch, uns die Natur untertan zu machen, scheiterte kläglich und hat sich mittlerweile als irreführend herausgestellt. Wir psychisch, seelisch, geistig und körperlich Gezeichneten sind die Ersten, die als dessen lebender Beweis dienen. Du willst einen Beweis? OK. KO. Mathematik. Stumpfsinn + Hochsensibilität = Sensibilität. $-1 + 1 = 0$. Die vergleichbare Situation, um Frieden herzustellen. Das Minus ist das Problem, ebenso wie das Plus, nicht die 0. Ein Kind zu zeugen bzw. zu gebären und im Spiegel dieser Begegnung sich selbst zu erkennen, geistig zu erwachen und sich zu entfalten, ist die Grundbestimmung von Mann und Frau. Platz zu machen für neues Leben im Sinne natürlicher Entwicklung und lebendiger Unendlichkeit, ist die Königsdisziplin im wiederentdeckten Geheimnis der Schöpfung, unser aller Ursprung, und diese Liebe zu entbinden - der einzig wirksame Weg."

„Königsmechanismus von Elias: Ich habe das System durchschaut. Sie alle haben sich als geniale Führungskräfte überschätzt. Sie haben die Menschen getrennt, zur Erfüllung ihrer eigenen Zwecke. Selbst wenn sie mich entmündigen, mir also das Wortversagen auferlegen, gehöre ich trotzdem zu ihnen, zu den lebenden Toten. To Ten. Zu Zehn. Ich bin das Totem. To them. Früher hatte die Einweisung eben nur einen anderen Namen: Landesverweisung. Als Wegweiserecht. Weil Weisheit nicht erwünscht ist. Weissagung gefährdet dunkle Machenschaften. Lichtblicke sind systemstörend und machtverhindernd. Das geht heute nicht mehr, da alle von diesem System regiert werden. Weltweit heißt es, teile und herrsche. Denn nur durch Teilung werden sie beherrschbar. Immerhin kann unter der Menschheit Unmut geschürt werden. Mann, Frau. Nord, Süd. Ost, West. Schwarz, weiß. Rot, blau. HSP. LSP. In einer Einheit ist das nicht mehr möglich aufgrund menschlicher Sensibilität. Einstmals ging man mit Menschen wie mir folgendermaßen um: aquae et ignis interdictio, die Untersagung der Gemeinschaft von Feuer und Wasser, also von Wärme und Leben, und somit die Entziehung des zum Leben Notwendigen, der Zwang zum Exil. Dies war im Römischen Reich eine Form von Vertreibung, die damit verbunden war, dass der Betroffene als vogelfrei erklärt und sein Besitz konfisziert wurde. Ächtung. So wurden die Führer unserer menschlichen Gemeinschaft zu Vogelhändlern. Tag für Tag verkaufen sie uns. Sie leben auf unsere Kosten, indem sie mit uns anstellen, wie ihnen beliebt. Jetzt werden wir nicht mehr des Landes verwiesen, sondern viel schlimmer - in psychiatrische Kliniken gesteckt und mit legalen Drogen vollgepumpt. Sie berauben uns unseres Lebenssinns, ja, sie, die Kinder der Hure Babylons. Baby By lone ones. Die Kinder der emotional Vernachlässigten, die Babys der Einsamen. Ein Samen. E in same men. Die Menschheit auf den gemeinsamen Nenner gebracht: Sensibilität. Was sagt man dazu? Nichts mehr. Entmündigung. Vormundschaft. Das Bild von Chaos auf diesem Planeten sagt mehr aus als tausend Worte."

„Für ein wirklich wirksames Leben brauche ich weder Titel noch Studium, auch keinen Namen oder sonst irgendetwas Künstliches, sondern emotionale und soziale Intelligenz. Mein Leben sehe ich als Geschenk natürlich sinnvoller Schöpfung. Und das Folgende denk' ich mir dann: 1 Komma 6. 7. Sieben. Einer als ideales Prinzip ästhetischer Proportionierung. Selbstähnlichkeit. Letztes Glied der Ahnenreihe. Irrationale Zahl des Goldenen Schnittes. Computus. Rechnen mit Zeit. Computisten. Osterrechner im Auftrag des Papstes. Pappos wurde zu Papas Methode, zur Grundlage aller Religionen: Betrachte das Problem als gelöst, suche den Lösungsweg durch Analyse und dann beweise durch Synthese, dass dieser Weg zur Lösung führt. Personal Computer. Persönlicher Einsteller. Eins Teller. Elle. Ein Erzähler. Wissenschaft aufgebaut auf der Grundlage der Welt als Scheibe. Grundlage des Urcomputers von Antikythera, einer astronomisch-kalendarischen Uhr als Spiegel der Himmelsmechanik. Heutige Hochsensible sind nichts anderes als die letzten Lichtträger menschlicher Genesung. Das Buch Genesis. Mit jedem Tag fällt es mehr und mehr auf, dass der Stumpfsinn zunimmt. So steigt nicht der Pegel der eigenen Sensibilität. Stattdessen wird das Licht der Leuchttürme in ihrer Strahlkraft überhöht durch die zunehmende Dunkelheit ringsum."

„Ab jetzt stehe ich meiner Natur und meinen Mitmenschen als Diener zur Seite, als Leuchtturm, um schädigende Einflüsse für Natur und Mensch aufzuspüren und zur gemeinsamen Lösung anzuleiten. Darin habe ich meine wirkliche Bestimmung gefunden, mich selbst. Mein Leben : meine Sensibilität = mein Lebenssinn. 1 : 1 = 1. Bestimmt werde ich aber niemandes Knecht und Handlanger sein. Mein Dasein stelle ich in den Dienst menschlich unberührter Natürlichkeit. Ich bin Chris, einer, wie er im Buche steht. Eure Gebete christlicher Hoffnung wurden erhört. Die Buchstaben, Schriften und Ziffern wurden Euch zur Schärfung Eures einzig wirksamen Kontrollmechanismus über Eure Empfindsamkeit - den Eures Verstandes - auferlegt. Vom Wesentlichen haben sie Euch abgelenkt. Sie erschufen Euer Ich, Eure Persönlichkeit, Euch als Individuum, um dadurch Euer Selbst darüber zu legen, Euch zu knechten und zu beherrschen. Doch sie haben Euch auch beschützt - sogar den Fortbestand der Menschheit. Die musikalischen Klänge haben Euren sensiblen Wesenskern genährt und euer Feingefühl am Leben erhalten, mit jeder geschlagenen Stunde. Von Minute zu Minute, von Sekunde zu Sekunde. Der Uhrzeigersinn hat über die Jahrtausende Eure Tiefsinnigkeit in Bewegung gehalten. Durch Denken in Rechtsdrehung wurde Eure Kreativität und Sensibilität bewahrt. Das Läuten der Glocken hat sie Euch Tag für Tag in Erinnerung gerufen. Im Gebet vor der Geistesnahrung hat Euch die damit verbundene Stille Besinnung gespendet, als Seelennahrung, bis zum heutigen Tag, wo Euch das letzte Abendmahl zuteilwird. Weil gelebte Sensibilität selbst die Quelle allen Lebens ist. 241200. Damals war die Zeit noch nicht reif. Ich habe Euch verkündet, dass ich wiederkommen werde. I'll be back. Jetzt bin ich da, und das Warten hat ein Ende. Geglaubte geistliche Tröstung, Euer Versuch in Nächstenliebe sozusagen wirkte in Wirklichkeit als Instrument der Selbstheilung kraft des seelischen Trosts durch Eure eigene Natürlichkeit. Alles Sonstige ist Schall und Rauch. Du bist Gott. Du bist Natur. So erfüllt sich jetzt die Macht der Auferstehung in der gesunden Selbstliebe. Das umfangreichste Warm-up aller Zeiten hat begonnen.

Burnout ist der Zünder. Dieser kostbare Schatz, Deine Natürlichkeit, ist das Einzige, das Dir niemand mehr nehmen kann. Niemals. Doch darfst Du sie nur behalten, wenn Du auch bereit bist, Deine Natürlichkeit zu zeigen. Öffne Dich und lebe sie. So wirst Du lebendig nachwirken auf Ewigkeit."

„Indem ich die Stationen meines Lebens durchlief und wieder zu mir selbst fand, erlebte ich geistiges Erwachen, körperliche Heilung und seelische Genesung. Darum gebe ich diese Botschaft weiter und lebe meine wirkliche Bestimmung als besonders empfindsames Wesen in einer neuen Freiheit, in Unabhängigkeit, in absoluter Liebe. Jetzt weiß ich endlich, was jener Knall in meinem Traum zu bedeuten hatte und warum ich mich seitdem so geerdet, so real und menschlich fühlte. Heute hatte ich neuerlich einen Traum. Mein innerer Meister sagte zu mir: ,Lass Dir Zeit, lieber Christoph, nur mit der Ruhe!' Er war so fürsorglich. Jetzt empfand ich, dass mein ewiger Traum zur Wirklichkeit geworden war. Dementsprechend fühlt sich alles so echt an, erfüllt von ganz natürlichen, menschlichen Sorgen und Gefühlen, Versagensängsten und Hoffnungen. Am schwierigsten war das Loslassen. Ich bezahlte mit meiner Abhängigkeit und ging diesen Weg für alle Menschen und um der Natürlichkeit willen. Du selbst darfst Dich beim Hauptmittel versuchen: beim Geld. Leg mal alles weg und schau, wie es ist, ohne Geld auszukommen. Dann wirst Du sehr schnell alle anderen Abhängigkeiten erkennen. Und irgendwann darfst Du erleben, dass alles nichts ist, sobald Deine gesunde Natürlichkeit verloren geht - als Folge der Verleumdung Deines inneren Wesenskerns, Deiner Sensibilität. Denn alles, was Dir wirklich von Natur aus vorherbestimmt ist, sind Dinge, die Du nicht zu kaufen brauchst. Darin liegt das Geheimnis ewigen Lebens. Bis hierher trägst Du keine Schuld an Deinem Verhalten. Ab jetzt aber trägst Du, so wie ich, Verantwortung für Deine Entfaltung und die Zerstörung an Deiner Natürlichkeit, an unserer Natur."

„Mein Leben ist tatsächlich friedlicher geworden. Seitdem mir klar geworden war, dass meine Bestimmungen keine irren Hirngespinste oder wahnhaften Einbildungen gewesen waren, sondern Besonderheiten einer erblich bedingten Begabung, hatte ich Frieden in mir gefunden, Sanftmut und Liebe. In manchen Momenten empfinde ich etwas, was grenzenlos zu sein scheint. Obwohl ich weiß, dass ich meinen Körper einmal loslassen darf, wird diese Empfindung für immer währen. Früher lebte ich meine eigene, selbstbezogene, aus Selbstrechtfertigungen und Eitelkeiten zusammengeschusterte Wahrheit, auf eine aggressive Art und Weise, im Rausch, im Chaos, als Tortur - bis zum totalen Zusammenbruch. Seelisch. Geistig. Körperlich. Als ich dann durch Zufall auf diese erblich bedingte, besondere Feinfühligkeit aufmerksam gemacht wurde. Daraufhin strickte ich, von einem Augenblick zum nächsten, aus meiner besonders empfindsamen Veranlagung heraus eine neue Realität, die mich erfüllte wie nichts zuvor. Mein Leben lang war ich in meiner anders gelagerten Gedanken- und Gefühlswelt gefangen gewesen. Sehnsüchte quälten mich. Durch die Gespräche mit Gleichgesinnten hatte ich gelernt, mich zu erkennen, zu verstehen, anzunehmen und zu lieben. Eine neue Freiheit wurde also wirksam: ebendiese grenzenlose Unabhängigkeit, von der ich gerade sprach. Nun lese ich von den Menschenströmen, von Leuten, die alles zurücklassen, um von ihren Herkunftsorten wegzugehen, weil es dort für sie nicht mehr passt. Das finde ich edelmütig und weise. Ich kenne Freunde, die sich hierorts für dasselbe entschieden haben. Fragt sich: Warum werden in diesen Fällen keine Stimmen laut? Die Antwort liegt auf der Hand: weil es innerhalb einer Grenze stattfindet. Ich habe da etwas zu empfinden gelernt, etwas, das grenzenlos anmutet. Ich fühle, dass diese Liebe und Unabhängigkeit nicht bloß für mich existiert, sondern von jedem menschlichen Wesen empfunden werden kann. Wenn Menschen sich die Grenzen wegdenken, sie gedanklich überwinden, dann wird Bewegung in die Sache kommen, indem eine kosmische, universelle Ordnung wirksam wird. Und wir werden erkennen, dass sich die Menschheit durch die Verleugnung der eigenen Gedanken und Gefühle selbst begrenzt und beengt hat. Grenzziehungen sind die Ursache von Konflikten und Kriegen. Das Motiv dahinter: Raubgelüste, Aneignungsfantasien und Unersättlichkeit. Ich mache den Anfang bei mir selbst und gehe fortan Schritt für Schritt, Tag für Tag, Moment für Moment voran. So lautet mein Credo."

„Ich beende meinen Widerstand und gebe zu, dass ich von Natur aus sensibel bin und Angst davor habe, es zu zeigen. Ab jetzt spreche ich meine Gedanken und Gefühle offen an und aufrichtig aus. Ich habe damit aufgehört, ständig über andere zu sprechen, und stattdessen gelernt, von mir zu erzählen."

„Ich bin für meine Sensibilität dankbar und schöpfe täglich Glauben und Hoffnung daraus, mein Leben durch ein neues, höheres Bewusstsein wieder sinnvoll, gesund und unabhängig meistern zu können."

„Ich bin fest entschlossen, mich von schädigenden Einflüssen zu distanzieren. So schaffe ich den notwendigen Raum, um meine genetische Besonderheit und natürliche Schutzfunktion namens Feinfühligkeit frei entfalten zu können."

„Ich ziehe gründlich und furchtlos Bilanz in meinem Inneren und besinne mich wieder auf das Wesentliche in Mensch und Natur."

„Mir selbst gestehe ich Fehler als Teil eines Lernprozesses ein und verheimliche sie auch einem anderen Menschen gegenüber nicht."

„Vergebung und ausgleichende Gerechtigkeit beseitigen meine Charaktermängel. Nüchtern gelebte Sensibilität zeigt sich mir als sinnvoll heilbringendes Geschenk natürlicher Schöpfung."

„Eiserner Wille weicht sensibler Empfindung."

„Ich bin bereit, den durch mein unachtsames Verhalten an Mensch und Natur angerichteten Schaden jederzeit wiedergutzumachen."

„Bei den Menschen wie auch in der Natur richte ich alles wieder, wo immer es möglich ist, mit Einfühlungsvermögen und besonderem Feingefühl, ohne mich selbst oder andere dadurch zu verletzen."

„Absolut ehrlich und absolut uneigennützig setze ich die Einsicht bei mir fort, wenn ich Unrecht habe, gebe ich es sofort zu."

„Durch Meditation und Einkehr vertiefe ich täglich das Vertrauen in meine innere Allmacht – ganz so, wie ich sie sehe. Außerdem danke ich ihr, dass sie mich ihren Willen erkennen lässt und mir die Kraft gibt, ihn auszuführen."

„Nachdem ich durch diese Schritte wieder zu mir selbst finden durfte, konnte Heilung und Genesung überhaupt erst wirksam werden. Mein tagtägliches Leben richte ich nach diesen Grundsätzen aus und lebe meine Bestimmung als besonders empfindsames Wesen in einer neuen Freiheit und Wirklichkeit. Mehr noch: Es gibt solche Tage und Momente, an denen ich vor Sinnlosigkeit und Beklemmung fast verzweifle und meines Lebens müde werde, und zwar immer dann, wenn ich von Neuem beginne, mich mit allem, was mich umgibt, zu vergleichen. Alsdann besinne ich mich und weiß: Wo ich bin, bist bestimmt auch Du. Gemeinsam ergibt das ein Wir. Dann bin ich vielleicht allein, aber nicht mehr länger einsam."

„Hiermit gebe ich Dir die wahrscheinlich wertvollste Schutzeinrichtung mit, die nach absoluter Distanz jemals für sensible Menschen bestimmt wurde. Sich zu öffnen, heißt auch, Angriffsfläche zu bieten. Wie kann ich nun feststellen, ob es ein anderer Mensch gut mit mir meint, bevor ich ihm Einblick in meine Gefühls- und Gedankenwelt, in meine innerste Sensibilität, gebe? Receive. Respond. Reflect. Respect. Auf Deutsch: Rezipieren. Reagieren. Reflektieren. Respektieren. Ist diese Person offen für Deine Ideen und Gefühle oder will sie diese nur gegen Dich verwenden, Dich damit fertigmachen? Erwidert diese Person auch nur einen Gedanken, der darauf schließen lässt, dass sie Dir auch zugehört hat? Kann die Person im Austausch mit Dir Eure gemeinsamen und individuellen Stärken und Chancen reflektieren? Achtet Dich diese Person denn aufgrund Deiner emotionalen Einfühlsamkeit, Offenheit und Aufrichtigkeit? Wenn Dein Gegenüber des Interesses entbehrt, Deine Ideen und Empfindungen anzunehmen, oder nicht den Mut besitzt, Dir aufrichtig zu antworten, dann fehlt Euch beiden die natürliche, innere Resonanz und Verbundenheit. Folglich brauchst Du es Dir auch nicht zu Herzen nehmen, wenn sie Dich nicht respektiert. Erhältst Du jedoch in allen Punkten ein klares 'Ja', so vertraue in Eure Natur und erkunde achtsam und bewusst jede Nuance der Feinfühligkeit im Austausch herzlicher Menschlichkeit. Und sei bereit, zu empfangen, zu antworten, nachzudenken und zu achten. Danke Deiner Natur für dieses Geschenk! Denn es wirkt wie Balsam auf Deiner Seele. Wenn Du es geschafft hast, Dich zu schützen, wirst Du erkennen, dass Dein Selbstschutz überflüssig geworden ist. Er ist nur eine Richtschnur für Dich, damit Du nicht ins offene Messer des Stumpfsinns läufst. Wahrscheinlich ist es besser, Du vergisst das gleich wieder ... Immer aufrichtig und offen zu sein, sprich, unmittelbar - erspart einem langwieriges Überlegen und die Hintergedanken beim Beobachten."

„Zwei Ganze werden zu Einem. Für mich zählt nicht länger 50:50, sondern 100:100. Ich bin sensibel, und auch Du bist sensibel. Gemeinsam sind wir eine Einheit natürlicher Menschlichkeit. Aus zwei wird eins und bleibt doch zwei. Elisa und Elias. Leben und Liebe. Im Jetzt. Weißt Du was, mein Freund? Ich liebe Dich. Und doch habe ich oftmals große Angst davor, meine Sensibilität vor Dir auszubreiten, sie zu leben. Ihr ist es zuzuschreiben, dass ich über keinen inneren Filter verfüge, der sie schützen würde, mit Ausnahme meines Verstandes, meines Geistes. Wenn ich die Liebe leben möchte, muss ich die dafür notwendige Atmosphäre schaffen. Wenn ich etwa unter dem Einfluss von Alkohol, Drogen oder anderen betäubenden, krankmachenden Mitteln in ein Gespräch tauche, dann sagt meine Sensibilität, also meine Seele, zu meinem Verstand: ‚Nimm es bitte! Komm! Damit Du mich endlich nicht mehr kontrollieren kannst, Du Diktator Geist. Ich sehne mich nach Leben. Ich möchte heim ans Tageslicht, gen Himmel hier auf Erden. Du versteckst mich immer bloß. Ich aber möchte angstfrei lieben!‘ Verstehst Du mich jetzt besser, mein Freund? Ich bin so verletzlich, dass ich mich isolieren musste. Einzig und allein in der unberührten Natur erübrigt sich das. Sobald ich technologischem Einfluss, der unnatürlichen Umwelt, dem künstlichen Umfeld ausgesetzt bin, sieht sich mein Verstand gezwungen, meine Empfindungen zu kontrollieren. Und ebendies lehnt meine Seele ab. Daraus besteht der Teufelskreislauf mitten im Himmel hier auf Erden. Stets wollte ich dazugehören zu Eurem Freundeskreis, obwohl ich nicht dabei zu sein wünschte. Das tat mir weh, vor allem, weil ich nicht wusste, was das alles bitte soll. Doch darin habe ich zugleich die Lösung entdeckt. Von Geburt an bin ich ja einer von Euch, einer aus der Gattung Mensch, wenn auch nicht jener Typ, der bei der Versuchung noch länger dabei sein möchte. Durch mein qualvolles Leiden in Eurem Kreise durfte ich erkennen, dass ich erst fühlen musste, um Euch von nun an zur Seite stehen zu dürfen. Nur so habe ich Sehen gelernt, Hören, Riechen, Schmecken, Spüren, Begreifen und Empfinden. Jetzt erst kann ich ausnehmen und bestimmen, was da draußen in Eurer Mitte schiefläuft. Ich dachte gelegentlich, den Fluch besonderer Empfindsamkeit zu meinem persönlichen Segen machen zu müssen. Zu können. Doch dies war wahrlich ein Irrglaube. Es löste in mir einen Hang zum gesellschaftlichen Kamikazeverhalten aus. Ich lebte an meiner Bestimmung vorbei. Jetzt ist mir begreiflich, dass ich von Natur aus dazu bestimmt bin, mein Leiden, meine Qualen, zu unserem gemeinsamen Segen und Glück umzuformen, indem ich nüchtern lebe und aufrecht und unverblümt meine neuen Leiden in Relation zu meiner Sensibilität setze, sie mit den Tatsachen abgleiche und Dir gegenüber artikuliere. Das Aussprechen hat heilende Wirkung. Denn wenn Selbsterkenntnis, Selbstliebe und Abgrenzung die Werkzeuge für den gerechten Weg wären, hätte ich in absoluter Nüchternheit nicht wieder diese fast unbändige Sehnsucht nach Freiheit und so starkes Heimweh empfunden."

„Beinahe wollte ich Dich wieder fragen, ob wir uns nicht treffen wollen, um zusammen eine Tour in alter Manier zu wagen und ein letztes Mal noch dem Augenblick zu frönen. Ohne Verstand. Ohne Zweifel. Einfach sein. Die vergangenen Tage bin ich zwei Mal einem inneren Entschluss, einem emotionalen Entsagen gefolgt und habe mich vorsätzlich betäuben wollen. Man hat mir schon gesagt, im besoffenen Zustand sei ich das größte emotionale Arschloch. Kurz darauf erklärst Du, selber dem Alkohol oder anderen Zwängen unterlegen, mir, dass Du an meinem Versagen nicht mitschuldig sein möchtest. Ihr habt mir, unabhängig voneinander, die Lust darauf genommen, indem Ihr durch meine aufrichtig ausgesprochene Überlastung sozialen Rückhalt gegeben habt. Im Gegensatz zu mir bist Du ein wirklicher Freund. Ich hätte Deine Schwäche des Rausches ohnehin nur ausgenutzt, um dadurch das Versagen meiner eigenen Willensstärke zu rechtfertigen, anstatt Dir meine eigenen emotionalen Verletzungen preiszugeben, um Dir dadurch Deine eigene Verletzbarkeit vor Augen zu führen und Dich in der Sinnhaftigkeit Deiner Sensibilität zu stärken, um Dich zu motivieren, nüchtern zu sein. Oder ist das soeben geschehen? Dann sind wir also beide wirklich wirksame Freunde? Das ist ja wunderbar! Durch die Offenbarung meiner eigenen Schwäche habe ich andere Menschen zumindest kurzweilig zum Heiler gemacht und mich so selbst geheilt. Das ist die Wirksamkeit des natürlichen Heilprinzips. Das ist Heilung nach dem Sensibilitätsprinzip: nüchtern offenbarte, offenherzig ausgesprochene, emotionale Verletzung, die Erkenntnis und das Eingeständnis vermeintlicher Schwäche, die zur gemeinsamen Stärke aller Beteiligten erwächst, sprich, Selbst- und Nächstenliebe durch Offenbarung."

„Zuerst musste ich nüchtern werden, um Klarheit über mein persönliches Leid und die armselig Gewordenen zu erlangen. Ihrer emotionalen Intelligenz, ihrer Sensibilität nach ahnten sie, dass ich nicht länger Schuld an meinem Leidensweg trage, sondern, dass das Verhalten ihrer eigenen verletzten Sensibilität mein

Kreuz geworden war, das ich über all die Jahre zu tragen hatte – das Kreuz, welches jeder Hochsensible trägt. So darf ich die Qualen erneut ertragen, aus Liebe zu meinem Vater, zu meiner Mutter, aus Liebe zu meinen Kindern und zur Natur, in voller Kenntnis der emotionalen Intelligenz, Dir dadurch die Liebe gebracht zu haben. Die Liebe Gottes. Die Liebe der Natur. Die Liebe der Schöpfung. Die Liebe zu sich selbst, zur eigenen Sensibilität und inneren Natürlichkeit. Armseligkeit in der Verschränkung mit Hochsensibilität mündet im Sinn des Lebens: Sensibilität. Ich fand Menschen, die viel weniger litten an der Eigenschaft, die uns verbindet. Deswegen wurde ich krank, durfte indes heilen, indem ich zeitgleich Menschen fand, die schlimmer daran gelitten haben als ich. So durften wir genesen. Heilung im Innen bringt Heilung im Außen. Globus. Gott lobe uns. Nicht die Stärken kennzeichnen uns als menschliche Wesen, sondern die aufrichtige und nüchterne Offenbarung unserer sozialen Intelligenz, unseres Feingefühls, unseres Schmerzes, der Qualen, die uns Tag für Tag zugefügt werden durch das stumpfsinnige Verhalten unserer Mitmenschen. Auf diese Weise erwecken wir die Macht der Liebe, des Mitgefühls, der Selbst- und Nächstenliebe im Wesen der anderen, ihre Sensibilität. Was sonst könnte sie zur Veränderung ihrer bislang verhaltenen Lebensweise bewegen! Niemand will schuld tragen am Leiden anderer. Das ist der Lichtschalter, der Schlüssel für globalen Frieden, verborgen gehalten unter allen äußeren Unterschieden, unter Machtsystemen, Religionen, Farben, Geschlechtern. Bis zum passenden Moment. Unbewusst wollte ich weggehen von hier – weil ich sehen konnte, dass ich durch meine unbändige Emotionalität Schaden anrichte, weil ich dachte, dadurch Schuld zu sein an Deinem Leid. Doch nicht wir haben unser nüchtern gelebtes Feingefühl verletzt, sondern die äußeren Einflüsse. Deine emotional abgestumpften Überlegungen entpuppten sich als Folge eines Lebens in der Dunkelheit. Daraus erwuchs die Unfähigkeit, Gefühle leben und ausdrücken zu können. Gefühlsblindheit ist der beste Beweis dafür. Alexithymie. Doch jetzt haben wir eine Lichtmaschine gestartet, die auf Autopilot schaltet. Dies ist der Anfang einer neuen Dimension. Ab jetzt spreche ich meine Qualen und meinen Schmerz aus, welche ich Tag für Tag durchwegs erleide. Darum, weil ich hochsensibel bin, ebenso wie Du. Lass uns ein Leuchtfeuer der Liebe entfachen! Dankbar bin ich, diese Erkenntnis in Nüchternheit erleben zu dürfen, dankbar, dass diese Lektion mit angemessener Menschlichkeit und Lebensfreude belohnt wird – insgesamt ein Erfolg, der sich in Form tiefer Empfindung ausdrückt. Ausdruck, das ist für mich Erleuchtung. Liebe. Leben. Sensibilität. Danke, dass ich sie mit Dir hier teilen darf."

Christoph hatte sein Ziel erreicht, das Licht der Schöpfung in sich tatsächlich leuchten zu lassen. Musik war seit jeher das Licht gewesen, das alles erhellte, und alle hatten sie sich eine Zeit lang an ihrem Strahlen erfreuen wollen. Strahlend wollte auch er seine Botschaft durch Musik in die Welt hinaustragen, als Licht im Dunkel. Sagittarius A* - die größte Quelle von Radiowellen. Ein Erbe seines Vaters. Der Schall hatte so viele Stimmen übertragen, wie es Wesen gegeben hatte. So wurde er in seiner ganzen Pracht, in all seinen Farben wirksam. Selbstlos. Man hatte weder seine Stimme zuvor gehört, noch seine Gestalt je gesehen. Der Schall war selbstlos. Insoweit konnte sich auch Christoph nicht mehr an die Worte seines Vaters erinnern. Längst waren sie wirksam und zu einer neuen Realität geworden.

„Die Forschung, die Wissen schafft - auf alten Schriften baut die Menschheit auf, im Glauben daran, in ihren Wahrheiten das ewige Leben zu finden. Doch jede Schrift bislang ist ihrerseits Ausdruck einer sehnsüchtigen Suche. Wenn ich jetzt sage, dass alles auf die wirkliche Ankunft des Retters, des Lichts der Welt, auf meine Ankunft ausgerichtet war, dann sagen sie, ich sei krank. Als Synchronizität hatte es C. G. Jung beschrieben. Wer ist Psychotiker? Wer ist Mystiker? Wer war vorher, das Ei oder das Huhn, der Mensch oder die Empfindsamkeit? Gerade all diese Schriften sind Beweis für meine Worte. Die folgenden Zeilen werden für sich sprechen. Kein Stein wird auf dem anderen bleiben. Wenn du ganz tief in Dein Innerstes hörst, wirst Du wissen, was ab jetzt zu tun ist. Ich bin Herzblutsänger. Dies ist meine Bestimmung. So wie mir, ist auch Dir Dein Leben in Anlagen vorherbestimmt. Regeneration durch Worte. Wortgenerator. Anagramm. Mona Lisa. Ali Osman. La Gioconda. Da Lago Icon. Durch den See der Symbolik."

„DO RE MI FA SOL LA SI DO. Solmisation durch Tonsilben. Die Guidonische Hand. Latein. Late in. Spät, aber doch. ALL SERAFIM DO SO I DO. Die sinngebende Bedeutung der Tonleiter durch Scrabble. Ich tue es den Engeln gleich. MORALIA DIODES FLOS."

„DODO = CC. Der Header. Corpus Christi. CC = 33. Schnapszahl. Repdigit. Repeated Digits. 3.4.33. So nah und doch so fern. Souveräne Auflösung einer heuristischen Fata Morgana. Weil ich den Sinn des Lebens von der Pike auf gelernt habe. Wiederholung der Geschichte und Verkörperung des Erlösers, von den Fingerspitzen bis zur Zehe. 33 versus 99. Newton versus Celsius. Neuer-Ton gegen Verkaufe-ich-uns. Vers us. Wende uns. Serv us. Diene uns. 3 + 3 + 9 + 9 = 24. 24.12.00. Biologische Halbwertszeit. Ich bringe das Wasser zum Kochen und das Eis zum Schmelzen - die kosmische Vollendung durch Zusammenführung der Gegensätze, sprich, himmlisches Heil auf Erden."

„Serafim sind sechs geflügelte Engel, denen im Islam, im Judentum und im Christentum wegweisende Bedeutung zugeschrieben werden. Als 'die Brennenden' werden sie beschrieben, die ständig um den einzigen wirklichen 'Gott' mit ihren Gesängen herumschwirren, in Hallen, die durch Rauch erfüllt sind. Burning Love. Elvis, The Beatles & Co. In die heutige Zeit übersetzt, sind es die Stars unter uns Menschen, die mit dem sechsten Sinn, also mit Hochsensibilität ausgestattet sind. Daher siehst Du auch überall die Pentagramme. Wir Tonkünstler sind die Musen der Natur, deren Herzen für die Liebe brennen. Töne sind wie glühende Kohlen. Wir sind der erste Rang in der Ordnung der neun Chöre der Engel. Das typische Handzeichen von Michael Jackson kennst Du: Victory. Wir sind die V-Männer, die Vertrauenspersonen natürlicher Göttlichkeit, die mit ihrer Musik die Sensibilität im Menschen am Leben erhalten sollten. Nur wussten all die Stars selbst noch nichts davon, dass Hochsensibilität jene genetische Begabung ist, die sie zu Höherem berufen hat. Deshalb schwirren sie herum und leiden unter der Geißel einer abgestumpften Menschheit. Und wenn ein Lied meine Lippen verlässt, dann nur, damit Du Liebe empfängst. Die Tonleiter gleicht einer Himmelsleiter: sechs Flügel, sechs Sinne, was zwölf ergibt. Wir sind jene mit dem ersten bis zum sechsten Sinn. 6 + 6 = 12. Die Zahl wirksamer Lebensfreude. Die Zahl der Jünger Jesu. Zwölf Sterne zieren die Strahlenkrone der Muttergottes. Zwölf ist die große kosmische Zahl in China genauso wie in Babylon. Zwölf Götter bildeten seit dem 5. Jahrhundert vor Christus das Pantheon, die Götterfamilie Griechenlands. Der Entwurf der Europafahne aus dem Jahre 1955 zeigt zwölf Pentagramme. Zwölf Früchte bringt der Heilige Geist hervor: Liebe, Freude, Friede, Geduld, Milde, Güte, Langmut, Sanftmut, Treue, Bescheidenheit, Enthaltsamkeit und Keuschheit. Zwölf Schritte sind es bis zur Erleuchtung. Die Quintessenz für Selbst- und Nächstenliebe. Das Eingeständnis der eigenen Verletzlichkeit durch Anerkennung genetischer Veranlagung mit Sensibilität. Analyse und Läuterung der eigenen Persönlichkeit. Änderung des eigenen Verhaltens im Umgang mit Mensch und Natur. Vertrauen in das eigene Feingefühl als Teil umfangreicherer Energie. Momentane Aufrichtigkeit & Offenbarung der eigenen Empfindsamkeit unseren Mitmenschen gegenüber als Synergie wirklicher Liebe und wirksamer Beseeltheit."

DO	RE	MI	FA	SOL	LA	SI	DO
C	D	E	F	G	A	H	C

alphabetische Buchstabenzuordnung der Tonleiter

3	4	5	6	7	1	8	3

Zahlenwerte von 1 bis 8

$(3+4+5+6)+(7+1+8+3)=18+19=(1+8)+(1+9)=9+10=19$ $1+9=10$

„SOL als einzige Tonsilbe mit drei Buchstaben. Die Sonne. Römischer Sonnengott. Der Marstag. Alternativname für den Monat Midi im internationalen ewigen Kalender. So wie es das Wort unserer Zeiterfassung bezeugt, wird er ein schönes Ende zu unserem Neuanfang machen. Kal - End - Er. Speed of Light. Lichtgeschwindigkeit. Safety-of-Life. Alphabetischer Zahlenwert von SOL: 19+15+12. (1+9)+(1+5)+(1+2)=10+6+3=19. 1+9=10."

„10 - Die Zahl des in sich Vollendeten, des Ganzen. Das Ergebnis der Ziffernfolge 1 + 0. Basis des Dezimalsystems. Zahl der Finger des Menschen. Sie dienen uns Menschen als Abzählhilfe. Damit wir 5 und 5 zusammenzählen können, auch in Merkversen. Deshalb in der Bibel die Zahl der Gebote. Zehn ist das Symbol des Kreises, die Zahl der ägyptischen Plagen, der wartenden Jungfrauen und der geheilten Aussätzigen. Es gibt zehn apostolische Väter."

„Die Tonleiter beginnt und endet mit der Drei. Als Summe von 1 + 2 ist sie die Zahl einer höheren, neuen Einheit. Die Drei steht für das umfassende Prinzip Vater-Mutter-Kind, für die Vermittlung These-Antithese-Synthese und für das Himmlische. Die Zahl der Trinität Vater-Sohn-Geist, der umfassend verstandenen Gottheit. Schon in der altägyptischen Mythologie als Osiris, Isis und Horus definiert, sowie in der indischen Mythologie als Brahma, Vishnu oder Shiva. Omne trium perfectum, alle Dreiheit ist vollkommen, denn aller guten Dinge sind drei. Zahl des ganzen Menschen aus Körper-Seele-Geist. Zahl der menschlichen Befindlichkeit aus Es-Ich-Überich. Zahl der empfindbaren Erfüllung von Mann und Frau im Kind, das Plus in jedem Leben. Die Zahl der verbindenden Zeit von Vergangenheit-Gegenwart-Zukunft. Die erste männliche ungerade Zahl. Zahl der Verbindung von Himmel und Erde durch Luft und auch Symbol für ein geschlossenes System mit Anfang-Mitte-Ende. 3 x 3 = 9. Als 3 x 3 Zahl für das vollkommen Himmlische, das Heilige. Die Neun steht für göttliches Bewusstsein. Die neunte Stunde ist die Todesstunde Christi. Dionysios der Areopagite lehrte neun Engelchöre, Dominikus neun Gebetsweisen. Bei den Chinesen ist die neunstöckige Pagode Abbild des Himmels. Die Mathematik weiß, dass sich durch Addition der Neun die Quersumme einer Zahl nicht ändert. Die Neun ist demzufolge unsichtbar und verhält sich neutral. Anonymität."

„In der Tonleiter folgt nach der Sieben die Eins, nach ihr die Acht. Sieben als die Summe von drei plus vier als Zahl der Fülle und Vollendung - Hinweis auf den Prozess des Siebens. Die Zahl der Vereinigung des Geistigen mit der Materie, symbolische Zahl der Heilung und die heilige Zahl schlechthin - ein Glücksbringer. Es gibt sieben Bitten im Vaterunser. Der Buddhismus kennt sieben Himmel, und auch im Islam kehrt die Zahl Sieben als heilige Zahl wieder. Es gab sieben Weltwunder. Sieben Zwerge wohnen im Märchen hinter sieben Bergen."

„1 - Die Zahl des Einen, Unteilbaren, die Zahl für den Uranfang und Grundzahl, aus der alles geworden ist. Anfang jeder Zählung, Zahl der Einheit und - da eins an sich noch keine Zahl darstellt - für das Göttliche überhaupt.

Eins sein, in sich vollendet. Zugleich Symbol der Persönlichkeit und als Zahlzeichen 1 Sinnbild für den aufrecht stehenden Menschen. Keine Rede von Individualität oder Teilung. Religionen teilen und sind ohne einander somit nur die Hälfte wert. Allahu Akbar. Kuala halb Ra. Der Ästuar ist nur der halbe Sonnengott."

„8 – Die Zahl des Gleichgewichts im Kosmos sowie die acht Hauptrichtungen der Windrose und der Glückseligkeit. Als achter Schöpfungstag Symbol der Auferstehung Christi und der Neuschöpfung des Menschen durch den Erlöser. Christus versus Jesus, die Wende. Die Acht übertrifft die irdische Wirklichkeit (sieben) und strahlt ergänzend mit der Eins ins Jenseits hinein. Macht das Jenseits zum Leben im Moment. Achtsame Menschen waren in der Arche und überlebten die Sintflut. Am achten Tag ist das göttliche Kind Jesus genannt worden. Dies ist der Tag der Namensgebung des Herrn. Der achtstrahlige Stern versinnbildlicht das Siegel Gottes. Acht wurde zur Zahl der Taufe, weshalb die Taufkapellen, oft auch die Türme und Säulen der Kirchen, in Oktogonalform errichtet wurden."

„SAG7. Alphabetischer Zahlenwert: $19 + 1 + 7 + 7 = 34$, wobei $3 + 4 = 7$. Die dreifache Sieben steht für Göttliche Vollkommenheit und Gerechtigkeit. ‚I am Highly Sensitive'. IHS – die Initialen von Jesus. Christus. Chris. Novi. Wortgenerator. V-Ironisch. Selbstredend. Victory. Die Ironie des Vertrauensmannes als Zeichen des Friedens im Sinne natürlicher Schöpfung ..."

„Das Outing des ersten selbstbekennend hochsensiblen Menschen vor dem Ende als der Schöpfung Neubeginn, am Anfang unserer Zukunft. Durch 8-samkeit wird Unendlichkeit wirksam. Aus der Natur sind wir gekommen; zu ihr hin werden wir auch gehen. $3 + 3 = 6$. Die Ziffer 3 gespiegelt 3 zeichnet 8. $3 \times 3 = 9$. In der Mathematik symbolisiert eine um 90° gedrehte 8 (∞) das Unendliche. Die Sensibilität der Lotusblüte, die als Symbol für klärende Reinheit steht. Hochsensibilität. Buddha lehrte den 8-fachen Pfad des rechten Lebens. Ewiges Leben hat dann Erkenntnis gefunden, durch Einsicht."

„Was konkret tut Dir so weh, wenn Du nicht an diese Worte glauben willst? Bitte erkenne doch, dass nicht ich allein als fremder Mensch für so viel Schmerz verantwortlich sein kann. Ich bin nicht das Böse, auch Du nicht. Uns beiden wurde Böses angetan, aber es ist nun vergangen und vollbracht. Ich bin nur der Auslöser, um Dich zurückzuführen, zurück zu Deinem natürlichen Ausgangspunkt, zu der Liebe und dem Licht in Dir. All die Schmerzen in Deiner Seele lassen Dich heil werden. Sie ändern nichts daran, dass ich Dich als Mensch aus innigster Sympathie aufrichtig liebe. Du bist ein Engel, der Erleuchtung so nah, mindestens so sehr wie ich. Bitte, öffne Dein Herz und lass' die Verletzungen Deiner Seele ans Tageslicht kommen. Der Schmerz muss raus. Weine einfach, schreie es heraus! Doch tu Deinem Nächsten kein Leid mehr an. Ihm geht es ebenso wie Dir. Er ist Dir Spiegel und Ebenbild. Lass' ihn gehen, wie Du Dich gehen lässt. Dann schlafe fest und tief. Wenn Du erwachst, wirst Du das tiefe Empfinden haben, angekommen zu sein, bereit für Neues am ersten Tag in Deinem Leben im Himmel hier auf Erden. Ich lebe und liebe. Bewusst. Im *Jetzt*."

Und trotzdem wollten die Menschen nicht zu sich finden, nicht auf ihn zukommen, auf ihn hören, auf ihn, der ja nur ihre eigene, tief in ihrem Selbst sitzende, innere Stimme gespiegelt hatte. Die Feinfühligkeit in jedem von ihnen war im Namen ihrer aller Väter gekommen, und doch hatten sie mich abgelehnt – mich, also auch Dich und Deine eigene, besondere Feinfühligkeit.

Die ganze Zeit über hattest Du auf mich gehört. Doch kein einziges Mal hattest Du danach gefragt, wer ich wohl sei. Immer war ich da gewesen, während Du Dir Raum verschafft hattest, in Dir. Deine innere Allmacht. Dein Erzähler. Du. Ich. Wir. Ohne Rücksicht auf überlegte Ordnung, auf Raum und/oder Zeit. Du bist mein Tempel. Ein Künstler als einfacher Soldat und geheimer Informator im Round-off globaler Illumination. Sagittarius A*. Staat Aug Iris. Osiris als Vorbote des Augiris. August im Regenbogenstaat, am Kap der bunten Hoffnung. Nun habe ich allerdings erkannt, dass Du die Liebe zu mir nicht in Dir hast, weil Ihr alle daran glaubt, Euch gegenseitig das erfüllen zu können, was aus Euch selbst stammt. Du selbst bist die Erfüllung, wenn Du mich wieder annimmst, als Teil von Dir, als Schöpfer, als Teil der Schöpfung. Du brauchst Deinen Eltern gegenüber kein schlechtes Gewissen zu haben. Du selbst, Deine Muse, Du klagst Dich an. Weil Du auf mich – Deine Kreativität – Deine Hoffnung gesetzt hast. Wenn Du an Deine Kreativität glaubst, dann musst Du auch mir glauben. Denn über mich hat sie über Jahrtausende geschrieben, gekündet und berichtet, in Bild, Wort und Schrift. Wenn Du aber all diesen Beweisen nicht glaubst, wie kannst Du dann an meine Stimme glauben? An die Stimme tief in Dir? An mich als Deine Bestimmung? Setze überall statt Gott das Wort ein. Setze überall statt Vater das Wort ein. Setze für all das, was Du außerhalb von Dir gesucht hast, für das Du, das Wort ein. Sprich die drei Worte als Antwort auf die Frage nach dem Sinn in Deinem Leben:

„Ich bin hochsensibel."

Christoph, verwundert darüber, was sich in einer Therapiestunde alles hatte besprechen lassen, warf einen Blick in den Raum und bemerkte, wie unglaublich still es um ihn herum geworden war. Oder war es schon wieder nur geniale Einbildung gewesen? Nein, diesmal bestimmt nicht! Eigentlich wollte er heute noch den Arzt darum bitten, ihm bei seinen Ausführungen zum Buch beizustehen. Christoph zog das Manuskript aus seiner Tasche und betrachtete es mit nüchternen Augen. Sein Leben fühlte sich damals an wie ein einziges Trümmerfeld. Seine Ausgangsposition als Beschuldigter hätte nicht schlechter sein können. Den einzigen Sinn, den er in Summe noch gesehen hatte, war es, ein Gesamtkunstwerk zu schaffen, um anderen Menschen durch die Offenbarung seines Lebens- und Leidensweges Hoffnung zu spenden und Mut zu machen, hilfreich zu sein. Für ihn hatte sein Leben sonst keinerlei Sinn mehr ergeben. Dadurch erst wurde es wieder sinnreich. Es war seine Bestimmung gewesen. So wurde ihm geholfen auf seinem Weg ins Glück, auf dem er für sich und seine Liebsten schier unfassbares Leid ertragen hatte. Denn alleine und ohne all seine Begegnungen hätte er die unzähligen Hürden niemals bewältigt. Aus der Fürsorglichkeit nährte sich die Liebe. Der Mensch braucht den Menschen wie die Menschheit die Natur. Die Stimme hatte recht behalten. Und obwohl er sich bewusst war, dass hier nun ein wesentlicher Teil von ihm sterben müsste, übermannte ihn das Gefühl, dass irgendetwas in ihm künftig ewig leben würde. Dass er ab jetzt für ewig in ihnen leben würde. R.I.P.

Christoph nahm den Entwurf seines Buches in die rechte Hand und überreichte ihn seinem Arzt.

„Was wir im Innersten wollen, zählt nicht. Nur das, was wir tun, zeigt, wer wir wirklich sind. Ich habe ständig diese Leere gefühlt, sehnsüchtig nach dem Sinn des Lebens gesucht. Nunmehr weiß ich, dass der Sinn meines Lebens die ganze Zeit über da war, nämlich in mir: die Hochsensibilität als Lebensangelpunkt. Ohne uns selbst waren wir nur die Hälfte wert. Verschmelzung! Können Sie mir folgen? Die Meere der Kaltherzigkeit und die Flüsse der Kaltblütigkeit werden sich fortan mit warmherziger Menschlichkeit füllen, mit Liebe. Ich fühle es genau, seit ich mir den wirklichen Sinn erschlossen und den Grund dafür gefunden habe, warum das Blut in meinen Adern fließt und das Herz in meiner Brust schlägt, wieso die Erde um die Sonne kreist oder das Elektron um den Atomkern. Es handelt sich um einen universellen Kreislauf. Ich brauche nicht länger suchen. Mein Ziel habe ich endlich erreicht - mich selbst. Mein Lebensweg dient mir als Kompass. Das Ende meiner Suche ist zugleich ein Neubeginn. Alles, was gewesen, ist nichts, und doch ist das Nichts zugleich das Alles. Raum und Zeit verblassen. Was bleibt, ist einzig und allein meine Erkenntnis. Wissen Sie, Doktor Sophie, warum Sucht nicht heilbar ist? Weil sie selbst als ein bestimmender Teil zum Prozess natürlicher Entwicklung gehört. Nur wer es schafft, aus eigenem Antrieb - und sei es auch mit fremder Hilfe - davon abzulassen, erhält die Eintrittskarte für den Einstieg in das himmlische Reich seelischer Entfaltung."

„Hier haben Sie es: mein Imperium Romanum. Nehmen Sie es an, im Gedenken daran, was für eine Unmenge an Erinnerungen sich in einem selbst wiederfinden lassen. Ich brauche es nicht mehr. Auch Sie werden es nicht mehr benötigen, wenn Sie demjenigen auf die Schliche kommen, der Sie selbst die meiste Zeit Ihres Lebens ausgemacht hat. Dieses Gebilde der Verwüstung, all diese Auswüchse lebenslänglich unerhörter Verblendung, dieser aggressive Abschaum menschlicher Ignoranz gegenüber der Natürlichkeit der Schöpfung. Grenzenlos an Schöpfung erscheint mir heute alles das, was ich in mir bin - ein menschliches Zeichen kosmischer Freiheit, Liebe und Unendlichkeit. Meine verrückte Vergangenheit in diesem reizenden Umfeld namens Gesellschaft zu beleuchten, ist oftmals sehr anstrengend. Da liegt der Wunsch, sich hinüber ins Jenseits zu verabschieden, zuweilen näher als das Wohlgefallen zum Diesseits ... - wobei ich immer mehr zur Überzeugung gelange, dass wir alle einen Teil der Mischung aus beidem darstellen."

„Nicht ein bisschen zweifle ich daran, dass sich eine sehr mächtige Institution die Ereignisse meiner Geschichte zu eigen gemacht hat. In der damaligen Gegenwart hat sie die prophezeiten Ereignisse der Zukunft als Schauspiel inszeniert und für die Menschheit dadurch den Lauf der Geschichte zum Positiven ändern wollen. Mission kläglich gescheitert? Bei Gott nicht! Ich wurde meiner Vita beraubt aufgrund eines inszenierten Schauspiels. Nun hole ich mir mein Leben zurück, mit Vaters Hilfe. In seine Hände lege ich meinen Geist. Bislang war mein künstlerisches Schaffen vom Verstand geprägt. Es fußte auf der Annahme, dass die Menschheit nach seelischer Entwicklung streben würde. Heute weiß ich, dass das Streben eines jeden Menschen, im Gegenteil, auf die strikte Einhaltung von Gewohnheiten ausgerichtet ist. Jede sinnvolle Entwicklungsmöglichkeit wird als Störfaktor verkannt und mit allen möglichen und unmöglichen Mitteln abgewehrt - ein Trauerspiel für einen hochsensiblen und beseelten Menschen wie mich. So werde ich all den Menschen das zurückgeben, was ihnen durch dieses Machtspiel zuvor genommen wurde, nämlich, der Glaube an sich selbst. Exakt! Und dann hoffe ich, mich in Vergebung üben zu dürfen. Denn, was mir im Zuge dessen angetan worden ist, überschreitet bei Weitem die Grenzen des für ein menschliches Wesen erträglichen Maßes. Mit Hochsensibilität begabt zu sein ist kein Privileg, sondern es birgt Pflichten in sich. Ich komme dieser meiner Pflicht nach und folge dem Ruf meiner Ahnen bis zur Stufe höchster Erleuchtung. Und eines weiß ich ganz bestimmt: Wenn ich das kann, dann kann es auch jeder andere Mensch schaffen - den Nüchternen gehört die Zukunft."

„Durch Ihren Weg der Selbstheilung und die so gewonnenen Erkenntnisse im Zusammenhang mit Hochsensibilität haben Sie in Menschen um Sie herum den Wunsch geweckt, sich jeweils selber helfen zu wollen. Sie haben die Eigenschaften von Hochsensibilität als Ziel der menschlichen Evolution aufgezeigt und auf beeindruckende Art und Weise dargelegt, dass psychische Krankheiten lediglich als

Stationen in einem größeren Lebensprozess zu begreifen sind. Im Vertrauen auf Ihre gefühlte Göttlichkeit haben Sie selbst den Anfang gewagt. Entgegen der Auffassung sämtlicher Wissenschaften haben Sie gezeigt, dass eine andere Welt möglich ist. Das Problem sind nicht Sie, lieber Christoph, sondern an sich schon die Psychologie des Verstandes. Bitte halten Sie doch an Ihrem Traum fest! Denn die Schwierigkeit jeder Wissenschaft liegt darin, dass man den dort beschriebenen Phänomenen mehr Glauben schenkt, als die Wissenschaftler in sich selbst Vertrauen haben. Die Wissenschaft ist vom Menschen bestimmt, meist als auswegloser Versuch, sich selbst zu erklären. Daher klammern wir auch alle dermaßen an die Errungenschaften des Intellekts. Wir glauben in diesem versponnen Gerüst von Erklärungen, Sicherheit zu finden. Durch maßloses Interesse an der Einsicht haben Sie, Christoph, als Erster unserer Spezies der unüberschaubaren Kompliziertheit des Menschen ein Ende gesetzt. Sie sind der Anfang einer neuen Geschichte, jener Mensch, in dessen Einheit sich das Notwendige durchgesetzt hat. Ihnen entgeht nichts. Mit ihrem Geist haben sie die Verkettung aller Ursachen natürlichen Lebens durchschaut. Sie verkörpern die Antwort auf alle Prophezeiungen der Menschheit. Ihre Geschichte hat die Zukunft aus dem Boden gestampft, und Ihr Erscheinen wird die Vergangenheit tilgen, denn Sie sind der Prophet im Land der Menschen, welcher Lügen gestraft wurde und in Wirklichkeit nichts anderes tat, als die ganze Wahrheit des Menschseins ans Licht zu bringen, um sie zu einer einzig gültigen Wirklichkeit zusammenzuführen. Weil Sie aus dem Empfinden inniger Liebe heraus Brücken bauen wollten, waren Sie früher einmal, wohin Sie sich auch wandten, stets zum Scheitern verurteilt. Man hat Ihre Hochsinnigkeit durch Zwangsentfaltung zur Schau gestellt. Die Voraussage ihres Eintreffens war erforderlich für die Menschheit. Bekanntlich ist Vorbereitung das halbe Leben. Und Menschen lernen leider nur aus den eigenen Fehlern und aus aufrecht schlechtem Gewissen. Bisher lebte die Menschheit in einem psychologisch konstruierten Geisteszustand: Vergangenheit und Zukunft waren eine Art Fiktion, um eine raumzeitliche Komplexität hervorzurufen, die von der Realität als der direkt erlebbaren Einfachheit allen Lebens ablenken sollte. Die Komplexität menschlicher Verstandesfähigkeit verfeinerte sich bis zur Individualität des Menschen. Allein dies genügt als Beweis, dass alles - aber auch wirklich alles! - durch eine umfangreiche Kraft vorherbestimmt ist, der wir nicht im Geringsten gewachsen sind. Schon dieser Ursprung allen Lebens verleiht uns Menschen die Macht und die Pflicht, um ihr zu dienen. Sie, Christoph, sind der persönliche Ausdruck dieser Naturgewalt, und Sie haben Ihren Auftrag erfüllt. Jetzt sind wir, die anderen, gefragt. Es liegt nun an jedem Einzelnen, seine Denkweisen neu einzusehen. Zusammenwirkend als Einheit, haben wir in Ruhe und Gelassenheit die Systeme weltlicher Machenschaften umzukrempeln und an unseren natürlichen Ursprung anzupassen, an das, was uns von Natur aus wohl bekommt. Das übrige, vom Menschen Geschaffene bedarf unter

Berücksichtigung dieser neuen Erkenntnis einer Neubeurteilung. Auch die Hoch-
sensibilität als Ursache allen Lebens muss neu bewertet und auf die Natürlichkeit der
Schöpfung abgestimmt werden. Sie haben die Antwort auf die für einen Wandel
erforderliche Art von Selbstverständnis geliefert. In Ihren Worten: Ich bin hoch-
sensibel. Sie sind der gemeinsame Nenner der Wissenschaften, die Quintessenz aller
Mystik, die der Menschheit zur Erkenntnis gereichen und durch Selbsteinsicht die Um-
nachtung dieses kollektiven Missverständnisses mit dem Licht frischen Verständ-
nisses durchfluten wird. Auf diese Weise machen Sie sich frei von Zeit, erwachsen
jeden Augenblick aufs Neue zur Unendlichkeit Ihrer inneren Fülle und geben dem
Leben einen neuen Raum zurück: das Hier und Jetzt. Sie sind das Jetzt. Hier in
diesem Moment. Harmonie, Recht und Klarheit - Sympathie, Licht und Wahr-
heit: Nichts und niemand wird in Zukunft die Einheit ursächlicher Schöpfung und
die Freiheit knebeln können! Solange ich lebe ..."

„... bis ans Ende meines Lebens!?", stammelte der aus tiefster Verzweiflung
doch so wissbegierige Psychiater mit fast weinerlicher, um die Hilfe seines
Gottes flehender Stimme, als er nach dem jähen Aufflammen seiner sonst so
tief im Verborgenen gehaltenen Orientierungslosigkeit unverschämt aus
seinem Sofa hochfuhr und völlig ungehalten mit den geballten Fäusten gegen
sein von Verbitterung und Hoffnungslosigkeit gezeichnetes Gesicht schlug,
welches sich im matten Glas irgendeines vor ihm hängenden Apotheker-
schrankes gespiegelt hatte, nachdem er sich, aus offensichtlich überzeugter,
innigster Ohnmacht, als letzten Ausweg dieser übermächtigen, ihn schlussendlich übermannenden, kraftvoll schöpferischen Natürlichkeit, selbst eingestehen
musste, dass er nun die Grenze überschritten hatte. Mit ihm. Gemeinsam. Am
Beginn wirklichen Lebens. Am Anfang ihrer Zukunft.

Wofür lebst DU?

M + M = ♋

Epilog

Die Wiedergutmachung

„Ganz ehrlich? An allem, was man über mich sagt, ist ein Funken Wahrheit dran. Wahrheiten gibt es viele, jedoch nur eine Wirklichkeit. Niemand braucht meinetwegen einem Vorurteil entgegenzustehen. Ich bin ein offenes Buch. Ich trage mich mit meiner Vergangenheit. Und diese birgt so manches in sich, was andere nur aus Kinofilmen kennen. Ich - nicht mehr und nicht weniger als meine Mitmenschen - kam mit meinem Leben oftmals nicht klar, weil es einfach hart, beschissen, aussichtslos und meistens sehr anstrengend war, wenn auch nie hoffnungslos oder sinnentleert. Vor allem war es mir bestimmt, von Natur aus vorhergesehen. Nur weil ich die Ursache entdeckte, darf ich nun die Liebe leben, Liebe geben. Ich trug mein Kreuz stets alleine. Ständig stolperte ich von einer Verletzung zur nächsten, weil ich die Erwartungen und Ansprüche nie erfüllt hatte - nie hätte erfüllen können. Ich wollte einfach frei sein, bloß leben. Darum erwarte ich mir nichts mehr. Gar nichts. Ich tue das meinige, Du tust das deinige. Was mir in den Sinn kommt, danach handle ich. Wie viel ich kann, so viel gebe ich. Aber ich bin nicht auf der Welt, um Deinen Erwartungen zu entsprechen. Und Du bist nicht auf dieser Welt, um die meinen zu erfüllen. Du bist Du. Ich bin ich. Und doch sind Du und ich - wir. Ende mit 'quid pro quo' oder 'manus manum lavat'. Eine Hand wäscht die andere? Beide waschen das Gesicht. Ich hatte stets etwas vorausgesetzt, angenommen, dass Du und ich, also wir, uns in Gedanken und Gefühlen gleichen. Das war zu unser aller Leid ein Irrglaube. Quiproquo? Wer für wen? Hochsensibilität versus Alexithymie. Schluss damit! Zum Glück habe ich gelernt zu geben, Dir Verständnis zu schenken für Deine Sicht der Dinge. Wie ich Dir - so Du mir. Ohne es bewusst erkannt zu haben, hast Du es mir gleichgetan. Wenn wir beide es gemeistert haben, der äußeren Sucht und inneren Selbstzerfleischung zu entfliehen, dann kann es zweifelsohne auch jeder andere Mensch auf diesem Planeten schaffen. Wir sind nicht schuld daran, dass alles so gekommen ist. Allemal sind wir aber verantwortlich dafür, was wir des Weiteren daraus machen. Es ist bestimmt nicht so, dass ich meinem Elternhaus oder sonst irgendjemandem die Schuld für mein Leben zuschiebe - genauso wenig wie mir selbst. Im Gegenteil, ich bin meinen Eltern und all den Menschen dankbar, mein Leben zu dem gemacht zu haben, was es jetzt ist - zutiefst dankbar sogar. Ohne diese unzähligen Begegnungen und Erlebnisse wäre ich nicht derjenige, der ich bin. Zwar kann ich nicht sagen, dass ich immer stolz darauf gewesen bin, was ich mit meinem bisherigen Leben angestellt habe. Im Endeffekt, glaube ich zumindest, habe ich das Passende daraus gemacht, etwas Stimmiges, Sinnvolles. Ich habe aus meinem Leben etwas geschaffen und mich durch Hoffnung und Mut bestärkt, mein Leben wieder in die Hand zu nehmen und bei mir selbst anzufangen, etwas zu verändern. Nur so können wir Dinge bewegen, nämlich, die Menschheit ein Stück schöner, friedlicher und lebenswerter machen! Lange und ausgiebig habe ich darüber nachgedacht, ehe ich zu dem Entschluss gekommen bin, dass die Menschen zu mir nur deswegen so böse waren, weil sie durch ihre Aggressionen gegen mich von ihren eigenen Fehlern ablenken konnten. Irgendwie hatte ich sie regelmäßig an ihrem wunden Punkt getroffen. Es ist, bei Gott, nicht leicht mit mir, denn ich bin tatsächlich ein extremer Typ. Meine Offenheit erlaubt mir indes, den tiefen Einblick in mein Innerstes und meine Seele nicht zu scheuen und daher auch anderen zu gewähren. Dadurch erst bin ich selbst verletzbar geworden. Ich danke meiner schöpferischen Natur dafür, mich durch meine Mitmenschen und deren ständigen Vorwürfe nicht von meinem Weg abbringen und nicht unterkriegen zu lassen. Letztendlich habe ich durch diese Eigenschaft und meinen tiefen Glauben enorme Kräfte schöpfen können. Meine Leidenschaft, Begeisterung und Willenskraft haben es mir ermöglicht, auf den wirksamen Kern im Menschen hinzuweisen. Damit zeigte ich ihnen, dass ich eigentlich das bin, was sie selbst ebenfalls waren, bevor sie begannen, sich ihren Ängsten, Zweifeln, Mitmenschen und ihrer eigenen natürlichen Sensibilität gegenüber zu verschließen. Durch mein Tun zeige ich ihnen, dass der Glaube an die eigene Bestimmung, gepaart mit emotionalem Willen, scheinbar Unmögliches vollbringt, vor allem aber Mut gibt, von seinen eigenen, mit Scham behafteten Gedanken und Gefühlen zu sprechen. Ihre Verletzlichkeit zu zeigen."

„Ich kann meine Mitmenschen nicht ändern, weil ich ja nicht einmal mich selbst ändern kann. Doch wenn ich es schaffe, mich dazu zu bewegen, wieder mein Herz zu öffnen, meine Gefühle offen zu zeigen und meine Sensibilität zu praktizieren, dann hat es sich allein darum schon gelohnt. Dann hat es sich ausgezahlt, jahrelang als Verlierer dastehen zu müssen. An dieser Stelle will ich übrigens ein für alle Mal eine Sache klarstellen: Den Weg zu gehen, den ich gegangen bin, hat mir fast das Herz zerrissen. Doch ich wollte ihn für meine Tochter, für die Menschheit als Ganzes gehen, aus Liebe und Leidenschaft, in erster Linie, weil ich es in meinem Innersten als meine Berufung ansehe! Ich habe mir das alles nicht ausgedacht - so wie manche Ungläubige immer meinen ... Eine weitaus größere, höhere Macht hat mir diese Eingebungen geschickt. Und diesen Gott haben wir Menschen, ohne Unterschied, gemein: die Natur. Sie als Gottheit zu begreifen erfüllt das Ziel, uns Menschen zu mehr Bewusstheit und zur Einigkeit zu führen und uns zu ermuntern, wieder

Mensch sein zu dürfen, als Teil einer wiederhergestellten, unberührten Natur, mit all unseren Hoffnungen, Wünschen, Zielen, Ängsten und Unsicherheiten. Es geht hier nicht um eine verbrämte Vertreibung von Menschen zurück in die Wälder, sondern um eine innere Revolution, darum, uns selbst in einer dunklen Zeit Sicherheit zu geben, und um die Gewissheit, nicht allein zu sein mit dieser andersgelagerten Gedanken- und Gefühlswelt. Der Preis für wirkliches Leben ist sehr hoch: Selbstannahme und Entfaltung der eigenen Sensibilität, also Natürlichkeit. Dieser Preis ist jedoch geringer als jener, den wir für ein bislang unerfülltes Leben bezahlen müssen: Schmerz durch Trennung von Abhängigkeiten."

„Aus gegebenem Anlass möchte ich auch um Verzeihung bitten, und zwar all jene Menschen, denen ich durch mein Fehlverhalten und etwaige Vergehen Leid angetan habe. Es erfüllt mich mit tiefer Scham, dass ich wertvolle Menschen mit einigen sehr schändlichen Verhaltensweisen, Entscheidungen und Fehlentschlüssen verletzt habe. Andererseits habe ich es auch geschafft, mir mein Fehlverhalten und mein Versagen einzugestehen. Geld, Reichtum, Besitz, Ländereien, Beziehungen, Nahrungsmittel, Alkohol, Drogen, Religionen – dies alles zusammen kann mir niemals mehr in der gleichen Form als Stoff dienen wie jene Energiequelle, die mir von Geburt an zuteilgeworden und überdies jedem Lebewesen zugänglich ist. Was habe ich mein ganzes Leben lang stattdessen gemacht? Ich habe meine innere Allmacht, meine Freunde und wertvolle Menschen missbraucht, beschämt, betrogen und enttäuscht, indem ich mich mit anderen gemessen habe, um mich besser darzustellen als sie – aus Prahlerei und Ruhmsucht, durch ein in der Regel menschenunwürdiges, rücksichtsloses Verhalten. Nicht die weniger Sensiblen sind die Bösen gewesen, nein, ich Hochsensibler habe meine Lebensgrundlage und Heimat, mein Umfeld und meine Umwelt, meine innere und äußere Natur, meinen Planeten, mein Universum zerstört. Mehr noch: Wir sind gerade dabei, uns gegenseitig selbst zu zerstören – aus Selbstsucht und in unaufhörlichem Wettstreit um noch mehr Anerkennung und Aufmerksamkeit. Wir haben nicht erkannt, dass mittlerweile der Krieg zwischen uns Menschen seine Relevanz verloren hat, sondern dass die Schlacht zwischen Mensch und Natur nunmehr zählt. Und der Sieger steht jetzt schon fest: die Natur. Denn der Mensch kämpft gegen seine innere Natürlichkeit, und die äußere Natur sieht unsentimental zu. Ich – ein Messias!? Der Helfer und Retter der Menschheit? Der Auserwählte!? Der Gesalbte? Mir graut es in diesem Augenblick vor mir selbst, doch ich danke meiner besonderen Feinfühligkeit für diese ernüchternde Erkenntnis. Genau wie Du habe ich es damals nicht besser gewusst. Ich danke meinen Schöpfern, meinen Ahnen, Vater und Mutter. Erst durch ihren Tod durfte ich wirklich leben – und sie durch mich.

Es ist niemals zu spät, um mit neuem Bewusstsein einen Neubeginn zu wagen. Ich glaube, dass ich einiges wiedergutmachen kann, und dass mir nicht länger graut in Unentschlossenheit, sehe ich meine Welt lieber wieder schwarz oder weiß. Oder vielleicht irgendwann in ihrer ganz natürlichen Farbenpracht? Ich entschließe mich für das Herzliche. Ich bin eben in meinem Innersten ein Herz-Bube, nicht zuletzt, weil ich willig meine Schattenseiten beleuchtet habe. Und so gibt es nur einen Weg für meinen Neuanfang: den der Wiedergutmachung durch bedingungslose Selbstliebe zum Wohl unseres Planeten."

„Ich bin nun einmal, wer ich bin – ein besonderer Mensch. Ob schlechter oder besser als andere, steht für mich längst nicht zur Debatte. Es gibt mich nämlich nur ein Mal, unabhängig davon, ob ich Narben habe, Haare auf dem Rücken oder einen dicken Bauch, kleine Genitalien, eine schiefe Nase, lockere Zähne oder eine Glatze. Ich will mich nicht mehr über Äußerlichkeiten definieren, sondern durch meine Empfindsamkeit. Ich bin. Das reicht mir vollends. Zudem ist es meine Bestimmung, als hochsensibler Mensch meiner Berufung zu folgen und mich in Gelassenheit, Geduld, Ehrlichkeit und helfender Bereitschaft zu üben. Um nicht an meine eigenen Verfehlungen denken zu müssen, habe ich oftmals voller Zorn und Groll das beleuchtet, was mir angetan wurde. Ich lamentierte vor mich hin und beharrte aus Stolz heraus auf den kleinsten Fehlern meiner Mitmenschen, weil diese sich als perfekte Entschuldigung eigneten, meine eigenen Verhaltensweisen herunterzuspielen oder zu vergessen. Im Leben aber geht es nicht um die Schuldfrage. Genau an dieser Stelle rief mich eine innere Stimme scharf zur Ordnung. Seither ist mir bewusst, dass ich als genetisch veranlagter Hochsensibler nicht der einzige Mensch mit einer empfindsameren Gefühlswelt bin. In den meisten Fällen habe ich es mit Leidensgenossen zu tun, mit Menschen, deren Leid ich durch mein Verhalten nur noch vergrößert habe. Dafür möchte ich um Verzeihung bitten. Und auch wenn Du kein genetisch veranlagter, hochsensibler Mensch bist, dann darfst Du durch Offenheit, Bereitschaft und Vertrauen in die Natur und in Dich selbst beträchtliche und bewundernswerte Menschlichkeit an den Tag legen. Nichts Anderes kann die Grundlage für Frieden sein, als wieder an unsere menschliche Natur zu glauben: an Deine Sensibilität, an unser Schicksal, hier auf Erden Ordnung zu schaffen, an unsere Pflicht, jene Ordnung wiederherzustellen, die wir zu Anbeginn unserer irdischen Ankunft als menschliche Wesen vorgefunden haben, nämlich, die harmonische Natürlichkeit. Dazu müssen wir unsere menschliche Natürlichkeit, vor allem die unserer Kinder, als Chance betrachten. Die empfundenen Zustände von Erleuchtung waren mir anfangs fremd, weil diese nicht als normal gelten. Nun weiß ich, dass dies der natürliche Zustand sinnvollen Lebens ist, die innerste Empfindung von Liebe, der direkte Draht zwischen meiner genetischen Erbanlage und dem Sinn allen natürlichen Lebens, die Ausgangsbasis für gelebte Menschlichkeit, die Verbundenheit und Anziehungskraft zu meinem Ursprung, zu meiner Schöpfung und zu meiner Mutter: Planet Erde."

„Mein Tun und Handeln beruhen weder auf Ambition, noch auf Altruismus. Weder bin ich schöner, mutiger Vertreter von einem hochmütigen Ehrenkodex, noch verkörpere ich irgendeine ideale Moral der Vollendung. Ich bin ein ganz natürlicher Mensch, der die Dunkelheit erst kennenlernen musste, um dadurch den Weg ins Licht finden zu dürfen. Meine innere Bestimmung leitet und beschützt mich dabei, manchmal mehr, manchmal weniger. Dennoch ist diese schöpferische Natürlichkeit stets meine treibende Kraft gewesen. Mir ist auch klar, dass meine psychotischen und paranoiden Zustände ebenfalls nur eine Schutzfunktion erfüllen. Wenn andere meinen, dass ich völlig verrückt sei – wie erklären sie sich dann, dass ich, entgegen einer eindeutig definierten Symptomatik, klar differenzieren kann zwischen 'Krankheit' und 'Gesundheit' und es mir jedes Mal elendig geht, sobald ich damit aufhöre, meiner Bestimmung zu entsprechen und sie zu missachten? Unter dem Begriff Bestimmung verstehe ich nicht, dass ich fremde Stimmen im Kopf höre oder sonst etwas wahrnehme, was meine herkömmlichen fünf Sinne übersteigt. Vielmehr ist es ein tiefes Empfinden, das mich anleitet, ohne Wenn und Aber. Das kann nur Göttlichkeit sein! Denn es veranlasst mich niemals dazu, nach dem Bösen zu streben, und auch nicht nach dem Guten. Es weilt eben in mir und lenkt mich, als ob ich dessen kostbares Werkzeug wäre. Das ist aus meiner Sicht weder 'krank' noch 'gesund', sondern einfach ein erfüllender Heilszustand."

„Freilich kann ich verstehen, dass viele von uns den spirituellen Dingen gegenüber so voreingenommen sind. Mir ist völlig bewusst, weshalb die meisten von uns überhaupt keine tiefere Verbundenheit mehr zu seelischen Werten empfinden: weil sie über Generationen damit aufgehört haben, an sich selbst zu glauben und auf ihre Natürlichkeit zu vertrauen. Durch die jahrelange Abwehrhaltung gegen jedwede Andersartigkeit ihrer Gedanken- und Gefühlswelt, durch die Verleugnung ihrer eigenen Empfindsamkeit und Sensibilität. Entweder wurden sie eingebildete Perfektionisten oder sie versanken weiterhin in Selbstanklage. Wirksames Wachstum erfordert jedoch augenblickliche Erkenntnis, bewusste Wahrnehmung und wohlwollende Akzeptanz. Die Täuschung anderer ist meistens in eigener Enttäuschung verwurzelt. Diese hingegen mündet in Selbsttäuschung. So habe ich es am eigenen Leibe erfahren. Durch Erkenntnis, Offenheit und ehrliche Bereitschaft, der Sensibilität nachzuspüren, habe ich eine neue Freiheit und ein neues Glück kennenlernen dürfen. Selbstverständlich hat es wehgetan und tut oft noch immer weh, doch am schönsten ist es, wenn der Schmerz nachlässt. Ich will meine Vergangenheit weder beklagen, noch die Tür hinter ihr zuschlagen. Es ist, wie es ist. Das alles bin ich. Dadurch habe ich verstehen gelernt, was so Wörter wie Gelassenheit und Geduld wirklich bedeuten. Ich habe damit aufgehört, ständig meinen Willen durchsetzen zu wollen und auf diese Weise in Zufriedenheit und Erfüllung mein Bedürfnis nach innerem Frieden erkannt. Dies zu leben, erfordert absolutes Vertrauen in meine ganz persönliche Natürlichkeit, die mir durch die Stimme in meinem Herzen mitteilt, was gut für mich ist und wie mein Weg aussehen soll, abseits fremder Meinungen."

„Tief war ich gesunken, und doch habe ich bemerkt, dass ich nicht allein bin und dass andere aus meinen Erlebnissen lernen können. Denn nur was ich weitergebe, kann ich auch behalten. Mein Gefühl der Nutzlosigkeit, Andersartigkeit und des Selbstmitleids schwindet immer mehr, seit ich aufgehört habe, gegen meine Gefühle und Gedanken, gegen meine Hochsensibilität anzukämpfen. Irgendwann ist meine Ich-Bezogenheit von selbst in den Hintergrund getreten. So durfte ich Interesse an meinen Mitmenschen gewinnen und selbstlose Liebe erfahren. Das Wissen um die Kunde von dieser natürlichen Begabung ist all jenen zu eigen, die von da an Einsicht leben, um ihren Alltag und den ihrer Mitmenschen zu erleichtern. Denn genau das ist die Stimmung, die wir Menschen notwendig haben, um in allen Anliegen den Dialog zwischen bestellter Menschlichkeit und ursächlicher Natürlichkeit wiederherzustellen und zu intensivieren. Wir schenken denjenigen unsere Beachtung und Stimmen, die wohl den gewichtigsten Teil der Verantwortung für ein harmonisches und ausgewogenes Allgemeinwohl tragen: uns selbst. Heute liebe ich meine Augen, weil ich damit sehen und entdecken darf. Ich liebe meine Haut, weil ich damit tasten und spüren darf. Ich liebe meine Arme, weil ich damit greifen und arbeiten darf. Ich liebe meine Innenwelt, weil ich damit empfinden darf. Ich liebe alle meine Sinne, weil ich dadurch erst die Welt erleben darf. Ich liebe mich, weil es mich befähigt, auch Dich zu lieben. Ich weiß, dass ich mich nicht selbst erschaffen habe. Also liebe ich diese natürliche Macht - wer, wo und was auch immer sie sein mag -, weil es mich gibt. Für mich sind es auch Vater und Mutter. Ich bin ein Kind der Schöpfung, ein Spross des Universums, genauso viel wert wie eine Pflanze, ein Tier, ein beliebiges anderes Teilchen. Wir alle haben das gleiche Recht, da zu sein. Durch diese Erkenntnis ist mein Selbstwert gestiegen und mein Egoismus dahingeschmolzen. Meine Einstellung zu allem Leben hat sich grundlegend geändert, und meine Erwartungen sind einer einzigartigen Form von Dankbarkeit gewichen. Enttäuschungen und die Angst vor dem Gegenüber oder vor wirtschaftlicher Ungewissheit haben sich in Luft aufgelöst. Kraft meiner sensibilisierten Wahrnehmung, spontanen

Entschlossenheit und nüchtern klaren Sicht werde ich mittlerweile mit Situationen fertig, die mich einstmals erdrückt und umgeworfen hätten. Immer öfter wird mir ruckartig bewusst, dass das Vertrauen in mein Feingefühl mit mir gemeinsam das erledigt, wozu ich alleine nicht in der Lage bin. Früher habe ich immer Gott um ein Zeichen gebeten. Heute weiß ich, dass meine Schöpfung allgegenwärtig ist und mir pausenlos Signale zusendet, ohne Unterbrechung. An mir liegt es, sie zu erkennen."

„Schlussendlich darf ich mir selbst vergeben und muss nicht länger in Furcht und Schuldgefühlen leben, sondern bin ermutigt und bestärkt, seelisch zu erwachen und in meinem Innersten für unser ursprüngliches Geschenk der Liebe zu danken. Und eines weiß ich mit unumstößlicher Gewissheit: Das ist es, was wir uns alle wünschen. Es ist unsere Bestimmung, unser Heimgang ins Leben. Meine Stärken und Schwächen waren und sind mein Weg zur Glückseligkeit. Das Jetzt ist mein Ziel. Ende und Anfang. Nichts und Alles. In meinem Innersten weiß ich bereits heute ganz genau, was die Aufgabe in meinem zurückeroberten Leben ist. Ich lebe sozusagen diese innere Stimme. Das geglückte Leben ist mein Lohn dafür. In jedem Augenblick meines Seins. Denn nur, wenn ich die Möglichkeiten wirken lasse, die in mir angelegt sind, wird mir das Glück hold sein und in seiner Vollendung widerfahren. Und ich lächle, denn ich habe die Freude in meinem Leben neu entdeckt! Deshalb suche ich nicht länger nach Schönheit oder Reichtum. In meinem Selbst habe ich jemanden gefunden, der mich zum Lächeln bringt. Ich habe meinen Frohsinn bereits gefunden und werde meinen Mitmenschen auf ihrem Weg einen scheinbar dunklen Tag erhellen, so wie auch Du mir mit Deinem Licht voranleuchtest."

„Die eigene Berufung zu finden, sie zu erkennen und vor allem den Mut zu haben, sie auch in die Tat umzusetzen, ist wohl die höchste Herausforderung des menschlichen Daseins im Allgemeinen und des persönlichen Lebenswegs im Besonderen. Das ist die Freiheit, die sich jedermann wünscht. Loslassen lautet das Geheimnis dieser Freiheit. Entschlossenheit ist ihr Schlüssel. Wenn ich eines Tages sterbe, weißt Du ja, wo Du mich finden wirst, liebste Lucy: in Dir. Denn dort hatte ich auch mich damals wiedergefunden: in Dir, mein strahlend heller Sonnenschein. Es ist mir sehr schwer gefallen, Abschied zu nehmen. Aber ich habe Dich losgelassen und wollte Dich nicht in mein Herz einschließen. Denn Du bist die wertvollste Begegnung in meinem Leben. Ich danke Dir für die gemeinsamen Erlebnisse. Mir wurde bewusst, dass es nicht möglich ist, jedem Menschen, der mir etwas geschenkt hat, es persönlich zurückzugeben. Ich vermag bestimmt nicht jedem Arbeiter persönlich zu danken, der die Straße erbaut hat, auf der ich spaziere. Doch mein Feinsinn birgt diese Macht in sich, ihn dafür zu lieben. Seelenverwandtschaft zwischen natürlichen Wesen und dem Sinn der Schöpfung. Ich kann diese Erkenntnis weitergeben und teilen. So können alle sich das für sie nützliche und für ihre Entwicklung geeignete Stück nehmen – wie aus einer unversiegbaren Quelle natürlicher Energie. Ich bin dankbar, dass ich mich durch mein von der Gesellschaft nie gebilligtes Verhalten selbst an den Tellerrand ihrer Gemeinschaft gedrängt habe. Denn über diesen leidlichen Umweg durfte ich erkennen, was in ihrer Mitte falsch lief. So kann ich nun vom Tellerwäscher zum Millionär mutieren, indem ich all meinen Mut zusammennehme und meine Erfahrungen, Kraft und Hoffnung teile, um Millionen on Air zu erreichen. So werde ich mich in Dankbarkeit daran erinnern und in Wertschätzung jenes weitergeben, was mir selbst zuteilwurde, um durch Dich zu mir zurückfinden zu dürfen, zu meiner eigentlichen Bestimmung als hochsensibles Wesen: zum Menschsein. Mehrfach habe ich allzu spät erkannt, wofür ich schon früher hätte dankbar sein sollen. Jetzt wirst Du vielleicht denken, dass allseitige Liebe nicht machbar und niemals über-all sein könnte. Das stimmt. Denn Liebe ist allgegenwärtig, wenn wir erst bereit sind, all-ein den Anfang zu wagen und die Sensibilität im eigenen Leben wieder zu entdecken."

„Liebste Lucy! Du hast mich gelehrt, mich selbst, meine Mitmenschen und die Natur zu lieben – einfach alles zu lieben. Du bist meine Quelle natürlicher Inspiration. Mami, Du und ich, wir leben das, was wirklich wichtig ist: emotionale Familie. In Verständnis, Liebe, Wertschätzung, Eigenverantwortung. Auf andere Menschen mag es wirken, als ob wir getrennt voneinander wären. In Wirklichkeit haben wir gelernt, voneinander loszulassen. Wir akzeptieren den jeweils anderen, wie er ist, wollen ihn nicht besitzen oder einschränken, sondern wertschätzen. Die natürlichen Grenzen und die Wesenszüge des anderen achten wir und nehmen sie dankend an. Durch Dich durfte ich mein Herz wieder öffnen, meine Sensibilität wiedererlangen. Die Mauer zerbrach, und Licht erhellte die Dunkelheit. Die schwarzen, messerscharfen Schatten schnitten nochmals durch mein Innerstes. Gefühle brannten sich ihren Weg durch meinen Körper. Tränen versuchten, das Feuer zu löschen. Wiedergutmachung glich einem unerfüllbaren Wunsch inmitten dieses Rückblicks. Und doch schien es als Gewissheit, dass noch so tiefe Reue niemals Vergebung finden könnte. Dort, im Jetzt, blieb nur die Trauer. Doch jetzt, im Jetzt, wird die Liebe stets stärker sein und siegen. Nur ein Moment dieser Liebe möge die Erinnerung sein, die mich in Zukunft meine Vergangenheit als Glück betrachten lässt. Wäre soeben dieser Moment, dann würde ich verweilen und ihn für immer währen lassen. Er ist. Ich bin. Wir sind. Unsere Liebe ist der Schlüssel zu uns selbst. Lebenssinn. Sensibilität. Die Verabschiedung meines alten Ichs. Ich danke ihm für das Sein, doch war die Zeit nun reif für Neues, Edles, für liebevolles Sein. Ein Schritt in Richtung Liebe ist stets ein Schritt zurück. Erst wenn ich wirklich liebe, gehe ich gerne dieses Stück. Der Verstand hat mich gezwungen, die Liebe zu negieren. Die Gesellschaft hat mich krank gemacht, indem sie mich gelehrt hat, mich zu genieren. Im Feingefühl fand ich sie wieder, inmitten unseres Seins. Von nun an wird sie strahlen aus uns - in ihrem hellsten Schein. Ich liebe Dich."

„Ebengleich wie Dich. Jeder Mensch trägt genetische Sensibilität in seinem Innersten und hat zu ihrem Schutz irgendeine Art von Abhängigkeit erlernt, um sie zu verbergen. Wenn Du diese Erkenntnis in Ehren hältst und daran zu glauben lernst, dann wird Dein Vertrauen die Berge verletzter Seelenlandschaft versetzen, und das Licht lebendiger Liebe wird erscheinen, um Dir in alle Ewigkeit zu leuchten. Und dann stehen wir gemeinsam ...

Am Anfang unserer Zukunft."

Packungsbeilage - 12 Schritte

1. Ich beende meinen Widerstand und gebe zu, dass ich von Natur aus sensibel bin und Angst davor habe, es auch zu zeigen. Ab jetzt spreche ich meine Gedanken und Gefühle offen und aufrichtig aus.

2. Ich bin für meine Sensibilität dankbar und schöpfe täglich Glauben und Hoffnung daraus, durch neues Bewusstsein mein Leben wieder sinnvoll, gesund und unabhängig meistern zu dürfen.

3. Ich bin entschlossen, mich von schädigenden Einflüssen zu distanzieren. So schaffe ich den notwendigen Raum, um meine genetische Erbanlage und die natürliche Schutzfunktion meiner Feinfühligkeit frei entfalten zu können.

4. Ich mache eine gründliche und furchtlose Inventur in meinem Inneren und besinne mich wieder auf das Wesentliche in Mensch und Natur.

5. Ich gestehe mir selbst Fehler als Teil eines Lernprozesses ein und gebe sie gegenüber anderen Menschen unverhüllt zu.

6. Vergebung und ausgleichende Gerechtigkeit beseitigen meine Charaktermängel, so wie nüchtern gelebte Sensibilität sich mir als sinnvoll heilbringendes Geschenk der natürlichen Schöpfung offenbart.

7. Eiserner Wille weicht sensibler Empfindung.

8. Ich bin bereit, alle durch mein unachtsames Verhalten an Mensch und Natur verursachten Schäden wiedergutzumachen.

9. Ich mache bei den Menschen und in der Natur alles wieder gut, wo immer es möglich ist. Mit Einfühlungsvermögen und besonderem Feingefühl, und ohne mich selbst oder andere dadurch zu verletzen.

10. Absolut ehrlich und uneigennützig setze ich die Einsicht bei mir fort. Wenn ich Unrecht habe, gebe ich es sofort zu.

11. Durch Meditation und Einkehr vertiefe ich täglich das Vertrauen zu meiner inneren Allmacht - ganz so, wie ich sie sehe. Ich danke ihr, dass sie mich ihren Willen erkennen lässt und mir die Kraft gibt, ihn auszuführen.

12. Nachdem ich durch diese Schritte wieder zu mir selbst finden durfte, konnte Heilung und Genesung wirksam werden. Ich richte mein tägliches Leben nach diesen Grundsätzen aus und lebe meine Bestimmung als besonders empfindsames Wesen in einer neuen Freiheit und einer neuen Wirklichkeit.

Expressum

Words & Music by Chris Novi

Recording Engineers: Gabriel Jones, Peter Roberts, Bern Wagner, Markus Weiss
Programming: Peter Roberts
Edits: Raimund Bretterbauer, Peter Roberts, Bern Wagner, Markus Weiss

----

Lead Vocals: Chris Novi
Featuring Artists: Monika Ballwein (*Human Silence*),
Natascha Kampusch (*Forget You*), Nadja Plattner (*The Wall*)
Backing Vocals: Kacee Clanton, Manu Diem, Lisa Frazier, Lukas Hillebrand,
Chrissi Klug, Sandra Polt, Markus Weiss, Gigi Worth
Bass: Brian Allen, Jojo Lackner, Tom Lilly, Markus Weiss
Drums: Frank Cotinola, George Dum, Alexander Pohn,
Guitars: Peter Roberts, Bern Wagner
Horn: Robert Papocsi
Keyboards: Peter Roberts, Bern Wagner, Markus Weiss
Percussion: Martin Scheer
Piano: Valentin Omar, Peter Roberts
Sax: Andreas Lindenbauer, Mel Steinberg
Trombone: Florian Spieß
Trump: Alexander Simon, Roy Wiegand
Violin: Dorothee Badent

Actors & Models: Herbert Haider, Angelina Mailänder, Wendy Night, Sabrina Reinisch
Aromatherapy: Sylvia Schreiweis
Psychological Care: Prof. Dr. Martin Aigner, Mag. Yasemin Aktün,
Dr. Gerald Grundschober, Dr. Eduard Piringer, Mariana Radu-Piuk
Webdesign: Jenny Mrazek, Nolis Vanray, Stefan Weindl

Coaching: Monika Ballwein, Niki Hojsa, Dusan Uzelac, Robert Wagner

SPECIAL THANKS TO OUR FAMILIES & FRIENDS FOR THEIR PATIENCE
AND SUPPORT THROUGHOUT THIS PROJECT.